华伦皮塑

乘用汽车内饰生态革专业制造商

产品具有环保性好、VOC含量低、密度轻、物理性能强的特点
由复合材料制造而成。

「ECOREN Leather」

ECOREN不但具备PU合成革的良好性能，而且在制造过程、使用过程以及使用后的处理过程中均不污
环境，并能够很好地满足EN71-3:2013标准、REACH标准与ROHS指令的要求。

「SUPEREN Leather」

SUPEREN是一种不含重金属、塑化剂、DMF的环保产品，是传统PU合成革更新换代的产品；是合成革
业升级转型的最佳解决方案。此外，与传统PU革相比，具有更好的性能，如耐磨、耐刮、耐曲折、耐水解
耐低温等。

COMPANY Introduction
公司简介

华伦皮塑（苏州）有限公司 成立于2000年9月，是一家中外合资企业，
投资4亿元，年产量4000万米，年销售额达6亿元人民币。主要从事各种PU人造革的研发、生产和销售，目前
司主要产品有：沙发革、箱包革、球革、鞋革、手套革、汽车革以及其他特种革等。本公司于2009年2月通
ISO9000:2008认证;于2010年3月通过ISO14001:2004认证;于2014年1月通过TS16949:2009认证。

公司拥有干式生产线五条，高档压纹机十余台、五色印刷机五台及多台意大利ROLLMAC辊涂机、喷光
产线等。公司有强大的后段研发团队，提高商品附加值，可为市场提供花样繁多的人造革产品。产品通过了欧
REACH法标准、ROHS标准和美国、英国的阻燃标准，更可以提供美国、英国所需的全面物性的合成革。

网址：www.warren.cn
公司地址：江苏省太仓市璜泾镇鹿河区鹿长路39号(215428)
电话：0512-81612558　　传真：0512-81616262
邮箱：gaojingang@warren.com

浙江龙士达家居用品有限公司

ZHE JIANG LONGSTAR HOUSEWARE CO.,LTD

乐生活 塑时尚！

浙江龙士达家居用品有限公司是集产品开发、制造、销售于一体的高新技术企业，位于仙居县永安工业集聚区，兴建于2007年，2014年年生产能力可达5亿元。公司占地面积150亩，机器设备600多台套，拥有员工600多人，管理技术人员近100人，是目前浙江省塑料家居用品行业的龙头骨干企业。

公司以多元化营销模式在全国各地建立了完善的销售服务体系，在32个省市自治区设有代理商，销售网点遍布全国。产品深受用户的喜爱和信赖，先后进入沃尔玛、家乐福、华润万家、乐购等全国性大型商超，实现产品、技术、市场与国际的接轨，销售网络遍布全国各地，为中国塑料家居用品行业的发展做好表率作用。龙士达品牌的良好形象深入人心，产品更是销往欧美、非洲、日本、韩国等20多个国家和地区。

公司以“以人为本 诚实守信 用户第一”为经营理念，是中国塑料加工工业协会、塑料家居用品专业委员会常务副会长单位。先后荣获“浙江省著名商标”“浙江省科技型中小企业”“浙江省守合同重信用AA单位”“中国保鲜盒十大畅销品牌”“台州市级高新技术企业”“台州市名牌产品”“市级高新技术研究开发中心”“台州市企业技术中心”“2012年度先进职工之家”“2012年度税收十强企业”等荣誉称号。

龙士达以“将公司建设成一流的塑料用品制造商，创‘龙士达’世界品牌”为经营目标，积极参与塑料行业标准的编写，勇于创新，不断促进自身转型升级，为中国塑料家居行业走向国际舞台而不断努力。

浙江龙士达家居用品有限公司 地址Add：浙江省台州市仙居县永安工业集聚区春晖中路1号
ZHE JIANG LONGSTAR HOUSEWARE CO.,LTD 电话 Tel：0576-8937 5888 8937 5555 传真Fax：0576-8937 5198 www.longshida.com

四川东泰新材料科技有限公司

Sichuan tungtay new materail technology co.,LTD

公司简介

四川东泰新材料科技有限公司创建于1994年，系国内最早成立的塑料管道专业制造商，也是西南地区最大口径的塑料给水管道专业生产商，位于成都市龙泉驿国家经济技术开发区。公司占地300亩，建筑面积50000㎡，注册资本1.68亿人民币元。公司拥有国内外先进的生产设备，专门从事研究、开发、生产和销售新型塑料管道和配件、新型化学建材、工程塑料、塑料合金、光机电一体化塑料机械、管道工程机械等技术与产品，年综合生产能力达10万吨，年产值达到4亿元人民币以上。公司在册职工270余人，工程技术人员60余人，其中高级职称5人，中级职称15人，并拥有200余项管道专利。

公司作为国内化学建材行业的大型企业，一直致力于生产高品质、高技术含量、绿色环保的产品，公司主要生产"东泰"牌给水用聚乙烯（PE）管材、给水用钢丝网骨架聚乙烯复合管、给水用孔网钢带聚乙烯复合管（PESI）、燃气用埋地孔网钢带聚乙烯复合管、耐磨内衬复合管、钢带增强聚乙烯螺旋波纹管、工业用孔网钢骨架聚乙烯复合管、燃气用埋地聚乙烯管、冷热水用聚丙烯管（PP-R）、煤矿井下用聚乙烯管、煤矿井下用钢丝网骨架聚乙烯复合管和各类管材配套的电熔管件和焊制管件，各类产品规格品种多达2000余个。上述主导产品技术水平均处于国内先进水平，西部领先水平。公司产品以"品种齐全、性能优异、质量稳定、服务便捷"等优势畅销全国。

公司秉承"用心事业、严谨品质"的经营理念，牢固树立"诚信为先、客户至上、以人为本、合作共赢"的核心价值观，坚持走管理规范化、产品科技化、技术前沿化、品质专业化的发展道路，与新老客户携手合作、共享共赢。东泰人相信，客户、市场、东泰三位一体，互动融合，将不断向着成为"中国管道行业知名品牌"的宏伟愿景奋进。

东泰管道产品展示

聚乙烯管（给水）

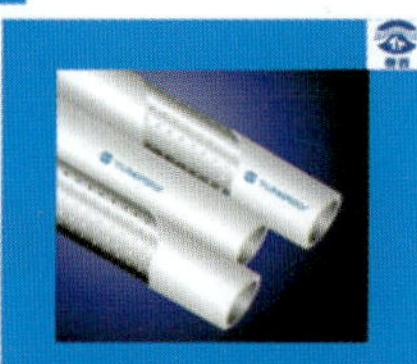
孔网钢带聚乙烯复合管

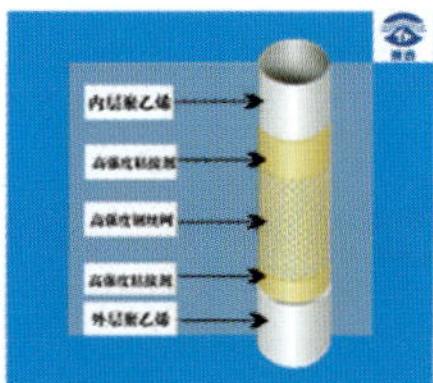
钢丝骨架聚乙烯复合管

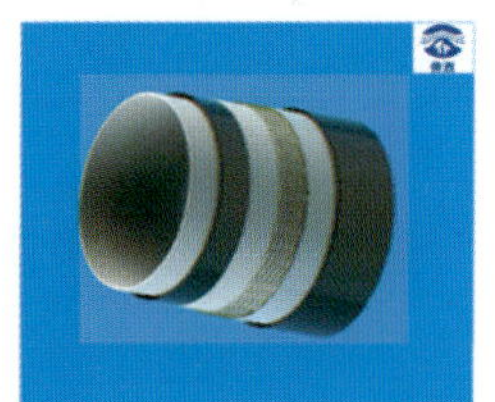
耐磨内衬钢丝骨架复合管

钢带增强聚乙烯螺旋波纹管

配套管件展示

电熔90°弯头

钢塑电熔法兰（一体式）

电熔45°弯头

电熔异三通

电熔正三通

电熔法兰

电熔异径直接

钢法兰片

电熔直接

电熔内、外螺纹异三通

电熔活接

电熔外丝直接

国家高新技术企业

四川名牌

中国环境标志产品认证

测量管理体系认证

体系认证
CNAS CXXX-Y

地　址：成都市龙泉驿国家级经济技术开发区星光中路103号
热　线：028-84884185
传　真：028-84884192
网　址：www.ttpipe.cn
邮　箱：pesi@ttpipe.cn

森瑞管业®
SENRUI PIPES INDUSTRY
贵州森瑞新材料股份有限公司

全国服务热线
4006-027-000
http://www.gzsenrui.com
诚信·务实·学习·创新

主营产品：
燃气用埋地聚乙烯（PE）管
埋地用聚乙烯（PE）给水管
埋地排水用HDPE双壁波纹管
PVC-U双壁波纹管
钢带增强聚乙烯（PE）螺旋波纹管
环保健康精品家装PP-R给水管
环保健康精品家装PVC电工套管
阻燃型PVC电线槽
工业线槽　电工套管　通信用管

用好管·管好用·森瑞管业

地址：贵州省贵阳市乌当经济开发区(洛湾云锦食品药品工业园)　电话：0851-88237980　88237990　传真：0851-88237982　88237989

中国大京九塑胶城

全国最大国际塑胶商贸大市场

中国重点塑胶市场

（大京九塑胶城市场主干道—京九大道）

中国大京九塑胶城2003年9月正式开业，是集塑胶原料、塑胶化工、塑胶模具、塑胶机械、塑胶制品五位一体的全国最大国际塑胶商贸大市场，位于穗深港经济大走廊黄金地段、华南重要铁路枢纽东莞常平，交通畅达，信息活跃。迄今已开发面积超过1200亩， 现有包括美国陶氏、美国杜邦、韩国现代、韩国锦湖、泰国宝麟、法国苏威、德国拜耳、日本大金、日本旭化成、台湾奇美、中石化等数百家国内外知名塑胶石化企业入驻，塑胶原料及产品生产企业390多家，专业从事塑胶原料贸易的商户3900家，年交易量180万吨，交易总额近600亿元。所有商家生意日益红火，人气旺盛，是“广东省重点塑料市场”和“中国重点塑胶市场”，被誉为“中国塑胶新材料产业之都”，在世界塑胶行业具有广泛影响。

大京九塑胶原料生产企业车间

中国大京九塑胶城坚持“诚信、务实、和谐、创新”的企业精神，恪守“诚实公正、合作共赢”的商业理念，为所有入驻商家提供产品展示、商务办公、品牌推广、贸易融资、银行信贷、检验检测、信息咨询、技术研发、仓储物流、生活配套等全面周到的服务，并享有政府招商引资、产业集群发展扶持的优惠政策。

大京九塑胶城与中国工商银行成为战略合作伙伴

中国大京九塑胶城第五期正在招商，大京九三D打印耗材暨塑胶机械、模具城招商在即，欢迎国内外各地朋友垂询、关注！

招商专线：0769-8802998 地址：广东省东莞市常平镇物丰路中国大京九国际塑胶大厦首层

神鹰集团公司电话：0769-8699188 传真：0769-86299718 网站：http://www.djjcity.com

力劲集團

L.K. GROUP

精密注塑机

HIGH PRECISION INJECTION MOLDING MACHINE

FORZA-II 系列 PT1000～PT4500 大型伺服节能精密注塑机

POTENZA-II系列 PT80～PT850 伺服节能精密注塑机

POTENZA-DV系列 PT130～PT1600 双色/三色注塑机

POTENZA-G 系列 PT80～PT160 眼镜专用注塑机

POTENZA-J 系列 PT560～PT1600 双阶注塑机

POTENZA-V 系列 PT20～PT130 微结构注塑机

香港力劲集团·宁波力劲机械有限公司

国家一级节能标准

★★★★★★

世界级的精密装备塑造中国制造业未来

精密 节能 高效 环保

PRECISION EFFICIENT ENERGYSAVING ENVIRONMENTAL

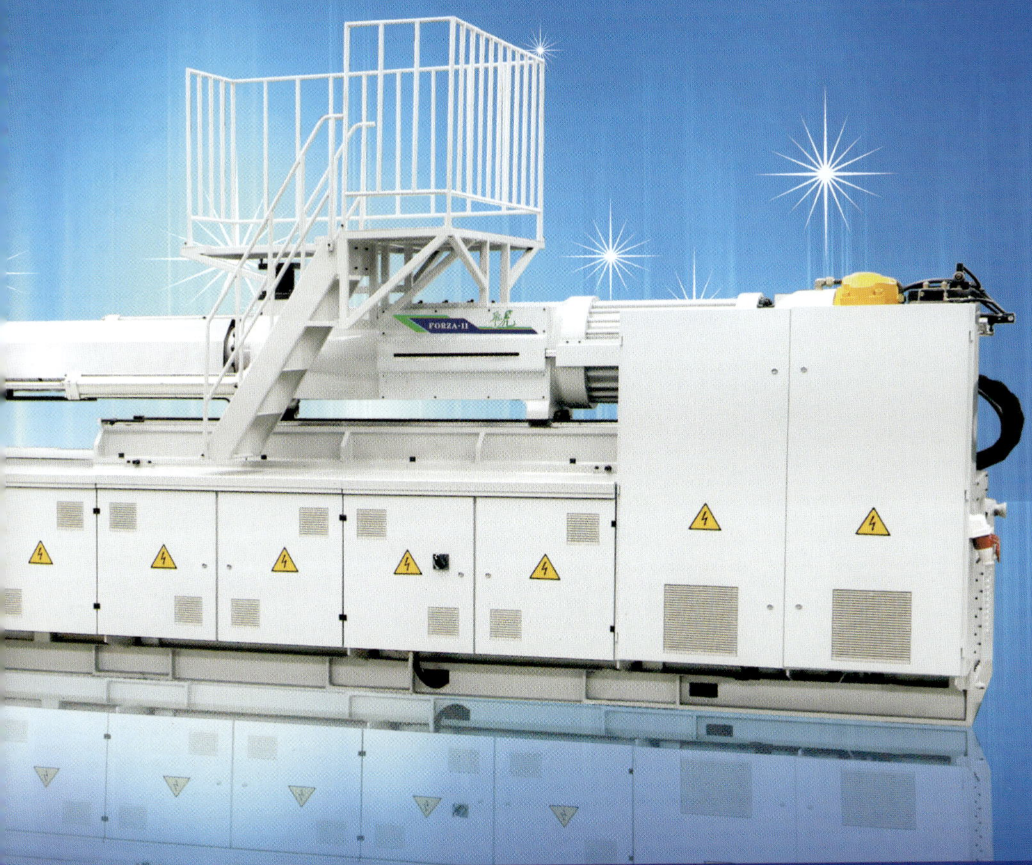

地址:浙江省宁波市北仑区万泉河路68号

电话:0574-86116581 传真:0574-86116598 网址:www.lkgroup.com.cn 邮箱:lknblk@lknblk.com

TONGJIA通佳

★ 中国塑料机械工业协会副会长单位

★ 中国塑料加工工业协会副理事长单位

★ 国家火炬计划重点高新技术企业

塑料发泡机械

塑料挤出机械

山东通佳机械有限公司 0537-2271266 2271966

SHANDONG TONGJIA MACHINERY CO., LTD. 传真：0537-2984888 邮箱：sales@tongjia.com

山东通佳机械有限公司地处山东省济宁国家高新技术产业开发区，占地面积 28 万平方米，是中国塑料机械工业协会副会长单位，中国塑料加工工业协会副理事长单位，国家火炬计划重点高新技术企业，中国专利山东明星企业。通佳品牌已在全球 46 个国家成功注册，公司产品通过欧盟 CE 认证，遍及全国各地和世界六十多个国家和地区。

公司设有国家级塑料机械工程技术研究中心，先后研制开发出九大类一百八十多种规格的具有国际先进水平的塑料机械装备，其中有多项产品填补了国内空白，获得多项省部级科技进步奖和国家专利，并分别被列为国家级重点新产品，山东名牌产品、国家级火炬计划项目、国家技术创新基金项目。

通佳机械愿与国内外客户携手共进，共创美好未来！

高效节能注塑机

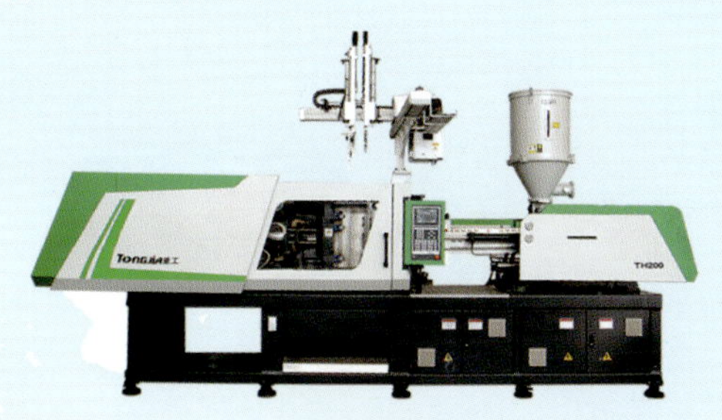

塑料中空成型机

地 址：山东省济宁国家高新技术产业开发区 327 国道 96 号

通佳机械官方网站：www.tongjia.com　　通佳机械手机网站：m.tongjia.com

BIGGER, BEST!

Strongest, Dependable,
Global extrusion partner
最强、最值得信赖的全球合作伙伴

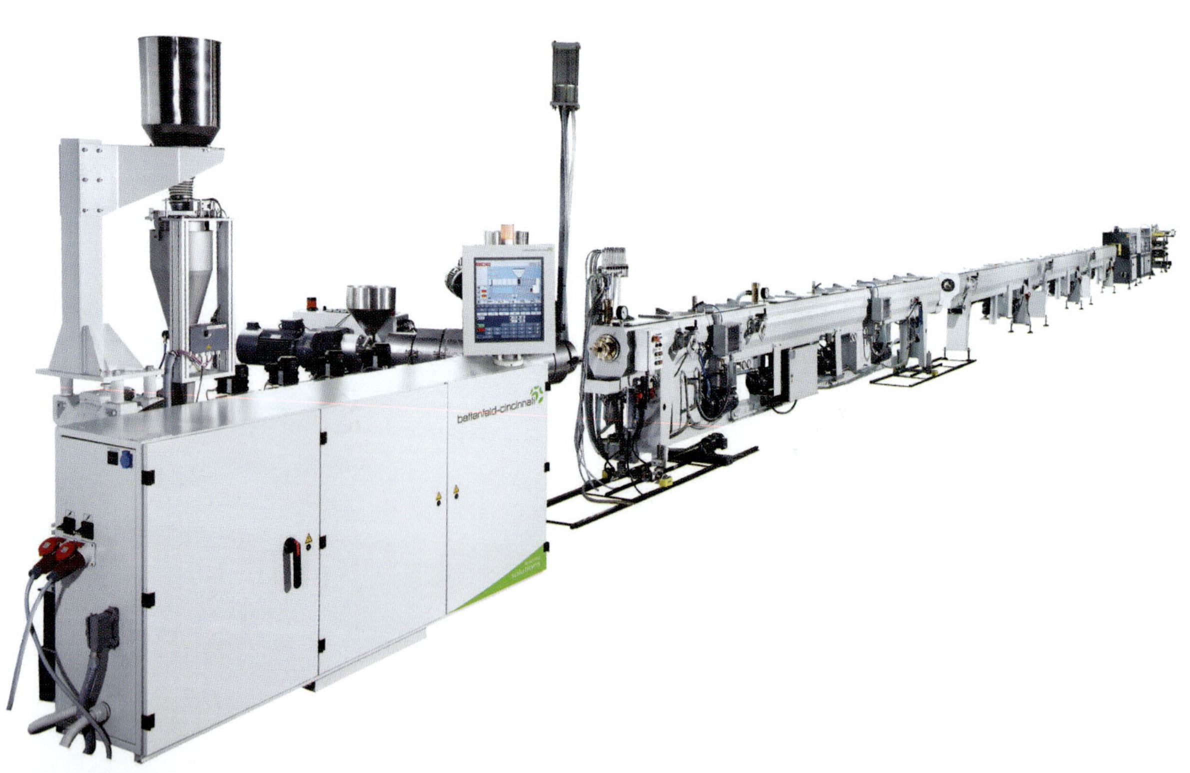

高效节能的管材、型材、片材挤出设备！

交钥匙的解决方案！

leading solutions!

领先的解决方案！

来自实践的经验，极具创新精神和全球性思维

绿色 · 创新

高效 · 节能

—挤出技术先驱和创新领导者

-我们传承欧洲先进技术和生产理念
-在中国制造和组装最高性价比设备
-从售前到售后提供全方位优质服务
-为客户提供独特与领先的解决方案
-带给客户决定性的竞争优势与收益

更多资讯，欢迎浏览网站：
www.battenfeld-cincinnati.com/china

绿箭——“塑”造绿色生活

GREENLINE Green up your life

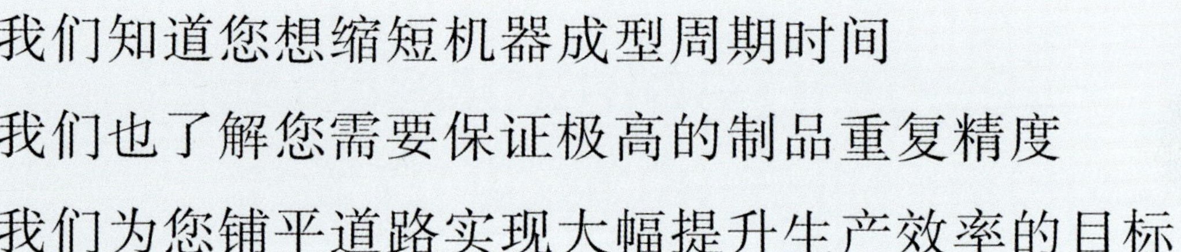

专利设计

- 独家专利六油缸均布直压锁模结构有效保护模具变形，更好的保护模具。
- 节能环保，较传统定量泵系统机型平均节能50%以上。
- 更短成型周期，较传统机型缩短30%成型周期时间。
- 极高的制品重复精度，重量重复误差少于千分之五。

1000-4000JSe

第三代超大型伺服驱动两板式注塑机

锁模干周期仅为6S

东华微信号

www.donghua-ml.com

DEKUMA

德科摩聚烯烃管材高速挤出生产线

最大稳定生产速度: 60米/分钟

PO PIPE HIGH SPEED EXTRUTION LINE

Max. Stable Production Speed: 60m/min

此生产线主要由DKM-EI70X33A单螺杆挤出机配置SIEMENS PLC控制系统、挤出模头、DKM-EDJ32 9米不锈钢真空箱、高速定径套、DKM-ELQ32 9米不锈钢节能冷却箱、DKM-EQY32双皮带高速牵引机、DKM-EJX32飞刀式切割机、DKM-EPG63双工位高速盘管机等部件构成；最大稳定生产速度可达到60米/分钟。

主要特点

速度快、产量高、设备性能稳定、塑化好、能耗低、操作方便等

德科摩橡塑科技(东莞)有限公司

DEKUMA RUBBER AND PLASTIC TECHNOLOGY (DONGGUAN) LTD.

(大同机械有限公司成员　Member of Cosmos Machinery Ltd.)

DKM-E63S
德科摩第四代
聚烯烃双管高速挤出生产线

最大稳定生产速度；2×30米/分钟

此生产线主要由DKM-EI70×33A单螺杆挤出机、SIEMENS PLC控制系统、DKM-EGM63S双管挤出模头、DKM-EI30×25A标识线共挤机、9m全独立双管不锈钢真空箱、双管高速定径套、全独立不锈钢节能冷却箱、全独立双管高速牵引机、全独立双管行星式无屑切割机、自动卸料台等部件构成；最大稳定生产速度可达到60米/分钟（2×30米/分钟）

主要特点

设备性能稳定、塑化好、产量高速度快、占地小、能耗低、操作方便等

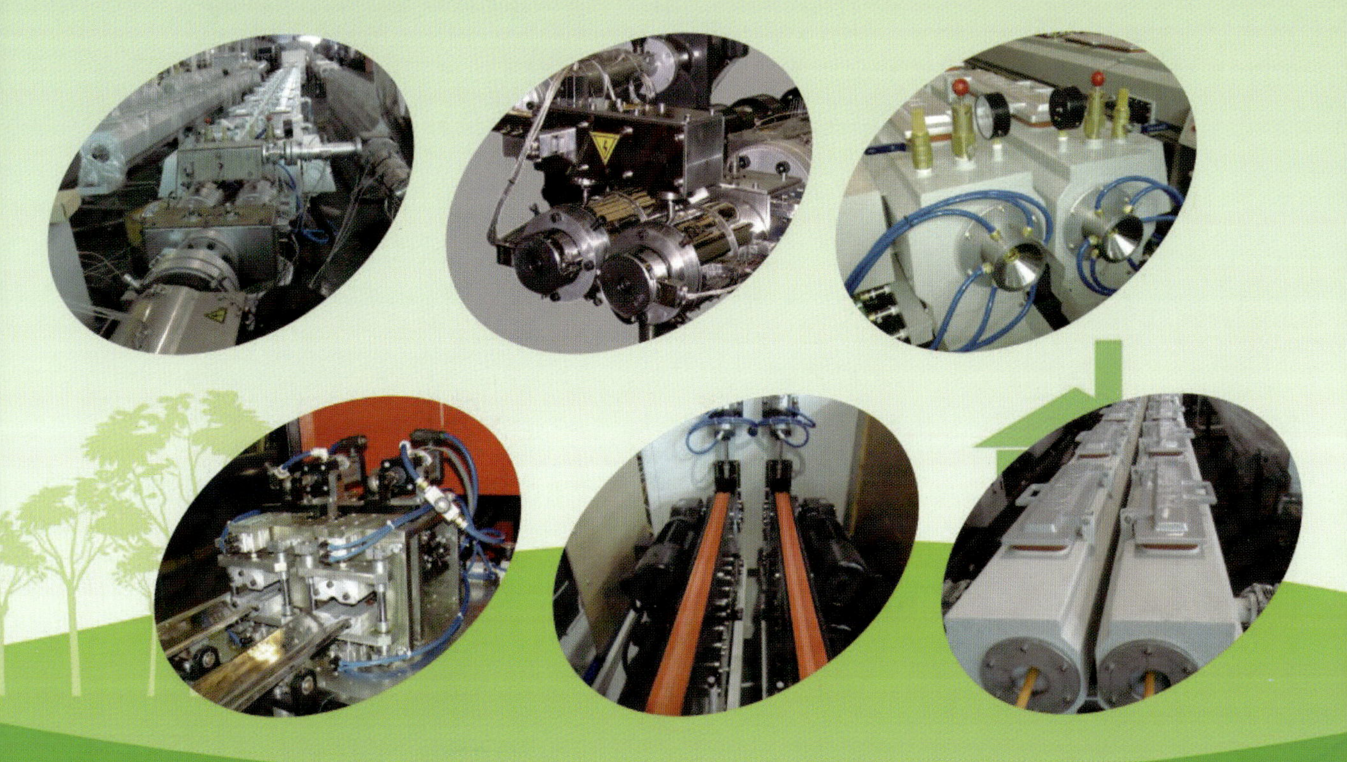

地址：广东省东莞市东城区周屋工业区银珠路　　PC: 523118
Yinzhu Rd, Zhouwu Industrial Park, Dongcheng District, Dongguan, Guangdong, China
Tel: +86-769-2266 7222　　Fax: +86-769-2266 7227
Website: www.dekuma.com　　E-mail: info@dekuma.com

中国联塑 — 中国领先的建材家居产业集团

覆盖全国的生产基地

逾40家控股子公司，超过20个生产基地（包含已建、在建及筹建），覆盖全国。

9大领域 打造中国领先的建材家居产业集团

8大主要产品领域：涵盖管道产品、卫浴产品、整体厨房、型材门窗、装饰板材、消防器材、卫生材料、海洋养殖、五金建材电商平台等领域。

服务全球 美誉典范

超过60个商务服务机构，拥有优秀经销商近2000家，覆盖全国；在全球40多个国家和地区建有商务服务机构，辐射全球；先后向超过300家水务公司以及近100家电力、通信、燃气公司提供产品和服务；恒大地产、保利地产、中信地产等众多一线大型房地产企业都选用联塑的产品，并形成了长期稳定的合作关系。

百亿名企 蓄力向上

2014年销售额突破人民币148亿。未来，联塑将再谱新章，蓄力向上。

中国管业领导者

29年管道生产和研发经验，18个管道生产基地；建有研究院，拥有精干的研发团队，技术业内领先；专业安装公司，驻扎全国，服务各区域。

品牌管理和知识产权保护

中国联塑建立了完善的品牌战略管理及全方位的知识产权保护体系；拥有"LESSO"、"联塑"、"领尚"等多个品牌，600多个商标，涵盖45个产品类别，18个国家和地区；拥有授权专利近千份，涉及管道、家居等多个产品类别。

LESSO联塑

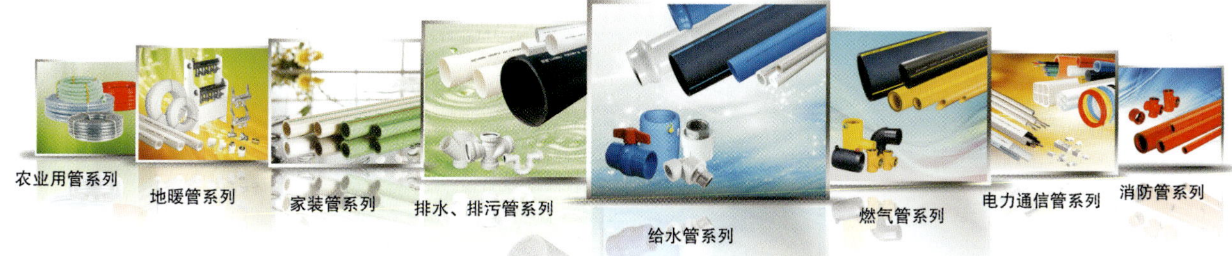

企业简介 中国联塑集团控股有限公司（简称：中国联塑，香港上市代号：2128）是中国领先的大型建材家居产业集团，产品及服务涵盖管道产品、卫浴产品、整体厨房、型材门窗、装饰板材、消防器材、卫生材料、海洋养殖、五金建材电商平台等领域。2014年营业收入达148亿元人民币。

中国联塑已拥有逾40家控股子公司，拥有超过20个主要生产基地，分布于全国14个省份及加拿大和美国，形成了覆盖全国辐射全球的生产基地和销售网络，能够及时、高效地为顾客提供产品和服务。

中国联塑将继续秉持“为居者构筑轻松生活”的品牌信仰，以全新的姿态，致力于将中国联塑打造成泛家居领域，世界领先的大型建材家居产业集团，为客户提供更多高性价比的产品和服务，缔造舒适、高品质居家生活。

广东省顺德总部 B区、C区

广东顺德基地B区,C区

广东顺德基地A区,
总部产品体验中心

广东省鹤山基地

广东鹤山门窗生产基地

广东省中山基地

广东南海生产基地

河南周口生产基地

河北任丘生产基地

湖北武汉生产基地

贵州贵阳生产基地

四川德阳生产基地

吉林长春生产基地

黑龙江大庆生产基地

新疆乌鲁木齐生产基地

江苏南京生产基地

陕西西安生产基地

海南生产基地

加拿大生产基地

美国生产基地

生产基地： 广东顺德、广东鹤山、广东中山、贵州贵阳、四川德阳、湖北武汉、河南周口、江苏南京、河北任丘、吉林长春、黑龙江大庆、陕西西安、新疆乌鲁木齐、海南定安、山东临沂、云南江川

全国服务热线：400-168-2128

总部前台电话：0757-23888333　　网址：www.lesso.com

管道类宣传资料商业标识说明：

以上商标均为广东联塑的注册商标，凡标注上述商标标识的产品，均为联塑集团产品！请广大消费者知悉，本项解释权归联塑集团所有！

我集团生产原料采用美国路博润公司的CORZAN牌CPVC产品。路博润系“全球制造CPVC树脂和CPVC配方的领导者”，其组方、工艺及技术性能处目前国际领先水平。

19个实用新型专利

吸收塔、电槽阴阳极断电器、阴阳极分配台、阴阳极分离器、管道连接伸缩器、马鞍头插座（专利号依次为ZL 2010 2 0279315.1，ZL 2010 0 0279280.1，ZL 2010 2 0279325.5，ZL 2010 2 0279294.3，ZL 2011 2 0126330.7，ZL 2010 2 0279304.3）。

5个发明专利

氯化聚氯乙烯DN400直通/三通/弯头/活套法兰一次性注塑成型工艺、大型聚合物制品挤出成型方法及其成型设备（专利号依次为ZL 2006 1 015655.2，ZL 2006 1 0150657.1，ZL 2006 1 0150656.7，ZL 2006 1 0150658.6，ZL 2004 1 0088534.0）。

通过ISO9001、ISO14001、GB/T28001体系认证，拥有国家特种设备（压力管道元件）生产许可及中国船级社工厂认可、挪威船级社、英国船级社、法国船级社、美国船级社产品设计与工厂认可。

佑利控股集团有限公司
地址：浙江省乐清市柳市镇兴业北路8-88号
电话：0577-62767777　　传真：0577-62771236
网址：www.chinayouli.com　邮箱：sale@chinayouli.com

CPVC、UPVC工业级船用管道系统
PVC-C Industrial and Marine Pipe System

耐腐蚀

产品氯含量达74%（一般PVC-C产品介于63%-69%），化学稳定性上佳，因此具有超强的抗酸碱盐和抗氧化性能。在冶金和化工行业的使用环境中，表现超越金属和其他塑料管道系统。

耐火

经远东防火试验中心检测为低播焰性材料（No.FT11071）。当空气含氧量达到60%（即限氧指数，超过27%即为难燃材料；常态空气含氧量为18%）时方可到达有焰燃烧，且不易产生烟雾和有毒气体。

耐高温

受外界高温或低温环境影响较小。导热性较低，为铜管的1/400、钢管的1/200、聚乙烯管的2/3。热膨胀表现逊于钢，但优越于其他塑料材质。推荐使用于-20-93℃温度的环境中。

耐老化

机械强度和韧性超强，抗紫外线性能优越，使用寿命长于其它的塑料管道系统。

易安装

可采用胶粘、法兰、螺纹、焊接等多种方式连接，即使安装环境狭窄也可轻松完成。安装时间比热熔管道和金属管道节省1/5至1/3；成本节省1/5-1/4左右。同时避免高昂的后期维护成本。

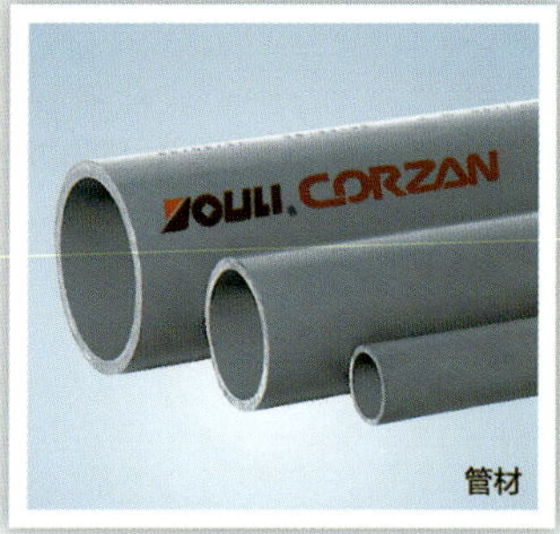

管材

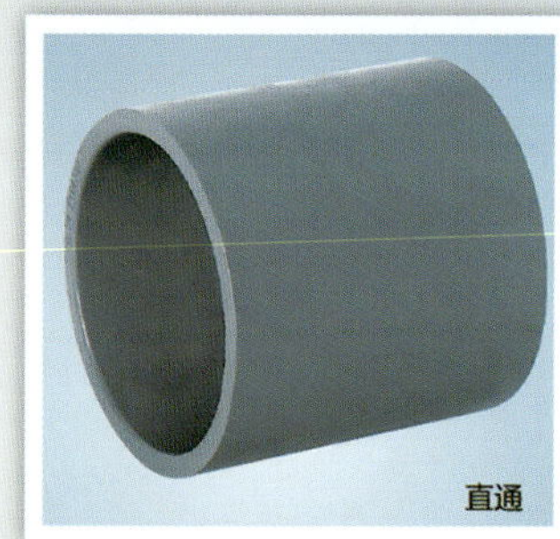
直通

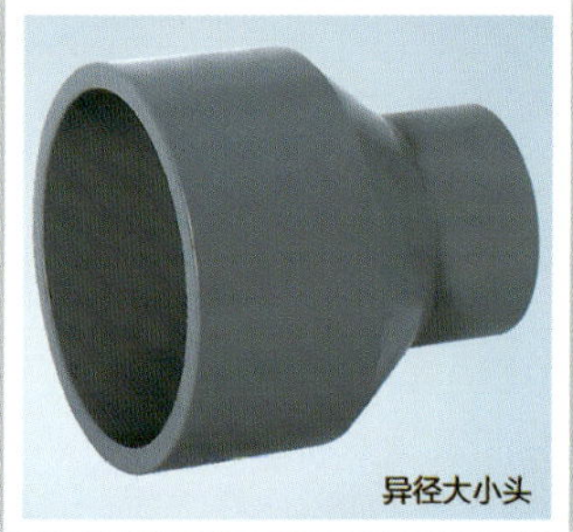
异径大小头

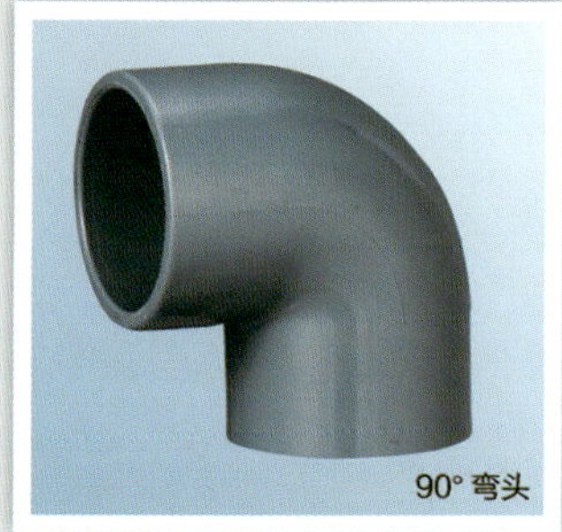
90° 弯头

三通

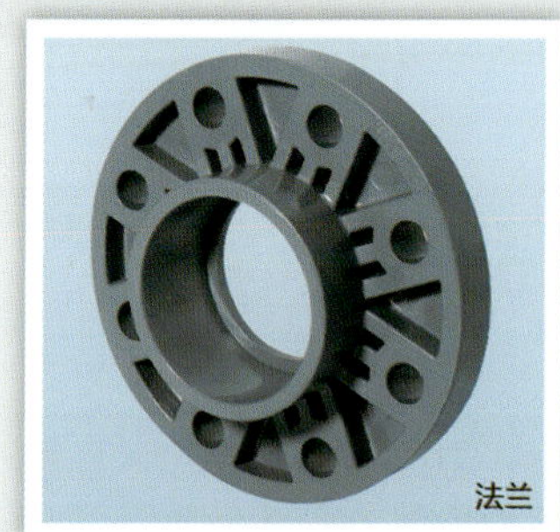
法兰

活接头

法兰式隔膜阀

电（气）动球阀

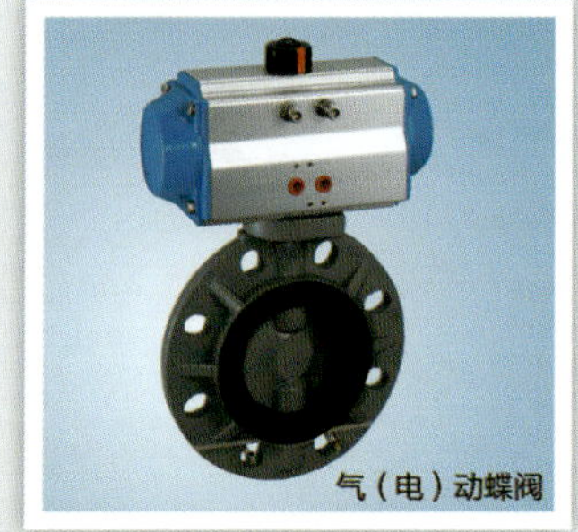
气（电）动蝶阀

魅力梁平

中国西部（重庆）塑料生态产业园

培育成中国西部地区影响力大、辐射力强的塑料产业集群

打造成国家级塑料行业转型升级示范基地

独特的区位优势

中国西部（重庆）塑料生态产业园位于重庆梁平县，距重庆主城和江北国际机场180公里，距万州深水港和万州机场67公里，处于中国经济发展的第四极、长江上游经济带的重要节点、中西部地区承接产业转移的第一梯度上。

梁平境内达郑万铁路、沪蓉高速、国道318线、省道渝巫路纵横交错，正在建设的渝万城际铁路、梁黔高速公路横贯全境。东接重庆万州，是重庆主城连接三峡库区、川渝通江达海的陆路要塞。郑万铁路明年开建，届时梁平到北京仅5个半小时。西接重庆主城，渝万高铁（京昆高铁一段）建成后到重庆车程40分钟，汇入主城水、陆、空交通大动脉，通畅全国；连接渝新欧铁路，通达世界，融入丝绸之路经济带。南接重庆黔江，经梁黔高速，是渝东北地区通向湖南及东南沿海地区的最便捷通道，快速链接21世纪海上丝绸之路。北接四川达州，经渝宜铁路汇入京广铁路大动脉，可直达河北、东北，交通物流便捷通畅。

广阔的市场需求

随着西部大开发战略纵深发展和成渝经济区的获批，重庆及周边地区社会经济将迎来快速发展，对塑料的需求也将大幅增长。梁平周边800公里范围内覆盖的省份（含重庆）人口规模约占全国的26%。根据对汽车摩托车、电子信息、家电、建筑、日用塑料、其他塑料制品、塑料模具以及机械等行业预测分析，重庆市塑料产业产量需求和市场需求到2017年分别约为400万吨、1000亿元，到2020年约为600万吨、1700亿元，到2025年约为740万吨、2100亿元，加上重庆市周边区域，整体市场需求规模将超过1万亿元。由此可见，巨大的市场需求为塑料产业发展提供了较大的发展空间。

千亿级的核心区

中国西部（重庆）塑料生态产业园位于梁平工业园区A区，是中国塑料加工工业协会、重庆市经济和信息化委员会、梁平县人民政府合力打造的千亿级塑料产业集群核心承载区，于2014年4月25日正式授牌。产业园立足重庆、面向西部、辐射全国，初步规划面积20平方公里，分近期、中期各5平方公里，远期10平方公里着力进行打造。按照产业集群化发展思路，紧紧依托重庆市周边地区汽车、电子、家电、装备、国防军工等产业，计划到2020年，打造集塑料原材料及制品交易市场、塑料模具及机械生产、改性塑料及塑料复合材料研发生产、塑料制品加工、产品研发和检测等为一体的产业链，培育成西部地区创新力强、影响力大、绿色、低碳、循环的塑料制品生产基地和集散地，打造成国家级塑料行业转型升级示范基地。

凸显的集群效应

截止目前，中国西部(重庆)塑料生态产业园共签约项目13个，总引资67.1亿元，预计年产值119.9亿元。其中与浙江中财集团签署年产10万吨塑料管材、管件项目正式协议，项目投资4亿元，预计年产值10亿元；与守布•阿迪达公司签署家电塑料制品生产项目正式协议，项目投资5亿元，预计年产值10亿元；与融康彩印包装有限公司签署彩印包装项目正式协议，项目投资近3亿元，预计年产值5亿元；与天津华今集团就年产20万吨废旧塑料颗粒及塑料编织袋项目达成意向协议，项目预计投资20亿元以上，年产值30亿元以上。同时正与山东、浙江、广东等地50余家塑料行业企业进行项目投资接洽。随着各类知名企业的入驻，中国西部（重庆）塑料生态产业园的产业集聚效应将加快显现。

重庆市常务副市长翁杰明（后排左六）莅梁见证中国西部（重庆）塑料生态产业授牌开园暨重点项目集中签约仪式

重庆市经信委主任助理艾万忠（右）为中国西部塑料生态产业园授牌，梁平县政府县长吴盛海（左）接牌

优惠的投资政策

积极指导帮助企业争取市级、国家级相关专项资金支持；工业用地按低于成本价公开出让；企业所得税享受西部大开发优惠政策，企业所得税县级分成部分，按前三年100%、后两年50%的比例给予补贴，增值税县级分成部分，按前三年50%、后两年25%的比例补贴。在贷款、融资、担保方面给予大力支持，对符合条件的企业可申报市级贴息贷款；重点项目和重大事项实行“一事一议”、“一企一策”。

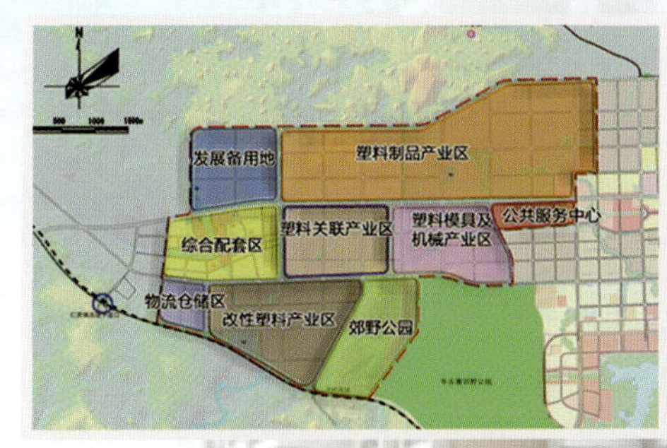

中国西部（重庆）塑料生态产业园规划示意图

优质的服务保障

园区内实行“一站式”办公，对入园企业全程代办工商注册、税务登记、项目备案等相关手续；对园区投资者实行贵宾卡制度；对重大投资项目纳入市、县重点工程进行管理，并实行县级领导联系制度。

低廉的投资成本

投资要素		投资成本					
供水	工业用水	自来水2.64元/吨，原水0.72元/吨					
供气	工业用气	2.54元/立方米（指标内）					
供电	执行平、谷、峰多级电价	种类	不满1千伏	1-10千伏	35-110千伏	110千伏	220千伏以上
		一般商业及其他用电	0.848	0.828	0.808	0.793	
		大工业用电		0.672	0.647	0.632	0.622
人工成本		最低工资标准1150元/月，非全日制最低小时工资标准11.5元/月，一般工人月工资1800-2500元/月左右；技术工人3000元/月以上；管理人员（中层以上）4500元/月以上。					

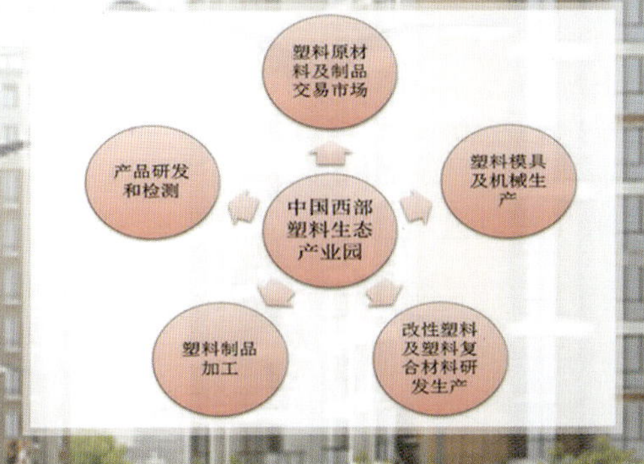

中国西部（重庆）塑料生态产业园产业链示意图

招商热线:

（023）53230269　53336371　53255546

●广州鹿山新材料股份有限公司专注高分子功能新材料研究开发与应用实践，已发展成为世界级特种热熔胶及功能性高分子材料专家企业。

●公司主要产品包括能源防腐管道、复合建材、高阻隔包装热熔胶，光电胶膜及相容剂、扩链剂、极性蜡、耐磨管道料、无卤阻燃料等功能材料，是国内技术领先的环保型高分子功能新材料专业制造商。

●已通过ISO9001、ISO14001、SO18001体系认证和TUV体系认证。

●公司拥有自主知识产权，申请100多件专利，已获授权73件。

电话：020-82266168　　传真：020-82266105

地址：广州市黄埔区云埔工业区埔北路22号　　网址：www.cnlushan.com

广州鹿山新材料股份有限公司

为变化的世界创新与服务
Innovation and service for a changing world

邦中主导产品有能源管道专用粘接树脂、新型建材领域用粘接树脂、阻隔包装领域用粘接树脂、新能源领域用粘接树脂、阻燃抗静电煤矿瓦斯管道专用材料、桥索护套管专用料、无卤阻燃聚烯烃电缆专用料、碳纤维复合材料等。此外，邦中还为客户提供材料和产品的研发和检测以及国际贸易等服务。

上海邦中高分子材料有限公司
Shanghai Banzan Macromolecule Material Co., Ltd

地址：上海市松江区莘砖公路518号11幢14楼
ADD：14F, Building 11, No.518 Xinzhuan Highway, Songjiang District, Shanghai
电话/ TEL：021-577 722 88　传真/ Fax：021-577 768 68

www.banzan.com

UPASS FILM EXPERT BY YOUR SIDE！

优珀斯 高分子功能性薄膜专家

企业介绍

上海优珀斯材料科技有限公司，成立于2008年，是以高分子功能性薄膜代替工业用纸为宗旨，并有自主知识产权的环保型高新技术企业，目前已有各类自主知识产权专利70余项，成功研发出“SDM强力薄膜”、“防滑防粘膜”、“带撕裂线的防粘膜”和“皱纹亲水防粘膜”等系列产品。

公司总部位于上海，营销区域辐射全国，并已经走出国门，远销中东、欧洲等地。为更好服务客户，优珀斯建有江苏太仓、河北任丘两大生产基地，为国内外客户生产优质产品。其中江苏太仓生产基地占地60亩，2014年6月投入使用，并引进全球最先进设备，采用现代标准化管理，是优珀斯打造的样板旗舰基地。

2011年，优珀斯成为中国建筑防水协会理事单位，中国改性塑料专业委员会副理事长单位，成为中国首家建立聚乙烯防粘膜产品质量企业标准（标准号：Q/TPXP　1-2010）的公司，并通过了ISO9001质量管理体系认证，2014年成为上海市高新技术企业。

公司现阶段在“培养优秀员工，生产优质产品，优先服务客户”的“创三优企业”和“国家、客户、供应商、员工、投资人”五和五得利的“筑五和梦想”理念指导下，正以每年30%－50%的速度高速发展。

市场及产品

SDM强力薄膜，网纹离型膜，多功能离型膜

适用于防水、标签、包装、胶粘等市场基材与离型材料。

知我电话：021-59797962 爱心传真：021-59797857

400003-700003

www.upasschina.com

www.allteach.com.cn

上海青浦区嘉松中路799号

Feel comfortable with our colorants

HIGH PERFORMANCE,
LOW HALOGEN CONTROLLED,
LEAD CHROMATE REPLACEMEN,
FDA APPROVED SOLUTIONS

科莱恩的着色剂让您感到更舒适

高性能，
“无卤”，
铅铬替代，
FDA 认证

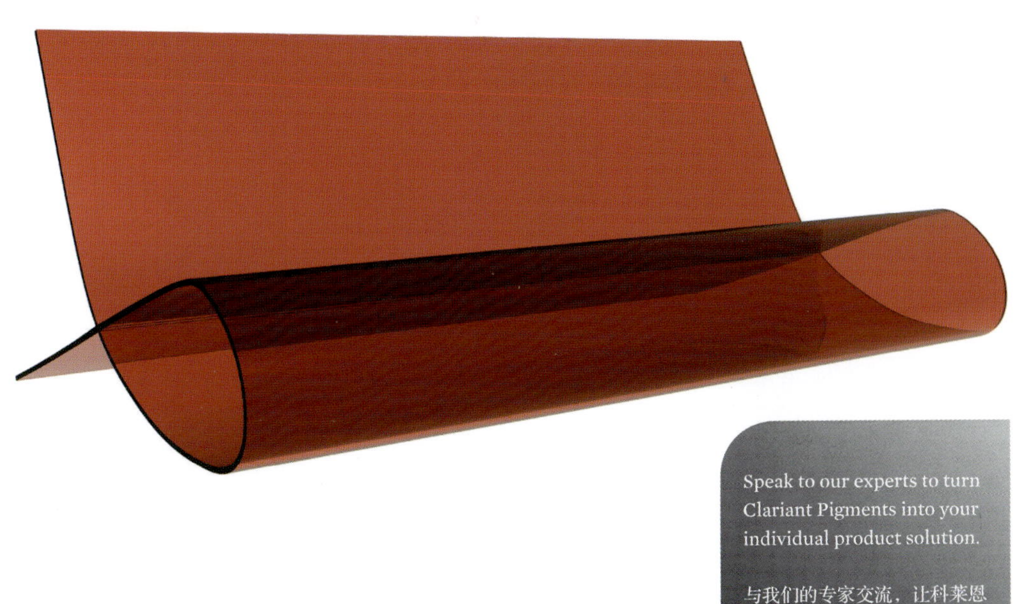

Speak to our experts to turn Clariant Pigments into your individual product solution.

与我们的专家交流，让科莱恩的颜料成为您所需独特产品解决方案的一部分。

科莱恩化工（中国）有限公司

陈玉芸 中国大陆
电话：+86 (21) 2248 3233

凌莉 台湾区
电话：+886 (2) 2512 5179

KilHong Park 韩国
电话：+82 2510 8366

WWW.PIGMENTS.CLARIANT.COM

what is precious to you?

x-rite PANTONE®

爱色丽全新Ci7x系列
台式分光光度仪

"爱色丽新产品Ci7800和Ci7600提供了业内前所未有的杰出性能和广泛的适用性，帮助用户解决最复杂的色彩管理和测量问题！"。

Ci7800和Ci7600可调整适用于任何色彩供应链，包括那些固定使用其他供应商的仪器者。产品亮点包括：

- 高级审核功能
- 自动化仪器设置
- 应用灵活
- 轻松迁移原始色彩数据等

爱色丽 www.xrite.cn（中国） www.xrite.com（全球）

香港–亚洲地区总部
电话：(852) 2568-6283

上海
电话：(021) 6448-1155

北京
电话：(010) 8478-5490

广州
电话：(020) 8375-2900

Id Extrusion Technology

我们一直致力于创新

一群资深的人士，

为了共同的事业走到了一起。

一腔创业的热血，

为了功能薄膜装备的创新在努力。

一致期望的目标，

为了打造百年基业而奋斗。

我们的产品范围：

- 多层共挤流延薄膜生产线
- 多层共挤阻隔流延薄膜生产线,
- 多层共挤吹膜薄膜生产线
- 多层共挤阻隔吹膜生产线,
- 模具及下游设备

靓迪 — 功能薄膜整体解决方案的领导者

顺德靓迪机械有限公司

地址：广东省佛山市顺德区大良五沙高新科技园新悦路28号

邮编：528333

电话：+ 86 757 2227 4538

传真：+ 86 757 2227 5179

手机：+ 86 137 0263 7133

邮箱：leixiangjun@126.com　ld@grandextrusion.com

网址：www.grandextrusion.com

www.fcs.com.tw

富強鑫集團
FCS Group

嶄鑫視野/節能綠化/全心生活

同業領先指標

雙色機首選品牌
客製化定制服務
領先推出油電複合式注塑機
台灣同業首家且唯一上櫃公司

獲獎

台灣精品獎
注塑機「美學獎」
研究發展創新「特優獎」
中國注塑機行業十強企業

認證

榮獲 TTQS 銅牌認證
通過 ISO9001 與 CE 認證
通過 OHSAS18001 認證

美學獎　特優獎

射出成型科技領航者

臺灣富強鑫
71841台南市關廟區埤頭里保東路269號
TEL: +886-6-5950688 • FAX: +886-6-5951129
E-mail: fcsco@fcs.com.tw

東莞富強鑫
廣東省東莞市大朗鎮石廈管理區金廈東路18號
TEL: +86-769-83313753 • FAX: +86-769-83181903
E-mail: cdg@fcs.com.tw

寧波富強鑫
浙江省寧波市江北區海川路115號
TEL: +86-574-56138688 • FAX: +86-574-56138699
E-mail: cnb@fcs.com.tw

>挤出机 >喂料机 >部件 >气力输送 >成套方案

>> STS Mc11 -科倍隆新一代 STS 双螺杆挤出机。新的 STS Mc11 比扭矩 11.3 Nm/cm³，产量提高最高达 27%，配混产品品质更优。

>> www.coperion.com/stsmc11-cn

STS Mc11 优势

>STS 挤出机首次达到 ZSK MEGAcompounder 专利技术条件

>科倍隆独家自主品牌，欧洲制造传动箱

>螺杆转速从 800 提高到 900 rpm

>新增多项易清洁和快速更换配方的人性化设计

>STS Mc11 是科倍隆南京挤出机品质新高度

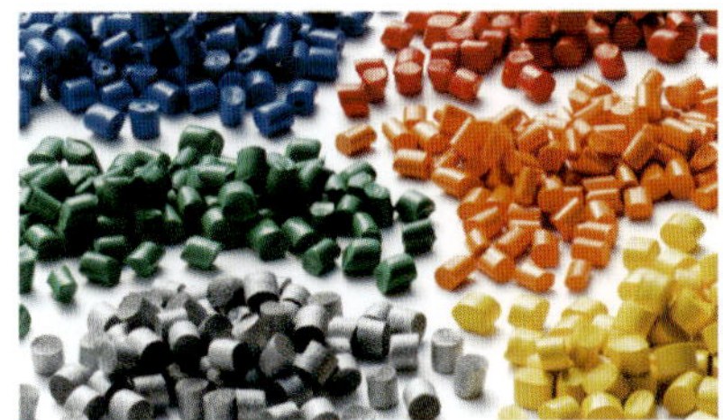

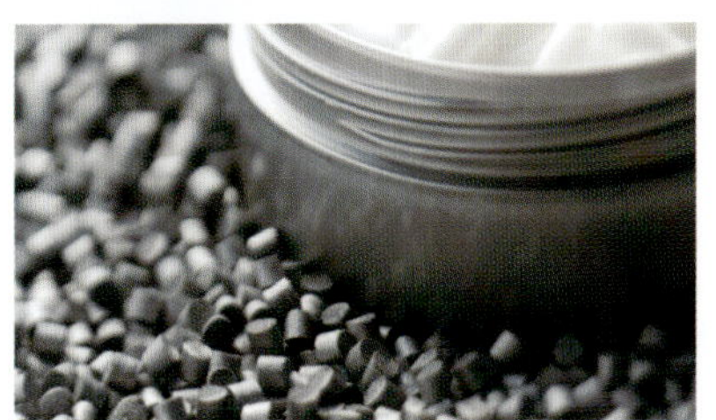

>> STS

Mc11

最佳品质 更高扭矩

新

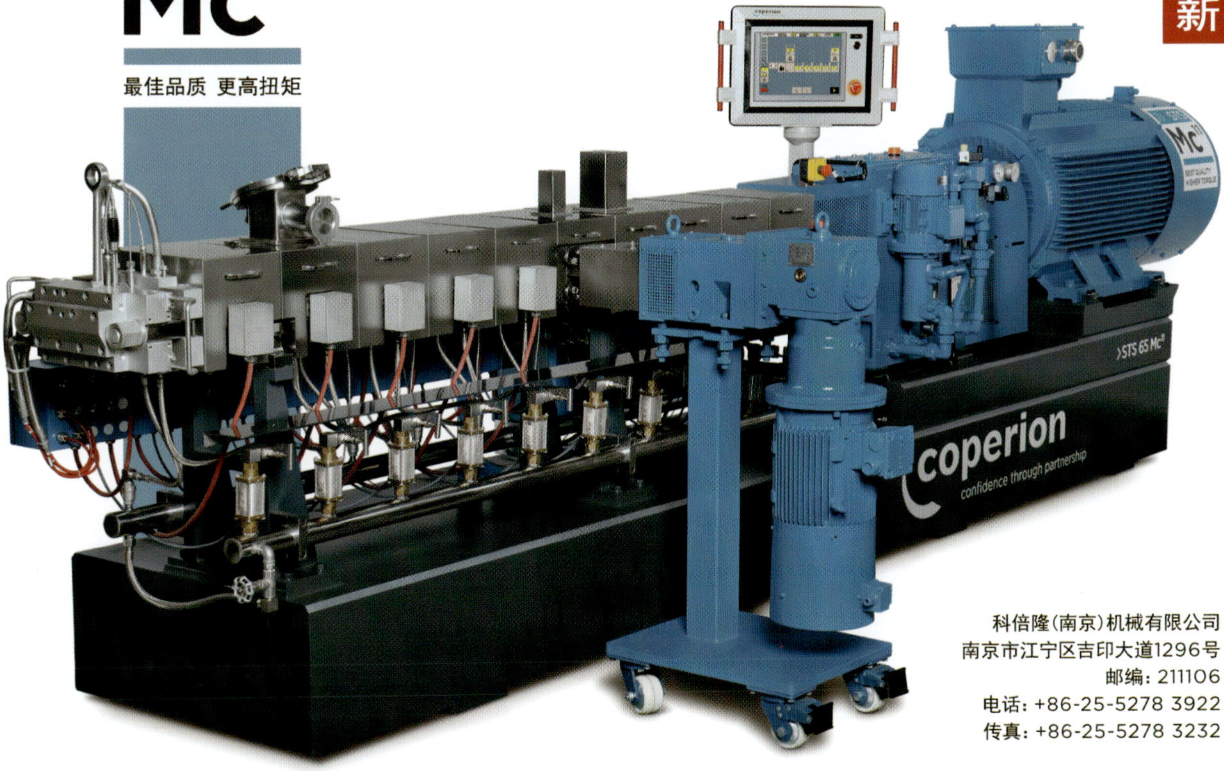

科倍隆(南京)机械有限公司
南京市江宁区吉印大道1296号
邮编：211106
电话：+86-25-5278 3922
传真：+86-25-5278 3232

coperion
confidence through partnership

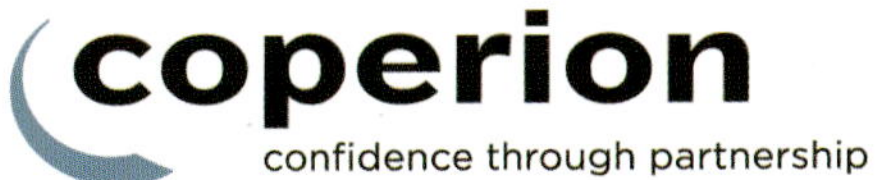

西藏民生管业有限公司成立于 2012 年 3 月，注册资金 5000 万元，现有员工 120 余人。公司坐落在雪域高原美丽的日喀则工业园区，占地面积 146667 平方米，建筑面积近 20000 平方米，是目前西藏境内唯一一家规模最大、品种齐全，专业从事各类新型节能环保塑料管道研究、开发、生产和销售的制造商。我公司现各资质手续齐全，是高新技术企业，是西藏自治区唯一一家国家级非金属焊工考试机构。公司已取得质量管理体系认证、环境管理认证和职业健康安全管理认证证书，获得 9 项实用新型专利，是全国工业品牌培育示范企业。

公司引进具有国际国内先进水平的管道生产线、检测设备和专业技术人才，生产各类给排水及燃气输送塑胶管道，年生产能力达 10000 吨以上。钢带增强聚乙烯螺旋波纹排水管生产线可生产 DN300mm ～ DN2200mm 口径的管道；钢丝网骨架聚乙烯塑料复合给水管生产线可生产 DN20mm ～ DN630mm 的管道。此外，还有种类丰富、规格齐全的配套管件。产品已广泛应用于工农业给排水管网系统，农村饮用水及农牧业灌溉，市政及小区雨污收集和排放系统，电力、通讯、矿山井下通风系统和尾矿输送等领域。

地址：西藏日喀则地区日喀则工业园　公司网址：www.xzmsgy.com　邮箱：xzmsgy@126.com
电话：0892-8898333　8898666　传真：0892-8898333

钢带增强聚乙烯螺旋波纹管

钢丝网骨架塑料复合管

聚乙烯（PE)给水管

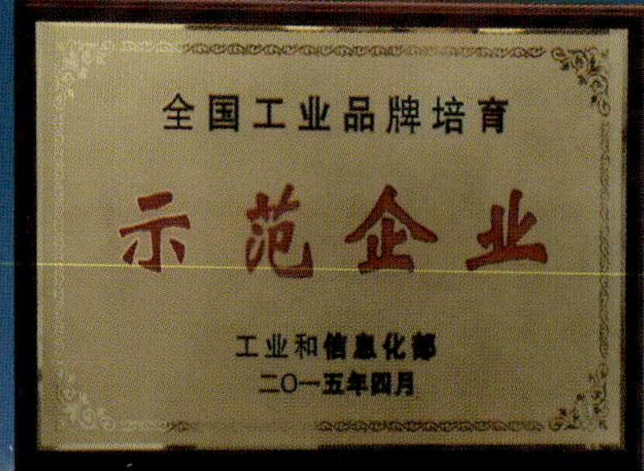

康泰建材，生态未来

民建·市政·家装·型材门窗

民建管道工程系统解决方案

充分满足业主与地产商的需求，秉承绿色环保，高效优质的原则，针对民用建筑工程推出管道工程系统解决方案，持续为客户创造高价值，构建更理想的居住空间。

市政管道工程系统解决方案

以生态为理念，针对市政建设工程推出管道工程系统解决方案，为政府创造更高的社会价值，为民众带来更加优越的生活环境。

康泰精品健康家装管

采用国际领先的生产设备与制造工艺，秉承康泰工程管道核心优势，采用独有"稳净"配方，为每一个家庭提供舒适、实用、安全好管道！

康泰优质环保门窗异型材组合

一次成型，品质优越，包含双色共挤、木纹、压花、喷涂等多种型材类型，可满足不同建筑风格和设计需求。有效保护室内环境，提供舒适、节能使用空间。

康泰塑胶科技集团有限公司
KANGTAI PLASTIC SCIENCE & TECHNOLOGY GROUP CO.,LTD

http：//www.ktsj.com.cn　E-mail：ktjt@ktsj.com.cn

成都崇州生产基地：四川省崇州市经济开发区宏业大道北段40号
河南新郑生产基地：河南省新郑市新港产业聚集区
浙江德清生产基地：浙江省德清县莫干山经济开发区双山路西
辽宁盘山生产基地：辽宁省盘锦市盘山县新材料工业园

4008-827-315

产品宣传资料商业标识说明：
此商标均为康泰集团的注册商标，凡标注上述商标标识的产品，均为康泰集团产品！请广大消费者知悉！本项解释权归康泰集团所有！

CHS—中国配线器材行业领导者

CHS—无处不在

食品

航空

服装

汽车

农业

物流

建筑

电器

主要产品：

自锁式尼龙扎带、各种款式尼龙扎带、不锈钢扎带、钢钉线卡、接线端子、冷压端头、压线帽、定位片、缠绕管、配线槽、尼龙电缆固定头等配线器材。

我们的宗旨：

为顾客提供最大价值，为员工营造最好的环境，为社会做出最大的贡献。

高点无处不在，征服高点至关重要。

不是所有高峰都能到达，但是我们愿意尝试。

每一次精诚的合作，都是对我们的信赖与认可。

下一个目标，我们将期待您的加入。

CHS—愿与您携手共成长

中国.长虹塑料集团

网址：www.chs.com.cn

电话：0577-62799888　　传真：0577-62793006

创造高值化产品

携手 深耕中国、竞逐世界

南亚塑胶公司因应国际化经营，从1994年逐步开展中国投资布局，由塑胶二次加工作为起点。目前在中国南通、广州、惠州、厦门、郑州、东营、芜湖等地设有生产基地，主要生产包括PVC软、硬质胶布、PVC、PU人造革、PVC、PET粘合装饰材、PVC、PE保鲜膜、BOPP薄膜、珠光纸、工程塑胶、PVC塑胶粒、塑胶管材、塑胶栈板、硬质板材等产品。

各厂区全面导入台湾母公司各项管理制度，经营活动全面纳入电脑管理，提升整体经营绩效。已通过ISO9001、ISO14001、OHSAS18001、TS16949及3C认证。

公司秉持"勤劳朴实、实事求是"，推行全面品质管制活动，并加强研发新材质、新用途、差异化、高值化产品，提供客户完全满意的品质与服务，与客户携手同心深耕中国、竞逐世界。

南亞塑膠工業股份有限公司

NAN YA PLASTICS CORPORATION

南通厂区：
地址：江苏省南通市通京大道101号
总机：0513-85291811
http://www.nypc.com.cn

广州厂区：
地址：广东省广州市白云区石井镇滘心村
总机：86-20-36413900
http://www.nypcgz.com

惠州厂区：
地址：广东省惠州市博罗县石湾镇石湾大道230号
总机：86-752-6926666
http://www.nanyahz.com.cn

厦门厂区：
地址：福建省厦门市海沧区新阳工业区新美路2号
总机：86-592-6510371
http://www.xmjqf.com

江苏诚盟装备股份有限公司

Jiangsu Cenmen Equipment Corp.,Ltd

股票代码：831031

江苏诚盟致力于以各类高分子材料（塑料、橡胶、化纤等）为主体对象的现代过程装备及相关工艺与工程领域的技术研发、产品设计制造，直至成套装置的交钥匙工程。

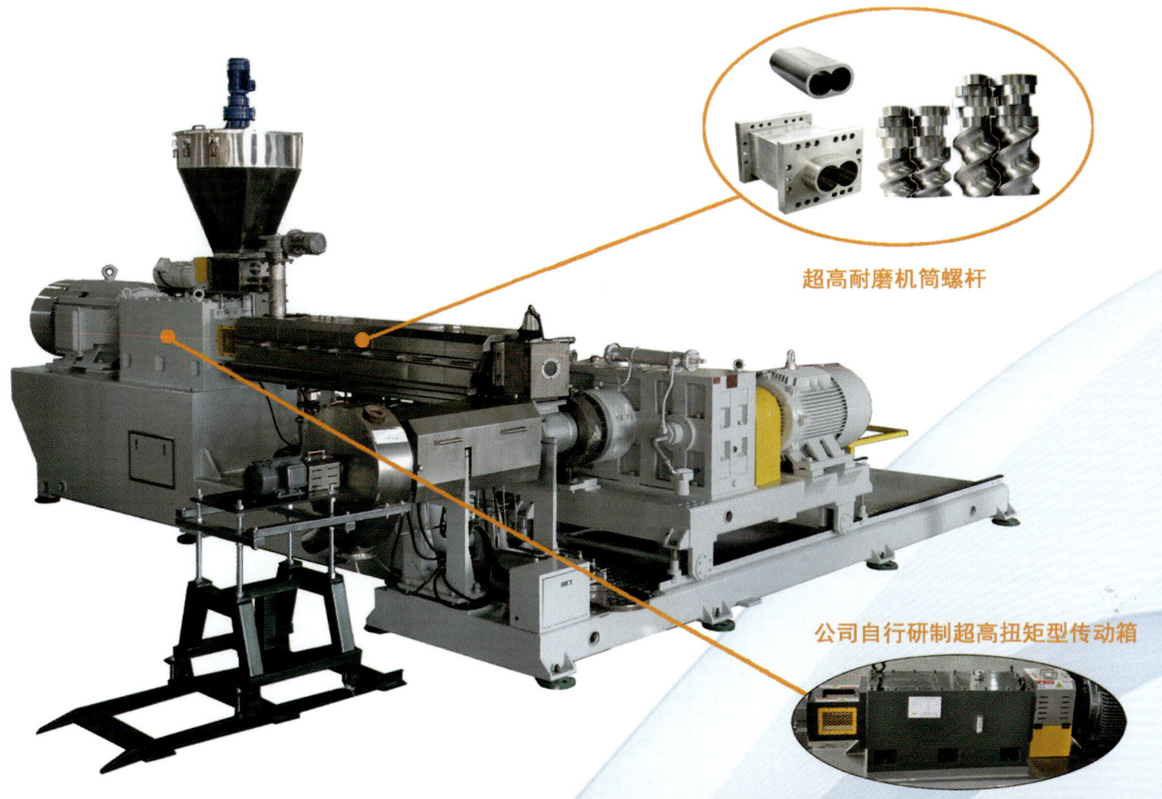

公司主要产品系列

- ◆通用型同向双螺杆挤出机系列
  - --TSB标准型双螺杆挤出机
  - --TSH高扭矩双螺杆挤出机
  - --TSS超高扭矩双螺杆挤出机
  - --TSV超大容积高扭矩双螺杆挤出机
- ◆特种双螺杆挤出机系列
  - --TSD排气脱挥型双螺杆挤出机
  - --TSR反应挤出双螺杆挤出机
  - --SDJ双阶式混炼挤出机系列
- ◆WHS往复式单螺杆挤出机系列
- ◆CM双转子连续混炼机系列
- ◆SEH超低能耗新型高效单螺杆挤出机系列
- ◆密炼机+双/单螺杆组合式机组
- ◆SCP系列卧式自洁双轴混合机与脱挥反应器

各类典型专用成套生产线与成套装置交钥匙工程

- ◆各类填充、共混、增强、合金化与功能母粒配混造粒生产线
- ◆各类电线电缆料专用成套装置
- ◆各类功能性片板材混炼成型一步法挤出成套装置
- ◆免干燥PET瓶片一步法片材挤出成套机组
- ◆LFT-D长纤维增强热塑料在线模压成型机组
- ◆硅酮胶混炼排气挤出成套机组
- ◆TPU（弹性体、粘接剂、氨纶）双螺杆反应挤出成套机组与工艺技术
- ◆超临界发泡挤出成套机组
- ◆蓄电池微孔聚乙烯隔板成套机组
- ◆新型无味环保接枝反应挤出专用成套机组
- ◆双螺杆聚合反应挤出机组
- ◆各类橡胶类挤压脱水后处理专用机组
- ◆各类高聚物大容量脱挥挤出造粒专用机组
- ◆涤纶纺织物再生增粘成套机组
- ◆各类回收塑料（高聚物材料）循环再生与深度加工专用成套机组

总部地址：南京市高新技术产业开发区聚龙路10号　销售热线：58490197

网　　址：www.njcmsj.com　电子信箱：mhong@njcmsj.com

上海永利带业股份有限公司

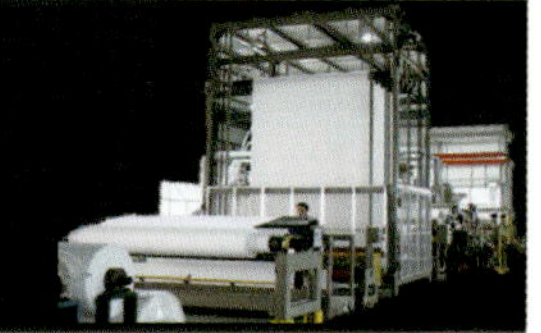

上海永利带业股份有限公司创建于2002年，坐落于国际大都市上海市，办公地位于上海市虹桥枢纽附近的青浦区徐泾镇徐旺路58号。公司是一家以研发、生产制造、销售各种规格型号轻型输送带产品的专业公司，也是目前国内专业性、配套性最强的新材料类轻型输送带研发生产高科技企业。系国内第一家具备替代进口轻型输送带的民营企业，当前综合实力在行业内的排名是中国第一。公司于2011年6月在深圳证交所创业板上市，股票代码为300230。

公司自成立以来取得了许多荣誉和成绩：国家火炬计划重点高新技术企业、上海市高新技术企业、上海市技术中心、上海专利示范企业、上海民营科技综合百强、上海市著名商标、上海名牌产品。多项技术被上海市科委认定为上海市高新技术成果转化项目，其中高粘结强度多功能PVC-TPE输送带材被上海市科委认定为上海市火炬计划项目，高摩擦PVC-TPE花色输送带被认定为上海市重点新产品，高强度精密石材带被认定为国家重点新产品，高剥离PE输送带被认定为青浦区专利新产品。2008年与同济大学共同设立国内第一家“轻型输送带研发中心”。2014年与华东理工大学共同设立“轻型输送带

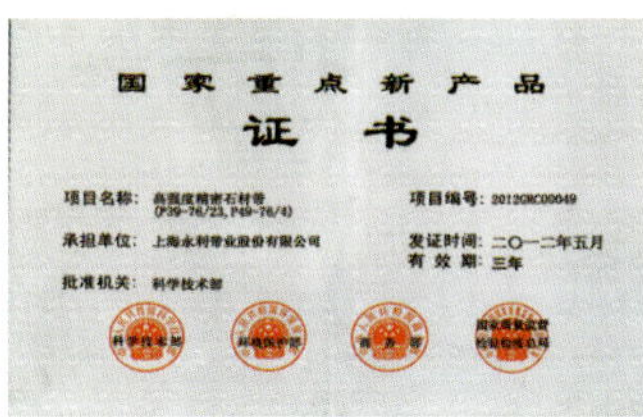

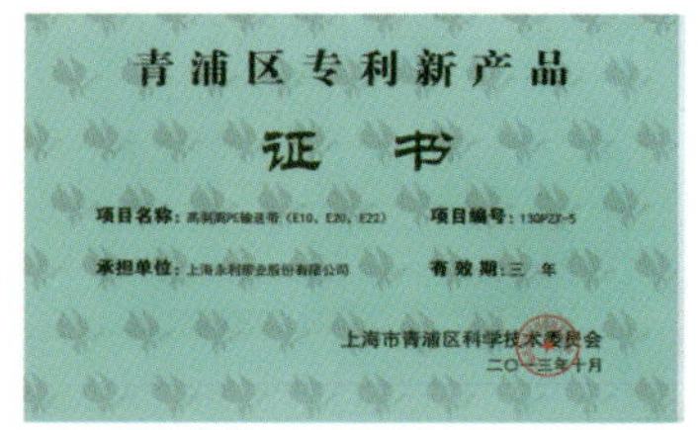

目前，公司共申请国家专利70多项，其中授权的发明专利13项，产品技术经上海科学技术情报研究所查新检索，达到国家领先水平。公司产品被广泛的应用到各种行业，国内市场占有率达到30%。公司在天津、沈阳等地设有8个办事处，拥有接头设备及输送带仓库。 2009年，永利在荷兰注册了永利欧洲公司。2010年，在韩国设立了永利韩国，在土耳其和印度分别设定了代理商，专业销售永利产品，产品已出口世界各地。2014年我公司以100%股权并购青岛英东模塑，使我公司在巩固轻型输送带领域的领先优势的同时，积极拓展塑料链板输送带等新产品，从而实现产品线拓展及企业扩张的发展战略。公司始终以完善的服务、创新的思维、卓越的管理，打造世界新材料轻型输送带的生产基地。

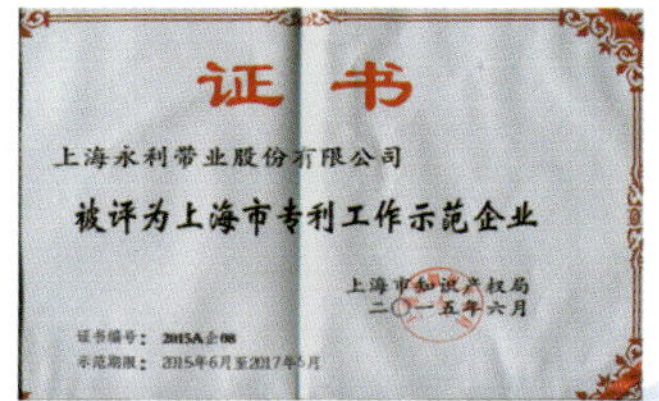

www.yonglibelt.com

地址：上海市青浦区徐泾镇徐旺路58号　邮编：201702

销售部

tel：021-6316 0706
021-6313 3884
fax：021-6316 0709

技术部

tel：021-5988 4057-211　　fax：021-5988 4157

高效节能型锥形同向双螺杆挤出技术

列入国家发改委重点节能技术推广目录（第五批）

一家集塑料挤出机的研发、生产、销售为一体的高新技术企业；

省AAA级守合同重信用单位，国家级守合同重信用企业公示单位；

《锥形同向双螺杆塑料挤出机》行业标准第一起草单位；

《锥形异向双螺杆塑料挤出机》行业标准第一起草单位；

专业制造：

锥形同向双螺杆硬质PVC造粒机　PVC木塑发泡板材挤出机

锥形同向双螺杆电缆料造粒机　锥形同向双螺杆铝塑板挤出机

锥形同向双螺杆PPR管材挤出机　锥形同向双螺杆双壁波纹管挤出机

锥形同向双螺杆超高分子量聚乙烯挤出机

舟山市通发机械有限公司

舟山市定海通发塑料有限公司

地　址：浙江省舟山市定海区盐仓街道临欣路3号

电　话：0580-8891168　0580-8891186

网　址：www.zjtongfa.cn

联系人：吴信聪　13957236628

网址: www.chinappr.com

选择白蝶 就是放心!

全国免费电话
800-820-0166

上海白蝶管业科技股份有限公司是一家从事高科技、高性能、环保型的新型管材、管件的生产和销售的股份制企业。1997年底在国内率先开发生产了“给水用三型聚丙烯（PP-R）管道”产品，广泛应用于工业及民用冷热水给水系统、纯净饮用水系统、采暖及中央空调等系统，是传统金属管道的理想替代产品。

公司建立了三大生产基地，拥有德国进口克劳斯玛菲、奥地利辛辛那提、巴顿菲尔等全自动在线检测管材挤出生产线和众多的注塑设备，并配备有多台进口管件焊制设备及检测试验设备，可生产口径自16mm～450mm多种压力等级的PP-R管、PE管、PE-RT管、PP-R稳态复合管、3S聚丙烯静音排水管、PVC-U排水管、PVC-U电工套管、β.PP-R管材和相配套的管配件，产品广泛应用于市政供水、饮用水、建筑给排水、化工、医疗、采暖等领域，进一步扩大了白蝶产品的应用领域和市场占有率。

公司作为中国塑料管道专业委员会副理事长单位，全国塑料制品标准化技术委员会（TC48/SC3）委员单位，在把产品推向市场的同时，注重了配套的应用技术和相关产品的研究开发，先后完成了“PP-R国家标准”的制订，编制了“PP-R管道设计、施工、验收规范”、“PP-R空调管施工规程”、“PP-R施工图集”等。

公司从投产塑料管道开始就把产品质量放在生产经营工作的首位，从93年开始，已连续多年通过了国家和上海地方的产品质量监督抽查，产品质量稳定、可靠，在用户中有很高的信任度，并以全国的营销网络为基础建立了售后服务体系，开设了800-820-0166的全国服务热线，以保证跟广大用户的直接联系，在用户中有很高的信任度。先后获得上海市著名商标、上海名牌产品称号。

地址: 上海市奉贤区金汇镇明星村799号　邮编: 201405　电话: (021)57586421　传真: (021)61294390　邮箱: shwb@chinappr.com

H-Qing® 烟台鸿庆包装材料有限公司

烟台鸿庆包装材料有限公司成立于2004年，是致力于BOPP/PET预涂膜的研发和生产的专业厂家。公司位于烟台栖霞市桃村东部工业园区，总投资9892多万元，占地面积35000平方米，建筑面积27500平方米，距离烟台飞机场、火车站、码头仅有半小时的路程，地理位置优越，交通十分便利。公司现有员工二百多人，其中具有大中专学历一百多人，占员工总数的50%以上，拥有专业工程技术人才36人。

公司于2013年通过ISO14001:2004、ISO9001:2008质量认证，公司的产品在食品包装和卫生领域也通过多项认证，通过了SGS/CSTC/QS/CMA以及MSOS等多种测试。并依靠先进的国内外技术，卓越的管理，完善的售后服务和充满活力并有创新精神的人力资源团队，使得公司的产品在国内外市场占有率稳步上升的同时，已经陆续出口到德国、俄罗斯、澳大利亚、中东、南美洲以及非洲等30多个国家和地区。

公司先后荣获“中国塑料加工工业协会会员单位”、“山东省质量技术监督局质量认证合格单位”、“山东省包装印刷工业协会理事会员单位”、“烟台市民营企业协会会员单位”、“山东省十佳企业”、“经济建设突出贡献先进单位”、“安全生产先进单位”、“烟台市企业技术中心”等多项荣誉。公司申请专利6项，其中发明专利3项，并获得多项科技成果进步奖。

2014年公司生产预涂膜8500多吨，实现销售收入13500多万元，2015年，公司计划生产预涂膜12000吨，销售收入可达 18000万元，为扩大规模，公司在安徽桐城建立了分公司，并于2014年开始投入运营，目前公司产品质量和数量全国同行业领先。

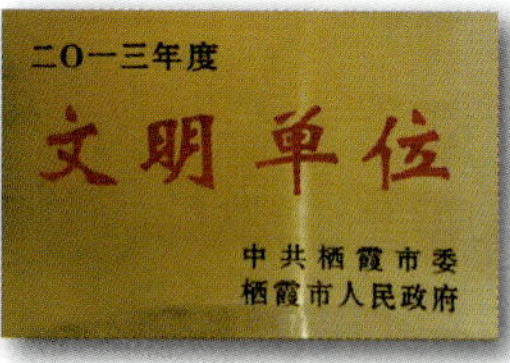

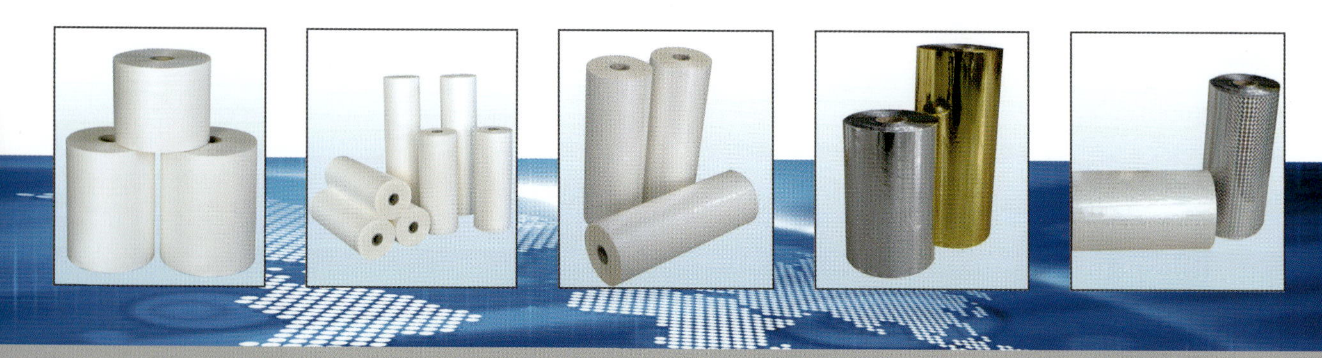

泰瑞，致力于为用户创造最大价值

我们拥有15万平米现代化的厂房，一万台年产量的制造规模

我们拥有原装加工设备和自主创新的设计理念

我们拥有主关件的精密铸件制造和加工的能力

我们有45-7000吨的三大系列的产品供您选择，并为您提供最优方案

我们拥有93个国家用户的信赖

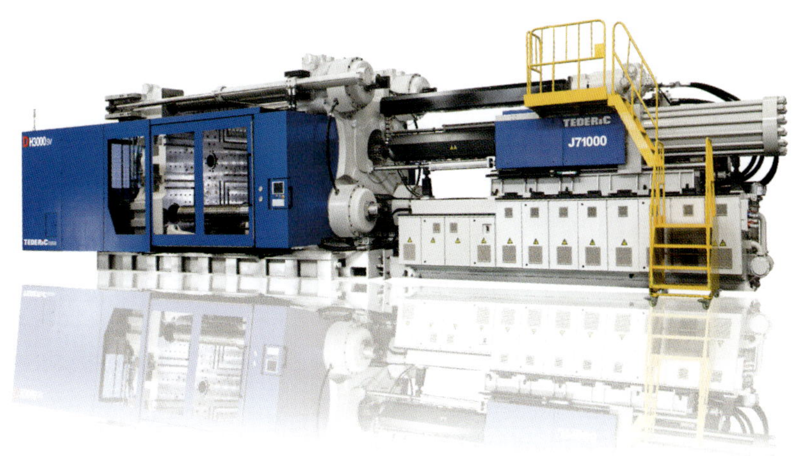

泰瑞机器股份有限公司
TEDERIC MACHINERY CO., LTD.

Tel: 4008-876-896
Email:tederic@tederic-cn.com
http://www.tederic-cn.com

泰瑞机器 共塑梦想
TEDERIC MACHINERY MOLDING DREAMS

恒久耐候　环保型材彩色料专家

1 PMMA、ASA彩色改性共挤料；PVC高耐候彩色共挤料；

2 PVC彩色型材专用通体色母料、木纹色母料；

3 PVC、PE木塑专用通体色母料、木纹色母料；

4 PVC白色型材和彩色型材专用耐候剂

本公司通过ISO9001：2008质量管理体系认证

诚信为先.质量为本.创新为源

天雄公司系列产品已通过GB/T8814-2004新国标4000-6000小时耐候性检测，经过全国多家大中型型材企业的生产应用以及分布在全国各地众多工程的实际验证，是值得信赖的产品。

佛山市凯粤天雄塑料科技有限公司
KaiYue Grand Sky Plastic Technology Co.,Ltd.

地址：广东省佛山市顺德区勒流富安工业区连花路1号
电话：0757-28819926 28819927 28819928 传真：0757-28809122
(安徽) 芜湖市天雄新材料科技有限公司
电话：0553-5961281 传真：0553-5961281
(四川) 广汉市天雄新材料有限公司
电话：028-84818808 传真：028-84818808
(新疆) 昌吉天雄公司
电话：0994-6502669 传真：0994-6502669

网站：http://www.kygrandsky.cn 邮箱：TX@kygrandsky.com 免费热线电话：4-000-111-757

浙江明日控股集团股份有限公司

董事长 韩新伟

[浙江明日控股集团股份有限公司]为中国塑料加工工业协会副理事长、浙江省塑料行业协会会长单位，大股东为浙农控股集团有限公司，成立于1998年。目前，公司总股本15000万股，总资产逾20亿元，员工500多人，主营塑料原料、化工产品贸易和塑料薄膜加工业务，汇总经营收入近200亿元，多年来年均增速达到30%水平，公司已发展成为中国塑化分销服务商行业龙头企业。

公司坚持大宗化学品为主线，与国内、国际石化企业建立起了良好合作关系。目前，年经销量近200万吨，主要产品包括PE、PP、PVC、ABS、PS、EVA、茂金属、弹性体、PA、POM、PC、PET、PPS、PPE、PEEK等原料、助剂、母粒、甲醇、乙二醇等化工产品及农用薄膜、包装薄膜等工业产品。

公司立足华东、面向全国，在浙江省各地市、上海、江苏、福建、安徽、江西、山东、广东、四川、湖南、陕西、河南、天津和宁波港、上海港、广州港、天津港设立分销机构，在华东地区形成了畅通、高效的分销网络体系。公司还在新加坡、香港成立境外离岸公司，开展转口贸易、美金业务。

公司始终坚持“开拓、创新、诚信、共赢”的企业精神，先后被国家工商总局授予全国“守合同重信用”单位，2008-2014年连续被全国工商业联合会授予“中国民营企业500强企业”，2005年以来连续被浙江省工商局授予“重合同守信用AAA级单位”称号，被浙江省人行、农行评为“信用等级AAA级企业”称号。

公司正以全球化、一体化和信息化的战略眼光，努力成为提供物流、技术、信息支持的全国最优秀、最具持续竞争力的塑化产业链服务平台。

公司热诚希望与有志之士精诚合作，共创伟业！

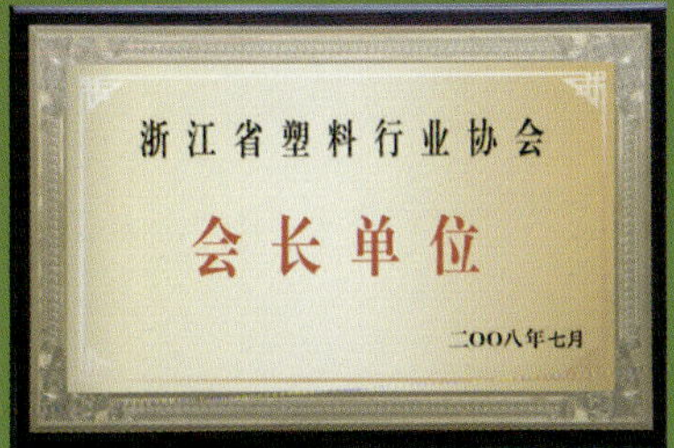

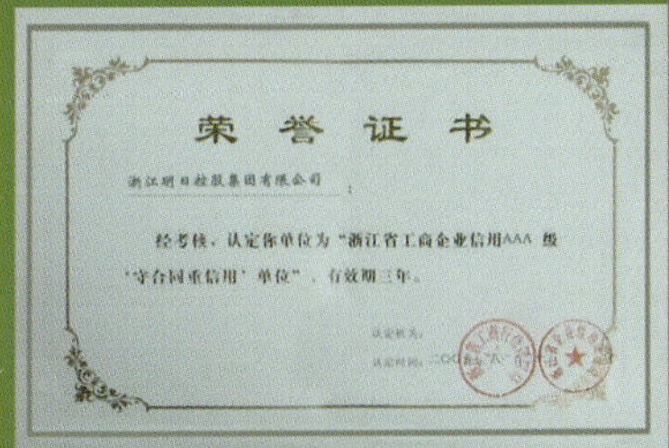

中石化、上海赛科、扬子巴斯夫、三圆石化、中煤榆林、陕西北元核心客户
新疆天业浙江省、安徽省区域经销商
埃克森美孚化工浙江省、山东省战略合作伙伴
沙特阿美福建省战略合作伙伴

总部大楼

联系方式：

地 址：中国杭州市滨江区泰安路199号浙江农资大厦
电 话：0571-87661222　邮 编：310052
传 真：0571-87661333　网 址：www.zjmr.cn

www.beierpm.com

通过国家塑料机械产品质量监督检验中心认证，质量全国领先。

BRD60.75.90.120/38D

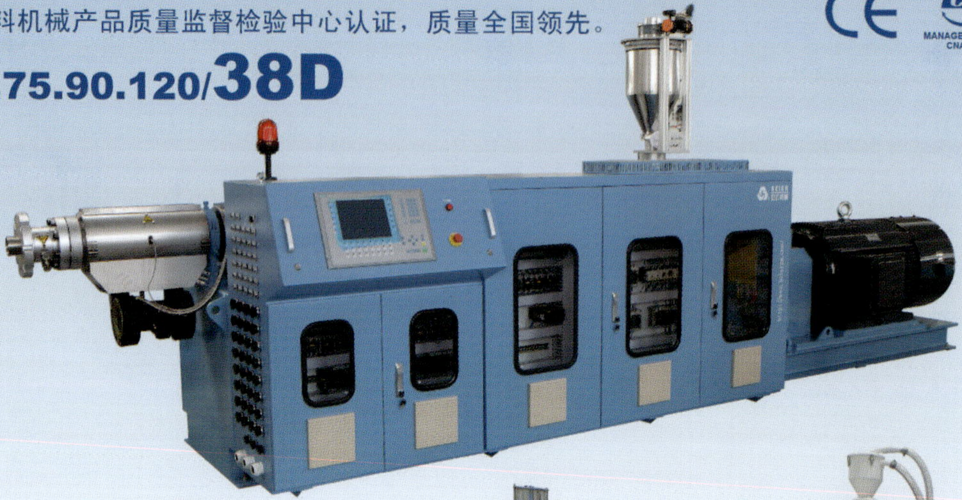

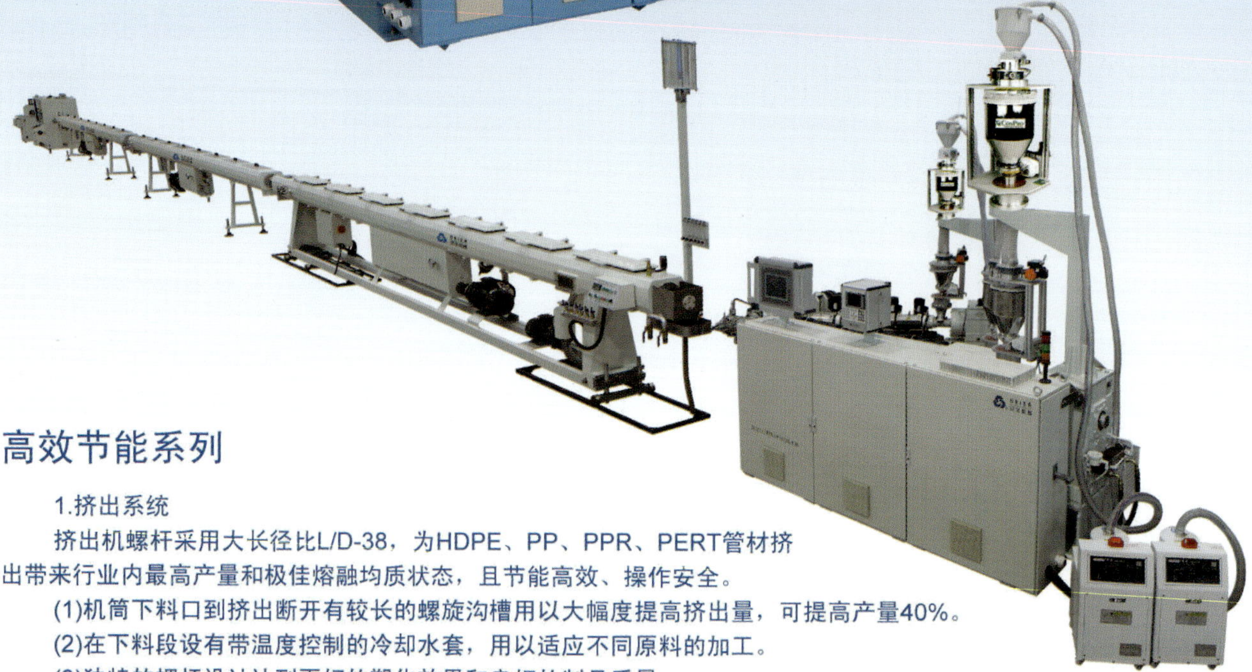

高效节能系列

1.挤出系统

挤出机螺杆采用大长径比L/D-38，为HDPE、PP、PPR、PERT管材挤出带来行业内最高产量和极佳熔融均质状态，且节能高效、操作安全。

(1)机筒下料口到挤出断开有较长的螺旋沟槽用以大幅度提高挤出量，可提高产量40%。

(2)在下料段设有带温度控制的冷却水套，用以适应不同原料的加工。

(3)独特的螺杆设计达到更好的塑化效果和良好的制品质量。

(4)特殊的螺杆机筒结构，采用欧洲技术，能效比达到1:4.5以上，更加高效节能。而普通单螺杆挤出机一般为改为1:2~3，同样的挤出量耗能更少。

2.传动系统

(1)减速机采用高扭矩减速机。

(2)齿轮箱齿轮材料选用高品质合金钢，保证齿轮在负载状态下的完美啮合，实现低噪音和高效率。

3.电气控制

整机采用PLC控制，驱动采用欧陆控制器或ABB变频调速器，操作界面为西门子触摸屏操作板(Simatic Multi Panel)，是一款全电脑控制挤出机。可实现整线的数字化同步调速运行。

贝尔机械集团
高效挤出事业部
PVC配混事业部
塑机辅机事业部
废塑料回收装备事业部

地址:江苏省张家港市经济技术开发区港城大道东侧
邮编:215600
销售热线:0512-58682198;58698128;58915901
传真:0512-58682126
邮箱:hdf@beierpm. com
网址:http://www. beierpm. com

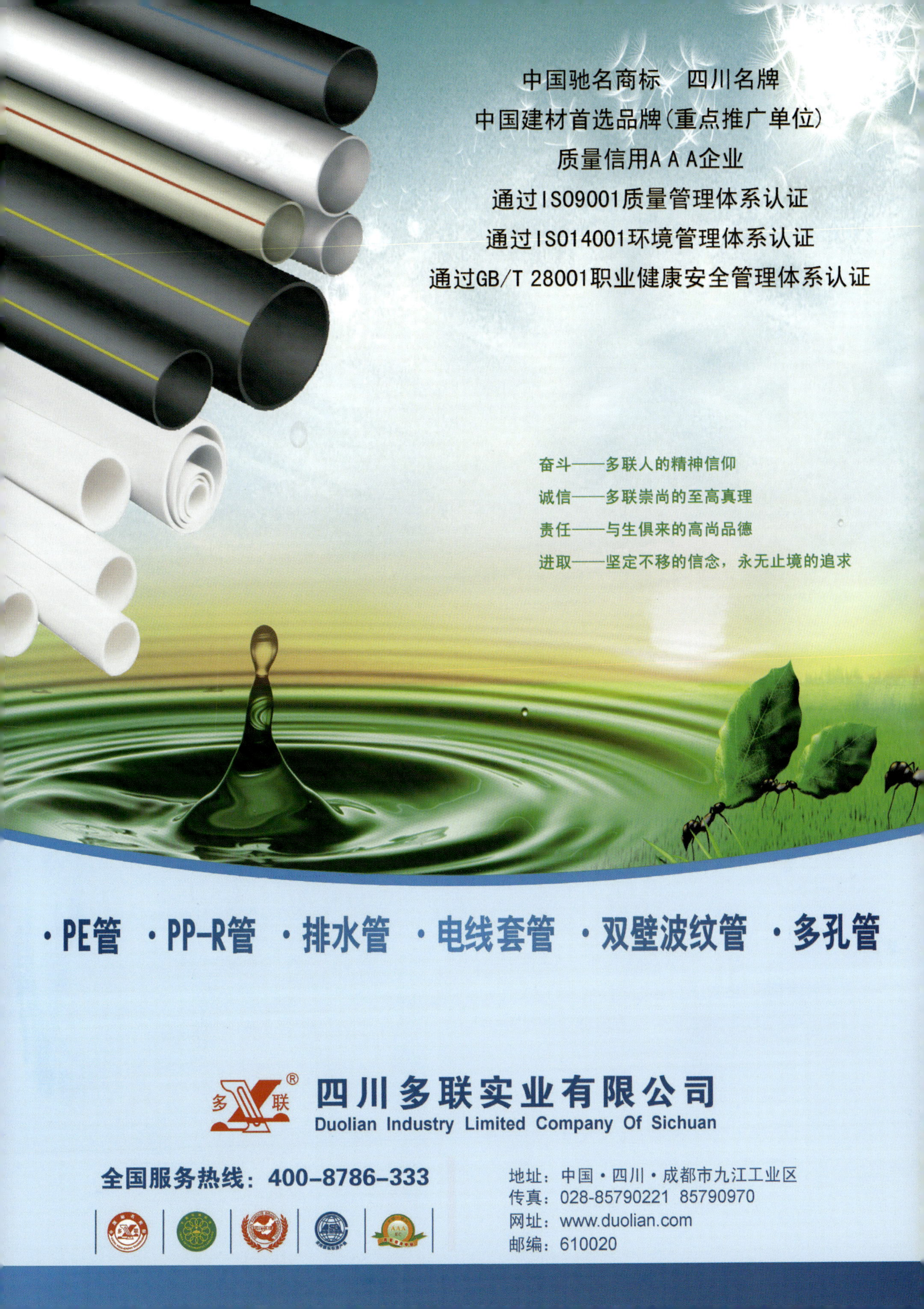

中国驰名商标　四川名牌
中国建材首选品牌(重点推广单位)
质量信用AAA企业
通过ISO9001质量管理体系认证
通过ISO14001环境管理体系认证
通过GB/T 28001职业健康安全管理体系认证

奋斗——多联人的精神信仰
诚信——多联崇尚的至高真理
责任——与生俱来的高尚品德
进取——坚定不移的信念，永无止境的追求

·PE管　·PP-R管　·排水管　·电线套管　·双壁波纹管　·多孔管

四川多联实业有限公司
Duolian Industry Limited Company Of Sichuan

全国服务热线：400-8786-333

地址：中国·四川·成都市九江工业区
传真：028-85790221 85790970
网址：www.duolian.com
邮编：610020

海狮科技 塑料管材测控制专家

公司简介

海狮科技公司本着“专业、专注、专心、专诚”的企业精神，致力于工业控制系统研发、生产、销售为一体的高新技术企业。公司以高科技项目为主体，高素质人才为支柱。专业领域涉及硬件EDA开发、底层DSP开发；VC软件开发、电气控制系统设计等。核心产品有塑料挤出机米重控制系统、超声波在线管材测量控制系统、色母与米重合成控制系统。几年来，经过公司全体同事不断努力、更新、完善，使海狮科技的产品达到国际先进水平。

海狮科技以为广大客户降低制造成本、提高生产质量、增加经济收益为宗旨。凭借过硬的产品质量和完善的售后服务，深受广大客户的认可及赞誉，产品迅速遍布包括西藏、新疆等全国各地……我们将一如继往，踏踏实实、兢兢业业地做好每一个产品，服务于每一个客户……

海狮手持式超声波测厚仪

手持式超声波在线测量系统——随叫随到的测量专家！

高精测控、测量准确、性能稳定、方便携带！

手持式测厚仪可完美地适用于几乎所有的管材超声测厚应用，

可以对管材进行的极其精确的壁厚测量。

海狮超声波在线测厚系统

超声波在线测量系统——不“厚此薄彼”，一切由您掌“管”！

开机即知管材是否达标；

实时监测外径/偏心/椭圆等数据；

自动生成报表……

海狮米重在线控制系统

开机可控、即时稳定、禁挤废管、节省原料！

解决开机、生产中无法及时调整的问题；

解决新料、再生料、破碎料密度、比例变化导致管材厚薄不均的问题；

解决更换原料供应商开机出现废管的问题；

解决生产过程中米重偏差浪费原料的问题……

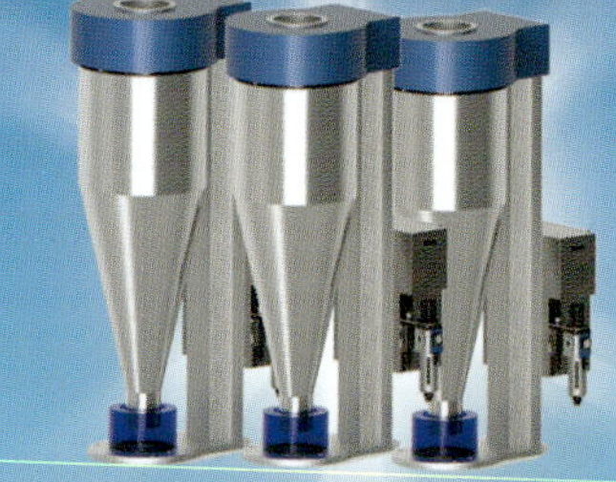

海狮米重色母一体机

在线控制、混料均匀、直观可靠

自动添加、混料均匀、米重色母合二为一；

省时省力、省心省事、降低成本、提高质量；

适用行业：塑料薄膜、电缆、管材、多组份化工及各种多组份精确配比添加等行业。

现场安装图

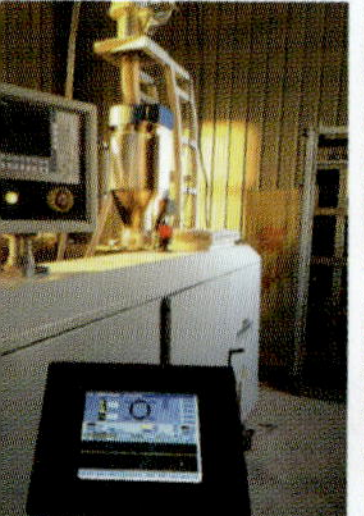
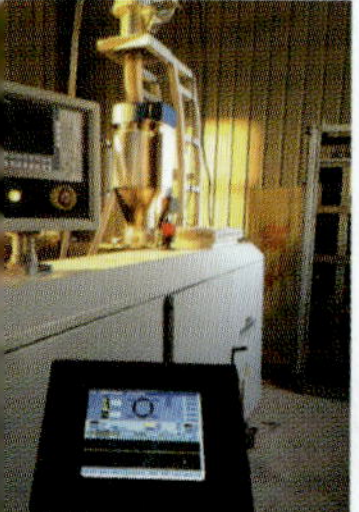

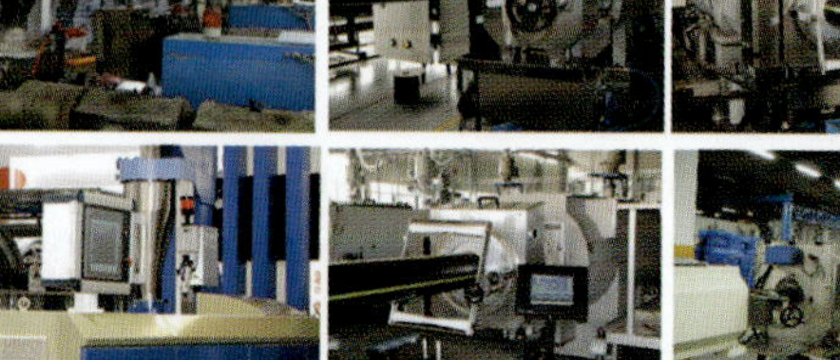

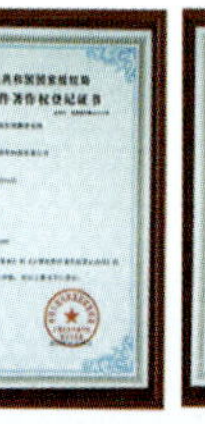

海狮证书

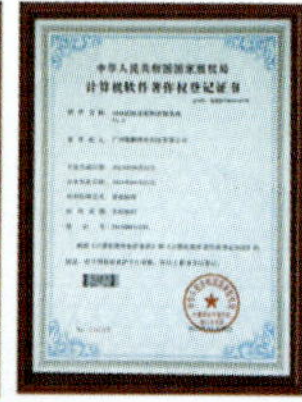

广州海狮科技有限公司
GUANGZHOU SEALION TECHNOLOGY CO.,LTD

地址:中国.广州科学城崖鹰石路27号佳德科技园C座205
电话：020-66692618 23374475 020-32028792
www.pcac-tech.com www.pcac-tech.net

浙江众成包装材料股份有限公司

董事长：陈大魁

浙江众成包装材料股份有限公司坐落于全国首个国家级县域科学发展示范点——浙江嘉善。公司成立于2001年，是一家集科研、设计、生产、销售及售后服务于一体的全过程制造企业，是全球知名的高品质POF热收缩膜制造商和国内优秀的POF热收缩膜整体包装解决方案提供商。目前，公司年产能规模达4.1万吨，在职员工450余人。

公司自成立以来，始终坚持“赢在领先”的企业精神、“诚信拥抱客户，真情温暖员工”的经营理念和“差异化、个性化”市场战略，着力打造集约高效现代企业，致力于行业高精尖设备、先进生产工艺以及高端、高附加值产品的自主研发，核心设备自制。公司先后承担“国家火炬计划项目”4项，累计获得国家授权专利20余项，先后获得“浙江省著名商标”、“浙江名牌产品”、“浙江省知名商号”、“浙江出口名牌”、“浙江省转型升级引领示范企业”、“浙江省绿色企业”、“中国轻工业塑料行业（塑料薄膜及包装）十强企业”、“国家高新技术企业”、“国家火炬计划重点高新技术企业”等多项荣誉。

经过多年扎实经营，公司自主研发制造的装备处于行业领先水平，生产的产品与国际同步，且大部分为国内首创，积累了超过1500家的优质客户，产品远销全球60多个国家和地区，成为国内市场占有率排名第一、全球市场占有率排名第二的POF热收缩膜行业领军企业。当前，公司各项事业蒸蒸日上，发展势头强劲，朝着实现“铸就民族品牌、建设百年众成”的“众成梦”不断迈进。

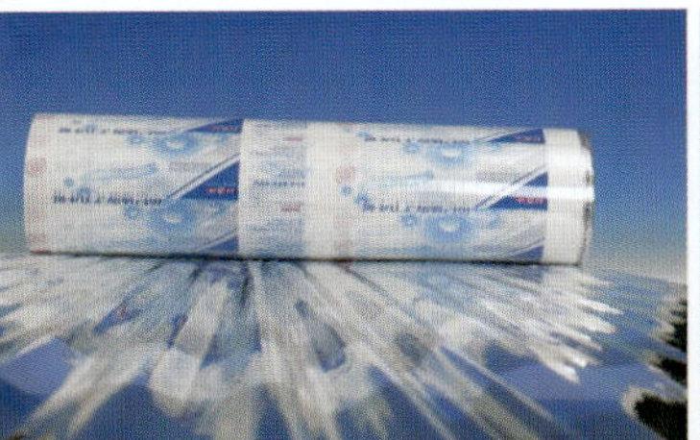

电话：0573-84188888（总机）　传真：0573-84185237　销售热线：0573-84187777

地址：浙江省嘉善经济技术开发区柳溪路26号　网址：www.zjzhongda.com　股票代码：002522

台湾台塑集团——
南亚塑胶工业（郑州）有限公司

公司产品包括：

PVC - U给水管(φ20~φ630)，PE100给水管材(φ20~φ630)，
PVC - M给水管(φ20~φ630)，PE100燃气管材(φ20~φ630)，
PVC - U排水管(φ50~φ500)，PP-R给水管材(φ20~φ110)，
PVC - U电工管(φ16~φ40)，PE-RT给水管材(φ20~φ32)。
PVC - U化工管材（φ20~φ315），PVC-U英标管材（φ22~φ267）

台湾台塑集团创建于1954年(前身为台湾塑胶公司)，初期以石化工业为主。随着规模不断扩大，截至2014年底，台塑集团共有百余家分子企业及关系企业，员工达10.2万多人，资产总额 6567亿人民币，资产净值与营业收入均超过4900亿人民币，占台湾国民生产总值13%，是台湾最大的民营企业。董事长王永庆被称为台湾的“经营之神”，世界“塑胶大王”。

台塑集团经营范围十分广泛，包括炼油、石化原料、塑胶加工、纤维、纺织、电子材料、半导体、汽车、发电、机械、运输、生物科技、教育与医疗事业等。尤其是在石化工业领域，建立起从原油进口、运输、冶炼、裂解、加工制造到成品油零售等一体化的完整产业链，这在台湾是独一无二的企业集团。

台塑集团于2003年在河南投资兴建南亚塑胶工业（郑州）有限公司。南亚塑胶工业（郑州）有限公司位于郑州经济技术开发区航海东路与新107国道交叉口处，厂区占地面积120亩,一期投资总额2000万美金,将投入16条生产线， 2007年3月正式投产销售。目前已投入12条生产线，可年产南亚牌塑胶管材3.5万吨，是目前中原地区较大的塑胶管材生产基地之一。

公司网址：www.nyzzplast.com
地址：郑州市经济技术开发区航海东路1528号
联系电话：0371-66777888转营业处
传真号码：0371-66777889
公司邮箱：NN1900@fpg.com.cn
邮编：450016

吉林中粮生化包装有限公司

吉林中粮生化包装有限公司创建于1995年末，隶属于中粮集团生物化工事业部。厂址位于吉林省东丰县经济开发区，占地面积 10万平方米，建筑面积4万平方米，现有员工600人。

公司拥有雄厚的技术力量，生产设备先进，检测手段完备。主要产品有塑料编织袋、塑料中空容器、集装袋、集装箱液袋、聚乳酸制品等塑料包装制品及阀口纸袋等纸包装制品。年产纸塑包装物1万吨。2004年通过ISO-9001质量管理体系认证；2007年8月，阀口纸袋产品获得两项国家专利权；2008年通过国家QS认证。为东北地区规模较大的食品级包装骨干企业。

公司始终如一地贯彻“以人为本”的经营理念，秉承“诚信、团队、专业、创新” 的中粮企业精神，坚持“奉献营养健康的食品，高品质的生活空间及生活服务，使客户、股东、员工价值最大化”的中粮使命，以实现双赢为目的，不断推陈出新，以上乘的品质、良好的信誉，为客户提供优质的服务。

PLA注塑系列

PLA膜系列

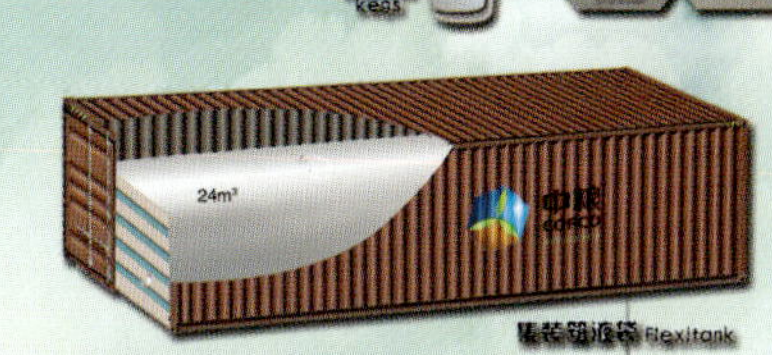

实验室

塑品装置

成品装置

纸袋装置

编织装置

拉丝装置

地址：吉林省东丰县经济开发区

电话：0437-6222639

邮编：136300

國際品質 行銷全球

始於1976 . 台灣

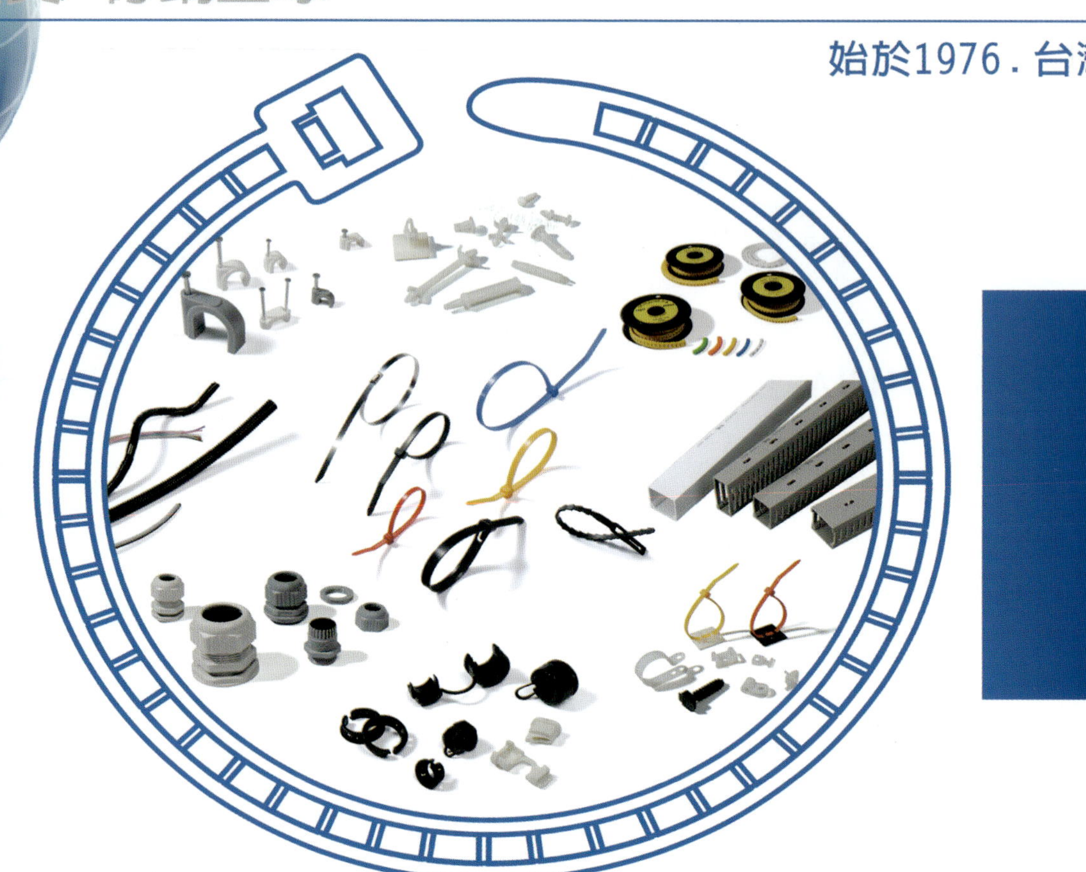

東莞華偉配線器材有限公司創立于2004年，其母公司華偉實業股份有限公司于1976年創立于中國台灣，為亞洲大型的束線帶生產廠商，同時也是全球主要配線器材專業生產廠商之一。華偉在中國台灣、上海、昆山、東莞、泰國均設有生產工廠，華偉擁有超過百台180~1000噸射出機台，並擁有齊全的束線帶、端子、配線槽、波浪管及各式接頭生產線，全球總員工數約1,500人。

公司地處中國華南擁有“小香港”之稱的樟木頭，廠區依山傍水、環境優美，主營產品包括：尼龍束線帶、不銹鋼帶、美式端子、歐式端子、電源線扣、波浪管、電纜固定頭、電纜固定夾、扣式套管、緊固件、保封條、線槽等全系列配線產品。華偉產品行銷全球75個國家，廣泛應用于電子電氣、通訊、汽車、軌道車輛、航天航空、船舶、能源、建築、機械、零售等各相關行業領域和市場，其優異的品質及卓越的服務在美國、歐洲等市場備受客戶肯定，同時也是國內知名企業富士康、中興、華為、臺達等企業的長期合作夥伴。

華偉一直秉持“品質第一、客戶第一”的精神，在“誠信、務實、創新”的基礎上向前邁進，各項產品通過了美國UL、ABS、加拿大CSA、德國GL、英國Lloyd’s Register、歐盟CE及中國CQC等認證，並符合歐盟的RoHS等環保管控要求，並藉由ISO9001、ISO14001、ISO/TS16949等認證，確保了生產的標準化作業。除了標準規格產品外，華偉還為櫻泰和豐愛等客戶提供了汽車產品的代工服務。

未來，公司不僅僅局限於現有的產品，還將繼續投入新技術、新產品的研發，並拓展更廣泛的產品應用領域，不斷加強產品線的深化和廣化，隨時為客戶提供最優質的產品和最迅時的技術服務資訊，給客戶以最便利的線材緊固的解決方案，致力於成為客戶的最佳事業夥伴。欲知更多產品信息，請登錄華偉網站：www.hwlok.com

ISO 9001

ISO14001

ISO/TS16949

東莞華偉配線器材有限公司
Hua Wei Industrial (Dongguan)Co.,Ltd

地址：廣東省東莞市樟木頭鎮裕豐村銀豐工業區
ADD：Yin-feng Industrial Estate, Yu-feng District, Zhangmutou, Dongguan, Guangdong, China

電話:+86-769-87787166
傳真:+86-769-87191555
網址:http://www.hwlok.com

中国塑料工业年鉴

CHINA PLASTICS INDUSTRY YEARBOOK

2015

中国塑料加工工业协会　主编

中国轻工业出版社

图书在版编目（CIP）数据

中国塑料工业年鉴. 2015 / 中国塑料加工工业协会主编.一北京 ：中国轻工业出版社, 2015.12
ISBN 978-7-5184-0693-7

Ⅰ. ①中… Ⅱ. ①中… Ⅲ. ①塑料工业一中国一2015一年鉴 Ⅳ. ①F426.7-54

中国版本图书馆 CIP 数据核字(2015)第 262166 号

责任编辑：王　淳　　　　　　责任终审：孟寿萱
责任校对：燕　杰　　　　　　责任监印：张　可

出版发行：中国轻工业出版社（北京东长安街 6 号，邮编：100740）
印　　刷：三河市万龙印装有限公司
经　　销：各地新华书店
版　　次：2015 年 12 月第 1 版第 1 次印刷
开　　本：787×1092　1/16　印张：41.75
字　　数：1 321 千字
书　　号：ISBN 978-7-5184-0693-7　　　定价：520.00 元
邮购电话：010-65241695　传真：65128352
发行电话：010-85119835　85119793　传真：85113293
网　　址：http://www.chlip.com.cn
Email：club@chlip.com.cn
如发现图书残缺请直接与我社邮购联系调换
150570K4X101HBW

《中国塑料工业年鉴》(2015) 编委会名单

名誉主任　步正发　中国轻工业联合会会长

　　　　　陈士能　中国轻工业联合会名誉会长

名誉副主任　廖正品　中国塑料加工工业协会名誉理事长

主　　任　钱桂敬　中国轻工业联合会党委副书记、副会长兼中国塑料加工工业协会理事长

副 主 任　(以中国塑协会员部排序为序)

曹　俭　中国塑料加工工业协会　常务副理事长

房　琳　中国石油化工销售有限公司　副总经理

夏成文　天津市军星管业集团有限公司　董事长

马　君　宏岳塑胶集团有限公司　董事长

张保发　河北精信化工集团有限公司　董事长

程田青　山西中德塑钢型材有限公司　董事长

于桂亭　河北沧州东塑股份有限公司　董事长

徐　斌　大连实德集团有限公司　副董事长

曹志强　白山市喜丰塑业有限公司　董事长

杨桂生　上海杰事杰新材料(集团)股份有限公司　董事长

叶芬弟　上海华峰超纤材料股份有限公司　总经理

龙云正　南京橡塑机械厂有限公司　董事长

韦　华　江苏省塑料行业协会　会长

刘光知　南京科亚化工成套装备公司　董事长

茹正伟　百兴集团有限公司　总经理

林永飞　江苏绿源新材料有限公司　董事长

韩新伟　浙江明日控股集团股份有限公司　董事长

黄水寿　浙江大东南塑胶集团公司　董事长

李立新　宁波利时集团股份有限公司　董事长

金红阳　浙江伟星新型建材股份有限公司　总经理

江桂兰　台州富岭塑胶有限公司　董事长
张建均　永高股份有限公司　董事长
梁　斌　浙江精诚模具机械有限公司　董事长
张小赧　三友控股集团有限公司　董事长
卢子标　浙江优耐克科技发展有限公司　董事长
尤作虎　浙江华泰塑胶股份有限公司　董事长
郑元和　长虹塑料有限公司　董事长/总经理
翁声锦　中国软包装集团控股有限公司　总裁
林荣东　泉州三盛橡塑发泡鞋材有限公司　董事长
刘丰田　山东省塑料协会　会长
谭方峰　山东省塑料工业有限公司　董事长/总经理
马之清　山东清源集团有限公司　董事长
李振平　山东蓝帆塑胶股份有限公司　董事长
刘方毅　淄博英科环保再生资源有限公司　董事长
王乐智　山东同大海岛新材料股份有限公司　总经理
赵东日　山东日科化学有限公司　董事长
丁建生　烟台万华合成革集团有限公司　总经理
符　岸　广东省塑料工业协会　会长
李南京　金发科技股份有限公司　总经理
黄志生　广东省皮具行业协会　会长
马镇鑫　广东金明精机股份有限公司　董事长
宋旭彬　广东海兴塑胶有限公司　总经理
林东亮　大大科技（深圳）开发有限公司　董事长
王新良　宁波力劲机械有限公司　总经理
左满伦　广东联塑科技实业有限公司　总裁
吴耀根　佛山佛塑科技集团股份有限公司　总工程师
孙晓军　辽宁华塑实业集团有限公司　董事长
张文霖　康泰塑胶科技集团有限公司　副总裁
李忠烈　四川省犍为罗城忠烈塑料有限责任公司　董事长
吴　彬　新疆天业（集团）有限公司　董事长
杨为民　北京化工大学　教授

马占峰　中国塑料加工工业协会　秘书长

委　　员　（以姓氏笔画为序）

于　建　清华大学化工系高分子研究所　教授

孔德海　新疆维吾尔自治区塑料加工工业协会　秘书长

王占杰　中国塑料加工工业协会、副秘书长兼塑料管道专委会　秘书长

王存吉　中国塑料加工工业协会、副秘书长兼异型材及门窗专委会　秘书长

王焕清　中国塑协流延薄膜专业委员会　主任

王德禧　中国塑协专家委员会　主任

冯庶君　中国塑料加工工业协会、副秘书长兼会展部　主任

包建成　中国塑协塑料技术协作委员会　主任

宁红涛　中国塑协再生利用专业委员会　主任

田　岩　中国塑料加工工业协会　副秘书长兼综合业务部主任

任玥璋　中国塑协聚氯乙烯板制品专业委员会　主任

朱　锦　中国塑协工程塑料专业委员会　主任

朱义华　中国塑协中空制品专业委员会　主任

刘　姝　中国塑料加工工业协会　副秘书长兼会员部主任

刘英俊　中国塑协改性塑料专业委员会　秘书长

孙冬泉　中国塑料加工工业协会　副秘书长兼流延薄膜专委会秘书长

许　琳　中国塑料加工工业协会　副秘书长兼信息部主任

许自力　中国塑协异型材及门窗制品专业委员会　主任

庄　甦　中国塑协氟塑料加工专业委员会　主任

张建均　中国塑协塑料管道专业委员会　主任

李振平　中国塑协塑料助剂专业委员会　主任

陈　林　中国塑协塑料节水器材专业委员会　主任

吴方群　中国塑料加工工业协会　信息部副主任兼《中国塑协通讯》主编

吴家福　中国塑协密胺塑料制品专业委员会　主任

吴耀根　中国塑协双向拉伸聚丙烯薄膜专业委员会　主任

宋旭彬　中国塑协塑料家居用品专业委员会　主任

季德虎　中国塑协多功能母料专业委员会　主任

陆慧琴　中国塑协注塑制品专业委员会　主任

陈　宇　北京华腾新材料股份有限公司　董事长

孟庆军　中国塑料加工工业协会　副秘书长
徐　斌　中国塑协硬质聚氯乙烯发泡制品专业委员会　主任
徐志强　中国塑协双向拉伸聚酯薄膜专业委员会　主任
易佩瑾　中国塑料加工工业协会　办公室副主任
罗宏宇　中国塑协滚塑专业委员会　主任
夏嘉良　中国塑协复合膜制品专业委员会　主任
郑元和　中国塑协塑料配线器材专业委员会　主任
侯树亭　中国塑协泡沫塑料 EPS 专业委员会　主任
洪晓冬　中国塑协镀铝膜专业委员会　主任
郭志宏　中国塑料加工工业协会　办公室副主任兼会员部副主任
郭鑫齐　中国塑协聚苯乙烯挤出发泡板材专业委员会　主任
曹志强　中国塑协农用薄膜专业委员会　主任
曹常在　中国塑协医用塑料专业委员会　主任
姜集康　中国塑协塑料编织制品专业委员会　主任
黄　锐　四川大学高分子材料系　教授
黄志刚　中国塑协降解塑料专业委员会　主任
韩国林　扬州市酒店日用品协会　会长
潘公挺　中国塑协人造革合成革专业委员会　主任
翦建政　湖南省塑料行业协会　理事长

主　　编　钱桂敬

副 主 编　许　琳　姜宛君

编　　者　（以姓氏笔画为序）

刁晓倩	马　丽	马占峰	王　浩
王占杰	王存吉	王庆圆	王克智
王焕清	王德钧	王德禧	韦　华
冯庶君	田　岩	龙　洁	刘　涛
刘　敏	刘小东	刘卫东	刘丰田
刘汉龙	刘均科	刘英俊	刘秋晨
朱　锦	吕　方	孙冬泉	许　琳
许　榕	宋云鹤	何　慧	张文雷
张书清	张春辉	张涌涛	李　轶

李志君	李建军	杨惠娣	汪建萍
陈　宇	陈　岩	陈日平	陈建平
陈清清	吴耀根	周永泰	周迎鑫
周鸿勋	周肇枢	范艳菊	范德标
郑天禄	季德虎	洪浩群	宣华荣
钱桂敬	钟　雁	段同生	赵　军
赵　艳	姜宛君	唐　姮	翁云宣
郭　齐	郭　晶	顾大全	秦建旺
贾德民	高　城	崔　正	曹　俭
符　岸	黄　勇	焦红文	童人本
韩简吉	赖汉文	潘伟国	魏若奇

中国塑料加工工业协会

中国塑料机械工业协会

中国塑料加工工业协会塑料助剂专业委员会秘书处

新疆塑料协会

2015 出 版 说 明

2014 年，是全面贯彻落实党的十八届三中全会精神、全面深化改革的开局之年，也是实施“十二五”规划、“稳中有进”地发展我国塑料加工工业的关键一年。中国塑料行业围绕科学发展这个主题和加快转变经济发展方式这条主线，围绕提高发展质量和效益这个中心，坚持“稳中求进、改革创新”，推进《中国塑料加工业“十二五”发展规划指导意见》和《塑料加工行业技术进步“十二五”发展指导意见》的实施，把改革贯穿于我国塑料加工工业发展各个领域、各个环节。同时加快转变发展方式、培育发展新动力，争创发展新优势，提升发展正能量，推动我国的塑料加工工业持续健康发展。《中国塑料工业年鉴》翔实记录了全国塑料同仁的成绩、心血和汗水，记录了在实现中国梦的道路上迈出的新步伐。

《中国塑料工业年鉴》自创刊至今已出版了 13 卷。2015 版为《中国塑料工业年鉴》第 14 卷，与前 13 卷在时间和内容上保持连续性。设有“综述”“专论”“大事记”“全国塑料工业生产经营情况统计”“政策法规”“各地区塑料工业情况”“主要制品行业情况”“重点企业”等栏目。《中国塑料工业年鉴》具有工具性特点：集手册、年表、图录、书目、索引、文摘、表谱、统计资料、指南于一身；具有资料性特点：全面、系统、准确地记述了上年度塑料行业发展状况；具有可读性特点：资料翔实、功能齐全、反应及时、连续出版，同时又肩负着“资政”“存史”和“宣传推广”的社会责任。《中国塑料工业年鉴》全面客观地记录了上年度中国塑料工业站在新起点、抓住新机遇、展现新精神、谋求新发展的重大事件和“十二五”以来取得的丰硕成果。同时对个别栏目进行了调整。

《中国塑料工业年鉴》(2015) 由中国塑料加工工业协会主办，中国轻工业出版社出版发行。中国塑协各分支机构、中国轻工业信息中心、中国塑料机械工业协会、中国模具协会、中国氯碱协会、中国石化联合会和各省、市、自治区塑料行业协会等单位领导与专家给予了大力支持。

《中国塑料工业年鉴》编委会向所有关心、支持和参与撰稿、组织、筹划及宣传工作的领导、专家、作者和朋友们一并表示衷心的感谢。诚请广大读者对 2015 卷《中国塑料工业年鉴》编写、出版中的不足之处给予批评、指正。

《中国塑料工业年鉴》编辑委员会

2015 年 10 月

目　录

专　论

大事记

政策法规

全国塑料工业生产、经营情况统计

综　述

各地区塑料工业

主要制品行业情况

塑料标准化

重点企业介绍

Contents

MONOGRAPH

MAJOR EVENTS

POLICIES AND REGULATIONS

STATISTICS OF CHINA PLASTICS INDUSTRY PRODUCTION AND BUSINESS OPERATION

REVIEW

DEVELOPMENT OF REGIONAL PLASTICS INDUSTRY IN CHINA

DEVELOPMENT SITUATION OF MAIN PLASTICS PRODUCTS

PROGRESS OF STANDARDIZATION IN PLASTICS INDUSTRY

INTRODUCTION OF KEY ENTERPRISES

专 论

中国塑料工业2014年度发展报告

中国塑料加工工业协会

当前，我国经济发展进入“新常态”，增速放缓，结构优化升级，并从要素驱动、投资驱动转向创新驱动，同时，新一轮全球性的技术革命和产业变革来临，给我国塑料加工业提出了严峻挑战和变革要求。塑料工业的产业基础、发展环境和条件正在发生深刻变化。

一、塑料加工业实现了中速平稳增长

据国家统计局统计数据显示，2014年我国塑料加工业规模以上企业完成制品产量7387.87万吨，同比增长7.44%；主营业务收入20392.39亿元，同比增长8.92%；实现利润1182.86亿元，同比增长4.24%；出口量1607.53万吨，同比增长6.42%。塑料加工业克服市场需求不旺、人工成本大幅上升、企业融资难度加大、环境约束进一步增强等困难，取得了平稳健康发展的好成绩，但下行压力加大、出口趋缓、经营效益下降、产能过剩仍较严重、转型升级举步维艰等问题依然存在。

（一）下行压力加大，增速放缓，出口增长趋缓

2011年塑料制品产量同比增长率为22.35%；2012年降至8.99%；2013年为8.02%；2014年持续下降到7.44%，预计“十二五”平均增长率为10%左右，比“十一五”年均20.1%的增长率下降约10个百分点，表明塑料加工业正进入中高速增长的新常态。“十二五”期间，全国塑料制品出口量同比增长率略有上涨，但出口额同比增长率回落明显，同时，出口量占总产量的比例也呈下降趋势。

1．产量增速持续下降

2014年规模以上企业完成塑料制品产量7387.87万吨，同比增长7.44%，比2013年8.02%的增长率低0.58个百分点，增长进一步放缓。子行业中仅有农用薄膜和日用塑料累计产量同比增长率为两位数，分别为15.57%和10.47%；仅有塑料薄膜、农用薄膜、泡沫塑料和日用塑料累计产量的增幅高于上年，分别增加了0.82、1.97、0.89和1.01个百分点，其他塑料子行业的累计产量同比增幅均下降（见表1）。

表1　　2014年全国塑料制品分类累计产量及与上年同比

塑料制品类别	累计产量/万吨	占比/%	累计比同期/%	增幅比同期/%
塑料制品	7 387.78	100	7.44	−0.58
其中：塑料薄膜	1 261.77	17.08	8.43	0.82
其中：农用薄膜	219.17	2.97	15.57	1.97
泡沫塑料	202.20	2.74	9.85	0.89
人造革、合成革	375.08	5.08	2.58	−8.11
日用塑料	579.75	7.85	10.47	1.01
其他塑料	4 968.98	67.26	7.14	−0.57

2014 年全国塑料制品行业主要生产省区中，产量占比最高的是浙江省、广东省，分别为 14.28%和 13.26%，但浙江省和广东省塑料制品产量的同比增速仅分别为 4.94%和 4.39%。产量同比增幅最大的是湖北省和四川省，同比增长率分别为 26.69%和 21.85%。增长率高于全国平均水平的还有安徽省和河南省，而山东省塑料制品产量同比则下降了 5.6%。传统塑料制品大省产量增幅下降导致全国塑料制品产能增速放缓（见表 2、图 1）。

表 2　　2014 年全国塑料制品行业累计产量主要地区同比增长及占比情况表

地区	2014 年产量/吨	2013 年产量/吨	同比/%	占比/%
湖北省	5 515 692	4 353 845	26.69	7.47
四川省	3 841 269	3 152 563	21.85	5.20
安徽省	3 083 496	2 771 902	11.24	4.17
河南省	4 772 921	4 298 931	11.03	6.46
全国	73 877 808	68 761 677	7.44	100.00
其他	17 587 496	16 431 382	7.04	23.81
福建省	3 344 326	3 161 060	5.80	4.53
辽宁省	5 670 959	5 393 347	5.15	7.68
浙江省	10 548 527	10 052 181	4.94	14.28
江苏省	4 985 818	4 768 540	4.56	6.75
广东省	9 793 254	9 381 275	4.39	13.26
山东省	4 734 048	4 996 651	−5.26	6.41

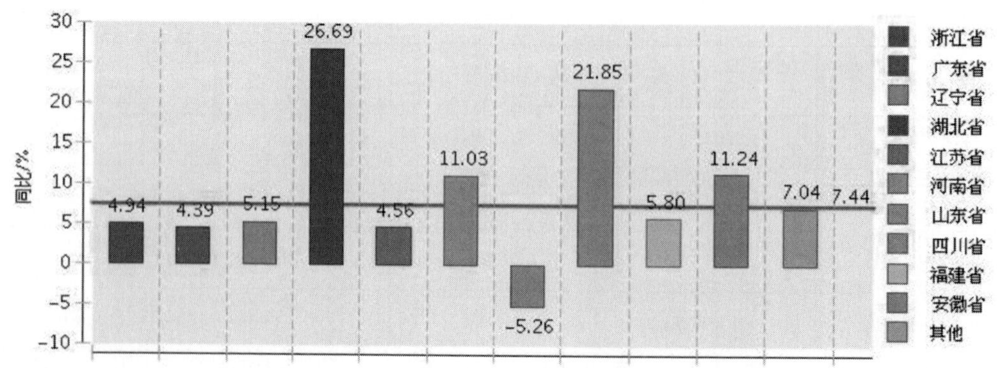

图1　2014年全国塑料制品行业累计产量主要地区同比增长情况

2．出口增长趋缓

2014 年，全国塑料制品出口量为 1 607.53 万吨，同比增长 6.42%；出口额 604.34 亿美元，同比增长 6.09%；出口量约占塑料制品总产量的 21.76%。

从表 3、表 4 可见，“十二五”期间，全国塑料制品出口量同比增长率略有上涨，但出口额同比增长率回落明显，同时，出口量占总产量的比例也呈下降趋势。

表 3　全国塑料制品出口量出口额对比情况表

	出口量/万吨	同比/%	出口额/亿美元	同比/%	出口量占总产量的比例/%
2014	1 607.53	6.42	604.34	6.09	21.76
2013	1 508.55	5.88	568.35	11.13	24.38
2012	1 382.16	5.79	491.85	24.55	23.91

表 4　2014 年塑料制品行业分类产品出口量值表

商品名称	出口量/万吨	与上年同比/%	出口额/亿美元	与上年同比/%
1.塑料单丝、条、杆、型材及异型	18.79	10.05	4.13	9.22
2.塑料管及其附件	56.69	7.47	22.94	6.93
3.塑料板、片、膜、箔、带及扁条	288.50	9.79	98.63	15.87
4.塑料人造革、合成革	59.08	3.41	25.55	−7.31
5.塑料包装箱及容器及其附件	219.24	−0.92	81.73	2.05
6.塑料零件	3.76	−5.93	5.50	6.62
7.建筑用塑料制品	251.39	13.42	45.86	12.00
8.日用塑料制品	358.13	6.29	157.42	−1.41
9.其他塑料制品	351.94	4.45	162.59	11.48
塑料制品总计	1 607.53	6.42	604.34	6.09

（二）企业经营效益下降

当前企业生产要素成本不断增加，资源环境、能源约束全面增强，人工、材料费用提高造成生产成本上升，利息、税费多的经济负担以及整个经济大环境不景气导致需求不足而市场萎缩给企业造成生产经营困难，企业利润空间被大大压缩。全行业利润增幅逐年下降，已由 2011 年的 32.5%下降到 2014 年的 4.24%。

1．主营业务收入增速下滑

2014 年全国塑料加工业累计完成主营业务收入 20 392.39 亿元，同比增长 8.92%，比 2013 年同期累计主营业务收入增长幅度下降了 5.34 个百分点。

在塑料制品各子行业中，2014 年主营业务收入同比增长率均低于去年 14.28%的平均水平。同比增长最快的是塑料丝、绳及编织品的制造，完成累计主营业务收入 2 838.91 亿元，同比增长 13.71%；占比最高的塑料板、管、型材的制造累计主营业务收入 4 909.67 亿元，同比增长率仅为 7.8%（见表 5、图 2）。

表 5　　2014 年全国塑料行业累计主营业务收入子行业同比增长和占比情况

	2014 年主营业务收入/千元	2013 年主营业务收入/千元	同比/%	占比/%
塑料丝、绳及编织品的制造	283 891 204	249 659 046	13.71	13.92
其他塑料制品制造	308 212 519	279 370 237	10.32	15.11
日用塑料制造	162 603 017	148 295 697	9.65	7.97
泡沫塑料制造	89 266 096	81 584 239	9.42	4.38
塑料包装箱及容器制造	171 756 763	157 115 874	9.32	8.42
塑料	2 039 239 425	1 872 307 368	8.92	100.00
塑料板、管、型材的制造	490 967 116	455 427 852	7.80	24.08
塑料薄膜制造	257 951 371	241 508 969	6.81	12.65
塑料零件制造	153 494 478	143 881 307	6.68	7.53
塑料人造革、合成革制造	121 096 861	115 464 147	4.88	5.94

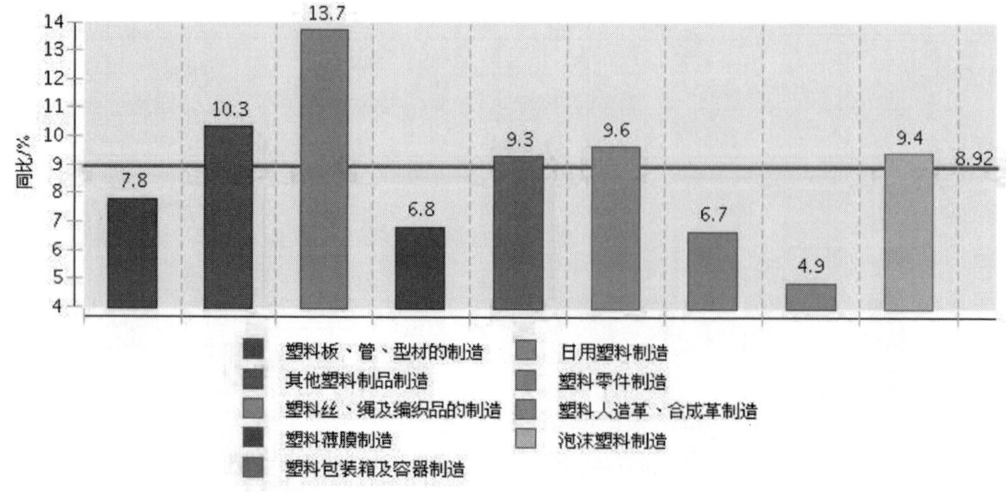

图2　2014年全国塑料行业累计主营业务收入子行业同比增长情况

在全国塑料制品行业主要生产省区中，主营业务收入增速最快的是河南省和湖北省，同比增占率分别为 19.95%和 16.11%，高于上年平均增长率水平，但两省合计占比不足 10%。占比最大的广东省和浙江省，增长率仅分别为 7.31%和 1.04%（见表6、图 3）。

表 6　　2014 年全国塑料行业累计主营业务收入主要地区同比增长和占比情况

	2014 年主营业务收入/千元	2013 年主营业务收入/千元	同比/%	占比/%
全国	2 039 239 425	1 872 307 368	8.92	100.00
广东省	393 909 845	367 066 474	7.31	19.32
浙江省	212 087 853	209 903 439	1.04	10.40
辽宁省	124 673 330	124 011 125	0.53	6.11
河南省	115 590 854	96 366 742	19.95	5.67
湖北省	85 651 135	73 767 908	16.11	4.20
四川省	75 633 462	66 895 331	13.06	3.71
山东省	200 513 559	177 875 053	12.73	9.83
安徽省	90 987 098	82 042 961	10.90	4.46
福建省	116 544 306	105 710 095	10.25	5.72
江苏省	181 156 135	164 538 756	10.10	8.88
其他	442 491 848	404 129 484	9.49	21.70

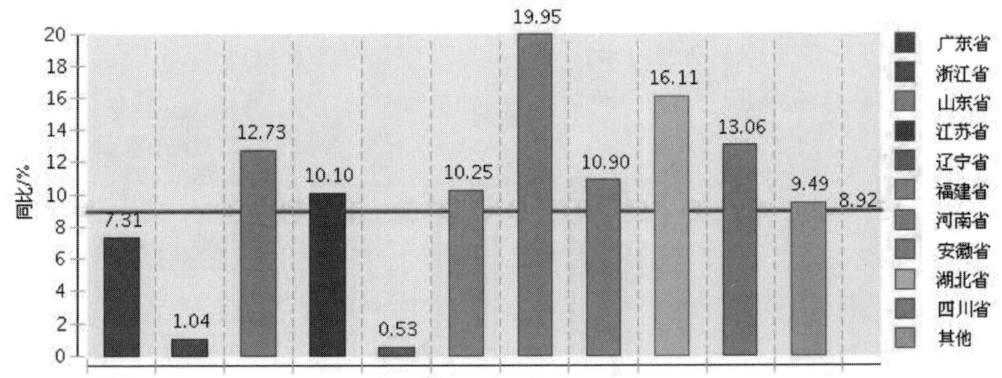

图3　2014年全国塑料行业累计主营业务收入主要地区同比增长情况

2．利润总额增速同比大幅下降

2014 年全国塑料制品行业累计实现利润总额 1 182.86 亿元，同比增长 4.24%，比 2013 年同期利润总额的增速下降了 12.21 个百分点，利润总额增速明显放缓。

2014 年塑料制品各子行业利润总额同比增长率均低于 2013 年 16.45%的平均水平。累计利润总额同比增长率最高的日用塑料制造行业，增幅仅为 10.86%。完成累计利润总额占比最高的塑料板、管、型材制造行业是负增长，增幅为−0.41。另有塑料包装箱及容器制造，塑料人造革、合成革制造等子行业同样是负增长（见表 7、图 4）。

表 7　　2014 年全国塑料行业累计利润总额子行业同比增长和占比情况

子行业	2014 年利润总额/千元	2013 年利润总额/千元	同比/%	占比/%
日用塑料制造	9 062 155	8 174 084	10.86	7.66
塑料零件制造	7 417 525	6 743 236	10.00	6.27
其他塑料制品制造	16 893 617	15 478 822	9.14	14.28
塑料丝、绳及编织品的制造	17 685 153	16 345 898	8.19	14.95
塑料薄膜制造	12 994 860	12 110 465	7.30	10.99
塑料	118 286 258	113 472 186	4.24	100.00
泡沫塑料制造	5 509 844	5 395 578	2.12	4.66
塑料板、管、型材的制造	30 849 721	30 976 441	−0.41	26.08
塑料包装箱及容器制造	10 866 935	11 032 123	−1.50	9.19
塑料人造革、合成革制造	7 006 448	7 215 539	−2.90	5.92

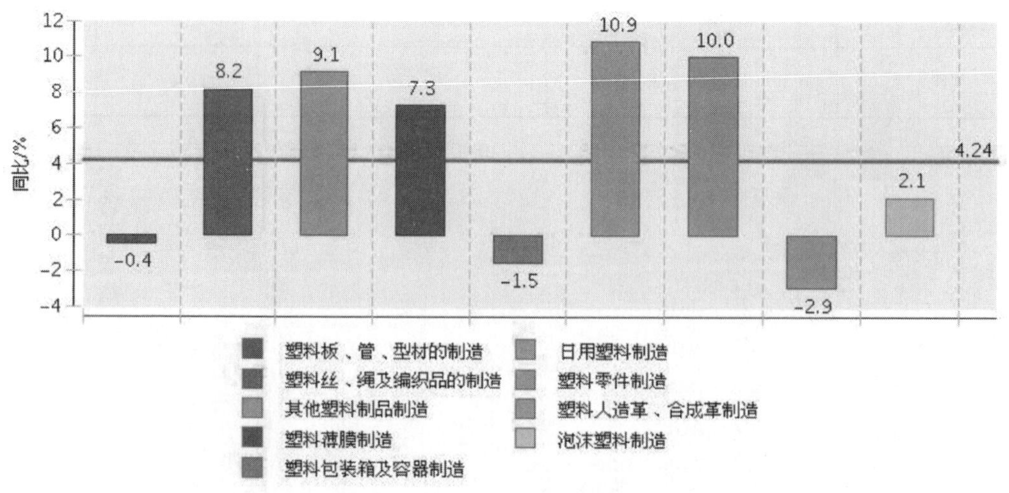

图4　2014年全国塑料行业累计利润总额子行业同比增长情况

在 2014 年全国塑料制品各主要生产省区中，累计利润总额增长率均低于上年平均水平，增速最快的是河南省和广东省，增幅分别为 16.02%和 13.06%，而福建省和辽宁省则出现负增长，增幅分别为−4.05%和−23.70%（见表 8、图 5）。

表 8　　2014 年全国塑料行业累计利润总额主要地区同比增长和占比情况

地区	2014 年利润总额/千元	2013 年利润总额/千元	同比/%	占比/%
全国	118 286 258	113 472 186	4.24	100.00
河南省	11 618 875	10 014 555	16.02	9.82
广东省	19 446 231	17 200 081	13.06	16.44
江苏省	9 543 009	8 718 571	9.46	8.07
山东省	13 124 211	12 403 196	5.81	11.10
湖北省	5 253 514	4 970 708	5.69	4.44
河北省	5 023 631	4 890 723	2.72	4.25
安徽省	5 833 499	5 708 103	2.20	4.93
浙江省	10 563 849	10 440 985	1.18	8.93
福建省	6 636 468	6 916 821	−4.05	5.61
辽宁省	5 583 925	7 318 251	−23.70	4.72
其他	25 659 046	24 890 192	3.09	21.69

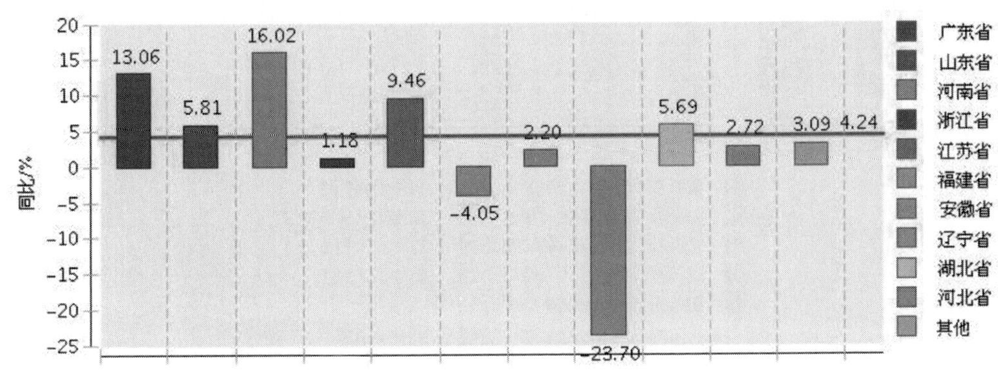

图5　2014年全国塑料行业累计利润总额主要地区同比增长情况

3. 主营业务收入利润率同比略降

2014 年，全国塑料行业累计主营业务收入利润率为 5.80%，同比下降了 0.26%，显示塑料制品行业盈利能力在下降。

与 2013 年相比，各塑料制品子行业中，塑料零件制造行业主营业务收入利润率同比增长 0.15 个百分点，日用塑料制造、塑料薄膜制造两个子行业主营业务收入利润率略有上升，其他子行业主营业务收入利润率同比增长率均下降，其中下降最多的是塑料包装箱及容器制造，为 0.69 个百分点（见表 9、图 6）。

表 9　　2014 年全国塑料行业累计主营业务收入利润率子行业同比增长情况表

子行业	2014 年主营业务收入利润率/%	2013 年主营业务收入利润率/%	同比/%
塑料零件制造	4.83	4.69	0.15
日用塑料制造	5.57	5.51	0.06
塑料薄膜制造	5.04	5.01	0.02
其他塑料制品制造	5.48	5.54	−0.06
塑料	5.80	6.06	−0.26
塑料丝、绳及编织品的制造	6.23	6.55	−0.32
泡沫塑料制造	6.17	6.61	−0.44
塑料人造革、合成革制造	5.79	6.25	−0.46
塑料板、管、型材的制造	6.28	6.80	−0.52
塑料包装箱及容器制造	6.33	7.02	−0.69

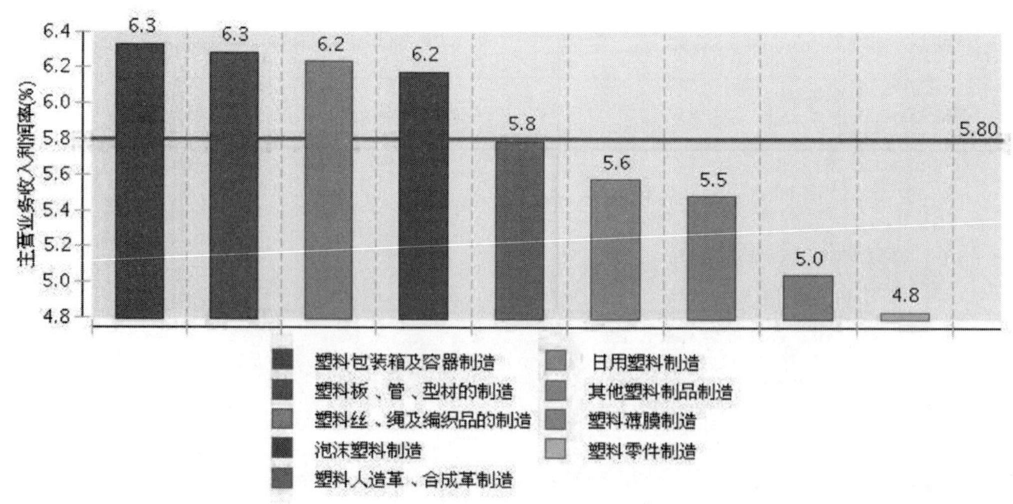

图6　2014年全国塑料行业累计主营业务收入利润率子行业对比情况

全国塑料制品生产主要省区中，累计主营业务收入利润率仅广东省和浙江省同比略有上升，其他主要省区均下降。仅河南省累计主营业务收入利润率达到两位数，为 10.05%（见表 10）。

表 10　　2014 年全国塑料行业累计主营业务收入利润率地区同比增长情况表

地区	本月累计/%	同月累计/%	同比/%
广东省	4.94	4.69	0.25

续表

地区	本月累计/%	同月累计/%	同比/%
浙江省	4.98	4.97	0.01
江苏省	5.27	5.30	−0.03
全国	5.80	6.06	−0.26
河南省	10.05	10.39	−0.34
四川省	6.06	6.48	−0.42
山东省	6.55	6.98	−0.43
福建省	5.69	6.54	−0.85
安徽省	6.41	6.96	−0.55
湖北省	6.13	6.73	−0.60
辽宁	4.48	5.90	−1.42

（三）塑料加工业生产重心持续向中西部转移

2014 年，中西部地区塑料加工业持续快速发展。湖北、河南、四川三省塑料加工业累计产量、累计主营业务收入和累计利润总额进入全国前十大塑料主要产区，且累计产量、累计主营业务收入以及累计利润总额的同比增长率均高于全国塑料制品行业的平均增长率。

2014 年湖北、河南、四川三省塑料加工业产量分别排在全国十大塑料主要产区的第四、第六和第八位（见图 7），而产量同比增长率分别排在全国十大塑料主要产区的第一、第四和第二位(见表 2)。

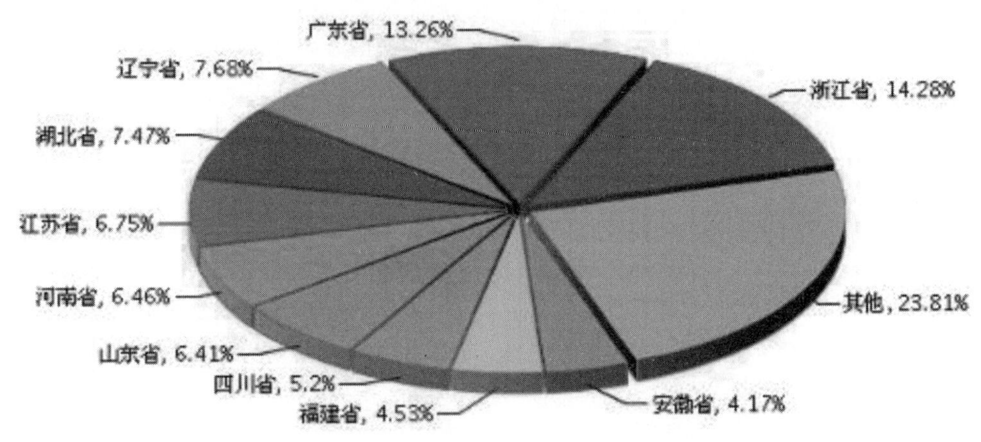

图7　2014年1月～12月全国塑料制品行业累计产量地区占比情况

从累计主营业务收入看，2014 年湖北、河南、四川三省塑料加工业累计主营业务收入分别位居全国十大塑料主要产区的第九、第七和第十位（见图 8），而累计主营业务收入同比增长率分别为全国第二、第一和第三位（见表 6）。

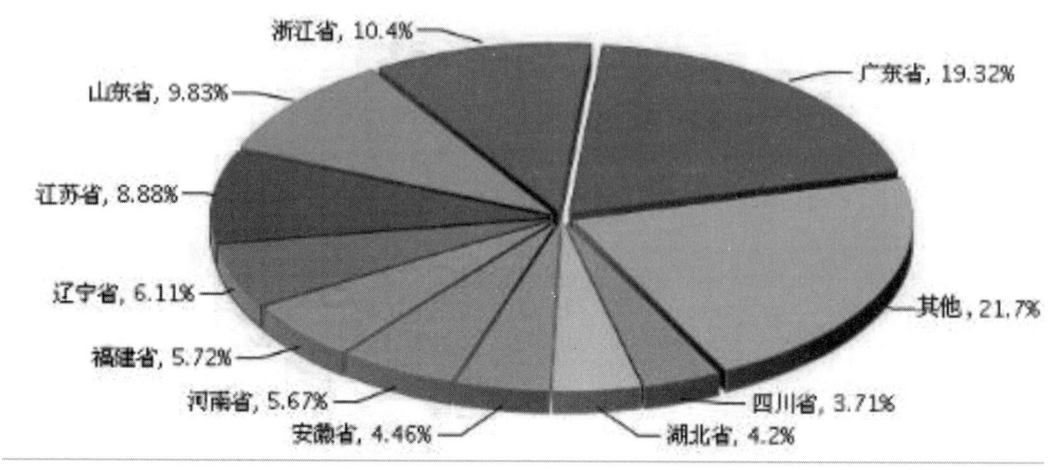

图8　2014年1月～12月全国塑料行业累计主营业务收入地区占比情况

从累计利润总额看，2014 年湖北、河南两省塑料加工业累计利润总额分别排在第九位和第三位（见图 9），而累计利润总额同比增长率则位居全国第五位和第一位（见表 8）。

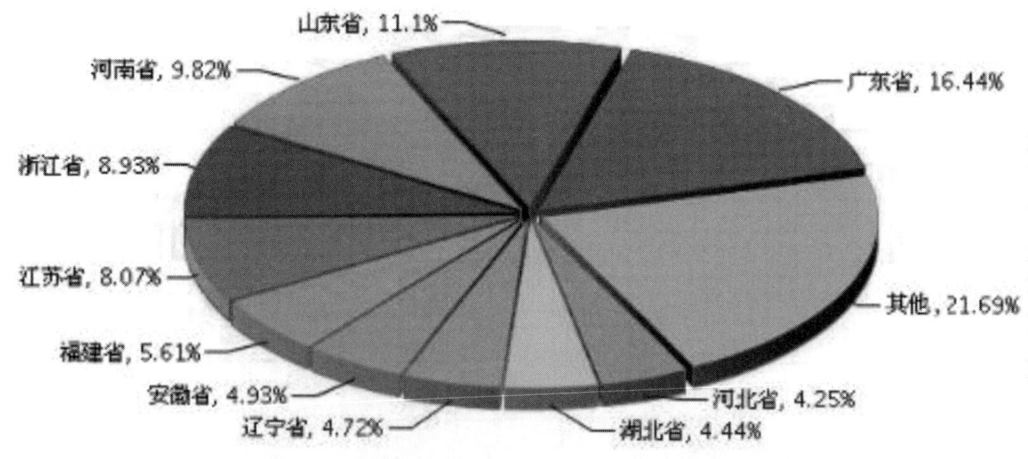

图9　2014年1月～12月全国塑料行业累计利润总额地区占比情况

而同时，广东、浙江等沿海发达地区的产量、主营业务收入、利润总额以及主营业务收入利润率的同比增速都低于全国塑料制品行业的平均增速，显示塑料加工业发展的重心正持续向中西部地区转移。

（四）产业转型升级取得一定成效，产能过剩顽疾仍未有效化解

如广东、浙江等省在转型升级上走在行业前列，不少企业开始使用机器人，信息化、工业化融合也在积极探索中。广东、浙江等省的塑料加工业虽然产量增长率处于低位，但销售收入增长率高于产量、利润利税增长率高于主营业务收入，则是转型升级和科技创新的结果。由于利润空间被压缩，企业经营困难，转型升级举步维艰。

目前，塑料加工业低端产能过剩问题仍较严重，盲目引进而引发的阶段性过剩产能尚未有效化解，而高端产品仍需大量进口。

二、塑料加工业面临新的发展形势

当前我国塑料加工业正处于高速增长期向产业成熟期过渡并迈向产业中高端的关键时期，已由高速增长转为中速平稳增长，塑料加工业迎来了新的发展机遇和经营形势。

（一）中国经济发展进入“新常态”

目前中国经济发展进入“新常态”已取得共识，“新常态”是一种不同以往的、相对稳定的状态，意味着中国经济已进入一个与过去三十多年高速增长期不同的新阶段。“新常态”下，我国经济增长速度由过去高速增长向中高速增长转换，经济发展动力将主要来源于技术创新和体制创新。而随着我国生产要素价格发生质的变化，依靠创新驱动、走质量内涵式道路，成为我国经济未来发展的根本出路。这一经济背景将深刻影响着塑料加工业的发展速度和模式。

（二）新一轮科技革命和产业变革正在兴起

长期以来，我国经济增长主要是依靠低廉的生产要素驱动，科技创新基础还未牢固，自主创新特别是原创力欠缺，许多产业处于全球产业价值链低端，关键领域核心技术受制于人。

发达国家“再工业化”和新型经济体加速崛起，将引发世界产业格局的深度调整。新一轮科技革命和产业变革正在全球孕育兴起，新技术替代旧技术、智能型技术替代劳动密集型技术趋势明显，围绕科技和产业发展制高点的竞争日趋激烈，同时催生制造业生产方式的重大变革。在此背景下，我国提出了中国版的“工业 4.0”规划——《中国制造2025》，力争通过“三步走”实现制造强国的战略目标。第一步：力争用十年时间，迈入制造强国行列。第二步：到 2035 年，我国制造业整体达到世界制造强国阵营中等水平。第三步：新中国成立一百年时，制造业大国地位更加巩固，综合实力进入世界制造强国前列。

新一轮技术革命将深刻改变制造业的生产模式和产业形态，必将对全球制造业的重构和再造产生重大影响，也将给我国塑料加工业提出了新的挑战。

三、坚定信心、扎实工作，确保 2015 年塑料加工业持续、稳定、健康发展

当前我国经济正面临下行压力加大、效益下降、出口乏力、创新水平不足、资源环境压力进一步加大、利润空间被压缩、管理水平不高等问题，总体形势欠佳。但我国经济正出现结构调整步伐加快、市场活力持续增强、创新动力增强、高新技术快速成长、资本市场持续活跃、分配结构改善和收入稳定增长、投资环境更加开放、宽松等一系列可喜变化和积极因素。2015 年，塑料加工业要加快产业和技术升级步伐，推动行业深度调整，做好差异化竞争，加大投入，加强产品的研发和品牌的培育，通过创新，形成竞争优势，确保 2015 年塑料加工业持续、稳定、健康发展，为“十三五”更好发展打好基础。

China Plastics Industry Development Report in 2014

China Plastics Processing Industry Association

At present, China's economic development has entered into the phase of the “New Normal”. Economy grows slowly, and the economic structure is constantly improved and upgraded. Economy transforms from factor-driving, investment-driving to innovation-driving. At the same time, a new round global technology revolution and industry revolution comes, which put forward serious challenges and make requests of innovation for the plastics processing industry. Profound changes are undergoing in Industrial foundation, development environment and conditions in the whole industry.

A. The plastic processing industry has been in the period of fast gear shifting and realized stable and healthy development.

Under the persistent impacts from global financial crisis, China's economy came into the “New Normal”. In 2014, plastic processing industry overcame the difficulties from shrinking stock demand, sharp rising of labor costs, hard financing of enterprise, and further strengthen of environmental constrains to achieve good results of stable and healthy development. According to the statistics from National Bureau of Statistics in 2014, enterprises above designated size finished 73.878 7 million tons of products output, with the year-on-year growth of 7.44%. Main business income was 2.039 239 trillion yuan, with the year-on-year growth of 8.92%. Profits were 118.286 billion yuan, with the year-on-year growth of 4.24%. Exports were 16.075 3 million tons, with the year-on-year growth of 6.42%. At the same time, structure was optimized further. Regional layout was reasonable. Technological progress and scientific and technological innovation made new breakthroughs. Energy conservation and emissions reduction effect were remarkable. The development of new products, new technology promotion accelerated. Innovation-driven development was continuously strengthened.

In 2014, China plastics processing industry made achievements. Meanwhile, some problems existed in slowing growth, decreasing efficiency, and unreasonable structure.

(A) The increasing downward pressure and slowing growth.

After average of 20.1% high-speed growth in plastic processing industry during the period of "Eleven Five-Year", the whole industry has grown slowly in the period of "Twelfth Five-Year". In 2011, plastic products production growth was 22.35%. It reduced to 8.99% in 2012 and 8.02% in 2013. In 2014, the growth was 7.44%. It is expected that the average growth will be about 10% in the "Twelfth Five-Year", which will decrease about 10% compare with the one in the "Eleven Five-Year". It suggests that the plastic processing industry is entering into a new normal condition of medium and high speed growth.

(a) Sustained drop in output growth

In 2014, enterprises above designated size finished the plastic products production of 73.878 7 million tons, with the year-on-year growth of 7.44%. It dropped 0.58% compared with the growth rate of 8.02% in 2013. The growth was further slowdown. In the sub-industries, only the cumulative production of agricultural thin film and daily-use plastic increased, with the year-on-year growth of 15.57% and 10.47% respectively. The growing rate of cumulative production was higher than the one in the previous year only in the sub-industries of plastic thin film, agricultural thin film, foam and daily-use plastic, which were 0.82%, 1.97%, 0.89% and 1.01% respectively. The cumulative production of other sub-industries in the plastic industry decreased year-on-year.

Tab1 The cumulative output of plastics products in 2014 and the comparison with 2013

Product Categories	Cumulative output/(10/kt)	Proportion /%	Growth Rate/%	Amplification /%
Plastics Products	7 387.78	100	7.44	−0.58
Plastics Films	1 261.77	17.08	8.43	0.82
Agricultural Films	219.17	2.97	15.57	1.97
Plastics Foams	202.20	2.74	9.85	0.89
Artificial and Synthetic Leather	375.08	5.08	2.58	−8.11
Daily Articles	579.75	7.85	10.47	1.01
Others	4 968.98	67.26	7.14	−0.57

In 2014, in the main production provinces and autonomous regions of national plastic products industry, Zhejiang and Guangdong were in the highest proportion, which were 14.28% and 13.26% respectively. But the speed growths year-on-year were only 4.94% and 4.39% respectively in the two provinces. The largest growing production year-on-year were Hubei and Sichuan, which were 26.69% and 21.85% respectively. Besides the above provinces, the growth rates of Anhui and Henan were higher than the average rate of the whole China. The plastic products production of Shandong fell by 5.6% year-on-year. The drop of production rate in traditional plastic products provinces leaded to the slow growth in national plastic products production.

Tab 2 Cumulative production and proportion in main area with the year-on-year growth in China plastic industry in 2014

Area	Output in 2014 /t	Output in 2013 /t	Growth↓/%	Proportion/%
Hubei Province	5 515 692	4 353 845	26.69	7.47
Sichuan province	3 841 269	3 152 563	21.85	5.20
Anhui Province	3 083 496	2 771 902	11.24	4.17
Henan Province	4 772 921	4 298 931	11.03	6.46
The National	73 877 808	68 761 677	7.44	100.00
Other Province	17 587 496	16 431 382	7.04	23.81
Fujian Province	3 344 326	3 161 060	5.80	4.53
Liaoning Province	5 670 959	5 393 347	5.15	7.68
Zhejiang Province	10 548 527	10 052 181	4.94	14.28
Jiangsu Province	4 985 818	4 768 540	4.56	6.75
Guangdong Province	9 793 254	9 381 275	4.39	13.26
Shandong Province	4 734 048	4 996 651	-5.26	6.41

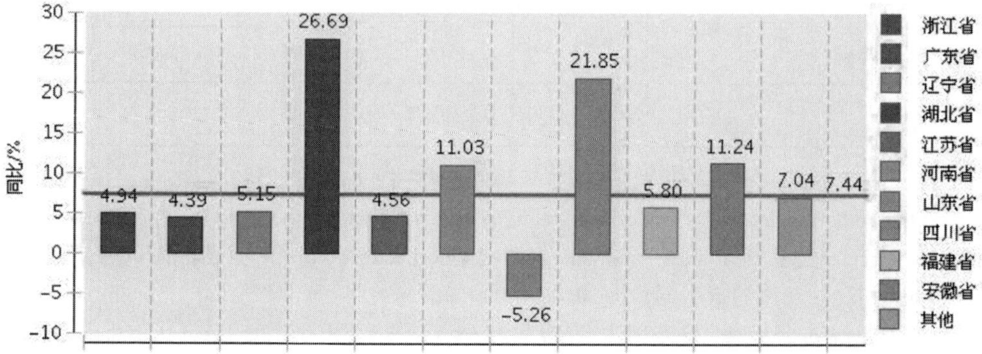

Fig1 The cumulative production in main area with the year-on-year growth in China plastic industry in 2014

(b) The slowdown of export growth

In 2014, the export of national plastic products was 16.075 3 million tons, with the year-on-year growth of 6.42%. The amount of export was $60.434 billion, with the year-on-year growth of 6.09%. The volume of export accounted for about 21.76% of the plastic products production.

The following table shows, in the period of "Twelfth five-year", the year-on-year growth rate of the export volume of national plastic products rose slightly. But the year-on-year growth ratc of the amount of export dropped significantly. At the same time, the proportion the volume of export accounted for was on a declining curve.

Tab3　National export volume and amount contrast table of the plastic production

	Volume /(10kt)	Growth /%	Amount (billion dollar)	Growth /%	Export accounted for the proportion of total output
2014	1 607.53	6.42	60.434	6.09	21.76
2013	1 508.55	5.88	56.835	11.13	24.38
2012	1 382.16	5.79	49.185	24.55	23.91

Tab4　The export value table of the plastics classification products in 2014

Produces	Export Value /(10kt)	Growth Rate /%	Amount (billion dollar)	Growth Rate /%
1.Plastics Monofilaments,Strips,Rods and Profiles	18.79	10.05	4.13	9.22
2.Plastics Pipes and Attachment	56.69	7.47	22.94	6.93
3.Plastics Plates,Films,Foils,Belts and Flat Bars	288.50	9.79	98.63	15.87
4.Artificial and Synthetic Leather	59.08	3.41	25.55	−7.31
5.Plastics Packaging,Container and Accessories	219.24	−0.92	81.73	2.05
6.Plastics Parts	3.76	−5.93	5.50	6.62
7.Plastics Products Used in Construction	251.39	13.42	45.86	12.00
8.Plastics Daily Articles	358.13	6.29	157.42	−1.41
9.Other Plastics Products	351.94	4.45	162.59	11.48
Total	1 607.53	6.42	604.34	6.09

(B) Enterprises faced with more difficulties due to benefit descending

Nowadays, profit margin of enterprise was greatly compressed due to the increasing in the factor cost, the tight constraint on resources, environment and energy. The whole industry profit growth declined year by year. It had dropped from 32.5% in 2011 to 4.24% in 2014. At the same time, the profit margin of main business income was 5.8% in 2014. It was nearly at the same level of bank loan rate, which was far lower than the actual business lending rate. It not only caused the poor benefits for enterprises, but also showed the problems of difficulties and high costs on loans.

(a) The growth descending of main business income

In 2014, the main business income in national plastic processing industry was 2.039 239 trillion yuan, with the year-on-year growth of 8.92%. It dropped by 5.34% compared with the one at the same period in 2013.

In the sub-industries of plastic products, the year-on-year growth rates of all main business incomes in 2014 were lower than the average level of 14.28% in 2013. The fastest growing sub-industries were plastic wires, ropes, weaved and knitted products. The accumulative main business income of them was 283.891 billion yuan, with the year-on-year growth of 13.71%. The accumulative main business income of plastic boards, pipes, and profiles which were highest rates were 490.967 billion yuan, the year-on-year growth rate of only 1.8%.

Tab5　The year-on-year growth and proportion of accumulative main business incomes in plastics sub-industry in 2014

	2014 Prime Operating Revenue (billion yuan)	2013 Prime Operating Revenue (billion yuan)	Growth Rate↓ /%	Proportion /%
Plastics Filament,Rope and Woven	283.89	24 966	13.71	13.92
Other Plastics Products	308.21	279.37	10.32	15.11
Plastics Daily Articles	162.60	148.30	9.65	7.97
Plastics Foams	89.27	81.58	9.42	4.38
Plastics Packaging,Container	171.76	157.12	9.32	8.42
Plastics Products	2 039.24	1 872.31	8.92	100.00
Plastics Plates,Pipes and Profiles	490.97	455.43	7.80	24.08
Plastics Films	257.95	241.51	6.81	12.65
Plastics Parts	153.49	143.88	6.68	7.53
Artificial and Synthetic Leather	121.10	115.46	4.88	5.94

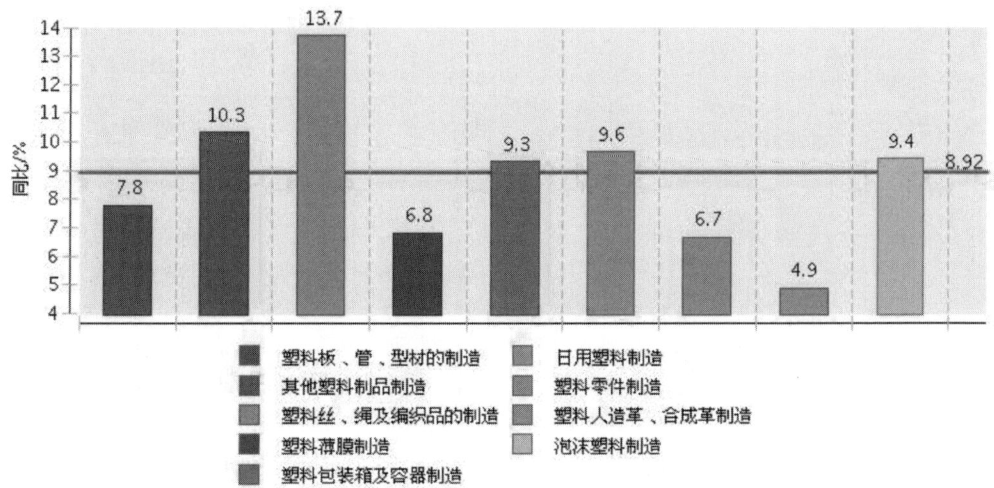

Fig2　The year-on-year growth rates of accumulative main business incomes in plastics sub-industry in 2014

In the main production provinces of plastic products industry in the whole China, the main business revenue grew fast in Henan and Hubei province, with the year-on-year growth rate of 19.95% and 16.11% respectively. Although the rates were higher than the average growth rate in the previous year, the total incomes of two provinces accounted for less than 10%. The largest proportion was in Guangdong and Zhejiang Provinces, with the growth rate of only 7.31% and 1.04% respectively.

Tab6 The year-on-year growth and proportion of accumulative main business incomes in main regions in plastics sub-industry in 2014

	2014 Prime Operating Revenue (billion yuan)	2013 Prime Operating Revenue (billion yuan)	Growth Rate↓ /%	Proportion /%
Henan Province	115.59	96.37	19.95	5.67
Hubei province	85.65	73.77	16.11	4.20
Sichuan Province	75.63	66.90	13.06	3.71
Shandong Province	200.51	177.88	12.73	9.83
Anhui Province	90.99	82.04	10.90	4.46
Fujian Province	116.54	105.71	10.25	5.72
Jiangsu Province	181.16	164.54	10.10	8.88
Others	442.49	404.13	9.49	21.70
National	2 039.24	1 872.31	8.92	100.00
Guangdong Province	393.91	36 707	7.31	19.32
Zhejiang Province	212.09	209.90	1.04	10.40
Liaoning Province	124.67	124.01	0.53	6.11

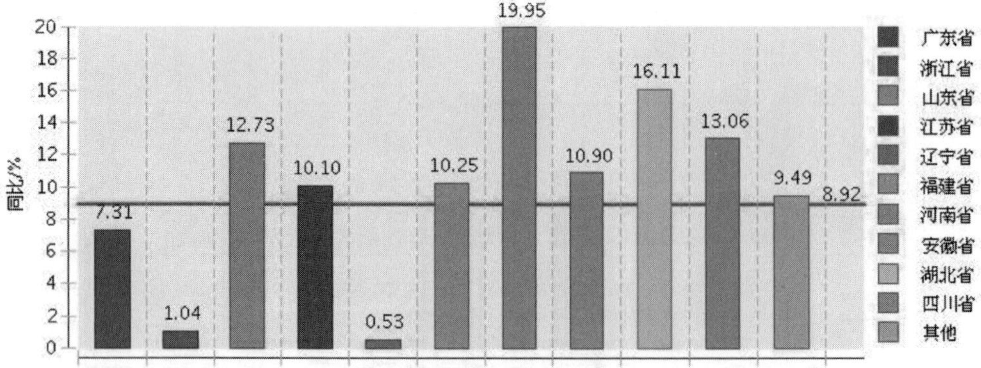

Fig3 The year-on-year growth rates of accumulative main business incomes in main regions in plastics sub-industry in 2014

(b) The speedup of total profit dropped significantly year-on-year

In 2014, accumulative total profit of national plastic products industry was 118.286 billion yuan, with the year-on-year growth of 4.24%. It dropped by 12.21% compared with the one in the same period in 2013. The total profit growth slowed significantly.

In 2014, the year-on-year growth rates of total profits in all the sub-industries of plastic products were under the average of 16.45% in 2013. Daily plastic manufacturing industry was the highest on the accumulative total profit year-on-year growth rate, but the growth was only 10.86%. The hightest proportion which accounted for were plastic sheet, pipe, profile manufacturing industry, but they were negative growth, with growth of only -0.41%. Otherwise, some sub-industries were also negative growth, such as plastic packaging and container manufacturing, plastic leather, synthetic leather manufacture, etc.

Tab7 The year-on-year growth and proportion of accumulative total profits in plastics sub-industry in 2014

Sub-industry	Total Profit in 2014 (billion)	Total Profit in 2013 (billion)	Growth Rate↓ /%	Proportion /%
Plastics Daily Articles	9.06	8.17	10.86	7.66
Plastics Parts	7.42	6.74	10.00	6.27
Other Plastics Products	16.89	15.48	9.14	14.28
Plastics Filament,Rope and Woven	17.69	16.35	8.19	14.95
Plastics Films	12.99	12.11	7.30	10.99
All products	118.29	113.47	4.24	100.00
Plastics Foams	5.51	5.40	2.12	4.66
Plastics Plates,Pipes and Profiles	30.85	30.98	−0.41	26.08
Plastics Packaging,Container	10.87	11.03	−1.50	9.19
Artificial and Synthetic Leather	7.01	7.22	−2.90	5.92

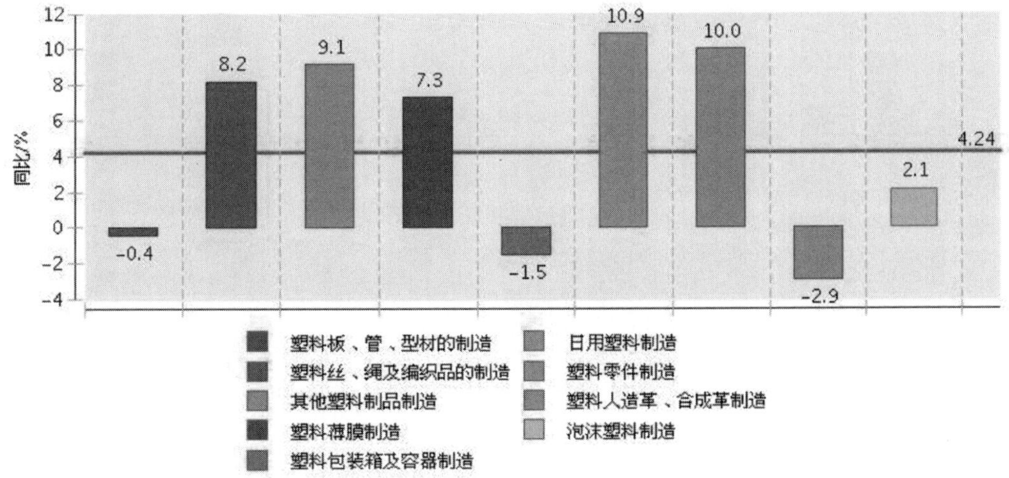

Fig4 The year-on-year growth rates of accumulative total profits in plastics sub-industry in 2014

In 2014, in the major producing provinces of national plastic products, accumulative total profit growth rates were lower than the average in previous year. The fastest growth was in Henan province and Guangdong province, with the growth of 16.02% and 13.06% respectively. The negative growth showed in Fujian province and Liaoning province, with rate of －4.05% and －23.70% respectively.

Tab8 The year-on-year growth and proportion of accumulative total profits in main regions in plastics industry in 2014

Area	Total Profit in 2014 (billion)	Total Profit in 2013 (billion)	Growth Rate↓ /%	Proportion /%
Henan Province	11.62	10.01	16.02	9.82
Guangdong Province	19.45	17.20	13.06	16.44
Jiangsu Province	9.54	8.72	9.46	8.07
Shandong Province	13.12	12.40	5.81	11.10
Hubei Province	5.25	4.97	5.69	4.44
The National	118.29	113.47	4.24	100.00
Others	25.66	24.89	3.09	21.69
Hebei Province	5.02	4.89	2.72	4.25
Anhui Province	5.83	5.71	2.20	4.93
Zhejiang Province	10.56	10.44	1.18	8.93
Fujian Province	6.64	6.92	－4.05	5.61
Liaoning Province	5.58	7.32	－23.70	4.72

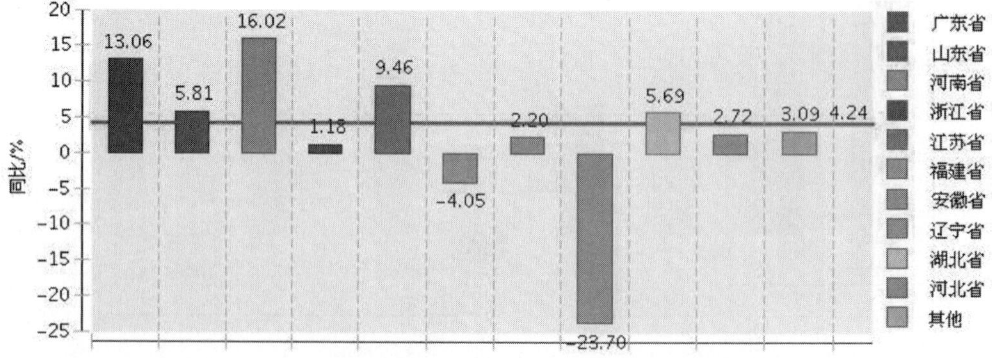

Fig5 The year-on-year growth rates of accumulative total profits in main regions in plastics industry in 2014

(c) Slight drop on profit rate of main business income year-on-year

In 2014, the main business profit rate of cumulative plastic industry was 5.80%, downed 0.26% year-on-year. It showed drop from profitability in the plastic products industry.

Compared with 2013, in all sub-industries, profit rate of main business income in plastic parts manufacturing industry grew 0.15% year-on-year. Daily-use plastic manufacturing and plastic film manufacturing grew slightly on the profit rate. Other sub-industries' decreased, especially in the plastic packaging and container manufacturing. It dropped dramatically by 0.69%.

Tab9 The year-on-year growth rates of accumulative main business income total profit rates in plastics industry in 2014

Sub-industry	Profit Margin of the Accumulated Prime Operating Revenue in 2014/%	Profit Margin of the Accumulated Prime perating Revenue in 2013/%	Growth Rate↓ /%
Plastics Parts	4.83	4.69	0.15
Plastics Daily Articles	5.57	5.51	0.06
Plastics Films	5.04	5.01	0.02
Other Plastics Products	5.48	5.54	−0.06
All products	5.80	6.06	−0.26
Plastics Filament,Rope and Woven	6.23	6.55	−0.32
Plastics Foams	6.17	6.61	−0.44
Artificial and Synthetic Leather	5.79	6.25	−0.46
Plastics Plates,Pipes and Profiles	6.28	6.80	−0.52
Plastics Packaging,Container	6.33	7.02	−0.69

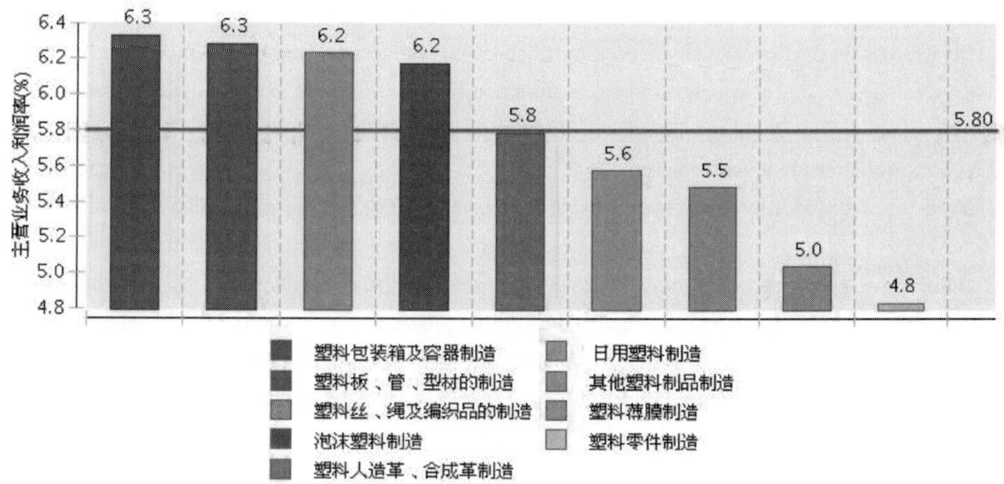

Fig6 The contrast of the accumulative main business income total profit rates in plastics sub-industry in 2014

In the main provinces of national plastic products production, the profit rate of cumulative main business income grew slightly only in Guangdong province and Zhejiang province. All other provinces decreased. Only Henan province reached double digits on the profit rate of cumulative main business income, with rate of 10.05%.

Tab10　The year-on-year growth rates of accumulative main business income total profit rates in plastics industry in 2014

Area	2014/%	2013/%	Growth Rate↓/%
Guangdong Province	4.94	4.69	0.25
Zhejiang Province	4.98	4.97	0.01
Jiangsu Province	5.27	5.30	−0.03
The National	5.80	6.06	−0.26
Henan Province	10.05	10.39	−0.34
Sichuan Province	6.06	6.48	−0.42
Shandong Province	6.55	6.98	−0.43
Fujian Province	5.69	6.54	−0.85
Anhui Province	6.41	6.96	−0.55
Hubei Province	6.13	6.73	−0.60
Liaoning Province	4.48	5.90	−1.42

(C) It could not be effective relief on the structural and periodic excess production capacity

Structural and periodic excess production capacity is the concentrated reflection on unreasonable product structure in plastic processing industry, and is a big obstacle to achieve health and sustainable development. Now, it could not be dealt with effectively on the low-end overcapacity problem. It still could not be solved effectively on periodical excess production capacity caused by regional market demand and blind introduction. But high-end products were needed to import in large amount. In the situation that the severe excess of two-way stretch industry in ordinary packaging film could not be solved, lithium-ion battery diaphragm capacity in 2015 is expected to reach 2.3 billion square meters, which is more than the global demand, and will lead to new overcapacity. On the other hand, the import proportion of high-end diaphragm reached 90%, and the whole diaphragm import rate was 70%.

From the above we can see, the economic downward pressure is still very large. Plastic processing industry is faced with the serious atmosphere and situation. Thus, plastic processing industry will have important tasks when entering into a new phase of development. For example, deepening the reform, speeding up to transform productive modes and adjust structure, cultivating new economic growth point and fostering new competitive advantages by technological progress and scientific and technical innovation.

B. The new situation which plastic processing industry will face with

Nowadays, plastics processing industry is in a critical period from development and expansion to industry maturing stage. It is also in a key period toward the high-end industry, at the same time, in the new stage of development about the "New Normal" of China's economy. At present, plastics processing industry has transformed from high-speed growth to steady growth with medium-speed. And due to economic downward pressure increasing, the industry economic operation and enterprise production management will also face with some difficulties and problems. So important tasks in front of us include careful analysis on present situation, adapting to the "New Normal", active operation, smooth pulling through the transformation period of plastic processing industry.

(A) The large changes on development opportunities, environment, and conditions in plastic processing industry

At present, consensus has achieved on China's economic development into the "New Normal". On the Central Economic Working Conference, Xi, General Secretary of CPC, made a highly condensation to "three features" and "night trends" on China's economy entering into "New Normal". In fact, the "New Normal" is a high summarization for China's economy entering into a new stage, and is a stage China's economy must go through to a higher level. What General Secretary Xi summarized has pointed out the development direction for the plastic processing industry. It conforms the realistic situation on innovation driven development and industrial transformation and upgrading in the industry. So what is the "New Normal"? It contains three meanings. First is economic growth from high-speed to high-middle speed. This is a reflect of rule of economic development stage. Growth rate Inflexion exists. The turning point happened in 1969 in Japan, where the growth rate decreased from 10.4% in the first 10 years to 6.3% in the next 10 years. The same situation happened in 1988 in Korea, its rate dropped from 10.4% to 7.6%. Although slow growth at present, China is still in an important period of strategic development opportunities. Second is economic growth into a period of conflict breaking out. It is a period of growth rate shift, dramatical structure adjustment, and digestion for formal stimulative policy. In this period, lots of contradiction and problems will appear. It needs everyone keep ordinary mood, pay more attention, prevent risks, and have more patience. Third is China entering into hard time of reform. It must be resolved structural conflict in economy and coordinated relationship between government and market by reform. It must be promoted economic growth effectively by technical innovation and industry upgrade. On the analysis of the current situation, confidence should be firmed further. Reform, innovation, transformation, upgrading should be pushed forward firmly. Dramatical structure adjustment and its long lasting and difficulties shold be understood and prepared fully. Patience of solid work should be had.

The "New Normal" emphasizes on the character of "new", which highlights significant changes of connotation of economic development on the basis, opportunities, environments and conditions, and also decides people will have new understanding、new ideas and new actions on their works. "Normal" emphasizes the stage characteristics, which highlights movements of economic developing force, and structural adjustment that will greatly promote the recombination and adjustment of resource elements in a long time in the future. So "change" and "move" will be normalization. The biggest change of New Normal is the change of economic developing force. The new force will present the following characteristics. First is consumer demand. Consumer demand, especially diversification, personalization, and private custom wind, will play a greater role in economic growth. On the basis of giving full play to pull effects on investment, export, and consumption to the economic growth, supply side management will be promoted, two wheel drives between supply and demand will be come true, and efforts will be made by on creative demand and activating consumer demand. Secondly, innovation has been new engine driven development. It furtherly depends on human capital, quality and technological progress, along with the driving force decreasing on the size of elements. That is to say, total factor productivity will play a bigger role by the element quality improvement, especially the improvement of efficiency. Finally, the importance of innovation-driven will more remarkable.

The competitive advantage is based on primary comparative advantage with the support from cheap labor force. This situation can be found not only in plastic processing industry with high-speed development, but also in labour intensive traditional manufacturing industry. These industries are still in low and mid-range level of the international division of labor, lack of effective supply and situation is more serious. At present, plastic processing industry is facing serious challenges. It reflected in five aspects. The traditional advantages in low labor costs are weakening. The rapid steps in technology development are slow. The advantage of backwardness is decreased significantly. The scale expansion space is compressed greatly. Traditional profit margins are squeezed. At the same time, the industry has great pressure on economic downward, and in the phase of downward bottom. It fully shows that the plastic processing industry must speed up transformation of mode of development, must adjust structure immediately, and must speed up technological progress and technological innovation. Meanwhile, the industry will focus on improving the quality and efficiency of development, focus on cultivating new growth point by developing high-end industry, focus on fostering new competitive advantages to realize the healthy, stable and sustainable development by the core of improving production efficiency.

(B) New challenges plastic processing industry will face with by a new round of technology innovation and industrial revolution

Currently, new science and technology and industrial revolution in global will come, and the fourth industrial revolution has been on the rise, that leads to the rapid advance on international industrial adjustment and new technology revolution. First, world industrial structure will be adjusted deeply by the "industrialization" in developed countries and accelerating rise in emerging economies. After the international financial crisis, the developed countries have implemented the strategies of "industrialization" and "manufacturing regression", trying to seize the high-end manufacturing and continuously expand the competitive advantage. Such as A Plan to Revitalize American Manufacturing, Advanced Manufacturing Partnership, and Advanced Manufacturing National Strategic Plan made by the United State. Germany's industrial strategy 4.0. The European Union presented that the proportion industry shared in GDP would be from 15.1% to 20% in 2020. The emerging countries are also speed up to make the adjustment plans on opening to the outside world and industrial structure. In the future, in global, the competition around market, technology, capital and industry transfer will be more intensive. Second, a new round of technological innovation and industrial revolution is breeding. The competition around the high position of science and technology and industry development will be intensive day by day. At the same time, it will give rise to great changes in mode of production in manufacturing industry. The 'Industry 4.0' was proposed by BMBF and BMWI in Germany in 2013. 'Industrial 4.0' described outlook of the manufacturing in the future. It presented the fourth industrial revolution will come, which is in basis of CPS and in symbols of highly digitization, networking, machine self-organization in global after the former three revolution with the characters of application of the steam engine, scale production, and electronic information technology. The "Industry 4.0" was emphasis on intelligent manufacturing, network manufacturing and digital manufacturing. Its purpose was to keep the German leadership in intelligent manufacturing technology, and occupied the high position of the manufacturing in Internet age.

The United States put forward the strategy of "industrial Internet". It integrated the opening and global wisdom resources to build the Internet industry, which is based on the powerful information technology. This was social network manufacturing environment and system integrated deeply by information network and manufacturing system. The Internet of things was its core. Middle management layer was the enterprise resource management system and manufacture information system. The upper was e-commerce platform. What it built was industry manufacturing mode with features of flexible, collaborative, networked, and intelligent, was the industrial form production elements alloocated according to the information resources dynamic condition, was the industry form made by industry chain collaboration and cross-border collaboration.

China put forward the ‘three steps’ strategy in the ‘Made in China 2025’. To achieve power target in manufacturing, the first step is to stride into manufacturing power by 10 years to 2025. The second step is in 2035, China will fully realize industrialization. The overall level of manufacturing is in the medium level of the world's manufacturing power. The third step to the 100th anniversary, comprehensive strength will reach the world manufacturing power. In Prime Minister Li Keqiang's government work report, he furtherly pointed out the concept of ‘industry Internet +’. The core is to promote the fusion in the Internet, cloud computing, big data, the Internet of things and modern manufacturing, to promote the healthy development in the e-commerce, industry Internet and the Internet financial industry. There is a big gap in China's manufacturing industry, compared with the developed countries. Germany developed the ‘Industry 4.0’ on the basis of the ‘3.0’. China must develop in '2.0', '3.0', '4.0' parasynchronously. China's intelligent manufacturing is in core of two combinations. The main line of development is the digital and intelligent manufacturing with deep fusion between information technology and manufacturing technology, and transform from the productive manufacturing to service manufacturing.

The core of new round technological revolution and industrial revolution is to improve the manufacturing efficiency and reduce labor. This is to solve the two traditional problems in industrial production at a higher level, which are increasing output and reducing costs. The new technology revolution will profoundly change production pattern and industry forms of manufacturing and it will bring significant influences on reconstruction of the global manufacturing. So this is a revolution to take over the commanding heights of the future manufacturing. The industry must pay more attention, lay out the strategies, and not lose at the starting line. The plastic processing industry will face with severe challenges on the new round technological revolution. But it also provides tremendous development opportunity to make the industry stand on the same starting line with world giants. The whole industry must closely track the latest development of contemporary science and technology, follow the tide of the new round technological revolution, unswervingly take the road of innovation driven development, and make great efforts to achieve goal of plastic processing development.

(C) Have firm confidence and work solidly to make sure plastics processing industry having sustained, stable and healthy developments in 2015

Currently, our country's economy is facing severe challenges on increasing economic downward pressure and declined profits. But it should also be found that the economy has a series of gratifying changes and positive factors on speeding up paces of structural adjustment, increasing market dynamics, rapid growth of new and high technology, continuously activating of capital market, changing distribution structure, steady growth of income, more opening and looseness of investment environment. The year of 2015 is the final year of "Twelfth Five-Year" plan. To view the implementation, targets, indicators, tasks were basically realized determined on the plan. The plastic processing industry maintained a steady development. Structural adjustment made positive progress. Quality and efficiency continued improving. Innovation system gradually established and completed. Technological progress speeded up, Self-reliant equipment manufacturing level improved steadily. Energy conservation and emissions reduction achieved positive results. The whole plastic processing industry must enhance vigor, firm the confidence, work solidly, ensure sustained, stable and healthy development of the industry in 2015, and lay a basis for better development in the period of “Thirteenth Five-Year” plan.

(中国塑料加工工业协会 唐姮)

(China Plastics Processing Industry Association TangHeng)

中国塑料加工业“十三五”发展规划指导意见（框架初稿）

中国塑料加工工业协会

前　言

塑料加工业是以制品加工为核心，集合塑料原料及助剂、塑料机械及模具、塑料科研为一体的新兴制造业，既是我国工业体系中为其他行业提供产品、配件和材料的基础性产业，也是为消费者提供优质、卫生、安全、可靠产品的民生产业，同时还是推动新材料产业发展的重要组成部分。

“十三五”时期是我国全面建成小康社会最后冲刺的五年，是深化改革开放、加快转变经济发展方式的攻坚时期，也是塑料加工业由大变强的重要时期。制定科学合理的《塑料加工业“十三五”发展规划指导意见》对于塑料加工业继续把握住我国发展的重要战略机遇期、进一步赶超国际先进水平、促进塑料加工业长期平稳健康发展，具有十分重要的意义。

编制《中国塑料加工业“十三五”发展规划指导意见》（规划期为2016~2020年），作为未来五年我国塑料加工业发展的指导性文件和实现塑料制造强国目标的行动纲领，同时也可作为塑料加工业各子行业和各地区编制规划的重要依据。此文件为《中国塑料加工业“十三五”发展规划指导意见》框架初稿。

一、“十二五”期间取得的主要成绩与存在的问题

（一）主要成绩

1.　规模和效益保持平稳增长

产量平稳增长。据国家统计局数据显示，2011年至2014年，全国规模以上企业塑料制品产量由5 474.31万吨增长到7 387.78万吨。其中，2012年、2013年和2014年的同比增速分别为8.99%、8.02%和7.44%，根据2014年数据可预测2015年产量增幅在7%~8%，将在8 000万吨左右。

效益逐步提高。据国家统计局数据显示，2011年至2014年，全国规模以上塑料制品企业主营业务收入由15 583.74亿元增长到20 392.39亿元，利润由882.29亿元增长到1 182.86亿元。其中，2012年、2013年和2014年主营业务收入同比增速分别为11.79%、14.26%和8.92%，利润同比增速分别为15.94%、16.45%和4.24%。根据2014年数据可预测2015年主营业务收入增幅在9%左右，超过2.2万亿元；利润增幅在4%~5%，超过1 200亿元。

出口增速趋缓。据国家统计局数据显示，2011年至2014年，全国塑料制品出口量由1 304.70万吨增长到1 607.53万吨，其中2012年、2013年和2014年同比增速分别为5.79%、5.88%和6.42%；出口额由393.09亿美元增长到604.34亿美元，其中2012年、2013年和2014年同比增速分别为24.55%、11.13%和6.09%。根据2014年数据可预测2015年出口量和出口额增幅将在6%~7%，分别达到1 700万吨和650亿美元左右。

“十二五”期间，我国塑料加工业的发展速度明显地减缓。塑料制品产量、经济效益和出口增速明显要低于“十一五”期间的增速。我国塑料加工业已进入中低速发展的平稳增长阶段。

表1　　2011~2014年塑料加工业主要经济运行指标表

指标＼时间	2011年	2012年	2013年	2014年	2015年（预测）	平均增长率/%
产量/万吨	5 474.31	5 781.86	6 188.66	7 387.78	8 000	10.5

续表

指标 \ 时间	2011 年	2012 年	2013 年	2014 年	2015 年（预测）	平均增长率/%
主营业务收入/亿元	15 583.74	16 310.13	18 686.44	20 392.39	2.2 万	9.4
利润/亿元	882.29	963.27	1 123.18	1 182.86	1 200	10.3
出口量/万吨	1 304.70	1 382.16	1 508.55	1 607.53	1 700	7.2
出口额/亿美元	393.09	491.85	568.35	604.34	650	15.4

注：（1）2015 年数据按 2014 年基数、增长率估算；（2）平均增长率以 2011~2014 年数据为计算依据。

2．产业结构进一步优化

“十二五”期间，塑料加工业通过加快结构调整和产业升级的步伐，产业结构进一步优化。低端产品的比例逐渐降低，高新技术产品比例明显提高；行业集中度大大提高，大中型企业数量明显增多，品牌效应日益凸显，企业竞争力进一步加强；从主要注重数量的增加转向注重质量的提高，从劳动密集型向技术资本密集型逐渐转变，出口产品由中低档向中高档产品逐渐转变；通过加快实施“走出去”“请进来”的发展战略，行业资源配置得到进一步优化。

3．绿色生产、节能减排效果明显

——绿色环保无毒助剂的开发及应用取得新进展。无毒增塑剂的研发成功加快了国内淘汰 DOP、DOA 等国外禁（限）用增塑剂的步伐，钙锌复合稳定剂、有机热稳定剂和稀土热稳定剂开始全面替代铅盐热稳定剂，无机阻燃剂有望扛起阻燃剂行业去卤化的大旗。

——废旧塑料循环利用逐步向高品质、低能耗、规模化方向发展，高值化利用实例屡见不鲜。以废旧塑料为原料制备环保壁纸、相框线条、汽车配件等产品，利用废旧塑料合金技术制备高端改性料等高值、高效新技术取得突破。

——随着无溶剂复合工艺及其胶黏剂技术的逐渐成熟，加上有机废气高效净化处理回收技术取得突破，逐步改变国内塑料软包装行业以传统溶剂型复合为主的局面，使得 VOC 排放量大幅降低。

——随着工业自动化水平的提高，目前几乎所有塑料加工业的加工过程都需要用到机器人技术，如监测、控制、取样、装配、印刷等过程，使得工艺流程更加精确和效率更高，为企业增效节能。

——聚苯板（EPS）、挤塑聚苯板（XPS）、聚氨酯泡沫等外墙保温材料，建筑给排水和供暖塑料管道，密闭保温塑料异型材门窗进一步推动了建筑领域的节能改造。

——电磁加热技术、注塑机两板机技术、塑料动态成型技术、同向锥形双螺杆技术、伺服驱动与控制技术等的节能效率进一步提高；新的成型技术如超剪切塑化、功率超声塑化、微层叠技术等应用于塑料加工过程，在提高加工技术水平的同时降低能耗。

4．新技术、新产品方面取得诸多突破

“十二五”期间，塑料加工业累计获得国家科技进步奖 10 余项，部分技术达到国际先进水平；获得中国专利奖金奖两项，优秀奖累计达到 15 项；按照国际专利分类方法，2011 年到 2014 年期间，塑料加工业授权发明专利数量达到 12 104 件，超过“十一五”（6 377 件）近一倍，彰显出塑料加工业日益提高的创新能力和竞争活力。随着我国塑料加工业创新脚步的加快，原料及助剂、塑料制品及加工装备方面都取得诸多突破，初步形成了以企业为主体、产学研用相结合的技术创新体系。

5．品牌建设和技术服务平台工作取得重大成效

截止到 2014 年年底，塑料加工业大中型骨干企业获批的国家级企业技术中达到 25 个，约占国家认定的企业技术中心总量的 2.3%；经国家认证的企业检测和校准实验室数量达到 54 家；获得“全国轻工业卓越绩效先进企业”的企业数量达到 27 家；国家中小企业公共服务示范平台取得突破，数量达到两家；协会和中国轻工业联合会共建的塑料行业产业集群数量达到 11 个；“中国塑料行业信用等级评价”初评和复评的企业数量分别为 110 家和 119 家。

（二）存在的问题

1．产品结构不合理，中低档产品比例过高，集约化程度低

我国塑料加工业虽然近年来取得了较大的进步，但是整体发展规律仍基本呈现引进—消化—仿制—再创新的特点，整体创新能力薄弱导致产品结构不合理，中低档产品比例过高，产品附加值低。

——医用塑料不仅在原料品种、高档原料年消耗量等方面远低于发达国家，而且产品主要以一次性注射器、医用输液袋、PVC 导管等低档产品为主，用于透析、心血管以及心脏类等高端医用塑料制品仍需大量进口；

——工程塑料尤其是特种工程塑料无论从原料还是制品方面都与国外有相当大的差距，与我国快速发展的航天航空、电子电器等高端领域不匹配；

——可熔性氟树脂加工处于初级阶段，用量最大的聚四氟乙烯（PTFE）制品加工处于世界中等水平，膨体聚四氟乙烯微孔膜、航空用特种氟塑料膜材、锂离子电池用氟塑料隔膜等高性能膜材整体技术水平与国外相差甚远；

——塑料管道产品多以中低端为主，用于工业领域的耐磨、耐腐蚀、耐热、清洁介质等特种介质输送管材，矿山阻燃、抗静电双抗管材，中高压油气输送管材，特别海上油田用油气管等高端产品与国外差距较大，专用料的开发速度非常缓慢。

2．部分产品出现结构性、阶段性过剩，同质化程度严重

塑料加工业作为快速成长的新型制造业，不属于长期性产能过剩产业，中小企业投资的冲动性和盲目性导致产品同质化现象严重，部分产品中出现结构性和阶段性过剩的情况。

——塑料异型材门窗行业低水平供给严重过剩。在重点工程、高品位、高质量的高端消费市场上的应用比例逐年下降，高端消费市场主要被铝合金产品垄断；

——管材产能过剩状况比较突出。以 2013 年为例，全年总产量为 1 210 万吨，产能超过 2 000 万吨，主要集中在普通硬聚氯乙烯（PVC-U）管材上，普通聚乙烯（PE）管材也出现产能过剩的情况；

——双向拉伸聚丙烯（BOPP）及双向拉伸聚酯（BOPET）行业，由于企业过于追求最先进的设备及对市场需求的误判，出现了先进设备产能过剩和闲置的局面。

3．科技创新能力薄弱，创新体系有待完善

我国的塑料加工业虽然实现了多年的快速发展，但主要是以国外现成可利用技术为基础的规模化发展。缺乏真正的原始创新、技术装备水平落后，使得目前我国塑料加工业难以实现对发达国家的真正超越。整体创新体系不健全造成企业和研究机构的科研活动缺乏前瞻性、系统性研究，尤其是对基础课题、前沿技术和关键共性技术的研发投入不足；协同创新体系的缺失以及科研成果转化体制的约束，使得企业与大专院校、科研院所对接不畅，难以形成合力，直接导致研究成果产业转化率偏低。作为技术创新中坚力量的企业特别是中小企业普遍面临技术人才匮乏、资金不足等问题，导致我国塑料加工业发展后劲严重不足。

4．行业区域发展不平衡，产业布局仍待进一步调整

我国塑料加工业发展地域性显著，主要集中在东部沿海地区，中西部地区相对落后，人均产量和消费量落后于全国平均水平。随着“十二五”期间我国西部大开发战略的深度实施，中西部地区塑料制品的产量年均增幅高于东部地区，东部地区总产量比重呈下降态势。截止到 2014 年，东部地区的占比仍然超过 50%，达到 54.42%；从产品结构方面，东部地区塑料加工业随着配套工业的完善逐步趋向成熟，高技术含量制品生产企业数量及产量均远高于中西部，反观中西部地区塑料加工业无论产业规模、产品质量及技术水平与东部地区相比仍有不小差距，产业布局仍有待进一步调整。

5．出口受制于贸易壁垒，对外贸易摩擦频发

随着我国塑料制品出口量的逐年增加，相关的贸易摩擦事件频发。一方面是由于我国出口的塑料制品仍以技术含量较低的中低端产品为主，无法满足多样化、专用化和功能化的出口要求；另一方面是各国普遍加强了劳动密集型产业的贸易保护以此来扩大就业。“十二五”期间，我国对外出口的塑料袋、塑料门窗型材以及双向拉伸聚酯（BOPET）薄膜均不同程度受到欧美等国家的反倾销调查；印度为保护国内的塑料机械工业，加大了对我国塑料加工机械尤其是注塑机的反倾销力度；欧盟通过频繁制定并更新食品接触塑料制品的技术法规和标准、严格儿童玩具安全指令等措施，形成了阻挡我

国塑料制品进入欧盟市场的“绿色技术壁垒”。

二、“十三五”期间面临发展的机遇和挑战

我国塑料加工业经过多年的追赶型高速发展，已经由数量主导型发展阶段进入上质量、上档次的产业升级发展阶段，由发展壮大期逐步向产业成熟期转变，同时也进入了由高速增长向中高速甚至低速增长的换挡期，面临着既要保持适宜增长速度，又要加快转变发展方式的双重挑战。

（一）发展机遇

以新能源、新材料、信息技术、物联网等为指标的全球新一轮科技创新给塑料行业的发展增添了巨大的潜力。政府扩大内需刺激经济发展、改善民生、加快高端产业发展等各项政策，对各种公共卫生事业、公共医疗保障、公共基础设施以及航天航空、新材料、电子信息、生物医药等高端领域的支持和投入，都为我国塑料加工业的发展注入了强大动力和活力。

——《国家新型城镇化规划（2014~2020年）》在推动新型城镇化建设的同时必然带来城市基础设施建设的提速，生态文明、绿色、低碳、节约集约的发展要求将推动塑料管道、装饰材料、异型材门窗、外墙保温及防水材料等行业的发展；

——“十八大”报告中提出要大力推进生态文明建设。作为改善农业生态环境发展生态高值农业的关键环节，国家目前正出台相关政策支持废旧农膜的回收以及生物降解地膜的大面积推广，以应对目前日益严重的农膜污染问题；

——在国家大力推进医疗改革，发展基础医疗保障的大环境下，医疗器械的刚性需求正不断增长，加上人口老龄化加速、居民收入增加、保健意识增强等的强劲推动力，医用塑料行业发展前景广阔；

——农村饮用水安全工程建设、城市地下老旧管网改造、西气东输、南水北调等工程将为塑料管材及管件等行业发展增添亮点；

——国家重点支持的大飞机项目、高速铁路、船舶及汽车工业等的高速发展将为我国工程塑料及其复合材料的发展提供机遇。

——2015年两会政府工作报告强调推进“一带一路”、长江经济带和京津冀协同发展“三大支撑带”战略，对优化我国经济发展空间、构建全方位对外开放新格局具有重要意义，同时给我国塑料加工业带来巨大的发展机遇。积极参与“一带一路”建设，鼓励有实力的塑料加工企业实施“走出去”战略，向更具成本比较优势国家和地区转移先进产能和过剩产业，就地取材，充分利用当地的优势资源和巨大市场；紧抓“长江经济带”建设机遇，引导塑料加工业由东向西梯度转移，在西部建设产业转移示范区，进一步优化国内塑料加工业的区域配置；在“京津冀协同发展”政策的引导下，以京津冀地区大气污染防治和产业对接转移为契机，大力推进绿色、循环、低碳塑料产业的发展，助力京津冀地区绿色生态产业的升级。

（二）面临挑战

目前正值中国塑料加工业转型升级的关键时期，世界范围内正孕育兴起新一轮的科技革命和产业变革，与我国加快经济转型发展形成历史性交会。塑料加工业正面临新一轮的全球挑战。

当前全球范围内，新一代信息技术在工业领域广泛渗透正引发制造业发展理念、技术体系、制造模式和价值链的重大变革，协同、智能、绿色、服务等正逐渐成为制造业的核心价值体现，工业互联网、物联网、大数据、云计算等将重构制造业技术体系。欧美等发达国家纷纷推出重振制造业的国家战略和计划，力图抢占高端制造业并不断扩大竞争优势。例如，美国的“再工业化”“制造业复兴”“先进制造业伙伴计划”，德国的“工业4.0”，日本的“再兴战略”，法国的“新工业法国”等。未来全球范围内围绕市场、技术、资本和产业转移的竞争将更加激烈。在这一大背景下，国家提出“中国制造2025”战略，适时提出新材料、高性能医疗器械等十大突破领域，将成为我国塑料加工业向高端化和智能化发展的重要支撑。

我国的塑料加工业目前仍然是以劳动密集型为主的传统制造业，在国际上处于产业价值链中低端，其竞争优势基本是以廉价劳动力支撑的初级比较优势且正逐渐削弱。同时，资源、环境、能源的约束力也在加大，传统盈利模式受到挑战。新一轮科技和产业变革的酝酿和推进，对塑料加工业提出严峻挑战，但也提供了难得的赶超发展契机。面临加快推进劳动密集型向技术、资本，密集型产业结构转变；面临加快以低人工成本为主的低端比较优势向技术、装备、人才、研发为主的复合竞争优势的转变；面临加快以引进、模仿、招商为主向自主

创新、集成创新、智能创新的转变。

三、“十三五”指导思想、基本原则和发展目标

（一）指导思想

深入贯彻落实党的“十八大”、十八届三中、四中全会精神，按照加快培育发展战略性新兴产业的总体要求，紧紧围绕国民经济和社会发展重大需求，以加快塑料加工业转型升级为主要突破点；以提高塑料加工业自主创新能力为核心，以新材料、新技术、新装备和新产品为发展重点，通过产学研用相结合，大力推进科技含量高、市场前景广、带动作用强的塑料新产品的规模化和产业化；加快完善塑料加工业创新体系，着重发展高效节能、先进环保和资源循环利用的新技术和新产品，推动塑料加工业走绿色生产、低碳发展、节能减排的道路。

（二）“十三五”要把握好

——坚持“资源节约型、环境友好型、科技创新型”的产业方向，大力实施“绿色、低碳、循环、生态”发展战略，推动塑料加工业健康和可持续发展。

——坚持创新驱动发展，进一步发挥技术进步、科技创新的保证和支撑作用。大力实施扩张战略和高端化战略，全面推进产业转型升级。

——坚持把提高发展质量和效益放在首位，不断提升要素质量，提高要素配置效率。

——坚持协调发展、统筹兼顾。统筹资源、市场及区位优势，推动塑料工业有序梯度转移，优化区域布局。

（三）发展目标

——2016~2020 年规模以上塑料制品企业产量年增长率达到 7%~8%；主营业务收入年均增长 10%；利润总额年均增长 8%；出口量年均增长 6%，出口额年均增长 10%。

——企业创新能力逐步增强，研发经费的投入占比达到 1%~1.5%以上，国家级企业技术中心数量达到 30 家以上，国家中小企业公共服务示范平台数量达到 5 家；产学研用结合进一步加强，重点行业关键技术和装备自主化率力争达到 40%~50%，新产品贡献率超过 40%。

——争取到 2025 年，塑料加工业主要产品及配件能够满足国民经济和社会发展尤其是高端领域的需求，部分产品和技术达到世界领先水平；塑料加工业结构调整和产业升级取得显著成效，基本实现我国由塑料加工大国向塑料制造强国的历史性战略转变。

四、重点任务和产品发展方向

（一）重点任务

1．实施创新驱动战略，引领行业转型升级

加快建立以企业为主体的产学研用协同创新体系，坚持把创新驱动放在行业转型升级的关键环节，积极推动重点企业参与行业标准、国家标准制定，推动企业增强自主创新、利用知识产权能力，培养一批能够引领产业变革和具有核心技术攻关能力的创新型骨干企业，发挥其创新整合资源作用，壮大科技型中小企业，激发创新合力。

塑料加工业中小企业数量众多，自主创新、研发能力弱，发挥大专院校、科研院所力量尤为重要，要借力发展、借智发展。企业要积极为科研成果提供中试条件，主动承担中试工厂作用。要加强产学研用的深度融合；要加强从原料、加工到装备的垂直创新体系建设；要发动同行业企业共同攻关面临的关键核心技术，形成横向联合、协同创新和攻关体系。

2．大力推进两化深度融合，加快推进产业结构调整

目前，新一代的信息技术革命正在全球范围内蓬勃兴起，以美国、德国为代表的工业发达国家正在引领制造业回归热潮，纷纷提出“再工业化”战略。德国于 2013 年正式提出“工业 4.0”概念，推动制造业从单纯的围绕产品制造的产销模式向基于大数据分析与应用基础上的智能制造模式转变，与我国提出的两化深度融合战略有不少相似之处，其提出的一系列政策措施，值得借鉴。

“十三五”将是我国塑料加工业大力推动两化深度融合，促进行业转型升级的关键时期。通过与信息技术的深度结合，推动塑料加工业加快向信息化、网络化和智能化方向发展转型。在实施塑料加工业两化深度融合战略中，不但要重视大企业的龙头作用，还应充分吸收诸多中小企业参与其中；不仅要重视关键技术的发展和突破，更应重视系统配套体系、企业创新生态系统的建设；争取在智能测控、精细混配、3D 打印等高端领域步入世界先进国家行列。

3．抓住“互联网+”时代机遇，加快推进行业与互联网的融合

移动互联网、云计算、大数据、物联网等新一代信息技术的发展，为我国塑料加工业的快速发展和转型升级带来难得机遇。通过推进推动移动互联网、云计算、大数据、物联网等与传统塑料加工业结合，不仅能有效缓解行业面临的产能扩张与需求增长不匹配、上游成本的传导机制不通畅、生产效率低、利润率下滑等问题，还可实现产业链上下游企业的信息共享和业务协作，转变传统的外延扩张式发展方式，缩短供应链条，降低成本。

4．推动塑料加工业安全工程体系建设，保障食品和环境安全

（1）加强食品接触塑料制品安全工程建设

塑料制品目前约占全球食品包装产品总量30%的市场份额。随着人类对食品接触塑料制品安全性和卫生性的关注度越来越高，各国对食品接触塑料制品加工过程中所使用的原料、助剂甚至加工方法要求越来越严格，相应的法律法规及相应措施也越发严格。

严格遵守新版《食品安全法》规定和要求，切实做好塑料制品的卫生、安全工作，需要依靠技术进步，大力开发安全可靠的食品接触新材料及助剂，加快建立食品包装材料卫生安全溯源机制和方法，从源头上保证原料及助剂达到食品级要求；要加快食品包装材料标准化体系建设，建立健全食品包装材料安全评价制度和方法。

（2）推进环保型助剂在塑料制品中的替代

绿色、无毒、环保型助剂在塑料制品尤其是与食品接触塑料制品的应用越来越受到全社会的关注。发达国家对塑料制品中助剂的使用基本上都有明确限制或相关禁令。

——欧洲禁用铅/镉类重金属热稳定剂已进入倒计时，计划2015年100%禁止使用，我国虽然规定了部分产品禁止使用铅盐类热稳定剂，但仍无针对大部分产品的具体禁铅时间表；

——欧洲已开始限制含卤阻燃剂的销售，以六溴十二烷（HBCD）为例，2013年召开的联合国化学会议决定在全球禁用阻燃剂HBCD，并将其加入到《关于持久性有机污染物的斯德哥尔摩公约》禁用化学制品的附录A名单（从全球淘汰名单），但目前国内的建筑用材料，仍主要采用HBCD作为阻燃剂。

（3）推进塑料再生利用产业发展

目前，我国塑料再生利用行业正处于起步阶段，存在市场竞争激烈，再生利用率偏低、利润空间不大，技术落后等问题。随着党的十八大报告中首次把“生态文明建设”提升到更高的战略层面，一系列促进循环经济政策的出台，废旧塑料的处理、回收和高值化利用成为行业发展的焦点。

推动我国塑料再生利用产业的健康发展，需要按照国家低碳经济发展战略，建立完善的废旧塑料回收体系，发展废旧塑料高效分选及高值化利用技术，通过改性提高产品的利用率和附加值，促使废塑料行业逐渐向集约化、规模化、深加工方向发展，实现经济效益、社会效益和生态效益的统一。

5．推进企业清洁生产和节能减排，逐步实现行业可持续发展

鼓励和支持企业通过采取技术创新、管理提升、技术改造和淘汰落后等措施来降低单位产品的能耗水平，进一步提高复合膜、镀铝膜、人造革合成革、塑料再生、助剂等重点行业的环保准入门槛；争取更多的绿色塑料制品通过中国环境标志产品认证；通过在行业内推动应用技术示范对企业进行引导，加大先进、适用、成熟的绿色低碳技术的推广力度；国家和地方政府对企业进行清洁生产和技能减排专项改造给予重点支持，同时强化监督管理制度，对于超标排放污染物的企业依法严肃处理。

6．加强行业品牌建设工作，提升产业整体素质

品牌建设是促进企业可持续发展的原动力。经过多年高速发展，我国塑料加工业涌现出了一批在国内具有较大影响力的品牌，但仍缺乏有国际影响力的品牌；加上中小企业数量居多，对品牌定位重要性意识不足，缺乏科学的战略规划，导致产业整体品牌意识不强。

通过组织开展品牌培训活动，提高企业品牌培育意识；引导企业开发切合实际的品牌管理机制和品牌塑造方法；通过技术改造、产学研用等方式引导企业提高创新能力，提高产品质量水平；鼓励企业加大在技术研发和质量提升等方面的投入；鼓励企业更多参与行业标准、国家标准甚至国际标准的制定，抢占产业发展的制高点。

7．办好“中国塑料展”，搭建企业交流合作的平台

加快发展“中国国际塑料新材料、新技术、新装备、新产品展览会”（简称“中国塑料展”），

进一步优化展品结构，扩大专业论坛领域及规模，提高国内外知名展商的参展比例；努力将展会打造成以成果展示、技术交流、产学研合作为亮点，集合订货采购、招商贸易等功能为一体的全方位国际化展示平台。

8．加强行业培训工作，推进专业人才队伍建设

当前塑料加工业众多中小企业科技人才创新方面存在投入不足，配置不合理，高级技工匮乏等问题。企业应主动出击，全方位选拔人才，为科技人才的创新提供服务，提高科技人才创新能力；协会通过借鉴发达国家行业协会的先进经验做法，加强企业、高校及科研院所的交流与合作，为企业培养高技术人才架接“立交桥”，加强行业专业人才的培训工作，联合培养行业创新型人才。

（二）重点产品发展方向

重点发展多功能高性能助剂及材料。发展绿色环保的增塑剂、阻燃剂、热稳定剂等，主要发展方向为高效、复合、低毒及无害化产品。

重点发展针对太阳能、风能、水能等新能源高效利用的塑料新材料，低烟低毒无卤阻燃线缆新材料，专用料如高端聚烯烃管道专用料、多规格滚塑专用料、3D 打印塑料耗材、医用塑料、生物塑料包装材料等；重点发展导电、导热、耐温、抗菌、防霉、高韧、超强、阻燃等多功能合金材料，芳杂环聚合物及其高性能复合材料，树脂基热固性聚合物及高性能复合材料，耐油性、大形变、快速回复高分子记忆材料，特种工程塑料及其高性能改性料等。

重点发展生物基塑料汽车零部件、生物基塑料包装制品、超轻低阻环保塑料鞋服、高性能聚氯乙烯建筑模板、高抗冲塑料异型材、高阻隔多层复合酒类容器、可调控降解农用塑料薄膜，选择性多孔薄膜（微滤膜、超滤膜、纳滤膜、反渗透膜）、新型柔性塑料屏幕、高效污水处理及除尘用氟塑料制品、大口径高强度聚烯烃排水排污管道、航空航天等高端领域用特种工程塑料制品等，进一步推广零溶剂、水性聚氨酯合成革技术，提升废旧塑料的高效率分选及高值化、多元化利用技术，加快高精度塑料检测设备及仪器的研发及推广应用，加大对塑料加工设备的数字化改造力度，大力发展超小型、超高精度、超高速和智能化控制塑料加工设备。

五、政策建议

（一）加强政策引导和支持，加快推进行业的产业化进程

政府部门应加强对塑料加工业的政策引导和资金支持。通过科技支撑计划、产业振兴和技术改造、强基工程、中小企业创新基金等专项工程及项目，支持塑料加工业新材料、新产品、新技术、新装备的研发升级及产业化；出台相关政策为企业营造自主创新的良好氛围，引导企业走技术创新、科学发展的道路，通过创新驱动提高行业的整体竞争力；扶持建立更多针对中小企业的多功能公共服务平台，为行业提供信息、技术及检测等全方位服务。

（二）加强行业管理，充分发挥行业协会的作用

塑料加工业要继续坚持以市场需求为导向，以企业为创新体系主体，产学研用全面结合的发展模式。协会要积极发挥政府和企业之间桥梁和纽带作用，将企业诉求积极向政府部门反映并沟通协调，通过积极参与国家产业政策、法律法规、行业规划及产品标准的制定及在企业的宣传落实，为企业尽量营造良好的发展空间和公平的竞争环境，推动行业加快步入健康、有序、良性发展的快车道。

（三）引导企业开拓国际市场，积极应对国外技术贸易壁垒

鼓励龙头企业贯彻“走出去”战略，到树脂原料及市场资源丰富的国家和地区设厂，同时积极开拓国际市场；提升高技术含量产品的出口比例，逐步减少加工贸易和低附加值产品；充分发挥协会的组织协调作用，促进出口市场向亚非拉等新兴市场转变调整。分析评估国外技术贸易壁垒对我国塑料加工业出口的影响，引导企业合理利用国外技术贸易壁垒带来的产品升级契机，通过加强管理和自主创新来提高产品竞争力。

（四）推进行业标准化工作，建立较为完善合理的标准体系

针对塑料加工业目前存在的标准老化、缺失、滞后，标准体系不合理，标准管理混乱等问题，按照《国务院关于印发深化标准化工作改革方案》要求，鼓励协会与企业积极参与到包括塑料原料、制品及助剂等的国标、行标、企标的制定和修订，特别是与食品接触塑料制品及助剂相关标准的制修订；整合、优化推荐性标准，建立合理完善的标准

体系，使其与塑料加工业的发展速度相匹配，能够支撑起塑料加工业的转型升级；国家相关部门应强化对标准执行情况的监管，大力推进先进检测认证技术及体系，推动积极引导有实力的企业参与国际标准的制修订，提高由中国主导的国际标准所占比例，提升中国标准在国际上的话语权和认可度。

2015 年 5 月 19 日

塑料加工业的形势和“十三五”规划思路

中国轻工业联合会副会长
中国塑料加工工业协会理事长
钱桂敬

一、塑料加工业进入增速换挡期并实现了平稳健康发展

在全球金融危机持续影响下，在我国经济进入“新常态”下，2014 年塑料加工行业克服市场需求不旺、人工成本大幅上升、企业融资难度加大、环境约束进一步增强等困难，取得了平稳健康发展的好成绩。据国家统计局统计，2014 年规模以上企业完成制品产量 7 387.87 万吨，同比增长 7.44%；主营业务收入 20 392.39 亿元，同比增长 8.92%；实现利润 1 182.86 亿元，同比增长 4.24%；出口量 1 607.53 万吨，同比增长 6.42%。与此同时结构进一步优化，区域布局渐趋合理，技术进步和科技创新取得新的突破，节能减排效果显著，新产品开发、新技术推广加快，创新驱动发展动力不断加强。

在看到成绩的同时，应冷静分析存在的增速放缓，效益下降和结构不合理等问题。

（一）下行压力加大，增速持续放缓

塑料加工业经过“十一五”平均 20.1%的超高速增长后，在“十二五”期间增速持续放缓。2011 年制品产量增速为 22.35%；2012 年下降为 8.99%；2013 年为 8.02%；2014 年增速为 7.44%，根据 2015 年一季度增幅持续下降的情况，预计“十二五”平均增速为 10%左右，比“十一五”年均增速下降约 10 个百分点，说明塑料加工业正进入中高速增长的新常态。

（二）效益下降，企业经营困难加大

当前企业生产要素成本不断增加，资源环境、能源约束全面增强，企业利润空间被大大压缩。全行业利润增幅逐年下降，已由 2011 年的 32.5%下降到 2014 年的 4.24%。同时 2014 年业务收入利润率为 5.8%。基本与银行同期贷款利率相当，远低于企业实际贷款利率，不仅造成企业效益差，更使贷款难、贷款贵的问题更加突出。

（三）结构性、阶段性产能过剩顽疾仍未达到有效缓解

结构性、阶段性产能过剩是塑料加工行业产品结构不合理的集中体现。是实现健康、可持续发展的一大障碍。目前低端产能过剩问题仍未有效解决，区域市场需求，盲目引进而引发的阶段性过剩产能，尚未有效化解，而高端产品仍需大量进口，双向拉伸产业在普通包装膜产能严重过剩尚未化解的情况下，锂离子电池隔膜产能预计在 2015 年达到 23 亿平方米，大大超过全球需求量，又形成新的产能过剩，而高端隔膜进口比例达 90%，整个隔膜进口率达 70%。

从上可以看到，塑料加工业下行压力依然很大，面临的环境、形势还很严峻，因此深化改革，加快转方式、调结构，依靠技术进步和科技创新，大力培养新的经济增长点和培育新的竞争优势是塑料加工业进入新的发展阶段的重要任务。

二、深刻认识塑料加工业面临的新形势

当前塑料加工业正处于发展壮大期向产业成熟期过渡的关键时期，并迈向产业中高端的关键时期。同时又处于我国经济进入“新常态”的这一新的发展阶段。目前塑料加工业已由高速增长转为中速平稳增长，同时经济下行压力加大，行业经济运

行，企业生产经营也面临不少困难和问题。因此认真分析面临形势，适应新常态，主动作为，平稳度过塑料加工产业转型期，是摆在我们面前的重要任务。

（一）塑料加工业发展机遇，环境、条件的内涵发生重要变化

目前中国经济发展进入“新常态”已取得共识。习总书记在中央经济工作会议上对我国经济进入“新常态”作了“三大特征”和九大趋势的高度概括。从中我们可以看到“新常态”是我国经济发展进入新阶段高度总结，也是我国经济迈向更高水平的必经阶段。习总书记重要论述也为塑料加工业指明了发展方向，符合塑料加工业进入创新驱动发展和产业转型升级新阶段的实际。新常态大致包含三层含义：一是经济增长由高速进入中高速转型期，这是经济发展阶段规律的体现，增长速度变化的拐点和转折点，日本发生在 1969 年前后。增长速度由前 10 年 10.4%下降到后 10 年的 6.3%。韩国发生在 1988 年前后，由前 10 年的 10.4%下降到后 10 年的 7.6%。虽然增速放缓，但我国的发展仍处于重要的战略机遇期，还能保持较长时期的稳定发展，因此必须有信心；二是进入矛盾爆发期，也就是增长速度换挡期、结构调整的阵痛期，前期刺激政策的消化期的“三期”叠加，各种矛盾和问题相互交织，这就需要战略上保持定力和平常心态，战术上要高度重视和防范各种风险，未雨绸缪，必须有耐心；三是中国将进入改革攻坚期，必须通过改革来化解经济中的结构性矛盾，理顺政府和市场的关系，通过技术创新和产业升级等推动中国经济更高效增长。这需要决心。在分析当前面临的形势的时候必须要进一步坚定信心，必须下定决心，坚定不移推进改革、技术创新、转型升级、加快产业升级，对结构调整的阵痛和长期性、艰巨性要有充分的认识和思想准备，必须要有脚踏实地、扎实工作的耐心。

新常态强调的是“新”，突出了经济发展的基础、机遇、环境、条件的内涵发生了显著的变化，决定了做好各项工作要有新认识新思路新作为。“常”强调的是阶段性特征，突出了今后相当长一段时间，经济发展动力和结构调整的变化，必将大大推动资源要素的重新组合和调整。因此“变”和“动”将呈常态化。新常态最大变化是经济发展动力的变化，新常态下的新动力将呈现以下特点，一是消费需求，特别是多样化、个性化、私人定制等消费需求，在经济增长中将发挥更大作用。在充分发挥投资、出口、消费对经济增长拉动作用的基础上，要加强供给侧管理，实现需求和供给双轮驱动，要在创新供给、激活消费需求上下功夫。二是要素的规模驱动力减弱，更多的是依靠人力资本、质量和技术进步，创新成为驱动发展的新引擎。因此要素质量的提高，特别是效率的改进，全要素生产率的提高将发挥更大作用。三是创新驱动的重要性更加突出。

以追赶型高速发展起来的我国塑料加工业，还是以劳动密集为主的传统制造业，竞争优势基本是以廉价劳动力为支撑的初级比较优势，在国际分工中仍处于产业链中低端，而且低水平供给能力严重过剩，有效供给不足状况还较严重。当前塑料加工业正面临低人工成本的传统优势不断弱化、技术进步快速跨越步伐放缓，后发优势明显减弱、规模扩张空间被大大压缩、传统盈利空间被挤压等严重挑战。同时经济下行压力加大，塑料加工业一季度增长为 2.1%，1~4 月增长为 1.23%，仍处于下行筑底阶段。这充分说明塑料加工业必须加快转变发展方式，必须加快结构调整，必须加快技术进步和科技创新，把精力集中到提高发展质量和效益上来，同时紧紧围绕高端化，大力培养新的增长点，以提高生产效率为核心，大力培育新的竞争优势，实现健康、平稳可持续发展。

（二）新一轮技术革命和产业变革给塑料加工业提出了新的挑战

当前全球新一轮科技和产业革命呼之欲出，第四次工业革命正在兴起，由此引发的国际产业调整和新技术革命正迅速推进。一是发达国家“再工业化”和新型经济体加速崛起，将引发世界产业格局的深度调整。国际金融危机后，发达国家纷纷实施“再工业化”和“制造业回归”战略，力图抢占高端制造业并不断扩大竞争优势。如美国制定了《重振美国制造业框架》《先进制造伙伴计划》和《先进制造业国家战略计划》。德国推出《工业 4.0 战略》，欧盟提出将工业占 GDP 的比重从目前的 15.1%提升到 2020 年的 20%。新兴国家也在加快对外开放和产业结构调整计划。未来全球范围内围绕市场、技术、资本和产业转移的竞争，将更为激烈。二是新一轮科技革命和产业革命正在孕育，围绕科

技和产业发展制高点的竞争日趋激烈。同时催生制造业生产方式的极大变革。德国联邦教研部、联邦经济技术部2013年提出德国“工业4.0”新概念，“工业4.0”描绘了制造业未来的前景，很有代表性，提出了继蒸汽机的应用、规模化生产、电子信息技术为标志的三次工业革命后，全球将迎接以信息物理融合系统（CPS）为基础，以生产高度数字化、网络化、机器自组织为标志的第四次工业革命。“工业4.0”强调智能制造、网络制造和数字制造。其目的是为了保持德国在智能制造技术领导地位，占据互联网时代制造业的制高点。

美国提出“工业互联网”战略，是以强大的IT技术为基础，集成开放的全球的智慧资源，构建工业互联网。这是信息网络和制造系统深度融合而成的社会化网络制造环境和系统，它的核心层和基础是物联网。中间管理层是企业资源管理系统和制造信息系统。上层是电子商务平台。它所打造的是柔性化、协同化、网络化、智能化的工业制造模式，是生产要素根据信息资源动态配置的工业形态，是产业链社会化大协作、实现跨界协作的产业形态。

我国提出《中国制造2025》，提出“三步走”战略，实现制造强国目标，第一步力争用10年时间到2025年迈入制造强国行列，第二步到2035年，全面实现工业化，制造业整体水平位居世界制造强国的中等水平，第三步到建国100周年，综合实力进入世界制造强国行列。李克强总理在政府工作报告中进一步明确提出“工业互联网+”，核心是推动互联网、云计算、大数据、物联网等与现代制造业的融合，促进电子商务、工业互联网和互联网金融的健康发展。对于中国制造业，与发达国家相比，还存在不小差距。德国目前是在3.0基础上向4.0探索。中国要在2.0、3.0、4.0同步平行展开。中国智能制造是以两化融合为核心，信息技术与制造技术深度融合的数字化、智能化制造为发展主线，有生产性制造向服务性制造转变。

新一轮技术革命将对制造业对生产方式和产业形态产生重大影响：

1．数字化、智能化技术和装备将贯穿产品的全生命周期

未来数字技术、网络技术和智能技术渗透、融入到产品研发、设计、制造全过程，推动生产过程的重大变革。

——研发、设计技术的数字化、智能化进程加快依靠互联网、大数据和云计算平台，将分散的设计资源集成为云设计，从而形成设计的“众创”，将大大加快新产品进入市场的时间成本。

——机器人、自动化生产线等智能装备在生产中得到广泛应用，资本替代人工、机器换人，已成为企业提高生产效率、降低人工成本的重要手段。

2．数字化技术将深刻改变制造业的生产模式和产业形态

——数字化平台技术是实现数字制造的载体，新一代互联网、大数据、云计算等新技术和新平台不断涌现，迫切要求制造企业要善于充分利用各种新的数字化平台更好融入全球产业链和创新链。

——为企业集成和重组最先进生产管理系统创造了条件。企业的生产组织更富有柔性和创造性，体现企业管理高效的内部组织扁平化将有条件实施。如海尔不断合并业务单元、消减边缘业务等方法，实现企业运作的扁平化，将8万多员工变成2 000多个自主经营的“小海尔”模式，形成以销定产的敏捷供应链。

——资源配置全球化成为制造业培育竞争优势的新途径。企业通过网络将价值链和生产过程分解到不同国家和地区，产业分工更加注重专业化和精细化。技术研发、生产及销售的多地区协作日趋加强。如宝马在全球有35个大型采购仓储中心，并由1 900家供应商提供零部件和相关服务，逐步形成协作依存利益共同体。

——“去中心化”趋势明显，生产模式以“集中型”向分散性转变。必将对“小而全”和“大而全”的落后生产模式产生革命性变革。

——面向个性化需求的柔性制造，在新型互联网络化推动下，低成本大规模制造和小批量个性化生产相结合。大规模个性化制造实现低成本成为可能。海尔探索互联工厂创新模式，确定了互联工厂升级的路径，即大规模制造→大规模定制→互联工厂。目前海尔互联工厂创新已取得积极的成效。沈阳冰箱互联工厂是全球家电第一个互联工厂。颠覆了传统大规模制造模式，建成全球领先的高效、高柔性、大规模定制工厂。目前还建成郑州空调、佛山滚筒洗衣机、青岛热水器等示范标杆工厂。

——适时监测与自动控制的能源管理系统将普遍使用。

3．绿色化、服务化日渐成为制造业转型发展新趋势

未来制造业最重要的是要实现资源、能源的高效利用和对生态环境破坏的最小化。

——欧美的“绿色供应链”“低碳变革”、日本的零排放等新产品设计理念不断兴起。

——“绿色制造”等清洁生产过程日益普及，节能环保生产、再制造等“静脉”产业链不断完善，表明制造业的绿色化发展目标已成为共识。

——服务化已成为引领制造业升级和可持续发展的重要力量。

加快从传统产品制造向提供产品和服务及整体解决方案转变，生产制造与研发设计、售后的边界越来越模糊。

美国制造业从业人员中，34%从事服务类工作。生产服务业的投入占到整个制造业产出的20%~25%。

新一轮科技革命和产业变革其核心是提高制造业生产效率和减少人工，这是在更高层面上解决工业生产两个传统问题即提高产出和降低成本。新一轮技术革命将深刻改变制造业的生产模式和产业形态，必将对全球制造业的重构和再造产生重大影响。因此这是一场抢占未来制造业制高点的革命。必须引起高度重视，做好战略部署，不能输在新的起跑线上。新一轮技术革命对塑料加工业提出了严峻的挑战，但也提供了赶超发展的契机，使我们有机会同世界巨头站在同一起跑线，一定要紧紧跟踪当代科技最新动态，紧跟新一轮技术革命大潮，顺势而为、乘势而上，坚定不移走创新驱动发展之路，为实现塑料加工业强国目标而努力。

三、关于“十三五”规划的初步设想

今年是“十二五”规划收官之年。从“十二五”规划执行情况来看，《规划》确定的各项目标、指标、任务、工作等基本上都可顺利实现。塑料加工业保持了平稳发展，结构调整取得了积极进展，发展质量和效益得到不断提高，创新体系逐步建立和完善、技术进步明显加快，装备自主化水平稳步提高、节能减排取得积极成效。从 2014 年起，协会启动“十三五”规划编制工作，在充分吸取众多企业家、专家、各专委会意见的基础上，向六届五次理事会提交了“十三五”规划框架初稿，目的是进一步听取理事会意见，以便更好修改和完善，使规划更加符合行业实际，更准确把握行业发展方向，更好引领行业健康发展，更有力推动行业技术进步，促进产业升级。

“十三五”是我国完成小康社会最后冲刺的关键时期，是我国由中等收入国家迈向高收入国家最低门槛的重要的历史阶段，同时正值新一轮科技革命、产业变革大潮与我国加快转变发展方式形成的历史性交会重要节点，是深化改革开放、转方式、调结构的攻坚时期，是塑料加工业由大变强的重要时期。在此大背景下，“十三五”对塑料加工业最基本的要求应该是既要全面满足小康社会需要又要与初步进入高收入国家发展水平相适应，最根本也是基本的任务是在进入中速增长的新常态下，全面推进塑料加工业迈向产业中高端，加快推动产业升级。

“十三五”规划指导思想：深入贯彻落实党的“十八大”、三中、四中全会精神，按照加快培育发展战略性新兴产业的总体要求，紧紧围绕国民经济和社会发展重大需求，以加快塑料加工业转型升级为重点，以提高塑料加工业自主创新能力为核心，以新材料、新技术、新装备和新产品为重点，大力实施赶超战略，努力缩小与发达国家差距，大力实施高端化战略，全面提高产业素质。加快完善创新体系建设，大力推进两化深度融合，力争在智能制造、数字制造、网络制造上取得新的突破，为塑料加工业进入世界先进国家行列打好基础。

“十三五”需把握好的几个原则：

一是坚持“资源节约型、环境友好型、技术创新型”的塑料加工业产业方向，大力实施“绿色、低碳、循环、生态”发展战略、推进塑料加工业稳定、健康、可持续发展。

二是坚持创新驱动发展，加快以企业为主体的全行业创新体系建设，牢牢把握“功能化、轻量化、生态化、微成型”的高技术发展方向。

三是坚持把提高发展质量和效益放在首位，进一步提高要素配置效率和提升要素质量，全面提高全要素生产率。

四是坚持高端化、个性化、小批量、私人定制的市场导向，推动新型生产模式和新兴业态的快速成长。

五是坚持统筹规划、协调发展综合资源市场和区位优势，推动塑料加工业有序梯度转移，进一步优化产业区域布局。

“十三五”塑料加工业要实现以下目标与任务：

——实现产业发展壮大期向产业成熟期转变，

为产业高级化阶段打基础。

——提升塑料加工业在全球价值链中地位，加快由低端向中高端转变。

——加快劳动密集向技术资本密集型产业结构的转变。

——加快以低人工成本为主的比较优势向技术、装备、人才、研发为主的复合竞争优势转变。

——加快以引进、招商、模仿为主向自主创新、集成创新、智能创新转变。

——加快全行业创新体系建设，加快产学研融合；加快上下游相结合的垂直创新体系建设，实现联合攻关协同创新；加快水平创新体系建设，联合攻克关键共性问题。

关于“十三五”速度、规划框架提出制品在“十三五”期增幅为 7%~8%，目前还需认真听取大家意见，使之更加科学，更具指导意义。主要考虑一是塑料加工业作为新兴产业起步晚、需求量大、发展空间大，具有快速发展的空间和潜力。二是塑料管材、异型材等量大的产品目前已进入理性正常发展轨道，同时“轻量化”下，“重”变“轻”趋势加快，因此量的增长将让位于质的提高，速度为更理性。综合上述意见，提出 7%~8%的目标。

关于“十三五”工作，这里我想强调一下塑料加工业绿色生态产业目标和安全卫生工程建设。

塑料制品广泛用于各领域、各方面，无处不在，与广大人民群众息息相关，关系到广大人民群众生命健康和社会稳定，绿色、生态、卫生、安全已成为塑料加工业发展的生命线和超强约束条件，必须引起全行业高度重视。

党的“十八大”把生态文明建设提到中国特色社会主义事业总体高度，与经济建设、政治建设、文化建设、社会建设一起形成五位一体。同时“十八大”报告首次将绿色发展循环发展低碳发展并列提出。应该说这三者是一个有机整体，绿色是发展的新要求和转型的主线，循环是提高资源效率的途径，低碳是能源战略调整。三者均要求节约资源、节约能源、提高利用率，均要求保护环境，充分考虑生态系统承载能力，减轻污染对人类健康的影响。因此必须牢牢把握“资源节约型、环境友好型、科技创新型”的塑料加工业绿色、生态产业方向，这也是塑料加工业安全、卫生工程建设中最核心内容。塑料加工业安全卫生工程建设是“十三五”一项重要工作，是塑料加工业发展的生命线和超强约束条件。重点要在以下几个方面下功夫。

（1）严格执行《食品安全法》，加快安全、卫生溯源体系建设，在与食品安全相关的材料中，塑料制品是应用最广泛的材料，因此必须无条件使用食品级树脂，防止重金属、单体超标。生产饮用水管材要严禁使用含铅、镉热稳定剂和邻苯类增塑剂，严格执行各项卫生标准，确保食品安全。

（2）大力实施绿色转型工程，在人造革、合成革和复合软包装膜行业，要严格执行“大气十条”规定，减少直至不使用各种溶剂，杜绝 VOC 超标，为治理 PM2.5 作出贡献。同时在粉料生产和塑编行业，要加强粉尘治理。

（3）加强生物基高分子材料的研发和推广应用，推进生物基塑料制品的生产应用。加快包装材料、餐具和膜材料等应用，特别要集中力量，在完全生物降解地膜生产应用上取得突破。

（4）加快废塑料回收体系建设，推动再生、改性、高附加值应用，加强对车用等工程塑料的回收、改性技术的研究，建立起工程塑料回收、改性、高附加值应用体系。

（5）加快对塑料助剂和填料的无毒、低烟、低腐蚀、无菌、无重金属性能的研发。

（6）诚信经营，打击以次充好的不法行为，确保产品质量和使用安全。

绿色生态的产业目标是塑料加工业追求和必须实现的目标，是实现可持续发展的前提和基本条件。塑料加工业要向社会庄重承诺，生产卫生、安全、健康、可靠的塑料制品，更好造福社会、造福人民。

“十三五”发展重点及产品方向：

（1）重点发展多功能、高性能材料及助剂。

塑料加工业要紧紧围绕新材料的开发和应用。要严格执行《食品安全法》，加强食品级树脂原料的生产和质量控制。要加快高端聚烯烃管道专用料、多规格滚塑专用料、3D 打印塑料耗材、医用塑料、生物塑料包装材料等专用料的开发、生产。要加快导电、导热、耐温、抗菌、防霉、高韧、超强、阻燃等多功能合金材料的开发及应用。要加快芳杂环聚合物及其高性能复合材料等特种工程塑料及高性能改性材料等生产和应用。

紧紧围绕高效、低毒及无害化，大力发展绿色环保的增塑剂、热稳定剂等的生产和应用。

（2）紧紧围绕高端化，加快提高中高端制品的占用率。

要加强选择性多孔薄膜开发，力争在微滤膜、超滤膜、纳滤膜、反渗透膜等膜材料和组膜取得突破。力争在高端电池隔膜、新型光学膜、新型柔性屏膜等取得突破。重点发展生物基塑料汽车零部件、生物基塑料包装制品、高性能聚氯乙烯建筑模板、大口径高强度聚烯烃排水、排污管道生产。进一步推广水性聚氨酯、无溶剂等生态合成革的生产和应用。加强废旧塑料，特别是车用工程塑料的改性、高附加值应用。

（3）加快塑料装备的研发。加快塑料装备智能、数字化改造力度，大力发展小型、超高精度、超高速和智能控制的加工设备，为智能制造、数字制造、网络制造提供先进装备和生产线。在迎接工业互联网+时代的同时，要为“新硬件时代”打好基础。

（4）加快绿色、节能、高效新型加工成型工艺的开发。要加快超高分子量聚乙烯基础加工技术、要加快 CO_2 超临界发泡工艺的推广应用、加快电磁感应节能技术等的推广。

《规划》框架提出了“十三五”重要工作和政策建议，因时间关系就不介绍了。

当前我国经济正面临下行压力加大，效益下降等严峻考验。但也应看到我国经济正在出现的结构调整步伐加快、市场活力持续增强、高新技术快速成长、资本市场持续活跃、分配结构改善和收入稳定增长、投资环境更加开放、宽松等一系列可喜变化和积极因素。塑料加工业一定要振奋精神、坚定信心、扎实工作，确保 2015 年塑料加工业持续、稳定、健康发展，为“十三五”更好发展打好基础。

中国塑料加工工业协会六届五次理事会工作报告

中国塑料加工工业协会常务副理事长
曹俭

各位理事：

现在，我受钱桂敬理事长委托，代表中国塑料加工工业协会六届理事会，向大会报告 2014 年工作情况，请予审议。并请出席 2015 塑料加工业技术应用论坛的同志提出意见。

一、2014 年工作回顾

2014 年是塑料加工业“十二五”发展规划实施的重要的关键一年。随着国民经济健康、有序的发展，塑料加工业的发展和整个国民经济的发展是同步一致的。面对复杂多变的国际环境和艰巨繁重的国内改革发展稳定任务，塑料加工业的发展按照中央经济工作会议精神，把握发展大势，坚持稳中求进，实现了经济社会持续稳步发展。2014 年是塑料加工业增速较低的一年，虽然增速放缓，但全行业发展潜力显现，转型升级步伐加快，与其他传统行业相比，仍保持适当、合理的增速。

2014 年塑料制品行业基本情况：

据国家统计局数据显示，2014 年汇总统计 7 257 个企业的塑料制品产量为 7 387.78 万吨，同比增长 7.44%，2014 年我国塑料制品规模以上企业 14 062 个，累计实现主营业务收入 2.04 万亿元，同比增长 8.92%。累计实现利税总额 1 770.39 亿元，同比增长 5.11%，其中：利润总额为 1 182.86 亿元，同比增长 4.24%。

据海关总署的统计数据显示，2014 年全国塑料制品出口量为 1 607.53 万吨，比上年同期增长了 6.42%；出口额 604.34 亿美元，比上年同期增长了 6.09%。出口增幅回落明显。2014 年塑料制品出口量约占同期全国塑料制品总产量的 21.76%。

一年来，我们主要做了以下工作。

（一）中国塑料加工工业协会六届四次理事会扩大会议暨塑料加工业技术应用论坛于 2014 年 4 月 22 日在上海中油阳光大酒店召开

会议表彰了 2011~2013 年度塑料加工业科技创新型企业 57 家、优秀科技成果 30 个、先进科技工作者 57 名，2012~2013 年度塑料加工业卓越绩效先进企业、获得“轻工优势品牌产品”“轻工品牌培育管理体系”先进企业，并对表彰的企业和个人颁发了证书。宣布2013年中国塑料行业信用等级评价企业名单并举行授牌仪式。乔金樑、蹇锡高等6位国内外行业知名专家在论坛上做了专题报告。

（二）首次主办中国塑料展

经六届四次理事会扩大会议通过，协会决定于2014年12月首次举办“2014中国国际塑料新材料、新技术、新装备、新产品展览会”。展会集中展示了现阶段国内外塑料行业新材料、新技术、新装备、新产品的成果与发展，加强了国际间的合作交流，提高了行业凝聚力，扩大了中国塑协在国内外的声誉和影响力。2014中国塑料展同期还安排17场综合性塑料论坛、技术交流会、座谈会、新产品发布会，取得了较好的反响，受到了参会、参展企业的好评。

（三）搭建科技服务平台，推动技术进步与行业转型升级

1．研究行业科技发展现状，撰写行业研究报告

配合中国轻工业联合会，完成“塑料行业企业在非洲开办企业的立项情况”调查报告（2014年2月）。根据塑料加工业现状及发展方向，撰写《塑料加工业关键共性技术发展情况》报告，提出至2020年行业关键共性产业化建议。完成中国工程院《工业强基战略研究》课题《轻工业基础能力提升重点研究》的塑料加工行业部分报告。组织完成《轻工重点行业强基工程重点突破方向研究报告》中塑料行业部分，提出了完全生物降解地膜、超大口径钢带增强聚乙烯螺旋波纹管、水性生态聚氨酯合成革等行业“四基”重点突破方向。组织开展“塑料加工业‘十三五’发展规划指导意见”和“‘十三五’技术进步指导意见”的编制工作。

组织复合膜、合成革专委会提供环保“领跑者”材料，配合国家落实大气污染防治行动计划，治理、减少生产中VOC排放。

2．组织专题研讨会开展专题、专项研究

针对国内PVC树脂产能过剩及PVC保鲜膜生产经营现状组织召开“PVC保鲜膜—创新与发展技术研讨会”。9月在北京组织召开了助剂、管道、异型材、人造革、PVC板材等专委会秘书长参加的行业PVC铅盐稳定剂替代工作研讨会。

组织降解、农膜专委会联合全国农业技术推广服务中心、中国农用塑料应用技术学会共同组织开展“农用生物降解地膜农田应用试验”，推进生物降解地膜科研及产业化工作，为我国全生物降解地膜材料的研究、发展，为国家治理白色污染、农用地膜残留等做出努力，并组织召开了“2013年可控全生物降解地膜农田应用试验总结交流会”；积极向政府部门反映情况，提出意见，为生物降解地膜的研究及产业化争取资金支持。

承担质检总局《食品相关产品风险监控与安全监督管理技术规范》研究制定课题。

组建行业科技咨询委员会，讨论修订《战略性新兴产业重点产品和服务指导目录》的塑料部分。

3．组织行业科技项目的申报、管理工作

组织推荐符合条件的单位申报轻工行业及国家中小企业公共服务平台，大连市塑料研究所、康平县塑编产业集群综合服务中心获批“轻工行业中小企业公共服务示范平台”，华腾新材料有限公司获得“国家级中小企业公共服务示范平台”。

组织超临界CO_2微发泡制品生产技术、生产中精确计量、连续稳定混配及车间粉尘控制系统技术、PVC制品稳定剂无铅化替代技术应用及推广、高分子材料微纳多层复合生产技术开发及应用项目以及超高强度低压聚乙烯强力膜、船艇、轿车壳体、大型多层复合滚塑产品开发及产业化技术、水性聚氨酯合成革技术等项目申报工信部、发改委。

组织行业申报国家发改委、工信部技术改造项目11项。复合膜行业有机废气高效净化处理回收、废旧塑料高性能化、废塑料的回收利用、环保型塑料添加剂的技改项目入选国家2015年技改计划。

4．征集会员单位意见，向政府提出意见建议，维护行业利益

针对商务部《关于征求加工贸易禁止类目录调整有关意见的函》提出意见，反对将部分废旧塑料碎料及下脚料的进出口列入加工贸易禁止类目录并将相关意见报至发改委环资司。

征求行业意见提出2015年关税调整的意见报国家工信部，建议塑木复合材料、共挤阻隔膜/袋产品增列税目项目，初级形状苯乙烯-丙烯腈共聚物进口关税税率由12%下调到8%。

征求行业意见提出中韩自贸区谈判塑料例外产品及适用零关税产品清单。

5．组织会员单位申报多种奖励

组织推荐企业申报国家知识产权局第十六届中国专利奖，4家企业申报，最终2项专利获得中国专利优秀奖。

组织并推荐塑料行业企业申报2014中国轻工

业联合会科学技术奖，对 21 家企业的申报资料进行审核、修改、申报，最终取得 1 项二等、2 项三等科技发明奖，6 项二等、6 项三等科技进步奖的好成绩。

组织行业申报国家第一届“杰出工程师奖”，由我协会推荐的金发科技公司黄险波技术总监获鼓励奖。

组织并推荐企业申报第一届中国轻工业优秀设计奖，7 家企业材料合格并提交中国轻工业联合会。

负责协会“2011~2013 年度塑料加工业创新型企业、优秀科技成果和先进科技工作者”奖项的征集和材料整理工作，评出创新型企业 59 家，优秀科技成果 30 项（一等奖 5 项，二等奖 10 项，三等奖 15 项），先进科技工作者 57 人，并在协会六届四次理事会进行表彰。

6．贯彻落实行业标准年相关工作，做好行业标准化管理

帮助企业和专委会解决遇到的标准方面问题，包括：

（1）组织密胺专委会推荐密胺塑料制品企业参加密胺塑料制品标准的制定；

（2）帮助会员企业和 PVC 发泡板材专委会向城建部标准定额司出文并沟通，对新制定的《塑料模板》标准提出意见，组织专家参加协调会，反映行业意见建议，以免造成混乱，影响硬质 PVC 发泡建筑塑料模板产品的合理、正确使用，最终促成指标得到合理修改；

（3）帮助会员企业查找到被弄丢的已上报国家标准；

（4）农膜专委会开展团体标准“农用薄膜生产企业单位产品能源消耗限额”制定工作；

（5）组织开展《一次性非可降解塑料餐饮具通用技术要求》国家标准制定工作；

（6）组织行业对食品安全国家标准《食品容器、包装材料生产通用卫生规范》、GB9685《食品接触材料及制品用添加剂（征求意见稿）》提出意见。

7．配合国家海关和轻工联合会，组织开展好加工贸易单耗标准制定工作

完成尼龙扎带、丙烯聚合物制硬管、塑料编织集装袋、高回弹型、慢回弹型聚氨酯软质泡沫塑料 4 项单耗标准制定，通过了中轻联组织及海关审定并报批。

启动了企业调研、起草塑料装饰框条、聚碳酸酯薄膜及片材、聚乙烯土工膜 3 项单耗标准，多层共挤复合膜单耗课题研究 1 项；新批准制定单耗标准 1 项（塑料餐具[吸塑]）。

配合海关完成组织并参与函审“PVC 胶表带”“PVC 塑胶台布”等 4 项加工贸易单耗标准。

（四）努力搭建信息平台，为行业持续发展做好信息服务

2014 年进行了行业数据的统计、分析工作，《中国塑协通信》的编辑、出版、发行工作，分支机构的内刊管理、信息报送等工作。

（1）2014 年给中办、国办以及有关政府部门报送塑料加工行业的运营状态、存在问题、热点、难点以及行业、企业诉求。全年报送 6 篇信息，分别为“当前农膜行业发展面临的突出问题”，“塑管企业积极应对公众信任危机”，“2014 年 1 季度塑料制品进出口平稳增长”，“2014 年上半年塑料加工行业经济运行情况”，“我国中高端农膜产品占比达 50%”，“完全生物降解塑料地膜的开发与应用需政策支持”。

（2）编撰《中国塑料工业年鉴》。

（3）中国塑协信息网抓住行业热点和发展动向，力争快速、准确、客观地进行报道。

2014 年，发展集成网络会员 18 家，现有集成网络会员数为 261 家。与数十个国内外知名网站进行友情链接。在没有专门做推广的情况下，访问量达到 2 180 余万，成为国内最有影响力的塑料网站之一。

为配合“2014 中国国际塑料新材料、新技术、新装备、新产品”展览会宣传，中国塑协信息网在首页醒目位置设立通栏横幅，包含多篇相关文章，进行重点宣传报道。吸引了“中国中央电视台”“央视网”“扬子晚报网”“中国新闻社江苏分社”等知名媒体纷纷转载报道。

（4）编写《中国塑料工业发展史》。

中国塑料工业作为新兴产业，从二十世纪二三十年代诞生，经历摇篮期、成长期，直到现在进入了成熟期，回顾并总结中国塑料工业发展史，一方面可以留下行业发展的印迹，另一方面可从中总结经验教训，并通过分析兴衰得失把握今后的发展方向，以利于做强中国塑料工业。为此，中国塑料加工工业协会决定组织编写《中国塑料工业发展史》。

（五）加强会员分类管理工作，提升服务水平

（1）完善会员组织管理体系建设。2013 年我协会获得了民政部的 4A 级评估，加强了会员发展、组织和管理等内部管理工作，逐步理顺会员之间的各种关系。特别是针对协会分支机构多、会员重叠、信息老化、会员分散、变化快等特点，2014 年会员部重点抓好会员组织体系完善工作。通过分类分析、规范管理取得了显著变化。目前协会会员单位 5 198 家。

（2）做好分支机构换届工作。2014 年完成了人造革合成革专委会、多功能母料专委会、改性塑料专委会和镀铝膜专委会的换届选举工作。

（3）做好特色区域和产业集群的培育、共建工作。2014 年按照中轻联规范好、建设好的有关要求，继续做好塑料行业的特色区域和产业集群培育和共建工作。根据地方政府的申请和行业的实际情况，对新申请的集群严格按照管理办法进行初评，对到期的集群进行复评，配合中国轻工业联合会分别对扬州市杭集镇“中国酒店日用品之都•杭集”、福建省南平市荣华山产业组团“中国环境友好型合成革产业基地•南平”、山东省惠民县“中国塑料绳网之都•惠民”、东莞市樟木头镇“中国塑料商贸重镇”进行初评；对温州市“中国塑编之都”和“中国塑料薄膜生产基地”进行复评；还与黑龙江省穆棱市人民政府共同培育“中国塑料产业创业基地”。

（4）做好中国塑料行业企业信用等级评价工作。根据商务部、国资委的有关要求，自 2009 年 9 月开始，通过五年的时间已在全国塑料行业按照规范程序和要求，开展了七批次的中国塑料行业企业信用等级评价工作。共有 211 家企业信用等级初评获得通过，119 家企业信用等级复评获得通过。

（5）做好分支机构的相关日常协调管理工作。

（6）完成 2013 年民政部、国资委的年检工作。

（7）做好 2013 年度中国轻工塑料行业十强企业和中国轻工百强企业的评选

评选出广东联塑科技实业有限公司等十家企业为“2013 年度中国轻工塑料行业十强企业”；分别评出塑料薄膜、塑料异型材、塑料管材、塑料人造革合成革和日用塑料 5 个子行业的十强企业。另外，新疆天业（集团）有限公司等六家企业入选 2013 年度中国轻工业百强企业。

（六）2014 年秘书处内部管理和财务工作

认真学习中央十八届四中全会精神，落实贯彻民政部、财政部、国资委等八部委的有关规定，加强协会内部管理、严格遵守财务制度。

（1）顺利完成 2013 年度中央事业单位国有资产决算报告；接受了北京中泽永诚会计师事务所的年度审计

（2）配合北京瑞华会计师事务所完成了国资委对行业协会的专项审计工作

（3）根据国税局相关规定我协会从 9 月份开始被认定为增值税一般纳税人；为今后更好地开展工作提供了优惠的税收政策

（4）协会党支部按照党中央、中国轻工业联合会党委关于认真学习十八大精神的工作安排

从 5 月开始多次组织协会全体党员认真学习中央文件，每名党员还写出了自己的学习体会，领导干部认真听取了党内外人员的建议与批评，并做出了深刻的自我剖析。通过学习，我们要求党员干部今后在自己的工作岗位上，要严格按照党员的标准要求自己，主动接受群众的监督。

（5）加强办公室工作

①完善协会的各项规章制度，逐步完善社保遗留问题，解决职工的后顾之忧；

②组织协会部分人员慰问生病住院的老同志；

③做好协会的后勤保障工作。

（七）各专业委员会开展技术交流会、年会、论坛、国际会议

2014 年国民经济发展进入新常态，塑料加工业在新常态下如何创新发展。协会各专委会针对本行业发展态势，纷纷举办各种类型技术交流会和国际先进制造技术论坛等，主要开展如下活动。

1．召开、参加国际技术论坛

走出去，请进来，把国外的先进塑料加工成型技术用于我国塑料工业生产，是企业自主创新，更新改造的重要技术支撑

管道专委会组织会员单位 40 余人 2014 年 9 月下旬赴美国参加由国际塑料管道协会（PPCA）及美国塑料管道协会（PPI）、欧洲 PVC 管道协会（PVC4 PIPE）欧洲 PE100+协会（PE100+）、欧洲塑料管材管件协会（TEPPFA）主办的第十七届国际塑料管道交流会（PP XⅦ），并参观了美国燃气技术研究院（GTI）和美国 JM Eagle 集团位于宾夕

法尼亚的工厂。这次会议提高了中国塑料管道行业在国际的影响力，进一步加深与国际行业协会的接轨。

复合膜专委会2014年5月7日~16日组织会员单位20多家企业37人赴德国杜塞尔多夫参观2014年杜塞尔多夫国际包装机械、包装展览会。参展期间，考察了欧洲10多家软包装企业，印刷机，复合机，分切机等软包装机械制造和油墨生产厂商。对欧洲软包装行业的发展现状和未来趋势有比较全面的认识，对欧洲软包装行业的VOCS回收治理技术有了较深刻的了解。回国后，召开了几次会议研究解决我国塑料软包装企业的VOCS排放回收方案。

板片材专委会2014年10月28~11月1日组织会员单位20人参加日本国际橡塑展。透明PP项目，PMMA项目，PET项目，在挤出拉伸成型，物理性能，用途等都有了明确的突破方向。展会期间，还考察了两家日本著名企业：钟渊化学和日立造船。

聚氨酯专委会的副秘书长张成明6月赴美国参加美国聚氨酯展览。

EPS专委会主任侯树亭11月赴日本参加EPS亚洲联盟会议，会议期间参观了国外回收企业，进行了技术交流。对于引进国外的先进技术，用于指导国内生产企业提供了一个交流的平台。

技术协作专委会10月29日~11月7日组织会员单位赴日访问艾迪科公司，三井化学千叶工厂、滨松工厂、名古屋工厂。参观日本国际塑料展览会。

配线器材专委会组织会员单位10月赴香港、泰国考察塑料配线器材产品的应用领域及销售行情。

滚塑专委会5月29日在山东烟台召开2014年滚塑行业年会和“中国滚塑三十年”活动。会议以“中国滚塑三十年·未来十年看中国”为主题，邀请国内外多名专家、学者发表演讲。

塑料降解专委会11月1日在安徽屯溪召开了2014年年会暨第六届生物基和生物分解材料技术与国际研讨会。来自国内各地降解塑料行业的企业、科研院所、高等院校及来自韩国、日本、德国、台湾地区的代表和科研人员近200人参加了会议。

再生塑料专委会11月10日在北京京伦饭店组织召开了“中欧再生塑料产业合作发展高峰研讨会”。

2．召开学术交流会和年会

（1）专家委员会10月22日在杭州召开了塑料新材料、新技术、新成果交流会暨中国塑协专家委员会2014年年会。

（2）塑料管道专委会4月1日在云南昆明召开了2014年年会，年会主题为“加强行业自律，提供放心产品”，会上有29个专家做了报告，540人参加会议。

（3）农膜专委会：6月16日在河南淮阳县召开2014年年会。

（4）技术协作委员会：6月27日在福建泉州召开了第九届中国塑料工业高新技术及产业化研讨会/中国第四届塑料与环境产业技术对接会暨2014中国塑协塑料技术协作委员会年会、技术交流会，有200多位代表参加。

（5）聚氨酯专委会：4月在杭州召开了聚氨酯硬泡发展与市场交流会。5月在西安和住建部科技发展促进中心联合召开了绿色建材和节能结构一体化技术和市场推广会。

（6）BOPP薄膜专委会：2月28日在北京召开了“2014锂电池隔膜产业链市场与技术发展研讨会”。4月21日与BOPET专委会，流延膜专委会，降解专委会，镀铝膜专委会在上海共同组织召开了“2014功能性薄膜行业市场与新技术发展研讨会”参会人员约400人。

12月14日在广州召开了“2014 BOPP、BOPA、BOPE薄膜产业链市场与技术发展研讨会”，参会人数达到350人。

（7）流延膜专委会：4月12日在上海召开了玻璃夹层膜行业信息交流会，6月11日在东莞召开了“2014 TPV颗粒，TPV薄膜市场与技术发展论坛”。12月14日在汕头举办了2014流延膜行业市场与技术发展研讨会，参会人数达到350人。

（8）镀铝膜专委会：9月25日在山东青州召开“2014镀铝行业市场与技术发展论坛暨镀铝膜专委会第2届会员大会”参加人员240人。

（9）塑编专委会：8月21日在牡丹江召开了“2014全国塑编产业链技术交流与市场对接会暨黑龙江穆棱塑料经贸洽谈会”来自全国塑编企业370名代表出席会议。

（10）中空专委会：12月16日在广州举办“2014塑料中空制品行业市场与技术交流会”。

（11）家居专委会：8月8日在广东揭阳召开第

一届中国塑料家居用品高峰论坛。9 月 25 日在台州召开第二届中国塑料家居用品企业现代化管理高峰论坛。

（12）人造革合成革专委会：8 月 29 日在温州举办中国合成革峰会暨贸易商大会。200 多家生产企业和贸易商出席了大会。

（13）BOPET 专委会：9 月 12 日在成都举办“第一届中国聚酯薄膜产业技术与市场研讨峰会”，峰会主题为：“创新•跨越•发展”。

（14）改性塑料专委会：6 月 22 日举办“2014 改性塑料创新及热点技术研讨会”。12 月 14 日在广州举办中国塑协改性塑料专业委员会第八届理事会第一次会议暨 2014 年年会。

（15）多功能母料专委会：10 月 17 日在成都召开了 2014 年年会。主题为：功能塑料，母料先行，设备保证技术论坛。

（16）助剂专委会：10 月 28 日在南京召开了 2014 年塑料助剂生产与应用技术信息交流会。260 位代表出席会议，发表 50 篇论文。助剂专委会热稳定剂分会 1 月 10 日在安徽蚌埠召开“环保•发展•标准”研讨会。

（17）PVC 发泡制品专委会：12 月 14 日在广州举办“中国塑协硬质 PVC 发泡制品专业委员会 2014 年年会暨技术交流会”，200 多人参加了会议。

（18）异型材专委会：11 月 18 日在江苏溧阳召开“依附绿色环保节能减排和科技创新的产业政策，促进行业健康发展”的会议，出席人员达到 230 人。

（19）塑木专委会：12 月 16 日~18 日在广州召开中国第八届塑木高峰论坛，出席国内嘉宾和代表达到 400 多人。

（20）工程塑料专委会：7 月 21 日在宁波召开“2014 中国（宁波）生物材料及医疗器械国际研讨会”。

3．协助各行业专委会解决行业发展路障

根据子行业发展现状，各个分支机构及时召开专委会理事会和专委会常务委员会，找出解决影响行业发展的方法和技术路线，及时向行业通报，组织、引导行业健康发展

（1）塑料管道专委会秘书处针对塑料管道行业同质化竞争加剧，产能持续供大于求的问题，有目的地考察一些塑料管道集中生产基地。了解当地的生产质量，为下一步开展行业自律工作奠定基础。为了进一步规范行业发展秩序，引领行业健康发展。2 月 21 日召开理事会总结 2013 年工作，讨论 2014 年工作计划。组织观看中央电视台《焦点访谈》“掺假管，真得管”，理事会再次重申抵制不合格产品进入市场。

4 月 2 日召开 2014 年年会，主题为“加强行业自律，提供放心产品”。安排了 29 个专题报告。提出通过了《给水用塑料管道行业自律公约》。

2014 年管道专委会分别于 4 月，10 月和 12 月组织了钢塑复合管道，PPR 管道及 PVC 管道的技术交流会，取得较好的效果。

10 月 20 日在北京与中国城市燃气协会召开了“燃气用埋地 PE 管材（件）产品质量认证”规划讨论会。

专委会还进一步加强与上、下游行业及相关行业协会交流与合作，开展常态化下交流活动。扩大塑料管道的应用领域，促进管道行业的健康发展。还组织会员单位参加下游相关协会的多项活动。同时专委会还组织行业与国际交流与合作，扩大国际影响力。

（2）氟塑料专委会针对行业发展，组织会员单位一行 8 人到中科院青海盐湖研究所考察，访问。

（3）复合膜专委会为落实国务院《大气污染防治行动计划》，针对包装印刷业有机废气（VOCS）的治理要求，多次召开会议，研究复合膜软包装行业 VOCS 污染控制研讨。目前可采用国内 VOCS 治理技术，分享欧洲 VOCS 治理技术，为企业如何进行 VOCS 治理提供了方向、思路与路线图。目前治理方案得到国家有关部门认可。

（4）BOPP，BOPET 专委会，人造革合成革专委会等都在解决本行业技术难点问题上，找出很多技术依据和办法，为企业解决了实际问题。

二、2015 年主要工作

2015 年是“十二五”的最后一个年头，我们要在 2014 年工作基础上，增强自信，迎接挑战，努力提高服务能力和水平。贯彻落实十八大、十八届三中、四中全会精神，按照《塑料加工业“十二五”发展规划指导意见》和《塑料加工业“十二五”技术进步指导意见》，继续落实相关任务，推进行业创新发展和技术进步，推进行业标准化工作，促进产品质量提升，打造品牌产品、品牌企业。做好行业结构调整、转型升级工作，狠抓技术进步和科技

创新，推进行业节能减排、循环发展工作，促进行业绿色低碳发展。做好技术服务和信息服务平台建设，进一步增强为行业、企业、政府服务的能力。加强分支机构规范运作，提高行业活动的质量和服务能力，进一步提升协会在行业中的影响力和在会员中的凝聚力。

今年的工作重点如下：

（1）筹备 2015 年 5 月 19 日在广州召开的六届五次理事扩大会议。

（2）做好 2016 中国塑料展筹备工作。

（3）集中力量做好“塑料加工业‘十三五’发展规划指导意见”“塑料加工业‘十三五’技术进步指导意见”的起草和资料收集、分析、整理工作。

（4）倡导清洁生产理念，做好行业节能减排工作。提升塑料加工装备能效水平，开展能效对标活动；采用新技术新装备降低 VOC 排放，深化复合膜、合成革行业清洁生产；做好行业含铅热稳定剂替代工作，促进无毒无害助剂开发，加强废弃塑料回收再生利用。

（5）加强塑料制品卫生、安全工程建设，尤其是与食品接触塑料制品使用安全方面的工作。

（6）加强行业自律和诚信建设工作。提倡制定行规行约，引导企业诚信经营，按照国标、行标组织生产，拒绝假冒伪劣产品进入市场。

（7）加强国际合作交流，扩大中国塑协在国际上的影响力和声誉。

（8）做好行业调研工作，倾听企业呼声，反映企业诉求，研究行业存在的问题和发展中遇到的困难，提出解决问题的措施和建议。

（9）加强党组织建设，组织学习党的文件，强化自身建设，提升秘书处服务能力和水平；加强协会秘书处规范运作和服务水平，认真学习，努力工作。

2015 年 5 月 19 日

大事记

2014 年塑料行业大事记

【1 月】

甘肃省政府办公厅《关于集中治理残留废旧农膜的通知》实行

甘肃省政府办公厅针对农膜生产企业下发的《关于集中治理残留废旧农膜的通知》，要求从 2014 年 1 月 1 日起，在全省范围内禁止生产厚度小于 0.008 毫米、耐候期小于 12 个月的用于农业生产的地膜；政府招标采购的用于农业生产的地膜厚度必须大于 0.01 毫米、耐候期大于 18 个月。针对下游经销商及农户，《通知》要求从 2014 年 6 月 1 日起，在甘肃全省范围内禁止销售和使用厚度小于 0.008 毫米、耐候期小于 12 个月的用于农业生产的地膜。

为促进废旧农膜的回收和再利用，将充分发挥现有扶持项目和资金的作用，由甘肃省发改委、省财政厅、省农牧厅采取以奖代补、财政贴息等形式，加大对甘肃省内已建废旧地膜回收利用企业和回收网点的扶持，进一步完善废旧地膜回收与资源化利用市场体系。

《通知》要求，回收废旧农膜，保护生态环境，要成为每个公民的义务，各级政府要从 2014 年起，每年春秋两季对农用地膜生产、销售、使用和残膜回收集中组织开展专项治理活动。定期举办废旧地膜回收利用宣传周。要求各级政府将废旧地膜回收利用工作纳入生态保护考核指标体系，实行目标管理。将废旧地膜回收利用与地膜覆盖技术推广工作放在同等重要的位置，同部署、同检查、同考核。要加大废旧地膜回收加工企业的监管力度，严格落实包片回收责任制。对工作不得力、监管不到位、“白色污染”问题突出的地方，要进行公开曝光和必要的行政问责。

《中国塑料加工业发展史》编写工作会议召开

1 月 7 日，由中国塑料加工工业协会主办的《中国塑料工业发展史》工作会议在北京召开。

中国轻工联合会常务副会长兼中国塑协理事长钱桂敬亲自与会，中国塑料协常务副理事长曹俭、名誉理事长廖正品、中国轻工机械协会秘书长徐正源、北京工商大学材料与机械工程学院院长兼轻工业塑料加工应用研究所所长黄志刚、轻工业信息中心高工唐赛珍、中国塑协秘书长马占峰等出席会议。

中国塑协塑料技术协作委员会秘书长兼《发展史》主编杨惠娣汇报了前段工作主要进展，主要有：分别召开了成都、青岛、广东、上海编辑工作座谈会，走访了深圳市、湖南省、山东省塑料工业协会，在征集了各种意见后，拟定了初步提纲；查阅了部分省志、市志，收集到一些基础资料；在上海召开了 3 次编辑工作会议，并提出了《上海市塑料工业发展史》初稿；合成革专委会提出了《中国合成革工业发展史》初稿；分别向一些地区和行业约了稿，获得了不少各类事件知情人和线索。

钱桂敬理事长的发言有指导、有经验之谈，提出了很多具体修改意见。曹俭常务副理事长、廖正品名誉理事长等领导也给出了意见。会议发言踊跃，对提纲提出了许多很到位的调整意见。会议基本达到预期目的，下步工作任重道远，能否按照 2 年半周期出版，在于落实。

中国塑协 2013 年度分支机构秘书长工作会议召开

1 月 21 日，中国塑协 2013 年度分支机构秘书长工作会议在北京召开。

中国轻工业联合会副会长兼中国塑协理事长钱桂敬、中国塑协常务副理事长曹俭、各分支机构秘书长及中国塑协秘书处人员出席会议。

曹俭汇报了中国塑协 2013 年工作要点和 2014 年工作计划。重点介绍了 2013 年协会开展的十项工作和 2014 年将要开展的三项工作。马占峰秘书长介绍了有关塑料加工业科技创新型企业、优秀科技成果、先进科技工作者评选办法。围绕 2014 年工作，各位分支机构秘书长畅所欲言，开展了热烈讨论，并介绍了各自专委会 2014 年准备开展的工作以及各子行业面临的新情况。中国塑协质量标准部、信息部、会员部、办公室通报了本部门需要与分支机构配合的工作内容。最后，钱桂敬就塑料加工业经济形势、协会主要工作、牢记服务宗旨、加强制度建设等方面做了重要指示，希望中国塑协做到：企业信得过、政府靠得住、行业有威信。

中国塑协塑料管道专委会针对中央电视台在“焦点访谈”等栏目报道，发布紧急通知

1月22日，中国塑协塑料管道专业委员会发布中国塑管（2014）第002号文件“关于塑料管道生产企业加强产品自查工作的紧急通知”：

2014年1月21日晚，中央电视台在“焦点访谈”等栏目相继播出了题为“‘掺假管’真得管”的专题报道。该报道曝光了江苏吴江七都镇一些生产企业以及北京、上海等地市场的给水用HDPE管材的质量问题，敲响了行业的警钟，引起了行业极大的震动。很多会员企业纷纷表态对此欺骗用户、制假贩假、不负责任的行为表示极大愤慨，塑料管道行业谴责这种害群之马的违法行为。

塑料管道具有自重轻，耐压强度高，卫生安全，水流阻力小，节省能源，使用寿命长，施工方便等特点。国内外的多年实践证明，合格的塑料管道很适合在给水领域中应用，是主要的管道材料之一。近年来在大家的共同努力下，中国塑料管道行业得到了快速发展，行业内很多大企业产品质量是合格的，用户可以放心使用。但产品质量水平参差不齐的现象依然严重影响中国塑料管道行业的健康发展，有的企业确实存在不按国家标准要求组织生产的问题，出现了使用回收料、减薄壁厚等造假制劣现象。塑料管道产品存在质量问题是多方面原因造成的：一方面，有的生产企业为降低成本、获得非法利润而故意造假；另一方面，有的用户在采购、工程招标过程中不合理的低价竞标，引起恶性竞争。由于采购者可能并不一定是塑料管道产品的最终使用者，有的采购者并不重视塑料管道的质量和品牌，而是将价格作为首选因素，助长了部分非法企业制假卖假的气焰，出现了有些劣质产品比优质产品更有市场的现象。

近年来，为提高行业信誉、引导规范市场行为、让用户用上放心的产品，行业协会制定了会员单位的质量门槛，制定了符合产品国家标准要求的相关产品市场建议价格，为用户单位、加工企业及相关机构提供参考数据，还通过各种方式呼吁行业企业和行业用户重视产品质量、购买合格产品，对会员单位的产品质量提升起到了一定作用。但由于塑料管道行业企业众多，集中度不高，部分企业的违法造假，既损害了消费者的权益，也影响了行业的声誉，这种做法与行业协会的宗旨和行业发展方向是背道而驰的，我们要坚决予以抵制。

虽然这次曝光的企业不是协会会员，但行业中这样的不良企业绝不止这几家。在此，协会再次重申塑料管道行业企业必须确保产品质量，抵制和打击为降低成本任意改变配方、使用劣质原料等不合格产品进入市场，必须保证产品的使用寿命。塑料管道一般应用于隐蔽工程，埋于地下，更要确保塑料管道在寿命年限内的健康使用。

协会要求塑料管道会员企业加强对原材料、制品的质量、卫生、安全自查工作，要明确责任，严格按照相关标准对原材料实行进厂检查并具有可追溯性。严格按照国家标准组织生产，提供合格产品和服务。

协会将配合相关单位尽快完善相关监督管理办法，进一步明确产品质量永久责任制，确保产品质量。要加强质量诚信体系建设，加强塑料制品安全工程建设，加强管材产品以及原材料的抽检工作。协会还将加快推动行业自律和质量保障联盟工作，以利社会、用户、媒体的监督；制定相关标准和检查方法，以利用户区分产品的优劣；推动制定合理的行业准入门槛，将不良企业逐出市场。

全行业必须以高度的社会责任感，以诚信和自律来共同抵制和打击有害行为，维护塑料管道行业的信誉。同时，我们也呼吁与用户行业共同创造良好的市场环境，规范采购和招标程序，购买、应用合格产品。我们还建议有的检测机构、评奖单位不要为一己私利而放任一些不法企业的非法所为。相信经过大家共同努力，一定会做到“掺假管，有人管、管得住”。

【2月】

“可控全生物降解地膜农田应用试验总结交流会”召开

2月18日，中国塑料加工工业协会、全国农业技术推广服务中心、中国农用塑料应用技术学会联合召开“可控全生物降解地膜农田应用试验总结交流会”。会议总结交流了2013年度可控全生物降解地膜农田应用试验结果、研究讨论了2014年开展可控全生物降解地膜农田应用试验的有关问题，并就国家有关生物基降解地膜发展、减少白色污染、治理地膜残留量等问题进行了讨论。

中国塑协常务副理事长曹俭希望对 2013 年生物降解地膜农田应用试验结果进行总结、找出试验中存在的问题和差距、提出下一步进行试验的意见和建议，以便更好地开展 2014 年可控全生物降解地膜农田应用试验。中国农用塑料应用技术学会会长张真和回顾了三家单位联手开展全生物降解地膜应用试验工作的策划与启动、组织与实施的工作过程，对整个试验工作过程及试验结果进行了详细的说明，提出了下一步试验工作的建议和期望达到的效果。农技中心鄂文第博士对大量的试验数据及图表进行了详细的分析，对试验效果进行了客观的比对及评价。三个农田应用试验点的技术人员介绍了农田应用试验情况，对参试样品提出了意见和建议。参试的树脂、改性材料企业及农膜生产企业代表一致表示对 2013 年的农田应用试验结果报告和结果分析很满意，愿意继续参与 2014 年的全生物降解地膜农田应用试验，并就 2013 年可控全生物降解地膜农田应用试验中存在的生产原材料配方、生产工艺条件、产品规格、颜色等问题进行了讨论、研究并提出了解决办法。

中国塑协塑料管道专业委员会第九届一次理事会议召开

2 月 21 日，中国塑协塑料管道专委会第九届一次理事会议在山东泰安召开。

中国塑协常务副理事长曹俭在会上对 2013 年塑料加工行业工作做了总结和分析，并对 2014 年的工作提出了要求。王占杰秘书长代表张建均理事长在会议作了专委会 2013 年工作总结汇报，并经会议审议通过。王占杰向理事们汇报了 2014 年专委会工作计划，并经会议审议通过。

参会代表观看了 2014 年 1 月 21 日中央电视台“《焦点访谈》‘掺假管’真得管”的专题报道录像，大家义愤填膺，表态一定按照标准生产合格产品。秘书处汇报了在媒体报道后，专委会发出《关于塑料管道生产企业加强产品自查工作的紧急通知》的情况，根据回复的统计数据表明，会员中目前还暂未发现使用回收料生产给水管材的现象。理事会议再次重申塑料管道行业企业必须确保产品质量，抵制和打击使用劣质原料等行为，抵制不合格产品进入市场，必须保证产品的使用寿命。严格按照相关标准对原材料实行进厂检验。严格按照国家标准组织生产，为用户提供合格产品和服务。

会议审议通过了《给水用塑料管道行业自律公约（草案）》，提交会员大会（2014 年年会）表决后公布，并逐步制定其他品种塑料管道行业自律公约。会议决定尽快制定《给水用塑料管道行业准入门槛》，并逐步制定其他品种塑料管道的准入门槛。会议决定尽快编制简单易行的辨别使用回用料生产的管材与使用新料生产的管材的区分方法，以方便用户购买放心产品。

秘书处汇报了 2013 年组团赴欧洲参观塑料行业 K 展和考察 TOTAL（道达尔）公司、WAVIN（威文）公司、KIWA（科瓦）检测机构、Battenfeld-cincinnati（巴顿菲尔辛辛那提）公司、Krauss Maffei（克劳斯玛菲）公司和 Baerlocher（百尔罗赫）公司的情况，以及 2014 年美国芝加哥第 17 届国际塑料管道会议相关情况。

会议决定 2014 年适当时间举办首届全国塑料管道加工行业职业技能竞赛。

秘书处汇报了专委会关于塑料管道产品标准化工作建议和意见征集情况。会议就与中国水协科技委管道技术部合作编写给水用塑料管材用户手册、部分专业工作组 2014 年计划、塑料管道行业指导价制定机制、翻译 PPI（美国塑料管道协会）《PE 管材手册（第二版）》、专家组成员构成、为用户做好服务工作，与排水、燃气等行业合作进行培训等工作进行了交流和确认。

会议组织参会代表参观了山东鲁燕色母粒有限公司。

2014 锂电池隔膜产业链市场与技术发展研讨会召开

2 月 28 日，由中国塑料加工工业协会和中国电池工业协会联合举办，中国塑协双向拉伸聚丙烯薄膜专委会承办的“2014 锂电池隔膜产业链市场与技术发展研讨会”在北京召开。来自锂电池隔膜产业链的 120 多名企业负责人出席会议。

中国塑料加工工业协会常务副理事长曹俭致欢迎辞。佛山市金辉高科光电材料有限公司副总经理廖凯明、布鲁克纳机械有限公司销售总监卡尔等专家分别做了“电池隔离膜在快速成长的市场中取得获利的高质量薄膜生产”“美国微觉视 AOI 检测系统在锂电池隔膜行业的高端应用介绍”“制辊技术与电池隔膜工艺的优化”“主流隔膜生产企业所收益的过滤与实验设备”“双向拉伸薄膜在线厚度检测及控制技术”“电池隔膜及生产技术”“锂电池隔膜的涂布方式的探讨”“锂离子电池隔膜及其高性能化”的精彩发言，受到一致好评。

下午召开了锂电池、隔膜生产企业座谈会，沧州明珠总经理高树茂、铜陵晶能电子股份有限公司总经理梁志扬、厦门聚微材料科技有限公司总经理李敏、中国石化上海石油化工股份有限公司高级工程师谭小勇、北京化工大学教授苑会林、北京机械自动化研究所的经理尹鸿分别做交流发言。大家一致认为需要电池厂、电溶液厂共同联合开发新兴材料隔膜，软包装电池是下一代锂电池发展方向，同行关键是提高品质，与国外企业争市场，不能在低端市场竞争，不能搞价格战。

【3月】

2014 年塑料挤塑模具设计与挤出工艺高级研修班举办

3 月 3 日，由中国塑协主办，中国塑协教育与培训委员会承办的 2014 年塑料挤塑模具设计与挤出工艺高级研修班在杭州开班。

培训班采取全封闭式培训，注重理论联系实际，突出实用技术，学习期间还安排专家答疑，解决企业在生产中的实际问题，学员根据企业自己的产品特点，提出学习要求，授课专家会给予兼顾的模式。

研修主要内容：1）塑料挤出制程；2）塑料挤出原理；3）塑料挤出工艺与熔胶关系；4）挤出螺杆分类分析；5）塑料挤出厚度变化因素；6）塑料挤出机特点和常见问题；7）塑料挤出质量不良原因分析；8）各类挤出模具构造；9）挤出模头设计原理；10）模头设计与挤出机的配合；11）管状模具设计；12）T 型模头设计；13）异形模头设计；14）共压模头设计；15）塑料挤出机螺杆和机筒的损坏原因和维修；16）案例分析。

考核合格者由中国塑料加工工业协会教育与培训委员会颁发证书。

中国塑协 BOPET 专委会年度会议举行

3 月 5 日，中国塑协 BOPET 专委会年度会议召开。国内聚酯薄膜行业 42 家企业的 80 位领导和代表参加会议。

中国塑协曹俭常务副理事长做了主题为“转型、跨越、发展”的致词。专委会主任徐志强主任对行业去年工作做了总结，并对 2014 年工作做了安排。

行业代表们就行业发展和市场情况进行交流的体会和经验。秘书处对行业产能、进出口、原料产品市场价格、行业企业格局等相关数据进行统计和分析做了题为《中国 BOPET 产业现状》的报告。中国塑膜网总经理胡晓娜等专家的《后金融危机时代下 BOPET 行业的浅析》《双向拉伸聚酯（BOPET）薄膜的高性能化研究》《创新技术和 BOPET 产业》《LCD 显示背光用光学膜片》等四个报告引起与会代表广泛关注，代表们对报告的深度、广度及专业性给予高度评价，还进行了现场咨询交流。

《中国塑料加工业发展史》编委会成立

3 月 12 日，中国塑协发布〔2014〕第 018 号文件，“盛世修史，明时修志”。中国塑料加工工业协会将编写《中国塑料加工业发展史》作为协会的一项重要工作来抓，已发中国塑协〔2012〕第 091 号和〔2013〕第 033 号通知，启动了资料征集和组织编写的前期准备工作。经中国塑协理事会议决定，力争 2016 年年初《发展史》问世。

成立领导小组：中国轻工联合会副会长、中国塑协理事长钱桂敬任组长， 中国塑协常务副理事长曹俭、中国塑协名誉理事长廖正品任副组长，成员有：中国塑协塑料技术协作委员会秘书长杨惠娣、中国塑协副秘书长许琳、中国塑协信息部副主任吴方群。

成立编辑委员会和编辑部。编委会由塑料行业的专家、教授、企业家和协会的分支机构的代表组成。编委会职责如下：落实编写工作的编写大纲和提出实施的具体意见；落实编写工作计划的进度要求；负责组织指导编写工作的编辑、审定、出版工作。

编辑部成员由主编杨惠娣，副主编：许琳、吴方群、赵红玉、温变英组成，编辑人员视编辑工作需要逐步充实加强。编辑部职责如下：组织相关资料的查询、收集，事件调查，人物专访等；确定具体编写提纲并组织约请编撰人员；按照计划组织实施具体编辑、审定、出版工作。

《发展史》根据横写分项、纵写史实的原则，列出了征求意见的初步提纲，具体撰写按照客观纪实的方法，可分阶段记述，只记述事实，述而不论，前后一致。全书总字数约300万字，编写时间两年。

聚氯乙烯保鲜膜——创新与发展技术研讨会召开

3月20日，由中国塑料加工工业协会主办的“聚氯乙烯保鲜膜——创新与发展技术研讨会”在浙江杭州召开。来自全国相关单位的领导、专家，PVC保鲜膜生产企业、原料和助剂企业、行业协会、检测机构等64名代表出席了会议。

中国塑协常务副理事长曹俭指出此次会议就是想通过国内外相关法规、标准和新技术、新产品的介绍与研讨，促进国内外PVC保鲜膜树脂、助剂及生产企业的沟通、协作与交流，共同推动国内PVC保鲜膜生产技术水平的提高。巴斯夫（东南亚）有限公司亚太地区石油化学主管胡倍博士做了《包装价值链与解决方案》的报告，上海市食品药品监督所标准科科长陈蓉芳博士做了《中国食品接触材料安全技术要求》的报告，杭州市食品药品监督管理局副调研员、第一届食品安全国家标准审评委员会委员郭智成做《食品容器、包装材料用聚氯乙烯树脂和成型品的食品安全国家标准制定进展情况介绍》的报告，中塑协降解专委会秘书长翁云宣对《食品用塑料自粘保鲜膜》（GB 10457-20009）国家标准的修订背景、标准制修订的目的、保鲜膜的品种、技术指标等方面进行了详细的解读，江南大学蒋平平教授做《国内外食品包装聚氯乙烯增塑剂发展趋势及行业对策》报告，巴斯夫（中国）有限公司亚太区技术经理张先如做《用于食品接触类产品的增塑剂——全球法规与具生态效益的增塑剂》报告。

通过本次会议，使参会者对PVC制品和增塑剂的加工、应用、标准等情况有了更加深入的了解，也增强了行业的凝聚力，使PVC保鲜膜生产及相关企业看到了希望，相信尽管PVC保鲜膜在发展中还存在着一些问题和局限性，但在全行业同仁的共同努力，通过加快技术创新和研发力度，改进生产工艺，提高技术水平，开发出抗迁移配方增塑剂，修订增塑剂有关行业和国家标准，加大生产新型环保增塑剂及在保鲜膜中的应用研究，就能使我国保鲜膜生产向环保、健康可持续方向发展。

2014年塑料管道行业供应商交流会召开

3月31日，由中国塑协塑料管道专业委员会举办的“2014年塑料管道行业供应商交流会”在昆明召开。来自塑料管道专委会会员中塑料管道加工设备、模具、检测设备、原料、助剂等供应商生产企业的代表和其他相关单位代表参加会议。

中国塑协塑料管道专委会秘书长王占杰表示上游行业的技术进步带动了塑料管道行业的水平提高。在客观分析了《焦点访谈》播出后对于行业的影响后，表示行业一定要把产品质量水平提上去，让用户放心使用我们的产品。还介绍了行业制定保障联盟的事宜以及向供应商代表介绍今年塑料管道专委会准备举办的几项活动。

会上代表们对建立质量保障联盟的事宜进行讨论并发言。然后就如何做好行业自律工作和如何促进塑料管道行业的健康发展表达了自己的观点。最后大家对行业的技术发展方向提出了自己的建议和意见。

通过这次会议交流，加深了塑料管道行业和上游行业的联系。也使我们听到了上游行业的心声，让我们共同携手，为行业的发展而努力。

2014年塑料管道行业供应商交流会召开

3月31日，中国塑协塑料管道专委会召开了“2014年塑料管道行业供应商交流会”，介绍了塑料管道行业自律和健康发展情况，并讨论了为塑料管道行业提供合格原料、助剂及装备等相关产品事项。

会议安排了制品、加工装备、原料、助剂、检测设备、辅助装备的产品展示。

会议再次提醒行业企业一定要担负行业责任，一定按产品标准组织生产，为用户提供放心的产品和良好的服务。只有这样塑料管道的行业才能长久持续。这次会议通过的《给水用塑料管道行业自律公约》以及成立《给水用塑料管道质量保障联盟》《燃气用PE管道质量保障联盟》工作具有现实和深远的历史意义。全行业必须以高度的社会责任感，以诚信和自律来共同抵制和打击有害行为，维护塑料管道行业的信誉，为用户提供放心使用的产品。

【4月】

中国塑协塑料管道专业委员会 2014 年年会召开

4 月 1 日，主题为“加强行业自律，提供放心产品”的中国塑协塑料管道专委会 2014 年年会在云南昆明召开。来自国内外相关单位领导、专家、会员单位、塑料管道生产企业、上下游企业、行业协会、检测机构、认证单位、相关媒体等单位代表 540 余人参加了会议。

中国塑协塑料管道专委会理事长张建均作了《中国塑料加工工业协会塑料管道专业委员会 2013 年工作报告》，并审议通过。

中国轻工业联合会副会长、中国塑协理事长钱桂敬在报告中指出：塑料管道行业在经历《焦点访谈》曝光后，我们应该吸取教训，要以这个事件为契机，加快诚信体系和行业规范建设，加快行规、行约建设，向社会和用户做出承诺，共同抵制伪劣产品，杜绝用回收料生产饮水用管材的现象，要加强对进入生产环节的原料、助剂的质量检验，加强配方管理。要保障管道的使用寿命，要建立质量问责终身制。要创造良好的市场环境。

中国塑协塑料管道专委会秘书长王占杰作《中国塑料加工工业协会塑料管道专业委员会 2014 年工作计划》《专委会 2013 年财务收支情况报告》，并审议通过。

会议组织大家观看了 2014 年 1 月 21 日中央电视台《焦点访谈》节目“‘掺假管’真得管”的专题报道，使参会代表再次感受到造假企业和产品对行业的伤害，以及行业自律的重要性。

会议审议通过了《给水用塑料管道行业自律公约》。

经会议审议通过，塑料管道专委会将成立“给水用塑料管道质量保障联盟”和“燃气用 PE 塑料管道质量保障联盟”。

会议还安排了塑料管道原料、助剂、设备、新技术、检测、应用、质量管理及行业发展等方面《住房和城乡建设行业塑料管道推广应用现状及发展方向》《云南省塑料管材行业的现状与发展趋势》《期盼中的中国塑料管业》等 29 个专题报告。中国塑协常务副理事长曹俭做总结发言。

给水用塑料管道行业自律公约

4 月 1 日，中国塑协塑料管道专业委员会第九届二次会员大会审议通过《给水用塑料管道行业自律公约》。

第一章　总则

第一条　为规范给水用（即饮水用）塑料管道行业企业的经营行为，维护本行业的社会声誉和消费者、会员单位的合法权益，促进企业的诚信经营，推进行业健康、持续、稳定发展，根据中国塑料加工工业协会章程及塑料管道专业委员会工作条例，结合行业的实际情况，制定本行业自律公约。

第二条　从事各种给水用塑料管材、管件及相关产品生产、经营活动的本会会员企业，必须自觉遵守本公约。

第二章　企业经营行为准则

第三条　依法经营，维护塑料管道行业的市场秩序。严格遵守国家和地方相关法律法规，以及行业有关管理规章规定，不违法、违规经营。

第四条　不偷工减料、制假贩假，不使用回收料等不合格原辅材料。加强质量管理，按照国家、行业相关政策法规及标准组织生产，符合卫生要求，为用户提供合格产品及服务。

第五条　加强企业的诚信管理，不损害国家、集体和消费者利益。重合同，守信用。

第六条　提倡公平竞争，维护行业整体利益，投标不低于成本价；不以卖标、买标、围标和串标等不正当手段参与招投标项目。不以贿赂、回扣等非法手段参与市场竞争。

第七条　加强相互监督，维护行业权益。如发现其他企业有违反本公约的行为，应及时向协会举报。

第三章　惩戒、奖励

第八条　对违反本自律公约的行为，经查属实的，将视情节轻重，分别给予内部通报批评、暂停会员单位资格并限期改正、取消会员单位资格并向社会发布等惩戒。对涉嫌违规经营或触犯相关法律、法规者，将有关违法、违规情况及时向有关部门检举。

第九条　遵守行业自律公约，是会员的义务与责任。专委会将根据各企业、单位落实公约的情况进行考核、评选，对先进单位、先进个人进行表彰。

第四章　附则

第十条　建议行业非会员企业本着自愿的原

则自觉履行本自律公约。

第十一条　为了贯彻落实本公约，本专委会理事会和秘书处是投诉、举报、检查、协调处理的机构。并负责监督公约的执行情况。

第十二条　本公约经理事会提出，会员大会通过后生效。本公约的解释权属中国塑料加工工业协会塑料管道专业委员会秘书处。

2011~2013年度塑料加工业科技创新型企业、优秀科技成果、先进科技工作者评审结果公示

4月4日，中国塑料加工工业协会发布中国塑协[2014]第025号文件，公布本着公平、公正、公开、择优，同等条件下中西部地区优先的原则，经过初评、复评以及专家评审组的最终评审，结果如下：科技创新型企业59家、优秀科技成果30项、先进科技工作者57位。

塑料加工业2011~2013年度科技创新型企业名单

1. 广东联塑科技实业有限公司
2. 永高股份有限公司
3. 顾地科技股份有限公司
4. 佛山市日丰企业有限公司
5. 武汉金牛经济发展有限公司
6. 浙江中财管道科技股份有限公司
7. 天津军星管业集团有限公司
8. 亚大集团公司
9. 天津盛象塑料管业有限公司
10. 上海深海宏添建材有限公司
11. 德科摩橡塑科技（东莞）有限公司
12. 四川森普管材股份有限公司
13. 台州市黄岩炜大塑料机械有限公司
14. 福建晟扬管道科技有限公司
15. 江苏江特科技有限公司
16. 武汉华丽环保科技有限公司
17. 昆明普尔顿环保科技股份有限公司
18. 宣威市中博塑料有限公司
19. 昆明创辉塑胶科技有限公司
20. 北京崇高纳米科技有限公司
21. 南京聚隆科技股份有限公司
22. 上海心尔新材料股份有限公司
23. 河北金天塑胶新材料有限公司
24. 承德市金建检测仪器有限公司
25. 舟山市定海通发塑料有限公司
26. 重庆可益荧新材料有限公司
27. 江苏绿源新材料有限公司
28. 江苏恒康家居科技股份有限公司
29. 常州晶雪冷冻设备有限公司
30. 浙江禾欣实业集团股份有限公司
31. 丽水市优耐克水性树脂科技有限公司
32. 昆山华富合成皮革有限公司
33. 昆山阿基里斯人造皮有限公司
34. 昆山协孚人造皮有限公司
35. 浙江远翅控股集团有限公司
36. 西安高科建材科技有限公司
37. 华之杰塑料建材有限公司
38. 芜湖海螺型材科技股份有限公司
39. 浙江中财型材有限责任公司
40. 浙江俊尔新材料股份有限公司
41. 广东聚石化学股份有限公司
42. 山东清田塑工有限公司
43. 山东天鹤塑胶股份有限公司
44. 北京华盾雪花塑料集团有限责任公司
45. 天津市天塑科技集团有限公司第二塑料制品厂
46. 天水天宝塑业有限责任公司
47. 陕西科龙塑业有限公司
48. 佛山佛塑科技集团股份有限公司
49. 东莞市雄林新材料科技股份有限公司
50. 惠东美新塑木型材制品有限公司
51. 广州赫尔普复合材料科技有限公司
52. 江西宏远化工有限公司
53. 长虹塑料集团有限公司
54. 山东企鹅塑胶集团有限公司
55. 上海英科实业有限公司
56. 四川金石东方新材料设备有限公司
57. 大连塑料研究所有限公司
58. 百兴集团
59. 安徽安利合成革股份有限公司

塑料加工业2011~2013年度优秀科技成果名单

一等奖

序号	企业名称	成果名称
1	上海优珀斯材料科技有限公司	低压聚乙烯强力交叉复合膜
2	南京聚隆科技股份有限公司	轨道交通用高性能尼龙复合材料
3	上海市凌桥环保设备厂有限公司	纯聚四氟乙烯滤料
4	聊城华塑工业有限公司	涂覆型长效流滴消雾功能农用大棚膜
5	河北天龙彩印有限公司	氮气型有机废气高效净化处理回收装置

二等奖

序号	企业名称	成果名称
1	顾地科技股份有限公司	高强度聚丙烯（PP）热态缠绕结构壁管
2	浙江中财管道科技股份有限公司	HRS高层雨水排放管道系统
3	江苏恒康家居科技股份有限公司	环保型平泡发泡式MDI体系气感记忆绵的研究
4	南京肯特复合材料有限公司	特种性能聚合物基复合材料及其制品
5	昆山阿基里斯人造皮有限公司	聚氯乙烯车辆用人造革系列标准
6	泉州万华世旺超纤有限责任公司	高耐久超细纤维运动鞋革
7	佛山市高明尚昂科技有限公司	零溶剂型聚氨酯合成革关键技术的研发及产业化
8	西安高科建材科技有限公司	无铅环保塑料异型材项目
9	山东天鹤塑胶股份有限公司	涂覆型持久流滴聚烯烃农膜及纳米复合涂液
10	佛山佛塑科技集团股份有限公司	辐射交联技术在聚烯烃管材中的研究与应用

三等奖

序号	企业名称	成果名称
1	佛山市日丰企业有限公司	新型柔性交联聚乙烯软管SOFT-PEX的关键技术研发
2	天津盛象塑料管业有限公司	超大口径钢带增强聚乙烯螺旋波纹管研发项目
3	杭州鸿雁管道系统科技有限公司	低烟阻燃消防专用电工管
4	北京三博中自科技有限公司	电磁加热节能系统

续表

序号	企业名称	成果名称
5	昆明普尔顿环保科技股份有限公司	新一代组合式塑料检查井产业化
6	河北金天塑胶新材料有限公司	稀土改性 EVA 新型胶膜材料
7	福建奥峰科技有限公司	阻燃增强 PET 节能灯专用料
8	上海华峰超纤材料股份有限公司	高档汽车内饰用聚氨酯超细纤维合成革的研发及应用
9	丽水市优耐克水性树脂科技有限公司	水性聚氨酯湿法贝斯及制造技术
10	华之杰塑料建材有限公司	PVC 基全包覆共挤异型材
11	河南省银丰塑料有限公司	针孔型多层共挤银黑双色生物降解地面覆盖薄膜的开发
12	东莞市雄林新材料科技股份有限公司	新型热熔胶免车缝 TPU 皮革的研制和应用
13	浙江传化华洋化工有限公司	新型有机基 PVC 稳定剂
14	中塑联新材料科技湖北有限公司	PE 废弃塑料改性剂及其改性新工艺
15	福建省闽旋科技股份有限公司	安全环保型高温导热油旋转接头的研发及应用

塑料加工业 2011~2013 年度先进科技工作者名单

序号	企业名称	获奖人	序号	企业名称	获奖人
1	永高股份有限公司	黄剑	29	福建华阳超纤有限公司	张哲
2	亚大集团公司	王志伟	30	哈尔滨哈轻塑胶有限公司	刘忠义
3	广东联塑科技实业有限公司	宋科明	31	大连实德科技发展有限公司	杨飞虎
4	佛山市日丰企业有限公司	李白千	32	华之杰塑料建材有限公司	牛建华
5	浙江中财管道科技股份有限公司	陈增贵	33	西安高科建材科技有限公司	王永兵
6	宏岳塑胶集团有限公司	郭晓玲	34	浙江俊尔新材料股份有限公司	黄志杰
7	杭州鸿雁管道系统科技有限公司	盛仲夷	35	天津市塑料研究所有限公司	曹常在
8	天津盛象塑料管业有限公司	李效民	36	北京天罡助剂有限责任公司	刘罡
9	天津军星管业集团有限公司	夏成文	37	山东天鹤塑胶股份有限公司	孙天智
10	山东鲍尔浦实业有限公司	李建华	38	白山市喜丰塑业有限公司	李炳君
11	苏州汉丰新材料股份有限公司	黄祥秋	39	佛山佛塑科技集团股份有限公司	吴耀根
12	宣威市中博塑料有限公司	范全党	40	江苏恒创包装材料有限公司	郭华山

续表

序号	企业名称	获奖人	序号	企业名称	获奖人
13	昆明普尔顿环保科技股份有限公司	童薇	41	福建福融科技集团有限公司	丁伟
14	福建师范大学	陈庆华	42	东莞市雄林新材料科技股份有限公司	何建雄
15	南京聚隆科技股份有限公司	吴汾	43	南京聚锋新材料有限公司	吴正元
16	南京协和化学有限公司	黄艳	44	华南理工大学	何慧
17	舟山市定海通发塑料有限公司	吴汉民	45	江苏至柔高分子材料有限公司	宋维宁
18	武汉凌辉高分子材料有限公司	陈建平	46	浙江传化华洋化工有限公司	徐会志
19	福建奥峰科技有限公司	赵勤宽	47	深圳市志海实业有限公司	严一丰
20	北京崇高纳米科技有限公司	李毕忠	48	长虹塑料集团有限公司	郑元和
21	江苏恒康家居科技股份有限公司	倪张根	49	河北天龙彩印有限公司	肖岗行
22	常州晶雪冷冻设备有限公司	贾富忠	50	山东企鹅塑胶集团有限公司	李化超
23	上海市凌桥环保设备厂有限公司	黄斌香	51	上海英科实业有限公司	李志杰
24	天津市天塑滨海氟塑料制品有限公司	朱宝成	52	四川金石东方新材料设备有限公司	蒯一希
25	泉州万华世旺超纤有限责任公司	颜俊	53	金发科技股份有限公司	罗忠富
26	昆山协孚人造皮有限公司	俞金英	54	大连塑料研究所有限公司	孙成伦
27	丽水市优耐克水性树脂科技有限公司	谢镇铭	55	广东金明精机股份有限公司	马镇鑫
28	昆山阿基里斯人造皮有限公司	赵建明	56	苏州奥美材料科技有限公司	任月璋
			57	福建省闽旋科技股份有限公司	朱斌

第五届中国生态合成革论坛暨中国合成革技术与市场研讨会和中国塑料加工工业协会人造革合成革专业委员会年会召开

4月8日，由中国塑料加工工业协会主办，中国塑协人造革合成革专委会承办的“第五届中国生态合成革论坛暨中国合成革技术与市场研讨会”在上海召开，同期召开了专委会年会。

会议主要内容：

（一）中国塑料加工工业协会人造革合成革专业委员年会。

（二）第五届生态合成革论坛暨中国合成革技术与市场研讨：（1）人造革合成革经济运行趋势及国家节能减排要求；（2）国内外合成革与皮革经济运行态势与需求状况预测；（3）浙江、山东等省合成革与皮革市场分析；（4）热塑性聚氨酯、聚苯乙烯、聚烯烃类弹性体人造革生产技术。随着社会对生态人造革合成革的认识和需求的逐渐增加，各级政府对人造革合成革行业清洁生产提出了明确的要求并相应出台各种政策和行业标准，从而推动了我国人造革合成革以及超纤革生态化的发展进程，各种生态环保新产品、新材料、新技术、新装备发展迅速。如湿法含浸水性聚氨酯合成革研制成功、聚苯乙烯改性弹性体压延人造革生产技术、聚烯烃类人造革生产技术、聚氨酯弹性体

（TPU）人造革生产技术、无溶剂型聚氨酯合成革新工艺、水性聚氨酯表面处理剂以及各种生态功能性材料应用于人造革合成革行业，为我国人造革合成革生态化快速发展做出贡献。

（三）行业经济形势，企业家座谈交流与参观。

企业家座谈交流发言并参观“第五届中国（上海）人造革合成革工业展览会”。

“2014聚氯乙烯软制品环保配方设计研讨班”举办

4月19日，由中国塑料加工工业协会主办，中国塑协塑料助剂专委会承办的“2014聚氯乙烯软制品环保配方设计研讨班”在上海举办。

培训内容：（1）会议将邀请具有长期实践经验的大专院校、科研院所、生产企业的教授、专家、领导介绍各自在科研和生产过程中的研究成果和实践经验。（2）就讲课内容进行答疑，互动交流。（3）发放研讨班讲义，附加近期关于PVC软制品的国内外相关专利和文献。（4）参观第二十八届中国国际塑料橡胶工业展览会。

揭阳市塑胶行业协会成立

4月19日，揭阳市塑胶行业协会在揭阳市成立。

揭阳市塑胶行业协会共有会员单位77家。主要分布在揭阳市空港经济区、榕城区、揭东区、揭西县等区域。大会通过投票选举广东海兴塑胶有限公司董事长宋旭彬同志为第一届理事会会长、揭阳市鸿飞塑胶有限公司总经理袁鸿坚等8位为常务副会长、广东国兴乳胶丝有限公司总经理谢炎庆等4位为副会长、揭阳贝嘉科技实业有限公司总经理郑雪勤等3位为监事会监事，其中：郑雪勤为监事长。

大会还通过，邀请中国建设银行股份有限公司揭阳市分行、中国工商银行股份有限公司揭阳市分行、广东揭东农村商业银行股份有限公司等3家单位为协会特邀副会长单位，中国塑料加工工业协会、广东省塑料工业协会、揭阳市经济和信息化局、揭阳市工商业联合会等4家单位为协会顾问单位；聘请揭阳市鸿飞塑胶有限公司总经理袁鸿坚先生为协会秘书长。

揭阳市塑胶行业协会的成立是揭阳市塑胶行业经济发展的需要，是行业内相关单位、企业家的呼声，是行业内会员单位自己的家。协会将秉承服务行业和会员的宗旨，利用现有的产业集群优势，集合资源采购原材料，设立专业的仓储物流中心，形成强大的供应链；同时通过聘请专家，构建“智囊团”核心价值团队，向会员企业提供技术培训、电子商务指导、品牌战略指导等服务；组织国内外技术交流，推广新技术、新设备、新工艺、新原料的应用等；组织行业企业制定行业技术标准，并推广应用，促进行业产品质量水平提高。相信协会在全体会员和秘书处的共同努力下，在社会各界的鼓励和支持下，一定能为社会和行业作出新的贡献，推进揭阳市塑胶行业向标准化、国际化、现代化方向持续发展。

中国塑料加工工业协会六届七次常务理事会召开

4月21日，中国塑料加工工业协会六届七次常务理事会在上海召开。

中国轻工业联合会副会长、中国塑料加工工业协会理事长钱桂敬，中国塑料加工工业协会常务副理事长曹俭，中国塑料加工工业协会名誉理事长廖正品及近百位常务理事出席会议。

会议审议并通过了4月22日召开的中国塑协六届四次理事扩大会议议程及有关事项。

中国塑协分支机构工作会议召开

2014年4月21日，中国塑协分支机构工作会议在上海召开。

中国轻工业联合会副会长、中国塑料加工工业协会理事长钱桂敬，中国塑料加工工业协会常务副理事长曹俭，中国塑料加工工业协会名誉理事长廖正品及分支机构的主任和秘书长等出席会议。

会议研究了“2014中国国际塑料新材料、新技术、新装备、新产品展览会”的组织筹备工作。

2014功能性薄膜行业市场与技术发展研讨会召开

4月21日，由中国塑料加工工业协会主办，中国塑协双向拉伸聚丙烯薄膜专委会、中国塑协双向拉伸聚酯薄膜专委会、中国塑协流延薄膜专委会、中国塑协降解塑料专委会、中国塑协镀铝膜专委会、中国塑协包装用吹膜专委会筹备组承办的“2014功能性薄膜行业市场与技术发展研讨会”在上海召开。来自全国薄膜产业链的400多名企业负责人出席会议。

中国轻工业联合会副会长、中国塑料加工工业协会理事长钱桂敬介绍了2013年塑料工业的发展情况，并要求薄膜行业要加强技术研发，增加功能性薄膜在薄膜生产中的份额，走创新转型升级之路，给与会企业指明了方向。

中国塑协BOPP专委会理事长吴耀根、中国塑协BOPET薄膜专委会理事长徐志强、中国塑协流延薄膜专委会理事长王焕清、浙江菲尔特过滤科技有限公司总经理何赞果等分别作了“功能性薄膜新产品发展探讨”“双向拉伸聚酯薄膜行业情况和市场发展趋势分析”“功能性流延聚丙烯薄膜产品介绍”“功能性薄膜：先进的设备解决方案以迎接薄膜制造商的挑战和机遇”“过滤碟片的清洗设备与制作工艺”“塑料薄膜分切机新世代”“包装工业真空镀膜解决方案”和“阿尔卑那多层薄膜技术在功能膜中的应用”的精彩发言。

4月22日与会代表一同前往参观上海大汇塑业有限公司的CPP、CPE薄膜生产车间。

中国塑料加工工业协会六届四次理事扩大会议召开

4月22日，中国塑协六届四次理事扩大会议在上海召开。

中国轻工业联合会副会长、中国塑料加工工业协会理事长钱桂敬，中国轻工业联合会名誉会长陈士能，中国塑料加工工业协会常务副理事长曹俭，中国塑料加工工业协会名誉理事长廖正品以及六届理事会的副理事长、常务理事、理事、特聘理事及理事单位的代表、分支机构理事长、秘书长、部分会员单位等共242人出席会议。

会议主要内容：

（1）审议2013年度工作总结和2014年工作要点；

（2）2013年度财务报告；

（3）审议部分分支机构成立、变更等有关事项；

（4）审议2013年新增会员、理事的议案；

（5）塑料加工业2011~2013年度科技创新型企业、优秀科技成果、先进科技工作者；2012~2013年度塑料加工业卓越绩效先进企业、获得“轻工优势品牌产品”“轻工品牌培育管理体系先进企业”和“中国塑料行业企业信用等级评价”的表彰及授牌活动。

理事会扩大会议由钱桂敬理事长主持。会议审议通过了中国塑协六届四次理事会工作报告、财务工作报告，关于调整、增补理事、新增会员及有关分支机构调整、变更、成立的事项等；表彰了2011~2013年度塑料加工业科技创新型企业57家、优秀科技成果30个、先进科技工作者57名，2012~2013年度塑料加工业卓越绩效先进企业、获得“轻工优势品牌产品”“轻工品牌培育管理体系先进企业”，并对表彰的企业和个人颁发了证书；宣布2013年中国塑料行业信用等级评价企业名单并举行授牌仪式。钱桂敬理事长做了加快结构调整，推动产业转型升级确保塑料加工业可持续发展的总结讲话。

会议首先由曹俭常务副理事长做了《中国塑协六届四次理事会工作报告》。

钱桂敬理事长做了加快结构调整，推动产业转型升级确保塑料加工业可持续发展的总结讲话。

钱理事长对评选出的科技创新型企业、优秀科技项目、先进科技工作者进行了表彰，对2013年中国塑料行业信用等级评价企业授牌，圆满完成理事会预定议程表示衷心地感谢；向获奖企业、个人表示热烈地祝贺，对今年进一步落实技术进步指导意见所进行的科技领域的表彰活动和将正式成立科技咨询委员会的目的和意义做了阐述。

会议组织与会代表参观了“第二十八届中国国际橡塑工业展览会”。

中国塑协塑料加工业技术应用论坛召开

4月22日，中国塑协塑料加工业技术应用论坛在上海召开。

中国轻工业联合会副会长、中国塑料加工工业协会理事长钱桂敬，中国轻工业联合会名誉会长陈士能，中国塑料加工工业协会常务副理事长曹俭，中国塑料加工工业协会名誉理事长廖正品及三百余位代表出席论坛。

塑料加工业技术应用论坛主要内容：宏观经济与塑料加工业发展形势；国内外合成树脂情况及发展趋势；新型高性能工程塑料、改性料开发应用进展；塑料加工成型技术、设备创新研究进展及行业发展趋势等。中国工程院院士/大连理工大学高分子材料研究所所长蹇锡高教授、中国石化北京化工研究院副院长乔金樑教授、教授级高工、教育部长江学者/四川大学高分子材料科学与工程学院院长傅强教授、北京理工大学国家阻燃实验室教授级高工黄险波博士、佛山佛塑科技集团股份有限公司总工/

工程技术开发中心总经理吴耀根、教授级高工和中国塑协副秘书长/中国塑协塑料管道专委会常务副主任兼秘书长王占杰等行业知名专家、学者在论坛上就“新型杂环高性能聚合物及其应用研发进展”“合成树脂的创新开发研究进展”“高分子加工制品的多层次结构控制—从传统加工走向定构，加工”“高强度连续纤维增强热塑性复合材料（CFRTP）简介”“功能性薄膜新产品发展探讨”和“中国塑料管道行业现状及前景展望”就塑料加工业涉及的有关领域做了精彩的报告和演讲。论坛会上还邀请渤海商品交易所总经理助理/产品交收中心副总经理周家宇先生作了“抵抗行业波动风险、实现电商买卖融资——渤商所全球首创现货交易平台”和群星集团公司总经理助理顾维民先生作了“塑料加工企业原料采购及融资模式创新探讨暨渤商所聚丙烯中轻上市推介”的专题演讲，为塑料加工行业中小企业提供新的现货交易和融资平台和信息支持。精彩报告受到与会代表热烈欢迎。

中国塑协改性塑料专业委员会第八届理事会筹备会议召开

4 月 23 日，中国塑协改性塑料专委会第八届理事会筹备会议在上海召开。以赵安赤理事长为组长的换届领导小组成员全体出席，中国塑协曹俭常务副理事长做了重要指示，协会名誉理事长廖正品、协会综合业务部、信息部、办公室负责同志等都应邀参加了会议。此次会议由上海心尔新材料科技股份有限公司承办，正在上海参观第二十八届中国国际塑料橡胶工业展览会的专委会理事单位应邀参加会议并参观上海心尔新材料科技股份有限公司。

会议讨论了 2014 年年会暨换届选举大会举办地点。因中国塑协决定今年 12 月 17 日在广州举办“中国国际塑料新材料、新技术、新装备、新产品展览会”，为支持展览会的举办、配合协会的工作，大家认为将年会和换届大会安排在展览会前夕在广州召开。

换届领导小组副组长、专委会副理事长兼秘书长刘英俊向大家汇报了半年来换届准备工作，大家一致认为要认真按照国家对社团组织管理的有关规定，在协会领导下积极做好会员登记确认、工作条例制定、副理事长单位酝酿提名等各项工作，为第八届理事会新领导机构的顺利诞生而努力！

2014 年钢塑复合管道生产及应用技术交流会召开

4 月 25 日，由中国塑协塑料管道专委会以及钢塑复合管道工作组主办的主题为“优质企业，优质产品，优质服务，优质工程”的“2014 年钢塑复合管道生产及应用技术交流会”在上海举办。

中国城镇供水排水协会排水专业委员会秘书长王岚介绍了中国排水管网的规划及建设情况。北京市建设工程物资协会建筑管道分会秘书长邹仲元提出钢塑复合管道行业应面对现实、面对缺陷，用符合质量标准的产品、合理的销售价格参与市场竞争。北京市建设工程物资协会建筑管道分会专家王真杰希望企业能真正按照要求保证产品质量。上海市城市排水有限公司管线分公司经理鲍月全详细介绍了上海排水管网发展历程、管材类型、管理体制、检测技术以及修复技术。北京市市政工程设计研究总院专业副总工程师陈重从设计师的角度对钢塑复合管道提出在有市场机会的同时要按标准组织生产，要关注管道系统的安全。

会议安排了关于钢塑复合管道新技术、施工、应用、标准、质量控制等方面的专题交流：《发展复合管道是我国塑料管业调整结构的突破口之一》《钢带增强聚乙烯螺旋波纹管、钢丝网增强聚乙烯复合管在国外的应用情况》《埋地排水用钢带增强聚乙烯螺旋波纹管生产工艺要点与控制》《如何提高钢带增强聚乙烯螺旋波纹管生产质量与应用安全》《钢带增强聚乙烯螺旋波纹管承接口连接方式的应用概况》《钢丝网增强聚乙烯复合管材连接技术及施工》《以客户为中心的快速创新》《钢丝网增强聚乙烯复合管技术发展及标准制修订》《保证产品质量、服务质量、工程质量是钢带增强聚乙烯螺旋波纹管企业唯一出路》等报告。介绍了编制《钢带增强聚乙烯螺旋波纹管应用手册》和《钢丝网骨架塑料（聚乙烯）复合管材应用手册》的工作进程。

根据目前行业以及产品质量现状，会议向行业提出了《钢塑复合管道行业自律倡议书》。会议提出：1）钢塑复合管是我国自主研发的新技术、新产品，结合了钢材和塑料的不同优势，有良好的综合性能，在给水、排水、燃气、跨海等工程成功应用，并且效果良好；2）产品质量不合格现象和工程问题，应引起各方面高度关注；3）应该科学引导和分析；4）不断地完善比创新更加重要；5）生产产品要符合相关标准规定，将“优质”带到日常的生产中，要创造出好的市场环境，与用户共同促进好产品的更好的应用。要加强服务工作，让用户用好钢塑复合管道产品。

【5月】

第六期塑料管道产品检测技术培训班举办

5月9日，第六期全国塑料管道检测技术培训班在北京举办，该培训是由中石化北京化工研究院国家化学建筑材料测试中心（材料测试部）和中国塑协塑料管道专委会共同主办。来自相关单位的120余人参加了培训交流。培训班上，中国塑协塑料管道专委会秘书长王占杰、国家化学建筑材料测试中心（材料测试部）主任魏若奇、副主任者东梅以及相关的专家和技术人员介绍了塑料管道行业现状及发展建议；实验室建设与管理知识介绍；PE/PP管道专用料、PVC树脂应用现状及选用原则；塑料管材的分级及多层管材的长期性能；塑料管材测试方法最新进展；G5+管材和管件测试重点；冷热水用塑料管道系统测试技术；PE/PVC大口径管材挤出加工技术探讨；塑料检查井、塑料排水管及城市雨水收集系统测试性能要求；PE燃气管安全认证以及农村给水用塑料管材性能等要求；垃圾填埋场用塑料管材的质量要求；塑料管材有关案例分析等相关内容。培训期间对日常实验中出现的问题进行了交流与探讨。并组织参观了国家化学建筑材料测试中心（材料测试部）实验室。

2014年塑料制品性能检测培训班举办

5月13日，中国塑协主办，中国塑协教育与培训委员会承办的2014年塑料制品性能检测培训班在承德开班。

全封闭式培训，1天半专家授课，1天半学员上机实践操作，突出理论联系实践,让每个学员都能够正确熟练的操作设备。培训期间，特邀中国塑料加工工业协会、建设部科技发展促进中心、水利部农村饮水安全中心等领导就加强行业自律、重塑行业形象作重要指示。培训班聘请国家塑料制品质量监督检验中心、国家化学建筑材料测试中心、全国塑料制品标准化委员会、国家建筑材料工业建筑围护材料及管道产品质量监督检验测试中心、国家建筑材料测试中心管材与金属装饰产品检验认证部等国家权威机构的专家集中授课。

培训内容：塑料管道产品标准的制、修订；企业实验室的功能及配置要求；塑料管材管件的产品检测方法；塑料管材性能测试、操作指导；塑料管材检测与产品一致性控制。

考核合格者由中国塑协教育与培训委员会颁发证书。

农膜企业与工信部领导座谈

5月23日，工业和信息化部消费品司同部分农膜企业代表在北京进行了座谈。参会企业来自北京、天津、黑龙江、安徽、山东、浙江、河南、广东、云南、甘肃等10个省、市的代表。

工业和信息化部消费品工业司高延敏副司长介绍了召开座谈会的原因和目的，希望通过此次座谈会了解农膜行业的发展现状及存在的问题；了解《农用薄膜行业准入条件》实施四年来执行情况、存在问题及对今后工作的意见和建议；农膜生产企业及本地区运行情况。

参会代表畅所欲言，分别就上述问题介绍了情况，提出了建议和意见，希望能为农膜行业提供具有实效性、公平竞争的环境；对符合《准入条件》的企业提供适当的政策倾斜；加强行业自律、企业自律、保证诚信、提高产品质量、加大技术研发。

最后高司长总结，通过座谈会更加深入了解了农膜行业的情况，提出几条工作方案：一是通过地方政府部门，对在《农用薄膜行业准入条件》实施后，未严格按照《入准条件》执行的新建农膜生产企业进行摸底、查处；二是补充、修订《农用薄膜行业准入条件》，突出主体及管理办法，为下一步工作做准备；三、行业协会推进《农膜行业品牌评价》工作，对讲诚信、重质量、求发展的企业进行推荐、宣传；四、出台《农膜行业健康发展指导意见》，提高对农膜行业的关注度，推动农膜行业的健康发展。根据本次会议精神尽快形成实施方案，积极推动上述工作的开展。

《中国滚塑三十年》大型主题纪念活动暨滚塑年会召开

5月28日，由中国塑协主办，中国塑协滚塑专委会承办的《中国滚塑三十年》大型主题纪念活动暨2014年5月山东烟台滚塑年会在山东烟台举办。

这次盛会是近5年来中国滚塑行业最大规模的交流活动，会议秉承“中国滚塑三十年•未来十年看中国”的主题思想，开展一系列大型宣传活动，向各界展示中国滚塑行业的巨大发展前景，引领中国滚塑技术创新与进步，是国内最大的行业信息交流、商机拓展的平台。

国家化学建材检测中心、总后后勤科学研究所、总后卫生装备所、总后建筑工程所和军事交通运输研究所的专家出席会议。

会议邀请了行业内多位国内外专家发表演讲。会议是内容翔实、重点突出、亮点频现的盛会。

【6月】

2014 TPU颗粒、TPU薄膜市场与技术发展论坛召开

6月9日，由中国塑协举办，中国塑协流延薄膜专委会承办的“2014 TPU颗粒、TPU薄膜市场与技术发展论坛”在广东东莞召开。来自TPU颗粒、TPU薄膜的80多名企业负责人出席会议。

东莞市雄林新材料科技股份有限公司副总经理何金宝等专家分别做了“加强科技研究，推动TPU薄膜行业转型升级”“热塑型聚氨酯弹性体的应用”“2014中国国际塑料新材料、新技术、新装备、新产品展览会介绍”“BKG水下造粒设备及其在TPU造粒领域的应用”“TPU在高温情况下降解行为浅析”“色母对薄膜质量的影响及如何正确选择使用色母”“BDO、PTMEG市场供求变化对下游行业的影响”“水性聚氨酯反光树脂的研究与应用”“TPU薄膜专用机组的介绍”“TPU薄膜的应用、市场前景和发展方向”的精彩发言。

下午，2014 TPU颗粒、TPU薄膜行业座谈会召开，座谈会由中国塑料加工工业协会副秘书长、双向拉伸聚丙烯薄膜专委会秘书长孙冬泉主持，东莞市雄林新材料科技股份有限公司董事长何建雄、中山博锐斯塑胶有限公司总经理杨文会、华南理工大学教授彭晓宏、沧州市塑料行业协会秘书长贺胜明、广东金明精机股份有限公司经理朱培雄分别做了交流发言，座谈会对2014 TPU颗粒、TPU薄膜的市场行情进行了分析，大家一致认为，TPU作为一个新兴的产业，发展潜力巨大，各企业应该加强合作与技术交流，共同开创TPU产业的发展。

第一届TPU颗粒、TPU薄膜市场与技术发展论坛，TPU颗粒与TPU薄膜生产企业参会踊跃参加，与会代表对会议效果一致表示肯定，本次论坛的成功召开对于促进全球TPU颗粒、TPU薄膜行业未来的健康发展将起到积极的推动作用。

中国塑协农膜专委会2014年年会召开

6月16日，中国塑协农用薄膜专委会2014年年会在河南省周口市召开。来自全国各地的农用薄膜生产、研究、应用及市场的相关高校学者，外商驻中国代理机构和商社代表，农膜企业和原料、助剂、设备、科研院所等各方面的专家、企业代表、新闻媒体朋友共计241位。

中国轻工业联合会副会长、中国塑料加工工业协会钱桂敬理事长介绍了塑料行业的发展现状，分析了农膜企业及产业发展运行存在的问题，提出行业的发展建议和要求。国家工业和信息化部消费品司轻工一处谢立安处长介绍了代表们最关心的国家关于农膜行业、地膜回收降解、节能减排等相关促进农膜产业发展的政策，提出完善《农用薄膜行业准入条件》的设想，希望会员企业积极支持配合。专委会曹志强主任做《农膜专委会工作报告》。专委会徐双宏副秘书长对《农用薄膜生产企业单位产品能耗及费用标准》（讨论稿）进行了解释说明。专委会刘敏秘书长宣读《农用薄膜企业准入审查申请书》。白山市喜丰塑料（集团）股份有限公司李炳君处长介绍了GB 13735-92《聚乙烯吹塑农用地面覆盖薄膜》国家标准修订工作进展情况。

山东农业大学米庆华教授、中石化经济技术研究院高春雨高工等14位专家学者就农膜原料市场分析、农膜生产及相关技术等方面进行了交流讲座，分享了农膜产品相关新材料、新技术、新装备，使与会代表开拓了视野、丰富了知识，加强了会员单位之间的技术交流和彼此了解与友谊。

曹志强主任代表中国塑协农用薄膜专委会与淮阳县人民政府签署了关于鼓励协会会员企业到

淮阳投资建厂的战略合作协议。

与会代表参观了“河南省银丰塑料有限公司”“河南联塑实业有限公司”。

第二届塑料挤塑工艺与挤塑模具设计高级研修班举办

6月17日，中国塑协教育与培训委员会主办的第二届塑料挤塑工艺与挤塑模具设计高级研修班在广州开班。

培训采取全封闭式培训,注重理论联系实际，突出实用技术,学习期间还安排专家答疑，解决企业在生产中的实际问题，学员根据企业自己的产品特点，提出学习要求，授课专家会给予兼顾。特别邀请了台湾财团法人塑料工业技术发展中心特聘顾问讲师、挤塑工艺和挤塑模具设计专家刘志昇先生做相关的专题报告。

研修主要内容：1.塑料挤出/注塑制程；2.塑料挤出/注塑原理；3.塑料挤出/注塑工艺与熔胶关系；4.挤出/注塑各类螺杆；5.挤出/注塑螺杆和机筒的损坏原因分析；6.挤出质量不良原因分析；7.塑料挤出厚度变化因素；8.各类挤出管材形状；9.各类型状挤出模具构造；10.挤出模头基本设计原理；11.挤出管材案例分析；12.注塑管件水口设计；13.注塑管件模具设计；14.注塑管件不良原因分析；15.注塑管件不良对策；16.注塑管件案例分析。

考核合格者由中国塑料加工工业协会教育与培训委员会颁发证书。

2014 年第一批中国塑料行业企业信用等级评价结果公示

6月19日，中国塑协〔2014〕第040号文件，公布2014年第一批中国塑料行业企业信用等级评价结果。

根据商务部信用工作办公室、国资委行业协会联系办公室《关于公布第三批行业信用评价参与单位名单的通知》（商信用函[2009]3 号）和《关于行业信用评价工作有关事项的通知》（商秩字[2009]7 号）的文件精神要求，本着“诚信、自愿、公平、公正、科学、严谨”的原则，湖北中硕科技有限公司等51家企业申请进行中国塑料行业信用等级评价的初评或复评。经我协会初审、专业评估机构评价和专家组论证后，现将上述企业评价结果予以公示。

2014 年第一批中国塑料行业企业信用等级评价结果

一、初评企业信用等级评价结果

1．湖北中硕科技有限公司 AAA201409911100152

2．江苏中乾塑业有限公司 AAA201409911100159

3．浙江天井塑业有限公司 AAA201409911100160

4．甘肃大禹节水股份有限公司 AAA201409911100161

5．山东华信塑胶股份有限公司 AAA201409911100162

6．河北建投宝塑管业有限公司 AAA201409911100163

7．江苏河马井股份有限公司 AAA201409911100164

8．浙江龙跃科技有限公司 AAA201409911100165

9．福建亚通新材料科技股份有限公司 AAA201409911100166

10．山东省塑料工业有限公司 AAA201409911100167

11．福建振云塑业股份有限公司 AAA201409911100168

12．康泰塑胶科技集团有限公司 AAA201409911100169

13．河北精信华工集团有限公司 AAA201409911100170

14．三斯达（福建）塑胶有限公司 AAA201409911100171

15．义乌市鑫挺人造革有限公司 AAA201409911100172

16．湖南路路通塑业股份有限公司 AAA201409911100173

17．昆明普尔顿环保科技股份有限公司 AAA201409911100174

18．天津军星管业集团有限公司 AAA201409911100175

19．南亚塑胶工业（郑州）有限公司 AAA201409911100176

20．雄县旭日纸塑包装有限公司 AAA201409911100177

21．安徽华驰塑业有限公司
AAA201409911100178
22．上海康捷保新材料股份有限公司
AAA201409911100179
23．河北科伦塑料科技有限公司
AAA201409911100180
24．浙江诚德包装有限公司
AAA201409911100181
25．北京瑞聚丰进出口有限公司
AAA201409911100182
26．深圳志海实业有限公司
AAA201409911100183
27．河北宝硕管材有限公司
AAA201409911100184
28．江阴市星宇塑胶有限公司
AAA201409911100185
29．上海乐扣乐扣贸易有限公司
AAA201409911100186
30．四川攀西塑胶有限责任公司
AAA201409911100187
31．华亚东营塑胶有限公司
AAA201409911100188
32．山东日科化学股份有限公司
AAA201409911100189
33．山东金达双鹏集团有限公司
AAA201409911100190
34．昆明创辉塑胶科技股份有限公司
AAA201409911100191
35．福建荣华集团有限公司
AAA201409911100192
36．江苏联盟化学有限公司
AAA201409911100193
37．福建华益塑业股份有限公司
AAA201409911100194
38．山西惠丰型材有限公司
AAA201409911100195
39．南塑建材塑胶制品（深圳）有限公司
AAA201409911100196
40．汕头康家宝塑料制品实业有限公司
AAA201409911100197
41．浙江中元枫叶管业有限公司
AAA201409911100198
42．惠州市成达实业发展有限公司
AAA201409911100199
43．杭州锦程实业有限公司
AAA201409911100200

二、复评企业信用等级评价结果

1．四川森普管材股份有限公司
AAA201009911100020
2．山东胜邦塑胶有限公司
AAA201009911100031
3．南雄金叶包装材料有限公司
AAA201009911100062
4．成都川路塑胶集团有限公司
AAA201009911100064
5．西安高科建材科技有限公司
AAA201009911100072
6．江西广源化工有限责任公司
AAA201009911100085
7．汕头海信发展有限公司
AAA201109911100105
8．青州市金诺尔塑胶有限公司
AAA201109911100137

2014改性塑料创新及热点技术研讨会召开

6月21日，中国塑协改性塑料专业委员会就当前改性塑料行业的创新及热点技术问题在北京召开研讨会，来自20余个省市80多家企业100多位企业家、专家出席了会议。

赵安赤理事长致开幕辞后，中国塑协曹俭常务副理事长就当前塑料加工行业形势及面临的机遇与挑战做了详尽的论述，之后会议就所关心的创新及热点技术问题展开研讨。（1）PET瓶片合金化技术及加工应用动态；（2）微孔硅酸钙的特性及在塑料中应用的可行性；（3）废弃塑料高值化改性技术关键及要点；（4）粉体加工清洁生产工艺及装备；（5）新型混合混炼加工设备；（6）企业文化与创新发展。

会务组编印了400余页的“论文资料集”，收录与本届研讨内容相关的论文40余篇，资料150余万字，将成为业内人士关注并研究上述六个领域动向的得力帮手。

本届论坛的亮点在于新、热、实、特，与会者通过会上会下交流收获颇丰，满载而归。

BOPET 行业新老企业老总座谈会召开

6 月 24 日，中国塑协 BOPET 专委会在杭州举行部分企业老总的交流活动。恒力集团等新入行的企业以及业内的资深企业上海紫东等共 18 家企业的 26 名主要领导出席了会议。

专委会徐志强理事长介绍协会概况、宗旨、任务、工作内容以及专委会的历史沿革、服务功能、组织架构、会员组成状况等。秘书处向会议通报目前行业的基本现状，解述行业存在的问题之后，秘书处又着重介绍 BOPET 产品的多领域应用及新的发展趋势，就不同应用领域对 BOPET 产品的不同要求进行梳理。

企业家认为，目前行业进入到周期性调整阶段，企业的投资与回报形成反差，企业要在产品的专业化和优质化方面趋于加强，各自选择适合的市场发展空间和寻找与之适应的经营策略，建立更稳定的利益联结。期望新企业：（1）重视技术投入和技术合作；（2）重视行业沟通与交流，抱团取暖；（3）重视基础管理和员工培训；（4）重视企业形象和品牌建设；（5）重视市场培育，珍惜客户资源。大家努力将本次会议变成良好的开端，让行业会议成为交流站和加油站，一起积极组织差异化生产和积极维持正常的现金流，共同缓解产能过剩的矛盾。

第二届全国塑料配色技术学习高级研修班举办

6 月 24 日，中国塑协教育与培训委员会主办的第二届全国塑料配色技术学习高级研修班在广东省东莞市开班。

培训采取全封闭式培训，2 天专家授课，1 天学员实践操作，突出理论联系实践，让每个学员都能够真正掌握塑料配色技术，学员自带少量样品进行现场实践。第二届研修班特别邀请国内著名专家和有丰富实践经验的高级配色师授课并现场示范，让学员参加实践。

研修内容：

（1）着色的基本概念、L-a-b 体系介绍、颜料的种类及国际色号；

（2）着色原理、颜色色料的混合、颜色色光的混合；

（3）着色用颜料的主要性能：着色力、遮盖力、耐热性、耐迁移性、耐光性和耐候性、耐酸、碱、溶剂和化学药品性；

（4）颜料的种类；

（5）无机颜料：氧化物类（钛白粉、氧化铁、氧化铬等）、硫化物、铬酸盐、群青、炭黑、特殊颜料（金粉、银粉和珠光）；

（6）有机颜（染）料：命名规则、种类介绍：偶氮颜料、酞菁颜料、杂环颜料、色淀颜料、荧光增白剂、荧光颜料；

（7）通用塑料的配色：PE、PP、PVC、PS/HIPS、ABS 等的色粉的选择、用量，配方和颜色调整的技巧；

（8）工程塑料的配色：PA6、PA66、PC、PC、PBT、PET、PC/ABS 合金等色粉的选择、用量，配方和颜色调整的技巧；

（9）增强、阻燃和填充时，配色需要考虑的因素。玻纤、滑石粉、碳酸钙、硅灰石、硫酸钡、玻璃微珠等对颜色的影响；

（10）色母粒配色配方及工艺介绍；

（11）色母粒和配色常用的分散剂和润滑剂等助剂性能介绍；

（12）配色常见问题分析和解决方案；

（13）温度对色粉的影响因素分析；

（14）常用颜色测量仪器的种类及色差仪等的使用；

（15）合格的优秀配色师应具备的素质和技能。

考核合格者由中国塑料加工工业协会教育与培训委员会颁发证书。

第九届中国塑料工业高新技术及产业化研讨会/中国第四届塑料与环境产业技术对接会暨 2014 中国塑协塑料技术协作委员会年会·技术交流会召开

6 月 26 日由中国塑料加工工业协会和福建师范大学主办，中国塑协塑料技术协作委员会承办的“第九届中国塑料工业高新技术及产业化研讨会/中国第四届塑料与环境产业技术对接会暨 2014 中国塑协塑料技术协作委员会年会•技术交流会”在福建省泉州市召开。来自全各地的行业领导、专家教授、工程技术人员、技术管理人员等代表共 160 多名参加了这次盛会。会议秉承中国塑协塑料技术协作委员会旨在加强行业间技术交流、促进产学研合作、加快科技成果转化的理念，重点交流和交易了以下主题：（1）国内外塑料行业市场及技术概况和发展趋势：重点研讨了塑料行业的上游产业合成树脂、塑料助剂、塑料机械的技术进步对塑料行业市场及技术的促进作用；（2）塑料行业新材料、新技术、新设备及其应用：重点研讨了导热、导电、阻燃防火、发光、抗静电等功能材料和鞋用新材料，以及新型混炼技术、低能耗成型技术和回收塑料环境友好化和高值化利用设备等的开发与应用；（3）塑料与环境，节能减排新技术、生活垃圾资源化利用无害化处理及其废旧塑料高质化利用技术、环保型聚氯乙烯和聚氨酯产业的系列助剂、合成树脂替代以及塑料轻量化技术、与PM2.5等大气污染治理相关的技术，以及高分子材料生产加工和应用中的环境问题和解决方案；（4）其他：鞋材、管材、化纤行业的节能减排技术和产品功能化。

大会表彰了积极支持和参与塑料技术协作委员会各项工作积极分子。向2014年聘请的8位专家咨询小组新专家颁发了聘书。

会议全部论文报告中，对一些领域的新技术做了深入介绍，如结构控制技术、注塑技术、微成型技术、热固性粒料生产技术等；在应用方面，从原材料、加工工艺到设备不乏创新点，如高性能聚酰亚胺、新结构润滑剂、气体辅助挤出成型技术、新型推力平衡挤出机、高挤出量同向锥形挤出机、高含水废塑料专用挤出机等。另外，针对福建地区鞋材比较发达的情况，关于新型鞋材、透明鞋材，鞋用发泡剂、鞋材抗菌等一组报告，特别具有实用价值，希望对当地鞋材行业发展有所助益。这些行业新材料、新技术、新设备将成为推进行业技术进步的动力，也将是技术协作委员会在会后继续关注的课题。

会议期间还组织代表参观了福建师范大学泉港石化研究院、泉州市德诚高新树脂有限公司和福建纳川管材科技股份有限公司。

“合成树脂功能化暨塑料与环境产业技术对接会”召开

6月26日，由福建省经济和信息化委员会、福建省产学研协调领导小组办公室、福建师范大学、6·18组委会办公室联合主办，福建省改性塑料技术开发基地、福建师大泉港石化研究院、泉州市泉港石化工业区建设发展有限公司联合承办的福建省“合成树脂功能化暨塑料与环境产业技术对接会”在福建省泉州市召开。近百名领导、专家和企业家共聚一堂，就会议推出的省内外大专院校、科研单位的45项研究成果和54项需求项目进行了对接，各方开展了深入的互动交流。

【7月】

第三届塑料挤塑工艺与挤塑模具设计高级研修班举办

7月8日中国塑协教育与培训委员会主办的第三届塑料挤塑工艺与挤塑模具设计高级研修班在淄博举办。

培训班采取全封闭式培训，注重理论联系实际，突出实用技术，学习期间还安排专家答疑，解决企业在生产中的实际问题，学员可根据企业自己的产品特点，提出学习要求，授课专家会给予兼顾。特别邀请了台湾财团法人塑料工业技术发展中心特聘顾问讲师、挤塑工艺和挤塑模具设计专家刘志昇先生做相关的专题报告。

研修主要内容：1. 塑料挤出/注塑制程；2. 塑料挤出/注塑原理；3. 塑料挤出/注塑工艺与熔胶关系；4. 挤出/注塑各类螺杆；5. 挤出/注塑螺杆和机筒的损坏原因分析；6. 挤出质量不良原因分析；7. 塑料挤出厚度变化因素；8. 各类挤出管材形状；9. 各类型状挤出模具构造；10. 挤出模头基本设计原理；11. 挤出管材案例分析；12. 注塑管件水口设计；13. 注塑管件模具设计；14. 注塑管件不良原因分析；15. 注塑管件不良对策；16. 注塑管件案例分析。

考核合格者由中国塑料加工工业协会教育与培训委员会颁发证书。

中国塑协科技咨询委员会成立并召开第一次委员会议

7月16日，中国塑协科技咨询委员会成立暨第一次委员会议在北京中土大厦召开，来自国内塑料加工相关高等院校、科研机构和生产企业、行业协会的26位委员出席了会议，会议由中国轻工联合会副会长、中国塑料加工工业协会钱桂敬理事长主持。

会上宣读了第一届中国塑协科技咨询委员会成员名单并颁发了证书，讨论通过了中国塑协科技咨询委员会工作条例，明确了委员会的工作职责，讨论了关于制定《塑料加工业“十三五”发展规划指导意见》和《塑料加工业“十三五”科技进步指导意见》的工作方案（讨论稿）等相关内容。参会委员围绕协会如何引领和带动塑料加工行业的科技进步和产业升级、今后塑料加工业的科技发展方向、转变发展方式和调结构促发展等问题展开了热烈的讨论，提出了许多对行业今后发展及其有益的方向性意见和建议。

中国塑协科技咨询委员会为中国塑料加工工业协会领导下的非常设机构，由国内塑料加工相关高等院校、科研机构和生产企业、行业协会具有丰富实践经验、较深学术造诣和较高知名度的专家、学者等科技工作者组成，主要职责是受协会及政府等有关部门的委托，作为行业最高咨询参谋机构，为塑料加工行业重大决策、重要规章制度或文件的制定提供客观、科学的咨询建议。该委员会的成立，将为发挥塑料行业专家、学者的学识才智，积极推动塑料加工行业的创新发展和产业结构调整，促进塑料产业技术进步与发展起到积极作用。

中国塑料加工工业协会科技咨询委员会委员名单（第一届）：主任：钱桂敬，副主任：曹俭、蹇锡高、瞿金平、王德禧。委员：于建、马占峰、王琪、王玉忠、王占杰、田岩、朱锦、刘卫东、刘英俊、孙成伦、乔金樑、李毕忠、吴汾、吴大鸣、吴耀根、张真和、陈生、陈宇、陈庆华、罗宏宇、罗忠富、杨飞虎、杨卫民、孟永新、施珣若、项爱民、郑文革、高学文、谢镇铭。

全国塑料制品标准化技术委员会（SAC/TC48）2014 年年会召开

7 月 17 日，全国塑料制品标准化技术委员会（SAC/TC48）2014 年年会在北京召开。分为全体大会、标准化知识培训以及分组讨论会三个部分。国家标准化管理委员会、工业和信息化部、中国轻工业联合会、北京工商大学等领导，以及来自政府、高校、企业、科研、检测等方面的委员和代表共 200 余人出席了会议。

北京工商大学副校长方德英、国家标准化管理委员会工业标准二部易祥榕、工业和信息化部科技司标准处处长盛喜军、中国轻工业联合会质量标准部主任查长全、中国轻工业联合会副会长钱桂敬发表讲话。领导们传达了国标委、工信部近期标准化工作的动态，肯定了 TC48 标委会这一年在工作中取得的成效，并对塑料制品的标准化工作提出了更高的要求。

标委会秘书长王向东向各级领导和全体委员做了秘书处年度工作报告。王向东秘书长详细报告了本年度标准制修订工作、国际标准化活动情况、标委会信息化建设和财务状况，指出了存在的不足，并提出了下一年度的工作要点。

主任委员曹俭带领全体委员学习了国标委、工信部关于标准化工作的相关文件，各 SC 分组开展讨论并对标准化工作提出了宝贵的建议。随后，国家标准技术审查部专家王长林对与会代表进行了标准编写和审查方面的培训，解决了各委员单位在标准制定过程中遇到的一些困惑。

在年会期间，TC、SC1、SC2 和 SC3 分别进行了分组讨论会，会上共审查标准 24 项，并且对各分委会 2014 年的工作计划进行了讨论。

2014 中国（宁波）生物材料与医疗器械国际研讨会举行

7 月 21 日，2014 中国（宁波）生物材料与医疗器械国际研讨会在宁波举行。中国塑协常务副理事长曹俭、宁波市副市长陈仲朝、中科院科技促进发展局局长严庆、浙江省科技厅副厅长曹新安、宁波市政府副秘书长陈炳荣、中科院宁波工研院院长崔平、宁波市科技局副局长何晓楠、慈溪市副市长胡建国、美敦力公司核心技术布高级总监 Mark Breyen 参加活动。

新材料产业是国民经济的基础和先发产业，是国家重点鼓励发展的战略型新兴产业，也是宁波市重点确定的要发展的八大战略性新兴产业之一，新材料与产业化国际论坛旨在促进新材料技术创新和产业的发展，至今已经走过了 9 年的历程。作为论坛的第一场活动，本次研讨会围绕国家生物材料经济发展战略、多功能高分子医用材料、医用金属材料、医用材料表面改性技术、纳米药物、生物传感器、医疗器械精密加工技术、医疗器械产业发展等进行交流探讨。

塑料改性技术高级研修班举办

7 月 28 日中国塑协教育与培训委员会主办的塑料改性技术高级研修班，在辽宁本溪桓仁满族自治县举办。研修班讲解内容涵盖通用塑料和工程塑料，配合塑料加工助剂和塑料改性造粒机械设备，以基础理论为基础，结合应用实践，对塑料在机械性能、耐老化性、耐热性、导热性、阻燃性等方面的改性原理进行讲解，并为每一位参会学员提供的需要解决的问题的给予解决方案。

研修主要内容：

（1）增韧改性：聚合物增韧材料及其改性机理。相容剂：共聚型相容剂。接枝改性型相容剂。聚丙烯的增韧改性。尼龙 6、66 的增韧改性。PET/PE 的共混改性及矿泉水瓶的回收与再利用。

（2）阻燃改性：溴系阻燃剂、低烟无卤阻燃、磷氮系列阻燃剂、PP 阻燃、尼龙 6、66 阻燃、ABS 阻燃、PC\ABS 合金阻燃。

（3）导热改性：LED 灯用导热塑料的导热机理与生产、导电导热塑料的研究。

（4）玻璃纤维增强改性：PP、尼龙 6、66 的玻璃纤维增强改性。

（5）矿物填料填充改性：偶联剂及无机物的表面处理。

（6）改性用设备：双螺杆挤出机的混合原理及其在高填充工程塑料中的应用、双螺杆挤出机在玻璃纤维改性中的应用、长玻璃纤维的生产技术及应用、Buss 销钉型往复式单螺杆挤出机在填充改性中的应用。

考核合格者由中国塑料加工工业协会教育与培训委员会颁发证书。

中国塑协氟塑料加工专业委员会组织西部考察

7 月 31 日中国塑协氟塑料加工专委会组织部分会员到西部开展考察活动，考察西部氟塑料制品需求情况，走访中国科学院青海盐湖研究所，并与有关科研人员研讨氟塑料制品在盐湖化工中的应用。

盐湖研究所领导介绍了盐湖所的科研项目和市场需求。考察团首先介绍了我国塑料制品和我国氟塑料发展现状，企业家分别介绍了适用于盐湖的产品。

塑料加工业已经形成并积累了强大的资本、设计、制造、加工、管理、市场营销、贸易等优势，可以为盐湖材料的产业化和市场化提供重要的保障。因此，我们相信，传统产业企业、特别是传统的塑料加工行业一定能够从盐湖产业发展的大趋势中敏锐地发现新的商机。

大家认为，本次研讨会是一个非常有意义的盛会，为氟塑料在盐湖制品的发展提供了高水平的平台，共同探讨盐湖相关产业的发展现状与趋势，分享盐湖领域的最新科学与技术成果，为塑料企业和产业的发展提供了很好的交流和学习的机会。

【8 月】

中国轻工业联合会步正发会长会见台塑集团客人

8 月 4 日，中国轻工业联合会步正发会长、钱桂敬副会长会见了台塑集团南亚塑胶工业股份有限公司资深副总经理林丰钦一行。

步会长对林丰钦先生一行再次到中轻联来访表示欢迎，并愉快地回顾了他 2012 年率团参观访问台湾地区塑料企业的情景，对台塑集团在他率团赴台考察期间给予的热情友好接待表示感谢。他表示，台塑集团在技术创新、企业管理、环保节能方面给他留下深刻的印象。两岸一家人，我们联系很密切，要经常走动。大陆塑料生产行业近几年来发展速度很快，塑料加工行业产值占轻工行业产值的近 10%，已成为大陆轻工业的第一大行业。大陆的塑料加工行业正处在转型升级的关键时期，内部管理需要加强，紧迫感很强。

台塑较早和大陆合作，我们可以学习和借鉴台塑的一些先进的管理方法和生产技术。我们很重视海峡两岸的经贸交流与合作，扩大交流是两岸的愿望，有利于促进我们共同发展，也符合两岸人民的利益。

林丰钦先生对步会长的接待表示感谢。他简要介绍了台塑集团目前在大陆投资企业的基本情况。双方还就两岸在产品标准和认证方面进行合作、台塑集团在大陆投资发展方向等问题进行了交流。

中国塑料加工工业协会常务副理事长曹俭等参加了会见。

2014 中国塑料家居用品高峰论坛举办

8 月 8 日，由中国塑料加工工业协会主办、中国塑料家居用品专委会协办的“2014 中国塑料家居用品高峰论坛暨中国塑协塑料家居用品专委会成立大会”在揭阳举办。

供应链管理专家耿强、宏观经济专家舒朝霞、电子商务专家胡军、战略规划专家李刚民、原料改性专家方文川等行业专家就原料采购、生产管理、行业推广、项目对接、人才储备等方面开展专题演讲。演讲题目分别为《塑料家居用品与供应链管理》《2014 年第四季度国际油价对塑料家居用品的影响分析》《信息化给塑料生产带来的革命性变化》《塑料家居与电子商务的融合：机遇和挑战》《改性工艺与塑料家居用品》。

2014 全国塑编产业链技术交流与市场对接会暨黑龙江穆棱塑料经贸洽谈会召开

8 月 22 日，由中国塑料加工工业协会和牡丹江市人民政府主办，中国塑协塑料编织制品专委会和穆棱市人民政府承办的“2014 全国塑编产业链技术交流与市场对接会暨黑龙江穆棱塑料经贸洽谈会”在牡丹江市召开。来自国内外塑料编织制品产业链的 370 多名企业代表出席会议。

中国塑协常务副理事长曹俭要求塑编行业要瞄准“功能化”方向，通过科技创新化解产能过剩，加快塑编行业产业集群的培育和升级。

中共穆棱市委常委、统战部长、穆棱经济开发区管委会主任李东军介绍穆棱市投资环境。

举行了“中国塑料产业创业基地”授牌仪式。由中国塑料加工工业协会常务副理事长曹俭向穆棱市委书记赵荣国授牌。进行了“2013 年度塑编行业二十强企业”授牌仪式。

首先是中国塑协塑编专委会会长姜集康作“2013 年塑编专委会工作总结”汇报，秘书长孙冬泉作了“塑编企业如何应对当前经济形势”的专题发言，常务副会长林增标作“编织袋新标准实施最应关注的七个方面”的主题发言，高级顾宋云鹤作“浅谈如何推进塑编产业持续稳定发展”的发言，常州市永明机械制造有限公司销售经理李彬作“‘质量、管理、创新’我们在快步前行”的发言，奥地利史太林格有限公司中国区销售总监文博作“品质体现价值，市场新秩序倡导者——史太林格”的发言。

会议代表参观了绥穆大连港公司、瑞丰公司 BOPP 薄膜生产车间，万事达塑业、惠尔森建材和升华包装等塑编企业，以及当地特色企业，与会代表对穆棱的塑编、BOPP 薄膜等塑料产业有了进一步的了解。

会议安排了黑龙江穆棱塑料经贸洽谈会，有投资意向的企业和穆棱相关部门及穆棱经济开发区进行洽谈。

2014 中国合成革峰会暨合成革贸易商大会召开

8 月 28 日，中国塑协主办，中国塑协人造革合成革专委会承办，以“关注合成革贸易发展、谋求行业协作共赢”为主题的“2014 中国合成革峰会暨合成革贸易商大会”在温州市召开。

会议意在推进我国人造革合成革流通领域与贸易行业的发展，谋求资本融通途径、贸易发展的途径，促进制造业、贸易流通业、资本融资的广泛合作交流。大会对获得 2013 年度的中国合成革行业“十强”企业、AAA 级信用企业、年度最佳经销商、最佳出口企业、最具活力市场等进行颁奖表彰，促进行业制造企业精英与贸易流通领袖聚首交流、谋求发展共赢的高峰会；大会与“2014 中国国际合成革展览会、第 19 届中国（温州）国际鞋材鞋机展览会”同期举办，更是一次难得的展示企业风采的盛会。

行业主管部门领导与经济专家、人造革合成革制造企业、各专业市场领导与贸易商、代理商、进出口商参加会议。

会议内容与主要议题：1）宏观经济形势、产业政策对制造业及专业市场的影响；2）我国人造革合成革专业市场流通贸易现状与发展机遇；3）我国人造革合成革生产企业营销体系的现状与发展；4）人造革合成革制造业融资环境与融资发展模式运用。

【9 月】

第一届中国聚酯薄膜产业技术与市场研讨峰会召开

9 月 11 日，由中国塑料加工工业协会主办，中国塑协双向拉伸聚酯薄膜专委会承办的主题是“创新、跨越、发展”的“第一届中国聚酯薄膜产业技术与市场研讨峰会” 在成都举行。会议着重研讨行业的新材料、新技术、新装备、新工艺、新市场，旨在互通资讯、开阔视野，推动整个产业有序、健康发展。200 多名代表参加会议。

中国塑协钱桂敬理事长谈到技术和市场是行

业和企业健康发展的两大支柱，既是导致当前BOPET行业经营困难的两个关键因素，也是BOPET行业健康和可持续发展必须认真解决好的重要问题。杭州大华塑业有限公司董事长章少华、张家港康得新光电材料有限公司副总裁孙赫民、四川大学高分子科学与工程学院院长傅强等先后作《大华创新发展战略决策评析》《光电产业聚酯薄膜技术发展趋势》《PET的定构加工与性能》《双向拉伸薄膜模头优化设计、精密加工及表面处理技术分享》《BOPET薄膜行业的潜在市场及产品的转型与开发》《川西的塑料软包装市场介绍》《光学聚酯薄膜的生产技术与发展》《BOPET双向拉伸在线涂布工艺制程技术的应用及转移》《辊筒表面涂覆在PET拉伸区应用案例分析》《双螺杆挤出工艺应用于BOPET膜用母粒生产》《BOPET功能膜检测技术及自主创新实验平台建设》等精彩演讲。

会议发言内容紧紧围绕着行业技术与市场的热点问题，不仅介绍了聚酯薄膜行业的前沿技术、理念，以及实践经验，而且展示了业内急需的解决方案以及极具潜力的产品应用领域。

第16届全国塑料管道生产和应用技术推广交流会召开

9月11~12日，由住房和城乡建设部科技发展促进中心主办的“第16届全国塑料管道生产和应用技术推广交流会”在青海西宁召开。中国塑料加工工业协会曹俭常务副理事长、中国建筑设计研究院赵锂副院长、住房和城乡建设部市政给水排水标准化技术委员会吕士健秘书长、中国建材检验认证股份有限公司刘元新副总经理、中国塑协塑料管道专业委员会王占杰秘书长、中石化北京化工研究院魏若奇副总工程师、浙江省建设科技推广中心李萍副主任、上海市化学建材行业协会邵沧伟秘书长、全国塑料制品标准化技术委员会管材管件与阀门分会项爱民秘书长、国家化学建筑材料测试中心（建工测试部）黄家文副主任、中国地质大学（武汉）马保松教授、水利部农村饮用水安全中心彭克奇高级工程师等领导、嘉宾和专家应邀出席了本次会议。此外，来自全国塑料管道行业科研、设计和应用单位的专家，原料供应商、加工设备及检测设备制造商、管道及配件生产商，以及相关媒体共计200余人参加了会议。

会议开幕式由住房和城乡建设部科技发展促进中心高立新处长主持。首先曹俭副理事长对中国塑料加工业现状进行了分析，对行业发展提出了建议。

出席会议的领导向在塑料管道推广应用工作中做出突出贡献的道达尔（中国）、广州鹿山新材料股份有限公司、上海邦中高分子材料有限公司、四川金石东方新材料设备有限公司和浙江双林塑料机械有限公司颁发了荣誉证书。

本次会议共安排了20个专题技术报告，涉及塑料管道的原料、加工机械设备、生产工艺与加工技术、产品性能检测技术、工程设计施工和应用技术，以及塑料管道行业发展现状与发展趋势，产品标准和工程标准有关情况，塑料管道新产品介绍等。

塑料管道产品行业指导价格发布

2014年9月，中国塑协塑料管道专业委员会发布塑料管道产品行业指导价格（2014年第3号）发布：

1. 给水用硬聚氯乙烯（PVC-U）管材（非铅盐稳定剂）

（1）产品标准：GB/T 10002.1—2006 给水用硬聚氯乙烯（PVC-U）管材。

（2）行业指导价格（出厂价）：10 800元/吨（PVC树脂参考价按6 400元/吨计）。

2. 排水用PVC-U管材

（1）产品标准：GB/T 5836.1—2006 建筑排水用硬聚氯乙烯管材。

GB/T 20221—2006 无压埋地排污、排水用硬聚氯乙烯（PVC-U）管材。

（2）行业指导价格（出厂价）：9 800元/吨（PVC树脂参考价按6 400元/吨计）。

3. 埋地排水用PVC-U双壁波纹管材

（1）产品标准：GB/T 18477.1—2007 埋地排水用硬聚氯乙烯（PVC-U）结构壁管道系统 第一部分：双壁波纹管材。

（2）行业指导价格（出厂价）：10 500元/吨（PVC树脂参考价按6 400元/吨计）。

4. 燃气用埋地聚乙烯（PE）管材

（1）产品标准：GB 15558.1—2003 燃气用埋地聚乙烯（PE）管道系统 第一部分 管材。

（2）行业指导价格（出厂价）：18 700元/吨（PE

原材料参考价按 14 000 元/吨计）。

5．给水用 PE 管材

（1）产品标准：GB/T 13663—2000 给水用聚乙烯（PE）管材。

（2）行业指导价格（出厂价）：17 200 元/吨（PE 原材料参考价按 12 500 元/吨计）。

6．埋地排水用 PE 双壁波纹管材

（1）产品标准：GB/T 19472.1—2004 埋地用聚乙烯（PE）结构壁管道系统 第一部分 聚乙烯双壁波纹管材。

（2）行业指导价格（出厂价）：17 100 元/吨（PE 原材料参考价按 12 400 元/吨计）。

7．PE 缠绕结构壁管材

（1）产品标准：GB/T 19472.2—2004 埋地用聚乙烯（PE）结构壁管道系统 第二部分 聚乙烯缠绕结构壁管材及相关标准。

（2）行业指导价格（包括现场施工安装指导费用的出厂价）：18 100 元/吨（PE 原材料参考价按 12 400 元/吨计）。

中国中西部国际塑料橡胶展（CMI-PLAS）开幕

9 月 18 日，“2014 年首届中国中西部国际塑料橡胶展”在重庆国际博览中心迎来首届盛会。

展览由中国塑料机械工业协会、重庆市人民政府主办，中国塑料机械工业协会、重庆国际博览中心有限公司承办，中国塑料加工工业协会、中国模具工业协会、中国铸造协会支持。以此形成以塑机为中心的上下游产业链，中国塑协钱桂敬理事长、曹俭常务副理事长等参加开幕式并参观展览。

重庆作为中国西部唯一中央直辖市、长江上游的经济中心、西部最大的多功能现代工商业城市，在汽车、电子制造、塑料薄膜、板材、片材、管材、包装箱及容器、日用制品等行业对橡塑机械、模具及配套设备拥有广阔的市场需求空间。

中国塑料机械行业专家委员工作会会议召开

9 月 18 日，中国塑料机械行业专家委员会工作会议在重庆召开，会议由专委会主任瞿金平院士主持，吴大鸣常务副主任做专家委工作总结，何亚东秘书长就塑机行业“十三五”规划思路及设想与参会代表交流。与会专家就新材料、新产品、新技术以及法律事务等方面的问题，进行了充分交流讨论。

专委会成员已达 70 人，由全国塑料机械行业及相关行业内具有较高学术造诣和知名度的专家、学者组成，是塑料机械行业科技创新体系的重要技术支撑和中国塑料机械工业协会的科技智囊团，为制定行业技术标准与科技发展规划、推动行业自主创新与技术进步、加强技术交流与合作起到重要的促进作用。

会议认为，过去几年中，专委会主要围绕行业“十二五”规划的贯彻落实，深入推进行业转型升级，抓落实、抓创新、抓实效，主要做了以下四方面工作：（1）中国塑料机械行业科技活动；（2）中国塑料机械行业技术培训；（3）专业技术人才知识更新工程高级研修项目；（4）行业“新技术、新产品成果鉴定”工作。今明两年工作重点围绕《中国塑料机械行业“十三五”发展规划》编制、新技术新产品成果鉴定、科技咨询服务与培训等方面开展。

中国塑料机械工业协会五届二次会员代表大会暨第三届中国国际塑料机械产业论坛召开

9 月 19 日，中国塑料机械工业协会五届二次会员代表大会暨第三届中国国际塑料机械产业论坛在重庆召开。

会议分别听取了中国塑料机械工业协会朱康建会长所作的《2014 中国塑料机械工业发展报告》，瞿金平院士所作的《中国塑料机械智能化发展的创新思考》，俄罗斯塑料加工协会 Igor Tsapenko 副会长所作的《俄罗斯塑料加工行业发展前景》、台湾机械工业同业公会塑橡胶机械专委会吴正炜会长所作的《台湾塑橡胶机械产业现状和发展》，以及粟东平秘书长所作的“2014 年前三季度协会秘书处工作汇报”和“协会组织应对印度对华注塑机反倾销日落复审的有关情况汇报”。

会议强调，“工业是立国之本”，中国要成为真正的经济强国，必须努力建设工业强国。塑机行业要坚定不移地落实工业强国战略，充分把握全面深化改革的机遇，苦练内功，促进转型升级、推动自主创新、实施高端智能发展战略，切实推进中国塑机由大变强的转变。

中国塑协塑料管道专业委员会组团参加第十七届（芝加哥）国际塑料管道会议

9 月 22~24 日，由国际塑料管道会议协会（PPCA）以及美国塑料管道协会（PPI）、欧洲 PVC 管道协会（PVC 4 PIPE）、欧洲 PE100+协会（PE100+）、欧洲塑料管材管件协会（TEPPFA）主办的第十七届国际塑料管道会议（PP XVII）在美国芝加哥举办。中国塑协塑料管道专业委员会（CPPA）组织国内相关单位参加会议。

开幕式上，PE100+做了题为《高质量 PE10015 年成功推广》的报告，TEPPFA 做了题为《欧洲塑料管道行业的声音》的报告，PVC 4 PIPE 做了题为《PVC 管道新时代》的报告及题为《通过多样性壮大力量》的报告。

会议共有 103 个发言报告，其中来自欧洲 43 个，美国 36 个，亚洲 20 个，澳大利亚 4 个。发言报告分为 19 个专题。交流内容涵盖塑料管道行业的发展进程；相关经验、传统材料的替代、标准与规范；塑料管道、新型塑料管道及管件的发展；新型结构壁管和多层复合管材；管道在燃气、供水、排水等系统中的应用；新型塑料管道设计和测试方法；传统材料的衰退、标准与规范；塑料管道工程案例分析；管道修复、环保建材、生命周期评估等方面。专题报告结束后，会议安排了 11 个 5 分钟的海报发言。此外，设有展览展示区，来自世界各地的 26 家管件、原料、设备等生产企业和研究测试单位设立了展台，会议还挑选了 9 篇论文做了书面展示。

中国提供 5 个专题报告、5 个海报发言和 4 篇书面展示报告。5 个专题报告为：《PP-B HM 缠绕增强管的制备工艺及性能优势》《塑料检查井结构完整性分析研究》《聚乙烯管道在疏浚领域的应用》《钢丝网骨架聚乙烯复合管跨海铺设技术》《塑料管道在中国城镇供水管网中的应用及前景》。

5 个海报发言为：《PVC 排水管件优化设计》《增强热塑性塑料管 RTP 的最新技术》《液晶聚合物在热塑性塑料管材制造中应用的探讨》《高刚性大口径排水管道满足中国市场需求》《PE100 管材进入中国煤层气行业》。

4 篇书面展示论文：《中国塑料管道行业现状以及今后经济发展带来的市场机会》，《关于聚烯烃类热熔承插管件壁厚及结构的设计探讨》，《新型承插式大直径玻纤钢塑复合压力管道》《建筑排水管道系统噪声分析及降噪技术应用》。

根据会议统计，来自 32 个国家的塑料管道原材料生产商、设备制造商、管材生产厂、管材用户、研发和测试等相关人员共 462 人参加了会议。其中，欧洲参会人员占 23.38%，美国占 51.29%，亚洲占 19.48%，中东占 3.25%，澳大利亚占 2.6%。来自中国的参会代表共 40 人。

中国塑协塑料管道专委会组织代表团参观考察美国燃气技术研究院（GTI）和 JM Eagle 工厂

1．参观美国燃气技术研究院（GTI）

9 月 25 日，代表团来到了位于芝加哥近郊的美国燃气技术研究院（GTI）进行参观与交流。

GTI 是一个非营利性机构，始建于 1941 年，主要从事与燃气、新能源等方面的研究、培训及咨询服务。GTI 目前与国内相关机构进行关于天然气应用中碳减排的合作项目，研究如何降低 PM2.5 和 PM10 的排放量。GTI 拥有 1 000 多项专利，有 300 多项研究正在进行中，每年约有 11 项专利获批。

GTI 的研究项目涉及从天然气开采到最终应用的所有环节，并包括关于碳减排的重点研究项目和一些可持续能源发展的研究。其中能源转化系统的研究主要是清洁能源转化，包括合成天然气、高热值天然气、液化天然气、煤制气、生物制气的研究。GTI 参与的项目还有最后终端系统的应用，包括在工业、商业、交通、发电中的应用，还涉及培训类项目。

GTI 负责天然气管道输送研究项目的经理 Michael Adamo 先生介绍了美国天然气管道输送的研究情况。重点介绍了塑料管道在美国天然气输送领域的应用历史及目前的应用情况、塑料管道在天然气输送应用过程中的一些问题，以及 GTI 在塑料管道方面的研究工作。GTI 页岩气勘探开发工程师 Xiong Xinya 女士介绍了 GTI 在页岩气方面的研究情况。最后，双方就一些技术和相关标准问题进行了交流和探讨。

2．参观 JM Eagle 工厂

9 月 26 日，代表团参观了 JM Eagle 公司位于美国俄亥俄州克里夫兰附近的 Meadville 工厂。

JM Eagle 公司在美国共有 21 家工厂，墨西哥 1 家工厂，是世界最大的塑料管道生产企业之一。每家工厂负责生产不同口径的管材，也有生产管件、室内门的工厂。1993 年开始生产 PVC 管。该工厂每月 PVC 最大产量为 6 750 吨。主要产品包括电工套管 SCH40 和 SCH 80 两个规格；排水、排污和厕所内通风管，直径为 12~150 毫米；落水式下水管，直径为 100~1 200 毫米，给水管新产品 C900，直径为 100~300 毫米，发泡排水、排污和排气管，直径为 40~1 500 毫米，给水管管件 C905，直径为 300~600 毫米。2005 年，该工厂开始生产建筑室内门，包括门内的原物料和门外框材。

代表团还就一些相关问题进行了深入交流与探讨。从中我们深入了解到美国粉尘排放的控制方法（第三方监管），管道打孔技术，禁铅及回收料的使用等相关情况。尤其通过美国国家卫生基金会（NSF）进行市场监测、发布质量信息的工作，值得我们借鉴。

2014 镀铝行业市场与技术发展论坛暨镀铝膜专委会第二届会员大会召开

9 月 24 日，由中国塑料加工工业协会镀铝膜专委会主办的“2014 镀铝行业市场与技术发展论坛暨镀铝膜专委会第二届会员大会”在山东青州召开。来自全国镀铝膜产业链的 230 多名企业负责人出席会议。

中国塑料加工工业协会常务副理事长曹俭致开幕辞。中国塑协镀铝膜专委会理事长洪晓冬作中国塑协镀铝膜专委会第一届工作报告。随后，进行镀铝膜专委会理事会换届议程，会议审议通过了镀铝膜专委会工作条例修改和第二届理事会成员名单，上海永超真空镀膜有限公司董事长洪晓冬作为中国塑协镀铝膜专委会第二届理事长，吴培服、王连军、唐德林为常务副理事长,孙冬泉为秘书长。

主题发言阶段，潍坊弘润包装材料有限公司总经理王连军，山东长宇镀铝材料有限公司总经理徐相峰等分别作了“中国真空镀膜行业市场状况及发展前景”“镀铝膜行业现状及发展思路探讨”“浅谈镀铝膜行业 2014 年市场形势与 2015 年发展”“镀铝膜企业如何应对当前经济形势”“高速镀铝机介绍”“镀铝纸的现状和未来”“制造优质蒸发舟服务广大镀铝膜客户”“在镀铝膜行业发展峰会上的讲话”“2014 中国国际新材料、新技术、新装备、新产品展览会亮点”“斯泰克陶瓷，蒸发舟行业的领军者”“CPP 镀铝基材介绍”的精彩发言，受到与会代表的一致好评。

2014 年全国塑料行业协会座谈会召开

9 月 25 日下午，全国塑料行业协会座谈会在浙江省台州市召开。出席会议的有中国轻工业联合会副会长、中国塑料加工工业协会理事长钱桂敬，中国塑料加工工业协会常务副理事长曹俭以及广东、浙江、山东、江苏、上海、安徽、天津、江西、云南、甘肃、四川、新疆等省市区地方协会的理事长或秘书长共计 80 多人。会议主要内容：围绕全国塑料行业经济发展形势以及协会工作开展交流。会议由钱桂敬理事长主持。

首先由常务副理事长曹俭同志通报了 2013 年度和 2014 年 1~7 月全国塑料行业经济运行情况，就塑料行业信用体系建设、组织“中国塑料展”以及编制“十三五”塑料行业发展规划准备工作，分别向全国塑料行业协会通报介绍。

会上，广东塑协、浙江塑协、安徽塑协、上海塑协、新疆塑协、云南塑协、汕头塑胶商会等省市协会就各自地区去年和今年上半年的行业发展情况，以及相关协会先进工作经验等进行了交流和沟通，也提出了很多好的建议。各地方协会领导在发言中都表示积极推进行业信用建设、组织好在广州举办的中国塑料展会。大家畅所欲言、积极发言，会场气氛热烈，纷纷表示每年一度的全国省市塑料行业协会座谈会非常好，很有必要，希望这项活动能够长期有效地坚持下去。由于时间关系，还有些到会的协会领导没有在会上进行发言，但是散会后也通过各种方式进行了交流。

中国塑料交易会台州开幕

9 月 25 日，第十四届中国塑料交易会在浙江台州市举行。展会展览面积 3 万平方米，1 500 个展位，来自海内外 500 多家企业参展，其中，“台州制造”企业居多。

塑料原料、制品、机械、机床模具“四位一体”的塑料产业链展示格局日渐成熟，技术水平也在不断提高。

在机械馆，注塑、吹塑、挤出、辅机、热转印等机械百花齐放。机床模具展区则从汽摩配件塑料模具、日用塑料制品模具开始向精密家电配件、大型汽车配件模具转型，高档模具出口意大利、日本、法国等国家。

在制品馆，生活日用品、滚塑制品、塑木制品等产品琳琅满目。

原料馆里 500 平方米的再生塑料专区是一大亮点，目的是助推循环经济。这是全国第一个以展会的形式并坚持连续举办的再生塑料展。

业内交流为发展注入新能量，一年一届的中国塑交会，是架建行业沟通交流桥梁。来自菲律宾、巴基斯坦、马来西亚、非洲贝宁、越南等多国的塑料行业协会和采购团前来考察与合作。

展会同期举办中国（国际）塑料台州论坛，论坛包含中外塑料行业协会联席会议、塑料制品企业现代化管理高峰论坛、无机矿纤在塑料中的应用和热塑性碳纤维复合材料的研发与应用等会议，旨在通过沟通交流为台州塑料行业的发展注入新的能量。

中国塑料交易会以台州产业为依托，覆盖江浙沪粤鲁，辐射国内各塑料产业基地。连续 10 年被商务部列为塑料行业重点支持的展会，是浙江省为数不多获此殊荣的展会。

中国塑协复合膜制品专业委员会六届九次理事会召开

9 月 27 日，中国塑协复合膜制品专业委员会第六届九次理事会会议在上海召开。

中国塑料加工工业协会常务副理事长曹俭致辞。夏嘉良理事长作专委会 2014 年以来的工作报告。专委会专家组组长华腾新材料陈宇董事长根据第一次专家会议讨论意见，初步汇总提出复合膜软包装行业“十三五”规划三大技术分类规划方向。代表们对复合膜软包装行业“十三五”规划初步设想进行了讨论，并就各自关心的问题提出了意见和建议：①认为技术分类的规划方向需要进一步进行细化，特别提出如何将食品包装材料纳入新材料范畴？②无溶剂复合要向功能化发展，要争取替代更多的材料类型，如耐蒸煮材料等。③水性油墨是印刷工序源头治理的最好方案，要争取国家对水性油墨的研发与应用给予大力支持，行业提倡敢于先行先试，敢当第一个吃螃蟹的人。④认为第一个项目方向涉及的主要是上游行业，第二个项目方向对复合膜软包装行业更有价值。⑤柔印和胶印也可实现环保，但推广需要标准先行。⑥呼吁理事们要抛开自己的企业，从行业未来发展考虑，本着分享、共赢、贡献的原则制定好复合膜软包装行业的“十三五”规划。随后，代表们一致同意由专家组汇总各方意见并拟出“十三五”规划草案后发给各位理事，各位理事书面提出修改或补充意见。

中国塑协复合膜制品专业委员会第一次专家技术工作会议召开

9 月 27 日，中国塑协复合膜制品专业委员会第一次专家技术工作会议在上海召开，会议由复合膜专委会专家组组长陈宇主持。出席本次会议的专家有 24 人，列席会议的理事单位代表 12 人，会议特邀中国塑料加工工业协会常务副理事长曹俭参加。

一、复合膜制品专业委员会秘书长李建军、专家组组长陈宇分别介绍了专委会专家组成立的初衷、专家组的职责与任务，以及专家督导小组的组成和职责。二、梳理复合膜行业的技术需求和发展方向，讨论复合膜专委会十三五技术进步指导意见。三、标准清理工作组组长武向宁汇报了食品接触材料国家标准的清理工作进展情况。四、标准框架工作组组长吴跃忠汇报了复合膜产品标准体系框架搭建工作进展情况。最后，专家组组长希望全体专家能够高度参与专家组各项工作，欢迎大家引荐更多专家加入到专家组来，同时务必确保信息联络通畅，互相交流技术心得。

【10 月】

中国塑协多功能母料专委会二届四次理事会会议召开

10 月 16 日，中国塑协多功能母料专委会二届四次理事会在成都召开。

中国塑协马占峰秘书长、多功能母料专委会一届和二届主任李建军、中国塑协副秘书长兼会员部主任刘姝、中国塑协副秘书长兼信息部主任许琳及 45 位代表出席会议。

会议在许琳宣布开始后，由李建军主持。李建军首先简要介绍专委会第二届理事会的工作情况，许琳授中国塑协委托通报了专委会第二届理事会财务情况，刘姝介绍了中国塑协多功能母料专委会换届改选筹备情况，许琳作了《中国塑协多功能母料专委会工作条例》修改说明。

在讨论通过了上述内容后，宁波色母粒公司赵茂华董事长、常州七色鹿公司王仲文董事长、华南理工大学何慧教授、发言，肯定了二届理事会的工作，对李建军主任和主任单位金发科技股份有限公司近十年来为专委会工作作出的贡献，深表感谢，并积极为专委会工作献计献策。广东彩虹公司董事长季德虎、广东盛恒昌化学有限公司董事长罗崇远分别进行了自荐演讲，阐述了自己就任后的设想和方案。之后进行了投票选举。选举结果：主任：季德虎；名誉主任：李建军；秘书长：许琳兼任。此结果将上报中国塑协理事会。

马占峰代表中国塑协对一届、二届专委会李建军主任以及金发科技有限公司多年来为行业做出的贡献表示感谢，对积极参与自荐的季德虎、罗崇远表示感谢，对新一届秘书处提出殷切期望。当选主任季德虎表示，一定不辜负大家的信任和期望，尽力把专委会工作做好。会议在和谐的气氛中结束。

中国塑协多功能母料专委会 2014 年年会召开

10 月 16 日，“中国塑协多功能母料专委会 2014 年年会”在四川成都召开。会议主题为：功能塑料、母料先行、设备保证。

会议由中国塑料加工工业协会、中国塑协多功能母料专委会主办。

会议第一项议程为中国塑协多功能母料专委会第三届常委会换届选举。首先专委会李建军主任作《中国塑协多功能母料专委会第二届理事会工作报告》，中国塑协副秘书长许琳作《中国塑协多功能母料专委会工作条例》修改说明、中国塑协副秘书长刘姝宣读中国塑协《关于成立中国塑料加工工业协会多功能母料专委会换届工作领导小组的通知》（中国塑协[2013]第 087 号）和宣读中国塑协《关于推荐季德虎等同志为中国塑协多功能母料专委会第三届常委会领导成员的批复》。在与会代表鼓掌通过中国塑协多功能母料专委会第三届理事会选举结果后，新当选的第三届常委会主任季德虎讲话。至此中国塑协多功能母料专委会换届选举圆满结束。

会议的第二项议程为技术论坛。论坛更好地总结了 10 年来塑料多功能母料的发展经验，群策群力指明未来 10 年发展方向，深入交流塑料新材料、多功能母料、多功能母料技术和设备的最新发展，加强产学研合作，紧密地贯通上下游，推动多功能母料及塑料新材料行业的技术创新。

2014 年塑料管道相关协会联席会议召开

10 月 16 日，“2014 年塑料管道相关协会联席会议”在江苏连云港市召开。

会议对目前塑料管道行业运行情况、2014 年已完成和正在进行的工作以及 2015 年的工作计划进行了交流。

中国塑协塑料管道专委会秘书长王占杰总结了目前塑料管道行业的发展情况和塑料管道专委会开展的主要工作，并对 2015 年工作计划做了介绍。上海市化学建材行业协会塑料管道分会秘书长高明介绍了上海市塑料管道行业情况和上海化建协会塑料管道分会 2014 年工作情况。北京市建设工程物资协会副会长邹仲元介绍，北京土地资源紧张导致塑料管材生产企业纷纷将生产基地迁至外省。

大家还讨论、分析了国家相关政治、经济政策形势以及对塑料管材行业的影响，建议相关行业协会利用好机遇，开拓创新，寻找新的发展思路。

中国塑协多功能母料专委会第三届一次常委会召开

10 月 17 日，中国塑协多功能母料专委会第三届一次常委会在四川成都召开。三届常委会委员单位出席会议。中国塑协秘书长马占峰、副秘书长刘姝、副秘书长兼多功能母料专委会秘书长许琳参加会议。会议由三届常委会主任季德虎主持。

会议首先庆祝中国塑协多功能母料专委会第三届常委会成立。

会议讨论了两个议题：本届常委会的任务，当前工作重点。

（1）积极关注和研究多功能母料行业的动向，认真做好行业调研工作，针对行业发展过程中出现的问题，研究对策。反映企业愿望，维护行业和企业权益，加强专委会职能建设和内部管理。积极发展会员，牢记服务宗旨，提升服务能力和服务水平。增强专委会的凝聚力和影响力，提升创新能力，开发新产品，开拓新的应用领域，努力使多功能母料专委会越办越好。

（2）大力发展会员企业。积极参加中国塑协 2014 年新材料，新技术，新装备，新产品展览会。

2014 年无规共聚聚丙烯（PP-R）管道技术交流会会议召开

10 月 17 日，由中国塑料加工工业协会主办，中国塑协塑料管道专业委员会承办的“2014 年无规共聚聚丙烯（PP-R）管道技术交流会”在江苏连云港召开。塑料管道相关行业的领导、专家，专委会会员单位，及塑料管道生产企业、应用单位、行业协会、检测机构、相关媒体等 110 人出席本次会议。

会议围绕无规共聚聚丙烯（PP-R）管道行业情况、原料、助剂、产品标准、生产、应用及PP管材技术发展等方面进行了专题报告和交流。

会议安排了有关无规共聚聚丙烯PP-R管道行业情况、原料、助剂、产品标准、设计、生产、应用及PP管材技术发展等方面的专题报告。

中国城镇供水排水协会科学技术委员会管道技术部主任郑小明、徐州海天石化（集团）有限公司副总经理谭文忠等分别做了《PP-R给水管道选材和使用》《PP-R专用树脂的生产与探讨》《集中供热预制保温PP-R管》《建筑给水聚丙烯管道选用要点》《PP-R等塑料管道行业现状及发展建议》《新型成核剂技术在高性能PP-R管材专用料开发中的应用》《PP-R管材近期发展动向》《不同结晶条件下添加β成核剂的PP-R的晶型特性研究》《聚丙烯管材管件产品标准发展》《关于聚烯烃类热熔承插管件壁厚及结构的设计探讨》等报告。

专题报告结束后，与会代表对PP-R管道相关问题展开了交流讨论。通过本次会议的交流，参会者对PP-R管道原料、加工及应用等情况有了更加深入的了解。PP-R管道综合性能良好，应用前景广阔，随着原料行业的技术进步、管材加工水平的提高，问题的进一步解决，相信PP-R管材的性能和功能将进一步提高，产品应用范围将更加广泛。

会议希望塑料管道生产企业加强自律，加快产业升级和技术改造的步伐，关注管道系统的安全，用合理的销售价格参与市场竞争，用合格原料，生产符合质量标准的产品，做优质企业、生产优质产品、提供优质服务，满足优质工程的需求。同时希望设计者、购买者、使用者了解PP-R管道行业和产品的情况，使用合格产品，共同促进塑料管道行业持续、稳定、快速、健康发展。

BOPET专委会聚酯薄膜生产企业座谈会召开

2014年10月21日,中国塑协BOPET专委会在无锡召开聚酯薄膜生产企业座谈会。25家企业董事长、总经理或业务代表44人与哈工大无锡新材料研究院的领导、研究员10余人共同参加会议。

会前，参会者参观了研究院相关聚酯薄膜的研发成果及试验设备、检测仪器，之后在研究院会议室举行会议。

秘书处向会议通报聚酯薄膜专委会与新材料研究院双方共建行业实验基地及联合检测中心的合作协议。协议双方本着互相促进、互相发展的原则，决定在哈尔滨工业大学无锡新材料研究院成立聚酯膜专委会新技术、新产品开发实验基地及联合检验中心。建立实验基地及检验中心的目的旨在为行业进行全面服务，接受行业内各厂家的委托开发项目，并优先安排行业协会会员厂家的技术开发合同的运作和完成工作。徐志强主任与黄玉东院长分别代表双方单位进行协议签署，并同其他领导一起为联合检测中心揭牌。

秘书处还向会议通报了市场的近况，分享了行业开工率、利润率、库存量、原料切片与薄膜价格、以及进出口等统计数据。

氟塑料制品加工质量管理与检测技术培训班举办

10月22~24日，由中国塑协氟塑料加工专委会主办的“氟塑料制品加工质量管理与检测技术培训班”在浙江省衢州市举办。培训邀请业内相关专家根据原材料及制品的相关标准，结合质量管理体系和检测体系进行讲解和演示，培训对象以各单位的技术、质量负责人和检测人员为主。

2014中国塑协专家委员会年会召开

10月22日，“2014年塑料新材料、新技术、新成果交流会暨中国塑协专家委员会年会”在杭州召开。来自全国各地的塑料加工行业相关高校、研究单位、生产企业的139位专家代表参加会议。

中国塑协曹俭副理事长介绍了2013年以来我国塑料加工业经济中低速增长的现状，感谢专家委员会的各位专家对我国塑料加工工业发展做出的贡献。

专家委员会王德禧主任简要介绍了过去一年专家委员会的工作情况。

中国轻工业联合会副会长、中国塑料加工工业协会钱桂敬理事长做题为“坚持创新驱动，迎接新一轮科技革命和产业变革的挑战”的讲话。

北京航空航天大学材料科学与工程学院詹茂盛教授，北京化工大学高分子材料加工成型与先进制造英蓝实验室杨卫民教授等分别在大会上做了“聚酰亚胺/银纳米线杂化泡沫材料的电磁屏蔽性能”“塑料成型工艺装备创新研究研究进展”“螺杆组合对UHMWPE填充SiO_2材料性能的影响”“聚合物基微纳米复合材料微型注塑加工的研究”“单一组分聚合物复合材料的注射成型”“运动鞋材用 E-TPU 微发泡材料的研制及产业化”“聚丙烯辐照交联高发泡片材生产技术及产品应用”“塑料中有毒有害物质现状及应对措施”“转矩流变仪在复合材料配方中应用”“电纺产业化装备进展”的主题演讲，受到与会代表的热烈欢迎。曹俭常务副理事长做了总结发言。

2014 年中国塑协注塑制品专委会正、副理事长会议召开

10 月 24 日，中国塑协注塑制品专委会在苏州市召开专委会正、副理事长会议。中国塑协领导、七家正、副理事长单位和特邀单位代表出席会议。

中国塑协曹俭常务副理事长作了重要讲话。陆惠琴理事长作《2014 年度中国塑协注塑制品专业委员会理事会工作报告》。回顾全国塑料加工业经济完成情况；理事会工作小结；理事会今后工作任务目标。

应会议的邀请，北京化工大学杨卫民教授作“塑料成型工艺装备创新研究进展”和“SPE 塑料行业创新趋势研讨专题”学术报告，受到大家热烈的欢迎。

会议期间，组织全体代表赴苏州富事达塑业有限公司现场学习、考察。

中国塑料加工工业协会常务副理事长曹俭走访氟塑料加工企业

10 月 25 日，中国塑协常务副理事长曹俭在中国塑协副秘书长许琳和中国塑协氟塑料加工专业委员会理事长庄甦、秘书长陈生的陪同下对氟塑料加工企业进行了实地考察。

曹会长一行来到浙江嘉日氟塑料有限公司考察，该公司是目前国内最具规模的聚四氟乙烯制品生产商之一。在公司董事长于文根的陪同下，曹会长一行参观了公司的展室和生产车间。于董事长介绍了企业的发展和经营状况，该公司近年来在做大做强聚四氟乙烯半成品的同时，加大研发力度，重点开发开发了膨体聚四氟乙烯制品和可熔性氟塑料制品，曹会长对企业所取得的成绩予以充分肯定，并鼓励企业做好产品的推广应用工作。

10 月 26 日，曹会长一行驱车来到常州中澳兴诚高分子材料有限公司考察，该公司自 2004 年研制成功聚四氟乙烯纤维以来，一直致力于氟塑料纤维及其制成品的开发和生产，先后研制成功了聚四氟乙烯长短纤维、毡布、可熔性氟塑料丝、网等产品，并成功的开拓了国内和国际市场。公司董事长何正兴首先向曹会长等人介绍了企业的发展现状和未来的发展规划，并陪同曹会长一行参观了生产车间，曹会长对公司坚持自主研发、坚持独立创新理念给予高度认可。

【11 月】

第十六届中国塑料博览会在余姚市举行

11 月 6 日，第十六届中国塑料博览会在余姚市举行。本届塑博会由中国石油和化学工业联合会、中国石油天然气集团公司、中国石油化工股份有限公司、中国中化集团公司、中国轻工业联合会和余姚市人民政府 6 家单位共同主办，中国商业联合会、中国塑料加工工业协会为支持单位。

本届塑博会以“创新引领，转型发展”为主题，设置展览面积 4.2 万平方米，展位 2000 个，共设塑料原料展区、塑料机床模具展区、塑料机械展区、塑模制品半成品展区等 4 大展区。

展会主要安排了二项主要活动和二项配套活动。

二项主要活动：一是 11 月 6 日上午在会展中心举行开幕仪式；二是经贸及科技活动（包括论坛），主要包括产品展示展览、招商引资经贸洽谈和科技交流活动，11 月 5 日举办 2014 第十届中国塑料产业发展国际论坛。

二项配套活动：一是组织开展各种“会中会”。包括专场采购对接会、参展大企业所属会员企业订货会及专场讲座等；同时，由市人力资源和社会保障局举行人才招聘会。二是举行涉塑产业相关项目推介对接活动、项目签约仪式等。

今年展馆设置进一步突出市场需求导向。增加模具和机床企业参展面积，引进高端模具企业参展；设置创新技术专区（结合国际论坛主题设立“塑料产业创新技术专区——汽车轻量化”展区）以突出展会主题，引领产业发展。整体推出近 4 000 平方米的塑模制品半成品展区集中 400 多家塑模制品创新产品展示对接，结合今年中国塑料城建城 20 周年，设置“‘风雨二十载，转型再出发’中国塑

料城建城20年图片展”。

2014卷《中国塑料工业年鉴》出版发行

由中国塑料加工工业协会主编的2014卷《中国塑料工业年鉴》出版发行。

《中国塑料工业年鉴》(2014)为《年鉴》第13卷，与前12卷在时间和内容上保持连续性。《年鉴》全面、系统、准确地记述了上年度塑料行业发展状况，设有“综述”“专论”“大事记”“全国塑料工业生产经营情况统计”“各地区塑料工业情况”“主要制品行业情况”“专利技术”“国家标准、行业标准目录”“重点企业”等栏目；集手册、年表、图录、书目、索引、文摘、表谱、统计资料、指南于一身；具有权威性、资料性、工具性、系统性的特点，同时又肩负着“资政”“存史”和“宣传推广”的社会责任。为满足海外读者的需要，部分文章译成了英文，增加了英文目录。借助中国石化出版社的发行渠道，通过字里行间记载着中国塑料业的辉煌成绩。全书约900页，约1 800千字，16开本精装，定价460元。

“2014年全国塑料异型材及门窗行业年会”召开

11月18日，中国塑料加工工业协会主办，中国塑协异型材及门窗制品专委会承办的“2014年全国塑料异型材及门窗行业年会”在江苏省溧阳市召开。

中国塑协曹俭常务副理事长讲话后，专委会第七届主任、华之杰塑料建材有限公司总经理许自力作专委会工作报告。香港发事达有限公司技术总监王贵斌教授、北京森贝兰国际贸易有限公司市场总监景志林等先后作《目前彩色型材存在的一些问题及其解决方案》《巴贝兰包覆机在型材PVC彩色覆膜工艺中的应用》《PVC输配混系统、设备和技术》《转矩流变仪在塑料异型材中的应用》《钛酸盐晶须用于塑料型材增强的功能与技术》《〈聚氯乙烯〉期刊简介》《耐候ASA树脂开发及应用》《免钢衬聚酯合金系统》《国内PVC热稳定剂禁铅工作的进展和存在的问题》《PVC无铅化稳定剂的应用与展望》等报告。

第八届全国电缆料配方设计及生产工艺高级研修班举办

11月25~27日，中国塑料加工工业协会第八届研修班在赤壁举办。研修内容：

1．基础理论介绍

用于电线、电缆生产的PVC、PE、PP等材料的性能：用于电线、电缆料生产的稳定剂、润滑剂、增塑剂、抗氧剂、发泡剂和交联剂的作用原理及应用（DEHCH等新型PVC环保增塑剂在电缆料中的应用要点）；电线、电缆料的阻燃和无卤阻燃；电线、电缆的着色技术；电缆料的填充改性。

2．主要典型产品配方设计

（1）绝缘级电线电缆料：（PVC环保70℃绝缘料配方的研发与进展、HDPE发泡高频绝缘级等）；

（2）护层级电线电缆（透明PVC环保护套料、护层级、耐高温、耐低温、柔软、耐火、通信电缆等）；

（3）阻燃电线电缆：阻燃聚乙烯电缆料（要求阻燃的通信电缆、电力电缆绝缘护层）、耐热阻燃（105℃）PVC电缆料、无卤胆燃LDPE电缆料等；

（4）交联聚乙烯PE-X（a.b.c）电缆料的生产原理及工艺；

（5）无卤低烟阻燃电缆料的生产与加工；

（6）不同温度等级的电缆料对PVC树脂的要求；

（7）PVC电缆料的生产加工及常见质量问题分析。

3．特种电缆料的加工与应用

（1）汽车用150℃TPEE电缆料；

（2）氟塑料的性能以及在电缆中的应用；

（3）耐高温电缆绕包材料介绍；

（4）汽车用薄壁电线电缆的相关标准及电缆料的设计要点。

4．橡胶配方及管理

（1）六西格玛管理方法在橡皮配方改进上的应用；

（2）田口方法在橡皮配方改进上的应用；

（3）橡皮绝缘电缆用IE4橡皮配方与工艺优化；

（4）烯烃共聚物在矿用电缆乙丙绝缘橡皮配方中的应用；

（5）SABS认证矿缆用RS6型CSM护套的配

方研究与进展；

（6）无机粉体应用于橡塑配方中性能对比结果。

5．电缆料生产设备及工艺介绍

（1）PVC 电缆料生产设备-双螺杆-单螺杆双阶挤出造粒；

（2）低烟无卤阻燃电缆料生产设备-密炼-挤出造粒。

考核合格者，由中国塑料加工工业协会颁发证书。

【12月】

2014 流延薄膜行业市场与技术发展研讨会召开

12 月 13 日，由中国塑料加工工业协会主办、中国塑协流延薄膜专委会承办的“2014 流延薄膜行业市场与技术发展研讨会”在广东省汕头市召开。来自全国各地 CPP、CPE、PVB、EVA、TPU 薄膜产业链的 350 多名企业负责人出席了本次会议。

广东金明精机股份有限公司技术经理王全，东莞市雄林新材料科技有限公司董事长何建雄等分别作了“多层共挤高阻隔薄膜流涎智能装备”“TPU 薄膜行业 2014 年发展现状分析”“玻璃用 PVB 夹层膜行业 2014 年发展情况与国家标准解析”“诺德美克镀膜和复合解决方案”“长效过滤器如何帮流延膜生产降低成本及提高品质”“含氟功能材料在薄膜行业中的开发与应用”“中国塑膜产业园介绍”“BST Maku Die Tool—用于手动模头的自动调节系统”“威达美 TM 高性能聚合增强 CPP 膜的韧性和热封性能”的发言。

会后组织代表参观了汕头市远东轻化装备有限公司、广东金明精机股份有限公司。

12 月 15 日组织代表参观由中国塑料加工工业协会举办的“2014 中国国际塑料新材料、新技术、新装备、新产品展览会”的薄膜专区，受到参观代表的一致好评。

全国塑料彩印复合软包装行业绿色创新之路暨第二次 VOCs 综合治理交流会召开

12 月 13 日，中国塑料加工工业协会主办，中国塑协复合膜制品专委会承办的《全国塑料彩印复合软包装行业绿色创新之路暨第二次 VOCs 综合治理交流会》在广州召开。

会议以塑料彩印复合软包装行业绿色、创新、VOCs 综合治理为主题，会议邀请国家及地方政府环保部门、环保科研机构、VOCs 治理专家、软包装行业专家做专题报告，邀请国内外软包装行业及相关行业知名企业进行最新技术交流，创新成果分享、行业发展趋势研讨，会议为大家提供了了解宏观形势、掌握最新政策、共享创新成果，学习交流合作的平台，有力的促进软包装行业的绿色、创新发展、VOCs 综合治理工作的深入展开。

会议分三个单元：1）VOCs 治理宏观形势、政策法规措施：政府环保部门领导 VOCs 治理宏观形势、有关政策法规措施报告；环保科研机构包装印刷业 VOCs 排放国家标准制订进展情况介绍；VOCs 治理专家做 VOCs 综合整治方案、治理技术选择专题报告。2）VOCs 源头控制与末端治理技术及应用：印刷工序源头治理。水性油墨、单一溶剂油墨及相关印刷机、印刷工艺研发与应用技术；干法复合工序源头治理。无溶剂复合相关胶黏剂、复合设备、材料、工艺应用技术；末端回收治理技术。吸附、回收、催化燃烧、余热利用等应用技术。3）软包装及相关行业创新成果分享、发展趋势展望：软包装轻量化、功能化、智能化、安全化、环境友好化创新成果；软包装行业新理念、新技术、新产品、新材料、新设备信息分享；软包装行业现状分析及未来趋势展望，绿色创新发展方向路径探讨。

中国塑协改性塑料专业委员会第八届理事会第一次会议暨 2014 年年会召开

12 月 14 日，中国塑协改性塑料专委会第八届理事会第一次会议暨 2014 年年会在广州举行。今年是中国塑协改性塑料专业委员会换届之年。在 12 月 14 日举行的第八届理事会第一次会议上，第七届理事会理事长赵安赤教授致开幕词，根据中国塑协分支机构管理办法及其补充条款和中国塑协改性塑料专业委员会工作条例，本次会议将选举产生新一届领导机构。

许琳副秘书长代表协会分别宣读了题为“增强行业组织凝聚力，开创行业转型升级新局面”的领导致辞，中国塑协财务部“关于改性塑料专委会第七届理事会财务收支决算报告”和“中国塑协

[2014]第 070 号文件——关于同意推荐刘英俊等同志为中国塑协改性塑料专委会第八届常委会领导成员的批复”。

刘英俊秘书长受赵安赤理事长委托向与会代表宣读了第七届理事会工作总结。在徐同考副理事长主持下，与会代表一致通过了新一届领导和机构成员名单。新当选的刘英俊理事长代表第八届理事会领导成员讲话。

刘英俊理事长兼秘书长向大会宣读了“关于将广东炜林纳新材料科技股份有限公司设立为中国塑协改性塑料专业委员会科研试验生产开发基地”的决定，并和赵安赤名誉理事长一起向炜林纳公司颁发了证书和牌匾。

在大会安排的学术技术交流活动中，黄锐、苑会林、陈更新、徐同考、刘英俊等教授、专家分别就我国塑料工业发展面临的机会和挑战、聚酯瓶的回收与改性、多功能母料的创新和发展趋势、矿物纤维在高分子聚合物中的应用、微孔硅酸钙和黑滑石新粉体材料的研究现状和应用前景做了报告，科倍隆（南京）机械有限公司王彦军高工、中塑联新材料湖北有限公司邓忠权董事长、阜新鑫克机械有限公司许德华总经理、重庆嘉世泰化工有限公司何艳琼部长、承德鑫马测试仪器有限公司马桂莲总经理、南京诺达机械有限公司赵富锦副总经理分别介绍了各自的材料、助剂和设备情况。

12 月 15 日大会组织全体与会代表参观“2014 中国国际塑料新材料、新技术、新装备、新产品展览会”。

12 月 16 日专委会组织与会代表先后参观了广东炜林纳新材料科技股份有限公司和广东天保新材料有限责任公司、广东中南再生环保科技有限公司。广东炜林纳新材料科技股份有限公司在参观前还隆重举办了“中国塑协改性塑料专委会副理事长单位”和“中国塑协改性塑料专委会科研试验生产开发基地”的揭牌仪式。

为了更好地提供交流、借鉴和学习的机会，会务组为大家编印了多达 430 页的论文资料集，受到大家的欢迎！

中国塑协氟塑料加工专业委员会第五届三次理事会召开

12 月 14 日，中国塑协氟塑料加工专业委员会第五届三次理事会在广州召开。

会议审议了陈生秘书长作的 2014 年工作总结和2015年工作计划，介绍了氟塑料行业“十二五”总结和“十三五”前期发展研究报告（讨论稿），主要就“十二五”期间取得的主要成绩与存在的问题、“十三五”发展面临的形势和重点产品发展方向建议等方面进行了总结和分析。

各位参会代表就“十三五”的发展方向各抒己见，展开了热烈的讨论。大家提出的共性问题主要是“十三五”期间应注重新产品的开发，拓宽氟塑料制品的应用领域，注重引进国外先进的装备和技术，提高氟塑料制品的质量和性能，注重应用技术的开发，完善产品质量的检测与分析，加强产学研的合作与交流。

最后，理事会讨论了增补理事单位事宜。增补单位代表介绍了企业近年来的生产和发展情况，经参会代表投票选举，结果得票全部超过半数，新增为中国塑协氟塑料加工专业委员会第五届理事会理事单位。

会后，代表们参观了 2014 中国国际塑料新材料、新技术、新装备、新产品展览会，此次展览专门设立了氟塑料展区，各企业展示了近年来取得的成果，充分体现了“新材料、新技术、新装备、新产品”的四新主体，让我们看到了氟塑料加工行业良好的发展前景。

塑料加工业有机废气和粉尘治理新技术研讨会召开

12 月 14 日，中国塑协塑料技术协作委员会在广州保利世贸博览馆二楼召开“塑料加工业有机废气和粉尘治理新技术研讨会”。

会议旨在行业中推广先进的有机废气和粉尘排放治理技术，推进我国塑料加工业的清洁生产，为中国的环境保护做出贡献。交流会由塑料技术协作委员会副秘书长、北京工商大学温变英教授主持，参展或观展的部分行业专家和技术人员参加了交流会。

交流会共邀请了 6 个富有特色的报告。轻工环境科学研究所吕竹明主任以“塑料工业清洁生产方案研究及实践”为题目，就清洁生产的定义、政策、法规进行了解析，并介绍了部分成功案例；杜邦公司孟莫克化工成套设备（上海）有限公司的刘红英介绍的“杜邦布林克®有机气雾处理系统——减少塑料工业 PM2.5 排放的成熟解决方案”，不同于通常的吸附与解吸附技术，采用纤维床过滤器实现了有机气体的高效阻流，为开发塑料加工业中PM2.5排放的治理技术提供了新的解决办法；上海神斐流体环保科技有限公司杨为明经理的“先进的粉尘净化技术和安全排放”，介绍了来自国外的各种先进处理技术；石家庄天龙环保科技有限公司崔振杰代肖岗行董事长所做的“卸下污染重负，插上环保翅膀——VOCs治理与回收技术在塑料加工行业的应用”的报告，重点介绍了具有自主知识产权的氮气保护脱附技术；北京化工大学杨卫民教授的“聚合物熔体微分静电纺丝及在除粒滤膜中的应用”报告，介绍了通过突破多重技术难点、开发的一种具有自主知识产权和极大产业化前景的静电纺丝技术；武汉凌辉高分子材料有限公司陈建平总经理的“新型高吸附性多介质合成多孔硅酸盐环保吸附材料”，介绍了自主开发的、专利的新型填料制造技术，该技术产品具有极大的市场潜力。报告从不同角度介绍的有机废气及粉尘处理技术，受到了听众的欢迎和好评。新技术的推广应用必有利于我国塑料加工行业的工业排放达标，有利于推进我国PM2.5的治理，为我国治霾做出贡献。

中国塑协异型材及门窗制品专委会第七届一次常委扩大会议召开

12月14日，中国塑协异型材及门窗制品专委会第七届一次常委扩大会议在广州市召开。

中国轻工业联合会副会长、中国塑协理事长钱桂敬出席会议并就塑料异型材行业当前形势和行业工作作了重要指示。

中国塑协异型材及门窗制品专委会王存吉秘书长作2014年工作总结和2015年工作计划，经常委会审议并全体通过。会议还就撰写《中国塑料加工业发展史》“塑料异型材及门窗”部分内容制定了计划（草案），会议对撰写工作进行了一定的探讨，形成了一定的可操作意见，会后做为专项工作进行组织与安排。

会议讨论了成立《中国塑料知名品牌异型材及门窗联盟》的可行性的探讨性讨论发言，与会常委认为这是一个非常好的建议和设想。会议就2015年年会在新疆召开征求了到会常委的意见，会议一致通过2015年年会在新疆召开的提议。李静霞副秘书长在会议上通报了2014年1~11月财务收支情况；会议通过了李静霞副秘书长提交常委会的常委变更与新入会会员单位名单。

中国塑协硬质PVC发泡制品专业委员会2014年年会暨技术交流会召开

12月14日，由中国塑料加工工业协会主办，中国塑协硬质PVC发泡制品专委会等单位承办的中国塑协硬质PVC发泡制品专业委员会2014年年会暨技术交流会在广州举行。

专委会徐斌理事长做《2014中国塑料加工工业协会硬质PVC发泡制品专业委员会工作报告》，住建部科技发展促进中心高立新处长用详尽的数据分析了与PVC发泡建筑装饰材料相关行业发展形势及未来发展趋势，中国塑协曹俭常务副理事长做了《中国塑料加工业未来发展及挑战》的报告，中国氯碱工业协会专家委员会张国民副主任做了《中国PVC树脂产业概况及技术发展趋势》的报告。

在技术交流会上，多位国内外PVC发泡行业的技术专家到会讲解行业发展新技术及应用。湖北工业大学陈绪煌教授介绍《聚合物共混改性原理及技术》，中国塑协科技咨询专家委员会施珣若专家介绍了国内外PVC制品环保的发展回顾与展望，德国亨设尔（上海）动力传动技术有限公司技术专家Stefan Knieling介绍了平行双螺杆比锥行双螺杆挤出机具有的诸多优势，所采用的先进技术。德国克劳斯玛菲技术有限公司的范凯军经理介绍了克劳斯玛菲公司在PVC加工设备中所采用的先进技术，螺杆的结构及耐磨处理技术。浙江精诚模具机械制造有限公司、青岛莱美特机械有限公司及黄石塑料模具有限公司等国内知名企业介绍了PVC发泡制品生产模具的结构特点及技术改进、PVC发泡制品表面处理方法及优缺点。由于会议内容具有针对性，符合与会代表需求，200多人的会场始终座无虚席。

2014年双向拉伸薄膜年会召开

12月14日，由中国塑料加工工业协会主办，中国塑协双向拉伸聚丙烯薄膜专委会承办的“2014年度BOPP、BOPA、BOPI、BOPS、BOPE薄膜产业链市场与技术发展研讨会”在广州市召开，来自全国BOPP、BOPA、BOPI、BOPS、BOPEI薄膜产业链的350多名企业负责人出席会议。

德国布鲁克纳机械有限公司高级区域销售经理雷哈德•普利乐，德国格贝尔分切及复卷系统有限公司区域销售经理萨巴斯提安•兰格，博斯特（上海）有限公司销售经理顾春生，德国索夫特电晕及等离子有限公司区域经理大卫•克拉克，德国哈勒集团亚洲区销售经理方天锐分别作了“BOPET 薄膜新产品介绍”“面对双拉薄膜市场的挑战时代，我们共同一起坚强的面对”“格贝尔莫诺分切机-最优质的大型薄膜分切复卷机”“博斯特镀膜新技术、新工艺带来差异化竞争优”“电晕行业新维度解析”“哈勒牵引辊在高速生产线中的应用”“美国微觉视 AOI 检测系统在双向拉伸薄膜行业的应用介绍”“看得见的品质——精密熔体过滤器、过滤耗材、排料阀、熔体管、试验机”“测厚仪在双向拉伸薄膜生产线上的高级应用”“BOPP、BOPA、BOPI、BOPS、BOPE 薄膜行业多元融资策略”“含氟功能材料在薄膜行业中的开发与应用”“中国塑膜产业园介绍”“BOPP 香烟包装膜技术发展介绍与市场需求分析”“关于国家《双向拉伸薄膜工厂设计规范》编制情况介绍”“塑料薄膜基材产业风险与机遇并存”“全生物降解双向拉伸薄膜”的发言，受到与会代表的一致好评。

2014 年 PVC 管道技术交流会会议召开

12 月 14 日，由中国塑料加工工业协会主办，中国塑协塑料管道专委会承办的主题为“加快科技创新、加速环保禁铅、拓宽应用领域”的“2014 年 PVC 管道技术交流会”在广州举办。来自全国各地的领导、专家，以及来自专委会会员单位、塑料管道生产企业、上游供应行业、下游应用行业、研究和检测机构、媒体等相关单位的代表共 144 人出席了会议。

中国轻工业联合会副会长、中国塑协理事长钱桂敬介绍了塑料加工行业整体运行情况以及对 PVC 等塑料管道行业的发展期望。

围绕主题，会议安排了有关 PVC 管道新产品、加工工艺、原辅材料、加工装备和设计应用等方面的技术进步、市场推广方面《PVC 等塑料管道行业现状及发展建议》《新 GJJ 101 对聚氯乙烯给水管道工程技术要求》《给水行业管材选择及 PVC 管应用》《PVC-C 管道应用新领域》《建筑用 PVC-U 排水管道系统降噪措施研究》等共 13 个专题报告。

与会代表还针对 PVC 管道生产、质量控制、技术创新、推广应用、行业发展等相关问题展开了相关交流讨论。

会议组织参观了广东威利坚机械集团有限公司以及“2014 中国国际塑料新材料、新技术、新装备、新产品展览会”。

“2014 中国国际塑料新材料、新技术、新装备、新产品展览会”隆重开幕

12 月 15 日，由中国塑料加工工业协会主承办的 2014 中国国际塑料新材料、新技术、新装备、新产品展览会”的开幕式在广州市海珠区保利世贸博览馆举行。中国轻工业联合会会长步正发宣布“2014 中国国际塑料新材料、新技术、新装备、新产品展览会”开幕。在上千位主管领导、专家、参展商、媒体和观众的共同见证下，中国塑料展隆重开幕，同时开启了中国塑料加工工业协会为中国和世界塑料行业服务的新方式。

开幕式由中国塑料加工工业协会常务副理事长曹俭主持。主席台的领导和嘉宾有中国轻工业联合会会长步正发、中国轻工业联合会副会长、中国塑料加工工业协会理事长钱桂敬、中国轻工业联合会副会长、广东省轻工协会会长杨大行、中国塑料加工工业协会名誉理事长廖正品、住房建设部科技发展促进中心处长高立新、中国塑料机械协会理事长朱康建、台湾区塑胶制品工业同业公会理事长蔡明忠、广东省塑料工业协会会长符岸、上海石化塑料事业部孙旭辉、广东联塑集团总经理左满轮；上千位来自全国各地塑料行业协会的领导、大学和科研院所的师生们、参展商、媒体朋友以及观众朋友参加了开幕式。

本次展会汇聚了国内外行业内巨头企业，展示范围覆盖塑料机械、塑料模具、塑料原料及再生料、塑料制品等上下游产业链，参展企业达 300 多家，展出面积 2 万平方米。

展览同期，还举办了 17 场高峰论坛和专题研讨会，就行业内的共性关键技术进行了探讨交流，北京化工大学、四川大学以及中科院宁波材料技术与工程研究所还带来了 200 多项科研成果和课题与企业交流。

为行业带来覆盖塑料全产业链的最新产品、技术、装备展示盛会。亮点一：全产业链最新产品展示，打造中国塑业科技盛宴。亮点二：塑料产业巨头强力加盟，中外名企云集广州。亮点三：17 场塑料科技论坛，超 200 位国内外名家精彩会谈，内

容丰富，场次密集，开创了先河，无疑是给塑料年、标准年画上了完美句号。

中国第八届塑木高峰论坛举办

12 月 15 日，由中国塑协主办，中塑协塑木制品专业委员会承办，以“美丽中国，塑木先行”为主题的“中国第八届塑木高峰论坛”在广州市召开，中国塑料加工工业协会常务副理事长曹俭、国家工信部李洪良处长、中国塑协塑木专委会理事长林东亮、广东省质监局等相关领导出席了会议并发表致辞。来自世界各地的塑木领域专家、学者、企业精英等齐聚一堂，共同探讨塑木事业发展机遇。

会议邀请了加拿大多伦多大学教授 Mohini Sain 博士、日本 EINWOOD 株式会社 Kikuchi、University of Maine Yousoo Han 等，以及国内高校科研院所与企业技术专家等国内外嘉宾参会。在全球塑木领域内就“共挤塑木，创新的材料， New technology in bio-composites and WPC、塑木产品北美法规评估服务介绍、塑木复合材料国际标准现状与分析”等专题展开讨论、共同探讨塑木行业发展前景，获得了参会嘉宾高度好评和一致赞誉。

本次论坛为期两天，凝聚了各方智慧、推动了行业的发展、促进事业的繁荣，是继西安、沈阳、深圳、南京、黄石、宁波、青岛会议之后又一次国际专业交流的大会，也是国际塑木界为数不多的重要交流平台。会后，论坛主办方组织与会嘉宾参观了 2014 中国国际塑料“新材料、新技术、新装备、新产品”展览会，整个高峰论坛取得了圆满的成功。

中国塑协多功能母料专委会第三届二次常委扩大会议召开

12 月 15 日，中国塑协多功能母料专委会第三届二次常委扩大会议在广州市召开。各主任，副主任单位，部分会员单位代表参会人员。

会议主要内容：总结 2014 年主要工作，通报 2015 年工作计划；通报 2014 年新增会员和常委会变更情况；讨论 2015 年年会召开地点及会议相关内容。

塑料加工业创新技术交流会召开

12 月 15 日，由中国塑协塑料技术协作委员会组织的“塑料加工业创新技术交流会”在广州举行。交流会由北京工商大学教授、塑料技术协作委员会副秘书长温变英主持，来自企业、科研院所、高校等的企业家、教授和专家就塑料加工行业的参展或观展的部分行业专家和技术人员参加了交流会，容纳近百人的会议厅座无虚席，迟来的听众不得不站着聆听报告，报告厅大门一度出现拥堵。

本次研讨会共邀请了 8 个报告，报告内容涵盖树脂、助剂、工艺、配方、成型、机械与计算机模拟仿真等塑料加工业领域，产品涉及软包装膜、合成革、管材、型材、注塑制品、功能复合材料制品等门类，内容丰富，既有广度同时又不失深度，具有一定的精确创新性。报告结束后安排了交流环节，部分参会人员与演讲专家就相关领域的技术进行了沟通和讨论，建立起了今后进一步交流的渠道，参会人员普遍感到有启发、有收获。

交流会是在中国塑料加工工业协会“2014 中国国际塑料新材料、新技术、新装备、新产品展览会”展馆举办的，获得了圆满成功，实现了本次展会首场技术交流会的开门红。

中国塑协六届八次常务理事扩大会议召开

12 月 16 日，中国塑协六届八次常务理事扩大会议在广州召开。中国塑协钱桂敬理事长、曹俭常务副理事长及常务理事、理事及会员单位出席会议。

会议主要内容：1）总结 2014 年主要工作，通报 2015 年工作计划；2）汇报“2014 中国国际塑料新材料、新技术、新装备、新产品展览会”组织召开有关情况；3）通报 2014 年新增会员和专委会成立、筹备、变更情况；4）讨论《中国塑料工业“十三五”发展规划》（框架提纲）。

2014 塑料中空制品行业市场与技术交流会会议召开

12 月 16 日，由中国塑协中空制品专委会主办的“2014 塑料中空制品行业市场与技术交流会”在广州召开。来自全国塑料中空制品产业链的 90 多名企业负责人出席了会议。

中国塑协中空制品专委会理事长朱义华做“中国塑协中空制品专委会 2014 年工作总结与 2015 年工作探讨”的发言，中国轻工业联合会副会长、中国塑协理事长钱桂敬介绍了 2013 年塑料行业状况，并指导塑料中空行业要不失时机，加快转变发展方式，调整优化结构，进一步提高发展质量，全面提升产业整体水平，加快产业链和制品高端化进程。中国塑协中空制品专委会副理事长刘小东做了“2015~2020年中空吹塑容器行业十大趋势”的发言。中国塑协副秘书长孙冬泉作“塑料中空制品企业如何应对当前经济形势”的发言。陕西科龙塑业有限公司销售总监张儒、沙伯基础（上海）商贸有限公司工程师谢国章等分别作“国家行业标准《PE卧式吹塑罐》起草情况介绍”“SABIC先进的聚乙烯包装-为客户提供更丰富有解决方案”“关于车用尿素溶液的包装现状和发展趋势”“全电动超高速吹瓶机智能制造技术的研究”“大型中空塑料制品滚塑成型技术”“碳酸钙增韧母料对聚烯烃材料形态及力学性能影响”“复合中型散装容器认可和检验”的发言。

会议的主题报告阶段虽然短暂，但是我们看到企业在这一年来技术上不断创新进步，从产品、设备、管理三个方面都有很大突破，同时也反映出在当前经济形势下，企业都生存不易，迫切地需要在技术和管理上提高水平，此次的发言单位也带来了自己在相关方面取得的突破进展，以及在严峻的经济形势下应采取的措施建议，使与会的产业链方方面面的企业都能得到很大的收获。下午座谈会共用时两个半小时，时间虽然短暂，但是切重要点，紧紧围绕着企业升级转型、节能、降本、高效的中心，企业对于近期遇到的难题也得到了其他代表的帮助解答，座谈会现场非常热烈。会议在技术创新、生产过程控制、经营管理、供需方的沟通方面达到了一个新的高度，并达成共识，促进了中空制品行业与上下游产业链合作交流。

中国塑协聚苯乙烯挤出发泡板材专委会筹备成立大会召开

12月17日，中国塑协聚苯乙烯挤出发泡板材专业委员会筹备成立大会在广州召开。中国塑协常务副理事长曹俭出席了会议，并做了重要讲话。XPS专委会筹备领导小组组长、南京法宁格节能科技有限公司董事长郭鑫齐、筹备领导小组副组长、中国塑协副秘书长、会员部主任刘姝、筹备领导小组成员、中国塑协副秘书长孟庆君和综合业务部主任助理焦红文及XPS上下游企业和科研单位负责人共50人参加了会议。

曹俭指出为了配合国家环保部HCFCs的淘汰替代工作，加快XPS相关标准制定等工作的顺利进行，引导XPS行业健康发展，经中国塑协会长办公室研究，六届四次理事会讨论通过，决定成立中国塑协XPS专业委员会。焦红文介绍了2014年9月份召开的工作会议情况。讨论了《中国塑协XPS专委会工作条例（草案）》中的业务范围、会员条件、会费标准等条款；确定了专委会第一批会员的范围及召开筹备成立大会的时间等事项。孟庆君详细解读《工作条例》并征求与会代表的意见和建议。

欧文斯科宁（中国）投资有限公司孙毅明做了《挤塑聚苯乙烯泡沫发泡剂和阻燃剂的发展》专题技术报告。

筹备成立会议结束后召开了XPS专委会（筹）第一届候选常委委员会议。

中国塑协塑料管道专委会塑料管道产品行业指导价格发布

2014年12月25日，中国塑协塑料管道产品行业指导价格发布（2014年第4号）

（一）给水用硬聚氯乙烯（PVC-U）管材（非铅盐稳定剂）

（1）产品标准：GB/T 10002.1—2006 给水用硬聚氯乙烯（PVC-U）管材。

（2）行业指导价格（出厂价）：10 500元/吨（PVC树脂参考价按6 100元/吨计）。

（二）排水用PVC-U管材

（1）产品标准：GB/T 5836.1—2006 建筑排水用硬聚氯乙烯管材。

GB/T 20221—2006 无压埋地排污、排水用硬聚氯乙烯（PVC-U）管材。

（2）行业指导价格（出厂价）：9 500元/吨（PVC树脂参考价按6 100元/吨计）。

（三）埋地排水用PVC-U双壁波纹管材

（1）产品标准：GB/T 18477.1—2007 埋地排水用硬聚氯乙烯（PVC-U）结构壁管道系统 第一部分：双壁波纹管材。

（2）行业指导价格（出厂价）：10 200元/吨（PVC树脂参考价按6 100元/吨计）。

（四）燃气用埋地聚乙烯（PE）管材

（1）产品标准：GB 15558.1—2003 燃气用埋地聚乙烯（PE）管道系统 第一部分 管材。

（2）行业指导价格（出厂价）：17 700元/吨（PE原材料参考价按13 000元/吨计）。

（五）给水用PE管材

（1）产品标准：GB/T 13663—2000 给水用聚乙烯（PE）管材。

（2）行业指导价格（出厂价）：16 200 元/吨（PE原材料参考价按 11 500 元/吨计）。

（六）埋地排水用PE双壁波纹管材

（1）产品标准：GB/T 19472.1—2004 埋地用聚乙烯（PE）结构壁管道系统 第一部分 聚乙烯双壁波纹管材。

（2）行业指导价格（出厂价）：15 500 元/吨（PE原材料参考价按 10 800 元/吨计）。

（七）PE缠绕结构壁管材

（1）产品标准：GB/T 19472.2—2004 埋地用聚乙烯（PE）结构壁管道系统 第二部分 聚乙烯缠绕结构壁管材及相关标准。

（2）行业指导价格（包括现场施工安装指导费用的出厂价）：16 500 元/吨（PE原材料参考价按 10 800 元/吨计）。

食品相关塑料产品风险监控与安全管理技术研讨会召开

12 月 29 日，由中国塑料加工工业协会组织的“食品相关塑料产品风险监控与安全管理技术研讨会”在北京召开。中国塑协常务副理事长曹俭、国家食品安全相关部门的专家、中国塑协部分分支机构负责人、高校及科研院所的专家学者以及食品接触塑料产品企业代表等 58 人参加了会议。

曹俭副理事长指出目前食品接触塑料相关产品面临的形势和存在的问题，希望相关生产企业能够按照国家相关法律法规及标准规范化生产，保证产品质量。北京市海淀区产品质量监督检验所、国家食品质量安全监督检验中心王朝晖高工，国家食品安全风险评估中心标准三部张俭波副主任，国家食品安全风险评估中心标准三部朱蕾博士，北京工商大学材料与机械工程学院、国家塑料制品质量监督检验中心（北京）翁云宣教授，北京加成助剂研究所孙书适总工程师，北京化工大学机电工程学院吴大鸣教授，中国塑协塑料助剂专委会施珣若副主任，蓝帆集团股份有限公司增塑剂厂邢光全厂长八位专家分别做“塑料类食品接触材料及制品风险及控制研究”，“国家标准 GB9685 修订进展介绍”，“国家标准《食品接触材料及制品生产通用卫生规范》介绍”，“食品包装用塑料制品相关法规和标准介绍”，“塑料制品的安全和环保要求与抗氧剂的选择和应用”，“塑料制品中有毒有害物质现状及应对”，“关于聚氯乙烯接触食品的塑料材料问题-有关热稳定剂品种、材料之探讨”，“我国食品接触用塑料增塑剂的现状及应用情况”的主题报告。报告全面细致地介绍了目前国内外与食品接触塑料材料及制品（包括添加剂）的相关情况。接下来的讨论环节，代表们围绕产品标准、质量控制等问题踊跃提问，专家们都有针对性地予以解答。

（中国塑料加工工业协会　许琳）

2014 年塑料化工行业反倾销大事记

一、哥伦比亚启动对氯乙烯聚合物制塑料板反倾销措施复审调查

11 月 14 日，哥伦比亚贸工部颁布第 229 号决议，决定对自 2013 年 11 月 13 日起开始实施的对原产于中国的氯乙烯聚合物制塑料板（涉案产品税号：3920.43.00.00 和 3920.49.00.00）的反倾销措施启动行政复审，相关利害关系方应于 1 个月内向哥伦比亚贸工部表达参与复审进程的意愿，同时提交与复审有关的信息和数据。哥伦比亚贸工部第 229 号决议可登录中国驻哥伦比亚使馆经商参处网站获取。

又讯：哥伦比亚延长对塑料板反倾销复审意见反馈的截止日期

哥伦比亚贸工部外贸司于 2014 年 12 月 17 日发布了第 277 号决议，决定将原产于中国的氯乙烯聚合物制塑料板（税号：3920.43.00.00 和 3920.49.00.00）反倾销行政复审征求意见的截止日期延长至 2015 年 1 月 9 日。

二、印度对中国台湾、菲律宾等国（地区）塑料加工机械或注塑成型机进行反倾销调查

2014 年 10 月 14 日，应印度塑料机械制造商协会（Plastics Machinery Manufacturers Association of India）的申请，印度对原产于中国台湾、菲律宾、马来西亚和越南的塑料加工机械或注塑成型机进行反倾销立案调查。涉案产品海关编码为 847730。

本案的倾销调查期为 2013 年 4 月~2014 年 3 月，损害调查期包括 2010/11 财年、2011/12 财年、2012/13 财年、2013/14 财年。

又讯：印度延期对中国台湾等国（地区）塑料加工机械或注塑成型机反倾销案各利害关系方提交调查问卷

2014 年 11 月 19 日，印度商工部发布公告称，在对原产于中国台湾、菲律宾、马来西亚和越南塑料加工机械或注塑成型机反倾销案中，各利害关系方提交调查问卷的截止时间延至2014年12月8日。2014 年 5 月，印度对原产于中国台湾、菲律宾、马来西亚和越南的塑料加工机械或注塑成型机进行反倾销立案调查。

三、印度对华尼龙扎带做出反倾销日落复审终裁

2014 年 10 月 16 日，印度对原产于中国和中国台湾的尼龙扎带做出反倾销日落复审终裁：建议继续对自中国和中国台湾进口的涉案产品征收反倾销税。涉案产品海关编码为 3926.9010。

2013 年 10 月，印度对原产于中国和中国台湾的尼龙扎带进行反倾销日落复审立案调查。

四、印度对密胺餐具发起反倾销调查

2014 年 10 月 28 日，印度商工部发布公告，称应其国内产业申请，决定对自中国、泰国和越南进口的密胺餐具发起反倾销调查，该项调查涉及印度海关 39241010、 39241090、39249090、 39264049 和 39269099 税号项下产品。该案调查期为 2013 年 4 月至 2014 年 3 月。请相关出口企业按印度相关法律要求，积极应诉，以维护本企业权益。

又讯：印度决定对进口三聚氰胺发起反倾销复审调查

2014 年 12 月 9 日，印度商工部反倾销局发布公告，称应其国内产业的申请，决定对自中国进口的三聚氰胺发起反倾销复审调查。该项调查涉及印度海关 29336100 税号项下产品，各利益方应于立案之日起 40 日内向调查机关登记并提交相关信息。

五、印度对华塑料加工机械进行反倾销日落复审调查

2014 年 5 月 9 日，应印度塑料机械制造商协会（Plastics Machinery Manufacturers Association of India）及其成员（1）Toshiba Machine （Chennai）Pvt. Ltd.；（2）Ferromatik Milacron India Pvt. Ltd；（3）Windsor Machines Limited；（4）Electronica Plastic Machines Ltd 的申请，印度对原产于中国的塑料加工机械进行反倾销日落复审立案调查。涉案产品海关编码为 8477.1010。

本案的倾销调查期为 2012 年 10 月 1 日~2013 年 9 月 30 日，损害调查期包括 2010/11 财年、2011/12 财年、2012/13 财年和倾销调查期（2012 年 10 月 1 日~2013 年 9 月 30 日）。

又讯：印对华塑料加工机械延长征收反倾销税

印度财政部 6 月 19 日发布征税公告，对来自中国的塑料加工机械延长征收 1 年反倾销税（plasticprocessing machinery），至 2015 年 5 月 11 日。印于 2008 年 7 月对我塑料加工机械发起反倾销调查，2009 年 12 月做出肯定性终裁，2014 年 5 月发起日落复审。

六、美国对华复合编织袋做出反倾销行政复审初裁

商务部于 2 月 27 日对华复合编织袋做出反倾销行政复审初裁：中国普遍（包括苍南县嘉乐制袋有限公司；青岛汉兴集团公司；江苏豪盛塑料有限公司；宁波永峰包装用品有限公司；香港宝利威实业公司；山东齐鲁塑编集团股份有限公司；山东寿光健元春有限公司；山东友联塑编股份有限公司；淄博艾福迪塑料包装有限公司）为：47.64%。

美国商务部 2014 年 2 月 28 日发布公告，商务部于 2 月 27 日对华复合编织袋作出反倾销行政复审初裁：中国普遍[包括苍南县嘉乐制袋有限公司（Cangnan Color Make The Bag）；青岛汉兴集团公司（Han Shing Corporation Limited）；江苏豪盛塑料有限公司（Jiangsu Hotson Plastics Co., Ltd.）；宁波永峰包装用品有限公司（Ningbo Yong Feng Packaging Co., Ltd.）；香港宝利威实业公司（Polywell Industrial Co, Ltd）；山东齐鲁塑编集团股份有限公司（Shangdong Qilu Plastic Fabric Group,

Ltd.）；山东寿光健元春有限公司（Shandong Shouguang Jianyuanchun Co., Ltd）；山东友联塑编股份有限公司（Shandong Youlian Co., Ltd.）；淄博艾福迪塑料包装有限公司（Zibo Aifudi Plastic Packaging Co. Ltd.）]为：47.64%。

2013 年 10 月 2 日，美国商务部对华复合编织袋进行反倾销行政复审立案调查，调查期为 2012 年 8 月 1 日~2013 年 7 月 31 日，涉案产品海关编码为 6305.33.0050、6305.33.0080 等。

七、美国商务部正式对中国三聚氰胺发起双反调查

2014 年 12 月 3 日，美国商务部发布公告，对原产于中国的三聚氰胺（Melamine）发起反倾销、反补贴调查。

根据美国商务部立案公告，调查期 2013 年内中国对美出口三聚氰胺产品 1 405 万美元，涉案产品在美国海关税则号中主要列于 2933.61.0000 项下入关。美国际贸易委员会将于 2014 年 12 月 29 日前后作出损害初裁，若结论为肯定，美商务部将于 2015 年 2 月 5 日前后做出补贴初裁，于 2015 年 4 月 21 日前后做出倾销初裁。

八、巴西停止对塑料洗浴用品的反倾销调查

近日，巴西发展、工业和外贸部致函中国驻巴西使馆经商处，告知巴方决定对原产自中国的塑料洗浴用品（涉案南共市税号：3922.10.00 和 3924.90.00）停止反倾销调查，不采取反倾销措施。

又讯：巴西终止对进口自中国的塑料洗浴用品的反倾销调查

巴西发展、工业和外贸部近日发布公告，决定对原产自中国的塑料洗浴用品（Artigos de uso doméstico, de higiene e detoucador, de plastico）终止反倾销调查，不采取反倾销措施。涉案南共市税号为 3922.10.00 和 3924.90.00。

九、巴西将召开塑料真空采血管反倾销案最终听证会

近日，巴西发展工贸部致函中国驻巴西使馆经商处，告拟于 2015 年 1 月 29 日上午 10 时 30 分在巴西利亚召开塑料真空采血管（涉案产品南共市税号：3822.00.90，3926.90.40 和 9018.39.99）反倾销案最终听证会。听证会报名截止日期为 1 月 23 日。

又讯：巴西决定对真空采血管反倾销案延期裁决

近日，巴西发展工贸部致函中国驻巴西使馆经商处，告决定对进口自中国的塑料真空采血管（涉案产品南共市税号：3822.00.90，3926.90.40 和 9018.39.99）反倾销案延期 6 个月后裁决。

十、巴西对我 PET 薄膜启动反倾销调查

巴西发展工业外贸部 6 月 30 日发布公告，应 Terphane 公司申请，对进口自中国的 PET 薄膜启动反倾销调查，涉案产品税号为 3920.6219、3920.6291 和 3920.6299。

又讯：巴西决定对 PET 薄膜征收临时反倾销税

近日，巴西发展工贸部致函中国驻巴西使馆经商处，告决定对进口自中国的 PET 薄膜（涉案产品南共市原税号为：3920.62.19、3920.62.91 和 3920.62.99，现更改为 3920.62.11、3920.63.00、3920.68.99 和 3920.69.00）征收 820.60 美元/吨的临时反倾销税，征税期限 6 个月。

再讯：巴西公布 PET 薄膜反倾销案初裁结果

10 月 27 日，巴西发展工贸部发布第 65 号令，初裁认定进口自中国的 PET 薄膜（涉案产品南共市税号：3920.62.19、3920.62.91 和 3920.62.99）存在倾销，但不采取措施，终裁拟以印度作为替代国计算正常价值。

十一、巴西对 PVC 树脂征收反倾销税

近日，巴西工贸部发布第 68 号令，决定对进口自中国的 PVC 树脂（涉案产品南共市税号：3904.10.10）征收 21.6%的反倾销税，征税期限 5 年。

十二、巴西拟召开甲基丙烯酸甲酯制板反倾销调查听证会

近日，巴西发展工贸部致函中国驻巴西使馆经商处，告定于 9 月 16 日下午 15 时在巴西利亚召开甲基丙烯酸甲酯制板（涉案产品南共市税号：3920.51.00）反倾销案听证会，拟参会者需在 9 月 12 日前书面申请参会。

十三、巴西取消对我液态环氧树脂反倾销调查

1 月 7 日，巴西发展、工业和外贸部致函我驻巴西使馆经商参处，告巴方决定取消对我液态环氧

树脂（Resinas Epoxi Liquidas）反倾销调查。涉案产品南共市税号为：3907.3011，3907.3019，3907.3021，3907.3022，3907.3029。

十四、埃及终止对我塑料或金属齿拉链征收反倾销税

近日，埃及工贸部发布公告，称经过反倾销日落复审调查，决定终止对中国进口塑料或金属齿拉链征收反倾销税。

埃方最早于 2007 年 8 月对上述产品进行反倾销立案调查，并作出征税决定。2013 年 8 月，埃方应国内产业申请，对此案发起复审调查。

十五、埃及对聚对苯二甲酸乙二酯（PET）发起“双反”调查

近日，埃及贸工部分别发布公告，对自中国大陆、台湾地区、印度、马来西亚、巴基斯坦及阿曼进口的聚对苯二甲酸乙二酯（PET）产品发起反补贴调查；并对自上述国别和地区及泰国和阿联酋进口的同一产品发起反倾销调查。涉案产品埃及海关税则号为：390760。

请相关出口企业按埃及相关法律要求，积极应诉，以维护本企业权益。详情请与中国五矿化工进出口商会或中国石油化学工业联合会联系。

十六、墨西哥对塑料喷雾器反倾销措施进行复审立案

2014 年 4 月 9 日，墨西哥经济部国际贸易惯例总局函告我驻墨使馆经商处，称其已于当日在《官方日报》上公布决议，决定对原产自中国的塑料喷雾器（涉案产品税号：96161001）发起反倾销措施到期复审调查。本案原审终裁于 2009 年 4 月 21 日，对涉案产品征收 86%的反倾销税，有效期五年。

本案倾销调查期为 2013 年 1 月 1 日至 2013 年 12 月 31 日，损害调查期为 2009 年 1 月 1 日至 2013 年 12 月 31 日。官方表格答卷和证明材料的递交截止时间为 2014 年 5 月 23 日 14:00，对申诉方提交的证据信息提出抗辩和质证材料的截止日期为 2014 年 6 月 4 日，利益相关方提出和阐述各自最终论点和结论的截止时间为 2014 年 12 月 2 日 14:00。公共听证会拟于 2014 年 11 月 25 日 10:00 举行。

又讯：墨西哥将举行塑料喷雾器反倾销复审听证会

10 月 28 日，墨西哥经济部国际贸易惯例总局致函中国驻墨使馆经商处，告知墨方将于 11 月 12 日上午 10:00 在劳尔拉莫斯礼堂（Raúl Ramos Tercero Auditorio）就对华塑料喷雾器举行反倾销复审听证会，地址位于墨西哥城的 Alfonso Reyes 30，Mezanine，Col. Hipódromo Condesa，C.P.06170。

为阐述相关规则和条款，墨方拟于 11 月 4 日 10:00 在墨经济部 11 层会议室召开听证会预备会，地址位于墨西哥城的 Av. Insurgentes Sur 1940，Col. Florida，C.P.01030。

十七、韩国拟对中国 PET 膜发起反倾销日落复审调查

12 月 3 日，韩国财政部照会中国驻韩国使馆商务处，称已于 11 月 24 日收到其国内产业申请，拟对中国 PET 膜产品（海关税号 3920.62 和 3920.69）发起反倾销日落复审调查。韩方称将在收到申请之日起 2 个月内做出是否立案的决定。

2008 年 8 月，韩国决定对中国上述产品征收 5.76%~25.32%的反倾销税，并在 2011 年经复审程序将该措施延续至今。

十八、印尼对双向拉伸聚酯薄膜发起反倾销调查

2014 年 7 月 25 日，印尼反倾销委员会应其国内产业申请，决定对自中国、泰国和印度进口的双向拉伸聚酯薄膜产品（BOPET）发起反倾销调查，该项调查涉及印尼海关 3920620000 税号项下产品。请相关出口企业按印尼相关法律要求，积极应诉，以维护本企业权益。

十九、阿根廷对中国聚氯乙烯（PVC）产品采取临时反倾销措施

近日，阿根廷经济和公共财政部外贸国务秘书处照会我驻阿根廷使馆经商参处，通告阿方通过 2014 年第 184 号决议，继续对原产于中国和德国的用于制造门窗及隔断的 PVC 型材进行反倾销调查，同时征收临时反倾销税。

又讯：阿根廷决定对聚氯乙烯（PVC）产品采取最终反倾销措施

7 月 16 日，阿根廷经济与公共财政部贸易国务秘书处照会我驻阿使馆经商参处，通告根据该部 7 月 3 日第 238/2014 号决议，决定结束对原产于中国

和德国的用于制造门窗及隔断的 PVC 型材的反倾销调查（涉案产品南共市税号：3916.20.00），并自决议签发之日起征收0.88美元/千克的反倾销税，措施有效期为5年。

二十、马来西亚对进口聚对苯二甲酸乙二酯发起反倾销调查

6 月 17 日，马来西亚贸工部应国内产业的申请，决定对来自中国、印尼和韩国的聚对苯二甲酸乙二酯（Polyethylene Terephthalate）产品发起发倾销调查。根据马来西亚反倾销调查程序，贸工部将在立案之日起 120 天内做出初步裁定。利害关系方可在 6 月 30 日前向贸工部索取反倾销调查问卷，并于 7 月 15 日前提交答卷或评论意见。

二十一、日本对进口甲苯二异氰酸酯发起反倾销调查

2014 年 2 月 14 日，日本财务省和经济产业省发布公告，称应其国内产业的申请，决定对自中国进口的甲苯二异氰酸酯发起反倾销调查，该项调查涉及日本海关 292910 税号项下产品。请相关出口企业按日本相关法律要求积极应诉，以维护本企业权益。

二十二、欧盟 RASFF 通报

欧盟 RAPEX 通报（2014 年第 8 周）

2014 年 2 月 28 日，欧盟非食品类消费品快速预警系统（RAPEX）发布了 2014 年第 8 周通报，在本周 RAPEX 预警通报中，中国大陆产品被通报共计 27 例，占全部通报的 61.4%。

具体详情如下：

被通报的玩具类产品：共 11 例（其他略）

通报序号	通报国	产品与品牌	通报原因	通报国措施
17	捷克	产品：塑料娃娃 品牌：未知	化学危害 娃娃头部的塑料材料中含有的 DEHP 值超过允许限量值（测量值为 11.4%），存在化学危害的危险。根据 REACH 法规的规定，在所有玩具和儿童用品中，禁止含有 DEHP，DBP，BBP；禁止在儿童可以放入口中的玩具或儿童护理用品中含有 DINP，DIDP，DNOP	强制撤架
41	捷克	产品：塑料娃娃 品牌：HOME Special	化学危害 娃娃头部的塑料材料中含有的 DEHP 值超过允许限量值（测量值为 25.1%），存在化学危害的危险。根据 REACH 法规的规定，在所有玩具和儿童用品中，禁止含有 DEHP，DBP，BBP；禁止在儿童可以放入口中的玩具或儿童护理用品中含有 DINP，DIDP，DNOP	强制撤架

欧盟 RASFF 通报（2014 年第 9 周）

日前，欧盟食品和饲料类快速预警系统（RASFF）发布了 2014 年第 9 周通报，共 38 项。其中，针对中国输欧产品 12 项（不包括对香港和台湾地区的通报），占欧盟通报总数的 31.6%。

日前，欧盟食品和饲料类快速预警系统（RASFF）发布了 2014 年第 9 周通报，共 38 项。其中，针对中国输欧产品 12 项（不包括对香港和台湾地区的通报），占欧盟通报总数的 31.6%。现将 RASFF 对华通报摘译如下：

表 1　对华信息通报（其他略）

通报时间	通报国	通报产品	编 号	通报原因	措 施	备 注
2014/02/25	希腊	塑料盘	2014.0264	颜色迁移	尚未获得销售信息/召回	信息关注

欧盟 RASFF 通报（2014 年第 10 周）

日前，欧盟食品和饲料类快速预警系统（RASFF）发布了 2014 年第 10 周通报，共 52 项。其中，针对中国输欧产品 9 项（不包括对香港和台湾地区的通报），占欧盟通报总数的 17.3%。

日前，欧盟食品和饲料类快速预警系统（RASFF）发布了 2014 年第 10 周通报，共 52 项。其中，针对中国输欧产品 9 项（不包括对香港和台湾地区的通报），占欧盟通报总数的 17.3%。现将 RASFF 对华通报摘译如下：

表 2　对华拒绝进口通报（其他略）

通报时间	通报国	通报产品	编 号	通报原因	措 施
2014/03/04	意大利	折叠塑料叉子	2014.AKE	过高的迁移总量（15.27mg/dm²）	尚未投放市场/通知收货人
2014/03/06	意大利	塑料和金属厨具	2014.AKW	锰物质（0.3mg/kg-ppm）、铬物质（9mg/kg-ppm）迁移	尚未投放市场/拒绝进口

欧盟 RASFF 通报（2014 年第 11 周）

日前，欧盟食品和饲料类快速预警系统（RASFF）发布了 2014 年第 11 周通报，共 47 项。其中，针对中国输欧产品 5 项（不包括对香港和台湾地区的通报），占欧盟通报总数的 10.6%。

日前，欧盟食品和饲料类快速预警系统（RASFF）发布了 2014 年第 11 周通报，共 47 项。其中，针对中国输欧产品 5 项（不包括对香港和台湾地区的通报），占欧盟通报总数的 10.6%。现将 RASFF 对华通报摘译如下：

表 3　对华信息通报（其他略）

通报时间	通报国	通报产品	编 号	通报原因	措 施	备 注
2014/03/10	克罗地亚	塑料钳	2014.0320	初级芳香胺迁移（0.28;0.014mg/kg-ppm）	海关控制/官方扣押	信息关注

二十三、欧盟对部分塑料玩具发出消费者警告

1. 欧盟对中国产塑料玩偶发出消费者警告

2014 年 5 月 2 日，欧盟委员会非食品类快速预警系统对中国产塑料玩偶发出消费者警告。本案的通报国为捷克。此次通报塑料玩偶高约 11 cm，彩色的长发扎成两个辫子，带有不同款式的衣服，包装在一个透明塑料圆筒中，内附标签，批号为 130520，16259；EAN 码为 8590311100664；经济合作与发展组织产业分类码（OECD Portal Category）为 86000000（玩具）。由于该款塑料玩偶中含有 23.4%的邻苯二甲酸二（2-乙基己）酯（DEHP），存在化学危险。不符合欧盟 REACH 法规。目前，捷克当局已对该款产品采取撤出市场的措施。

2. 欧盟对中国产“Jin Dan”牌遥控玩具车发出消费者警告

2014 年 6 月 20 日，欧盟委员会非食品类快速预警系统对中国产“Jin Dan”牌遥控玩具车发出消费者警告。本案的通报国为德国。此次通报的遥控玩具车由彩色塑料车身和透明塑料车轮组成，纸盒包装，包装上带有透明塑料窗口；款式/型号为 TAY05110；条形码为 2010080800061；经济合作与发展组织产业分类码（OECD Portal Category）为 86000000（玩具）。由于该款遥控玩具车车轮中含有邻苯二甲酸二辛酯（DEHP）、邻苯二甲酸二异壬酯（DINP）和邻苯二甲酸二丁酯（DBP）（测量值：DEHP3.3%；DINP 4%；DBP38%），且超过规定范围，存在化学危险，不符合欧盟 REACH 法规。

目前，进口商/分销商已对该款产品采取撤出市场并销毁的措施。

3. 欧盟对中国产名为“FAD STYLE”的塑料

玩具发出消费者警告

2014年9月26日，欧盟委员会非食品类快速预警系统对中国产名为“FAD STYLE”的塑料玩具发出消费者警告。本案的通报国为拉脱维亚。此次通报的塑料玩具为金色头发的娃娃，穿着多彩的衣服。该玩具娃娃包装于一个前部透明的纸箱中，并且印有英文字样“Give children the best gift”。该产品的款式/型号为YB602，条形码为4008880001731，经济合作与发展组织产业分类码（OECD Portal Category）为86000000（玩具）。该塑料娃娃存在化学危险，因为娃娃的头部含有的邻苯二甲酸二正辛酯（DNOP）和由二异壬酯（DINP）按重量计测量值分别高达0.37%和15.5%。根据欧盟REACH法规，在玩具以及儿童护理用品中，同时禁止含有DINP、DNOP以及DIDP，因为这些玩具很容易被儿童放入口中。目前，进口商已对该产品采取自愿召回的措施。为此，中国贸易救济信息网建议国内有关生产和出口企业对此予以高度重视。

4．欧盟对中国产名为“Girls Briskness”的玩具娃娃套装发出消费者警告

2014年10月17日，欧盟委员会非食品类快速预警系统（RAPEX）对中国产名为“Girls Briskness”的玩具娃娃套装及配件发出消费者警告。本案的通报国为西班牙。此次通报的玩具娃娃套装包括穿着不同服装的2个娃娃（一大一小），装在一个表面透明的纸箱中，包装盒的背面带有产品的详细信息标签，包括产品说明、CE标志、条形码以及“不适合三岁以下儿童”的警示语。该玩具娃娃套装的款式/型号为8558A-9 N°:8865A，条形码为2208698177235。上述产品在经济合作与发展组织产业分类码（OECD Portal Category）归属为86000000（玩具）。

上述塑料娃娃玩具套装存在化学危险，因为娃娃的头部含有的2-乙基己磷酸二酯（DEHP）含量已超过法律所规定的水平（按重量计测量值高达25%）。玩具中含有的邻苯二甲酸酯是有毒的，对儿童的健康有害，有可能造成儿童生殖系统的损害。根据欧盟REACH法规，在玩具以及儿童护理用品中，禁止含有DEHP、DBP以及BBP，同时禁止含有DINP、DIDP以及DNOP，因为这些玩具很容易被儿童放入口中。

目前，西班牙当局已对上述产品实行拒绝进口的强制措施。

5．欧盟对中国产“Gong Sheng Toys”牌塑料玩具发出消费者警告

2014年11月7日，欧盟委员会非食品类快速预警系统（RAPEX）对中国产“Gong Sheng Toys”牌塑料玩具发出消费者警告。本案的通报国为拉脱维亚。此次通报的塑料玩具名为“Hello Baby”，为塑料人形玩具，穿着红色的衣服，包装在一个透明的塑料袋中，袋子顶部带有产品信息标签。上述塑料玩具的款式/型号为No.391、Art No.: 62310002，条形码为4752067048780。该产品在经济合作与发展组织产业分类码（OECD Portal Category）为86000000（玩具）。

上述塑料玩具容易给儿童带来化学危险。该产品含有的2-乙基己磷酸二酯（DEHP）含量已超过法律所规定的水平（按重量计测量值达到26.4%），这种DEHP有可能给儿童的生殖器官带来损害。根据欧盟REACH法规，在玩具以及儿童护理用品中，禁止含有DEHP、DBP以及BBP，同时禁止含有DINP、DIDP以及DNOP，因为这些玩具很容易被儿童放入口中。

目前，进口商已对上述产品采取了销毁的自愿措施。

6．欧盟对中国产“JCToy”牌塑料玩具发出消费者警告

2014年11月14日，欧盟委员会非食品类快速预警系统（RAPEX）对中国产“JCToy”牌塑料玩具发出消费者警告。本案的通报国为捷克。此次通报的塑料玩具为带有充气气垫的黑色蝙蝠（长约19厘米），该玩具包装在一个塑料袋中，上面带有纸质标签。该塑料玩具的款式/型号为61056P，条形码为8592386007695。该产品在经济合作与发展组织产业分类码（OECD Portal Category）归属为86000000（玩具）。

上述塑料玩具容易给儿童带来化学危险。该产品含有的2-乙基己磷酸二酯（DEHP）含量已超过法律所规定的水平（按重量计测量值达到2.6%），这种DEHP有可能给儿童的生殖器官带来损害。根据欧盟REACH法规，在玩具以及儿童护理用品中，禁止含有DEHP、DBP以及BBP，同时禁止含有DINP、DIDP以及DNOP，因为这些玩具很容易被儿童放入口中。

目前，捷克当局已对上述产品采取拒绝进口的

强制措施。

7. 欧盟对中国产“CONACORD”牌塑料秋千发出消费者警告

2014 年 11 月 21 日，欧盟委员会非食品类快速预警系统（RAPEX）对中国产“CONACORD”牌塑料秋千发出消费者警告。本案的通报国为斯洛文尼亚。此次通报的塑料秋千适合于 1~3 岁的儿童玩耍，有不同的颜色可供选择。该塑料秋千的款式/型号为 365440，条形码为 4004947365440。上述产品在经济合作与发展组织产业分类码（OECD Portal Category）归属为 86000000（玩具）。

上述塑料秋千容易给儿童带来受伤的危险。该秋千摆动的塑料部分不够耐力，可能会损坏，儿童有可能会从秋千掉下从而带来受伤的危险。此外，摆动座椅与秋千绳索部分的连接不够牢固，较容易地松开；警告以及指示说明也不够充分，有可能导致消费者安装的不正确。该产品不符合玩具安全指令和相关欧洲标准 EN71-8 的要求。

目前，进口商已对上述产品采取了自愿召回的措施。

二十四、商务部公告 2014 年第 11 号 关于对原产于欧盟和美国的进口四氯乙烯反倾销初裁的公告（2014 年 2 月 17 日）

根据《中华人民共和国反倾销条例》（以下简称《反倾销条例》）的规定，2013 年 5 月 31 日，商务部（以下称调查机关）正式发布立案公告，决定对原产于欧盟和美国的进口四氯乙烯（以下称被调查产品）进行反倾销调查。该被调查产品归在《中华人民共和国进出口税则》：29032300。

调查机关对被调查产品是否存在倾销及倾销幅度、国内四氯乙烯产业是否受到损害及损害程度以及倾销与损害之间的因果关系进行了调查。根据调查结果和《反倾销条例》第二十四条的规定，调查机关作出初步裁定（见附件），并就有关事项公告如下：

（一）初步裁定

调查机关初步裁定，在本案调查期内，原产于欧盟和美国的进口四氯乙烯存在倾销，中国四氯乙烯产业受到了实质损害，而且倾销与损害之间存在因果关系。

（二）征收保证金

根据《反倾销条例》第二十八条和第二十九条的规定，调查机关决定采用保证金形式实施临时反倾销措施。自 2014 年 2 月 18 日起，进口经营者在进口原产于欧盟和美国的进口四氯乙烯时，应依据本初裁决定所确定的各公司的倾销幅度向中华人民共和国海关提供相应的保证金。

被调查产品范围及产品描述如下：

调查范围：原产于欧盟和美国的进口四氯乙烯。

被调查产品名称：四氯乙烯，英文名称：Perchlorethylene 或 Tetrachloroethylene（简称 PCE）

化学品类别：有机物——烃的衍生物

化学分子式：C_2Cl_4

化学结构式结构图：

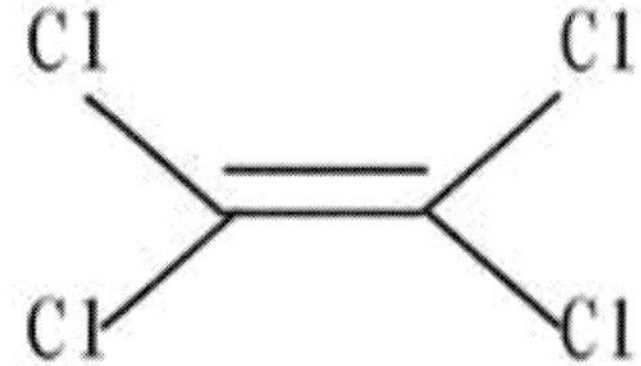

物理化学特性：四氯乙烯为无色透明液体，具有类似乙醚的气味。相对分子质量 165.82，熔点 −22.2℃，沸点 121.2℃，相对密度（水=1）1.622 6，蒸气密度 5.83，蒸气压 2.11 千帕/20℃。四氯乙烯不溶于水（溶于约 10 000 份体积水），可混溶于乙醇、乙醚、氯仿、苯等多数有机溶剂；能溶解多种物质（如橡胶、树脂、脂肪、三氯化铝、硫、碘、氯化汞）。遇水可缓慢分解成三氯乙酸和盐酸。有水存在对铁、铝、锌有腐蚀（但可加稳定剂加以抑制）。非可燃性液体。高温引起分解，分解条件不同分解产物不一样，主要为盐酸、光气、一氧化碳。如有活性炭存在，加热至 700℃分解生成六氯化苯和六氯乙烷。被强氧化剂氧化。与钡粉、铍粉、锂屑、四氧化二氮、氢氧化钠发生剧烈化学反应。

主要用途：四氯乙烯是一种重要的有机氯产品，用途广泛，在工业上主要用作有机溶剂、干洗剂、脱硫剂、织物整理剂、金属去污剂、脂肪类萃取剂、有机合成和热传递介质，医疗上用作驱虫药，以及制冷剂 HCFC-123、HCFC-124 和 HFC-125 等的中间体等。

该产品归在《中华人民共和国进出口税则》：29032300。

对各公司征收的保证金比率如下：

欧盟公司

1．陶氏德国设施有限公司 33%

（Dow Deutschland Anlagengesellschaft mbH）

2．法国苏威公司 33%

（SOLVAY BENVIC EUROPE-FRANCE S.A.S.）

3．其他欧盟公司 33%

（All Others）

美国公司

1．西方化学公司 76.2%

（Occidental Chemical Corporation）

2．埃克塞尔公司 76.2%

（Axiall Corporation）

3．陶氏化学公司 76.2%

（The Dow Chemical Company）

4．美国 PPG 工业公司 76.2%

（PPG Industries）

5．其他美国公司 76.2%

（All Others）

（三）征收保证金的方法

自 2014 年 2 月 18 日起，进口经营者在进口原产于欧盟和美国的进口四氯乙烯时，应依据本初裁决定所确定的各公司的倾销幅度向中华人民共和国海关提供相应的保证金。保证金以海关审定的完税价格从价计征，计算公式为：保证金金额=（海关审定的完税价格×保证金征收比率）×（1+进口环节增值税税率）。

（四）评论

各利害关系方在本公告发布之日起 10 天内，可向调查机关提出书面评论并附相关证据，调查机关将依法予以考虑。

附件：中华人民共和国商务部关于原产于欧盟和美国的进口四氯乙烯反倾销调查的初步裁定（略）

二十五、商务部公告 2014 年第 13 号 关于对原产于欧盟的进口邻苯二酚反倾销措施到期的公告（2014 年 2 月 21 日）

2009 年 8 月 25 日，中华人民共和国商务部发布年度第 53 号公告，决定对原产于欧盟的进口邻苯二酚继续征收反倾销税，即该反倾销措施自 2009 年 8 月 26 日起延长 5 年，于 2014 年 8 月 25 日到期。

根据《中华人民共和国反倾销条例》第四十八条规定，反倾销税的征收期限和价格承诺的履行期限不超过 5 年；但是，经复审确定终止征收反倾销税有可能导致倾销和损害的继续或者再度发生的，反倾销税的征收期限可以适当延长。

自本公告发布之日起，国内产业或代表国内产业的自然人、法人或有关组织可在该反倾销措施到期日 60 天前，以书面形式向商务部提出期终复审申请。申请书应包含要求进行期终复审的明确表示和终止反倾销措施将可能导致倾销和损害继续或再度发生的充分证据。

如国内产业或代表国内产业的自然人、法人或有关组织未按本公告规定提出复审申请，在该反倾销措施到期日前，商务部也未主动发起期终复审调查，则上述反倾销措施将于 2014 年 8 月 26 日起终止实施。

二十六、商务部公告 2014 年第 14 号 关于邻苯二甲酸酐案反倾销措施到期的公告（2014 年 2 月 27 日）

2009 年 8 月 30 日，中华人民共和国商务部发布年度第 56 号公告，决定自 2009 年 8 月 31 日起继续对原产于韩国、日本和印度的进口邻苯二甲酸酐征收反倾销税，实施期限 5 年，至 2014 年 8 月 30 日止。

《中华人民共和国反倾销条例》第四十八条规定，经复审确定终止征收反倾销税有可能导致倾销和损害的继续或者再度发生的，反倾销税的征收期限可以适当延长。

自本公告发布之日起，中国国内产业或代表中国国内产业的自然人、法人或有关组织可在上述反倾销措施到期日 60 天前，以书面形式向商务部提出期终复审申请。申请书中应包含要求进行期终复审的明确表示和终止该反倾销措施将可能导致倾销和损害的继续或再度发生的充分证据。

如中国国内产业或代表中国国内产业的自然人、法人或有关组织未提出复审申请，在该反倾销措施到期日前，商务部也未主动发起期终复审调查，则该反倾销措施于 2014 年 8 月 30 日终止实施。

二十七、商务部公告 2014 年第 21 号 关于己二酸反倾销案罗地亚韩国有限公司更名的公告（2014 年 04 月 18 日）

2009 年 11 月 1 日，中华人民共和国商务部发布年度第 78 号公告，决定对原产于美国、欧盟和韩国的进口己二酸实施反倾销措施。其中，罗地亚聚酰胺有限公司的反倾销税率为 5.9%。2011 年 6 月 23 日，商务部发布年度第 36 号公告，决定由罗地亚韩国有限公司继承罗地亚聚酰胺有限公司在上述反倾销措施中的权利义务。

2014 年 1 月 16 日，索尔维化学韩国有限公司向商务部提交申请，请求继承罗地亚韩国有限公司在己二酸反倾销措施中的权利义务，并提交了股东大会决议、注册登记文件、公司章程、原材料供应商清单、对中国出口销售的主要客户清单以及相关公证和中国驻韩国大使馆的认证文件等相关证明材料。

商务部就上述申请事宜通知了国内己二酸产业。在规定时间内，国内己二酸产业未对索尔维化学韩国有限公司的请求提出异议。

经审查，现有证据材料表明罗地亚韩国有限公司更名为索尔维化学韩国有限公司符合韩国相关法律规定，公司更名前后关于被调查产品的经营管理、生产设备、生产水平、供应商关系、销售渠道和客户基础等均未发生变化。

据此，商务部决定：

（1）由索尔维化学韩国有限公司（Solvay Chemicals Korea Co., Ltd.）继承罗地亚韩国有限公司（Rhodia Korea Co., Ltd.）在己二酸反倾销措施中的权利义务，对中国出口被调查产品适用 5.9% 的反倾销税率。

（2）以罗地亚韩国有限公司（Rhodia Korea Co., Ltd.）名称向中国出口的被调查产品，适用己二酸反倾销措施中“其他韩国公司”所适用的 16.7% 反倾销税税率。

本公告自 2014 年 4 月 18 日起执行。

二十八、商务部公告 2014 年第 28 号 关于特丁基对苯二酚反倾销初步裁定的公告（2014 年 04 月 29 日）

根据《中华人民共和国反倾销条例》（以下简称《反倾销条例》）的规定，2013 年 8 月 22 日，商务部（以下称调查机关）发布 2013 年第 57 号公告，决定对原产于印度的进口特丁基对苯二酚（以下称被调查产品）进行反倾销立案调查。该产品应归在《中华人民共和国进出口税则》：29072990。该税则号项下特丁基对苯二酚以外的其他产品不在本次调查产品范围之内。

调查机关对被调查产品是否存在倾销和倾销幅度、被调查产品是否对中国特丁基对苯二酚产业造成损害及损害程度以及倾销与损害之间的因果关系进行了调查。根据调查结果和《反倾销条例》第二十四条的规定，调查机关作出初步裁定（见附件）。现将有关事项公告如下：

（一）初步裁定

调查机关初步裁定，在本案调查期内，被调查产品存在倾销，中国特丁基对苯二酚产业受到实质损害，且倾销与实质损害之间存在因果关系。

（二）征收保证金

根据《中华人民共和国反倾销条例》第二十八条和二十九条的规定，调查机关决定采用保证金形式实施临时反倾销措施。自 2014 年 4 月 30 日起，进口经营者在进口被调查产品时，应依据本初裁决定所确定的各公司的保证金比率向中华人民共和国海关提供相应的保证金。

对被调查产品的具体描述如下：

调查范围：原产于印度的进口特丁基对苯二酚

被调查产品名称：特丁基对苯二酚（别名“叔丁基对苯二酚”或“叔丁基氢醌”）。英文名称：Tertiary Butylhydroquinone，Tert-Butylhydroquinone 或 TBHQ。

分子式：$C_{10}H_{14}O_2$

化学结构式：

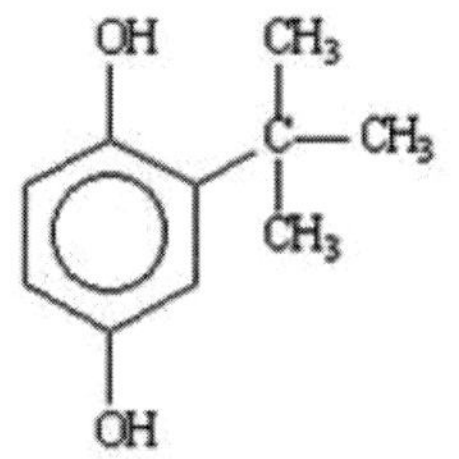

物理化学特征：白色或微红褐色结晶粉末，有轻微的特殊香味。溶于乙醇、乙酸、乙酯、异丙醇、乙醚及动、植物油，几乎不溶于水。沸点 300℃，熔点 126.5~128.5℃。遇铁、铜等金属离子不变色，但如有碱存在可转为粉红色。

主要用途：用于食品和食用油的抗氧化剂，对大多数油脂，脂肪均有防止酸败变质作用，用于延长油脂及含油食品的存储期。由于其抗氧化和抑菌作用，也作为添加剂应用于医药和饲料行业。

该产品应归在《中华人民共和国进出口税则》：29072990。该税则号项下特丁基对苯二酚以外的其他产品不在本次调查产品范围之内。

对各印度公司征收的保证金比率如下：

1．凯美菱精细科学有限公司 37.6%

（Camlin Fine Sciences Limited）

2．Nova International 56.9%

3．Milestone Preservatives P. Ltd. 56.9%

4．Shevalyn Pharmachem 56.9%

5．其他印度公司 37.6%

（三）征收保证金的方法

自 2014 年 4 月 30 日起，进口经营者在进口被调查产品时，应依据本初裁决定所确定的各公司的保证金比率向中华人民共和国海关提供相应的保证金。保证金以海关审定的完税价格从价计征，计算公式为：保证金金额=（海关审定的完税价格×保证金征收比率）×（1+进口环节增值税税率）。

（四）评论

各利害关系方在本公告发布之日起 10 天内，可向调查机关提出书面评论并附相关证据，调查机关将依法予以考虑。

附件：中华人民共和国商务部关于原产于印度的进口特丁基对苯二酚反倾销调查的初步裁定（略）

二十九、商务部公告 2014 年第 32 号 对原产于欧盟和美国的四氯乙烯反倾销终裁公告（2014 年 5 月 30 日）

根据《中华人民共和国反倾销条例》（以下称《反倾销条例》）的规定，2013 年 5 月 31 日，商务部（以下称调查机关）正式发布立案公告，决定对原产于欧盟和美国的进口四氯乙烯（以下称被调查产品）进行反倾销立案调查。该被调查产品归在《中华人民共和国进出口税则》：29032300。

调查机关对被调查产品是否存在倾销及倾销幅度、国内四氯乙烯产业是否受到损害及损害程度以及倾销与损害之间的因果关系进行了调查。根据调查结果和《反倾销条例》第二十四条的规定，2014 年 2 月 17 日，调查机关发布初裁公告，初步认定原产于欧盟和美国的进口四氯乙烯存在倾销，中国四氯乙烯产业受到了实质损害，并且倾销与实质损害之间存在因果关系。

初步裁定后，调查机关对倾销和倾销幅度、损害和损害程度及倾销和损害之间的因果关系进行了进一步调查。现本案调查结束，依据《反倾销条例》第二十五条的规定，调查机关作出最终裁定（见附件）。现将有关事项公告如下：

（一）最终裁定

经调查，调查机关最终裁定，在本案调查期内，原产于欧盟和美国的进口四氯乙烯存在倾销，中国国内产业受到实质损害，而且倾销与实质损害之间存在因果关系。

（二）被调查产品范围及措施范围

本案被调查产品及实施措施产品的具体描述如下：

调查和措施范围：原产于欧盟和美国的进口四氯乙烯。

被调查产品名称：四氯乙烯，英文名称：Perchlorethylene 或 Tetrachloroethylene（简称 PCE）

化学品类别：有机物——烃的衍生物

化学分子式：C_2Cl_4

化学结构式结构图：

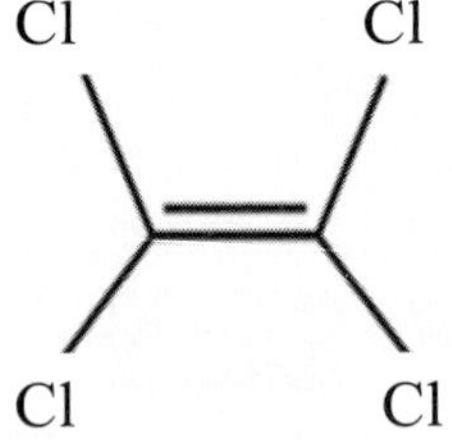

物理化学特性：四氯乙烯为无色透明液体，具有类似乙醚的气味。相对分子质量 165.82，熔点 −22.2℃，沸点 121.2℃，相对密度（水=1）1.622 6，蒸气密度 5.83，蒸汽压 2.11 千帕/20℃。四氯乙烯不溶于水（溶于约 10 000 份体积水），可混溶于乙醇、乙醚、氯仿、苯等多数有机溶剂；能溶解多种物质（如橡胶、树脂、脂肪、三氯化铝、硫、碘、氯化汞）。遇水可缓慢分解成三氯乙酸和盐酸。有水存在对铁、铝、锌有腐蚀（但可加稳定剂加以抑制）。非可燃性液体。高温引起分解，分解条件不

同分解产物不一样，主要为盐酸、光气、一氧化碳。如有活性炭存在，加热至 700℃分解生成六氯化苯和六氯乙烷。被强氧化剂氧化。与钡粉、铍粉、锂屑、四氧化二氮、氢氧化钠发生剧烈化学反应。

主要用途：四氯乙烯是一种重要的有机氯产品，用途广泛，在工业上主要用作有机溶剂、干洗剂、脱硫剂、织物整理剂、金属去污剂、脂肪类萃取剂、有机合成和热传递介质，医疗上用作驱虫药，以及制冷剂 HCFC-123、HCFC-124 和 HFC-125 等的中间体等。

该产品归在《中华人民共和国进出口税则》：29032300。

（三）征收反倾销税

根据《反倾销条例》第三十八条的规定，调查机关向国务院关税税则委员会提出对原产于欧盟和美国的进口四氯乙烯征收反倾销税的建议，国务院关税税则委员会根据调查机关的建议作出决定，自 2014 年 5 月 31 日起，对原产于欧盟和美国的进口四氯乙烯征收反倾销税。

对各公司征收的反倾销税税率如下：

欧盟公司

1. 陶氏德国设施有限公司 27.6%
（Dow Deutschland Anlagengesellschaft mbH）

2. 法国苏威公司 27.6%
（SOLVAY BENVIC EUROPE-FRANCE S.A.S.）

3. 其他欧盟公司 27.6%
（All Others）

美国公司

1. 西方化学公司 71.8%
（Occidental Chemical Corporation）

2. 埃克塞尔公司 71.8%
（Axiall Corporation）

3. 陶氏化学公司 71.8%
（The Dow Chemical Company）

4. 美国 PPG 工业公司 71.8%
（PPG Industries）

5. 其他美国公司 71.8%
（All Others）

（四）征收反倾销税的方法

自 2014 年 5 月 31 日起，进口经营者在进口被调查产品时，应向中华人民共和国海关缴纳相应的反倾销税。反倾销税以海关审定的完税价格从价计征，计算公式为：反倾销税额=海关完税价格×反倾销税税率，进口环节增值税以海关审定的完税价格加上关税和反倾销税作为计税价格从价计征。

（五）反倾销税的追溯征收

对自 2014 年 2 月 18 日起至 2014 年 5 月 30 日（含）止，有关进口经营者依初裁公告向中华人民共和国海关所提供的保证金，按终裁所确定的征收反倾销税的商品范围和反倾销税税率计征并转为反倾销税，并按相应的增值税税率计征进口环节增值税。在此期间有关进口经营者所提供的保证金超出反倾销税的部分，以及由此多征的进口环节增值税部分，海关予以退还，少征部分则不再征收。

对实施临时反倾销措施决定公告之日前进口的原产于欧盟和美国的进口四氯乙烯不再追溯征收反倾销税。

（六）征收反倾销税的期限

对原产于欧盟和美国的进口四氯乙烯征收反倾销税的实施期限自 2014 年 5 月 31 日起 5 年。

（七）新出口商复审

对于欧盟和美国在调查期内未向中华人民共和国出口被调查产品的新出口经营者，符合条件的，可依据《反倾销条例》第四十七条的规定，向调查机关书面申请新出口商复审。

（八）期中复审

在征收反倾销税期间，有关利害关系方可以根据《反倾销条例》第四十九条的规定，向调查机关书面申请期中复审。

（九）行政复议和行政诉讼

对本案终裁决定及征收反倾销税的决定不服的，根据《反倾销条例》第五十三条的规定，可以依法申请行政复议，也可以依法向人民法院提起诉讼。

（十）本公告自 2014 年 5 月 31 日起执行

附件：中华人民共和国商务部关于原产于欧盟和美国的进口四氯乙烯反倾销调查的最终裁定（略）

三十、商务部公告 2014 年第 37 号 关于决定对原产于美国、意大利、英国、法国和台湾地区的进口聚酰胺－6，6 切片征收反倾销税 即将到期的公告（2014 年 5 月 16 日）

2009年10月12日，中华人民共和国商务部发布年度第79号公告，决定对原产于美国、意大利、英国、法国和台湾地区的进口聚酰胺－6，6切片征收反倾销税。该反倾销措施自2009年10月13日开始实施，并将于2014年10月12日到期。

根据《中华人民共和国反倾销条例》第四十八条规定，反倾销税的征收期限和价格承诺的履行期限不超过5年；但经复审确定终止征收反倾销税有可能导致倾销和损害的继续或者再度发生的，反倾销税的征收期限可以适当延长。

自本公告发布之日起，国内产业或代表国内产业的自然人、法人或有关组织可在该反倾销措施到期日60天前，以书面形式向商务部提出期终复审申请。申请书应包含要求进行期终复审的明确表示和终止反倾销措施将可能导致倾销和损害的继续或再度发生的充分证据。如国内产业或代表国内产业的自然人、法人或有关组织未按本公告规定提出复审申请，在该反倾销措施到期日前，商务部也未主动发起期终复审调查，则上述反倾销措施将于2014年10月13日起终止实施。

三十一、商务部公告2014年第40号 关于原产于日本、新加坡、韩国和台湾地区的进口丙酮所适用反倾销措施的期终复审裁定（2014年6月6日）

2008年6月8日，商务部发布年度第40号公告，决定对原产于日本、新加坡、韩国和台湾地区的进口丙酮征收反倾销税，实施期限自2008年6月9日起5年。长春人造树脂厂股份有限公司与调查机关签订了价格承诺协议。在价格承诺协议执行期间，自上述公司进口的被调查产品不征收反倾销税，该协议于2008年6月9日生效，有效期5年。

2010年9月9日，商务部发布年度第54号公告，决定自2010年9月10日起，韩国锦湖P&B化学株式会社所适用的进口丙酮反倾销税税率从8.9%调整为4.3%。

2013年6月7日，商务部发布年度第35号公告，决定自2013年6月8日起对原产于日本、新加坡、韩国和台湾地区的进口丙酮所适用的反倾销措施进行期终复审调查。

复审产品范围是原反倾销措施所适用的产品，与商务部2008年第40号公告中的产品范围一致，该产品归在《中华人民共和国进出口税则》税则号：29141100。

商务部对如果终止原反倾销措施，导致倾销和损害继续或再度发生的可能性进行了调查，并根据调查结果向国务院关税税则委员会提出维持原反倾销措施的建议。

根据《中华人民共和国反倾销条例》第五十条及国务院关税税则委员会的决定，现将有关事项公告如下：

（一）裁定

商务部裁定，如果终止原反倾销措施，原产于日本、新加坡、韩国和台湾地区的进口丙酮对中国大陆的倾销有可能继续发生，对中国大陆产业造成的损害有可能再度发生。

（二）反倾销措施

自2014年6月8日起，按照商务部2008年第40号公告和2010年第54号公告公布的征税范围和反倾销税税率征收反倾销税，实施期限为5年。

本次复审调查期间，长春人造树脂厂股份有限公司继续签署了价格承诺协议，该协议自2014年6月8日起生效，实施期限为5年。在价格承诺协议执行期间，自上述公司进口的被调查产品不征收反倾销税。如出现违反价格承诺协议或其他终止执行价格承诺协议的情况，则按照上述公司的倾销幅度对其征收反倾销税。

（三）征收反倾销税的方法

自2014年6月8日起，进口经营者在进口原产于日本、新加坡、韩国和台湾地区的丙酮时，应向中华人民共和国海关缴纳相应的反倾销税。反倾销税以海关审定的完税价格从价计征，计算公式为：反倾销税税额＝海关完税价格×反倾销税税率。进口环节增值税以海关审定的完税价格加上关税和反倾销税作为计税价格从价计征。

（四）行政复议和行政诉讼

根据《中华人民共和国反倾销条例》第五十三条，对本复审决定不服的，可以申请行政复议，也可以向人民法院提起诉讼。

（五）本公告自2014年6月8日起执行

附件：商务部关于原产于日本、新加坡、韩国和台湾地区的进口丙酮所适用反倾销措施的期终复审裁定。

2013年6月7日，中华人民共和国商务部（以下称调查机关）发布公告，决定对原产于日本、新加坡、韩国和台湾地区的进口丙酮所适用的反倾销措施进行期终复审调查。

调查机关对如果终止原反倾销措施，原产于上述国家和地区的进口丙酮对中国大陆的倾销和损害继续或再度发生的可能性进行了调查。根据调查结果，并依据《中华人民共和国反倾销条例》（以下简称《反倾销条例》）第四十八条，作出复审裁定如下：

一、原反倾销措施

2008年6月8日，调查机关发布年度第40号公告，决定对原产于日本、新加坡、韩国和台湾地区的进口丙酮征收反倾销税，实施期限为自2008年6月9日起5年。长春人造树脂厂股份有限公司与调查机关签署了价格承诺协议。在价格承诺协议执行期间，自上述公司进口的被调查产品不征收反倾销税，该协议于2008年6月9日生效，有效期5年。

2010年9月9日，调查机关发布年度第54号公告，决定自2010年9月10日起，韩国锦湖P&B化学株式会社所适用的进口丙酮反倾销税税率从8.9%调整为4.3%。

二、期终复审调查程序

（一）到期公告。

2012年12月7日，调查机关发布年度第85号公告，宣布对原产于日本、新加坡、韩国和台湾地区的进口丙酮实施的反倾销措施将于2013年6月9日到期。根据《反倾销条例》规定，经复审确定终止征收反倾销税有可能导致倾销和损害继续或者再度发生的，反倾销税的征收期限可以适当延长。自该公告发布之日起，中国大陆产业可在原反倾销措施终止日60天前，向调查机关提出书面复审申请。

（二）复审申请。

2013年4月3日，调查机关收到中国石油化工股份有限公司北京燕山分公司和中国石油化工股份有限公司上海高桥分公司代表中国大陆丙酮产业正式递交的反倾销措施期终复审申请书。申请人主张，如果终止反倾销措施，原产于日本、新加坡、韩国和台湾地区的进口丙酮对中国大陆的倾销行为可能继续发生，倾销对中国大陆丙酮产业造成的损害可能再度发生，请求调查机关继续维持该反倾销措施。中国蓝星哈尔滨石化有限公司和中沙（天津）石化有限公司表示支持本次复审申请。

（三）立案前通知。

2013年5月31日，调查机关就有关期终复审申请事宜通知日本、韩国、新加坡驻华使馆，同日，通知台湾、澎湖、金门和马祖单独关税区驻世界贸易组织代表团。

（四）立案。

根据《反倾销条例》第十一条、第十三条、第十七条和第四十八条规定，调查机关对申请人资格和申请书的主张及相关证明材料进行审查后，认为申请人资格和申请书符合立案要求。

根据审查结果及《反倾销条例》第十六条、第四十八条、第五十一条规定，2013年6月7日，调查机关发布年度第35号公告，决定自2013年6月8日起对原产于日本、新加坡、韩国和台湾地区的进口丙酮所适用的反倾销措施进行期终复审调查。

（五）复审内容。

本次复审调查的内容为，如果终止原反倾销措施，是否可能导致倾销和损害的继续或者再度发生。

（六）立案通知及利害关系方评论。

立案当日，调查机关就立案事宜通知了日本、新加坡、韩国驻华使馆和台湾、澎湖、金门和马祖单独关税区驻世界贸易组织代表团，并将立案公告和申请书公开文本提供给上述机构，请其通知本国（地区）相关生产商和出口商。有关申请书公开文本，利害关系方可在商务部网站进出口公平贸易局子网站“案件动态”栏目下载，或在商务部公开信息查阅室查阅。

在规定时间内，没有利害关系方对本次复审立案发表评论意见。

（七）登记应诉。

2013年6月7日，调查机关在2013年第35号公告中公布，任何利害关系方可于立案公告发布之日起20天内，向调查机关申请参加应诉。在规定时间内，韩国（株）LG化学（LG Chem, Ltd.）和锦湖P&B化学株式会社（KUMHO P&B CHEMICALS, INC.）、台湾地区信昌化学工业股份有限公司、台湾化学纤维股份有限公司、长春人造树脂厂股份有限公司登记应诉本次复审调查。

（八）倾销调查和损害调查。

1. 倾销调查。

（1）调查问卷。

调查机关向所有已知利害关系方发放了倾销调查问卷。在规定时限内，韩国（株）LG 化学和锦湖 P&B 化学株式会社提交了倾销答卷。台湾地区信昌化学工业股份有限公司、台湾化学纤维股份有限公司、长春人造树脂厂股份有限公司未提交倾销答卷。

（2）公开信息渠道。

调查机关通过查询海关数据、咨询相关行业协会、查阅相关网站、公开刊物等方式，了解并收集与被调查产品及其同类产品有关的数据、信息。

（3）听取各利害关系方陈述。

在调查过程中，本案申请人向调查机关提交了有关涉案国（地区）被调查产品出口情况的补充说明材料。

（4）听证会。

在调查过程中，没有利害关系方向调查机关申请召开关于倾销调查的听证会。

2.产业损害调查。

（1）参加产业损害调查活动登记。

2013 年 6 月 7 日，调查机关发布《关于参加丙酮反倾销措施期终复审产业损害调查活动登记的通知》（商调查行业函[2013]278 号）。在规定的时间内，长春人造树脂厂股份有限公司，信昌化学工业股份有限公司，韩国锦湖 P&B 化学株式会社，（株）LG 化学（LG Chem,Ltd）作为国外（地区）生产者/出口商申请参加产业损害调查活动。经审查，调查机关接受了上述公司的登记申请。

（2）成立产业损害调查组。

2013 年 6 月 26 日，调查机关发布《关于成立丙酮反倾销措施期终复审案产业损害调查组的通知》（商调查行业函[2013]309 号），成立丙酮反倾销措施期终复审案产业损害调查组。

（3）发放和收回调查问卷。

根据《反倾销条例》第二十一条和《反倾销产业损害调查规定》第二十四条、第二十五条的相关规定，调查机关于 2013 年 7 月 1 日发出《丙酮反倾销案产业损害调查问卷（中国大陆生产者调查问卷）》（商调查行业函[2013]第 310 号）、《丙酮反倾销措施期终复审产业损害调查问卷[国外（地区）生产者/出口商调查问卷]》（商调查行业函[2013]第 311 号）、《丙酮反倾销案产业损害调查问卷（中国大陆进口商调查问卷）》（商调查行业函[2013]第 312 号），向各利害关系方发放了调查问卷并将调查问卷电子版本在中国贸易救济信息网公布。调查机关同时将上述问卷送至商务部贸易救济公开信息查阅室，供利害关系方查阅。

在规定的时间内，调查机关共收到产业损害调查问卷答卷 6 份，分别为：中国石油化工股份有限公司北京燕山分公司和中国石油化工股份有限公司上海高桥分公司，中国蓝星哈尔滨石化有限公司和中沙（天津）石化有限公司分别提交的《丙酮反倾销案产业损害调查问卷（中国大陆生产者调查问卷）》答卷 4 份；韩国锦湖 P&B 化学株式会社和韩国（株）LG 化学分别提交的《丙酮反倾销措施期终复审产业损害调查问卷[国外（地区）生产者/出口商调查问卷]》答卷 2 份。调查机关未收到《丙酮反倾销案产业损害调查问卷（中国大陆进口商调查问卷）》答卷。

（4）听取利害关系方意见陈述。

2013 年 7 月 4 日，调查机关收到本案递交答卷企业提交的《关于召开丙酮反倾销措施期终复审案中国大陆产业意见陈述会的申请》。调查机关于 2013 年 7 月 8 日发布《关于召开丙酮反倾销措施期终复审案中国大陆产业意见陈述会的通知》（商调查行业函[2013]331 号）。

2013 年 7 月 15 日，调查机关召开了丙酮反倾销措施期终复审案中国大陆产业意见陈述会，听取意见陈述以及本案相关背景情况、提起申请的主要事实和理由、中国大陆丙酮产业再度受到损害的可能性以及其他与产业损害调查相关的问题向调查机关进行了陈述。会后，递交答卷企业向调查机关提交了陈述会书面意见。

（5）实地核查。

2013 年 9 月 23 日，调查机关发布《关于丙酮反倾销措施期终复审案实地核查的通知》（商调查行业函[2013]510 号）。2013 年 10~12 月，调查机关对中国石油化工股份有限公司北京燕山分公司、中国石油化工股份有限公司上海高桥分公司、中国蓝星哈尔滨石化有限公司和中沙（天津）石化有限公司进行了实地核查。核查期间，调查机关对本案申请书及上述公司提交的中国大陆生产者调查问卷答卷中的数据和信息进行了核实，并收集了相关证据材料。核查结束后，上述公司分别向调查机关提交了《丙酮反倾销措施期终复审案产业损害调查实地核查补充、修改材料》。

2014年2月24日至28日，调查机关赴韩国锦湖P&B化学株式会社和韩国（株）LG化学进行了实地核查，了解了上述两家公司丙酮产品的生产能力、产量、出口量、出口能力、出口比例和出口市场状况等情况，对两家公司提交的《丙酮反倾销措施期终复审产业损害调查问卷[国外（地区）生产者/出口商调查问卷]》答卷中的相关数据进行了核实。实地核查结束后，上述两家公司分别向调查机关提交了《丙酮反倾销措施期终复审案产业损害调查实地核查资料》。

（6）接收利害关系方书面评论意见。

2013年8月30日，调查机关收到申请人提交的《丙酮反倾销措施期终复审申请人关于新加坡和台湾地区丙酮出口情况的补充说明》。

2013年12月12日，调查机关收到锦湖P&B化学株式会社提交的《关于丙酮反倾销措施期终复审案产业损害继续或再度发生可能性的意见》。

2014年1月27日，调查机关收到申请人提交的《丙酮反倾销措施期终复审案关于损害调查问卷答卷所填报现金流的情况说明》。

2014年2月12日，调查机关收到申请人提交的《丙酮反倾销措施期终复审案申请人关于韩国锦湖损害评论意见的评论意见》。

（7）召开上下游企业意见陈述会。

2014年3月17日，调查机关发出《关于召开丙酮反倾销措施期终复审案上下游意见陈述会的通知》（商调查行业函[2014]99号），拟于2014年3月25日召开本案上下游企业意见陈述会。在规定的时间内，无上下游企业报名参加本案上下游意见陈述会。2014年3月24日，调查机关发出《关于取消丙酮反倾销措施期终复审案上下游意见陈述会的通知》（商调查行业函[2014]105号），决定取消本案上下游意见陈述会。

（九）信息公开。

中国石油化工股份有限公司北京燕山分公司与中国石油化工股份有限公司上海高桥分公司同为中国石油化工股份有限公司的全资子公司，中沙（天津）石化有限公司为中国石油化工股份有限公司的控股子公司。三家企业为关联公司，与中国蓝星哈尔滨石化有限公司互为竞争对手。上述企业分别申请了对已提交资料进行保密处理，调查机关如果披露相关指标的合计数据，将造成各企业通过推算可以知悉竞争对手的经营数据，产生不利影响。根据《反倾销条例》第二十二条规定，调查机关决定对上述企业提供的信息进行保密处理。

另据调查，韩国仅有韩国锦湖P&B化学株式会社和韩国（株）LG化学2家丙酮生产企业，两家企业分别向调查机关提供相关数据，并分别申请对已提交资料进行保密处理。由于上述2家企业互为竞争对手，调查机关如果披露相关指标的合计数据，将造成各企业通过推算可以知悉竞争对手的经营数据，产生不利影响。根据《反倾销条例》第二十二条规定，调查机关决定对韩国丙酮产业相关数据进行保密处理。

调查机关对需保密的数据采用区间与百分比相结合的方式进行披露，区间所代表数据的实际值可能位于调查机关所公布区间的任一水平。

根据《反倾销条例》第二十三条的规定，本案所有公开信息均已按规定送交商务部贸易救济措施公开信息查阅室。本案所有利害关系方可以查找、阅览、摘抄、复印公开信息。

（十）信息披露。

根据《反倾销条例》第二十五条规定，2014年5月20日，调查机关向本案有关利害关系方披露了最终裁定所依据的基本事实，并给予其提出评论意见的机会。在规定时间内，没有利害关系方提交评论意见。

三、被调查产品和调查范围

（一）被调查产品。

本次复审被调查产品与原反倾销调查被调查产品一致，即丙酮。该产品归在《中华人民共和国进出口税则》税则号：29141100。

（二）调查范围。

原产于日本、新加坡、韩国和台湾地区的进口丙酮。

四、同类产品及中国大陆产业的认定

（一）同类产品的认定。

商务部2008年6月8日第40号公告发布的丙酮反倾销原审案件最终裁定中认定，“中国大陆生产的丙酮与被调查产品在物理和化学特性、原材料构成、生产工艺流程、产品用途、销售渠道和客户群体等方面基本相同，具有相似性和可替代性。因此，中国大陆生产的丙酮与被调查产品属于同类产品”。

商务部2013年6月7日第35号公告发布的本次复审调查立案公告中认定，复审被调查产品范围与原反倾销被调查产品一致。

在丙酮反倾销措施实施期间，中国大陆生产的丙酮与原审案件调查期内生产的丙酮在物理和化学性能、生产工艺流程、产品用途、销售渠道等方面未发生实质性变化。

因此，调查机关认定，中国大陆生产的丙酮与本次复审被调查产品属于同类产品。

（二）中国大陆产业的认定。

根据《反倾销条例》第十一条和《反倾销产业损害调查规定》第十三条的规定，调查机关对本案中国大陆产业进行了审查和认定。

本案立案公告告知各利害关系方可向调查机关登记参加产业损害调查活动。并告知《参加丙酮反倾销措施复审案产业损害调查活动申请表》与产业损害调查问卷可在“中国贸易救济信息网”下载。本案调查中，除中国石油化工股份有限公司北京燕山分公司、中国石油化工股份有限公司上海高桥分公司、中国蓝星哈尔滨石化有限公司和中沙（天津）石化有限公司外，没有其他中国大陆生产者参加产业损害调查活动或提交国内生产者调查问卷答卷。

证据显示，调查期内，提交中国大陆生产者调查问卷答卷企业生产的中国大陆同类产品合计产量占中国大陆同类产品总产量的比例 2008 年到 2012 年均在 60%到 80%之间，占中国大陆同类产品总产量的主要部分，符合《反倾销条例》第十一条和《反倾销产业损害调查规定》第十三条关于中国大陆产业认定的规定。因此，调查机关认定，提交中国大陆生产者调查问卷答卷的中国大陆生产者中国石油化工股份有限公司北京燕山分公司、中国石油化工股份有限公司上海高桥分公司、中国蓝星哈尔滨石化有限公司和中沙（天津）石化有限公司构成本案调查的中国大陆产业。本裁决所依据的中国大陆产业数据，除特别说明外，均来自以上特定的中国大陆生产者。

五、复审调查期

本次复审的倾销调查期为 2012 年 1 月 1 日至 2012 年 12 月 31 日，产业损害调查期为 2008 年 1 月 1 日至 2012 年 12 月 31 日。

六、倾销继续或再度发生的可能性

（一）复审调查期内倾销情况。

日本

由于没有日本生产商、出口商应诉并提交答卷，调查机关不能直接获得其被调查产品的正常价值、出口价格、调整项目等数据和相关证据。根据《反倾销条例》第二十一条，调查机关决定采用可获得的最佳信息对日本被调查产品的正常价值、出口价格、影响正常价值和出口价格可比性的因素等进行认定。调查机关认为，申请人提供的信息是可获得的最佳信息，并根据申请人提供的相关数据对日本被调查产品的正常价值、出口价格进行认定，对影响正常价值和出口价格可比性的因素进行调整，并在同一贸易环节进行比较。

经调查，调查机关认定，倾销调查期内，原产于日本的丙酮对中国大陆出口存在倾销。

新加坡

由于没有新加坡生产商、出口商提交答卷，调查机关不能直接获得其被调查产品的正常价值、出口价格、调整项目等数据和相关证据。根据《反倾销条例》第二十一条，调查机关决定采用可获得的最佳信息对新加坡被调查产品的正常价值、出口价格、影响正常价值和出口价格可比性的因素等进行认定。调查机关认为，申请人提供的信息是可获得的最佳信息，并根据申请人提供的相关数据对新加坡被调查产品的正常价值、出口价格进行认定，对影响正常价值和出口价格可比性的因素进行调整，并在同一贸易环节进行比较。

经调查，调查机关认定，倾销调查期内，原产于新加坡的丙酮对中国大陆出口存在倾销。

韩国

在规定时限内，韩国（株）LG 化学和锦湖 P&B 化学株式会社登记应诉本次复审调查并提交了倾销答卷。申请书和上述两家韩国公司的答卷显示，（株）LG 化学和锦湖 P&B 化学株式会社是本次复审倾销调查期内韩国全部的丙酮生产商和出口商。经审查，调查机关决定根据（株）LG 化学和锦湖 P&B 化学株式会社情况作出韩国在调查期内是否存在倾销的裁决。

（株）LG 化学

1．正常价值。

根据《反倾销条例》第四条的规定，调查机关决定以答卷报告的公司正常贸易过程中的国内销售价格作为确定正常价值的基础，认定被调查产品的正常价值。

2．出口价格。

根据《反倾销条例》第五条的规定，调查机关决定以答卷报告的公司与中国大陆非关联客户的价格、公司与位于中国大陆之外的非关联贸易商的价格作为确定出口价格的基础，认定被调查产品的出口价格。

3．调整与比较。

根据《反倾销条例》第六条的规定，调查机关在审查公司答卷的基础上，对影响正常价值和出口价格可比性的因素进行调整，并在同一贸易环节进行比较。

经比较，调查机关认定，倾销调查期内，原产于（株）LG 化学的被调查产品对中国大陆出口存在倾销。

锦湖 P&B 化学株式会社

1．正常价值。

根据《反倾销条例》第四条的规定，调查机关审查了公司国内同类产品销售情况。在调查期内，该公司向国内关联和非关联客户销售同类产品。经审查，调查机关认为，关联销售的价格与非关联销售的价格相比存在明显差异，关联销售不属于正常贸易过程中的国内销售。调查机关决定以答卷报告的公司与国内非关联客户之间的销售价格作为确定正常价值的基础，认定被调查产品的正常价值。

2．出口价格。

根据《反倾销条例》第五条的规定，调查机关决定以答卷报告的公司与中国大陆非关联客户的价格、公司与位于中国大陆之外的非关联贸易商的价格作为确定出口价格的基础，认定被调查产品的出口价格。

3．调整与比较。

根据《反倾销条例》第六条的规定，调查机关在审查公司答卷的基础上，对影响正常价值和出口价格可比性的因素进行调整，并在同一贸易环节进行比较。

关于公司就正常价值主张的售前仓储费和工厂至仓库运费调整，调查机关经审查认为，公司答卷未提供充分证据证明上述费用会影响价格的公平比较，决定不予接受。

关于公司就出口价格主张的出口退税调整，调查机关经审查认为，公司未按调查问卷要求提供充分证据支持其主张，决定不予接受。

经审查，调查机关认定，倾销调查期内，原产于锦湖 P&B 化学株式会社的被调查产品对中国大陆出口存在倾销。

综上，在本复审倾销调查期内，韩国（株）LG 化学和锦湖 P&B 化学株式会社对中国大陆出口被调查产品仍然存在倾销。因此，复审倾销调查期内韩国对中国大陆出口丙酮存在倾销。

台湾地区

由于没有台湾地区生产商、出口商提交答卷，调查机关不能直接获得其被调查产品的正常价值、出口价格、调整项目等数据和相关证据。根据《反倾销条例》第二十一条，调查机关决定采用可获得的最佳信息对台湾地区被调查产品的正常价值、出口价格、影响正常价值和出口价格可比性的因素等进行认定。调查机关认为，申请人提供的信息是可获得的最佳信息，并根据申请人提供的相关数据对台湾地区被调查产品的正常价值、出口价格进行认定，对影响正常价值和出口价格可比性的因素进行了调整，并在同一贸易环节进行比较。

经调查，调查机关认定，倾销调查期内，原产于台湾地区的丙酮对中国大陆出口存在倾销。

（二）倾销继续或再度发生的可能性

日本

由于没有日本生产商、出口商提交答卷，调查机关决定采用可获得的最佳信息，通过对日本丙酮倾销调查期内的倾销情况、出口能力、对中国大陆出口、对第三国（地区）出口的分析，对日本丙酮倾销继续或再度发生的可能性进行审查。调查机关认为，申请人提供的信息是可获得的最佳信息。

1．倾销调查期内的倾销情况。

根据原反倾销措施，日本公司适用的反倾销税率为 7.2%~51.6%。前述倾销调查表明，倾销调查期内，原产于日本的丙酮对中国大陆的出口存在倾销。

2．出口能力。

（1）产能、产量和闲置产能。

根据申请人提供的材料和数据，从 2009 年到 2012 年，日本丙酮产能保持稳定，均为 55.7 万吨；产量分别为 47.7 万吨、52.1 万吨、47.1 万吨和 47 万吨，基本保持稳定，总体略有下降；产能利用率分别为 85.64%、93.54%、84.56%和 84.38%，平均为 87.03%；闲置产能分别为 8 万吨、3.6 万吨、8.6 万吨和 8.7 万吨，总体保持较高水平。

（2）日本市场消费情况。

根据申请人提供的材料和数据，从 2009 年到 2012 年，日本国内丙酮市场需求量分别为 36.1 万吨、43.7 万吨、44.1 万吨和 40.4 万吨，未出现明显的持续性增长；日本国内需求量占全球总需求量的比例分别为7.05%、7.74%、7.51%和6.66%，总体呈下降趋势。

（3）对国际市场的依赖程度。

根据申请人提供的材料和数据，从2009年到2012年，日本丙酮出口量分别为12.4万吨、9.1万吨、5.3万吨和7.5万吨，出口量占产量的比例分别为26%、17.47%、11.25%和15.96%，平均占比为17.67%。这表明日本丙酮产业对国际市场的依赖程度较高，对外出口是日本消化国内丙酮剩余产能的重要渠道。

上述调查表明，从2009年到2012年，日本丙酮产能较大，且保持稳定，闲置产能处于高位，日本国内市场需求无持续明显增长，对国际市场依赖程度较高，出口能力较强。

3．对中国大陆出口。

根据申请人提供的数据，从2009年到2012年，日本丙酮对中国大陆出口数量分别为8.7万吨、7.7万吨、3.9万吨和5.1万吨，虽总体绝对数量有所下降，但对中国大陆出口量占其总出口量的比例一直维持在较高水平，分别为70.16%、84.62%、73.58%和68%，平均占比为74.09%。可见，从2009年到2012年，中国大陆始终是日本丙酮最大的出口市场。

4．对第三国（地区）出口。

根据申请人提供的数据，日本丙酮2012年向第三国（地区）出口价格大幅低于日本国内市场价格。日本向第三国（地区）低价出口占向第三国（地区）总出口的比例高达99.94%。这说明低价出口是日本丙酮对海外市场销售的一种重要方式。

上述调查表明，倾销调查期内，原产于日本的丙酮对中国大陆出口存在倾销。从2009年到2012年，日本丙酮闲置产能较大，对国际市场依赖度较高，出口能力较强；中国大陆是其最大出口市场，出口量占其总出口量的绝对比例。因此，如果终止对日本的反倾销措施，原产于日本的进口丙酮对中国大陆的倾销可能继续发生。

新加坡

由于没有新加坡生产商、出口商提交答卷，调查机关决定采用可获得的最佳信息，通过对新加坡丙酮倾销调查期内的倾销情况、出口能力、对中国大陆出口、对第三国（地区）出口的分析，对新加坡丙酮倾销继续或再度发生的可能性进行审查。调查机关认为，申请人提供的信息是可获得的最佳信息。

1．倾销调查期内的倾销情况。

根据原反倾销措施，新加坡公司适用的反倾销税率为6.7%~51.6%。前述倾销调查表明，倾销调查期内，原产于新加坡的丙酮对中国大陆的出口存在倾销。

2．出口能力。

（1）产能、产量和闲置产能。

根据申请人提供的材料和数据，从2009年到2012年，新加坡丙酮产能保持稳定，均为18万吨；产量分别为15.4万吨、16.1万吨、16.2万吨和17万吨，总体呈上升趋势；产能利用率分别为85.56%、89.44%、90%和94.44%，平均为89.86%；闲置产能分别为2.6万吨、1.9万吨、1.8万吨和1万吨。

（2）新加坡市场消费情况。

根据申请人提供的材料和数据，从2009年到2012年，新加坡国内丙酮市场需求量分别为6.1万吨、5.8万吨、4.4万吨和3.6万吨，呈逐年下降趋势，与2009年相比，2012年需求量降幅达40.98%；需求量占产量的比例分别为39.61%、36.02%、27.16%和21.18%，与2009年相比，2012年下降了约18个百分点。

（3）对国际市场的依赖程度。

根据申请人提供的材料和数据，从2009年到2012年，新加坡丙酮出口量分别为10.9万吨、13.8万吨、12.9万吨和14.3万吨，出口量占产量的比例分别为71.03%、85.66%、79.54%和83.93%，平均占比为80.06%。这表明新加坡丙酮产业严重依赖国际市场，对外出口是新加坡消化国内丙酮剩余产能的主要方式。

上述调查表明，从2009年到2012年，新加坡丙酮产能保持稳定，产量持续增加，开工率保持较高水平，新加坡国内市场需求大幅下降，对国际市场的依赖程度增强，约80%的产量需要通过出口消化，具有较强的出口能力。

3．对中国大陆出口。

根据申请人提供的数据，从2009年到2012年，新加坡丙酮对中国大陆出口数量分别为2.8万吨、2.4万吨、0.9万吨和1.5万吨，占其总出口量的比例分别为25.69%、17.39%、6.98%和10.49%。2012年，中国大陆是新加坡丙酮的第四大出口市场。

4．对第三国（地区）出口。

根据申请人提供的数据，新加坡丙酮 2012 年向第三国（地区）出口价格大幅低于新加坡国内市场价格。新加坡向第三国（地区）低价出口占向第三国（地区）总出口的比例高达 99.67%。这说明低价出口是新加坡丙酮对海外市场销售的一种重要方式。

上述调查表明，倾销调查期内，原产于新加坡的丙酮对中国大陆出口存在倾销。从 2009 年到 2012 年，新加坡丙酮产量不断增加，严重依赖国际市场，具有较强的出口能力；中国大陆是其重要的出口市场。因此，如果终止对新加坡的反倾销措施，原产于新加坡的进口丙酮对中国大陆的倾销可能继续发生。

韩国

如前所述，韩国（株）LG 化学和锦湖 P&B 化学株式会社是韩国仅有的丙酮生产商和出口商。调查机关决定根据韩国（株）LG 化学和锦湖 P&B 化学株式会社提交的数据与信息，就韩国对中国大陆出口丙酮倾销继续发生的可能性进行分析。

1．倾销调查期内的倾销情况。

前述倾销调查表明，倾销调查期内，原产于韩国的丙酮对中国大陆的出口存在倾销。

2．出口能力。

（1）产能、产量和闲置产能。

根据韩国（株）LG 化学和锦湖 P&B 化学株式会社提供的材料和数据，韩国丙酮产能 2009 年为 30~40 万吨，2010 年比 2009 年增加 5.06%，2011 年、2012 年产能保持不变。韩国丙酮产量 2009 年为 30~40 万吨，2010 年比 2009 年增加 3.12%，2011 年比 2010 年增加 7.55%，2012 年比 2011 年增加 2.88%。调查期内，韩国丙酮基本没有闲置产能。

（2）韩国市场消费情况。

在确定韩国丙酮市场需求量时，调查机关使用以下计算方法：

市场需求量=答卷企业产量总和+进口量一出口量+（答卷企业期初库存一答卷企业期末库存）

其中，产量数据来源于（株）LG 化学和锦湖 P&B 化学株式会社提交的产量数据汇总；进、出口量均采用韩国海关数据；库存数据来源于上述两家公司提交的库存数据汇总。

经上述方法计算，韩国丙酮市场需求量 2009 年为 25~30 万吨，2010 年比 2009 年增长 14.00%，2011 年比 2010 年增长 6.90%，2012 年比 2011 年增长 8.13%。韩国丙酮可供出口能力呈下降趋势，2009 年为 10~15 万吨，2010 年比 2009 年下降 16.32%，2011 年比 2010 年下降 22.48%，2012 年比 2011 年下降 36.56%，其所占同期韩国丙酮生产能力的比例 2009 年到 2012 年分别为 29.47%，23.47%，18.19%和 11.54%。上述数据表明，韩国丙酮需求量在调查期内有所增长，但是，韩国丙酮生产能力在调查期内始终大于国内需求，具有较强的出口能力。

（3）对国际市场的依赖程度。

根据韩国海关数据，调查期内，韩国丙酮出口量呈总体下降趋势，2009 年到 2012 年分别为 10.69 万吨，8.53 万吨，10.07 万吨和 8.22 万吨，占同期丙酮产量的比例 2009 年为 25%~35%，2010 年比 2009 年下降 6.23 个百分点，2011 年比 2010 年上升 2.09 个百分点，2012 年比 2011 年下降 4.84 个百分点。这表明虽然对外出口数量总体呈下降趋势，但韩国丙酮产业对国际市场的依赖程度较高，对外出口是韩国消化丙酮剩余产能的重要渠道。

上述调查表明，2009 年到 2012 年，韩国丙酮产量持续增加，国内需求虽有所增长，但国内产能一直超过国内需求量，韩国丙酮对国际市场依赖程度较高，对外出口占其产量比例较高。

3．对中国大陆出口。

根据中国大陆海关统计，2009 年到 2012 年，韩国丙酮对中国大陆出口数量分别为 5.81 万吨，3.67 万吨，6.68 万吨和 6.90 吨，出口数量占中国大陆丙酮总进口量的比例分别为 10.54%，4.88%，8.96% 和 10.00%。

根据韩国海关统计，韩国丙酮对中国大陆出口占其总出口的比例呈总体上升趋势，2009 年到 2012 年分别为 53.98%，41.62%，66.04%，82.72%。上述数据表明，中国大陆是韩国丙酮的重要出口市场。

4．对第三国（地区）出口。

根据韩国海关统计，2009 年到 2012 年，韩国丙酮对中国大陆以外的第三国（地区）出口量分别为 4.92 万吨、4.98 万吨、3.42 万吨和 1.42 万吨，占其总出口量的比例分别为 46.02%、58.38%、33.96%和 17.27%，总体呈下降趋势。

上述调查表明，2009 年到 2012 年，韩国丙酮产量持续增加，而其国内产能、产量一直超过国内需求，因此对国际市场依赖程度较高。与此同时，第三国（地区）对韩国丙酮的需求量逐渐减少，中国大陆是韩国出口其过剩丙酮的重要出口市场，且自2010年开始，韩国对中国大陆出口量在其总出口量中占比增长明显。因此，如果终止对韩国的反倾销措施，原产于韩国的进口丙酮对中国大陆的倾销可能继续发生。

台湾地区

由于没有台湾地区生产商、出口商提交答卷，调查机关决定采用可获得的最佳信息，通过对台湾地区丙酮倾销调查期内的倾销情况、出口能力、对中国大陆出口、对第三国（地区）出口的分析，对台湾地区丙酮倾销继续或再度发生的可能性进行审查。调查机关认为，申请人提供的信息是可获得的最佳信息。

1．倾销调查期内的倾销情况。

根据原反倾销措施，台湾地区公司适用的反倾销税率为6.2%~51.6%。前述倾销调查表明，倾销调查期内，原产于台湾地区的丙酮对中国大陆的出口存在倾销。

2．出口能力。

（1）产能、产量和闲置产能。

根据申请人提供的材料和数据，从2009年到2012年，台湾地区丙酮产能保持稳定，均为66.1万吨；产量分别为57.6万吨、60.2万吨、61.8万吨和62.9万吨，呈逐年上升趋势；产能利用率分别为87.14%、91.07%、93.49%和95.16%，平均为91.72%；闲置产能分别为8.5万吨、5.9万吨、4.3万吨和3.2万吨。

（2）台湾地区市场消费情况。

根据申请人提供的材料和数据，从2009年到2012年，台湾地区内丙酮市场需求量分别为38.1万吨、35.0万吨、35.1万吨和38.4万吨，未出现明显的持续性增长；台湾地区内需求量占全球总需求量的比例分别为7.44%、6.20%、5.98%和6.33%，总体呈下降趋势。

（3）对国际市场的依赖程度。

根据申请人提供的材料和数据，从2009年到2012年，台湾地区丙酮出口量分别为20.1万吨、25.2万吨、26.7万吨和24.9万吨，出口量占产量的比例分别为34.90%、41.86%、43.20%和39.59%，平均占比为39.89%。这表明台湾地区丙酮产业对国际市场的依赖程度较高，对外出口是台湾地区消化其丙酮剩余产能的重要渠道。

上述调查表明，从2009年到2012年，台湾地区丙酮产能较大，且一直保持稳定，产量逐年增长，台湾地区内市场需求无持续明显增长，对国际市场依赖程度较高，出口能力较强。

3．对中国大陆出口。

根据申请人提供的数据，从2009年到2012年，台湾地区丙酮对中国大陆出口数量分别为14.2万吨、17.3万吨、18.9万吨和16.3万吨，占其总出口量的比例一直维持在较高水平，分别为70.65%、68.65%、70.79%和65.46%，平均占比为68.89%。可见，从2009年到2012年，中国大陆始终是台湾地区丙酮最大的出口市场。

4．对第三国（地区）出口。

根据申请人提供的数据，台湾地区丙酮2012年向第三国（地区）出口价格大幅低于台湾地区内市场价格。台湾地区向第三国（地区）低价出口占向第三国（地区）总出口的比例高达98.53%。这说明低价出口是台湾地区丙酮对海外市场销售的一种重要方式。

上述调查表明，倾销调查期内，原产于台湾地区的丙酮对中国大陆出口存在倾销。从2009年到2012年，台湾地区丙酮产能较大，对国际市场依赖度较高，出口能力较强；中国大陆是其最大出口市场。因此，如果终止对台湾地区的反倾销措施，原产于台湾地区的进口丙酮对中国大陆的倾销可能继续发生。

（三）倾销调查结论。

根据上述调查，调查机关裁定，如果终止对原产于日本、新加坡、韩国和台湾地区的进口丙酮适用的反倾销措施，原产于日本、新加坡、韩国和台湾地区的进口丙酮对中国大陆的倾销有可能继续发生。

七、损害再度发生的可能性

根据《反倾销条例》第二十一条、第五十一条和《反倾销产业损害调查规定》第三十三条的规定，调查机关对如果终止原反倾销措施，中国大陆产业损害继续或再度发生的可能性进行了审查。

（一）调查期内中国大陆产业状况。

根据《反倾销条例》第七、八条及《反倾销产业损害调查规定》第七条规定，调查机关对调查期内中国大陆产业的相关经济因素和指标进行了调查。

1．表观消费量。

调查期内，中国大陆丙酮的表观消费量呈持续上升趋势。2008年、2009年、2010年、2011年和2012年，中国大陆丙酮的表观消费量分别为72.95万吨、91.07万吨、124.14万吨、132.98万吨和135.95万吨。2009年比2008年增长24.84%，2010年比2009年增长36.31%，2011年比2010年增长7.13%，2012年比2011年增长2.23%。

2．产能。

调查期内，中国大陆产业同类产品产能呈总体上升趋势。2008年产能为25~35万吨，2009年比2008年增长5.25%，2010年比2009年增长33.84%，2011年比2010年增长8.43%，2012年与2011年持平。

3．产量。

调查期内，中国大陆产业同类产品产量呈总体上升趋势。2008年产量25~35万吨，2009年比2008年下降8.43%，2010年比2009年增长58.50%，2011年比2010年增长13.12%，2012年比2011年下降5.43%。

4．开工率。

调查期内，中国大陆产业同类产品开工率呈总体上升趋势。2008年开工率为90%~100%，2009年比2008年下降12.28个百分点，2010年比2009年上升15.15个百分点，2011年比2010年上升4.21个百分点，2012年比2011年下降5.52个百分点。

5．销售量。

调查期内，中国大陆产业同类产品销售量呈总体上升趋势。2008年销售量为25万~35万吨，2009年比2008年下降8.30%，2010年比2009年增长57.59%，2011年比2010年增长14.75%，2012年比2011年下降5.53%。

6．市场份额。

调查期内，中国大陆产业同类产品市场份额呈总体下降趋势。2008年市场份额为30%~40%，2009年比2008年下降9.77个百分点，2010年比2009年上升4.22个百分点，2011年比2010年上升2.22个百分点，2012年比2011年下降2.54个百分点。

7．销售价格。

调查期内，中国大陆产业同类产品销售价格呈波动趋势。2008年为7 000~8 000元/吨，2009年比2008年下降30.24%，2010年比2009年增长16.21%，2011年比2010年增长19.60%，2012年比2011年下降7.36%。

8．销售收入。

调查期内，中国大陆产业同类产品内销收入呈波动趋势。2008年为15~25亿元，2009年比2008年下降36.03%，2010年比2009年增长83.13%，2011年比2010年增长37.24%，2012年比2011年下降12.48%。

9．税前利润。

调查期内，中国大陆产业同类产品税前利润呈总体下降趋势。2008年为1.5~2亿元，2009年比2008年下降54.82%，2010年税前利润转为负值，2011年税前利润转为正值，2012年比2011年下降81.12%。

10．投资收益率。

调查期内，中国大陆产业同类产品投资收益率呈波动趋势。2008年为30%~40%，2009年比2008年下降14.55个百分点，2010年比2009年下降28.21个百分点，2011年比2010年上升29.29个百分点，2012年比2011年下降17.83个百分点。

11．就业人数。

调查期内，中国大陆产业同类产品就业人数呈持续下降趋势。2008年为700~800人，2009年比2008年下降13.61%，2010年比2009年下降2.75%，2011年比2010年下降4.72%，2012年比2011年下降6.77%。

12．劳动生产率。

调查期内，中国大陆产业同类产品劳动生产率呈持续上升趋势。2008年为300~400吨/人，2009年比2008年上升5.99%，2010年比2009年上升62.99%，2011年比2010年上升18.72%，2012年比2011年上升1.43%。

13．人均工资。

调查期内，中国大陆产业同类产品人均工资呈波动趋势。2008年为4.5~5.0万元/人，2009年比2008年增长0.41%，2010年比2009年增长18.10%，2011年比2010年增长31.98%，2012年比2011年增长7.34%。

14．期末库存。

调查期内，中国大陆产业同类产品期末库存呈波动趋势。2008年为1 000~1 500吨，2009年比2008年增长112.12%，2010年比2009年增长180.15%，2011年比2010年下降25.50%，2012年比2011年下降27.27%。

15．经营活动现金流量净额。

调查期内，中国大陆产业同类产品经营活动现金流量净额呈波动趋势。2008年为6 000万~7 000万元，2009年比2008年下降83.93%，2010年、2011年中国大陆产业同类产品经营活动现金流量呈净流出状态，2012年，中国大陆产业同类产品经营活动现金净流量转为净流入状态。

16．投融资能力。

调查期内，没有证据显示被调查产品进口对中国大陆产业同类产品投融资活动产生影响。

上述证据表明，调查期内，中国大陆丙酮市场需求旺盛，中国大陆丙酮表观消费量持续增长。随着中国大陆丙酮市场需求的增长，中国大陆丙酮产业陆续新建和扩建了一批生产装置，中国大陆产业产能、产量、销量、开工率、劳动生产率、人均工资等经济指标均呈总体上升趋势。另外，2010年和2011年，中国大陆产业同类产品销售价格和销售收入大幅增长，销售价格分别比上年度增长16.21%和19.6%，销售收入分别比上年度增长83.13%和37.24%。2011年，中国大陆产业同类产品税前利润和投资收益率大幅上升，分别比2010年上升379.68%和29.29个百分点。中国大陆丙酮产业在调查期内得到了初步恢复和发展。

但是，调查期内中国大陆丙酮产业同类产品销售价格、销售收入出现过下降的情况。2009年，中国大陆产业同类产品的销售价格和销售收入大幅下降，分别比2008年下降30.24%和36.03%。2012年，中国大陆产业同类产品销售价格和销售收入又大幅下降，分别比2011年下降7.36%和12.48%。中国大陆产业同类产品税前利润和投资收益率也在调查期内出现过下降的情况，2009年，中国大陆产业同类产品税前利润和投资收益率大幅下降，分别比上年度下降54.82%和14.55个百分点。2010年，中国大陆产业同类产品税前利润和投资收益率转为负值。2012年，中国大陆产业同类产品税前利润和投资收益率再次下降，分别比上年度下降81.12%和17.83个百分点。此外，中国大陆产业同类产品市场份额、期末库存与经营活动现金流量净额也呈现波动趋势。以上证据表明，中国大陆丙酮产业生产经营状况不稳定，仍然较为脆弱。

因此，调查期内，由于实施丙酮反倾销措施，使原产于日本、新加坡、韩国和台湾地区的进口丙酮的倾销行为受到一定的遏制。中国大陆丙酮市场环境有所改善，中国大陆丙酮产业得到初步恢复和发展，但仍然容易受到倾销进口产品的冲击和影响。

（二）损害再度发生的可能性

1．中国大陆丙酮市场状况。

中国大陆丙酮产业开始于20世纪50年代，随着中国大陆经济的快速发展，中国大陆丙酮产品市场需求稳步增长。丙酮原审调查期内，中国大陆丙酮产业处于成长期，市场需求呈上升趋势，日本、新加坡、韩国和台湾地区的丙酮产品大量涌入中国大陆市场，对中国大陆产业同类产品价格产生了明显的抑制作用，给中国大陆丙酮产业造成了严重的实质损害。

2008年6月8日，商务部决定对原产于日本、新加坡、韩国和台湾地区的进口丙酮征收反倾销税，使得被调查产品的倾销行为得到一定程度的遏制，中国大陆丙酮市场环境得到改善。本案调查期内，丙酮作为重要的化工原料，需求逐步增长，调查期末表观消费量达到135.95万吨，比调查期初增长86.35%，年均增长幅度达到21.59%，中国大陆成为全球丙酮需求量最大的国家（地区）之一。

随着中国大陆经济的快速发展，中国大陆丙酮下游等行业的进一步发展。预计未来几年内，中国大陆丙酮产品市场需求将进一步增长，到2015年，中国大陆丙酮表观消费量将达到175万吨/年。随着中国大陆丙酮市场需求的增长，中国大陆丙酮的产能也将相应地稳步增长，到2015年，中国大陆丙酮产能将达到190万吨/年。届时，中国大陆丙酮的供应将完全能够满足中国大陆市场需求，生产装置的运营也将更加稳定和成熟，从而满足下游用户的要求。

2．累积评估的适当性。

证据显示，调查期内，被调查产品之间及被调查产品与中国大陆产业同类产品之间在物理和化学特性、生产工艺流程、产品用途、销售渠道和客户群体、产品可替代性、消费者和生产者评价等方面基本相同，在国内市场上存在相互竞争关系，而且竞争条件基本相同。

根据《反倾销条例》第九条和《反倾销产业损害调查规定》第十五条、第十六条的规定，调查机关认定，调查期内，对被调查产品对中国大陆丙酮产业造成的影响进行累积评估是适当的。

3．被调查产品进口数量增加的可能性。

根据中国大陆海关统计，2008年、2009年、

2010年、2011年和2012年被调查产品进口数量分别为21.75万吨、31.95万吨、30.78万吨、30.41万吨和29.62万吨。2009年比2008年增长46.90%，2010年比2009年下降3.66%，2011年比2010年下降1.20%，2012年比2011年下降2.60%。

调查期内，被调查产品进口数量占中国大陆市场份额2008年到2012年分别为30.09%、35.08%、24.80%、22.87%和21.79%。2009年比2008年上升5.07个百分点，2010年比2009年下降10.28个百分点，2011年比2010年下降1.93个百分点，2012年比2011年下降1.08个百分点。

调查期内，被调查产品进口数量占中国大陆丙酮总进口量的比例保持较高水平，2008年到2012年分别为59.59%、57.96%、40.92%、40.83%和42.91%。2009年比2008年下降1.63个百分点，2010年比2009年下降17.04个百分点，2011年比2010年下降0.09个百分点，2012年比2011年上升2.08个百分点。

上述证据表明，调查期内，原产于日本、新加坡、韩国和台湾地区的被调查产品进口数量调查期前期上升后，在调查期后期小幅回落，但被调查产品占中国大陆市场份额保持在20%至40%之间，进口数量占中国大陆丙酮总进口量的比例保持在40%至60%之间，日本、新加坡、韩国和台湾地区是中国大陆进口丙酮的主要来源国（地区）。

（1）日本丙酮市场状况。

日本无生产者/出口商参加本案产业损害调查活动登记，也没有向调查机关递交调查问卷答卷，调查机关未收到日本利害关系方的任何评论意见。申请书提供了调查期内日本丙酮产能、产量、需求量、出口能力、出口比例和出口市场情况等数据。根据《反倾销条例》第二十一条、第五十一条和《反倾销产业损害调查规定》第三十三条的规定，调查机关根据已获得的事实和可获得的最佳信息对原产于日本的被调查产品在调查期内的进口情况及进口进一步增加的可能性进行了审查。

根据中国大陆海关统计，2008年到2012年，原产于日本的被调查产品进口数量呈总体上升趋势，分别为4.8万吨，8.79万吨，7.59万吨，3.86万吨，5.07万吨。原产于日本的被调查产品在中国大陆总进口中的比例从2008年到2012年分别为22.21%，27.53%，24.67%，12.71%，12.80%。

根据本案申请书提供的数据，调查期内，日本丙酮产能总体呈上升趋势，2008年为53.70万吨，2009年之后其产能一直保持在55.70万吨。日本丙酮产量呈总体下降趋势，2008年到2012年分别为49.10万吨，47.70万吨，52.10万吨，47.10万吨和47.00万吨。调查期内，日本丙酮闲置产能呈总体上升趋势，从2008年到2012年分别为4.60万吨，8.00万吨，3.60万吨，8.60万吨，8.70万吨。闲置产能占当年产能的比例分别为8.57%，14.36%，6.46%，15.44%和15.62%。上述数据表明，日本丙酮闲置产能较大，且呈快速增长趋势。

调查期内，日本丙酮需求量呈总体下降趋势，2008年到2012年分别为44.90万吨，36.10万吨，43.70万吨，44.10万吨和40.4万吨。日本丙酮可供出口能力呈总体上升趋势，2008年到2012年分别为8.80万吨，19.60万吨，12.00万吨，11.60万吨和15.30万吨，2008年到2012年其占同期日本丙酮生产能力的比例分别为16.39%，35.19%，21.54%，20.83%和27.47%。上述数据表明，日本丙酮具有较强出口能力。

调查期内，日本丙酮出口量呈总体上升趋势，2008年到2012年分别为7.40万吨，12.40万吨，9.10万吨，5.30万吨和7.50万吨，占同期丙酮产量的比例分别为15.07%，26.00%，17.47%，11.25%和15.96%。上述数据表明，日本丙酮对国外市场的依赖程度较高，对外出口是日本丙酮企业销售产品的重要方式。

调查期内，日本对中国大陆丙酮出口占其总出口的比例一直保持较高水平，2008年到2012年分别为62.16%，70.16%，84.62%，73.58%，68.00%。上述数据表明，中国大陆是日本丙酮的重要出口市场。

上述证据表明，调查期内，日本丙酮产业具有较大的闲置产能，及较强出口能力，对国外市场依赖程度较高，中国大陆是其重要出口市场。调查机关认为，如果终止原反倾销措施，日本对中国大陆出口数量将可能大量增加。

（2）新加坡丙酮市场状况。

新加坡没有生产者/出口商参加本案产业损害调查活动登记，也没有向调查机关递交调查问卷答卷，调查机关未收到新加坡利害关系方的任何评论意见。申请书和申请人提交的《丙酮反倾销措施期终复审案申请人关于新加坡和台湾地区丙酮产品出口情况的补充说明》中提供了调查期内新加坡丙酮产能、产量、需求量、出口能力、出口比例和出口市场情况等数据。根据《反倾销条例》第二十一条、第五十一条和《反倾销产业损害调查规定》第三十三条的规定，调查机关根据已获得的事实和可获得的最佳信息对原产于新加坡的被调查产品在调查期内的进口情况及进口进一步增加的可能性进行了审查。

根据中国大陆海关统计，2008 年到 2012 年，原产于新加坡的被调查产品进口数量分别为 2.21 万吨，2.99 万吨，2.44 万吨，1.00 万吨，1.51 万吨，2009 年比 2008 年增加了 35.35%，2010 年比 2009 年减少了 18.37%，2011 年比 2010 年减少了 59.15%，2012 年比 2011 年增加了 51.40%。原产于新加坡的被调查产品在中国大陆总进口中的比例从 2008 年到 2012 年分别为 6.85%，5.08%，3.19%，1.21%，2.17%。

根据本案申请书提供的数据，调查期内，新加坡丙酮的总产能保持平稳，一直为 18 万吨。新加坡丙酮产量呈总体上升趋势，2008 年到 2012 年分别为 16.10 万吨，15.40 万吨，16.10 万吨，16.20 万吨，17.00 万吨。调查期内，新加坡丙酮闲置产能呈总体下降趋势，从 2008 年到 2012 年分别为 1.90 万吨，2.60 万吨，1.90 万吨，1.80 万吨和 1.00 万吨。闲置产能占当年产能的比例分别为 10.56%，14.44%，10.56%，10.00%和 5.56%。上述数据表明，新加坡丙酮存在闲置产能。

调查期内，新加坡丙酮需求量呈总体下降趋势，2008 年到 2012 年分别为 6.00 万吨，6.10 万吨，5.80 万吨，4.40 万吨，3.60 万吨。新加坡丙酮可供出口能力呈总体上升趋势，2008 年到 2012 年分别为 12.00 万吨，11.90 万吨，12.20 万吨，13.60 万吨和 14.40 万吨，2008 年到 2012 年占同期丙酮生产能力的比例分别为 66.67%，66.11%，67.78%，75.56%和 80.00%。上述数据表明，新加坡丙酮具有较强出口能力。

调查期内，新加坡丙酮出口量呈总体上升趋势，2008 年到 2012 年分别 12.40 万吨，10.90 万吨，13.80 万吨，12.90 万吨和 14.3 万吨，占同期丙酮产量的比例分别为 77.02%，70.78%，85.71%，79.63%，84.12%。上述数据表明，新加坡丙酮对国外市场的依赖程度较高，对外出口是新加坡丙酮企业销售产品的重要方式。

调查期内，新加坡对中国大陆丙酮出口占其总出口的比例呈总体下降趋势，2008 年到 2012 年分别为 20.16%，25.69%，17.39%，6.98%，10.49%。在实施反倾销措施的情况下，新加坡对中国大陆丙酮出口占其总出口的比例在调查期内部分年份有所减少，但也曾出现过大幅增加的情况，调查机关认为，中国大陆是新加坡丙酮的主要出口市场之一。

上述证据表明，调查期内，新加坡丙酮存在闲置产能，可供出口的产能呈总体上升趋势，对国外市场的依赖程度也不断提高，中国大陆是其主要出口市场之一。综合上述因素，调查机关认为，如果终止原反倾销措施，新加坡对中国大陆出口数量将可能大量增加。

（3）韩国丙酮市场状况。

韩国有 2 家生产者/出口商，即（株）LG 化学和锦湖 P&B 化学株式会社参加了本案产业损害调查活动登记，并向调查机关递交了调查问卷答卷。调查机关对两家企业提交的数据进行了实地核查。证据表明，调查期内，韩国只有此 2 家公司生产被调查产品，因此，上述 2 家企业可以代表韩国丙酮产业情况，以其提供的相关数据作为确定韩国丙酮产能、产量、期末库存的依据。

调查机关根据调查过程中各利害关系方提供的证据材料和评论意见，对原产于韩国的被调查产品在调查期内的进口情况和进口进一步增加的可能性进行了审查。

根据中国大陆海关统计，2008 年到 2012 年，原产于韩国的被调查产品进口数量分别为 5.77 万吨，5.81 万吨，3.67 万吨，6.68 万吨和 6.90 吨，2009 年比 2008 年增加了 0.71%，2010 年比 2009 年减少了 36.80%，2011 年比 2010 年增加了 81.90%，2012 年比 2011 年增加了 3.32%。原产于韩国的被调查产品在中国大陆总进口中的比例 2008 年到 2012 年分别为 15.80%，10.54%，4.88%，8.96%和 10.00%。

调查期内，韩国丙酮产能 2008 年为 30~40 万吨，2009 年比 2008 年增加 14.49%，2010 年比 2009 年增加 5.06%，2011 年、2012 年产能保持不变。韩国丙酮产量 2008 年为 30~40 万吨，2009 年比 2008 年增加 18.72%，2010 年比 2009 年增加 3.12%，2011 年比 2010 年增加 7.55%，2012 年比 2011 年增加 2.88%。调查期内，韩国丙酮基本没有闲置产能。

在确定韩国丙酮市场需求量时，调查机关使用以下计算方法：

市场需求量=答卷企业产量总和+进口量－出口量+（答卷企业期初库存－答卷企业期末库存）

其中，产量数据来源于（株）LG 化学和锦湖 P&B 化学株式会社提交的产量数据汇总；进、出口量均采用韩国海关数据；库存数据来源于上述两家公司提交的库存数据汇总。

根据上述方法计算得出韩国丙酮市场需求量 2008 年为 25~30 万吨，2009 年比 2008 年增长 22.60%，2010 年比 2009 年增长 14.00%，2011 年比 2010 年增长 6.90%，2012 年比 2011 年增长 8.13%。韩国丙酮可供出口能力呈总体下降趋势，2008 年为 10~15 万吨，2009 年比 2008 年下降 1.10%，2010 年比 2009 年下降 16.32%，2011 年比 2010 年下降 22.48%，2012 年比 2011 年下降 36.56%，其所占同期韩国丙酮生产能力的比例 2008 年到 2012 年分别为 34.12%，29.47%，23.47%，18.19%和 11.54%。上述数据表明，韩国丙酮需求量在调查期内有所增长，但是，韩国丙酮生产能力在调查期内始终大于国内需求，具有较强的出口能力。

根据韩国海关数据，调查期内，韩国丙酮出口量呈总体下降趋势，2008 年到 2012 年分别为 11.48 万吨，10.69 万吨，8.53 万吨，10.07 万吨和 8.22 万吨，占同期丙酮产量的比例 2008 年为 30%~40%，2009 年比 2008 年下降 7.58 个百分点，2010 年比 2009 年下降 6.23 个百分点，2011 年比 2010 年上升 2.09 个百分点，2012 年比 2011 年下降 4.84 个百分点。上述数据表明，韩国丙酮对国外市场的依赖程度较高，对外出口是韩国丙酮企业销售产品的重要方式。

调查期内，韩国对中国大陆丙酮出口占其总出口的比例呈总体上升趋势，2008 年到 2012 年分别为 49.22%，53.98%，41.62%，66.04%，82.72%。上述数据表明，中国大陆是韩国丙酮的重要出口市场。

上述证据表明，调查期内，韩国丙酮产能增加，具有较强出口能力，其对出口市场的依赖程度保持在较高水平，中国大陆是其重要出口市场。综合上述因素，调查机关认为，如果终止原反倾销措施，韩国对中国大陆出口数量将可能大量增加。

（4）台湾地区丙酮市场状况。

台湾地区有 2 家生产者/出口商参加本案产业损害调查活动登记，分别为长春人造树脂厂股份有限公司和信昌化学工业股份有限公司，但其未向调查机关递交调查问卷答卷，调查机关未收到台湾地区利害关系方的任何评论意见。申请书和申请人提交的《丙酮反倾销措施期终复审案申请人关于新加坡和台湾地区丙酮产品出口情况的补充说明》中提供了调查期内台湾地区丙酮产能、产量、需求量、出口能力、出口比例和出口市场情况等数据。根据《反倾销条例》第二十一条、第五十一条和《反倾销产业损害调查规定》第三十三条的规定，调查机关根据已获得的事实和可获得的最佳信息对原产于台湾地区的被调查产品在调查期内的进口情况及进口进一步增加的可能性进行了审查。

根据中国大陆海关统计，2008 年到 2012 年，原产于台湾地区的被调查产品进口数量分别为 8.30 万吨，14.20 万吨，17.30 万吨，18.90 万吨和 16.30 万吨，2009 年比 2008 年增加了 71.08%，2010 年比 2009 年增加了 21.83%，2011 年比 2010 年增加了 9.25%，2012 年比 2011 年减少了 13.76%。原产于台湾地区的被调查产品在中国大陆总进口中的比例从 2008 年到 2012 年分别为 22.74%，25.76%，23.00%，25.38%和 23.62%。

根据本案申请书提供的数据，调查期内，台湾地区丙酮的产能呈总体上升趋势，2008 年为 56.7 万吨，2009 年以后一直保持在 66.10 万吨。台湾地区丙酮产量呈持续上升趋势，2008 年到 2012 年分别为 49.30 万吨，57.60 万吨，60.20 万吨，61.80 万吨，62.90 万吨。调查期内，台湾地区闲置产能呈总体下降趋势，从 2008 年到 2012 年分别为 7.40 万吨，8.50 万吨，5.90 万吨，4.30 万吨和 3.20 万吨。上述数据表明，台湾地区丙酮存在闲置产能。

调查期内，台湾地区丙酮需求量呈总体上升趋势，2008 年到 2012 年分别为 35.70 万吨，38.10 万吨，35.00 万吨，35.10 万吨，38.40 万吨。台湾地区可供出口能力呈总体上升趋势，2008 年到 2012 年分别为 21.00 万吨，28.00 万吨，31.10 万吨，31.00 万吨和 27.70 万吨。2008 年到 2012 年占同期丙酮生产能力比例分别为 37.04%，42.36%，47.05%，46.90%和 41.91%。上述数据表明，台湾地区丙酮具有较强出口能力。

调查期内，台湾地区丙酮出口量呈总体上升趋势，2008 年到 2012 年分别 15.00 万吨，20.10 万吨，25.20 万吨，26.70 万吨和 24.90 万吨，占同期丙酮产量的比例分别为 30.43%，34.90%，41.86%，43.20%和 39.59%。上述证据表明，台湾地区丙酮对国际市场的依赖程度较高，对外出口是台湾地区丙酮企业销售产品的重要方式。

调查期内，台湾地区对中国大陆丙酮出口占其总出口的比例呈总体上升趋势，2008 年到 2012 年分别为 55.33%，70.65%，68.65%，70.79%，63.46%。上述数据表明，中国大陆是台湾地区的重要出口市场。

上述证据表明，调查期内，台湾地区丙酮存在闲置产能，具有较强出口能力，对国际市场的依赖程度保持在较高水平，中国大陆是其重要出口市场。在实施反倾销措施的情况下，台湾地区对中国大陆出口丙酮总体呈增长趋势，并保持在较高水平。综合上述因素，调查机关认为，如果终止原反倾销措施，台湾地区对中国大陆出口数量将可能大量增加。

上述证据表明，调查期内，日本、新加坡、韩国和台湾地区的丙酮生产能力保持增长趋势，闲置产能较高，拥有较强出口能力，对国外（地区外）市场的依赖度高。近年来，中国大陆丙酮市场需求总体保持较快增长，中国大陆是日本、新加坡、韩国和台湾地区对外出口的重要市场，如果终止反倾销措施，日本、新加坡、韩国和台湾地区对中国大陆丙酮的出口数量将可能大量增加。

4.被调查产品对中国大陆产业同类产品价格影响的可能性。

中国大陆产业提交的申请书、调查问卷答卷及实地核查补充材料等资料显示，被调查产品和中国大陆产业同类产品属于同类产品，二者在销售渠道、销售市场和客户群体等方面具有相似性和可比性。

在中国大陆海关统计数据的基础上，调查机关得出被调查产品进口加权平均价格（CIF 价格），调查机关进一步考虑了年度平均汇率和关税税率等因素，对被调查产品进口加权平均价格进行了调整。年度平均汇率根据中国人民银行公布的当年各月度平均汇率算数平均得出。

调查期内，被调查产品进口价格呈总体下降趋势。2008 年、2009 年、2010 年、2011 年和 2012 年，被调查产品价格分别为 6 858.89 元/吨，4 526.45 元/吨，5 925.00 元/吨，6 908.80 元/吨和 6 298.57 元/吨。2009 年比 2008 年下降 34.00%，2010 年比 2009 年上升 30.90%，2011 年比 2010 年上升 16.60%，2012 年比 2011 年下降 8.83%。

调查期内，中国大陆产业同类产品价格呈总体下降趋势。2008 年为 7 000~8 000 元/吨，2009 年比 2008 年下降 30.24%，2010 年比 2009 年上升 16.21%，2011 年比 2010 年上升 19.60%，2012 年比 2011 年下降 7.36%。

调查期内，被调查产品价格与中国大陆产业同类产品价格变化趋势相同。2008 年到 2009 年，被调查产品价格与中国大陆产业同类产品价格均呈下降趋势，被调查产品价格下降了 34.01%，中国大陆产业同类产品价格下降了 30.24%。2009 年到 2010 年，被调查产品价格与中国大陆产业同类产品价格均呈上升趋势，被调查产品价格上升了 32.07%，中国大陆产业同类产品价格上升了 16.21%。2010 年到 2011 年，被调查产品价格与中国大陆产业同类产品价格均呈上升趋势，被调查产品价格上升了 22.18%，中国大陆产业同类产品价格上升了 19.60%。2011 年到 2012 年，被调查产品价格与中国大陆产业同类产品价格均呈下降趋势，被调查产品价格下降了 8.83%，中国大陆产业同类产品价格下降了 7.36%。中国大陆产业同类产品对被调查产品进口价格变动敏感，容易受到被调查产品进口价格变化的影响。

上述证据表明，被调查产品与中国大陆产业同类产品在产品用途、产品质量、销售渠道等方面基本相同的情况下，产品价格成为企业营销的决定因素，对下游用户选择产品起着重要的作用。如果终止反倾销措施，被调查产品将存在较大的降价空间并可能转化为实际的降价幅度，很可能通过压低销售价格来扩大对中国大陆出口，以恢复和扩大其在中国大陆的市场份额。

5.对利害关系方评论意见的认定情况。

（1）关于美国、比利时及泰国进口丙酮影响问题的认定。

韩国锦湖 P&B 化学株式会社在其提交的《关于丙酮反倾销措施期终复审案产业损害继续或再度发生可能性的意见》中提出，原产于美国、比利时和泰国的进口丙酮是调查期后期影响中国大陆市场的主要原因。调查机关对调查期内原产于美国、比利时和泰国的进口丙酮情况进行了审查。

根据中国大陆海关统计数据，2008 年到 2012 年，原产于美国、比利时和泰国的进口丙酮数量分别为 10.04 万吨、18.76 万吨、39.20 万吨、35.76 万吨和 28.70 万吨，占中国大陆总进口比例分别为 27.94%、34.03%、52.11%、48.01%和 41.58%，所占中国大陆市场份额分别为 13.76%、20.60%、31.58%、26.89%和 21.11%。

调查机关以原产于美国、比利时和泰国的丙酮进口 CIF 价格为基础上，在考虑了关税和汇率的影响后计算得出进口产品加权平均价格，2008 年到 2012 年分别为 7 499.27 元/吨，4 537.78 元/吨，5 923.77 元/吨，6 830.40 元/吨和 6 523.45 元/吨。在考虑到被调查进口需承担的 5%~51.6%的反倾销税后，2009 年到 2012 年，原产于美国、比利时和泰国的进口丙酮在中国大陆市场的实际售价低于被调查产品价格。

调查机关认为，原产于美国、比利时和泰国的进口丙酮数量在调查期后期增加，且价格低于被调查产品。不能排除原产于美国、比利时和泰国的进口丙酮在调查期后期一定程度上对中国大陆产业产生影响。由于调查期内，被调查国家（地区）的进口丙酮一直被征收反倾销税，价格高于来自美国、比利时和泰国的进口丙酮。但这并不能否定如果取消反倾销措施，未来被调查进口产品对中国大陆产业造成影响的可能性。

(2) 对欧债危机影响问题的认定。

韩国锦湖 P&B 化学株式会社在其提交的《关于丙酮反倾销措施期终复审案产业损害继续或再度发生可能性的意见》中提出受 2011 年受欧债危机蔓延的影响，丙酮下游市场需求疲软，对中国大陆丙酮产业产生了负面影响，调查机关对上述问题进行了审查。

关于 2011 年欧债危机的影响，调查机关注意到，2011 年到 2012 年，中国大陆丙酮表观消费量从 132.98 万吨上涨至 135.95 万吨，上涨 2.23%。在需求上涨的情况下，原产于日本、新加坡、韩国和台湾地区的被调查产品市场份额从 2011 年的 40.83%上涨到 2012 年的 57.40%，上涨了 19.11 个百分点。这一时期，中国大陆产业同类产品的市场份额从 2011 年的 33.47%下降到 2012 年的 30.93%，下降 2.54 个百分点。调查机关认为，在欧债危机发生的情况下，中国大陆市场需求保持了增长态势，现有证据无法说明欧债危机对中国大陆丙酮产业下游市场需求产生影响。

6.未来产业状况。

调查期内，在中国大陆丙酮表观消费量持续增长的情况下，中国大陆丙酮产业产能、产量、销售量、开工率、劳动生产率、人均工资等经济指标都保持了增长趋势。调查期内，中国大陆丙酮产业销售收入、销售价格、税前利润以及投资收益率等指标的情况也表明，中国大陆丙酮产业处于成长的重要阶段，盈利状况不稳定，对市场环境敏感，容易受到进口产品的冲击和影响。

如果取消反倾销措施，原产于日本、新加坡、韩国和台湾地区的进口丙酮对中国大陆的倾销行为可能继续发生，被调查产品进口数量可能大幅增长，市场竞争会日益加剧。届时，中国大陆丙酮产业同类产品的销售价格将受到打压，同类产品产销情况有可能恶化，市场份额下降，企业盈利空间可能出现缩减，再次出现严重亏损。

目前，中国大陆丙酮产业处于发展的重要阶段，企业抗风险能力相对较弱。如果终止反倾销措施，中国大陆产业生产经营状况会持续波动，从而减弱企业的抗风险能力，对中国大陆部分企业造成严重冲击。

（三）产业损害调查结论

1. 中国大陆实施丙酮反倾销措施之后，原产于日本、新加坡、韩国和台湾地区的进口丙酮对中国大陆的倾销行为得到一定遏制，中国大陆丙酮产业生产经营状况有所改善，中国大陆丙酮产业到初步恢复和发展。

2. 中国大陆丙酮产业仍然很脆弱。同类产品对进口产品的数量和价格变化反应敏感，中国大陆内酮产业容易受到倾销进口产品的冲击和影响。

3. 日本、新加坡、韩国和台湾地区的丙酮闲置产能较大，具有较强的出口能力，对国外市场的依赖程度较高。中国大陆丙酮市场需求旺盛，对被调查国家（地区）具有较强的吸引力。如果终止反倾销措施，原产于日本、新加坡、韩国和台湾地区的丙酮产品对中国大陆的出口数量将可能大量增加。

4. 如果终止反倾销措施，日本、新加坡、韩国和台湾地区的丙酮向中国大陆的出口价格可能大幅下降，同类产品的价格有可能进一步下降，对中国大陆丙酮产业造成的损害可能再度发生。

八、复审裁定

根据上述调查结论，调查机关裁定，如果终止原反倾销措施，原产于日本、新加坡、韩国和台湾地区的进口丙酮对中国大陆的倾销有可能继续发生，对中国大陆产业造成的损害可能再度发生。

三十二、商务部公告 2014 年第 50 号 关于对原产于日本、韩国、美国和台湾地区的进口苯酚 反倾销措施即将到期的公告（2014 年 7 月 30 日）

2010 年 1 月 30 日，中华人民共和国商务部发布年度第 2 号公告，决定对原产于日本、韩国、美国和台湾地区的进口苯酚继续实施反倾销措施，即该反倾销措施自 2010 年 1 月 31 日起延长 5 年，于 2015 年 1 月 30 日到期。

根据《中华人民共和国反倾销条例》第四十八条规定，反倾销税的征收期限和价格承诺的履行期限不超过 5 年；但是，经复审确定终止征收反倾销税有可能导致倾销和损害的继续或者再度发生的，反倾销税的征收期限可以适当延长。

自本公告发布之日起，国内产业或代表国内产业的自然人、法人或有关组织可在该反倾销措施到期日 60 天前，以书面形式向商务部提出期终复审申请。申请书应包含要求进行期终复审的明确表示和终止反倾销措施将可能导致倾销和损害的继续或再度发生的充分证据。

如国内产业或代表国内产业的自然人、法人或有关组织未按本公告规定提出复审申请，在该反倾销措施到期日前，商务部也未主动发起期终复审调查，则上述反倾销措施将于 2015 年 1 月 31 日起终止实施。

三十三、商务部公告 2014 年第 51 号 关于对原产于沙特和台湾地区的进口 1，4 丁二醇反倾销措施的到期的公告（2014 年 7 月 25 日）

2009 年 12 月 24 日，中华人民共和国商务部发布年度第 106 号公告，决定自 2009 年 12 月 25 日起对原产于沙特阿拉伯和台湾地区的进口 1，4-丁二醇征收反倾销税，实施期限 5 年。

《中华人民共和国反倾销条例》第四十八条规定，经复审确定终止征收反倾销税有可能导致倾销和损害的继续或者再度发生的，反倾销税的征收期限可以适当延长。

自本公告发布之日起，中国大陆产业或代表中国大陆产业的自然人、法人或有关组织可在 2014 年 8 月 24 日前，以书面形式向商务部提出期终复审申请。申请书中应包含要求进行期终复审的明确表示和终止该反倾销措施将可能导致倾销和损害的继续或再度发生的充分证据。

如中国大陆产业或代表中国大陆产业的自然人、法人或有关组织未提出复审申请，在该反倾销措施到期日前，商务部也未主动发起期终复审调查，则该反倾销措施于 2014 年 12 月 24 日终止实施。

三十四、中华人民共和国商务部公告 2014 年第 53 号，公布对原产于新加坡、泰国和日本的进口甲基丙烯酸甲酯进行反倾销立案调查（2014 年 08 月 08 日）

中华人民共和国商务部（以下简称商务部）于 2014 年 6 月 18 日收到中国石油天然气股份有限公司吉林石化分公司和黑龙江中盟龙新化工有限公司（以下称申请人）代表国内甲基丙烯酸甲酯产业正式提交的反倾销调查申请，申请人请求对原产于新加坡、泰国和日本的进口甲基丙烯酸甲酯进行反倾销调查。商务部依据《中华人民共和国反倾销条例》有关规定，对申请人的资格、申请调查产品的有关情况、中国同类产品的有关情况、申请调查进口产品对国内产业的影响、申请调查国家（地区）的有关情况等进行了审查。

根据申请人提供的证据和商务部的初步审查，申请人甲基丙烯酸甲酯产量之和符合《中华人民共和国反倾销条例》第十一条、第十三条和第十七条有关国内产业提出反倾销调查申请的规定。

申请书主张，原产于新加坡、泰国和日本的甲基丙烯酸甲酯以低于正常价值的出口价格向中国出口销售。申请书以申请调查产品的同类产品在新加坡、泰国和日本市场的销售价格作为确定正常价值的基础，以申请调查产品出口至中国的海关统计价格作为确定出口价格的基础，在对影响价格可比性的各种因素进行调整后，主张申请调查产品存在较大幅度的倾销行为。申请书同时主张，申请调查产品进入中国市场数量总体呈大幅增长趋势，对国内产业同类产品价格造成削减作用，导致国内产业产量、内销量、内销收入、市场份额、利润、投资收益率、现金净流量、开工率、劳动生产率、价格、就业人数等生产经营指标恶化，国内产业遭受了实质损害，且申请调查产品的倾销行为与国内产业实质损害存在因果关系。经审查，商务部认为申请书中包含了《中华人民共和国反倾销条例》第十四条、第十五条规定的反倾销调查立案所要求的内容及有关证据。

根据上述审查结果，依据《中华人民共和国反倾销条例》第十六条的规定，商务部决定自 2014 年 8 月 8 日起对原产于新加坡、泰国和日本的进口甲基丙烯酸甲酯进行反倾销立案调查。现将有关事项公告如下：

（一）立案调查及调查期

自本公告发布之日起，商务部对原产于新加坡、泰国和日本的进口甲基丙烯酸甲酯进行反倾销立案调查，本次调查确定的倾销调查期为 2013 年 1 月 1 日至 2013 年 12 月 31 日，产业损害调查期为 2011 年 1 月 1 日至 2013 年 12 月 31 日。

（二）被调查产品及调查范围

调查范围：原产于新加坡、泰国和日本的进口甲基丙烯酸甲酯。

被调查产品名称：甲基丙烯酸甲酯，英文名称：Methyl Methacrylate（MMA）。

分子式：$C_5H_8O_2$

化学结构式：

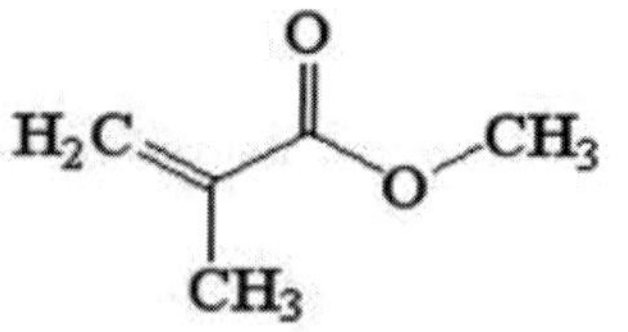

物理化学特征：甲基丙烯酸甲酯为无色液体，易挥发，易燃。熔点为－48℃，沸点 100~101℃，24℃（4.3kPa），相对密度 0.9440（20/4℃），折射率 1.414 2，闪点（开杯）10℃，蒸气压（25.5℃）5.33kPa。溶于乙醇、乙醚、丙酮等多种有机溶剂，微溶于乙二醇和水。在光、热、电离辐射和催化剂存在下易聚合。

主要用途：甲基丙烯酸甲酯是一种重要的有机化工原料，主要用于合成有机玻璃（聚甲基丙烯酸甲酯 PMMA）。也可用于合成其他树脂、塑料、涂料、粘合剂、改性剂、乳胶增塑剂、纺织上浆剂、防水剂、润滑剂、木材和软木的浸润剂、电机线圈的浸透剂、离子交换树脂、皮革处理剂、纸张上光剂、印染助剂、人造大理石和绝缘灌注材料等。

该产品归在《中华人民共和国进出口税则》：29161400。该税则号项下甲基丙烯酸甲酯以外的其他产品不在本次调查产品范围之内。

（三）参加调查登记

任何利害关系方可于本公告发布之日起 20 天内，向商务部贸易救济调查局登记参加本次反倾销调查。参加调查的利害关系方应根据《登记参加调查的参考格式》提供基本身份信息、倾销调查期内向中国出口或进口本案被调查产品的数量及金额、生产和销售同类产品的数量及金额以及关联情况等说明材料。《登记参加调查的参考格式》可在相关网站（网址附后，下同）下载。

本公告所指的利害关系方是《中华人民共和国反倾销条例》第十九条规定的个人和组织。

（四）查阅公开信息

利害关系方可在相关网站下载或到商务部贸易救济公开信息查阅室（电话：0086-10-65197878）查找、阅览、抄录并复印本案申请人提交的申请书的非保密文本。调查过程中，利害关系方可通过相关网站查阅案件公开信息，或到商务部贸易救济公开信息查阅室查找、阅览、抄录并复印案件公开信息。

（五）对立案的评论

利害关系方对本次调查的产品范围及产品分类、申请人资格、被调查国家及其他相关问题如需发表评论，可于本公告发布之日起 20 天内将书面意见提交至商务部贸易救济调查局。

（六）调查方式

根据《中华人民共和国反倾销条例》第二十条的规定，商务部可以采用问卷、抽样、听证会、现场核查等方式向有关利害关系方了解情况，进行调查。

为获得本案调查所需要的信息，商务部通常在本公告规定的参加调查登记截止之日起 10 个工作日内向涉案的外国出口商或生产商、国内生产者和国内进口商发放调查问卷。参加调查登记的利害关系方也可以从相关网站下载调查问卷。

《甲基丙烯酸甲酯反倾销案国外出口商或生产商调查问卷》询问信息包括公司的结构和运作、被调查产品、对中国（大陆）的出口销售、国内（地区内）销售、经营和财务等相关信息、生产成本和相关费用、估算的倾销幅度及核对单等内容。《甲基丙烯酸甲酯反倾销案国内生产者调查问卷》询问信息包括公司基本情况、国内同类产品情况、经营和相关信息、财务和相关信息和其他需要说明的问题等内容。《甲基丙烯酸甲酯反倾销案国内进口商调查问卷》询问信息包括公司基本情况、被调查产品贸易和相关信息等内容。

未参加调查登记的其他利害关系方可直接从相关网站下载，或向商务部贸易救济调查局索取以上调查问卷，并按要求填报。

所有公司应在规定时间内提交完整而准确的答卷。答卷应当包括调查问卷所要求的全部信息。

（七）保密信息的提交和处理

利害关系方向商务部提交的信息如需保密的，可向商务部提出对相关信息进行保密处理的请求并说明理由。如商务部同意其请求，申请保密的利害关系方应当同时提供该保密信息的非保密概要。非保密概要应当包含充分的有意义的信息，以使其他利害关系方对保密信息能有合理的理解。如不能提供非保密概要，应说明理由。如利害关系方提交的信息未说明需要保密的，商务部将视该信息为公开信息。

（八）不合作的后果

根据《中华人民共和国反倾销条例》第二十一条的规定，商务部进行调查时，利害关系方应当如实反映情况，提供有关资料。利害关系方不如实反映情况、提供有关资料的，或者没有在合理时间内提供必要信息的，或者以其他方式严重妨碍调查的，商务部可以根据已经获得的事实和可获得的最佳信息作出裁定。

（九）调查期限

本次调查自 2014 年 8 月 8 日起开始，通常应在 2015 年 8 月 8 日前结束调查，特殊情况下可延长至 2016 年 2 月 8 日。

（十）商务部联系方式　（略）

附件：甲基丙烯酸甲酯反倾销案登记参加调查的参考格式（略）

甲基丙烯酸甲酯反倾销申请书公开文本正文（略）

甲基丙烯酸甲酯反倾销申请书公开文本附件（略）

三十五、商务部公告 2014 年第 55 号 关于对原产于欧盟的进口邻苯二酚所适用的反倾销措施终止的公告（2014 年 08 月 25 日）

2009 年 8 月 25 日，商务部发布年度第 53 号公告，决定自 2009 年 8 月 26 日起，继续按照 2003 年第 41 号公告、2005 年第 61 号公告和 2008 年第 63 号公告，对原产于欧盟的进口邻苯二酚实施反倾销措施，实施期限为五年。

2014 年 2 月 21 日，商务部发布年度第 13 号公告，宣布上述反倾销措施将 2014 年 8 月 25 日到期。自该公告发布之日起，国内产业或代表国内产业的自然人、法人或有关组织可在该反倾销措施到期日 60 天前，以书面形式向商务部提出期终复审申请。

在公告规定时限内，邻苯二酚国内产业未提出期终复审申请，商务部亦决定不主动发起期终复审调查。鉴此，自 2014 年 8 月 26 日起，对原产于欧盟的进口邻苯二酚所适用的反倾销措施终止实施。

三十六、商务部公告 2014 年第 57 号 关于特丁基对苯二酚反倾销终裁的公告（2014 年 08 月 21 日）

根据《中华人民共和国反倾销条例》（以下称《反倾销条例》）的规定，2013 年 8 月 22 日，商务部（以下称调查机关）正式发布立案公告，决定对原产于印度的进口特丁基对苯二酚（以下称被调查产品）进行反倾销立案调查。

调查机关对被调查产品是否存在倾销及倾销幅度、国内特丁基对苯二酚产业是否受到损害及损害程度，以及倾销进口产品与损害之间的因果关系进行了调查。根据调查结果和《反倾销条例》第二十四条的规定，2014 年 4 月 29 日，调查机关发布初裁公告，初步认定原产于印度的进口特丁基对苯二酚存在倾销，中国特丁基对苯二酚产业受到了实质损害，并且倾销进口产品与实质损害之间存在因果关系。

初步裁定后，调查机关对倾销和倾销幅度、损害和损害程度及倾销进口产品和损害之间的因果关系进行了进一步调查。现本案调查结束，依据《反倾销条例》第二十五条的规定，调查机关作出最终裁定（见附件）。现将有关事项公告如下：

（一）最终裁定

经调查，调查机关最终裁定，在本案调查期内，原产于印度的进口特丁基对苯二酚存在倾销，中国国内产业受到实质损害，而且倾销进口产品与实质损害之间存在因果关系。

（二）被调查产品范围及措施范围

本案被调查产品及实施措施产品的具体描述如下：

调查和措施范围：原产于印度的进口特丁基对苯二酚。

被调查产品名称：特丁基对苯二酚（别名“叔丁基对苯二酚”或“叔丁基氢醌”）。英文名称：Tertiary Butylhydroquinone，Tert-Butylhydroquinone 或 TBHQ。

分子式：$C_{10}H_{14}O_2$

化学结构式：

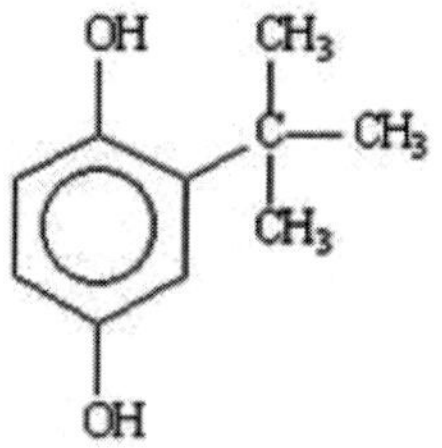

物理化学特征：白色或微红褐色结晶粉末，有轻微的特殊香味。溶于乙醇、乙酸、乙酯、异丙醇、乙醚及动、植物油，几乎不溶于水。沸点 300℃，熔点 126.5~128.5℃。遇铁、铜等金属离子不变色，但如有碱存在可转为粉红色。

主要用途：用于食品和食用油的抗氧化剂，对大多数油脂、脂肪均有防止酸败变质作用，用于延长油脂及含油食品的存储期。由于其抗氧化和抑菌作用，也作为添加剂应用于医药和饲料行业。

该产品应归在《中华人民共和国进出口税则》：29072990。该税则号项下特丁基对苯二酚以外的其他产品不在本次调查产品范围之内。

（三）征收反倾销税

根据《反倾销条例》第三十八条的规定，调查机关向国务院关税税则委员会提出对原产于印度的进口特丁基对苯二酚征收反倾销税的建议，国务院关税税则委员会根据调查机关的建议作出决定，自 2014 年 8 月 22 日起，对原产于印度的进口特丁基对苯二酚征收反倾销税。

对各公司征收的反倾销税税率如下：

1．参与调查的应诉公司

凯美菱精细科学有限公司（Camlin Fine Sciences Limited）	49.8%

2．申请书中列明但未应诉的公司

Nova International	49.8%
MilestonePreservatives P. Ltd.	49.8%
Shevalyn Pharmachem	49.8%

3．其他印度公司（All Others）	49.8%

（四）征收反倾销税的方法

自 2014 年 8 月 22 日起，进口经营者在进口被调查产品时，应向中华人民共和国海关缴纳相应的反倾销税。反倾销税以海关审定的完税价格从价计征，计算公式为：反倾销税额=海关完税价格×反倾销税税率，进口环节增值税以海关审定的完税价格加上关税和反倾销税作为计税价格从价计征。

五、反倾销税的追溯征收

对自 2014 年 4 月 30 日起至 2014 年 8 月 21 日（含）止，有关进口经营者依初裁公告向中华人民共和国海关所提供的保证金，按终裁所确定的征收反倾销税的商品范围和反倾销税税率计征并转为反倾销税，并按相应的增值税税率计征进口环节增值税。在此期间有关进口经营者所提供的保证金超出反倾销税的部分，以及由此多征的进口环节增值税部分，海关予以退还，少征部分则不再征收。

对实施临时反倾销措施决定公告之日前进口的原产于印度的进口特丁基对苯二酚不再追溯征收反倾销税。

（六）征收反倾销税的期限

对原产于印度的进口特丁基对苯二酚征收反倾销税的实施期限为自 2014 年 8 月 22 日起 5 年。

（七）新出口商复审

对于印度在调查期内未向中华人民共和国出口被调查产品的新出口经营者，符合条件的，可依据《反倾销条例》第四十七条的规定，向调查机关书面申请新出口商复审。

（八）期中复审

在征收反倾销税期间，有关利害关系方可以根据《反倾销条例》第四十九条的规定，向调查机关书面申请期中复审。

（九）行政复议和行政诉讼

对本案终裁决定及征收反倾销税的决定不服的，根据《反倾销条例》第五十三条的规定，可以依法申请行政复议，也可以依法向人民法院提起诉讼。

（十）本公告自 2014 年 8 月 22 日起执行

附件：中华人民共和国商务部关于原产于印度的进口特丁基对苯二酚反倾销调查的最终裁定

根据《中华人民共和国反倾销条例》（以下称

《反倾销条例》）的规定，2013 年 8 月 22 日，商务部（以下称调查机关）正式发布立案公告，决定对原产于印度的进口特丁基对苯二酚（以下称被调查产品）进行反倾销立案调查。该产品应归在《中华人民共和国进出口税则》：29072990。该税则号项下特丁基对苯二酚以外的其他产品不在本次调查产品范围之内。

调查机关对被调查产品是否存在倾销及倾销幅度、国内特丁基对苯二酚产业是否受到损害及损害程度以及倾销进口产品与损害之间的因果关系进行了调查。根据调查结果和《反倾销条例》第二十四条的规定，2014 年 4 月 29 日，调查机关发布初裁公告，初步认定原产于印度的进口特丁基对苯二酚存在倾销，中国特丁基对苯二酚产业受到了实质损害，而且倾销进口产品与实质损害之间存在因果关系。

初步裁定后，调查机关对倾销和倾销幅度、损害和损害程度及倾销进口产品和损害之间的因果关系进行了进一步调查。现本案调查结束，根据本案调查结果，并依据《反倾销条例》第二十五条规定，调查机关作出最终裁定如下：

一、调查程序

（一）立案及立案通知

1．立案。

2013 年 6 月 28 日，广州泰邦食品科技有限公司代表国内特丁基对苯二酚产业正式向调查机关提起对原产于印度的进口特丁基对苯二酚进行反倾销调查的申请。

调查机关审查了申请材料后，认为申请人符合《反倾销条例》第十一条、第十三条和第十七条有关中国国内产业提出反倾销调查申请的规定。同时，申请书中包含了《反倾销条例》第十四条和第十五条规定的反倾销调查立案所要求的内容及有关证据。

根据上述审查结果及《反倾销条例》第十六条的规定，调查机关于 2013 年 8 月 22 日发布立案公告，决定对原产于印度的进口特丁基对苯二酚进行反倾销立案调查。倾销调查期为 2012 年 4 月 1 日至 2013 年 3 月 31 日，产业损害调查期为 2010 年 1 月 1 日至 2013 年 3 月 31 日。

2．立案通知。

在决定立案调查前，根据《反倾销条例》第十六条规定，调查机关就收到中国特丁基对苯二酚产业反倾销调查申请书一事通知了印度驻华使馆。

2013 年 8 月 22 日，调查机关发布立案公告，并向印度驻华使馆正式提供了立案公告和申请书的公开部分。同日，调查机关将本案立案情况通知了本案申请人及申请书中列明的国外企业。

（二）倾销及倾销幅度的初步调查

1．登记应诉。

根据公告要求，自公告发布之日起 20 天的登记应诉期内，印度凯美菱精细科学有限公司（Camlin Fine Sciences Limited）向调查机关登记倾销应诉。

2．发放问卷和收取答卷。

2013 年 9 月 16 日，调查机关向印度凯美菱精细科学有限公司发放了倾销调查问卷，并将调查问卷登载在商务部网站上，任何利害关系方均可在商务部网站上查阅并下载本案调查问卷。

调查机关要求应诉公司在 37 天内按规定提交准确、完整的答卷。在该期间内，有关应诉公司向调查机关申请延期提交答卷并陈述了相关理由。经审查，调查机关同意给予申请企业适当延期。至答卷递交截止之日，调查机关收到了凯美菱精细科学有限公司提交的有关倾销部分问卷的答卷。

2014 年 1 月 8 日，调查机关针对涉案公司提交的倾销部分答卷中存在的问题，向应诉公司发放了第一次反倾销调查补充问卷，并给予 7 天答卷期。在该期间内，应诉公司向调查机关申请延期提交答卷并陈述了相关理由。经审查，调查机关同意给予应诉公司适当延期。在规定时间内，调查机关收到了反倾销调查补充问卷的答卷。

2014 年 3 月 31 日，调查机关发放通知，请申请企业及应诉公司补充提交针对调查机关在本案调查程序中发放的原始问卷及补充问卷中所提问题的答复信息，并给予 5 天的答复期。在此期间内，应诉公司向调查机关申请延期三周提交补充信息。经审查，调查机关在本案立案后，对于应诉公司填答原始调查问卷及补充问卷分别给予了 37 天及 7 天的答卷期限和 10 天及 7 天的延期。本次调查机关给予应诉公司 5 天时间补充提交原始问卷及补充问卷中所提问题的答复信息，并非要求应诉公司重新填答和提交本案原始调查问卷和补充问卷；同时，根据《反倾销条例》的规定，反倾销调查应当在立案后 12 个月内结束，受调查和裁决时间所限，调查机关无法再次给予应诉公司延期。随后应诉公司告知调查机关无补充信息。在要求的期间内，申请企业告知调查机关无补充信息。

3．利害关系方意见陈述。

2014 年 3 月 25 日，应凯美菱精细化工有限公司申请，调查机关听取了公司关于该案反倾销调查的意见陈述。会后，调查机关将上述公司陈述内容的公开版本存放于商务部贸易救济公开信息查阅室。

（三）产业损害及损害程度的初步调查

1．产业损害调查期。

根据商务部《反倾销产业损害调查规定》第十八条的规定，调查机关确定的本案产业损害调查期为 2010 年 1 月 1 日至 2013 年 3 月 31 日。

2．参加产业损害调查活动登记。

根据商务部《反倾销产业损害调查规定》第十九条和第二十一条的规定，2013 年 8 月 22 日，调查机关发出了《关于参加特丁基对苯二酚反倾销案产业损害调查活动登记的通知》（商调查行业函[2013]427 号）。2013 年 9 月 11 日，参加产业损害调查活动登记截止，调查机关共收到有效登记材料 1 份，为国外生产者/出口商印度凯美菱精细科学有限公司。经审查，调查机关接受了上述利害关系方的登记。

3．成立产业损害调查组。

2013 年 9 月 5 日，调查机关成立了特丁基对苯二酚反倾销案产业损害调查组，负责本案的产业损害调查工作，并于当日发出《关于成立特丁基对苯二酚反倾销案产业损害调查组的通知》（商调查行业函[2013]470 号）。

4．发放和收回调查问卷。

根据《反倾销条例》第二十条和商务部《反倾销产业损害调查规定》第二十四条、第二十五条的规定，2013 年 9 月 12 日，调查机关向本案利害关系方发放了《特丁基对苯二酚反倾销案产业损害调查问卷（国内生产者调查问卷）》（商调查行业函[2013]477 号）（以下称《国内生产者调查问卷》）、《特丁基对苯二酚反倾销案产业损害调查问卷（国外<地区>生产者/出口商调查问卷）》（商调查行业函[2013]479 号）（以下称《国外<地区>生产者/出口商调查问卷》）和《特丁基对苯二酚反倾销案产业损害调查问卷（国内进口商调查问卷）》（商调查行业函[2013]478 号）（以下称《国内进口商调查问卷》），并将调查问卷电子版本在中国贸易救济网公布。调查机关同时将上述问卷送至商务部贸易救济公开信息查阅室，供利害关系方查阅。

2013 年 10 月 14 日，调查机关收到印度凯美菱精细科学有限公司提交的《关于申请延期递交原产于印度的进口特丁基对苯二酚反倾销案产业损害调查问卷答卷的函》，申请延期提交调查问卷答卷。经审查，调查机关于 2013 年 10 月 17 日向其回复了《关于答复“关于申请延期递交特丁基对苯二酚反倾销案国外（地区）生产者/出口商调查问卷答卷”的函》（商调查行业函[2013]551 号），同意其延期至 2013 年 10 月 28 日提交调查问卷答卷。

在调查问卷规定的时间或经批准延期提交的时间内，调查机关共收回调查问卷答卷 2 份，分别为广州泰邦食品科技有限公司提交的《国内生产者调查问卷答卷》1 份,印度凯美菱精细科学有限公司提交的《国外<地区>生产者/出口商调查问卷答卷》1 份。

5．听取利害关系方意见陈述。

根据《反倾销条例》第二十条的规定，调查机关听取了利害关系方就本案产业损害调查有关事项的意见陈述。2013 年 8 月 23 日，调查机关收到本案申请人提交的《关于召开特丁基对苯二酚反倾销案申请人意见陈述会的申请》。调查机关于 2013 年 9 月 4 日发出《关于召开特丁基对苯二酚反倾销案申请人意见陈述会的通知》（商调查行业函[2013]469 号）。2013 年 9 月 13 日，调查机关召开了特丁基对苯二酚反倾销案申请人意见陈述会，听取申请人及其代理人陈述提起申请的主要理由及与本案产业损害调查相关问题的陈述。陈述会后，申请人向调查机关提交了《特丁基对苯二酚反倾销案申请人意见陈述会上的意见陈述》。

6．接收利害关系方书面评论意见。

2014 年 3 月 5 日，调查机关收到国内特丁基对苯二酚进口商长沙市光远化工有限公司提交的《特丁基对苯二酚反倾销案关于进口特丁基对苯二酚产品收费明细的情况说明》。除产业损害调查问卷答卷及上述材料外，调查机关未收到各利害关系方的关于本案的书面评论意见。

7．初裁前实地核查。

根据《反倾销条例》第二十条和商务部《反倾销产业损害调查规定》第二十七条的规定，2013 年 12 月 27 日，调查机关发出了《关于特丁基对苯二酚反倾销案初裁前实地核查的通知》（商调查行业函[2013]692 号）。2014 年 1 月 8 日至 10 日，调查机关对国内生产者答卷企业广州泰邦食品科技有限公司进行了初裁前实地核查。调查机关考查了被核查企业的生产现场，对本案申请书、被核查企业提交的调查问卷答卷中提供的信息进行了核查，并收集了有关证据。2014 年 1 月 20 日，被核查企业向调查机关提交了对调查问卷答卷的补充修正材料。

（四）初裁决定及公告

2014 年 4 月 29 日，调查机关发布 2014 年第 28 号公告，公布了本案初裁决定，认定原产于印度的进口特丁基对苯二酚存在倾销，中国特丁基对苯二酚产业受到了实质损害，而且倾销进口产品与实质损害之间存在因果关系。公告决定自 2014 年 4 月 30 日起，中华人民共和国对被调查产品实施临时反倾销措施。自该日起，进口经营者在进口被调查产品时，应依据初裁决定所确定的各公司倾销幅度向中华人民共和国海关提供相应的保证金。

公告当日，调查机关向印度驻华使馆及本案申请人提供初裁公告，并将公告登载在商务部网站上供各利害关系方和公众查阅。

（五）初裁后对倾销及倾销幅度的继续调查。

1．初裁后信息披露和利害关系方评论意见。

根据初裁公告的要求，各利害关系方在初裁决定发布之日起 20 天内可以就初步裁定向调查机关提出书面评论意见并附相关证据。在上述期限内，调查机关没有收到来自利害关系方关于本案初裁公告的书面评论意见。

2．实地核查。

为进一步核实应诉公司提交材料的真实性和准确性，调查机关拟对凯美菱精细科学有限公司进行实地核查，并于 4 月 29 日向凯美菱精细科学有限公司发放了《关于赴凯美菱精细科学有限公司实地核查有关事宜的函》（商救济规则局函[2014]第 28 号），就实地核查征求意见。5 月 22 日，该公司在《对商务部特丁基对苯二酚反倾销调查案实地核查事宜的答复》中明确表示不接受商务部的实地核查。

3．最终裁定前信息披露。

本案终裁前，调查机关依据《反倾销条例》第二十五条第二款和商务部《反倾销调查信息披露暂行规则》的规定，向印度驻华使馆、凯美菱精细科学有限公司披露了本案最终裁决所依据的基本事实，并给予各利害关系方提出评论意见的机会。在规定的时间内，没有利害关系方对终裁披露发表评论意见。

4．信息公开。

根据商务部《反倾销调查公开信息查阅暂行规则》的规定，本案全部公开材料均已及时送交商务部贸易救济公开信息查阅室，供各利害关系方在公开信息查阅室查找、阅览、摘抄和复印。

（六）初裁后对损害及损害程度的继续调查。

1．接收利害关系方对初步裁定的书面评论意见。

初步裁定公告中规定，各利害关系方在公告发布之日起 10 天内可向调查机关提出书面评论意见。在该评论期间内，及至最终裁定发布之日，调查机关未收到任何利害关系方就初裁中实质损害和因果关系相关问题提出的评论意见。

2．终裁前信息披露。

根据《反倾销条例》第二十五条和《产业损害调查信息查阅与信息披露规定》的规定，2014 年 7 月 29 日，调查机关发出《关于原产于印度的特丁基对苯二酚反倾销案产业损害调查最终裁定前信息披露的通知》（商救济政法局函[2014]30 号），向本案利害关系方披露《原产于印度的特丁基对苯二酚反倾销案产业损害最终裁定所依据的基本事实》，并给予其提出评论意见的机会。在规定的评论期内，及至终裁公告发布之日，调查机关未收到任何利害关系方对该披露提出的评论意见。

3．公开信息。

根据商务部《产业损害调查信息查阅与信息披露规定》第八条、第十四条的规定，调查机关已将调查过程中收到和制作的本案所有公开材料及时送交商务部贸易救济公开信息查阅室。各利害关系方可以查找、阅览、摘抄、复印有关公开信息。

国内生产者广州泰邦食品科技有限公司请求调查机关对其提供的资料按保密资料处理，并提供了相应的非保密概要。根据《反倾销条例》第二十二条的规定，调查机关对该公司提出申请保密的理由和提供的非保密概要进行了审查。经审查，调查机关接受了其保密申请，决定对需保密的数据采用区间和百分比变化相结合的方式进行处理，其实际数据可能位于调查机关所公布区间中的任一水平。

二、被调查产品

调查机关在立案公告中确定的调查范围及被调查产品描述如下：

调查范围：原产于印度的进口特丁基对苯二酚。

被调查产品名称：特丁基对苯二酚（别名“叔丁基对苯二酚”或“叔丁基氢醌”）。英文名称：Tertiary Butylhydroquinone，Tert-Butylhydroquinone或TBHQ。

分子式：$C_{10}H_{14}O_2$

化学结构式：

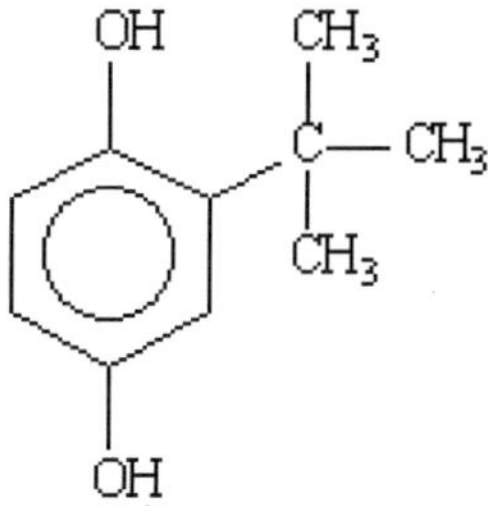

物理化学特征：白色或微红褐色结晶粉末，有轻微的特殊香味。溶于乙醇、乙酸、乙酯、异丙醇、乙醚及动、植物油，几乎不溶于水。沸点300℃，熔点126.5~128.5℃。遇铁、铜等金属离子不变色，但如有碱存在可转为粉红色。

主要用途：用于食品和食用油的抗氧化剂，对大多数油脂、脂肪均有防止酸败变质作用，用于延长油脂及含油食品的存储期。由于其抗氧化和抑菌作用，也作为添加剂应用于医药和饲料行业。

该产品应归在《中华人民共和国进出口税则》：29072990。该税则号项下特丁基对苯二酚以外的其他产品不在本次调查产品范围之内。

在本案调查期内，有部分特丁基对苯二酚在《中华人民共和国进出口税则》：29072210、29072290项下进口。

三、国内同类产品和国内产业

（一）国内同类产品的认定。

根据《反倾销条例》第十二条和商务部《反倾销产业损害调查规定》第十条、十一条关于同类产品认定的规定，调查机关对国内生产的特丁基对苯二酚与被调查产品的物理特征和化学性能、生产设备和工艺、产品用途、产品的可替代性、消费者和生产者的评价、销售渠道、价格等因素进行了考察，调查证据显示：

1．物理特征和化学性能。

国内生产的特丁基对苯二酚与被调查产品的分子式和化学结构式完全相同，有轻微的特殊香味，溶于乙醇、乙酸、乙酯、异丙醇、乙醚及动、植物油，几乎不溶于水；外观相同，均为白色至微红褐色结晶性粉末；物理特征和化学性能相同。

2．生产设备和工艺。

调查机关经过实地核查，并将《国内生产者调查问卷答卷》与《国外<地区>生产者/出口商调查问卷答卷》中提供的生产设备和工艺相关信息进行了对比，在此基础上认定，国内生产的特丁基对苯二酚与被调查产品使用的主要原材料基本相同，均为对苯二酚、叔丁醇和磷酸。生产工艺和主要生产设备基本相同，均为将对苯二酚和叔丁醇置于溶剂中，在磷酸的催化下进行反应，再将所得产物进行多次分离和重结晶，通过提纯方式得到特丁基对苯二酚。

3．产品用途。

《国内生产者调查问卷答卷》和《国外<地区>生产者/出口商调查问卷答卷》显示，国内生产的特丁基对苯二酚与被调查产品用途基本相同，主要作为抗氧化剂应用于油脂和食品等行业，也作为添加剂应用于医药和饲料行业。

4．产品的可替代性、消费者和生产者的评价、销售渠道及价格。

《国内生产者调查问卷答卷》和《国外<地区>生产者/出口商调查问卷答卷》显示，国内生产的特丁基对苯二酚和被调查产品销售渠道相同，主要通过直销和代理销售。两者市场销售区域基本相同，均在全国范围内进行销售。国内生产的特丁基对苯二酚与被调查产品的客户群体存在明显重合，部分国内下游用户既使用国内生产的特丁基对苯二酚，又使用被调查产品，二者相互竞争并可以互相替代。调查期内，国内生产的特丁基对苯二酚价格与被调查产品价格变化总体均呈现上升趋势。

综合以上因素，调查机关认定，国内生产的特丁基对苯二酚与被调查产品的物理特征和化学性能、生产设备和工艺、产品用途、客户群体、消费者和生产者的评价、销售渠道、销售市场区域等方面相同或基本相同，价格总体变化趋势一致，具有相似性和可比性，可以相互替代。因此，调查机关认定，国内生产的特丁基对苯二酚与被调查产品属于同类产品。

（二）国内产业的认定。

根据《反倾销条例》第十一条和商务部《反倾销产业损害调查规定》第十三条的规定，调查机关对本案国内产业进行了审查和认定。

本案立案公告告知各利害关系方可向调查机关登记参加产业损害调查活动，并告知《参加特丁基对苯二酚反倾销案产业损害调查活动申请表》与产业损害调查问卷可在“中国贸易救济信息网”查询下载。本案调查中，除了广州泰邦食品科技有限公司外，没有其他国内生产者参加产业损害调查活动并提交调查问卷答卷。

证据显示，损害调查期内的2010年、2011年、2012年和2013年1~3月，提交国内生产者调查问卷答卷的国内生产者的同类产品产量占国内同类产品总产量的78.28%、77.06%、73.04%、77.65%，符合《反倾销条例》第十一条和商务部《反倾销产业损害调查规定》第十三条的规定。因此，调查机关认定，提交国内生产者调查问卷答卷的国内生产者广州泰邦食品科技有限公司构成本案调查的国内产业。本裁决所依据的国内产业数据，除特别说明外，均来自以上特定的国内生产者。

四、倾销和倾销幅度

调查机关进一步审查了相关证据材料，对涉案公司的正常价值和出口价格及调整项目作出最终认定，并在公平比较的基础上计算出倾销幅度，终裁决定如下：

（一）参与调查的应诉公司的正常价值、出口价格及价格调整项目的认定。

凯美菱精细科学有限公司（Camlin Fine Sciences Limited）。

初裁后，为进一步核实应诉公司提交材料的真实性和准确性，调查机关拟对凯美菱精细科学有限公司进行实地核查，并于2014年4月29日向凯美菱精细科学有限公司发放了《关于赴凯美菱精细科学有限公司实地核查有关事宜的函》（商救济规则局函[2014]第28号），就实地核查征求应诉公司意见。5月22日，该公司在《对商务部特丁基对苯二酚反倾销调查案实地核查事宜的答复》中明确表示不接受商务部的实地核查。由于应诉公司拒绝实地核查，导致调查机关无法对应诉公司在答卷及补充答卷中提交的倾销调查期内的正常价值、出口价格、调整因素等信息和材料进行核实。应诉公司的不配合行为已经严重妨碍了本案的调查，因此根据《反倾销条例》第二十一条规定，调查机关决定采用可获得事实对该公司调查期内的正常价值、出口价格、影响正常价值和出口价格可比性因素等进行认定。

1．正常价值

调查机关审查了申请人在申请书中提供的正常价值数据及相关报价单等证据资料。申请人提供的数据显示，倾销调查期内印度市场销售的被调查产品同类产品平均价格为15.97美元/公斤。经审查，调查机关认为申请人提供的报价单是应诉公司拒绝调查机关核查的情况下可获得的最佳信息，因此决定以申请人提供的报价单上显示的被调查产品在印度国内市场的销售价格作为确定应诉公司正常价值的基础。

2．出口价格。

调查机关审查了申请人在申请书中提供的出口价格数据及相关证据资料。申请人提供的数据显示，倾销调查期内印度向中国出口的被调查产品平均价格为11.31美元/公斤。调查机关审查了申请人提供的出口价格的数据来源及数据统计方法。经调查核实，申请人以中华人民共和国海关数据库作为其数据来源，对相关税则号下所有交易数据逐笔筛选获得倾销调查期内来自印度的进口被调查产品的逐笔交易数据。调查机关认为申请人计算采用的数据来源和统计方法合理可信，决定以该价格作为确定应诉公司出口价格的基础。

3．调整项目。

（1）正常价值方面。

申请人主张其获得的印度市场上被调查产品的报价均为出厂前的价格水平，即为EXW报价，因此无需进行价格调整。经审查，调查机关决定接受申请人的上述主张。

（2）出口价格方面。

由于中国海关统计交易价格条件为到岸价格，即CIF价格，因此申请人主张从出口价格中扣除被调查产品出口到中国的海运费、海运保险费、及印度境内的环节费用。经审查，调查机关决定接受申请人的上述主张。

（二）申请书列明，但未应诉的公司的正常价值、出口价格、调整项目的认定。

本案于2013年8月22日立案，当日，调查机关通知了申请书上列明的出口商或生产商，也通知了印度驻华使馆，同日，调查机关将立案公告登载在商务部网站上，任何利害关系方均可在商务部网站上查阅本案立案公告。立案后，调查机关给予各利害关系方 20 天的登记应诉期，给予所有利害关系方合理的时间获知立案有关情况。

2013 年 9 月 16 日，调查机关向登记应诉公司发放了调查问卷，同日，调查机关将调查问卷登载在商务部网站上，任何利害关系方可在商务部网站上查阅本案调查问卷。

调查机关尽最大能力通知了所有利害关系方，也尽最大能力向所有利害关系方提醒不登记应诉或不提交答卷的结果。调查机关注意到，除凯美菱精细科学有限公司外，其他印度公司没有登记应诉也没有提交答卷，这些公司包括 Nova International，Milestone Preservatives P. Ltd.，Shevalyn Pharmachem。根据《反倾销条例》的规定，初裁时，调查机关决定在可获得事实的基础上裁定正常价值、出口价格及价格调整。调查机关采纳了凯美菱精细科学有限公司倾销调查期内部分内销交易和同期部分出口交易的数据作为可获得事实，认定上述 3 家未应诉公司的正常价值、出口价格及调整项目。

初裁后，没有任何印度出口商和生产商提交初裁评论意见。由于凯美菱精细科学有限公司拒绝接受调查机关的实地核查，调查机关无法对该公司在答卷及补充答卷中提交的调查期内的正常价值、出口价格、调整因素等信息和材料进行核实，导致调查机关无法在终裁中继续使用凯美菱精细科学有限公司的证据材料。因此，调查机关决定在终裁中采用可获得事实，即申请人在申请书中报告的数据及证据材料，认定上述 3 家公司的正常价值、出口价格及调整项目。

价格比较

根据《反倾销条例》第六条的规定，调查机关对进口产品的出口价格和正常价值，在考虑了影响价格的各种可比性因素的基础上，按照公平、合理的方式，将正常价值和出口价格调整至出厂价的基础上予以比较。在计算倾销幅度时，调查机关将加权平均正常价值和加权平均出口价格进行比较，得出倾销幅度。

（三）其他印度公司的正常价值、出口价格、调整项目的认定。

对于申请书中未列明的其他公司，初裁中，调查机关采纳了凯美菱精细科学有限公司的证据材料，认定其他公司的正常价值、出口价格及调整项目。初裁后，没有任何印度出口商和生产商提交初裁评论意见。由于凯美菱精细科学有限公司拒绝接受调查机关的实地核查，调查机关不能对该公司在答卷及补充答卷中提交的倾销调查期内的正常价值、出口价格、调整因素等信息和材料进行核实，导致调查机关无法在终裁中继续使用凯美菱精细科学有限公司的证据材料。因此，调查机关决定在终裁中采用可获得事实，即申请人在申请书中报告的数据及证据材料，认定其他公司的正常价值、出口价格及调整项目。

价格比较

根据《反倾销条例》第六条的规定，调查机关对进口产品的出口价格和正常价值，在考虑了影响价格的各种可比性因素的基础上，按照公平、合理的方式，将正常价值和出口价格调整至出厂价的基础上予以比较。在计算倾销幅度时，调查机关将加权平均正常价值和加权平均出口价格进行比较，得出倾销幅度。

（四）倾销幅度。

经过计算，各公司的倾销幅度分别为：

1．参与调查的应诉公司

凯美菱精细科学有限公司 49.8%

（Camlin Fine Sciences Limited）

2．申请书中列明但未应诉的公司

Nova International 49.8%

Milestone Preservatives P. Ltd. 49.8%

Shevalyn Pharmachem 49.8%

3．其他印度公司 49.8%

（All Others）

五、产业损害及损害程度

（一）倾销进口产品数量及所占市场份额。

1．倾销进口产品的数量。

根据中国海关统计数据，产业损害调查期内，倾销进口产品数量呈逐年上升趋势。2010 年、2011 年、2012 年和 2013 年 1~3 月，倾销进口产品数量分别为 5.56 万公斤、27.61 万公斤、44.32 万公斤和 10.25 万公斤。2011 年比 2010 年增长 396.52%，2012 年比 2011 年增长 60.56%，2013 年 1~3 月比上年同期增长 52.65%。

2．倾销进口产品所占国内市场份额。

产业损害调查期内，倾销进口产品所占国内市场份额呈逐年上升趋势。2010 年、2011 年、2012 年和 2013 年 1~3 月，倾销进口产品所占国内市场份额分别为 13.38%、56.47%、73.28%、76.84%。

2011 年比 2010 年增长 43.09 个百分点，2012 年比 2011 年增长 16.81 个百分点，2013 年 1~3 月比上年同期增长 11.48 个百分点。

（二）倾销进口产品对国内产业同类产品价格的影响。

1．倾销进口产品价格。

在产业损害调查问卷答卷规定的回收期限内，国外生产者/出口商仅有印度凯美菱精细科学有限公司提交了《国外生产者/出口商调查问卷答卷》，且没有国内进口商参加产业损害调查活动登记并提交产业损害调查问卷答卷。根据商务部《反倾销产业损害调查规定》第三十三条的规定，调查机关计算倾销进口产品加权平均价格时，根据已经获得的事实和可获得的最佳信息，对倾销进口产品采用中国海关的统计数据，并在此基础上进一步考虑了关税、汇率以及进口产品到岸后发生的报关费、港口杂费、仓储费、检测费、代理费等中间环节费用。汇率采用年度平均汇率，根据国家外汇管理局公布的当年各月度平均汇率算术平均得出。

根据长沙市光远化工有限公司提交的关于进口环节相关费用的说明，调查机关计算得出进口特丁基对苯二酚港口杂费、报关报检费、代理费等上述中间环节费用约为 0.337 元（人民币，如无说明，币种下同）/公斤,同时考虑到上述各项中间环节费用收费计量单位以及各港口上述中间环节费用标准存在差异，决定对原产于印度的进口特丁基对苯二酚港口杂费、报关报检费、代理费等上述中间环节费用以 0.5 元/公斤的标准计算。按照上述方法计算，调查期内，调整后的倾销进口产品加权平均价格（以下称倾销进口产品价格）2010 年为 70.64 元/公斤；2011 年为 80.46 元/公斤，比 2009 年上升 13.9%；2012 年为 77.48 元/公斤，比 2011 年下降 3.7%；2013 年 1~3 月为 71.18 元/公斤，比 2012 年同期下降 11.2%。

2．国内产业同类产品价格。

为使国内产业同类产品价格与倾销进口产品价格具有可比性，调查机关决定采用国内产业同类产品出厂价作为其价格，不含增值税、内陆运输费用、保险费用和次级销售渠道费用等其他税费。调查机关在修正后的《国内生产者调查问卷答卷》的基础上，计算得出国内产业同类产品的销售价格。产业损害调查期内，国内产业同类产品价格 2010 年为 110~130 元/公斤；2011 年比 2010 年上升 3.82%；2012 年比 2011 年上升 1.57%；2013 年 1~3 月为 120~140 元/公斤，比 2012 年同期上升 1.16%。

3．倾销进口产品对国内产业同类产品价格的影响。

调查机关认为调整后的倾销进口产品价格和国内产业同类产品出厂价格基本属于同一贸易水平，具有可比性。因此，调查机关决定采用调整后的倾销进口产品价格和国内产业同类产品价格进行价格影响分析。

根据中国海关的统计数据，产业损害调查期内，倾销进口产品数量呈持续上升趋势，2011 年比 2010 年增长 396.52%，2012 年比 2011 年增长 60.56%，2013 年 1~3 月比上年同期增长 52.65%。产业损害调查期内,倾销进口产品所占国内市场份额呈持续上升趋势。2010 年、2011 年、2012 年和 2013 年 1~3 月，倾销进口产品所占国内市场份额分别为 13.38%、56.47%、73.28%、76.84%。2011 年比 2010 年增长 43.09 个百分点，2012 年比 2011 年增长 16.81 个百分点，2013 年 1~3 月比上年同期增长 11.48 个百分点。倾销进口产品挤占了国内产业同类产品的市场份额。此外，广州泰邦食品科技有限公司内部价格报告等证据显示，倾销进口产品在国内市场销售价格低于国内产业同类产品，对国内产业生产经营造成了影响。因此，综合考虑上述调查期内倾销进口产品数量和价格因素，调查机关认定，产业损害调查期内，倾销进口产品能够对国内产业同类产品价格等产生影响。

产业损害调查期内，倾销进口产品价格与国内产业同类产品价格变化趋势总体均呈现上升趋势，倾销进口产品在国内市场销售价格始终低于国内产业同类产品的价格，2010 年、2011 年、2012 年和 2013 年 1~3 月，倾销进口产品价格分别为 70.64 元/公斤、80.46 元/公斤、77.48 元/公斤和 71.18 元/公斤，而同期国内产业同类产品价格均在 110 元/公斤以上。因此，调查机关认定，产业损害调查期内，倾销进口产品价格对国内产业同类产品造成价格削减。

（三）国内产业相关经济因素和指标的评估。

根据《反倾销条例》第八条及商务部《反倾销产业损害调查规定》第五条和第七条的规定，调查机关审查了倾销进口产品对国内产业的相关经济因素和指标的影响。

1．表观消费量。

产业损害调查期内，国内特丁基对苯二酚表观消费量2010年为41.56万公斤；2011年为48.89万公斤，比2010年增长17.64%；2012年为60.49万公斤，比2011年增长23.73%；2013年1~3月为13.34万公斤，比2012年同期增长29.85%。

2．产能。

产业损害调查期内，2010~2012年国内产业同类产品产能保持不变，为25万~35万公斤；2013年1~3月为6.25万~8.75万公斤，与2012年同期保持不变。

3．产量。

产业损害调查期内，国内产业同类产品产量2010年为25万~35万公斤；2011年比2010年下降29.99%；2012年比2011年下降37.9%；2013年1~3月为1.5万~2.5万公斤，比2012年同期下降57.52%。

4．销售量。

产业损害调查期内，国内产业同类产品国内销售量2010年为25万~35万公斤；2011年比2010年下降39.38%；2012年比2011年下降20.46%；2013年1~3月为2万~3万公斤，比2012年同期下降9.21%。

5．市场份额。

产业损害调查期内，国内产业同类产品所占国内市场份额2010年为60%~70%；2011年比2010年下降了32.69个百分点；2012年比2011年下降了12.41个百分点；2013年1~3月为15%~25%，比2012年同期下降8.9个百分点。

6．销售价格。

产业损害调查期内，国内产业同类产品价格2010年为110~130元/公斤；2011年比2010年上升3.82%；2012年比2011年上升1.57%；2013年1~3月为120~140元/公斤，比2012年同期上升1.16%。

7．销售收入。

产业损害调查期内，国内产业同类产品国内销售收入2010年为3 000万~4000万元；2011年比2010年下降37.06%；2012年比2011年下降19.21%；2013年1~3月为300万~400万元，比2012年同期下降8.15%。

8．利润。

产业损害调查期内，国内产业同类产品税前利润2010年亏损30万~80万元；2011年继续亏损，亏损额比2010年增长914.36%；2012年仍然亏损，亏损额比2011年增长7.19%；2013年1~3月亏损150~200万元，亏损额比2012年同期增长0.87%。

9．投资收益率。

产业损害调查期内，国内产业同类产品投资收益率2010年为－1%~－6%；2011比2010年下降11.59个百分点；2012年比2011年下降0.38个百分点；2013年1~3月为－1%~－6%，比2012年同期下降0.41个百分点。

10．开工率。

产业损害调查期内，国内产业同类产品开工率2010年为85%~95%；2011年比2010年下降27.79个百分点；2012年比2011年下降24.59个百分点；2013年1~3月为20%~30%，比2012年同期下降35.27个百分点。

11．就业人数。

产业损害调查期内，国内产业同类产品就业人数2010年为50~100人；2011年比2010年增长12.16%；2012年比2011年下降4.82%；2013年1~3月为50~100人，比2012年同期下降23.08%。

12．劳动生产率。

产业损害调查期内，国内产业同类产品劳动生产率2010年为3 000~4 000公斤/人；2011年比2010年下降37.58%；2012年比2011年下降34.75%；2013年1~3月为200~300公斤/人，比2012年同期下降44.78%。

13．人均工资。

产业损害调查期内，国内产业同类产品人均工资2010年为3.8~4.3万元；2011年比2010年下降1.56%；2012年比2011年增长11.92%，2013年1~3月为0.8~1.3万元，比2012年同期下降15.26%。

14．期末库存。

产业损害调查期内，国内产业同类产品期末库存2010年为1.8~2.3万公斤；2011年比2010年增长106.49%；2012年比2011年下降50.24%；2013年1~3月为0.5~1万公斤，比2012年同期下降84.39%。

15．经营活动现金流量净额。

产业损害调查期内，国内产业同类产品经营活动现金流量净额2010年为净流出，净流出额为1 200万~1 700万元；2011年继续净流出，净流出额比2010年增长12.89%；2012年为净流入，净流入额为1 000~1 500万元；2013年1~3月为净流出，净流出额为150~200万元；2012年1~3月为净流入，净流入额为0~50万元。

16．投融资能力。

产业损害调查期内，由于国内产业同类产品始终处于亏损状态，经营状况恶化，企业投融资能力出现下降。申请企业向调查机关提供的证据显示，调查期内，银行终止了向申请企业授信和贷款，国内产业投融资能力受到影响。

（四）国内产业受到实质损害。

产业损害调查期内，中国国内特丁基对苯二酚市场需求旺盛，国内特丁基对苯二酚表观消费量持续增长，为国内产业同类产品销售创造了良好的条件，但国内产业同类产品产能保持不变，产量、国内销量和销售收入则持续大幅下降，国内产业同类产品开工率和市场占有率持续大幅下降，2011 年国内产业同类产品开工率比2010年下降27.79个百分点，2012 年比 2011 年下降 24.59 个百分点，2013 年 1~3 月比上年同期下降 35.27 个百分点；国内产业同类产品市场份额 2011 年比 2010 年下降 32.69 个百分点，2012 年比 2011 年下降 12.41 个百分点，2013 年 1~3 月比上年同期下降 8.9 个百分点。产业损害调查期内，受原材料和燃料动力成本上涨推动，国内产业同类产品单位生产成本 2011 年比 2010 年增长 27.12%，2012 年比 2011 年增长 2.47%，2013 年 1~3 月比 2012 年 1~3 月增长 22.54%，但由于倾销进口产品对国内产业同类产品价格产生削减作用，导致国内产业同类产品价格成本差 2011 年比 2010 年下降 58.33%，2012 年比 2011 年下降 5.75%，2013 年 1~3 月比上年同期下降 71.91%，同类产品价格已经接近单位销售成本，国内产业同类产品税前利润大幅下降、投资收益率持续下滑，产业损害调查期内一直处于亏损状态，经营活动现金流量净额 2010 年、2011 年和 2013 年 1~3 月呈现净流出态势。受国内产业同类产品经营状况恶化影响，产业损害调查期内国内产业同类产品劳动生产率呈现持续大幅下降趋势，国内产业投融资能力受到影响。

综合考虑上述事实，调查机关认定，产业损害调查期内国内产业受到实质损害。

六、因果关系

根据《反倾销条例》第二十四条，调查机关审查了原产于印度的特丁基对苯二酚倾销进口与中国国内产业受到实质性损害之间是否存在因果关系，同时审查了除倾销进口之外，可能对中国国内产业造成损害的其他因素。

（一）原产于印度的倾销进口产品造成了国内产业实质损害。

根据中国海关统计数据，产业损害调查期内，倾销进口产品数量2010~2012年呈持续大幅增长趋势，2011 年和 2012 年分别比上年增长 396.52%和 60.56%。产业损害调查期末的 2013 年 1~3 月倾销进口数量比 2012 年 1~3 月增长 52.65%。倾销进口产品占国内特丁基对苯二酚总进口数量的比例 2010~2012 年呈上升趋势，2010 年为 82.72%，2011 年为 98.57%，2012 年为 98.23%。倾销进口产品占国内特丁基对苯二酚总进口数量的比例 2012 年 1~3 月为 100%，2013 年 1~3 月为 100%。

产业损害调查期内，倾销进口产品所占国内市场份额呈持续大幅上升趋势，2010 年、2011 年和 2012 年分别为 13.38%、 56.47%和 73.28%；2012 年 1~3 月和2013 年 1~3 月分别为65.36%和76.84%。

产业损害调查期内，倾销进口产品价格明显低于国内产业同类产品价格，倾销进口产品对国内产业同类产品价格造成了价格削减。

产业损害调查期内，倾销进口产品数量和其所占国内市场份额均呈现持续大幅上升趋势，倾销进口产品价格明显低于国内产业同类产品价格。受上述因素影响，国内产业同类产品销量和其所占市场份额呈现持续大幅下降趋势，国内产业同类产品销量 2011 年比 2010 年下降 39.38%，2012 年比 2011 年下降 20.46%,2013 年 1~3 月比 2012 年 1~3 月下降 9.21%。国内产业同类产品所占市场份额 2011 年比 2010 年下降 32.69 个百分点，2012 年比 2011 年下降 12.41 个百分点, 2013 年 1~3 月比 2012 年 1~3 月下降 8.9 个百分点。国内产业同类产品的产量、销售收入、开工率和劳动生产率均呈现持续大幅下降趋势。产业损害调查期内，受原材料和燃料动力成本上涨推动，国内产业同类产品单位生产成本 2011 年比 2010 年增长 27.12%，2011 年比 2010 年增长 2.47%，2013 年 1~3 月比 2012 年 1~3 月增长 22.54%，但由于倾销进口产品对国内产业同类产品价格产生削减作用，导致 2011 年国内产业同类产品价格成本差 2011 年比 2010 年下降 58.33%，2012 年比 2011 年下降 5.75%，2013 年 1~3 月比上年同期下降 71.91%，国内产业同类产品价格已经接近单位销售成本，国内产业同类产品税前利润大幅下降、投资收益率持续下滑，产业损害调查期内一直处于亏损状态，经营活动现金流量净额 2010

年、2011 和 2013 年 1~3 月呈现净流出态势。国内产业生产经营状况持续恶化，投融资能力受到影响，遭受了实质损害。

调查机关认定，上述证据显示，产业损害调查期内，原产于印度的倾销进口产品造成了国内产业的实质损害。

（二）可能影响国内产业损害状况的其他因素分析。

调查机关对可能使国内产业受到损害的其他已知因素进行了调查。

1. 其他国家（地区）相关产品进口情况。

根据中国海关的统计数据，除来自印度的倾销进口产品之外，产业损害调查期内国内其他特丁基对苯二酚主要进口来源地是美国。产业损害调查期内的 2010 年、2011 年、2012 年和 2013 年 1~3 月，倾销进口产品进口量占中国总进口量的比例分别为 82.72%、98.57%、98.23%和 100%，其他国家（地区）进口产品进口量在总进口量中占比分别为 17.28%、1.43%、1.77%和 0%，且其他国家（地区）进口特丁基对苯二酚平均价格始终高于倾销进口产品价格 10.83%至 65.58%。上述数据说明，产业损害调查期内，来自其他国家（地区）的进口特丁基对苯二酚数量少，价格高于倾销进口产品。因此，其他国家（地区）进口产品不是造成国内产业损害的原因。

2. 国内需求和消费模式的变化。

中国国内特丁基对苯二酚表观消费量数据显示，产业损害调查期内国内特丁基对苯二酚市场需求持续增长。国内没有出现限制特丁基对苯二酚产业发展的政策变化，也没有出现其他替代产品等消费模式变化而导致中国国内特丁基对苯二酚需求的萎缩。因此，国内需求和消费模式的变化不是造成国内产业损害的原因。

3. 商业流通渠道和贸易政策变化及国内外竞争状况。

产业损害调查期内，国内产品完全实行市场化的价格形成机制，生产经营完全受市场调节。国内产业同类产品的销售区域与倾销进口产品基本相同，国内未颁布限制特丁基对苯二酚产业的贸易行为和其他相关政策，在商业流通领域并不存在其他阻碍国内产业同类产品销售或造成国内产业损害的因素，国内外的正当竞争未对国内产业造成负面影响。因此，商业流通渠道、贸易政策及国内外正当竞争不是造成国内产业损害的原因。

4. 技术发展状况。

国内产业拥有自主知识产权和专利技术，通过质量管理与技术进步，产品质量不断提高，其产品与倾销进口产品在性能、质量和技术水平上相当甚至优于倾销进口产品。因此，国内特丁基对苯二酚产业的技术发展状况未对国内产业的生产和经营造成不良影响。

5. 国内产业出口状况。

产业损害调查期内，国内产业对外出口特丁基对苯二酚数量较小，其占国内产业同类产品总销售量的比例也较小。产业损害调查期内，出口量占国内产业同类产品总销售量的比例 2010 年为 4.09%，2011 年为 5.39%，2012 年为 7.11%，2013 年 1~3 月为 14.42%。基于上述事实，调查机关认定，国内产业同类产品出口情况不足以切断倾销进口产品与国内产业受到实质损害之间的因果关系。

6. 国内产业经营管理情况。

产业损害调查期内，中国国内特丁基对苯二酚产业经营管理状况良好，各项规章制度健全，生产、经营、成本和质量等各项企业管理制度严格并不断完善，未发现经营管理不善导致国内特丁基对苯二酚产业遭受实质损害的情况。

7. 不可抗力因素。

产业损害调查期内，国内产业未发生严重自然灾害或其他不可抗力事件，生产设备运行状况正常，生产经营平稳。因此，国内特丁基对苯二酚产业受到的实质损害不是由不可抗力因素造成的。

七、最终裁定

根据上述调查结果，调查机关最终裁定，在本案调查期内，原产于印度的进口特丁基对苯二酚存在倾销，国内特丁基对苯二酚产业受到实质损害，而且倾销进口产品与实质损害之间存在因果关系。

各公司倾销幅度如下：

1. 参与调查的应诉公司

凯美菱精细科学有限公司　49.8%

（Camlin Fine Sciences Limited）

2. 申请书中列明但未应诉的公司

Nova International　49.8%

Milestone Preservatives P. Ltd.　49.8%

Shevalyn Pharmachem　49.8%

3. 其他印度公司　49.8%

（All Others）

三十七、商务部公告2014年第59号 关于对自韩国、日本和印度的进口邻苯二甲酸酐反倾销措施的终止的公告（2014年08月21日）

2009年8月30日，中华人民共和国商务部发布年度第56号公告，决定自2009年8月31日起继续对原产于韩国、日本和印度的进口邻苯二甲酸酐征收反倾销税，实施期限5年，到2014年8月30日止。

2014年2月27日，商务部发布年度第14号公告，公布上述反倾销措施将于2014年8月30日终止。自该公告发布之日起，国内产业或代表国内产业的自然人、法人或有关组织可在该措施终止日60天前，以书面形式向商务部提出期终复审申请。

在规定时限内，商务部未收到期终复审申请，商务部亦决定不主动发起期终复审调查。鉴此，自2014年8月31日起，对原产于韩国、日本和印度的进口邻苯二甲酸酐终止征收反倾销税。

三十八、商务部公告2014年第62号 关于对原产于美国、意大利、英国、法国和台湾地区的进口聚酰胺－6,6切片所适用的反倾销措施进行期终复审调查的公告（2014年10月10日）

2009年10月12日，中华人民共和国商务部（以下简称商务部）发布年度第79号公告，决定对原产于美国、意大利、英国、法国和台湾地区的进口聚酰胺－6,6切片（被调查产品）征收反倾销税，实施期限为自2009年10月13日起5年。

2014年5月16日，商务部发布年度第37号公告，宣布对原产于美国、意大利、英国、法国和台湾地区的进口聚酰胺－6,6切片实施的反倾销措施将于2014年10月12日到期。根据《中华人民共和国反倾销条例》第四十八规定，经复审确定终止征收反倾销税有可能导致倾销和损害继续或者再度发生的，反倾销税的征收期限可以适当延长；自该公告发布之日起，中国大陆产业或代表中国大陆产业的自然人、法人或有关组织可在该反倾销措施到期日60天前，以书面形式向商务部提出期终复审申请。

2014年8月12日，商务部收到平顶山神马工程塑料有限责任公司代表中国大陆聚酰胺－6,6切片产业正式递交的反倾销措施期终复审申请书。申请人主张，如果终止反倾销措施，原产于美国、意大利、英国、法国和台湾地区的进口聚酰胺－6,6切片对中国大陆的倾销行为可能继续或再度发生，对中国大陆产业造成的损害可能再度发生，请求商务部裁定维持对原产于美国、意大利、英国、法国和台湾地区的进口聚酰胺－6,6切片实施的反倾销措施。

依据《中华人民共和国反倾销条例》有关规定，商务部对申请人资格、被调查产品和中国大陆同类产品有关情况、反倾销措施实施期间被调查产品进口情况、倾销继续或再度发生的可能性、损害再度发生的可能性及相关证据等进行了审查。根据申请人提供的证据和商务部的初步审查，申请人聚酰胺－6,6切片产量符合《中华人民共和国反倾销条例》第十一条、第十三条和第十七条有关国内产业提出反倾销调查申请的规定。商务部认为，申请人的主张以及所提交的表面证据符合期终复审立案的要求。

根据《中华人民共和国反倾销条例》第四十八条规定，商务部决定自2014年10月13日起，对原产于美国、意大利、英国、法国和台湾地区的进口聚酰胺－6,6切片所适用的反倾销措施进行期终复审调查。现将有关事项公告如下：

（一）继续实施反倾销措施

根据商务部建议，国务院关税税则委员会决定，在反倾销期终复审调查期间，对原产于美国、意大利、英国、法国和台湾地区的进口聚酰胺-6,6切片继续按照商务部2009年第79号公告公布的征税范围和税率征收反倾销税。

（二）复审调查期

本次复审的倾销调查期为2013年7月1日~2014年6月30日，产业损害调查期为2009年1月1日~2014年6月30日。

（三）复审调查产品范围

复审产品范围是原反倾销措施所适用的产品，与商务部2009年第79号公告中的产品范围一致，该产品归在《中华人民共和国进出口税则》：39081011。

（四）复审内容

本次复审调查的内容为，如果终止对原产于美国、意大利、英国、法国和台湾地区的进口聚酰胺－6,6切片实施的反倾销措施，是否可能导致倾销和损害的继续或再度发生。

（五）参加调查登记

任何利害关系方可于本公告发布之日起20天

内，向商务部贸易救济调查局登记参加本次反倾销期终复审调查。参加调查的利害关系方应根据《登记参加调查的参考格式》提供基本身份信息、倾销调查期内向中国大陆出口或进口本案被调查产品的数量及金额、生产和销售同类产品的数量及金额以及关联情况等说明材料。《登记参加调查的参考格式》可在相关网站下载。

本公告所指的利害关系方是《中华人民共和国反倾销条例》第十九条规定的个人和组织。

（六）查阅公开信息

利害关系方可在相关网站下载或到商务部贸易救济公开信息查阅室（电话：0086-10-65197878）查找、阅览、抄录并复印本案申请人提交的申请书的非保密文本。调查过程中，利害关系方可通过上述相关网站查阅案件公开信息，或到商务部贸易救济公开信息查阅室查找、阅览、抄录并复印案件公开信息。

（七）对立案的评论

利害关系方对本次调查的产品范围及产品分类、申请人资格、被调查国家（地区）及其他相关问题如需发表评论，可于本公告发布之日起 20 天内将书面意见提交至商务部贸易救济调查局。

（八）调查方式

根据《中华人民共和国反倾销条例》第二十条的规定，商务部可以采用问卷、抽样、听证会、现场核查等方式向有关利害关系方了解情况，进行调查。

为获得本案调查所需要的信息，商务部通常在本公告规定的参加调查登记截止之日起 10 个工作日内向涉案的有关国家（地区）出口商或生产商、国内生产者和国内进口商发放调查问卷。参加调查登记的利害关系方也可以从相关网站下载调查问卷。

未参加调查登记的其他利害关系方可直接从相关网站下载，或向商务部贸易救济调查局索取以上调查问卷，并按要求填报。

所有公司应在规定时间内提交完整而准确的答卷。答卷应当包括调查问卷所要求的全部信息。

（九）保密信息的提交和处理

利害关系方向商务部提交的信息如需保密的，可向商务部提出对相关信息进行保密处理的请求并说明理由。如商务部同意其请求，申请保密的利害关系方应当同时提供该保密信息的非保密概要。非保密概要应当包含充分的有意义的信息，以使其他利害关系方对保密信息能有合理的理解。如不能提供非保密概要，应说明理由。如利害关系方提交的信息未说明需要保密的，商务部将视该信息为公开信息。

（十）不合作的后果

根据《中华人民共和国反倾销条例》第二十一条的规定，商务部进行调查时，利害关系方应当如实反映情况，提供有关资料。利害关系方不如实反映情况、提供有关资料的，或者没有在合理时间内提供必要信息的，或者以其他方式严重妨碍调查的，商务部可以根据已经获得的事实和可获得的最佳信息作出裁定。

（十一）调查期限

本次调查自 2014 年 10 月 13 日开始，通常应在 2015 年 10 月 13 日前结束。

（十二）商务部联系方式（略）

附件：登记参加调查的参考格式（略）

聚酰胺－6,6 切片申请书（公开版）（略）

聚酰胺－6,6 切片附件（公开版）（略）

三十九、商务部公告 2014 年第 63 号 关于对原产于美国、韩国、日本、俄罗斯和中国台湾地区的进口聚氯乙烯所适用的反倾销措施进行期终复审调查的公告（2014 年 9 月 28 日）

2009 年 9 月 28 日，商务部发布第 69 号公告，决定对原产于美国、韩国、日本、俄罗斯和中国台湾地区的进口聚氯乙烯征收反倾销税，实施期限为自 2009 年 9 月 29 日起 5 年。

2014 年 7 月 29 日，商务部收到新疆中泰化学股份有限公司、新疆天业（集团）有限公司、陕西北元化工集团有限公司、天津大沽化工股份有限公司、内蒙古亿利化学工业有限公司、上海氯碱化工股份有限公司、昊华宇航化工有限责任公司、宜宾天原集团股份有限公司和茌平信发聚氯乙烯有限公司代表中国大陆聚氯乙烯产业正式递交的反倾销措施期终复审申请书。申请人主张，如果终止反倾销措施，原产于美国、韩国、日本、俄罗斯和中国台湾地区的进口聚氯乙烯对中国大陆的倾销行为可能继续发生，对中国大陆产业造成的损害可能继续发生，请求商务部裁定维持对原产于美国、韩国、日本、俄罗斯和中国台湾地区的进口聚氯乙烯实施的反倾销措施。

依据《中华人民共和国反倾销条例》有关规定，商务部对申请人资格、被调查产品和中国大陆同类产品有关情况、反倾销措施实施期间被调查产品进口情况、倾销继续或再度发生的可能性、损害继续或再度发生的可能性及相关证据等进行了审查。现有证据表明，申请人符合《中华人民共和国反倾销条例》第十一条、第十三条和第十七条关于产业及产业代表性的规定，有资格代表中国大陆聚氯乙烯产业提出申请。调查机关认为，申请人的主张以及所提交的表面证据符合期终复审立案的要求。

根据《中华人民共和国反倾销条例》第四十八条规定，商务部决定自2014年9月29日起，对原产于美国、韩国、日本、俄罗斯和中国台湾地区的进口聚氯乙烯所适用的反倾销措施进行期终复审调查。现将有关事项公告如下：

（一）继续实施反倾销措施

根据商务部建议，国务院关税税则委员会决定，在反倾销期终复审调查期间，对原产于美国、韩国、日本、俄罗斯和中国台湾地区的进口聚氯乙烯继续按照商务部2009年第69号公告公布的征税范围和税率征收反倾销税；其中俄罗斯萨彦斯克塑料股份公司与中华人民共和国商务部签订的价格承诺继续有效。

（二）复审调查期

本次复审的倾销调查期为2013年7月1日~2014年6月30日，产业损害调查期为2011年1月1日~2014年6月30日。

（三）复审调查产品范围

复审产品范围是原反倾销措施所适用的产品，与商务部2009年第69号公告中的产品范围一致。

（四）复审内容

本次复审调查的内容为，如果终止对原产于美国、韩国、日本、俄罗斯和中国台湾地区的进口聚氯乙烯实施的反倾销措施，是否可能导致倾销和损害的继续或再度发生。

（五）参加调查登记

利害关系方可于本公告发布之日起20天内，向商务部贸易救济调查局登记参加本次反倾销期终复审调查。参加调查的利害关系方应根据《登记参加调查的参考格式》提供基本身份信息、倾销调查期内向中国大陆出口或进口本案被调查产品的数量及金额、生产和销售同类产品的数量及金额以及关联情况等说明材料。《登记参加调查的参考格式》可在商务部网站贸易救济调查局子网站（http://trb.mofcom.gov.cn）下载。

本公告所指的利害关系方是《中华人民共和国反倾销条例》第十九条规定的个人和组织。

（六）查阅公开信息

利害关系方可在相关网站下载或到商务部贸易救济公开信息查阅室（电话：0086-10-65197878）查找、阅览、抄录并复印本案申请人提交的申请书的非保密文本。调查过程中，利害关系方可通过相关网站查阅案件公开信息，或到商务部贸易救济公开信息查阅室查找、阅览、抄录并复印案件公开信息。

（七）对立案的评论

利害关系方对本次调查的产品范围及产品分类、申请人资格、被调查国家（地区）及其他相关问题如需发表评论，可于本公告发布之日起20天内将书面意见提交至商务部贸易救济调查局。

（八）调查方式

根据《中华人民共和国反倾销条例》第二十条的规定，商务部可以采用问卷、抽样、听证会、现场核查等方式向有关利害关系方了解情况，进行调查。

为获得本案调查所需要的信息，商务部通常在本公告规定的参加调查登记截止之日起10个工作日内向涉案的外国出口商或生产商、国内生产者和国内进口商发放调查问卷。参加调查登记的利害关系方也可以从相关网站下载调查问卷。

未参加调查登记的其他利害关系方可直接从相关网站下载，或向商务部贸易救济调查局索取以上调查问卷，并按要求填报。

所有公司应在规定时间内提交完整而准确的答卷。答卷应当包括调查问卷所要求的全部信息。

（九）保密信息的提交和处理

利害关系方向商务部提交的信息如需保密的，可向商务部提出对相关信息进行保密处理的请求并说明理由。如商务部同意其请求，申请保密的利害关系方应当同时提供该保密信息的非保密概要。非保密概要应当包含充分的有意义的信息，以使其他利害关系方对保密信息能有合理的理解。如不能提供非保密概要，应说明理由。如利害关系方提交的信息未说明需要保密的，商务部将视该信息为公开信息。

（十）不合作的后果

根据《中华人民共和国反倾销条例》第二十一条的规定，商务部进行调查时，利害关系方应当如实反映情况，提供有关资料。利害关系方不如实反映情况、提供有关资料的，或者没有在合理时间内提供必要信息的，或者以其他方式严重妨碍调查的，商务部可以根据已经获得的事实和可获得的最佳信息作出裁定。

（十一）调查期限

本次调查自2014年9月29日起开始，于2015年9月28日前结束。

（十二）商务部联系方式（略）

附件：

（1）聚氯乙烯反倾销期终复审应诉登记表-外国（地区）生产商或贸易商（略）

（2）聚氯乙烯反倾销期终复审应诉登记表-中国大陆生产商（略）

（3）聚氯乙烯反倾销期终复审应诉登记表-中国大陆进口商（略）

四十、商务部公告2014年第64号 关于对原产于美国、欧盟、俄罗斯和台湾地区的进口锦纶6切片反倾销措施即将到期的公告（2014年10月21日）

2010年4月21日，中华人民共和国商务部发布年度第15号公告，决定对原产于美国、欧盟、俄罗斯和台湾地区的进口锦纶6切片征收反倾销税。该反倾销措施自2010年4月22日开始实施，并将于2015年4月21日到期。

根据《中华人民共和国反倾销条例》第四十八条的规定，反倾销税的征收期限和价格承诺的履行期限不超过5年；但经复审确定终止征收反倾销税有可能导致倾销和损害的继续或者再度发生的，反倾销税的征收期限可以适当延长。

自本公告发布之日起，国内产业或代表国内产业的自然人、法人或有关组织可在该反倾销措施到期日60天前，以书面形式向商务部提出期终复审申请。申请书应包含要求进行期终复审的明确表示和终止反倾销措施将可能导致倾销和损害的继续或再度发生的充分证据。

如国内产业或代表国内产业的自然人、法人或有关组织未按本公告规定提出复审申请，在该反倾销措施到期日前，商务部也未主动发起期终复审调查，则上述反倾销措施将于2015年4月22日起终止实施。

四十一、商务部公告2014年第72号 关于对原产于美国、欧盟和韩国的进口己二酸所适用的反倾销措施进行期终复审调查的公告（2014年10月31日）

2009年11月1日，商务部发布年度第78号公告，决定对原产于美国、欧盟和韩国的进口己二酸征收反倾销税，实施期限为自2009年11月2日起5年。

2011年6月23日，商务部发布年度第36号公告，决定由罗地亚韩国有限公司（Rhodia Korea Co., Ltd.）继承罗地亚聚酰胺有限公司（Rhodia Polyamide Co. Ltd.）在己二酸反倾销案中所适用的5.9%的反倾销税税率。同时，以罗地亚聚酰胺有限公司名称出口的被调查产品，适用“其他韩国公司”所适用的16.7%的反倾销税税率。

2014年4月18日，商务部发布年度第21号公告，由索尔维化学韩国有限公司（Solvay Chemicals Korea Co., Ltd.）继承罗地亚韩国有限公司（Rhodia Korea Co., Ltd.）在己二酸反倾销措施案中所适用的5.9%的反倾销税税率，以罗地亚韩国有限公司名称出口的被调查产品，适用“其他韩国公司”所适用的16.7%的反倾销税税率。

2014年5月4日，商务部发布年度第22号公告，宣布对原产于美国、欧盟和韩国的进口己二酸实施的反倾销措施将于2014年11月2日到期。根据《中华人民共和国反倾销条例》规定，经复审确定终止征收反倾销税有可能导致倾销和损害继续或再度发生的，反倾销税的征收期限可以适当延长。自该公告发布之日起，国内产业或代表国内产业的自然人、法人或有关组织可在反倾销措施到期日60天前，以书面形式向商务部提出期终复审申请。

2014年8月29日，商务部收到中国石油天然气股份有限公司辽阳石化分公司、山东海力化工股份有限公司、江苏海力化工股份有限公司、山东华鲁恒升化工股份有限公司代表中国大陆己二酸产业正式递交的反倾销措施期终复审申请书。申请人主张，如果终止反倾销措施，原产于美国、欧盟和韩国的进口己二酸对中国大陆的倾销行为可能继续发生，对中国大陆产业造成的损害可能继续发生，请求商务部裁定维持对原产于美国、欧盟和韩国的进口己二酸实施的反倾销措施。

依据《中华人民共和国反倾销条例》有关规定，商务部对申请人资格、被调查产品和中国大陆同类产品有关情况、反倾销措施实施期间被调查产品进口情况、倾销继续或再度发生的可能性、损害继续或再度发生的可能性及相关证据等进行了审查。现有证据表明，申请人符合《中华人民共和国反倾销条例》第十一条、第十三条和第十七条关于产业及产业代表性的规定，有资格代表中国大陆己二酸产业提出申请。调查机关认为，申请人的主张以及所提交的表面证据符合期终复审立案的要求。

根据《中华人民共和国反倾销条例》第四十八条规定，商务部决定自2014年11月2日起，对原产于美国、欧盟和韩国的进口己二酸所适用的反倾销措施进行期终复审调查。现将有关事项公告如下：

（一）继续实施反倾销措施

根据商务部建议，国务院关税税则委员会决定，在反倾销期终复审调查期间，对原产于美国、欧盟和韩国的进口己二酸继续按照商务部2009年第78号公告、2011年第36号公告和2014年第21号公告公布的征税范围和税率征收反倾销税。

（二）复审调查期

本次复审的倾销调查期为2013年7月1日~2014年6月30日，产业损害调查期为2009年1月1日至2014年6月30日。

（三）复审调查产品范围

复审产品范围是原反倾销措施所适用的产品，与商务部2009年第78号公告中的产品范围一致。

（四）复审内容

本次复审调查的内容为，如果终止对原产于美国、欧盟和韩国的进口己二酸实施的反倾销措施，是否可能导致倾销和损害的继续或再度发生。

（五）参加调查登记

利害关系方可于本公告发布之日起20天内，向商务部贸易救济调查局登记参加本次反倾销期终复审调查。参加调查的利害关系方应根据《登记参加调查的参考格式》提供基本身份信息、倾销调查期内向中国大陆出口或进口本案被调查产品的数量及金额、生产和销售同类产品的数量及金额以及关联情况等说明材料。《登记参加调查的参考格式》可在商务部网站贸易救济调查局子网站（http://trb.mofcom.gov.cn）下载。

本公告所指的利害关系方是《中华人民共和国反倾销条例》第十九条规定的个人和组织。

（六）查阅公开信息

利害关系方可在相关网站下载或到商务部贸易救济公开信息查阅室（电话：0086-10-65197878）查找、阅览、抄录并复印本案申请人提交的申请书的非保密文本。调查过程中，利害关系方可通过相关网站查阅案件公开信息，或到商务部贸易救济公开信息查阅室查找、阅览、抄录并复印案件公开信息。

（七）对立案的评论

利害关系方对本次调查的产品范围及产品分类、申请人资格、被调查国家（地区）及其他相关问题如需发表评论，可于本公告发布之日起20天内将书面意见提交至商务部贸易救济调查局。

（八）调查方式

根据《中华人民共和国反倾销条例》第二十条的规定，商务部可以采用问卷、抽样、听证会、现场核查等方式向有关利害关系方了解情况，进行调查。

为获得本案调查所需要的信息，商务部通常在本公告规定的参加调查登记截止之日起10个工作日内向涉案的外国出口商或生产商、国内生产者和国内进口商发放调查问卷。参加调查登记的利害关系方也可以从相关网站下载调查问卷。

未参加调查登记的其他利害关系方可直接从相关网站下载，或向商务部贸易救济调查局索取以上调查问卷，并按要求填报。

所有公司应在规定时间内提交完整而准确的答卷。答卷应当包括调查问卷所要求的全部信息。

（九）保密信息的提交和处理

利害关系方向商务部提交的信息如需保密的，可向商务部提出对相关信息进行保密处理的请求并说明理由。如商务部同意其请求，申请保密的利害关系方应当同时提供该保密信息的非保密概要。非保密概要应当包含充分的有意义的信息，以使其他利害关系方对保密信息能有合理的理解。如不能提供非保密概要，应说明理由。如利害关系方提交的信息未说明需要保密的，商务部将视该信息为公开信息。

（十）不合作的后果

根据《中华人民共和国反倾销条例》第二十一条的规定，商务部进行调查时，利害关系方应当如实反映情况，提供有关资料。利害关系方不如实反映情况、提供有关资料的，或者没有在合理时间内提供必要信息的，或者以其他方式严重妨碍调查的，商务部可以根据已经获得的事实和可获得的最佳信息作出裁定。

（十一）调查期限

本次调查自2014年11月2日起开始，于2015年11月1日前结束。

（十二）商务部联系方式（略）

附件：登记参加调查的参考格式（略）

己二酸反倾销措施期终复审申请书（略）

己二酸反倾销措施期终复审申请书附件（略）

四十二、商务部公告2014年第73号 关于终止原产于日本、韩国和美国的进口甲苯二异氰酸酯反倾销措施的公告（2014年11月20日）

2009年11月20日，商务部发布年度第92号公告，决定自2009年11月21日起，继续对原产于日本、韩国和美国的进口甲苯二异氰酸酯实施反倾销措施，实施期限为5年。

2014年5月30日，商务部发布年度第31号公告，宣布上述反倾销措施将2014年11月20日到期。自该公告发布之日起，国内产业或代表国内产业的自然人、法人或有关组织可在该反倾销措施到期日60天前，以书面形式向商务部提出期终复审申请。

在公告规定的时限内，甲苯二异氰酸酯国内产业未提出期终复审申请，商务部亦决定不主动发起期终复审调查。鉴此，自2014年11月21日起，对原产于日本、韩国和美国的进口甲苯二异氰酸酯所适用的反倾销措施终止实施。

四十三、商务部公告2014年第82号 关于对原产于沙特阿拉伯和台湾地区的进口1，4-丁二醇终止措施的公告（2014年12月10日）

2009年12月24日，中华人民共和国商务部发布年度第106号公告，决定自2009年12月25日起对原产于沙特阿拉伯和台湾地区的进口1,4-丁二醇征收反倾销税，实施期限5年，至2014年12月24日止。

2014年7月25日，商务部发布年度第51号公告，公布上述反倾销措施将于2014年12月24日终止。自该公告发布之日起，中国大陆产业或代表中国大陆产业的自然人、法人或有关组织可在2014年8月24日前，以书面形式向商务部提出期终复审申请。

在规定时限内，商务部未收到期终复审申请，商务部也决定不主动发起期终复审调查。鉴此，自2014年12月25日起，对原产于沙特阿拉伯和台湾地区的进口1，4-丁二醇终止征收反倾销税。

（中国塑料加工工业协会　马占峰　郭齐）

政策法规

2014年国家与塑料行业相关的政策法规

一、工业和信息化部提出2014年工业节能与综合利用工作要点（2014年02月12日）

2013年，工业节能与综合利用工作坚持以科学发展观为指导，认真贯彻落实十八大、十八届三中全会精神以及部党组工作部署，坚持分类指导、重点推进，坚持技术进步、标准引领，坚持探索创新、示范带动，各项工作取得明显成效。全国规模以上企业单位工业增加值能耗比上年预计下降 4.9%，基本完成预期年度目标；万元工业增加值用水量预计下降至70立方米（2010年价），全年降幅超过8%；大宗工业固体废物综合利用率预计提高约 2个百分点。

2014年，工业节能与综合利用工作要按照三中全会关于深化改革的要求，结合全国工业和信息化工作会议部署，以工业绿色低碳转型为目标，以工业绿色发展专项行动为抓手，以改革创新为突破口，继续在政策、机制、法规、制度方面下功夫，切实加强调查研究，探索推进节能减排长效机制建设，着力抓好节能降耗、清洁生产、循环经济和资源综合利用等各项工作，促进工业转型升级，力争单位工业增加值能耗及二氧化碳排放量下降 4.5%以上，万元工业增加值用水量下降 7%，工业固体废物综合利用率进一步提高，重点行业污染物排放强度明显下降。

（一）认真组织实施工业绿色发展专项行动

（1）开展工业绿色低碳转型城市试点。修改完善工业绿色低碳转型城市试点总体方案，在全国选择5个左右重化工业城市开展试点，指导编制、批复工业绿色低碳转型城市试点方案，明确城市转型的目标任务和路径，突出改革创新，强化政策引导、标准约束和市场推动，探索工业绿色低碳转型发展的模式和途径。

（2）实施京津冀及周边地区清洁生产水平提升计划。组织相关地区的钢铁、水泥、焦化、化工、石化、有色金属冶炼等重点企业开展清洁生产技术改造，推广先进、成熟、适用的清洁生产技术装备，削减二氧化硫、氮氧化物、烟（粉）尘和挥发性有机污染物，为改善区域大气环境质量做出贡献。指导京津冀及周边地区地方工业主管部门、区域内中央企业制定本辖区和本企业实施计划，落实目标责任，强化监督考核。

（3）继续落实电机能效提升计划。重点推进生产企业贯标、专项工程推广实施和政策机制建设。会同质检总局实施电机生产企业贯标核查，严格执行电机强制性能效标准；培育一批提供一体化解决方案的规范化、规模化合同能源管理公司，整合资源，完善市场化推广模式。

（二）全面推进工业节能降耗

（1）扎实提升能效水平。进一步做好工业锅炉系统、变压器、内燃机等终端用能产品能效提升工作，落实内燃机节能减排指导意见，发布内燃机产品燃油消耗限值及测量方法标准，组织实施非道路车辆及发动机高效清洁行动计划、工业锅炉系统节能减排行动计划、变压器能效提升计划，推广锅炉、变压器等节能技术及产品。继续推进重点用能行业开展能效水平对标达标活动，不断提升能效水平。

（2）进一步加强节能管理。强化工业能评，研究以负面清单方式推动开展能评的新机制；强化标准约束，会同有关部门实施好百项能效标准推进工程，编制《电石、铁合金能耗限额标准贯彻实施方案（2014—2015年）》，开展以节能标准促进“两高”行业过剩产能退出试点，加快组织制修订重点产品能耗限额强制性国家标准；加强队伍建设，组织开展省市工业节能与综合利用管理干部专业培训及重点用能企业能源管理岗位和负责人培训，建立健全工业节能监察体系，充分发挥节能监察队伍对重点专项工作的支撑作用。

（3）推进节能技术进步。继续编制和发布高耗能落后机电设备淘汰目录和先进节能技术装备产品目录，开展落后机电设备淘汰情况的监督检查。继续推进企业能源管理智能化，完善能源管控中心建设标准，组织编制重点行业企业能源管理中心实施方案，开展绿色数据中心建设，制定绿色数据中心试点实施方案，研究确定绿色数据中心评价指标和评价方法。

（4）促进工业低碳发展。会同发展改革委推进国家低碳工业园区试点，组织编制试点园区实施方案和园区评价指标体系，制定国家低碳工业园区管理办法，建立绩效考评制度，研究制定重点用能企业温室气体排放评价通则。深入推进山西、陕西和上海两省一市甲醇汽车试点，加强数据收集及试验测试工作，在总结第一批试点经验基础上，研究扩大甲醇汽车试点范围。

（三）组织实施工业节水技术标准提升计划

（1）切实提升节水技术装备水平。发布国家鼓励的工业节水工艺技术装备目录，指导企业推广应用先进适用的节水技术装备；加快组织编制钢铁、造纸等高耗水行业落后用水工艺装备淘汰目录，实施强制性淘汰。

（2）提高重点企业用水效率标准。发布重点行业用水效率标杆企业和标杆指标，深入推进钢铁、石化等重点行业节水型企业创建工作。加快制修订部分行业取（用）水定额标准，组织制订石油化工、味精等行业节水型企业评价国家标准，扩大节水型企业创建范围。

（3）加快建立工业节约用水约束机制。研究推进基于取（用）水定额标准的惩罚性水价政策，明确政策思路和方案。研究和组织起草《工业节水管理办法》，进一步规范重点用水企业管理、节水技术推广、用水项目投资准入、节水基础能力建设等。

（4）推进节水技术改造及产业化示范。组织各地区尤其是缺水地区，加快创新工业节水技术改造的政策思路，编制节水技术推广实施方案。引导实施一批对行业有重大影响和突出效果的关键技术产业化示范工程项目。

（四）大力推进节能环保产业发展

（1）组织实施节能环保国家级示范工程建设。结合国家节能减排重点和高耗能、高污染行业节能减排需要，尽快提出示范工程建设工作方案，加强与有关部门协商，积极争取支持加快部署启动。在示范工程基础上，深入研究提出节能环保技术装备推广的政策和机制，发挥示范工程引领作用，从根本上带动节能环保产业发展。

（2）发展一批重大节能环保技术装备。选择一批技术水平先进、工艺路线清晰、节能环保效果突出、推广意义重大、具有行业代表性的技术装备，提出一批绿色发展重大工程项目，实施产业化示范；继续组织编制发布节能、环保、综合利用技术装备目录，会同有关部门发布《国家鼓励发展的重大环保技术装备目录》。

（3）培育建设节能环保产业园区。加强对新型工业化产业示范基地中节能环保装备基地的指导。积极扶持节能环保产业集中、特色鲜明的工业园区建设，重点支持、培育建设形成若干个节能环保产业园区。

（4）促进节能环保技术交流与合作。积极筹办中国国际节能环保技术装备交易展，打造市场化、国际化的节能环保技术装备展示交易平台。落实与联合国工业发展组织合作方案，加强人才交流和能力建设。利用联合国工发组织合作伙伴计划平台，支持节能环保企业“走出去”，提高统筹利用国内国际两个市场、两种资源能力。

（五）实施清洁生产水平提升计划，务实推进工业领域大气污染防治

（1）组织编制工业领域大气污染防治实施方案。以落实大气污染防治计划为重点，组织编制工业领域落实国务院《大气污染防治行动计划》的具体实施方案，进一步强化源头预防措施，加强技术和标准支撑，健全激励约束机制，扎实推进重点行业、重点区域和重点领域大气污染防治。

（2）实施重点区域工业企业清洁生产水平提升计划。指导“三区十群”工业主管部门编制实施清洁生产水平提升计划，推进京津冀及周边地区等重点区域、重点流域、重点行业工业企业提升清洁生产水平。编制钢铁、建材、有色、化工等重点行业清洁生产技术推行方案，引导采用先进适用清洁生产技术实施绿色升级改造，提高重点区域大气环境质量、重点流域水环境质量和重点行业清洁发展水平。

（3）开展高效清洁用煤重点技术试点示范和推广应用。组织筛选一批推广潜力大、节煤效果好、污染物排放少的高效清洁用煤工艺技术。在重点行业、重点地区开展焦化、煤化工、工业窑炉、锅炉清洁化高效用煤技术试点示范工程建设，推进煤炭清洁高效利用，减少煤炭使用量和大气污染物排放量。

（4）组织实施汞削减、铅削减、高毒农药替代清洁生产重点工程实施计划。开展清洁生产技术产业化示范，优先支持行业重大关键共性清洁生产技术攻关和产业化应用。编制重点区域、重点流域和产业集聚区清洁生产水平提升计划，指导企业开展绿色改造，促进改善重点区域大气环境质量、重点

流域水环境质量和重点行业清洁生产水平。

（5）实施“双百”工程。编制发布百个清洁生产技术示范案例，总结提炼典型清洁发展模式，指导工业企业实施清洁生产技术改造。开展百家工业企业产品生态设计试点，探索建立我国产品生态设计的激励机制和推行模式，引导企业树立全生命周期污染控制理念，促进工业污染防治从末端治理向全生命周期控制转变。

（六）继续推进工业循环经济和资源综合利用

（1）推进资源循环利用体系建设。以战略性稀贵金属、有色金属、钢铁、橡胶等行业为重点，组织实施一批资源再生利用示范工程。继续推进废钢铁加工、废旧轮胎综合利用等再生资源行业准入管理，培育行业骨干企业。加强环保核查、行业准入与许可证更新发放政策之间的衔接，实施好再生铅企业准入公告，促进铅酸蓄电池和再生铅行业规范发展。在区域铅资源循环利用体系建设试点的基础上，研究推进铅酸蓄电池回收基金制度研究和设计，积极探索生产者责任延伸制度新模式。推广应用资源综合利用先进适用技术装备，遴选典型技术开展科技成果鉴定。

（2）加强资源综合利用试点示范。以提升大宗工业固废资源综合利用率为目标，重点推进工业固体废物综合利用基地建设试点和综合利用示范工程建设。推动大宗工业固废综合利用基地建设取得实质性进展，加快梳理 12 个基地建设试点地区试点工作现状，努力搭建服务平台，提供技术、融资、合作方引进等不同解决方案。推动实施一批资源综合利用示范工程，重点推进赤泥、磷石膏、电解锰渣等难利用大宗工业固体废物综合利用，联合国家安全生产总局实施好尾矿综合利用示范工程建设。积极推进水泥窑协同处置生活垃圾，支持综合利用废渣发展高标号水泥和特种水泥。

（3）加快发展机电产品再制造产业。继续推进重点领域再制造产业规模化发展，进一步扩大再制造试点示范领域和范围，开展逆向物流体系建设试点，加强再制造集聚区及示范园建设。积极推进废旧电机、内燃机、机床、工程机械等机电产品再制造及流程工业机械装备在役再制造。完善再制造行业管理和再制造产品认定制度，积极推进再制造产品认定制度与优惠扶持政策、再制造产品和旧件进出口监管等政策的互动。

（七）切实推进工业绿色低碳转型政策机制改革创新

（1）完善基于能耗标准的惩罚性电价政策机制。组织各地区认真落实电解铝行业阶梯电价政策，开展电解铝企业电耗核查，加强与价格主管部门衔接配合，实施对超电耗标准企业用电加价政策。将惩罚性电价政策实施范围由电解铝扩大到水泥、平板玻璃等行业，加强与发展改革委等部门的协调配合，尽快拿出政策方案。

（2）进一步推进改革创新。研究提出利用环保标准淘汰落后产能的政策思路，促进工业可持续发展。研究提出节能减排财政政策改革思路，加大对“能效之星”、能效“领跑者”、能源管控中心建设的财政支持力度。加快标准体系更新速度，充分发挥地方主管部门、相关行业协会在建立完善标准体系中的作用，尽快制（修）订一批工业节能减排标准。开展绿色工业发展和低碳工业园区评价指标体系研究，指导各地推进工业绿色发展和低碳工业园区建设。研究利用可持续发展和生态设计理念指导工业园区建设。

二、工业和信息化部 工信部节〔2014〕109号关于印发《2014 年工业绿色发展专项行动实施方案》的通知（2014 年 3 月 14 日）

各省、自治区、直辖市及计划单列市、新疆生产建设兵团工业和信息化主管部门：

为大力推进生态文明建设，加快构建资源节约型环境友好型工业体系，提升工业经济发展质量和效益，促进工业转型升级，我部决定在 2014 年继续组织开展工业绿色发展专项行动。现将《2014 年工业绿色发展专项行动实施方案》印发给你们，请结合实际，认真贯彻落实。

2014 年工业绿色发展专项行动实施方案

为加快推动工业绿色发展，构建资源节约型环境友好型的工业体系，促进工业转型升级，制定本实施方案。

（一）指导思想

以提高能源资源利用效率、降低污染物排放为目标，在重点区域、重点领域制定专项工作方案，分解目标任务，强化标准约束，加强政策引导和监督管理，动员全系统力量，整合各方面资源，加强制度创新和模式创新，实施一批对全行业有重大影响、资源环境效益显著、推广前景广阔的试点示范工程，引领推动工业绿色发展。

（二）主要目标

（1）组织京津冀及周边地区重点工业企业实施清洁生产技术改造，促进区域大气环境质量改善。预计全年削减二氧化硫5万吨、氮氧化物4万吨、工业烟（粉）尘3万吨、挥发性有机物1万吨。

（2）开展区域工业绿色转型发展试点，在全国选择5个左右重化工业特征显著、地方政府积极性高、有一定工作基础的地级市，指导编制和批复区域工业绿色转型发展实施方案，以节能减排工作为主线，推动结构调整和产业升级，探索工业绿色转型发展模式和途径。

（3）组织开展电机生产企业贯标核查及高耗能落后电机淘汰情况专项监察，加快推广先进适用的电机系统节能改造技术，预计电机系统节能改造、推广高效、淘汰低效电机累计1亿千瓦。

（三）重点工作

（1）组织实施清洁生产水平提升计划。

①印发《京津冀及周边地区重点工业企业清洁生产水平提升计划》。在钢铁、有色金属、水泥、焦化、石化、化工等重点工业行业，推广采用先进、成熟、适用的清洁生产技术和装备，以削减二氧化硫、氮氧化物、烟（粉）尘和挥发性有机污染物为目标，实施清洁生产技术改造，加强政策引导和支持。

②指导制定实施计划。指导京津冀及周边地区地方工业主管部门、区域内中央企业根据《京津冀及周边地区重点工业企业清洁生产水平提升计划》，制定本辖区和本企业集团实施计划，落实目标责任。

③强化监督考核。将提升计划实施效果纳入大气污染防治行动计划考核中，加强对地方实施计划制定及实施情况考核，落实企业主体责任，督促清洁生产技术改造项目实施，促进主要污染物削减。

（2）推进重化工业区域工业绿色转型发展。

①指导编制实施方案。结合工业绿色转型发展的总体要求，选择确定部分地级市开展工业绿色转型发展试点；组织拟定实施方案编写提纲，在能耗、水耗、重点行业污染物排放强度、重化工业占比等标志性指标及制度、模式创新方面对试点地区提出更高要求。指导试点地区编写工业绿色转型发展实施方案。

②批复实施方案。组织对拟定试点地区实施方案进行评估论证，择优筛选出5家左右符合生态文明建设总体要求，具有创新意识，目标更高、标准更严、政策更完善、措施更有效、保障更有力的实施方案，作为首批工业绿色转型发展试点地区，批复地方人民政府组织实施。

③建立协调联动推进机制。建立由部牵头，省级工业和信息化主管部门、试点地区人民政府、相关咨询服务机构共同参与的协调联动推进机制。加强调研与指导，定期召开调度会议，协调有关部门解决试点地区工业绿色转型发展过程中的重大问题，促进试点地区之间的交流，推广先进适用的模式和做法，针对共性问题和关键环节探索解决途径。

④加快探索新模式和新机制。一是制度创新。与试点地区共同就以节能环保标准淘汰落后产能、重点工业企业能耗总量控制以及节能量交易试点等方面加强研究，重点解决操作层面上的问题，开展试点与实践。二是模式创新。以综合效益为导向，整合合同能源管理公司、金融机构、节能环保咨询服务机构、行业专家等资源，加快建立多方参与、利益共享、风险共担，规模化、规范化、市场化的运作模式，为重点企业实施节能减排技术改造和电力需求侧管理提供服务。

⑤加大支持指导。筛选煤清洁高效利用、清洁生产、高效电机系统、高效锅炉系统等5~10项先进适用的节能环保技术，指导试点地区制定专项推广方案，为试点地区节能减排技术改造提供技术支撑及融资平台。积极支持工业领域电力需求侧管理试点示范工作，组织专家帮助企业实施电力需求侧管理，查找电力资源配置薄弱环节，调整用电结构，转变用电方式，提高用电效率。积极协调联合国工业发展组织、美国能源基金会、世行、亚行等国际组织提供资金、信贷帮助，集中力量支持试点地区开展节能减排基础能力建设，开展专项培训。支持试点地区加快培育和引进体现绿色增长要求的项目，开展资源节约型环境友好型企业、节水型企业创建等。

（3）继续实施电机能效提升计划。

①组织专项推广。开展高效电机重大应用技术成果鉴定，发布一批高效电机系统节能改造先进适用技术。对技术成熟、经济效益显著、推广前景广

的先进适用技术，制定专项推广方案。充分发挥地方政府及相关行业协会作用，组织电机企业与重点区域、重点用户或风机、泵、压缩机、机床等生产商进行对接，加快规模化推广。推动安全可靠的绝缘栅双极型晶体管（IGBT）等电力电子芯片及模块在电机节能领域的推广应用。

②加强监督检查。推动建立公开、公平、长效的监督检查机制。会同质检总局组织对电机生产企业进行电机能效新标准的贯标核查，对生产低于GB18613—2012 三级能效等级的电机生产企业要求限期整改；到期仍未达标的，将企业名称及产品型号曝光并抄送有关部门。组织对重点用户使用高耗能落后电机情况进行专项监察，指导企业结合 3 年电机能效提升改造计划，尽快淘汰低效电机，实施电机系统节能改造。

③培育一批专业的合同能源管理公司。尽快组织发布一批电机系统合同能源管理公司推荐名单，支持一批掌握核心技术、市场资源整合能力强的专业节能服务公司做大做强，提供规范化、规模化、高效化服务。鼓励一批高效电机生产企业、大型企业集团与专业节能服务公司合作成立合同能源管理公司，大力推进合同能源管理模式，实施电机系统节能改造。

④完善市场化推广模式。整合合同能源管理公司，高效电机及高效风机、泵、压缩机生产企业，第三方节能诊断、咨询、服务公司，金融机构（基金公司）等资源，组建电机能效提升产业联盟，探索运作机制与模式。加强与地区、央企集团的合作，为企业提供集节能诊断、方案设计、施工及售后服务于一体的解决方案。组织在钢铁、建材、石化等重点领域实施电机能效提升示范工程，总结市场化运作的模式，加快推广。

⑤实施一批试点示范工程。落实国务院关于加快培育节能环保产业的意见，以提高高效电机的保障供给能力为目标，培育建设 10~15 个高效电机规模化生产示范工程，2~3 个高效电机定转子冲片、绝缘材料等关键配套材料装备生产示范工程，2~3 个电机高效再制造示范工程。

⑥抓紧完善政策标准体系。尽快制定发布第三批高耗能落后机电设备（产品）淘汰目录；推动出台电机系统节能量认证等系列标准规范；研究惩罚性电价与电机能效提升工作的衔接机制等。

（四）进度安排

——启动工业绿色发展专项行动，印发实施方案。（一季度）

——发布《京津冀及周边地区工业企业清洁生产水平提升计划》，指导省级工业主管部门报送本地区实施方案。（一季度）

——指导试点城市编制工业绿色转型发展综合试点方案。（一季度）

——组织对电机生产企业进行贯标核查。（一季度）

——编制发布《高耗能落后机电设备（产品）淘汰目录（第三批）》（一季度）

——组织对重点用户使用高耗能落后机电设备进行监督检查。（三季度）

——组织专家评审，批复工业绿色转型发展综合试点方案。（三季度）

——组织 3~5 项煤清洁高效利用技术应用示范工程；筛选 5~10 项电机系统节能技术，进行专项推广；实施一批重点区域清洁生产示范工程。（全年）

（五）保障措施

（1）印发《关于加快工业绿色发展的意见》，进一步明确工业绿色发展的重点任务和主要举措，在政策、资金上加强引导，在制度、标准上加强约束，营造有利于工业绿色发展的政策环境。

（2）积极协调争取中央财政节能产品惠民工程专项资金支持高效电机推广。严格执行强制性电机能效标准，会同质检总局对电机生产企业进行贯标核查。加强对重点用户使用高耗能落后机电设备情况进行专项监察。

（3）积极利用中央财政技术改造专项资金，加强对有利于节能环保、符合产业政策的项目支持。

（4）利用中央财政清洁生产专项资金，支持重点清洁生产技术示范项目。

（5）加强与联合国开发计划署、联合国工业发展组织、美国能源基金会、国际铜业协会等国际组织合作，充分利用其资金、技术资源，支持工业绿色转型发展试点地区方案编制论证、宣传培训、专家咨询及绿色发展基础能力建设。

（6）地方工业和信息化主管部门充分利用节能减排、技术改造、中小企业等专项资金对电机能效提升、煤清洁高效利用示范工程和清洁生产水平提升项目予以支持。

三、国务院办公厅国办函〔2014〕40号 关于同意将1-苯基-2-溴-1-丙酮和3-氧-2-苯基丁腈列入易制毒化学品品种目录的函（2014年3月31日）

公安部、商务部、卫生计生委、海关总署、安全监管总局、食品药品监管总局：

根据《易制毒化学品管理条例》第二条的规定，国务院同意将1-苯基-2-溴-1-丙酮和3-氧-2-苯基丁腈增列入《易制毒化学品管理条例》附表《易制毒化学品的分类和品种目录》中第一类易制毒化学品。

四、财政部工业和信息化部科技部商务部财企[2014]38号 关于印发《中小企业发展专项资金管理暂行办法》的通知（2014年4月11日）

各省、自治区、直辖市、计划单列市财政厅（局）、中小企业主管部门、科技厅（委、局）、商务主管部门，新疆生产建设兵团财务局、工业和信息化委员会、科技局、商务局，有关中央所属单位：

为促进中小企业特别是小型微型企业健康发展，规范和加强中小企业发展专项资金的使用和管理，财政部会同工业和信息化部、科技部、商务部制定了《中小企业发展专项资金管理暂行办法》。现印发给你们，请遵照执行。

中小企业发展专项资金管理暂行办法

第一章　总 则

第一条　为了规范中小企业发展专项资金的管理和使用，提高资金使用效益，根据《中华人民共和国预算法》《中华人民共和国中小企业促进法》等有关规定，制定本办法。

第二条　本办法所称中小企业发展专项资金（以下简称专项资金），是指中央财政预算安排，用于支持中小企业特别是小微企业科技创新、改善中小企业融资环境、完善中小企业服务体系、加强国际合作等方面的资金。

第三条　专项资金的宗旨是，贯彻落实国家宏观政策和扶持中小企业发展战略，弥补市场失灵，促进公平竞争，激发中小企业和非公有制经济活力和创造力，促进扩大就业和改善民生。

第四条　专项资金的使用和管理遵循公开透明、突出重点、统筹管理、加强监督的原则，确保资金使用规范、安全和高效，并向中西部地区倾斜。

第五条　专项资金综合运用无偿资助、股权投资、业务补助或奖励、代偿补偿、购买服务等支持方式，采取市场化手段，引入竞争性分配办法，鼓励创业投资机构、担保机构、公共服务机构等支持中小企业，充分发挥财政资金的引导和促进作用。

第六条　专项资金建立部门共管、专家评审、项目公示、追踪问效的全过程协作管理机制，加强绩效评价及结果运用，实现资金分配的激励和约束。

第七条　专项资金由财政部会同工业和信息化部、科技部、商务部（以下统称相关部门）按照职责分工共同管理。

财政部负责专项资金的预算管理和资金拨付，会同相关部门制定资金分配方案，并对资金的使用和管理情况等开展绩效评价和监督检查。

相关部门会同财政部开展专项资金项目管理工作，确定年度支持重点，组织项目申报和评审，并对项目实施情况进行跟踪服务和监督检查。

第二章　支持科技创新

第八条　发挥财政资金对中小企业科技创新活动的引导作用，支持和鼓励科技型中小企业研究开发具有良好市场前景的前沿核心关键技术，借助创业投资机制促进中小企业科技创新，推动实施国家创新驱动战略。

第九条　专项资金安排专门支出支持中小企业围绕电子信息、光机电一体化、资源与环境、新能源与高效节能、新材料、生物医药、现代农业及高技术服务等领域开展科技创新活动（国际科研合作项目除外）。

第十条　专项资金运用无偿资助方式，对科技型中小企业创新项目按照不超过相关研发支出40%的比例给予资助。每个创新项目资助额度最高不超过300万元。

第十一条　专项资金安排专门支出设立科技型中小企业创业投资引导基金（以下简称引导基金），用于引导创业投资企业、创业投资管理企业、具有投资功能的中小企业服务机构等（以下统称创业投资机构）投资于初创期科技型中小企业。

第十二条　引导基金运用阶段参股、风险补助和投资保障等方式，对创业投资机构及初创期科技型中小企业给予支持。

第十三条　阶段参股是指引导基金向创业投

资企业进行股权投资，参股比例最高不超过创业投资企业募集资金总额的25%，且不做第一大出资人，不参与创业投资企业的日常经营和管理。

引导基金参股期内，创业投资企业投资于初创期科技型中小企业的累积金额不低于引导基金出资额的2倍。

第十四条　引导基金参股股权经相关部门和财政部审核后，可按照以下方式退出：

（一）在约定期限内按照约定价格退出。引导基金参股4年内退出的，转让价格为引导基金原始投资额；参股4年以上6年以内退出的，转让价格为引导基金原始投资额及从第5年起按照转让时中国人民银行公布的1年期贷款基准利率计算的利息之和；参股满6年仍未退出的，将与其他出资人同股同权在存续期满后清算退出。

（二）先于保障出资人退出。引导基金参股前，确定一个或多个出资人作为引导基金参股本金回收的保障人（以下简称保障出资人）。引导基金参股后，创业投资企业如发生收益或清算分配，引导基金将先于保障出资人获得分配直至收回引导基金原始投资额及从第5年起按照当时中国人民银行公布的1年期贷款基准利率计算的利息之和，从而实现退出。

第十五条　引导基金股权投资收入上缴中央国库，纳入中央公共财政预算管理。

第十六条　风险补助是指引导基金对创业投资机构投资于年销售收入不超过2 000万元的初创期科技型中小企业的投资项目给予一定比例的投资奖励和损失补偿。

（一）投资奖励：引导基金对投资项目，按照不超过实际投资额5%的比例给予奖励，每个投资项目奖励额度最高不超过100万元，每家创业投资机构年度累计奖励额度最高不超过500万元。

（二）损失补偿：引导基金对创业投资机构已获得投资奖励支持的投资项目，按照不超过投资退出时实际损失额50%的比例给予补偿，每个投资项目损失补偿额度最高不超过200万元。

第十七条　投资保障是指创业投资机构将正在进行高新技术研发、有投资潜力的，且年销售收入不超过2 000万元的初创期科技型中小企业确定为“辅导企业”，引导基金对“辅导企业”给予投资前保障或投资后保障。

（一）投资前保障：引导基金给予每个项目投资前资助额度最高不超过100万元，用于补助“辅导企业”高新技术研发的费用支出。

（二）投资后保障：创业投资机构对“辅导企业”实施投资后，引导基金给予每个项目投资后资助额度最高不超过200万元，用于补助“辅导企业”高新技术产品产业化的费用支出。

第三章　改善融资环境

第十八条　发挥财政资金对信用担保机构等中小企业融资服务机构的激励作用，引导其提升业务能力、规范经营行为、加快扩大中小企业融资服务规模，缓解中小企业融资难问题。

第十九条　专项资金安排专门支出支持中小企业信用担保机构（以下简称担保机构）、中小企业信用再担保机构（以下简称再担保机构）增强资本实力、扩大中小企业融资担保和再担保业务规模。

第二十条　专项资金运用业务补助、增量业务奖励、资本投入、代偿补偿、创新奖励等方式，对担保机构、再担保机构给予支持。

（一）业务补助：专项资金对担保机构开展的中小企业特别是小微企业融资担保业务，按照不超过年平均在保余额2%的比例给予补助；对再担保机构开展的中小企业融资再担保业务，按照不超过年平均在保余额0.5%的比例给予补助。

（二）增量业务奖励：专项资金对担保机构，按照不超过当年小微企业融资担保业务增长额3%的比例给予奖励；对再担保机构，按照不超过当年小微企业融资再担保业务增长额1%的比例给予奖励。

（三）资本投入：专项资金对中西部地区省级财政直接或间接出资新设或增资的担保机构、再担保机构，按照不超过省级财政出资额30%的比例给予资本投入支持，并委托地方出资单位代为履行出资人职责。

（四）代偿补偿：中央和地方共同出资，设立代偿补偿资金账户，委托省级再担保机构实行专户管理，专项资金出资比例不超过60%。

当省级再担保机构对担保机构开展的小微企业融资担保业务按照代偿额50%以上的比例（含）给予补偿时，代偿补偿资金按照不超过代偿额30%的比例对担保机构给予补偿。该代偿业务的追偿所得，按照代偿补偿比例缴回代偿补偿资金账户。

（五）创新奖励：专项资金对积极探索创新小

微企业融资担保业务且推广效用显著的担保机构，给予最高不超过100万元的奖励。

第二十一条　经省级以上财政部门通过竞争性方式选定为从事政府采购信用担保业务的担保机构，可按本办法规定申请专项资金资助。

第二十二条　担保机构、再担保机构可以同时申请以上不限于一项支持方式的资助，但单个担保机构当年获得专项资金的资助额度最高不超过2 000万元，单个再担保机构当年获得专项资金的资助额度最高不超过3 000万元（资本投入方式除外）。

单个代偿补偿资金账户当年获得专项资金的出资额度最高不超过3亿元。

第四章　完善服务体系

第二十三条　发挥财政资金在构建完善多元化、多层次中小企业公共服务体系方面的激励作用，加快改善中小企业服务环境、提升服务水平，促进中小企业公平参与市场竞争。

第二十四条　专项资金安排专门支出支持各类中小企业公共服务平台和服务机构的建设和运行，增强服务能力、降低服务成本、增加服务种类、提高服务质量，为中小企业提供全方位专业化优质服务。重点支持以下内容：

（一）科技服务。包括技术咨询、研发设计、检验检测、技术转移、技术工程化、技术培训、科技企业孵化等服务。

（二）商贸服务。包括产品认证、市场宣传推介、品牌建设、电子商务、商业特许经营、商标注册等服务，以及参加各类重点展会、创新营销和商业模式、扩大信用销售、发展专业市场和特色商业街、推广现代流通方式等事项。

（三）综合性服务。包括中小企业运行监测、政策宣传、违法违规行为发布、风险预警、数据共享、产供销等信息服务，以及管理咨询、创业辅导、创业基地、技术改造、产业升级、人才培训、财务会计、知识产权、工业设计、质量认证、仓储物流、法律咨询、投融资辅导、职业经理人建设等服务。

（四）其他促进中小企业发展的服务。

第二十五条　专项资金运用无偿资助、业务奖励、政府购买服务等方式，对中小企业公共服务平台和服务机构给予支持。

（一）无偿资助。专项资金对服务平台或机构实施的服务场地改造、软硬件设备及服务设施购置等提升服务能力的建设项目，按照不超过项目总投资额30%的比例给予补助。每个建设项目补助额度最高不超过500万元。

专项资金对中小企业参加的重点展会，给予减收或免收展位费、布展费、展品运输费等费用补贴。

（二）业务奖励。专项资金对服务平台或机构开展的中小企业服务，综合考虑其服务中小企业数量、收费标准、客户总体满意度等因素，按照不超过年度实际运营成本40%的比例给予奖励。每个项目奖励额度最高不超过500万元。

专项资金对保险机构面向中小企业开展的内贸信用险业务给予奖励支持。

（三）政府购买服务。专项资金向服务平台或机构购买中小企业发展迫切需要、市场供给严重不足的公共性服务。

第五章　促进国际合作

第二十六条　发挥中央财政资金在中小企业国际合作中的统筹和协调作用，鼓励加快引进国际先进技术，避免盲目重复引进及恶性竞争。

第二十七条　专项资金安排专门支出支持国内中小企业与欧盟企业、研究单位等（以下简称欧方合作机构）在节能减排相关领域开展科研合作。

（一）促进国内中小企业与欧方合作机构联合研究开发国际尖端节能减排技术。重点支持有利于国内中小企业追踪国际技术发展方向，掌握关键核心技术，填补国内技术空白的研发项目。

（二）引导国内中小企业转化中欧节能减排先进技术合作成果。重点支持国内中小企业应用中欧联合研发成果，开展技术延伸研究及小试、中试等活动，推动技术成果产业化的研发项目。

（三）鼓励国内中小企业从欧方合作机构引进消化吸收国际先进节能减排技术。重点支持国内中小企业引进适合我国国情的先进技术，进行消化吸收再创新或本土化改造，提升我国技术研发水平与推广应用能力的研发项目。

（四）推动国内中小企业与欧方合作机构加强节能减排技术交流与合作。重点支持国内中小企业参加欧方合作机构组织的与节能减排技术相关的国际会议、访问等交流项目。

第二十八条　专项资金运用无偿资助方式，对科研合作项目给予支持。研发项目按照不超过项目投资额40%的比例给予资助，每个项目资助额度最高不超过300万元。

交流项目按照不超过实际发生的国际差旅费（仅包括国际交通费、会议费）50%的比例给予资助，每个项目资助额度最高不超过30万元。

第六章　资金管理和工作组织

第二十九条　财政部综合考虑本年度专项资金预算规模、相关部门提出的年度工作计划、上年度预算执行情况、以前年度绩效评价结果等因素，确定各类支持方向的年度预算规模。

第三十条　相关部门分别会同财政部组织开展项目申报工作，在每年3月底前下发工作通知，明确专项资金支持重点、申报条件等事项。

各省、自治区、直辖市、计划单列市及新疆生产建设兵团中小企业主管部门、科技主管部门、商务主管部门（以下统称省级有关主管部门）会同同级财政部门，中央所属单位，按照本办法等规定，在工作通知下发40日内组织项目申报。

第三十一条　省级有关主管部门、财政部门应加强项目的筛选和核实工作，可通过政府购买服务方式引入第三方评估机制，确保申报材料真实可靠，提升项目层次和质量。

第三十二条　省级有关主管部门会同同级财政部门对本地区申请项目进行公示后上报相关部门和财政部。

第三十三条　相关部门会同财政部通过政府购买服务等方式建立项目储备、申报、跟踪管理系统，建立专家评审制度，组织专家对地方和中央所属单位的申请项目进行评审论证。

第三十四条　相关部门建立健全专家库，确保入库专家与评审专家在数量上保持合理比例，加强对入库专家能力、职业道德等素质的前置审核工作，建立比例淘汰机制。

第三十五条　相关部门严格实行专家随机抽取制度和回避制度，在评审过程中建立专家交叉评审、集中评审等相互监督机制，研究建立评审专家责任追究机制，强化对评审专家的责任约束。

第三十六条　相关部门建立健全与评审专家的联系沟通机制，避免部门人员擅自对评审专家施加影响。

第三十七条　相关部门会同财政部根据专家评审意见提出项目立项计划，并向社会公示，公示期不少于10个工作日。

第三十八条　对项目公示期内提出异议的项目，相关部门会同财政部及时组织调查核实。

项目公示期结束后，相关部门将公示期内没有异议的项目和经调查核实没有问题的项目列为立项项目，向财政部提出资金安排建议。

第三十九条　财政部根据当年预算安排情况，对资金安排建议进行审定，在全国人民代表大会批准预算后90日内将项目支出预算指标下达到省级财政部门和中央所属单位。专项资金的支付，按照财政国库管理制度的有关规定执行。

第七章　绩效评价

第四十条　财政部会同相关部门建立专项资金绩效评价制度，明确评价原则、组织实施、评价依据、评价内容、指标体系、分值权重、评分标准等内容。

第四十一条　财政部通过政府购买服务等方式，对专项资金分配使用、项目实施及效果等实施评价，在充分听取相关部门意见后形成绩效评价结果，并将其作为专项资金以后年度支持方向预算安排的重要依据。

第四十二条　财政部会同相关部门根据绩效评价结果，及时完善资金使用、项目组织等管理制度，不断改进专项资金管理机制。

第八章　监督检查

第四十三条　各级财政部门定期或不定期对专项资金使用情况进行监督检查，必要时可委托社会中介机构进行审计或评估。各级中小企业主管部门、科技主管部门和商务主管部门定期或不定期对项目实施情况进行监督检查。

第四十四条　专项资金应当用于规定的支持方向和重点。对违反规定使用、骗取资金的行为，该项目单位三年内不得申请专项资金扶持，并依照《财政违法行为处罚处分条例》等国家有关规定进行处理。

第九章　附　则

第四十五条　本办法由财政部会同相关部门负责解释。

第四十六条　本办法自发布之日起施行。《财政部工业和信息化部关于印发〈中小企业发展专项资金管理办法〉的通知》（财企〔2012〕96号）、《财政部工业和信息化部关于印发〈中小企业信用担保资金管理办法〉的通知》（财企〔2012〕97号）、《财政部关于印发〈地方特色产业中小企业发展资金管理办法〉的通知》（财企〔2013〕67号）、《财政部关于印发〈西藏及四川云南甘肃青海四省藏区中小企业发展创业资金管理暂行办法〉的通知》（财企〔2010〕241号）、《财政部科技部关于印发〈科技型中小企业技术创新基金财务管理暂行办法〉的通知》（财企〔2005〕22号）、《财政部科技部关于印发〈科技型中小企业创业投资引导基金管理暂行办法〉的通知》（财企〔2007〕128号）、《财政部科技部关于印发〈中欧中小企业节能减排科研合作资金管理暂行办法〉的通知》（财企〔2011〕226号）同时废止。

五、国务院办公厅国办发〔2014〕19号 关于支持外贸稳定增长的若干意见（2014年5月4日）

各省、自治区、直辖市人民政府，国务院各部委、各直属机构：

目前外贸形势复杂严峻，实现全年预期目标需要付出艰苦努力。为支持外贸稳定增长，经国务院批准，现提出如下意见：

一、着力优化外贸结构

（一）进一步加强进口。继续深化外贸管理体制改革，进一步减少自动进口许可货物种类。加快培育国家进口贸易促进创新示范区，充分发挥进口贸易集聚区对扩大进口的示范和带动作用。积极支持数字化、智能化等先进技术设备、关键零部件进口。扩大国内短缺资源进口，合理增加与群众生活密切相关、必要的一般消费品进口。结合淘汰落后产能，赋予符合条件的原油加工企业原油进口和使用资质，扩大原油进口渠道。加快实施自贸区战略。（商务部、发展改革委、工业和信息化部、财政部、农业部、海关总署、税务总局、质检总局负责）

（二）保持货物贸易稳定增长。做强一般贸易，提高一般贸易在货物贸易中的比重，稳定传统优势产品出口，支持拥有知识产权、品牌、营销网络、高技术含量、高附加值、高效益的产品出口。提升加工贸易，修订加工贸易禁止类和限制类商品目录，完善加工贸易政策，创新加工贸易模式，加大加工贸易梯度转移力度，形成沿海地区转型升级、内陆地区有序承接的新格局。发展其他贸易，扩大边境贸易。（商务部、海关总署负责）

（三）支持服务贸易发展。充分利用现有专项资金政策，加大对服务贸易发展的支持。逐步扩大服务进口。结合“营改增”改革范围的扩大，对服务出口实行零税率或免税，鼓励服务出口。鼓励政策性金融机构在业务范围内加大对服务贸易扶持力度，支持服务贸易重点项目建设。建立和完善与服务贸易特点相适应的口岸通关管理模式。（商务部、财政部、海关总署、税务总局负责）

（四）发挥“走出去”的贸易促进作用。加快推进与周边国家互联互通基础设施建设。推动境外经贸合作区建设。鼓励企业采取绿地投资、企业并购等方式到境外投资，促进部分产业向境外转移。采取综合措施，支持企业开展重大项目国际合作和工程承包，带动中国装备、材料、产品、标准、技术、服务“走出去”。支持企业开展境外品牌、技术和生产线等并购，提高国际竞争力。（商务部、发展改革委负责）

二、进一步改善外贸环境

（一）提高贸易便利化水平。进一步优化监管方式方法，提高海关查验的针对性和有效性，推动区域性通关一体化试点，推行通关作业无纸化，加快通关速度。加快电子口岸建设，实行国际贸易“单一窗口”受理，全面推进“一次申报、一次查验、一次放行”，实现口岸部门和地方政府信息共享。进一步减少行政审批项目，简化程序，减少出口商品检验的商品种类。整顿和规范进出口环节经营性服务和收费，减轻企业负担。（商务部、海关总署、质检总局、财政部、发展改革委负责）

（二）规范进出口经营秩序。充分发挥行业协会的预警、组织、协调作用，加强行业自律，规范企业行为，防止恶性竞争，努力营造国际化、法治化的营商环境。建立外贸企业信用记录数据库，惩戒失信，打击欺诈，促进外贸企业诚信体系建设。（商务部、发展改革委负责）

（三）加强贸易摩擦应对。积极支持企业应对反倾销、反补贴调查。加强贸易摩擦应对工作队伍建设，充分发挥经济贸易、国际法律专家的作用。加强贸易摩擦应对工作总体协调和部门合作，努力减轻贸易摩擦对我企业发展国际贸易的消极影响。完善贸易救济立法，依法开展贸易救济调查。（商务部负责）

三、强化政策保障

（一）进一步完善人民币汇率市场化形成机制。进一步发挥市场在人民币汇率形成中的作用，增强人民币汇率双向浮动弹性，保持人民币汇率在合理均衡水平上的基本稳定。鼓励金融机构开发适应实体经济发展需要的避险产品，帮助企业有效规避汇率风险。（人民银行负责）

（二）推进跨境贸易人民币结算。扩大跨境人民币结算规模，加快推进人民币在跨境贸易和投资中的使用，推动人民币对其他货币直接交易市场发展，更好地为跨境贸易人民币结算服务。（人民银行负责）

（三）改善融资服务。进一步拓宽进出口企业融资渠道，鼓励商业银行开展进出口信贷业务。按照风险可控、商业可持续原则，积极创新金融产品和服务，继续开展出口信用保险保单融资，加大对有订单、有效益外贸企业的金融支持。积极发展融资租赁。完善中资金融机构全球授信管理，加强与重点行业出口企业合作，稳步将供应链融资延伸到境外。（人民银行、发展改革委、财政部、银监会、商务部、外汇局负责）

（四）加大出口信用保险支持。扩大出口信用保险规模和覆盖面，加大对品牌产品、服务贸易、国际营销网络和小微企业的支持力度。鼓励保险公司扩大短期出口信用保险业务，进一步增加短期出口信用保险经营主体。在风险可控的前提下，对大型成套设备出口融资应保尽保；发挥外汇储备委托贷款平台等作用，采取有效措施降低大型成套设备出口融资成本。（财政部、商务部、外汇局负责）

（五）完善出口退税政策。加大中央财政对出口退税负担较重地区的补助力度，进一步加快出口退税进度，确保及时足额退税。适时扩大融资租赁货物出口退税试点范围。同时，加大打击骗退税力度。（财政部、商务部、发展改革委、工业和信息化部、海关总署、税务总局负责）

四、增强外贸企业竞争力

（一）支持各类外贸企业发展。加快外贸生产基地建设，推动外贸发展方式的转变。支持外贸综合服务企业发展，为小微企业出口提供专业化服务。支持民营、中小外贸企业发展。引导外贸企业结构调整、兼并重组、提质增效，加快形成有核心竞争力的跨国企业集团。（商务部、工业和信息化部、发展改革委、财政部、海关总署、税务总局、质检总局、外汇局负责）

（二）创新和完善多种贸易平台。加快国际展会、电子商务、内外贸结合商品市场等贸易平台建设。扩大“市场采购”方式试点范围。出台跨境电子商务贸易便利化措施。鼓励企业在海外设立批发展示中心、商品市场、专卖店、“海外仓”等各类国际营销网络。（商务部、发展改革委、财政部、海关总署、税务总局、质检总局、外汇局负责）

五、加强组织领导

（一）进一步提高认识。外贸发展不仅对稳增长、保就业至关重要，而且有利于促进中国经济与世界经济深度融合。各地区、各部门要全面准确地把握外贸形势，兼顾当前和长远，采取果断有力措施，激发市场主体活力，提振外贸企业信心，促进进出口平稳增长。

（二）抓好政策措施落实。地方各级人民政府、各部门要高度重视外贸工作，顾全大局，积极作为。坚持深化改革、扩大开放，进一步转变职能、简政放权，强化服务意识，提高对外贸企业特别是小微企业的服务水平。地方各级人民政府要根据形势需要和本地实际，出台有针对性的配套措施，形成政策合力。各相关部门要根据本意见抓紧制定具体工作方案，明确时限要求。商务部要派出工作组，宣讲政策，加强指导，督促检查，确保各项政策措施落实到位。

六、国务院办公厅国办发〔2014〕23号 关于印发2014~2015年节能减排低碳发展行动方案的通知（2014年5月15日）

各省、自治区、直辖市人民政府，国务院各部委、各直属机构：

《2014~2015年节能减排低碳发展行动方案》已经国务院同意，现印发给你们，请结合本地区、本部门实际，认真贯彻落实。

2014~2015年节能减排低碳发展行动方案

加强节能减排，实现低碳发展，是生态文明建设的重要内容，是促进经济提质增效升级的必由之路。“十二五”规划纲要明确提出了单位国内生产总值（GDP）能耗和二氧化碳排放量降低、主要污染物排放总量减少的约束性目标，但2011~2013年部分指标完成情况落后于时间进度要求，形势十分严峻。为确保全面完成“十二五”节能减排降碳目标，制定本行动方案。

工作目标：2014~2015年，单位GDP能耗、化学需氧量、二氧化硫、氨氮、氮氧化物排放量分别逐年下降3.9%、2%、2%、2%、5%以上，单位GDP二氧化碳排放量两年分别下降4%、3.5%以上。

（一）大力推进产业结构调整

（1）积极化解产能严重过剩矛盾。认真贯彻落实《国务院关于化解产能严重过剩矛盾的指导意见》（国发[2013]41 号），严格项目管理，各地区、各有关部门不得以任何名义、任何方式核准或备案产能严重过剩行业新增产能项目，依法依规全面清理违规在建和建成项目。加大淘汰落后产能力度，在提前一年完成钢铁、电解铝、水泥、平板玻璃等重点行业“十二五”淘汰落后产能任务的基础上，2015 年年底前再淘汰落后炼铁产能 1 500 万吨、炼钢 1 500 万吨、水泥（熟料及粉磨能力）1 亿吨、平板玻璃 2 000 万重量箱。

（2）加快发展低能耗低排放产业。加强对服务业和战略性新兴产业相关政策措施落实情况的督促检查，力争到 2015 年服务业和战略性新兴产业增加值占 GDP 的比重分别达到 47%和 8%左右。加快落实《国务院关于加快发展节能环保产业的意见》（国发[2013]30 号），组织实施一批节能环保和资源循环利用重大技术装备产业化工程，完善节能服务公司扶持政策准入条件，实行节能服务产业负面清单管理，积极培育“节能医生”、节能量审核、节能低碳认证、碳排放核查等第三方机构，在污染减排重点领域加快推行环境污染第三方治理。到 2015 年，节能环保产业总产值达到 4.5 万 亿元。

（3）调整优化能源消费结构。实行煤炭消费目标责任管理，严控煤炭消费总量，降低煤炭消费比重。京津冀及周边、长三角、珠三角等区域及产能严重过剩行业新上耗煤项目，要严格实行煤炭消耗等量或减量替代政策，京津冀地区 2015 年煤炭消费总量力争实现比 2012 年负增长。加快推进煤炭清洁高效利用，在大气污染防治重点区域地级以上城市大力推广使用型煤、清洁优质煤及清洁能源，限制销售灰分高于 16%、硫分高于 1%的散煤。增加天然气供应，优化天然气使用方式，新增天然气优先用于居民生活或替代燃煤。大力发展非化石能源，到 2015 年非化石能源占一次能源消费量的比重提高到 11.4%。

（4）强化能评环评约束作用。严格实施项目能评和环评制度，新建高耗能、高排放项目能效水平和排污强度必须达到国内先进水平，把主要污染物排放总量指标作为环评审批的前置条件，对钢铁、有色、建材、石油石化、化工等高耗能行业新增产能实行能耗等量或减量置换。对未完成节能减排目标的地区，暂停该地区新建高耗能项目的能评审查和新增主要污染物排放项目的环评审批。完善能评管理制度，规范评估机构，优化审查流程。

（二）加快建设节能减排降碳工程

（1）推进实施重点工程。大力实施节能技术改造工程，运用余热余压利用、能量系统优化、电机系统节能等成熟技术改造工程设备，形成节能能力 3 200 万吨标准煤。加快实施节能技术装备产业化示范工程，推广应用低品位余热利用、半导体照明、稀土永磁电机等先进技术装备，形成节能能力 1 100 万吨标准煤。实施能效领跑者计划和合同能源管理工程，形成节能能力 2 200 万吨标准煤。推进脱硫脱硝工程建设（具体任务附后），完成 3 亿千瓦燃煤机组脱硝改造，2.5 亿千瓦燃煤机组拆除烟气旁路，4 万米^{2}钢铁烧结机安装脱硫设施，6 亿吨熟料产能的新型干法水泥生产线安装脱硝设施，到 2015 年年底分别新增二氧化硫、氮氧化物减排能力 230 万吨、260 万吨以上。新建日处理能力 1 600 万吨的城镇污水处理设施，规模化畜禽养殖场和养殖小区配套建设废弃物处理设施，到 2015 年年底分别新增化学需氧量、氨氮减排能力 200 万吨、30 万吨。加强对氢氟碳化物（HFCs）排放的管理，加快氢氟碳化物销毁和替代，“十二五”期间累计减排 2.8 亿吨二氧化碳当量。

（2）加快更新改造燃煤锅炉。开展锅炉能源消耗和污染排放调查。实施燃煤锅炉节能环保综合提升工程，2014 年淘汰 5 万台小锅炉，到 2015 年年底淘汰落后锅炉 20 万蒸吨（具体任务附后），推广高效节能环保锅炉 25 万蒸吨，全面推进燃煤锅炉除尘升级改造，对容量 20 蒸吨/小时及以上燃煤锅炉全面实施脱硫改造，形成 2 300 万吨标准煤节能能力、40 万吨二氧化硫减排能力和 10 万吨氮氧化物减排能力。

（3）加大机动车减排力度。2014 年年底前，在全国供应国四标准车用柴油，淘汰黄标车和老旧车 600 万辆（具体任务附后）。到 2015 年年底，京津冀、长三角、珠三角等区域内重点城市全面供应国五标准车用汽油和柴油；全国淘汰 2005 年前注册营运的黄标车，基本淘汰京津冀、长三角、珠三角等区域内的 500 万辆黄标车。加强机动车环保管理，强化新生产车辆环保监管。加快柴油车车用尿素供应体系建设。

（4）强化水污染防治。落实最严格水资源管理制度。编制实施水污染防治行动计划，重点保护饮用水水源地、水质较好湖泊，重点治理劣五类等污染严重水体。继续推进重点流域水污染防治，严格水功能区管理。加强地下水污染防治，加大农村、农业面源污染防治力度，严格控制污水灌溉。强化造纸、印染等重点行业污染物排放控制。到 2015 年，重点行业单位工业增加值主要水污染物排放量下降 30%以上。

（三）狠抓重点领域节能降碳

（1）加强工业节能降碳。实施工业能效提升计划，在重点耗能行业全面推行能效对标，推动工业企业能源管控中心建设；开展工业绿色发展专项行动，实施低碳工业园区试点，到 2015 年，规模以上工业企业单位增加值能耗比 2010 年降低 21%以上。持续开展万家企业节能低碳行动，推动建立能源管理体系；制定重点行业企业温室气体排放核算与报告指南，推动建立企事业单位碳排放报告制度；强化节能降碳目标责任评价考核，落实奖惩制度。到 2015 年底，万家企业实现节能量 2.5 亿吨标准煤以上。

（2）推进建筑节能降碳。深入开展绿色建筑行动，政府投资的公益性建筑、大型公共建筑以及各直辖市、计划单列市及省会城市的保障性住房全面执行绿色建筑标准。到 2015 年，城镇新建建筑绿色建筑标准执行率达到 20%，新增绿色建筑 3 亿米^2，完成北方采暖地区既有居住建筑供热计量及节能改造 3 亿米^2。以住宅为重点，以建筑工业化为核心，加大对建筑部品生产的扶持力度，推进建筑产业现代化。

（3）强化交通运输节能降碳。加快推进综合交通运输体系建设，开展绿色循环低碳交通运输体系建设试点，深化“车船路港”千家企业低碳交通运输专项行动。实施高速公路不停车自动交费系统全国联网工程。加大新能源汽车推广应用力度。继续推行甩挂运输，开展城市绿色货运配送示范行动。积极发展现代物流业，加快物流公共信息平台建设。大力发展公共交通，推进“公交都市”创建活动。公路、水路运输和港口形成节能能力 1 400 万吨标准煤以上，到 2015 年，营运货车单位运输周转量能耗比 2013 年降低 4%以上。

（4）抓好公共机构节能降碳。完善公共机构能源审计及考核办法。推进公共机构实施合同能源管理项目，将公共机构合同能源管理服务纳入政府采购范围。开展节约型公共机构示范单位建设，将 40%以上的中央国家机关本级办公区建成节约型办公区。2014~2015 年，全国公共机构单位建筑面积能耗年均降低 2.2%，力争超额完成“十二五”时期降低 12%的目标。

（四）强化技术支撑

（1）加强技术创新。实施节能减排科技专项行动和重点行业低碳技术创新示范工程，以电力、钢铁、石油石化、化工、建材等行业和交通运输等领域为重点，加快节能减排共性关键技术及成套装备研发生产。在能耗高、节能减排潜力大的地区，实施一批能源分质梯级利用、污染物防治和安全处置等综合示范科技研发项目。实施水体污染治理与控制重大科技专项，突破化工、印染、医药等行业源头控制及清洁生产关键技术瓶颈。鼓励建立以企业为主体、市场为导向、多种形式的产学研战略联盟，引导企业加大节能减排技术研发投入。

（2）加快先进技术推广应用。完善节能低碳技术遴选、评定及推广机制，以发布目录、召开推广会等方式向社会推广一批重大节能低碳技术及装备，鼓励企业积极采用先进适用技术进行节能改造，实现新增节能能力 1350 万吨标准煤。在钢铁烧结机脱硫、水泥脱硝和畜禽规模养殖等领域，加快推广应用成熟的污染治理技术。实施碳捕集、利用和封存示范工程。

（五）进一步加强政策扶持

（1）完善价格政策。严格清理地方违规出台的高耗能企业优惠电价政策。落实差别电价和惩罚性电价政策，节能目标完成进度滞后地区要进一步加大差别电价和惩罚性电价执行力度。对电解铝企业实行阶梯电价政策，并逐步扩大到其他高耗能行业和产能过剩行业。落实燃煤机组环保电价政策。完善污水处理费政策，研究将污泥处理费用纳入污水处理成本。完善垃圾处理收费方式，提高收缴率。

（2）强化财税支持。各级人民政府要加大对节能减排的资金支持力度，整合各领域节能减排资金，加强统筹安排，提高使用效率，努力促进资金投入与节能减排工作成效相匹配。严格落实合同能源管理项目所得税减免政策。实施煤炭等资源税从价计征改革，清理取消有关收费基金。开展环境保护税立法工作，加快推进环境保护费改税。

（3）推进绿色融资。银行业金融机构要加快金融产品和业务创新，加大对节能减排降碳项目的支持力度。支持符合条件的企业上市、发行非金融企业债务融资工具、企业债券等，拓宽融资渠道。建立节能减排与金融监管部门及金融机构信息共享联动机制，促进节能减排信息在金融机构中实现共享，作为综合授信和融资支持的重要依据。积极引导多元投资主体和各类社会资金进入节能减排降碳领域。

（六）积极推行市场化节能减排机制

（1）实施能效领跑者制度。定期公布能源利用效率最高的空调、冰箱等量大面广终端用能产品目录，单位产品能耗最低的乙烯、粗钢、电解铝、平板玻璃等高耗能产品生产企业名单，以及能源利用效率最高的机关、学校、医院等公共机构名单，对能效领跑者给予政策扶持，引导生产、购买、使用高效节能产品。适时将能效领跑者指标纳入强制性国家标准。

（2）建立碳排放权、节能量和排污权交易制度。推进碳排放权交易试点，研究建立全国碳排放权交易市场。加快制定节能量交易工作实施方案，依托现有交易平台启动项目节能量交易。继续推进排污权有偿使用和交易试点。

（3）推行能效标识和节能低碳产品认证。修订能效标识管理办法，将实施能效标识的产品由 28 类扩大到 35 类。整合节能和低碳产品认证制度，制定节能低碳产品认证管理办法，将实施节能认证的产品由 117 类扩大到 139 类，强化对认证结果的采信。将产品能效作为质量监管的重点，严厉打击能效虚标行为。

（4）强化电力需求侧管理。落实电力需求侧管理办法，完善配套政策，严格目标责任考核。建设国家电力需求侧管理平台，推广电能服务，继续实施电力需求侧管理城市综合试点。电网企业要确保完成年度电力电量节约指标，并对平台建设及试点工作给予支持和配合。电力用户要积极采用节电技术产品，优化用电方式，提高电能利用效率。通过推行电力需求侧管理机制，2014~2015 年节约电量 400 亿千瓦时，节约电力 900 万千瓦。

（七）加强监测预警和监督检查

（1）强化统计预警。加强能源消耗、温室气体排放和污染物排放计量与统计能力建设，进一步完善节能减排降碳的计量、统计、监测、核查体系，确保相关指标数据准确一致。加强分析预警，定期发布节能目标完成情况晴雨表和主要污染物排放数据公告。各地区要研究制定确保完成节能减排降碳目标的预警调控方案，根据形势适时启动。

（2）加强运行监测。加快推进重点用能单位能耗在线监测系统建设，2014 年完成试点，2015 年基本建成。进一步完善主要污染物排放在线监测系统，确保监测系统连续稳定运行，到 2015 年年底，污染源自动监控数据有效传输率达到 75%，企业自行监测结果公布率达到 80%，污染源监督性监测结果公布率达到 95%。

（3）完善法规标准。推进节约能源法、大气污染防治法、建设项目环境保护管理条例的修订工作，推动开展节能评估审查、应对气候变化立法等工作，加快制定排污许可证管理条例、机动车污染防治条例等法规，研究制定节能监察办法。实施百项能效标准推进工程，制（修）订一批重要节能标准、重点行业污染物排放标准，落实重点区域大气污染物排放特别限值要求。

（4）强化执法监察。加强节能监察能力建设，到 2015 年基本建成省、市、县三级节能监察体系。发挥能源监管派出机构的作用，加强能源消费监管。2014 年下半年，各地区节能主管部门要针对万家重点用能企业开展专项监察。环保部门要持续开展专项执法，公布违法排污企业名单，发布重点企业污染物排放信息，对违法违规行为进行公开通报或挂牌督办。依法查处违法用能排污单位和相关责任人。实行节能减排执法责任制，对行政不作为、执法不严等行为，严肃追究有关主管部门和执法机构负责人的责任。

（八）落实目标责任

（1）强化地方政府责任。各省（区、市）要严格控制本地区能源消费增长。严格实施单位 GDP 能耗和二氧化碳排放强度降低目标责任考核，减排重点考核污染物控制目标、责任书项目落实、监测监控体系建设运行等情况。地方各级人民政府对本行政区域内节能减排降碳工作负总责，主要领导是第一责任人。对未完成年度目标任务的地区，必要时请国务院领导同志约谈省级政府主要负责人，有关部门按规定进行问责，相关负责人在考核结果公布后的一年内不得评选优秀和提拔重用，考核结果向社会公布。对超额完成“十二五”目标任务的地区，按照国家有关规定，根据贡献大小给予适当奖励。

（2）落实重点地区责任。海南、甘肃、青海、宁夏、新疆等节能降碳目标完成进度滞后的地区，要抓紧制定具体方案，采取综合性措施，确保完成节能降碳目标任务。云南、贵州、广西、新疆等减排工作进展缓慢地区，要进一步挖掘潜力，确保完成减排目标。强化京津冀及周边、长三角、珠三角等重点区域污染减排，尽可能多削减氮氧化物，力争2014~2015年实现氮氧化物减排12%，高出全国平均水平2个百分点。年能源消费量2亿吨标准煤以上的重点用能地区和东中部排放量较大地区，在确保完成目标任务前提下要多做贡献。各省级人民政府要对年能源消费量300万吨标准煤以上的市县实行重点管理，出台措施推动多完成节能任务。18个节能减排财政政策综合示范城市要争取提前一年完成“十二五”节能目标，或到2015年超额完成目标的20%以上。低碳试点省（区）和城市要提前完成“十二五”降碳目标。

（3）明确相关部门工作责任。国务院各有关部门要按照职责分工，加强协调配合，多方齐抓共管，形成工作合力。发展改革委要履行好国家应对气候变化及节能减排工作领导小组办公室的职责，会同环境保护部等有关部门加强对地方和企业的监督指导，抓紧制定出台对进度滞后地区的帮扶督办方案，密切跟踪工作进展，督促行动方案各项措施落到实处。环境保护部等要全面加强监管，其他各相关部门也要抓紧行动，共同做好节能减排降碳工作。

（4）强化企业主体责任。企业要严格遵守节能环保法律法规及标准，加强内部管理，增加资金投入，及时公开节能环保信息，确保完成目标任务。中央企业要积极发挥表率作用，把节能减排任务完成情况作为企业绩效和负责人业绩考核的重要内容。国有企业要力争提前完成“十二五”节能目标。充分发挥行业协会在加强企业自律、树立行业标杆、制定技术规范、推广先进典型等方面的作用。

（5）动员公众积极参与。采取形式多样的宣传教育活动，调动社会公众参与节能减排的积极性。鼓励对政府和企业落实节能减排降碳责任进行社会监督。

七、工业和信息化部工信部产业[2014]174号关于做好优化企业兼并重组市场环境工作的通知（2014年05月30日）

为贯彻落实《国务院关于进一步优化企业兼并重组市场环境的意见》（国发[2014]14号），充分发挥地方工业和信息化主管部门的作用，进一步优化企业兼并重组的市场环境，现将有关事项通知如下：

（1）高度重视优化企业兼并重组市场环境工作。兼并重组是企业加强资源整合、实现快速发展、提高竞争力的有效措施，是化解产能严重过剩矛盾、调整优化产业结构、提高发展质量效益的重要途径。当前我国企业兼并重组市场环境还不尽完善，各地要深入贯彻党的十八大和十八届二中、三中全会精神，高度重视优化企业兼并重组市场环境工作，认真组织国发[2014]14号文的学习和宣传工作，全力抓好贯彻落实。

（2）把优化市场环境贯穿企业兼并重组工作始终。企业兼并重组的主体是企业，在企业兼并重组工作中，各地要始终坚持尊重企业主体地位，遵循市场规则，充分发挥市场机制作用，不干预企业的自主决策，要在为企业营造良好的外部环境上做文章、下功夫，不断完善政策措施、消除体制机制障碍，努力为企业兼并重组创造良好环境。

（3）进一步完善组织协调机制。各地要按照国发〔2014〕14号文要求，切实加强组织领导，完善企业兼并重组工作组织协调机制。尚未建立组织协调机制的地区，要尽快建立；已建立组织协调机制的地区，要进一步完善，充分发挥协调机制的统筹协调作用。各地工业和信息化主管部门要发挥牵头作用，加强同发展改革、财政、人力资源社会保障、国土资源、住房城乡建设、商务、人民银行、国资、税务、工商、质检、统计、银监、证监、外汇等部门的协调配合，努力解决本地区企业兼并重组中面临的突出问题。

（4）进一步完善政策体系。各地工业和信息化主管部门要进一步加强与有关部门的沟通协调，认真贯彻落实国家在金融、税收、财政、土地、职工安置等方面的政策措施，逐步完善覆盖各相关领域的政策体系。要结合本地实际，抓紧制定具体方案，完善国有资产管理等相关行政审批制度，加大地方财税政策支持力度，妥善使用土地补偿费，合理安排工业用地，做好职工安置和稳定职工队伍工作，发挥产业政策作用，做好引导和服务工作，营造本地区企业兼并重组良好环境。

（5）着力推动跨地区企业兼并重组。各地要及时清理市场分割、地区封锁等限制，废止各种不利于跨地区企业兼并重组和妨碍公平竞争的做法，坚决取消各地自行出台的限制外地企业对本地企业实施兼并重组的不合理规定。积极推动本省（区、市）内企业跨地市兼并重组，探索建立企业兼并重组地市间利益共享机制。加强与相关省（区、市）的沟通协调，支持企业跨省（区、市）兼并重组，涉及的重大问题及时向我部报告。

（6）创新工作思路和方法。各地工业和信息化主管部门要深入企业调查研究，及时掌握最新情况，详细了解企业兼并重组中存在的问题，为企业做好服务，指导企业做好风险应对和重组后整合等工作。要形成工作合力，把企业兼并重组与化解产能过剩、淘汰落后、产业转移、技术改造、节能减排、完善行业管理等工作结合起来。要找准工作的切入点和抓手，创造性地开展工作，研究通过试点引导企业实施兼并重组化解过剩产能、转型升级，探索设立并购引导基金，带动社会资金支持企业兼并重组，通过多种方式多种手段逐步建立一套企业兼并重组工作方法。

（7）加强沟通和交流。各地工业和信息化主管部门要加强公共信息服务，探索建立本地区公共信息服务平台，实现与国家企业兼并重组公共信息服务平台的对接与互联互通。要加强经验交流，认真总结和推广企业兼并重组典型案例及好的工作方法。要定期向我部报送本地区年度和季度企业兼并重组情况、存在问题及意见建议。重要情况及时报送。

八、国务院办公厅国办发〔2014〕31号 关于印发能源发展战略行动计划（2014~2020年）的通知（2014年6月7日）

各省、自治区、直辖市人民政府，国务院各部委、各直属机构：

《能源发展战略行动计划（2014~2020年）》已经国务院同意，现印发给你们，请认真贯彻落实。

能源发展战略行动计划（2014~2020年）

能源是现代化的基础和动力。能源供应和安全事关我国现代化建设全局。新世纪以来，我国能源发展成就显著，供应能力稳步增长，能源结构不断优化，节能减排取得成效，科技进步迈出新步伐，国际合作取得新突破，建成世界最大的能源供应体系，有效保障了经济社会持续发展。

当前，世界政治、经济格局深刻调整，能源供求关系深刻变化。我国能源资源约束日益加剧，生态环境问题突出，调整结构、提高能效和保障能源安全的压力进一步加大，能源发展面临一系列新问题新挑战。同时，我国可再生能源、非常规油气和深海油气资源开发潜力很大，能源科技创新取得新突破，能源国际合作不断深化，能源发展面临着难得的机遇。

从现在到2020年，是我国全面建成小康社会的关键时期，是能源发展转型的重要战略机遇期。为贯彻落实党的十八大精神，推动能源生产和消费革命，打造中国能源升级版，必须加强全局谋划，明确今后一段时期我国能源发展的总体方略和行动纲领，推动能源创新发展、安全发展、科学发展，特制定本行动计划。

（一）总体战略

1．指导思想

高举中国特色社会主义伟大旗帜，以邓小平理论、“三个代表”重要思想、科学发展观为指导，深入贯彻党的十八大和十八届二中、三中全会精神，全面落实党中央、国务院的各项决策部署，以开源、节流、减排为重点，确保能源安全供应，转变能源发展方式，调整优化能源结构，创新能源体制机制，着力提高能源效率，严格控制能源消费过快增长，着力发展清洁能源，推进能源绿色发展，着力推动科技进步，切实提高能源产业核心竞争力，打造中国能源升级版，为实现中华民族伟大复兴的中国梦提供安全可靠的能源保障。

2．战略方针与目标

坚持“节约、清洁、安全”的战略方针，加快构建清洁、高效、安全、可持续的现代能源体系。重点实施四大战略：

（1）节约优先战略。把节约优先贯穿于经济社会及能源发展的全过程，集约高效开发能源，科学合理使用能源，大力提高能源效率，加快调整和优化经济结构，推进重点领域和关键环节节能，合理控制能源消费总量，以较少的能源消费支撑经济社会较快发展。

到2020年，一次能源消费总量控制在48亿吨标准煤左右，煤炭消费总量控制在42亿吨左右。

（2）立足国内战略。坚持立足国内，将国内供应作为保障能源安全的主渠道，牢牢掌握能源安全主动权。发挥国内资源、技术、装备和人才优势，加强国内能源资源勘探开发，完善能源替代和储备应急体系，着力增强能源供应能力。加强国际合作，提高优质能源保障水平，加快推进油气战略进口通道建设，在开放格局中维护能源安全。

到 2020 年，基本形成比较完善的能源安全保障体系。国内一次能源生产总量达到 42 亿吨标准煤，能源自给能力保持在 85%左右，石油储采比提高到 14~15，能源储备应急体系基本建成。

（3）绿色低碳战略。着力优化能源结构，把发展清洁低碳能源作为调整能源结构的主攻方向。坚持发展非化石能源与化石能源高效清洁利用并举，逐步降低煤炭消费比重，提高天然气消费比重，大幅增加风电、太阳能、地热能等可再生能源和核电消费比重，形成与我国国情相适应、科学合理的能源消费结构，大幅减少能源消费排放，促进生态文明建设。

到 2020 年，非化石能源占一次能源消费比重达到 15%，天然气比重达到 10%以上，煤炭消费比重控制在 62%以内。

（4）创新驱动战略。深化能源体制改革，加快重点领域和关键环节改革步伐，完善能源科学发展体制机制，充分发挥市场在能源资源配置中的决定性作用。树立科技决定能源未来、科技创造未来能源的理念，坚持追赶与跨越并重，加强能源科技创新体系建设，依托重大工程推进科技自主创新，建设能源科技强国，能源科技总体接近世界先进水平。

到 2020 年，基本形成统一开放竞争有序的现代能源市场体系。

（二）主要任务

1. 增强能源自主保障能力

立足国内，加强能源供应能力建设，不断提高自主控制能源对外依存度的能力。

（1）推进煤炭清洁高效开发利用。按照安全、绿色、集约、高效的原则，加快发展煤炭清洁开发利用技术，不断提高煤炭清洁高效开发利用水平。

清洁高效发展煤电。转变煤炭使用方式，着力提高煤炭集中高效发电比例。提高煤电机组准入标准，新建燃煤发电机组供电煤耗低于每千瓦时 300 克标准煤，污染物排放接近燃气机组排放水平。

推进煤电大基地大通道建设。依据区域水资源分布特点和生态环境承载能力，严格煤矿环保和安全准入标准，推广充填、保水等绿色开采技术，重点建设晋北、晋中、晋东、神东、陕北、黄陇、宁东、鲁西、两淮、云贵、冀中、河南、内蒙古东部、新疆等 14 个亿吨级大型煤炭基地。到 2020 年，基地产量占全国的 95%。采用最先进节能节水环保发电技术，重点建设锡林郭勒、鄂尔多斯、晋北、晋中、晋东、陕北、哈密、准东、宁东 9 个千万千瓦级大型煤电基地。发展远距离大容量输电技术，扩大西电东送规模，实施北电南送工程。加强煤炭铁路运输通道建设，重点建设内蒙古西部至华中地区的铁路煤运通道，完善西煤东运通道。到 2020 年，全国煤炭铁路运输能力达到 30 亿吨。

提高煤炭清洁利用水平。制定和实施煤炭清洁高效利用规划，积极推进煤炭分级分质梯级利用，加大煤炭洗选比重，鼓励煤矸石等低热值煤和劣质煤就地清洁转化利用。建立健全煤炭质量管理体系，加强对煤炭开发、加工转化和使用过程的监督管理。加强进口煤炭质量监管。大幅减少煤炭分散直接燃烧，鼓励农村地区使用洁净煤和型煤。

（2）稳步提高国内石油产量。坚持陆上和海上并重，巩固老油田，开发新油田，突破海上油田，大力支持低品位资源开发，建设大庆、辽河、新疆、塔里木、胜利、长庆、渤海、南海、延长等 9 个千万吨级大油田。

稳定东部老油田产量。以松辽盆地、渤海湾盆地为重点，深化精细勘探开发，积极发展先进采油技术，努力增储挖潜，提高原油采收率，保持产量基本稳定。

实现西部增储上产。以塔里木盆地、鄂尔多斯盆地、准噶尔盆地、柴达木盆地为重点，加大油气资源勘探开发力度，推广应用先进技术，努力探明更多优质储量，提高石油产量。加大羌塘盆地等新区油气地质调查研究和勘探开发技术攻关力度，拓展新的储量和产量增长区域。

加快海洋石油开发。按照以近养远、远近结合，自主开发与对外合作并举的方针，加强渤海、东海和南海等海域近海油气勘探开发，加强南海深水油气勘探开发形势跟踪分析，积极推进深海对外招标和合作，尽快突破深海采油技术和装备自主制造能力，大力提升海洋油气产量。

大力支持低品位资源开发。开展低品位资源开发示范工程建设，鼓励难动用储量和濒临枯竭油田的开发及市场化转让，支持采用技术服务、工程总承包等方式开发低品位资源。

（3）大力发展天然气。按照陆地与海域并举、常规与非常规并重的原则，加快常规天然气增储上产，尽快突破非常规天然气发展瓶颈，促进天然气储量产量快速增长。

加快常规天然气勘探开发。以四川盆地、鄂尔多斯盆地、塔里木盆地和南海为重点，加强西部低品位、东部深层、海域深水三大领域科技攻关，加大勘探开发力度，力争获得大突破、大发现，努力建设8个年产量百亿立方米级以上的大型天然气生产基地。到2020年，累计新增常规天然气探明地质储量5.5万亿立方米，年产常规天然气1 850亿立方米。

重点突破页岩气和煤层气开发。加强页岩气地质调查研究，加快“工厂化”“成套化”技术研发和应用，探索形成先进适用的页岩气勘探开发技术模式和商业模式，培育自主创新和装备制造能力。着力提高四川长宁-威远、重庆涪陵、云南昭通、陕西延安等国家级示范区储量和产量规模，同时争取在湘鄂、云贵和苏皖等地区实现突破。到2020年，页岩气产量力争超过300亿立方米。以沁水盆地、鄂尔多斯盆地东缘为重点，加大支持力度，加快煤层气勘探开采步伐。到2020年，煤层气产量力争达到300亿立方米。

积极推进天然气水合物资源勘查与评价。加大天然气水合物勘探开发技术攻关力度，培育具有自主知识产权的核心技术，积极推进试采工程。

（4）积极发展能源替代。坚持煤基替代、生物质替代和交通替代并举的方针，科学发展石油替代。到2020年，形成石油替代能力4 000万吨以上。

稳妥实施煤制油、煤制气示范工程。按照清洁高效、量水而行、科学布局、突出示范、自主创新的原则，以新疆、内蒙古、陕西、山西等地为重点，稳妥推进煤制油、煤制气技术研发和产业化升级示范工程，掌握核心技术，严格控制能耗、水耗和污染物排放，形成适度规模的煤基燃料替代能力。

积极发展交通燃油替代。加强先进生物质能技术攻关和示范，重点发展新一代非粮燃料乙醇和生物柴油，超前部署微藻制油技术研发和示范。加快发展纯电动汽车、混合动力汽车和船舶、天然气汽车和船舶，扩大交通燃油替代规模。

（5）加强储备应急能力建设。完善能源储备制度，建立国家储备与企业储备相结合、战略储备与生产运行储备并举的储备体系，建立健全国家能源应急保障体系，提高能源安全保障能力。

扩大石油储备规模。建成国家石油储备二期工程，启动三期工程，鼓励民间资本参与储备建设，建立企业义务储备，鼓励发展商业储备。

提高天然气储备能力。加快天然气储气库建设，鼓励发展企业商业储备，支持天然气生产企业参与调峰，提高储气规模和应急调峰能力。

建立煤炭稀缺品种资源储备。鼓励优质、稀缺煤炭资源进口，支持企业在缺煤地区和煤炭集散地建设中转储运设施，完善煤炭应急储备体系。

完善能源应急体系。加强能源安全信息化保障和决策支持能力建设，逐步建立重点能源品种和能源通道应急指挥和综合管理系统，提升预测预警和防范应对水平。

2．推进能源消费革命

调整优化经济结构，转变能源消费理念，强化工业、交通、建筑节能和需求侧管理，重视生活节能，严格控制能源消费总量过快增长，切实扭转粗放用能方式，不断提高能源使用效率。

（1）严格控制能源消费过快增长。按照差别化原则，结合区域和行业用能特点，严格控制能源消费过快增长，切实转变能源开发和利用方式。

推行“一挂双控”措施。将能源消费与经济增长挂钩，对高耗能产业和产能过剩行业实行能源消费总量控制强约束，其他产业按先进能效标准实行强约束，现有产能能效要限期达标，新增产能必须符合国内先进能效标准。

推行区域差别化能源政策。在能源资源丰富的西部地区，根据水资源和生态环境承载能力，在节水节能环保、技术先进的前提下，合理加大能源开发力度，增强跨区调出能力。合理控制中部地区能源开发强度。大力优化东部地区能源结构，鼓励发展有竞争力的新能源和可再生能源。

控制煤炭消费总量。制定国家煤炭消费总量中长期控制目标，实施煤炭消费减量替代，降低煤炭消费比重。

（2）着力实施能效提升计划。坚持节能优先，以工业、建筑和交通领域为重点，创新发展方式，形成节能型生产和消费模式。

实施煤电升级改造行动计划。实施老旧煤电机组节能减排升级改造工程，现役60万千瓦（风冷机组除外）及以上机组力争5年内供电煤耗降至每千瓦时300克标准煤左右。

实施工业节能行动计划。严格限制高耗能产业和过剩产业扩张，加快淘汰落后产能，实施十大重点节能工程，深入开展万家企业节能低碳行动。实施电机、内燃机、锅炉等重点用能设备能效提升计划，推进工业企业余热余压利用。深入推进工业领域需求侧管理，积极发展高效锅炉和高效电机，推进终端用能产品能效提升和重点用能行业能效水平对标达标。认真开展新建项目环境影响评价和节能评估审查。

实施绿色建筑行动计划。加强建筑用能规划，实施建筑能效提升工程，尽快推行75%的居住建筑节能设计标准，加快绿色建筑建设和既有建筑改造，推行公共建筑能耗限额和绿色建筑评级与标识制度，大力推广节能电器和绿色照明，积极推进新能源城市建设。大力发展低碳生态城市和绿色生态城区，到2020年，城镇绿色建筑占新建建筑的比例达到50%。加快推进供热计量改革，新建建筑和经供热计量改造的既有建筑实行供热计量收费。

实行绿色交通行动计划。完善综合交通运输体系规划，加快推进综合交通运输体系建设。积极推进清洁能源汽车和船舶产业化步伐，提高车用燃油经济性标准和环保标准。加快发展轨道交通和水运等资源节约型、环境友好型运输方式，推进主要城市群内城际铁路建设。大力发展城市公共交通，加强城市步行和自行车交通系统建设，提高公共出行和非机动出行比例。

（3）推动城乡用能方式变革。按照城乡发展一体化和新型城镇化的总体要求，坚持集中与分散供能相结合，因地制宜建设城乡供能设施，推进城乡用能方式转变，提高城乡用能水平和效率。

实施新城镇、新能源、新生活行动计划。科学编制城镇规划，优化城镇空间布局，推动信息化、低碳化与城镇化的深度融合，建设低碳智能城镇。制定城镇综合能源规划，大力发展分布式能源，科学发展热电联产，鼓励有条件的地区发展热电冷联供，发展风能、太阳能、生物质能、地热能供暖。

加快农村用能方式变革。抓紧研究制定长效政策措施，推进绿色能源县、乡、村建设，大力发展农村小水电，加强水电新农村电气化县和小水电代燃料生态保护工程建设，因地制宜发展农村可再生能源，推动非商品能源的清洁高效利用，加强农村节能工作。

开展全民节能行动。实施全民节能行动计划，加强宣传教育，普及节能知识，推广节能新技术、新产品，大力提倡绿色生活方式，引导居民科学合理用能，使节约用能成为全社会的自觉行动。

3．优化能源结构

积极发展天然气、核电、可再生能源等清洁能源，降低煤炭消费比重，推动能源结构持续优化。

（1）降低煤炭消费比重。加快清洁能源供应，控制重点地区、重点领域煤炭消费总量，推进减量替代，压减煤炭消费，到2020年，全国煤炭消费比重降至62%以内。

削减京津冀鲁、长三角和珠三角等区域煤炭消费总量。加大高耗能产业落后产能淘汰力度，扩大外来电、天然气及非化石能源供应规模，耗煤项目实现煤炭减量替代。到2020年，京津冀鲁四省市煤炭消费比2012年净削减1亿吨，长三角和珠三角地区煤炭消费总量负增长。

控制重点用煤领域煤炭消费。以经济发达地区和大中城市为重点，有序推进重点用煤领域“煤改气”工程，加强余热、余压利用，加快淘汰分散燃煤小锅炉，到2017年，基本完成重点地区燃煤锅炉、工业窑炉等天然气替代改造任务。结合城中村、城乡结合部、棚户区改造，扩大城市无煤区范围，逐步由城市建成区扩展到近郊，大幅减少城市煤炭分散使用。

（2）提高天然气消费比重。坚持增加供应与提高能效相结合，加强供气设施建设，扩大天然气进口，有序拓展天然气城镇燃气应用。到2020年，天然气在一次能源消费中的比重提高到10%以上。

实施气化城市民生工程。新增天然气应优先保障居民生活和替代分散燃煤，组织实施城镇居民用能清洁化计划，到2020年，城镇居民基本用上天然气。

稳步发展天然气交通运输。结合国家天然气发展规划布局，制定天然气交通发展中长期规划，加快天然气加气站设施建设，以城市出租车、公交车为重点，积极有序发展液化天然气汽车和压缩天然气汽车，稳妥发展天然气家庭轿车、城际客车、重型卡车和轮船。

适度发展天然气发电。在京津冀鲁、长三角、珠三角等大气污染重点防控区，有序发展天然气调峰电站，结合热负荷需求适度发展燃气—蒸汽联合循环热电联产。

加快天然气管网和储气设施建设。按照西气东输、北气南下、海气登陆的供气格局，加快天然气管道及储气设施建设，形成进口通道、主要生产区和消费区相连接的全国天然气主干管网。到 2020 年，天然气主干管道里程达到 12 万公里以上。

扩大天然气进口规模。加大液化天然气和管道天然气进口力度。

（3）安全发展核电。在采用国际最高安全标准、确保安全的前提下，适时在东部沿海地区启动新的核电项目建设，研究论证内陆核电建设。坚持引进消化吸收再创新，重点推进 AP1000、CAP1400、高温气冷堆、快堆及后处理技术攻关。加快国内自主技术工程验证，重点建设大型先进压水堆、高温气冷堆重大专项示范工程。积极推进核电基础理论研究、核安全技术研究开发设计和工程建设，完善核燃料循环体系。积极推进核电“走出去”。加强核电科普和核安全知识宣传。到 2020 年，核电装机容量达到 5 800 万千瓦，在建容量达到 3 000 万千瓦以上。

（4）大力发展可再生能源。按照输出与就地消纳利用并重、集中式与分布式发展并举的原则，加快发展可再生能源。到 2020 年，非化石能源占一次能源消费比重达到 15%。

积极开发水电。在做好生态环境保护和移民安置的前提下，以西南地区金沙江、雅砻江、大渡河、澜沧江等河流为重点，积极有序推进大型水电基地建设。因地制宜发展中小型电站，开展抽水蓄能电站规划和建设，加强水资源综合利用。到 2020 年，力争常规水电装机达到 3.5 亿千瓦左右。

大力发展风电。重点规划建设酒泉、内蒙古西部、内蒙古东部、冀北、吉林、黑龙江、山东、哈密、江苏 9 个大型现代风电基地以及配套送出工程。以南方和中东部地区为重点，大力发展分散式风电，稳步发展海上风电。到 2020 年，风电装机达到 2 亿千瓦，风电与煤电上网电价相当。

加快发展太阳能发电。有序推进光伏基地建设，同步做好就地消纳利用和集中送出通道建设。加快建设分布式光伏发电应用示范区，稳步实施太阳能热发电示范工程。加强太阳能发电并网服务。鼓励大型公共建筑及公用设施、工业园区等建设屋顶分布式光伏发电。到 2020 年，光伏装机达到 1 亿千瓦左右，光伏发电与电网销售电价相当。

积极发展地热能、生物质能和海洋能。坚持统筹兼顾、因地制宜、多元发展的方针，有序开展地热能、海洋能资源普查，制定生物质能和地热能开发利用规划，积极推动地热能、生物质和海洋能清洁高效利用，推广生物质能和地热供热，开展地热发电和海洋能发电示范工程。到 2020 年，地热能利用规模达到 5 000 万吨标准煤。

提高可再生能源利用水平。加强电源与电网统筹规划，科学安排调峰、调频、储能配套能力，切实解决弃风、弃水、弃光问题。

4．拓展能源国际合作

统筹利用国内国际两种资源、两个市场，坚持投资与贸易并举、陆海通道并举，加快制定利用海外能源资源中长期规划，着力拓展进口通道，着力建设丝绸之路经济带、21 世纪海上丝绸之路、孟中印缅经济走廊和中巴经济走廊，积极支持能源技术、装备和工程队伍“走出去”。

加强俄罗斯中亚、中东、非洲、美洲和亚太五大重点能源合作区域建设，深化国际能源双边多边合作，建立区域性能源交易市场。积极参与全球能源治理。加强统筹协调，支持企业“走出去”。

5．推进能源科技创新

按照创新机制、夯实基础、超前部署、重点跨越的原则，加强科技自主创新，鼓励引进消化吸收再创新，打造能源科技创新升级版，建设能源科技强国。

（1）明确能源科技创新战略方向和重点。抓住能源绿色、低碳、智能发展的战略方向，围绕保障安全、优化结构和节能减排等长期目标，确立非常规油气及深海油气勘探开发、煤炭清洁高效利用、分布式能源、智能电网、新一代核电、先进可再生能源、节能节水、储能、基础材料等 9 个重点创新领域，明确页岩气、煤层气、页岩油、深海油气、煤炭深加工、高参数节能环保燃煤发电、整体煤气化联合循环发电、燃气轮机、现代电网、先进核电、光伏、太阳能热发电、风电、生物燃料、地热能利用、海洋能发电、天然气水合物、大容量储能、氢能与燃料电池、能源基础材料等 20 个重点创新方向，相应开展页岩气、煤层气、深水油气开发等重大示范工程。

（2）抓好科技重大专项。加快实施大型油气田及煤层气开发国家科技重大专项。加强大型先进压水堆及高温气冷堆核电站国家科技重大专项。加强技术攻关，力争页岩气、深海油气、天然气水合物、新一代核电等核心技术取得重大突破。

（3）依托重大工程带动自主创新。依托海洋油气和非常规油气勘探开发、煤炭高效清洁利用、先进核电、可再生能源开发、智能电网等重大能源工程，加快科技成果转化，加快能源装备制造创新平台建设，支持先进能源技术装备“走出去”，形成有国际竞争力的能源装备工业体系。

（4）加快能源科技创新体系建设。制定国家能源科技创新及能源装备发展战略。建立以企业为主体、市场为导向、政产学研用相结合的创新体系。鼓励建立多元化的能源科技风险投资基金。加强能源人才队伍建设，鼓励引进高端人才，培育一批能源科技领军人才。

（三）保障措施

1．深化能源体制改革

坚持社会主义市场经济改革方向，使市场在资源配置中起决定性作用和更好发挥政府作用，深化能源体制改革，为建立现代能源体系、保障国家能源安全营造良好的制度环境。

完善现代能源市场体系。建立统一开放、竞争有序的现代能源市场体系。深入推进政企分开，分离自然垄断业务和竞争性业务，放开竞争性领域和环节。实行统一的市场准入制度，在制定负面清单基础上，鼓励和引导各类市场主体依法平等进入负面清单以外的领域，推动能源投资主体多元化。深化国有能源企业改革，完善激励和考核机制，提高企业竞争力。鼓励利用期货市场套期保值，推进原油期货市场建设。

推进能源价格改革。推进石油、天然气、电力等领域价格改革，有序放开竞争性环节价格，天然气井口价格及销售价格、上网电价和销售电价由市场形成，输配电价和油气管输价格由政府定价。

深化重点领域和关键环节改革。重点推进电网、油气管网建设运营体制改革，明确电网和油气管网功能定位，逐步建立公平接入、供需导向、可靠灵活的电力和油气输送网络。加快电力体制改革步伐，推动供求双方直接交易，构建竞争性电力交易市场。

健全能源法律法规。加快推动能源法制定和电力法、煤炭法修订工作。积极推进海洋石油天然气管道保护、核电管理、能源储备等行政法规制定或修订工作。

进一步转变政府职能，健全能源监管体系。加强能源发展战略、规划、政策、标准等制定和实施，加快简政放权，继续取消和下放行政审批事项。强化能源监管，健全监管组织体系和法规体系，创新监管方式，提高监管效能，维护公平公正的市场秩序，为能源产业健康发展创造良好环境。

2．健全和完善能源政策

完善能源税费政策。加快资源税费改革，积极推进清费立税，逐步扩大资源税从价计征范围。研究调整能源消费税征税环节和税率，将部分高耗能、高污染产品纳入征收范围。完善节能减排税收政策，建立和完善生态补偿机制，加快推进环境保护税立法工作，探索建立绿色税收体系。

完善能源投资和产业政策。在充分发挥市场作用的基础上，扩大地质勘探基金规模，重点支持和引导非常规油气及深海油气资源开发和国际合作，完善政府对基础性、战略性、前沿性科学研究和共性技术研究及重大装备的支持机制。完善调峰调频备用补偿政策，实施可再生能源电力配额制和全额保障性收购政策及配套措施。鼓励银行业金融机构按照风险可控、商业可持续的原则，加大对节能提效、能源资源综合利用和清洁能源项目的支持。研究制定推动绿色信贷发展的激励政策。

完善能源消费政策。实行差别化能源价格政策。加强能源需求侧管理，推行合同能源管理，培育节能服务机构和能源服务公司，实施能源审计制度。健全固定资产投资项目节能评估审查制度，落实能效“领跑者”制度。

3．做好组织实施

加强组织领导。充分发挥国家能源委员会的领导作用，加强对能源重大战略问题的研究和审议，指导推动本行动计划的实施。能源局要切实履行国家能源委员会办公室职责，组织协调各部门制定实施细则。

细化任务落实。国务院有关部门、各省（区、市）和重点能源企业要将贯彻落实本行动计划列入本部门、本地区、本企业的重要议事日程，做好各类规划计划与本行动计划的衔接。国家能源委员会办公室要制定实施方案，分解落实目标任务，明确进度安排和协调机制，精心组织实施。

加强督促检查。国家能源委员会办公室要密切跟踪工作进展，掌握目标任务完成情况，督促各项措施落到实处、见到实效。在实施过程中，要定期组织开展评估检查和考核评价，重大情况及时报告国务院。

九、工业和信息化部工信部节[2014]273 号 印发《大气污染防治重点工业行业清洁生产技术推行方案》（2014 年 7 月 2 日）

各省、自治区、直辖市及计划单列市、新疆生产建设兵团工业和信息化主管部门，有关中央企业，有关行业协会：

为贯彻落实《国务院关于印发大气污染防治行动计划的通知》（国发〔2013〕37 号，简称《大气十条》），推进重点工业行业企业实施清洁生产技术改造，降低大气污染物排放强度，促进大气环境质量持续改善，我们组织编制了《大气污染防治重点工业行业清洁生产技术推行方案》（以下简称《方案》），现印发给你们，并就落实《方案》提出如下要求：

（一）各地方工业和信息化主管部门要制定实施计划，加强政策支持，强化效果考核。

（1）加强调查研究，结合工业发展特点和大气污染防治要求，制定切实可行的清洁生产技术改造实施计划，明确目标、任务、完成时限和措施。参考本《方案》提出清洁生产技术，指导重点行业企业实施清洁生产技术改造项目，大幅削减污染物产生量和排放量，促进本辖区重点行业到 2017 年排污强度比 2012 年下降 30%以上。中央企业清洁生产技术改造项目按所在辖区范围纳入实施计划。请各省级工业和信息化主管部门于 2014 年 11 月底前将实施计划报我部。

（2）充分利用工业转型升级、技术改造、大气污染防治等专项资金以及地方财政资金，优先支持实施计划中清洁生产技术改造项目的实施。

（3）强化效果考核，保证实施计划落实。督促企业抓紧实施技术改造，及时开展实施效果评估验收，建立项目实施效果与降低排污强度挂钩的评估考核机制，并作为大气污染防治行动计划实施情况考核的主要指标，每年 2 月底前向工业和信息化部报告实施情况。

（二）有关行业协会要充分发挥自身优势，做好信息咨询、技术服务、交流研讨等工作，协助地方工业和信息化主管部门编制好实施计划，指导企业采用先进适用技术实施清洁生产技术改造，力争取得好的实施效果。

（三）企业要充分发挥作为应用清洁生产技术主体的作用，积极采用先进适用技术实施清洁生产技术改造，提升企业技术水平和核心竞争力，从源头预防和减少污染物产生，促进大气污染防治目标的实现。中央企业集团要积极组织所属企业采用先进适用清洁生产技术实施改造并提供资金支持。

大气污染防治重点工业行业清洁生产技术推行方案

化工、石化行业

序号	技术名称	适用范围	技术主要内容	解决的主要问题	应用前景分析
1	油气回收技术	石化、化工行业	采用吸附法、分级冷却等技术回收油库、油品装车、储罐、仓储等挥发性有机物。	回收含挥发性有机物气体中的有机成分。	目前，该技术行业普及率 10%，预计 2017 年普及率 20%，可年削减挥发性有机物 5 万吨。
2	泄漏检测与修复（LDAR）技术	石化、化工行业	采用固定或移动监测设备，监测化工企业易产生挥发性有机物泄漏处，并修复超过一定浓度的泄漏处，从而达到控制原料泄漏对环境造成污染。	解决因微量泄漏造成的挥发性有机物无组织排放的问题。	目前，该技术行业普及率不足 1%，预计 2017 年普及率 5%，可年削减挥发性有机物 10 万吨。
3	低温等离子、光氧催化治理废气技术	石化、化工行业	通过低温等离子或光氧催化等技术，将废气中的挥发性有机物转换为二氧化碳和水。	解决低浓度大风量废气中的挥发性有机物含量及臭气浓度超标的问题。	目前，该技术行业普及率 5%，预计 2017 年普及率 15%，可年削减挥发性有机物 2 万吨。
4	蓄热式热氧化、蓄热式催化热氧化、臭氧氧化等废气治理技术	石化、化工行业	通过蓄热式氧化焚烧、蓄热式催化热氧化焚烧或臭氧氧化等技术，将废气中的挥发性有机物转换为二氧化碳和水。	解决高浓度、大风量废气中的挥发性有机物含量及臭气浓度超标的问题。	目前，该技术行业普及率 5%，预计 2017 年普及率 15%，可年削减挥发性有机物 3 万吨。

续表

序号	技术名称	适用范围	技术主要内容	解决的主要问题	应用前景分析
5	氨法、双碱法等烟气脱硫技术	石化、化工行业燃煤锅炉，煤化工行业	以氨水或 NaOH、CaO 等为吸收剂，循环吸收燃煤锅炉烟气中的二氧化硫，产生的副产物综合利用。	脱硫效率达到 90%以上，将烟气中的 SO_2 回收并资源化利用。	目前，该技术行业普及率 10%，预计 2017 年普及率 40%，可年削减二氧化硫 20 万吨。
6	超克劳斯硫磺回收及余热利用技术	煤化工、橡胶助剂等行业	传统克劳斯转化过程中，其最后一级转化段使用新型选择性氧化催化剂，将剩余的硫化氢选择性氧化为元素硫。	解决了普通克劳斯回收硫磺技术回收率低的问题。硫磺转化率 97%以上。	目前，该技术行业普及率 3%，预计到 2017 年普及率 15%以上，可年削减二氧化硫 25 万吨。
7	电石炉气净化处理和回收利用技术	电石行业	通过采用干法除尘、水洗除尘等方式除去电石炉气粉尘和焦油，处理后炉气综合利用。	有效降低电石炉气粉尘含量，减少炉气排放对周边环境影响。	目前，该技术电石行业普及率 50%，预计到 2017 年普及率超过 90%，可年削减烟（粉）尘量 8 万吨。
8	国产高效硫酸钒催化剂生产新技术	硫酸行业	该技术应用新配方，采取新的混合、碾压和干燥工艺等新技术，提高催化剂效率，从源头上减少二氧化硫产生量。	提高国产催化剂质量替代进口，同时减少硫酸行业的二氧化硫排放量。	目前，该技术硫酸行业普及率 5%，预计到 2017 年普及率 20%，可年削减二氧化硫 6 万吨。
9	硫酸尾气脱硫技术	硫酸行业	利用过氧化氢法脱硫技术、超重力脱硫技术和低温催化法脱硫技术等处理硫酸尾气。	解决硫酸尾气二氧化硫排放超标，尾气吸收副产物需要另行处理的问题。	目前，该技术硫酸行业普及率 20%，预计到 2017 年普及率 90%，可年削减二氧化硫 4 万吨。
10	溶剂型涂料全密闭式一体化生产工艺	涂料及相关行业	在拌和、输送、研磨、调漆、包装等工艺环节全密闭生产。	解决了目前溶剂型涂料生产过程中的无组织排放问题。	目前，该技术涂料行业普及率不足 2%，预计到 2017 年普及率 10%。可年削减挥发性有机物 1 万吨。
11	水性木器涂料清洁生产技术	适用于木器涂料及相关行业	以水替代溶剂型木器涂料中 60%~70%的有机溶剂。	减少生产、运输、使用过程，以及使用后对环境的危害。	目前，该技术木器涂料行业不足 2%，预计 2017 年普及率 15%以上，可年削减挥发性有机物 7 万吨。
12	黄磷尾气治理及综合利用技术	黄磷生产	采用干法除尘、湿法除尘等技术处理炉气。处理炉气采用自动抽气及输送系统，经净化后深加工利用。	有效降低粉尘排放，解决煤气综合利用水平低问题。	目前，该技术磷化工行业普及率 15%，预计 2017 年普及率 60%，可年削减烟（粉）尘 5 万吨。
13	尿素造粒塔粉尘洗涤回收技术	尿素生产	造粒塔顶设置粉尘回收装置，洗涤回收粉尘，产生尿素溶液通过尿素装置蒸发造粒回收。	可降低造粒塔尾气中的尿素粉尘含量。	目前，该技术在氮肥行业普及率为 30%，预计 2017 年的普及率 50%，可年削减尿素粉尘 4 万吨。
14	硫化橡胶粉常压连续脱硫成套设备	再生胶行业	采用常压、变频调速、数显智能温控、连续联动化等技术，在螺旋装置内密封输送状态下，加热脱硫及夹套式螺旋冷却工艺完成脱硫。	与传统动态脱硫法相比，节能 20%以上，无废水、废气排放。	目前，该技术行业普及率 5%，预计 2017 年普及率 60%，可年削减挥发性有机物 5 万吨。
15	化肥生产袋式除尘技术	化肥行业	采用防水防油效果良好的聚丙烯纤维滤料，处理化肥原料筛分、输送，化肥生产中的冷却机、烘干机设备，化肥成品输送、包装等过程中的粉尘，该技术布袋清灰容易，不粘结布袋，阻力小。	减少原料和成品损失和外溢的无组织排放粉尘。实现粉尘排放浓度 $<30mg/Nm^3$。	目前，该技术行业普及率 30%，预计 2017 年行业普及率 90%。可年削减烟（粉）尘 15 万吨。

十、中华人民共和国国家发展和改革委员会令第 15 号，公布《西部地区鼓励类产业目录》（2014 年 8 月 20 日）

《西部地区鼓励类产业目录》已经国务院批准，现予以发布，自 2014 年 10 月 1 日起施行。

西部地区鼓励类产业目录

为深入实施西部大开发战略，促进西部地区产业结构调整和特色优势产业发展，特制订本目录。

本目录共包括两部分，一是国家现有产业目录中的鼓励类产业，二是西部地区新增鼓励类产业。

本目录原则上适用于在西部地区生产经营的各类企业。其中外商投资企业按照《外商投资产业指导目录》和《中西部地区外商投资优势产业目录》执行。

（一）国家现有产业目录中的鼓励类产业

（1）《产业结构调整指导目录（2011 年本）（修正）》（国家发展改革委令 2013 年第 21 号）中的鼓励类产业。

（2）《外商投资产业指导目录（2011 年修订）》（国家发展改革委、商务部令 2011 年第 12 号）中的鼓励类产业。

（3）《中西部地区外商投资优势产业目录（2013 年修订）》（国家发展改革委、商务部令 2013 年第 1 号）中的西部地区产业。

以上目录如修订，按新修订版本执行。

（二）西部地区新增鼓励类产业

西部地区新增鼓励类产业按省、自治区、直辖市分列，并根据实际情况适时修订。

1．重庆市

（1）黑色、有色金属精深加工：家电、信息产业用材料；汽车用高强度/高精度宽板、铸锻轻合金材料；镁合金深加工产品；金属基粉体及表面处理新材料；锰基等新材料

（2）工程塑料、化工新材料生产（《产业结构调整指导目录》限制类、淘汰类项目除外）

（3）天青石等非金属矿精深加工

（4）新型节能、隔音、防火门窗及配件的开发与生产

（5）节能环保材料预制装配式建筑构部件生产

（6）核设备、高精密核仪器、仪表的开发制造

（7）压缩天然气（CNG）汽车加气站成套设备及装置（汽车储气钢瓶、压缩机、储气罐、深度脱水装置、脱硫罐、冷凝管、油水分离器等）研发及制造

（8）高压输变电及控制设备的研发及制造

（9）达到一级能效的压缩机、电机、变频器、磁控管等家用电器关键零部件制造

（10）淡水源、土壤源、污水源等热泵技术开发及设备制造

（11）钟表计时、珠宝加工等精密加工产业技术开发及设备制造

（12）大型游乐设施制造

（13）汽车整车、专用车（不包括普通挂车、自卸车、罐式车、厢式车和仓栅式汽车）制造

（14）摩托车整车及重要零部件制造

（15）船用齿轮箱和船用油泵油嘴、增压器、连杆、薄壁轴瓦、喷射控制单元等关键零部件研发生产，铸锻一体化工艺大抓力船锚生产

（16）氧化铁（Fe_2O_3）含量不超过 0.02%的高档玻璃器皿生产

（17）教具教学仪器开发及生产

（18）农村居民供水工程（包括城市供水设施向农村延伸）建设及经营

（19）公路旅客运输

（20）民用机场运营（与机场运行直接相关的生产经营活动）

（21）笔记本电脑、通信产品整机和关键零部件的研发及制造

（22）云计算解决方案研发及应用服务

（23）三网融合类业务平台、通信、有线电视网络升级改造及设备制造

（24）宽带网络建设及运营

（25）仓储、运输、货代、包装、装卸、搬运、流通加工、配送、信息处理等一体化服务

（26）服务“三农”、小型微型企业、个体工商户的小额贷款金融服务

（27）金融外包服务、非金融机构支付服务

（28）医疗机构经营

（29）艺术及技能培训（音乐、演艺、美术、设计和传统手工艺）

（30）工业企业场址污染治理及修复技术研发及应用

（31）工业余热、余压、压差、发生气综合利用技术开发及应用

（32）农村生活污水、垃圾及畜禽粪便处理等环保技术开发及应用

2．四川省

（1）农产品质量安全检测技术研发、应用及设备制造

（2）农产品产地贮存、保鲜、烘干等初加工设施建设与运营（《产业结构调整指导目录》限制类、淘汰类项目除外）

（3）高效太阳能电池组件技术开发及生产

（4）核级石墨开发及生产

（5）高品质钛原料先进制造技术及应用

（CaO+MgO≤1.5%）；6 万吨/年以上钛渣生产技术（电炉容量≥25 000kVA）

（6）钒钛磁铁矿高效清洁分离提取技术开发及应用（钒钛磁铁矿开采回采率、选矿回收率、综合利用率需符合国家有关标准）

（7）钛材深加工

（8）4 万吨/年以上炭黑新工艺开发及应用

（9）3 000 吨/年以上氧化钒清洁生产技术开发及应用（废水、废渣零排放）；钒制品先进制造技术开发及应用（钒基合金、钒基功能材料、钒精细化工产品）

（10）1 万吨/年以上专用钛白先进制造技术开发及应用（化纤、造纸、油墨、塑料专用，限于对现有装置改造）

（11）石墨烯和纳米碳材料、细结构石墨、生物炭、锂电池负极等新型碳材料的开发及生产

（12）生物乙醇制乙烯（以粮食为原料的除外）

（13）高精密核仪器、仪表开发制造

（14）压缩天然气（CNG）汽车加气站成套设备及装置（CNG 汽车储气钢瓶、压缩机、高压地下储气井、储气罐、深度脱水装置、脱硫罐、冷凝管、油水分离器等）制造与应用，液化天然气（LNG）汽车加气站成套设备及装置制造与应用

（15）无线电测试仪器开发制造

（16）火力发电、水泥、钢铁等选择性催化还原法（SCR）脱硝催化剂及 SCR 烟气脱硝设备生产

（17）大型游乐设施制造

（18）种子生产加工机械、烘干设备制造

（19）城市轨道和地铁车辆修理组装

（20）汽车整车制造，专用汽车（不包括普通挂车、自卸车、罐式车、厢式车和仓栅式汽车）制造

（21）教具教学仪器开发及生产

（22）农村居民供水工程（包括城市供水设施向农村延伸）建设及经营

（23）公路旅客运输

（24）民用机场运营（与机场运行直接相关的生产经营活动）

（25）三网融合类业务平台、通信、有线电视网络升级改造及设备制造

（26）宽带网络建设及运营

（27）云计算解决方案研发及应用服务

（28）中药溯源电子码技术开发及应用

（29）金融外包服务

（30）服务“三农”、小型微型企业、个体工商户的小额贷款金融服务

（31）金融现代化技术开发及应用（移动支付、电子票据、金融 IC 卡等）

（32）医疗机构经营

（33）飞行员培训

（34）工业余热、余压、压差、发生气综合利用技术开发及应用

（35）核、化学、生物等领域的侦察、防护、消洗等防化应急装备开发制造

（36）农村生活污水、垃圾及畜禽粪便处理等环保技术开发及应用

3．贵州省

（1）大功率液压台车用凿岩钎具及钎具用钢生产

（2）优碳钢钢丝（强度≥1 670 牛/毫米^2）及其制品生产

（3）锰深加工新产品开发及生产（《产业结构调整指导目录》限制类、淘汰类项目除外）

（4）高性能铝合金产品开发及生产

（5）钛金属冶炼新工艺技术开发（直接用高钛渣、金红石电解生产金属钛）

（6）钛材深加工及含钛精细化学品新产品开发及生产

（7）钒深加工的先进工艺技术装备及新产品开发

（8）高性能镁合金开发及生产

（9）“磷-电-化”一体化资源综合利用（《产业结构调整指导目录》限制类、淘汰类项目除外）

（10）重晶石精深加工新产品开发及生产

（11）白云石精细加工及综合开发利用

（12）己二酸与尼龙 66 生产

（13）天然植物精细化工产品的开发（香精、香料、化学药、化工产品中间体）

（14）动植物药材资源的保护和可持续利用（《产业结构调整指导目录》限制类、淘汰类项目除外）

（15）高压柱塞式液压泵、液压马达等液压基础件研发及制造

（16）4 兆瓦以上燃气轮机研发及制造

（17）液力变速器研发及制造

（18）大型萃取装置（容器容积 50~3 500 升，

压力等级 9.8~35 兆帕，温度等级 10~85℃）研发及制造

（19）适用于山区的轻便、耐用、低耗中小型耕种收机械研发及制造

（20）粉煤灰储运及利用成套设备制造

（21）汽车整车制造，专用汽车（不包括普通挂车、自卸车、罐式车、厢式车和仓栅式汽车）制造

（22）民族工艺品加工生产

（23）农村居民供水工程（包括城市供水设施向农村延伸）建设及经营

（24）公路旅客运输

（25）民用机场运营（与机场运行直接相关的生产经营活动）

（26）宽带网络建设及运营

（27）云计算解决方案研发及应用服务

（28）服务“三农”、小微型企业、个体工商户的小额贷款金融服务

（29）金融外包服务

（30）医疗机构经营

（31）农村生活污水、垃圾及畜禽粪便处理等环保技术开发及应用

4．云南省

（1）花卉和观赏苗木培育

（2）依托分布式电源的智能微电网技术开发及应用

（3）高效太阳能电池组件技术开发及制造

（4）强度大于 500 兆帕的抗震钢筋（HRB500E）生产

（5）工业硅生产中生物质炭替代传统还原剂的技术优化研究及应用

（6）铅基合金、锌基合金新产品的开发及深加工

（7）稀贵金属综合回收利用及深加工

（8）海绵钛生产的新技术、新工艺开发及深加工

（9）钛材、钛合金新产品开发及生产

（10）石油精细化工产品开发及生产（《产业结构调整指导目录》中限制类、淘汰类项目除外）

（11）水溶性肥料、微量元素肥料、微生物肥料等新型肥料的开发及生产

（12）生物乙醇制乙烯（以粮食为原料的除外）

（13）高掺量粉煤灰建材制品生产：粉煤灰 70% 及以上掺量生产烧结砖、85%及以上掺量生产陶粒制品、25%及以上掺量生产混凝土、30%及以上掺量生产其他建材产品（水泥除外）

（14）新型保温隔热技术和材料（蒸汽蓄热技术、蓄热式调温空气燃烧技术、微纳米高温远红外节能涂料、供热管网保温等）开发及生产

（15）特殊环境（高原、湿热、高寒、重污染等环境）用发输变电、供配电及控制设备、高原型电工电器产品、中小水电成套设备研发及制造

（16）先进适用的制药及生物制剂成套设备制造

（17）适用于高原山区的拖拉机、中耕机、微耕机以及水稻、玉米、马铃薯、甘蔗收割机等现代农机具的开发及制造

（18）汽车整车制造，专用汽车（不包括普通挂车、自卸车、罐式车、厢式车和仓栅式汽车）制造

（19）蔗糖精深加工及废糖蜜、蔗渣、蔗叶、滤泥、酒精废液等副产品的综合利用（《产业结构调整指导目录》限制类、淘汰类项目除外）

（20）民族工艺品加工生产

（21）农村居民供水工程（包括城市供水设施向农村延伸）建设及经营

（22）公路旅客运输

（23）民用机场运营（与机场运行直接相关的生产经营活动）

（24）云计算解决方案研发及应用服务

（25）宽带网络建设及运营

（26）口岸物流设施（物流仓库、堆场、装卸搬运工具、多式联运转运设施以及物流信息平台等）建设及经营

（27）服务“三农”、小型微型企业、个体工商户的小额贷款服务

（28）艺术及技能培训（音乐、演艺、美术、设计、珠宝玉石鉴定和传统手工艺）

（29）医疗机构经营

（30）轧钢氧化皮生产磁性材料

（31）高原湖泊水污染治理技术开发及应用

（32）工业余热、余压、压差、发生气综合利用技术开发及应用

（33）农村生活污水、垃圾及畜禽粪便处理等环保技术开发及应用

5．西藏自治区

（1）特色农畜产品生产及加工

（2）高寒冻土地带可燃冰勘探和开发利用研究

（3）太阳能光伏发电系统检测、建设及运营

（4）盐湖资源综合开发利用（《产业结构调整指导目录》限制类、淘汰类项目除外）

（5）西藏特色食品加工、饮品加工（《产业结构调整指导目录》限制类、淘汰类项目除外）

（6）民族工艺品加工生产

（7）农村居民供水工程（包括城市供水设施向农村延伸）建设及经营

（8）公路旅客运输

（9）民用机场运营（与机场运行直接相关的生产经营活动）

（10）宽带网络建设及运营

（11）口岸物流设施（物流仓库、堆场、装卸搬运工具、多式联运转运设施以及物流信息平台等）建设及经营

（12）医疗机构经营

（13）农村生活污水、垃圾及畜禽粪便处理等环保技术开发及应用

6. 陕西省

（1）背压式热电联产机组建设及运营

（2）多元素共生矿资源综合利用

（3）高性能镁合金开发及生产

（4）钛材深加工

（5）大型炼油、乙烯、芳烃生产装置生产的有机化工原料就地深加工（《产业结构调整指导目录》限制类、淘汰类项目除外）

（6）新型、环保型油田化学品（二氧化碳及新型试剂驱油驱气）技术开发及生产

（7）6万吨/年及以上聚甲醛、6万吨/年及以上二甲基甲酰胺、6万吨/年及以上聚乙烯醇等精细化工产品生产

（8）新型混凝土（纤维混凝土、透水混凝土、植生混凝土、再生骨料混凝土、废橡胶粉混凝土）的开发及生产

（9）高效生物反应器，高密度培养技术，佐剂、悬浮培养、发酵培养等生物制品开发及生产

（10）生物芯片及相关数据获取、处理设备和软件的开发及制造

（11）利用生物质生产聚乳酸、聚羟基烷酸、聚氨基酸和聚有机酸等生物可降解材料，可降解高分子材料与淀粉共混的环境友好材料，新型炭质吸附材料，生物化学品（包括生物乙烯，乳酸、1,3-丙二醇、丁醇系列产品，丁二酸、琥珀酸以及各种具有特定性能的有机酸产品，各种溶剂和医药中间体等）

（12）百万吨级大型乙烯、千万吨级大型炼油等重大煤化工、石油化工、电站用装备关键用泵、控制阀、调节阀的研发及制造

（13）液力缓速器研发及制造

（14）透平机械装置转子用叶片辊模锻技术和叶轮真空处理技术开发及应用

（15）高精密核仪器、仪表的开发制造

（16）工业流程节能环保能效综合利用成套设备制造及系统服务：大型等温型高效节能成套设备及系统服务、大型硝酸装置能效综合利用成套设备及系统服务、大型高效轴流压缩机成套装置技术开发制造、工业驱动高效节能成套设备及系统服务、高效节能能量回收成套设备及系统服务

（17）高效微排放燃煤锅炉制造（优于国家标准）

（18）淡水源、土壤源、污水源等热泵技术开发及设备制造

（19）专为农村市场研制、超越一级能效的微耗电冷暖空调系统

（20）大型游乐设施制造

（21）城市轨道和地铁车辆修理及来件组装

（22）汽车整车制造，专用汽车（不包括普通挂车、自卸车、罐式车、厢式车和仓栅式汽车）制造

（23）清水模板、塑钢模板、复合式组合模板等新型模板开发及生产

（24）教具教学仪器开发及生产

（25）农村居民供水工程（包括城市供水设施向农村延伸）建设及经营

（26）公路旅客运输

（27）民用机场运营（与机场运行直接相关的生产经营活动）

（28）三网融合类业务平台、通信、有线电视网络升级改造及设备制造

（29）宽带网络建设及运营

（30）大型或超大型数据中心建设及运营

（31）仓储、运输、货代、包装、装卸、搬运、流通加工、配送、信息处理等一体化服务

（32）服务“三农”、小型微型企业、个体工

商户的小额贷款金融服务

（33）医疗机构经营

（34）文化资源数字化、网络化展示平台研发及应用

（35）艺术及技能培训（音乐、演艺、美术、设计和传统手工艺）

（36）地质灾害勘查、监测、治理技术开发及应用

（37）农村生活污水、垃圾及畜禽粪便处理等环保技术开发及应用

7．甘肃省

（1）优质酿酒葡萄种植与酿造

（2）背压式热电联产机组建设及运营

（3）太阳能发电系统建设及运营

（4）风力发电场建设及运营

（5）利用天然气替代化工及有色金属材料深加工中使用的重油、柴油、煤技术开发及应用（天然气产业政策限制、禁止类项目除外）

（6）高温气冷堆炭堆内构件及涉核炭-石墨材料开发及生产

（7）节能环保大型矿热炉用炭材料开发及生产

（8）高性能镁、钛合金开发及生产

（9）镍铜钴及贵金属粉体材料开发及生产

（10）镍钴二次电池材料开发及生产

（11）羰基冶金技术及羰基镍开发及生产

（12）电子级氟化氢（HF）生产

（13）石棉湿法浮选改性工艺应用

（14）石墨烯和纳米碳材料、细结构石墨、生物炭、锂电池负极等新型碳材料的开发及生产

（15）高掺量粉煤灰建材制品生产：粉煤灰70%及以上掺量生产烧结砖、85%及以上掺量生产陶粒制品、25%及以上掺量生产混凝土、30%及以上掺量生产其他建材产品（水泥除外）

（16）种子生产加工机械、烘干设备制造

（17）高性能真空设备制造：真空获得类、真空材料表面改性类、真空炉类、低温贮运容器类、真空专用设备

（18）重离子治癌设备研发及制造

（19）余热余能利用锅炉、生物质锅炉、垃圾焚烧处理锅炉及高参数大容量高效节能锅炉（窑炉）制造

（20）绿色镀膜成套装备研发及制造：真空离子镀膜、磁控溅射镀膜、蒸镀膜、离子注入、离子清洁等装备

（21）高效电机及其控制系统制造（额定功率0.55~355千瓦，额定电压690伏及以下的低压三相异步电动机；额定功率355~25 000千瓦，额定电压6千伏或10千伏的高压三相异步电动机；高效永磁伺服电机）

（22）电网系统节电设备制造（比同类产品空载损耗下降10%~20%，负载损耗下降5%）

（23）汽车整车制造，专用汽车（不包括普通挂车、自卸车、罐式车、厢式车和仓栅式汽车）制造

（24）清真食品加工

（25）太阳能多热源蔬菜低温联合干燥技术开发及应用

（26）农村居民供水工程（包括城市供水设施向农村延伸）建设及经营

（27）公路旅客运输

（28）民用机场运营（与机场运行直接相关的生产经营活动）

（29）宽带网络建设及运营

（30）服务“三农”、小型微型企业、个体工商户的小额贷款金融服务

（31）医疗机构经营

（32）文化资源数字化、网络化展示平台研发及应用

（33）粉煤灰生产新型油田固井减轻剂

（34）高炉解毒铬浸出残渣技术开发及应用

（35）农村生活污水、垃圾及畜禽粪便处理等环保技术开发及应用

8．青海省

（1）沙生植物种植与加工

（2）背压式热电联产机组建设及运营

（3）太阳能发电系统建设及运营

（4）风力发电场建设及运营

（5）钾、钠、镁、锂、硼、锶、溴、碘、铷、铯等盐湖资源综合利用、系列产品开发及副产物利用（《产业结构调整指导目录》限制类、淘汰类项目除外）

（6）单线年产5万吨以上氢氧化钾生产

（7）稀盐酸脱析制氯化氢

（8）六水氯化镁（$MgCl_2·6H_2O$）连续脱水制无水氯化镁

（9）高性能镁合金开发及生产

（10）石棉湿法浮选改性工艺应用

（11）以各类无机盐产品生产过程中所产生的固体废弃物、副产物为主的循环利用

（12）地下深层承压卤水资源勘探、研究及开发

（13）道路安全维护、养护设备研发及制造

（14）城镇地下大口径管道（共同沟）清淤设备研发及制造

（15）汽车整车制造，专用汽车（不包括普通挂车、自卸车、罐式车、厢式车和仓栅式汽车）制造

（16）清真食品加工

（17）民族工艺品加工生产

（18）农村居民供水工程（包括城市供水向农村延伸）建设及经营

（19）公路旅客运输

（20）民用机场运营（与机场运行直接相关的生产经营活动）

（21）宽带网络建设及运营

（22）医疗机构经营

（23）飞行员培训

（24）工业余热发电技术应用改造

（25）农村生活污水、垃圾及畜禽粪便处理等环保技术开发及应用

9．宁夏回族自治区

（1）优质酿酒葡萄种植与酿造

（2）安全高产高效采煤技术开发利用及煤田火灾防治新技术装备研究与应用

（3）背压式热电联产机组建设及运营

（4）太阳能发电系统建设及运营

（5）风力发电场建设及运营

（6）依托分布式能源的智能微电网技术开发及应用

（7）微合金钢炉料和特殊硅合金等新产品开发及生产

（8）符合国家重要用途钢丝绳标准（GB8918—2006）、直径在20~60毫米的钢丝绳制品开发及生产

（9）钽、铌、铍、钛等稀有金属材料新产品、新工艺技术开发及生产

（10）多层陶瓷电容器用镍粉、高性能靶材开发及生产

（11）高性能镁合金开发及生产

（12）20万吨/年及以上醋酸乙烯、6万吨/年以上聚乙烯醇、3万吨以上石灰氮、氰胺系列产品生产

（13）高掺量粉煤灰建材制品生产：粉煤灰70%及以上掺量生产烧结砖、85%及以上掺量生产陶粒制品、25%及以上掺量生产混凝土、30%及以上掺量生产其他建材产品（水泥除外）

（14）30/52（年产30万吨合成氨、52万吨尿素）以上大型化肥、百万吨级大型乙烯、千万吨级大型炼油等重大煤化工、石油化工、电站装备关键用泵、控制阀、调节阀的研发及制造

（15）电气化铁路牵引变压器制造

（16）汽车整车制造，专用汽车（不包括普通挂车、自卸车、罐式车、厢式车和仓栅式汽车）制造

（17）煤炭气化、液化等洁净煤技术开发及设备制造

（18）枸杞制品（枸杞汁、枸杞果酒、枸杞油胶囊及其他枸杞保健食品）加工与生产

（19）清真食品加工

（20）民族工艺品加工生产

（21）牛乳蛋白、干酪素等高端乳制品深加工

（22）熔体直纺及切片纺彩色涤纶的开发及生产

（23）农村居民供水工程（包括城市供水设施向农村延伸）建设及经营

（24）公路旅客运输

（25）民用机场运营（与机场运行直接相关的生产经营活动）

（26）宽带网络建设及运营

（27）大型或超大型数据中心建设及运营

（28）医疗机构经营

（29）针对穆斯林地区和阿拉伯国家的软件外包及文化创意产业

（30）矿热炉节能减排技术改造和余热发电回收利用

（31）农村生活污水、垃圾及畜禽粪便处理等环保技术开发及应用

10．新疆维吾尔自治区（含新疆生产建设兵团）

（1）荒漠地带500亩以上生物质能源植物栽培及利用

（2）优质酿酒葡萄种植与酿造

（3）单层厚度50米以上巨厚煤层开采技术开

发及应用

（4）背压式热电联产机组建设及运营

（5）风力发电场建设及运营

（6）太阳能发电系统建设及运营

（7）依托分布式能源的智能微电网技术开发及应用

（8）铀矿采冶设备研发与制造、原地浸出采铀技术开发及应用

（9）稀有金属矿山勘探、有序开采及加工新技术开发及应用

（10）聚合物改性沥青生产

（11）大型炼油、乙烯、芳烃生产装置生产的有机化工原料就地深加工（《产业结构调整指导目录》限制类、淘汰类项目除外）

（12）无汞催化剂聚氯乙烯生产技术开发及应用

（13）6万吨/年及以上聚甲醛、10万吨/年及以上天然气制合成油（GTL）

（14）3 000万标砖/年及以上的煤矸石、页岩等非黏土烧结多孔砖和空心砖生产

（15）配套有节能环保设施的石灰气烧竖窑、双燃料竖窑，带煤粉制备系统、以煤粉为燃料的竖窑，直径 2.5 米及以上石灰回转窑以及规模为 10万吨/年及以上的碳石混烧机械化立窑建设及运营

（16）风电机组控制系统，风电机组用新型发电机、高速叶片、全功率变流器、变浆控制器、增速齿轮箱、主轴、轴承等关键部件，海上风电工程施工机械研发及制造

（17）干空气能应用装备研发及制造

（18）铸造、锻造、热处理、表面处理等基础工艺专业化服务（《产业结构调整指导目录》限制类、淘汰类项目除外）

（19）棉花、小麦、豆类、番茄、辣椒、甜菜、红枣等农作物种植、采收机械化技术开发及应用

（20）棉秆采收专用设备研发及制造

（21）大型游乐设施制造

（22）汽车整车制造、专用汽车制造

（23）膨润土、蛭石等特色非金属矿物材料的开采、深加工及其技术装备研发及制造

（24）第三代半导体碳化硅晶片开发及生产

（25）日处理甜菜3 000吨以上食糖生产线

（26）氧化铁（Fe_2O_3）含量不超过0.02%的高档玻璃器皿生产

（27）教具教学仪器研发生产

（28）民族工艺品加工生产

（29）民族演艺服饰、乐器设计、生产和销售

（30）农村居民供水工程（包括城市供水设施向农村延伸）建设及经营

（31）公路旅客运输

（32）民用机场运营（与机场运行直接相关的生产经营活动）

（33）宽带网络建设及运营

（34）口岸物流设施（物流仓库、堆场、装卸搬运工具、多式联运转运设施以及物流信息平台等）建设及经营

（35）服务“三农”、小型微型企业、个体工商户的小额贷款金融服务

（36）医疗机构经营

（37）艺术及技能培训（民族音乐、演艺、美术、设计和传统手工艺）

（38）工业余热、余压、压差、发生气综合利用技术开发及应用

（39）粮、棉秸秆、果木等农、林副产物资源综合利用技术开发及应用

（40）农村（含兵团团场、连队）生活污水、垃圾及畜禽粪便处理等环保技术开发及应用

11．内蒙古自治区

（1）沙生植物种植与加工

（2）复合活菌制剂、饲用微生物添加剂开发及生产

（3）有机—无机混合肥料生产

（4）背压式热电联产机组建设及运营

（5）太阳能发电系统建设及运营

（6）风力发电场建设及运营

（7）依托分布式能源的智能微电网技术开发及应用

（8）高油微藻生物质发电

（9）高性能稀土永磁、发光、储氢、催化材料开发及生产

（10）锗、铀等新材料研发及应用：重水堆、压水堆、气冷堆系列民用核电燃料组件制造、钍资源开发利用、高纯锗及光纤通信生产

（11）6万吨/年及以上聚甲醛、6万吨/年及以上二甲基甲酰胺、6万吨/年及以上聚乙烯醇等精细化工产品生产

（12）15万吨/年及以上单套无水煤焦油深加工

（13）无汞催化剂聚氯乙烯生产技术开发及应用

（14）六氟乙烷等精细氟化工产品生产（《产业结构调整指导目录》限制类、淘汰类项目除外）

（15）石墨烯和纳米碳材料、细结构石墨、生物炭、锂电池负极等新型碳材料开发及生产

（16）煤系高岭土替代高铝矾土系列耐火材料产品及其他非金属耐火材料及制品生产

（17）大口径高压厚壁锅炉管生产

（18）磁感应强度0.3特[斯拉]以上的稀土永磁核磁共振影像设备的研发及制造

（19）牧区户用小型风机制造

（20）汽车整车制造，专用汽车（不包括普通挂车、自卸车、厢式车和仓栅式汽车）制造

（21）300吨及以上非公路矿用自卸车制造

（22）毛绒棉纺织加工

（23）民族工艺品加工生产

（24）农村居民供水工程（包括城市供水设施向农村延伸）建设及经营

（25）公路旅客运输

（26）民用机场运营（与机场运行直接相关的生产经营活动）

（27）宽带网络建设及运营

（28）大型或超大型数据中心建设及运营

（29）口岸物流设施（物流仓库、堆场、装卸搬运工具、多式联运转运设施以及物流信息平台等）建设及经营

（30）医疗机构经营

（31）飞行员培训

（32）农村生活污水、垃圾及畜禽粪便处理等环保技术开发及应用

12．广西壮族自治区

（1）农作物套种技术与秋冬种技术开发及应用

（2）农产品质量安全检测新技术开发及应用

（3）高性能稀土永磁、发光、储氢、催化材料开发及生产

（4）低品位难处理铝土矿综合利用

（5）高性能铝合金深加工产品技术开发及生产

（6）高纯铟及铟基合金材料技术开发及生产

（7）锡基合金新材料开发及深加工

（8）生物乙醇制乙烯（以粮食为原料的除外）

（9）石油精细化工产品开发及生产（《产业结构调整指导目录》中限制类、淘汰类项目除外）

（10）电解金属锰为原料的电器元件、无汞碱锰电池、锂锰电池、不锈钢制品的先进生产技术开发及生产

（11）压缩天然气（CNG）汽车加气站成套设备及装置（CNG汽车储气钢瓶、长管玻璃纤维缠绕气瓶、压缩机、高压地下储气井、储气罐、深度脱水装置、脱硫罐、冷凝管、油水分离器等）制造，液化天然气（LNG）加气站成套设备（含LNG储罐）及装置制造

（12）甘蔗种植机等中小型农机具研发及制造

（13）15吨及以上挖掘机、3吨及以上装载机、电动叉车及3吨及以上内燃叉车，液压压路机、液压摊铺机、平地机，装载机用驱动桥，工程机械用液压元件、液压管路和液压成套设备，工程机械电控系统制造

（14）汽车整车制造，专用汽车（不包括普通挂车、自卸车、罐式车、厢式车和仓栅式汽车）制造

（15）适用于丘陵和山区的拖拉机及农作物种植、收获等中小型农机具，农村水利、田间道路建设等农用工程机械及其关键零部件的研发和制造

（16）蚕茧丝绸及印染、服装精深加工

（17）民族工艺品加工生产

（18）废糖蜜、蔗渣、蔗叶、滤泥、酒精废液等副产品的综合利用（《产业结构调整指导目录》限制类、淘汰类项目除外）

（19）利用木质废弃物生产定向结构板材技术开发及应用

（20）桑蚕产业资源循环综合利用

（21）农村居民供水工程（包括城市供水设施向农村延伸）建设及经营

（22）公路旅客运输

（23）民用机场运营（与机场运行直接相关的生产经营活动）

（24）宽带网络建设及运营

（25）云计算解决方案研发及应用服务

（26）口岸物流设施（物流仓库、堆场、装卸搬运工具、多式联运转运设施以及物流信息平台等）建设及经营

（27）医疗机构经营

（28）艺术及技能培训（音乐、演艺、美术、设计和传统手工艺）

（29）服务“三农”、小型微型企业、个体工商户的小额贷款金融服务

（30）城市水系淤泥综合利用

（31）工业余热、余压、压差、发生气综合利用技术开发及应用

（32）农村生活污水、垃圾及畜禽粪便沼气化处理等环保技术开发及应用

十一、国务院国发〔2014〕38 号 关于在中国（上海）自由贸易试验区内暂时调整实施有关行政法规和经国务院批准的部门规章规定的准入特别管理措施的决定（2014 年 9 月 4 日）

各省、自治区、直辖市人民政府，国务院各部委、各直属机构：

为适应在中国（上海）自由贸易试验区进一步扩大开放的需要，国务院决定在试验区内暂时调整实施《中华人民共和国国际海运条例》《中华人民共和国认证认可条例》《盐业管理条例》以及《外商投资产业指导目录》《汽车产业发展政策》《外商投资民用航空业规定》规定的有关资质要求、股比限制、经营范围等准入特别管理措施（目录附后）。

国务院有关部门、上海市人民政府要根据上述调整，及时对本部门、本市制定的规章和规范性文件作相应调整，建立与进一步扩大开放相适应的管理制度。

国务院将根据试验区改革开放措施的实施情况，适时对本决定的内容进行调整。

附件：国务院决定在中国（上海）自由贸易试验区内暂时调整实施有关行政法规和经国务院批准的部门规章规定的准入特别管理措施目录

序号	准入特别管理措施	调整实施情况
1	《中华人民共和国国际海运条例》 第二十九条第一款:经国务院交通主管部门批准，外商可以依照有关法律、行政法规以及国家其他有关规定，投资设立中外合资经营企业或者中外合作经营企业，经营国际船舶运输、国际船舶代理、国际船舶管理、国际海运货物装卸、国际海运货物仓储、国际海运集装箱站和堆场业务；并可以投资设立外资企业经营国际海运货物仓储业务	暂时停止实施相关内容，允许外商以独资形式从事国际海运货物装卸、国际海运集装箱站和堆场业务
2	《中华人民共和国国际海运条例》 第二十九条第二款、第三款： 经营国际船舶运输、国际船舶代理业务的中外合资经营企业，企业中外商的出资比例不得超过 49%。 经营国际船舶运输、国际船舶代理业务的中外合作经营企业，企业中外商的投资比例比照适用前款规定。 《外商投资产业指导目录》 限制外商投资产业目录 六、批发和零售业 5.船舶代理（中方控股）、外轮理货（限于合资、合作）	暂时停止实施相关内容，允许外商以合资、合作形式从事公共国际船舶代理业务，外方持股比例放宽至 51%
3	《中华人民共和国认证认可条例》 第十一条第一款:设立外商投资的认证机构除应当符合本条例第十条规定的条件外，还应当符合下列条件： （一）外方投资者取得其所在国家或者地区认可机构的认可； （二）外方投资者具有 3 年以上从事认证活动的业务经历。 《外商投资产业指导目录》 限制外商投资产业目录 十、科学研究、技术服务和地质勘查业 2.进出口商品检验、鉴定、认证公司	暂时停止实施相关内容，取消对外商投资进出口商品认证公司的限制，取消对投资方的资质要求
4	《盐业管理条例》 第二十条：盐的批发业务，由各级盐业公司统一经营。未设盐业公司的地方，由县级以上人民政府授权的单位统一组织经营	暂时停止实施相关内容，允许外商以独资形式从事盐的批发，服务范围限于试验区内
5	《外商投资产业指导目录》 鼓励外商投资产业目录 二、采矿业 4.提高原油采收率及相关新技术的开发应用（限于合资、合作）	暂时停止实施相关内容，允许外商以独资形式从事提高原油采收率（以工程服务形式）及相关新技术的开发应用

续表

序号	准入特别管理措施	调整实施情况
6	《外商投资产业指导目录》 鼓励外商投资产业目录 二、采矿业 5.物探、钻井、测井、录井、井下作业等石油勘探开发新技术的开发与应用（限于合资、合作）	暂时停止实施相关内容，允许外商以独资形式从事物探、钻井、测井、录井、井下作业等石油勘探开发新技术的开发与应用
7	《外商投资产业指导目录》 禁止外商投资产业目录 三、制造业 （一）饮料制造业 1.我国传统工艺的绿茶及特种茶加工（名茶、黑茶等）	暂时停止实施相关内容，允许外商以合资、合作形式（中方控股）从事中国传统工艺的绿茶加工
8	《外商投资产业指导目录》 鼓励外商投资产业目录 三、制造业 （八）造纸及纸制品业 1.主要利用境外木材资源的单条生产线年产 30 万吨及以上规模化学木浆和单条生产线年产10万吨及以上规模化学机械木浆以及同步建设的高档纸及纸板生产（限于合资、合作）	暂时停止实施相关内容，允许外商以独资形式从事主要利用境外木材资源的单条生产线年产 30 万吨及以上规模化学木浆和单条生产线年产 10 万吨及以上规模化学机械木浆以及同步建设的高档纸及纸板生产
9	《外商投资产业指导目录》 鼓励外商投资产业目录 三、制造业 （十七）通用设备制造业 7. 400 吨及以上轮式、履带式起重机械制造（限于合资、合作）	暂时停止实施相关内容，允许外商以独资形式从事 400 吨及以上轮式、履带式起重机械制造
10	《外商投资产业指导目录》 限制外商投资产业目录 三、制造业 （十）通用设备制造业 1.各类普通级（P0）轴承及零件（钢球、保持架）、毛坯制造	暂时停止实施相关内容，取消对外商投资各类普通级（P0）轴承及零件（钢球、保持架）、毛坯制造的限制
11	《外商投资产业指导目录》 限制外商投资产业目录 三、制造业 （十一）专用设备制造业 2. 320 马力及以下推土机、30 吨级及以下液压挖掘机、6 吨级及以下轮式装载机、220 马力及以下平地机、压路机、叉车、135 吨级及以下电力传动非公路自卸翻斗车、60 吨级及以下液力机械传动非公路自卸翻斗车、沥青混凝土搅拌与摊铺设备和高空作业机械、园林机械和机具、商品混凝土机械（托泵、搅拌车、搅拌站、泵车）制造	暂时停止实施相关内容，取消对外商投资 15 吨级以下（不含 15 吨）液压挖掘机、3 吨级以下（不含 3 吨）轮式装载机制造的限制
12	《外商投资产业指导目录》 限制外商投资产业目录 三、制造业 （十一）专用设备制造业 1.一般涤纶长丝、短纤维设备制造	暂时停止实施相关内容，取消对外商投资一般涤纶长丝、短纤维设备制造的限制
13	《外商投资产业指导目录》 鼓励外商投资产业目录 三、制造业 （十九）交通运输设备制造业 3.汽车电子装置制造与研发：发动机和底盘电子控制系统及关键零部件，车载电子技术（汽车信息系统和导航系统），汽车电子总线网络技术（限于合资），电子控制系统的输入（传感器和采样系统）输出（执行器）部件，电动助力转向系统电子控制器（限于合资），嵌入式电子集成系统（限于合资、合作）、电控式空气弹簧，电子控制式悬挂系统，电子气门系统装置，电子组合仪表，ABS/TCS/ESP 系统，电路制动系统（BBW），变速器电控单元（TCU），轮胎气压监测系统（TPMS），车载故障诊断仪（OBD），发动机防盗系统，自动避撞系统，汽车、摩托车型试验及维修用检测系统	暂时停止实施相关内容，允许外商以独资形式从事汽车电子总线网络技术、电动助力转向系统电子控制器制造与研发

续表

序号	准入特别管理措施	调整实施情况
14	《外商投资产业指导目录》 鼓励外商投资产业目录 三、制造业 （十九）交通运输设备制造业 6.轨道交通运输设备（限于合资、合作）：高速铁路、铁路客运专线、城际铁路、干线铁路及城市轨道交通运输设备的整车和关键零部件（牵引传动系统、控制系统、制动系统）的研发、设计与制造；高速铁路、铁路客运专线、城际铁路及城市轨道交通乘客服务设施和设备的研发、设计与制造，信息化建设中有关信息系统的设计与研发；高速铁路、铁路客运专线、城际铁路的轨道和桥梁设备研发、设计与制造，轨道交通运输通信信号系统的研发、设计与制造，电气化铁路设备和器材制造、铁路噪声和振动控制技术与研发、铁路客车排污设备制造、铁路运输安全监测设备制造	暂时停止实施相关内容，允许外商以独资形式投资与高速铁路、铁路客运专线、城际铁路配套的乘客服务设施和设备的研发、设计与制造，与高速铁路、铁路客运专线、城际铁路相关的轨道和桥梁设备研发、设计与制造，电气化铁路设备和器材制造、铁路客车排污设备制造
15	《外商投资产业指导目录》 鼓励外商投资产业目录 三、制造业 （十九）交通运输设备制造业 18.豪华邮轮及深水（3 000 米以上）海洋工程装备的设计（限于合资、合作） 24.游艇的设计与制造（限于合资、合作）	暂时停止实施相关内容，允许外商以独资形式从事豪华邮轮、游艇的设计
16	《外商投资产业指导目录》 鼓励外商投资产业目录 三、制造业 （十九）交通运输设备制造业 22.船舶舱室机械的设计与制造（中方相对控股）	暂时停止实施相关内容，允许外商以独资形式从事船舶舱室机械的设计
17	《外商投资产业指导目录》 鼓励外商投资产业目录 三、制造业 （十九）交通运输设备制造业 13.航空发动机及零部件、航空辅助动力系统设计、制造与维修（限于合资、合作）	暂时停止实施相关内容，允许外商以独资形式从事航空发动机零部件的设计、制造与维修
18	《汽车产业发展政策》 第四十八条：汽车整车、专用汽车、农用运输车和摩托车中外合资生产企业的中方股份比例不得低于 50%。股票上市的汽车整车、专用汽车、农用运输车和摩托车股份公司对外出售法人股份时，中方法人之一必须相对控股且大于外资法人股之和。同一家外商可在国内建立两家（含两家）以下生产同类（乘用车类、商用车类、摩托车类）整车产品的合资企业，如与中方合资伙伴联合兼并国内其他汽车生产企业可不受两家的限制。境外具有法人资格的企业相对控股另一家企业，则视为同一家外商	暂时停止实施相关内容，允许外商以独资形式从事摩托车（排量≤250 毫升）生产
19	《外商投资产业指导目录》 鼓励外商投资产业目录 三、制造业 （十九）交通运输设备制造业 5.大排量（排量>250 毫升）摩托车关键零部件制造：摩托车电控燃油喷射技术（限于合资、合作）、达到中国摩托车III阶段污染物排放标准的发动机排放控制装置	暂时停止实施相关内容，允许外商以独资形式从事大排量（排量>250 毫升）摩托车关键零部件制造：摩托车电控燃油喷射技术
20	《外商投资产业指导目录》 鼓励外商投资产业目录 三、制造业 （二十）电气机械及器材制造业 6.输变电设备制造（限于合资、合作）：非晶态合金变压器、500 千伏及以上高压开关用操作机构、灭弧装置、大型盆式绝缘子（1 000 千伏、50 千安以上），500 千伏及以上变压器用出线装置、套管（交流 500、750、1 000 千伏，直流所有规格）、调压开关（交流 500、750、1 000 千伏有载、无载调压开关），直流输电用干式平波电抗器，±800 千伏直流输电用换流阀（水冷设备、直流场设备），符合欧盟 RoHS 指令的电器触头材料及无铅（Pb）、镉（Cd）的焊料	暂时停止实施相关内容，允许外商以独资形式从事符合欧盟 RoHS 指令的电器触头材料及无铅（Pb）、镉（Cd）的焊料制造

续表

序号	准入特别管理措施	调整实施情况
21	《外商投资产业指导目录》 鼓励外商投资产业目录 五、交通运输、仓储和邮政业 2.支线铁路、地方铁路及其桥梁、隧道、轮渡和站场设施的建设、经营（限于合资、合作）	暂时停止实施相关内容，允许外商以独资形式从事地方铁路及其桥梁、隧道、轮渡和站场设施的建设、经营
22	《外商投资产业指导目录》 限制外商投资产业目录 六、批发和零售业 2.粮食收购，粮食、棉花、植物油、食糖、烟草、原油、农药、农膜、化肥的批发、零售、配送（设立超过 30 家分店、销售来自多个供应商的不同种类和品牌商品的连锁店由中方控股）	暂时停止实施相关内容，允许外商以独资形式从事植物油、食糖、化肥的批发、零售、配送，粮食、棉花的零售、配送，取消门店数量限制
23	《外商投资产业指导目录》 限制外商投资产业目录 六、批发和零售业 1.直销、邮购、网上销售	暂时停止实施相关内容，取消对外商投资邮购和一般商品网上销售的限制
24	《外商投资产业指导目录》 限制外商投资产业目录 五、交通运输、仓储和邮政业 1.铁路货物运输公司	暂时停止实施相关内容，允许外商以独资形式从事铁路货物运输业务
25	《外商投资民用航空业规定》 第四条：外商投资方式包括： （一）合资、合作经营（简称“合营”）； （二）购买民航企业的股份，包括民航企业在境外发行的股票以及在境内发行的上市外资股； （三）其他经批准的投资方式。 外商以合作经营方式投资公共航空运输和从事公务飞行、空中游览的通用航空企业，必须取得中国法人资格	允许外商以独资形式从事航空运输销售代理业务
26	《外商投资产业指导目录》 限制外商投资产业目录 八、房地产业 3.房地产二级市场交易及房地产中介或经纪公司	暂时停止实施相关内容，取消对外商投资房地产中介或经纪公司的限制
27	《外商投资产业指导目录》 限制外商投资产业目录 十、科学研究、技术服务和地质勘查业 3.摄影服务（含空中摄影等特技摄影服务，但不包括测绘航空摄影，限于合资）	暂时停止实施相关内容，允许外商以独资形式从事摄影服务（不含空中摄影等特技摄影服务）

十二、商务部令 2014 年第 3 号《境外投资管理办法》（2014 年 9 月 6 日）

《境外投资管理办法》已经 2014 年 8 月 19 日商务部第 27 次部务会议审议通过，现予发布，自 2014 年 10 月 6 日起施行。

境外投资管理办法

第一章　总则

第一条　为了促进和规范境外投资，提高境外投资便利化水平，根据《国务院关于投资体制改革的决定》《国务院对确需保留的行政审批项目设定行政许可的决定》及相关法律规定，制定本办法。

第二条　本办法所称境外投资，是指在中华人民共和国境内依法设立的企业（以下简称企业）通过新设、并购及其他方式在境外拥有非金融企业或取得既有非金融企业所有权、控制权、经营管理权及其他权益的行为。

第三条　企业开展境外投资，依法自主决策、自负盈亏。

第四条　企业境外投资不得有以下情形：

（一）危害中华人民共和国国家主权、安全和社会公共利益，或违反中华人民共和国法律法规；

（二）损害中华人民共和国与有关国家（地区）关系；

（三）违反中华人民共和国缔结或者参加的国际条约、协定；

（四）出口中华人民共和国禁止出口的产品和技术。

第五条　商务部和各省、自治区、直辖市、计划单列市及新疆生产建设兵团商务主管部门（以下称省级商务主管部门）负责对境外投资实施管理和监督。

第二章　备案和核准

第六条　商务部和省级商务主管部门按照企业境外投资的不同情形，分别实行备案和核准管理。

企业境外投资涉及敏感国家和地区、敏感行业的，实行核准管理。

企业其他情形的境外投资，实行备案管理。

第七条　实行核准管理的国家是指与中华人民共和国未建交的国家、受联合国制裁的国家。必要时，商务部可另行公布其他实行核准管理的国家和地区的名单。

实行核准管理的行业是指涉及出口中华人民共和国限制出口的产品和技术的行业、影响一国（地区）以上利益的行业。

第八条　商务部和省级商务主管部门应当依法办理备案和核准，提高办事效率，提供优质服务。

商务部和省级商务主管部门通过“境外投资管理系统”（以下简称“管理系统”）对企业境外投资进行管理，并向获得备案或核准的企业颁发《企业境外投资证书》（以下简称《证书》，样式见附件1）。《证书》由商务部和省级商务主管部门分别印制并盖章，实行统一编码管理。

《证书》是企业境外投资获得备案或核准的凭证，按照境外投资最终目的地颁发。

第九条　对属于备案情形的境外投资，中央企业报商务部备案；地方企业报所在地省级商务主管部门备案。

中央企业和地方企业通过“管理系统”按要求填写并打印《境外投资备案表》（以下简称《备案表》，样式见附件2），加盖印章后，连同企业营业执照复印件分别报商务部或省级商务主管部门备案。

《备案表》填写如实、完整、符合法定形式，且企业在《备案表》中声明其境外投资无本办法第四条所列情形的，商务部或省级商务主管部门应当自收到《备案表》之日起3个工作日内予以备案并颁发《证书》。企业不如实、完整填报《备案表》的，商务部或省级商务主管部门不予备案。

第十条　对属于核准情形的境外投资，中央企业向商务部提出申请，地方企业通过所在地省级商务主管部门向商务部提出申请。

企业申请境外投资核准需提交以下材料：

（一）申请书，主要包括投资主体情况、境外企业名称、股权结构、投资金额、经营范围、经营期限、投资资金来源、投资具体内容等；

（二）《境外投资申请表》（样式见附件3），企业应当通过“管理系统”按要求填写打印，并加盖印章；

（三）境外投资相关合同或协议；

（四）有关部门对境外投资所涉的属于中华人民共和国限制出口的产品或技术准予出口的材料；

（五）企业营业执照复印件。

第十一条　核准境外投资应当征求我驻外使（领）馆（经商处室）意见。涉及中央企业的，由商务部征求意见；涉及地方企业的，由省级商务主管部门征求意见。征求意见时，商务部和省级商务主管部门应当提供投资事项基本情况等相关信息。驻外使（领）馆（经商处室）应当自接到征求意见要求之日起7个工作日内回复。

第十二条　商务部应当在受理中央企业核准申请后20个工作日内（包含征求驻外使（领）馆（经商处室）意见的时间）作出是否予以核准的决定。申请材料不齐全或者不符合法定形式的，商务部应当在3个工作日内一次告知申请企业需要补正的全部内容。逾期不告知的，自收到申请材料之日起即为受理。中央企业按照商务部的要求提交全部补正申请材料的，商务部应当受理该申请。

省级商务主管部门应当在受理地方企业核准申请后对申请是否涉及本办法第四条所列情形进行初步审查，并在15个工作日内（包含征求驻外使（领）馆（经商处室）意见的时间）将初步审查意见和全部申请材料报送商务部。申请材料不齐全或者不符合法定形式的，省级商务主管部门应当在3个工作日内一次告知申请企业需要补正的全部内容。逾期不告知的，自收到申请材料之日起即为受理。地方企业按照省级商务主管部门的要求提交全部补正申请材料的，省级商务主管部门应当受理该申请。商务部收到省级商务主管部门的初步审查意见后，应当在15个工作日内做出是否予以核准的决定。

第十三条　对予以核准的境外投资，商务部出具书面核准决定并颁发《证书》；因存在本办法第四条所列情形而不予核准的，应当书面通知申请企业并说明理由，告知其享有依法申请行政复议或者提起行政诉讼的权利。企业提供虚假材料申请核准的，商务部不予核准。

第十四条　两个以上企业共同开展境外投资的，应当由相对大股东在征求其他投资方书面同意后办理备案或申请核准。如果各方持股比例相等，应当协商后由一方办理备案或申请核准。如投资方不属同一行政区域，负责办理备案或核准的商务部或省级商务主管部门应当将备案或核准结果告知其他投资方所在地商务主管部门。

第十五条　企业境外投资经备案或核准后，原《证书》载明的境外投资事项发生变更的，企业应当按照本章程序向原备案或核准的商务部或省级商务主管部门办理变更手续。

第十六条　自领取《证书》之日起2年内，企业未在境外开展投资的，《证书》自动失效。如需再开展境外投资，应当按照本章程序重新办理备案或申请核准。

第十七条　企业终止已备案或核准的境外投资，应当在依投资目的地法律办理注销等手续后，向原备案或核准的商务部或省级商务主管部门报告。原备案或核准的商务部或省级商务主管部门根据报告出具注销确认函。

终止是指原经备案或核准的境外企业不再存续或企业不再拥有原经备案或核准的境外企业的股权等任何权益。

第十八条　《证书》不得伪造、涂改、出租、出借或以任何其他形式转让。已变更、失效或注销的《证书》应当交回原备案或核准的商务部或省级商务主管部门。

第三章　规范和服务

第十九条　企业应当客观评估自身条件、能力，深入研究投资目的地投资环境，积极稳妥开展境外投资，注意防范风险。境内外法律法规和规章对资格资质有要求的，企业应当取得相关证明文件。

第二十条　企业应当要求其投资的境外企业遵守投资目的地法律法规、尊重当地风俗习惯，履行社会责任，做好环境、劳工保护、企业文化建设等工作，促进与当地的融合。

第二十一条　企业对其投资的境外企业的冠名应当符合境内外法律法规和政策规定。未按国家有关规定获得批准的企业，其境外企业名称不得使用“中国”“中华”等字样。

第二十二条　企业应当落实人员和财产安全防范措施，建立突发事件预警机制和应急预案。在境外发生突发事件时，企业应当在驻外使（领）馆和国内有关主管部门的指导下，及时、妥善处理。

企业应当做好外派人员的选审、行前安全、纪律教育和应急培训工作，加强对外派人员的管理，依法办理当地合法居留和工作许可。

第二十三条　企业应当要求其投资的境外企业中方负责人当面或以信函、传真、电子邮件等方式及时向驻外使（领）馆（经商处室）报到登记。

第二十四条　企业应当向原备案或核准的商务部或省级商务主管部门报告境外投资业务情况、统计资料，以及与境外投资相关的困难、问题，并确保报送情况和数据真实准确。

第二十五条　企业投资的境外企业开展境外再投资，在完成境外法律手续后，企业应当向商务主管部门报告。涉及中央企业的，中央企业通过“管理系统”填报相关信息，打印《境外中资企业再投资报告表》（以下简称《再投资报告表》，样式见附件4）并加盖印章后报商务部；涉及地方企业的，地方企业通过“管理系统”填报相关信息，打印《再投资报告表》并加盖印章后报省级商务主管部门。

第二十六条　商务部负责对省级商务主管部门的境外投资管理情况进行检查和指导。省级商务主管部门应当每半年向商务部报告本行政区域内境外投资的情况。

第二十七条　商务部会同有关部门为企业境外投资提供权益保障、投资促进、风险预警等服务。

商务部发布《对外投资合作国别（地区）指南》、国别产业指引等文件，帮助企业了解投资目的地投资环境；加强对企业境外投资的指导和规范，会同有关部门发布环境保护等指引，督促企业在境外合法合规经营；建立对外投资与合作信息服务系统，为企业开展境外投资提供数据统计、投资机会、投资障碍、风险预警等信息。

第四章　法律责任

第二十八条　企业以提供虚假材料等不正当手段办理备案并取得《证书》的，商务部或省级商务主管部门撤销该企业境外投资备案，给予警告，并依法公布处罚决定。

第二十九条　企业提供虚假材料申请核准的，商务部给予警告，并依法公布处罚决定。该企业在一年内不得再次申请该项核准。

企业以欺骗、贿赂等不正当手段获得境外投资核准的，商务部撤销该企业境外投资核准，给予警告，并依法公布处罚决定。该企业在三年内不得再次申请该项核准；构成犯罪的，依法追究刑事责任。

第三十条　企业开展境外投资过程中出现本办法第四条所列情形的，应当承担相应的法律责任。

第三十一条　企业伪造、涂改、出租、出借或以任何其他形式转让《证书》的，商务部或省级商务主管部门给予警告；构成犯罪的，依法追究刑事责任。

第三十二条　境外投资出现第二十八至三十一条规定的情形以及违反本办法其他规定的企业，三年内不得享受国家有关政策支持。

第三十三条　商务部和省级商务主管部门有关工作人员不依照本办法规定履行职责、滥用职权、索取或者收受他人财物或者谋取其他利益，构成犯罪的，依法追究刑事责任；尚不构成犯罪的，依法给予行政处分。

第五章　附则

第三十四条　省级商务主管部门可依照本办法制定相应的工作细则。

第三十五条　本办法所称中央企业系指国务院国有资产监督管理委员会履行出资人职责的企业及其所属企业、中央管理的其他单位。

第三十六条　事业单位法人开展境外投资、企业在境外设立分支机构参照本办法执行。

第三十七条　企业赴香港、澳门、台湾地区投资参照本办法执行。

第三十八条　本办法由商务部负责解释。

第三十九条　本办法自2014年10月6日起施行。商务部2009年发布的《境外投资管理办法》（商务部令2009年第5号）同时废止。

十三、中国台湾地区修订聚甲基丙烯酸甲酯塑料类食品器具容器包装的检验方法（2014年11月11日）

2014年11月11日，台湾地区“卫生福利部”发布部授食字第1031901593号公告，修订“食品器具、容器、包装检验方法－聚甲基丙烯酸甲酯塑料类之检验”，自2015年2月1日生效。

十四、中国台湾地区修订聚酰胺（尼龙）塑料类食品器具容器包装的检验方法（2014年11月11日）

2014年11月11日，台湾地区“卫生福利部”发布部授食字第1031901600号公告，修订“食品器具、容器、包装检验方法－聚酰胺（尼龙）塑料类之检验”，自2015年2月1日生效。

十五、国务院办公厅 国办发〔2014〕56号 关于加强环境监管执法的通知（2014年11月12日）

各省、自治区、直辖市人民政府，国务院各部委、各直属机构：

近年来，各地区、各部门不断加大工作力度，环境监管执法工作取得一定成效。但一些地方监管执法不到位等问题仍然十分突出，环境违法违规案件高发频发，人民群众反应强烈。为贯彻落实党的十八届四中全会精神和党中央、国务院有关决策部署，加快解决影响科学发展和损害群众健康的突出环境问题，着力推进环境质量改善，经国务院同意，现就加强环境监管执法有关要求通知如下：

一、严格依法保护环境，推动监管执法全覆盖

有效解决环境法律法规不健全、监管执法缺位问题。完善环境监管法律法规，落实属地责任，全面排查整改各类污染环境、破坏生态和环境隐患问题，不留监管死角、不存执法盲区，向污染宣战。

（一）加快完善环境法律法规标准。用严格的法律制度保护生态环境，抓紧制（修）订土壤环境保护、大气污染防治、环境影响评价、排污许可、环境监测等方面的法律法规，强化生产者环境保护的法律责任，大幅度提高违法成本。加快完善重金属、挥发性有机物、危险废物、持久性有机污染物、放射性污染物质等领域环境标准，提高重点行业环境准入门槛。鼓励各地根据环境质量目标，制定和实施地方性法规和更严格的污染物排放标准。通过落实环保法律法规，约束产业转移行为，倒逼经济转型升级。

（二）全面实施行政执法与刑事司法联动。各级环境保护部门和公安机关要建立联动执法联席会议、常设联络员和重大案件会商督办等制度，完善案件移送、联合调查、信息共享和奖惩机制，坚

决克服有案不移、有案难移、以罚代刑现象，实现行政处罚和刑事处罚无缝衔接。移送和立案工作要接受人民检察院法律监督。发生重大环境污染事件等紧急情况时，要迅速启动联合调查程序，防止证据灭失。公安机关要明确机构和人员负责查处环境犯罪，对涉嫌构成环境犯罪的，要及时依法立案侦查。人民法院在审理环境资源案件中，需要环境保护技术协助的，各级环境保护部门应给予必要支持。

（三）抓紧开展环境保护大检查。2015年底前，地方各级人民政府要组织开展一次环境保护全面排查，重点检查所有排污单位污染排放状况，各类资源开发利用活动对生态环境影响情况，以及建设项目环境影响评价制度、“三同时”（防治污染设施与主体工程同时设计、同时施工、同时投产使用）制度执行情况等，依法严肃查处、整改存在的问题，结果向上一级人民政府报告，并向社会公开。环境保护部等有关部门要加强督促、检查和指导，建立定期调度工作机制，组织对各地检查情况进行抽查，重要情况及时报告国务院。

（四）着力强化环境监管。各市、县级人民政府要将本行政区域划分为若干环境监管网格，逐一明确监管责任人，落实监管方案；监管网格划分方案要于2015年底前报上一级人民政府备案，并向社会公开。各省、市、县级人民政府要确定重点监管对象，划分监管等级，健全监管档案，采取差别化监管措施；乡镇人民政府、街道办事处要协助做好相关工作。各省级环境保护部门要加强巡查，每年按一定比例对国家重点监控企业进行抽查，指导市、县级人民政府落实网格化管理措施。市、县两级环境保护部门承担日常环境监管执法责任，要加大现场检查、随机抽查力度。环境保护重点区域、流域地方政府要强化协同监管，开展联合执法、区域执法和交叉执法。

二、对各类环境违法行为“零容忍”，加大惩治力度

坚决纠正执法不到位、整改不到位问题。坚持重典治乱，铁拳铁规治污，采取综合手段，始终保持严厉打击环境违法的高压态势。

（一）重拳打击违法排污。对偷排偷放、非法排放有毒有害污染物、非法处置危险废物、不正常使用防治污染设施、伪造或篡改环境监测数据等恶意违法行为，依法严厉处罚；对拒不改正的，依法予以行政拘留；对涉嫌犯罪的，一律迅速移送司法机关。对负有连带责任的环境服务第三方机构，应予以追责。建立环境信用评价制度，将环境违法企业列入“黑名单”并向社会公开，将其环境违法行为纳入社会信用体系，让失信企业一次违法、处处受限。对污染环境、破坏生态等损害公众环境权益的行为，鼓励社会组织、公民依法提起公益诉讼和民事诉讼。

（二）全面清理违法违规建设项目。对违反建设项目环境影响评价制度和“三同时”制度，越权审批但尚未开工建设的项目，一律不得开工；未批先建、边批边建，资源开发以采代探的项目，一律停止建设或依法依规予以取缔；环保设施和措施落实不到位擅自投产或运行的项目，一律责令限期整改。各地要于2016年底前完成清理整改任务。

（三）坚决落实整改措施。对依法作出的行政处罚、行政命令等具体行政行为的执行情况，实施执法后督察。对未完成停产整治任务擅自生产的，依法责令停业关闭，拆除主体设备，使其不能恢复生产。对拒不改正的，要依法采取强制执行措施。对非诉执行案件，环境保护、工商、供水、供电等部门和单位要配合人民法院落实强制措施。

三、积极推行“阳光执法”，严格规范和约束执法行为

坚决纠正不作为、乱作为问题。健全执法责任制，规范行政裁量权，强化对监管执法行为的约束。

（一）推进执法信息公开。地方环境保护部门和其他负有环境监管职责的部门，每年要发布重点监管对象名录，定期公开区域环境质量状况，公开执法检查依据、内容、标准、程序和结果。每月公布群众举报投诉重点环境问题处理情况、违法违规单位及其法定代表人名单和处理、整改情况。

（二）开展环境执法稽查。完善国家环境监察制度，加强对地方政府及其有关部门落实环境保护法律法规、标准、政策、规划情况的监督检查，协调解决跨省域重大环境问题。研究在环境保护部设立环境监察专员制度。自2015年起，市级以上环境保护部门要对下级环境监管执法工作进行稽查。省级环境保护部门每年要对本行政区域内30%以上的市（地、州、盟）和5%以上的县（市、区、旗），市级环境保护部门每年要对本行政区域内30%以上的县（市、区、旗）开展环境稽查。稽查情况通报当地人民政府。

（三）强化监管责任追究。对网格监管不履职的，发现环境违法行为或者接到环境违法行为举报后查处不及时的，不依法对环境违法行为实施处罚的，对涉嫌犯罪案件不移送、不受理或推诿执法等监管不作为行为，监察机关要依法依纪追究有关单位和人员的责任。国家工作人员充当保护伞包庇、纵容环境违法行为或对其查处不力，涉嫌职务犯罪的，要及时移送人民检察院。实施生态环境损害责任终身追究，建立倒查机制，对发生重特大突发环境事件，任期内环境质量明显恶化，不顾生态环境盲目决策、造成严重后果，利用职权干预、阻碍环境监管执法的，要依法依纪追究有关领导和责任人的责任。

四、明确各方职责任务，营造良好执法环境

有效解决职责不清、责任不明和地方保护问题。切实落实政府、部门、企业和个人等各方面的责任，充分发挥社会监督作用。

（一）强化地方政府领导责任。县级以上地方各级人民政府对本行政区域环境监管执法工作负领导责任，要建立环境保护部门对环境保护工作统一监督管理的工作机制，明确各有关部门和单位在环境监管执法中的责任，形成工作合力。切实提升基层环境执法能力，支持环境保护等部门依法独立进行环境监管和行政执法。2015 年 6 月底前，地方各级人民政府要全面清理、废除阻碍环境监管执法的“土政策”，并将清理情况向上一级人民政府报告。审计机关在开展党政主要领导干部经济责任审计时，要对地方政府主要领导干部执行环境保护法律法规和政策、落实环境保护目标责任制等情况进行审计。

（二）落实社会主体责任。支持各类社会主体自我约束、自我管理。各类企业、事业单位和社会组织应当按照环境保护法律法规标准的规定，严格规范自身环境行为，落实物资保障和资金投入，确保污染防治、生态保护、环境风险防范等措施落实到位。重点排污单位要如实向社会公开其污染物排放状况和防治污染设施的建设运行情况。制定财政、税收和环境监管等激励政策，鼓励企业建立良好的环境信用。

（三）发挥社会监督作用。环境保护人人有责，要充分发挥“12369”环保举报热线和网络平台作用，畅通公众表达渠道，限期办理群众举报投诉的环境问题。健全重大工程项目社会稳定风险评估机制，探索实施第三方评估。邀请公民、法人和其他组织参与监督环境执法，实现执法全过程公开。

五、增强基层监管力量，提升环境监管执法能力

加快解决环境监管执法队伍基础差、能力弱等问题。加强环境监察队伍和能力建设，为推进环境监管执法工作提供有力支撑。

（一）加强执法队伍建设。建立重心下移、力量下沉的法治工作机制，加强市、县级环境监管执法队伍建设，具备条件的乡镇（街道）及工业集聚区要配备必要的环境监管人员。大力提高环境监管队伍思想政治素质、业务工作能力、职业道德水准，2017 年底前，现有环境监察执法人员要全部进行业务培训和职业操守教育，经考试合格后持证上岗；新进人员，坚持“凡进必考”，择优录取。研究建立符合职业特点的环境监管执法队伍管理制度和有利于监管执法的激励制度。

（二）强化执法能力保障。推进环境监察机构标准化建设，配备调查取证等监管执法装备，保障基层环境监察执法用车。2017 年底前，80%以上的环境监察机构要配备使用便携式手持移动执法终端，规范执法行为。强化自动监控、卫星遥感、无人机等技术监控手段运用。健全环境监管执法经费保障机制，将环境监管执法经费纳入同级财政全额保障范围。

各地区、各有关部门要充分认识进一步加强环境监管执法的重要意义，切实强化组织领导，认真抓好工作落实。环境保护部要会同有关部门加强对本通知落实情况的监督检查，重大情况及时向国务院报告。

十六、商务部环境保护部工业和信息化部 商流通函[2014]973 号 关于印发《企业绿色采购指南（试行）》的通知（2014 年 12 月 22 日）

为进一步推进资源节约型和环境友好型社会建设，引导和促进企业积极履行环境保护责任，建立绿色供应链，实现绿色、低碳和循环发展，我们制定了《企业绿色采购指南（试行）》（以下简称《指南》），现予印发。请各地商务主管部门、环境保护部门、工业和信息化主管部门密切配合，加大宣传力度，做好《指南》的贯彻落实。

企业绿色采购指南（试行）

目　录

第一章　总　　则

第一条　根据《环境保护法》、国务院印发的《社会信用体系建设规划纲要（2014~2020年）》和《节能减排“十二五”规划》等有关规定，为推进建设资源节约型、环境友好型社会，充分发挥市场配置资源的决定性作用，促进绿色流通和可持续发展，引导企业积极构建绿色供应链，实施绿色采购，制订本指南。

第二条　本指南所称绿色采购，是指企业在采购活动中，推广绿色低碳理念，充分考虑环境保护、资源节约、安全健康、循环低碳和回收促进，优先采购和使用节能、节水、节材等有利于环境保护的原材料、产品和服务的行为。

本指南所称绿色供应链，是指将环境保护和资源节约的理念贯穿于企业从产品设计到原材料采购、生产、运输、储存、销售、使用和报废处理的全过程，使企业的经济活动与环境保护相协调的上下游供应关系。

第三条　具有供应链上下游供应关系的供应商企业与采购商之间采购原材料、产品和服务，鼓励适用本指南。

用于最终消费的各种产品和服务的采购，以及原材料、制成品、半成品等生产资料的采购，鼓励适用本指南。

鼓励网上采购适用本指南。

第四条　国家鼓励企业建立绿色供应链管理体系，主动承担环境保护等社会责任，自觉实施和强化绿色采购。

各级商务、环境保护、工业和信息化部门指导本地区企业的绿色采购行为和绿色供应链管理。

第二章　采购原则

第五条　企业采购应遵循以下原则：

（一）经济效益与环境效益兼顾。企业在采购活动中，应充分考虑环境效益，优先采购环境友好、节能低耗和易于资源综合利用的原材料、产品和服务，兼顾经济效益和环境效益。

（二）打造绿色供应链。企业应不断完善采购标准和制度，综合考虑产品设计、采购、生产、包装、物流、销售、服务、回收和再利用等多个环节的节能环保因素，与上下游企业共同践行环境保护、节能减排等社会责任，打造绿色供应链。

（三）企业主导与政府引导相结合。坚持市场化运作，以企业为主体，充分发挥企业的主导作用。政府通过制度改革、政策引导、信息公开和促进行业规范等方式，推进企业绿色采购。充分发挥行业协会的桥梁和纽带作用，强化行业自律。

第六条　鼓励企业树立绿色采购理念，将绿色采购理念融入经营战略，贯穿原材料、产品和服务采购的全过程，不断改进和完善采购标准和制度，推动供应商持续提高环境管理水平，共同构建绿色供应链。

第七条　鼓励企业制定和实施具体可行的绿色采购方案，并适时调整和完善。

绿色采购方案应当包括且不限于以下内容：

（一）绿色采购目标、标准；

（二）绿色采购流程；

（三）绿色供应商筛选、认定的条件和程序；

（四）绿色采购合同履行过程中的检验和争议处理机制；

（五）绿色采购信息公开的范围、方式、频次等；

（六）绿色采购绩效的评价；

（七）实施产品下架、召回和追溯制度；

（八）实施绿色采购的其他有关内容。

第八条　鼓励企业要求供应商在产品设计过程中更多采用生态设计技术，以减少环境污染和能源资源消耗，使产品和零部件能够回收循环利用。

鼓励企业围绕企业经营战略和绿色采购目标制定绿色采购标准。

鼓励企业在采购原材料、产品和服务的标准中提出与环境保护相关的要求，体现绿色环保理念，严格按照采购标准进行采购。

第九条　鼓励企业建立产品可追溯体系，建立对采购的产品从原材料到交货的全程跟踪管理。

第十条　鼓励企业完善采购流程，主动参与供应商的产品研发、制造过程，引导供应商通过价值分析等方法减少各种原辅和包装材料用量、用更环保的材料替代、避免或者减少环境污染等。

鼓励企业要求供应商供应产品或原材料符合绿色包装的要求，不使用含有有毒、有害物质作为包装物材料，使用可循环使用、可降解或者可以无害化处理的包装物，避免过度包装；在满足需求的前提下，尽量减少包装物的材料消耗。

第十一条　鼓励企业对所采购的产品或原材料在仓储和物流运输等环节，推行智能化、信息化和便捷化的节约能源和减少污染物排放的措施。

第十二条　鼓励企业对采购的产品和原材料建立废弃物回收处理流程，以实现循环利用或无害化处理。

第十三条　采购商和供应商可以通过以下方式带动全社会绿色消费:

（一）向消费者宣传引导低碳、节约等绿色消费理念，改善消费者的产品选择方式;

（二）发掘消费者绿色需求并在采购过程中予以满足;

（三）建立绿色品牌，提高绿色品牌知名度;

（四）开展“绿色商场”等创建活动，推广门店节能改造，促进环境标志产品和节能产品销售以及废弃电器电子产品回收。

（五）抵制商品过度包装，引导广大消费者积极主动参与绿色消费，减少一次性用品及塑料购物袋的使用。

第三章　采购原材料、产品与服务

第十四条　鼓励企业采购绿色产品。绿色产品至少符合以下条件:

（一）产品设计过程中树立全生命周期理念，充分考虑环境保护，减少资源能源消耗，关注可持续发展;

（二）产品在生产过程中使用更环保的原材料，采用清洁生产工艺，资源能源利用效率高，污染物排放优于相应的排放标准;

（三）产品在使用过程中能源消耗低，不会对使用者造成危害，污染物排放符合环保要求;

（四）产品废弃后可以回收，易于拆卸、翻新，能够安全处置。

鼓励企业采购通过环境标志产品认证、节能产品认证或者国家认可的其他认证的节能环保产品。

第十五条　企业不宜采购以下产品:

（一）不符合商务主管部门防止过度包装及回收促进要求的;

（二）被列入环境保护部制定的《环境保护综合名录》中的“高污染、高环境风险”产品名录的;

（三）产品或所采用的生产工艺、设备被列入工业和信息化部公布的《部分工业行业淘汰落后生产工艺装备和产品指导目录》的;

（四）国家限制或不鼓励生产、采购、使用的其他高耗能、高污染类产品。

第十六条　鼓励企业采购绿色原材料。

绿色原材料选材应优先选用符合环保标准和节能要求的、具有低能耗、低污染、无毒害、资源利用率高、可回收再利用等各种良好性能的材料。

鼓励企业参照本章第十四条、第十五条的内容采购绿色原材料。

鼓励企业在满足有关环境标准、产品质量和安全要求的情况下，优先采购和利用废钢铁、废有色金属、废塑料、废纸、废弃电器电子产品、废旧轮胎、废玻璃、废纺织品等可再生资源作为原材料。

第十七条　鼓励企业采购绿色服务。绿色服务至少需要符合以下条件:

（一）服务内容对环境总体损害的程度很小，污染物排放少、不产生有毒有害或者难处理的污染物，对固体废弃物实现分类收集和合理处置等;

（二）服务内容符合节能降耗的要求，在服务过程中少用资源和能源，对自然资源总体消耗的量较低;

（三）服务内容有益于人类健康。

第四章　选择供应商

第十八条　鼓励企业结合行业特点，借鉴国内外先进经验，制定绿色供应商筛选和认定条件，并通过多种途径公开筛选和认定条件。

第十九条　鼓励企业优先选择具备以下条件的供应商。

（一）根据环境保护部、发展改革委、人民银行、银监会印发的《企业环境信用评价办法（试行）》有关规定及地方关于企业环境信用评价管理规定，被环境保护部门评定为环保诚信企业或者环保良好企业的;

（二）在污染物排放符合法定要求的基础上，自愿与环境保护部门签订进一步削减污染物排放量的协议，并取得协议约定的减排效果的;

（三）自愿实施清洁生产审核并通过评估验收的;

（四）自愿申请环境管理体系、质量管理体系和能源管理体系认证并通过认证的；

（五）因环境保护工作突出，受到国家或者地方有关部门表彰的；

（六）采用的工艺被列入发展改革委发布的《产业结构调整指导目录》鼓励类目录的；

（七）符合工业和信息化部公布的相关行业准入条件的；

（八）及时、全面、准确地公开环境信息，积极履行社会责任，主动接受有关部门和社会公众监督的；

（九）符合有关部门和机构依法提出的采购商应当优先采购的其他条件的。

第二十条　企业不宜选择具有下列任一情形的供应商：

（一）根据《企业环境信用评价办法（试行）》有关规定和地方关于企业环境信用评价管理规定，被环境保护部门评定为环保不良企业；

（二）因环境违法构成环境犯罪的；

（三）因环境违法行为，受到环境保护部门依法处罚、尚未整改完成的；

（四）一年内发生较大以上突发环境事件的；

（五）未达到国家或者地方污染物排放标准、污染物总量控制目标要求或者节能目标要求的；

（六）未依照《清洁生产促进法》规定开展强制性清洁生产审核的；

（七）当年危险废物规范化管理督查考核不达标的；

（八）未按照法律法规规定公开环境信息的；

（九）具有其他违反国家环境保护相关法律法规、标准、政策要求的。

第二十一条　企业在采购合同中，可以明确约定以下内容：

（一）供应商应将其绿色供应链管理的相关信息，及时、准确地通报采购商；

（二）供应商出现本指南第二十条所列情形或者其他环境问题的，采购商可以降低采购份额、暂停采购或者终止采购合同；

（三）因供应商隐瞒环保违法行为，造成采购商损失的，采购商有权依法维护其权益。

（四）供应商通过努力，在技术进步、产品生产、流通销售等方面实现比采购合同约定的环境要求更优的环境绩效的，采购商可以通过适当提高采购价格、增加采购数量、缩短付款期限等方式对供应商予以激励。

第二十二条　鼓励企业建立供应商绩效监控体系，对供应商在环境保护、资源节约、企业社会责任及可持续发展方面进行监督。

鼓励企业建立本企业的绿色供应商数据库，并与行业绿色采购信息平台和数据库实现对接共享。

鼓励企业定期向地方有关部门和其他机构、社会公众报告或者公布绿色采购的成效，接受监督。

第五章　政府引导与行业规范

第二十三条　各地商务、环境保护、工业和信息化部门应当支持和引导采购商建立绿色供应链管理体系，主动承担环境保护社会责任，自觉实施和强化绿色采购，并通过公开绿色承诺等方式，接受社会和政府监督。

第二十四条　各地商务、环境保护、工业和信息化部门应当支持和指导企业绿色采购标准和规范的制定和修订。

第二十五条　各地商务、环境保护、工业和信息化部门应当会同有关部门，向社会公布下列信息并定期更新：

（一）通过有关节能、节水、环境标志、有机、绿色无公害等认证或认定的产品及其供应商的信息；

（二）供应商环境信用评价信息；

（三）行业协会等中介组织、具有代表性的采购商制定的绿色采购规范；

（四）采购商的绿色采购承诺书或者绿色采购协议；

（五）采购商实施绿色采购的典型经验；

（六）有利于推动绿色采购的其他相关信息。

第二十六条　鼓励新闻媒体对推动绿色采购的意义、有效实施绿色采购的企业和完整的绿色供应链进行报道宣传，不断提高公众的环保理念和绿色消费观念。

第二十七条　鼓励行业协会等中介组织建立本行业绿色采购信息平台和绿色原材料、绿色产品、绿色服务以及绿色供应商数据库，供有关企业共享，并接受政府有关部门和机构、社会公众监督。

鼓励行业协会等中介组织加强行业自律，举办有关绿色采购的宣传、培训、推广等活动。

鼓励行业协会等中介组织开展有关绿色采购的国际合作与交流。

第六章　附　　则

第二十八条　本指南自 2015 年 1 月 1 日起生效。

第二十九条　中国企业从国外采购原材料、产品和服务，参照适用本指南。

第三十条　各地商务、环境保护、工业和信息化部门可以结合本指南和地方实际情况，制定适合于本地区的企业绿色采购细则。

十七、工业和信息化部办公厅工信厅科[2014]51号　关于印发2014年第一批行业标准制修订计划的通知（2014年4月9日）

有关单位：

根据工业和通信业行业标准制修订工作的总体安排，我部编制完成了 2014 年第一批行业标准制修订计划。现印发给你们，请认真组织落实。具体要求如下：

一、标准起草单位要注意做好标准制定与技术创新、试验验证、知识产权处置、产业化推进、应用推广的统筹协调。

二、标准化技术归口单位、技术组织、有关行业协会（联合会）、集团公司等主管单位要尽早安排，将文件及时转发至主要起草单位，并做好标准意见征求和技术审查等工作，把好技术审查关。

三、部机关相关司局应做好所辖领域行业标准制修订过程的管理工作，确保标准质量。

四、在计划的执行过程中，如需对标准项目进行调整，按有关规定办理。

附件：工业和信息化部 2014 年第一批行业标准制修订计划

2014年第一批化工行业标准项目计划表（其他略）

橡胶与橡胶制品-化学助剂

序号	计划号	项目名称	性质	制修订	代替标准	采标情况	完成年限	主管部门	技术委员会或技术归口单位	主要起草单位	备注
1	2014-0005T-HG	氨基硅烷偶联剂	推荐	制定			2015	原材料工业司	全国橡胶与橡胶制品标准化技术委员会化学助剂分技术委员会	南京曙光硅烷化工有限公司、南京裕德恒精细化工有限公司	
2	2014-0006T-HG	环氧硅烷偶联剂	推荐	制定			2015	原材料工业司	全国橡胶与橡胶制品标准化技术委员会化学助剂分技术委员会	南京曙光硅烷化工有限公司、南京裕德恒精细化工有限公司	
3	2014-0007T-HG	不饱和硅烷偶联剂	推荐	制定			2015	原材料工业司	全国橡胶与橡胶制品标准化技术委员会化学助剂分技术委员会	南京曙光硅烷化工有限公司、南京裕德恒精细化工有限公司	
4	2014-0008T-HG	硫化促进剂一硫化四甲基秋兰姆（TMTM）	推荐	制定			2015	原材料工业司	全国橡胶与橡胶制品标准化技术委员会化学助剂分技术委员会	濮阳蔚林化工股份有限公司、鹤壁联昊化工股份有限公司	重点
5	2014-0009T-HG	硫化促进剂二苄基二硫代氨基甲酸锌（ZBEC）	推荐	制定			2015	原材料工业司	全国橡胶与橡胶制品标准化技术委员会化学助剂分技术委员会	濮阳蔚林化工股份有限公司、科茂橡塑材料有限公司	重点
6	2014-0010T-HG	硬脂酸钴	推荐	制定			2015	原材料工业司	全国橡胶与橡胶制品标准化技术委员会化学助剂分技术委员会	江阴市三良化工有限公司、大连爱柏斯化工有限公司	

塑料-聚氨酯塑料

序号	计划号	项目名称	性质	制修订	代替标准	采标情况	完成年限	主管部门	技术委员会或技术归口单位	主要起草单位	备注
7	2014-0021T-HG	冰箱、冰柜用聚氨酯硬泡组合聚醚	推荐	制定			2015	原材料工业司	全国塑料标准化技术委员会聚氨酯塑料分技术委员会	黎明化工研究设计院有限责任公司、常熟一统聚氨酯制品有限公司、山东东大聚合物股份有限公司等	
8	2014-0022T-HG	热塑性聚氨酯（TPU）薄膜	推荐	制定			2015	原材料工业司	全国塑料标准化技术委员会聚氨酯塑料分技术委员会	黎明化工研究设计院有限责任公司、东莞市雄林新材料科技有限公司等	重点

光学功能薄膜材料

序号	计划号	项目名称	性质	制修订	代替标准	采标情况	完成年限	主管部门	技术委员会或技术归口单位	主要起草单位	备注
9	2014-0059T-HG	抗静电聚对苯二甲酸乙二醇酯（PET）薄膜	推荐	制定			2015	原材料工业司	全国光学功能薄膜材料标准化技术委员会	合肥乐凯科技产业有限公司、中国乐凯胶片集团公司、友达光电（苏州）有限公司	重点

化学-有机化工

序号	计划号	项目名称	性质	制修订	代替标准	采标情况	完成年限	主管部门	技术委员会或技术归口单位	主要起草单位	备注
10	2014-0070T-HG	工业用乙醛	推荐	制定		ASTM D4710-20072012）,MOD	2015	原材料工业司	全国化学标准化技术委员会有机化工分会	金沂蒙集团有限公司、中国石油化工股份有限公司北京化工研究院	重点
11	2014-0071T-HG	工业用1,5-戊二醇	推荐	制定			2015	原材料工业司	全国化学标准化技术委员会有机化工分会	丽水市南明化工有限公司、中国石油化工股份有限公司北京化工研究院	重点
12	2014-0072T-HG	工业用N-氨基苯甲酰-L（+）-谷氨酸	推荐	制定			2015	原材料工业司	全国化学标准化技术委员会有机化工分会	常州市康瑞化工有限公司、中国石油化工股份有限公司北京化工研究院	
13	2014-0073T-HG	工业用2,4,5-三氨基-6-羟基嘧啶硫酸盐	推荐	制定			2015	原材料工业司	全国化学标准化技术委员会有机化工分会	常州市康瑞化工有限公司、中国石油化工股份有限公司北京化工研究院	
14	2014-0074T-HG	鸟嘌呤	推荐	制定			2015	原材料工业司	全国化学标准化技术委员会有机化工分会	常州市康瑞化工有限公司、中国石油化工股份有限公司北京化工研究院	

续表

序号	计划号	项目名称	性质	制修订	代替标准	采标情况	完成年限	主管部门	技术委员会或技术归口单位	主要起草单位	备注
15	2014-0075T-HG	苯并噻唑-2-基（Z）-2-甲氧亚氨基-2-（2-氨基噻唑-4-基）硫代乙酸酯（AE-活性酯）	推荐	制定			2015	原材料工业司	全国化学标准化技术委员会有机化工分会	山东金城医药化工股份有限公司、中国石油化工股份有限公司北京化工研究院	
16	2014-0076T-HG	工业用一甲胺	推荐	修订	HG/T 2972-1999		2015	原材料工业司	全国化学标准化技术委员会有机化工分会	浙江江山化工股份有限公司、中国石油化工股份有限公司北京化工研究院	
17	2014-0077T-HG	工业用二甲胺	推荐	修订	HG/T 2973-1999		2015	原材料工业司	全国化学标准化技术委员会有机化工分会	浙江江山化工股份有限公司、中国石油化工股份有限公司北京化工研究院	
18	2014-0078T-HG	工业用碳酸二乙酯	推荐	制定			2015	原材料工业司	全国化学标准化技术委员会有机化工分会	山东石大胜华化工集团股份有限公司、中国石油化工股份有限公司北京化工研究院	
19	2014-0079T-HG	工业用碳酸甲乙酯	推荐	制定			2015	原材料工业司	全国化学标准化技术委员会有机化工分会	山东石大胜华化工集团股份有限公司、中国石油化工股份有限公司北京化工研究院	
20	2014-0080T-HG	工业用α-乙酰基-γ-丁内酯	推荐	制定			2015	原材料工业司	全国化学标准化技术委员会有机化工分会	寿阳县世纪精细化工有限公司、山西大学	

化学-催化剂

序号	计划号	项目名称	性质	制修订	代替标准	采标情况	完成年限	主管部门	技术委员会或技术归口单位	主要起草单位	备注
21	2014-0081T-HG	钴钼硫化催化剂活性试验方法	推荐	制定			2015	原材料工业司	全国化学标准化技术委员会化工催化剂分会	南化集团研究院、湖北双雄催化剂有限公司、西北化工研究院等	
22	2014-0082T-HG	丁醛气相加氢制丁醇催化剂催化性能试验方法	推荐	制定			2015	原材料工业司	全国化学标准化技术委员会化工催化剂分会	南化集团研究院、国家化工催化剂质量监督检验中心等	
23	2014-0083T-HG	常温活性炭载碱脱硫剂硫容试验方法	推荐	制定			2015	原材料工业司	全国化学标准化技术委员会化工催化剂分会	南化集团研究院、华硕科技股份有限公司等	重点

续表

序号	计划号	项目名称	性质	制修订	代替标准	采标情况	完成年限	主管部门	技术委员会或技术归口单位	主要起草单位	备注
24	2014-0084 T-HG	轻油转化催化剂化学成分分析方法	推荐	修订	HG/T 3555-2006		2015	原材料工业司	全国化学标准化技术委员会化工催化剂分会	南化集团研究院、山东齐鲁科力化工研究院有限公司等	
25	2014-0085 T-HG	雷尼镍催化剂化学成分分析方法	推荐	制定			2015	原材料工业司	全国化学标准化技术委员会化工催化剂分会	南化集团研究院、上海迅凯化工科技有限公司等	
26	2014-0086 T-HG	活性炭载碱脱硫剂化学成分分析方法	推荐	制定			2015	原材料工业司	全国化学标准化技术委员会化工催化剂分会	南化集团研究院、华硕科技股份有限公司等	重点
27	2014-0087 T-HG	尿素合成用 CO_2 脱氢催化剂化学成分分析方法	推荐	制定			2015	原材料工业司	全国化学标准化技术委员会化工催化剂分会	南化集团研究院、华硕科技股份有限公司等	
28	2014-0088 T-HG	预还原型氨合成催化剂化学成分分析方法	推荐	制定			2015	原材料工业司	全国化学标准化技术委员会化工催化剂分会	南化集团研究院、山东国昌催化剂有限公司等	重点
29	2014-0089 T-HG	常温有机硫转化吸收催化剂催化性能试验方法	推荐	制定			2015	原材料工业司	全国化学标准化技术委员会化工催化剂分会	华硕科技股份有限公司、南化集团研究院等	
30	2014-0090 T-HG	甲醇制氢催化剂活性试验方法	推荐	制定			2015	原材料工业司	全国化学标准化技术委员会化工催化剂分会	南化集团研究院、四川天一科技股份有限公司、四川蜀泰化工科技有限公司等	
31	2014-0091 T-HG	硫化钴钼用催化剂化学成分分析方法	推荐	制定			2015	原材料工业司	全国化学标准化技术委员会化工催化剂分会	南化集团研究院、华硕科技股份有限公司、西北化工研究院等	
32	2014-0092 T-HG	铂系苯加氢制环己烷催化剂活性试验方法	推荐	制定			2015	原材料工业司	全国化学标准化技术委员会化工催化剂分会	南化集团研究院、山东省产品质量监督检验研究院等	重点
33	2014-0093 T-HG	铂系苯加氢制环己烷催化剂化学成分分析方法	推荐	制定			2015	原材料工业司	全国化学标准化技术委员会化工催化剂分会	南化集团研究院、山东省产品质量监督检验研究院等	重点
34	2014-0094 T-HG	硝基苯加氢制苯胺催化剂催化性能试验方法	推荐	制定			2015	原材料工业司	全国化学标准化技术委员会化工催化剂分会	南化集团研究院、山东省产品质量监督检验研究院等	
35	2014-0095 T-HG	丁醛气相加氢制丁醇催化剂化学成分分析方法	推荐	制定			2015	原材料工业司	全国化学标准化技术委员会化工催化剂分会	南化集团研究院、国家化工催化剂质量监督检验中心等	

续表

序号	计划号	项目名称	性质	制修订	代替标准	采标情况	完成年限	主管部门	技术委员会或技术归口单位	主要起草单位	备注
36	2014-0096T-HG	一氧化碳耐硫变换催化剂	推荐	修订	HG/T 2779-2009		2015	原材料工业司	全国化学标准化技术委员会化工催化剂分会	南化集团研究院、华硕科技股份有限公司、湖北双雄催化剂有限公司、山东齐鲁科力化工研究院有限公司等	
37	2014-0097T-HG	一氧化碳耐硫变换催化剂低压活性试验方法	推荐	修订	HG/T 2780-2009		2015	原材料工业司	全国化学标准化技术委员会化工催化剂分会	南化集团研究院、华硕科技股份有限公司、湖北双雄催化剂有限公司、山东齐鲁科力化工研究院有限公司等	
38	2014-0098T-HG	甲醇合成催化剂	推荐	修订	HG/T 4107-2009		2015	原材料工业司	全国化学标准化技术委员会化工催化剂分会	南化集团研究院、国家化工催化剂质量监督检验中心等	

包装

序号	计划号	项目名称	性质	制修订	代替标准	采标情况	完成年限	主管部门	技术委员会或技术归口单位	主要起草单位	备注
39	2014-0405T-BB	折叠式聚对苯二甲酸乙二醇酯（PET）包装盒	推荐	制定			2015	消费品工业司	全国包装标准化技术委员会	中国包装联合会	

十八、工业和信息化部办公厅工信厅科〔2014〕114 号 关于印发 2014 年第二批行业标准制修订计划的通知（2014 年 6 月 23 日）

有关单位：

根据工业和通信业行业标准制修订工作的总体安排，我部编制了 2014 年第二批行业标准制修订计划。现印发给你们，请认真组织落实。具体要求如下：

一、标准起草单位要注意做好标准制定与技术创新、试验验证、知识产权处置、产业化推进、应用推广的统筹协调。

二、标准化技术归口单位、技术组织、有关行业协会（联合会）、企业等主管单位要尽早安排，将文件及时转发至主要起草单位，并做好标准意见征求和技术审查等工作，把好技术审查关。

三、部机关相关司局应做好行业标准制修订过程的管理工作，确保标准质量。

四、在计划的执行过程中，如需对标准项目进行调整，按有关规定办理。

附件：工业和信息化部 2014 年第二批行业标准制修订计划

2014 年第二批化工行业标准项目计划表（其他略）

废弃化学品处置

序号	计划号	项目名称	性质	制修订	代替标准	采标情况	完成年限	主管部门	技术委员会或技术归口单位	主要起草单位	备注
1	2014-0477T-HG	氟硅酸钠生产废液处理处置方法	推荐	制定			2016	节能与综合利用司	全国废弃化学品处置标准化技术委员会	中海油天津化工研究设计院、云南氟业化工股份有限公司、国家无机盐产品质量监督检验中心	重点

续表

序号	计划号	项目名称	性质	制修订	代替标准	采标情况	完成年限	主管部门	技术委员会或技术归口单位	主要起草单位	备注
2	2014-0478T-HG	化学镀镍废液处理处置方法	推荐	制定			2016	节能与综合利用司	全国废弃化学品处置标准化技术委员会	中海油天津化工研究设计院、深圳市危险废物处理站有限公司、国家无机盐产品质量监督检验中心	重点
3	2014-0479T-HG	黄磷生产废渣处理处置方法	推荐	制定			2016	节能与综合利用司	全国废弃化学品处置标准化技术委员会	中海油天津化工研究设计院、湖北兴发化工集团股份有限公司、国家无机盐产品质量监督检验中心	重点
4	2014-0480T-HG	黄磷生产尾气处理处置方法	推荐	制定			2016	节能与综合利用司	全国废弃化学品处置标准化技术委员会	中海油天津化工研究设计院、湖北兴发化工集团股份有限公司、国家无机盐产品质量监督检验中心	重点

绝缘材料

序号	计划号	项目名称	性质	制修订	代替标准	采标情况	完成年限	主管部门	技术委员会或技术归口单位	主要起草单位	备注
5	2014-0593T-JB	电工用聚对苯二甲酸乙二酯（PET）热收缩管	推荐	制定			2016	装备工业司	全国绝缘材料标准化技术委员会	深圳市长园长通新材料有限公司	

塑料制品

序号	计划号	项目名称	性质	制修订	代替标准	采标情况	完成年限	主管部门	技术委员会或技术归口单位	主要起草单位	备注
6	2014-0888T-QB	聚偏氟乙烯（PVDF）板材	推荐	制定		ISO 15014-2007,NEQ	2015	消费品工业司	全国塑料制品标准化技术委员会	北京市塑料研究所	
7	2014-0889T-QB	硬质聚氨酯泡沫塑料中残留发泡剂的测定	推荐	制定			2015	消费品工业司	全国塑料制品标准化技术委员会	江苏省产品质量监督检验研究院、南京红宝丽股份有限公司	
8	2014-0890T-QB	聚苯乙烯泡沫塑料中残留发泡剂的测定	推荐	制定			2015	消费品工业司	全国塑料制品标准化技术委员会	江苏省产品质量监督检验研究院、南京法宁格节能科技有限公司	
9	2014-0891T-QB	塑料压线帽	推荐	制定			2015	消费品工业司	全国塑料制品标准化技术委员会	长虹塑料集团有限公司	
10	2014-0892T-QB	超高分子量聚乙烯管件	推荐	制定			2015	消费品工业司	全国塑料制品标准化技术委员会	山东科力新材料有限公司	

续表

序号	计划号	项目名称	性质	制修订	代替标准	采标情况	完成年限	主管部门	技术委员会或技术归口单位	主要起草单位	备注
11	2014-0893T-QB	塑料管材耐磨损性试验方法	推荐	制定			2015	消费品工业司	全国塑料制品标准化技术委员会	承德市金建检测仪器有限公司	
12	2014-0894T-QB	建筑排雨水用硬聚氯乙烯（PVC-U）檐沟及配件	推荐	制定		BSEN 607-2004, NEQ	2015	消费品工业司	全国塑料制品标准化技术委员会	广东联塑科技实业有限公司	

十九、工业和信息化部办公厅工信厅科函[2014] 628号 关于印发2014年第三批行业标准制修订计划的通知（2014年9月23日）

有关单位：

根据工业和通信业行业标准制修订工作的总体安排，我部编制完成了2014年第三批行业标准制修订计划。现印发给你们，请认真组织落实。具体要求如下：

一、标准起草单位要注意做好标准制定与技术创新、试验验证、知识产权处置、产业化推进、应用推广的统筹协调。

二、标准化技术归口单位、技术组织、有关行业协会（联合会）、企业等主管单位要尽早安排，将文件及时转发至主要起草单位，并做好标准意见征求和技术审查等工作，把好技术审查关。

三、部机关相关司局应做好所辖领域行业标准制修订过程的管理工作，确保标准质量。

四、在计划的执行过程中，如需对标准项目进行调整，按有关规定办理。

附件：2014年第三批行业标准制修订计划

2014年第三批化工行业标准项目计划表（其他略）

化工机械与设备

序号	计划号	项目名称	性质	制修订	代替标准	采标情况	完成年限	主管部门	技术委员会或技术归口单位	主要起草单位	备注
1	2014-1167T-HG	化工固体物料输送泵技术条件	推荐	制定			2015	原材料工业司	全国化工机械与设备标准化技术委员会	合肥华升泵阀有限责任公司、上海化工研究院、合肥工业大学	
2	2014-1168T-HG	纯碱包装机技术条件	推荐	修订	HG/T 2042-1991		2015	原材料工业司	全国化工机械与设备标准化技术委员会	无锡力马化工机械有限公司、天华化工机械及自动化研究设计院有限公司、中国化工装备协会	
3	2014-1169T-HG	薄膜蒸发器	推荐	制定			2015	原材料工业司	全国化工机械与设备标准化技术委员会	无锡力马化工机械有限公司、天华化工机械及自动化研究设计院有限公司、上海交通大学	
4	2014-1170T-HG	催化裂化用电液控制冷壁滑阀技术条件	推荐	制定			2015	原材料工业司	全国化工机械与设备标准化技术委员会	中国石油集团渤海石油装备制造有限公司兰州石油化工机械厂、中国石化工程建设公司、中国石化洛阳工程有限公司	

续表

序号	计划号	项目名称	性质	制修订	代替标准	采标情况	完成年限	主管部门	技术委员会或技术归口单位	主要起草单位	备注
5	2014-1171T-HG	高温硬密封单闸板切断闸阀技术条件	推荐	制定			2015	原材料工业司	全国化工机械与设备标准化技术委员会	中国石油集团渤海石油装备制造有限公司兰州石油化工机械厂、中国石化洛阳工程有限公司、中国石化工程建设公司	
6	2014-1172T-HG	蒸汽再压缩蒸发器	推荐	制定			2015	原材料工业司	全国化工机械与设备标准化技术委员会	浙江中能轻工机械有限公司、安徽丰原化工装备有限公司、天津科技大学、安徽工程大学	

化学-有机化工

序号	计划号	项目名称	性质	制修订	代替标准	采标情况	完成年限	主管部门	技术委员会或技术归口单位	主要起草单位	备注
7	2014-1209T-HG	工业用甲基丙烯酸甲酯	推荐	修订	HG/T 2305-1992		2015	原材料工业司	全国化学标准化技术委员会有机化工分会	中国石油天然气有限公司吉林石化分公司、中石化北京化工研究院	

化学-界面活性剂

序号	计划号	项目名称	性质	制修订	代替标准	采标情况	完成年限	主管部门	技术委员会或技术归口单位	主要起草单位	备注
8	2014-1215T-HG	三苯乙烯基苯酚聚氧乙烯醚	推荐	制定			2015	原材料工业司	全国化学标准化技术委员会（特种）界面活性剂分会	浙江皇马科技股份有限公司	
9	2014-1216T-HG	油酸聚氧乙烯醚	推荐	制定			2015	原材料工业司	全国化学标准化技术委员会（特种）界面活性剂分会	浙江皇马科技股份有限公司	
10	2014-1217T-HG	乳化剂 S-85	推荐	制定			2015	原材料工业司	全国化学标准化技术委员会（特种）界面活性剂分会	江阴华元化工有限公司	
11	2014-1218T-HG	渗透剂 T	推荐	制定			2015	原材料工业司	全国化学标准化技术委员会（特种）界面活性剂分会	上海天坛助剂有限公司	
12	2014-1219T-HG	乳化剂 OS	推荐	制定			2015	原材料工业司	全国化学标准化技术委员会（特种）界面活性剂分会	上海天坛助剂有限公司	
13	2014-1220T-HG	静电防止剂 SN	推荐	制定			2015	原材料工业司	全国化学标准化技术委员会（特种）界面活性剂分会	上海天坛助剂有限公司	

化学-石油化学

序号	计划号	项目名称	性质	制修订	代替标准	采标情况	完成年限	主管部门	技术委员会或技术归口单位	主要起草单位	备注
14	2014-1238T-SH	工业用对二乙苯	推荐	制定			2015	原材料工业司	全国化学标准化技术委员会石油化学分技术委员会	中国石化扬子石油化工有限公司、中国石油化工股份有限公司齐鲁分公司	
15	2014-1239T-SH	工业用混合二乙苯	推荐	制定			2015	原材料工业司	全国化学标准化技术委员会石油化学分技术委员会	中国石油化工股份有限公司齐鲁分公司、中国石化扬子石油化工有限公司	
16	2014-1240T-SH	工业用二乙苯组成的测定 气相色谱法	推荐	制定			2015	原材料工业司	全国化学标准化技术委员会石油化学分技术委员会	中国石化扬子石油化工有限公司、中国石油化工股份有限公司齐鲁分公司	
17	2014-1241T-SH	甲基叔丁基醚（MTBE）中硫化物含量的测定 气相色谱法	推荐	制定			2015	原材料工业司	全国化学标准化技术委员会石油化学分技术委员会	中国石油化工研究院	

塑料-石化塑料树脂

序号	计划号	项目名称	性质	制修订	代替标准	采标情况	完成年限	主管部门	技术委员会或技术归口单位	主要起草单位	备注
18	2014-1249T-SH	聚丙烯树脂粉料 第1部分：间歇法	推荐	修订	SH/T 1761.1-2008		2016	原材料工业司	全国塑料标准化技术委员会石化塑料树脂产品分技术委员会	中国石化北京石化院燕山分院等	
19	2014-1250T-SH	塑料 超高分子量聚乙烯沙浆磨耗试验方法	推荐	制定		ISO 15527:2010 附录B和附录C,MOD	2016	原材料工业司	全国塑料标准化技术委员会石化塑料树脂产品分技术委员会	承德市金建检测仪器有限公司、中国石化北京燕山分公司树脂应用研究所、上海化工研究院	

绝热保温材料

序号	计划号	项目名称	性质	制修订	代替标准	采标情况	完成年限	主管部门	技术委员会或技术归口单位	主要起草单位	备注
20	2014-1268T-JC	复合铝箔聚乙烯绝热制品	推荐	制定			2016	原材料工业司	全国绝热材料标准化技术委员会	建筑材料工业技术监督研究中心、苏州市君悦新材料科技有限公司、上海能源研究会热工专业委员会	
21	2014-1269T-JC	建筑绝热用石墨聚苯乙烯泡沫板（SEPS）	推荐	制定			2016	原材料工业司	全国绝热材料标准化技术委员会	建筑材料工业技术监督研究中心	
22	2014-1270T-JC	金属面硬质酚醛泡沫复合板	推荐	修订	JC/T 1051-2007		2016	原材料工业司	全国绝热材料标准化技术委员会	建筑材料工业技术监督研究中心、中国绝热节能材料协会	

塑料包装

序号	计划号	项目名称	性质	制修订	代替标准	采标情况	完成年限	主管部门	技术委员会或技术归口单位	主要起草单位	备注
23	2014-1722T-BB	液态奶共挤包装膜、袋	推荐	修订	BB/T 0052-2009		2015	消费品工业司	全国包装标准化技术委员会	内蒙古蒙牛乳业(集团)股份有限公司等	
24	2014-1723T-BB	热打码色带	推荐	修订	BB/T 0050-2009		2015	消费品工业司	全国包装标准化技术委员会	河南卓立膜材料股份有限公司等	
25	2014-1724T-BB	输液软袋用热转印膜	推荐	修订	BB/T 0051-2009		2015	消费品工业司	全国包装标准化技术委员会	河南卓立膜材料股份有限公司等	
26	2014-1725T-BB	双向拉伸PETG热收缩包装薄膜	推荐	制定			2015	消费品工业司	全国包装标准化技术委员会	卫辉市银金达薄膜有限公司等	重点

二十、工业和信息化办公厅 工信厅科〔2014〕236号 关于印发2014年第四批行业标准制修订计划的通知（2014年12月24日）

有关单位:

根据工业和通信业行业标准制修订工作的总体安排，我部编制完成了2014年第四批行业标准制修订计划。现印发给你们，请认真组织落实。具体要求如下:

一、标准起草单位要注意做好标准制定与技术创新、试验验证、知识产权处置、产业化推进、应用推广的统筹协调。

二、标准化技术归口单位、技术组织、有关行业协会（联合会）、集团公司（企业）等主管单位要尽早安排，将文件及时转发至主要起草单位，并做好标准意见征求和技术审查等工作，把好技术审查关。

三、部内相关司局应做好行业标准制修订过程的管理工作，确保标准质量。

四、在计划的执行过程中，如需对标准项目进行调整，按有关规定办理。

附件：2014年第四批行业标准制修订计划

2014年第四批行业标准项目计划表（其他略）

化工行业/基础公益项目

序号	计划号	领域	项目名称	性质	制修订	代替标准	采标情况	完成年限	主管部门	技术委员会或技术归口单位	主要起草单位	备注
1	2014-1815T-HG	化学-化工催化剂	常温有机硫转化吸收催化剂化学成分分析方法	推荐	制定			2016	原材料工业司	全国化学标准化技术委员会化工催化剂分会	南化集团研究院、华烁科技股份有限公司等	
2	2014-1816T-HG	化学-化工催化剂	甲醇制丙烯催化剂反应性能试验方法	推荐	制定			2016	原材料工业司	全国化学标准化技术委员会化工催化剂分会	神华宁夏煤业集团有限责任公司、南化集团研究院等	
3	2014-1817T-HG	化学-化工催化剂	甲醇制低碳烯烃催化剂化学成分分析方法	推荐	制定			2016	原材料工业司	全国化学标准化技术委员会化工催化剂分会	北京低碳清洁能源研究所、南化集团研究院、正大能源材料（大连）有限公司等	

续表

序号	计划号	领域	项目名称	性质	制修订	代替标准	采标情况	完成年限	主管部门	技术委员会或技术归口单位	主要起草单位	备注
4	2014-1818T-HG	化学-化工催化剂	甲醇制低碳烯烃催化剂积炭的测定	推荐	制定			2016	原材料工业司	全国化学标准化技术委员会化工催化剂分会	北京低碳清洁能源研究所、南化集团研究院、正大能源材料（大连）有限公司等	
5	2014-1819T-HG	化学-化工催化剂	甲醇制氢催化剂化学成分分析方法	推荐	制定			2016	原材料工业司	全国化学标准化技术委员会化工催化剂分会	南化集团研究院、四川天一科技股份有限公司、四川蜀泰化工科技有限公司等	
6	2014-1820T-HG	化学-化工催化剂	烃化催化剂活性试验方法	推荐	制定			2016	原材料工业司	全国化学标准化技术委员会化工催化剂分会	湖南安淳高新技术有限公司、南化集团研究院等	
7	2014-1821T-HG	化学-化工催化剂	辛烯醛气相加氢制2-乙基己醇催化剂催化性能试验方法	推荐	制定			2016	原材料工业司	全国化学标准化技术委员会化工催化剂分会	南化集团研究院、北京三聚环保新材料股份有限公司等	
8	2014-1822T-HG	化学-化工催化剂	辛烯醛气相加氢制2-乙基己醇催化剂化学成分分析方法	推荐	制定			2016	原材料工业司	全国化学标准化技术委员会化工催化剂分会	南化集团研究院、北京三聚环保新材料股份有限公司等	
9	2014-1823T-HG	化学-化工催化剂	一氧化碳耐硫变换催化剂抗水合性能试验方法	推荐	制定			2016	原材料工业司	全国化学标准化技术委员会化工催化剂分会	福州大学化肥催化剂国家工程研究中心、南化集团研究院、湖北双雄催化剂有限公司等	
10	2014-1824T-HG	化学-化工催化剂	中温氧化铁脱硫剂化学成分分析方法	推荐	制定			2016	原材料工业司	全国化学标准化技术委员会化工催化剂分会	南化集团研究院、华烁科技股份有限公司、北京三聚环保新材料股份有限公司等	

轻工行业/一般项目

序号	计划号	领域	项目名称	性质	制修订	代替标准	采标情况	完成年限	主管部门	技术委员会或技术归口单位	主要起草单位	备注
11	2014-2155T-QB	塑料制品	塑料异型材用钛白粉技术条件	推荐	制定			2016	消费品工业司	全国塑料制品标准化技术委员会	中国塑料加工工业协会异型材及门窗制品专业委员会	

化工行业/一般项目

序号	计划号	领域	项目名称	性质	制修订	代替标准	采标情况	完成年限	主管部门	技术委员会或技术归口单位	主要起草单位	备注
12	2014-1829T-HG	光学薄膜材料	铟锡氧化物（ITO）镀膜用透明聚对苯二甲酸乙二醇酯（PET）硬化薄膜	推荐	制定			2016	原材料工业司	全国光学薄膜材料标准化技术委员会	合肥乐凯科技产业有限公司	

建材行业/重点项目

序号	计划号	领域	项目名称	性质	制修订	代替标准	采标情况	完成年限	主管部门	技术委员会或技术归口单位	主要起草单位	备注
13	2014-1912T-JC	装饰装修材料	建筑用塑木木方	推荐	制定			2016	原材料工业司	全国轻质与装饰装修建筑材料标准化技术委员会塑木复合材料分技术委员会	国家建筑装修材料质量监督检验中心、四川申羽科技有限公司	
14	2014-1913T-JC	装饰装修材料	塑木复合材料回收及分级	推荐	制定			2016	原材料工业司	全国轻质与装饰装修建筑材料标准化技术委员会塑木复合材料分技术委员会	国家建筑装修材料质量监督检验中心、广州金发绿可塑木科技有限公司	

（中国塑料加工工业协会　马占峰、郭齐）

2015 年塑料及其制品海关进出口税率

商品编码	附加编号	商品名称（点击查询商品进出口统计数据）	进口税率		出口税率	增值税	消费税	计量单位	监管条件
			优惠	普通					
39011000	01	初级形状比重＜0.94 的聚乙烯	6.5	45.0	0.0	17.0	0.0	千克	A
39011000	90	初级形状比重＜0.94 的聚乙烯	6.5	45.0	0.0	17.0	0.0	千克	A
39012000	01	初级形状比重≥0.94 的聚乙烯	6.5	45.0	0.0	17.0	0.0	千克	A
39012000	90	初级形状比重≥0.94 的聚乙烯	6.5	45.0	0.0	17.0	0.0	千克	A
39013000		初级形状乙烯-乙酸乙烯酯共聚物	6.5	45.0	0.0	17.0	0.0	千克	A
39019010		乙烯-丙烯共聚物（乙丙橡胶）	6.5	45.0	0.0	17.0	0.0	千克	A
39019020		线型低密度聚乙烯	6.5	45.0	0.0	17.0	0.0	千克	A
39019090		其他初级形状的乙烯聚合物	6.5	45.0	0.0	17.0	0.0	千克	A
39021000	10	电工级初级形状聚丙烯树脂	6.5	45.0	0.0	17.0	0.0	千克	A
39021000	90	其他初级形状的聚丙烯	6.5	45.0	0.0	17.0	0.0	千克	A
39022000		初级形状的聚异丁烯	6.5	45.0	0.0	17.0	0.0	千克	AB
39023010		乙烯-丙烯共聚物（乙丙橡胶）	6.5	45.0	0.0	17.0	0.0	千克	
39023090		其他初级形状的丙烯共聚物	6.5	45.0	0.0	17.0	0.0	千克	

续表

商品编码	附加编号	商品名称（点击查询商品进出口统计数据）	进口税率		出口税率	增值税	消费税	计量单位	监管条件
			优惠	普通					
39029000	10	端羧基聚丁二烯，CTPB	6.5	45.0	0.0	17.0	0.0	千克	3
39029000	20	端羟基聚丁二烯，HTPB	6.5	45.0	0.0	17.0	0.0	千克	3
39029000	90	其他初级形状的烯烃聚合物	6.5	45.0	0.0	17.0	0.0	千克	
39031100		初级形状的可发性聚苯乙烯	6.5	45.0	0.0	17.0	0.0	千克	A
39031900		初级形状的其他聚苯乙烯	6.5	45.0	0.0	17.0	0.0	千克	A
39032000		初级形状苯乙烯-丙烯腈共聚物	12.0	45.0	0.0	17.0	0.0	千克	
39033000		丙烯腈-丁二烯-苯乙烯共聚物	6.5	45.0	0.0	17.0	0.0	千克	A
39039000		初级形状的其他苯乙烯聚合物	6.5	45.0	0.0	17.0	0.0	千克	
39041010		聚氯乙烯糊树脂	6.5	45.0	0.0	17.0	0.0	千克	A
39041090	01	聚氯乙烯纯粉	6.5	45.0	0.0	17.0	0.0	千克	A
39041090	90	其他初级形状的纯聚氯乙烯	6.5	45.0	0.0	17.0	0.0	千克	A
39042100		初级形状未塑化的聚氯乙烯	6.5	45.0	0.0	17.0	0.0	千克	
39042200		初级形状已塑化的聚氯乙烯	6.5	45.0	0.0	17.0	0.0	千克	
39043000		氯乙烯-乙酸乙烯酯共聚物	9.0	45.0	0.0	17.0	0.0	千克	
39044000		初级形状的其他氯乙烯共聚物	12.0	45.0	0.0	17.0	0.0	千克	
39045000		初级形状的偏二氯乙烯聚合物	6.5	45.0	0.0	17.0	0.0	千克	
39046100		初级形状的聚四氟乙烯	10.0	45.0	0.0	17.0	0.0	千克	
39046900		初级形状的其他氟聚合物	6.5	45.0	0.0	17.0	0.0	千克	
39049000		初级形状的其他卤化烯烃聚合物	10.0	45.0	0.0	17.0	0.0	千克	
39051200		聚乙酸乙烯酯的水分散体	10.0	45.0	0.0	17.0	0.0	千克	
39051900		其他初级形状聚乙酸乙烯酯	10.0	45.0	0.0	17.0	0.0	千克	

续表

商品编码	附加编号	商品名称（点击查询商品进出口统计数据）	进口税率		出口税率	增值税	消费税	计量单位	监管条件
			优惠	普通					
39052100		乙酸乙烯酯共聚物的水分散体	10.0	45.0	0.0	17.0	0.0	千克	
39052900		其他初级形状的乙酸乙烯酯共聚物	10.0	45.0	0.0	17.0	0.0	千克	
39053000		初级形状的聚乙烯醇	14.0	45.0	0.0	17.0	0.0	千克	AB
39059100		其他乙烯酯或乙烯基的共聚物	10.0	45.0	0.0	17.0	0.0	千克	
39059900		其他乙烯酯或乙烯基的聚合物	10.0	45.0	0.0	17.0	0.0	千克	
39061000		初级形状的聚甲基丙烯酸甲酯	6.5	45.0	0.0	17.0	0.0	千克	
39069010		聚丙烯酰胺	6.5	45.0	0.0	17.0	0.0	千克	AB
39069090	01	聚丙烯酸钠	6.5	45.0	0.0	17.0	0.0	千克	
39069090	90	其他初级形状的丙烯酸聚合物	6.5	45.0	0.0	17.0	0.0	千克	
39071010		初级形状的聚甲醛	6.5	45.0	0.0	17.0	0.0	千克	
39071090		其他初级形状的聚缩醛	6.5	45.0	0.0	17.0	0.0	千克	
39072010		聚四亚甲基醚二醇	6.5	45.0	0.0	17.0	0.0	千克	
39072090		初级形状的其他聚醚	6.5	45.0	0.0	17.0	0.0	千克	
39073000	01	初级形状溴质量≥18%或进口 CIF 价	6.5	45.0	0.0	17.0	0.0	千克	
39073000	90	初级形状的环氧树脂	6.5	45.0	0.0	17.0	0.0	千克	
39074000		初级形状的聚碳酸酯	6.5	45.0	0.0	17.0	0.0	千克	
39075000		初级形状的醇酸树脂	10.0	45.0	0.0	17.0	0.0	千克	
39076011		高粘度聚对苯二甲酸乙二酯切片	6.5	45.0	0.0	17.0	0.0	千克	A
39076019		其他聚对苯二甲酸乙二酯切片	6.5	45.0	0.0	17.0	0.0	千克	A
39076090		其他初级形状聚对苯二甲酸乙二酯	6.5	45.0	0.0	17.0	0.0	千克	A
39077000		初级形状的聚乳酸	6.5	45.0	0.0	17.0	0.0	千克	

续表

商品编码	附加编号	商品名称（点击查询商品进出口统计数据）	进口税率		出口税率	增值税	消费税	计量单位	监管条件
			优惠	普通					
39079100		初级形状的不饱和聚酯	6.5	45.0	0.0	17.0	0.0	千克	
39079910	01	未经增强或改性的初级形状 PBT 树	6.5	45.0	0.0	17.0	0.0	千克	
39079910	90	其他聚对苯二甲酸丁二酯	6.5	45.0	0.0	17.0	0.0	千克	
39079990		初级形状的其他聚酯	6.5	45.0	0.0	17.0	0.0	千克	AB
39081011		聚酰胺－6,6 切片	6.5	45.0	0.0	17.0	0.0	千克	
39081019	10	尼龙 11、尼龙 12 切片	6.5	45.0	0.0	17.0	0.0	千克	
39081019	90	聚酰胺－6 切片等	6.5	45.0	0.0	17.0	0.0	千克	
39081090		其他初级形状的聚酰胺－6,6 等	6.5	45.0	0.0	17.0	0.0	千克	
39089000		初级形状的其他聚酰胺	10.0	45.0	0.0	17.0	0.0	千克	
39091000		初级形状的尿素树脂及硫尿树脂	6.5	45.0	0.0	17.0	0.0	千克	
39092000		初级形状的蜜胺树脂	6.5	45.0	0.0	17.0	0.0	千克	
39093010		聚（亚甲基苯基异氰酸酯）（聚合 MDI）	6.5	35.0	0.0	17.0	0.0	千克	
39093090		其他初级形状的氨基树脂	6.5	45.0	0.0	17.0	0.0	千克	
39094000		初级形状的酚醛树脂	6.5	45.0	0.0	17.0	0.0	千克	
39095000		初级形状的聚氨基甲酸酯	6.5	45.0	0.0	17.0	0.0	千克	
39100000		初级形状的聚硅氧烷	6.5	45.0	0.0	17.0	0.0	千克	
39111000		初级形状的石油树脂等	6.5	45.0	0.0	17.0	0.0	千克	
39119000	01	芳基酸与芳基胺预缩聚物	6.5	45.0	0.0	17.0	0.0	千克	
39119000	03	改性三羟乙基脲酸酯类预缩聚物	6.5	45.0	0.0	17.0	0.0	千克	
39119000	04	聚苯硫醚	6.5	45.0	0.0	17.0	0.0	千克	
39119000	05	偏苯三酸酐和异氰酸预缩聚物	6.5	45.0	0.0	17.0	0.0	千克	

续表

商品编码	附加编号	商品名称（点击查询商品进出口统计数据）	进口税率		出口税率	增值税	消费税	计量单位	监管条件
			优惠	普通					
39119000	90	其他初级形状的多硫化物、聚砜等	6.5	45.0	0.0	17.0	0.0	千克	
39121100	01	未塑化二醋酸纤维素等	6.5	40.0	0.0	17.0	0.0	千克	
39121100	90	初级形状的未塑化醋酸纤维素	6.5	40.0	0.0	17.0	0.0	千克	
39121200		初级形状的已塑化醋酸纤维素	6.5	40.0	0.0	17.0	0.0	千克	
39122000		初级形状的硝酸纤维素	6.5	45.0	0.0	17.0	0.0	千克	
39123100		初级形状的羧甲基纤维素及其盐	6.5	45.0	0.0	17.0	0.0	千克	
39123900		初级形状的其他纤维素醚	6.5	45.0	0.0	17.0	0.0	千克	
39129000		初级形状的其他未列名的纤维素	6.5	45.0	0.0	17.0	0.0	千克	
39131000		初级形状的藻酸及盐和酯	10.0	45.0	0.0	17.0	0.0	千克	AB
39139000		初级形状的其他未列名天然聚合物	6.5	50.0	0.0	17.0	0.0	千克	
39140000		初级形状的离子交换剂	6.5	45.0	0.0	17.0	0.0	千克	
39151000		乙烯聚合物的废碎料及下脚料	6.5	50.0	0.0	17.0	0.0	千克	AP
39152000		苯乙烯聚合物的废碎料及下脚料	6.5	50.0	0.0	17.0	0.0	千克	AP
39153000		氯乙烯聚合物的废碎料及下脚料	6.5	50.0	0.0	17.0	0.0	千克	AP
39159010		聚对苯二甲酸乙二酯废碎料及下脚	6.5	50.0	0.0	17.0	0.0	千克	AP
39159090		其他塑料的废碎料及下脚料	6.5	50.0	0.0	17.0	0.0	千克	AP
39161000		乙烯聚合物制单丝，条，杆及型材	10.0	45.0	0.0	17.0	0.0	千克	
39162000		氯乙烯聚合物制单丝，条，杆及型材	10.0	45.0	0.0	17.0	0.0	千克	
39169010		聚酰胺制的单丝，条，杆及型材	10.0	45.0	0.0	17.0	0.0	千克	
39169090		其他塑料制单丝，条，杆及型材	10.0	45.0	0.0	17.0	0.0	千克	
39171000		硬化蛋白或纤维素材料制人造肠衣	10.0	50.0	0.0	17.0	0.0	千克	A

续表

商品编码	附加编号	商品名称（点击查询商品进出口统计数据）	进口税率		出口税率	增值税	消费税	计量单位	监管条件
			优惠	普通					
39172100		乙烯聚合物制的硬管	10.0	45.0	0.0	17.0	0.0	千克	
39172200		丙烯聚合物制的硬管	10.0	45.0	0.0	17.0	0.0	千克	
39172300		氯乙烯聚合物制的硬管	10.0	45.0	0.0	17.0	0.0	千克	
39172900		其他塑料制的硬管	10.0	45.0	0.0	17.0	0.0	千克	
39173100		塑料制的软管	10.0	45.0	0.0	17.0	0.0	千克	
39173200		其他未装有附件的塑料制管子	6.5	45.0	0.0	17.0	0.0	千克	
39173300		其他装有附件的塑料管子	6.5	45.0	0.0	17.0	0.0	千克	
39173900		塑料制的其他管子	6.5	45.0	0.0	17.0	0.0	千克	
39174000		塑料制的管子附件	10.0	45.0	0.0	17.0	0.0	千克	
39181010		氯乙烯聚合物制糊墙品	10.0	45.0	0.0	17.0	0.0	千克	
39181090		氯乙烯聚合物制的铺地制品	10.0	45.0	0.0	17.0	0.0	千克	
39189010		其他塑料制的糊墙品	10.0	45.0	0.0	17.0	0.0	千克	
39189090		其他塑料制的铺地制品	10.0	45.0	0.0	17.0	0.0	千克	
39191010		丙烯酸树脂类为主的自粘塑料板等	6.5	45.0	0.0	17.0	0.0	千克	
39191091		宽度≤20 厘米的胶囊型反光膜	6.5	45.0	0.0	17.0	0.0	千克	
39191099		其他宽度≤20 厘米的自粘塑料板片等	6.5	45.0	0.0	17.0	0.0	千克	
39199010		其他胶囊型反光膜	6.5	45.0	0.0	17.0	0.0	千克	
39199090		其他自粘塑料板，片，膜等材料	6.5	45.0	0.0	17.0	0.0	千克	
39201010		乙烯聚合物制电池隔膜	6.5	45.0	0.0	13.0	0.0	千克	
39201090	01	乙烯-四氟乙烯膜，四氟乙烯单体含	6.5	45.0	0.0	13.0	0.0	千克	
39201090	10	农用非泡沫聚乙烯薄膜	6.5	45.0	0.0	13.0	0.0	千克	

续表

商品编码	附加编号	商品名称（点击查询商品进出口统计数据）	进口税率		出口税率	增值税	消费税	计量单位	监管条件
			优惠	普通					
39201090	90	其他非泡沫乙烯聚合物板、片、膜	6.5	45.0	0.0	17.0	0.0	千克	
39202010		丙烯聚合物制电池隔膜	6.5	45.0	0.0	13.0	0.0	千克	
39202090	10	农用非泡沫聚丙烯薄膜	6.5	45.0	0.0	13.0	0.0	千克	
39202090	90	非泡沫丙烯聚合物板、片、膜、箔	6.5	45.0	0.0	17.0	0.0	千克	
39203000		非泡沫苯乙烯聚合物板、片、膜、箔	6.5	45.0	0.0	17.0	0.0	千克	
39204300	10	农用软质聚氯乙烯薄膜	6.5	45.0	0.0	17.0	0.0	千克	
39204300	90	氯乙烯聚合物板、片、膜、箔及扁条	6.5	45.0	0.0	17.0	0.0	千克	
39204900	10	其他农用软质聚氯乙烯薄膜	6.5	45.0	0.0	13.0	0.0	千克	
39204900	90	其他氯乙烯聚合物板、片、膜、箔	6.5	45.0	0.0	17.0	0.0	千克	
39205100		聚甲基丙烯酸甲酯板片膜箔及扁条	6.5	45.0	0.0	17.0	0.0	千克	
39205900		其他丙烯酸聚合物板片膜箔及扁条	6.5	45.0	0.0	17.0	0.0	千克	
39206100		聚碳酸酯制板、片、膜、箔、扁条	6.5	45.0	0.0	17.0	0.0	千克	
39206200	01	9≤厚≤15.9 微米聚酯薄膜	6.5	45.0	0.0	17.0	0.0	千克	
39206200	02	5≤厚≤8.9 微米聚酯薄膜	6.5	45.0	0.0	17.0	0.0	千克	
39206200	03	16≤厚≤29.9 微米聚酯薄膜	6.5	45.0	0.0	17.0	0.0	千克	
39206200	04	50≤厚≤99.9 微米聚酯薄膜	6.5	45.0	0.0	17.0	0.0	千克	
39206200	09	其他聚对苯二甲酸乙二酯板片膜等	6.5	45.0	0.0	17.0	0.0	千克	
39206300		不饱和聚酯板、片、膜、箔及扁条	10.0	45.0	0.0	17.0	0.0	千克	
39206900		其他聚酯板、片、膜、箔及扁条	10.0	45.0	0.0	17.0	0.0	千克	
39207100		再生纤维素制板、片、膜、箔及扁条	6.5	45.0	0.0	17.0	0.0	千克	
39207300		醋酸纤维素制板、片、膜、箔及扁条	6.5	45.0	0.0	17.0	0.0	千克	

续表

商品编码	附加编号	商品名称 （点击查询商品进出口统计数据）	进口税率		出口税率	增值税	消费税	计量单位	监管条件
			优惠	普通					
39207900		其他纤维素衍生物制板、片、膜箔	10.0	45.0	0.0	17.0	0.0	千克	
39209100	01	聚乙烯醇缩丁醛膜	6.5	45.0	0.0	17.0	0.0	千克	
39209100	90	聚乙烯醇缩丁醛板、片、箔、扁条	6.5	45.0	0.0	17.0	0.0	千克	
39209200		聚酰胺板、片、膜、箔、扁条	10.0	45.0	0.0	17.0	0.0	千克	
39209300		氨基树脂板、片、膜、箔、扁条	6.5	45.0	0.0	17.0	0.0	千克	
39209400		酚醛树脂板、片、膜、箔、扁条	10.0	45.0	0.0	17.0	0.0	千克	
39209910		聚四氟乙烯制非泡沫塑料板、片、箔	6.5	45.0	0.0	17.0	0.0	千克	
39209990		其他非泡沫塑料板、片、膜、箔、扁条	6.5	45.0	0.0	17.0	0.0	千克	
39211100		泡沫聚苯乙烯板、片、带、箔、扁条	10.0	45.0	0.0	17.0	0.0	千克	
39211210		泡沫聚氯乙烯人造革及合成革	9.0	70.0	0.0	17.0	0.0	千克	5
39211290		泡沫聚氯乙烯板、片、带、箔、扁条	6.5	45.0	0.0	17.0	0.0	千克	5
39211310		泡沫聚氨酯制人造革及合成革	9.0	70.0	0.0	17.0	0.0	千克	5
39211390		泡沫聚氨酯板、片、带、箔、扁条	6.5	45.0	0.0	17.0	0.0	千克	5
39211400		泡沫再生纤维素板、片、膜、箔、扁条	10.0	45.0	0.0	17.0	0.0	千克	
39211910		其他泡沫塑料制人造革及合成革	9.0	45.0	0.0	17.0	0.0	千克	
39211990		其他泡沫塑料板、片、膜、箔、扁条	6.5	45.0	0.0	17.0	0.0	千克	
39219020		以聚乙烯为基本成分的板片	6.5	45.0	0.0	17.0	0.0	千克	
39219030		聚异丁烯为基本成分的板片卷材	6.5	45.0	0.0	17.0	0.0	千克	
39219090	01	离子交换膜	6.5	45.0	0.0	17.0	0.0	千克	5
39219090	10	敏感物项管制结构复合材料的层压	6.5	45.0	0.0	17.0	0.0	千克	35
39219090	90	未列名塑料板、片、膜、箔、扁条	6.5	45.0	0.0	17.0	0.0	千克	5

续表

商品编码	附加编号	商品名称（点击查询商品进出口统计数据）	进口税率		出口税率	增值税	消费税	计量单位	监管条件
			优惠	普通					
39221000		塑料浴缸、淋浴盘、洗涤槽及盥洗盆	10.0	80.0	0.0	17.0	0.0	千克	
39222000	10	含濒危动物成分的塑料马桶座圈	10.0	80.0	0.0	17.0	0.0	千克	EF
39222000	90	其他塑料马桶座圈及盖	10.0	80.0	0.0	17.0	0.0	千克	
39229000		塑料便盆、抽水箱等类似卫生洁具	10.0	80.0	0.0	17.0	0.0	千克	
39231000		塑料制盒、箱及类似品	10.0	80.0	0.0	17.0	0.0	千克	
39232100		乙烯聚合物制袋及包	10.0	80.0	0.0	17.0	0.0	千克	
39232900		其他塑料制的袋及包	10.0	80.0	0.0	17.0	0.0	千克	
39233000		塑料制坛、瓶及类似品	6.5	80.0	0.0	17.0	0.0	千克	
39234000		塑料制卷轴、纡子、筒管及类似品	10.0	35.0	0.0	17.0	0.0	千克	
39235000		塑料制塞子、盖子及类似品	10.0	80.0	0.0	17.0	0.0	千克	
39239000		供运输或包装货物用其他塑料制品	10.0	80.0	0.0	17.0	0.0	千克	
39241000		塑料制餐具及厨房用具	10.0	80.0	0.0	17.0	0.0	千克	AB
39249000		塑料制其他家庭用具及卫生或盥洗	10.0	80.0	0.0	17.0	0.0	千克	B
39251000		塑料制囤、柜、罐、桶及类似容器	10.0	80.0	0.0	17.0	0.0	千克	
39252000		塑料制门、窗及其框架、门槛	10.0	80.0	0.0	17.0	0.0	千克	
39253000		塑料制窗板、百叶窗及类似制品	10.0	80.0	0.0	17.0	0.0	千克	
39259000		其他未列名的建筑用塑料制品	10.0	80.0	0.0	17.0	0.0	千克	
39261000		办公室或学校用塑料制品	10.0	80.0	0.0	17.0	0.0	千克	
39262011		聚氯乙烯制手套，包括分指手套	10.0	90.0	0.0	17.0	0.0	双	
39262019		其他塑料制手套，包括分指手套	10.0	90.0	0.0	17.0	0.0	双	
39262090		其他塑料制衣服及衣着附件	10.0	90.0	0.0	17.0	0.0	千克	

续表

商品编码	附加编号	商品名称（点击查询商品进出口统计数据）	进口税率		出口税率	增值税	消费税	计量单位	监管条件
			优惠	普通					
39263000		塑料制家具、车厢及类似品的附件	10.0	80.0	0.0	17.0	0.0	千克	
39264000		塑料制小雕塑品及其他装饰品	10.0	100.0	0.0	17.0	0.0	千克	
39269010		塑料制机器及仪器用零件	10.0	35.0	0.0	17.0	0.0	千克	
39269090	10	敏感物项管制结构复合材料的预成	10.0	80.0	0.0	17.0	0.0	千克	3
39269090	90	其他塑料制品	10.0	80.0	0.0	17.0	0.0	千克	

本类注释说明：

一、本目录所称“塑料”，是指品目 39.01 至 39.14 的材料，这些材料能够在聚合时或聚合后在外力（一般指热力和压力，必要时加入溶剂或增塑剂）作用下通过模制、浇铸挤压、滚轧或其他工序制成一定的形状，成型后除去外力，其形状仍保持不变。本目录所称“塑料”，还应包括钢纸，但不包括第十一类的纺织材料。

二、本章不包括：（一）品目 27.12 或 34.04 的蜡；（二）单独的已有化学定义的有机化合物（第二十九章）；（三）肝素及其盐（品目 30.01）；（四）品目 39.01 至 39.13 所列的任何产品溶于挥发性有机溶剂的溶液（胶棉除外），但溶剂的重量必须超过溶液重量的 50%（品目 32.08）；品目 32.12 的压印箔；（五）有机表面活性剂或品目 34.02 的制剂；（六）再熔胶及酯胶（品目 38.06）；（七）附于塑料衬背上的诊断或实验用试剂（品目 38.22）；（八）第四十章规定的合成橡胶及其制品；（九）鞍具及挽具（品目 42.01）；品目 42.02 的衣箱、提箱、手提包及其他容器；（十）第四十六章的缏条、编结品及其他制品；（十一）品目 48.14 的壁纸；（十二）第十一类的货品（纺织原料及纺织制品）；（十三）第十二类的物品（例如，鞋靴、帽类、雨伞、阳伞、手杖、鞭子、马鞭及其零件）；（十四）品目 71.17 的仿首饰；（十五）第十六类的物品（机器、机械器具或电气器具）；（十六）第十七类的航空器零件及车辆零件；（十七）第九十章的物品（例如，光学元件、眼镜架及绘图仪器）；（十八）第九十一章的物品（例如，钟壳及表壳）；（十九）第九十二章的物品（例如，乐器及其零件）；（二十）第九十四章的物品（例如，家具、灯具、照明装置、灯箱及活动房屋）；（二十一）第九十五章的物品（例如，玩具、游戏品及运动用品）；（二十二）第九十六章的物品（例如，刷子、钮扣、拉链、梳子、烟斗的嘴及柄、香烟嘴及类似品、保温瓶的零件及类似品、钢笔、活动铅笔）。

三、品目 39.01 至 39.11 仅适用于化学合成的下列货品：（一）温度在 300℃时，压力转为 1 013 毫巴后减压蒸馏出的液体合成聚烯烃以体积计小于 60%的货品（品目 39.01 及 39.02）；（二）非高度聚合的苯并呋喃——茚式树脂（品目 39.11）；（三）平均至少有五个单体单元的其他合成聚合物；（四）聚硅氧烷（品目 39.10）；（五）甲阶酚醛树脂（品目 39.09）及其他预聚物。

四、所称“共聚物”，包括在整个聚合物中按重量计没有一种单体单元的含量在 95%及以上的各种聚合物。在本章中，除条文另有规定的以外，共聚物（包括共缩聚物、共加聚物、嵌段共聚物及接枝共聚物）及聚合物混合体应按聚合物中重量最大的那种共聚单体单元所构成的聚合物归入相应品目。在本注释中，归入同一品目的聚合物的共聚单体单元应作为一种单体单元对待。如果没有任何一种共聚单体单元重量为最大，共聚物或聚合物混合体应按号列顺序归入其可归入的最末一个品目。

五、化学改性聚合物，即聚合物主链上的支链通过化学反应发生了变化的聚合物，应按未改性的聚合物的相应品目归类。本规定不适用于接枝共聚物。

六、品目 39.01 至 39.14 所称“初级形状”，只限于下列各种形状：（一）液状及糊状，包括分散体（乳浊液及悬浮液）及溶液；（二）不规则形状的块，团、粉（包括压型粉）、颗粒、粉片及类似的散装形状。

七、品目 39.15 不适用于已制成初级形状的单一热塑材料废碎料及下脚料(品目 39.01 至 39.14)。

八、品目 39.17 所称“管子”，是指通常用于输送或供给气体或液体的空心制品或半制品（例如，肋纹浇花软管、多孔管），还包括香肠用肠衣及其他扁平管。除肠衣及扁平管外，内截面如果不呈圆形、椭圆形、矩形（其长度不超过宽度的 1.5 倍）或正几何形，则不能视为管子，而应作为异型材。

九、品目 39.18 所称“塑料糊墙品”，适用于墙壁或天花板装饰用的宽度不小于 45 厘米的成卷产品，这类产品是将塑料牢固地附着在除纸张以外任何材料的衬背上，并且在塑料面起纹、压花、着色、印制图案或用其他方法装饰。

十、品目 39.20 及 39.21 所称“板、片、膜、箔、扁条”，只适用于未切割或仅切割成矩形（包括正方形）（含切割后即可供使用的），但未经进一步加工的板、片、膜、箔、扁条（第五十四章的物品除外）及正几何形块，不论是否经过印制或其他表面加工。

十一、品目 39.25 只适用于第二分章以前各品目未包括的下列物品：（一）容积超过 300 升的囤、柜（包括化粪池）、罐、桶及类似容器；（二）用于地板、墙壁、隔墙、天花板或屋顶等方面的结构件；（三）槽管及其附件；（四）门、窗及其框架和门槛；（五）阳台、栏杆、栅栏、栅门及类似品；（六）窗板、百叶窗（包括威尼斯式百叶窗）或类似品及其零件、附件；（七）商店、工棚、仓库等用的拼装式固定大型货架；（八）建筑用的特色（例如，凹槽、圆顶及鸽棚式）装饰件；（九）固定装于门窗、楼梯、墙壁或建筑物其他部位的附件及架座，例如，球形把手、拉手、挂钩、托架、毛巾架、开关板及其他护板。

子目注释：

一、属于本章任一品目项下的聚合物（包括共聚物）及化学改性聚合物应按下列规则归类：（一）在同级子目中有一个“其他”子目的：1.子目所列聚合物名称冠有“聚（多）”的（例如，聚乙烯及聚酰胺—6，6），是指列名的该种聚合物单体单元含量在整个聚合物中按重量计必须占 95%及以上。2.子目号 3 901.30、3 903.20、3 903.30 及 3 904.30 所列的共聚物，如果该种共聚单体单元含量在整个聚合物中按重量计占 95%及以上，即应归入上述子目。3.化学改性聚合物如未在其他子目具体列名，应归入列明为“其他”的子目内。 4.不符合上述（一）、（二）、（三）款规定的聚合物，应按聚合物中重量最大的那种单体单元（与其他各种单一的共聚单体单元相比）所构成的聚合物归入该级其他相应子目。为此，归入同一子目的聚合物单体单元应作为一种单体单元对待。只有在同级子目中的聚合物共聚单体单元才可以进行比较。（二）在同级子目中没有“其他”子目的： 1.聚合物应按聚合物中重量最大的那种单体单元（与其他各种单一的共聚单体单元相比）所构成的聚合物归入该级相应子目。为此，归入同一子目的聚合物单体单元应作为一种单体单元对待。只有在同级子目中的聚合物共聚单体单元才可以进行比较。2.化学改性聚合物应按相应的未改性聚合物的子目归类。聚合物混合体应按单体单元比例相等、种类相同的聚合物归入相应子目。

二、子目 3 920.43 所称增塑剂，包括次级增塑剂。

（刘均科）

全国塑料工业生产、经营情况统计

2014 年塑料制品行业经济运行分析

2014 年，塑料制品行业经济运行总体平稳，保持了稳中有进的态势，但主要经济指标增速减缓，下行压力加大。

一、主要经济指标完成情况

2014 年，塑料制品行业规模以上企业 14 062 个，累计完成主营业务收入 2.04 万亿元，同比增长 8.92%。实现利税 1 770.4 亿元，同比增长 5.11%，其中：利润总额 1 182.9 亿元，同比增长 4.24%。塑料制品产量 7 387.8 万吨，同比增长 7.44%。

据海关统计数据，2014 年，塑料制品行业进出口总额为 795.8 亿美元，同比增长 5.04%。其中：出口额 604.3 亿美元，同比增长 6.1%。进口额 191.5 亿美元，同比增长 1.83%。贸易顺差 412.8 亿美元。

2014 年橡胶和塑料制品业完成固定资产投资 5 914.4 亿元，同比增长 13.2%，投资总额居轻工行业前列。

二、中轻塑料景气指数

据中国轻工业经济运行及预测预警系统（www.qgysj.org）数据显示：2014 年 12 月份中轻塑料景气指数为 89.34，为全年最低值。目前，塑料景气指数已连续五个月回落并首次进入蓝色渐冷区间。

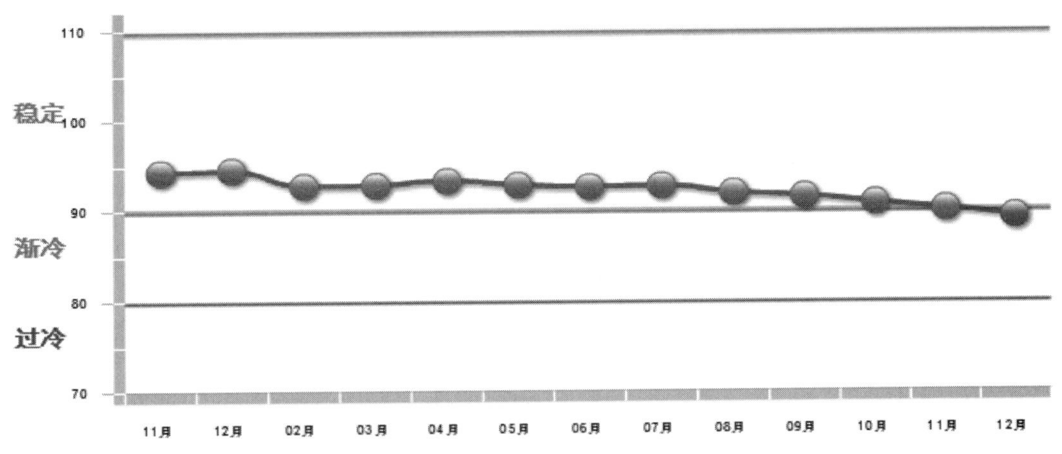

图1　2013年11月~2014年12月中轻塑料景气指数走势

具体分项指数为：主营业务收入指数 90.22、出口景气指数 91.60、资产景气指数 96.22、利润景气指数 81.93。2014 年 12 月，塑料主营业务指数、资产指数仍运行在绿色“稳定”区间，出口指数在 11 月首次进入蓝色“渐冷”区间后反弹至稳定区间，而利润指数连续 9 个月趋冷、塑料行业景气指数首次趋冷，显示目前行业运行质量进一步下降。

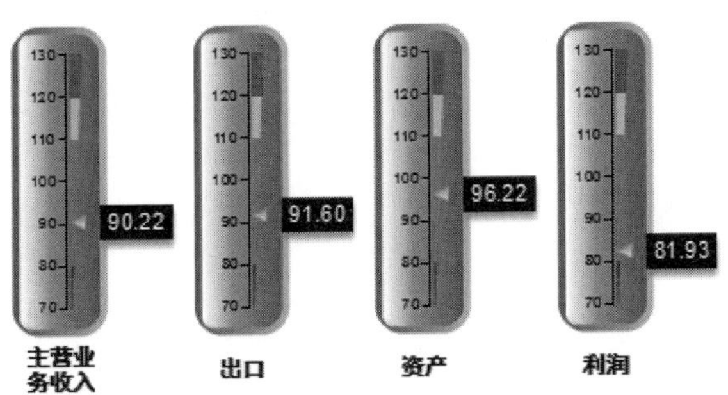

图2　2014年12月中轻塑料制品分项景气指数

（一）主营业务景气指数

2014 年 12 月塑料主营业务景气指数为 90.22，比 11 月回落 0.6 点，指数已连续五个月走低，接近稳定区间下轨。

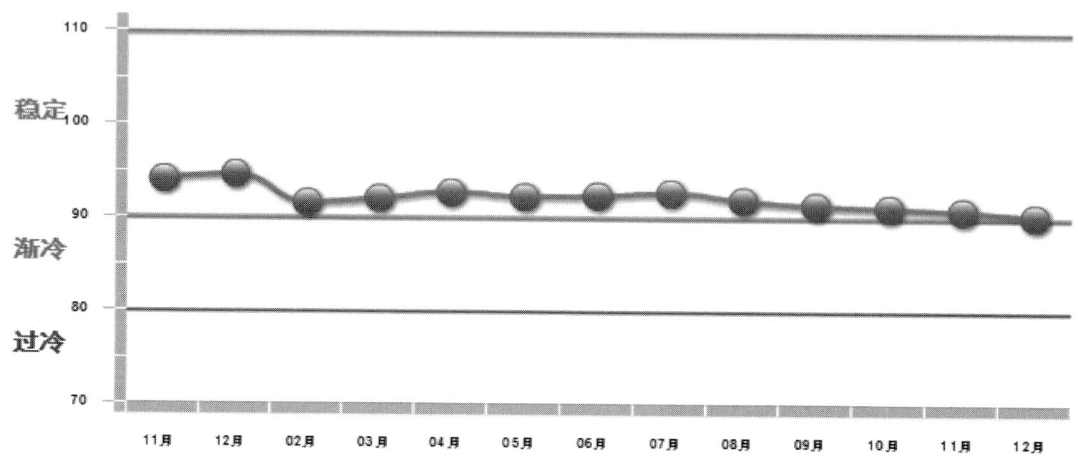

图3　2013年11月~2014年12月中轻塑料主营业务景气指数走势

（二）利润景气指数

2014 年 12 月塑料利润景气指数为 81.93，比 11 月份回落 3.3 点，利润指数继续下行，再创年内新低，并已连续九个月在蓝色趋冷区间运行，显示行业盈利能力有所下降。

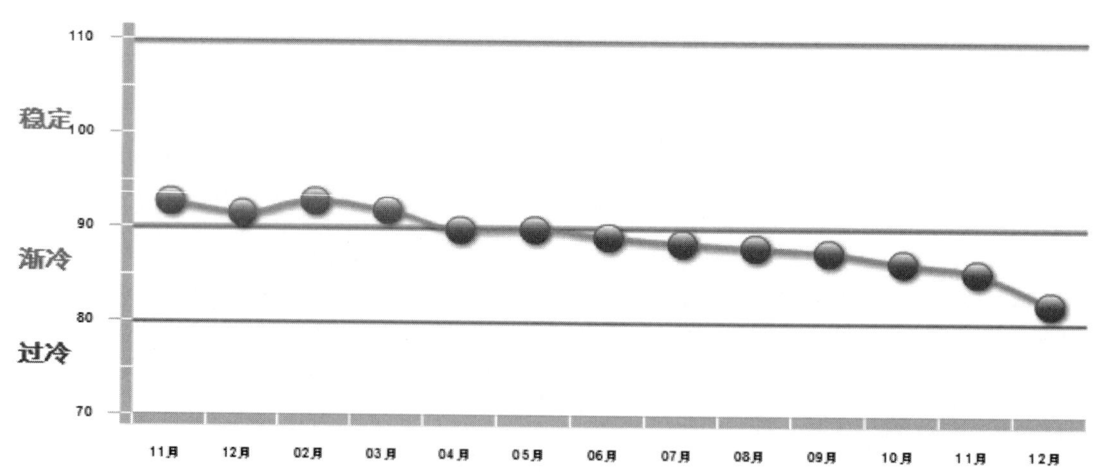

图4　2013年11月~2014年12月塑料制品行业利润景气指数走势

（三）出口景气指数

2014 年 12 月塑料出口景气指数为 91.6，比 11 月份回升 3 点，出口指数在 11 月首次进入蓝色“渐冷”区间后有所反弹。2014 年出口市场仍不稳定，出口指数走势波动较大。

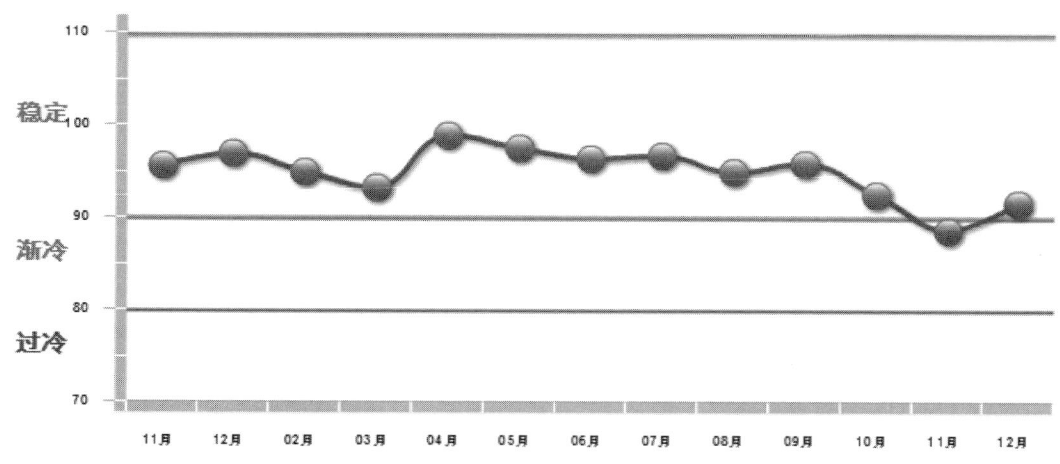

图5 2013年11月~2014年12月塑料制品行业出口景气指数变化态势

（四）地区景气指数

分地区看，2014 年 12 月份地区塑料景气指数冷热分布不均，蓝色渐冷、过冷省份已超过绿色稳定省份，沿海主产区山东、福建 12 月份塑料景气指数也首次进入了蓝色渐冷区间。目前，主产区只有广东和江苏两省尚处于绿色稳定区间，但景气度比上月有所降低，12 月广东省塑料景气指数为 92.86，比 11 月回落 1.36 点。

浙江省 12 月份塑料景气指数为 88.0，虽比上月有小幅回升，但仍在蓝色渐冷区间运行，指数已连续九个月趋冷，对行业总体走势影响较大。

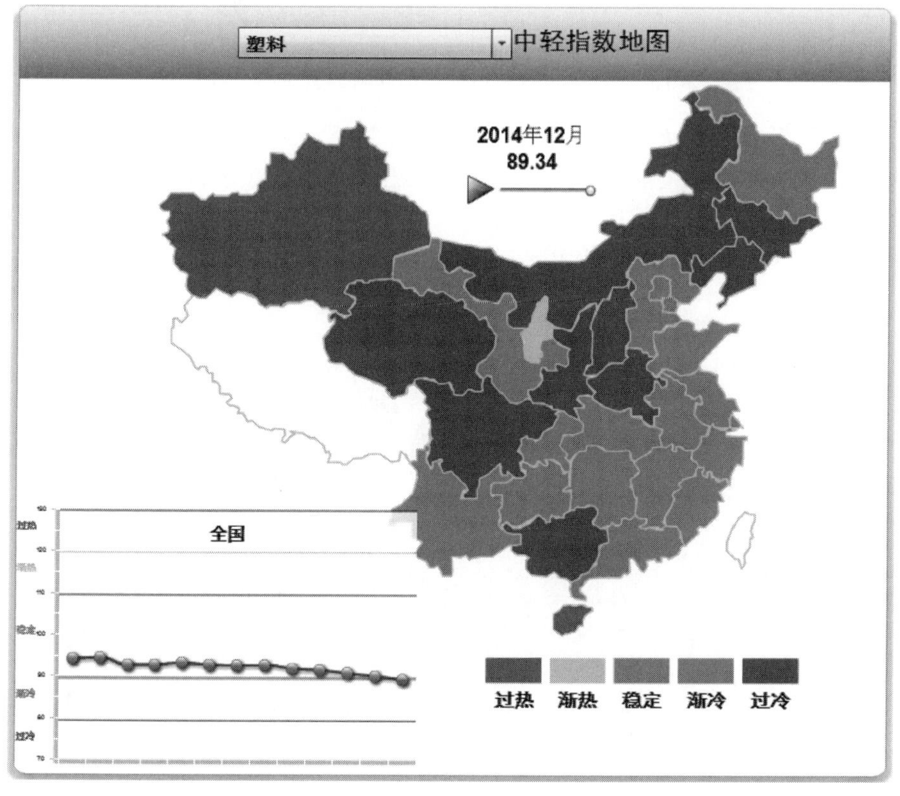

图6 2014年12月塑料制品行业景气指数地图

三、工业增加值增速

2014 年 1~12 月，塑料制品行业工业增加值累计增速 8.5%，比去年回落 1.6 个百分点。年内塑料制品行业工业增加值增速保持稳中有升走势，12 月增加值增速虽有所回落，但累计增速仍高于同期全国工业 0.2 百分点。

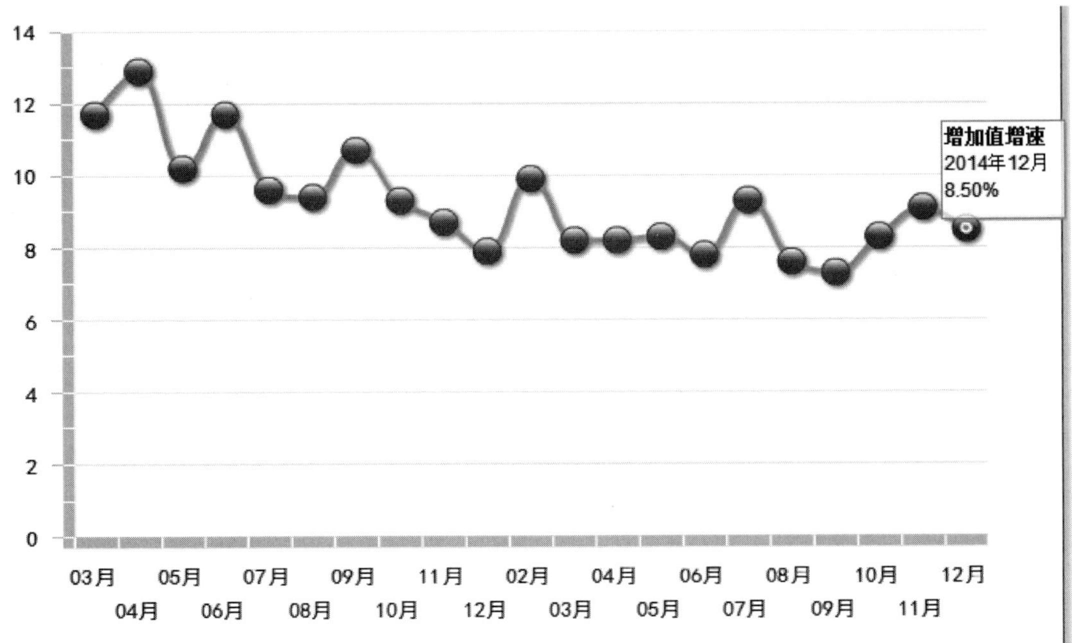

图7　2013~2014年塑料制品行业工业增加值增速月度走势

四、产品产量分析

2014 年 1~12 月，塑料制品行业规模以上企业完成料制品产量 7 387.8 万吨，同比增长 7.44%。其中：12 月份产量 696.7 万吨，同比增长 5.29%，较上月回落 0.42 个百分点，月度产量增幅已连续五个月小幅回落。

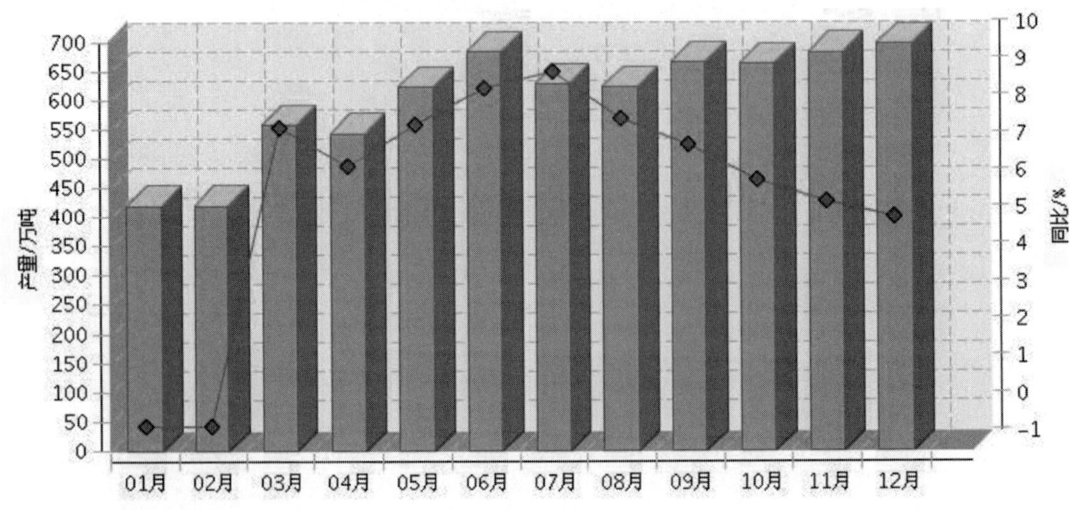

图8　2014年塑料制品月度产量及增速情况

分品种产量中，农用薄膜增幅为 15.57%，继续居各品种首位。其次为日用塑料制品，增幅为 10.47%。塑料人造革、合成革产量增速只有 2.58%，居末位，各品种产量情况详见表 1。

表 1　　2014 年塑料制品产量完成情况表

产品名称	单位	完成产量		同比增长/%	
		12 月	1~12 月累计	12 月	累计
塑料制品	吨	6 966 861	73 877 808	5.29	7.44
其中：塑料薄膜	吨	1 155 288	12 617 682	5.24	8.43
其中：农用薄膜	吨	191 650	2 191 706	8.05	15.57
泡沫塑料	吨	188 564	2 022 047	2.98	9.85
塑料人造革、合成革	吨	358 563	3 750 816	0.51	2.58
日用塑料制品	吨	555 458	5 797 477	7.33	10.47
其他塑料制品	吨	4 708 987	49 689 786	5.53	7.14

分地区看，塑料制品主产区产量比重主要集中在浙江、广东、辽宁、湖北、江苏、河南、山东等地区。其中：浙江省产量 1 054.85 万吨，同比增长 4.94%；广东省 979.33 万吨，同比增长 4.39%；辽宁省 567.1 万吨，同比增长 5.15%；湖北省 551.57 万吨，同比增长 26.69%；江苏省 498.58 万吨，同比增长 4.56%；河南 477.29 万吨，同比增长 11.03%；山东省 473.4 万吨，同比增长－5.26%，2014 年塑料制品产量地区占比情况见图 9。

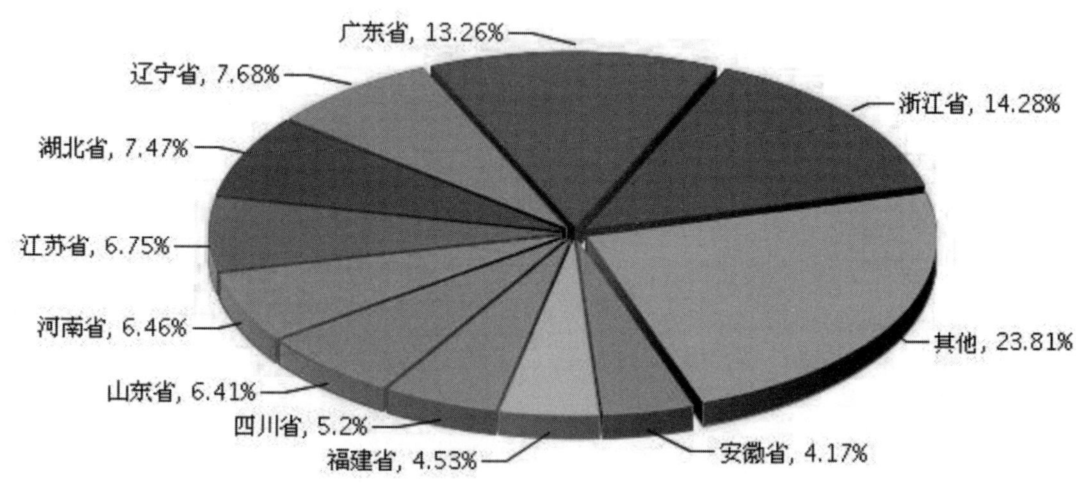

图9　2014年塑料制品产量地区占比情况

湖北省塑料制品产量增幅达到 26.69%，居首位。其次为四川省，增幅为 21.58%。广东省产量增速为 4.39%。主要产区中浙江、广东、辽宁、江苏、山东、福建省产量增速均低于全国平均水平。其中山东省塑料制品产量增速只有－5.26%，较往年下降幅度较大。

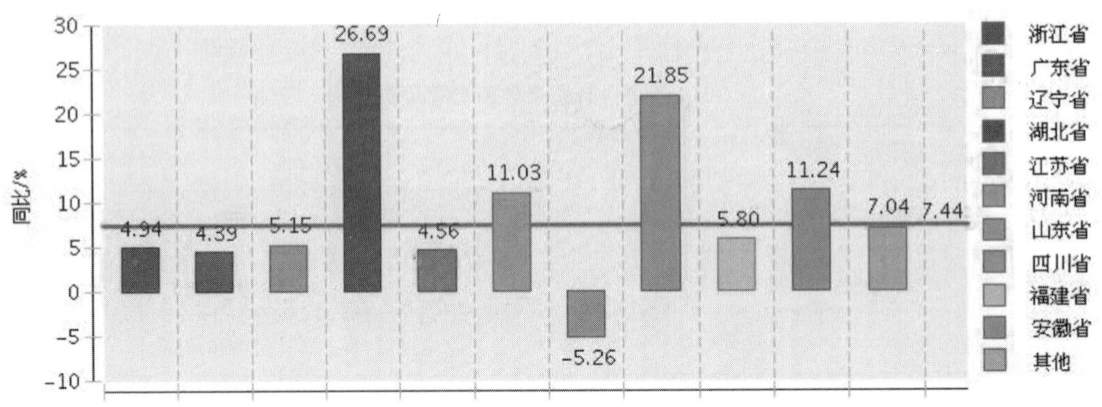

图10　2014年主要地区塑料制品产量同比增长情况

五、经济效益分析

（一）主营业务分析

2014 年，塑料制品行业累计完成主营业务收入 2.04 万亿元，同比增长 8.92%，比去年回落 5.34 个百分点。各子行业主营业务收入完成情况详见表 2。

表 2　　2014 年塑料制品行业主营业务收入情况表

行业名称	汇总企业个数/个	主营业务收入		
		本月止累计/千元	同比/%	占比/%
塑料制品业	14 062	2 039 239 425	8.92	100.00
塑料薄膜制造	1 538	257 951 371	6.81	12.65
塑料板、管、型材	2 737	490 967 116	7.80	24.08
塑料丝、绳及编织品	1 918	283 891 204	13.71	13.92
泡沫塑料制造	781	89 266 096	9.42	4.38
塑料人造革、合成革	519	121 096 861	4.88	5.94
塑料包装箱及容器	1 422	171 756 763	9.32	8.42
日用塑料制造	1 496	162 603 017	9.65	7.97
塑料零件制造	1 265	153 494 478	6.68	7.53
其他塑料制品制造	2 386	308 212 519	10.32	15.11

分地区看，比重主要集中在广东、浙江、山东、江苏、辽宁、福建、河南省等地区。其中：广东省主营业务收入 3 939.1 亿元，同比增长 7.31%；浙江省 2 120.88 亿元，增长 1.04%；山东省 2 005.14 亿元，增长 12.73%；江苏省 1 811.56 亿元，同比增长 10.1%；辽宁省 1 246.73 亿元，增长 0.53%；福建省 1 165.44 亿元，增长 10.25%；河南省 1 155.91 亿元，增长 19.95%。

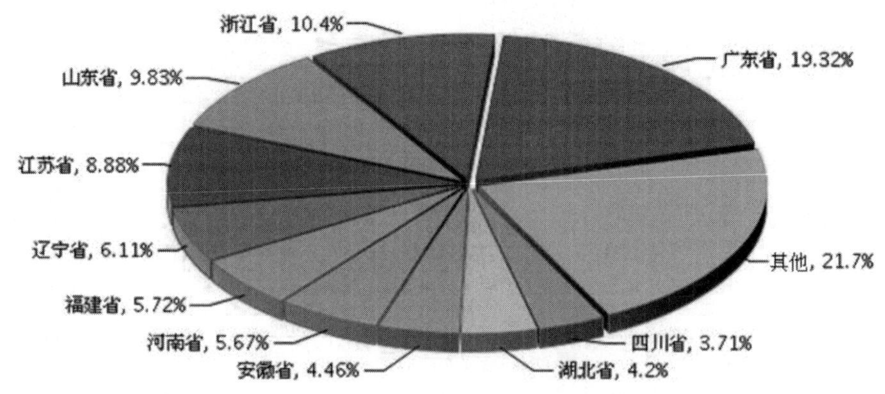

图11　2014年塑料制品行业主营业务收入地区占比情况

主要产区中广东、浙江、辽宁主营业务收入增速低于全国平均水平，其中浙江省主营业务增速为1.04%，辽宁省主营业务增速仅为0.53%，居末位。河南省增速达到19.95%，居首位。

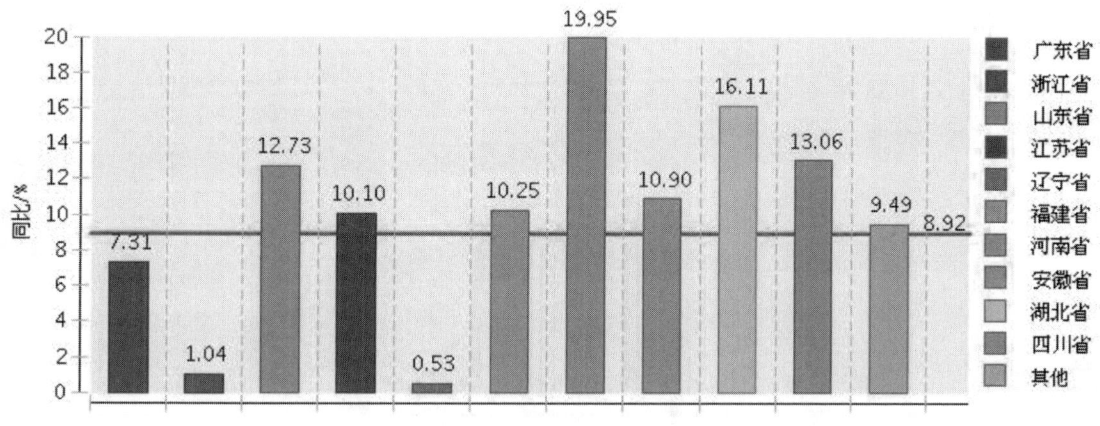

图12　2014年塑料制品行业主要地区主营业务收入同比增长情况

（二）利润分析

2014年，塑料制品行业累计实现利润1 182.86亿元，同比增长4.24%，增速比2013年降低12.21个百分点。各子行业利润完成情况详见表3。

表3　　2014年塑料制品行业利润总额情况表

行业名称	其中：利润总额		
	本月止累计/千元	累计同比/%	占比/%
塑料制品业	118 286 258	4.24	100.00
塑料薄膜制造	12 994 860	7.30	10.99
塑料板、管、型材	30 849 721	−0.41	26.08
塑料丝、绳及编织品	17 685 153	8.19	14.95
泡沫塑料制造	5 509 844	2.12	4.66

续表

行业名称	其中：利润总额		
	本月止累计/千元	累计同比/%	占比/%
塑料人造革、合成革	7 006 448	−2.90	5.92
塑料包装箱及容器	10 866 935	−1.50	9.19
日用塑料制造	9 062 155	10.86	7.66
塑料零件制造	7 417 525	10.00	6.27
其他塑料制品制造	16 893 617	9.14	14.28

分地区看，比重主要集中在广东省、山东省、河南省、浙江省、江苏省、福建省、安徽省、辽宁省等地区。其中：广东省利润总额194.46亿元（占16.44%），同比增长13.06%；山东省131.24亿元（占11.1%），同比增长5.81%；河南省116.19亿元（占9.82%），同比增长16.02%；浙江省105.64亿元（占8.93%），同比增长1.18%；江苏省95.43亿元（占8.07%），同比增长9.46%；福建省66.36亿元（占5.61%），同比增长−4.05%。

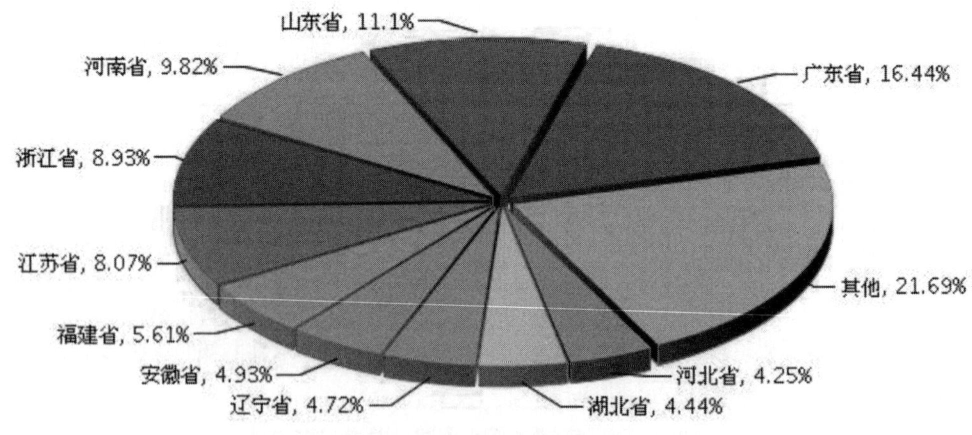

图13　2014年塑料制品行业利润总额地区占比情况

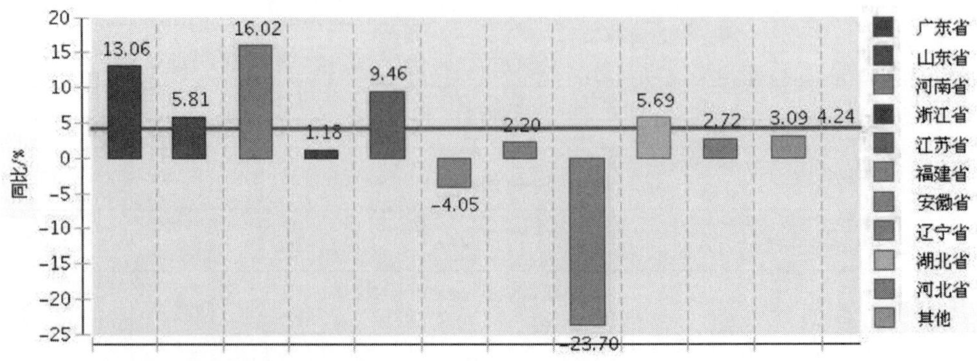

图14　2014年塑料制品行业主要地区利润总额同比增长情况

2014 年，河南省塑料制品行业利润增幅为 16.02%，居首位。广东省利润增幅为 13.06%，居第二位。浙江、福建、辽宁利润增速低于全国平均水平。其中：福建、辽宁省利润负增长。辽宁省利润增幅仅为－23.7%，较上月又有所降低，对行业总体走势影响较大。

六、出口情况

2014 年 1~12 月，塑料制品行业累计完成出口额 604.34 亿美元，同比增长 6.1%，较上年回落 5.01 个百分点。其中：12 月份完成出口额 57.09 亿美元，出口绝对值为全年第二高位，同比增长 2.32%，增幅比 11 月份回升 4.94 个百分点。2014 年塑料制品各月度出口情况见图 15。

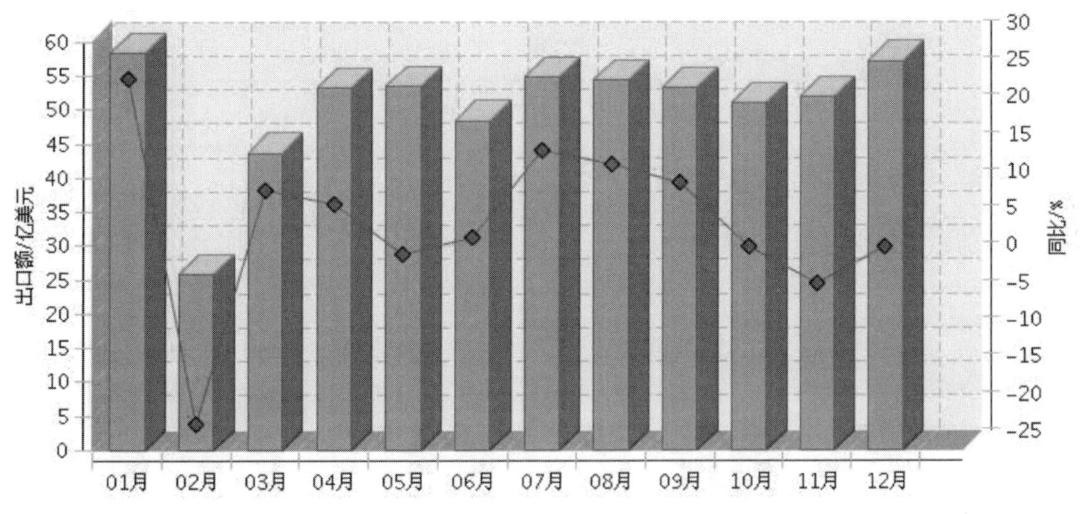

图15　2014年塑料制品月度出口额及增速情况

出口商品中，占比最大的日用塑料制品出口增幅继续回落，1~12 月，日用塑料制品出口 157.4 亿美元（占 26.05%），同比增长－1.43%，增幅比 1~11 月回落 0.54 个百分点。塑料制品分品种出口情况详见表 4。

表 4　　2014 年塑料制品海关出口情况表

产品名称	出口量/吨	同比增长/%	出口额/万美元	同比增长/%
塑料制品总计	—	—	6 043 390.9	6.10
1. 塑料单丝、条、杆、型材及异型	187 946	10.04	41 278.1	9.22
2. 塑料管及其附件	566 882	7.46	229 390.9	7.00
3. 塑料板、片、膜、箔、带及扁条	2 885 023	9.79	986 277.0	15.88
4. 塑料人造革、合成革	590 831	3.40	255 488.1	−7.30
5. 塑料包装箱及容器及其附件	2 192 437	−0.91	817 272.6	2.06
6. 塑料零件	37 631	−5.90	54 973.0	6.76

续表

产 品 名 称	出口量/吨	同比增长/%	出口额/万美元	同比增长/%
7.建筑用塑料制品	2 513 897	13.42	458 565.7	12.03
（1）塑料糊墙品和铺地制品	1 636 114	22.56	267 993.3	20.03
（2）塑料门、窗、窗板（帘）及类似品	297 233	−7.53	80 445.5	−4.58
（3）其他建筑用塑料制品	580 550	3.65	110 127.0	8.26
8.日用塑料制品	—	—	1 574 225.6	−1.43
（1）塑料制餐具及厨房用具	1 029 957	25.29	412 336.1	42.34
（2）塑料卫生设备、洁具及其配件	877 488	19.07	384 515	23.2
（3）塑料制办公室或学校用品	334 435	−4.21	119 224.8	−4.37
（4）其他日用塑料制品	—	—	658 149.7	−24.4
9.其他塑料制品	—	—	1 625 920.1	11.51

数据来源：根据海关总署数据加工整理

七、行业固定资产投资规模继续扩大，增速趋缓

近年来，塑料制品行业投资规模持续扩大，是促进塑料制品行业稳健发展的一个重要原因，2014年橡胶和塑料制品业完成固定资产投资 5 914.4 亿元，同比增长 13.2%，投资增速虽比 2013 年降低 7.4 个百分点，但行业投资总额仍居轻工行业前列（见表 5）。

表 5　　2014 年轻工主要行业固定资产投资完成情况

行业名称	2014 年 1~12 月		2013 年 1~12 月		2012 年 1~12 月	
	投资额/亿元	增速/%	投资额/亿元	增速/%	投资额/亿元	增速/%
全国总计	502 005	15.7	436 528	19.6	364 835	20.6
制造业	166 918	13.5	147 370	18.5	124 971	22.03
农副食品加工业	10 027	18.7	8 674	26.5	6 907	31.96
食品制造业	4 463	22.0	3 695	20.7	3 080	28.07
橡胶和塑料制品业	5 914	13.2	5 238	20.6	4 335	16.69
金属制品业	8 620	21.4	7 114	20.9	5 955	9.9

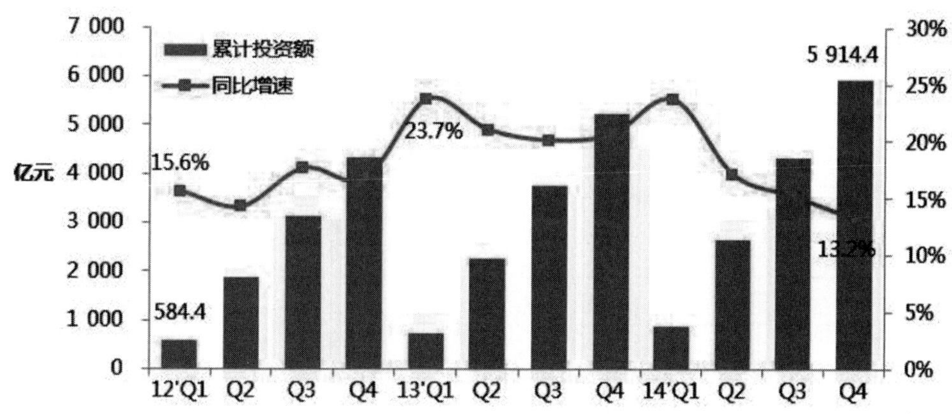

图16　2012~2014年塑料和橡胶制品行业固定资产投资走势

结语

2014 年，中轻塑料指数景气指数自 8 月份起连续五个月回落，12 月指数首进入蓝色渐冷区间。各分项指数中，主营业务景气指数渐近稳定区间下轨、利润景气指数一路下行，指数 4 月份起运行在渐冷区间，12 月收于年内最低点。出口景气指数年底虽有所反弹，但年内走势波动较大。分地区看，2014 年塑料地区景气指数处于蓝色渐冷、过冷的省份已超过绿色稳定省份。沿海主产区：山东、福建 12 月份塑料景气指数也首次进入了蓝色渐冷区间。目前，主产区只有广东和江苏两省尚处于绿色稳定区间，但景气度呈下降走势。

中轻塑料景气指数、利润景气指数趋冷，预示着行业发展面临困境。行业主营业务与利润增速双回落，且利润增幅远低于主营业务收入增幅，显示目前行业运行质量进一步降低。

塑料制品产业大省主要经济指标增速趋缓，对 2014 年塑料制品行业经济运行影响较大。广东、浙江、辽宁主营业务收入增速低于全国平均水平，浙江、福建、辽宁利润增速低于全国平均水平。近两年浙江省塑料制品行业运行一直处于低位，浙江省塑料景气指数已连续九个月趋冷，浙江省主营业务增速、利润增速仅为 1%左右，行业发展遇到巨大困难。

由于外需市场不稳定，造成 2014 年行业出口波动较大。出口商品中，占比最大的日用塑料制品 12 月份出口增幅继续回落，已进入负增长区间，带动行业出口增幅走低。

全国塑料制品行业规模以上工业企业主要经济效果指标 2014 年 1~12 月

行业名称	汇总企业个数/个	其中：亏损企业数		亏损企业亏损额		主营业务收入		主营业务成本		利税总额		其中：利润总额		资产总计		负债合计		流动资产合计		应收账款净额		产成品存货		资产负债率/%	主营业务收入利润率/%	亏损面/%
		本月止累计/个	累计同比/%	本月止累计/千元	累计同比/%	本月止累计/千元	累计同比/%	本月止累计/千元	累计同比/%	本月止累计/千元	累计同比/%	本月止累计/千元	累计同比/%	本月上累计/千元	累计同比/%	本月止累计/千元	累计同比/%	本月止累计/千元	累计同比/%	本月止累计/千元	累计同比/%	本月止累计/千元	累计同比/%			
塑料制品业	14 062	1 604	10.70	6 875 035	11.88	2 039 239 425	8.92	1 769 980 723	9.63	177 038 585	5.11	118 286 258	4.24	1 297 174 959	9.55	638 476 075	5.61	725 173 183	6.52	210 248 432	6.94	71 240 535	12.05	49.22	5.80	11.41
塑料薄膜制造	1 538	221	12.76	1 524 197	−0.05	257 951 371	6.81	228 442 046	7.12	18 787 047	6.14	12 994 860	7.30	198 183 593	6.00	101 487 635	1.44	103 983 550	2.14	23 416 537	1.92	9 749 448	12.06	51.21	5.04	14.37
塑料板、管、型材	2 737	290	19.83	1 094 232	−4.0	490 967 116	7.80	422 380 610	9.21	45 443 680	−0.16	30 849 721	−0.40	329 154 547	11.14	151 604 218	7.74	182 484 460	8.35	48 369 505	6.09	21 510 661	13.11	46.06	6.28	10.60
塑料丝、绳及编织品	1 918	145	17.89	239 751	−10.61	283 891 204	13.71	248 892 035	14.70	27 049 913	8.99	17 685 153	8.19	122 055 270	14.56	51 533 777	6.17	60 641 327	9.37	15 793 535	10.44	6 773 801	24.16	42.22	6.23	7.56
泡沫塑料制造	781	77	35.09	199 922	43.835	89 266 096	9.42	77 634 728	9.90	8 193 881	6.41	5 509 844	2.12	46 165 429	4.02	22 693 501	−3.76	26 900 469	−2.45	9 480 985	−7.16	2 382 242	−1.18	49.16	6.17	9.86
塑料人造革、合成革	519	65	0.00	213 968	−14.98	121 096 861	4.88	107 830 081	5.67	10 350 804	0.20	7 006 448	−2.90	77 725 449	4.84	44 454 674	−1.23	45 226 764	1.09	10 198 622	1.31	3 514 813	8.73	57.19	5.79	12.52
塑料包装箱及容器	1 422	169	8.33	544 257	15.27	171 756 763	9.32	147 639 352	10.58	16 234 789	1.68	10 866 935	−1.50	120 080 518	7.70	58 958 034	8.23	62 568 468	7.18	18 858 889	14.75	4 763 324	13.91	49.10	6.33	11.88
日用塑料制造	1 496	165	2.48	492 999	−3.60	162 603 017	9.65	138 725 989	9.78	13 661 764	10.54	9 062 155	10.86	98 308 582	10.97	51 575 527	8.85	55 355 426	6.96	16 198 279	7.72	5 291 719	11.17	52.46	5.57	11.03
塑料零件制造	1 265	202	4.66	1 455 986	42.437	153 494 478	6.68	132 144 478	6.39	11 932 724	8.94	7 417 525	10.00	110 954 359	9.08	57 549 540	4.49	70 238 122	7.28	26 125 433	5.76	6 563 055	14.75	51.87	4.83	15.97
其他塑料制品制造	2 386	270	5.47	1 109 723	36.13	308 212 519	10.32	266 291 404	10.66	25 383 983	9.91	16 893 617	9.14	194 547 212	11.72	98 619 169	9.89	117 774 597	9.89	41 806 647	12.16	10 691 472	5.87	50.69	5.48	11.32

注：（1）资料来源：国家统计局。（2）“规模以上”是指年主营业务收入 2 000 万元及以上全部工业法人企业。

2014 年全国规模以上企业塑料制品产量总表

产品名称	产量/吨	同比增长/%	占比%
塑料制品	73 877 808	7.44	100.00
其中：塑料薄膜	12 617 682	8.43	17.08
其中：农用薄膜	2 191 706	15.57	2.97
泡沫塑料	2 022 047	9.85	2.74
塑料人造革、合成革	3 750 816	2.58	5.08
日用塑料制品	5 797 477	10.47	7.85
其他塑料制品	49 689 786	7.14	67.26

2014 年全国规模以上企业塑料加工专用设备产量表

产品名称	产量/台	同比增长/%	占比%
塑料加工专用设备	358 147	−1.72	100.00

注：（1）数据来源：国家统计局。（2）“规模以上”是指年主营业务收入 2 000 万元及以上全部工业法人企业。

2014年塑料制品分地区产量表

地区	塑料制品			1、塑料薄膜			其中：农用薄膜			2、泡沫塑料			3、塑料人造革、合成革			4、日用塑料制品			5、其他塑料制品			附：塑料加工专用设备/台		
	本月止累计/吨	同比增长/%	占全国比重/%	本月止累计/吨	同比增长/%	占全国比重/%	本月止累计/吨	同比增长/%	占全国比重/%	本月止累计/吨	同比增长/%	占全国比重/%	本月止累计/吨	同比增长/%	占全国比重/%	本月止累计/吨	同比增长/%	占全国比重/%	本月止累计/吨	同比增长/%	占全国比重/%	本月止累计/吨	同比增长/%	占全国比重/%
全国	73 877 808	7.44	100.00	12 617 682	8.43	100.00	2 191 706	15.57	100.00	2 022 047	9.85	100.00	3 750 816	2.58	100.00	5 797 477	10.47	100.00	49 689 786	7.14	100.00	358 147	−1.72	100.00
北京	320 983	−11.99	0.43	33 895	−11.58	0.27	12 240	−15.45	0.56	6 062	0.31	0.30	1 630	−80.67	0.04	35 744	−5.96	0.62	243 653	−11.04	0.49	357	14.42	0.10
天津	1 957 184	30.93	2.65	316 098	21.29	2.51	55 519	−5.21	2.53	20 340	−28.56	1.01	7 093	−7.49	0.19	234 819	25.90	4.05	1 378 834	36.31	2.77	63	1.61	0.02
河北	2 502 205	7.08	3.39	195 462	15.97	1.55	10 558	−39.67	0.48	60 135	17.51	2.97	231 170	4.49	6.16	366 200	27.41	6.32	1 649 238	2.55	3.32	413	40.00	0.12
山西	224 168	−8.55	0.30	35 168	−1.98	0.28	26 813	11.91	1.22										189 000	−9.68	0.38			
内蒙古	295 778	3.58	0.40	42 610	50.97	0.34	42 610	50.97	1.94	325	−90.44	0.02				13 637	37.78		239 207	−1.98	0.48			
辽宁	5 670 959	5.15	7.68	568 382	6.01	4.50	55 226	−16.47	2.52	106 357	15.26	5.26	79 108	12.17	2.11	58 956	9.29	1.02	4 858 156	4.69	9.78	529	−14.26	0.15
吉林	879 805	5.33	1.19	162 152	20.19	1.29	162 152	20.19	7.40	12 693	25.13	0.63	3 927	17.37	0.10	42 850	−16.80	0.74	658 183	3.59	1.32			
黑龙江	413 224	−2.51	0.56	34 183	−9.37	0.27	17 259	−3.84	0.79							22 596	113.69	0.39	356 445	−5.10	0.72			
上海	1 989 988	−1.78	2.69	434 483	0.22	3.44	36 537	−6.12	1.67	77 492	2.29	3.83	81 246	6.01	2.17	107 552	−6.19	1.86	1 289 216	−2.74	2.59	18 314	−35.86	5.11
江苏	4 985 818	4.56	6.75	1 213 252	6.78	9.62	45 170	8.32	2.06	125 419	4.98	6.20	354 095	−6.01	9.44	470 501	9.36	8.12	2 822 550	4.31	5.68	14 526	6.19	4.06
浙江	10 548 527	4.94	14.28	3 602 378	3.80	28.55	208 020	18.32	9.49	247 576	11.96	12.24	1 470 990	2.98	39.22	1 037 840	7.39	17.90	4 189 744	5.65	8.43	169 563	−4.38	47.34
安徽	3 083 496	11.24	4.17	307 360	33.35	2.44	17 585	101.55	0.80	81 495	1.16	4.03	73 314	18.78	1.95	126 335	12.06	2.18	2 494 991	9.12	5.02	3 775	23.20	1.05
福建	3 344 326	5.80	4.53	614 328	10.52	4.87	5 970	−8.44	0.27	46 229	22.84	2.29	912 635	6.01	24.33	219 399	−13.93	3.78	1 551 736	6.88	3.12			
江西	910 186	8.35	1.23	22 264	16.82	0.18				18 948	10.01	0.94	17 518	103.46	0.47	58 503	17.91	1.01	792 953	6.35	1.60			
山东	4 734 048	−5.26	6.41	976 573	7.23	7.74	432 767	8.30	19.75	67 669	4.71	3.35	47 392	−12.20	1.26	234 248	14.18	4.04	3 408 166	−9.41	6.86	54 906	26.60	15.33
河南	4 772 921	11.03	6.46	772 631	15.87	6.12	426 033	21.56	19.44	403 130	15.09	19.94	110 166	−14.41	2.94	222 345	30.54	3.84	3 264 649	9.45	6.57	17 459	22.95	4.87
湖北	5 515 692	26.69	7.47	218 014	5.10	1.73	44 680	36.79	2.04	83 391	13.85	4.12	50 058	12.88	1.33	475 988	24.76	8.21	4 688 240	28.54	9.44	249	2.47	0.07
湖南	1 587 475	4.05	2.15	156 678	−4.91	1.24	57 013	9.75	2.60	10 103	2.18	0.50	28 873	18.55	0.77	64 879	−21.05	1.12	1 326 943	6.62	2.67	7 476	13.27	2.09
广东	9 793 254	4.39	13.26	1 584 220	0.86	12.56	65 634	−2.56	2.99	373 790	7.36	18.49	262 447	−0.05	7.00	1 326 351	2.66	22.88	6 246 446	5.73	12.57	70 190	−7.37	19.60
广西	2 031 775	9.55	2.75	31 139	3.55	0.25	7 619	−16.19	0.35	114 916	−5.77	5.68				30 980	−13.02	0.53	1 854 741	11.26	3.73	84	37.70	0.02
海南	25 993	10.86	0.04	18 735	22.65	0.15													7 258	−11.17	0.01			
重庆	1 303 660	17.11	1.76	271 572	23.79	2.15	23 028	23.26	1.05	33 245	−2.14	1.64	2 250	21	0.06	60 363	1.10	1.04	936 229	17.29	1.88			
四川	3 841 269	21.85	5.20	625 949	44.50	4.96	141 863	127.83	6.47	53 969	54.36	2.67	16 905	4		490 647	31.23	8.46	2 653 799	15.67	5.34	210	6.06	0.06
贵州	616 583	6.83	0.83	21 492	127.74	0.17	8 310	12.16	0.38	23 480	14.70	1.16				7 952	25.74	0.14	563 659	4.20	1.13			
云南	363 329	−11.98	0.49	112 409	4.15	0.89	68 206	−3.79	3.11	13 573	−12.43	0.67				2 403	50.85	0.04	234 944	−18.35	0.47			
西藏																								
陕西	589 657	30.09	0.80	47 080	16.56	0.37	34 790	9.51	1.59	11 491	39.32	0.57				75 294	34.24	1.30	455 791	30.77	0.92	33	−13.16	0.01
甘肃	299 512	−23.31	0.41	92 144	19.59	0.73	90 642	20.00	4.14	1 171	20.05	0.06							206 197	−34.02	0.41			
青海	84 799	117.66	0.11	942	−78.53	0.01	785	−82.10	0.04			0.00							83 857	142.54	0.17			
宁夏	177 440	20.96	0.24	10 553	−0.81	0.08	8 013	−5.71	0.37	2 521	16.07	0.12				7 949	−16.87	0.14	156 417	25.82	0.31			
新疆	1 013 751	−2.78	1.37	95 533	15.43	0.76	86 664	19.70	3.95	26 526	103.12	1.31				3 147	−57.87	0.05	888 544	−5.42	1.79			

注：（1）数据来源：国家统计局。（2）统计口径：规模以上企业企业。

2014 年塑料制品海关出口统计

产品名称	出口量/吨		出口额/万美元	
	1~12 月量	同比增长/%	1~12 月额	同比增长/%
塑料制品总计	—	—	6 043 390.9	6.10
1.塑料单丝、条、杆、型材及异型	187 946	10.04	41 278.1	9.22
2.塑料管及其附件	566 882	7.46	229 390.9	7.00
3.塑料板、片、膜、箔、带及扁条	2 885 023	9.79	986 277.0	15.88
4.塑料人造革、合成革	590 831	3.40	255 488.1	−7.30
5.塑料包装箱及容器及其附件	2 192 437	−0.91	817 272.6	2.06
6.塑料零件	37 631	−5.90	54 973.0	6.76
7.建筑用塑料制品	2 513 897	13.42	458 565.7	12.03
（1）塑料糊墙品和铺地制品	1 636 114	22.56	267 993.3	20.03
（2）塑料门、窗、窗板（帘）及类似品	297 233	−7.53	80 445.5	−4.58
（3）其他建筑用塑料制品	580 550	3.65	110 127.0	8.26
8.日用塑料制品	—	—	1 574 225.6	−1.43
（1）塑料制餐具及厨房用具	1 029 957	25.29	412 336.1	42.34
（2）塑料卫生设备、洁具及其配件	877 488	19.07	384 515.0	23.20
（3）塑料制办公室或学校用品	334 435	−4.21	119 224.8	−4.37
（4）其他日用塑料制品	—	—	658 149.7	−24.40
9.其他塑料制品	—	—	1 625 920.1	11.51

注：本表据海关总署统计数据汇总整理。

2014 年塑料制品海关进口统计

产品名称	进口量/吨		进口额/万美元	
	1~12 月量	同比增长/%	1~12 月额	同比增长/%
塑料制品	—	—	1 915 347.7	1.83
1.塑料单丝、条、杆、型材及异型	9 395	−3.32	10 996.5	10.98
2.塑料管及其附件	59 995	3.98	87 370.2	6.93

续表

产品名称	进口量/吨		进口额/万美元	
	1~12月量	同比增长/%	1~12月额	同比增长/%
3.塑料板、片、膜、箔、带及扁条	1 125 418	−1.70	1 158 022.9	0.83
4.塑料人造革、合成革	49 013	−3.49	54 791.6	0.75
5.塑料包装箱及容器及其附件	206 752	0.05	126 744.8	1.24
6.塑料零件	34 163	3.99	117 357.2	1.77
7.建筑用塑料制品	62 402	−2.70	19 850.3	−3.11
（1）塑料糊墙品和铺地制品	57 892	−2.14	15 928.5	2.62
（2）塑料门、窗、窗板（帘）及类似品	2 391	−15.05	1 586.7	−4.97
（3）其他建筑用塑料制品	2 119	−1.88	2 335.1	−29.15
8.日用塑料制品	—	—	24 517.5	10.11
（1）塑料制餐具及厨房用具	7 614	18.60	6 583.2	17.43
（2）塑料卫生设备、洁具及其配件	31 901	−1.28	11 855.2	11.15
（3）塑料制办公室或学校用品	1 581	−9.55	783.8	1.75
（4）其他日用塑料制品	—	—	5 295.3	1.36
9.其他塑料制品	—	—	315 696.7	4.16

注：本表据海关总署统计数据汇总整理。

综合分析，2014年，塑料制品行业发展速度虽有所放缓，但总体仍保持稳中有进的发展态势。目前，在进入新常态化发展的宏观经济形势下，行业发展面临更加严峻复杂的环境，行业转型升级进程会进一步加快，发展速度将进一步趋缓。未来行业将由跨越式高速发展回归稳健，进入中低速平稳发展阶段。

（中国轻工业信息中心　张涌涛）

综

述

氯碱工业

2014 年我国聚氯乙烯行业现状分析及展望

2000 年以后，随着国民经济的持续增长，带动了化工建材行业的需求，为国内聚氯乙烯行业的发展提供了广阔的空间。宽松的经济环境和有利的外贸政策，对国内聚氯乙烯行业的发展起到了良好的推动作用，但不可否认的是，产能快速扩张的同时，同质化竞争加剧、低端产品产能结构性过剩等一系列影响行业可持续发展的内生性根本问题仍没有解决。

2014 年底，国内聚氯乙烯产能首次出现负增长，行业整合力度进一步加大。这也意味着，未来氯碱行业的竞争趋势有望从增量产能扩张转为存量产能整合。

一、聚氯乙烯工业规模首次出现“退多增少”

根据中国氯碱网最新产能调查数据显示，截止到 2014 年底中国聚氯乙烯现有产能为 2 389 万吨。

通过统计数据发现，2014 年内中国聚氯乙烯包括糊树脂在内的新增加产能为 66 万吨，在此期间，宣布正式退出的规模为 153 万吨，产能净减少 87 万吨。国内聚氯乙烯产能首次出现负增长。

2008~2014 年中国 PVC 产能变化

单位：万吨

	2008 年	2009 年	2010 年	2011 年	2012 年	2013 年	2014 年
产能	1 581	1 781	2 043	2 163	2 341	2 476	2 389
净增	61	200	262	120	178	135	−87

1．产能增长出现转折

自 2008 年起，受全球经济危机的影响，国内 PVC 产能增速已明显减缓，再未能达到 2003~2005 年的飞速发展，但每年仍保持一定幅度的增长。2014 年产能出现负增长，在行业实属首次。除经济政策锁紧外，长期以来缺少约束的无序化扩能所带来的市场长期低迷的问题，也使行业内部分新建项目延期，并加快了长期闲置产能的清退。

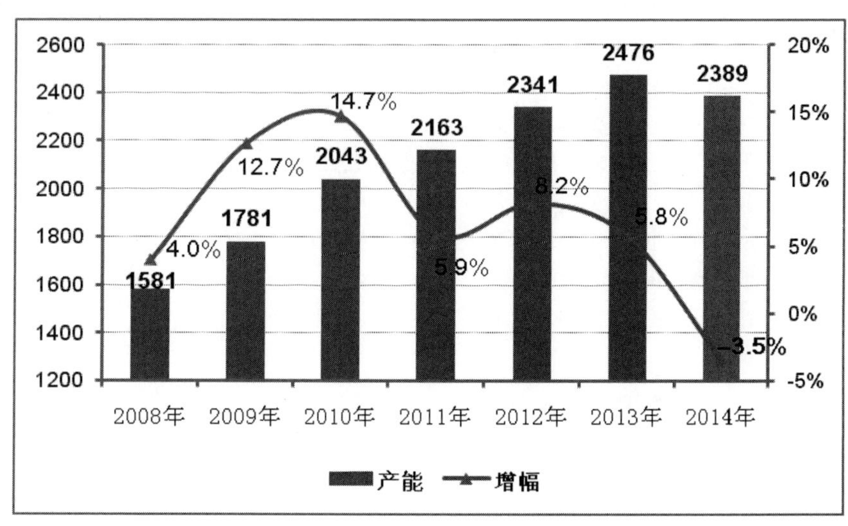

2008~2014年中国PVC产能增长趋势图（单位：万吨；%）

2.地区分布格局逐渐成型

在地区产能分布中，2014 年西北 6 省份的聚氯乙烯能力已经占到了总产能 45%的份额，且全部为乙炔法工艺（电石法和天然气部分氧化法）。相比 2013 年的 42%，产能占比继续增大。由此说明，广大的西部地区依托本地资源优势，大力发展以电石法聚氯乙烯为核心的“煤－电－PVC”一体化循环经济项目，成为近几年中国聚氯乙烯工业发展的显著特点。另外，华东、华北等地区加快了闲置落后产能的清退也是西北地区产能占比增大的一个重要因素。

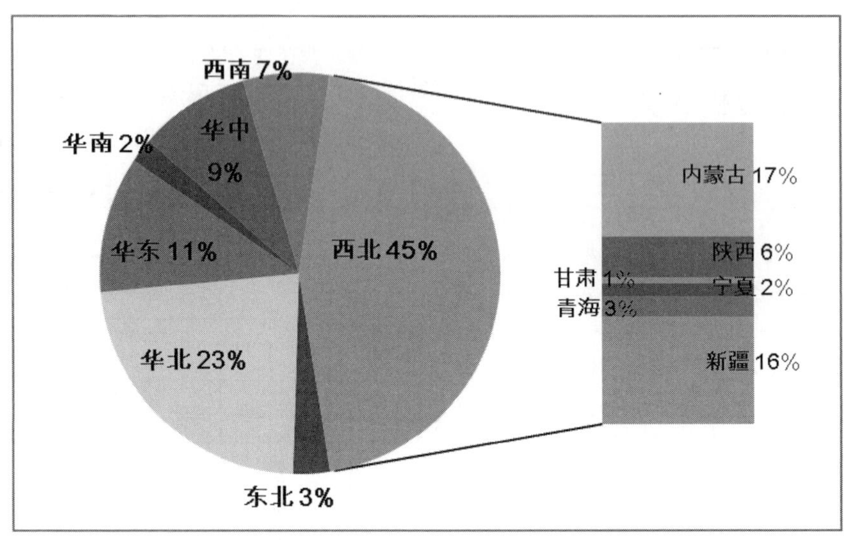

2014年中国PVC七大区域产能对比图

3.淘汰落后装置进程加快

自 2008 年开始，国内聚氯乙烯工业在发展过程中就出现了装置退出现象。近几年，在国民经济增长及投资的拉动效应影响下，作为基础原材料的氯碱产业每年都有大量的新扩建项目建设并投产。但随着行业内市场竞争的加剧，氯碱行业产能增加的同时，落后、老旧生产装置逐渐被淘汰退出市场。就 2014 年而言，氯碱行业受宏观经济和产能过剩拖累的持续低迷大背景下，PVC 市场环境长期低迷，聚氯乙烯企业盈利出现问题，这就造成了部分新建项目推迟上马计划。与此同时，生产成本和产品质量均无优势的落后装置加快了退市的步伐，这也造成了 2014 年中国聚氯乙烯行业退多增少的新特点。

2012~2014 年中国 PVC 新增-退出产能列表

单位：万吨

	新增	退出	净增
2012 年	296	118	178
2013 年	286	151	135
2014 年	66	153	−87
合计	648	422	226

从近三年的数据分析，2014 年中国聚氯乙烯产能之所以会首次出现负增长，主要原因是新增装置较往年有明显的减少。由此说明，行业已经停止了单纯的规模扩张的发展模式，从而更加理性的根据经济环境和市场运行作为企业发展的新指导。

2014 年中国 PVC 产能增减明细

单位：万吨

地区	PVC		糊树脂	
	增加	退出	增加	退出
河南		−15		
湖南		−20		
山东		−50		
江苏		−14		
上海		−38		−2
浙江		−3	7	
内蒙古		−5	6	

续表

地区	PVC		糊树脂	
	增加	退出	增加	退出
福建	10			
河北	6		3	
新疆	10		10	
湖南			1	
安徽			13	−6
小计	26	−145	40	−8
绝对值	−119		32	

在2014年总共退出的153万吨的聚氯乙烯产能中，绝大部分为粉状树脂，糊状树脂仅有8万吨；而2014年增加的66万吨聚氯乙烯产能中，糊状树脂占比高达61%，业内企业积极开拓市场，寻求差异化产品的发展模式初现端倪。不同于往年的是，2014年聚氯乙烯行业退出的153万吨产能，仅有中盐株洲化工的20万吨/年PVC装置为项目搬迁，其余产能均为彻底退出市场，聚氯乙烯闲置产能基数有明显的减少。

另外，华中、华南、华东的装置退出多是缺乏原料成本优势，又不依托一体化循环项目，在行业利润逐渐降低的环境下，被饱和的低端聚氯乙烯市场强制退市。

4．行业集中度得到不断提升

截至2014年底，中国国内具有PVC能力的企业数量为88家（包含具有闲置装置的企业），排除未按照集团标准进行加和计算外，单个企业的生产能力逐步提升。

从企业规模结构看，我国已出现超过百万吨级聚氯乙烯生产企业3家，规模在30万吨/年以上的企业数量达到了34家，且呈逐年增加的趋势。但与此同时，规模在10~30万吨/年的企业仍是国内聚氯乙烯行业的重要组成部分。此外，产能规模低于10万吨/年的企业较上年的19家略有减少。

2014年国内PVC行业产能规模归类

规模	企业数	产能合计/万吨	产能占比/%
≥100万吨	3	400	17
100万吨> 企业 ≥40万吨	19	913	38
40万吨> 企业 ≥30万吨	12	367	15
30万吨> 企业 ≥10万吨	37	610	26
10万吨> 企业	17	99	4
合计	88	2 389	100

二、聚氯乙烯行业产量继续稳步增长

2014年，虽然总体产能减少，但国内聚氯乙烯产量仍保持稳步的增长。虽然产量增幅较2013年有明显的降低，但在产能基数缩小的情况下，产量仍能保持 6.5%的增长率，说明国内聚氯乙烯装置综合利用率有明显的提高。

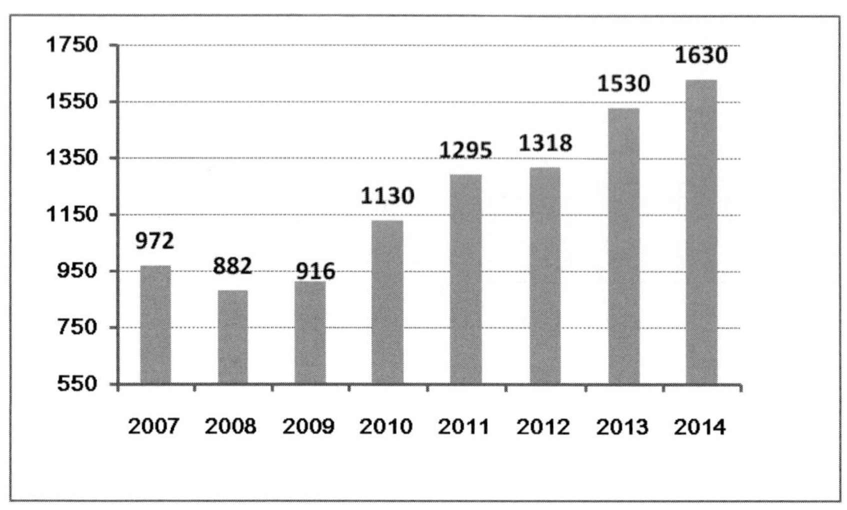

2007~2014年中国PVC产量变化图（单位：万吨）

备注：以国家统计局公布的当期数据为准

开工率是企业对市场价格与供应量进行及时调控的重要杠杆，对市场供需变化的反应较为及时。从近几年聚氯乙烯每年的平均开工率走势分析，自 2008 年经济危机后，国内聚氯乙烯装置整体开工负荷一直维持在低位，这与产能的快速增长不无关系。而随着近两年产能增速的放缓以及落后装置的淘汰，国内聚氯乙烯整体开工率有所回升。2014 年行业整体开工率达到了 68%，成为 2008 年金融危机后，行业综合开工率最高的年份。

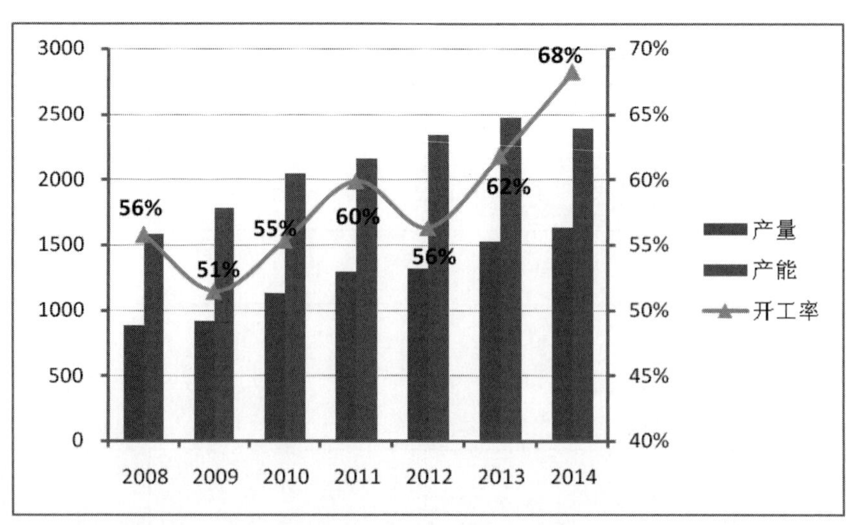

2008~2014年中国PVC装置开工率明细（单位：万吨；%）

三、聚氯乙烯行业积极参与国际贸易

2014 年，中国聚氯乙烯进出口贸易首次出现顺差。2014 年，中国进口聚氯乙烯总量为 68 万吨，而同期出口量达到了 111 万吨。

造成这一现象的原因是多方面的，首先，国内聚氯乙烯产业经过近几年的快速发展，产能产量快速增长，产品质量逐步提升，在国际上的竞争力不断加强，这是中国聚氯乙烯出口量不断加大的主观因素。其次，由于 2014 年前三季度，国际油价居高不下，除美国页岩气工艺外，国外主流的乙烯法 PVC 产品成本偏高，中国电石法工艺产品价格优势凸显，也在很大程度上刺激了出口热情。国内聚氯乙烯供需失衡的矛盾局面由来已久，出口量的持续稳定增长，为国内生产厂家提供了调节产销平衡，稳定市场价格的良好契机。

2008~2014 中国 PVC 纯粉进出口统计　　单位：万吨、美元/吨

	进口		出口	
	数量	均价	数量	均价
2008 年	80	1006	60	1066
2009 年	163	742	24	858
2010 年	120	967	22	966
2011 年	105	1062	37	1110
2012 年	94	981	39	944
2013 年	76	1029	66	950
2014 年	68	1065	111	922

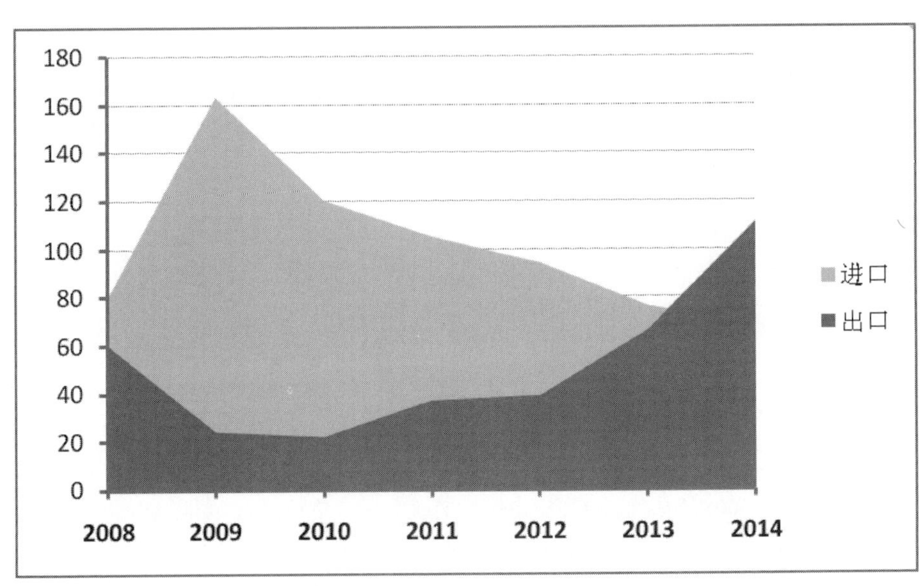

2008~2014年中国PVC纯粉进出口差值对比（单位：万吨）

（1）进口：2014 年美国、中国台湾以及日本继续保持在我国聚氯乙烯纯粉进口来源地的前三位，

从上述三个国家及地区的进口量占到总进口量的比例高达 91%。

（2）出口：从 2014 年我国聚氯乙烯纯粉出口流向看，印度继续保持中国聚氯乙烯出口贸易第一大国的位置。数据显示，截至年底，中国出口至俄罗斯联邦和印度的聚氯乙烯纯粉数量占总出口量的 47%。

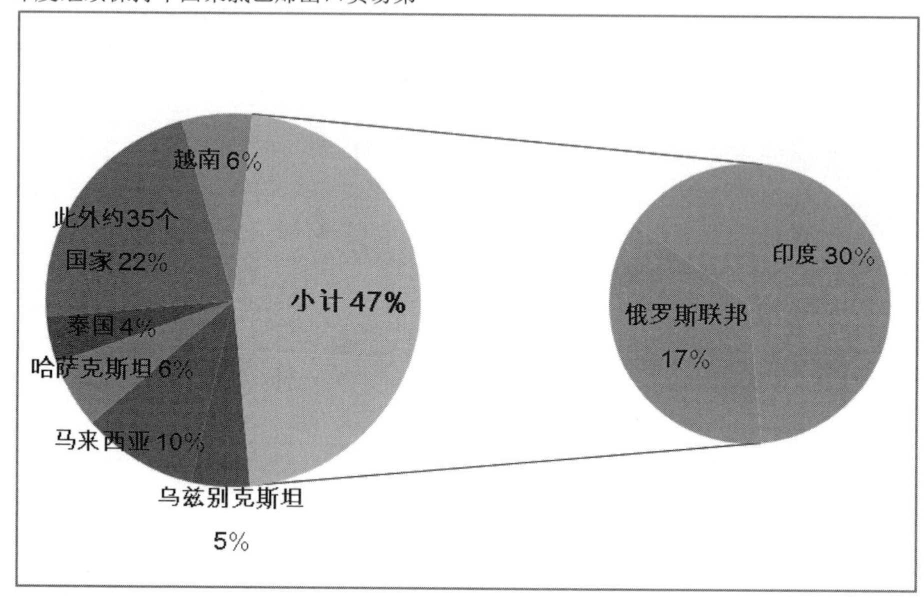

2014年中国PVC纯粉出口国别占比图

四、聚氯乙烯市场进入长期低位徘徊

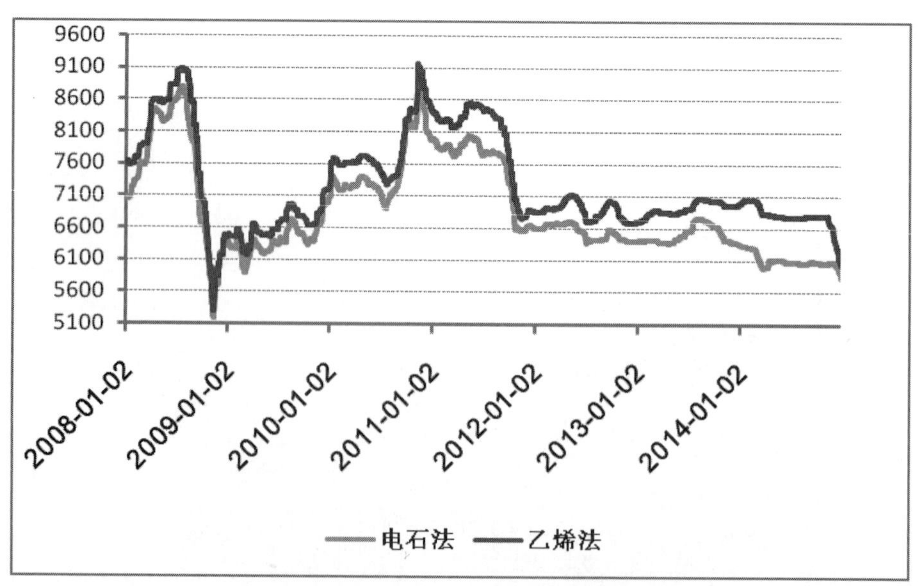

2008~2014年中国PVC市场价格变化图（单位：元/吨）

自 2012 年开始，国内 PVC 市场的价格趋于平稳，波动幅度较小。分析其原因，国际国内经济环境较为平稳，中国聚氯乙烯产业格局已基本形成，产能过剩的局面在短时间内难有缓解，价格长期在低位震荡徘徊，集中检修或运输问题会刺激市场小幅向好，但整体作用有限。

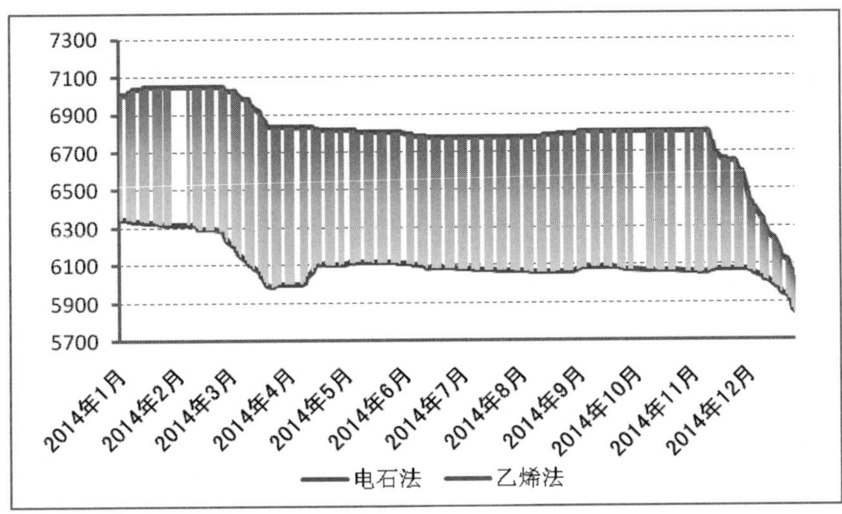

2014年中国PVC市场价格震荡变化（单位：元/吨）

2014 年国内聚氯乙烯市场价格走势整体可概括为：长期僵持一大幅走低。

（1）互影响：在 2014 年的大部分时间中，国内 PVC 市场的走势较为平稳，价格波动较小，乙烯料和电石料保持较高的差价，两种工艺路线产品之间的相互影响甚微。但在国际经济环境突变的情况下，这种影响作用就立即凸显。以华东地区为例，8 月份，当地电石料主流送到价格在 6 100 元/吨，乙烯料主流送到价格在 6 900 元/吨，产品差价在 800 元/吨；12 月初，当地电石料主流送到价格在 5 800 元/吨，而乙烯料的主流送到价格降至 6 000 元/吨，差价仅为 200 元/吨。在此期间，国际油价下调幅度超过 40%，乙烯工艺企业盈利明显改善，而国内电石价格下跌甚微，电石工艺企业压力增大，但为保证出货，只得跟降价格。乙烯法对电石法的影响作用凸显。

（2）涨乏力：纵观 2008~2013 年国内聚氯乙烯价格走势，不难发现，国内 PVC 行情从未出现过如 2014 年般长久低位徘徊的情况。在超过半年的时间内，主流成交价格在 50 元/吨的区间内持续震荡。厂家和贸易商几番刺激市场，试图上调价格，但均因下游反应的冷清而难以成行。分析认为，国内 PVC 市场长久处于供需失衡的矛盾局面，市场货源量充足，下游采购心态平稳，在货源短暂减少或炒作上涨的情况下，多持观望态度。其中，9-10 月份西北、华北等地 PVC 装置集中检修亦未能有效拉动价格重心的回暖。

五、聚氯乙烯行业加强与上下游产业链的联系

（一）上游——西部大型聚氯乙烯工厂坚持走一体化发展道路

（1）电石：近两年，国内大型氯碱企业“电石—氯碱”配套一体化的循环经济已形成规模，随着循环经济在氯碱及相关行业中进一步深入推行，未来“电石—氯碱”一体化项目在电石行业中所占的比重还将进一步增大。2014 年氯碱企业配套电石的数量接近 20 家。

国内年产能在 60 万吨级以上的大型电石生产企业产能合计超过 1 300 万吨，占国内电石总产能比重较大，但大型电石企业的数量相对于国内企业总数有限，国内电石企业整体竞争实力不强的状况仍较为突出。

（2）乙烯基：对比近几年中国进口 EDC/VCM 价格可看出，2014 年平均价格在近几年中处于较高位置。2014 年前三季度，国际油价居高不下，进口单体价格亦高于往年水平，国内乙烯法 PVC 厂家成本压力加大，售价与电石料保持较高差价，企业盈利情况不佳，开工负荷难有提升。

进入 2014 年四季度，在国际油价大幅下跌的环境下，进口 EDC/VCM 的价格亦有明显的回落，国内乙烯法 PVC 厂家开工有所恢复，产品售价下调，与电石料的差距快速较小，企业出货顺畅，销售压力逐渐转移到电石料厂家方面。

总体来讲，EDC 和 VCM 的价格高低直接影响了乙烯料的成本，在 10 月之前，其所以受 PVC 市

场疲软走势的影响较小，主要在于乙烯等成本方面的坚挺支撑。10 月起，随着原油破位下行，乙烯价格大幅下滑，EDC 与 VCM 持续跟跌。全年 EDC 高低价差为 135 美元/吨，幅度达 27.3%；全年 VCM 高低价差为 145 美元/吨，幅度达 14.7%，同样的，EDC 于 VCM 相对乙烯的跌势也存在滞后性，下滑的趋势仍将持续。二氯乙烷内外盘价差较大，受制于进口权的制约，外盘对国内市场影响减弱。

2007~2014 年中国进口乙烯及乙烯基数量列表　　单位：万吨

	2007 年	2008 年	2009 年	2010 年	2011 年	2012 年	2013 年	2014 年
EDC	35	84	57	36	40	56	66	69
VCM	87	81	138	108	93	57	66	65
乙烯	51	72	97	82	106	142	170	150

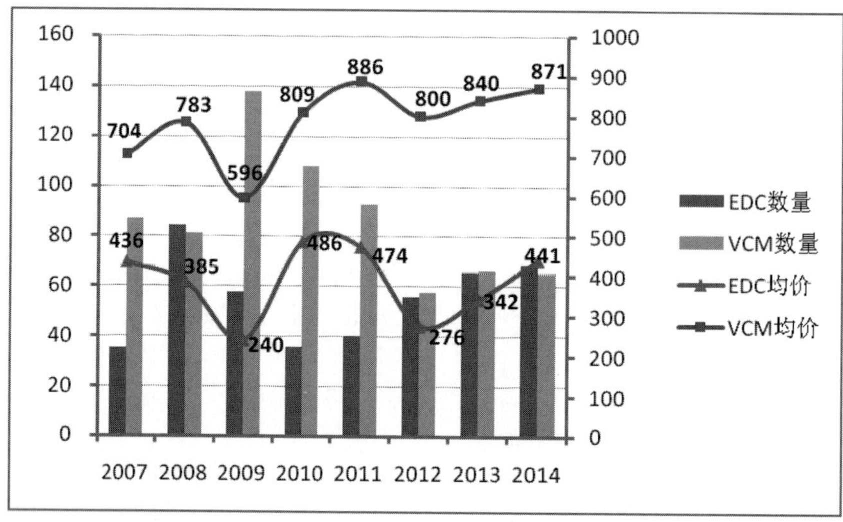

2007~2014年中国进口EDC/VCM数量及价格对比图（单位：万吨；美元/吨）

（二）下游——聚氯乙烯消费市场面临更多的挑战

聚氯乙烯是五大通用树脂中产量最大的产品，广泛应用于包装材料、人造革、塑料制品等软制品和异型材、管材、板材等硬制品。聚氯乙烯树脂在生产和使用上比传统建筑材料节能，是国家重点推荐使用的化学建材。

管材、管件和型材、门窗是中国 PVC 消费的两大下游，合计消费比例达到 56%。其中，管材行业发展较为迅速，年均增长率保持在 7%左右，2014 年总产量将达到 1 300 万吨，但其中 PVC 管材所占的比重呈现逐年下降的趋势，2014 年占比估计将降至 50%左右。受制于国家房产调控政策，国内塑料型材产量在 2014 年出现负增长，估计全年总产量在 450 万吨左右，相比 2013 年的 500 万吨，减少约 10%。

2007~2014 年中国 PVC 表观消费量变化　　单位：万吨

	产量	进口	出口	表观消费	
				消费量	增长率/%
2007 年	972	110	71	1 011	13

续表

	产量	进口	出口	表观消费	
				消费量	增长率/%
2008 年	882	80	60	902	−11
2009 年	916	163	24	1 055	17
2010 年	1 130	120	22	1 228	16
2011 年	1 295	105	37	1 363	11
2012 年	1 318	94	39	1 373	1
2013 年	1 530	76	66	1 540	12
2014 年	1 630	68	111	1 587	3

六、未来聚氯乙烯行业的思考

——乙烯法与电石法 PVC 共同发展，行业转型升级

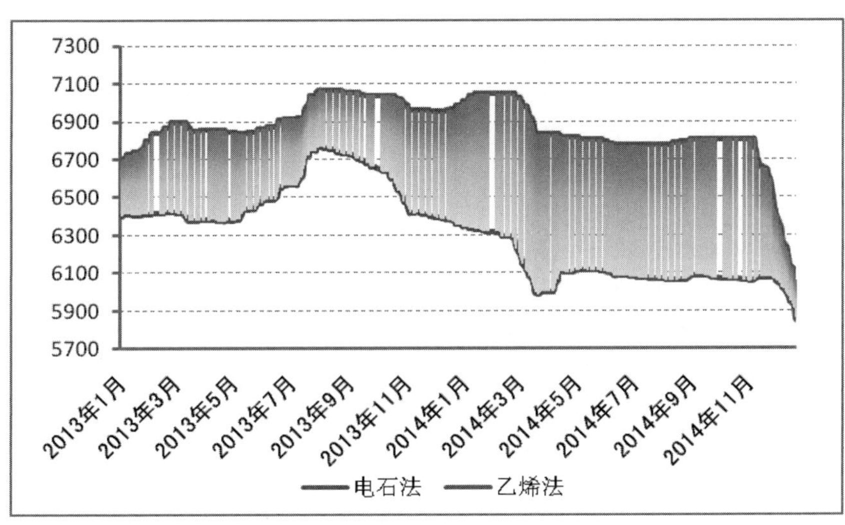

2013~2014年中国电石法、乙烯法PVC对比走势　（单位：元/吨）

从上图可以看出，2013~2014 年间国内两种工艺聚氯乙烯存在明显的销售差价。在 2014 年上半段，由于国际原油持续高位，乙烯成本居高不下，产品差价达到 1 000 元/吨以上。自 2014 年 9 月份开始，由于国际油价的连续下滑，乙烯价格大幅下调，两种工艺产品差价急速缩小。

具体分析来看，国际油价下跌，带动乙烯原料价格走低，直接反应到 PVC 行业的结果是，乙烯法 PVC 成本降低，产品价格可随之下调，由于国内电石料在产品质量和出口方面与乙烯料仍有一定的差距，产品差价的减小，对电石料的销售造成极大的影响。从 2014 年四季度电石料价格走势可明显看出，在原料电石价格下调并不明显的情况下，受国际原油价格走低的影响，电石料产品行情大幅下跌。

国际油价连创新低，且业内对 2015 年价格的预期并不乐观，中国电石法 PVC 仍将持续受其影响。但在短时间内，乙烯法 PVC 并无完全替代电石法的可能。2014 年国内 PVC 表观需求量为 1 587 万吨，而国内乙烯工艺装置总能力仅为 400 万吨，加上进口 68 万吨，远远无法满足国内需求，电石法 PVC 仍将是中国聚氯乙烯行业的最重要的组成

部分。

长期以来，我国 PVC 行业一直是以电石法和乙烯法两种工艺路线并存的现状发展。受我国富煤、贫油、少气的能源现状以及之前相对宽松的环保政策影响，自 2003 年以后电石法 PVC 工艺路线得到了快速发展，尤其是煤炭资源丰富的如新疆、内蒙古、陕西等西北地区。截至 2014 年底，我国 PVC 产能 2 389 万吨，其中电石法 PVC 产能 1 989 万吨，占总产能的 83%，单体法/混合法/乙烯法 400 万吨，占总产能的 17%。

——乙烯原料来源多元化的新探索

国内电石法和乙烯法 PVC 的博弈由来已久，但一种新技术的推广，给这种博弈，特别是电石法 PVC 的发展带来新的不确定性。

2013 年中国乙烯产量为 1 623 万吨，传统的裂解乙烯产量为 1 554 万吨，占总产量的 95.7%，仍占据绝对的统治地位。但可喜的是，其他原料路线的乙烯产量有所增长，特别是煤制烯烃路线所生产的乙烯达到 61 万吨，占乙烯总产量的 3.8%。乙烯来源的多样化，带来乙烯成本明显降低。当国际油价居于高位时，国内煤制烯烃工艺可为 PVC 行业提供稳定的廉价乙烯原料，从而加速乙烯法 PVC 的产业布局，与电石法的竞争将更加凸显。

另外，美国页岩气产业爆发式发展，其国内乙烯总产量中，93%为天然气工艺所得，页岩气的利用拉低了美国天然气价格，从而降低了乙烯制造成本，使美国乙烯在国际上的竞争力大大增强。

电石法 PVC 与乙烯法 PVC 的博弈，已发展为煤、原油、天然气的博弈，三种原料价格的走势变化，将直接影响电石法 PVC 和乙烯法 PVC 的发展。

——同质化产品竞争加剧，聚氯乙烯工业寻找差异化发展的新思路

2014 年，国内聚氯乙烯行情持续低迷，生产厂家和中间商利润空间被严重压缩，这与国内产能严重过剩，产品结构过于单一有着直接的关系。普通粉状树脂产量的增长明显高于下游需求的增长，市场难寻利好的支撑。

在这种环境下，国内氯碱企业积极寻求差异化的产品，希望规避无序竞争造成的利润率下降。特种树脂和 PVC 专用料的品种和产量出现明显增长。

特种树脂和 PVC 专用料品种丰富，消费领域广泛，其概念也比较笼统，没有比较严格的界限之分。通过物理的、化学的、物理和化学相结合的、甚至机械的方法，通过共聚、均聚、共混、填充、增强等方法，改善或增加 PVC 的功能，在电、磁、光、热、耐老化、阻燃、机械性等塑料材料的性能方面，发生人们预期的变化或赋予材料在特殊环境条件下使用的功能而得到的全新的材料。

根据相关资料介绍，目前全球特种和专用 PVC 树脂牌号有 3 000 种之多，国外一些著名的 PVC 生产商产品牌号达到 350 种之多，同时还生产相当数量的特种 PVC 产品。初步统计，全球特种 PVC 树脂总产能约 562 万吨，总产能和消费总量占 PVC 总量的 10%左右。未来一段时间内，发展特种树脂和 PVC 专用料仍是国内企业积极寻求出路的正确方向。

（中国氯碱工业协会　张文雷）

塑料机械

2014 年中国塑料机械工业发展报告

2014 年是全面贯彻落实党的十八届三中全会精神、全面深化改革的第一年，也是中国塑机行业促发展、转方式、调结构，全面实现“十二五”规划目标的关键一年。进入 2014 年以来，面对异常复杂的国际国内经济形势，中国塑料机械行业坚持稳中求进、改革创新，稳扎稳打、步步为营，克服诸多困难，取得来之不易的新成绩。

本行业报告共分三部分：一、当前塑机行业面临的形势；二、2014 年中国塑料机械行业发展情况；三、中国中西部塑料橡胶市场发展现状与趋势。

一、当前塑机行业面临的形势

从国际形势来看，欧美发达经济体风险有所减缓，经济缓慢复苏；而主要新兴经济体的增速整体下滑趋势明显，各自面临不同的发展困境与瓶颈。

大国关系复杂化进一步加剧，制衡与反制衡不断上演、冲突与合作交叠并存。面对大国之间的战略博弈和频繁的局部动荡与争端，国际安全环境的复杂性、敏感性和不确定性显著增大，塑机行业国际市场面临新一轮挑战。发达国家凭借其技术和人才优势，仍然占据着世界塑机市场的重要地位。如德国、意大利、日本等国的精密、大型、高端塑机产品，由于具有高技术含量、高附加值的优势，市场份额仍然在世界遥遥领先，对中国塑料机械产业形成较大压力。同时，世界各国围绕市场、资源、人才、技术、标准等各方面的全球竞争越演越烈，各种形式的贸易保护主义使得中国塑机行业所面临的外部环境更趋复杂多变。印度对华注塑机发起反倾销日落复审，希冀继续以高额的反倾销税进一步阻止物美价优的中国注塑机进口到印度市场。面对贸易保护主义的抬头，中国塑料机械工业协会积极引领行业企业在日益激烈的国际市场中充分了解国际规则，主动维护自身权益。目前，协会正在牵头应诉印度对华注塑机反倾销日落复审，并就印度消费税和海关中央委员会在日落复审期间单方面将对中国的反倾销税延期一年向印度德里高院提起诉讼，目前该案已被受理。

从国内形势来看，适应新形势下中国经济发展的需要，党的十八大后新领导层在着力推动全面深化改革的基础上，对宏观调控原则、方针、策略进行了重新审视，对现阶段经济形势特征提出全面分析判断，实施宏观调控政策系统调整与创新。在“稳”字当头的宏观调控基础上，中国经济呈现出“经济增速换挡期、结构调整阵痛期和刺激政策消化期”三期叠加的态势，宏观经济将在相当一段时期处于增速收缓并面临下行压力状态，这对于为国民经济各领域提供专用装备的塑机行业而言，势必对内需会带来一定的冲击，但是我们更应充分把握全面深化改革的机遇，苦下功夫促进转型升级、推动自主创新、实施高端发展战略，切实推进中国塑机由大变强的转变。

从产业形势来看，经过 50 多年的发展，中国塑料机械工业已经形成了门类齐全、基础牢固、具有世界最大规模和一定技术水平、能够基本满足国民经济需求，并且具有相当国际竞争力的产业体系，并取得了令人瞩目的一系列成就。截至 2014 年，中国塑料机械工业的生产产量已经实现连续 14 年位居世界第一，是进入新世纪以来中国机械工业中增长最快的产业之一，也是名符其实的世界塑料机械生产大国、消费大国和出口大国，在全球塑机市场具有举足轻重的地位。这个民营经济约占 95% 以上的行业，经过 50 多年的自我发展和淘汰，中小企业不断崛起，产业层次逐步提升，经济总量迅猛增长，小行业展现出大气魄。特别是随着政府主管部门的不断重视，支持塑料机械行业的发展先后上升为国家战略性新兴产业，吸引着世人广泛关注的目光，行业地位和影响力也显著提升。

随着汽车向轻量化、环保化方向发展，塑料在汽车工业中的应用将越来越广泛，一个塑料化的汽车工业时代即将到来；全球医疗器械市场发展趋势可与汽车和信息产业相比，正在成为世界经济的一个支柱产业。随着老龄化人口的增加，心脏起搏器、人工晶状体、人工髋关节、人工膝关节等生物材料和植入体的需求不断增加，医用塑料具有市场需求大、发展潜力大和利润大等特点。由于所有塑料均需经过塑料机械这个“工作母机”的加工，才能成型为各种塑料制品，因此，塑料机械产业拥有非常广阔的市场前景。

塑料在航空航天、军事领域的应用。

制作中的飞机头部

大飞机的机身部件

节能飞机

太阳能飞机模型

航空服

聚氨酯泡沫驾驶舱

防弹衣

塑料在交通工具领域的应用。

机动车轻量化的塑料件

车辆前后高强度保险杠

汽车仪表盘

高强度塑料碳纤维车架

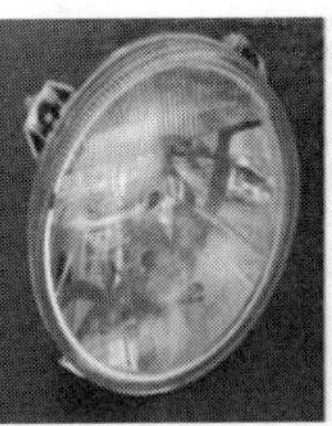

新颖车灯

新型塑料发动机箱体

重量不足1 000千克的电动跑车

环保塑料机身电动概念车

可充电太阳能车棚

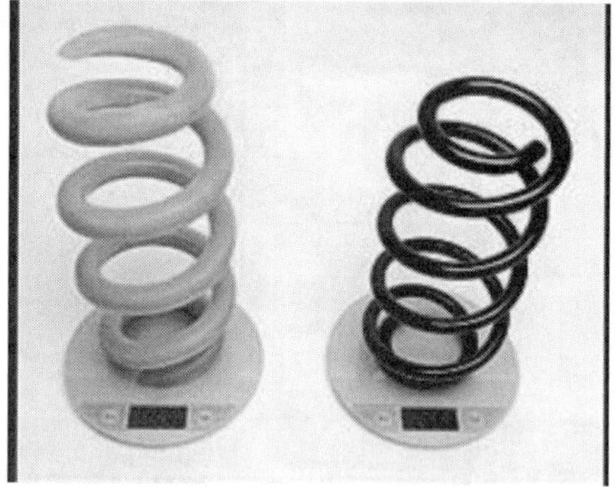

纤维玻璃增强环氧车用弹簧（左）
对照传统铁弹簧（右）

塑料摩托车

透明船

塑料代替金属制造轮胎防滑链

塑料在医疗领域的应用。

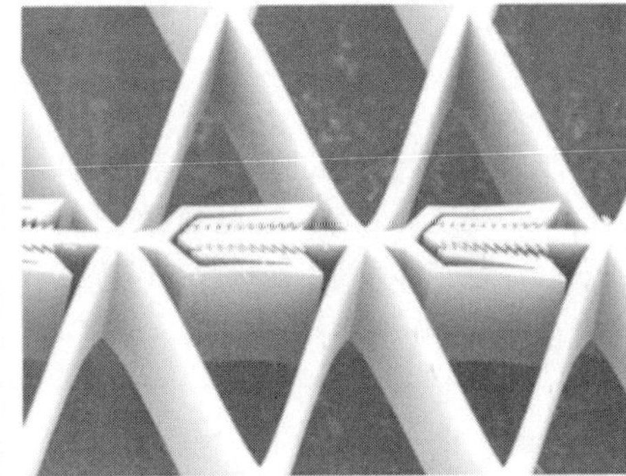

医用人体心脏支架

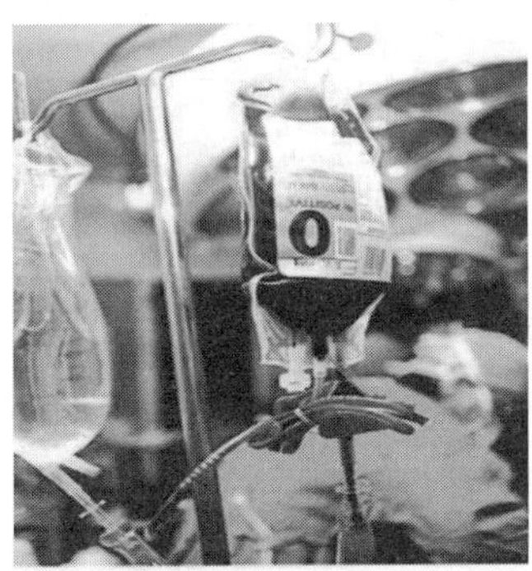

医药输血器材

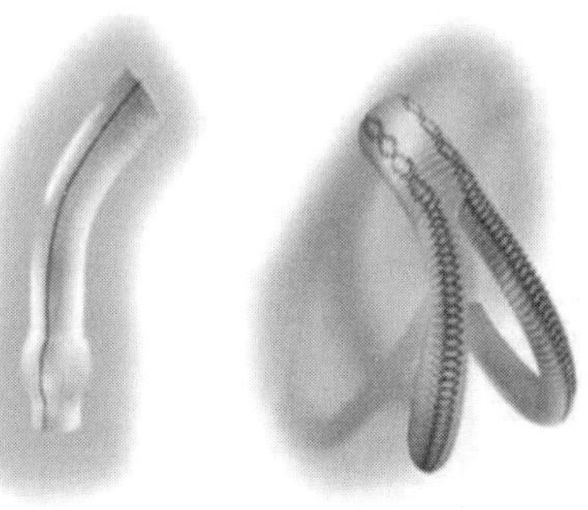

人工血管

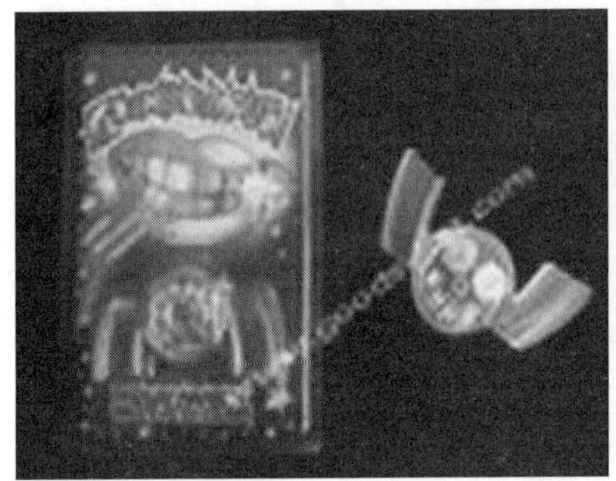

发光牙套

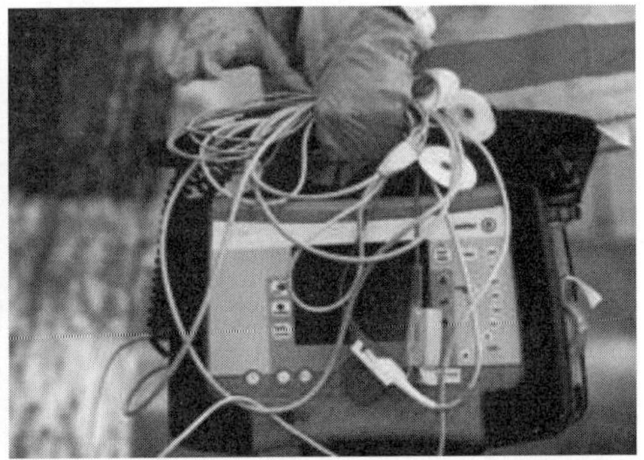

医用器材

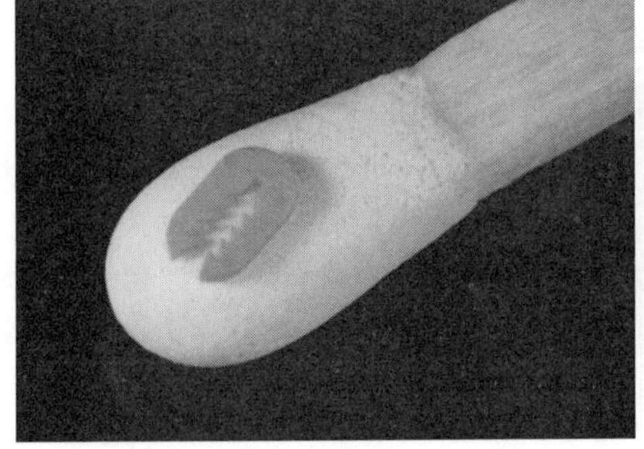

注射成型医用夹子重量仅0.003g

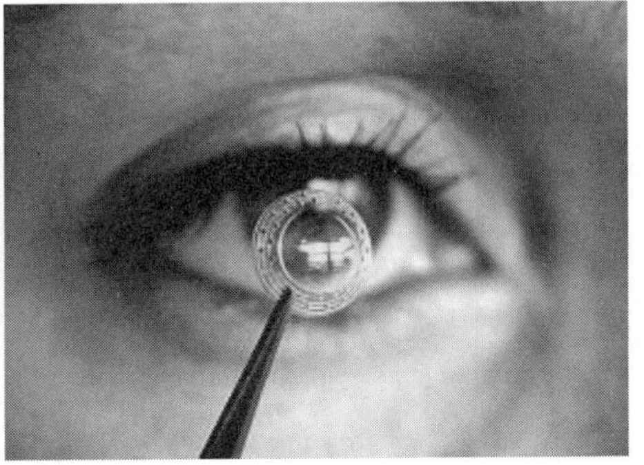

人造角膜

多年来，国家领导对塑料机械行业的发展非常关心和重视，对塑料机械工业充满关爱和期待。当前，塑料机械作为单列行业已列入国家《装备产业技术进步和技术改造投资方向》《重大技术装备自主创新指导目录》《产业关键共性技术发展指南》《节能机电设备（产品）推荐目录》《“数控一代”装备创新工程》等，这些都为中国塑机行业调结构、促发展，为中国塑机企业加快技术进步与升级改造起到积极的政策拉动作用。

二、2014 年中国塑料机械行业发展情况

（一）中国塑机行业概况

面对国内外经济下行压力和诸多市场不确定因素，中国塑料机械行业坚持发展主线。2014 年我国塑料机械行业规模以上企业达 397 家，同比增长 5.6%；其中亏损企业数 70 家，亏损面 17.63%；亏损额 2.54 亿元，同比增加 77.6%。总体来看，行业出口交货值、主营业务收入、利润总额均实现同比增长，三项指标分别较上年同期增长 23%、7%、7%。其中，第一季度分别较上年同比增长 10%、11%、19%；第二季度分别较上年同比增长 11%、8%、7%；第三季度分别较上年同比增长 52%、9%、34%；进入第四季度，利润总额增幅有所放缓，10 月同比下降 6%、11 月同比下降 11%、12 月同比下降 15%，第四季度利润整体同比下降 12%。从环比来看，2014 年二季度利润总额较一季度增长 51%、三季度较二季度增长 19%、四季度较三季度增长 16%。

2014 年我国塑料机械行业规模以上企业主要经济指标统计详见表 1 和图 1。

表 1　2014 年我国塑料机械规模以上企业主要经济指标

序号	指　标	金　额/亿元	同比增长/%
1	出口交货值	90.49	23
2	主营业务收入	531.99	7
3	利润总额	48.04	7
4	主营活动利润	40.55	−6.37
5	流动资产	352.16	1.62
6	应收账款	99.55	8.6
7	存货	103.1	3.85
8	产成品	33.23	1.8
9	资产总计	565.18	9.12
10	负债总计	267.25	9.12
11	主营业务成本	420.93	4.48
12	主营业务税金及附加	2.95	9.78
13	销售费用	26.52	12.17
14	管理费用	36.81	5.82

续表

序号	指 标	金 额/亿元	同比增长/%
15	财务费用	4.23	6.43
16	利息支出	4.21	6.85
17	税金总额	18.62	2.29
18	应交增值税	15.67	1

注：数据来源于国家统计局。

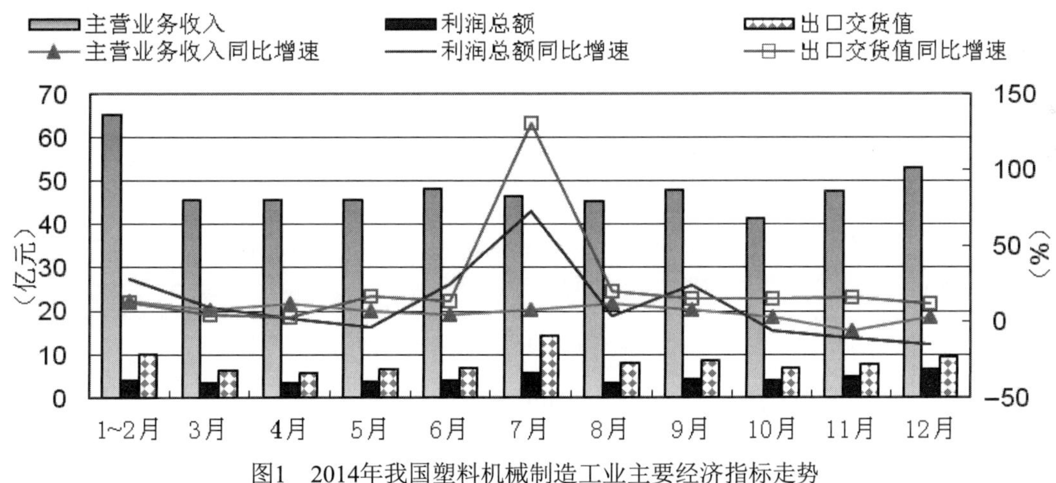

图1 2014年我国塑料机械制造工业主要经济指标走势

注：数据来源于国家统计局。

进出口方面，根据海关数据统计，1~12 月我国进口塑料机械 21 734 台，进口金额约 19.8 亿美元，分别同比增长 116%和 9%，进口平均单价由 2013 年同期的 18 万美元/台下降至 9 万美元/台；进口平均单价下降较大主要是由于 11 月税号为 84 775 990 的其他模塑或成型机器进口了 4 826 台，进口数量同比增长 659%，而此税号当月进口金额仅为 476 万美元。

进口增长主要集中在注塑机、其他注射机和塑料造粒机。其中注塑机进口 7 380 台，同比增长 29%，进口金额约 7.5 亿美元，同比增长 9%；其他注射机进口 398 台，同比增长 26%，进口金额约 6 472 万美元，同比增长 25%；塑料造粒机进口 214 台，同比增长 16%，进口金额近 2.15 亿美元，同比增长 62%。

按进口来源地来看，2014 年 1~12 月从德国进口保持稳定增长，从中国台湾、意大利、美国、奥地利进口增长较快，从日本、法国和瑞士进口的金额有 10%左右幅度的同比下降，而从韩国进口金额同比下降 40%。

2014 年 1~12 月，我国出口塑料机械 23 058 4 台，出口金额约 18.5 亿美元，分别同比增长 71%、7%，出口平均单价 0.8 万美元/台。其中 10 月出口数量同比增长 587%，主要为税号 84 775 990 其他模塑或成型机器当月出口 19 368 台，出口金额仅为 742 万美元；11 月出口数量同比增长 86%，主要是由于当月税号为 84 775 910 的 3D 打印机出口了 11 277 台、出口金额 1 174 万美元；贸易逆差约 1.3 亿美元，同比增长 45%。

注塑机和塑料中空成型机出口增长稳定；挤出机出口数量同比增长 141%，出口金额同比增长 6%；吹塑机虽然出口数量同比下降 86%，但出口金额依然保持 2%的同比增幅；塑料压延成型机出口数量和金额分别同比下降 9%、18%。

从出口走向分布来看，2014 年出口至越南、美国、土耳其和伊朗市场无论从数量还是金额来看均实现同比大幅增长，而出口至泰国、印度尼西亚、巴西、印度、俄罗斯和马来西亚市场则呈现不同幅度的下滑。

2014 年我国塑机进出口情况详见表 2~表 5，图 2~图 6。

表 2　　2014 年我国塑机产品进出口总量

月份	进口					出口					贸易逆差/万美元
	数量/台	金额/万美元	平均单价/（万美元/台	数量同比增长/%	金额同比增长/%	数量/台	金额/万美元	平均单价/（万美元/台）	数量同比增长/%	金额同比增长/%	
1	829	18 671	23	26	27	17 434	17 156	1.0	26	14	1 515
2	2 108	11 292	5	533	36	3 228	10 392	3.2	−38	−9	900
3	1 879	18 643	10	124	16	16 086	13 936	0.9	331	17	4 707
4	1 405	16 312	12	64	1	14 586	15 050	1.0	−71	23	1 262
5	990	15 875	16	20	9	17 386	15 265	0.9	188	5	610
6	1 191	19 266	16	59	56	14 860	14 924	1.0	125	−4	4 342
7	1 346	15 789	12	25	−9	31 430	15 149	0.5	473	−3	640
8	1 403	18 932	13	27	−3	16 354	15 374	0.9	175	−2	3 558
9	1 483	15 511	10	36	−7	22 255	15 608	0.7	313	11	−97
10	1 201	13 435	11	49	−21	33 844	15 042	0.4	587	9	−1 607
11	6 218	17 309	3	659	44	21 449	17 689	0.8	86	17	−380
12	1 681	16 400	10	88	−3	21 672	18 673	0.9	40	7	−2 273
合计	21 734	197 435	9	116	9	230 584	184 258	0.8	71	7	13 177

注：数据来源于中国海关。

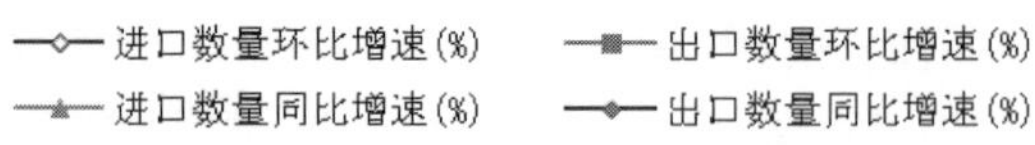

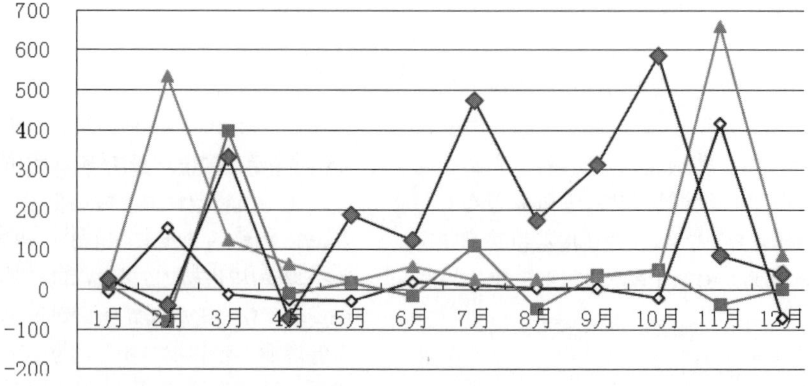

图2　2014年我国塑机进出口数量增速走势

注：数据来源于中国海关。

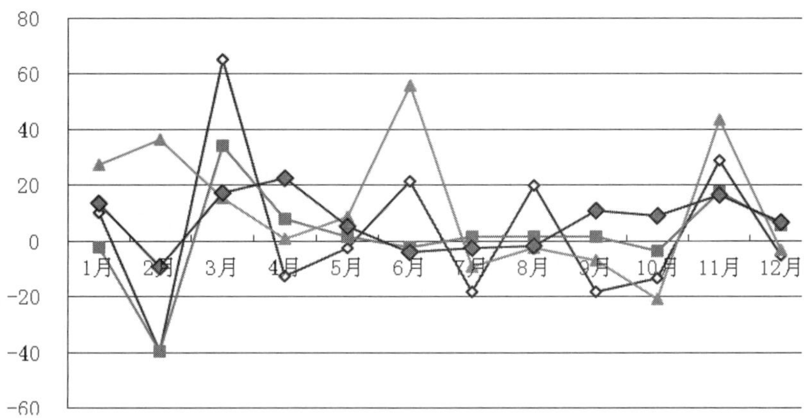

图3　2014年我国塑机进出口金额增速走势

注：数据来源于中国海关。

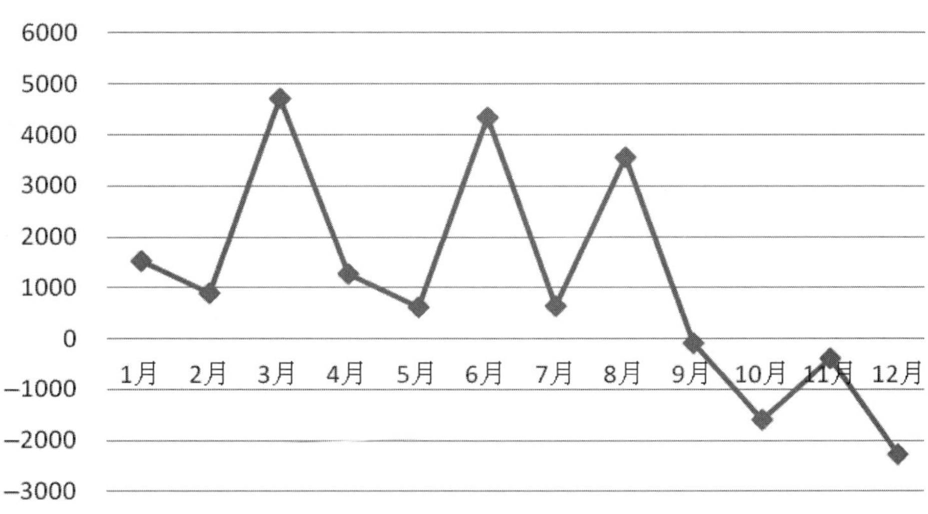

图4　2014年我国塑机贸易逆差

注：数据来源于中国海关。

表 3　　2014 年我国塑机产品进出口分税号统计

序	税号	名称	进口				出口			
			数量/台	数量占比/%	金额/万美元	金额占比/%	数量/台	数量占比/%	金额/万美元	金额占比/%
1	84771010	注塑机	7 380	33.96	74 665	37.82	25 082	10.88	100 779	54.69
2	84771090	其他注射机	398	1.83	6 472	3.28	1 037	0.45	2 985	1.62
3	84772010	塑料造粒机	214	0.98	21 460	10.87	3 693	1.60	8 428	4.57

续表

序	税号	名称	进口				出口			
			数量/台	数量占比/%	金额/万美元	金额占比/%	数量/台	数量占比/%	金额/万美元	金额占比/%
4	84772090	其他挤出机	895	4.12	41 518	21.03	26 567	11.52	26 016	14.12
5	84773010	挤出吹塑机	92	0.42	8 240	4.17	2 105	0.91	6 651	3.61
6	84773020	注射吹塑机	88	0.40	3 112	1.58	522	0.23	833	0.45
7	84773090	其他吹塑机	94	0.43	9 007	4.56	6 320	2.74	11 060	6.00
8	84774010	塑料中空成型机	78	0.36	1 856	0.94	1 549	0.67	4 765	2.59
9	84774020	塑料压延成型机	97	0.45	2 855	1.45	1 431	0.62	2 318	1.26
10	84774090	其他真空模塑机器及其他热成型机器	824	3.79	14 765	7.48	6 187	2.68	7 466	4.05
11	84775910	3D 打印机	6 199	28.52	4 183	2.12	53 902	23.38	2 464	1.34
12	84775990	其他模塑或成型机器	5 375	24.73	9 303	4.71	102 189	44.32	10 493	5.69
合　计			21 734	100	197 436	100	230 584	100	184 258	100

注：数据来源于中国海关。

表 4　　2014 年我国塑机进口地排名前 10 位

序	名称	数量/台	金额/万美元	平均单价/（万美元/台）	数量占比/%	金额占比/%	数量同比增长/%	金额同比增长/%
1	德国	1 157	64 233	56	5.32	32.53	4.42	10.35
2	日本	4 340	57 621	13	19.97	29.18	13.02	−3.31
3	中国台湾	1 947	27 811	14	8.96	14.09	14.94	47.89
4	意大利	255	10 960	43	1.17	5.55	59.38	14.55
5	美国	3 147	7 537	2	14.48	3.82	143.76	23.34
6	韩国	658	7 379	11	3.03	3.74	−26.23	−40.28
7	奥地利	147	5 590	38	0.68	2.83	40.00	36.98
8	中国	5 405	3 519	1	24.87	1.78	1 352.96	34.53
9	法国	65	2 601	40	0.30	1.32	12.07	−6.61
10	瑞士	46	2 449	53	0.21	1.24	35.29	−10.89
合　计		17 167	189 701	11	78.99	96.08	79.68	7.25

注：数据来源于中国海关。

表 5 **2014年我国塑机出口地排名前10位**

序	名称	数量/台	金额/万美元	平均单价/（万美元/台）	数量占比/%	金额占比/%	数量同比增长/%	金额同比增长/%
1	越南	4 518	14 081	3.1	1.96	7.64	51.05	23.76
2	美国	41 598	10 919	0.3	18.04	5.93	103.73	36.99
3	土耳其	2 216	10 723	4.8	0.96	5.82	29.51	28.67
4	伊朗	3 328	9 864	3.0	1.44	5.35	92.59	111.95
5	泰国	2 061	9 718	4.7	0.89	5.27	9.16	−18.12
6	印度尼西亚	2 458	9 347	3.8	1.07	5.07	−27.60	−29.57
7	巴西	1 700	6 964	4.1	0.74	3.78	−19.39	−16.60
8	印度	2 396	6 948	2.9	1.04	3.77	−2.28	−6.25
9	俄罗斯	2 683	6 543	2.4	1.16	3.55	−9.36	−16.68
10	马来西亚	2 376	6 334	2.7	1.03	3.44	−11.41	−1.84
合 计		65 334	91 442	1.4	28.33	49.63	54.33	4.45

注：数据来源于中国海关。

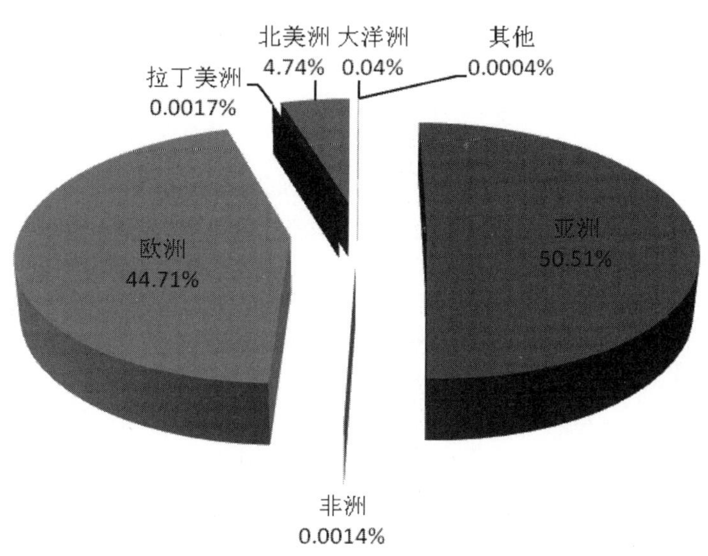

图5 2014年我国塑机进口金额洲际分布

注：数据来源于中国海关。

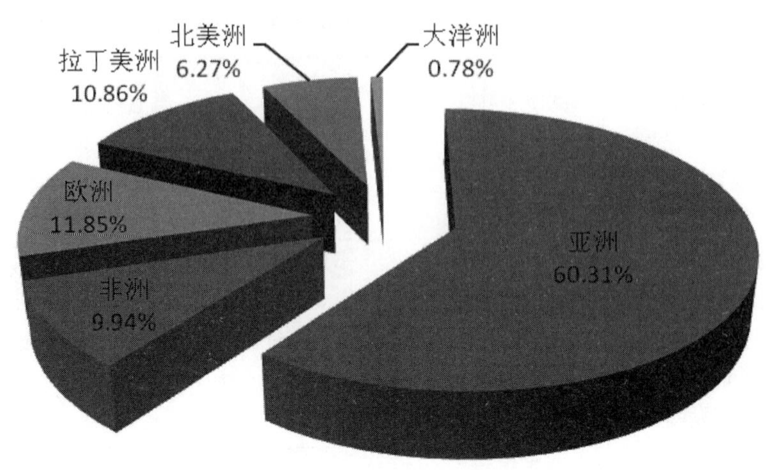

图6　2014年我国塑机出口金额洲际分布

注：数据来源于中国海关。

（二）地方塑机产业集群发展情况

在中国环渤海、长三角和珠三角三大区域，已形成了 10 多个以专业生产注塑机、挤出生产线、中空成型机及配附件等为特色的产业集群。其中，在长三角区域，形成了一批以专业制造注塑机为主的产业集群。例如，以生产注塑机闻名的宁波市，被授予“中国塑机之都”称号；注塑机产量最大的宁波北仑产业集群，入选中国社会科学院发布的“中国百佳产业集群”名单。在珠三角区域的广州、顺德、深圳等地，形成了多个制造注塑机产品的生产基地。当前，这些产业集群正在由“低、小、散”向“园区化”“集群化”转变，正在形成特色发展、协同配套、生产规模大、科技含量高、竞争能力强的新优势。

各地方塑机协会在推动产业集群发展中也发挥了积极的促进作用。例如，2014 年上半年，在张家港塑料饮料机械协会的组织协调下，有 62 家当地企业共申报国家专利 82 项，其中发明专利 15 项；推荐了 3 家符合申报江苏省高新技术的企业申报省级高新技术企业，2 家申报省级工程中心，3 家申报苏州市工程中心。为帮助协调解决人才供需矛盾，张家港塑料饮料机械协会还集中组织会员企业参加 2014 年张家港地区校园招聘会，促进校企之间的合作。

1．宁波市塑料机械行业情况

近年来，随着国家“调结构，稳增长”一系列宏观政策的出台，为宁波市工业持续发展提供了新的活力和动力，各种有利企业发展的因素不断聚集，企业发展的信心增加，市场预期普遍向好的方向转化。不少企业，特别是宁波市大型塑料机械骨干企业积极拟订发展计划，扩大投资规模，加大重大技改项目的建设力度，努力调整产品结构，以求更大发展。

2013 年宁波市规模以上塑料机械制造企业有 75 家，从业人员 1.56 万人，规模以上企业工业总产值 147.57 亿元，工业销售产值 127.4 亿元，主营业务收入 140.46 亿元，利润总额 21.21 亿元，主营业务收入利润率自 2010 年以来一直平稳保持在 12%以上，2013 年达到 15.1%，远高出整个塑机行业 8.98%的平均水平。

当前，宁波市塑料机械产品结构调整已取得阶段性成果，市场竞争力大幅提高。近年来一批具有自主知识产权、能替代进口的新品相继上市，如全电动注塑机、精密注塑机、大型二板机、多色注塑机以及多种专用机等。这些设备大量进入国内中、高端塑料机械市场，部分已替代进口，并出口道国际市场。伺服注塑机等节能机已逐步成为企业产销主力，加上中高端塑料机械，出货量已占到 80%以上。

以宁波海天为代表的行业重点骨干企业综合实力雄厚，运行良好，规模不断扩大。据统计，宁波市前 10 家主要塑料机械制造骨干企业占宁波市行业销售额的 67%左右，对全市塑料机械工业主营业务收入增长贡献率达到 72.4%。

2．张家港塑料饮料机械制造行业情况

张家港市塑料机械制造行业注册登记的企业

有258家，年产值50多亿元，主要生产挤出机、中空成型机、混合机、废塑料回收造粒机、注塑机、塑木型材生产线及蜂窝板生产线等。当前，挤出机制造行业由于受国家房地产调控政策的影响，以及国际经济复苏迟缓等多种因素影响，市场需求不旺，加上挤出机行业产能严重过剩，导致张家港市的挤出机生产企业举步维艰，困难重重，大多处于亏损状态，其中很多塑料机械企业采取转产其他机械产品以扭转亏损。

中空成型机生产企业效益普遍较好，主要原因是随着人民生活水平的提高，对包装产品需求越来越多，其中以饮料和食品包装产品需求最为旺盛，加上其他需要中空塑料制品的行业进一步扩大，刺激了中空塑料成型机的产能进一步扩大。一般企业的产能增幅均在20%以上，大企业的产能增幅则达到了30%以上。混合机生产企业处于不温不火的状况。混合机作为塑料机械的配套设备，是随塑料机械生产行业的变化而变化的。由于整个塑机制造行业没有大的提高，因此，为挤出机和注塑机配套的混合机行业也没有超大规模的发展。废塑料回收造粒机略有增长，主要是受环保产业政策利好的影响，加上国家对废塑料回收企业的扶持与支持，使这一行业仍有一定的发展空间。但是，由于废塑料回收造粒机的总体市场需求不大，虽有小幅增长，但增长幅度有限。其他如大型吹瓶机生产线以及蜂窝板生产线等塑机产品，虽仍处于扩大发展状态，但由于需求量不大，其发展空间相对有限。

2013年以来，张家港市塑料机械企业和饮料机械企业在科技创新上有了新突破，许多企业主动引进科技人才，研发新产品。如贝尔机械引进德国企业的科技人才，开发出市场认可的中空成型机高端产品；同大机械继续走节能高效的发展之路，在伺服系统上采用目前市场上最先进的产品，使产品性能在节能方面有了大幅度提高，获得市场普遍认可；亿利机械在成功开发检查井的滚塑技术后，又完成了大型化粪池滚塑工艺的开发。企业的科技创新使产品达到节能、低碳、高效，并不断使新开发的产品向产业化方向发展。

鉴于张家港市塑料饮料机械行业企业相对小而散、多而不强的特点，为了促进行业健康发展，张家港塑料饮料机械协会曾多次提议企业走联合发展之路，组建企业集团。2013年，繁昌机械联合五合机械和中塑机械合建销售公司，即3家企业合建的销售公司可为三家企业提供销售服务，合建的销售公司销售业务有了大幅度提高，减少了销售成本。这种联合发展之路通过初步尝试证明是切实可行的，对减轻企业销售压力、降低营销成本都有一定好处。目前，仍在积极地进一步探索。

3．胶州市塑料机械制造行业情况

目前胶州市共有塑料机械制造企业205家，其中有82家企业处于快速成长期，占企业总数的40%；有65家企业处于稳定期，占企业总数的31.7%；有38家企业处于发展的初期，占企业总数的18.54%；有18家企业处于转折期，占企业总数的8.78%；有2家企业处于衰退期（因管理不善造成），占企业总数的0.97%。

从产业分布来看，胶州塑机企业从事塑料挤出机居多，有120家生产企业，占当地塑机企业总数的58.53%，从事塑料机械配件加工的企业有69家，占比33.66%。

从固定资产规模来看，以中小规模的民营企业居多。企业固定资产总额在500万元以下的企业有127家，占当地塑机企业总数的61.95%；固定资产总额在500万~1 000万元的企业有56家，占比27.32%；固定资产总额在1 000万~2 000万元的企业有11家，占比5.36%；固定资产总额在3 000万元以上的企业有6家，占比2.93%；固定资产总额在1亿~10亿元的企业有5家，占比2.44%。

从企业的从业人员数量来看，50人以下的企业居多，有177家，占当地塑机企业总数的86.34%；从业人员在50~100人的企业有18家，占比8.78%；在100~500人的企业有7家，占比3.41%；500人以上的企业有6家，占比0.29%。

胶州市民营企业发展环境较好，但盈利空间日趋渐窄，经营难度有日益增大的趋势。在影响企业发展的诸多因素中，主要有以下因素：

序号	影响因素	企业数	占当地塑机企业数比例/%
1	经营成本高	191	93.17

续表

序号	影响因素	企业数	占当地塑机企业数比例/%
2	用工难	180	87.8
3	融资难	147	71.7
4	赋税重	170	82.92
5	人才缺失	170	82.92
6	风险大	102	49.75
7	优惠政策少	176	85.85
8	政府干扰过多	180	87.8
9	代际传承难	193	94.15
10	营销网络少	82	40

注：数据来源于胶州市塑料机械协会。

2014 年，胶州市塑料机械行业总体情况不甚乐观。小企业举步维艰，受市场需求影响，订单数量明显减少；贷款较多的企业受到冲击较大，因银行贷款收紧，部分贷款较多企业资金紧张，发展受到很大制约；而技术水平较高的企业则未受明显冲击，发展较为顺畅。

（三）中国塑机行业重点企业发展情况

自 2011 年中国塑料机械工业协会在行业里首次开展优势企业排序及分析研究工作以来，连续 4 年面向社会各界推出了“中国塑料机械制造业综合实力 20（25）强企业”“中国塑料注射成型机行业 10 强企业”“中国塑料挤出成型机行业 5（10）强企业”“中国塑料中空成型机行业 3 强企业”。入榜名单成为国内外塑机相关产业及用户了解中国塑机企业发展的风向标。随着其影响力的日益扩大，此项工作得到业内越来越多企业的积极支持和参与。并随着行业和企业的不断发展，在 2011 年和 2012 年评选的基础上，2013 年中国塑机制造业综合实力优势企业评选扩大到 25 强，中国塑料挤出成型机优势企业评选扩大到 10 强，2014 年还首次增加了中国塑机辅机及配套件行业 5 强。

根据 2010~2013 年 4 年的统计数据，中国塑料机械行业优势企业的主要经济指标占行业同期总量的比例分别约为：工业总产值 44%、工业销售产值 45%、资产总额 56%、主营业务收入 44%、利润总额 59%、纳税总额 71%、出口额 66%。中国塑机优势企业已成为塑料机械行业发展进程中名符其实的支柱。

行业优势企业排序活动，不仅为全社会和政府部门提供了权威信息，让社会各界对中国塑料机械行业优势企业的实力有了一个全面、系统的了解；同时更进一步坚定了企业做大做强的决心。2011~2014 年中国塑机优势企业主要指标统计详见表 6~表 9、图 7~图 11。

表 6　　2011~2013 年中国塑机优势企业 25 家主要经济指标

序号	指　标	金　额/亿元			同比增速/%		
		2011 年	2012 年	2013 年	2011 年	2012 年	2013 年
1	工业总产值	213.82	205.16	235.14	/	−4	15

续表

序号	指 标	金 额/亿元			同比增速/%		
		2011 年	2012 年	2013 年	2011 年	2012 年	2013 年
2	工业销售产值	206.87	196.90	232.26	/	−5	18
3	资产总额	251.99	264.27	314.18	36	5	19
4	主营业务收入	197.05	190.92	217.27	17	−3	14
5	净利润	21.23	18.68	24.61	3	−12	32
6	纳税总额	9.95	10.36	12.69	16	4	22
7	出口额	46.07	48.94	51.42	/	6	5
8	研发费用	7.38	7.46	8.87	24	1	19

表 7　　2011~2013 年中国塑料注射成型机优势企业 10 家主要经济指标

序号	指 标	金 额/亿元			同比增速/%		
		2011 年	2012 年	2013 年	2011 年	2012 年	2013 年
1	工业总产值	134.16	123.52	134.52	/	−8	9
2	工业销售产值	128.80	115.26	135.62	/	−11	18
3	资产总额	152.37	160.17	187.32	16	5	17
4	主营业务收入	127.37	115.75	125.85	5	−9	9
5	净利润	15.16	13.01	15.78	−10	−14	21
6	纳税总额	6.23	6.12	7.36	2	−2	20
7	出口额	32.29	34.98	33.46	/	8	−4
8	研发费用	4.45	4.37	4.98	12	−2	14

表 8　　2011~2013 年中国塑料挤出成型机优势企业 10 家主要经济指标

序号	指 标	金 额/亿元			同比增速/%		
		2011 年	2012 年	2013 年	2011 年	2012 年	2013 年
1	工业总产值	58.50	63.24	68.07	/	8	8
2	工业销售产值	57.56	63.94	65.20	/	11	2
3	资产总额	77.15	81.37	85.22	87	5	5

续表

序号	指　标	金　额/亿元			同比增速/%		
		2011 年	2012 年	2013 年	2011 年	2012 年	2013 年
4	主营业务收入	49.94	58.14	61.09	37	16	5
5	净利润	4.27	4.13	5.52	43	−3	34
6	纳税总额	2.70	3.20	3.30	42	19	3
7	出口额	10.18	11.37	13.91	/	12	22
8	研发费用	2.23	2.49	2.56	36	12	3

表 9　　2011~2013 年中国塑料中空成型机优势企业 3 家主要经济指标

序号	指　标	金　额/亿元			同比增速/%		
		2011 年	2012 年	2013 年	2011 年	2012 年	2013 年
1	工业总产值	4.66	3.54	4.78	/	−24	35
2	工业销售产值	4.40	3.52	4.78	/	−20	36
3	资产总额	4.16	4.68	4.04	41	13	−14
4	主营业务收入	4.11	3.30	4.28	7	−20	30
5	净利润	0.32	0.15	0.16	60	−53	7
6	纳税总额	0.21	0.14	0.23	24	−33	64
7	出口额	0.07	0.15	0.15	/	114	0
8	研发费用	0.19	0.17	0.22	90	−11	29

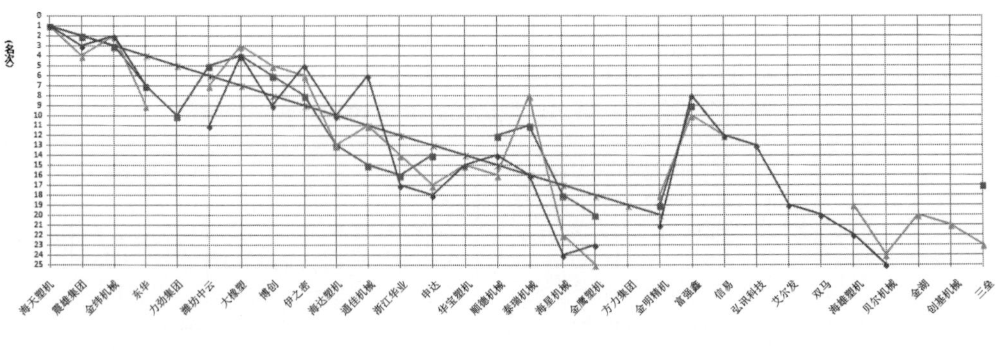

图7　2011~2014年中国塑料机械制造业综合实力25强企业排名统计

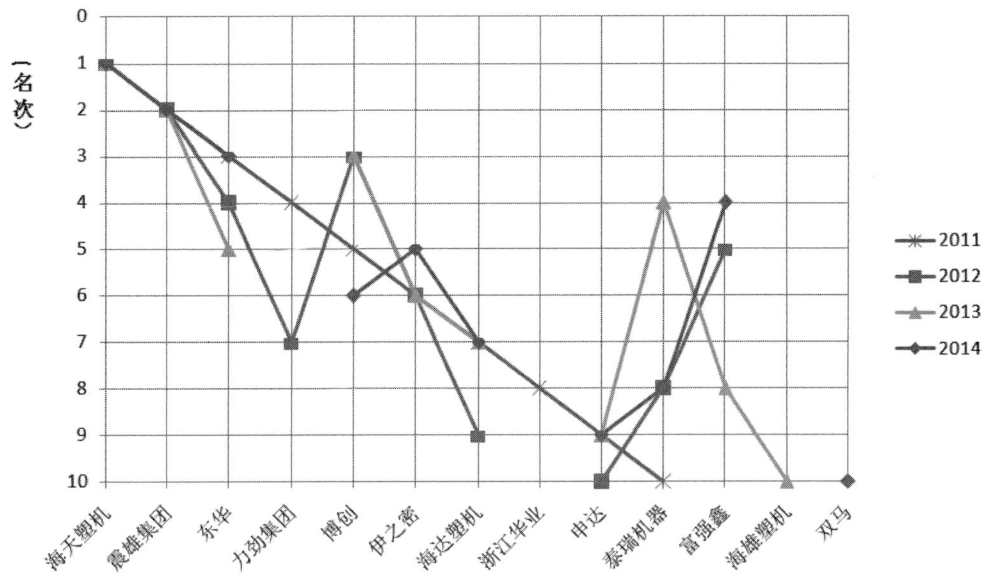

图8　2011~2014年中国塑料注射成型机行业10强企业排名统计

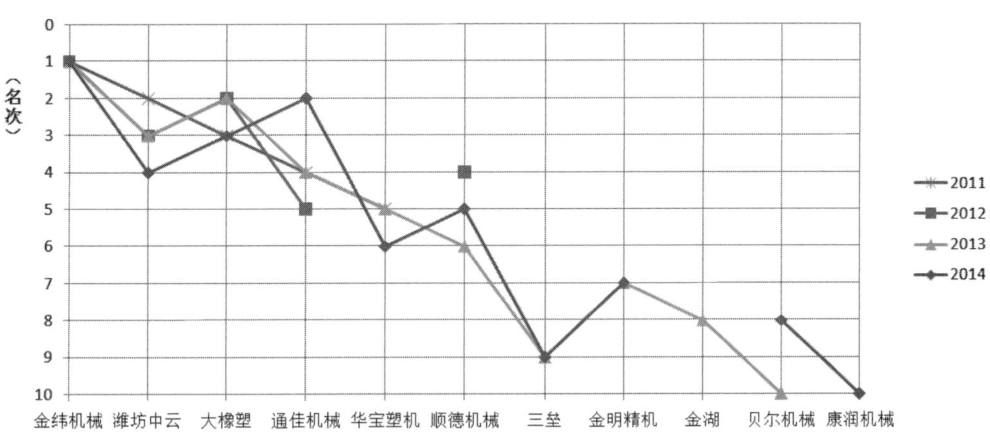

图9　2011~2014年中国塑料挤出成型机行业10强企业排名统计

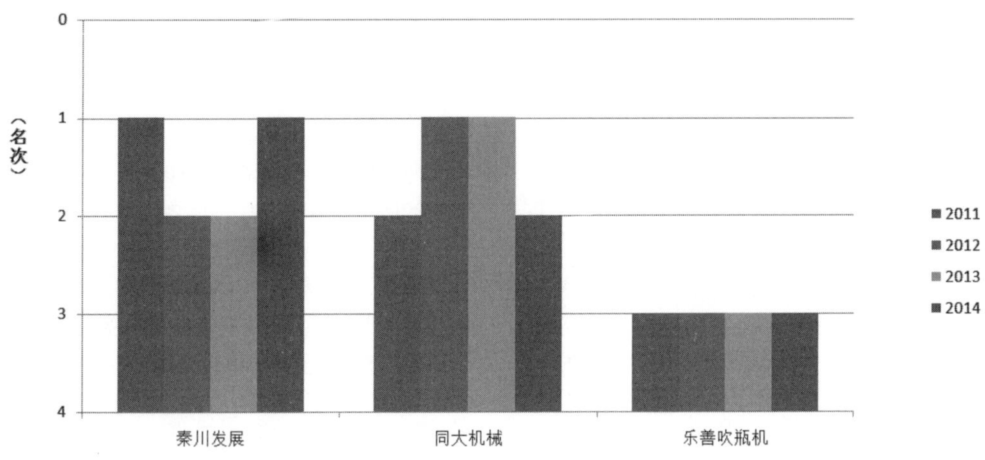

图10　2011~2014年中国塑料中空成型机行业3强企业排名统计

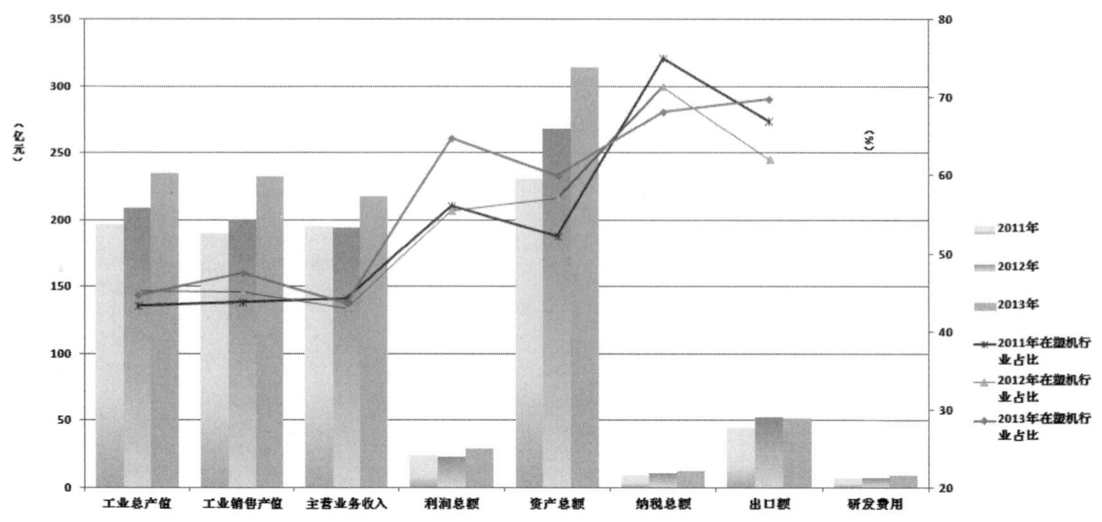

图11　中国塑料机械行业优势企业主要经济指标及在行业占比

三、中国中西部塑料橡胶市场发展现状与趋势

国家“十二五”规划明确提出:坚持把深入实施西部大开发战略放在区域发展总体战略优先位置,推进重庆、成都、西安区域战略合作,培育新的经济增长极。成渝经济圈是西部最大的经济区,仅次于长三角地区、珠三角地区、京冀地区，成为中国经济四增长极板块。

以重庆、四川、云南、广西西南四省区市和陕西、甘肃、青海、宁夏、新疆西北五省区打造新丝绸之路经济带,东连亚太经济圈、西系欧洲经济圈,被认为是“世界上最长、最具有发展潜力的经济大走廊”，更加凸显了中西部地区在中国经济新增长级的重要战略地位。

古渝雄关、江流砥柱之重庆，是中国西部唯一的直辖市，资源丰富、工业基础雄厚，辐射周边五省约 3 亿人口，是国家城乡统筹综合改革试验区，重庆是中国最具发展潜力的城市之一、中国汽车名城、世界摩托车之都、中国经济发达的工业重镇、全球最大的笔记本生产基地、是长江上游经济中心,拥有中国第三个国家级新区重庆两江新区。重庆大力发展其电子信息业、汽车摩托车业、装备制造业、化工业、材料业、轻工业、食品业、农产品加工业、纺织业、医药业、能源产业和建筑业等 12 大优势制造产业，“十二五”期间累计投资将超过 1 万亿元，到 2015 年预计实现产值 1.88 万亿元。受发展阶段演进规律与要素价格变动作用，以及政府相关政策引导，近年来沿海企业向内陆转移明显。从2014 年上半年投资数据来看，中国中部和西部投资比例分别比东部增速高出 2.9%和 2.3%，从工业生产来看，2014 年上半年中部和西部地区则比东部分别高出 0.4%和 2%。随着西部大开发的推进，中西部地区塑料工业的快速发展将是大势所趋。

（一）中西部地区塑料橡胶市场细分

随着中西部地区经济的快速发展，塑料制品的广泛应用为整个塑料工业的发展提供了有力的需求支撑。

1．汽车摩配业

重庆是中国汽车名城、是世界摩托车之都。汽摩业是重庆的核心产业之一,预计到 2020 年产值将超 6 000 亿元。汽摩部件的轻量化、安全化、舒适化、环保化要求，使汽车塑化技术及应用日臻配套成熟，带动了重庆塑料行业一个全新产业链的发展。

塑料以其重量轻、可塑性强、制造成本低、功能广泛，能使汽车在轻量化、安全性和制造成本等几方面获得更多的突破，从而成为了现阶段汽车工业最好的材料选择。作为汽车轻质材料，塑料及其复合材料不仅可减轻零部件约 40%的重量，而且还可使成本大幅降低，所以近年来塑料在汽车中的用量迅速上升。用于乘用车中的塑料部件主要包括 PP 聚丙烯、PU 聚氨酯、PA 聚酰胺、ABS、PC 聚碳酸酯、PBT 聚丁烯对苯二酸酯、PPO 聚苯醚和其他高性能复合材料。

按照重庆市政府到 2020 年的发展规划，汽摩总产值将超过6 000亿元，其中随着塑料制品应用的增多，由此所带动的塑料制品行业产值将会增长400多亿元，并带动相关新增塑料行业塑料机械销售至少15亿~17亿元。

2．电子信息业

重庆将重点实施“云端计划”，即着力打造服务器达百万台级的云计算中心和2亿台级的电子终端产业基地。电子信息产业发展成为重要支柱产业，建成国家级电子信息产业基地、全球最大笔记本电脑生产基地、亚洲最大离岸云计算中心。“十二五”期间，累计投资将达2 100亿元，2015年实现工业产值7 000亿元，其中以计算机整机以及笔记本制造为主，预计可带动塑料机械销售至少15亿元。

随着塑料原料技术进步及塑料加工技术提升，塑料在家电行业中的应用日益广泛。有统计显示，目前中国主要电子电器中塑料所占比例分别为:笔记本电脑43%，手机27%，吸尘器60%，电冰箱38%，洗衣机34%，电视机23%，空调10%。电子电器的塑料化已成为家电行业重要发展方向之一，无论是通用性塑料还是工程性塑料都对家电行业发展起到了重要的支撑作用，而且塑料用量比例越来越大，目前已有全塑电熨斗，全塑吸尘器，全塑洗衣机等产品问世。

重庆电子信息业专业买家可以简单概括为“3+6+400”的生产体系，及惠普、宏碁、华硕三大品牌企业，富士康、广达、英业达、和硕、仁宝、纬创6大代工企业（占全球产量90%），以及400余家配套企业。对生产原材料需求包括化工原料、塑胶原料、添加剂、色母粒、色粉、着色剂等胶纸，装饰性材料，工程塑料，烫金纸，热转印纸等、胶片、胶布、胶管、胶板、泡沫胶、强化塑料等。

3．塑料包装业

近年来，中西部地区塑料包装业一直保持高速增长。百事可乐公司在重庆、成都、西安、武汉、宜昌、黄石、荆州、长沙、贵阳、昆明、南宁、桂林等主要中西部城市均设有瓶装厂，并致力于进一步加大投入，提升本地研发生产能力，为中西部消费者设计开发新产品。

此外，重庆本地还有各类小型塑饮包装企业200余家，其中包括豆浆生产、软饮料生产、酱油、醋、食用油以及各种果汁的生产企业，对生产装备的需求主要包括：

（1）小型矿泉水、纯净水罐装生产线 2 000~30 000瓶/时；

（2）果汁、茶饮料热灌装生产线2 000~30 000瓶/时；

（3）碳酸饮料等压灌装生产 2 000~30 000瓶/时；

（4） 酱油、醋、食用油灌装生产线 2 000~6 000瓶/时；

（5）3、5加仑桶装饮用水生产线60~1 500桶/时；

（6）1加仑瓶装饮用水生产线600~5 000瓶/时；

（7）豆奶、花生奶等蛋白饮料成套生产线0.5~4吨/时；

（8）复合果蔬汁、粉加工成套设备1~10吨/时；

（9）食用油专用包装生产线；

（10）饮料加工前处理成套设备；

（11）水处理（矿泉水、纯净水、食品工艺用水）成套设备2~20吨/时。

4．建筑业

塑料建材是继钢材、木材和水泥之后新兴的新型建筑材料，主要包括塑料管、塑料门窗、建筑防水材料、隔热保温材料、装饰装修材料等，在建筑工程、工业建设中用途十分广泛，具有轻质、高强度和节能等优良特性。近10年来重庆塑料建材行业收入以25%以上的速度快速增长，随着产能逐渐增加和行业竞争的日益加剧，毛利率大概保持在15%左右，今后行业毛利的提高有待于技术水平的上升。高利率必将继续推动塑料建材行业在重庆的发展。重庆建筑业“十二五”期间，累计投资将达2 000亿元，预计2015年实现产值3 500亿元、一级建筑资质等级企业达到120户以上，将带动相关塑料建材产业70亿元左右，带动新增塑料机械需求3亿多元。

5．化工原料

重庆具有化工产业基础和优势，以长寿、涪陵、万州三大化工基地，以及永川、丰都、潼南、云阳、黔江等特色化工产业园为载体，大力发展化工新材料、高端石化产品、新型专用精细化学品。不断延伸产业链条，着力培育发展MDI、氢氰酸、乙炔、橡胶轮胎、精细化工、乙烯芳烃、化工新材料、医药等8条产业链。“十二五”期间，累计投资700亿元，预计2015年实现工业产值1 300亿元。

中西部巨大的市场商机不仅带动本土企业的

发展，也同样吸引国际著名大企业前来投资生产。巴斯夫股份公司（BASF）作为世界最大的化工厂之一，于2010年4月宣布在规划的MDI项目区域内投资建设西部地区首家组合料厂，将其强大的聚氨酯组合料生产和服务网络同时延伸到中国西部，满足来自建筑、家电、交通运输及鞋类等行业不断增长的需求。目前正在重庆长寿经济技术开发区独资兴建世界级40万吨MDI装置项目，包括40万吨/年硝基苯、30万吨/年苯胺、40万吨/年MDI分离生产装置等。

6．模具行业

目前重庆正在打造西部最大的模具产业园，该模具产业园是重庆市人民政府批准建立的西部最大的模具产业中心，位于正在建设中的重庆渝北重庆十里汽车城核心位置，紧邻江北国际机场、火车新站、集装箱码头、长安汽车城、经济技术开发区，总占地面积3 000亩，总投资40亿元。园区全部建成后将集模具、金属材料、建筑材料、五金交电、化工产品、橡胶制品、机械设备、汽车摩托车零部件、电子元件等产品的加工、生产、展示、销售，以及计算机软件开发、商品信息咨询服务为一体。

从汽摩模具来看，发达国家的汽车、摩托车模具市场一般占整个模具市场的一半左右，而这一比例在重庆高达75%。汽车、摩托车产品的自主开发和技术进步要求模具技术有强力的支撑，既为重庆的模具产业的发展提供了广阔的发展前景和巨大的市场空间，也给模具产业提出了更高的要求。

从电子通信模具来看，未来几年对模具的需求超过100亿元。

另外，近年来中西部地区对生产塑料管件、门窗、医疗器械等行业的模具需求增长迅猛。

（二）中国西部（重庆）塑料生态产业园

2014年4月25日，中国西部（重庆）塑料生态产业园在重庆市梁平县工业园区正式开园。中国西部（重庆）塑料生态产业园规划面积20平方公里，一期规划面积达5平方公里。目前，该园正在进行基础设施和标准厂房建设，已经签约了年产10万吨塑料管材、管件项目和年产20万吨废旧塑料颗粒及塑料编织袋等一批重点塑料产业项目。

中国西部（重庆）塑料生态产业园将作为千亿级塑料产业集群核心承载区，致力于培育中国西部地区最大的塑料加工生产贸易区；并打造成国家级塑料行业转型升级示范基地。园区按照产业集群化发展思路，紧紧依托重庆市及周边地区汽车、电子、家电、装备和国防军工等产业，计划到2020年打造集塑料原材料及制品交易市场、塑料模具及机械生产、改性塑料及塑料复合材料研发生产、塑料制品加工、产品研发和检测等为一体的产业链，培育成西部地区创新力强、影响力大、绿色、低碳、循环的塑料制品生产基地和集散地。

当前，传统塑料工业市场竞争异常激烈，广大企业应以更长远的战略眼光积极发掘中西部所孕育的聚的巨大商机，提升差异化竞争力，避免恶性价格战。

综合以上，我们要进一步全面深刻认识塑机行业所面临的国际国内形势，客观深入分析发展过程中的机遇与挑战。坚持以科学发展为主题，以转变发展方式为主线，继续推进行业转型升级，同时保持适度稳定增长；加大创新传统优势产品，同时培育战略新型装备；加快促进中小企业发展，同时注重产业集群，提升行业整体国际竞争力；巩固扩大国内市场，同时奋力开拓国际市场；做大行业经济总量，同时更以做优做强为目标。让我们全体同仁携起手来，同心同德，不断开拓创新、攻坚克难，以更加高昂的热情、更加开阔的视野、更加务实的作风，汇聚推进行业发展的正能量，为打造塑机行业经济的“升级版”，谱写塑机发展新篇章而共同努力。

（中国塑料机械工业协会）

塑料模具

2014 年模具行业发展报告

2014 年，世界经济仍处于深度调整之中，复苏乏力，增长低迷，全年同比增长率只达到 2.6%。我国经济在复杂多变的环境中稳中求进，已进入新常态和提质增效新阶段，取得了令人瞩目的成绩。这一年中，我国模具工业发展情况呈现前高后低走势，虽然全年情况仍基本符合“稳步发展”预期，但无论是总销售额的增长还是外贸增长，其增长率均低于年初的预测，这说明了行业发展的确遇到了更多的困难。当然，积极因素和利好以及良好机遇仍在为行业发展提供动力，发展前景仍可审慎乐观。

一、行业经济运行总体概况

对模具行业来说，2014 年是行业发展继续困难的一年。需求不旺，订单不足，致使增长乏力。但主要原材料价格下行有利于生产成本的降低和经济情况的改善。同比上年模具总销售额的增长幅度虽然跌进了个位数，但亏损企业和亏损面止住了连年扩大情况而变为有了缩减，利润总额增长率也由下滑转为略有上升。根据中国模具工业协会（以下简称中国模协）发布的数据，2014 年全国模具市场总量约为 1 490 亿元（未计大量的自产自用模具），比上年增长 6.4%，总销售额为 1 634 亿元，比上年增长约 7.5%（上年总销售额已从原先发布的 1 513 亿元调整为 1 520 亿元）。2014 年，结构调整和转型升级步伐继续加快，高技术含量产品发展情况要好于低技术含量产品，骨干重点企业和有一定规模并技术力量较强的企业发展情况要好于一般的小企业，大的企业越来越好，小的企业如履薄冰，已有一些技术差的企业倒闭和转行。从整个行业来看，发展速度虽然放慢了一些，但技术进步、转型升级和结构调整方面所取得的成绩为今后发展提供了不少有利条件。

根据国家统计局资料，模具制造业主营业务收入 2 000 万元以上的企业经济运行情况仍继续平稳发展，主营业务收入和利润总额等主要经济指标增长情况均好于上年，经济状况进一步改善。一些主要指标发展情况见表 1。

表 1　　2014 年主营业务收入 2 000 万元以上模具企业主要指标

年份	企业数/个	主营业务收入/亿元	利润总额/亿元	亏损企业数/个	亏损企业 亏损总额/亿元	资产总计/亿元
2014	1 893	2 474.19	147.7	258	13.95	2 230.39
同比增长率/%	6.17	16.10 （14.59）	13.58 （7.14）	−3.0	−4.96	21.85（15.30）

注：（1）表中主营业务收入等不完全是模具产品，包括了模具制品等。（2）表中为 1~12 月份的月报统计数据，今后与年报会有一些出入。（3）表中括号中的同比增长率是 2014 年表中数据与国家统计局对 2013 年数据作出调整后的对比情况。

表 1 中这 1 893 个企业按所有制性质构成情况是：按企业个数计，民营∶三资∶国有∶其他为 64.09∶31.33∶1.11∶3.49；按产值计算，这一比例为 61.19∶31.02∶2.74∶3.06。基本上延续了往年的

变化趋势，与上年相比，民营企业的个数与产值在行业中的占比都有一定增加，三资企业占比都有下降，国有与其他企业情况变化不大。

2014 年，我国模具行业经济运行主要有如下特点：

1. 行业总体发展速度放缓，尤其是出口增速大幅下滑，发展呈前高后低态势

2014 年，我国模具行业克服了需求不旺、订单不足和人力资源成本持续上升等困难，全年取得了模具销售总额同比增长 9.2%，利润总额同步增长，亏损面缩小等成绩。与以往几年二位数增长相比，发展增长率跌进了个位数，这不单是表明了发展速度放缓，更是说明了发展环境的不利因素和困难要比往年增多。2014 年出口增长率也跌进了个位数，这是多年来首次，既说明国际模具市场需求变化，更说明我国模具在国际市场上的竞争优势有所削弱，其中人力资源成本加大是比较优势削弱的主要因素。按不同时间段分析，行业运行和发展全年前高后低情况明显。例如全国模具总销售额，上半年的同比增长超过了 10%，而下半年却不足 9%，致使全年只达到 9.2%水平。模具出口，1~3 月、1~6 月、1~9 月、1~12 月，与上年同比增长率分别是 19.40%，17.29%、13.14%和 9.35%，由高到低趋势情况十分明显。再如模具进口，上半年同比增长率为 10.51%，而全年增速却发展成为负增长 0.53%，前高后低现象更为明显，说明我国国内模具市场需求也明显下滑。

2. 结构调整和转型升级步伐加快，正为由大转强奠定坚实基础

（1）骨干重点企业队伍扩大，行业集中度得到提高。

2014 年，经过评审，中国模协发布了第六批“中国重点骨干模具企业”名单，有 27 个企业入选，至此，“中国重点骨干企业”已达 160 个。这 160 个企业，只占行业企业总数的约 0.5%，但模具产值却占了 15%以上，在一定程度上反映了行业集中度的提高。同时，中国模协还发布了“模具出口重点企业”，有 32 家企业入选。模具行业上市公司也有了增加。

（2）组织结构和技术结构向着符合市场需求的方向转变。

重点骨干企业队伍的扩大；民营企业发展加快、占比增大；有更多的企业，特别是许多重点骨干企业进一步发展以模具为核心的上下游产业链；由产学研用各方组成的产业联盟或技术创新联盟展现出其旺盛的生命力。这些都使模具行业的组织结构向着符合市场需求的方向转变。精密模具、智能模具、先进成形工艺模具、级进模、高速模、多功能模、高效多料塑料注射模、大型薄壁压铸模等高档模具水平不断提高，在模具总量中的占比增加，使模具行业技术结构不断改善以适应市场对模具的更高要求。

（3）企业和产品转型升级，技术进步取得许多成果。

提高研发能力，提高产品的技术含量，从中低端产品向中高端产品升级，使企业从单纯生产型向生产服务型转变，外向型企业不断发展，提高核心竞争力和为用户提供成套服务的能力已成为企业的自觉行动，模具已开始从形控向品控和性控转变，单纯的模具产品正在向着模具专机装备一体化以及信息化、智能化集成制造单元的方向转型发展，例如，对带有嵌镶件的配件制品的整体生产过程能进行全自动智能控制的模具和对模具在线生产的模内温度、压力等参数能进行智能控制以及具有模内质量和安全检测及全自动冲压装备一体化的智能模具已出现；模具加工精度已可达到 0.1μm；为 C 级轿车配套的模具大部分已可自给；薄带硬质合金级进模的寿命已可达到 5 亿次；单一的模具技术正在向多技术融合的方向发展；模具的自动化、智能化设计和模具信息智能化管理等也都开始取得成果。部分汽车覆盖件模具生产企业已有能力开始向汽车厂提供基于模、检、夹一体化的车身优化解决方案。

3. 中西部地区发展加速，产能向市场集聚，布局向合理化方向发展

模具产能正跟随主机产能转移，湖南、湖北、四川、重庆等中西部地区发展加速，东南沿海单极独大现象正在发生积极变化。模具集聚生产基地（模具城、模具园区）建设和发展也在向市场集聚。紧跟市场需求，不断向高端发展已成共识，行业布局更趋合理。

2014 年模具行业经济运行过程中，创新能力薄弱、市场需求不旺、高档模具水平和能力欠缺、低档模具产能过剩、标准和标准件生产供应滞后于生产发展、人才持续缺乏等老问题继续存在，影响发展。行业大而不强情况虽然正在改善，但距国际先

进水平和市场需求仍有很大差距，种种弱点继续影响行业运行效果和健康快速的发展。

二、科技创新与新产品开发

专利获得的数量在一定程度上可以反映出一个企业乃至一个国家创新能力的强弱，对行业来说同样如此。2000年以来，模具领域专利申请量呈快速增长趋势，到 2014 年年底，我国模具领域相关专利总数已达 6 万多项，其中发明专利已达 1.8 万余项（件），其中 中国约占 65%。2014 年模具行业获得专利数量多于往年，反映出了科技创新与新产品开发显著成果。2014 年模具行业部分科技成果见表 2。部分重大新产品见表 3。进入国家火炬计划立项项目见表 4。2014 年，中国模协组织专家组对参加第十五届中国国际模具技术和设备展览会的模具产品进行了评定，并授予行业奖——精模奖。达到或接近国际先进水平的项目为一等奖，国内领先水平的项目为二等奖。精模奖一等奖和二等奖的情况见表 5、表 6。

表 2　　2014 年模具行业部分科技成果

序号	项目名称	主要完成单位	成果水平及获奖情况
1	“钻石之光”系列大型双色面板注塑模具	青岛海尔模具有限公司	中国机械工业科学技术奖二等奖
2	锌合金镶件大边薄壁精密结构件注塑新工艺与模具技术	北京东明兴业科技有限公司	中国机械工业科学技术奖二等奖
3	加工编程信息规范化与自动化系统	广州市德慷软件有限公司	中国机械工业科学技术奖三等奖
4	模具信息智能化管理系统	青岛海尔模具有限公司	国内领先
5	模具平台	深圳市基石模具科技有限公司	香港工商业奖、发明专利
6	提高大型 H13 钢热挤压模具性能新工艺	辽宁金钢重型锻造有限公司	国内领先、发明专利
7	拉延模表面淬火后数控加工方法	中国第一汽车股份有限公司	国内领先、发明专利
8	一种尾门内板模面成形方法	安徽江淮汽车股份有限公司	国内领先、发明专利
9	光纤连接器的注塑成型装置及注塑成型方法	鸿富锦精密工业（深圳）有限公司、鸿海精密工业（深圳）有限公司	国内领先、发明专利
10	汽车纵梁类冲压件整形用拐点整改方法及其专用装置	奇瑞汽车股份有限公司	国内领先、发明专利
11	一种侧驱动压料机构及其冲压方法	瑞鹄汽车模具有限公司	国内领先、发明专利
12	一种冲压模具的顶料机构及其冲压方法	瑞鹄汽车模具有限公司	国内领先、发明专利
13	重量 1~2 千克复杂零件的温冷联合成形工艺与模具技术研究	北京机电研究所	国内领先、机械总院科技成果一等奖

表 3　　2014 年模具行业部分重大新产品

序号	项目名称	主要完成单位	水平
1	汽车燃油系统（油箱及加油管）多层吹塑模	宁波方正汽车模具有限公司	国家重点新产品
2	高精密模具用新型硬质合金微孔拉丝模和模具板材	株洲硬质合金集团有限公司	国家重点新产品
3	汽车地图袋双规格叠层注塑模具	青岛海尔模具有限公司	国家重点新产品

续表

序号	项目名称	主要完成单位	水平
4	汽车座椅发型级进模	天津市津兆机电开发有限公司	国际水平、专利产品
5	钛合金管高精度热弯模具	中国航天科工集团公司二院 699 厂	国内领先
6	汽车子午线轮胎上开式活络模具双止滑结构	广东巨轮股份有限公司	专利产品
7	一种加工高张力板零件的成型模具	奇瑞汽车股份有限公司	专利产品（发明）
8	一种大型覆盖件拉延模具	湖南大学	专利产品（发明）
9	一种冲压模具的复合翻边机构	长城汽车股份有限公司	国际水平（发明）
10	侧成形小压芯、带有侧成形小压芯的冲压模具	瑞鹄汽车模具有限公司	国际水平（发明）
11	一种修边切换装置	天津汽车模具股份有限公司	国内领先、发明专利
12	一种导光板的注塑成型模具	东莞市现代精工实业有限公司	专利产品（发明）
13	用于成型菲涅尔聚光透镜的模具	四川钟顺太阳能开发有限公司	专利产品（发明）
14	一种镜片模仁	东莞宏光光学制品有限公司	专利产品（发明）
15	挤压成型模具	北京机电研究所	专利产品
16	多工位锻压成型模具	北京机电研究所	专利产品

表 4　　2014 年模具行业国家火炬计划

序号	项目名称	承担单位
1	多工位自动拉伸模具研发与示范	南皮县生产力促进中心
2	平面度可调（0.08 毫米）手机支架件（含模具）	昆山鑫泰利精密模具有限公司
3	高耐热疲劳性蠕墨铸铁酒瓶成型模玻璃模具	苏州东海玻璃模具有限公司
4	可自动去飞边曲面分型中空吹塑模具	张家港市天江精密模具制造有限公司
5	双列高速超硬圆点叠铆铁芯级进模具	江苏泽恩汽机车部品制造有限公司
6	多层复合流延膜自动挤出模具	浙江精诚模具机械有限公司
7	具有二次顶出机构的汽车门板精密注塑模具	浙江台州美多模具有限公司
8	全机械折叠式抽芯线型滑块管件注塑模具	台州市黄岩西诺模具有限公司
9	精密轿车三色三工位模具	浙江赛豪实业有限公司
10	汽车防撞超高强度板模具	浙江黄岩冲模有限公司

续表

序号	项目名称	承担单位
11	绿色环保型挤出模具及设备	铜陵中发三佳科技股份有限公司
12	高性能粒状贝氏体心轨钢产业化项目	山东远大模具材料有限公司
13	光影、气纹消除技术及其高精密模具	亿和塑胶电子制品（深圳）有限公司
14	基于 3DP 的中小企业产品创新支撑服务平台	重庆激光快速原形及模具制造生产力促进中心有限公司

表 5　　“精模奖”一等奖情况

序号	模具名称	单位名称
1	Y2-160 系列葫芦料开料级进模具	宁波鸿达电机模具有限公司
2	手机前壳大边框薄壁锌合金嵌件精密注塑模具	北京东明兴业科技有限公司
3	潍柴 H1 铝合金滤清器本体模具	广州市型腔模具制造有限公司
4	东风日产启辰 719 项目	东风模具冲压技术有限公司模具分公司
5	菲涅尔锯齿花纹透镜模具	广州导新模具注塑有限公司
6	四列直流风扇（直条 BLDC）电机铁芯高速冲级进模	宁波震裕模具有限公司
7	中央通道骨架微孔发泡注塑模	宁海县第一注塑模具有限公司
8	左右 D 柱低压覆布注塑模	宁波跃飞模具有限公司
9	路虎汽车仪表盘支架镁合金压铸模具	宁波市北仑辉旺铸模实业有限公司
10	B06II 打印板注塑模	厦门市超日精密模具有限公司
11	马自达 J36R B-Pillar 冲压模	四川宜宾普什模具有限公司
12	“钻石之光”系列大型双色面板注塑模具	青岛海尔模具有限公司
13	全自动智能化可翻转滑块注塑模具	厦门市驰杰模具工业有限公司
14	M130 432（LN200 出风口双色脱芯旋转模具）	宁波舜宇模具股份有限公司
15	汽车轮罩注塑模具	宁波远东制模有限公司
16	大型复合材料尾门模具	昆山银宝山新科技股份有限公司
17	手机 VCM 音圈马达载体精密注塑模具	宁波贝隆精密模塑有限公司
18	SGM A10 前盖外板拉延模	上海赛科利汽车模具技术应用有限公司（SSDT）
19	大型透明罩壳注压成型模具	青岛佳友模具科技有限公司

续表

序号	模具名称	单位名称
20	单列ϕ120 伺服马达铰链铁芯级进模	常州市展翔精密模具厂
21	新型 PVC 滴斗双色模具	四川省宜宾普什模具有限公司
22	厚壁导光板模具	浙江赛豪实业有限公司
23	旋转斜楔	武汉东风科尔模具标准件有限公司

表 6　　“精模奖”二等奖情况

序号	模具名称	单位名称
1	汽车配件“四爪卡子”注塑模具	北京工业职业技术学院、北京莱比德精密模具有限责任公司
2	95 加仑大型深腔垃圾桶注塑模具	浙江凯华模具有限公司
3	电动工具外壳精密双色模具	张家港中天精密模塑有限公司
4	四缸发动机缸体铝合金压铸模具	宁波君灵模具技术有限公司
5	苹果系列专用充电器（欧版）插头精密注塑模具	东莞钜升塑胶电子制品有限公司
6	翼子板斜楔翻边模具	四川成飞集成科技有限公司
7	镁合金车门模具	广州市型腔模具制造有限公司
8	包胶后盖注塑模	宁波横河模具股份有限公司
9	东风裕隆 GPK1 侧围整形模具	东风模具冲压技术有限公司模具分公司
10	侧气囊盖叠层注塑模	宁波双林模具有限公司
11	江铃 N350 项目左右 C 柱内板模具 OP50 修边冲孔侧修边侧冲孔侧翻孔序	湖北十堰先锋模具股份有限公司
12	31CXN 侧整形翻边修边侧修边侧冲孔模具	河北金环模具有限公司
13	汽车变速箱用变速轴壳体压铸模	宁波勋辉模具有限公司
14	奇瑞汽车 CVT 自动挡变速箱压铸模具	宁波市北仑辉旺铸模实业有限公司
15	三角窗接角玻璃包边模具	厦门市超日精密模具有限公司
16	新型 32 腔翻盖模内合盖注塑模	四川宜宾普什模具有限公司
17	平板电视面框二合一注塑模	四川长虹模塑科技有限公司
18	AII 左/右翼子板冷冲压模（OP30）	安徽江淮福臻车体装备有限公司
19	磁力支架等厚冷锻多工位精密级进模	合肥金海康五金机械制造有限公司

续表

序号	模具名称	单位名称
20	手机屏幕接触端子多工位精密级进模	成都宏明双新科技股份有限公司
21	轭板（YOKE-85D-M34-3）产品	厦门市捷昕精密科技有限公司
22	挤压成型门边模具	安徽力源数控刃模具制造有限公司
23	电烫斗水箱	余姚市联政塑胶有限公司
24	轮罩（一汽-大众）	余姚市鼎鑫模塑有限公司
25	CNII3 079 项目空滤泵体塑胶模具	宁波锦隆电器有限公司
26	塑料防护链精密注塑模具	余姚市京鼎模具塑料厂
27	屏蔽泵注塑模具	宁波宇润模具成型科技有限公司
28	美国全自动投票箱注塑模具	宁波美灵塑模制造有限公司
29	前门 B 柱左/后门 B 柱左高光模具	宁波神通模塑有限公司
30	汽车类汽缸盖冷冲级进模	无锡微研有限公司
31	汽车 D 柱注塑装饰板（D-PiLLAi-Trim）	常州博赢模具有限公司
32	奥迪 A3 下壳体双色模	成都航天模塑股份有限公司成都模具分公司
33	128 腔新型扁平滴头模具	天津市津荣天和机电有限公司（天津市中环三峰电子有限公司）
34	顶盖侧修边侧整型冲孔侧冲孔模	山东潍坊福田模具有限责任公司
35	海马 B 柱	宁波合力模具科技股份有限公司
36	27 寸精密软硬胶双材质双色一次成型模具	青岛佳友模具科技有限公司
37	四杆同步侧推高精斜抽式吸塑模	长沙市金镂实业有限公司
38	悬吊式斜楔 TCO 011 0-75	北京永茂机电科技有限公司
39	多凸模用组合固定板	西安航光仪器厂标准件研究所

表 2~表 6 所列的科技新产品成果只是行业中的一部分，还有许多未列入的成果也对行业技术进步有较大贡献。例如大数据与云技术在模具行业的应用、新颖的模内组装技术、智能化与网络化的管理技术、快速经济模具新技术以及许多专利等等。有一些与模具相关的行业新成果也值得重视。例如获得 2014 年度机械工业科学技术奖二等奖的苏州电加工机床研究所有限公司的“高效精密单向走丝线切割与装备”以及中国第一重型机械股份有限公司的“810 毫米扁钢可逆热连轧机组”等。还有如荣获兵器模具优秀论文一等奖等许多论文，也都反映出了不少新成果。

三、质量与标准

2014年，中国模协继续在模具行业开展了机械工业品牌培育表彰和质量诚信企业表彰活动，并将重点放在了冲压模具行业。这一活动有力地促进了模具质量水平的提高。为广大中小模具企业服务的公共服务平台建设继续取得成效，大连、厦门、宁波、东莞等地的服务中心都获得了国家的财政支持。2014年，国家批准发布的模具标准有《热流道术语、型式和尺寸》等36项。中国模协作为牵头单位，已开始制订《模具名词术语》国际标准。全国模具标准化技术委员会完成了22项国际和20项行标的审查工作，更多的标准尚在制修订中，其中11项国标和36项行标已列入国家计划，标准编写人员的培训工作积极开展。现在，模具行业已有国家标准100项，行业标准200多项。标准水平的提高为模具产品质量提升提供了有利条件。模具工程技术研究中心、企业与院校共建的联合技术中心，以及数量众多的企业技术中心的建立与发展也在有力地促进创新能力和产品质量的提高。“模具工”（分初级工、中级工、高级工、技师、高级技师）被列入国家职业大典以及有关标准的发布极大地提升了模具行业职工的积极性，技能大赛已在许多地方开展。在10月举行的2014中国技能大赛——全国第三届模具职工职业技能竞赛中，有30个单位和许多个人获奖（其中获“优胜一等奖”的有8位，获“操作技术能手”的有10位），有3人荣获“全国技术能手”称号并晋升为高级技师。中国模具工业协会的模具人才培训中心已达102个，比上年增加了9个。

四、固定资产投资情况

在国内投资增速不断回落和模具需求不旺的影响下，模具行业全年投入增幅也呈现回落趋势，全年固定资产投资约为300多亿元，但其中真正投资于模具上水平和产品升级的只占其中少数，模具集聚生产基地建设和模具企业产业链延伸的投资占比较高。2014年，全国20多个模具集聚生产基地（模具城、模具园区）绝大部分都有几亿元的投入。例如东莞横沥模具科技产业园完成投资3亿多元；宁波大碶高档模具及汽配产业基地二期工程18个项目5.8亿元投资已完成；宁波模具产业园区一期8.5亿元投资已完成过半等。2014年已完成固定资产投资1亿元以上或正在实施1亿元以上项目的模具企业有山东豪迈机械科技股份有限公司、青岛海尔模具有限公司、巨轮股份有限公司、北汽兴东方模具（北京）有限公司、北京东明兴业科技有限公司、长春一汽富维华威模具有限公司、乐清嘉得电子有限公司、昆山嘉华电子有限公司、天津汽车模具股份有限公司、宁波方正模具有限公司、宁波合力模具股份有限公司、宁波震裕模具有限公司、群达模具（深圳）有限公司、东莞市中泰模具股份有限公司等。

2014年有3个项目被列入国家工业和信息化部“强基工程”，总投资5亿多元；全行业用于提升企业质量效益和核心竞争力的技术改造、科研开发、标准制修订、品牌培育、海外营销网络建设等项的投资超过10亿元；宁波和黄岩等模具集聚地区企业技术改造和研发方面的投入每年都超过10亿元。

五、外贸及对外合作情况

2014年，根据海关统计，中国模具进出口总额为750 778.86万美元，比2013年增长了5.73 %。其中进口总额为258 851.75万美元，比2013年下降0.53 %；出口总额为491 927.11万美元，比2013年增长9.35 %。有关情况如下：

（1）按模具种类分，进、出口最高的仍是塑料橡胶模具，分别占了进、出口总额的48.35 %和66.47 %；其次是冲压模具，分别占了进、出口总额的38.01 %和17.23 %。具体见表7。

表7　　各类模具2014年进出口情况表

模具种类	进口		出口	
	金额/万美元	所占比例/%	金额/万美元	所占比例/%
塑料橡胶模具	125 164.80	48.35	326 981.87	66.47

续表

模具种类	进口		出口	
	金额/万美元	所占比例/%	金额/万美元	所占比例/%
冲压模具	98 389.94	38.01	84 772.89	17.23
压铸模具	14 668.57	5.67	9 654.47	1.96
轮胎模具	1 893.22	0.73	12 441.79	2.53
粉末冶金模具	577.00	0.22	364.30	0.08
玻璃用型模	597.09	0.23	9 304.39	1.89
其他模具及模具标准件	17 561.13	6.79	48 407.40	9.84

（2）按进口货源地分，进口模具主要来自韩国、日本和我国台澎金马关税区，其次是德国、美国、意大利、加拿大、西班牙、卢森堡和瑞士，具体如表8。

表8　　2014年进口模具主要货源地情况表

货源地	韩国	日本	台澎金马关税区	德国	美国	意大利	加拿大	西班牙	卢森堡	瑞士
进口量/万美元	73 063.15	58 832.30	27 233.87	26 050.53	8 690.70	7 225.69	7 165.50	5 277.37	3 082.33	2 551.89
所占比例/%	28.23	22.73	10.52	10.06	3.36	2.79	2.77	2.04	1.19	0.99

（3）按出口目的地分，我国出口模具的市场主要是我国香港特别行政区、美国和日本，其次是德国、印度、泰国、越南、英国、墨西哥和西班牙，具体如表9。

表9　　2014年出口模具主要目的地情况表

目的地	香港	美国	日本	德国	印度	泰国	越南	英国	墨西哥	西班牙
出口量/万美元	72 951.79	53 540.28	37 116.90	32 110.20	26 444.89	20 226.05	15 561.84	13 898.78	12 784.00	12 292.06
所占比例/%	14.83	10.88	7.55	6.53	5.38	4.11	3.16	2.83	2.60	2.50

注：表中出口到香港的部分，由于香港多为转口贸易，其最终目的地并非都是香港。

（4）按进口目的地分，进口最多的是广东、江苏和上海，其次是天津、北京、浙江、山东、辽宁、吉林和云南。具体如表10。

表10　　2014年进口模具最多的10个省市情况表

目的地	广东	江苏	上海	天津	北京	浙江	山东	辽宁	吉林	云南
进口量/万美元	58 789.46	57 222.13	27 499.17	18 331.46	16 630.84	14 048.57	13 522.50	8 714.89	7 515.84	7 278.77
所占比例/%	22.71	22.11	10.62	7.08	6.42	5.43	5.22	3.37	2.90	2.81

（5）按出口货源地分，出口模具主要来自广东、江苏和浙江，其次为上海、山东、天津、福建、辽宁、云南和江西。具体如表11。

表 11　　2014 年出口模具最多的 10 个省市情况表

货源地	广东	江苏	浙江	上海	山东	天津	福建	辽宁	云南	江西
出口量/万美元	190 755.99	74 490.67	63 333.51	37 746.48	24 226.55	17 995.55	13 615.33	9 773.63	8 435.07	7 249.02
所占比例%	38.77	15.14	12.87	7.67	4.92	3.66	2.77	1.99	1.71	1.47

2014 年中国模具出口到 188 个国家和地区，出口 100 万美元以上的制造企业有 710 个，这说明我国模具出口已经有了良好的基础，前景继续看好。

对外合作方面，由中国模协和上海市国际展览有限公司共同主办的第十五届中国国际模具技术和设备展览会（DMC2014）6 月在上海举办，有来自意大利、瑞典、瑞士、西班牙、英国、德国、奥地利、澳大利亚、美国、日本、韩国、新加坡、中国、中国香港及台湾地区 15 个国家和地区共 1 500 家厂商参展，展出面积超过 8 万平方米，吸引了 8 万多名观众参观，其中包括来自 41 个国家和地区的 5 000 多名专业人士。展览会总成交额超过 4 亿元。包括“亚洲模具发展论坛”等，同期活动丰富多彩。由中国模协主办的“2014 国际模具制造技术报告会”和“2014 中国国际模具产业发展论坛”10 月在北京召开，有中外来宾 180 多人参加。亚洲模具协会联合会（FADMA）2014 年会和工作会议分别于 6 月在上海和 10 月在北京召开，9 个国家和地区的 20 多位代表出席会议共商亚洲模具发展事宜。中国模协和各地方模协全年共组团 20 多个分别出访欧、美、巴西、南非、日本、土耳其、印度和东南亚进行参展、考察、交流等活动。我国模具行业也接待了许多来华的海外同行团组。随着对外合作的深入和我国模具工业的发展，我国模具企业收购兼并国外模具企业或在国外设厂的活动 2014 年进一步发展。例如青岛海尔模具有限公司、巨轮股份有限公司、深圳市银宝山新科技股份有限公司、山东豪迈机械科技有限公司等都有成果。除了资本输出之外，技术输出也出现了良好的开端，例如国内企业的模具设计输出到西班牙，由西班牙企业按设计生产模具交付客户获得成功等。

六、2015 年发展形势预测与展望

2015 年，国际经济仍将处于复苏乏力的低迷状态，占世界经济总量约一半的发达国家经济增长依旧会疲软。虽然新兴经济体的发展还会继续维持较快的速度，但其增速将进一步放缓。多数国际有关机构预测 2015 年世界经济增长只有 3%左右，再加上多变的环境和诸多不确定因素，所以总的来说全球经济形势将复杂严峻、困难重重。这必然会对我国经济产生重大影响。

我国国内经济已经进入新常态，2015 年 GDP 增长目标已定为 7%，坚持稳中求进、提质增资、调结构、上水平、惠民生、绿色发展将是发展的主基调和重点所在。中央政府以发展为第一要务，积极的财政政策和稳健的货币政策等一系列宏观调控政策将继续保持其连续性和稳定性，经济发展的基本面持续向好，各行各业主动适应经济发展新常态，经济体制改革的强力推进，大众创业万众创新的新局面正在形成，新一轮科技革命和产业变革正在兴起，战略性新兴产业的增强发展，传统产业向中高端迈进，“一带一路”战略的全面推进等，都是经济发展的机遇和利好。

2015 年，在世界经济一体化进一步发展的同时，制造业国际竞争也将进一步发展，行业面临的国内外环境将更加复杂，中国制造业下行压力加大，不确定因素和困难增多。与此同时，结构调整和转型升级将朝着更加适应市场需求的方向加快发展步伐。虽然人力资源等的生产成本将继续增大，但经济运行质量仍将继续改善。作为推动中国制造业大国向制造业强国转变的第一步伐，“中国制造 2025”开始实施将使制造业的发展进一步趋好。作为制造业重要组成部分的模具制造业，其发展必然要受到国际国内种种因素影响，预计 2015 年的发展增速也将继续下滑，销售总额和出口增长率可能都会下滑到 7%至 8%左右，但质量也会进一步改善。2015 年是模具行业“十二五”发展规划收官之年，规划中的各项行业发展目标除模具出口额已提前两年完成和信息化管理、研发等个别项实现难度较大之外，其余各项如行业规模、市场占有率、

自配率、重点骨干队伍建设、中高档模具比例等项主要指标，经过努力基本上都是可以完成的。全球以信息网络、智能制造、新能源和新材料为代表的新一轮技术创新，国内产业结构调整、经济转型升级，信息化、城镇化、现代化，新丝绸之路经济带、新长江经济带、京津冀协调发展以及改革红利的逐步释放，等等，都将给市场注入新的活力。西部开发、东北振兴、中部崛起等战略的继续实施也将对市场起到巨大的拉动效果。

以交通工具为主要代表的移动装备，以家电和塑料制品为主要代表的轻工业，以仪器仪表、电机电器、集成电路为主要代表的机电装备和通信产业，以及建筑业、军工等行业，还有海外市场等，都是模具的主要市场。2015 年，城镇化步伐和新农村建设将进一步加快，汽车、铁路、航运等行业模具市场前景继续看好。家电虽然已在走过 5 年政策扶持期之后进入了“政策真空期”而回归市场本质，虽然市场有些透支，但保持中高速发展是有可能的。轻工中塑料制品行业仍将以较高速度发展，尤其是各种工程塑料和改性塑料成形及复合材料成形对模具的需求将会高于轻工总体发展的增长率。因此轻工方面的模具市场预计也有较好的前景。使用模具较多的仪器仪表行业和电机电器等行业，其增长速度虽然也会有所放缓，但作为制造业的基础，其增长速度将不会大幅下滑。电子与信息产业仍将会有较快的发展速度，尤其是集成电路产业市场需求仍将继续保持快速增长态势。从建筑业的塑钢门窗、塑料管道、各种装饰材料，到航空航天的配套件，模具市场也很广阔。虽然房地产有一些回调，但建筑业与公共设施的投资仍将增加。现代化国防工业的发展更需要大量高水平模具给予支撑。医疗器械行业所需模具仍将保持高速增长的态势。模具出口虽然也面临一些变数，但随着全球经济缓慢复苏，我国模具水平的不断提高，模具产品性价比继续保持较高的竞争力以及工业发达国家的模具继续向中国转移和我国模具行业“十二五”发展规划中的出口带动战略的进一步发挥作用，将使我国模具在世界模具市场中的占有率继续提高，出口模具增长速度虽将进一步放缓，但仍将有较好的前景。

综合上述分析，除了自产自用模具之外，2015 年我国模具市场大约会有 1 600 亿元至 1 700 亿元的规模（未计大量自产自用模具）。考虑到外贸出口大于进口，所以 2015 年模具总销售额预计可达 1 700 亿元至 1 800 亿元。随着结构调整和转型升级步伐的加快，模具行业产品水平和经济运行的质量将会继续提高。

展望 2015 年的发展，模具行业将主动适应新状态，进一步加快转型升级和技术进步步伐，努力为节约减排、绿色发展及新材料、新成形工艺服好务，进一步拓展模具的功能与用途，并不断向更高精度、更高质量、更高效率、更好性能、更低成本、更短交货期和更佳服务的方向发展。从技术角度考虑，创新驱动、模具技术的集成化、网络化和智能化、基于控形与控性的智能化模具设计技术、基于数字化和信息化的模具自动化、智能化生产技术和生产方式以及云计算将会得到较快发展，中高档模具在模具总量中的占比和模具技术含量及附加值将进一步提高，高精、高效、多功能、自动化、智能化模具及标准化水平将得到较快提高和发展。产学研用紧密结合的技术创新联盟，为广大中小企业服务的公共服务平台，以及模具集聚生产基地和现代制造服务业将进一步发展。

七、存在的主要问题和政策措施建议

现在虽然我们已经是世界模具生产大国与贸易大国，数量上已超过了许多工业发达国家，但质量与水平仍亟待提高，现状与需求及与国际先进水平相比仍有较大差距，主要问题是：在理念、设计、工艺、技术、经验等方面总体上仍落后于国际水平，主要表现有：

（1）模具技术含量、使用寿命、精度、质量可靠性与稳定性、标准化程度、制造周期等方面与国际先进水平相比，总体上还有不小差距。

（2）与国际先进水平相比，管理上的差距比技术上的差距更为显著，除少数企业外，全行业绝大部分企业信息化水平仍旧较低。包括设计、分析与管理软件在内，国产软件及国外软件的应用和二次开发水平也比较低。管理落后还造成行业经济运行情况不佳。

（3）高档模具水平与能力均不能适应市场需求，中低端模具供过于求，竞争激烈，标准和标准件生产供应滞后于生产发展，研发投入不足，创新能力薄弱。人才发展落后于行业发展。

为能较好地逐步解决问题，不断缩小与国际先进水平和市场需求的差距，不断促进由大转强的转变，提出如下政策措施建议意见。

（1）继续实施产业振兴支撑项目、科技专项、重点技改和强基工程，建议各级政府有关部门加大对模具行业的支持力度，以扶优扶强为原则，积极引导企业增大研发和技改投入，并大力支持行业研发体系和公共服务平台的建设与发展。

（2）鼓励和支持模具行业基础理论和共性技术的研究与开发，针对关键重点项目及其推广应用，在立项、资金支持和政策等方面给予倾斜。

（3）鼓励和支持模具行业进一步开拓市场，扩大外贸，提高高技术含量和高附加值的模具出口退税率，推进模具出口基地建设和对出口重点企业的支持力度，并特别鼓励技术出口和资金出口，以不断提高“走出去”的能力和水平。

（4）鼓励模具产业集聚区建设，并积极引导其向转型升级和高端发展。希望各级政府有关部门在高新技术企业的评定中，给模具企业以更多的关注。

（5）实施品牌战略，培育名牌，表彰质量诚信企业；鼓励企业向规范化的现代企业迈进，支持上市。

（6）鉴于整个行业缺乏人才，尤其是高水平高素质人才更加匮乏，因此必须做好模具人才的培养工作，培育人才红利。在一定时期内，还要重视智力引进。

（7）各有关方面都要重视创新能力的培育，企业更要顺应“互取网+”等发展趋势，着重创新，并重视专利技术的申报，要防止国外专利和技术垄断。

（中国模具工业协会　周永泰）

合成树脂

2014 年合成树脂市场状况

2014 年，我国合成树脂行业保持较快发展态势，经济体量继续扩大。市场供需较快增长，产销衔接平稳。但是，中低端市场竞争加剧，价格大幅下跌，行业整体效益显著下滑。合成树脂行业进入创新驱动、转型升级的关键时期。

一、合成树脂生产

（一）经济体量继续扩大

据统计局数据，2014 年合成树脂行业规模以上企业 1 690 家，比 2013 年增加 34 家；实现主营业务收入 8 523.4 亿元，创历史新高，增长 6.7%；利润总额 266.2 亿元，下降 16.5%；资产总计 7 738.3 亿元，增幅 9.3%；上缴税金 212.9 亿元，增长 5.9%。

成本上升，亏损企业亏损额扩大。2014 年，合成树脂行业主营业务成本 7 660.7 亿元，同比增长 7.1%；每 100 元主营收入成本高达 89.88 元，同比增加 0.33 元，高出化工行业 100 元主营收入平均成本 2.30 元。主营收入利润率仅为 3.12%，盈利能力较弱。2014 年行业亏损企业亏损额 146.3 亿元，同比扩大 67.3%；亏损面为 14.2%，上升 1 个百分点。

总体而言，2014 年合成树脂行业虽在经济规模上继续扩大，但整体效益却显著下滑。成本强劲上升，利润大幅下降，价格明显回落，竞争异常激烈，合成树脂行业发展进入产品结构调整、转型升级的关键时期。

2010~2014 年我国合成树脂行业主营收入、利润等经济指标　　单位：亿元，%

项目＼年份	2010	2011	2012	2013	2014
主营收入	5 133.9	6 918.0	7 362.7	7 985.4	8 523.4
同比/%	34.0	34.8	6.4	8.5	6.7
利润总额	297.3	385.7	326.1	318.9	266.2

续表

项目＼年份	2010	2011	2012	2013	2014
同比/%	48.2	35.1	−27.6	−3.4	−22.2
资产总计	4 377.0	5 537.7	6 154.1	7 078.0	7 738.3
同比/%	32.8	26.5	11.1	15.0	9.3

（数据来源：统计局，下同）

（二）产量保持较快增长

2014 年，我国合成树脂总产量达 6 950.7 万吨，同比增长约 14%。其中，聚乙烯 1 336.6 万吨，增幅 13.8%；聚丙烯 1 373.9 万吨，增长 10.2%；聚氯乙烯 1 629.6 万吨，增长 6.5%；聚苯乙烯 211.4 万吨，增长 0.5%；ABS 产量 267.4 万吨，增幅 10.0%。上述五大通用树脂总产量合计占比 69.3%，比 2013 年回落 3 个百分点。

中、西部地区增速较快，比重上升。据统计，2014 年，东部 11 省市合成树脂产量 4 366.6 万吨，增长 6.3%，占全国比重 62.8%，比 2013 年下降 2.4 个百分点；中部 8 省产量 924.0 万吨，增幅 15.5%，占比 13.3%，较 2013 年提高 0.6 个百分点；西部 12 省市区产量 1 660.1 万吨，增幅最高，达 18.9%，占比达 23.9%，比 2013 年提高 1.8 个百分点。

2010~2014 年我国合成树脂产量

单位：万吨，%

产品＼年份	2010	2011	2012	2013	2014
合成树脂	4 360.9	4 941.2	5 257.0	6 103.5	6 950.7
同比/%	19.1	12.5	6.4	16.1	13.9
其中：PE 产量	985.8	1 015.2	1 030.0	1 174.0	1 336.6
PP 产量	916.8	995.6	1 121.5	1 246.5	1 373.9
PVC 产量	1 130.1	1 311.2	1 341.6	1 529.8	1 629.6
PS 产量	155.3	205.3	216.3	210.4	211.4
ABS 产量	33.8	102.6	105.7	243.0	267.4

注：PS 包括 EPS、HIPS 和 GPPS；PE 主要包括 LDPE、HDPE、LLDPE 等（下同）。

（三）投资增速下降

2014 年，我国合成树脂制造业投资从高速增长急转直下变为负增长。投资总额为 984.6 亿元，同比下降 0.9%，是 2006 年以来的首次下降，低于化工行业平均投资增幅 9.6 个百分点，占化工行业投资总额的 6.3%，占比较 2013 年回落 0.8 个百分点。2014 年投资下降主要受市场环境影响，投资方向不明。总的看，未来合成树脂行业大规模产能扩张投资需求将减少，差异化、个性化、高端化投资需求将大幅增加。预计未来合成树脂行业投资增速总体上将趋缓，但仍将保持较快增长，平均增幅估计在 10%~15%。

2010~2014 年我国合成树脂行业投资增长情况 单位：万元，%

项目 \ 年份	2010	2011	2012	2013	2014
投资总额	410.6	586.9	766.3	994.0	984.6
同比增长/%	49.0	42.9	30.6	29.7	−0.9

（四）主要生产企业继续增加

2014 年，全国合成树脂行业规模以上企业有 1 690 家（主营收入 2 000 万元以上），比 2013 年增加 34 家。其中，大型企业有 66 家（主营收入 4 亿元以上），较 2013 年增加 6 家；主营收入占比 36.4%，较 2013 年提高约 3 个百分点。从产量上看，2014 年前 10 家生产企业总产量之和占全国合成树脂总量的 18.7%，占比较 2013 年回落 1.7 个百分点。总体而言，我国合成树脂行业集中度较低，整体竞争力不强。

2014 年我国合成树脂前 15 家生产企业产量

企业名称	品名	产量/吨
中国石油独山子石化分公司	合成树脂	1 861 061
中国石化茂名分公司	合成树脂	1 570 974
福建联合石油化工有限公司	合成树脂	1 566 745
华润包装材料有限公司	合成树脂	1 307 017
中国石油大庆石化分公司	合成树脂	1 238 095
上海赛科石油化工有限责任公司	合成树脂	1 211 772
镇江奇美化工有限公司	合成树脂	1 168 012
中沙（天津）石化有限公司	合成树脂	1 086 709
中国石油抚顺石化分公司	合成树脂	1 046 974
中韩（武汉）石油化工有限公司	合成树脂	988 799
陕西北元化工集团有限公司	合成树脂	987 018
中国石化北京燕山分公司	合成树脂	974 215
天津大沽化工股份有限公司	合成树脂	962 586

续表

企业名称	品名	产量/吨
中国石化齐鲁分公司	合成树脂	940 223
中国石油兰州石化分公司	合成树脂	917 770

1. 聚乙烯主要生产企业

2014 年，我国聚乙烯主要生产企业约有 30 余家，主要集中在中国石油和中国石化两大公司。其中，高密度聚乙烯生产企业近 30 家；线性低密度聚乙烯生产企业约 18 家；低密度聚乙烯生产企业约 37 家。此外，约有数家超高分子和中密度聚乙烯生产企业。

2014 年线性低密度聚乙烯前 10 家生产企业产量

企业名称	品　名	产量/吨
福建联合石油化工有限公司	LLDPE	686 518
中国石化镇海炼化分公司	LLDPE	414 380
中国石油抚顺石化分公司	LLDPE	380 773
上海赛科石油化工有限责任公司	LLDPE	338 020
中沙（天津）石化有限公司	LLDPE	312 507
中韩（武汉）石油化工有限公司	LLDPE	312 052
中国石油兰州石化分公司	LLDPE	277 580
中国石化中原石油化工有限责任公司	LLDPE	244 905
中国石油吉林石化分公司	LLDPE	218 458
中国石化扬子石油化工有限责任公司	LLDPE	211 051

2014年低密度聚乙烯前10家生产企业产量

企业名称	品　名	产量/吨
中国石化茂名分公司	LDPE	405 903
中国石化北京燕山分公司	LDPE	281 905
扬子石化-巴斯夫有限责任公司	LDPE	245 399
中国石油兰州石化分公司	LDPE	219 562
中国石化上海石油化工股份有限公司	LDPE	185 278
中国石化齐鲁分公司	LDPE	178 137
宿迁市金田塑业有限公司	LDPE	102 152
内蒙古蒙维科技有限公司	LDPE	99 818
中煤陕西榆林能源化工有限公司	LDPE	97 294
新沂市达美聚酯粉体有限公司	LDPE	57 583

2014年高密度聚乙烯前10家生产企业产量

企业名称	品　名	产量/吨
中国石化茂名分公司	HDPE	364 201
上海赛科石油化工有限责任公司	HDPE	336 847
中国石化齐鲁分公司	HDPE	328 174
福建联合石油化工有限公司	HDPE	280 453
中沙（天津）石化有限公司	HDPE	278 671
中韩（武汉）石油化工有限公司	HDPE	265 934
神华集团煤制油包头煤化工公司	HDPE	261 072
中国石化扬子石油化工有限公司	HDPE	240 876
中国石油吉林石化分公司	HDPE	231 947
中国石化上海石油化工股份有限公司	HDPE	212 687

2．聚丙烯主要生产企业

2014年，我国有聚丙烯生产企业有约110家，多为中小企业。其中，产量在20万吨以上的企业有26家，前10家企业产量占全国聚丙烯总量的36.7%，占比较上年回落3.7个百分点。

2014年聚丙烯前15家生产企业产量

企业名称	品名	产量/吨
中国石油独山子石化分公司	聚丙烯	613 299
福建联合石油化工有限公司	聚丙烯	599 774
中国石化茂名分公司	聚丙烯	595 317
神华宁夏煤业集团有限责任公司	聚丙烯	520 571
中沙（天津）石化有限公司	聚丙烯	495 531
中国石化镇海炼化分公司	聚丙烯	494 130
中国石化上海石油化工股份有限公司	聚丙烯	450 887
中国石化北京燕山分公司	聚丙烯	445 390
宁波富德能源有限公司	聚丙烯	421 304
中韩（武汉）石油化工有限公司	聚丙烯	410 812
台塑聚丙烯（宁波）有限公司	聚丙烯	410 148
中国石油大庆炼化分公司	聚丙烯	403 221
中国石化扬子石油化工有限公司	聚丙烯	400 510
浙江绍兴三锦石化有限公司	聚丙烯	383 582
中国石油抚顺石化分公司	聚丙烯	366 030

3．聚氯乙烯主要生产企业

聚氯乙烯是通用合成树脂中最大的品种。2014年，我国聚氯乙烯生产企业约有100余家，前10家企业产量占全国聚氯乙烯总量的37.7%，占比较2013年提高0.6个百分点。近年来，我国聚氯乙烯生产加快向西部地区转移，2014年，西部地区产量占比达60.6%，同比提高5.5个百分点。其中，新疆和内蒙占比分别为21.0%和19.3%。

2014年聚氯乙烯前20家生产企业产量

企业名称	品名	产量/吨
陕西北元化工集团有限公司	聚氯乙烯	987 018

续表

企业名称	品名	产量/吨
新疆中泰化学阜康能源有限公司	聚氯乙烯	831 881
新疆华泰重化工有限责任公司	聚氯乙烯	771 032
天津大沽化工股份有限公司	聚氯乙烯	716 768
天能化工有限公司	聚氯乙烯	560 690
昊华宇航化工有限责任公司	聚氯乙烯	490 267
湖北宜化集团有限责任公司	聚氯乙烯	475 431
内蒙古亿利化学工业有限公司	聚氯乙烯	456 942
天辰化工有限公司	聚氯乙烯	452 199
宜宾海丰和锐有限公司	聚氯乙烯	402 422
中盐吉兰泰氯碱化工有限公司	聚氯乙烯	390 099
唐山三友集团有限公司	聚氯乙烯	368 569
天津乐金大沽化学有限公司	聚氯乙烯	367 238
内蒙古鄂尔多斯电力冶金股份有限公司	聚氯乙烯	343 650
山西榆社化工股份有限公司	聚氯乙烯	322 159
四川金路集团股份有限公司	聚氯乙烯	313 884
鄂尔多斯市君正能源化工有限公司	聚氯乙烯	305 886
内蒙古君正化工有限责任公司	聚氯乙烯	305 560
内蒙古伊东集团东兴化工有限责任公司	聚氯乙烯	300 279
内蒙古乌海化工有限公司	聚氯乙烯	298 909

4．聚苯乙烯主要生产企业

2014 年，我国有聚苯乙烯生产企业有 30 家左右，与 2013 年大致持平。主要生产企业规模较 2013 年有所扩大，产量在 10 万吨以上的企业有 7 家，20 万吨以上的有 4 家。前 10 家企业产量占全国总产量的 86.2%，较 2013 年明显回落。

2014 年聚苯乙烯前 10 家生产企业产量

企业名称	品名	产量/吨
江苏诚达石化工业有限公司	聚苯乙烯	409 515
江苏嘉盛新材料有限公司	聚苯乙烯	341 116
上海赛科石油化工有限责任公司	聚苯乙烯	275 321
台化聚苯乙烯（宁波）有限公司	聚苯乙烯	207 472
广东星辉合成材料有限公司	聚苯乙烯	146 775
河南鑫正树脂有限公司	聚苯乙烯	111 972
江苏倪家巷集团有限公司	聚苯乙烯	104 031
天津嘉泰伟业化工有限公司	聚苯乙烯	93 333
中国石化广州分公司	聚苯乙烯	69 111
新疆蓝山屯河新材料有限公司	聚苯乙烯	64 066

5．ABS 主要生产企业

2014 年，我国共有 ABS 生产企业约 30 家，较 2013 年有所增加，产量相对集中。年产量 40 万吨以上的企业有 3 家，而 2013 年还尚无一家。前 5 家企业产量占全国 ABS 总产量的 77.3%，占比较 2013 年大幅回落。

2014 年 ABS 树脂前 10 家生产企业产量

企业名称	品名	产量/吨
宁波乐金甬兴化工有限公司	ABS 树脂	811 470
中国石油吉林石化分公司	ABS 树脂	408 886
台化塑胶（宁波）有限公司	ABS 树脂	406 302
天津大沽化工股份有限公司	ABS 树脂	245 818
江苏瑞美福实业有限公司	ABS 树脂	193 800
丹阳新华美塑料有限公司	ABS 树脂	174 030
中国石化上海高桥分公司	ABS 树脂	107 533

续表

企业名称	品名	产量/吨
中国石油大庆石化分公司	ABS 树脂	101 937
上海锦湖日丽塑料有限公司	ABS 树脂	60 551
四川飞亚新材料有限公司	ABS 树脂	43 574

二、合成树脂消费

（一）消费增幅回落

2014 年，我国合成树脂表观消费量达到 9 651.4 万吨，同比增长 9.2%，增幅较 2013 年回落 1 个百分点，但仍属较快增速。PE、PP、PS、PVC、ABS 五大通用树脂表观消费量总计为 6 245 万吨，占合成树脂表观消费总量的 64.7%，较 2013 年下降 1.1 个百分点。其中，聚乙烯表观消费量 2 222.5 万吨，同比增长 9.2%；聚丙烯表观消费量 1 724.6 万吨，增幅 8.4%；聚氯乙烯表观消费量 1 602.9 万吨，增长 2.7%；聚苯乙烯表观消费量 264.0 万吨，下降 3.1%；ABS 表观消费量 431.0 万吨，增幅 20.8%。

总体上看，我国合成树脂消费潜力巨大，供需存在较大缺口，进口绝对量较高。但是，在宏观经济进入新常态背景下，消费增长放缓将成为长期趋势，需求的差异化、个性化、高端化特征将进一步显现，通用树脂消费占比也将进一步下降。预计 2015 年，我国合成树脂表观消费量将首次突破 1 亿吨，增幅在 7%左右。其中，聚乙烯表观消费量增幅约 7.5%，聚丙烯增长约 7%，聚氯乙烯约为 11%，聚苯乙烯和 ABS 分别增长约 10%和下降 5%。

2010~2014 年我国合成树脂表观消费量　　单位：万吨，%

产品＼年份	2010	2011	2012	2013	2014
合成树脂表观消费量	7 165.7	7 605.0	8 016.4	8 840.8	9 651.4
同比/%	10.5	6.6	5.4	10.3	9.2
其中：聚乙烯	1 707.6	1 727.4	1 790.0	2 035.3	2 222.5
聚丙烯	1 279.2	1 356.8	1 498.3	1 591.1	1 724.6
聚氯乙烯	1 275.7	1 398.7	1 417.2	1 560.8	1 602.9
聚苯乙烯	273.2	273.6	280.7	272.4	264.0
ABS	245.9	283.6	268.0	356.9	431.0

（二）消费结构分析

五大通用树脂中，聚乙烯消费量仍是最大，2014 年占到通用合成树脂消费总量的 35.6%，较 2013 年上升 0.3 个百分点；聚丙烯保持第二位，占比 27.6%，与 2013 年基本持平；聚氯乙烯排名第三，占比 25.4%，回落 1.4 个百分点；聚苯乙烯占比 4.2%，回落 0.9 个百分点；ABS 树脂占比 6.9%，上升 1.8 个百分点。ABS 树脂和聚乙烯消费保持上升态势。

1．聚乙烯

2014 年，在聚乙烯产品的消费中，线性低密度聚乙烯（LLDPE）消费量最大，占比约 42.5%；其次为高密度聚乙烯（HDPE），占比约 35.3%；低密度聚乙烯（LDPE）排名第三，占比约 20.6%；超高分子量聚乙烯（UHMW）和中密度聚乙烯（MDPE）比重较小，约为 1.6%。其中，HDPE 消费量占比呈扩大趋势，线性低密度聚乙烯有所缩小，其余保持基本稳定。

LDPE/LLDPE 消费结构。薄膜制品（包装薄膜、农用薄膜等）是 LDPE/LLDPE 的最大消费领域，占其消费总量的 70%以上；其次是注塑，约占 9%。近些年来，包装薄膜和农用薄膜生产保持较快增长，特别是多层复合薄膜生产线越来越多，产量不但增加，目前在包装薄膜中所占比例已超过15%。今后一段时期内，薄膜制品仍是推动LDPE/LLDPE的消费增长的最主要领域。

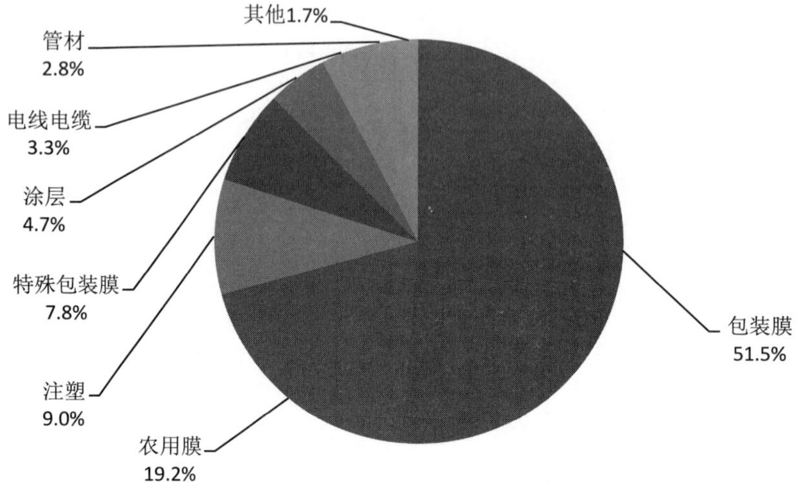

2014年国内LDPE/LLDPE消费结构图

HDPE 消费结构。2014 年吹塑仍然是我国HDPE的最大应用领域，约占其总消费量21%，其次分别为注塑、薄膜、管材，占比分别为19%、17.7%和14.6%。

HDPE适用于生产各类中空容器，如牛奶瓶、果汁瓶、化妆品瓶、药瓶、食品容器以及中空托盘、燃油箱、IBC包装桶等大型中空产品。HDPE薄膜制品中，以高强度薄膜为主，主要包括背心袋、购物袋、垃圾袋、杂货袋、耐候膜等。HDPE注塑制品可大量替代钢材和木材，应用于各个领域，如铁路、港口、远洋运输、包装生产线等。HDPE管材具有优良的机械性能、无毒和耐腐蚀等优点，被广泛应用于供水系统及电线电缆等的套管领域，有力地支撑了HDPE的消费增长。此外，随着人们生活水平的不断提高，HDPE在中空包装领域的应用也越来越广泛。

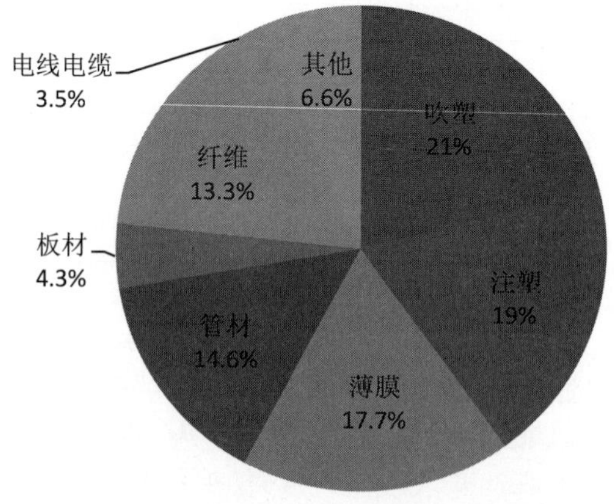

2014年国内HDPE消费结构图

2．聚丙烯

随着包装、汽车、家电等行业的快速发展，聚丙烯的消费也不断扩大。编织制品、注塑制品、BOPP薄膜等是聚丙烯最主要的应用领域。2014年，编织制品消费占比约32%，是聚丙烯最大的消费市场；注塑制品占比约27.5%，排名第二；BOPP约占18.5%，位居第三。

编织制品主要用于粮食、化肥、水泥及合成材料等大宗产品的包装。近年来，编织制品企业有由东部沿海地区向中西部地区加快转移的趋势。注塑制品主要应用于汽车、家电、玩具、日用品、工业容器等领域。随着制造业的不断发展，近年来对嵌段共聚聚丙烯的需求快速增加。BOPP 薄膜具有质轻、机械强度高、尺寸稳定性好等优点，广泛应用于包装特别是食品包装领域。聚丙烯纤维（即丙纶）是以聚丙烯为原料通过熔融纺丝制成的一种纤维制品，具有质轻、疏水及强度高等诸多优良性能，因而在装饰、服用等领域广泛应用，是合成纤维主要品种之一。

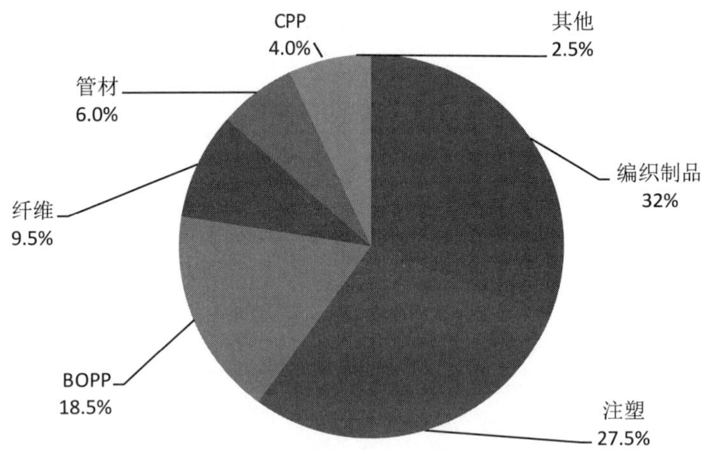

2014年国内聚丙烯消费结构图

3．聚氯乙烯

总体而言，我国聚氯乙烯主要有两大消费市场：硬制品和软制品，目前分别占比约 62%和 38%。硬制品主要是各种型材、管材、板材、硬片和吹塑制品等；软制品主要为各种用途的膜、电线电缆、人造革、织物涂层、各类软管、手套、玩具、铺地材料、塑料鞋以及一些专用涂料和密封剂等。

随着聚氯乙烯消费市场的发展，近年高性能 PVC 专用树脂供不应求。一些生产厂家推出了一系列高性能的 PVC 合金专用粒料和粉料，如，耐冲击 PVC 瓶料、耐热电子电器专用料，鞋用 PVC 合金、医用 PVC 合金，耐辐射、抗静电 PVC 合金，纤维增强 PVC 合金，以及阻燃抑烟无铅-钙 PVC 电线电缆复合料等专用料。此外，具有特殊性能的特种 PVC 树脂在市场上也逐渐得到应用。如，PVC 糊用及掺混树脂、特种糊用 PVC 树脂，氯乙烯-醋酸乙烯共聚树脂，粉末涂料用 PVC 专用树脂，超高分子量 PVC 专用树脂、超高吸收 PVC 专用树脂，消光专用树脂，溶液聚合型共聚树脂，弹性体专用树脂等。

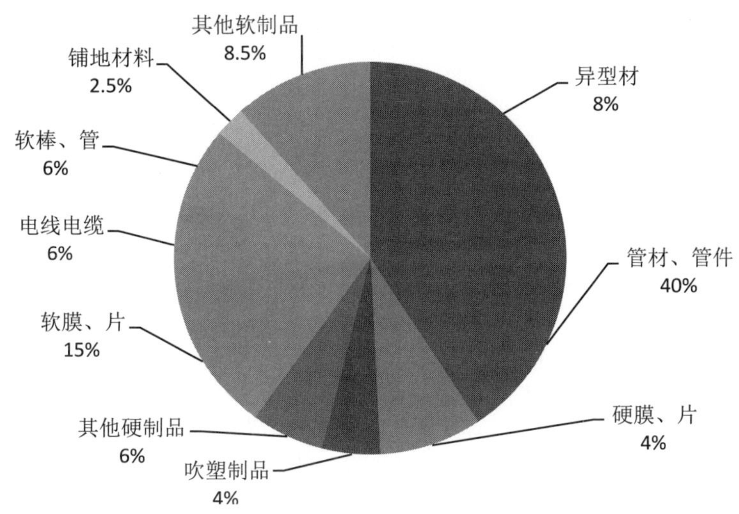

2014年国内聚氯乙烯消费结构图

4.聚苯乙烯

目前，在我国聚苯乙烯消费中，发泡聚苯乙烯（EPS）约占 45%，通用聚苯乙烯（GPPS）和抗冲击聚苯乙烯（HIPS）占比 55%。近年来，随着房地产行业景气度下滑，EPS 消费呈现放缓趋势。

EPS 消费结构。EPS 主要消费领域是包装材料（包括汽车及家用电器中缓冲材料）和建筑保温材料，分别约占其消费量的 45%和 48%，一次性餐盒约占 1%，其他用途如玩具填充物等约占 6%。

未来，EPS 在汽车和家电领域的消费增长将保持相对稳定，但受国家海洋局将 EPS 列入重点海域主要污染物监控范围和部分国家出台禁止进口 EPS 包装容器的影响，EPS 在包装领的消费增长会放缓。由于建筑保温材料政策解禁及《建筑防火设计规范》（GB50016-2014）标准的实施，建筑保温材料在 EPS 消费结构中的占比会有所上升。

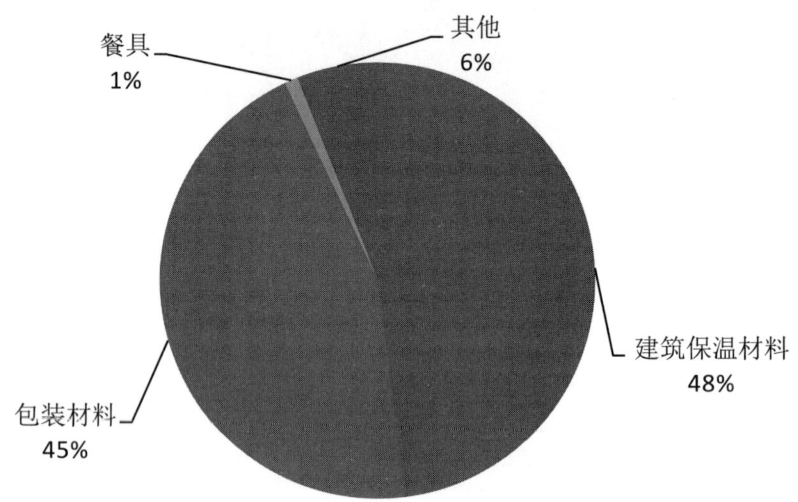

2014年国内EPS消费结构图

GPPS/HIPS 消费结构。我国 GPPS/HIPS 主要消费领域是电子电器、日用品和办公用品，2014 年分别占其消费总量的 38%、30%和 12%。

在电子电器领域，GPPS/HIPS 主要用于制作家电及电子产品的外壳、零部件、冰箱板材以及音像制品等。在日用品领域，主要用于家用器皿、牙刷、化妆品盒、装饰品、圆珠笔等。在包装材料中，GPPS/HIPS 则主要应用于包装和电绝缘方面。

国内 GPPS/HIPS 消费主要集中在各种电子电器配件上，未来总体消费结构不会有达的变化。但我国电子电器产品出口量较大，因而出口形势变化将对聚苯乙烯消费结构产生重大影响。

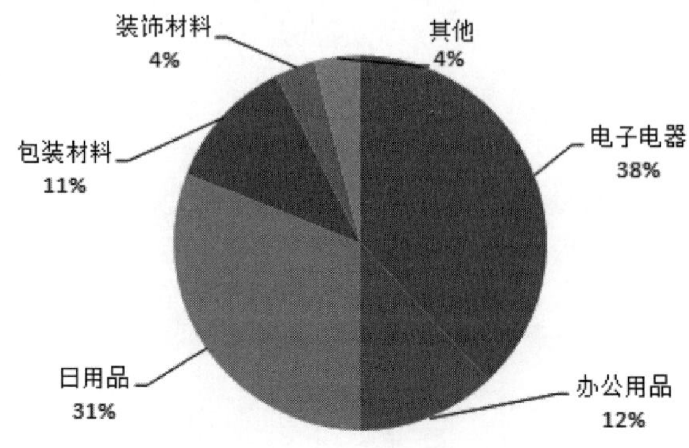

2014年国内GPPS/HIPS消费结构图

5.ABS

我国 ABS 树脂消费主要集中在电子电器、办公设备和车用（汽车、摩托车）等领域，2014 年分别约占 ABS 总消费量的 55%、19.5%和 15%。电子电器的消费占比有所上升，办公设备消费占比有所下降。

电子电器的消费主要为家用电器，包括电冰箱、冰柜、空调、洗衣机、微波炉、音响等。办公设备主要包括计算机、传真机、电话、复印机等。车用领域主要为汽车、摩托车的仪表板、车轮罩、散热器隔栅、空调器、行李箱、手柄等部件。ABS 树脂的日用品消费领域主要有箱包、玩具、管材等。

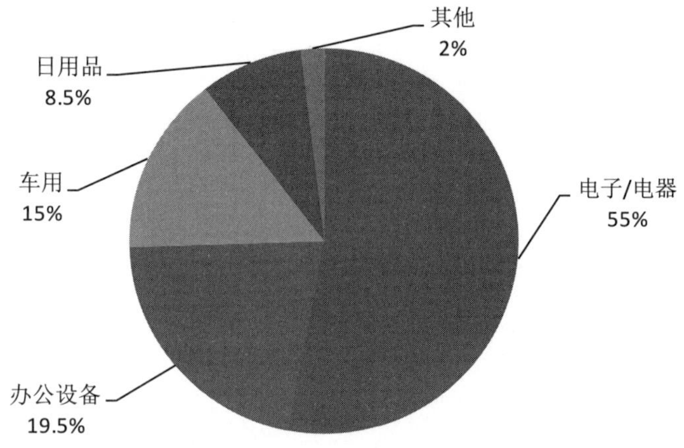

2014年国内ABS树脂消费结构图

（三）下游加工业保持较快增长

2014 年，我国塑料制品总产量 7 387.7 万吨，同比增长 7.4%，增幅较 2013 年明显回落，主要原因是统计局上调了 2013 年产量近 700 万吨。其中，塑料薄膜 1 261.8 万吨，增长 8.4%；泡沫塑料　202.2 万吨，增长 9.8%；塑料人造革、合成革 375.1 万吨，增幅 2.6%；日用塑料制品 579.7 万吨，增幅 10.5%。塑料薄膜产量占塑料制品总量的 17.1%，较 2013 年提高 0.2 个百分点。此外，2014 年全国胶鞋产量 4.94 亿双，增长 10.4%。主要产品产量绝大多数保持了较快增长。

我国塑料制品行业具有明显的地域性，主要生产地区基本上都集中我国东南部沿海地区。不过，近年来有向中西部地区加快转移的趋势。数据显示，2014 年，我国东部地区塑料薄膜产量占比为 75.7%，较 2013 年回落 2.5 个百分点。其中，浙江、广东、江苏三省占比产量占比达约 51%。2014 年东部地区日用塑料制品占比为 70.6%，较 2013 年回落 2.4 个百分点。其中，广东、浙江两省产量占比达约 41%。

2010~2014 年塑料制品产量增长情况　　单位：万吨，%

产品名称	2010 年	2011 年	2012 年	2013 年	2014 年
塑料制品总量	5 830.6	5 304.4	5 730.3	6 878.8	7 387.8
同比/%	21.1	−9.0	8.0	20.0	7.4
塑料薄膜	799.1	887.5	1 012.3	1 163.7	1 261.8
其中农用薄膜	157.1	151.1	164.9	189.7	219.5
泡沫塑料	220.3	139.7	134.4	184.1	202.2
塑料人造革、合成革	214.8	272.0	313.5	365.6	375.1
日用塑料制品	645.8	403.6	430.9	524.8	579.7

三、合成树脂进出口

（一）合成树脂进口

1．进口回升

2014 年，我国合成树脂进口总量为 3 215.3 万吨，同比增长 2.9%；2013 年为下降，占同期合成树脂表观消费量的 33.3%。其中，五大通用树脂进口 1 618.3 万吨，同比增长 0.7%，占进口总量的 50.3%。聚乙烯仍是进口量最大的品种，全年进口 910.8 万吨，增幅 3.3%，占合成树脂进口总量的 28.3%，与 2013 年基本持平；其次为废碎塑料，进口量 825.4 万吨，增长 4.7%，占比 25.7%，较 2013 年上升 0.5 个百分点；其他合成树脂进口 587.6 万吨，依然排名第三，增幅 5.6%，占比 18.3%，上升 0.5 个百分点。值得关注的是。2014 年环氧树脂进口量大幅增长，增幅达到 18.3%，聚碳酸酯增幅 7.3%，均明显高于合成树脂平均增速，显示进口结构出现变化。

总体看，2010 年以来，我国合成树脂的进口增速呈放缓趋势。

2014 年，我国合成树脂进口总额 536.5 亿美元，同比增长 4.9%。其中，聚乙烯进口总额 143.3 亿美元，增幅 9.0%；其他合成树脂进口总额 152.7 亿美元，增长 7.7%。分别占合成树脂进口总额的 26.7% 和 28.5%，比 2013 年提高 1 个和 0.8 个百分点。

2010~2014 年我国合成树脂进口情况　　单位：万吨，%

产品 \ 年份	2010	2011	2012	2013	2014
合成树脂总计	3 069.4	3 026.3	3 139.1	3 123.4	3 215.3
同比/%	5.4	－1.4	3.7	－0.5	2.9
五大通用树脂合计	1 605.9	1 542.9	1 578.9	1 606.9	1 618.3
聚乙烯	735.8	744.4	788.8	881.5	910.8
聚丙烯	386.8	377.8	404.7	359.3	363.2
聚氯乙烯	151.1	131.6	121.0	104.4	92.6
聚苯乙烯	115.2	103.9	98.0	94.7	84.9
ABS 树脂	216.9	185.3	166.5	167.0	166.8
环氧树脂	31.0	23.3	20.5	20.4	24.1
聚碳酸酯	126.4	122.8	137.4	137.9	148.0
聚硅氧烷	19.6	15.2	13.9	13.5	11.8
塑料废碎料	800.9	838.6	887.8	788.2	825.4
其他合成树脂	485.6	483.5	500.6	556.5	587.6

注：数据来源：中国海关（下同。

2．主要进口地区

我国合成树脂进口主要来自中东及我周边国家和地区。2014 年，进口排名前四位的国家和地区依次为韩国、台湾地区、沙特和日本，进口量分别为 452.7 万吨、380.7 万吨、262.6 万吨和 237.1 万吨，进口额为 85.2 亿美元、71.6 亿美元、40.9 亿美元和 48.5 亿美元；分别占我国合成树脂进口总量的 14.1%、11.8%、8.2%和 7.4%，进口总额的 15.9%、13.3%、7.6%和 9.0%（见下表）。

2014 年我国合成树脂主要进口国家和地区

单位：万吨，万美元

国家和地区	进口量	进口额
韩国	452.7	852 155.7
中国台湾	380.7	715 714.3
沙特阿拉伯	262.6	409 450.6
日本	237.1	485 024.1
美国	226.5	444 951.0
泰国	218.0	355 706.3
新加坡	213.4	383 095.0
伊朗	159.0	242 857.9
中国香港	146.1	136 646.5
阿联酋	108.8	148 550.6
马来西亚	98.2	134 769.7
德国	98.0	178 978.7
比利时	61.0	75 516.9
卡塔尔	49.1	76 398.7
加拿大	40.8	42 887.4
进口总计	3 215.3	5 364 545.6

3．进口贸易方式

在我国合成树脂进口贸易中，以一般贸易方式为主，加工贸易为辅。2014 年，在进口量中，一般贸易占 65.7%，较 2013 年提高 0.7 个百分点；来料加工贸易占 23.3%，较 2013 年回落 3.8 个百分点；其他各种贸易方式合计占 11.0%。在进口贸易额中，一般贸易占 60.6%，较 2013 年提高 0.4 个百分点；加工贸易占 26.8%，回落 3.9 个百分点；其他各种贸易方式合计占 12.5%。加工贸易下降趋势有所加快，一般贸易占比继续稳步上升。

2014 年我国合成树脂进口贸易方式情况

单位：吨，万美元

贸易方式	进口量	进口额
一般贸易	21 121 826.2	3 253 245.9
来料加工贸易	7 482 483.0	1 440 236.3
保税区仓储转口货物	2 177 157.7	424 631.6
来料加工装配贸易	1 013 305.6	174 974.2
保税仓库进出境货物	291 414.5	59 742.4
边境小额贸易	55 710.9	8 347.6
其他	10 817.6	3 079.5
出口加工区进口设备	274.1	274.9
易货贸易	72.0	12.4
外商投资企业作为投资进口的设备、物品	0.4	0.9
共计	32 153 062.1	5 364 545.6

（二）合成树脂出口

1．出口增长继续加快

近年来，我国合成树脂出口增速明显加快。2014 年，我国出口合成树脂 514.5 万吨，同比增长 22.6%，增速比 2013 年加快 11.6 个百分点。其中，聚氯乙烯出口增长最快，达到 62.6%，出口 119.3 万吨，占合成树脂出口总量的 23.2%，比 2013 年提高 5.7 个百分点。其他合成树脂出口量为 276.8 万吨，占比 53.8%，回落 2 个百分点。

2014 年，我国合成树脂出口总额为 106.7 亿美元，同比增长 16.5%，比 2013 年加快 7.5 个百分点。其中，聚氯乙烯出口额 11.6 亿美元，增幅 53.8%，占比 10.9%；其他合成树脂出口额 68.7 亿美元，占比 64.4%。

2010~2014 年我国合成树脂出口增长情况

单位：万吨，%

产品＼年份	2010	2011	2012	2013	2014
合成树脂总计	294.7	362.5	378.1	419.6	514.5
同比/%	34.7	23.0	4.3	11.0	22.6
聚乙烯	15.8	32.2	28.8	20.3	24.9
聚丙烯	8.3	16.6	16.1	14.7	12.6
聚氯乙烯	26.6	44.2	45.4	73.4	119.3
聚苯乙烯	35.8	35.6	33.5	32.7	32.3
ABS 树脂	5.5	4.3	4.2	3.1	3.3
环氧树脂	8.0	8.4	7.1	7.1	6.6
聚碳酸酯	29.5	23.8	21.2	20.9	22.3
聚硅氧烷	5.1	8.4	9.6	9.4	12.1
塑料废碎料	2.6	2.6	3.3	4.2	4.3
其他合成树脂	157.4	186.6	209.0	233.9	276.8

2．主要出口目的地

我国合成树脂出口几乎遍布全球各地，达 180 个国家和地区，但主要出口目的地仍是亚洲及我周边国家和地区。出口量居前四位的国家和地区依次为印度、中国香港、俄罗斯和美国，合计占我国合成树脂出口总量的 34.1%，出口总额的 33.1%（见下表）。

2014 年我国合成树脂主要出口国家和地区

单位：万吨，万美元

出口目的地	出口量	出口额
印度	54.3	81 992
中国香港	52.4	134 727
俄罗斯	34.6	50 074
美国	34.4	86 418
韩国	30.2	66 711

续表

出口目的地	出口量	出口额
越南	25.1	47 443
马来西亚	23.0	39 076
泰国	21.2	42 771
印度尼西亚	15.5	35 211
台湾省	14.1	36 150
出口总计	514.5	1 067 031

3．出口贸易方式

在我国合成树脂出口贸易中，以一般贸易和来料加工贸易方式为主。2014 年，在出口量中，一般贸易占 54.2%，来料加工贸易占 38.1%；在出口贸易额中，一般贸易占 53.3%，来料加工贸易占 38.6%。两者之和均超过 90%（见下表）。

2014 年我国合成树脂出口贸易方式情况

单位：吨，万美元

贸易方式	出口量	出口额
一般贸易	2 788 172	568 960
进料加工贸易	1 959 930	411 480
保税区仓储转口货物	240 746	51 220
来料加工装配贸易	103 335	20 561
保税仓库进出境货物	21 716	5 910
边境小额贸易	15 571	2 918
对外承包工程出口货物	8 472	2 401
其他	7 247	3 574
国家间、 国际组织无偿援助和赠送的物资	57	7
易货贸易	4	1
共计	5 145 250	1 067 031

四、价格分析

2014 年，我国合成树脂市场表现低迷，在原油价格大幅下挫带动下，价格总水平连续第三年下降。在市场监测的 20 种主要合成树脂产品中，价格上涨的仅为 4 中，占比 20%。市场竞争加剧，行业效益显著下滑。

（一）合成树脂价格总水平降幅扩大

根据统计局出厂价格指数，2014 年，我国合成树脂生产者出厂价同比下降 1.5%，降幅较 2013 年扩大 0.7 个百分点。从走势上看，上半年大体平稳，下半年受油价影响，价格下行加快，特别是第四季度，价格急剧下挫。预计 2015 年国际油价总体仍然是大幅下跌的局面，现货均价在 70 美元/桶上下，跌幅 30%左右。因此，合成树脂价格总水平很可能出现连续第四年下降的情形。不过，由于成本回落，产品结构调整加快，行业竞争力得到加强，效益可能触底回升。

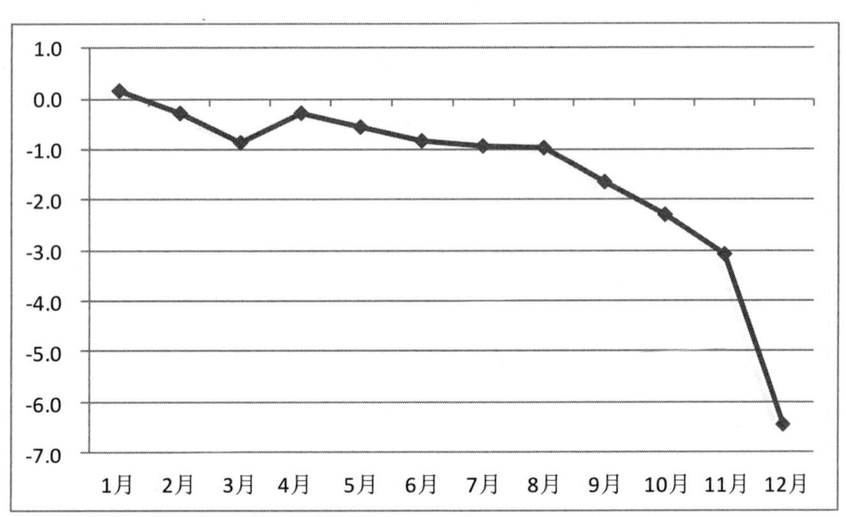

2014年合成树脂行业出厂价格指数单月走势　单位：%

（二）聚乙烯价格

价格总体继续回升。监测显示，2014 年，聚乙烯主要品种市场价格涨多跌少，总体保持回升态势。从走势上看，价格高开低走，特别是第四季度，价格下行明显加快。其中，高密度聚乙烯（5 000S）均价 11 908 元/吨，涨幅 2.9%；低密度聚乙（Q210）均价为 12 251 元/吨，上涨 2.0%；线性低密度聚乙烯（7 042）均价 11 127 元/吨，下跌 1.0%（见下表）。预计 2015 年聚乙烯价格将随着油价的低位运行而下降，平均跌幅在 10%左右。

2010~2014 年国内聚乙烯市场价格变动情况　　单位：元/吨，%

产品名称	等级、规格	2010 年	2011 年	2012 年	2013 年	2014 年
HDPE	5 000S	10 928	11 462	11 207	11 573	11 908
同比/%		2.4	4.9	−2.2	3.3	2.9
LDPE	Q210	12 296	13 015	10 955	12 008	12 251
同比/%		17.9	5.8	−15.8	9.6	2.0
LLDPE	7 042	10 643	10 536	10 533	11 238	11 127
同比/%		5.0	−1.0	0.0	6.7	−1.0

进口价格继续上涨。2014 年，进口聚乙烯价格延续普遍上涨格局，但涨势趋缓。其中，线性低密度聚乙烯（初级形状）涨幅仍最大，为 6.1%，进口均价 1 606.0 美元/吨，再创历史新高；高密度聚乙烯上涨 5.1%，均价 1 535.7 美元/吨，也创下历史新高；低密度聚乙烯涨幅 4.7%，均价为 1 616.2 美元/吨。

2010~2014 年进口聚乙烯价格变动情况　　单位：美元/吨，%

产品 \ 年份	2010 年	2011 年	2012 年	2013 年	2014 年
低密度聚乙烯	1 471.4	1 654.0	1 429.4	1 543.8	1 616.2
同比/%	25.9	12.4	−13.6	8.0	4.7
高密度聚乙烯	1 270.9	1 397.4	1 375.8	1 460.7	1 535.7
同比/%	15.5	10.0	−1.5	6.2	5.1
线型低密度聚乙烯	1 316.7	1 435.2	1 373.0	1 513.7	1 606.0
同比/%	18.2	9.0	−4.3	10.2	6.1

（三）聚丙烯价格

国内市场价格继续下跌。2014 年，国内市场聚丙烯（F401）平均价格为 10 973 元/吨，同比下跌 1.6%，比 2013 年扩大 1.3 个百分点，连续第三年下跌。从价格走势上看，前 8 个月基本处于高位震荡态势，价格在 11 000 元/吨上方震荡；9 月份后下行加快，12 月份均价跌破 10 000 元/吨关口。预计 2015 年，聚丙烯价格可能出现历史性的四连跌，根据国际油价趋势和聚丙烯消费情况判断，价格跌幅在 10%以上。

进口价格继续上涨。2014 年，进口聚丙烯（初级状）均价为 1 601.4 美元/吨，创历史新高，同比上涨 2.8%。近年来，聚丙烯进口价格持续高位运行（见下表）。

2010~2014 年聚丙烯价格变动情况

产品名称	单位	2010 年	2011 年	2012 年	2013 年	2014 年
国内市场价格	元/吨	11 115	12 075	11 181	11 147	10 973
同比	%	17.6	8.6	−7.4	−0.3	−1.6
进口价格	美元/吨	1 337.6	1 555.3	1 482.3	1 557.4	1 601.4
同比	%	22.1	16.3	−4.7	5.1	2.8

（四）聚氯乙烯价格

价格持续走低。由于供需失衡，竞争加剧，聚氯乙烯市场是目前合成树脂中最为低迷的市场之一，价格连续第三年下降。2014 年，聚氯乙烯（SG3）年均价为 6 208 元/吨，同比下降 5.2%，降幅扩大 2.3 个百分点；聚氯乙烯（LS-100）年均价 6 802 元/吨，跌幅 2.4%，收窄 0.3 个百分点（见下表）。从走势上看，聚氯乙烯价格波动相对较小，SG3 月均价基本在 6 100 元~6 300 元/吨上下波动；LS-100 价格在主要在 6 500~7 000 元/吨震荡。

我国聚氯乙烯产地主要在中西部地区，新疆和内蒙两地占比逾 40%，原料以煤炭为主。因此，我国聚氯乙烯市场价格受煤炭走势影响较大。当前，产能释放程度是左右聚氯乙烯市场价格的最主要因素。预计 2015 年聚氯乙烯市场价格总体上仍将是低位震荡的格局，有可能出现四连跌的情形。

2010~2014 年聚氯乙烯国内市场价格变动情况　　单位：元/吨，%

产品名称	规格	2010 年	2011 年	2012 年	2013 年	2014 年
聚氯乙烯	SG3	7 660	8 089	6 747	6 552	6 208
同比/%		17.8	5.6	−16.6	−2.9	−5.2
聚氯乙烯	LS−100	7 833	8 296	7 163	6 972	6 807
同比/%		13.3	5.9	−13.7	−2.7	−2.4

进口价格有涨有跌。2014 年进口聚氯乙烯中，价格涨跌各半。其中，糊树脂跌幅 3.5%，连续第三年下跌；初级状未掺混聚氯乙烯上涨 3.4%，价格刷新历史纪录；未塑化聚氯乙烯下跌 6.1%，是跌幅最大的品种；已塑化聚氯乙烯连续两年下跌后出现反弹，涨幅 1.5%（具体价格见下表）。

2010~2014 年聚氯乙烯进口价格变动情况　　单位：美元/吨，%

产品名称	规格	2010 年	2011 年	2012 年	2013 年	2014 年
聚氯乙烯	糊树脂	1 381.1	1 739.8	1 496.2	1 384.1	1 335.2
同比/%		31.2	26.0	−14.0	−7.5	−3.5
聚氯乙烯	初级状	967.3	1 061.6	981.4	1 029.2	1 064.7
同比/%		30.3	9.8	−7.6	4.9	3.4

续表

产品名称	规格	2010年	2011年	2012年	2013年	2014年
聚氯乙烯	未塑化	1 253.4	1 534.6	1 362.8	1 275.7	1 197.5
同比/%		25.6	22.4	−11.2	−6.4	−6.1
聚氯乙烯	已塑化	1 960.9	2 166.8	2 136.3	2 098.4	2 129.3
同比/%		8.8	10.5	−1.4	−1.8	1.5

（五）聚苯乙烯价格

聚苯乙烯价格回调。2014年，国内市场GPPS（透明666D）均价11 977元/吨，同比下跌11.6%；GPPS（PG33）均价为12 568元/吨，跌幅8.1%。这是2010年以来聚苯乙烯价格首次下跌。从全年走势看，价格高开低走，震荡下行。从目前市场价格趋势看，2015年，聚苯乙烯价格可能延续上年的下行格局。

进口价格涨跌互现。2014年，我国进口EPS（初级状）均价为2 215.0美元/吨，同比上涨达7.8%，价格再创新高，连续第五年上涨；进口HIPS（初级状）均价为19 723.7美元/吨，跌幅2.8%，2009年以来首次下跌。总的看，进口价格目前处于高位，继续上行的可能性较小。

2010~2014年聚苯乙烯国内和进口价格变动情况

单位：元/吨，美元/吨，%

产品名称	规格	2010年	2011年	2012年	2013年	2014年
GPPS	666D	10887	11927	12075	13578	11977
同比/%		19	9.6	1.2	12.4	−11.6
GPPS	PG33	11164	12101	12108	13683	12568
同比/%		16.8	8.4	0.1	13.0	−8.1
进口价格						
EPS	初级状	1386	1 596.3	1 709.1	2 054.3	2 215.0
同比/%		10	15.2	7.1	20.2	7.8
HIPS	初级状	1 579.2	1798	1 849.4	1 979.1	1 923.7
同比/%		19.0	13.9	2.9	7.0	−2.8

（六）ABS价格

价格降幅扩大。2014年，国内市场ABS树脂（通用级）平均价格为14 115元/吨，同比下跌5.4%，跌幅较2013年扩大2.1个百分点，连续第三年下挫。从价格走势上看，上半年高位震荡，小幅下挫；下半年下行加快，跌幅扩大。根据ABS树脂目前市场走势看，2015年价格仍将是下滑的局面，降幅较2013年还有可能扩大。

进口价格基本平稳。2014年ABS树脂进口均价为2 491.6美元／吨，同比微跌0.5%，也是连续第三年走低（见下表）。由于国内市场相对低迷，预计 2015 年 ABS 进口价格仍将是低位徘徊的局面。

2009~2013 年 ABS 价格变动情况　　单位：元/吨，美元/吨，%

产品名称	规格	2010 年	2011 年	2012 年	2013 年	2014 年
ABS	通用级	16 238	17 479	15 423	14 922	14 115
同比/%		34.1	7.6	−11.8	−3.3	−5.4
进口价格						
ABS	改性	2 312.7	2 670.6	2 556.2	2 503.1	2 491.6
同比/%		18.8	15.5	−4.3	−2.1	−0.5

五、世界合成树脂供需概况

目前，世界合成树脂总体仍维持供大于求的格局。2013 年，全球五大通用合成树脂（PE、PP、PVC、PS、ABS）产能合计达到 2.59 亿吨/年，同比增长 4.9%；产量约为 1.99 亿吨，增幅 3.2%；消费量 2.00 亿吨，增长 3.5%。开工率约为 76.9%，比 2012 年回落 1.2 个百分点。

1．聚乙烯

2013 年，世界聚乙烯产能达到 9 738 万吨 / 年，同比增长 3.7%；产量为 8 102 万吨，增长 3.2%；消费量 8 168 万吨，增长 4.0%；开工率为 83.2%。

东北亚地区保持世界最大产能和产量。2013 年产能达到 2 295 万吨 / 年，占全球总产能的 23.6%；产量 1 957 万吨，占全球总产量的 24.2%。北美仍位居第二，产能未 2 026 万吨/年，占比 20.8%，产量 1 814 万吨，占比 22.4%。

东北亚是全球聚乙烯最大消费地区，2013 年消费量为 2 579 万吨，占世界消费总量的 31.6%；其次为北美地区，消费量 1 548 万吨，占比约为 19.0%；西欧位居第三，消费量为 1 116 万吨，占比 13.7%。中国保持世界上最大的聚乙烯消费国，2013 年消费量 2 035 万吨，约占全球消费总量的 24.9%。

2013 年，中东和北美地区是聚乙烯的主要出口地，净出口量为 1 296 万吨；东北亚为主要进口地区，净进口量达约 700 万吨。

预计未来两年，世界聚乙烯生产将继续扩张态势。2014 年产能达到 9 958 万吨/年，增长约 2.3%，产量 8 417 万吨，增长约 3.8%，消费量约为 8 488 万吨，增幅 3.9%。聚乙烯的新增产能主要来自中东、东北亚和东南亚等地区，2013 年其新增产能分别占世界产能增量的 37.8%、35.6%和 24.9%。

2009~2015 年世界 PE 供需增长及预测　　万吨 / 年，万吨

实际值						预测值	
项目	2009 年	2010 年	2011 年	2012 年	2013 年	2014 年	2015 年
产能	8 298	9 002	9 241	9 389	9 738	9 958	10 680
产量	6 645	7 472	7 735	7 853	8 102	8 417	8 990
消费	6 413	7 373	7 651	7 856	8 168	8 488	8 990

注：资料来源：中国石化咨询公司、中石化经济技术研究院等（下同）。

2．聚丙烯

2012 年，世界聚丙烯产能 6 749 万吨/年，同比增长 5.0%；产量为 5 574 万吨，增幅 3.9%；消费量 5 582 万吨，增长 3.5%；装置平均开工率为 82.6%。

东北亚、西欧和北美是全球聚丙烯最主要生产地和消费地。2013 年，三地产能分别为 2 435 万吨/年、951 万吨/年和 869 万吨/年，合计约占全球总产能的 63.0%；产量分别达 1 990 万吨、829 万吨和 745 万吨，合计占全球总产量的 63.9%；消费量分别为 2 188 万吨、736 万吨和 721 万吨，合计占世界消费总量的 65.3%。

中东和西欧是聚丙烯最主要的输出地，东北亚为主要进口地区。2013 年，中东和西欧分别净出口聚丙烯 289 万吨和 97 万吨；东北亚净进口 190 万吨。

预计 2014 年，世界 PP 产能将达到 7 049 万吨/年，增长约 4.4%；产量 5 845 万吨，增幅约 4.9%，消费量 5 845 万吨，增长 4.7%。未来，聚丙烯新增产能主要来自亚洲、北美和中东地区。预计到 2020 年，亚洲地区聚丙烯产能将超过 5 000 万吨/年，北美和中东地区将达到或超过 1 000 万吨/年。

2009~2015 年世界 PP 供需增长及预测　　万吨/年，万吨

实际值						预测值	
项目	2009 年	2010 年	2011 年	2012 年	2013 年	2014 年	2015 年
产能	5 421	5 930	6 314	6 430	6 749	7 049	7 494
产量	4 531	4 861	5 291	5 367	5 574	5 845	6 145
消费	4 425	4 865	5 197	5 394	5 582	5 845	6 145

3．聚氯乙烯

2013 年，世界聚氯乙烯产能 5 848 万吨/年，同比增长 8.1%；产量为 3 847 万吨，增幅 3.2%；消费量 3 855 万吨，增长 3.5%；装置平均开工率为 65.8%。

东北亚、北美和西欧是聚氯乙烯的主要生产地和消费地。2013 年，三地产能分别为 3 346 万吨/年、867 万吨 / 年和 648 万吨/年，合计约占全球总产能的 83.1%；产量分别达 1 874 万吨、745 万吨和 496 万吨，合计占全球总产量的 81.0%；消费量分别为 1 723 万吨、502 万吨和 402 万吨，合计占世界消费总量的 68.1%。

北美、东北亚和西欧地区是聚氯乙烯主要输出地，中东、印度次大陆和南美为主要进口地。2013 年北美、东北亚和西欧地分别区净出口聚氯乙烯 240 万吨、150.1 万吨和 105.4 万吨；中东、印度次大陆和南美地区分别净进口 123.7 万吨、124.1 万吨和 77.6 万吨。

预计 2014 年，世界聚氯乙烯产能将达到 6 197 万吨/年，增长约 6.0%，继续较快增长；产量和消费量年均为 4 005 万吨，增幅分别约为 4.1%和 3.9%。

2009~2015 年世界 PVC 供需增长及预测　　万吨 / 年，万吨

实际值						预测值	
项目	2009 年	2010 年	2011 年	2012 年	2013 年	2014 年	2015 年
产能	4 384	4 605	5 100	5 409	5 848	6 197	6 289
产量	3 191	3 495	3 640	3 726	3 847	4 005	4 170
消费	3 190	3 499	3 640	3 726	3 855	4 005	4 170

4．聚苯乙烯

2013 年，世界聚苯乙烯产能 2 548 万吨 / 年，同比增长 3.0%；产量和消费量均为 1 662 万吨，与上年持平；开工率仅为 65.2%，较上年回落 2 个百分点。

东北亚地区是聚苯乙烯最大的生产地和消费地。2013 年，该地区产能达 1 343 万吨 / 年，占全球产能的 52.7%；产量 788 万吨，占比 47.4%；消费量 694 万吨，占比 41.8%。

西欧和北美居其次。产能分别为 368 万吨 / 年和 333 万吨/年，占全球比重 14.4%和 13.1%；产量分别为 303 万吨 257 万吨，占比 18.2%和 15.5%；费量分别为 258 万吨和 256 万吨，占比 15.5%和 15.4%。

东北亚和西欧是聚苯乙烯的主要输出地。2013 年分别净出口 95 万吨和 45 万吨。中东中欧、非洲和南美等地区是主要的进口地。

预计 2014 年，世界聚苯乙烯产能将达 2 659 万吨/年，增长 4.4%；产量和消费量年同为 1 695 万吨，增幅也同为 2.0%（见下表）。

2009~2015 年世界 PS 供需增长及预测　　万吨 / 年，万吨

实 际 值						预 测 值	
项目	2009 年	2010 年	2011 年	2012 年	2013 年	2014 年	2015 年
产能	2 153	2 251	2 331	2 473	2 548	2 659	2 684
产量	1 437	1 637	1 570	1 662	1 662	1 695	1 737
消费	1 487	1 628	1 563	1 662	1 662	1 695	1 737

5．ABS 树脂

2013 年，全球 ABS 产能达 1 029 万吨 / 年，同比增长 3.7%；产量和消费量为 735 万吨，同比分别增长 6.9%和 7.2%。开工率为 71.5%，较上年提高 2 个百分点。

东北亚是全球 ABS 树脂最大的生产和消费地区。2013 年东北亚地区生产能力为 771 万吨 / 年，占全球总产能的 74.9%；产量为 548 万吨，占全球总产量的 74.6%；消费量为 483 万吨，占世界消费总量的 65.7%。

东北亚也是全球 ABS 树脂最主要输出地，2013 年净出口 ABS 树脂 65 万吨。西欧净出口 6 万吨。其他均为 ABS 树脂净进口地区。

预计 2014 年世界 ABS 产能将达到 1 061 万吨/年，增长 3.1%，产量和消费量年为 761 万吨，均增长 3.5%（见下表）。

2009~2015 年世界 ABS 供需增长及预测　　万吨 / 年，万吨

实 际 值						预 测 值	
项目	2009 年	2010 年	2011 年	2012 年	2013 年	2014 年	2015 年
产能	970	875	920	992	1 029	1 061	1 094
产量	685	729	701	688	735	761	792
消费	689	729	699	686	735	761	792

（中国石油和化学工业联合会　范德标）

塑料助剂

2014 年塑料助剂市场状况

塑料助剂也称塑料添加剂或塑料加工助剂，是指在由树脂加工成型过程中为改善加工和应用性能添加和使用的功能性化学品。一般来讲，尽管塑料配合物中塑料助剂的平均用量不足 8%，但其在塑料工业中的地位和作用却不容忽视，其与合成树脂、塑料机械一道构成了塑料加工业的三大要素。

根据功能和作用，现代塑料助剂一般包括增塑剂、热稳定剂、抗氧剂、光稳定剂、阻燃剂、加工及抗冲改性剂、偶联剂、成核剂、抗静电剂、润滑剂以及填充剂等十余种类型，涉及有机、无机、高分子等数以千计的化合物结构和品种，而且随着塑料制品应用领域的拓展、性能要求的提高和成型方式的变化，塑料助剂的类别和品种还将不断扩大和增多。

塑料助剂是塑料工业的伴生产业，其进步与发展和塑料工业密切相关。我国塑料助剂工业起步于 20 世纪 50 年代，经过近 70 年的努力，迄今已经形成门类相对齐全、比较优势明显的精细化工重要分支。行业统计表明，2010 年全国塑料助剂的总消费量达到 376 万吨，按照“十二五”规划，预计 2015 年总需求量将达 540 万吨，年均增长率为 7.5%。就消费类别来看，增塑剂、热稳定剂、阻燃剂分别位居产耗量最大的塑料助剂前三，其中增塑剂的消费量占塑料助剂总消费量的 50%以上。从应用市场分析，PVC 依然是塑料助剂的最大消费市场，其消耗量约占整个塑料助剂消费量的 75%以上。表 1 显示了“十二五”期间中国塑料助剂消费量及其增长预测。

表 1　中国塑料助剂消费量及“十二五”期间增长率预测　　单位：千吨

品种	2010 年	2015 年（预计）	年均增长率/%
增塑剂	2 080.0	2 720.0	5.50
阻燃剂	360.0	540.0	8.40
热稳定剂	365.0	466.0	5.00
加工及抗冲改性剂	205.0	375.0	12.80
抗氧剂	72.0	139.5	14.10
光稳定剂	7.0	16.0	18.00
抗静电剂	8.0	20.0	20.10
偶联剂	15.0	22.2	8.10
着色剂	350.0	580.0	10.60
润滑剂	120.0	210.0	11.80
发泡剂	165.0	290.0	11.90
其他	16.0	20.0	5.00
合计	3 763.0	5 399.0	7.50

在历经2007~2012年的萧条期之后，2013年全球经济复苏迹象明显，与之相对应的塑料工业也开始趋向转暖，在这种背景下，塑料助剂产业亦悄然发生着变化，尽管产耗总量增长幅度还未达到“十二五”规划的预测目标，但也较上一年度的增长率显著提升，企业经营的景气指数向好。更为重要的是，顺应全球塑料工业“绿色、低碳、清洁”发展趋势，我国塑料助剂产业在品种开发和技术进步方面呈现出新的特征，旨在减少环境危害、降低能耗、以生物质为原料和为生物基与生物可降解塑料加工改性配套的助剂品种开发备受关注。

一、增塑剂

增塑剂是能够赋予塑料柔韧性，旨在通过改变树脂熔体流变性从而提高加工性能的功能化塑料助剂。按照化学结构，增塑剂一般分为邻苯二甲酸酯类、对苯二甲酸酯类、脂肪二元酸酯类、偏苯三酸酯类、柠檬酸酯类、环氧酯类、氯化石蜡类、烷基磺酸酯类、磷酸酯类、聚酯类等，其中邻苯二甲酸酯类增塑剂包含品种最多、产耗量最大，在增塑剂领域居于支配地位。PVC制品加工是增塑剂的主要应用领域，其消耗量约占增塑剂市场总量的80%。

（一）国内生产与市场现状

我国增塑剂产业起步于20世纪50年代，在70多年的发展过程中，经历了由小规模分散型的间歇式、酸催化、高能耗落后工艺向集约式的连续化、非酸催化现代生产工艺转变。中国增塑剂行业协会统计数据显示，2011年，我国的增塑剂产量约220万吨，年消费量约250万吨。2012年，全国增塑剂产能约450万吨，占全球产能的 56%； 年消费量约为220万吨，占全球总消费量的 37.6%。显而易见，目前我国已经成为亚洲乃至世界最大的增塑剂生产和消费国家。具体来讲，在我国增塑剂行业产能结构中，邻苯二甲酸酯类（以邻苯二甲酸二辛酯和邻苯二甲酸二丁酯为主）约占80%，脂肪族类（己二酸二辛酯 DOA 和癸二酸二辛酯 DOS）约占7%，环氧大豆油约占7%，对苯二甲酸酯类约占4%，其他如含氯增塑剂、烷基磺酸酯、多元醇酯约占 2%。不难看出，生物基和非邻苯二甲酸酯类增塑剂产能严重偏低，即便在邻苯二甲酸酯类增塑剂的生产结构方面，品种也过于单一，现有产量的90%以上为通用型品种 DOP 和 DBP 所占有，而受国内高碳醇资源不足的制约，代表世界增塑剂消费趋势的邻苯二甲酸高碳醇酯类增塑剂（如 DINP、DIDP 等）品种产量十分有限，这与当前先进国家增塑剂消费结构存在明显差异，也与全球增塑剂产业的发展趋势严重不符。按地区分布情况来看，我国增塑剂生产装置趋向塑料工业发达的长三角和珠三角地区集中。统计显示，截至 2013 年年底，全国增塑剂产能华东地区占 59%，华南地区占 18%、华北地区占10%、华中地区占 7%，其他地区占 6%。

表2归纳了国内酯类增塑剂骨干企业的产能和品种。

表 2　　国内酯类增塑剂生产企业及生产能力

企业名称	生产能力/（千吨/年）	主要产品
山东齐鲁石化增塑剂股份有限公司	360	DOP、DBP、DINP、DOTP
河南庆安化工集团	300	DOP、DBP、DIBP、TOTM、DINP、DIDP、DOA
镇江联成化学工业有限公司	260	DOP、DINP、DOA、TOTM、DIDP
爱敬（宁波）化工有限公司	200	DOP、DOA、TOTM
山东宏信化工股份有限公司	110	DOP、DBP、DIBP
金陵石化化工一厂	100	DOP、DBP
上海联成石化有限公司	100	DOP、DINP、DOA

续表

企业名称	生产能力/（千吨/年）	主要产品
石家庄白龙股份有限公司	80	DOP、DBP、DIBP
吉林石化联合化工厂	50	DOP、DBP、DOA
埃克森化工（番禺）有限公司	50	DINP
天津乐金渤海化学有限公司	50	DOP、DBP
其他	940	
合计	2 600	

应当特别指出的是，尽管目前我国已经成为世界增塑剂产耗大国，但行业固有的结构性矛盾仍然十分突出。一方面，以邻苯二甲酸二（2-乙基己酯）（DOP 或 DEHP）为主导品种的邻苯二甲酸酯类增塑剂扩张速度过快，产能过剩已经成为行业发展的桎梏。据调查，2010 年以来，全国增塑剂行业的平均开工率不足 60%，有的生产企业开工率甚至跌至 30%多，产品同质化竞争严重，全行业经济效益滑坡。另一方面，环保型增塑剂品种和产能不足，增塑剂应用中的不规范已经为增塑剂行业的健康发展带来灾难性影响。近年来国内先后出现的 PVC 保鲜膜增塑剂风波、台湾“塑化剂”丑闻和酒鬼酒“邻苯二甲酸酯增塑剂”超标事件都为增塑剂行业蒙上了难以释怀的阴影。

（二）品种和技术发展动向

综观国内外增塑剂发展动向，无毒、无害、环境友好是当今世界增塑剂行业发展的重要趋势。在技术和品种开发方面，具体体现在开发和研究应用于敏感领域（如儿童玩具等）的邻苯二甲酸酯类增塑剂替代品和以可再生的生物资源为原料的增塑剂新产品备受关注。前者除用柠檬酸酯类、环氧类等传统意义上的无毒增塑剂外，BASF 公司于 20 世纪末推出的环己基二羧酸酯类增塑剂 DINCH(1，2-环己基二羧酸二异壬酯）近年来得到迅速的发展，继早期年产 2.5 万吨 Hexamoll DINCH 投产之后，为满足不断增长的市场需求，2010 年前后产能进一步扩大到年产 10 万吨规模，2013 年，德国赢创工业（Evonik Industies）又在马尔化工园区开建年产 4 万吨的环保型增塑剂 DINCH 生产线，并以 Elatur CH 的牌号供应市场。后者以丹麦 Danisco 公司的乙酰基蓖麻油衍生物增塑剂 GrindstedSoft-N-Safe 和法国罗盖特公司（Roquette）异山梨醇二脂肪酸酯增塑剂 Polysorb ID 37 为代表。这两种以可再生植物资源为原料的增塑剂不仅不含任何化石基碳资源，而且产品在环境中可生物降解，消除了其在环境中的积累，同时产品完全无毒无害，特别适用于卫生安全要求高的特殊领域制品。

相比之下，我国环保安全增塑剂的技术开发比较滞后，但进展还是卓有成效的。举例来说，江南大学与江苏雷蒙化工科技有限公司形成的技术联盟已经实现了柠檬酸酯类增塑剂产品系列化和产能规模化的目标。山西省化工研究所、中科研煤化所和河南庆安化工科技有限公司合作开展的 DINP 催化加氢合成 DINCH 环保增塑剂的研究工作已经起步。广州新锦龙塑料助剂有限公司、广州海珥玛植物油脂有限公司等企业的环氧基增塑剂的清洁生产工艺、技术指标和产能规模也都具有大幅度提升。除此之外，研究利用生物柴油生产技术开发环保型增塑剂已经取得实质性进展，其推广将对降低环保增塑剂的生产成本具有重要的现实意义。为此，顺应国际国内塑料加工产业的发展趋势，从原料布局、产品合成到应用层面的法规管理和政策引导统一协调，我国增塑剂产业一定能够实现由大国向强国转变的目标。

二、热稳定剂

热稳定剂一般特指适用于聚氯乙烯及氯乙烯共聚物等含卤树脂、旨在抑制其在加工温度下降解的稳定化助剂。根据化学组成的不同，热稳定剂通常包括铅盐类热稳定剂、金属皂类热稳定剂、有机锡类热稳定剂、有机锑类热稳定剂、稀土稳定剂、有机辅助热稳定剂和复合型热稳定剂等。其中，铅盐类热稳定剂、金属皂类热稳定剂和有机锡类热稳定剂应用最为普遍。铅盐类热稳定剂以三盐基硫酸铅、二盐基亚磷酸铅和硬脂酸铅为主，对聚氯乙烯具有良好的热稳定性和电绝缘性，特别适用于非透明的硬质 PVC（如管材、型材等）制品加工，也是热稳定剂消费结构中最大的类型，文献报道表明，2000 年以前全球铅类热稳定剂的消费比例从未低于 50%。金属皂类热稳定剂包括脂肪酸酸金属皂单体（如硬脂酸钙、硬脂酸锌等）和复合金属皂两种类型，前者具有兼备润滑功能，目前多为复合金属皂类热稳定剂的配合组分；后者按照产品形态和应用领域不同包括液体复合金属皂类热稳定剂和固体复合金属皂类热稳定剂，液体复合金属皂类热稳定剂多用于 PVC 软制品和半硬制品，液体钡镉锌、液体钡锌和液体钙锌等都是液体复合热稳定剂的代表；固体复合金属类热稳定剂主要用于 PVC 硬制品，以固体钡锌和固体钙锌最为常见。相对而言，复合金属皂类热稳定剂涉及的应用范围广，也是热稳定剂领域无铅、非镉化的重要替代类型。有机锡类热稳定剂属于高效、无毒热稳定剂，多数品种对 PVC 的透明度影响小，特别适用于硬质透明制品。应当指出，基于全球范围内对铅、镉等有毒重金属管控使用的力度不断加大，铅盐类热稳定剂在整个热稳定剂市场的消费比例正在不断下降。

（一）国内生产与市场现状

2012 年我国 PVC 的产能已经突破 2 000 万吨/年，消耗量已接近 1 300 万吨/年，当年消耗热稳定剂在 45 万吨以上，其中含铅镉等有毒重金属稳定剂的消费比在 50%~55%范围，即 25 万吨左右，2013 年全国 PVC 消耗稍有增长，估计热稳定剂消耗量近 50 万吨，含铅稳定剂仍然在热稳定剂市场的主导地位仍然没有改变。据不完全统计，目前我国热稳定剂总年产规模约 80 万吨/年，生产厂家 70 余家，能够生产的热稳定剂品种达 40~50 种，产耗量都位列塑料助剂前茅。

无毒无害和环境友好是当今世界聚合物助剂发展的主流趋势，在热稳定剂领域，取缔和限制铅镉等重金属稳定剂是助剂行业和塑料加工行业一贯追求的目标，继欧美等发达国家立法限制使用含铅、含镉稳定剂之后，近年来国内相关部门也不断加大禁铅、限铅力度。早在 2004 年国家建设部公告明确指出在全国范围内 UPVC 上水管中禁止使用含铅稳定剂，拉开了我国热稳定剂行业禁铅活动的序幕。2013 年年初，中国塑协在广州召开替代含铅热稳定剂生产应用专题研讨会，成立了由中国塑协牵头，助剂专委会、塑料管道专委会、异型材及门窗专委会参加的 PVC 制品用热稳定剂去铅化工作领导小组，当年 7 月，中国塑协塑料助剂专委会热稳定剂分会在青岛召开小型高层次的热稳定剂去铅化研讨会，会上来自热稳定剂生产企业、PVC 制品加工企业和政府管理部门的企业家、官员、技术专家达成了共识，肯定了目前铅替代技术，在此基础上确定了禁铅行动时间表，标志着我国热稳定剂全面禁铅工作进入实质化阶段。受此影响，我国热稳定剂产耗结构将会发生根本性的转变，复合钙锌稳定剂、有机锡稳定剂以及β-二酮、亚磷酸酯、尿嘧啶等有机辅助稳定剂和水滑石、高氯酸盐等无机稳定剂的消费比例将大幅提升，表 3 列出了我国热稳定剂主要生产厂与产品情况。

表 3　　我国热稳定剂主要生产厂家与产品情况

生产厂家	品种	生产能力/（千吨/年）
河北精信化工集团公司	铅盐类、复合钙锌类等	50
江苏联盟化学有限公司	铅盐类、复合钙锌等	40
温州天盛塑料助剂有限公司	钙锌复合系列、铅盐类	30
浙江传化华洋化工有限公司	复合铅类、复合钙锌类	30

续表

生产厂家	品种	生产能力/（千吨/年）
广东炜林纳功能材料有限公司	复合铅类、稀土类	30
广东广洋高科技股份有限公司	复合铅类、稀土类	30
江西宏远化工有限公司	铅盐类、复合钙锌、水滑石等	30
大连开米森化工产品有限公司	铅盐类、钙/锌复合系列	20
南京协和化学有限公司	铅盐类、钙/锌复合系列	20
南京金陵化工厂	铅盐类、复合钙锌类	20
重庆扬帆长江化工有限公司	铅盐类、金属皂类	20
内蒙古皓海化工有限责任公司	铅盐类、复合钙锌等	20
浙江海普顿化工科技有限公司	有机锡系列、钙/锌复合系列	15
深圳志海实业有限公司	钙/锌复合系列	10
浙江温州华塑集团公司	铅盐类	10
湖北南星化工有限责任公司	甲基硫醇锡系列	2
北京阿科玛化学有限公司	有机锡系列	5
云南锡业股份有限公司	甲基硫醇锡系列	3
南通艾德旺化工有限公司	硫醇锡系列	3
杭州东旭助剂有限公司	甲基硫醇锡系列	2
杭州三叶化工有限公司	甲基硫醇锡、钙/锌复合系列	1

（二）品种和技术发展动向

如前所述，去铅化是当今世界 PVC 热稳定剂领域重要的发展趋势，综观国内外技术动向，复合钙锌稳定剂是铅稳定剂最重要的替代品种。众所周知，复合钙锌稳定剂的性能很大程度上取决于与之配合的各种辅助稳定剂，为此，近年来国内有关 PVC 辅助稳定剂的开发十分引人注目。以 β-二酮为例，继早期山西省化工研究所、安徽蚌埠佳先功能助剂股份有限公司小批量供应二苯甲酰甲烷（DBM）、硬脂酰苯甲酰甲烷（SBM）两种 β-二酮辅助热稳定剂后，2013 年安徽蚌埠佳先功能助剂有限公司、西尼尔（江西）化工科技有限公司都在筹划建设千吨级的 β-二酮辅助热稳定剂装置，除 SBM、DBM 两种固体 β-二酮辅助热稳定剂外，一种辛酰苯甲酰甲烷（OBM）的液体 β-二酮辅助热稳定剂也开始应市，这在很大程度上解决了液体钙锌等稳定剂的“锌烧”问题。环保型 PVC 热稳定剂的另一个重要动向是纯有机热稳定剂（OBS）尿嘧啶开始付诸应用，在满足国内市场的同时，已有一定数量的产品开始出口国外。水滑石是钙锌复合稳定剂的又一关键组分，其用量一般占到固体钙锌复合热稳定剂的 30%~40%，近年来，为满足不断增长的钙锌复合稳定剂增长需求，包括江西宏远化工、广州呈和化工、辽宁丹东松元化学在内的一批企业开始关注水滑石，目前已经形成了规模化的生产和供应能力，为钙锌复合热稳定剂替代铅盐热稳定剂奠定了良好的基础。还必须指出的是，稀土稳定剂是我国独具特色的热稳定剂类型，尽管纯稀土稳定剂作为铅稳定剂替代品几乎不太可能，但将其与钙锌稳定剂结合构成的稀土钙锌稳定剂已经获得市场的认可，有望成为 PVC 型材用环保热稳定剂的特色品种。

有机锡热稳定剂的发展方向是高效化和低成本化，我国有机锡热稳定剂研发起步于 20 世纪 60 年代后期，90 年代之前基本为辛基硫醇锡和丁基硫醇锡支配市场，90 年代以后甲基硫醇锡合成技术的突破使我国有机锡稳定剂的市场得到大幅度提升，目前以北京阿科玛、湖北南星、杭州海普顿为代表的有机锡热稳定剂骨干企业产能已占到国内有机锡热稳定剂总产能的 90%以上。提高有机锡热稳定剂效能的创新研究仍在不断进步，举例来说，环状有机锡稳定剂的含锡量高，稳定效果好，当其与其他稳定剂复配使用时效果更优；在稳定剂分子中引入苯环，提高有机锡稳定剂的相对分子质量，形成聚合型的有机锡稳定剂，可以避免小分子热稳定剂的挥发，增加稳定性能；逆酯锡热稳定剂能有效降低硫醇有机锡热稳定剂的异味等研究结论正在或已经开始在有机锡热稳定剂新品种开发方面体现。

三、加工和抗冲改性剂

加工和抗冲改性剂是一类高聚物助剂，一般主要用于硬质和半硬质聚氯乙烯的加工与改性，目前已经延伸到 PET、PA、PC、PLA 等工程塑料和生物剂与生物可降解塑料领域。其中，加工改性剂旨在促进树脂熔融，提高熔体强度，改善制品的加工性能和表观性能，目前工业上应用的品种以丙烯酸酯类共聚物为主；抗冲改性剂是以弹性体增韧为基本原理的抗冲改性途径，应用范围涵盖了聚氯乙烯、PET、PP、PA、PC 等热塑性制品，但尤以硬质聚氯乙烯制品消耗量最大。就组成和结构而言，市售抗冲改性剂主要包括氯化聚氯乙烯（CPE）、丙烯酸酯类聚合物（ACR）、甲基丙烯酸甲酯-丁二烯-苯乙烯共聚物（MBS）、丙烯腈-丁二烯-苯乙烯共聚物（ABS）、乙烯-醋酸乙烯共聚物（EVA）、乙丙橡胶（EPR）等。就抗冲改性效果、耐候性、加工性、透明性等综合性能分析，CPE 是廉价抗冲改性剂，ACR 属于耐候性高性能抗冲改性剂，MBS 则为高透明、高增韧抗冲改性剂。

（一）国内生产与市场现状

加工和抗冲改性剂是伴随聚氯乙烯硬制品的发展而形成的功能性助剂产业。我国加工和抗冲改性剂的开发和应用起步于 20 世纪 70 年代后期，山西省化工研究所、上海珊瑚化工厂、江苏苏州安利化工有限公司等先后承担并完成包括 ACR-201、301 在内的丙烯酸酯类加工改性剂技术开发和应用研究，为我国 PVC 用加工和抗冲改性剂产业的形成和推动 PVC 硬制品加工水平的进步奠定了基础。

CPE 是我国 PVC 抗冲改性剂市场消费比最大的类型，行业统计显示，2013 年全国用于 PVC 抗冲改性的 CPE 约占当年抗冲改性剂总量的 80%以上。目前全国 CPE 总产能约 25 万吨，其中山东潍坊亚星集团有限公司 20 世纪 90 年代初期通过引进并消化吸收德国赫司特新进的 CPE 生产技术，一举成为在国际市场上具有重要地位的 CPE 供应商，截至 2013 年，总产能达到 12 万吨/年，国内市场占有率高达 60%左右。

受价格因素的影响，我国 ACR 抗冲改性剂的发展并不顺利，迄今应市的品种寥寥无几，市场份额非常有限。ACR 改性剂的品种基本集中在加工改性剂方面，除早期开发的 ACR-201、301 外，具有润滑功能的 ACR-401、发泡均化功能的 ACR-530 等品种均已规模化生产。据统计，截至 2013 年年底，全国 ACR 总产能 13 万吨/年。经过多年的市场整合，产业集中度明显提高，从分布来看，以淄博为中心的山东地区 ACR 产能已占到全国总产能的 50%，江浙等长三角地区约占 30%。

我国 MBS 类抗冲改性剂开发研究起步较晚，20 世纪 80 年代后期，中国石化齐鲁公司研究院在国内率先开展 MBS 合成工艺研究，90 年代中期形成年产 2 000 吨 MBS 中试技术，从此拉开我国 MBS 抗冲改性剂的产业化序幕，20 多年来，中国 MBS 抗冲改性剂从无到有，从小到大，取得了长足进步，涌现了一批骨干企业，2013 年产能约 10 万吨/年，基本满足了国内 PVC 透明制品需求，但与国外发达国家相比，品种数量和关键性能仍然存在较大差距。

表 4 为国内 PVC 加工和抗冲改性剂主要企业及品种。

表 4　国内 PVC 加工和抗冲改性剂主要生产企业及品种

主要生产厂家	主要产品
淄博华星助剂有限公司	CPE、ACR、MBS
山东潍坊亚星集团有限公司	CPE
青岛兆冠环保科技有限公司	ACR
威海金泓集团有限公司	ACR、MBS
沂源瑞丰高分子材料有限公司	ACR、MBS
河北精信化工集团有限公司	ACR
淄博市淄川社会福利塑料助剂厂	ACR
潍坊东临化工有限公司	ACR
山东世拓高分子材料股份有限公司	ACR
东营市恒阳化工有限公司	ACR
江西岳峰高分子材料有限公司	ACR、MBS
佛山市新盛日高分子材料制造有限公司	ACR
山东万达化工有限公司	ACR、MBS
山东日科化学股份有限公司	ACR、ACM、MBS
浙江温州龙化塑料助剂有限公司	MBS

（二）品种和技术发展动向

相对而言，用于 PVC 硬制品成型的加工和抗冲改性剂技术开发趋于成熟，但从整个塑料加工和改性的角度观察，旨在改善塑料树脂加工和抗冲性能的创新活动还异常活跃，概括起来包括两个方面：其一，应用对象开始由传统的 PVC 硬制品加工向工程塑料、生物基和生物可降解塑料等热塑性树脂改性范围拓展。当然，这种拓展绝不是简单的借用，而是针对特定树脂和特定要求开发的专用品种。对此，为适应工程塑料改性和全球范围内低碳经济的发展需求，Dow Chem、Arkema 等世界级丙烯酸酯类加工和抗冲改性剂领导者近年来都加大了满足工程塑料和生物基与生物可降解塑料要求的新型加工和抗冲改性剂创新研究力度，先后推出了包括适用于工程塑料的 Paraloid EXL 系列化丙烯酸酯类抗冲改性剂、Paraloid BPM 系列聚乳酸专用丙烯酸酯类抗冲改性剂、Paraloid BPMS 系列聚乳酸专用丙烯酸酯类熔体增强剂、PLA 专用丙烯酸酯类抗冲改性剂 Biostrength 150、280 和 PLA 专用丙烯酸酯类熔体增强剂 Biostrength 700 在内的工业化品种，相比之下，我国有关工程塑料和生物基与生物可降解塑料专用的丙烯酸酯类加工和抗冲改性剂研究比较滞后，山西省化工研究所作为国内为数不多的塑料助剂创新研究机构，近年来在 PLA 用丙烯酸酯类抗冲改性剂和熔体增强剂新品种开发方面取得了突破性进展，其实验牌号 Bio-ACR 8000 PLA 专用熔体增强剂和 Bio-ACR 820 0PLA 抗冲改性剂的性能评价已经获得用户认可，正在加快产业化和市场化的进程。其二，以提高性价比为宗旨，用创新技术改造传统加工和抗冲改性剂品种的性能和合成，一些企业为此已经取得了显著进步，举例来说，山东日科化学和江西岳峰高分子两家业内企业在解析 PVC 增韧机理的基础上采用低氯化度 HDPE 与丙烯酸酯互穿网络先进理念开发了 ACM 体系抗冲改性剂，显著提高了性价比，有望成为 CPE 抗冲改性剂替代品的有力竞争者。

四、抗氧剂

抗氧剂是一类能够有效降低塑料等高分子材料自动氧化反应速度，延缓树脂老化降解，提高制品使用寿命的稳定化助剂，其应用几乎涉及到所有的聚合物制品。根据功能和化学组成不同，塑料抗氧剂一般分为受阻酚主抗氧剂、亚磷酸酯类和硫代酯类辅助抗氧剂和金属离子钝化剂等，抗氧剂的品种和用量往往由基体树脂、成型方式与条件以及制品的最终应用环境来确定。受阻酚抗氧剂 1010、1076、亚磷酸酯辅助抗氧剂 168 以及由其复配而成的 B215、B225 是目前应用最为广泛的塑料抗氧剂通用品种。

（一）国内生产与市场现状

塑料抗氧剂产业基本上是伴随聚烯烃工业形成和发展的。一般认为，我国塑料抗氧剂起步于 20 世纪 50 年代，但直到 80 年代之前，主导品种还停留在 BHT、硫代酯和 TNPP 亚磷酸酯等为数不多的低端品种阶段，产耗规模也十分有限。20 世纪 70 年代，基于一批石化项目的上马，我国聚烯烃产业开始起步，为此对抗氧剂的性能提出了更高的要求，从实现助剂国产化的目标出发，抗氧剂1010、1076、168等新型抗氧剂品种的开发和研究引起了助剂行业的广泛关注，以北京化工三厂、辽阳有机化工厂、兰化有机厂、天津力生化工厂为代表的第一批抗氧剂生产企业相继实现抗氧剂1010、1076、168、DSTDP、DLTDP的国产化目标，为我国现代塑料抗氧剂产业的发展奠定了良好的技术和市场基础，90年代以后，随着国内乙烯产能的飞速发展，抗氧剂的市场需求量急剧增长，尤其是民营资本和外资企业的介入一举打破计划经济的体制束缚，涌现出包括金海雅宝、营口风光、临沂三丰、天津晨光等抗氧剂骨干企业，抗氧剂的品种范围也不断扩大，产能持续增加。根据行业统计，截至2013年，全国塑料抗氧剂骨干企业20多家，产能15万吨/年，当年产量12万吨，实现了从苯酚烷基化到单品合成再到预混的全产业链协同发展，国产品种数量和质量与世界先进水平基本对接。应当指出，“十二五”期间，，以现代煤化工MTO为特征的煤基聚烯烃和千万吨级炼油配套百万吨级乙烯装置将陆续投产，我国聚烯烃产业将再遇发展契机，预计抗氧剂的市场需求将进一步提高。

表5为国内目前抗氧剂骨干企业及其产能。

表5　　国内抗氧剂骨干企业及其产能

生产企业	产能/（万吨/年）	主要品种
金海雅宝化工公司	2.5	1010、1076、3114、168、626、618、B215、B225等
巴斯夫高桥特性化学品（上海）有限公司	2.15	1010、1076、168、B215、B225等
山东临沂三丰化工有限公司	1.6	1010、1076、168、626、B215、B225等
天津力生化工有限公司	1.3	DLTDP、DLTP、DSTDP、DTDTP、1135等
营口风光化工有限公司	1.5	1010、1076、626、168、B215、B225等
北京极易化工有限公司	0.8	1010、1076、626、168、B215、B225等
天津利安隆新材料有限公司	0.8	1098、MD1024、MD697、B215、B225等
青岛丰华灏龙化工助剂有限公司	0.5	1010、1076、168、B215、B225等
天津晨光化工有限公司	0.5	1010、1076、168、B215、B225等
北京三安化化工产品有限公司	0.4	1010、168、DLTP等
松原百孚化工（唐山）有限公司	0.4	DLTDP、DSTDP、DTDTP、DMTDP等

（二）品种和技术发展动向

随着塑料工业的快速发展和产业结构升级转型，尤其各种新型功能性塑料的不断开发与应用，全球抗氧剂工业正朝专用化、复合化、环保化、耐水解、耐高温、多功能化等方向发展。如前所述，经过几十年的努力，尽管我国塑料抗氧剂产业取得了长足进步，常规品种的产能规模和质量指标已经达到或接近国际先进水平，基本满足了聚烯烃等通用树脂的应用要求，但基于塑料加工和改性技术的发展，通用品种已经难以满足各种专用化改性树脂和成型加工工艺的应用要求，在这种背景下国内每年都要进口一定数量的高性能专用化抗氧剂品种，实现新结构、高效能抗氧剂品种的国产化已经成为国内抗氧剂领域技术创新的重要内容。概括地讲，近年来国内塑料抗氧剂的技术进步表现在如下几个方面。

1．碳自由基捕获剂及三元复合抗氧体系的开发成效斐然

碳自由基捕获机理及自由基捕获剂的研究和开发是20世纪末世界抗氧剂领域研究的重要成果，期间，苯并呋喃酮类碳自由基捕获剂、双酚单丙烯

酸酯类耐热稳定剂、羟胺和叔胺氧化物类碳自由基捕获剂等结构的品种先后应市，尽管后来苯并呋喃酮类碳自由基捕获剂代表性品种（Irganox HP-136）因环境因素被迫退市，但作为一个重要的发展趋势，碳自由基捕获剂及其三元复合抗氧体系在聚合物耐高温氧化方面性能卓著，特别在具有高耐变色要求的无酚抗氧体系中担负捕获自由基的功能，为此，近年来山西省化工研究所先后完成了双酚单丙烯酸酯类耐热抗氧剂 KY-394 和长碳链叔胺氧化物类碳自由基捕获剂 KY-FS042 两款结构不同的碳自由基捕获剂技术开发工作，辽宁营口风光化工有限公司已经将其开发的长碳链羟胺类碳自由基捕获剂配合到复合型抗氧剂预混料中供应市场，上述事实都很好地反映了我国在抗氧剂创新研究方面的进步。

2．功能化、专用化品种开发备受重视

塑料制品应用领域的拓展对抗氧剂的功能化和专用化提出了更多更高的要求，为此，一些满足要求的耐抽出受阻酚抗氧剂、耐水解要求的亚磷酸酯辅助抗氧剂等新品种开发和应用备受关注。举例来说，近年来国内 PP-R 管材市场不断增长，其专用料要求抗氧剂耐热水抽出性好，作为 PP-R 专用料配套的高分子量受阻酚抗氧剂330展现出良好的市场前景，为满足市场需求，山西省化工研究所联合中石化催化剂分公司完成了年产400吨的中试研究，实现了我国 PP-R 管材专用抗氧剂的国产化；半受阻酚抗氧剂在抗氧效率、耐氧化氮着色等方面性能独特，尤其适用于聚甲醛、热塑性聚氨酯领域，山西省化工研究所、天津安利隆新材料有限公司等先后完成半受阻酚抗氧剂代表性品种 KY-586（相当于 BASF 公司 Irganox 245）的中试，解决了聚甲醛专用抗氧剂国产化和氨纶抗黄变的技术难题；液体受阻酚抗氧剂 1 135 和液体胺类抗氧剂 5 057 是聚醚多元醇和聚氨酯公认的专用抗氧剂品种，为满足聚氨酯行业发展的需要，国内临沂三丰、天津力生等抗氧剂企业已经着手开发液体受阻酚抗氧剂 1 135，并已投放市场。高效、耐水解是亚磷酸酯辅助抗氧剂研究的热点，在季戊四醇双亚磷酸酯抗氧剂 626、618 的基础上，十二五期间国内市场已经完成和正在开发的亚磷酸酯辅助抗氧剂品种包括双酚亚磷酸酯抗氧剂 HP-10、季戊四醇双亚磷酸酯抗氧剂 PEP-36、亚膦酸酯类抗氧剂 P-EPQ 等，这些品种的产业化将是未来几年我国抗氧剂领域技术创新的重要任务。

五、光稳定剂

光稳定剂属于耐候性稳定化助剂，其功能是通过屏蔽、吸收紫外线、猝灭激发态能量和捕获自由基等方式实现抑制聚合物光氧化降解，延长制品使用寿命。根据作用机理不同，光稳定剂分为光屏蔽剂、紫外线吸收剂、激发态猝灭剂和受阻胺光稳定剂四种类型。光屏蔽剂一般为无机颜料或填料，旨在通过遮蔽或反射紫外线达到与聚合物隔离的目的；紫外线吸收剂是能够吸收紫外线，并将有害的紫外线能量转化为无害热能释放的稳定化助剂，其涉及的化学物质结构包括水杨酸酯类、二苯甲酮类、苯并三唑类、三嗪类、取代丙烯腈类等；激发态猝灭剂是通过猝灭激发态能量，使吸收紫外线能量后的聚合物分子由激发态回复到稳定的基态实现稳定化的，通常为镍盐络合物，其优异的稳定化效果曾经在 20 世纪七八十年代被广泛认可，新品种、新结构层出不穷，基于其固有的重金属污染性和对制品的着色性，21 世纪以来逐渐淡出市场。受阻胺光稳定剂（HALS）是一种多功能的光稳定剂，结构中包含受阻哌啶官能团，能够通过猝灭单线态氧、分解氢过氧化物和捕获自由基等途径实现聚合物的光稳定化。受阻胺光稳定剂的最大优势是受阻哌啶氮氧自由基的再生性和循环性，并因此赋予其高效性。为此，20 世纪 70 年代问世以来迅速引发聚合物光稳定剂市场格局的转变，新结构、新品种不断涌现，其在光稳定剂市场的消费比例快速提高到 50%左右。应当指出，随着塑料等高分子材料户外应用的增多，光稳定剂在聚合物材料中的地位和作用更加突出，对光稳定剂的性能要求将更新更高，光稳定剂的市场需求将持续增长。

（一）国内生产与市场现状

光稳定剂属于耐候性稳定化助剂，其产业的形成和发展与塑料等聚合物制品的户外应用密切相关。20 世纪 70 年代，伴随着丙纶等化学纤维和 PVC 农膜生产和应用技术的推广，我国光稳定剂产业开始形成。经过 40 多年的创新与发展，中国光稳定剂工业体系已趋于成熟。一方面，工业化品种涵盖了包括水杨酸酯类、受阻酚苯甲酸酯类、二苯甲酮类、苯并三唑类、三嗪类、受阻胺类在内的几乎所有光稳定剂，基本满足了国内聚合物加工应用的市场需求；另一方面，光稳定剂主导产品的产业链条已经形成，二苯甲酮类、苯并三唑类紫外线吸收剂的代表性品种和哌啶酮、哌啶醇、氨基哌啶等受阻胺中间体与代表品种的产能甚至跃居世界前列，产品大量出口，成为名副其实的光稳定剂生产世界工厂。据不完全统计，截至 2013 年全国光稳定剂及其重要中间体的产能已达 3.6 万吨/年，约占全球光稳定剂产能的 55%，尽管受全球经济复苏缓慢影响，当年产量亦达到 2.5 万吨。行业数据分析表明，目前我国光稳定剂产能、产量和消费结构中受阻胺光稳定剂占比最大，其中北京天罡助剂有限公司和江苏宿迁联盛化学有限公司的 HALS 产能均达万吨。就消费分布而言，农膜、型材、纤维和户外油漆和涂料是光稳定剂的主要应用领域，而从应用树脂分析，聚烯烃是光稳定剂的最大消费对象，基于聚烯烃通用塑料工程化进程的加快，其在汽车、户外座椅等方面替代金属、木材和工程塑料的应用将持续增多，必将带动受阻胺类光稳定剂市场的发展。另外，设施农业、太阳能电池背板、大型公共设施等建设将拉动聚碳酸酯、聚酯等透明工程塑料材料的户外应用市场，而工程塑料的耐候性要求使用高性能的紫外线吸收剂，因此，有理由预测，“十三五”乃至更长时期内我国光稳定剂消费量的年均增长率仍将保持在 10%以上。表 6 为我国光稳定剂主要生产企业和品种。

表 6　国内光稳定剂骨干企业及品种

生产企业	产能/吨	主要产品
北京天罡助剂有限公司	10 000	GW-540、HS-450、HS-783、HS-791、944、622 等
江苏联盛化学有限公司	10 500	770、783、791、622、944 等
江苏南通振兴精细化工有限公司	5 000	770、292、622、3 853 等
河北廊坊市龙泉助剂有限公司	1 000	770、622、944 等
山东诸城世和工贸有限公司	1 000	622、944
滨海锦翔化学助剂有限公司	5 000	UV-9、UV-531
天津力生化工有限公司	500	水杨酸苯酯、紫外线吸收剂 BAD、TBS、UV-P、UV-326、UV-327、UV-328 等
衡水优维化工有限公司	1 000	UV-P、UV-326、UV-327、UV-328 等
南京华立明科工贸有限公司	800	UV-9、531、UV-326、327、328 等
扬州丹霞化工有限公司	500	UV-120、UV-2 908 等
襄阳金译成精细化工有限公司	500	UV-0、UV-9、UV-531 等
山西省化工研究所	500	UV-419、UV-418、GW-628、VSU-312 等

（二）品种和技术发展动向

就世界范围来看，最近 10 年是光稳定剂开发的相对成熟期，这一时期新结构、新品种开发速度明显变缓，开发研究的重点已经由受阻胺光稳定剂向高效能的紫外线吸收剂方面转移，这主要归因于改性塑料和缩聚类工程塑料户外制品应用的要求更加苛刻。举例来说，太阳能光伏产业的发展对太阳能电池背板封装膜的寿命高达 25 年以上，以聚酯膜替代价格昂贵的氟聚物膜具有良好的经济价值，为此，开发用于太阳能背板封装聚酯膜的高性能紫外线吸收剂至为关键，近年来，BASF 公司以原 Ciba 精化的三嗪类紫外线吸收剂技术为基数，推出了专门用于太阳能电池封装膜的三嗪类紫外线吸收剂 Tinuvin 1600，据称，这种具有联苯结构的三嗪类紫外线吸收剂挥发性极低，不仅能够经受聚酯薄膜的加工温度，而且在户外条件下耐迁移、不挥发，持久稳定。聚碳酸酯阳光板在设施农业和机场、车站等公共建筑中的应用日趋广泛，这些应用领域都对材料的光稳定性提出了更高的要求，聚碳酸酯的光稳定化一般是通过使用紫外线吸收剂实现的，和聚酯（PET）一样，用于 PC 片材的紫外线吸收剂要求具有良好的热稳定性和高效的紫外线吸收能力，同时不能影响制品的透明度。除早期应市的高分子量苯并三唑类紫外线吸收剂 Tinuvin 234、ADK Stab LA-31 外，近年来涌现出了诸如 Clariant 公司苯亚甲基丙二酸酯类紫外线吸收剂 Hostavin B-CAP、Cytec 公司的三嗪类紫外线吸收剂 Cyasorb 1164、BASF 公司的 Tinuvin 1577 等在内的专用于 PC、PET 等工程塑料的紫外线吸收剂新品种。另一个明显的动向是，随着高分子量受阻胺光稳定剂的开发成功，其作为聚合物抗热氧稳定剂的功能逐渐得以体现，作为受阻胺热稳定剂（HATS）,特别适用于无酚抗氧体系。对此，BASF 公司的 Chimassorb 944、119、2020 等聚合型或单体型高分子量受阻胺光稳定剂都被引入一些无酚复合抗氧稳定剂中。

我国光稳定剂技术开发近年来取得了长足进步，一方面一些用于工程塑料、改性塑料特殊领域的高性能紫外线吸收剂不断应市，代表性的成果包括山西省化工研究所推出的苯亚甲基丙二酸酯类紫外线吸收剂 UV-418、419、3638，VSU-312 和大连化工设计研究院开发成功的三嗪类紫外线吸收剂 UV-1 164、UV-1 577，尽管这些品种的市场规模不大，但填补了国内特殊应用中高效能紫外线吸收剂品种的空白。在受阻胺光稳定剂方面，4-氨基-2，2，6，6-四甲基哌啶、六亚甲基双（3，3，5，5-四甲基哌啶胺）等关键中间体合成技术得以突破，为包括 944、119、2020 在内的受阻胺光稳定剂优秀品种的开发奠定了原料基础，以此为契机，相信具有自主知识产权的受阻胺光稳定剂创新成果将会应运而生。

六、阻燃剂

广义上讲，阻燃剂是指赋予聚合物及其制品难燃性的功能化助剂，其功能包括有效抑制聚合物制品燃烧和降低烟雾及有害有毒气体的释放。一般来说，阻燃剂按照化学结构分为有机阻燃剂和无机阻燃剂，有机阻燃剂包括卤系阻燃剂（如溴系阻燃剂、氯系阻燃剂）、有机磷阻燃剂（如磷酸酯类阻燃剂、氯代磷酸酯阻燃剂等）、氮系阻燃剂（如三聚氰胺氰尿酸盐，MCA）等；无机类阻燃剂涉及氧化锑系阻燃剂（主要包括三氧化二锑和五氧化二锑）、无机磷系阻燃剂（如多聚磷酸铵、包覆红磷等）、铝镁系阻燃剂（包括氢氧化铝和氢氧化镁）、硼系阻燃剂（如硼酸锌）、钼系阻燃剂（主要包括三氧化钼和钼酸铵）等。基于高分子材料应用的日益广泛，由此带来的消防安全问题越来越突出，阻燃剂的开发和应用受到广泛关注。统计表明，21 世纪以来，阻燃剂已经发展成为产耗量仅次于增塑剂的第二大塑料助剂类型。

（一）国内生产与市场现状

众所周知，消防安全是人类文明进步的重要内容，阻燃剂的开发和应用关系着人民的生命和财产安全问题。为此，阻燃剂的产耗量一定程度上也反映着一个国家和地区的社会文明进步程度。随着聚合物及其制品应用领域的不断拓展，由此带来的潜在火灾隐患也增多，全球范围内要求阻燃立法的呼声不断，各种法强制性法规层出不穷。在这种背景下，阻燃剂的市场需求快速增长，行业统计显示，2013 年全国阻燃剂总产能 56 万吨，消费量约 40 万吨，规模以上阻燃剂生产企业约 80 家，绝大多数分布在长江三角洲、珠江三角洲、渤海湾等经济发达地区。阻燃剂企业的分布特点是江浙一带以磷系阻燃剂企业为主，山东以溴系阻燃剂为主，广东阻燃剂的品种相对较多。另一方面，基于阻燃剂的无卤、抑烟发展趋势，阻燃剂的消费结构也悄然发生着变化，溴系阻燃剂的消费比例逐年降低，而磷系阻燃剂、无机阻燃剂的产耗量将迅速增长。表 7 分析和预测了国内未来几年阻燃塑料及阻燃剂的需求量，到 2017 年，全国阻燃剂消耗总量将突破 100 万吨，而溴系阻燃剂的消费比例将由目前的 33%左右下降到 25%上下。从消费市场来看，矿用塑料和塑料建材是阻燃剂的主要消费领域，汽车、高铁、航空飞行器和电子电器与电缆电线行业对阻燃剂的性能要求更新更高。

表 7　国内阻燃制品及阻燃剂需求预测　单位：千吨

年份	2014	2015	2016	2017
塑料制品产量	72 530	81 230	90 980	101 900
阻燃塑料	5 080	6 500	8 190	10 190
阻燃塑料占比/%	7	8	9	10
塑料阻燃剂添加量	510	650	820	1 020
其中：溴系阻燃剂	170	200	230	260
溴系阻燃剂消费比/%	33.3	30.8	28.0	25.5

（二）品种和技术发展动向

阻燃剂开发和应用涉及人类生命财产安全，阻燃剂的性能不仅仅与阻燃功能和其对制品力学性能的影响有关，而且随着全社会环境、卫生安全意识的不断增强，阻燃剂结构的毒性和其对环境影响越来越受到国际社会的普遍关注，就现状而言，对阻燃剂卫生安全性要求影响较大的国际条约和法规主要包括《斯德哥尔摩公约》和欧盟 ROHS 和 REACH。其中十溴二苯醚和六溴环十二烷两种应用广泛的溴系阻燃剂品种已经被《斯德哥尔摩公约》列入持久性有机污染物名单，以十溴二苯乙烷为代表的替代品已经发展成为溴系阻燃剂的主力品种。无卤化、抑烟化作为阻燃剂发展的重要趋势，研究和开发的焦点集中在无机氢氧化铝、氢氧化镁、合成水滑石等传统无机阻燃剂的超细化、纳米化改性，其中，纳米无机阻燃剂作为国家 863 攻关项目已实现产业化，具备了加速发展的条件。以电缆行业为例，仅强制性阻燃抑烟国标的出台就使无机阻燃剂的市场需求显著增加，改善无机阻燃剂与基体聚合物的相容性，提高抑烟效果是提升无机阻燃剂技术含量和拓展其应用领域的重要方向。

磷系阻燃剂是阻燃剂无卤化的重要内容，缩聚类和高分子量磷酸酯类阻燃剂能有效地提高磷含量和耐抽出、耐挥发性能，而以二苯并氧膦环杂己酮（DOPO）为母体的新型膦酸酯类阻燃剂具有对环境友好、不迁移、阻燃性能持久等特点，目前广泛应用于线型聚酯、聚酰胺、环氧树脂、聚氨酯等领域，特别是在电子装备塑料、覆铜板、电路板的阻燃方面具有很好的前景，因此也是有机磷系阻燃剂的重要发展方向。

我国阻燃剂工业起步于 20 世纪 50 年代，但在六七十年代几乎处于停滞状态，这一时期国产阻燃剂品种仅仅只有氯化石蜡、四溴乙烷、低分子量磷酸酯和氯代磷酸酯等少数品种。直到 20 世纪 80 年代，伴随塑料、橡胶、纤维等合成高分子材料的发展，阻燃剂的品种开发引起了塑料助剂行业的广泛关注，这一时期，以十溴联苯醚、六溴环十二烷、氧化锑、硼酸锌、ATH 等通用型阻燃剂得到快速发展，1985 年国产阻燃剂首次达到 5 000 吨。90 年代以后，我国阻燃剂技术发展进入了成熟期，在这一阶段，包覆红磷、氮磷膨胀性阻燃剂、多聚磷酸铵、以及溴化聚苯乙烯、十溴二苯乙烷等高性能溴系阻燃剂、无机复合阻燃抑烟剂等技术得到开发和应用，从应用的领域来看，阻燃制品开始由简单的建筑材料、电线电缆拓展到家电、汽车内饰材料、电路板等相对精细的领域。

展望未来，阻燃剂趋向多样化、功能化和环境友好化方向发展，阻燃剂市场充满希望和挑战。

七、偶联剂

偶联剂是一类具有两性结构的物质，它们分子中的一部分基团可与无机表面的化学基团反应，形成化学键合；另一部分基团则具有亲有机物的性质，能与有机高分子材料发生化学反应或物理缠绕，从而将两种性质截然不同的材料牢固地结合起来，其功能是对无机填料进行表面改性，改善其在聚合物基体中的分散状态，提高填充聚合物材料的力学性能和使用性能。

偶联剂一般多为金属有机化合物和硅烷类化合物，根据中心原子和化学组成的不同，主要包括硅烷类、钛酸酯类、铝酸酯类、锆酸酯类以及双金属偶联剂、稀土类偶联剂、含磷偶联剂、含硼偶联剂等。

偶联剂在塑料中的使用遵从“相似相容原则”，不同有机官能团的偶联剂适用不同的有机聚合物，偶联剂与聚合物进行化学反应或物理缠绕，从而改善聚合物与无机填料的相容性，提高复合材料的物理力学性能。不同填料选用偶联剂种类，一般选用原则为含硅的如二氧化硅、滑石粉、Al_2O_3、$Mg(OH)_2$等推荐选用硅烷偶联剂，填料为碳酸钙、钛白粉等推荐选用钛酸酯偶联剂，制品为一般通用的浅色塑料推荐选用铝酸酯偶联剂（工程塑料、特殊塑料推荐使用硅烷偶联剂，如航天用塑料）。

（一）国内生产与市场现状

我国偶联剂产业起步于20世纪70年代，以南京大学、哈尔滨化工研究所为代表的硅烷偶联剂和以山西省化工研究所为代表的钛酸酯类偶联剂系列产品技术开发奠定了我国偶联剂的产业基础。经过40多年的发展，目前已经形成了以硅烷类和钛酸酯类为主体、铝酸酯、铝钛复合偶联剂、稀土偶联剂和马来酸酐接枝PP等为补充的偶联剂行业体系。现阶段我国的偶联剂消费体系中，钛酸酯类所占比例最大，约占50%，其次是硅烷类，占30%左右，铝酸酯及其他类占20%。我国现有硅烷偶联剂生产企业近30家，主要分布在以南京为中心的江南地区和以淄博为中心的山东半岛，但综观行业现状，普遍存在着生产企业品种单调、产能规模偏小、生产装备比较落后等问题。值得关注的是，近年来随着国内光伏产业的发展，单晶硅、多晶硅产业链富余的硅单体为硅烷偶联剂发展提供了契机，国内偶联剂产能规模快速增长。表8归纳了我国偶联剂主要生产企业和相应的品种。

表8　我国偶联剂主要生产企业及相应产品品种

生产企业	主要产品
南京曙光集团有限公司	硅烷偶联剂KH-845-4、SG-Si996、KH-590、SG-Si264、KH-550、SG-Si602、KH-560、KH-570、SG-Si126、SG-137等；钛酸酯偶联剂SG-TPT、SG-TnBT、NDZ-101、NDZ-201、NDZ-401、NDZ-105、DZ-130、NDZ-311W、NDZ-Ti501、NDZ-Ti503等；铝酸酯偶联剂SG-Al800、SG-Al822等
张家港国泰华荣化工新材料有限公司	A-1110、A-2100、A-1100、A-1170、A-1120、A-1130、A-171、A-172、A-174、A-151等
荆州市江汉精细化工有限公司	硅烷偶联剂JH-S69、JH-S69C、JH-S69R、JH-S75、JH-S75C、JH-S189、JH-S1891、JH-S264、JH-S6932、JH-S300、JH-S691等
山东万达有机硅新材料有限公司	硅烷偶联剂A-150、A-143等
武大有机硅新材料股份有限公司	A-171、A-189、A-143、A-150等
山东曲阜万达化工有限公司	A-1100、A-187、A-188等
杭州亿源化工有限公司	A-1120、A-186等
南京向前化工有限公司	A-151等
天长市绿色化工助剂厂	TMC-201、TMC-102、TMC-101、TMC-105、TMC-311、TMC-311W等
南京道宁化工有限公司	DL-411、DL-411AF、DL-411D、DL-411DF等

续表

生产企业	主要产品
山西省化工研究所	铝钛复合偶联剂 OL-AT1618 等
南京经纬化工有限公司	硅烷偶联剂系列 KH-550、KH-551、KH-560、KH-570、KH-792、KH-791、KH-602、KH-912、KH-69、KH-151、KH-171、KH-172、KH-42、KH-580、KH-590、KH-103、KH-104、KH-108 等；.钛酸酯偶联剂系列 JW-101、JW-102、JW-105、JW-201、JW-311、JW-401 等
安徽硅宝翔飞有机硅新材料有限公司	硅烷偶联剂 A-1160 等
南京和福化工厂	硅烷偶联剂 KH-570、Si-69、KH-560、KH-551 等

（二）品种和技术发展动向

综观国内外现状，偶联剂技术开发正在朝着多功能化和高分子量官能化聚合物方向发展。改性的功能已经不仅仅局限在填料的表面有机化，而是在对填料进行表面改性的同时赋予制品诸如抗静电、助交联等性能，典型的实例如美国 Kenrich 的新烷氧基锆酸酯抗静电偶联剂 Ken-Stat 等。如前所述，金属有机偶联剂和硅烷偶联剂在活化填料时存在着对填料的选择性，这实际上也局限了它们的应用，相反，近年来官能化聚合物偶联剂在很大程度上避免了这些问题，因此赢得了市场的认可。总之，安全、高效、环境友好和可持续性是未来偶联剂技术开发的方向和目标。

八、成核剂

成核剂是一类旨在通过改变结晶性聚合物的结晶行为、结晶形态和结晶参数来达到提高和改善制品的力学性能和光学性能的功能性助剂。相比之下，成核剂开发和应用的历史较短，属于新功能的塑料助剂范畴，其应用包括聚烯烃（聚乙烯、聚丙烯）、聚酰胺（PA6、PA66 等）、热塑性聚酯（如 PBT、PET 等）、聚乳酸（PLA）等热塑性不完全结晶树脂。尤以聚丙烯为最大的消费领域。为此，当今世界成核剂市售产品基本上是以聚烯烃用成核剂为对象进行统计和分类的。

目前，市售聚烯烃成核剂按化学组成的不同分为有无机类成核剂和有机类成核剂。无机成核剂包括滑石粉、二氧化硅、云母等无机填料或颜料；有机成核剂主要包括二苯亚甲基山梨醇衍生物、芳基磷酸酯金属盐类、芳香羧酸金属盐类、酰胺类、脱氢松香酸皂类等。根据诱导聚丙烯结晶形态的不同，聚丙烯成核剂还可分为 α 晶型成核剂和 β 晶型成核剂。不同晶型的聚丙烯制品将表现出不同的表观性能和物理性能。

（一）国内生产与市场现状

如前所述，理论上成核剂适用于所有的半结晶树脂的结晶改性，但迄今为止市售产品基本用于聚烯烃改性。众所周知，通用塑料工程化、工程塑料高性能化是当今世界塑料工业的发展趋势，结晶改性作为聚合物改性的重要途径备受关注，为此促进和带动了成核剂产业的形成和发展。我国成核剂产业起步较晚，但发展速度之快令世界瞩目。20 世纪 90 年代中期，山西省化工研究所、中国石油兰化研究院同时完成了二苯亚甲基山梨醇（DBS）成核透明剂中试合成技术，标志着我国聚烯烃成核剂产业化序幕正式拉开。21 世纪以来，国内聚烯烃成核剂的创新研究和成果转化进入发展的快车道，一方面以增透、增光、增刚为功能的 DBS 类、芳基磷酸酯盐类、芳香羧酸皂类、脂环羧酸皂类、松香酸皂类等聚丙烯 α 晶型成核剂和以增韧、提高热变形温度等为目的的聚丙烯 β 晶型成核剂品种相继应市，与国际市场先进水平的差距日渐缩小，基本满足了聚丙烯的专用化、功能化改性要求。

归纳起来，目前国内聚烯烃成核剂的产能约 2 000 吨/年，2013 年产量约 1 200 吨，当年市场消费量 1 500 吨，涉及山西省化工研究所、湖北松滋南海化工公司、烟台只楚化学合成化学公司、上海齐润化工有限公司、上海欣鑫化工有限公司、广州呈和化工有限公司、中石化催化剂北京燕山分公司和广州炜林纳功能材料有限公司 10 余家骨干企业。表 9 归纳了我国聚烯烃成核剂骨干企业及品种。

表 9　　我国成核剂骨干企业及产品品种

生产厂家	产品牌号
山西省化工研究院	TM-1、TM-2、TM-3、TM-6、TMA-3、TMB-5、TMP-1、TMP-5、TMP-6、TMX-2、TMY-4、TMC-300、TMC-306、TMC-328、TMC-326、TMC-200、TMC-210 等
湖北松滋南海化工有限公司	SKC-Y5988、SKC-Z9988 等
烟台只楚化学新材料股份有限公司	ZC-2、ZC-3 等
上海科塑高分子新材料有限公司	NA-S20，NA-S25 等
中石化催化剂北京燕山分公司	YS-688、YS-688-2、YS-609、YS-619 等
上海欣鑫化工有限公司	GX-3、GX-4、GX-5 等

应当指出，尽管目前市售成核剂产品基本为聚烯烃改性市场所有，但近年来聚乳酸等生物基与生物可降解塑料和聚酰胺、热塑性聚酯（如 PET 等）等工程塑料用成核剂市场已经启动，2013 年山西省化工研究所开发的聚乳酸专用成核剂 TMC-300 和 TMC-306 中试成果已投放市场近 10 吨，当年国内聚酰胺改性市场进口聚酰胺成核剂 50 多吨。十二五期间，拟建和在建的煤基聚烯烃和百万吨级乙烯装置将陆续投产，透明聚丙烯专用料、PP-R 管材专用料、增光专用料等专用化树脂的产耗量将进一步放大，这一时期工程塑料和生物基与生物可降解塑料的改性也将步入快速发展阶段，预计全国范围内成核剂的市场需求量仍将以年均 15%以上速度持续增长，2015 年将达到 2 200 吨左右。

（二）品种和技术发展动向

结晶改性作为聚合物改性的重要手段越来越受到塑料加工和改性行业的重视，近年来，伴随通用塑料工程化、功能化、专用化趋势的发展，对成核剂的性能提出了更新更高的要求，归纳起来，成核剂的品种开发和技术创新呈现出如下特征：

1．高效创新结构成核剂品种继续涌现

高效化仍然是聚烯烃成核剂创新研究的目标，综观国内外技术发展现状，创新结构的聚烯烃成核剂品种不断涌现。代表性的创新结构如 Milliken Chemical 公司的壬糖醇基缩醛类高透明成核剂 Millad NX 800 0，山西省化工研究所开发的均苯三甲酸酰胺类聚丙烯高效成核剂 TMC-326 和新日本理化公司报道的丙三羧酸酸酰胺类高效成核剂 RiKACLEAR PC-1，标志着世界范围内探求聚丙烯高效成核剂的创新研究仍在持续。

2．复合化趋势

复合化是充分利用不同结构成核剂品种之间的互补和协同效应开发满足不同改性要求的专用化品种，相对而言，复合化在成核剂品种开发方面具有事半而功倍的效果，已经或正在成为成核剂开发研究的重要趋势。迄今应市的成核剂品种中山西省化工研究所开发的 TMP 系列芳基磷酸酯盐类成核剂具有代表意义。应当指出，复合型成核剂的开发并非简单的几类物质的组合，而是在进行系统机理研究的基础上，通过模型设计开发和研究的。为此，开展聚合物结晶机理和相关成核剂结构关系的基础研究对成核剂复合化品种开发十分重要。

3．聚丙烯 β 晶型成核剂开发和应用技术趋于成熟

β 结晶改性赋予聚丙烯抗冲击性、耐热变形性和高微孔率，近年来，全球范围内有关 β 晶型成核剂品种开发和聚丙烯 β 结晶改性的研究异常活跃，β 晶型成核剂的应用开始集中到 β 结晶 PP-R 管材和锂电池 PP 微孔隔膜两个领域，山西省化工研究所开发的芳基酰胺类聚丙烯 β 晶型成核剂 TMB-5 和广东炜林纳功能材料有限公司的稀土金属皂类聚丙烯 β 晶型成核剂 WBG 和日本新日本理化公司的 NU-100 是目前世界上为数不多的聚丙烯 β 晶型成核剂商业化品种。

4．工程塑料等结晶性树脂成核剂专用品种开发活跃

聚酰胺、热塑性聚酯（如 PET、PBT 等）等结晶性工程塑料的高性能化改性对其结晶性提出了新的要求，并为此促进和带动了满足这些缩聚类结晶性树脂结晶改性要求的专用成核剂品种开发。在聚酰胺成核剂研究方面，Clariant 公司的褐煤蜡酸皂类成核剂 Licomont CaV 102 等、Bruggemann Chemical 公司的聚合型成核剂 Bruggolen P 22 和 Honeywell 公司的乙烯-丙烯酸离聚物类成核剂 Honeywell A-C 540 等品种已投入工业化应用；在热塑性聚酯成核剂方面，最近日本 Adeka 公司推出一种具有原位成核作用的新型成核剂品种 ADK Stab NA-05，标志着聚酯专用成核剂的开发应用时代已经来临。显然，应用对象的多元化为成核剂的未来提供了更大的发展空间。

总之，高效、专用、环保、廉价始终是成核剂品种开发和研究必须坚持的目标。

九、生物基与生物可降解塑料配套助剂

众所周知，生物基和生物可降解塑料是塑料工业绿色、低碳和环境友好的重要体现。“十二五”以来，以可再生资源为原料和具有可降解特征的生物基和生物可降解塑料引起了世界范围的广泛关注，聚乳酸（PLA）、二氧化碳环氧丙烷共聚物（PPC）、聚羟基脂肪酸酯（PHAs）等生物基和生物可降解塑料已经或正在商业化推广。然而，必须指出的是，多数生物基和生物可降解塑料多为脂肪基聚酯结构，固有结晶速度慢、结晶度低、易水解、熔体强度差等不足，很难单独加工和使用，只有通过必要的改性才能赋予使用价值，为此，开发和研究生物基和生物可降解塑料具有广阔的市场前景和积极的社会意义。概括起来，生物基与生物可降解塑料配套助剂包括聚乳酸专用成核剂、扩链剂、熔体增强与抗冲改性剂和水解稳定剂等。

1．聚乳酸成核剂

聚乳酸是迄今应用最为成熟的生物基和生物可降解塑料，但其结晶速度慢、结晶度小，带来相应的注塑周期长和热变形温度低等不足，开发和应用成核剂改性已经成为行业共识，近年来，山西省化工研究所先后开发出包括取代酰肼类聚乳酸专用成核剂 TMC-300、306，苯基膦酸锌类聚乳酸成核剂 TMC-200 和均苯三甲酸酰胺类聚乳酸专用成核剂 TMC-308 等多个品种，投放市场后赢得了很高的市场认可度，也为聚乳酸结晶改性做出了应用的贡献。

2．扩链剂

生物基和生物可降解树脂多为脂肪基聚酯结构，固有对热敏感、易水解、易降解等不足，严重影响其加工和应用性能，扩链剂在聚合物材料的加工过程中能够与大分子发生偶联或支化反应，从而提高聚合物的重均相对分子质量或减少聚合物的降解，因此，利用扩链剂熔融扩链是解决上述缩聚物降解、断链问题行之有效的技术方案。十二五期间，山西省化工研究所在国内率先确立了生物基与生物可降解塑料配套助剂研究方向，先后开发出以 KL-E4300、KL-E4370 为代表的环氧官能化聚合物扩链剂，通过在国内聚乳酸等生物基和生物可降解塑料行业推广，赢得了市场的认可，其应用性能达到了 BASF 公司 Joncryl ADR 系列产品的水平。除此之外，KL-E 系列环氧官能化聚合物扩链剂还适用于缩聚类工程塑料的再生扩链改性，为废旧塑料的资源化利用奠定基础。

3．水解稳定剂

生物基与生物可降解聚酯类树脂一般具有易水解性，这在一定程度上限制了它们作为耐久制品（如手机外壳等）的应用，为改善 PLA 等水解稳定性，需要添加和使用水解稳定剂。碳化二亚胺类水解稳定剂是目前应用最多的水解稳定剂类型，德国莱茵化学是世界上最早开发碳化二亚胺水解稳定剂的助剂企业，其最近推出适用于生物基塑料的单体型碳化二亚胺水解稳定剂 Bioadimide 100 和聚合型碳化二亚胺水解稳定剂 Bioadimide 500 显示出良好的稳定化效果，国内山西省化工研究所最近应市的单体型碳化二亚胺水解稳定剂 Bio-SW100 的应用性能已经赢得市场认可，而高分子量碳化二亚胺水解稳定剂 Bio-SW500 的研究也已取得突破性进展，这些品种的开发将为 PLA 等生物基可降解聚酯类塑料在耐久性制品中的应用提供技术上的保障。

4．ACR 熔体增强剂和抗冲改性剂

PLA、PBS 等生物基与生物可降解聚酯结构中长支链少，熔体强度低，应变硬化不足，造成吹膜时膜泡不稳定易破裂。在热成型中，熔体强度很低的生物基与生物可降解聚酯的成型加工窗口窄，成型制品表面粗糙，使用熔体增强剂能够显著提高熔体强度，改善制品加工性能和表观性能，丙烯酸酯

类聚合物（ACR）是目前应用比较广泛的熔体增强剂类型，目前 Dow Chemical 分别开发了 Paraloid BPMS-250、255、260 和 265 四种 ACR 类熔体增强剂品种，其中，Paraloid BPMS-250 和 255 为中等增强程度的 ACR 熔体增强剂品种，Paraloid BPMS-260 和 265 是高增强程度的 ACR 熔体增强剂品种。几乎与此同时，Arkema 公司开发了 Biostrength 700 和 Biostrength 900 两种 PLA 用 ACR 熔体增强剂和加工助剂品种，前者的主要用于 PLA 的熔体增强，后者则旨在改善 PLA 加工中的脱模性和加工性。丙烯酸酯类加工改性剂对 PLA 的熔体增强作用主要是基于其高分子量和高支链化与 PLA 分子的高度缠绕作用抑制 PLA 熔体加工时的破裂，而且由于其与 PLA 的高度相容性而使其不会对制品的透明性产生负面影响。另一方面，核壳结构丙烯酸酯类抗冲改性剂技术亦被引入 PLA 抗冲改性体系，代表性品种如 Dow Chemical 公司的 Paraloid BPM 500、515、520 及 Arkema 公司的 Biostrength 130、150 和 280 等。山西省化工研究所是我国 ACR 加工助剂的技术开拓者之一，近年来针对生物基与生物可降解塑料加工改性开展熔体增强剂和抗冲改性剂的研究和开发工作，目前进行的 PLA 专用熔体增强剂 BioACR-MS500 和 PLA 专用 ACR 抗冲改性剂 BioACR-IM 800 均已完成小试合成和评价测试工作，有望在 2014 年年底投放市场。

综上所述，顺应全球范围低碳、可持续和环境友好等发展潮流，塑料助剂产业将遵循“产品无毒无害化、原料资源可循环化、合成工艺环境友好化”的原则可持续地发展。

（山西省化工研究所　王克智）

塑料建材

排水用塑料检查井行业及技术发展概况

一、排水用塑料检查井概述

（一）排水用塑料检查井的定义

排水用检查井是城市地下排水排污管道系统中连接管道的井状构筑物，设置在管道交汇处、转弯处、管径或坡度改变处、跌水的地方或直线管段上每隔一定距离处，是管网系统检查和疏通、防止管道堵塞的必要设施，在管网系统不可或缺。

排水用塑料检查井指采用高分子材料制成，用于排水排污的检查井。它属于预制井，替代传统的砖砌检查井，通常由井盖、井筒、偏置收口、井座以及相关配件组合而成。井座是塑料检查井的核心部件。图 1 和图 2 分别是建筑小区排水用塑料检查井和市政排水用塑料检查井示意图。

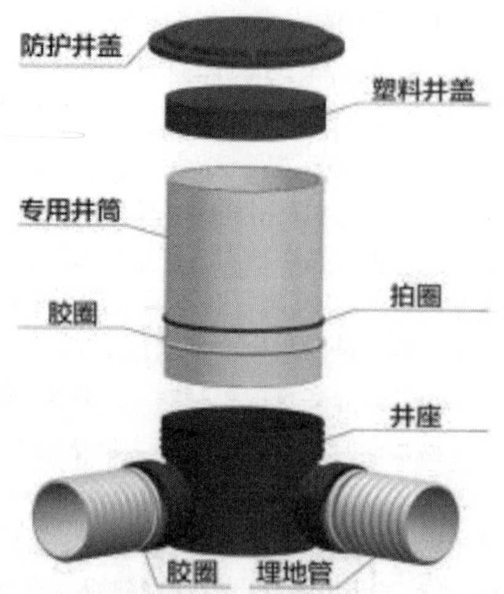

图1　建筑小区排水用塑料检查井示意图

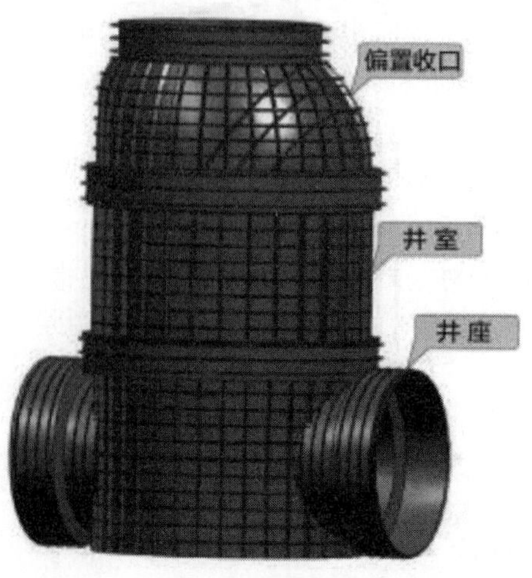

图2　市政排水用塑料检查井示意图

（二）排水用塑料检查井的分类

排水用塑料检查井规格多、种类多。按井座型式可分为流槽式检查井（见图3）与沉泥室检查井（见图4）。流槽式检查井主要设置于污水管网，沉泥室检查井主要设置于雨水管网。按制造工艺主要分为注塑井、滚塑井、焊接井等。按使用场合主要分为建筑小区排水检查井、市政排水检查井、农村截污排水检查井等。按井盖承压形式可为非分离式井[图3（a）、图4（a）]和分离式井[图3（b）、图4（b）]。按井筒的形式可分为直壁式检查井[图3（a）、图4（a）]、收口型检查井[图3（b）、图4（b）]管件井。管件井由塑料管材焊接而成。按井的功能可分为通用井和专用井。专用井有跌水井、水封井等。

（a）

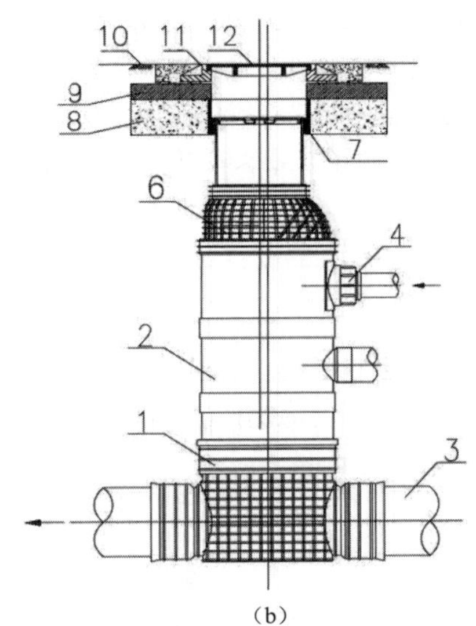

（b）

图3 流槽式检查井

（a）流槽检查井（非分离式）　（b）收口型流槽检查井（分离式）

1—井座　2—井筒　3—排水管　4—马鞍型接头　5—井盖　6—收口人孔　7—挡圈　8—垫层　9—承压圈　10—道路　11—防护盖座　12—防护井盖

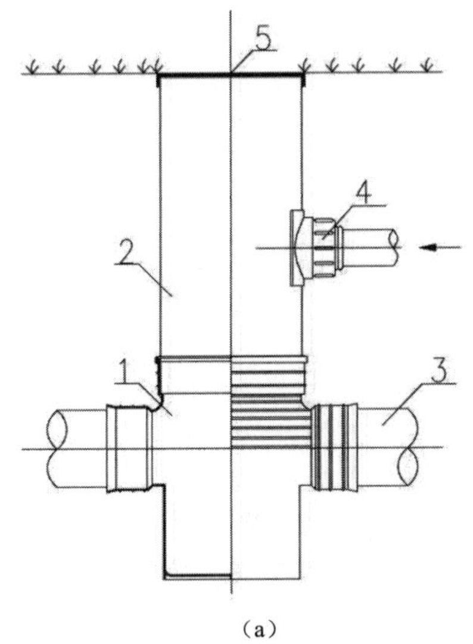

（a）

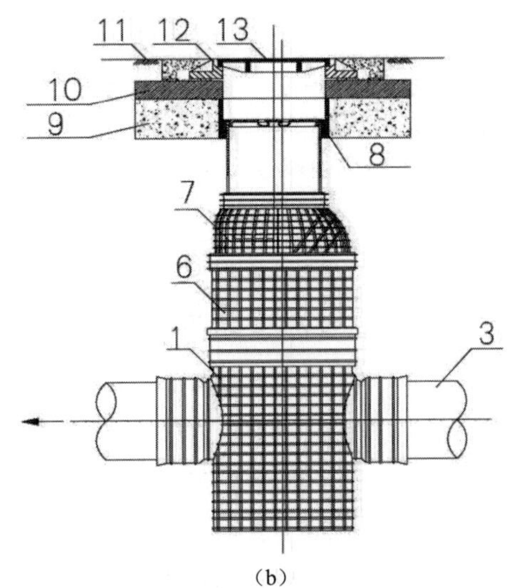

（b）

图4 沉泥室检查井

（a）直壁型沉泥检查井（非分离式）　（b）收口型沉泥检查井（分离式）

1—井座　2—井筒　3—排水管　4—马鞍型接头　5—井盖　6—井室　7—收口人孔　8—挡圈　9—垫层　10—承压圈　11—道路　12—防护盖　13—防护井盖

（三）塑料检查井主要优点

检查井是重要的城市地下基础设施建设部件，与埋地管道相连接。我国自20世纪90年代起，在室外排水工程采用塑料排水管道的比例逐年增大，目前塑料排水管道已在室外排水工程中占据主要位置。然而由于塑料排水检查井研发滞后，许多工程为塑料排水管道配套砖砌检查井，致使系统不配套。砖砌排水用检查井与塑料管道之间接口、砖砌检查井自身的渗漏及土壤缝隙水的渗入已经成为排水系统的顽疾。

砖砌排水检查井的施工方法是用烧制砖块堆砌主体，然后将管道插入井体并用水泥沙浆填补井管接口。该工艺由人工砌筑，质量不易控制，在井与埋地塑料管道连接处采用水泥沙浆包覆，这种刚性连接极易漏水。有的污水砖砌井内表面甚至不做防腐处理，因而减少了井的使用寿命。

塑料检查井具有质轻、安装便捷、施工高效、优越的水密封性、运营费用低、使用寿命长等优点，逐步被市场与用户认知接受，尤其是在国家相关政策的引导下，塑料检查井逐步得到了很好的推广应用。表1为塑料检查井与砖砌检查井的性能对比，由此可见塑料检查井的优势。

表1　　塑料检查井与砖砌检查井的对比

比较项目	塑料检查井	砖砌检查井
1 施工速度	施工速度快，安装一座塑料井用不到1小时	施工速度慢，砌筑一座井，包括混凝土基础及水泥养护需要1~2天
2 防渗性能	防渗性能佳，不会污染地下水，不会增加外来水量	墙体容易渗漏，塑料管与检查井的接口处底部更容易渗漏
3 排水能力	有水流导向的光滑大圆弧流槽，几乎没有水头损失	表面粗糙，水头损失大
4 井壁清洁	井壁清洁，不易粘结上泥垢，即使粘有泥垢也容易清除	井壁容易粘结泥垢，清除困难
5 连接方式	柔性连接，安装速度快，密封性好，可适应少量沉降	刚性连接，无法承受沉降变形；沉降后会加大渗漏甚至管道破裂
6 耐腐蚀性	耐腐蚀性佳，能有效抵御酸碱废水和硫化氢气体造成的井体腐蚀	水泥沙浆容易受酸碱腐蚀、剥落，水泥抹面剥落后渗漏愈加严重
7 运输损耗	自重轻，便于搬运，贮运损耗低	所用砖块、水泥、黄沙的重量约为塑料井的20倍，贮运损耗大
8 开挖土方	沟槽开挖范围小，减少土方量，便于在狭小场合施工	沟槽开挖范围宽，土方量大，难于在狭小场合施工
9 堆料占地	无需占用堆料及拌合场地	砖块、黄沙占用堆场，水泥占用仓库，沙浆拌合还需场地
10 文明施工	现场不再堆放砖块、沙浆。可减少施工时对周围环境和行人的影响	施工周期长，现场堆放砖块、沙浆，影响周围环境和行人通行
11 施工条件	可全天候施工	遇到雨天、雪天不能施工
12 使用寿命	材质本身抗腐蚀，整体性能稳定，使用寿命长	材质不耐酸碱，长期使用易腐蚀，缩短井的寿命
13 回收利用	可回收循环利用	不可回收再利用
14 环境保护	不占用耕地，不破坏生态环境。符合国家的产业政策和环保要求	黏土砖生产占用耕地，破坏生态，不符合国家产业政策和环保要求

（四）塑料排水用检查井具有巨大的经济效益与社会效益

塑料排水检查井是用于地下埋地管网的构筑物，安装完成后只能看到露在外面的井盖，但实际上塑料检查井在很多方面都能起到环保节能作用。

（1）排水用塑料检查井材料上替代原来的黏土实心砖，保护了宝贵的农田资源。我国已有强制政策文件要求禁止使用黏土实心砖，但到目前为止，80%的检查井仍为砖砌检查井。

土壤也是有生命的，有专家认为土壤长厚一厘米，需要花一万年的时间，保护农田资源就是保护土壤。据有关专家统计，使用塑料检查井，至少每年可保护 150 000 亩农田。

（2）节省宝贵的煤炭资源。排水用塑料检查井替代砖砌检查井，可以少用大量的烧制黏土砖需要的煤炭资源。保守估计，每年采用塑料检查井可节约标准煤 75 万吨。同时，少用煤可对大气质量净化做出贡献。

（3）保护珍贵的地下水资源，节约巨额的污水处理费用。污水管网与雨水管网通常是并列设置安放，雨水管网在污水管网的上面。砖砌排水用检查井与埋地塑料管道连接处渗漏、泄漏普遍，雨污水管网中的雨污水会渗到地下，部分雨水还会渗到污水管网。一方面污水会造成地下水资源的二次污染；另一方面加重污水处理厂的处理费用。如按减少 1%渗入量计算，保守估计可节约费用 5.92 亿元/年。

采用排水用塑料检查井，不会对地下水产生污染。

二、塑料检查井行业的现状及发展趋势

（一）国外塑料检查井的行业现状及发展趋势

1．国外塑料检查井行业的现状

欧美发达国家起步比我国早很多，生产、应用塑料检查井已有 30 多年的时间。国外预制井主要包括混凝土预制井、塑料检查井等。塑料检查井包括注塑井、滚塑井、焊接井等。

在一些发达国家，预制井已占主流，如日本预制井占 90%，现浇混凝土井占 10%，无砖砌井。其中塑料注塑检查井占到 70%~80%，产品标准经多次修改，已十分成熟。

欧盟、美国的市场推广应用很成熟，塑料检查井的市场容量十分可观。在建筑小区范围内，已经全面普及排水用塑料检查井，在市政道路上普及率已达到 30%。

2．国外塑料检查井行业发展趋势

由于各区域经济发展不平衡，建设量需求不同，使得塑料检查井的用量各地区也不平衡。

美国、欧洲、日本等发达国家建设量已趋于饱和，增长缓慢。排水用塑料检查井主要使用在住宅与市政建设上，它的使用量与建设量成正比，发达国家塑料排水检查井总体市场容量稳定，增长缓慢。

发展中国家如拉美各国、亚洲大部分国家，由于逐年增长的管网建设量，使塑料检查井有着巨大的市场。已经成立的亚洲基础设施投资银行，未来几十年内将对印度等投资巨资用于新建、改建市政道路，市政排水用塑料检查井也将会迎来使用高峰。

中东市场如沙特、阿联酋等国大部分地区没有黏土，无法制砖，塑料检查井有着巨大的潜在市场。中东建设量大，但人口少，住宅容积率大，同样面积的住宅排水用塑料检查井的用量比国内大 2~3 倍。

我国“一带一路”的构想，基础设施互联互通是优先建设领域，途经的广大腹地国家多数为发展中国家，包括塑料检查井在内的市政给排水管道系统发展潜力巨大。

另外，非洲局部市场也存在着巨大的市场潜力，我国近年来对非援建工程量巨大，需要铺设数以万里的排水排污管网，这也给予了塑料检查井良好的市场机会。

（二）国内塑料检查井的行业现状及发展趋势

1．国内塑料检查井行业现状

（1）国内塑料检查井行业的发展历程。

我国塑料排水用检查井发展仅有十多年的时间，总体上经过了早期研究阶段，现处于推广发展阶段。

我国最早研究开发塑料检查井是在 2002 年。2003 年建设部批准成立了塑料检查井的课题小组，由上海市建委组织，江苏河马井股份公司和上海富宝建材有限公司分别承担建筑小区塑料检查井和市政塑料检查井的技术攻关任务，分别从注塑成型和焊接成型两个方向对塑料井的成型工艺进行了研究。2003 年 12 月，中国第一只具有自主知识产权的注塑检查井诞生，填补了国内注塑检查井的空白。

由于塑料检查井的优势逐步得到相关部门的重视，国家适时出台政策，助力塑料检查井这一新兴产业的发展。2006 年 6 月 6 日国务院办公厅发布《关于进一步推进墙体材料革新和推广节能建筑的通知》（国办发[2005]33 号），要求全国所有城市到 2010 年年底禁止使用实心黏土砖。建设部 2007 年第 659 号公告《建设事业“十一五”推广应用和限制禁止使用技术（第一批）》第 128 项推广应用项目规定，塑料排水管道系统应优先采用塑料检查井。之后，四川、山西、上海、重庆、江西、北京、

山东、河北和云南等地建设部门先后出台排水检查井严禁使用黏土砖，推广塑料排水检查井的有关文件。

经过近十多年的发展，我国塑料检查井产品从最初的自主开发、引进和试用，到目前已经形成相当规模，其中小区井已经得到市场广泛认可，在工程中大量采用；市政井在部分地区开始试用或采用。

（2）国内塑料检查井现行的行业标准。

目前国内塑料检查井相关的产品标准见表 2。

表 2　　国内塑料检查井相关产品标准

标准名称	标准号	发布日期
建筑小区排水用塑料检查井	CJ/T 233-2006	2006-07-25
市政排水用塑料检查井	CJ/T 326-2006	2010-03-15
建筑小区塑料排水检查井应用技术规程	CECS 227：2007	2007
塑料排水检查井应用技术规程	CJJ/T 209-2013	2013-12-03
建筑小区塑料排水检查井标准设计图集	08SS523	2008-01-18

（3）国内塑料检查井行业市场趋势及预测

2006~2009 年，塑料检查井产品标准、技术规程、设计图集逐步发布实施，为塑料检查井的市场应用打下了良好基础。

2009 年国内塑料检查井市场需求约 8 万套，生产厂家屈指可数。随着市场的推广与用户的逐步接受，建筑与市政塑料检查井份额逐年增大。据相关统计，包括小区井、市政井、农改井在内，2014 年塑料检查井市场需求约 200 万套。

目前，我国塑料检查井的市场普及率仍较低。根据相关统计，截至 2014 年，我国建筑小区排水用塑料检查井市场普及率约 7%，市政排水用塑料检查井市场普及率约为 2%，塑料检查井市场尚有广阔的发展空间。预计未来几年，塑料检查井市场普及率将以每年 40%左右的速度增长，截至 2020 年，建筑小区排水用塑料检查井的市场普及率将达到 50%；市政排水用塑料检查井市场普及率将达到 15%。

预计农村污水管网改造应用塑料检查井在今后也会有着较大增量。党的十八大以来，全国各地加强了环境治理的力度。浙江省委、省政府率先做出了“五水共治”的决策，亦即治污水、防洪水、排涝水、保供水、抓节水。并明确提出要以治水为突破口，推进城镇建设的转型升级。该项目计划从 2014 年开始，在今后 3 年内，由四级政府共出资 700 亿元，集中解决城镇和乡村的“五水”问题，预计浙江农村“五水共治改造”三年内需要检查井约 300 万个。2014 年，浙江农村“五水共治改造”项目应用检查井约 100 万套，其中塑料检查井约 70 万套，塑料检查井的普及率约为 70%。分析未来五年，塑料检查井在农村污水改造项目中的普及率将持续保持较高水平。

塑料检查井在城市污水管网改造工程中也已展示出不可替代的作用。预计至 2020 年，我国房地产建设、市政建设以及农村污水管网改造建设塑料检查井的年需求量将达到约 1 500 万套。

（4）国内塑料检查井的竞争格局

国内塑料检查井在检查井中仍处于弱势地位，竞争产品有砖砌排水检查井、混凝土排水用检查井、模块砌块排水检查井。塑料检查井在近年来已逐步获得用户市场的认可。

经过 10 多年的发展，国内塑料检查井行业已经具备较大规模。主要为采用一次注塑成型技术的生产企业；采用焊接工艺的生产企业；采用滚塑工艺生产塑料检查井的生产企业。

以注塑工艺生产企业在市场占有绝大部分市场份额，估计占塑料检查井总体市场的 80%。

注塑排水检查井具有品种规格多、产量大、生产效率高、节省原材料、节约能源等特点，适合新建市政管线、片区建设和改造等一次检查井需求量较大的工程。目前国内最大注塑井直径超过 1 200 毫米，注塑量已达 160 千克。预测今后可生产 1 500~2 000 毫米口径的一次注塑成型井座，将创造一次注塑检查井的世界之最。

注塑检查井结构较合理，质量稳定，规格品种齐全，模具配套最多可达数百甚至上千套，可以满足用户多种需求。行业主流企业在客户当中积累了较为良好的信誉，树立了用户对使用塑料检查井的信心，为塑料检查井在国内迅速大面积推广应用起到了很好的引领作用。

2. 国内塑料检查井行业的技术现状及发展趋势

（1）排水用塑料检查井标准进展情况

值得注意的是，国外的塑料检查井技术已趋于成熟。有关排水用塑料检查井的欧盟标准（EN13598.2009）与国际标准（ISO13267.2010）在近几年才完成,这为我国的塑料检查井行业发展提供了主要技术参考。

对国内塑料检查井影响最大的标准是 CJ/T233-2006《建筑小区排水用塑料检查井》和 CJ/T326-2010《市政排水用塑料检查井》两个建设行业标准，主要参考了欧洲标准 BSEN13598.2-2004《在交通区的和深埋的人孔井和检查井规范》等编写。

我国塑料检查井处于不断进步阶段，在对产品理解不深、应用经验严重不足的背景下，积极采用国外先进标准，其思路是完全正确的。这两个标准的出台，为促进塑料检查井的发展起到了非常关键的作用。

（2）塑料检查井三种生产工艺优缺点比较

塑料检查井可以采用一次注塑成型工艺、焊接工艺、滚塑工艺生产，工艺比较见表 3。

表 3　　不同的生产工艺比较

工艺	适用及优点	缺　点
注塑组合成型	1.适用于量较大的检查井和人孔井生产 2.效率高，经济效益好 3.制品表面光滑，尺寸精确 4.可生产形状复杂的检查井	1.设备投资大，需模具生产 2 技术门槛高
管材焊接型	1.适用于生产较大直径，用量较小的井 2.投资小，不需模具投入 3.容易变动，灵活	1.技术门槛低，易仿制 2.通常需单独进行设计与制作，生产效率低，不易批量生产 3.焊接环节需要人工操作，质量不易保证
滚塑组合成型	1.适用于生产较大直径，用量小的井 2.投资小，只需少量模具投入	1.制品的精度相对较差，密实度不均匀 2.制品形状受到限制，不容易成型出高加强筋，不易制作复杂流槽结构 3.生产效率低

（3）塑料检查井行业技术发展趋势

塑料检查井的注塑工艺投资较大，企业负担较大，可考虑注塑与滚塑或者焊接相结合的方式。注塑工艺适用于时间短、大批量规格品种的塑料检查井供应，滚塑与焊接工艺更适用于时间长、小批量的塑料检查井加工。

塑料检查井井座是检查井系统中最为关键的部件。井座是处于检查井的最下部，受到多种应力（井底座受力分析见图 5），要满足系统安全使用 50 年的设计要求，需要有较强的长期抗变形能力。

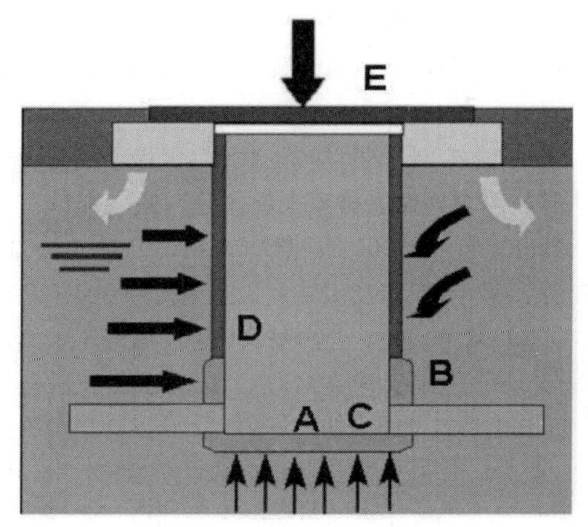

图5　井底座受力分析图

在对产品质量进行控制和检测时，最简便、有效的方法是负压试验，亦即井座的结构完整性测试。从某种意义上来说，一个塑料检查井生产企业，其井座的设计制作水平可以充分体现该企业的技术能力，其井座的保持结构完整性的能力，代表了该企业产品的总体质量水平。

2012 年以来，国家化学检测试中心（材料测试部）与江苏河马井股份有限公司合作，选取了的河马井公司注塑检查井作为研究对象，按照欧洲标准 BSEN13598-2:2009 对样品进行了结构完整性研究与测试。从测试结果来看，测试产品已陆续通过 −0.05 兆帕与 −0.06 兆帕的 1 000 小时负压试验，见图 6。

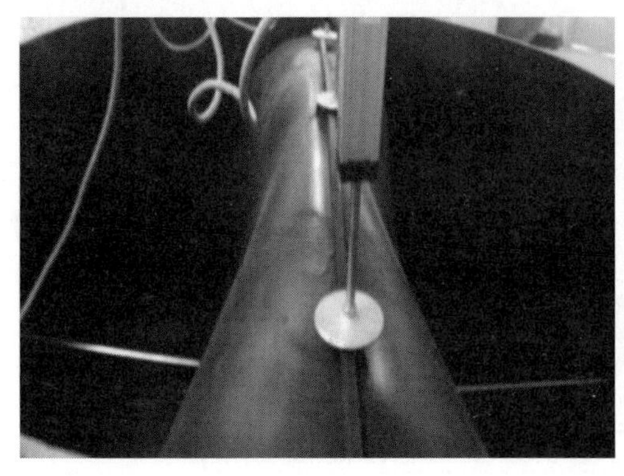

图6　井座结构完整性试验

三、总结

（一）塑料检查井行业迎来了较好的发展机遇，应尽快制定科学合理的国家标准

我国塑料检查井产业已经具有相当规模，应用范围已经涉及市政、工业和居住区以及村镇建设等各领域，但行业标准与地方标准、产品标准与应用规程之间的技术要求还不统一。这种现状是目前造成产品质量参差不齐的重要原因之一，有时候甚至对企业和用户产生误导。标准化的现状和技术水平落后于产品发展速度，急需国家标准出台。

（二）重视塑料检查井产品质量才是企业发展根本之路

国内塑料检查井生产企业已经接近 100 家，技术水平参差不齐。近年来，行业中的领军型企业充分利用科技手段，推进产品的技术进步的同时保证产品质。但仍有相当一部分检查井企业生产技术落后，技术研发的重点只是降低成本，不惜采用大量填充材料以次充好，或靠减少厚度低价竞争，给产业带来负面的影响。

随着国际化合作进一步深入，国际上大型塑料检查井生产企业必然会参与中国市场的竞争。塑料检查井是专业的工程产品，如果国内生产企业一味的追求降低成本、牺牲产品质量，未来一定会失去行业的话语权。所以生产企业一定要站在国际上的角度看待企业发展，重视产品质量。只有这样，企业才会有未来更大的发展机会。

（三）扩大塑料检查井的应用范围，全面普及塑料检查井

近年来，一些企业将排水用塑料检查井生产技术用于开发其他管道井，扩大了检查井的应用领域且收到了很好的效果。如开发电力电缆井、通信井、仪表和阀门井、检查井式水窖、雨水收集渗透井、油污隔离井、雨水格栅井以及化粪池等。一些城市的通信、电力或燃气等专业部门已经发文全面推广这类专用塑料井。当然，由于各类井用途不同，需要进行技术改进，以满足不同功能要求。

（中国塑料加工工业协会塑料管道专业委员会
王占杰）
[国家化学建筑材料测试中心（材料测试部）
魏若奇]

工程塑料

中国工程塑料现状与展望

一、塑料分类及应用

塑料分为：通用塑料、工程塑料和特种工程塑料。主要应用于：

（1）电子产品：手提电脑，桌上电脑，显示屏，电脑周边部件，手机，BB 机，打印机，复印机，电视机，充电器等

（2）汽车行业：轿车，卡车, 越野车等，仪表盘，车轮盖，车门手把，进气歧管等

（3）电气产品：照明，家用和商业电线及控制器件，电子线路板，电线电缆等

（4）设备与工具：电冰箱，取款机，钻孔机，控制箱等

（5）建筑行业：门窗, 隔墙，屋顶，管道等

（6）包装材料：水桶, 饮料容器，食物容器，微波炉用食物容器,电脑包装材料等

（7）体育休闲：健身设备, 体育场馆座椅等

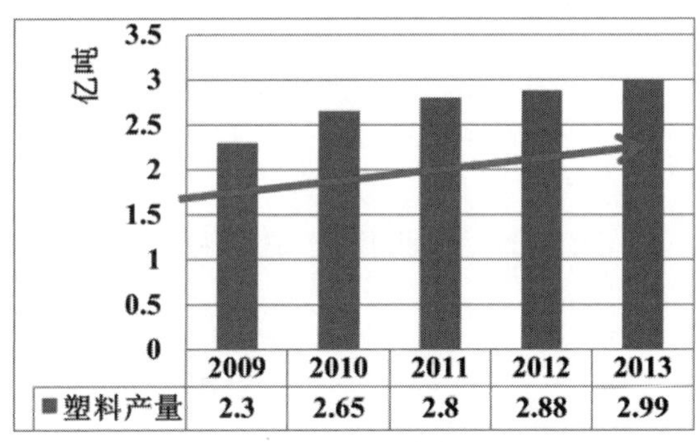

2009~2013年世界塑料产量

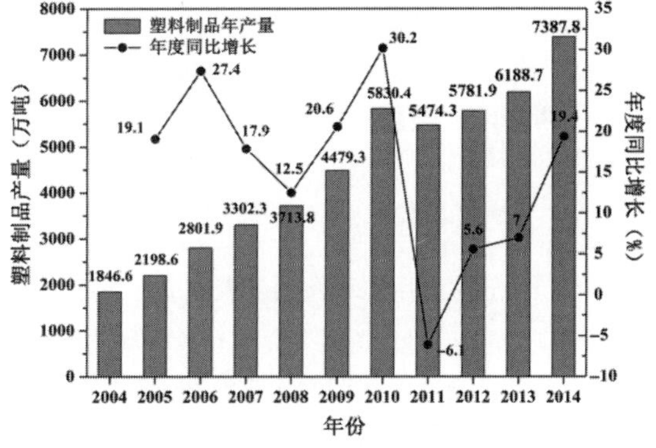

2004~2014年中国塑料制品产量

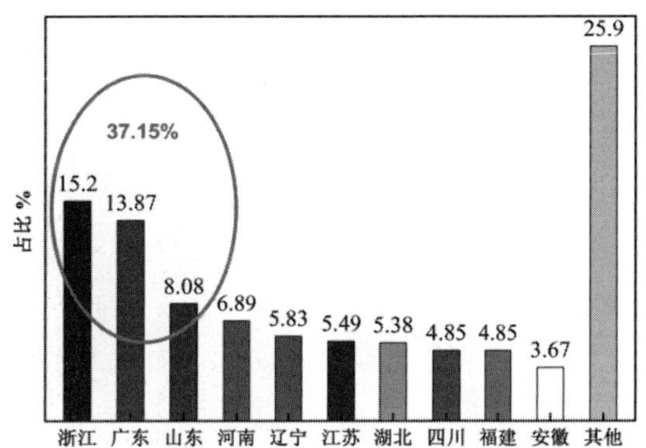

中国塑料制品产量地区占比情况

二、工程塑料

工程塑料是指被用做工业零件或外壳材料的工业用塑料。日本业界将它定义为“可以做为构造用及机械零件用的高性能 塑料，耐热性在 100℃以上，主要运用在工业上”。

与通用塑料相比，工程塑料具有更优异的机械性能、电性能、耐化学性、耐热性、耐磨性、尺寸稳定性、耐侯性等优点，比金属材料轻，成型时能耗小，成为当今世界塑料工业中增长速度最快的材料。

2014 年，全球工程塑料市值约为 600 亿美元，预计到 2020 年将超过 800 亿美元，复合年增长率为 8%。据统计 2014 年亚太地区占全球工程塑料市场需求的 45%左右的市场份额。

工程塑料可分为通用工程塑料和特种工程塑料两大类。

通用工程塑料通常是指已大规模工业化生产的、应用范围较广的五种通用工程塑料。

（1）聚酰胺（PA）

（2）聚碳酸酯（PC）

（3）聚甲醛（POM）

（4）聚酯（主要是 PBT）

（5）聚苯醚（PPO）

特种工程塑料则是指性能更加优异独特，但目前大部分尚未大规模工业化生产或生产规模较小、用途相对较窄的一些工程塑料。主要是五种特种工程塑料：

（1）聚苯硫醚（PPS）

（2）聚酰亚胺（PI）

（3）聚砜（PSF）

（4）聚醚酮（PEK）

（5）液晶高分子（LCP）

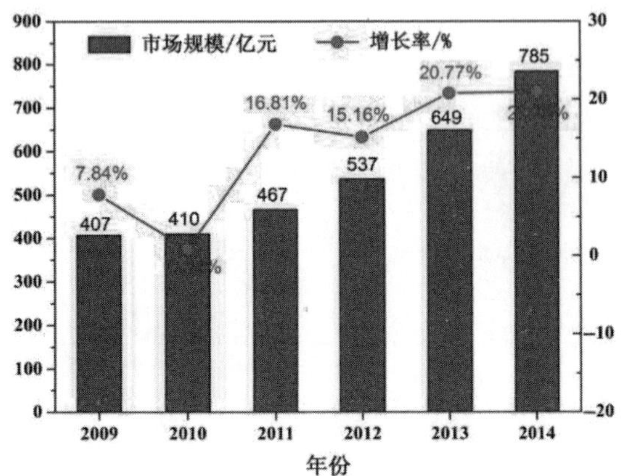

2009~2014年中国工程塑料行业市场规模

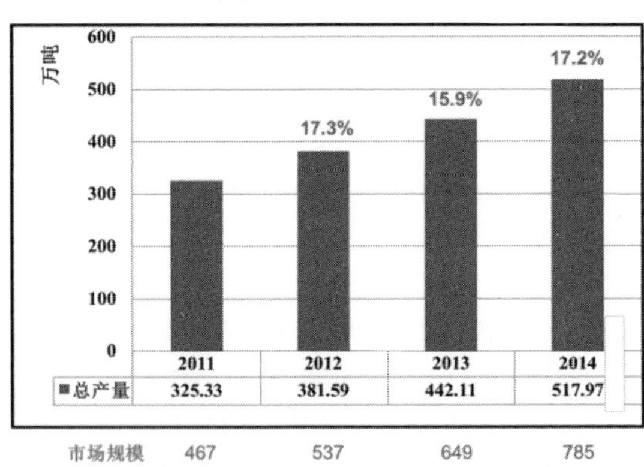

	2011	2012	2013	2014
■总产量	325.33	381.59	442.11	517.97

市场规模	467	537	649	785

2011~2014年中国工程塑料行业总产量

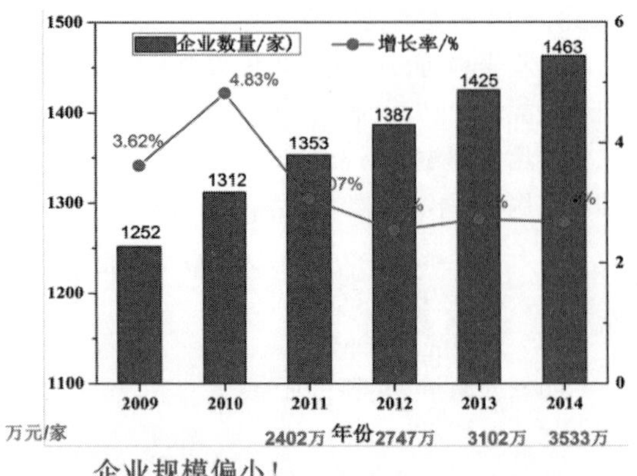

企业规模偏小！

2009~2014年中国工程塑料行业企业规模

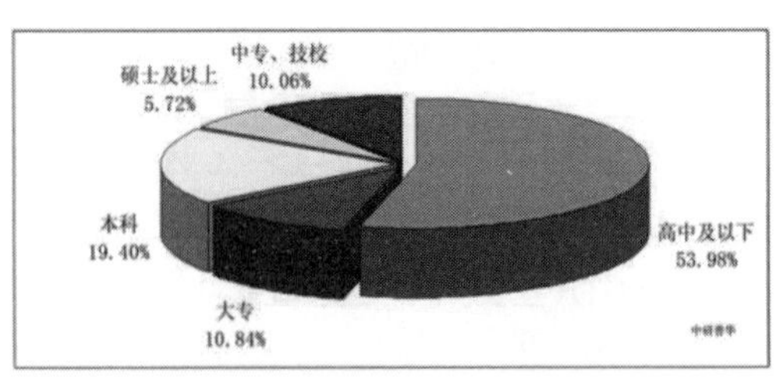

2010~2014年中国工程塑料行业从业人员结构分析

数据来源：中研普华

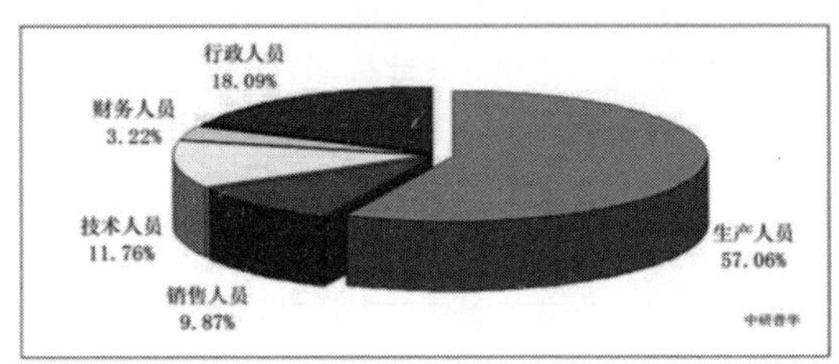

2010~2014年中国工程塑料行业从业人员结构分析

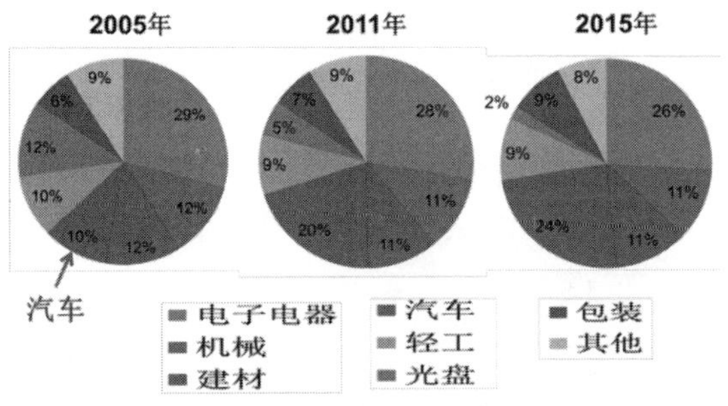

工程塑料在汽车产业中的应用占比大幅增长！

各行业使用工程塑料占比

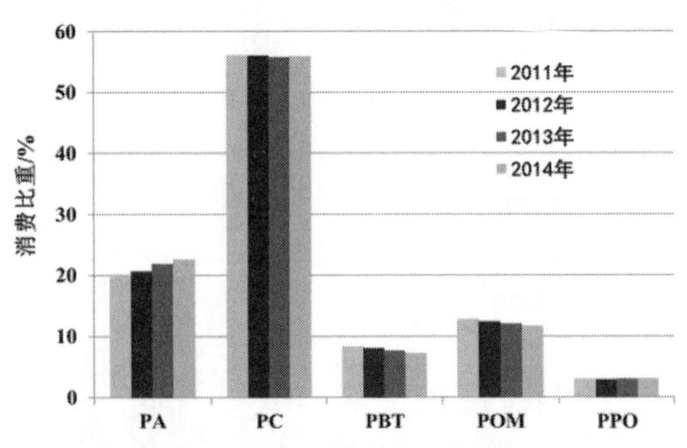

中国PC消费量占工程塑料总量的50%以上！

五大通用工程塑料消费比重

聚碳酸酯（PC）既具有类似有色金属的强度，同时又兼备延展性及强韧性，它的冲击强度极高。聚碳酸酯的透明度又极好，并可施以任何着色。由于聚碳酸酯的上述优良性能，已被广泛用于各种安全灯罩、信号灯，体育馆、运动场的透明防护板，采光玻璃，高层建筑玻璃，汽车反射镜、挡风玻璃板，飞机座舱玻璃，摩托车驾驶安全帽。用量最大的市场是计算机、办公设备、汽车、替换玻璃和片材，CD 和 DVD 光盘是最有潜力的市场之一。

此外，PC/PBT、PC/PET、PC/ABS 等合金广泛的应用汽车、电子电器等行业。

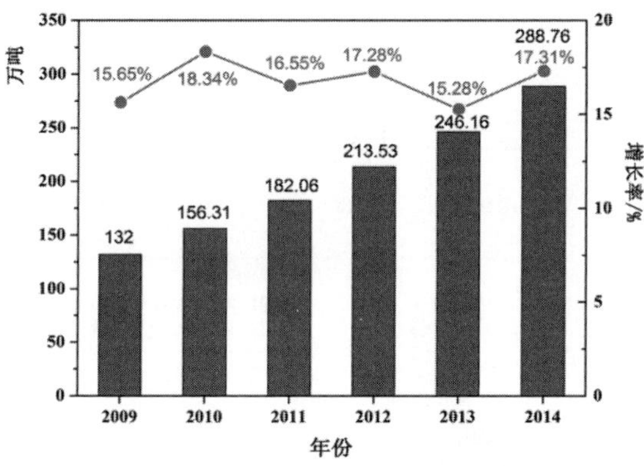

2009~2014年中国PC消费量

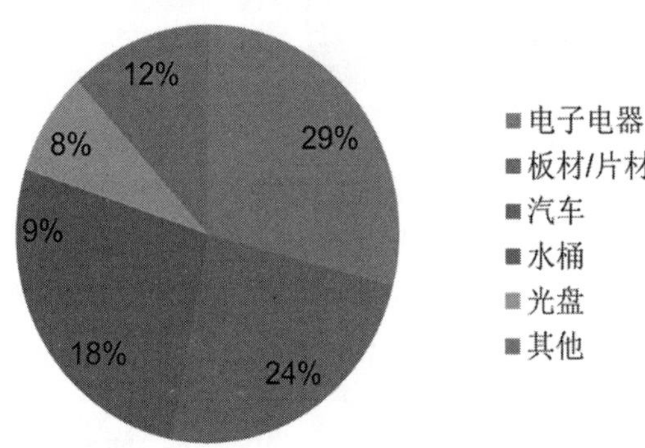

2014年上半年国内PC下游消费结构

2005 年之前我国 PC 生产厂家

上海中联化工	0.16 万吨/年	1973 年投产，装置已关闭
重庆长风化工	0.1 万吨/年	1979 年投产，色泽发黄，装置已关闭
常州合成化工总厂	0.3 万吨/年	1971 年投产，自用，装置已关闭

2005~2010 年迎来第一波投资热潮

蓝星沈阳石化	28 万吨/年	2005 年投产
重庆诚丰化工	0.5 万吨/年	2005 年投产
拜耳材料	20 万吨/年	2005 年投产
大连齐化	6 万吨/年	2006 年投产
铜陵金泰化工	0.3 万吨/年	2006 年投产
甘肃银光聚银	0.05 万吨/年	2008 年投产
绵阳晨光发达实业	5 万吨/年	2008 年投产
嘉兴帝人	13 万吨/年	2008 年投产
蓝星天津化工	1 万吨/年	2009 年投产
总计	78.85 万吨/年	

2010 年以来第二波投资热潮

中石化三菱化学	6 万吨/年	2010 年投产
镇江奇美	7.5 万吨/年	2012 年
菱优工程塑料（三菱）	8 万吨/年	2012 年 6 月完工
宁波浙铁大风化工	规划 30 万吨/年	2014 年完工，已投产 10 万吨/年
上海拜耳材料科技	扩建 20 万吨/年 总产能 50 万吨/年	2013 年扩建
鲁西化工	20 万吨/年	2015 年一期 6.5 万吨/年
青岛恒源化工	10 万吨/年	2015 年完工

续表

环球联合化工	26 万吨/年	2015 年一期 13 万吨/年
中沙（天津）石化有限公司	26 万吨/年	2012 年立项，但项目拖延，目 前预计竣工时间为 2018 年
万华化学	20 万吨/年	环评阶段
利华益维远化工有限公司	10 万吨/年	环评阶段
泉州恒河化工	10 万吨/年	2018 年前投产
总计	193.5 万吨/年	

三、PC 工程塑料市场与展望

从长期看，光学媒体将不再是 PC 最大的应用市场。国外消费者对食品容器中 BPA 含量和其他种类包装的关注影响该领域的 PC 需求。

IT 和家电产业、建筑、汽车、医疗机械等仍是拉动 PC 增长的主要市场。

PC 是工程塑料中不经改性直接使用比例最高的品种，但随着改性技术的发展，PC 合金产品得到了空前发展，特别是汽车行业对 PC 合金料的需求增长。阻燃、增强改性和合金化，同时对回收的二次料的改性、加工等，正成为行业当前和未来的技术热点。

四、聚酰胺（尼龙）PA

聚酰胺（PA）由于它独特的低比重、高抗拉强度、耐磨、自润滑性好、冲击韧性优异、具有刚柔兼备的性能而赢得人们的重视，加之其加工简便、效率高、比重轻（只有金属的 1/7）、可以加工成各种制品来代替金属，广泛用于汽车及交通运输业。聚酰胺在汽车和电子电气是最大的应用领域。

PA 可分为脂肪族、芳香族、聚亚酰胺、共聚酰胺等类别，品种众多。目前应用最广泛的是脂肪族 PA，其中又以聚己内酰胺（PA6）和聚己二酰己二胺（PA66）为主。此外，常见的还有 PA11，PA12，PA610，PA612，PA1010，PA46 等，新品种有 PA6T，PA9T，PPA，芳纶，芳砜纶等，改性品种有增强尼龙、增韧尼龙、导电尼龙、阻燃尼龙等。

主要商品化品种有：增强 PA6、增强 PA66、增强 PA46、增强 PA1010、增强 PA610 等。其中产量最大的是增强 PA6 和 PA66。常用的聚酰胺增强材料有玻璃纤维、碳纤维、芳纶纤维，无机晶须也被用于聚酰胺的增强。

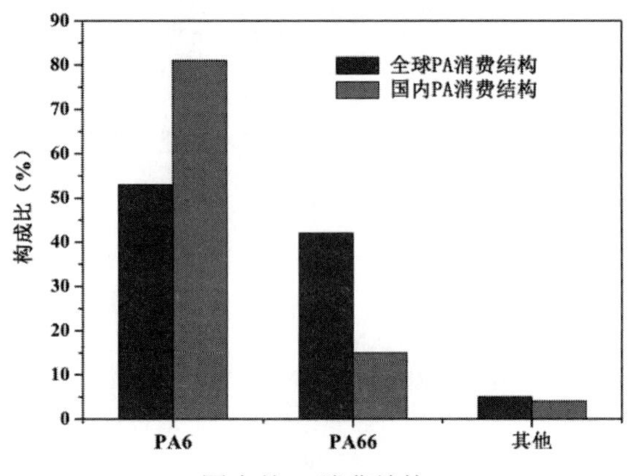

国内外PA消费结构

中国以 PA6 和 PA666 消费为主， 但 PA6 用量远大于 PA662009~2014 年中国 PA 消费量

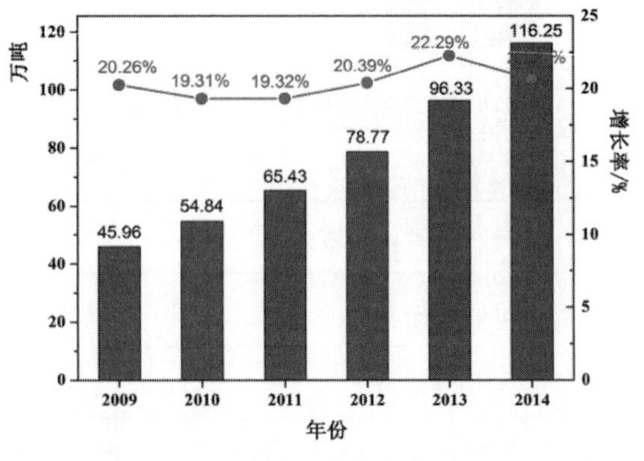

中国PA消费结构

领域	电子电气	汽车	机械工业	日用五金	单丝、棕丝	尼龙粉末	薄膜	其他
比例	34.8%	25.1%	13%	6.5%	4%	3.1%	3.6%	9.95
技术难度	☆☆☆☆	☆☆☆	☆☆☆	☆☆	☆	☆	☆☆	--
进入可能性	☆☆☆☆	☆	☆☆☆	☆☆	☆	☆	☆☆	--

PA66严重依赖进口

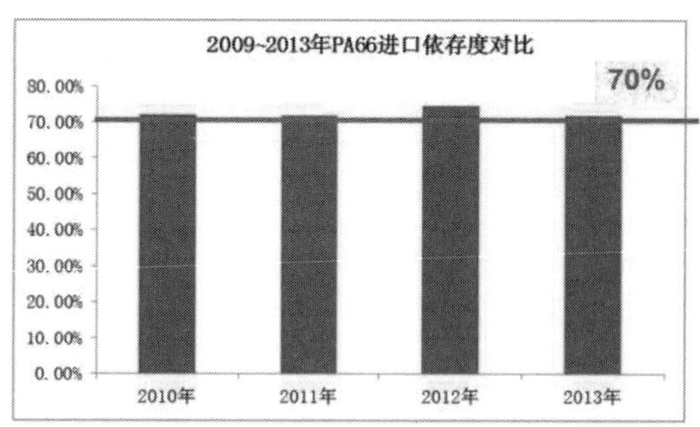

PA66 对外依存度超过 70%。主要是中己二腈没有实现国产化，完全依赖进口

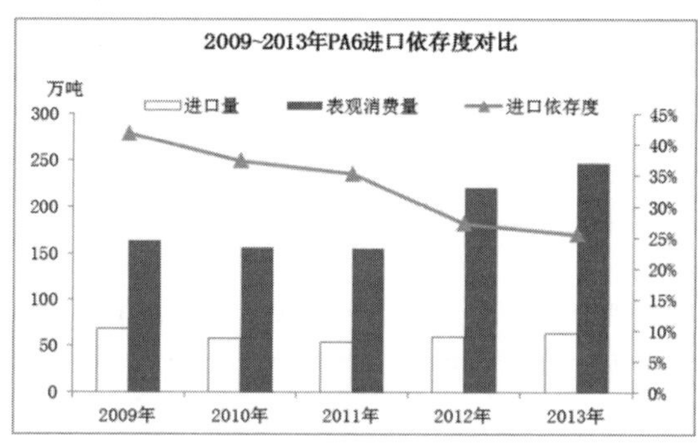

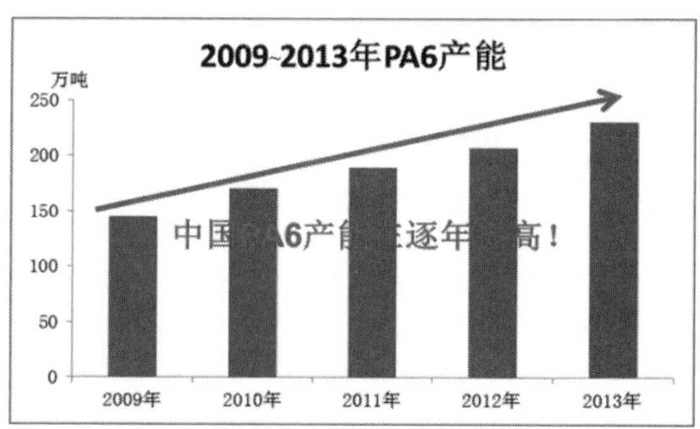

五、PA 的市场和展望

长碳链 PA 和耐高温 PA 将会在今后 10 年获得突破，尤其是我国自主研发的生物法 PA1212 在山东兖矿集团和郑州大学的共同努力下已实现工业化，并有可能取代 PA11、PA12 的进口，用于汽车零部件的生产。

我国还没有己二腈工业化生产装置，所需己二腈全部依赖进口，成本较高，制约了我国己二胺及 PA66 产业的发展。山东润兴化工科技有限公司 10 万吨己二腈因爆炸会被推延。

PA 在汽车上的应用以改性材料为主，主要是填充、增强、增韧，以及改进阻燃性、润滑性、耐热性、耐磨性、吸水性等。

近几年，我国高铁产业的快速发展也促进了 PA 工程塑料的消费，目前我国铁路规划建设配套用 PA 工程塑料量约 7 吨/千米，仅 2010~2012 年，我国就规划新建铁路线达 26 000 千米。

人们对汽车轻量化、舒适性、节能降耗等要求的不断提高，使 PA 在汽车上的用量呈上升趋势。我国 PA 工程塑料在汽车上的应用比例远低于发达国家，发展潜力很大。

六、聚甲醛 POM

聚甲醛（POM）是一种性能优良的工程塑料，在国外有“夺钢”“超钢”之称。POM 具有类似金属的硬度、强度和刚性，在很宽的温度和湿度范围内都具有很好的自润滑性、良好的耐疲劳性，并富于弹性，此外它还有较好的耐化学品性。POM 以低于其他许多工程塑料的成本，正在替代一些传统上被金属所占领的市场，如替代锌、黄铜、铝和钢制作许多部件，自问世以来，POM 已经广泛应用于电子电器、机械、仪表、日用轻工、汽车、建材、农业等领域。在很多新领域的应用，如医疗技术、运动器械等方面，POM 也表现出较好的增长态势。

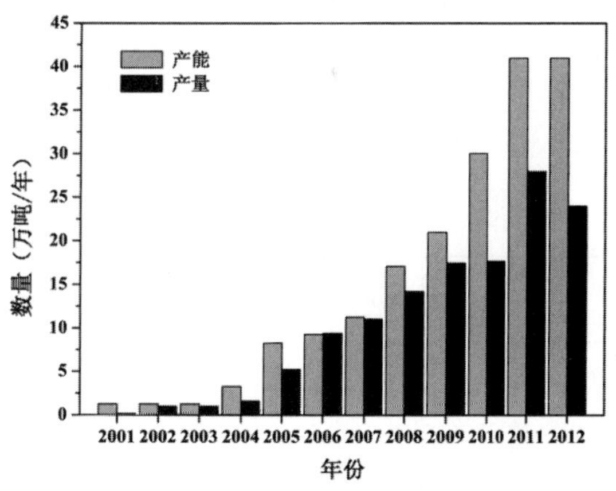

我国聚甲醛产能与产量

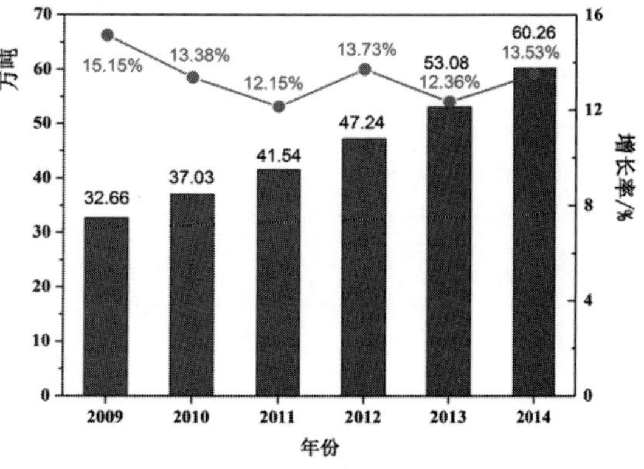

2009~2014年我国POM消费量

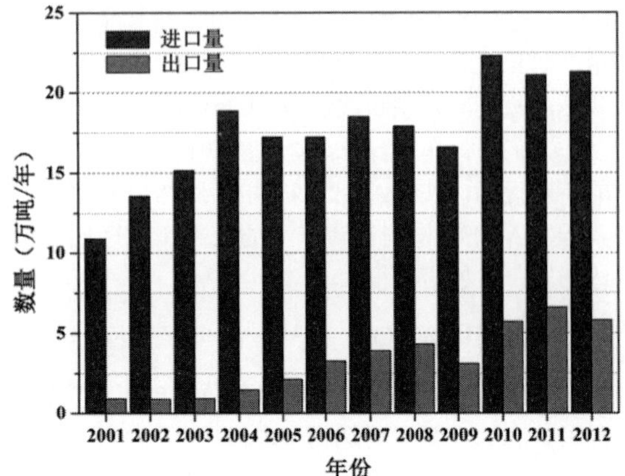

中国聚甲醛进出口量

POM消费占比%

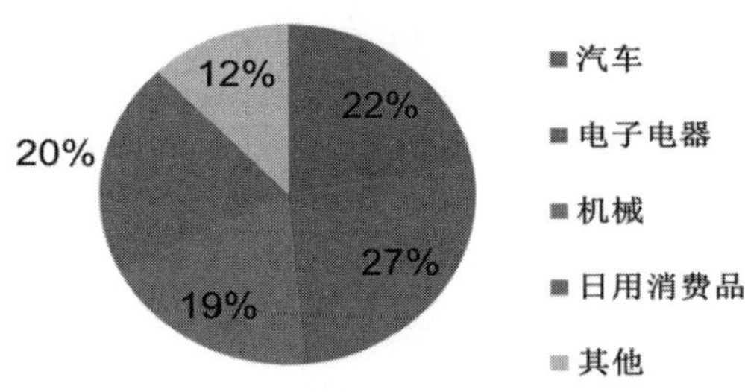

中国POM进口量远大于出口量

2012 年中国 POM 产能

单位：万吨

	2010	2011	2012	2013	2014
大庆油田甲醇厂	2	2	2	2	2
山西晋城兰花	2	2	3	3	3
云南云天化（云南、重庆）	9	9	9	9	9
上海蓝星	4	4	4	6	6
中海油天野化工	0	6	6	6	6
开封龙宇化工	4	4	4	10	10
神华宁煤	0	6	6	6	6
天津碱厂	0	4	4	4	4
杜邦-旭化成	2	2	2	2	2
宝泰菱工程塑料	4	4	6	6	6
国内产能合计	27	43	46	54	54

续表

2012 年以后新产能

公司名称	产能（万吨/年）	备注
开滦中浩	4	2013 年环评
兖矿鲁南化工	4	2013 年投产
山西焦煤集团	4	已投产
大同煤矿	24	2011 年开工
湖北宜化	6	已投产
山东宝力聚合新材料	2.5	已投产
蒙能国际能源	32	2012 年开工
新疆联合化工	4	2014 年环评
合计	80.5	

七、POM 市场与展望

我国聚甲醛产品进口量远远超过出口量，而且进口价格也远远高过出口价格，究其原因：一方面说明我国聚甲醛国内产量不能满足国内需求；另一方面说明我国聚甲醛产品质量尚不能满足某些高科技市场的需要。中国已经成为世界聚甲醛第一大进口国。

国内汽车工业的发展对 POM 工程塑料的需求增加，预计未来几年的市场需求增速将保持在7%~9%左右。

国内生产技术相对比较落后，工艺技术尚存在不足；聚合反应转化率及催化剂加入、失活问题；造粒过程中的添加剂配方及工艺问题；如何降低能耗，从而控制成本问题等，这些问题的存在都将影响产品的品质，从而使国内产品在市场竞争中失去优势。

中国改性聚甲醛有较大的空白市场尚待开发，作为主要应用领域汽车零配件市场，多数采用进口聚甲醛，缺乏自身产品的加入。

（中国塑料加工工业协会工程塑料专委会　朱锦）

塑料薄膜

调整产业结构亟待走专业化、优质化之路

BOPET 产业与其他产业之间存在着复杂的互为发展的关联，含有包括生产属性、产品种类、分布区域、消费使用和从业收益等产业结构方面的共同问题，同时兼有自身的特性问题。当今 BOPET 产业结构的调整,务必坚持以市场机制为主,走上专业化和优质化之路，防止发生以往的市场“失灵”之处。

一、从生产和产品属性看行业发展趋势

BOPET 的行业属性和产品属性造就了行业的兴旺发达，也孕育着行业的盛衰交替，显现过盛极生衰、衰极生盛的真相。物竞天择，产品是企业之魂。影响企业产品的决定因素,在于项目立案与建设能否跟得上市场需要，以及从业人的思想境界与素质、管理能力与水平、技术进步与发展。

生产或产品属性	可能产生的负面效果
投资总额和周转资金占用量大	借贷额超越自有资金，增加还贷风险；周转资金低于投资总额 1/3，加大融资的流动周转困难
储运频繁，冗占场地	产销不协调时，受限的库存产生积压，阻碍生产线运作
耗能量大、料重工轻	资源跟不上市场需要时，容易加大生产成本的上升；损耗率和破膜率上升时，明显地影响经营效益
连续生产、自动化程度高	增加设备规范维护的难度；增加零配件准备和设备技术改造的难度;流水性作业容易产生疲乏
现场监管困难；团队协作密切	昼夜和节假休息日是目视监管的空档；一个单独操作不当就会造成整体的失控和浪费
产品的适用领域比较广泛	缺乏产品标准或数量化解释时，容易混淆使用，阻滞产品的专业化、优质化进程
产品的种类混沌、规格繁多	以销定产的辅料准备和现场调度比较麻烦，容易积压库存或加大物料损耗
产品的有效保存期比较短（3 个月的常温条件）	容易产生膜层黏结和表面张力等性能指标的下降
产品的功能特性可改进	功能膜开发具有高投入、长时间、高风险的特点；依靠基础研究和应用加工技术的协同合作，并配有工艺调试的试验机

BOPET 的行业属性和产品属性在实际运行中不容易掌控,一不小心就会产生负面效果；企业在技术管理和生产管理等方面能预先作些相应准备，就不会留下隐患或大错。防范在先,是 BOPET 行业求精发展和尖端发展的大趋势。

一般聚酯薄膜的力学性能、耐化学药品性能、防潮防水性能、耐热防水性能和绝缘性能都比较优异,具有使用时间和使用温度范围比较广的特点，适应二次性加工。同时，也存在着不易热封合，不耐水解，耐热性不够高和气体阻隔性稍差的缺陷。聚酯薄膜，通常的性能已占据不少应用领域，它的基础性能如果能朝提升终端用户的产品功能和降低

生产成本上作特殊改进，就会拓展出新的应用领域。行业人经过经验积累和实践探索，已经意识到：对薄膜表面的界面调控和对薄膜内在纤维的结晶改善，可以增加或提高原本薄膜的一般性功能，而获得一些比较特异的性能。

普通产品存在的缺陷问题	假设提高的性能范围	可应用拓展的新领域
热封性差	提高单面热封层和热封强度;动静摩擦因数在 0.2~0.4	印刷、复合制袋后便于粉状、液体的包装灌装，适合于护卡膜和各种商品的包装等
无法满足常温条件的高阻隔（20℃透氧率 18.4 克/0.1 毫米.米 ^{2}.24 小时）	透氧量 <5 毫升——高阻隔 <5~200 毫升——中阻隔	有效抑制微生物繁殖和营养成分的流失，延长食品保质期。有利于蔬果保鲜和均衡生产，扩大流通渠道
120℃以上不能长时间使用	长期使用 150℃ 短期使用 185℉	变压输电设备、牵引机车、地暖电热膜、风力发电机、太阳能电池与组件、航空航天的隔热隔音材料等；电子电器的线圈固定，绝缘包扎及标色（黄、红、黑、绿、蓝、白色）
透光和光泽不能满足光、电功能的要求	透光率 90%~96%， 折射率（N）1.6 以上 光密度	印刷电路板制品（温度传感器等）柔性的窗帘式显示屏、OLED 照明产品、数码相机、手机触摸屏等
户外使用不耐紫外线辐射，膜层容易发黄老化（12~36 微米）	阻隔 280~400 毫米的电磁波， 紫外线阻隔率达到 98%	汽车防爆膜、建筑玻璃贴膜、飞机内用贴膜、农业大棚膜
不耐水解	热变形湿度：相对 85% 温度－20~250℃，允许骤冷骤热，或冷热交替操作。压力－0.1~6.4 兆帕（全负压至 64 千克力/厘米 ^{2}）	可作为建材的防水透气膜，汽车外部件、户外照明灯具、传感器设备、通信设备、太阳能设备、精密电子行业，以及化工及医疗设备的黏稠物料输送与操作
达不到高阻燃 （50μm）	软化点（环球法）130℃±5℃ 耐热温度：150~180℃ 增比黏度：0.4±0.05	用于绝缘导电材料、建筑材料，以及通信电缆、汽车内饰件包装上
不抗静电	表面比电阻≤10 的 9~11 次方欧姆	屏蔽材料，防静电的台垫，地毯以及皮革系列产品

二、从业界存在问题看行业改善方向

国内 BOPET 行业的迅猛发展让世人瞩目，然而,身处困境的我们由不得不去反省急速发展中存在的问题。

1．增长幅度和产品结构脱离市场的需求

2013 年，国内 BOPET 的实际生产能力达到 225 万吨/年，已有近 100 万吨/年的供应过剩量，先造成高库存量和低开机率，后造成普通类产品价格大幅下跌（价格在下叙述）。

年 份	2006	2007	2008	2009	2010	2011	2012	2013	2014 （预计）
设计产能/ （万吨/年）	56.96	67.08	67.08	82.78	105.77	136.87	167.97	225.67	292.77
产能增长量/ 万吨	2.76	10.12	0.0	15.7	22.99	31.1	31.1	57.7	67.1
产能增长率/%	5.1	17.8	0.0	23.4	27.8	29.4	22.0	50.1	29.7
需求/ （万吨/年）	39	54	58	63	100	115	123	130	140

续表

年 份	2006	2007	2008	2009	2010	2011	2012	2013	2014（预计）
需求增长量/万吨	10	15	4	5	37	15	8	7	10
需求增长率/%	34.5	38.5	7.4	8.6	58.7	11.5	13.04	13.84	7.7

低开机率和高库存量反映出供需矛盾的严峻性。据悉，业内小型生产企业的仓储积压不适宜超越 15 天；中型企业的仓储积压不适宜超越 20 天；大型企业的仓储积压不适宜超越 30 天。2013 年 3 月的行业调查显示：各企业开机率参差不齐，低的开机率只有 50%左右，高的开机率则超过 90%；开机率最高的和最低的都不是规模化的大型企业。相反，个别 6.7 米宽的单条生产线及生产品种类较多的企业维持了较高的开工率；一些小型企业由于结合市场需要时常调整产品种类反而降低了开工率。按照 PCI 的分析意见，企业或行业的开机率在 85%~95%是表示经营状态优秀；75%~85%表示良好；75%以下则是陷入危机状态。

2．设备雷同、原料单一，产业聚集度不高

设备制造商提供的 BOPET 生产装置，基本为大批量、单品种的产品而准备。门幅宽、线速高，4~6 条相似的生产线在短时期内集中供应，就为同类产品的同质化竞争提供了生产基础。这些装置一般不适合小批量、多品种的变化，不便在控制总供给量的前提下组织差异化生产，也不便向市场提供高端类的薄膜——导致雷同型设备集中投产的弊端。所以，投资前期的设备配置是个非常重要的环节，国外薄膜生产商选择专用设备时，所采取分段购置（非整条线引进）的做法是值得行业人借鉴的。

2004 年以来，宽幅 8~9 米、线速 400~500 米/分的生产线趋多，2009 年后，原料与后序加工连合一体的纵深生产模式又占上风。这些生产线大多注重产量，而少有制作性能上的差别。在项目投产时，又是“双胞胎”和“多胞胎”的同时问世，这就加大了产品过剩的程度，也使市场需求的缓升量与增产量之间出现严重的失衡。

另外，向膜厂提供原料的主要供应商都是大企业，他们立足于日益上马的生产线的需要上，注意力瞄准在单一品种且是高速料方面，这就推助了同类产品同质化的竞争氛围，也是普通包装类膜过剩的原因之一。一般的薄膜企业要组织生产差异化的产品，必须掺和不同的添加剂或无机材料来调试。

截至 2013 年年底的不完全统计，国内已经建成 BOPET 大小生产线 117 条，其中：小于 8 微米超薄膜线 8 条、8~75 微米薄膜线 77 条、75~250 微米中厚膜线 23 条、150~400 微米厚膜和超厚膜线 9 条。国内从事聚酯薄膜生产和在建待产的企业有大小 77 家（包括在建的产能：1 万吨以下企业 17 家，1.5~ 5 万吨企业 47 家， 5 万吨以上企业 13 家），隶属 71 家不同的股份公司或集团公司。相比印度的产业聚集度，国内 BOPET 产业的经营战略就显得非常地脆弱。在世界 BOPET 第 2 生产大国印度，仅有 4 家公司（Polyplex 18.6 万吨/年；Jindal12.7 万吨/年；Easter，6 万吨/年；Uflex，6 万吨/年）共拥有 43.3 万吨/年的生产能力,除了分布本土生产外，还在泰国、美国、欧洲/土耳其设立工厂。

3．低于成本的销售造成主流产品的无序竞争

单位：元/吨

时间	LDPE	LLDPE	HDPE	PP（平均）	BOPP	CPP	BOPET	
	原料	原料	原料	原料	18 微米光膜	低温热封复合膜	原料	12 微米普通膜
2013 年 1 月	11 500	11 167	11 350	10 917	12 867~13 067	15 300	10 917	12 367
2 月	11 450	11 033	11 383	10 883	13 033~13 233	11 383	10 917	12 400
3 月	11 080	10 790	11 450	10 680	12 760~12 880	15 240	10 110	11 940

续表

时间	LDPE	LLDPE	HDPE	PP（平均）	BOPP	CPP	BOPET	
	原料	原料	原料	原料	18 微米光膜	低温热封复合膜	原料	12 微米普通膜
4 月	10 983	10 433	11 800	10 400	12 533~12 633	15 100	9 500	11 300
5 月	11 425	10 650	11 800	10 425	12 475~12 575	15 000	9 563	11 250
6 月	11 650	10 700	11 600	10 533	12 500~12 600	15 000	9 400	11 033
7 月	11 700	10 775	11 300	10 725	12 650~12 775	15 000	9 375	11 000
8 月	12 220	11 280	11 540	11 200	13 080~13 220	15 160	9 720	11 140
9 月	12 425	11 525	11 625	11 538	13 450~13 550	15 650	9 675	11 400
10 月	13 017	11 683	11 600	11 783	13 600~13 767	15 867	9 267	11 100
11 月	13 840	11 900	12 180	12 030	13 940~14 100	16 040	9 120	10 940
12 月	14 250	12 000	12 200	12 000	14 025~14 150	16 200	9 088	10 900
2014 年 1 月	13 220	11 670	11 840	11 340	13 420~13 560	15 840	9 070	10 900
2 月	12 333	11 117	11 767	10 950	13 033~13 100	15 500	8 483	10 700
3 月	11 938	10 963	11 725	10 863	12 975	15 425	7 988	10 175
4 月	12 250	11 700	12 080	11 360	13 300	15 480	8 130	9 820
5 月	12 050	11 800	12 275	11 375	13 300	15 350	7 863	9 700
6 月	12 463	11 975	12 475	11 575	13 175	15 300	8 975	10 450

注：中国塑膜网提供资讯。

以上资讯反映，近阶段 PE、PP 与 PET 的原料价格相差不多，但是，PE、PP 薄膜的售价却高于 PET，完全颠覆了 BOPET 一贯领先上千元的行情（技术难度和消耗量的原因）。

2013 年，业内的调查显示：按普通类 BOPET 产品的成本构成（切片原料、包装材料、直接人工、水电煤油、销售费用、管理费用、财务费用），结合 BOPET 的正常消耗并比较 BOPP、BOPA、CPP 膜的应市价格，BOPET 产品≥3 000 元/吨的加工差价是市场的合理售价；一般 BOPET 企业的生产加工底线≤2 500 元/吨，大型或直熔一体企业-200 元/吨的最低界限也是相对恰当的。然而，在供需失衡的局势下，部分企业为维持生产线的运转，就去沿袭最简单的商业做法——以低价销售来争取订单；再任由各家去效仿就会加重行业的失态，报价一混乱，下游用户持币观望的气氛就更浓。严重过剩的经营环境里，竞相的逐低销售只会产生“逐烂”的结果。我们已从供需不平衡的市场上获得警示：控制住售价底限的关键在于控制住最低售价的金额和数量（水桶的盛水效应全在最低那块桶板的盛水位置）。

上表反映，2013 年初至 2014 年来超越 18 个多月时间里，12 微米通用类薄膜的加工差价一直在 1 740 元/吨左右徘徊。这已经多么严重地挤压了行业的经营空间，让企业失去必要的财力来源、让企业不得已的去削减技术能量的储备，去削减新技术装备的投放量，进而妨碍整个产业的长远发展。

4．屡遭国际上的反倾销，拓展海外市场受阻

2007 年 9 月，韩国贸易委员会（KTC）对中国、印度出口的聚酯薄膜提起反倾销申请，并在当年 10 月立案调查。行业协会组织的无损害抗辩行动未呈。除部分企业奋起申请单独税率外，韩国调查终

裁的结果高达 23.61%，阻止了大部分企业的出口可能。

美国 BOPET 市场的年需求量在 70~80 万吨，其生产能力只有 30~40 万吨，每年需要进口 40 万吨左右。2008 年 10 月，美国商务部国际贸易委员会（简称 ITC）对中国、巴西、印度、阿联酋聚酯薄膜行业开展反倾销调查。国内绍兴翔宇、天津万华、富维薄膜（山东）、四川东材等 5 家企业虽然据理力争获得了单独税率，每月的销出量仅为几百吨，其他大多数企业被三轮裁定的税率高达 76.72%，大大阻碍中国产的 BOPET 出口到美国。多年来，国内一些企业积极筹划无损害抗辩，提出反倾销日落复审的申诉。但是，参照其他诉讼案例，美国对我们抱有一贯的歧视，一直认为我们存在产能过剩和补贴政策，非常在意市场上过大能量的释放。国内的抗诉效果都不见好，有的被日落复审 20 多年仍不撤消。反思自己，我们的市场做法确实有问题，在投资项目上也存在不少问题（假如给某一个产业实行保护，就容易吸引更多人加入这个行业而产生过剩）。尽管如此，行业人仍积极配合中国政府就美国选择替代数据掺假的违规情况向 WTO 组织提出申诉（有信息说已获胜诉）。

近期，土耳其、巴西、马来西亚等国家又先后对我 BOPET 的出口提起反倾销。这一系列的围堵情况造成中国聚酯薄膜产品出口量下滑，2013 年国内出口 183 178 吨，只占到总产能的 8.12%。

5．产品的鉴定和监管比较困难（标准缺乏）

当下，国内薄膜与片材的区别在于厚度，对于软质塑料，厚度≤0.254 毫米称为薄膜；0.254 毫米以上称为片材；对于硬质塑料，厚度≤0.076 毫米称为薄膜，0.076 毫米以上称为片材。海关规定的聚酯薄膜编码（税则号）39206200，对薄膜（包括板、片、箔、扁条）的区分也仅仅局限于厚度，子目则由 01~09。国家层面缺乏对重复性生产和概念所作的统一规定，让从业人没有共同遵守的准则和依据。目前国内正式颁布的聚酯薄膜产品标准只有 6 个，使整个行业缺乏基础的通用标准和产品管理方法的缺失、滞后，而且既有的标准缺少明确数量化的诠释。生产标准偏少、偏低，或说明行业的产品规范管理滞后或说明行业存在产品同质化竞争的事实。

同时，由于存在行业专业人员的匮乏，使业间制作的成品存在着程度不同的瑕疵问题：①膜表面划伤（由于接触辊筒或其他部件而引起的表面光泽度降低，影响光源的反射和折射，满足不了电子印刷等业界的关键特性）；②低聚合物污染（热塑加工过程产生不同的高低聚合物颗粒，明显影响成膜的透光率、纯晶度）；③各项性能数值缺乏稳定性（连续生产的不同过程中，因为昼夜的不同或新老员工的不同或作业技巧的不同，在效率与产品难以保证薄膜品质的完全均匀），难以达到符合交货的规格、规定。

由此来说，执行专业标准是防止企业管理水平下滑的制动力，改善创新则是企业管理水平不断提升的驱动力。没有逐渐成熟的现代监管意识，也不可能维持行业产品品质的稳定性和连贯性。

6．新品研发投入不足和行业的创新难度大

产品改进，需要企业从市场的需求和技术发展上寻找改型变异的依据，改进普通产品的性能、技术标准等来延长产品的生命周期；或开发系列化产品，形成规格、质量、应用范围不同的改型产品；或引入其他技术，形成有一定功能组合的新型产品。

BOPET 的产品开发，是构建在实验基础上的一门应用技术，它是促进制膜加工的奇葩。企业不仅要了解高聚合物的基础研究（分子量及分子量分布），还要熟悉制膜的物理加工（双拉取向使分子或分子链有序排列），明白加工成膜后的优劣特性。近年来，随着科学技术的发展和市场需求的驱动，如何在通用类薄膜的基础上开发出具有磁功能薄膜、电功能薄膜、光功能薄膜、热功能薄膜、力磁功能薄膜、化学功能薄膜以及功能复合薄膜等新产品，已成为业界追索的课题。

改善创新，确实能触动企业管理水平的不断提升。但是，相比工业化的连续生产，新产品投入的前期研发资金较大、产出时间也长。BOPET 新产品问世的难点主要有：①薄膜生产要与原料研究开发和生产单位协同配合；②薄膜的研发过程中要有调试工艺的中试设备；③鲜有薄膜专业殷实并且意识超前的领军人才。

三、互补合作，走专业化和优质化发展之路

今天，中国的 BOPET 产业面临两个宏观性的背景：海内外的市场竞争不断加剧；需求结构的变化导致产品供需矛盾出现新的加剧形式。在此背景下，我们需要重新认识专业化和优质化对 BOPET

的重要性，有必要调整一些原来的经营思路。因为，“伟大创新的根源往往不在于技术本身，它往往是在更广阔的历史背景下，更多地看待问题的新方法”（布鲁金斯）。

市场已经提示我们：决定经营成功的关键乃在于企业作为独立的物质体是否强大，即配有资本和土地的硬实力+人力与技术的软实力这四个轮子一起转动，才能促进经济增长。对于企业经营者来说，价格是企业保证再生产的耗费补偿，能维持合理的价格，就需要稳定产品的适当供求量。目前调整国内 BOPET 的产业结构，只能让市场成为主角，只有依靠业内企业进行自我调节的应对，把创新、经营能力与资本市场有机整合起来，探索一下新的商业模式：

（1）将富裕或不适近期安装的生产装置，延伸到海外生产（产地与市场结合）；

（2）生产规模与专业化和优质化相结合。新老企业联合作业，寻找互补性与合作性的发展机会。

产品是企业之魂，企业发展的成败乃在于企业所生产产品的品质高低和让市场满足的程度。薄膜产品的专业化和优质化，依赖生产者自身生产技术经验的持续积累和突变性的提升，具有高投入、长时间、高风险的特点。站在长期经营的角度看，能牢牢掌握定价权的企业就必须依赖研发产品、稳定生产制造和刚性需求这三个市场要素。产品的专业化、优质化和产品的改进创新，需要探索新的商业模式：

（1）以企业为主体，围绕行业产品与上下游产业链（包括原料、装备、辅助材料等）的联合协作、与科研院所的协同创新、联合攻关，多方一起地实现重点产品的技术突破（有可能，一个新项目的成功会催生一个新的经济增长点）；

（2）向具有基础研究和应用加工技术开发能力的企业直接购买改进产品的专营权（除了设备改造外，且有单独掌握市场资讯和生产技能）；对市场容量不大的产品，尽量实行“一厂（企业）一品”。

水无定势，水无定形。以上叙述的行业属性、产品属性和业界存在的实际问题，充分说明 BOPET 行业目前的生产供给能力并不适应和满足市场的需求；严峻变化的行情，催促我们赶紧调整产业结构，催促我们赶紧改善经营模式。当今，产业结构的调整和经营模式的改善，唯有坚持“按需研发、以销定产”的机制，我们必须从市场上寻觅差距，努力学习新的技术工艺、新的管理经验，坚定地走上专业化和优质化之路，将原先由投资和外贸推动的经济模式赶紧向创新驱动和需求拉动的方向转变。

（中国塑料加工工业协会 BOPET 专业委员会 王德钧）

国内 TPU 薄膜市场的趋势与前景

一、TPU 薄膜简介

TPU 薄膜是以 TPU 材料为主要原材料制成的薄膜制品，是一种新型的高性能环保薄膜材料，具有强度高、韧性好、耐寒、耐油、耐老化、耐气候、环保无毒、可分解、防水透湿、防风、防寒等优质性能，可应用在鞋材、防水透湿织物面料、食品包装、医疗用品、充气囊体、运动休闲器材等众多领域。TPU 薄膜已在我国塑料薄膜制品领域占据了越来越重要的地位。TPU 薄膜易于回收利用，具有生物降解性，可以从根本上避免废弃物对环境的污染。而且 TPU 薄膜具有生物相容性，无毒无过敏反应性、无局部刺激性及无致热源性。因此，TPU 薄膜可以在很多领域替代其他类型的塑料薄膜制品，比如 PVC 薄膜、PE 薄膜、PP 薄膜等。TPU 因其优越的性能和环保概念日益受到人们的欢迎，其应用广度与深度在不断扩大。随着行业技术的交替发展，TPU 薄膜发展成为了其他类型薄膜的理想替代品，用 TPU 薄膜替代非环保性薄膜已成为全世界推行环保政策的趋势。

此外，利用 TPU 制作热熔胶中的新产品——热熔胶膜，也逐渐开始起步、发展，与当前占主要地位的 EVA 热熔胶和合成橡胶类热熔胶相比，TPU 热熔胶膜既能满足客户对于高黏性的需求，同时还具有 TPU 良好的物理性能，例如弹性好、机械强度高等，许多传统热熔胶难以使用的领域 TPU 热熔胶膜都可以胜任，TPU 热熔胶膜将是未来塑料薄膜和热熔胶领域相结合的重要发展方向之一。

二、TPU 薄膜市场规模统计

根据中国塑料加工工业协会的统计，近年来我国塑料薄膜产业呈现出快速发展趋势，为国民经济的发展发挥了重要的作用。全国规模以上企业塑料薄膜总产量从 2008 年的 590.10 万吨增长到 2012 年的 970.25 万吨，年复合增长率达 13.24%；塑料薄膜工业总产值从 2008 年的 1 363.38 亿元增长到 2012 年的 2 222.93 亿元，年复合增长率达 13.00%。从材料类型看，目前 PE 薄膜、PP 薄膜、PVC 薄膜在塑料薄膜中占主导地位，PE 薄膜是使用量最大的塑料薄膜类型、其次是 PP 薄膜、PVC 薄膜的使用量也非常可观。

TPU 薄膜是一种新型塑料薄膜材料，在塑料薄膜产业中只占极小的一部分。但 TPU 薄膜具有非常优异的综合性能和可自然降解的环保性特征，未来发展潜力非常巨大。随着人们环保要求和消费能力的不断提高，TPU 薄膜对各种可替代产品的替代效应将会逐步体现。据中国塑协统计，截至 2013 年，我国 TPU 薄膜市场消费量已达 18.4 亿元、TPU 热熔胶膜市场消费量已达 5.00 亿元；据中国塑协预计，2013~2017 年 TPU 薄膜市场将保持年均增长速度为 13.3%、2017 年达到 30.3 亿元，2017 年 TPU 热熔胶膜的市场规模将达到 14.7 亿元。

消费规模统计

单位：亿元

产品	2008 年	2009 年	2010 年	2011 年	2012 年	2013 年	2014 年（预测）	2015 年（预测）	2016 年（预测）	2017 年（预测）
TPU 薄膜	8.1	9.8	10.5	12.4	16.0	18.4	20.8	23.6	26.8	30.3
TPU 热熔胶膜	—	—	2.4	3.2	4.0	5.0	6.3	8.3	11.1	14.7

三、TPU 薄膜下游市场简介

TPU 薄膜具有优异的综合性能，是许多现有薄膜制品的理想替代品。随着 TPU 薄膜行业的不断发展成熟，TPU 薄膜的应用范围正在不断扩大。TPU 薄膜的应用范围正在从鞋、服装、家用纺织品、奢侈手袋等原有的重点领域逐渐向农业、医疗、电子、航天、军工等新的领域延伸。同时，TPU 薄膜是一种可持续改性的新型工业材料，可以通过原材料改性、材料配方调整、生产工艺优化等方式，进一步优化 TPU 薄膜的性能，扩大 TPU 薄膜的应用领域，从而赋予 TPU 薄膜强大、持续的生命力。未来，随着 TPU 薄膜制品研究和开发的深入，以及 TPU 薄膜产业技术水平的提升，TPU 薄膜的应用领域将会不断扩大，应用普及率也会继续提升，从而使 TPU 薄膜市场的发展空间越来越广阔，为相关制造企业带来了巨大的发展机遇。

目前，TPU 薄膜的应用和消费主要集中在鞋类材料、防水透湿织物、高档手袋及皮具面料、充气囊体等领域。

下游应用领域	2011 年	2012 年	2013 年
鞋材领域	42%	38%	34%
防水透湿织物领域	18%	19%	20%
高档手袋及皮具领域	5%	6%	7%
充气囊体领域	5%	6%	7%
其他领域	30%	31%	32%
合计	100%	100%	100%

（一）鞋材

鞋类制品是 TPU 薄膜最主要的应用领域之一，TPU 薄膜在运动鞋、女士凉鞋、雨鞋等鞋类中都有使用。其中运动鞋是当前 TPU 薄膜在鞋类制品中的主要应用品类。

运动鞋是指为健身运动、休闲运动、娱乐运动和专业竞技运动等活动的训练及比赛中所使用的鞋类。运动鞋按功能或用途可分为场地运动鞋和非场地运动鞋。场地运动鞋属于比较专业的产品系列，主要有篮球鞋、网球鞋、足球鞋等；非场地运动鞋则通常在生活或户外运动中使用，包括跑步鞋、休闲鞋、户外运动鞋等。运动鞋通常由鞋面、鞋内里、鞋底、商标装饰及配件、胶黏剂等部分构成。TPU 薄膜在鞋面、商标装饰、鞋底中的气囊、气垫等部位都可使用，而 TPU 热熔胶膜则可以作为胶黏剂在鞋材中使用。其中鞋面材料对 TPU 薄膜的需求量最大。

TPU 薄膜鞋面材料通常由三层结构构成：表层为 PU 层，用于给鞋面上色、印制花纹等；中间层为 TPU 薄膜，是面料的主体部分，决定了鞋面的主要性能特征；底层为 TPU 热熔胶膜，主要作用是作为胶黏剂实现 TPU 鞋面材料与鞋体之间的粘合。TPU 薄膜鞋面材料可利用其底层 TPU 热熔胶膜优异的粘合性能与鞋体直接贴合、压制成型，无需车缝工艺，因此也称为 TPU 无车缝鞋面。

之前，鞋业制造厂商大量使用 PVC 作为鞋材，由于 PVC 有易老化、含有氯和重金属，无法降解、掩埋会污染环境等缺点，逐渐被 PU 革、橡胶、EVA、TPU 等其他材料所代替。现在运动鞋鞋面材料使用最普遍的是 PU 超细纤维革和 PU 太空革。由于 TPU 薄膜鞋面具有优异的性能和无需人工裁剪的加工方式，2009 年以来中高端运动鞋鞋面开始逐渐大面积使用 TPU 薄膜鞋面材料替代 PU 超细纤维革和 PU 太空革。与 PU 超细纤维革和 PU 太空革相比，TPU 薄膜鞋面材料不仅更加轻薄、透气，还可以直接压制成型，实现无车缝鞋面，大量节省人工成本。目前，国内外一线运动鞋品牌都已大量采用 TPU 薄膜制作鞋面，国内二线运动鞋品牌也已经开始使用 TPU 薄膜鞋面。

TPU 薄膜消费规模	2011 年	2012 年	2013 年	2014 年（预测）	2015 年（预测）	2016 年（预测）	2017 年（预测）
鞋类/亿元	5.2	6.1	6.3	7.1	8.0	9.1	10.3

（二）防水透湿织物

TPU 薄膜具有很强的粘合性，可以与各种材质的材料进行粘合成为高性能的复合材料。TPU 吹塑防水透湿膜广泛应用于服装产品、充气产品、体育用品、医疗用品等领域。目前，TPU 复合薄膜主要用于服装行业的防水透湿复合面料。

纺织品作为服装面料除美观时尚受人青睐外，穿着舒适性是非常重要的。防水透湿层压织物是由普通纺织面料与 TPU 薄膜等高新技术防水透湿薄膜层压复合而成的，集防水、透湿、防风、保暖于一体的高科技产品，被人们称为“可呼吸面料”或“人类第二皮肤”。该产品从根本上解决了防水与透湿之间的矛盾，增加了人们穿着的舒适性，提高了产品档次和附加值，占据着中高档市场，目前已成为各国纺织产品开发的主要项目，尤其是该类织物向产业化领域不断伸展，西方发达国家已把其列为 21 世纪的高科技产品。目前，我国 TPU 防水透湿薄膜已大规模应用于服装等领域。

防水透湿层压织物的性能与层压复合所选用的防水透湿薄膜的性能之间有很大的关系，目前全世界对防水透湿薄膜材料的研究非常活跃，新品种不断面世。中国相关的技术研究还处于初步阶段，为此《聚氨酯工业“十二五”发展规划建议》提出“十二五”期间，攻克熔纺氨纶切片、透湿、透气性薄膜、胶黏剂树脂等高端产品生产技术，建立稳定、连续、单线 2000 吨/年以上生产装置 10 条以上，产品质量达目前国际水平。

TPU 薄膜消费规模	2011 年	2012 年	2013 年	2014 年（预测）	2015 年（预测）	2016 年（预测）	2017 年（预测）
防水透湿织物/亿元	2.2	3.0	3.7	4.2	4.7	5.4	6.1

（三）高档手袋及皮具

目前，真皮、合成革和布是高档手袋及皮具最常用的三种材质。TPU 薄膜具有防水透湿，耐黄耐水解耐高温等优异的性能，在高档手袋及皮具中的应用主要是与上述三种材料贴合，制造包身、装饰、配件等，使其具有更好的手感和物理性质。

由于价格原因，TPU 薄膜近年才被用作箱包材料，且只有中高端奢侈手袋、皮具使用，但使用量呈现快速增长趋势。随着欧美及日本对 PU、PVC 等合成材料的越来越严格的监管和限制，PVC、PU 等合成材料将逐渐被环保型的 TPU 代替，预计未来几年 TPU 薄膜在高档手袋及皮具中的市场规模将保持持续快速增长。

TPU 薄膜消费规模	2011 年	2012 年	2013 年	2014 年（预测）	2015 年（预测）	2016 年（预测）	2017 年（预测）
高档手袋及皮具/亿元	0.6	1.0	1.3	1.5	1.7	1.9	2.1

（四）充气囊体

充气囊体广泛用于国防军工、国民经济和人民生活的各个方面,制作充气囊体的基本材料是气密性材料。充气囊体所用气密性材料是高分子聚合物与纤维织物的涂覆复合物，主要的高分子聚合物材料类型有天然橡胶、合成橡胶、PVC、TPU 等。根据所使用的高分子聚合物的不同,可以将气密性材料分为天然橡胶、合成橡胶、PVC、TPU 等。

天然橡胶是最早使用在气密性材料上的高分子聚合物,由于有易老化变质及耐油性差等缺点,应用越来越少。

合成橡胶主要有丁苯橡胶（SBR）、丁基橡胶（IIR）、氯丁橡胶（CR）、氯磺化聚乙烯（CSM）等。SBR 多用于普通的囊体材料,如气垫床等,其缺点是抗屈挠、抗撕裂性能较差；IIR 的最大特点是气密性好,且具有优良的耐臭氧性、耐老化性、耐热性、耐无机强酸和有机溶剂的性质,主要用于对气密性要求高、耐热老化和耐候性好的胶布,缺点是弹性差、加工性能差和耐油性差；CR 在囊体材料上的应用比较广泛,它具有优良的抗臭氧性,同时具有耐油、耐溶剂、耐酸碱以及耐老化等优点,主要缺点是耐寒性较差；CSM 具有优良的耐臭氧、耐热、耐老化及耐候性等,主要用于对耐候性、耐臭氧等要求较高的囊体材料,其缺点是抗撕裂性能差、压缩永久变形大,耐低温及耐磨性不如聚氨酯。

PVC 由于其低廉的价格,在各种充气囊体上都有广泛的应用。其突出优点是原料易得、制品可焊接加工、材料阻燃性好。但其缺点也很明显,耐低温曲挠性能差,并会释放出有毒物质,且由于原料中含有增塑剂,形成涂层后增塑剂易迁移,造成涂层的强度和耐磨性大幅度的下降。

TPU 是一种新型的充气囊体材料,近年来发展十分迅猛。与 PVC 和传统的橡胶胶布相比,TPU 具有明显优势。TPU 具有橡胶或 PVC 无可比拟的抗拉伸、抗撕裂、耐磨和耐低温屈挠性能,还具有良好的耐油、耐老化和耐候性能。在材料柔软性及机械强度方面都优于 PVC,且不会像 PVC 那样含有大量易于挥发的增塑剂而导致材料硬化发脆,机械性能变差。TPU 具有比橡胶、PVC 等材料更优异的性能，在充气囊体领域有着非常好的应用前景。但由于价格较高的原因，目前 TPU 胶布主要用于制作对材料性能要求较高的高端囊体材料，比如充气床垫、按摩椅囊体材料、海上作业用橡皮船和充气艇囊体材料、起重气囊材料、军事或民用飞艇的囊体材料、球体覆膜和内胆等。

充气床垫：充气床垫在户外活动、医疗抗褥疮病床等方面有着广泛的应用。充气床垫对胶布材料的弹性和防水透湿性都有非常高的要求。尤其是医疗抗褥疮床垫，良好的防水透湿性对防止褥疮的发生有着重要的帮助。TPU 薄膜制作的胶布材料具有良好的弹性和防水透湿性，在充气床垫中得到了越来越多的应用。

按摩椅囊体材料：按摩椅是近些年刚兴起的高级消费品,囊体部分是其关键部位之一。由于按摩椅在使用过程中要经受长时间的气体充放的考验,因此对囊体材料的物理机械性能要求很高,普通的橡胶胶布和 PVC 胶布无法满足。由于 TPU 胶布的优越性能,该领域的囊体材料几乎完全被 TPU 胶布所垄断。

海上作业用橡皮船和充气艇囊体材料：海上作业橡皮船用于浅海石油资源勘探作业、水上巡逻、防汛救生等。因其具有易于运输、适航性强、载重量大、维修方便的优点,现已成为浅海作业的一种重要装备。目前,低档的充气艇多选用价廉的 PVC 胶布,中高档的主要以氯丁橡胶和杜邦专利原料

Hypalon 涂覆聚酯织物制成。TPU 作为一种新发展的胶布材料,性能优越,可焊接,大大简化了充气艇囊体的制造工艺。未来 TPU 胶布有望成为橡皮船和充气艇的重要材料类型。

起重气囊材料：起重气囊适用于不规则重物起重及普通起重设备难以工作的场合,在遇到地震等灾害时,将柔性气囊塞入坍塌的建筑物下,充气后可产生几十吨的力将损坏的建筑体顶起,是一种理想的救助工具。另外在修理重型机械时拆卸轮盘滚筒和齿轮、移动大型机器设备、升举水下物体以及船舶上下水等领域都发挥着重要的作用。目前制造起重囊体的胶布材料主要是 SBR、CR 和 CSM 橡胶胶布。TPU 材料具有优良的机械性能和耐磨性能,它的抗拉强度为各种橡胶材料的 3 倍左右,其耐磨性是一般橡胶的 3~10 倍。利用 TPU 的这些特性制作的高强 TPU 双面胶布,经高频焊接后制作的起重气囊,可以承受更高的压力，具有广阔的应用前景。

军事或民用飞艇的囊体材料：飞艇的先进性与它所用囊体材料的性能很大关系。囊体作为飞艇组成部分中最庞大的部分，其质量的好坏决定着飞艇的生命力。飞艇的囊体材料需要具有力学性能优、气密性好、耐运用、易成型、耐候性好及重量低等特点。当前主要囊体材料中 TPU 胶布性能最优异，在飞艇囊体中的应用前景非常广阔。

TPU 薄膜消费规模	2011 年	2012 年	2013 年	2014 年（预测）	2015 年（预测）	2016 年（预测）	2017 年（预测）
充气囊体/亿元	0.6	1.0	1.3	1.5	1.7	1.9	2.1

四、TPU 薄膜市场竞争格局及主要企业

目前，国际性的 TPU 薄膜先进企业主要集中在欧洲、美国、韩国、日本及台湾地区。早期，我国的 TPU 薄膜主要以进口为主。近年来，随着国内企业的快速发展，现在国产产品开始在我国市场中占据主导地位，但一些高端市场领域仍以进口产品为主。

目前我国销售 TPU 薄膜产品的国际企业主要有比如拜耳、亨斯迈、鼎基化学、进兴工业等。我国国内企业中，规模较大的先进企业则主要有东莞雄林新材料科技股份有限公司、浙江佳阳塑胶新材料有限公司、中山博锐斯塑胶新材料有限公司。其中，东莞雄林 2013 年约占全行业市场份额的 11.7%、浙江佳阳约占 2.9%、中山博锐斯约占 2.7%，东莞雄林的市场占有率位居国内企业首位。

TPU 热熔胶膜的市场发展和竞争格局与 TPU 薄膜类似。国内企业中规模较大的先进企业主要有东莞雄林——2013 年市场占有率约为 6.2%、上海和和热熔胶有限公司——2013 年市场占有率约为 5.7%、晋江市爱丽卡橡塑制品有限公司——2013 年市场占有率约为 4.6%。

（中国塑料加工工业协会流延薄膜专业委员会 孙冬泉）

绿色环保 BOPVA 双向拉伸薄膜加工技术与发展前景分析

BOPVA 是由原料聚乙烯醇经过改性制备的一种可塑性 PVA 树脂，它的研究开发成功具有非常重要的意义：一是在于它首先原料来源丰富，二是具有完全生物降解性，三是具有多种功能的新型包装材料的特点，四是在生物降解塑料中以及功能性包装材料中性价比最好，五是应用领域非常广泛，可替代或部分替代 BOPP，BOPET，BOPA，EVOH，PVDC 材料。

一、加工技术简介

使用来源于可再生资源的 PVA 材料研究开发出环境友好高分子材料是当今世界上一个热门研究领域。由 PVA 制成的水溶性薄膜不仅力学性能优良，阻气性优异，而且在一定条件下可生物降解。工业化水溶性薄膜最早由 PVA 用湿法流延生产。使用干法熔融挤出法生产的一大困难就是 PVA 分子中含有大量羟基，使得 PVA 分子间和分子内有大量的氢键，PVA 为柔性分子，分子之间相互作用交织在一起形成错综复杂的高阻隔分子结构。并且这种聚合物分子之间的相互作用力比一般化合物

分子之间的范德华力大得多，要想克服这种作用力需要较高的能量，从而导致 PVA 熔融温度高达 220~240℃高于其分解温度（200℃左右）。此时 PVA 一般在熔融之前就碳化。目前技术能使使其熔 PVA 的熔融温度约 190℃，可实现热塑性加工，在加工过程中首先要使用增塑剂（如甘油和水） 使 PVA 在适当的温度下塑化、挤出加工，实现 PVA 干法挤出造粒及吹膜。本项目是在 PVA 原料经塑化剂和改性剂经过化学交联以克服其耐水性，并用该材料做双向拉伸膜（BOPVA）。经双向拉伸过的 PVA 薄膜的物理性，阻隔性能优于 BOPA，EVOH，PVDC。可以广泛应用于香烟包装、食品包装、工业包装、服装包装等高档包装领域。可以替代进口 EVOH，成本与售价均低 30%以上。

二、工艺流程

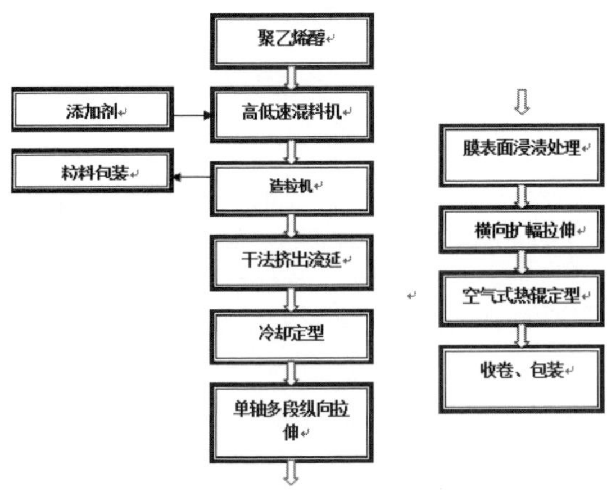

三、原料来源

聚乙烯醇简称“PVA”，这是非石油基产品。该产品是 20 世纪 60 年代我国从日本和欧洲引进的技术，本意是利用我国取之不尽的碳酸钙（石头）资源通过化工合成，生产出维尼伦、涤纶等产品替代棉花，从战略上解决我国土地不足和我国人口众多的吃饭问题。至今，目前分布各省的“维”字号的十三家大型国有企业，是聚乙烯醇的主要生产商，如湖南的“湘维”、安徽的“皖维”、山西的“三维”、四川的“川维”等。PVA 的应用，在那个年代兴起了一轮“的确良”和“涤纶”热。但随着我国农业技术（如杂交水稻、畜牧业）的发展，中国奇迹地解决了吃饭问题，国人还是钟爱于纯棉或混棉产品，维尼伦产品没有了市场，“维”字号企业陷于困境，经过十多年的努力，聚乙烯醇产品得到开发应用，目前应用较多的是建筑用的乳胶、涂料以及纺织用的助剂等。但以聚乙烯醇为原料的“水玻璃内墙涂料（106）”和“缩醛类内外墙涂料”等又被国家发改委列入了落后产品，所以，聚乙烯醇的应用又面临着新的课题。由于中国 PVA 多采用电石乙炔法制造，取之不尽的石头使 PVA 生产有着无尽的材料来源，视为可再生资源。而 PVA 所具有的无毒无害的优异性能，完全符合现代社会需求的环保产品要求，因而具有良好的发展前景。

我国聚乙烯醇材料到 2011 年有近 150 万吨的年产能，占全球的 70%左右。过剩的产能使 PVA 原料价格相对较低。以 2011 年 8 月份市场价 1799 牌号仅为 1.3 万元/吨左右，1788 牌号仅为 1.5 万元/吨。因此大力开发 PVA 可塑性树脂会给企业带来极大市场空间和丰厚的利润。

近几年来，国内外在改善 PVA 热塑加工性能方面采用的方法有：1）加入丙三醇、乙二醇、水等小分子物质进行增塑，但这些小分子在长期使用中易析出制品表面，影响制品的性能，所以应用受到一定限制；2）加入单体原位聚合（如尼龙单体等），形成与 PVA 有互补结构的聚合物或辅以少量极性小分子物质，在 PVA 体系中均匀分散并形成氢键作用，打乱 PVA 分子的规模排列。使其结晶度及熔点降低；3）与其他单体共聚，如乙烯-乙烯醇（EVOH）；4）控制分子量及醇解度，分子量越小、醇解度越低，其熔融温度越低。

PVA 研发团队历经多年，在极端艰苦的条件下，先后进行几百次配方试验，成功的摸索出一整套 PVA 改性树脂加工生产工艺参数，改性系列产品配方，使干法造粒以及为后续挤出流延和双向拉伸奠定了基础。

一年多来，技术团队经过反复研究以及内外合作实验，对 PVA 双向拉伸材料进行了反复尝试，不断调整 PVA 改性的树脂物理特性及加工性能可以适应双向拉伸膜设备的基本要求，根据双向拉伸膜设备的加工特性还需要进一步研究攻克，一是，PVA 树脂的可塑性，流动性，耐热性；二是，解决 PVA 树脂与其他降解树脂的相容性，如 PLA，PCL，PBS 等。

到目前已基本完成了适应双向拉伸 PVA 可塑性树脂。可以再平膜法双向拉伸专用设备上生产，如 BOPVA 水溶性印刷膜，由此拉开了 BOPVA 系列产品序幕，今后将在此基础上开发 BOPVA 高阻隔膜完全可以替代价格极其昂贵EVOH膜（拉伸级EVOH树脂在我国市场价格在每吨7 万元左右），和替代BOPA阻隔膜该系列产品不仅是完全环保，更是高附加值，高科技含量的产品，性价比的优越性会尽快被市场接受。还可以开发高品质的BOPP，BOPET的替代产品。先期产品在2012年8月完成，年末完成高阻隔膜产品。

通过该项目研究进一步深入，一是开发功能性产品，二是开发适应大众应用性的低价格产品，三是开发可填充型产品（如淀粉，无机粉体），四是开发多层共挤双向拉伸膜拓宽应用领域（如PLA/PVA/PLA；PBS/PVA/PBS），五是系统摸索PVA平膜法双向拉伸工艺拓宽，幅宽，线速度和适应已有双向拉伸设备应用。

四、产品特点

（1）优异的气体阻隔性（包括O_2、CO_2、N_2、SO_2和H_2等气体）代替或部分代替BOPA/EVOH/PVDC膜。

（2）力学强度高，但伸长率较低，25微米≥80兆帕。

（3）优异的保香性、保味性更适合各类食品、医药、化妆品以及受环境污染的产品包装。

（4）透明性和光泽性非常好，透明度≥90%，优于PET、PP。

（5）耐油性和耐有机溶剂性，防结露性、耐候性极佳。

（6）无静电性，所有塑料制品都无法比的。

（7）印刷性、热封性都比较好。

（8）双向拉伸PVA在线表面处理，克服PVA吸湿性大的缺点，大大扩宽了应用领域代替或部分代替BOPET/BOPP/POF膜。

（9）环保性，完全生物降解，有利于保护环境。

（10）阻隔性比较

项目	BOPVA	EVOH	PVDC
湿气透过量/（克/米^2）	≤50	≤15	≤10
氧气透过量/（厘米^3/米^2·24小时·0.1兆帕）	0.2	0.4	3.6

（11）市场价格比较

名称	膜单价/（万元/吨）
BOPP	1.6~2.2
BOPET	1.6~1.9
BOPA	3.6
EVOH	6.0~8.0
PVDC	3.0~4.0
BOPVA（日本进口）	6.0~14.0
BOPVA	4.0~6.0
BOPVA （淀粉基）	2.0~3.0

（12）性能比较

名称＼数值＼材料	BOPVA	玻璃纸（PT）	PE膜	PP膜	PVC膜
拉伸强度/兆帕	120~300	54.92~131.4	17.26~19.12	45.11~53.9	17.59~20.59
撕裂强度/兆帕	90~300	1.96~3.92	29.53~98.07	12.75~68.6	39.23~78.45
延伸率/%	40~150	15~25	50~600	200~600	5~25
抗静电性/伏	1.2	1.3	98.6		40.5
耐油性（汽油）20℃×10天	0	1.1（PET）	4.7	1.1（BOPP）	

五、产品用途

（1）BOPVA 烟膜，高透明度和光泽度，优异的气体阻隔性，极佳气味阻隔性，优异的挺度和包装平展性。据有关信息获知烟草行业的研发机构也在做这方面的研究。仅这一行业其用量就在十几万吨，可见市场可观。香烟包装 BOPP 膜的厚度为 21~22 微米，而 BO-E-PVA 膜厚度仅为 11 微米，相等于 BOPP 膜的特性。BOPP 50 米^2/千克,BOPVA 70 米^2/千克。由此可以看出 BOPP 与 BOPVA 单位包装成本基本相同。

（2）BOPVA 热收缩膜，各贴体包装、标签，优异的油墨和涂层附着力，低静电性。

（3）BOPVA 阻隔膜，极优异的气体阻隔性，单独使用或复合使用，广泛应用于各类食品、药品包装。

（4）BOPVA 热封膜，高透明高强度，非常适用电子产品服务、日用品、生活用品。

（5）BOPVA 珠光膜，用于肥皂、食品、香烟、化妆品、医药产品，低光泽度，高雾度，优异的印刷性。

（6）BOPVA 普通膜，印刷、制袋、胶带、蔬菜、水果、糖果，鲜花及以上各类用途。

（7）农用地膜，采用 PVA 和淀粉合金技术，经过双向拉伸，改善 PVA 耐水性，同时成本大幅度降低，可用于农膜，具有极大的市场空间。解决塑料农膜对环境的污染。

（8）工业产品包装膜，机器设备、铝合金材料，出口轮胎等包装的替代产品。

六、市场需求

全球双向拉伸膜主要有三大类，①尼龙（BOPA）；②聚酯（BOPET）；③聚丙烯（BOPP）。这三大类在我国产能分别是 7 万吨/年、300 万吨/年、300 万吨/年左右，市场空间超过 1000 亿。PVA 可塑性树脂做双向拉伸膜不仅因为它的优异性能能够替代或部分取代 BOPA、BOPET 及 BOPP，更由于它是环境可消纳型的无塑绿色环保材料，不存在环境污染，广泛应用于各种食品，工业品，香烟、电子产品包装等，具有巨大的市场空间。

本产品具有高阻隔特性，可以完全替代塑料高阻隔包装材料，十二五规划中塑料包装材料总产值可望突破 6000 亿元，到 2015 年达到 946 万吨，市场需求达到 3 000 亿元以上。制备多层共挤双向拉伸：PLA/PVA/PLA，可以实现完全生物降解的高阻隔包装材料，其应用范围更加广泛。

七、未来 10 年市场前景分析

2014 年全球每年塑料产品的消费量约 5.5 亿吨。2014 年，国家统计局汇总统计 7 257 个企业的塑料制品产量为 7 387.78 万吨，同比增长 7.44%，规模以上企业 14 062 个，累计实现主营业务收入 2.04 万亿元，同比增长 8.92%。 今后 10 年，全球塑料市场有望能和过去的 50 年一样，继续保持快速的增长。

目前全球绿色环保生物材料市场需求增长到 120 万吨，今后几年预计年均增速可达 25%以上，欧盟规划在 2015 年前将完全生物降解材料包装物的市场份额提高到欧盟地区总体市场份额的 20%；意大利已于 2010 年颁布禁塑令；美国加州、巴西圣保罗州、澳大利亚南澳州等也将出台类似的强制性法案。近日李克强总理宣布；我国十二五期间环保投入超过 5 万亿。在此背景下，绿色环保生物降解材料市场需求快速增长，到 2015 年，降解材料在政策的推动下能够替代 3%农用塑料制品；替代 4%包装用塑料制品传统塑料，则全球降解材料的总需求量将达到 440 万吨。丰田的官方机构预期到 2020 年世界绿色环保生物降解材料需求达到 3 000 万吨。2011 年，我国生物降解材料产能不超过 20 万吨，到 2025 年，中国生物材料生产量将占亚洲生产量的 40%以上，占全球生产量的 12%以上，产量达到 300 万吨以上，从 2012 年到 2025 年的 13 年中，我国绿色环保生物降解产业面临巨大的市场机遇，届时中国将成为全球绿色环保生物降解材料最大的生产国和出口国。

八、社会效益

1. 有利于治理白色污染

20 世纪快速发展的塑料材料给人们的生产和生活带来极大的方便，但塑料制品弃置后产生的“白色污染”给人类以极大的困扰，废弃的垃圾伴随着 500 年都不能降解的塑料，通过填埋占用着大量的土地资源，污染着地下水源，垃圾围城改变着人类生存环境；垃圾焚烧所产生致癌的二噁英造成空气污染，丢弃的塑料袋流入海洋，致使大量海洋生物死亡。大量使用的地膜因回收困难，造成耕地板结，每亩地若含塑料残膜 3.9 千克，就会使玉米减产 11%~23%，小麦减产 9%~16%。治理和解决“白色污染”称之为世界级环保难题。绿色环保 BOPVA 双向拉伸薄膜其主要原料来自可再生资源，在使用后其可参与到自然界的循环中，完全被土壤中的微生物降解，特别适合于垃圾堆肥处理；水溶特性可应用于特殊领域，如投放的农药、化肥包装以及医院用品洗涤包装，避免人接触到有害物品和病菌而受到侵害，同时不产生有害包装废弃物和减少 BOD 的排放量。

2．替代石油资源符合国家安全战略

由于塑料原料主要来源于石化资源，而石化资源的形成过程需经历千百万年，因此可视为不可再生资源。目前全球塑料年生产量已达 4.5 亿吨，消耗石油 13.5 亿吨。2011 年我国塑料制品总产量和总产值分别达到 5 474.3 万吨和 1.61 万亿元，而石油类资源有限且不可再生，全世界石油可开采的年限约 45 年，天然气约 63 年。寻求节约能源和资源替代已上升为国家安全战略。而塑料制品大量的生产和使用，占用了紧缺的石油资源，“资源替代”近年才逐步提上了政府的议事日程，如果说，目前我国每年生产和使用 2 000 万吨一次性塑料包装制品，按每吨塑料需要 3 吨石油计算，实际耗用 6 000 万吨原油，占用了自产或进口原油的 30%，这不能不使我们从国家产业政策上有所醒悟，从这个意义上，推广和普及绿色环保 BOPVA 双向拉伸薄膜材料技术，能推动我国的能源战略和国家产业政策的调整。

3．符合国家发展战略

我国人大于 2004 年通过了《可再生能源法（草案）》和《固废法（修订）》，鼓励再生生物质能的利用和降解塑料推广应用；在国家发展和改革委员会 2005 年的 40 号文件中，也明确要鼓励生物降解塑料的使用和推广；2006 年，国家发展和改革委员会又启动了关于推广生物质生物降解材料发展的专项基金项目；2007 年，“全生物分解塑料的产业化关键技术”已列为“十一五”国家科技支撑计划重点项目；2008 年 8 月 29 日我国颁布了《中华人民共和国循环经济促进法》，绿色环保 BOPVA 双向拉伸薄膜项目技术的研发与推广完全符合我国循环经济促进法的要求。2009 年国务院 45 号文件《促进生物产业加快发展若干政策的通知》对包括完全生物降解材料在内的研发，生产单位给予最大限度的政策扶持。科技部于 2011 年 11 月发布了《“十二五”生物技术发展规划》强调要推动生物产业成为国民经济支柱产业之一，使我国成为生物技术强国和生物产业大国。

4．减少二氧化碳排放，促进国民经济增长

绿色环保 BOPVA 双向拉伸薄膜项目完全替代石油基塑料，第一期如达到年产 10 万吨的产业目标，产生直接 GDP100 个亿，带动相关产业链条使 GDP 增长到 500 个亿。投产后间接减少原油消耗 30 万吨/年，按原油折标系数 1.428 6 计算，折后节约标煤 42.9 万吨/年，有效减少二氧化碳排放。

5．促进塑料行业升级，转型，带动大量劳动力就业

据国家统计局统计，2011 年塑料制品行业规模以上企业 1.30 万个，完成工业总产值 1.61 万亿元。但是塑料行业面临市场竞争十分激烈，企业利润急剧下降。大型企业依靠大资金投入，更新设备来提高市场占有率，中小企业以降低成本维持运转，所有企业都有升级、换代、转型的积极性。近年来，塑料薄膜行业进口和国内生产双向拉伸设备有 130 多条线，产能严重过剩。绿色环保 BOPVA 双向拉伸薄膜项目产业化，不但不会造成对传统塑料加工业的冲击，还使过剩的设备得到应用。从而带动塑料企业的转型和发展。尤其给中小企业带来的高速增长机遇，带动大量劳动力就业。

（中国塑料加工工业协会　孙冬泉）

双向拉伸尼龙（BOPA）薄膜产品应用与行业发展方向探讨

一、尼龙薄膜简介

尼龙是聚酰胺的俗称，是分子链上具有酰胺基（—CONH—）重复结构单元的聚合物，在中国用作纤维时称为锦纶。尼龙（Nylon）最初大量用于织造女性穿的长筒袜，由于不易滑落（因为弹性好），所以叫 norun，后来逐步衍变为 niron 和 Nylon。聚酰胺的英文名称为 polyamide，简称 PA，经过双

向拉伸的尼龙薄膜叫做 Biaxially oriented polyamide (nylon) film，简称 BOPA。用于生产薄膜的尼龙一般为 PA6 和 PA66，由于 PA66 结晶速度太快，难以加工，一般使用 PA6。

1．尼龙 6 的特性

（1）由于尼龙 6 分子中含有极性的酰胺基团，可以形成氢键，分子间的作用力大，分子链排列规整，因而其制品机械性能优良，抗冲击性能好，坚硬而有韧性。

（2）由于酰胺基团的亲水作用，尼龙 6 产品容易吸水，吸水后制品的强度和模量下降，尺寸稳定性发生变化，但另一方面又使其制品稳定化，且获得韧性。

2．BOPA 薄膜

（1）双向拉伸尼龙薄膜简称 BOPA 薄膜，它的主要原材料是聚己内酰胺，简称尼龙 6 或 PA6，把这种原料在专用设备上经过熔融挤出流延，再进行纵向、横向（或同时）拉伸制成薄膜，即双向拉伸尼龙薄膜。

（2）产品特性。

1）杰出的抗拉伸强度和抗穿刺强度；

2）优异的对气体和气味的高阻隔性；

3）防油脂碳氧化物的防化学性；

4）较宽的适用温度范围（－60℃~150℃）；

5）良好的透明性和光泽性；

6）良好的印刷性。

（3）尼龙膜生产工艺。尼龙薄膜生产有管膜法和平膜法，管膜法就是常说的吹膜法，平膜法又分两步法和同步法，由于吹膜法产品的厚度均匀性不好、强度低等缺陷，现在已经淘汰，现在普遍使用了平膜法。由于同步法技术含量较高，现在多数厂家采用两步法工艺。同步法的工艺过程为：原料干燥→熔融挤出→冷却铸片→铸片测厚→同时双向拉伸→热定型→薄膜测厚→牵引、切边→收卷→分切→包装入库。两步法双向拉伸工艺是先进行纵向拉伸再进行横向拉伸，其他工序与同步法双向拉伸工艺基本相同。两步法双向拉伸技术有一个最大的缺点：弓形效应大。这种效应会导致生产的相当大一部分 BOPA 薄膜产品无法满足最终用户的非常严格的使用要求，如高质量的印刷包装等。而同步法双向拉伸工艺可以有效地改善弓形效应问题，生产的 BOPA 薄膜具有品质均衡性好的特点，适用于高速多色印刷。

项目	异步法	同步法
拉伸方法	纵向、横向拉伸分步进行	纵、横向拉伸同步进行
工艺	简单（易控制）	复杂（难控制）
拉伸温度	低	高
薄膜质量	好	很好
品质均衡性	一般	优（尺寸稳定性好）
拉伸产生的弓形度	大	小
印刷性	好（印刷级）	更适合高速、多色印刷

二、BOPA 薄膜的应用

（1）BOPA 薄膜主要用于食品包装。对冷冻食品包装，主要利用 BOPA 薄膜强度高、耐穿刺性好、耐寒性优的特性。

（2）对汤面液体调料包装，主要利用其强度高、耐穿刺性好、特别耐油性好，主要是使用 PA6 材料，而要求温度较高时则使用尼龙 66 材料。

（3）对耐蒸煮食品包装，主要利用其耐油、耐热、气体阻隔性好，具有耐穿刺性等特点。

（4）此外，BOPA 薄膜还广泛应用于医疗、化妆品和机械、电子等一般工业包装领域。

应用范围	实例	复合结构举例
蒸煮食品包装	汉堡、米饭、液体汤料、豆浆、烧鸡等	BOPA/EVA、BOPA/CPP
冷冻食品包装	海鲜、火腿、香肠、肉丸、蔬菜等	BOPA/PE
普通食品包装	精米、鱼干、牛肉干、辣椒油、榨菜等	BOPA/PE
化工产品、医药用品包装	化妆品、洗涤剂、香波、吸气剂、注射管、尿袋等	PET/AL/BOPA/PEBOPA/AL/PE
机械、电子产品等包装	电器元件、集成电路板等	金属化膜、涂布 K-BOPA、金银线、耐热分离膜等

三、BOPA 薄膜使用注意事项

（1）由于 BOPA 材料属于易吸湿性材料且吸湿后阻隔性会大大下降，因此在高湿气候下，若不重视湿度的影响，必将产生严重的质量事故。

（2）BOPA 在印刷、复合生产过程中，由于薄膜的吸湿性，使表面形成一层细微水珠网膜，阻隔了油墨和胶黏剂的附着以及会产生小气泡或白点等质量问题。吸湿使 BOPA 材料变形，使印品起皱、套印不准、制袋错位、翘边、卷曲、复合膜起泡、容易起斑点、晶点和白点。异味增多、膜面粘连、打码困难等。严重时引发复合剥离强度下降或产生油墨或胶黏剂转移、降解而脱层、打码速度下降或打码打不上高温蒸煮过程中破袋现象增多、复合膜手感发硬、发脆现象增多等，严重阻碍生产的进程和产品的质量，给厂家造成困难和损失。

（3）使用过程中的几点注意事项。

①严格控制生产环境的温湿度。由于尼龙膜的吸潮性以及吸潮后所引起的一系列不良质量后果，因此对尼龙膜的使用环境和存放环境十分重要。一般应存放在 23℃±3℃左右，相对湿度在 50% ± 5% 范围内比较理想，尼龙膜不能直接放置于地板、露天，以免受潮吸湿。而生产环境的相对湿度一般不超过 60%。

②尽量少用或不用醇类溶剂。印刷尼龙薄膜有其专用的聚氨酯树脂类油墨，在使用聚氨酯树脂类油墨时注意少加或不加醇类稀释溶剂。因为聚氨酯树脂本身是由—OH 封端的，—OH 能与聚氨酯胶黏剂的固化剂中的异氰酸酯基—NCO 发生反应，使固化剂参与胶黏剂主剂反应的量减少，影响粘合强度。如若一定要加入醇类稀释溶剂，也应尽量控制在 8%以内，并在印刷过程中将溶剂残留量降至最小限度（一般总量＞3 毫克/米 ^{2}），在印刷有白墨打底的印件时，最好在白墨中加入少量的固化剂以提高复合牢度。（根据油墨厂家按要求加入量使用）。印后应尽快进行复合生产，剩余材料可用含有铝箔的包装膜包装好，以防空气中水蒸气侵入受潮，剩膜应放置于干燥通风处，再用时最好提前 2~3 小时放置于熟化室以烘干尼龙膜表面水蒸气，使材料免于受潮而影响产品质量。如果生产水煮蒸煮袋，油墨一定加入固化剂以保证油墨附着率。

③溶剂的质量。必须对所使用的溶剂的含水、醇量进行控制。各种溶剂的质量非常重要，如醋酸乙酯的含水量、含醇量多少完全可以影响到干式复合产品的质量。在国家标准 GB3728—1991 中有规定。优等品醋酸乙酯含量应达 99.0%，水分含量 0.1%、一等品醋酸乙酯含量应达 98.5%，水分含量为 0.20%以内。在干式复合中水分含量不超过 0.20%才能符合要求，并且不能含醇、胺、活性氢类，否则将消耗固化剂，出现复合剥离牢度差、不干、复合脱层或起皱等现象。

④做好熟化工作。对于印刷复合好的半成品的熟化工作非常重要，熟化目的是让胶黏剂进一步交联，若完全交联，分子排列整齐就可以提高复合牢度。另一方面可以将半成品复合膜中的残留溶剂排出以减少残留溶剂量，从而减少剥离强度不良，开口性差，有异味等。如若固化时间过短，可能导致胶黏剂固化不完全，而影响剥离强度和残留异味，

而固化时间过长，则可能导致薄膜开口性不良。从试验的结果看，两层或蒸煮的薄膜需要低温长时间固化，而镀铝膜复合则需要提高固化温度，减少固化时间来降低脱铝的几率，而高温蒸煮袋一般需要50~55℃、72 小时的固化才能满足固化要求。

四、BOPA 行业现状

1．2013 年全球 BOPA 薄膜产能分析

目前全球 BOPA 薄膜产能约为 26.8 万吨，其中亚洲约占 22 万吨（主要集中在中国、日本、韩国、泰国、印尼等国家或地区）、欧洲约占 3.0 万吨、北美约占 1.2 万吨、其他地区约为 0.6 万吨。其中分步拉伸尼龙薄膜约占全球总产能的 75%，作为高端印刷产品的同步拉伸尼龙薄膜目前主要由日本尤尼吉可或合资工厂及沧州东鸿的 3 条同步生产线供应全球客户。据统计预测，近些年全球的尼龙膜需求增长量主要集中在中国市场，每年约有 10%以上的递增，但随着需求基数的增大，未来增长将趋缓。

2．2013 年 BOPA 薄膜市场现状

总体概括为市场平淡，“不温不火”，供大于求、产能严重过剩，沉寂多年的生产线在近几年相继全部开车。同时新增三条分步拉伸宽线和一条沧州东鸿同步线，供应远大于需求，导致竞争环境恶化，各厂家长期在盈亏平衡点附近困苦维持经营。据悉目前国内又有 5 条双向拉伸 BOPA 生产宽线签约，预计 2014 年部分生产线会形成产能，因此，未来几年的尼龙膜行业前景不容乐观。

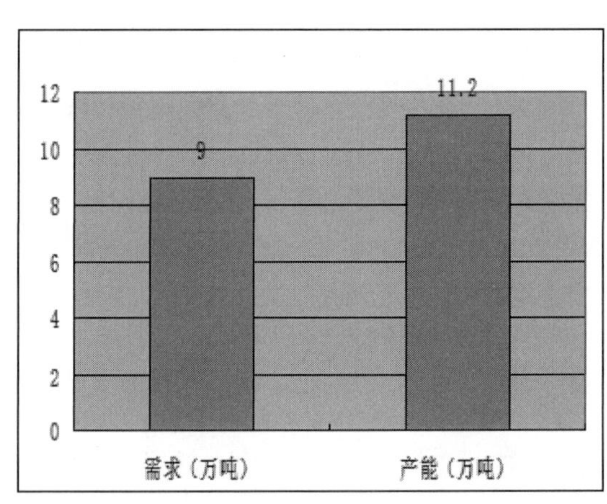

2013年供需情况示意图

3．2013 年除产能外影响 BOPA 市场变化的主要不利因素

（1）受经济环境及国家食品安全影响，市场需求增长较 2012 年有所较大幅度降低，因此 2013 年 BOPA 市场“旺季不旺”。

（2）春季禽流感的暴发导致禽类加工消费减少，影响了 BOPA 薄膜的使用量。

（3）BOPA 价格受原料价格变化影响较大。

（4）由于今年 BOPET 薄膜价格低廉，使得食品、彩印企业从成本考虑改变部分包装袋的产品结构，用 BOPET 薄膜代替了 BOPA 薄膜使用。

（5）由于 BOPA 薄膜生产工艺的复杂性，致使各厂家产品质量层次不齐，未能达到同质化，最终导致市场价格混乱。

（6）高阻隔产品被部分共挤膜替代。

4．影响 BOPA 市场变化的主要有利因素

（1）工业、日化、高阻隔类产品包装对 BOPA 薄膜的需求起到新的促进作用。

（2）BOPA 薄膜出口量的不断增大，对缓解国内供需矛盾起到一定作用。

（3）虽然 BOPA 一直处于供大于求的状态，但国内不断增长的市场需求，仍促进了行业的发展。

（4）BOPA 原材料市场竞争环境的改变，降低了原料采购价格，对 BOPA 行业需求量的增长起到了间接促进作用。

5．2014~2015 年国内 BOPA 产能和需求走势预测

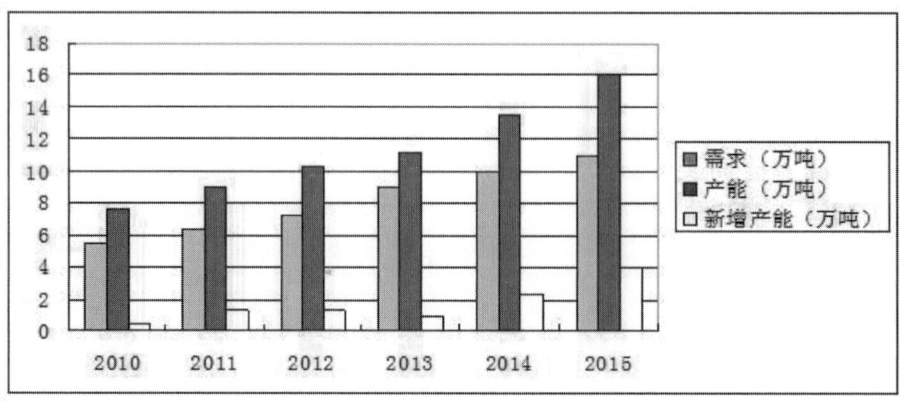

6．BOPA 未来发展趋势和设想

（1）产能的快速增加和市场需求的不对称的上升。

（2）普通 BOPA 薄膜市场竞争进一步加剧。

（3）成本控制仍然是各制造商的主旋律。

（4）高速宽线的发展产生更大的产能。

（5）海外市场的深层次开发。

（6）BOPA 薄膜质量的进一步提高，如提高强度、降低雾度、提高阻隔性、厚度公差的缩小、提高浅网印刷性能等。

（7）新用途的不断挖掘和培育。

（8）差异化产品的研发和市场推广如高阻隔产品、直线易撕裂产品、耐蒸煮产品、可降解产品等。

（9）合理的规模扩张。

（沧州明珠薄膜事业部技术研发部　高城）

科技进步

2014~2015 年国内外塑料新材料、新技术发展概况

一、新材料部分

1．巴斯夫和杜邦喷雾绝缘泡沫应用成功

巴斯夫和杜邦公司在第一代感应住宅上成功应用了喷雾泡沫。这项应用给房屋建筑提供了极好的隔热保温性能从而减少了能源损耗及温室气体的排放。

巴斯夫绝缘泡沫即喷雾聚氨酯泡沫，它可以生成无缝的隔热绝缘气密层，以提高房屋建筑的能源效率，舒适性及耐用性。和杜邦公司合作的这项应用实现了聚氨酯泡沫不易燃，高效节能，温室气体排放低的特点，满足了长期客户的需求。该技术提高了漏气控制，绝缘性能，室内环境，防潮性能及结构强度。该绝缘材料已通过所有主要的建筑规范认证，包括国际规范委员会。

2．日本开发新型耐黄变 PU 弹性体

日本三井化学公司日前宣布，研发制造出一种不会黄变的新型聚氨酯弹性体，并预计于 2015 年 4 月推向市场。这款名为 Fortimo 的新型聚氨酯弹性体是一种基于新型脂肪族异氰酸酯的聚氨酯弹性体，相比传统的异腈酸酯类弹性体，新产品的弹性更好、更耐用，且耐热性更加出色。

热塑性聚氨酯弹性体具有较高的耐磨性和耐老化性，可替代橡胶应用于鞋类、工业品等领域，但黄变一直是聚氨酯弹性体面临的难题。据称，Fortimo 不会黄变，且其成型时间要比传统的弹性体更短。这种产品的目标应用领域包括汽车、医用导管和高度耐用工业材料领域，这种产品初期将在三井化学名古屋工厂生产，三井化学为该产品在名古屋新建的工厂将于 2016 年投入使用。

3．东邦特耐克丝开发出 CFRP 用高耐热树脂

帝人集团旗下的东邦特耐克丝公司（TohoTenax，总部东京）开发出了用于热硬化型碳

纤维增强树脂基复合材料（CFRP）的高耐热树脂。这种树脂由双马来酰亚胺（Bismaleimide，简称BMI）树脂改性而来，可在250~300℃温度下连续使用。使用这种CFRP的飞机引擎部件的开发已经展开，今后的目标是将其用于汽车领域。

4．芬兰科学家成功研制出大米淀粉基生物塑料

据芬兰当地媒体报道，该国阿尔托大学的研究人员已成功研制出一种新型生物塑料。该塑料以大米淀粉为原料，经特殊工艺制取而成。据悉，这种新型生物基材料透明度极强，其抗冲击力学性能及耐热性能十分优越。

阿尔托大学研究员Virginia Nykänen及其同事在7月10号《绿色化学》杂志上联合发表的一篇名为“有效而稳定的星型淀粉塑化剂”报告中首次详细介绍了该种生物塑料的研发过程。

5．日本开发出耐久性耐强刺激性新型包装材料

日本印刷公司近日宣布，该公司成功开发出一种对于强刺激性包装物具有耐久性的新型包装材料。据称，这种新型包装材料的最内层使用聚乙烯（PE）薄膜，可以耐受酒精度为99.5%的包装物。提高薄膜包装对强刺激性包装物的耐久性是一个实用性课题，在医药用高浓度酒精、香辣调味品、液体浴盐以及部分农药等的包装方面具有重要意义。随着医药品和日用品制造商引入这种新型包装材料，预计到2017年的年销售额将达10亿日元。

6．欧洲研制可降解新型乳制品包装材料

自欧洲生物可降解牛奶瓶开发以来，此项目就一直备受外界关注。近日，欧盟委员会为该项目拨款100万欧元，并指定西班牙塑料技术研究协会带领其他欧洲八大研发团队共同完成这一具有挑战性的项目。该项目旨研制出一种能够适用于乳制品包装，且可进行热处理的生物可降解材料。欧洲是全球最大的乳制品包装消费市场。然而，在每年消耗的近200万吨HDPE牛奶瓶中，只有10%~15%的废弃塑料瓶可进行循环再生。因此，可再生塑料容器的研制对于欧洲再生行业而言具有至关重大的意义。

7．日立造船开发出耐冲击性生物聚合物

日立造船及大阪大学等产学协作团体开发出了耐冲击性生物聚合物。与代表性生物材料——聚乳酸（标准品）相比，此次开发的生物聚合物作为单体具备约26倍的耐冲击性，有望应用于汽车、看护用具及体育用品等领域。

利用石油原料通过化学催化剂制造出来的反式聚异戊二烯存在分子量分布广的问题，很难制造出高分子量的产品，因此未能在工业领域得到广泛应用。而源自植物的反式聚异戊二烯（生物反式聚异戊二烯）利用发酵反应来生成，与源自石油的化学品相比具有高分子量特性，并且分子量均匀度也很高。因此，虽然是分子构造相同的化学品，但却显示出了与源自石油的化学品完全不同的物性。

8．美国研发碳纳米管 燃烧性降低35%

碳纳米管的弹性模量与金刚石的基本相同，为已知的最高材料模量，约为钢的5倍;其弹性应变最高可达12%，约为钢的60倍而密度仅为钢的几分之一。碳纳米管的强度大约比其他纤维的强度高200倍，可以经受约100万个大气压的压力而不破裂。碳纳米管表现出良好的导电性，在一定方向，导电率可达铜的一万倍;碳纳米管的热传导系数高于天然金刚石和石墨原子基面。

美国国家标准与技术研究院（NIST）的研究人员开发出一种均匀的多壁碳纳米管为基础的防火涂料，可降低常用的泡沫的内饰的易燃性。与未处理的泡沫相比，碳纳米管涂覆聚氨酯泡沫体的燃烧性降低了35%。

9．新技术可用玉米芯高效制PET树脂

群马大学一个研究小组最新公布的成果显示，他们开发出利用农业废弃物玉米芯制作出工业生产常用的PET树脂技术，这一技术无需使用粮食作物，也有望为缓解全球气候变暖做出贡献。PET全称“聚对苯二甲酸乙二醇酯”，可用于制作薄膜片材、包装瓶、电子电器、汽车配件等。通常的PET树脂以对苯二甲酸为主要原料，而对苯二甲酸则是从石脑油中提炼出来。

玉米脱粒后，剩下的玉米芯通常被视为农业废弃物。群马大学助教橘熊野率领的研究小组利用玉米芯内含有的半纤维素制作出糖醛，然后利用催化剂将其转变为对苯二甲酸。研究小组检测后发现，对苯二甲酸的碳元素完全来自生物质。接下来，他们将对苯二甲酸与用于石油脱硫等的6种催化剂组合在一起，实现了化学反应，最终制成PET树脂。

10．三菱化学研发出首个新型生物基聚碳酸酯二醇

三菱化学公司（MCC）研发出首个新型生物基聚碳酸酯二醇（一种高效能的多元醇），并计划于

今年 4 月开始全球市场的开发和销售。MCC 利用独家制造工艺生产出该新型产品，其成分与市场上现有的聚碳酸酯二醇完全不一样。

聚碳酸酯二醇是主要用于生产树脂，例如聚氨酯、丙烯酸以及聚酯的一种原料，拥有优异的耐久性，可用于汽车内饰材料（例如座套和仪表板合成革）、汽车表面涂层以及电子产品的树脂涂布（例如智能手机和个人电脑）。同时 MCC 预计环保型水性聚氨酯树脂对该新型聚碳酸酯二醇的需求将表现强劲。

MCC 以可再生生物基材料为原料，利用专利技术生产出新型聚碳酸酯二醇。产品硬度高，具备优异的机械性能、耐低温性、耐化学性以及耐磨性。而这些性能都是市场现有聚碳酸酯二醇产品难以达到的。

11．日本开发出热传导率为不锈钢 2 倍的石墨树脂复合材料

丰田中央研究所开发出热传导率为不锈钢 2 倍的石墨与树脂复合材料。将石墨覆盖的树脂球压缩成型，石墨在扁平变形的方向上连接起来，可有效地控制热能向特定方向流动，其重量轻、散热性佳，有望运用于汽车和家电零部件上。

热传导率高、重量轻、价格合适的复合材料需求很大，但将碳材料和树脂单纯混合时，碳材料分散，热传导不充分。本次将树脂球以碳元素的石墨覆盖，装入容器里。石墨紧密包裹在树脂球周围传导热能，压缩成型后热能沿着变形方向流动。石墨材料的体积含有率 16%，热传导率为 40 瓦/(米·开)，为不锈钢的 2 倍。

12．巨化股份新型聚偏氯乙烯 PVDC 通过鉴定

浙江巨化股份有限公司开发的食品包装材料用新型聚偏氯乙烯（PVDC）共聚树脂通过了中国石油和化学工业联合会组织的成果鉴定。鉴定专家组认为，巨化的这一科技成果成功打破了国外技术垄断，整体技术水平达到国际先进水平;并建议巨化扩大生产规模，加快产品市场推广应用进程，推动国产 PVDC 产业技术的发展。

巨化采用该技术成果于 2012 年年底建成国内唯一一套拥有自主知识产权、集约化程度高、技术先进的自动化生产线，装置产能达到全球第一，产品质量及消耗水平行业领先，可生产 PVDC 肠衣膜树脂、保鲜膜树脂、多层共挤膜树脂、里印膜树脂和特种 PVDC 乳液等多个系列的产品。巨化 PVDC 共聚产品的上市，为食品包装行业提供了原料保障。

13．齐鲁石化研究院三个新产品项目顺利通过技术鉴定

齐鲁石化研究院承担的“大型车用滚塑柴油箱聚乙烯专用料的开发”“新型成核剂体系在聚丙烯树脂中的应用研究”“聚氯乙烯高透明膜专用树脂的开发及应用”三个项目顺利通过科技部组织的技术鉴定。

“大型车用滚塑柴油箱聚乙烯专用料的开发”是研究院聚烯烃所与塑料厂合作完成的新产品开发项目。该项目通过对大型车用滚塑柴油箱专用树脂结构与性能、助剂体系、聚合工艺技术、滚塑加工及应用性能等系统研究，经中试和工业化聚合试验，在工业装置上采用茂金属催化剂技术，率先在国内成功开发出大型车用滚塑柴油箱专用树脂 mPER335HL。mPER335HL 专用树脂具有优异的抗冲击性能和耐环境应力开裂性能，具有较高的抗紫外老化和尺寸稳定性能，能顺利滚塑成型 80 升工程机械油箱、240~400 升各种柴油箱及大型拖拉机顶棚等各类制品。现已在滚塑油箱、军用包装箱领域得到批量应用。采用 mPER335HL 制备的 320 升柴油箱已通过国家汽车质量监督检验中心（长春）进行的检测，目前已通过了 15 万公里以上热带山区的道路使用试验。

“新型成核剂体系在聚丙烯树脂中的应用研究”是研究院聚烯烃所与塑料厂、北京化工研究院合作完成的项目。该项目通过对粉末橡胶负载成核剂技术及其在聚丙烯树脂中的应用技术进行系统研究，在聚丙烯装置上应用该新型复合成核剂体系成功开发了高流动高刚韧平衡聚丙烯新产品。产品具有流动性高、刚性高、韧性突出等特点。经核算，采用该技术比未采用该技术时，每吨生产成本可降低近百元，效果显著。

“聚氯乙烯高透明膜专用树脂的开发及应用”是研究院聚氯乙烯所与氯碱厂合作完成的项目。该项目基于对聚氯乙烯树脂结构与性能的深入研究和生产工艺的改进，筛选出具有高效终止效果和热稳定性能的新型复合助剂体系，开发出老化白度高、“鱼眼”数少的聚氯乙烯高透明膜专用树脂，其性能与目前国内外最优的韩华和台塑同类 PVC 高透明膜树脂产品性能相当。

14．攀钢研究院油墨专用钛白粉新品试产成功

钒钛化工研究所科技人员与攀钢重庆钛业技术人员精诚合作，顺利完成油墨专用钛白新产品工业试验并获得成功。本试验共试制油墨专用钛白新产品148吨，产品质量颜料性能100%达到预期目标。

随着油墨行业技术的发展，印刷用油墨，尤其是表印油墨的漆膜厚度越来越薄，耐大气老化能力要求越来越高，因此，对其原料钛白产品的质量要求也越来越高，特别是分散性、遮盖力、白度和漆膜光泽度等指标。目前，我国没有一个可用于表印油墨的专用钛白，其市场全部被进口产品杜邦的TR900、亨兹曼的RDIS 和TR-52占领，其售价是国产钛白的1.6倍。这不但压缩了民族钛白行业的市场空间，而且还挤压了油墨产业的经济效益。

为改善这一被动局面，提高产品的市场竞争力，钒钛化工研究所2012年开展油墨专用钛白产品开发。经历多年的研究，攻克了多项关键技术，实验室样品达到进口同类产品 TR52水平。在此基础上，在重庆钛业2万吨钛白生产线上开展了工程化应用试验，产品的漆膜分散性、光泽度、遮盖力、白度均取得较好指标。

15．铁路高弹垫板用热塑性弹性体开发成功

山东道恩高分子材料股份有限公司主持完成的“铁路高弹垫板用热塑性弹性体的制备技术与开发”项目获得2014年度山东省科技进步二等奖。

道恩高材公司积极研究开发出能够替代进口聚酯弹性体材料的国产化铁路用高弹垫板新型热塑性弹性体材料。经过权威部门检测，道恩高材公司开发出的 GD-90 等铁路垫板专用材料综合性能达到了国际同类产品的水平。在山东省科技厅组织的科技成果鉴定中，专家一致认为其制造技术达到了国际先进水平。

16．3D打印材料DNA水凝胶问世

清华大学化学系刘冬生课题组与英国瓦特大学等单位合作，研制出可应用于活细胞3D打印的DNA水凝胶材料。该材料被《自然》评价为是“一种非常有前景的打印三维组织和人工器官的材料”。

水凝胶因其高含水量和类似于细胞外基质的特点，是三维组织打印和人工器官制备的首选基材，也因此成为化学、材料和生命医学领域研究的热点。但直到DNA水凝胶研发之前，还没有一种水凝胶材料能够同时满足活细胞三维打印所要求的细胞相容性、力学强度、通透性、快速成型等苛刻条件。

17．万华化学推出新型环保聚氨酯木材胶

万华化学宣布称，公司全资子公司万华化学（北京）有限公司已开发出一种环保型的单组份聚氨酯胶黏剂，该聚氨酯胶黏剂为单组份聚氨酯木材胶，具有无甲醛挥发、黏度低、固化快、施胶少、易涂布等特点，对不同密度、不同含水率的木材均有良好黏接能力。

万华化学表示，目前，以甲醛为原料合成的木材胶黏剂在当前市场中占有较高比例，但是，这种传统型胶黏剂在生产过程以及使用中容易因甲醛等物质的挥发对人体健康、环境产生危害。随着下游客户安全、环保意识的增强以及居民消费水平的提高，这一甲醛型传统胶黏剂的应用与发展也将逐步受到限制。

18．聚赛龙研制出高性能磁性塑料

广州市聚赛龙工程塑料有限公司自主研发推出具有国际水准的注塑级磁性塑料，据悉该材料具有良好的加工成型性、机械特性和物理性能。系列产品涵盖多种类型树脂基材，能满足不同产品对材料的性能要求，材料流动性从70~150克/10分钟，最大磁能积高达 2.3MOe，为产品设计提供灵活、宽泛的选择。

磁性塑料利用现代塑料成型技术，把传统上千度烧结成型磁体方式转变为低温普通塑料加工方式制备磁性塑料，具有低能耗、高效率的特点，赋予产品更高的个性化设计自由度，能满足电子电器“轻、薄、高精度”的发展新要求。

19．珠海西通发布首款3D高性能光固化树脂

知名3D打印机制造商珠海西通电子有限公司今天在珠海发布首款 3D 高性能光固化树脂CSLA72041。CSLA72041光敏树脂是一种用于SLA成型机的低黏度高性能液态光敏树脂，能制作耐用、坚硬、防水的功能零件。用此材料制作的样件呈半透明状。

该款光敏树脂性能优越，该材料类似于传统的工程塑料（包括ABS和PBT等）。它能被理想地应用在汽车、医疗器械，日用电子产品的样件制作，还被应用到水流量分析，室温硫化硅橡胶模型、可存放的概念模型、风管测试、快速铸造模型的方面。

20．复旦大学开发出快速变色聚合物

复旦大学的研究人员开发出了一种伴随温度

变化可在1秒内改变颜色并恢复至原来颜色的新型聚合物。相对于以前同类型聚合物，新型聚合物适用的温度范围更大，甚至在高温下也能快速变色。《化学世界》近日刊登的一篇文章称，这种聚合物可用于生物传感器和智能窗户等领域，用于调节光照或热交换。

21．聚赛龙推无卤阻燃PP复合材料

聚赛龙公司推出了一款新型无卤阻燃PP复合材料，相比当前市场上的同类产品，该材料具有无与伦比的最高性价比。据聚赛龙公司介绍，该材料选用了国外最新研制的无卤阻燃剂，该阻燃剂采用P、N、C三位一体合成技术，具有独特的分子结构，可赋予PP复合材料优异的阻燃性能、电性能、耐热性能、加工稳定性及优异的综合物理力学性能。

聚赛龙公司推出的新型无卤阻燃PP复合材料可广泛应用于家电内部件、电子电器、LED灯外壳、电容器、电源盒等领域。与传统阻燃PP相比在性能相当的前提下，成本降低20%。

22. 天津石化超低密度聚乙烯TJVL-1210销售获突破

经过化工销售华北分公司MPRC（产销研用）市场开发小组近2年的努力，天津石化新产品超低密度聚乙烯TJVL-1210销售取得突破，在下游聚丙烯改性行业成功替代部分POE弹性体，国内知名合金生产企业天津某公司已开始批量采购，在该行业中的示范效应正逐步显现。

天津石化于2013年开始研发线型超低密度聚乙烯TJVL-1210，2014年实现工业化生产，成为国内首家生产密度小于0.912千克/厘米^{3}聚乙烯产品的企业。MPRC小组克服种种困难，积极进行推广，终于与天津某公司成功实现了合作，2015年3月首批销售20吨。经过产品试用，部分替代POE弹性体产品的效果良好，近期客户将追加采购30吨。在此示范效应下，浙江等地的塑料改性企业纷纷要求产品试用，产品销售有望取得新的突破。

23．国内PVA改性产品首次试产成功 打破国外垄断

据中化新网消息，四川维尼纶厂于近日生产出SG-181/182两种优质改性PVA（聚乙烯醇）新品，打破了国外企业的长期垄断。川维也由此成为国内第一家向包装膜、特种用纸等高端领域迈进的PVA制造企业。

改性PVA在溶解性、消泡性、后续反应的稳定性等方面均优于常规产品，是PVA行业发展的前沿趋势，产品附加值高，国外部分企业已拥有多种成熟产品。为进一步提高PVA产品的市场竞争力，川维厂开始了改性PVA产品的研发，并于2010年和2013年进行了两次小试生产。经过多年的悉心研究和装置现场适应性改造，川维厂具备了改性PVA工业化试生产条件。

24．中石化推出高耐油性冰箱内胆专用料

中国石化化工销售南京代表处积极推动扬子巴斯夫公司开发高附加值产品，将新近开发的聚苯乙烯（PS）高耐油性冰箱内胆专用料2720成功推向市场，首批800吨产品与美菱电器和海信电器两大家电巨头签订了销售合同。此举打破了陶氏、道达尔在该领域的垄断地位。

冰箱内胆专用料一直是PS应用领域最高端、附加值最高的产品。随着家电厂对品质要求的提升，部分客户存在高耐油性冰箱内胆料需求，该市场一直被陶氏、道达尔垄断。

25．低铅稳定剂打造“绿化”PVC制品

由河北衡水市桃城化工助剂有限责任公司研制的低铅量塑材稳定剂获得国家知识产权局发明专利授权。该产品以其优良的物化性能填补了我国PVC稳定剂产品市场上的空白，可进一步提升PVC制品的环保性能，打造优质“绿色”塑料制品。

低铅量塑材稳定剂产品含铅量（以Pb0计）仅为40%，比国内同类产品低50%以上，且不含有任何三氧化硫物质。同时，由于该产品所具有的良好特性，在相同配方情况下，其使用量可减少15%左右。

二、新产品部分

1．可口可乐推出全球首个完全植物基PET瓶

据《塑料新闻》报道，可口可乐近日在米兰世博会上推出了全球首个完全来自植物原料的PET瓶。 这种名为PlantBottle的塑料瓶采用了专利技术，把植物中的天然糖分转化为PET的原料。这种新瓶在外观、功能和再生上都和传统的石油基PET没有区别。

该瓶可用于各种包装大小和饮料品种，包括水、汽水、果汁和茶饮品。可口可乐2009年第一次推出PlantBottle，最高达30%的植物基含量，几年来已经在近40个国家投放了350亿个PlantBottle瓶。据测算，减少了31.5万吨的二氧化碳排放。

2．日本汽车正研究投产车用塑料齿轮

据外国媒体报道，日本正在研制车用塑料齿轮。车辆的轻量化步伐从未停止过。日本岐阜大学与 CentralFineTool 公司作出了一个决定：开发汽车塑料齿轮。 他们认为，齿轮负荷最大的地方是齿尖，因此只需强化齿尖，而其他地方采用塑料材质。通过在齿轮工作表面的复合纤维将收到事半功倍的效果，降低了重量并拥有足够的强度。据悉，这种汽车塑料齿轮可能将于 2017 年投入商品化生产。

3．巴斯夫推出新 Styrodur 挤塑泡沫板

巴斯夫（BASF）日前推出了一款名为 Styrodur 3000 CS 的挤塑聚苯乙烯硬泡面板（XPS），厚度从 30~240 毫米的面板导热性都为 33 毫瓦/（米•度），该绝缘面板的导热率比其他标准级别 Styrodur 高出 15%。

此项新的生产技术主要将几个具有优良特性的较薄面板拼接在一起，也就意味着超过 140 毫米厚的面板能具有更好的导热性。巴斯夫欧洲苯乙烯泡沫业务负责人 Klaus Ries 表示：“通过这项已经申请专利的技术，巴斯夫向施工员、建筑材料供应商、规划师以及建筑师都提供了集众多优点的高质量 Styrodur 挤压泡沫。”除了导热性更好以外，新技术还给建筑材料供应商和施工现场管理提供获得厚绝缘面板的更快途径。

4．欧洲推出新型聚氨酯水力旋流器

伟尔矿业（Weir Minerals）日前在欧洲市场推出了两款新型重型 CAVEX 水力旋流器，分别为 CAVEX CVXU 聚氨酯水力旋流器和 CAVEX CVXU 陶瓷瓦片，该水力旋流器具有内衬材料，主要用于抵抗严重磨损并与已有的 CAVEX 旋风分离器联合作用。

CAVEX 水力旋流器层状螺旋入口的独特形状能使泥浆顺着自然路径，避免遇到任何锋利的边缘，减少了气旋湍流，有助于使分离效率、液压能力最大化并延长磨损期限，同时使进料体和涡流探测器的磨损最小。

5．英诺新推 BOPP 薄膜 矿物油阻隔性能大增

英诺薄膜公司（ Innovia Films）推出了一款新型 BOPP 薄膜，可保护食物免受矿物油迁移的影响，最高时效达一年半。通过调查薄膜对矿物油碳氢化合物（MOH）和矿物油芳族烃（MOAH）的阻隔保护性，英诺薄膜公司开发了这款新型薄膜。

英国食品标准局研究强调，在食品包装采样中，矿物油迁移性频繁超过安全水平。包装的表面以及用于生产硬纸板包装的废旧报纸中均有印刷油墨，矿物油发生迁移，就会残留在食品中，而且残留量日益增加。

6．东大开发出可直接贴在身上的薄膜状体征传感器

日本东京大学研究生院工学系研究科教授染谷隆夫领导的研究小组开发出了可直接贴在身上测量体征信息的薄膜状传感器。设想用于保健、医疗、体育、社会福利等领域，还计划嵌入体内使用。

东京大学开发出了人体舒适性高的黏附性凝胶，可将在超薄高分子膜上制成的体征传感器直接贴在皮肤表面。即使监测对象在不停活动，传感器也不会发生位移、脱落及破损，可以稳定地监测体征信息。验证实验结果表明，该传感器可以精确测量物理量（应变）和生理电信号（心电）。

7. 积水化学开发重量为钢板的 1/3 但刚性同等树脂片

积水化学工业开发出了重量只有钢板的 1/3、但刚性与之相当的积层片材“高刚性轻量树脂片”。计划从 2015 年夏季开始供应样品。

这种片材为 3 层结构，两侧外层均为掺入了类石墨烯碳材料（重叠多张石墨烯制成的纳米级凝聚片材）的强化树脂片，内层为聚烯烃泡沫。外层的强化树脂片材使类石墨烯碳材料均匀分散在基体树脂中，提高了刚性和抗冲击性。通过将这种强化树脂片与重量轻的聚烯烃泡沫组合，兼顾了高刚性和轻量性。

该片材的主要成分是热可塑性树脂，因此与碳纤维强化树脂及玻璃纤维强化树脂不同，非常容易实现冲压成型等热成型，可根据用途灵活设计刚性及厚度等参数。用于船舶、飞机、铁道车辆及建筑土木材料等时，可实现轻量化。

8．Tosaf 公司开发新型色母粒延长温室薄膜寿命

总部位于以色列的助剂、化合物和色母粒制造商 Tosaf 公司宣布，开发出一款新型 UV4120PE 色母粒。少量加入这种色母粒，就能延长可吸收紫外线的温室薄膜的使用寿命。

测试结果显示，加入该新型色母粒的温室薄膜整体使用寿命可以延长 1~3 年。加入 Tosaf 的新型 UV4120PE 色母粒，可以提高薄膜的紫外线吸收效果，为从而改善产品质量。这样的薄膜除了长期耐

候性提高外，还具备一定的抗病毒效果。因为，很多昆虫是潜在的病毒载体，需要紫外线才会传播，有了紫外线吸收薄膜后，这些昆虫不会深入到种植领域中。该公司还指出，紫外线的缺乏也会阻止蜜蜂进入到种植区，这意味着这样的薄膜不能用于需要蜜蜂授粉的作物种植。

9．塑料发动机亮相 外壳重量减轻 20%

重量对于汽车来说是一个很重要的影响因素，更轻的重量不仅有利于提升行驶性能，而且也有助于实现更好的燃油经济性。因此，各家厂商在设计生产汽车时也希望能够尽可能地减轻整车重量，而使用塑料零部件便是减重的有效方法之一。而除了目前的应用领域之外，来自德国 Fraunhofer 的一个研发团队近日也将塑料应用在了发动机上。虽然活塞等零部件仍然使用金属材料制成，但是发动机的外壳部分则改用了塑料。研发团队表示，与目前的铝合金外壳发动机外壳相比，塑料发动机外壳在重量上减小了 20%之多，在提升汽车性能的同时还可以节省更多燃油。

10．国际新开发轻量级捆扎带 强度比钢铁高 15 倍

总部位于挪威 Rådal 公司是一家专业为运输行业提供捆扎与装载解决方案的全球供应商，该公司日前宣布将于 2015 年 5 月 18 日至 21 日在比利时安特卫普举行的欧洲国际件杂货运输展览会（Break Bulk Europe2015）上正式发布其与荷兰帝斯曼迪尼玛（DSM Dyneema）合作研发的创新轻量化合成捆扎链—Tycan。这款新产品已于今年 1 月上市，其杰出的性能和表现获得业界一致好评。

11．日本推出全球首台商船用塑料螺旋桨

日本中岛螺旋桨有限公司已在一艘商船的主推进系统安装了世界首台碳纤维加强塑料（CFRP）螺旋桨。该螺旋桨在日本船级社的支援下进行研发和制造，并于今年 5 月由日本 Koa 工业公司安装至日本 Sowa Kaiun YK 公司的“Taiko Maru”号 499GT 化学品油船上。

“Taiko Maru”号船早在 2012 年 9 月就在其侧推上配备 CFRP 螺旋桨，基于这些侧推螺旋桨的成功性能，船东 Sowa Kaiun YK 决定将 CFRP 螺旋桨技术扩展使用至主推进系统，使该船成为世界首艘在主推进系统使用 CFRP 的船舶。

12．日本东丽开发出与金属热接合性出色的 PPS 薄膜

日本东丽开发出了能够与铁、不锈钢、铜、芳纶、聚苯硫醚（PPS）等材料强固地热接合的 PPS 薄膜（热接合性 PPS 薄膜）。该产品保持了 PPS 拥有的耐久性（长期耐热性、耐水解性及耐化学腐蚀性）、阻燃性等出色的特性，同时通过热过塑方法在 200~270℃实现了牢固的热粘合，提高了热接合性。

据东丽介绍，兼具优秀的热接合性和高耐久性的树脂薄膜此前还未有过。此前，作为包覆材料表面，以及接合异种材料的方法之一，可使用“热层压”方法，将薄膜与被接合材料重合后加热冲压以实现接合。这种方法使用的是普通的烯烃薄膜，热接合性好但耐久性及阻燃性差。另外，使用氨基甲酸酯类及环氧类黏合剂时，在硬化过程中会发生化学反应，因此接合层内多少都会残留低分子量的聚合物，容易导致耐久性降低。

13．北大研究中心成功制备石墨烯柔性导电膜

北京大学纳米化学研究中心成功制备出高品质石墨烯/PET 柔性塑料电极，并在此基础上批量制备了石墨烯/金属纳米线/PET 的复合型柔性导电薄膜。其在恶劣的工作环境中显示出优良的耐久性能，在下一代柔性电子和光电子领域有重大的潜在应用价值。

14．我国研制出世界最薄分子筛膜

中国科学院大连化学物理研究所杨维慎研究员和李砚硕研究员带领的研究团队，成功制备出一种由 1 纳米厚的纳米片构成的分子筛膜，其厚度仅为蝉翼厚度的千分之一，而且具有如筛眼般高度规整的孔道，可以精确筛分尺寸差异仅为 0.04 纳米的氢气和二氧化碳分子。

该纳米片分子筛膜的渗透通量和分离选择性远远超过目前所有氢气、二氧化碳分离膜。该项研究成果被美国无机膜科学家林跃生教授，德国分子筛膜和膜催化科学家卡罗教授，日本膜协会主席、微孔膜科学家都留教授评价为“发展了新一代分子筛膜”。

15．国内成功研发泡沫聚氨酯制人造革

泡沫聚氨酯制人造革一直是国内外人造革行业的开发热点，它是解决目前人造革行业对环境污染的根本途径。据称日本可乐丽公司已经开发成功，并将于近期推向市场。由于开发该工艺需要树脂厂和皮革厂密切配合，而很少有公司集树脂开发和制革开发于一体，所以产品开发难度较大。青岛新宇田化工有限公司自多年前就开始致力于水性

聚氨酯技术的开发，去年开始主攻水性聚氨酯为含浸料的超纤基布工艺开发，共分为3个开发小组，特意聘请了具有20多年制革经验的制革工程师并与下游革厂及设备厂家联合攻关。由于汇集了行业内的精英团队，加上本身在油性超纤树脂方面多年的经验积累，开发速度快，从试验室小试到最终的大机设备生产用时不到2年。目前已经有中试产品数百米超纤基布，经过各方面物性检测均达到或超过油性超纤的水平。

16．中国首款生物塑料制作的竖笛上市

在上海举行的“雅马哈竖笛新产品发布会”上，发布了中国首款使用生物塑料的竖笛—“雅马哈环保竖笛”。雅马哈环保竖笛的材料是东丽塑料采用独立技术生产的聚乳酸塑料“Ecodear”，实现了“环境兼顾＋易用性”之目的，且利用超声波黏合取代胶黏剂，有效防止化学胶水对人体的伤害。

以往的竖笛材料大多使用普通塑料，这样的塑料一般是利用石油等化石原料提炼而成，在各个环节都会产生大量的二氧化碳。而“雅马哈环保竖笛”使用东丽塑料生产的聚乳酸塑料“Ecodear”。

17．世界首创污泥变身降解塑料制品

据绍兴日报消息，浙江省现代纺织工业研究院污泥综合利用研究所研制成功一项世界首创技术，成功将污泥变成降解塑料制品。使用该项技术，在污泥塑性制品流水线上，成千上万颗污泥注塑粒子，几秒钟之内便可被制成黑色仿塑木地板。

浙纺院污泥综合利用研究所所长、浙江绿天环境工程有限公司副总经理朱秀刚透露，针对此产品，公司已与澳大利亚签订年供300个集装箱意向书，并已着手启动规模化生产。早在六年前，浙江省现代纺织工业研究院便开始关注污泥综合利用等印染行业新型节能减排环保技术，2012年，其成立了污泥综合利用研究所，探索污泥资源综合利用新路，并于今年上半年攻克核心技术难关，实现变废为宝。

18．公路涵洞工程领域用HDPE涵管研发成功

由福建纳川管材科技股份有限公司与西安中交土木科技有限公司共同研发出品的公路涵洞工程领域用塑料涵管—高密度聚乙烯（HDPE）缠绕增强涵管，携翔实完善的实验报告和应用技术，通过了业内知名专家、学者严格规范的研究鉴定。

经过一番细致缜密的讨论，专家们认为，纳川股份与西安中交土木科技联合推出的“高密度聚乙烯（HDPE）缠绕增强涵管”全方位的应力应变值均在安全范围内，具有足够的安全度，其技术已达国际先进水平，完全可以应用在公路工程涵洞领域。

三、新设备及技术部分

1．欧盟研发创新型超声波注塑成型机

现代经济社会，特别是现代医学和消费电子行业，对微型或超小型塑料组件产品需求的快速增长，促进世界注塑成型机（Injection Moulding Machine，IMM）产业蓬勃发展。由欧盟第七研发框架计划（FP7）资金支持、西班牙牵头参与的欧洲SONO‘R’US研发团队近日宣布，基于超声波激发的世界“首台”注塑成型机样机研制成功，已引起欧盟医疗器械和消费电子制造业的广泛兴趣。

该研发团队邀请相关行业专家进行的样机数据测试证实，生产加工出的超小型复杂结构塑料组件高精度高性能，相对传统的注塑成型技术有效降低能源消耗90倍。鉴于低压力超声波生产技术工艺降低了机械模具磨损，至少可降低机器运行费用25%~35%。此外，由于微型塑料组件的精细化制造，消除了原有注塑成型技术加工过程中的“过成型”（Over-Moulding），大大降低了原材料浪费。

2．佛塑科技首条聚酯薄膜生产线投产

目前高分子新材料行业朝着高性能多功能化方向发展，随着高性能薄膜材料应用领域的不断扩大以及替代需求的日益旺盛，国内新型材料行业快速发展，前景广阔。佛山杜邦鸿基薄膜有限公司引进2.7万吨环保新能源应用双向拉伸聚酯薄膜生产线项目，位于佛山市禅城区南庄镇的新工厂已于2015年5月21日举行开业仪式，首条生产线已经投产。

公开资料显示，该项目第一条生产线拟计划于2015年第二季度进行试生产。佛山杜邦鸿基薄膜有限公司是佛塑科技的参股公司，佛塑科技占49%股权，杜邦帝人公司占51%股权。

3．北京化工大学开发“不挑食”3D打印机

北京化工大学高分子材料先进制造英蓝创新团队推出的熔体微分3D打印机出现在2015广州“CHINPLAS”国际橡塑展。熔体微分3D打印机基于北京化工大学杨卫民教授提出的微积分思想，采用标准塑料颗粒加工，摆脱传统3D打印机耗材种类少、专机专料的局限。此外，针对软体制品难以

打印的技术难题，推出弹性体3D打印新方法，在生命科学、高仿生机器人领域具有重大的应用价值。

展会上展出的“不挑食”3D打印设备最大特点是可直接采用标准塑料颗粒加工，避免了传统FDM系列打印机采用塑料丝料的局限，省略了丝料加工的工艺环节，进而降低了3D打印的耗材成本；此外，由于FDM系列3D打印机在进给丝料时易发生屈曲失稳现象，此软体材料难以打印，而此设备采用的熔体微分输送系统则避免了上述问题。

4．上海大学石墨烯散热研究获进展

上海大学教授刘建影团队与法国中央纳米研究院，瑞典查尔姆斯理工大学等机构合作，在石墨烯散热研究上获新进展，相关研究近日发表于《先进功能材料》。石墨烯所具有的快速导热与散热特性使得石墨烯成为极佳的散热材料，可用于智能手机、平板电脑、大功率节能LED照明、卫星电路、激光武器、高集成度系统热点等的散热。

尽管石墨烯在热管理领域极具发展潜力，但这些性能都是基于其微观的纳米尺度，难以直接利用。因此，将纳米尺度的石墨烯制备成宏观的薄膜材料并保持其纳米效应，同时减少其和基底的界面接触热阻，是石墨烯在热管理规模化应用的重要途径。刘建影团队采用化学还原氧化石墨烯并采用真空抽滤的方法制备石墨烯薄膜，结果显示用该方法制备的20微米薄膜，适合大规模工业制备。

5．中国高模高强碳纤维技术开发取得重大突破

由北京化工大学承担的北京市科委新材料专项课题“M40J高模高强碳纤维国产化制备技术研发”顺利通过专家验收。

碳纤维是国防工业武器装备和国民经济的高端装备、重大基础工程、交通运输、新能源等领域的关键原材料之一，M40J高模高强碳纤维是支撑航天技术发展的重要结构材料。该课题突破了国产M40J级高模高强碳纤维石墨微晶叠层厚度的调控、原丝牵伸匹配和预氧化环状结构含量控制等关键技术，形成了原丝和预氧化碳化石墨化的完整制备工艺，能满足卫星结构用碳纤维的基础指标要求。

在此基础上，课题组形成了百公斤级/年国产M40J级碳纤维的小批量样品提供能力，并建立了中国第一个“M40J级高模高强碳纤维复丝拉伸性能测试方法”。

6．废塑料裂解制油清洁技术实现产业化

杭州电子科技大学俞天明教授带领的科研团队历时7年开发出垃圾塑料工业化裂解制油清洁生产技术并成功产业化。项目组在衢州试验基地建成的示范装置目前日处理废塑料100吨以上，出油率65%~70%，废水实现达标排放，废气实现零排放，彻底解决了困扰业界多年的废塑料处理所产生的二噁英问题。国家质检总局和环保部对其进行的二噁英测试结果表明，装置的废气排放完全符合欧盟标准。

该科研团队正在进行技术升级，推进与江苏、山东、广东、重庆等中国重点造纸基地的合作，并准备进入国外市场。下一步，他们还要将废油泥、废轮胎、废油漆、废树脂、废线路板等都作为战略资源，让更多的垃圾变为“油田”。

7．中国企业成功研发三聚氰胺专用树脂及泡沫成套技术

据中国化工报消息，由中国科学院成都有机化学有限公司完成的四川省科技支撑计划项目——千吨级软质三聚氰胺专用树脂及泡沫研制，通过了四川省科技厅组织的科技成果鉴定。

在千吨级技术的基础上，该公司与成都玉龙化工有限公司合作开发的10万米^3/年三聚氰胺泡沫工业生产装置已开车成功，生产的三聚氰胺泡沫产品性能稳定，主要性能指标达到BASF公司同类产品Basotect的指标。这表明该成套工艺技术达到国际先进水平。中国科学院成都有机化学有限公司党委书记、技术委员会主任王公应研究员表示，中国三聚氰胺的产能已达到230万吨/年，占世界总产能50%以上，但开工率仅50%左右。三聚氰胺泡沫附加值高，其推广应用对拓展三聚氰胺产业链、推动三聚氰胺行业转型升级具有非常重要的意义。

（钟雁）

规治环境下的塑料技术创新与发展

前言

塑料是高分子材料中产量最大的一类，广泛用

于制造业、农业和日常生活中。近年来，全球塑料的销量的增长率保持在 5%以上，中国塑料消费的增长速率超过 10%。

塑料通常采用有机聚合物为基础，在生产过程中引入助剂，以改善其成型性，增加或改进其使用性能。稳定化、阻燃、抗静电、耐候、色彩、增强、增韧、增硬、增刚、增滑、抗菌等都与助剂密切相关。甚至降低成本也可通过加入自助剂来实现。

事实证明，各种聚合物树脂并没有对环境和人体构成危害。塑料中存在的危害环境或人体的有害物质多来自于残留聚合物单体、残留催化剂、加工助剂、功能性助剂、色粉颜料等。例如聚碳酸酯(PC)中的残留单体双酚 A，聚酰胺（PA）中的残留单体芳香胺、重金属盐（皂）或配合物构成的助剂、已先行广泛应用为塑料助剂后被国际权威部门怀疑或确认具有干扰生物内分泌系统或致畸可能性的化合物等。

人们越来越重视环境和健康。全球范围内针对塑料制品安全（S）、卫生健康（H）、环境（E）的法律法规以及相应的行业标准越来越多，例如 REACH 对应的 SVHC 物质、欧洲环保法规对应的 RoHS 指令、中国《食品安全法》对应的 GB9685—2008。因此，整个塑料工业必须在规治环境下创新才能健康发展。

法规标准的监控表面上指向的是塑料制品，本质上是监控塑料制品中的单体或单一结构的有机化合物以及重金属元素。塑料制品的功能化和高性能化，加工工艺的高效与节能降耗又都离不开助剂。因此，表观上看到：规治像一层层枷锁，将企业禁锢起来；然而，严苛的规治同样为塑料加工与功能化技术的创新与发展带来了前所未有的机遇。

符合规治，遵循规治，规治环境下不断实现塑料技术创新是当前各国着眼利益长期化而考虑的发展战略，是保障企业发展的连续性和利益的持续性的保障。将任何与规治相关的事项做到极致，在不断的挑战中寻求技术突破和创新，将塑料制品推向绿色化、专用化、安全化，实现技术创新、工艺创新，是塑料工业发展的关键。

一、规治环境下的“隐形者”

塑料是以聚合物树脂为基础材料，根据加工需要和功能需求引入不同助剂构成的配方组合物。塑料在给我们带来各种便利的同时，其中的各类“隐形者”——单体或助剂，可能会给我们的环境和身体带来麻烦。

（一）单体和低聚体

基础树脂的聚合单体通常是具有反应活性的物质，或多或少具有一定的毒性或危害性。许多安全或卫生法规对相关单体在合成树脂以及塑料制品中的残留规定了限值。

1．苯乙烯（Styrene）

苯乙烯单体具有一定毒性，能抑制大鼠生育，使肝、肾重量减轻，容易被氧化生成一种能诱导有机体突变的化合物苯基环氧乙烷。许多国家对聚苯乙烯食品包装材料中的苯乙烯单体含量作了限值规定。例如，我国规定食品包装用聚苯乙烯树脂中苯乙烯的含量不能超过 0.5%；美国规定接触脂肪食品的聚苯乙烯树脂中苯乙烯单体含量在 5000 毫克/千克以下，其他食品包装聚苯乙烯树脂中苯乙烯单体含量在 10000 毫克/千克以下。

2．氯乙烯（Vinyl Chlorde）

氯乙烯单体具有麻醉作用，可引起人体四肢血管收缩而产生疼痛感，同时还具有致癌和致畸作用。氯乙烯单体在肝脏中可形成氧化氯乙烷，它具有强烈的烷化作用，可与 DNA 结合产生肿瘤。由于氯乙烯单体毒性很强，许多国家对它在聚氯乙烯食品包装中的含量进行严格控制。例如欧盟规定氯乙烯单体向食品或者食品模拟物中的迁移量不能超过 0.01 毫克/千克；我国规定氯乙烯单体在聚氯乙烯树脂中的含量不超过 5 毫克/千克，在聚氯乙烯成型品中的含量不超过 1 毫克/千克。

3．双酚 A 二环氧甘油醚（BADGE）

BADGE 单体是制造环氧树脂的主要原料，环氧树脂广泛用作食品容器内壁涂料。高浓度的未反应的环氧基团会与水或酸性食品接触而生成水合物或氯化物，造成食物污染。因此必须有效的控制环氧树脂中未反应的环氧基团的浓度，以防止它们扩散至食品中。欧盟在 2002/16/EC 指令中规定与食品容器内壁环氧涂料中 BADGC 及其衍生物迁移到食品或者食品模拟物中的含量不能超过 1 毫克/千克。

4．异氰酸酯（isocyanate）

异氰酸酯是合成聚氨酯树脂和包装材料胶黏剂的合成原料。异氰酸酯可以对中枢神经系统造成伤害，引起内脏功能紊乱。因此欧盟对异氰酸酯在直接接触食品塑料和塑料制品生产中的使用做出了相关规定：塑料制品中异氰酸酯残留物的含量不得高于 1.0 毫克/千克（以-NCO 计）。目前共有 12 种异氰酸酯被允许用于制作食品包装材料。

5．己内酰胺（caprolactam）

聚酰胺（尼龙）常用作阻隔性食品包装薄膜或器具。己内酰胺低毒性，但经常接触可致神衰综合征。有证据显示，在烹饪过程中，残留的单体—己内酰胺，可能迁移至沸水中，尽管口服己内酰胺毒性不是特别大，但它能使食品产生不协调的苦味。我国规定己内酰胺在尼龙成型品中的含量不超过 15 毫克/升；欧盟 2002/72/EC 指令中规定己内酰胺向食品或者食品模拟物中的迁移量不能超过 15 毫克/千克。

6．聚对苯二甲酸乙二醇酯低聚体（PET）

PET 是乙二醇与对苯二甲酸的共聚物，常被用作饮料和食用油的包装材料。PET 在 220℃高温下不变形，也用于制造微波炉烹调和传统烹调使用的盘子、碟子等。但 PET 含有二聚物到五聚物的少量低分子量低聚体。根据 PET 种类的不同，这些低聚体的含量为 0.06%~1.0%。

（二）助剂

所有塑料材料性能都可以通过添加某种助剂来加以改变或提高。助剂通常是小分子量的单一结构化合物，也有少量的高分子量的聚合型产品。助剂在聚合物树脂中的分散大多是小分子有机物在大分子聚合物中的溶解。一般助剂的分子体积远比聚合物结晶单元的体积大。助剂不能进入聚合物晶体内，与聚合物不是以化学键的键合形式存在，因此可能会发生迁移。在一定的条件和作用下，助剂对外环境不利，如果广泛存在于空气、水体、土壤及生物体中，会对环境造成危害。

在职业环境和使用过程中，这些有害物的浓度超标，使其在生物体内长期积累，造成潜伏性危害，即慢性危害，可导致致癌、致畸、致突变等，后果不容忽视。

1．增塑剂

增塑剂是世界产量和消费量最大的塑料助剂品种，占全部塑料助剂市场的 60%，包括邻苯二甲酸酯、脂肪族二元酸酯、磷酸酯、环氧化合物、偏苯三酸酯、石油酯、含氯增塑剂和聚合增塑剂等。其中邻苯二甲酸酯类产品占到了增塑剂的 70%左右。随着科学的发展，人们发现虽然增塑剂急性毒性较低，其慢性毒性的危害却很大。美国环保署（EPA）提出邻苯二甲酸二正丁酯（DBP）经口摄入参考剂量（RfD）为 10 微克/（千克·瓦·天），欧盟食品科学委员会（SCF）通过科学评估，对于邻苯二甲酸二（2－乙基己基）酯（DEHP）认为人体每日允许摄入量（ADI）为 50 微克/（千克·瓦·天）。我国新修订的 GB9685 中已将 4 种邻苯二甲酸酯类增塑剂从食品接触材料用助剂中删除，对其他 12 种邻苯二甲酸酯类的最大使用量、最大残留量以及特定迁移量均作出了规定。

2．阻燃剂

阻燃剂的品种和消费量以有机阻燃剂为主。阻燃剂中最常用的仍为卤系阻燃剂。卤系阻燃剂中又以溴系为主。自 1986 年起，研究发现有机卤系阻燃剂在热裂解及燃烧时生成大量烟尘及腐蚀性气体。人们开始注意和重视卤系阻燃剂的毒性作用。

3．热稳定剂

热稳定剂与增塑剂和阻燃剂是应用最多的三大助剂品种。PVC 树脂必需添加热稳定剂才能顺利加工。热稳定剂其主要包括有机羧酸金属盐和少量的有机助剂。有机羧酸多以饱和的（例如硬脂酸）和/或不饱和的（例如油酸）环氧化的（例如环氧大豆油酸）长碳链（C5-35）脂肪酸为主；金属多以铅、钡、镉、锌、钙、钾、锡、镁、锶、轻稀土元素为主。其中以铅盐类热稳定剂用途最广。这些稳定剂中含有大量的铅、镉、锡等重金属，便不可避免的会对环境特别是生物机体产生毒性作用。除去其中的重金属成分会对生物机体产生影响之外，有机羧酸成分可能会与重金属一起对生物机体产生协同毒性作用，表现出更复杂的综合毒性作用机理，更容易被吸收而潜伏在生物机体内，慢性积累，危害更大。

4．抗氧剂

抗氧剂种类繁多，主要有酚类、胺类、含硫化合物、含磷化合物以及有机金属盐类抗氧剂。总体说来，大多数抗氧化剂无毒且具有良好的稳定效果。

一些苯基取代的亚磷酸酯被认为具有一定毒性。尽管如此，一些抗氧化剂在许多国家都被允许使用，但必须遵守严格的纯度要求，其原因是三元取代的衍生物的毒性比一元取代和二元取代的衍生物的毒性更强。例如三苯基亚磷酸酯是毒性较强的物质之一。因此，只有当包装材料不直接与脂肪食品接触时，材料中才允许使用这些抗氧化剂。

曾有几个重金属螯合物类抗氧剂应用效果突出，目前基本已经淘汰不用。例如，抗氧剂 2002 就是一个典型的镍螯合物，已停止生产应用。尽管类似结构的抗氧剂 1084 还有些应用，其应用量也是逐年降低。

二、规治有效推动塑料技术发展

各国不断出台各类法规以加强对塑料中“隐形者”的监管。不论是覆盖各个工业领域的法律规定，还是单独涉及某个行业的标准，都对每个相关企业的发展产生了极大影响。

对比分析世界各国、各地区针对塑料制品加工与使用环节涉及人体与环境危害的法律法规标准可发现，规治大致分为五类：一是基本法则，在特定应用领域对制品及制品中风险物质的限定通则；二是允许使用某些特定结构与理化性能的化合物分类肯定列表规则与标准；三是不允许使用某些特定结构与理化性能的化合物分类否定列表规则与标准；四是对特定元素及其含量的限制和限值标准和法规；五是对应前述二、三、四等三项法规内容的标准及方法。这些规治的实施迫使塑料加工业的各个产业链的各个环节紧密配合、展开动作，挖掘非规非法因素，提出规治方法，采用满足规治的新原料、新配方、新机器、新磨具、新技术。更深层次而言，如此规治实效推动了塑料加工技术发展。

（一）通则性规制

2003 年 2 月 13 日，RoHS 指令（欧盟第 2002/95/EC 号指令）成为欧盟的正式法律。根据 RoHS 指令，自 2006 年 7 月 1 日起，所有在欧盟市场上出售的电子电气设备必须限制使用重金属以及多溴二苯醚（PBDE）和多溴联苯（PBB）等阻燃剂，其中铅（Pb）、汞（Hg）、六价铬（Cr^{6+}）、多溴联苯（PBB）、多溴二苯醚（PBDE）的最大允许含量为 1000ppm，镉（Cd）的最大允许含量为 0.01% （100ppm）。RoHS 指令覆盖了十大类电子电器产品，对材料、零部件和设计工艺提出了更高的要求。此令一出，出于种种原因，各国纷纷仿效，相继出台了类似法规条令，导致 RoHS 指令不仅仅约束电子电气产品，几乎蔓延到了各个工业领域。

2004 年，我国对等 RoHS 指令，出台了《电子信息产品污染防治管理办法》。该办法推进了无铅化等重金属替代技术和新型阻燃剂的开发与研究。2009 年 6 月 1 日《食品安全法》和《GB 9685-2008 食品容器、包装材料用添加剂使用卫生标准》同步实施。GB9685-2008 替代 GB9685-2003，将 2003 版中的 65 种可用物质更新至 958 种，其中塑料产品中可用添加剂为 571 种。2011 年 1 月 31 日起，卫生部监督局相继发布三批物质名单，公开征求拟批准食品包装材料用添加剂和树脂的意见。

（二）否定列表型规制

2007 年 6 月 1 日，REACH 法规正式实施，对进入欧盟市场的所有化学品进行预防性管理，包括化学品注册、评估、许可和限制。2008 年 10 月 9 日，欧盟化学品管理局（ECHA）公布第一批环境高度关注物质（SVHC）名单。截至目前，已正式公布六批 SVHC 名单，共 73 种物质。第七批 SVHC 名单正处于公众评议期，包含 13 种物质。在公布的 SVHC 名单中，涉及塑料加工领域的几乎全部为助剂或合成助剂的原材。 REACH 法规涉及的化学物质 3 万~4 万种，关联的产品 100 多万种。下表中列出了 SVHC 名单中可能使用的塑料助剂品种。

SVHC 名单中塑料可能使用的助剂品种

物质	EC 号	CAS 号	用途
邻苯二甲酸二丁酯	201-557-4	84-74-2	增塑剂
邻苯二甲酸二（2-乙基己醇）酯	204-211-0	117-81-7	增塑剂
六溴环十二烷及其非对映异构体	247-148-4 221-695-9	25637-99-4 及 3194-55-6 （134237-51-7，134237-50-6）	阻燃剂
邻苯二甲酸丁苄酯	201-622-7	85-68-7	增塑剂

续表

物质	EC 号	CAS 号	用途
邻苯二甲酸二异丁酯	201-553-2	84-69-5	增塑剂
磷酸三（2-氯乙基）酯	204-118-5	115-96-8	阻燃剂
邻苯二甲酸二甲氧乙酯	204-212-6	117-82-8	增塑剂

美国1989年公示法案——CONEG包装材料法规中规定：重金属铅、镉、汞、六价铬不能以任何浓度有意添加到包装或包装部件中；若偶然有，4项重金属在包装和包装部件中总含量不得超过100毫克/千克。

在食品接触材料用助剂方面，我国新修订的GB9685将4类邻苯二甲酸酯类物质列入了禁用名单。

上述法规与塑料制品密切相关，明确指出了塑料制品不可使用或限制使用的物质与元素。

（三）肯定列表型规制

国内外与直接接触食品的包装材料密切相关的法律法规及标准多采用列表指定允许使用的化学物质品种、数量及最大或特定迁移量。

2011年5月1日，欧盟EU No 10/2011正式实施，替代2002/72/EC，列表授权可用物质885种。法规涵盖范围包括：完全由塑料构成的材料和制品及其组成部分；通过粘合或其他方法结合的塑料多层材料和制品；上述产品具有印刷或覆盖涂层的材料和制品；作为盖子和密封件中的密封垫，与盖子和密封件构成两层及以上不同材料的塑料层或塑料涂层；多材质构成的多层材料或制品中的塑料层。2011年12月18日，欧盟（EU）No1282/2011条例正式生效，从两方面大幅提升塑料食品接触产品质量安全要求：一是新增15种可用于制造食品接触材料的单体和助剂的限量要求；二是对8种已有的单体和助剂的限量和要求进行了更新，其中三聚氰胺单体特定迁移的允许限量由原来的30毫克/千克降至2.5毫克/千克，限量要求提高了12倍。2011年欧盟相继出台EU No 10/2011、EU284/2011和EU No 1282/2011，一年之内3次专门针对塑料制食品接触产品发布技术法规。

美国食品和药物管理局（FDA）允许在食品接触材料中使用的物质已编录于21CFR中，包括间接助剂、安全性被广泛认可的物质（GRAS）以及优先批准的成分。

日本行业协会负责对相应行业进行监管。监管依据为美国、德国、法国、英国、意大利、荷兰等国家已批准或日本国批准或协会内部评审通过的用作食品接触材料的助剂品种。目前，日本卫生PVC协会（JHPA）和日本卫生烯烃与苯乙烯塑料协会（JHOSPA）公布的塑料助剂肯定列表中物质分别已有1 000余项和1 300余项。

2009年6月1日，中国《食品安全法》和《GB 9685—2008食品容器、包装材料用助剂使用卫生标准》同步实施。GB9685—2008中规定可用的助剂有958种。目前正在进一步修订，可用物质的种类已增至1315种，并对助剂的使用量、最大残留量、特定迁移量等做出了明确的规定，并增加了特定迁移总量限制。同时对允许用于塑料、油墨、胶黏剂等材料的合成原料和添加剂品种进行分类肯定列表管理。

（四）企业应对规治的措施

2003年以来，关于塑料加工业的各色规制纷至沓来。国内企业家和技术人员由无助式反抗、茫然无措到主动应对，经历了一个必然的过程，也取得卓越成效。今天，没有一个企业因不接受RoHS指令而拒绝出口订单。绝大多数企业完成了对应RoHS指令的UL黄卡认证。越来越多的食品包装企业和食品加工企业熟知了GB9685—2008。

十余年来，规治影响到全球的塑料加工业，也暴露出国内标准与法规不配套，方法与标准不同步的致命缺陷。GB9685—2008实施近6年，针对多种化学物质规定的由包装材料向食品模拟物的特定迁移量的测试既没有食品模拟物的方法标准也没有对应特定迁移量的测试方法标准。很多权威质检机构还在使用测试包装材料中助剂含量的方法给出数据，任由媒体依据GB9685—2008对相应助剂迁移量的限值标准进行判定报道。很多包装材料中增塑剂“超标”的报道当属此例。

熟读规治，认知标准与方法是国内塑料加工专业人士应对规治的唯一出路。针对各类法规标准，许多企业往往重视了解允许添加的物质品种及其最大使用量和最大残留量，忽略法规中对食品接触材料添加剂特定迁移限量和特定迁移总量限量的要求，甚至是混淆了残留量与迁移量的定义。在此环境中，技术人员不会读检测报告，也不会向用户解读报告。

最大残留量（QM）是指食品接触材料或制品中某种或某类残留物质的最大允许量，以每千克食品接触材料或制品中残留物质的毫克数（毫克/千克），或食品接触材料及制品与食品接触的每平方分米面积中残留物质的毫克数（毫克/分米^2）表示。

特定迁移量（SML）是指从食品接触材料或制品迁移到与其接触的食品或食品模拟物中的某种或某类物质的最大允许量，以每千克食品或食品模拟物中迁移物质的毫克数（毫克/千克），或食品接触材料及制品与食品或食品模拟物接触的每平方分米面积中迁移物质的毫克数（毫克/分米^2）表示。特定迁移总量限量（SML（T））是指从食品接触材料或制品中迁移到与其接触的食品或食品模拟物中的两种或两种以上物质的最大允许总量。

目前，我国不仅缺少直接接触食品的塑料中助剂迁移量的测定标准以及相应的检测方法,而且由于助剂含量较低，极易受检测过程中环境、噪声、设备状态、试剂纯度、人员操作水平等影响，造成检测结果的微小波动。如同样采用 GB/T 21928—2008 标准方法，不同检测机构出具的检测结果不同。此外，一些直接接触食品的塑料包装材料使用的原料或添加剂的使用量、残留量、迁移量等在 GB9685—2008 中已有限值标准，但没有对应的检测标准和方法。很多检测机构擅自扩大 GB/T 21928—2008 标准的应用范围，去承接塑料包装用胶黏剂、油墨、溶剂产品中的某风险物质例如邻苯二甲酸酯的检验，只出数据不做判定，任由委托者自行判定。甚至还出现不同检测机构采用相同方法不同检出限承揽检验，导致出具的检测报告同一样品时而合法，时而违规。企业苦不堪言，检测机构亦为无法规标准可依所累。

因此，企业在添加助剂的同时要熟读法规，了解法规的规定，对于限制使用助剂和允许使用特定化学物质的法规进行深入了解，明确添加量、最大残留量、特定迁移量和特定迁移总量限量的定义，在规治环境中健康发展塑料工业。

三、规治环境中塑料技术创新与发展

随着全球经济一体化的快速发展，因产品中风险控制物质含量超标引发的国际贸易摩擦频繁发生。十几年来，各国涉塑法规条令限制内容主要有：限制使用铅、汞、镉、六价铬化合物成分；限制多溴联苯（PBB）和多溴联苯醚（PBDE）等溴系阻燃剂；限制使用邻苯二甲酸酯类添加剂；限制特定结构的高环境风险物；限制那些生产过程允许添加的物质的特定迁移量。

在规治环境下，大力发展塑料技术创新，改进原有的塑料生产技术，开发新的塑料原料，是塑料生产企业的持续发展的必由之路。我国的增塑剂80%是邻苯二甲酸酯类，70%的热稳定剂含铅等重金属盐类，70%的阻燃剂含卤素。因此非邻苯二甲酸酯类增塑剂、去重金属化的热稳定剂以及卤系阻燃剂的高分子量化、阻燃剂无卤化等技术创新与发展显得尤为重要。

（一）塑料助剂等原料的去重金属化

鉴于欧盟法规，欧洲 PVC 热稳定剂制造商承诺，到 2010 年 PVC 热稳定剂铅盐的用量减半，到 2015 年完全不用铅盐作为稳定剂。铅盐稳定剂将主要被钙/锌复合稳定剂替代。国内企业无铅热稳定剂技术开发的热情高涨，深入研究配方组分调优技术，减铅代铅品种不断涌现，技术开发焦点集中在钙/锌复合稳定剂、水滑石类热稳定剂以及稀土复合热稳定剂。无铅热稳定剂的开发热潮并没有得到其下游 PVC 制品加工企业的完全呼应。PVC 制品企业仍在高度纠结无铅化助剂与传统助剂的热稳定效率、加工效率、环境效益之间的差异，在规治压力不足的环境下一时难以取舍。

法规对抗氧剂、增塑剂、合成树脂中的重金属含量也提出了更高要求。很多国家都在开发无铅、无锡、无镉、无铬、无重金属催化合成技术。我国酯化合成工艺技术改进不多。仍有企业采用重金属催化剂。为此，新的酯化催化体系，例如固体超强酸、稀土固体催化剂、固载杂多酸固化催化体系或其他固体酸催化剂应逐渐在抗氧剂、增塑剂、受阻胺光稳定剂等助剂合成生产中大力推广。

（二）助剂的高分子量化

大部分助剂是低分子量的单一结构化合物，在塑料中与基础树脂都没有化学键合，可以进行迁移。迁移是指塑料中的物质移动到塑料制品表面或与表面相接触的介质中的现象。如邻苯二甲酸酯类增塑化剂在 PVC 棚膜中迁移吸尘导致透明性急剧下降、十溴联苯醚、十溴二苯乙烷等单分子结构的溴系阻燃剂阻燃的塑料制品严重“起霜”都是广为人知“迁移”现象。许多其他种类助剂的迁移也在发生，特别是其接触物对其有溶解和抽提萃取作用时，迁移更严重。

化学物质的迁移速率取决于它们的分子大小，沸点，蒸汽压和在塑料与环境或塑料所在介质中的溶解度。因此迁移取决于物质的物理化学性质。小分子助剂，单体和残留溶剂由于其低沸点而快速迁移。有些单体如甲醛，氯乙烯，乙烯和丁二烯等几乎都是气体，即使在室温下也有快速迁移的趋势。分子越大的有机物迁移越慢，包括 REACH、GB9685—2008 在内的多国法律规定，分子质量大于 1 000 道尔顿的聚合物完全可以不受控，原因在于高分子量的聚合物迁移非常有限。因此我们需要开发高分子量的聚合型助剂，降低助剂的迁移。

最近十余年，高分子量的塑料助剂应用取得了长足进步。聚合型受阻胺光稳定剂 944、622 大比例地占用了单分子结构的光稳定剂 770 的市场。溴化环氧树脂、溴化聚碳酸酯齐聚物等高分子量溴化聚合物树脂类阻燃剂借 RoHS 指令全球实施的机会实现大面积应用，占领了原来十溴二苯醚市场份额的 30%~40%。即便是传统的抗氧剂，大分子量的抗氧剂 1010 的应用范围和数量也远远大于抗氧剂 1076。

国内开发高分子量增塑剂的热情高涨。除国内已有的聚酯类增塑剂外，还有聚己二酸丁二酯、聚辛二酸丁二酯等经改性后的高分子量增塑剂；乙烯-SO_2 共聚物、乙烯-CO 共聚物、EVA-CO 共聚物等优良的高分子量 PVC 增塑剂；与 PVC 相容性优良的长效高分子增塑剂，分子结构中不含酯基、羰基，但能与 PVC 发生强烈的偶极- 偶极相互作用，如丁腈橡胶（NBR）、氯化聚乙烯（CPE，含氯量大于 48%）。同时，我国应该调整增塑剂产品结构，开发功能性增塑剂，如低挥发度耐寒增塑剂癸二酸二已酯，逐步缩小邻苯二甲酸酯的份额，提高无毒、环保增塑剂的份额。

（三）助剂协效技术开发

除了开发新的助剂品种外，企业应该考虑利用配方调优技术，充分高效发挥配方组分间的协同作用。

目前开发的热稳定剂技术中，共稳定剂是一类本身并不起稳定作用，但与其他热稳定剂并用时则会显著提高稳定效果的化合物。常用的有亚磷酸酯、环氧类增塑剂、多元醇、酚类抗氧剂、二酮、二氢化吡啶衍生物、β-酮羧酸酯、马来酰亚胺等含氮有机化合物和水滑石、沸石、高氯酸钾盐、碱式亚磷酸钙铝等无机化合物。因此，加强共稳定剂的协同效应研究可能比开发热稳定剂新品种的性价比更高。

（四）阻燃无卤化

卤系阻燃剂的副作用已众人皆知。欧洲关于阻燃无卤化的呼声越来越高。虽然溴系阻燃剂具有无可比拟的性价比，八溴联苯醚（octa-BDE）和五溴联苯醚（penta-BDE）已遭 RoHS 法令限制，十溴联苯醚（deca-BDE）几经讨论之后终获赦免，但是生产企业仍在倾力寻找低分子量溴系阻燃剂的替代品。十溴二苯乙烷、溴化环氧树脂、溴化聚苯乙烯、聚溴代苯乙烯、四溴双酚 A 碳酸酯低聚物等具有强劲的发展势头。磷系阻燃剂资源丰富，成本低廉，应用广泛，是很有发展前途的阻燃剂品种，包括磷酸酯、卤代磷酸酯、磷酸酯盐、多磷酸酯和红磷 5 种类型。另外，有机硅系阻燃剂和无机阻燃剂技术的开发和应用值得高度关注。

四、技术监管模式

塑料助剂品种及应用已上升到法制规范层面。塑料生产企业应在充分理解法规内容的基础上积极应对，彻底地从技术环节和生产管理上增强自身竞争力，从容面对发达地区和国家相继提高的各种技术和环保门槛值。主动应对措施是建立塑料生产企业良好生产规范，确保原料及助剂符合其适用的法规及适合其预期用途的质量标准从而不致危害环境及人体健康。从根本意义上讲，就是要在塑料产业链建立良好生产规范（GMP）体系。GMP 的精髓所在就是可追溯的文件化的质量控制与保障体系，简称“溯源法”。

溯源法首先应用于食品包装及材料卫生安全

管理体系。通过“溯源法”对食品软包装产业链进行梳理，对国内外复合软包装的相关标准进行统计、归类后，全面解析食品复合软包装产业链中，从化学原材料到复合软包装产品的各个环节需要控制的化学物质种类及对应的安全卫生标准，通过收集总结相应的标准检测方法，形成了一套完整的卫生安全控制体系。该控制体系对食品软包装行业产业链中各企业的监管，采取供方调查表、供方符合性声明、指纹法“三管齐下”的方式。

（一）建立系统的卫生安全管理体系

从产品的设计开发—原料的检测—生产过程—产品追溯—产品防护—成品监控等方面，建立与产品卫生安全保证相关的管理文件和指纹图谱，制成文件并保持，有利于企业的具体操作和管理的溯源。

溯源监管就是从塑料包装产业链，重点是食品包装产业链入手，梳理国内外相关卫生标准、全面解析从化学原材料到塑料包装产品的各个环节需要控制的化学物质种类及卫生安全关键控制点后，通过对检测方法、表征产品详细不二的化学结构的指纹图、卫生安全管理要素与质量环境管理体系融合的节点确定、数学模型等几个方面的深入研究，建立化学物质溯源为主线的食品包装材料安全卫生责任追溯体系，让下游用户不为上游原料的专业技术内容所困，自上而下地保证产品承诺内容可技术复验，合规性可验证，将非法违规操作的产品堵在溯源保障体系之外，规范产品安全风险评估测量方法，从源头上为食品安全监管提供技术保障。

溯源监管模式特点在于包装产业链的各级供应商，除采用供方调查表、供方符合性声明承诺产品的法规标准符合性之外，还要采用指纹谱图确保产品法规符合性的技术复检性。供方调查表和供方符合性声明是法律范围的监管方式，指纹法是技术监管方式。指纹法为法律的实施提供可靠的技术证据支持，通过供应商自上而下逐级自律，采用“三管齐下”，对包装材料产业链各环节企业实施监管。

（二）指纹谱图建立

以塑料生产产业链为主线，通过对国内外现有塑料及塑料助剂各项标准、规定的总结，分别归纳出各产品对应的标准列表和化学物质列表并建立相应的特征指纹库。指纹图谱的建立可用于对比指纹是否一致来初步验证产品及原材料是否发生重大变化；另外，进一步辅以其他的检测手段和中/终控指标，定期验证产品的符合性，以此保证软包装产业链中的产品符合卫生安全要求。指纹图谱的建立有助于企业做到产业链各环节、各节点物质都有指标可控，有标准可查，有方法可检。

（三）追溯产业链环节，排查非法因素引入渠道

溯源监管方案是沿包装材料制造工艺链（包括薄膜供应商、油墨供应商、胶黏剂供应商以及其对应的原料供应商等），分别对不同阶段产品的包装运输条件、生产环境、合成反应、合成用原料进行检查。分别通过对误用因素（即原料和合成工艺）的排查、污染因素（包括生产环境、包装运输条件）的排查、误检因素的排查等，确定有害物质的引入渠道。

2011 年台湾塑化剂事件爆出后，白酒、月饼等食品也相继被检出塑化剂。加上部分专家的片面解读和一些媒体的误读误报，夸大了塑化剂的危害，引起广大消费者恐慌。食品以及与食品直接接触包装材料的生产企业无疑成为关注焦点。面对法律责任和公众压力，无论成本还是性能都没有动力使用塑化剂的包装材料生产企业都不得不溯源排查塑化剂的引入渠道。

供方企业接到客户投诉后，首先将问题产品进行取样分析，并与之前备案的指纹谱图进行比对，谱图一致，证明该批次产品的主要结构未发生变化，所用原料与企业提供的原料列表相符。通过指纹谱图比对和原料列表检查可知，供方生产过程无需添加塑化剂组分，因此最终产品中不应含有塑化剂。在排除主动添加因素后，应确保塑化剂不会因误用、污染、误检而在最终产品中检出。

溯源监管方案是沿产品制造工艺链，分别对不同阶段产品的包装运输条件、生产环境、合成反应、合成用原料、检测方法进行检查。

五、小结

在规治环境下发展塑料产业及塑料技术，不是要规避规治，而是要主动而为。熟知法规内容，掌握标准方法，即时监控，溯源保障，用技术手段保证产品的合规性。塑料助剂作为塑料生产及加工过程中必不可少的物质，应逐渐实施塑料助剂的去重金属化、高分子量化以及提升协效作用。

塑料企业应充分了解国际国内各项法规，熟读法规中的各项内容。建立溯源管理体系，并将溯源

的监管模式融入到企业的整个生产体系中，促进企业在规治的条件下发展，使“隐形者”褪去隐形衣，置于规治的环境中。总之，塑料生产企业在规治的要求下发展，促进合规而行才是发展之路。

（北京华腾新材料股份有限公司
陈宇　张春辉　崔正）

创新驱动、提质增效、打造改性塑料升级版

（向轻量化、功能化、生态化进军）

一、“新常态”时期改性塑料行业面临的问题和发展思路

我国经济发展进入了“新常态”，塑料加工行业在“新常态”的历史时期的发展思路就是依靠科技创新，打造行业升级版，实现平稳健康增长。

目前我国经济已由高速增长转型到中低速增长，其经济增长的模式也正在发生根本性的变化。“十一五”期间塑料加工行业平均增速为20.1%，2012年增长仅8.09%，2014年降至7.44%，今年也并不乐观，对此要有清醒的认识和对待。

——依靠高投入、扩产能、增规模发展的时代已经过去了；

——靠过度消耗资源、能源，以牺牲环境为代价的增长模式不可取了；

——人口红利不复存在了；

——用高价从国外购入所谓先进的技术设备，生产着价廉而普通大路货产品的路走到头了；

——通过非正常手段取得高市场占有率和高利润越来越难以实现了！

我们改性塑料行业同样面临着产能过剩、产品积压严重、市场竞争残酷，大家都挤在同一个圈子里互相冲撞，抢着一锅饭。大家都在问：出路何在？希望何在？

创新驱动、提质增效，打造行业升级版，对于以材料为主要产品和业务的行业其出路就是实现轻量化、功能化和生态化，延续三十年改革发展之势，再创行业辉煌。

二、填充改性塑料轻量化技术研究现状及走向

碳酸钙等无机矿物粉体添加到基体树脂，起到增量（降低成本）、改善某些方面的性能和增加功能三大作用，称为塑料的填充改性。

在使用性能得以满足的情况下，使用的粉体越多，降低成本的作用越大，从减少价格高的高分子基体树脂用量的角度看，对社会的贡献也越大，但关键问题是由于无机矿物粉体的密度与高分子树脂密度相差甚大（相差2~3倍），填充塑料材料的密度也因加入粉体而显著增大，单位重量的物料，加有粉体的比纯树脂的体积减小，在以件数（注塑制品）、长度（管材、型材）、面积（薄膜、片材、板材、人造革等）为塑料材料及制品计算价格时往往会因为件数、长度、面积的减小造成的损失大于使用廉价粉体填料带来的效益，此外还有增重后带来的运输成本加大，劳动强度大等问题，从而成为填充改性发展的瓶颈。多年来广大科技人员对此进行了顽强不息、锲而不舍的研究，结果表明通过原辅材料和工艺装备的创新，“增重问题”是可以得到一定程度解决的。

1. 凡是成型加工中有拉伸过程的，其填充塑料的密度都低于同样成分的注塑成型塑料

聚丙烯（PP）扁丝经过将近六倍的单向拉伸，碳酸钙粉体颗粒分散在PP大分子经拉抻后形成的空隙中，因此高倍的单向拉伸制品，其增重问题不明显，在扁丝仍能满足国家标准的情况下，同样重量的物料，其扁丝的长度没有明显变化。

吹塑成型的塑料薄膜在加工时受到的是双向拉伸，即横向（径向）和纵向，其拉伸比因不同原料而有所不同，但一般都在2~3倍范围。因此和添加同样数量的粉体的注塑成型塑料材料相比，吹塑薄膜的密度就小得多。例如注塑成型的含重质碳酸钙（1250目）30%的PE塑料材料密度达到1.3克/厘米^{3}以上，而吹塑成型的填充PE薄膜的密度只有1.10克/厘米^{3}左右。

试验结果表明，既使是注塑成型，如果能掌握好注射压力和保压时间，同样配方和加工工艺设备，其注塑制品材料密度可以达到3%~4%的变化。

2. 在交联剂存在的情况下使用发泡剂形成微孔结构，可有效降低填充塑料的密度

20世纪80年代流行一时的钙塑天花板，就是在使用交联剂的情况下，用AC发泡剂使片材成型后的密度仅0.2克/厘米^{3}左右。现在钙塑天花板不流行了，但微孔泡沫鞋底（PE的或EVA的）还大量生产并广泛应用着，连续发泡的PE泡沫片材也有很大的市场。

之所以要使用交联剂，是因为熔融状态下，PE的分子组成不了结实的泡孔壁，发泡剂分解出的气

体不能保持在基体塑料中，而 PE 的分子经交联后可以形成足够结实的泡孔壁，气体被封闭住就可以形成微孔塑料，从而在交联剂存在的情况下，塑料材料的密度得以减小。聚氯乙烯（PVC）和聚苯乙烯（PS）都因为能够形成足够强度的泡孔壁，因此发泡过程无需使用交联剂，EPS 因发泡剂为戊烷，无须使用的化学发泡剂。近年来发展很快的注塑成型超微发泡塑料使用的是干冰二氧化碳（CO_2）或液氮（N_2），主要是在设备上下功夫，就另当别论了。

使用交联剂固然可以得到发泡 PE 塑料，但交联剂气味大且交联后的塑料不利于回收再生利用。

3．不使用交联剂实现聚乙烯（PE）和聚丙烯（PP）微发泡，从而降低加有粉体填充塑料密度是近年来最有意义的技术创新之一

武汉凌辉高分子材料有限公司发明的在不使用任何交联剂的情况下，使加有 30%重钙的 HDPE 片材的密度比同样配比的对比片材密度下降 10%以上，而且已经大量用于 HDPE 片材的产品中，是轻量化技术的重大突破，该技术已申请专利。

4．微孔硅酸钙的出现开辟了轻体填料降低填充塑料密度的新纪元

多年来人们始终不放弃寻找一种本身密度小的填料，希望以此打开填充塑料密度下降的缺口。硅藻土和沸石都是曾被寄予希望的粉体，但在实践中其努力都被放弃了。主要问题是这两种粉体本身的硬度高，对加工设备的磨损太严重；另一方面是二者都是大自然亿万年形成的产物，资源有限，硅藻土的纯化也很复杂，价格不菲。

近年来，大唐国际再生资源公司以粉煤灰为基础原料人工合成出微孔硅酸钙，从原料上看是取之不竭，从成本上看，塑料加工行业可以接受，目前在塑料中的应用已取得阶段性成果。这种自身轻质的填料将为塑料填充改性带来一场革命化的变革，成为塑料改性历史上的里程碑。

（1）化学组成（见表 1）。

表 1　　硅酸钙微粉的化学组成　　单位：%

SiO_2	CaO	Fe_2O_3	LOI
45~47	44~46	0.065	7~10

（2）物相组成。

XRD 分析结果表明，硅酸钙微粉中 $CaSiO_3 \cdot xH_2O$ 的含量达 95%以上，其他为 CaO、Ca（OH）$_2$、SiO_2 等杂质。

（3）硅酸钙微粉表面孔隙众多，比表面积大（见图 1）。

A．10 微米标尺

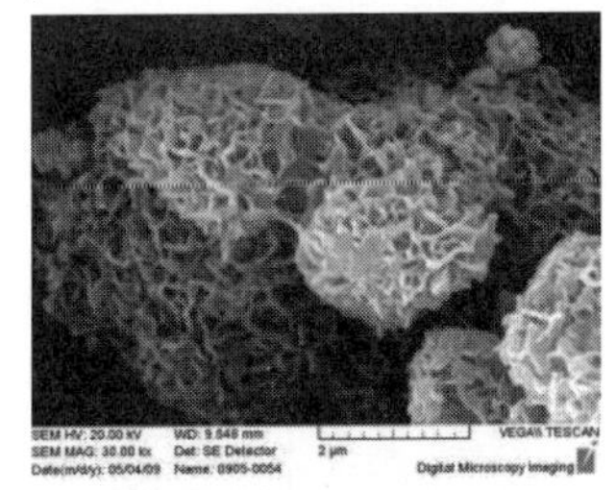

B．2 微米标尺

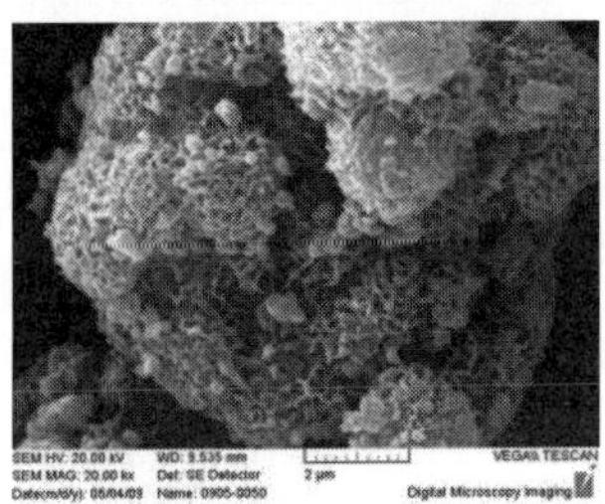

C．2 微米标尺

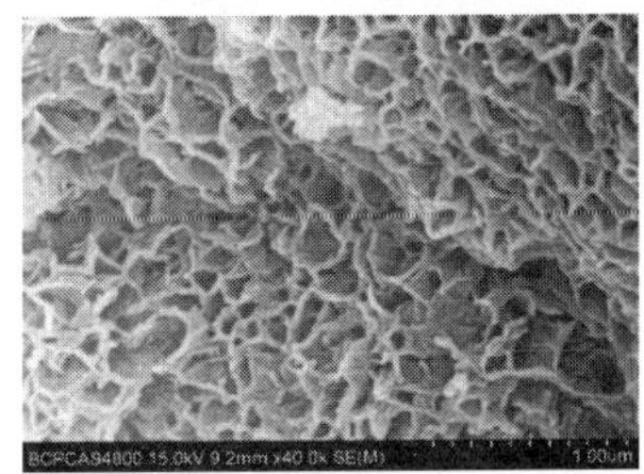

D．1 微米标尺

图1　硅酸钙微粉的微观结构电镜照片

（4）硅酸钙微粉的性能指标（见表 2）。

表 2　　硅酸钙微粉的性能指标

白度	pH	堆积密度/（克/厘米 ^{3}）	真密度/（克/厘米 ^{3}）	吸油值/（毫升/100 毫克）	含水率/%	平均粒径/微米	比表面积/（米 ^{2}/克）
89~92	8~11	0.17~0.30	1.30~1.40	130~170	3.61	15~30	50~150

（5）硅酸钙微粉和主要粉体材料的性能比较（见表 3）。

表 3　　硅酸钙微粉和几种粉体材料的性能

填料类型	轻质碳酸钙	超细重质碳酸钙	超细滑石粉	炭黑	气相法白炭黑	沉淀法白炭黑
SiO_2 含量/%			40~75		≥99.8	92~95
pH	8~9	8~9	7~8	6~8	3.5~6	6~8
比表面积/（米 ^{2}/克）	5~10	20~80		80~150	150~400	150~350
含水率*/%	0.85	0.16	0.27	1.82	4.28	9.45
吸油值/（毫升/100 毫克）	60~90	40~60	30~60	80~130	150~350	150~350

注：* 采用深圳市冠亚电子科技有限公司生产的 SFY 型快速水分测定仪，方法及条件与硅酸钙含水率测定相同。

研究及实际生产表明，微孔硅酸钙制成母料后与碳酸钙母料按同样比例加入到 HDPE 树脂中制作片材，其制品的密度有明显的差别，微孔硅酸钙微料填充 HDPE 的密度在不同添加量时都有 10%以上的下降幅度，而且性能无明显差别。以添加 50%母料的两种 HDPE 板材为例的检测结果见表 4。

表 4　　添加 50%的碳酸钙和 50%硅酸钙母料板材性能测试

检测项目		硅酸钙制品	碳酸钙制品
密度/（克/厘米 ^{3}）		1.12	1.26
拉伸强度/兆帕	纵向	10.7	10.4
	横向	10.9	10.7
断裂伸长率/%	纵向	583	120
	横向	660	129
拉伸弹性模量/兆帕	纵向	225	180
	横向	240	205
弯曲强度/兆帕	纵向	10.6	10.4
	横向	11.2	11
弯曲模弹性模量/兆帕	纵向	288	180
	横向	355	215
撕裂强度/（千牛/米）	纵向	214	178
	横向	205	165
吸水性（21℃/24 小时）		0.15	0.04

5．晶须碳酸钙及其在塑料中应用时降低密度的效果

通常轻质碳酸钙的颗粒形状为纺垂体形（枣核型），长径比约 3~5。在适当的条件下，碳酸钙可以形成长径比更长的针状颗粒，见图 2、图 3。

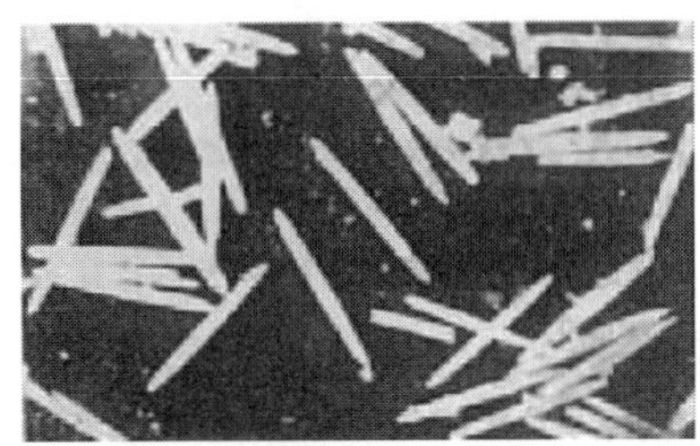

晶须直径约 2~3 微米，长度 35~45 微米，长径比为 15 左右

图2　晶须碳酸钙SEM形貌照片

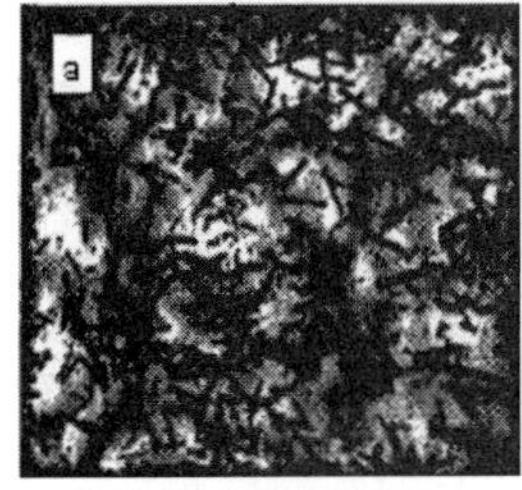

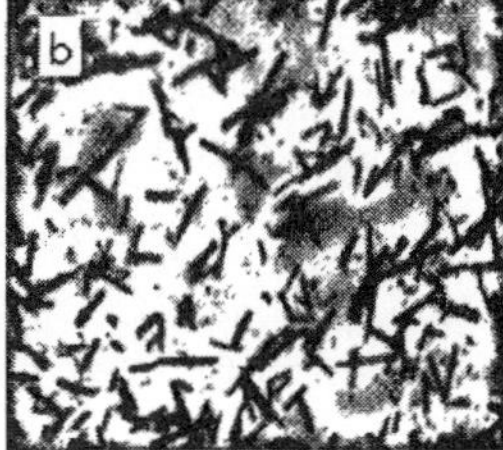

左图：表面处理前　　右图：表面处理后

图3　碳酸钙晶须的偏光照片（×100）

以往的研究注意力集中在晶须碳酸钙对塑料材料的力学性能影响上，其研究结论一般是具有纤维状填料的增强作用、优良的表面光滑性及尺寸稳定性等方面，没有注意到晶须碳酸钙在基体塑料中是如何排列、如何堆砌的，即是否有因排列堆砌形成一定空隙使填充塑料密度有所下降的现象。

赵学华高工根据在橡胶材料中使用晶须碳酸钙的经验，将特别制造的晶须碳酸钙加以处理，再与基体塑料混合，结果发现在不影响塑料材料性能的情况下，可使其填充塑料的密度有所下降。同时纳米尺度的微孔还有助于受外力时发生弹性形变，吸收冲击能，有利于填充塑料保持良好的抗冲击性能。

经过特殊处理的晶须碳酸钙在几种塑料制品中试用的结果显示出良好的效果。以ϕ110 毫米 PVC 双壁波纹管为例：

在ϕ110 毫米 PVC 双壁波纹管原配方中，用经过特殊处理的晶须碳酸钙代替等量氯化聚乙烯（CPE）冲击改性剂，挤出制得的管材性能见表 5。

表 5　　晶须碳酸钙替代部分 CPE 制成的ϕ110 毫米 PVC 双壁波纹管的性能

试验编号	CPE 替代量 /%	管壁材料密度 /（克/厘米³）	管材米重 /（千克/米）	管材环刚度 /（千牛/米²）	落锤冲击
0#	0	1.650	3.70	8.02	无破裂
1#	10	1.635	3.70	8.18	无破裂
2#	20	1.634	3.66	6.46	无破裂
3#	30	1.643	3.71	8.65	无破裂

试验结果表明：

（1）用经过特殊处理的晶须碳酸钙替代部分 CPE 冲击改性剂后，管材的性能（环刚度、落锤冲击）仍保持良好。

（2）CPE 被替代的管材管壁材料密度较原配方的管材管壁材料密度均有所下降，下降 0.5%~1%。

（3）为了达到不同配方的管材的米重一致，CPE 被替代的三种管材在成型时，加料机转速均需加快（分别为 52.9/54.5/55.0/54.6 转/分钟）。喂料机转速加快意味着生产同样重量的管材所需时间减少了，生产效率提高了（试验记录表明此时主机电流和螺筒各区的温度均未发生变化）。再者，晶须碳酸钙仍属于无机粉体材料，其真实的密度仍然要大于 PVC 树脂，同样重量的物料体积理应有所减少，但实际此时产品的重量和长度仍保持一致，说明用经过特殊处理的晶须碳酸钙代替部分 CPE 后，其挤出管材的管壁中存在着空隙（密度有所减小，但体积因微孔的存在并未显著减小），此时管材的冲击性能仍然良好，说明微孔尺寸十分细小，不仅没有成为缺陷，而且有助于在受到外力时吸收

能量，从而达到保持良好性能的前提下实现塑料材料及制品的轻量化目的。

尽管目前的试验还未能有非常大的轻量化效果，但考虑到PVC双壁波纹管和其他PVC管材型材硬制品一样都要使用至少8份的CPE，代替30%的CPE，意味着可以少用2.5份CPE，由于2.5份的CPE与2.5份的晶须碳酸钙在成本费用上相差十分悬殊，给使用CPE冲击改性剂的PVC硬制品可带来每吨节省至少150元的经济效益。

由此可见，用经过特殊处理的晶须碳酸钙代替部分CPE生产PVC硬制品可同时起到降低产品原材料成本、保持良好力学性能和提高生产效率三大作用，其创新驱动，提质增效的重大意义不言而喻。

北京石油化工学院对晶须碳酸钙在PVC塑料中的应用效果进行系统的研究。通过晶须碳酸钙与重质碳酸钙、轻质碳酸钙的填充效果比较，以及晶须钙替代部分PVC树脂对材料性能影响规律；晶须碳酸钙代替部分冲击改性剂CPE对材料性能的影响；晶须钙本身用量多少对材料性能等四个方面的试验，认为晶须钙的特色作用鲜明，如果能适量、适当使用可以在硬质PVC塑料制品生产中起到显著降低原材料成本，提高性价比的作用。

三、填充改性塑料功能化、生态化技术研究动向

填充改性早已从实现单纯的增量、替代树脂、降低原料成本等目标提升到改善基体塑料某些方面的性能，如提高刚性、耐热性、冲击韧性等。如今随着塑料材料越来越广泛的应用，各方面对其提出更多的要求，随着时代的进步，消费档次和观念的提升，填充塑料的功能化和生态化已提上日程。功能化就是高分子材料本不具备的性能通过加入填料及相应的助剂，可以具有和纯塑料完全不同的功能，如阻燃性、抗静电性、磁性、阻隔性等，而生态化是指在填充塑料加工过程中保持良好的环境、节能、降耗，近年来更是强调杜绝粉尘、去除异味、绿色环保等更高层次的境界，而且已经取得长足的进步。

1．微孔硅酸钙的吸附能力及在聚乙烯无滴膜中的缓释及保温作用

功能性农用棚膜的重要功能性是无滴和保温。我国目前生产的流滴剂加入到农膜中可以起到流滴作用，但时间短于薄膜的寿命，即无滴膜在农膜使用后期已将流滴剂消耗殆尽，其主要原因是所使用的流滴剂与PE分子的相容性不好，从薄膜中心迁移到膜表面发挥流滴作用是必须的，但迁移过快，消耗的也快，致使流滴剂的作用与薄膜的使用寿命不能同步。

微孔硅酸钙致密繁多的微孔可以吸附流滴剂，拖延其向薄膜表面迁移的时间，从而达到缓释作用，延长流滴剂发挥作用的时间。河南焦作咏春塑胶有限公司的试验表明，在不影响薄膜力学性能，甚至还有所提高的情况下可有效延长流滴剂的作用时间，见表6。

表6　　三种聚乙烯无滴薄膜的常规性能

样号	保温剂类型	厚度偏差			拉伸性能				裤型撕裂强度		透光率	雾度	流滴失效时间
		公称厚度	极限偏差	平均偏差	拉伸强度		断裂伸长率						
					纵向	横向	纵向	横向	纵向	横向			
		毫米	%		兆帕		%		千牛/米		%	%	小时
GB4455—2006指标要求		0.080	≤±28	≤±10	≥16.00	≥16.00	≥300.00	≥300.00	≥60（直角撕裂）		≥85	≤35	≥144
PE/F-0	/	0.080	12.50	-3.13	27.99	22.91	1 702.50	1 373.75	78.65	91.56	91.1	14.2	0.2
PE/F-1	滑石粉	0.080	11.25	3.44	27.12	26.36	1 677.50	1 685.00	76.11	98.63	90.2	26.2	36.0
PE/F-2	CaSiO3	0.080	16.25	9.25	30.85	26.33	1 806.25	1 614.06	86.16	98.21	90.0	21.5	63.0

研究表明，滑石粉可阻隔红外线，加有滑石粉的农膜因滑石粉的存在，在夜间薄膜的红外线阻隔性越好，热量以红外线方式辐射穿过棚膜散失的能力越弱，因而使热量得以保留在塑料大棚内。微孔

硅酸钙在成为流滴剂的缓释剂的同时，同样具有与滑石粉类似的红外阻隔作用，成为农用棚膜的保温剂，而且其保温作用比滑石粉还要好，见图 4、图 5 和图 6。

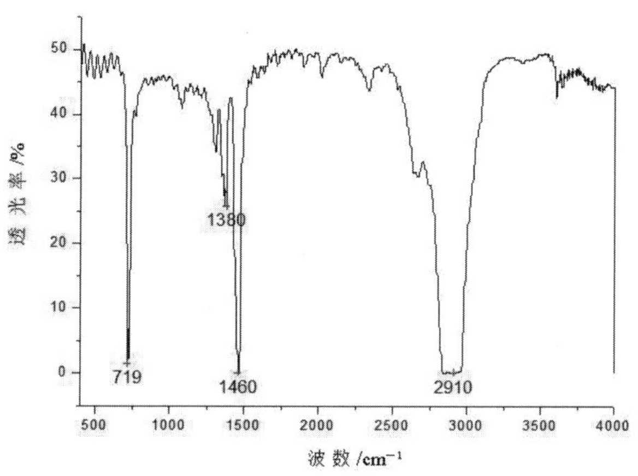

图4　PE白膜参比样的FT-IR谱图

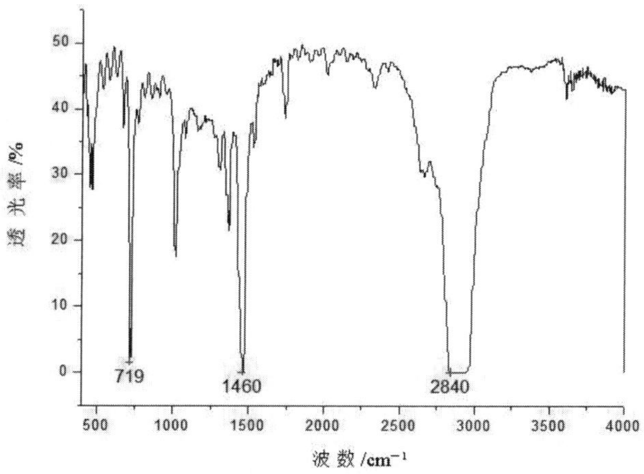

图5　采用滑石粉所得PE流滴薄膜的FT-IR谱图

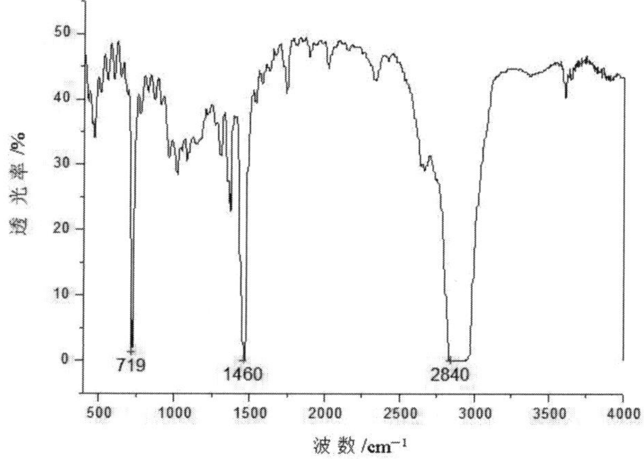

图6　采用硅酸钙所得PE流滴薄膜的FT-IR谱图

2．微孔硅酸钙高吸附性环保母料

利用微孔硅酸钙具有致密的，纳米尺度的微孔结构，可以制成吸附异味或有害气体的环保型母料。母料和与之对比的其他两种母料的物理力学性能见表 7。

表 7　　母料物理机械性能

母料名称	比重/（克/厘米^3）	维卡软化点/℃	悬臂梁缺口冲击/（千焦/米^2）	拉伸强度/兆帕	屈服强度/兆帕	断裂强度/兆帕	断裂伸长率/%
微孔硅酸钙母料	1.495	116.8	16.94	11.45	9.72	11.23	3.8
碳酸钙母料	1.682	124.5	12.64	10.89	9.08	10.72	3.6
硫酸钡母料	4.326	131.6	13.20	11.29	8.01	10.16	2.4

研究结果表明，硅酸钙母料对甲醛吸附作用明显，24 小时的吸附量达到 2.7%，而碳酸钙母料和硫酸钡母料都不具有吸附甲醛的能力。

研究结果还表明，当使用微孔硅酸钙母料生产 SY320-720 型厚 2 毫米的塑料板材时，按 HDPE:母料=60:40 比例挤出压延成型时，使用碳酸钙母料时，挤出模口有烟、有味，而换成微孔硅酸钙时，模口处的烟雾和异味都消失了，而且板材表面光泽度良好，着色性能也更优异。此时不仅板材的密度从 1.28 克/厘米^{3}下降至 1.12%，即下降 12.5%，而且力学性能更好，达到了轻量化、功能化、生态化（环保效果）三重改性效果。

四、粉体表面活化设备的创新及高效节能效果

碳酸钙、滑石粉等无机矿物粉体的表面经有机化处理可从亲水性改变为亲油性。多年来最常使用的活化设备是高速混合机，效果尚可，但桨叶高速大负荷的旋转消耗的电能是比较高的，而且是间歇操作，很长时期里没有采取必要的措施，在投料和放料时，甚至在中途填加助剂时，粉尘外扬，操作环境十分恶劣。设备制造企业为此对高速混合机进行改造，增加除尘设施，改变母料加工工艺，粉尘问题基本上得以解决。一些单位研制成功连续处理设备，也解决了高混机间歇操作问题，但粉体处理的能耗问题仍然未有根本性的改变，特别是活化度得不到保证，如在很多粉体加工企业使用的连续式粉体表面改性机其碳酸钙的活化度很难达到 95%以上。

杭州港湾机械制造有限公司研制成功一种全新结构和全新运转原理的粉体表面改性设备——HW 型系列表面活化机（组）。

该活化机由改进的无重力混合机为活化中心，采用导热油对粉体加热，其机内结构如图 7 所示。

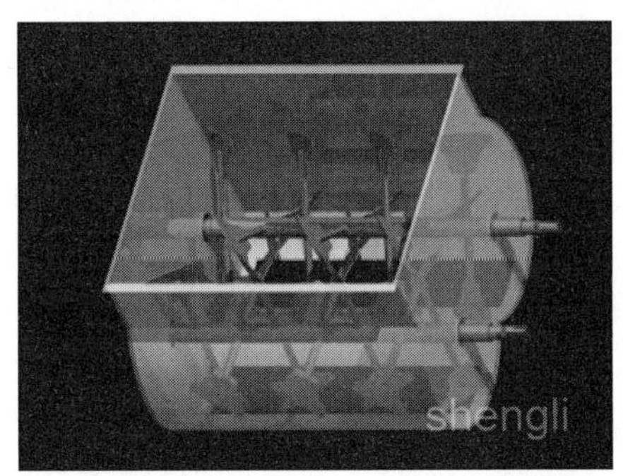

图7　新型粉体活化机内结构示意图

以 HW-2 型为例，该型活化机组的技术参数见表 8。

表 8　HW-2 型活化机组技术参数

内　　容	HW-2 型
有效容积	2.0 米^3
生产能力	2~3 吨/小时
加热温度	≤ 280 ℃
设计总功率 其中：活化混合 电加热 螺旋提升机 冷却机 电动出料阀	88.25 千瓦 18.5 千瓦 48 千瓦 4×2 千瓦 11 千瓦 2.75 千瓦
耗　　电	25~40 千瓦·时/吨
占地面积	20 米^2
设备总重	8.5 吨

HW-2 型系列活化机组已获国家一项发明专利（ZL201410585370.6）和两项实用新型专利（ZL201420628185.6 和 ZL201420628913.3），在浙江省建德市广鑫塑业有限公司已经试运行成功。

HW 型粉体改性机的主要特点是：

（1）采用无重力原理进行改性加工，粉体活化率大幅提高。由于采用了无重力原理工作，在添加改性剂配比极小的情况下，可使改性剂迅速均匀地与粉体（碳酸钙）接触，以实现高质活化之目的，粉体活化率可高达 98%以上。

（2）生产效率高。本机改变了高速搅拌机大功率、自摩擦发热的低效率加热活化方式，采用机体外部导热油加热迅速提高物料温度，外加热温度可按需设置，有效提高了活化生产效率。

（3）节能型产品，单位能耗低。由于改变了物料加热的方式，大幅度地降低了电能，同时也明显降低了生产成本，主控电机的转速根据机内物料温度智能自动调整，避免了仅靠机械力摩擦升热的效果不足和电能的浪费。同时采用机内全息导热设计，克服了仅靠导热油加热的低效率升温，有效地提高了物料加热速度，辅以外保温层设计，大幅度地降低了能耗。

（4）环保型设备，操作简单，密闭活化，粉尘度低，大大改善工人的工作环境。

（5）性能可靠，自动化程度高。本机采用电加热系统双路自动温度控制，开机后可按要求调整设置。

（6）活化不影响粉体的原始物理状态，活化效果不受物料粒度大小的影响，活化均匀，节约改性剂。

（7）节约人工成本。除粉体初始加料外，机组运行、使用操作、配料检查等仅需一人。

（8）结构可靠，免维修设计。采用新颖可抽换式电加热管加热结构，彻底解决了油加热管路漏油、电路故障等隐患。

石家庄德倍隆科技有限公司努力实现 HW 型新型粉体表面改性机与三螺杆混炼挤出设备联动，从而实现了填充母料的高效节能生产。

HW-2 型活化机组/三螺杆挤出机和传统使用的高搅机组/双螺杆挤出机进行了 $CaCO_3$/PP 和 $CaCO_3$/PE 填充母料的生产性考核。填料首先经偶联处理并加入适量助剂，再与树脂混合后加入挤出机料筒。填充母料产品性能及填充打包带、扁丝的性能经测试均达到或超过有关行业标准和国家标准的规定。其中不同工艺生产的填充母料用于打包带和扁丝的部分性能见表 9。

表 9　制品的性能对比

生产工艺	PP 打包带			PP 扁丝		
	母料质量/份	拉断力/千牛	断裂伸长率/10^{-2}	母料质量/份	相对强度/[牛·特(克斯)]	断裂伸长率/10^{-2}
HW-2 型活化机组/三螺杆	20	2.75	17	10	0.34	22
高搅机组/双螺杆	20	2.73	16	10	0.34	21

填充料料条表面光滑，无传统双螺杆挤出机常见的分散不良现象。料条拉伸强度，弯曲强度，冲击强度都比双螺杆挤出有明显的提高。相同的配方体系下，成品的质量比双螺杆挤出要上一个档次。相同的质量要求下，三螺杆能增大填料的用量，减少润滑剂的用量，从而使其成本大大降低。

五、结束语

改性塑料行业发展形势喜人，特别是新的技术、设备和产品的创新，有的甚至是原始性的创新，必将为我们改性塑料行业找到新的增长点。我们的经济已进入“新常态”历史时期，谁能在科技上先行，在创新上领先，谁就能在竞争激烈的市场上赢得主动权。当前我们就是要高举“创新驱动，提质增效”的旗帜，努力拼搏，向改性塑料技术的轻量化、功能化、生态化进军，打造行业升级版，继续行业的辉煌。

（中国塑料加工工业协会改性塑料专业委员会
刘英俊）

品牌企业风采介绍

三斯达塑胶（福建）有限公司

goody 顾地®

顾地科技股份有限公司

ZhongyunTech®

潍坊中云科研有限公司

汕头东田转印有限公司

广东金明塑胶设备有限公司

中山环宇实业有限公司

茶花现代家居股份有限公司

山东英科环保再生资源股份有限公司

成都川路塑胶集团有限公司

常州晶雪冷冻设备有限公司

上海泓阳机械有限公司

佛山市日丰企业有限公司

三斯达（福建）塑胶有限公司
SANSD (FUJIAN) PLASTIC CO.,LTD

CIRCULAR ECONOMY

致力于塑料高效

SPECLALIZED IN HIGH-EFFICIEN

应用领域 APPLICATION FLELDS

鞋材
APPLICATIONS OF THE SHOES MATERIAL

箱包
APPLICATION OF THE BAGS & CASES

体育器材
APPLICATION SPORTING GOODS

建材
APPLICATION OF THE CONSTRUCTION MATERIAIS

美丽中国

BEAUTIFUL CHINA

回收再利用产业

PLASTIC RECYCLING INDUSTRY

玩具
APPLICATION OF
THE TOYS

其他
APPLICATION OF
THE MORE

三斯达（福建）塑胶有限公司
SANSD(FUJIAN)PLASTIC CO.,LTD

地址：福建省晋江市陈埭江头三斯达公司总部
电话：0595-8519988 传真：0595-85191811
http://www.sansd.cn E-mail:sansd@sansd.cn

goody 顾地®

顾地科技，中国塑胶行业的领跑者

GOODY TECHNOLOGY,
THE LEADER
IN THE PLASTIC
INDUSTRY OF CHINA

用心照管 连通未来
CONNECT THE FUTURE WITH INTENSIONAL CARE
goody

扫一扫，添加“顾地科技”微信平台
了解更多顾地资讯

顾地科技股份有限公司 goody science & technology co., ltd.
全国服务电话：400 030 1979　股票代码：002694　www.goody.com.cn

湖北省鄂州市经济开发区吴楚大道18号
全国生产基地：湖北、重庆、佛山、北京、河南、马鞍山、邯郸、甘肃

创新技术成就客户的竞争优势

ZhongyunTech®
Beyond Expectation
中云集团

中国第一套1800型PE/PP双壁波纹管生产线
已成功交付客户使用，此生产线
可生产600~1800mm的PE/PP双壁波纹管。

“传说”，止于智者。
耳听为虚，眼见为实。欢迎鉴赏设备运行实况。

销售专线：0536-2225511, 2225522, 8793388, 8797788　售后服务专线：400-667-8800
网址：www.zhongyuntech.com　Email: sales@zhongyuntech.com　传真：0536-2225565
地址：中国.潍坊市国家级高新技术开发区东方路777号　邮编：261061

东田玻璃转印膜

——真正绿色，源自创新

汕头市东田转印有限公司是国家级高新技术企业，公司的主要产品是热转印膜，新产品有玻璃热转印膜和模内转写膜，产品执行标准Q/STDT2-2011等，产品注册商标为：“東田DONGTIAN”，是广东省著名商标。公司通过了ISO9001质量管理体系认证和ISO14001环境管理体系认证。

公司一贯秉承“诚信经营、质量至上、真诚服务”的宗旨，拥有良好信誉，请客户就近与各地办公点联系。

自动平板玻璃烫印机，
自动定位，省工节耗，
专利产品，请勿仿冒。

玻璃热转印膜 图文细腻，色彩丰富，可直接热转印于平板玻璃及曲面玻璃的表面，烘烤时间短且温度低，大大降低了能耗，省工省料。

▲

玻璃电器烫印产品

玻璃电器面板

玻璃热转印膜的种类：

○普通型　○烘烤型　○UV型

应用范围：

○厨具　○冰箱面板　○空调面板　○电磁炉
○微波炉等等

汕头市东田转印有限公司
Http://www.dongtian-dt.com
地址：广东省汕头市龙湖区新溪镇金新路金源工业区

汕头（TEL）0754-86202555　（FAX）0754-86202777
上海（TEL）021-67231212　（FAX）021-67232121
广州（TEL）020-86088396　（FAX）020-86086660

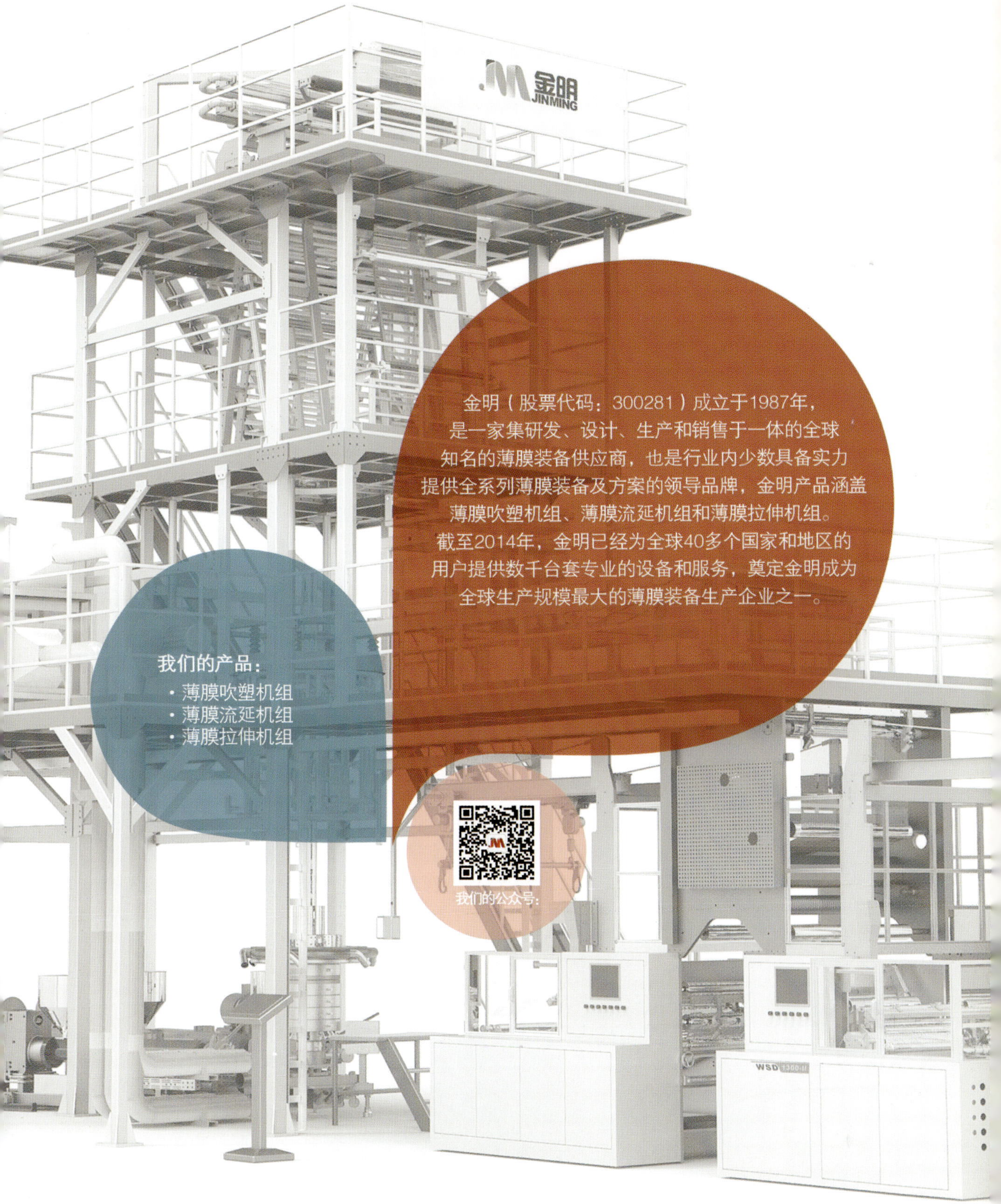

金明（股票代码：300281）成立于1987年，
是一家集研发、设计、生产和销售于一体的全球
知名的薄膜装备供应商，也是行业内少数具备实力
提供全系列薄膜装备及方案的领导品牌，金明产品涵盖
薄膜吹塑机组、薄膜流延机组和薄膜拉伸机组。
截至2014年，金明已经为全球40多个国家和地区的
用户提供数千台套专业的设备和服务，奠定金明成为
全球生产规模最大的薄膜装备生产企业之一。

我们的产品：
· 薄膜吹塑机组
· 薄膜流延机组
· 薄膜拉伸机组

我们的公众号：

广东金明精机股份有限公司
总部地址：广东省汕头市濠江区河浦大道（深汕高速路河浦出口）
Tel：0754－8820 7788　Email：sales@jmjj.com
Web：www.jmjj.com

锚牌优质工业管道

UPVC | CPVC | PVDF | PP

专业生产PCB湿制程设备、电镀设备化学液体输送的塑胶管路厂家

中山环宇实业有限公司，成立于1993年，是香港世界五金塑料厂有限公司附属机构，是全球著名塑料管路生产企业Aliaxis集团成员。集团总公司和香港母公司分别始创于1905年和1961年。

中山环宇实业有限公司承传集团公司的精湛工艺，及国际化的管理体系，研发及生产锚牌系列产品，为PCB湿制程设备、电镀设备提供CPVC、UPVC、PVDF、PP 等材质的管材、配件、阀门产品。锚牌系列产品在PCB生产的应用领域中配套齐全，材质多元化，有优秀的耐腐蚀性和抗老化性，是PCB湿制程，电镀化学药水输送的首选管路。锚牌产品凭着优良的品质，及良好的信誉，已和众多国内外PCB制造和PCB设备企业建立多年合作关系

中山環宇實業有限公司

ZHONGSHAN UNIVERSAL ENTERPRISE LIMITED

香港世界五金塑胶厂有限公司附属机构

The UNIVERSAL Hardware & Plastic Factory Limited(since 1961)

地址：中国广东省中山市东凤镇兴东路一号　邮编：528425

电话：(86)760-22600610 22603212　传真：(86)760-22603813

网址：www.anchorhk.com

国家级实践教育中心

塑料管道专业委员会会员单位

广东省建筑材料行业协会会员单位

an Aliaxis company

全球最大塑料管材/阀门生产集团公司成员

— 现代家居用品领导者 —

公司简介

茶花现代家居用品股份有限公司成立于 1997 年，专业从事现代家居用品的研发、生产和销售，是中国塑料家居用品行业的龙头企业，公司“茶花”商标 2002 年被评为福建省著名商标，并于 2010 年荣获中国驰名商标。“茶花”牌产品始终如一的高品质形象早已深入人心，深受全国各地广大消费者的青睐。迄今，茶花品牌已成为行业公认的领先品牌。

公司目前拥有 3 个大型生产基地，配备先进的生产设备以及自动化生产线，具有强大的产品研发能力，不断开发出新颖、时尚、独具一格的家居用品，引领国内现代家居用品行业的新潮流。目前公司产品分类齐全、系列品项丰富，涵盖家居生活的方方面面。

经过近二十年的发展，公司建立了完善的营销通路和网络，拥有覆盖全国范围的省、地级茶花专营销售代理商，独特的营销模式铸就了强大的渠道优势。公司的主要销售终端集中在大卖场和全国各地的地方性超市。并与沃尔玛、家乐福、大润发、华润万家、永辉、人人乐、物美、卜蜂莲花、欧尚等国内外全国性连锁超市建立了密切的长期合作伙伴关系。随着公司营销战略的不断推进，公司将进一步向消费者营销转型升级。

公司一贯坚持开拓创新、规模经营和品牌经营并举。作为本土自主品牌，茶花人以振兴民族品牌、引领行业发展为己任，为向广大消费者奉献高品质、新时尚的家居用品而不断努力奋斗！

茶 花 现 代 家 居 用 品 股 份 有 限 公 司
CHAHUA MODERN HOUSEWARES CO., LTD.
地址：福建省福州市晋安区蕉坑路168号
邮编：350014
电话：0591-83651273
全国客服热线：400-0606-555

产品展示

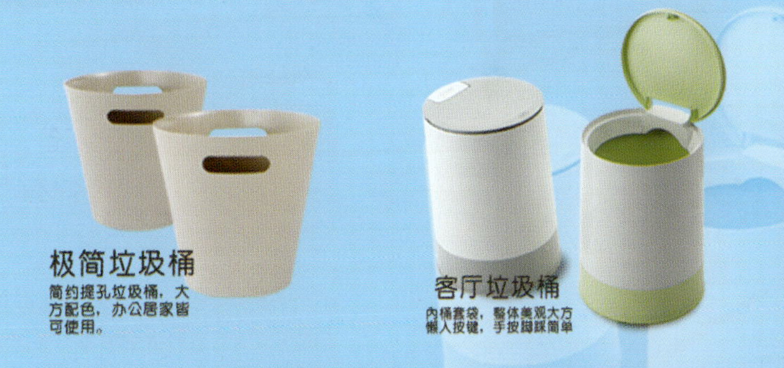

家有茶花 快乐一家

发展循环经济 美化居家生活

山东英科环保再生资源股份有限公司是全球领先的可再生PS 泡沫塑料解决方案的供应商，致力于可再生PS泡沫塑料的回收、再生和应用，运用先进的环保再生技术，"以塑代木，变废为保"，将可再生PS泡沫塑料应用于环保再生相框、画框、镜框、环保再生踢脚线、顶角线、户外地板及其他建筑装饰材料等。

英科环保每年回收再利用5万吨以上的废旧塑料，每年可生产120万箱PS环保再生框条，每年可避免200万棵以上的树木被砍伐。
英科环保的使命——**"降低白色污染，促进资源再生，循环绿色应用"。**

自进入中国市场以来，英科环保一直致力于倡导绿色、环保、健康的生活理念，回收加工和利用可再生PS塑料，并运用独创先进的环保再生技术和装备，将可再生PS塑料应用为仿木装饰线条，成功地"以塑代木，变废为宝"。英科环保"降低白色污染，促进资源再生，循环绿色应用"的经营理念和循环经济一体化的经营模式受到了国内各级政府和协会的认可和褒奖。正是由于公司始终秉持精益求精的品质要求、务实创新的企业文化，才使得英科环保框艺在近几年在激烈的国际市场竞争中脱颖而出，成为目前业界规模最大、质量最优、产品种类齐全、交货准时的PS环保框类产品专业制造商之一。

节约地球资源 发展循环经济

- 全国高新技术企业
- 中国塑料加工工业协会副理事长单位
- 中国塑料再生循环利用研发生产基地

www.intco.cn 400-993-5158

相框产品　框条产品

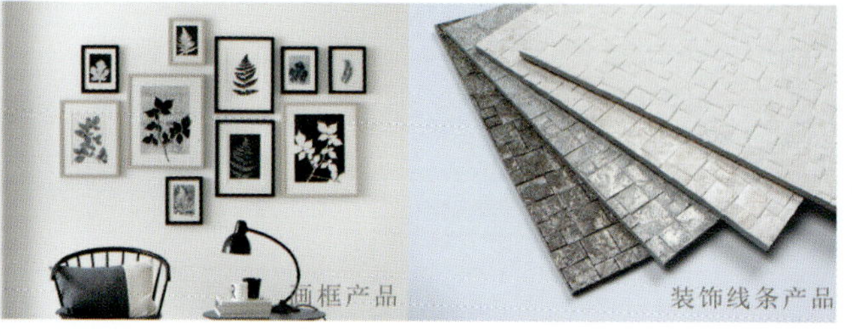

画框产品　装饰线条产品

这些看不见的付出，
给一生最好的呵护。

We insist, when life birth,
Clean, warmth and brightness are necessary for his whole life.
We lay the environmental-friendly &
no- secondary- transmission-pollution pipe for city,
Make water be the safe nourish;
we install ground-heating pipe for thousands of families,
Make home warm;
We still lay electric conduit for buildings, community, street,
Make brightness accompany you.
The well-being of life, need incessant defense,
Even some pay, is invisible,
Chuanlu, guardianship for every family,
responsibility is never terminating.

有 责 任 · 更 信 任

川路塑胶集团 来自管材·型材的行业专家

川路管材

chuanlu pipe workpiece

川路型材

chuanlu section materials doors

佳装修产品

Home decoration product

我们坚持，当生命降临到这世上，
洁净、温暖和光明，就成为他一生的需要。
我们在为城市铺设环保、无二次传输污染的输水管道，
让饮水，成为一种安全的滋润；
我们在为千万个家庭安装冷、暖气输送管道，
让家，冬暖夏凉；
我们还在为许多大厦、社区、街道铺设电路管，
让光明，随时随地守候在人们身边，
生活的幸福，需要无时无刻的坚守，
即使有些付出，你看不见，
川路，为每个家庭守护，责任从未改变。

Tel: 028-84855666 Http://www.chuanlugroup.com

川路塑胶 CHUANLU PLASTIC

常州晶雪冷冻设备有限公司

Changzhou Jingxue Freezing Equipment co.,ltd

晶雪节能、国际品质、绿色环保、追求完美

产品展示 PRODUCT DISPLAY

聚氨酯夹芯板

金属面岩棉复合板

冷库门系列产品

工业门系列产品

工程案例

公司简介 ABOUT US

晶雪公司是国内领先的冷藏库库体和节能厂房围护整体解决方案供应商，也是国内规模居前的节能保温板材生产厂家。经过20多年的发展，公司已经拥有两条国际先进的板材连续生产线，建成了两个生产基地和遍布全国的销售网络，形成了200万平方米各类节能板材、10000扇冷库门和工业门及5000个升降平台的年生产能力，能够为客户提供节能保温围护系统的设计、生产、安装和维护的全方位服务，从而可以优质高效的完成客户订单，一站式地满足不同客户的个性化围护系统建设需求。

晶雪公司参与了超过14项国家及行业标准的起草修订，获得17项专利。2009年参加GB/T21558-2008《建筑绝热用硬质聚氨酯泡沫塑料》项目获得中国轻工业联合会科学进行三等奖。2010年被评为国家高新技术企业。在技术研发上，公司不断加强研发基础建设，2012年申请并成立了江苏省冷链物流设备与材料工程技术研究中心。连续八年荣获“全国3．15质量和服务诚信承诺企业”的称号。2013年公司的各类节能保温板材产品通过了美国FM认证，晶雪成为国内节能板材领域里通过该认证品种规格最多的企业。公司品牌“晶雪”为江苏省著名商标、常州市知名商标，公司产品为江苏省名牌产品、国家绿色建筑选用产品。

晶雪依托丰富的行业经验和强大的研发团队，在项目前期设计阶段采用了国际上先进的3D动态效果图，能够让客户非常直观的看到各类围护系统建成后的效果，功能区域的分布，以及晶雪是如何实现节能环保的。

物流设备

冷库板材、建筑板材、冷库门、工业门及物流设备

地址：江苏武进经济开发区丰泽路18号

电话：0519-88791029　传真：0519-88061275

http：//www.jingxue.cc

上海泓陽機械有限公司

壓延機

Calender machine

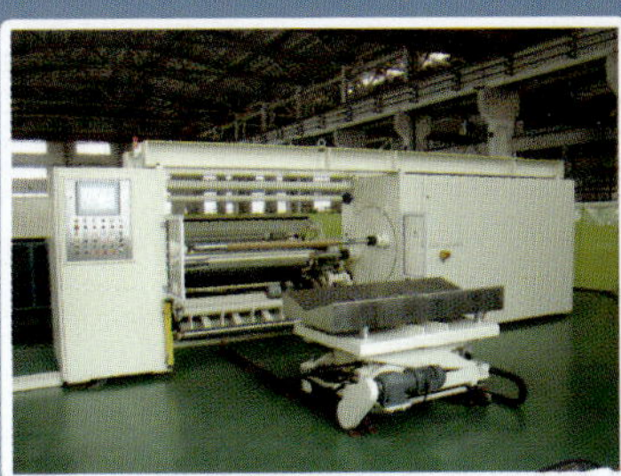

自動收卷機

Auto Winder

印刷機

Printing machine

軟質PVC膜、硬質PVC膜、農膜、鹽膜、覆膜、廣告燈箱布、PVC/PU/TPU人造革、PVC地板膜整廠設備

设备主要可製造PVC/TPU/TPO/PET材料，有環保壓延系列整套設備，民生產業及環保材料之發泡機、壓紋機、塗佈機、印刷機等

Whole plant equipment for Soft PVC sheet, construction PVC sheet, rigid PVC sheet, greenhouse film, salt film, mulch, banner flex & advertisement, PVC/PU/TPU leather machine , PVC tile & flooring.

Major manufacturing PVC/TPU/TPO/PET material, Such as environmental protection and flow calender extension complete sets of equipment; Livelihood industries and environmental protection material to be foamed, embossed, coating, printing…equipment.

旌暘股份有限公司
EXALT TECHNOLOGY CO., LTD
台灣苗栗縣竹南鎮國泰路63路
NO. 63, KUOTAI RD, CHUNAN TOWN, MIAO-LI, TAIWAN
TEL:886-37-481886
FAX:886-37-483809
E-mail: exalt.taiwan@msa.hinet.net

http://www.forwardsh.com

上海泓陽機械有限公司
SHANGHAI FORWARD MACHINERY CO., LTD
上海市嘉定區徐行鎮澄瀏路783號
NO. 783, Chengliv Rd, Xuhang Town, Jiading District, Shanghai, China
TEL: 86-21-59908899
FAX: 86-21-59909139
E-mail: forward sale@exalt.com.tw

值得信赖

品牌全球领先 日丰是全球领先、中国最大的塑料管道生产商之一、通过六十多个国家的权威认证、产品畅销100多个国家。

用户基础广泛 日丰已销售管材数十亿米，涵盖给水、供暖、燃气、PVC穿线、PVC排水等众多领域，成为全球亿万家庭的共同选择。

产品品质卓越 产品均通过三重质量检测，“日丰管 管用五十年”享誉大江南北，卓越品质赢得全球用户认可。

给水

采暖

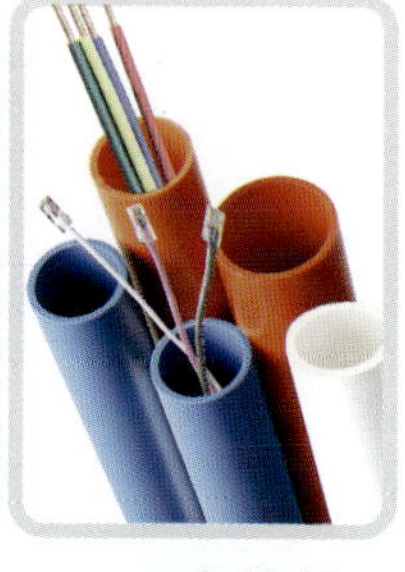
PVC穿线管

PVC排水管

燃气

卫浴

佛山市日丰企业有限公司 客服热线：800-8303820 400-1110211 http://www.rifeng.com.cn

各地区塑料工业

北京市

2014年，在市经信委、市社团办、工经联等部门的指导和支持下，在北京市塑料工业协会正、副理事长、秘书长的领导下，在北京塑料工业协会（简称：协会）工作人员的共同努力下，协会认真贯彻六届理事会精神，同心协力、齐抓共管，顺利地完成了2014年的各项工作，协会工作得到了长足的发展和进步。

1．参加中国塑料工业协会组织编写的中国塑料工业发展史工作

北京塑料工业协会积极参加编写中国塑料工业发展史，并作为2014年的重头工作，为此协会投入了大量的精力和物力。原理事长张玉川和现任常务副理事长刘济做了大量实地调研和走访，收集了大量的数据，他们殚精竭虑，认真细致，编写出北京塑料加工行业40年大事记和发展历程，总计1万多字，将北京市塑料工业发展的历史分五个部分，将北京塑料行业从无到有，不断发展壮大的过程展现在我们面前。

从第一个塑料产品赛璐珞诞生算起，塑料工业迄今已有120年的历史。它对于历史上的产业革命和当代的新技术革命等起着重要作用。而为北京市塑料工业的发展以及北京的经济发展、人民生活水平的提高做出了不可磨灭的贡献，同时还培养造就一批优秀的技术人才，是北京塑料工业的一篇史诗。

2．为北京塑料企业服务，发挥协会的桥梁作用

借助燕化公司树脂所这个平台，积极为用户进行技术服务、技术咨询，切实发挥协会的桥梁和纽带作用。2014年解决或解答客户提出的问题30余次。

组织开展了薄膜及色母粒应用研讨会，探讨乙烯基及丙烯基弹性体在薄膜中的应用机理，研究其用于共混改性产品技术指标及推广方案；根据客户需求，为全国客户介绍产品特性，为他们的产品选择提供帮助并指明方向。

（1）协助联系与燕山的产品有关的合作单位及销售渠道，为燕山与客户建立良好的合作关系奠定基础；2014年2月，北京一家客户反映在HDPE产品在吹塑成型包装瓶时，瓶体表面存在蛇皮纹的问题，协助客户联系燕山公司树脂所聚乙烯室课题组，课题组迅速前往厂家解决生产中的质量问题。先对成型工艺进行了调整，蛇皮纹现象得到缓解，不过瓶底合模线易裂开。采用我们建议调整的原料配方，蛇皮纹现象消失，吹塑成型正常。

（2）2014年3月一家生产柔性复合管材的企业，一直使用韩国HDPE，由于韩国原料出现供应问题，向协会进行咨询，协会向该公司介绍了与韩国HDPE相似的燕化产品的性能指标，该公司非常有兴趣。并将该公司所执行的标准传给燕化公司相关部门，目前两家企业已经有了初步合作。

（3）针对客户提出产品使用过程中提出问题，我们积极联系燕化公司树脂所及大专院校，进行分析判断，并提出解决方案；应客户要求，在其装置开工时，协会帮助联系专家提供开车的技术服务；受到会员及用户的好评。

3．组织学习培训及技术交流

首先北京塑料工业协会调查了会员的培训需求，针对不同会员的不同要求，积极联系大专院校、科研院所及生产单位的师资力量，同时对培训要求进行分类，形成培训模块计划，在条件成熟时即可开展培训。

针对聚合工艺感兴趣的企业，协会邀请中科院化学所的专家讲授了“后过渡金属乙烯齐聚与烯烃聚合”；针对后加工及改性感兴趣的企业，邀请了北京化工大学的教授讲授了“聚烯烃改性加工、高熔体强度聚丙烯及发泡材料”“塑料挤出成型加工”“合成树脂改性技术新进展”；针对加工工艺及发展趋势感兴趣的企业，邀请了北京化工研究院新产品开发室的专家讲授了“聚丙烯工艺技术及新产品进展”“高温聚合聚丙烯工艺技术进展”“节能降耗相关技术进展”。这些交流开阔了会员的视野，建立了会员单位与大专院校科研院所之间桥梁，提供了更多合作机会。

积极组织学习国家及行业的法律法规，并及时告知会员单位有关的法律法规及行业动向。

4．完善网站建设、加强与相关协会会员单位的沟通

今年协会网站进行部分改版，使版面更加丰富具有吸引力。对会员注册信息等注重及时更新。协会网站坚持每周增加新的信息，同时为会员提供国

内期刊文摘摘要。协会也以信函、邮件方式给各会员单位提示，希望通过网络与会员单位建立更紧密的联系，今年采用网上通知和公示的方式，向理事单位发送通知和信息。由于协会地处燕化，及时将燕山石化新开发的产品信息发布到协会网站，使用户及时了解新产品的动态。北京塑料行业协会与其他行业协会建立了密切的联系，做到信息通畅，服务会员。

5．参加塑料标准化工作

作为北京市的塑料行业协会，借助燕山石化技术力量，积极参加 TC15/SC1 全国塑料标准化技术委员会秘书处组织的活动，提高会员的技术水平，协助会员单位提高产品质量，今年我们协会会员参加国家标准制修订的三个标准得到发布，即 GB/T 30923—2014《塑料聚丙烯（PP）熔喷专用料》、GB/T 30924.2—2014《塑料乙烯乙酸乙烯酯（EVAC）模塑和挤出材料第 2 部分：试样制备与性能测定》、GB/T 30925—2014《塑料乙烯-乙酸乙烯酯共聚物（EVAC）热塑性塑料乙酸乙烯酯含量的测定》。值得一提的是伊士通公司首次申请国家标准项目，经协会努力及联系相关单位支持和帮助，今年已批准颁布。

6．存在的问题

因北京市特殊的环境和政治地位等因素，北京市正在进行工业企业行业的疏解，这些将影响北京地区塑料工业的发展，在今后几年内北京塑料将逐步向北京周边地区发展，但是这并不代表北京的塑料工业没有未来，依照北京市功能定位，北京市现有的塑料工业，将本着安全、环保、高端，向精细化和高端化发展。

北京塑料工业企业目前不是悲观的看待政策，而是要改变思路，变化并不可怕，在变化中求发展，在变化中求突破才是我们努力的方向。

（北京塑料工业协会　张书清）

天津市

一、大事记

（1）2014 年天津塑料行业协会（简称：协会）针对天津市塑料制品行业发展状况,再一次组织了对天津市塑料产业的调研和摸底。通过工商和统计局等相关部门确定了 2014 年天津市塑料产业的企业数量和塑料产业的年总产值。确定了天津市塑料产业的产品分布、产品结构以及产品的分类，对塑料产业的从业人员进行了细致的统计。使协会进一步掌握了天津市塑料产业情况和产业的布局，为明确天津市塑料产业的发展方向和塑料产业的调整奠定了基础。

（2）协会组织多名专家对天津市日宝塑料有限公司，莱特高分子材料公司、生产的改性材料产业化项目进行了论证。并得到了天津市科委的资金支持。

（3）协会积极推动和帮助企业建立和申请技术中心。2014 年 5 月协会参加市经信委举办的企业技术中心专家评审会，有 5 家塑料行业被评为 2014 年天津市企业技术中心。

（4）产学研是天津市塑料企业开发新产品和开发新技术的最好的途径。天津市塑料加工企业规模较小，企业具备开发能力相对薄弱。2014 年协会开始加大产学研的工作力度，推动了企业和天津市高校建立联系和开发新产品和新项目。经过协会的工作和努力 2014 年有 5 家企业和天津大学、天津科技大学等高校确定合作开发新产品。

（5）协会积极组织会员单位参加 2014 国际橡塑展览。开拓会员单位的眼界和了解国内外塑料行业的发展和新技术、工艺、装备、材料等。

（6）2014 年 9 月会长、秘书长代表天津市塑料行业协会参加了在台州举办的亚洲塑料产业论坛会议。

（7）2014 年我协会通过了天津市社团局对天津市行业协会评估 AAA 等级工作。通过评估，协会加强和完善了内部管理制度建设，强化了工作绩效考核，丰富了服务方式，提升了为会员服务的水平，进一步拓展了天津市塑料行业协会的影响力和知名度。

（8）协会领导参加了天津市领军人物培训班。

（9）评价和推荐会员单位申请天津市著名商标。

（10）2014 年天津市开展清洁生产活动，协会积极要求会员单位申请，借此机会改造企业生产环境，与此同时协会派出专家参加天津市对塑料行业的清洁生产评估。有 2 个企业进行了环境改造并得到了市财政的支持。

二、基本情况

2014 年天津市的塑料制品总产量 229 万吨。主营业务收入 284.2 亿元。塑料制品产量比去年同期增加 3.2%。

（1）2014 年塑料制品产品结构分别占全市塑料制品产量比重是：

塑料薄膜 32 万吨，占总产量的 14.%；塑料板片材 18 万吨，占总产量的 7.7%；塑料管及附件 16.7 万吨，占总产量的 7.6%；塑料条棒型材 31.4 万吨，占总产量的 14.2%；塑料丝绳编制品 12.2 万吨，占总产量的 5.1%；泡沫塑料 1.9 万吨，占总产量的 0.8%；人造革 2.3 万吨，占总产量的 1.0%；包装容器 21 万吨，占总产量的 9.1%；日用塑料 3.0 万吨，占总产量的 1.2%；其他及注塑配件制品等 93 万吨，占总产量的 42%。

（2）2014 年天津市塑料制品加工主营企业和非主营企业共 1602 家。①年销售在亿元以上的企业有 51 家，分别是：亚光耐普罗精密注塑（天津）有限公司、天津金鹏大沽塑料型材制造有限公司、天津和昇塑料制品有限公司、天津中财型材有限责任公司、凯赫威（天津）精密制造有限公司、天津彼恩特通信有限公司、天津塑力集团超高压电缆有限公司、LG 化学（天津）工程塑料有限公司、瑞元天津电子有限公司、天津市天塑科技集团有限公司第二塑料制品厂、天津万华股份有限公司、奥普拉（天津）塑料制品有限公司、天津盛象塑料管业有限公司、浙江中财管道科技股份有限公司天津分公司、天津市浩松科技有限公司、天津市伟星新型建材有限公司、天津市双丰保温材料有限公司、天津市华欧塑业有限公司、天津军星管业集团有限公司、天津联盈塑料制品有限公司、希赛瓶盖系统（天津）有限公司、天津实发-紫江包装有限公司、天津始丰塑胶科技发展有限公司、天津滦波工贸有限公司、天津市天塑科技集团有限公司四维宝诺包装分公司、天津戴瑞米克日硝隔板有限公司、天津三星高新塑料有限公司、津泽塑料实业（天津）有限公司、天津市宁河县鑫盈保温材料有限公司、天津市中得保温材料有限公司、天津东五电子有限公司、天津市金荣保温材料有限公司、高利尔（天津）包装有限公司、天津市顺昌塑胶制品有限公司、天津市瑞一（中国）科技发展有限公司、天津运城塑业有限公司、天津市星达塑料包装有限公司、天津福助工业有限公司、天津华今塑业有限公司、天津森普管材有限公司、天津华维斯特实业有限公司、天津市宏茂塑胶有限公司、天津市大阳工贸有限公司、天津市金佰斯特塑料制品厂、天津市华意保温制品有限公司、天津市汉沽永兴塑料保温制品厂、天津阳光塑料有限公司、天津翔峰容器有限公司、天津慧能塑料工贸有限公司、天津利士包装有限公司、天津育新塑料包装有限公司。

②年销售在 5 000 万元以上的企业有 53 家，分别是：天津长城电子塑料制品有限公司、柯梅令（天津）高分子型材有限公司、天津华信机械有限公司、天津嘉泰丰塑料编织有限公司、天津霖扬塑胶有限公司、赫比（天津）电子有限公司、雷盛塑料包装（天津）有限公司、天津市三跃塑料制品有限公司、天津市五环塑料有限公司、天津市三山塑料有限公司、天津市顺峰工贸有限公司、天津市津英达塑料制品有限责任公司、天津中富瓶胚有限公司、天津吉田有限公司、天津市大邱庄泡沫塑料有限公司、天津市金泰包装制品有限公司、天津市新海塑料包装有限公司、天津市华伦塑料制品有限公司、天津昌原日新塑料制品有限公司、天津市精美特表面技术有限公司、天津市海利德管业有限公司、上海长园电子材料有限公司天津分公司、天津博科林药品包装技术有限公司、天津海利装饰材料有限公司、天津市润生塑胶制品有限公司、天津华新盈聚酯材料科技有限公司、天津市宝力圣尼塑管制造有限公司、天津美亚化工有限公司、天津市中环精模注塑有限公司、天津中富联体容器有限公司、天津市江源塑胶制品有限公司、天津洁乐特防锈技术有限公司、达意通电子（天津）有限公司、天津市亿顺达保温制品有限公司、天津纽比特手机配件有限公司、欣阳创新科技（天津）有限公司、双太梁山电子（天津）有限公司、天津市天翔包装制品有限公司、天津富通电子塑料制品有限公司、天津市红三晶包装制品厂、波尔亚太（天津）塑料容器有限公司、天津市旭辉恒远塑料包装有限公司、天津韩美电子有限公司、天津市海神聚氨酯制品有限公司、天津市天塑新达塑业有限公司、天津市大港区顺发

工贸有限公司、爱克林（天津）有限公司、天津市旭辉光远塑料包装有限公司、天津市环宇纸塑包装制品有限公司、都利电子（天津）有限公司、天津市正格包装制品有限公司、天津塑料研究所有限公司。

③停产半停产企业221家。

三、企业经营

2014年天津市塑料行业的总体规模有一定增长。主要表现在电子通信配套的复苏、出口加工贸易的增长、国内外油脂企业在天津产量增加给塑料包装企业带来了新的增长。一部分重点企业塑料制品规模进一步扩大，技术创新能力得到了进一步增强。2014年天津市规模以上塑料加工企业完成塑料制品产量159万吨，比去年下降0.6%。随着经济的复苏一些产品出现了市场需求增长的趋势，例如耐热聚乙烯管、1.5~200升的包装桶、多功能聚氯乙烯型材、包装用塑料薄膜等产品。

2014年天津市塑料产品表观消费量约235万吨，其中塑料包装建材、工业、食品包装，汽车、电子行业占天津市塑料产品消费量的70.5%。随着津京冀一体化的建设，可以带动天津市市政建材塑料市场、航天航空复合材料市场、电子汽车塑料市场、工业包装市场和功能性材料市场新一轮的发展，并吸引着国内较大的塑料生产企业进驻天津共同发展。

四、存在问题

（1）影响天津市塑料加工工业的技术升级和产业换代的因素是研发能力和投入不足。政府对塑料加工产业的支持力度不够。

（2）一方面，随着企业人力成本的快速上涨和加工产品利润下降，使部分企业面临着多方面的压力。另一方面，塑料制品加工从业人员素质和待遇的提高也是当前存在的现实问题。这个问题加剧了企业招工难、留人难、发展更难的境地。

（3）天津市的一些老的问题仍未得到解决，例如：产业体系不尽完善；技术和生产装备水平一般。在加工设备、模具制造、改性塑料、复合高分子材料等开发应用方面仍滞后，自主知识产权的产品和技术甚少，企业创新能力比较薄弱，这些均抑制了企业可持续健康的发展。

（4）塑料加工市场得不到规范的管理和约束。协会的工作得不到有关部门的支持，使一些粗制滥造、假冒伪劣、以次充好的产品从容进入到天津市的市场。

五、发展趋势

1．利用原料资源和产业优势，拓展市场需求

天津市初级树脂年产量已经达到353万吨。利用好天津市的初级树脂资源和产业基础优势，拓展在汽车、航空、海洋、电子通信、医疗器具等高新技术领域的市场需求。发展节能、低碳、多功能、技术含量高、附加值高的产品。

2．着力推进企业产业转型升级

鼓励塑料加工企业向生物高分子材料、功能性材料和制品、新能源领域、医用高分子材料及制品、航天和海洋领域发展塑料产业。

3．工程塑料、改性材料、高分子复合材料前景广阔

随着高新技术的日趋完善，应用领域对材料的要求更加专业化。工程塑料、改性材料、高分子复合材料及制品正在逐步成为天津乃至全国塑料工业的重点和热点。开发研制耐高温性、耐候性、耐磨性、阻燃、超导电、高电磁性合金材料以及具有屏蔽功能的材料及产品将是新技术产业和先进制造业的需求。

4．发展和扶持塑料行业的龙头企业

对天津市塑料行业中规模大、实力强有发展潜力的企业要重点培育和扶持。积极开展产学研和天津市技术中心工作，引导企业技术创新项目。通过产学研合作开发新的材料和产品。通过企业技术中心增强企业自主创新能力，开发出具有自主知识产权的新产品。

5．提高包装材料的技术含量和技术创新能力

天津市近年来包装的产业的发展速度较快。提高包装材料和产品技术含量，提升企业的创新能力，开发有市场发展的包装材料和制品，例如：高阻隔、防渗透、全降解包装材料，无菌、保味、功能性包装等，是当前工作的重点之一。

6．开发轻量化加工技术

利用高强度、高阻隔性材料及微纳米层叠共挤出、多层复合、合金等生产工艺使包装膜、包装容器等向轻量化、薄壁化方向发展。

7．加强专业人员和从业人员的培训

利用天津市科技大学的资源，组织行业管理、

产品检验、加工工艺、高分子材料、模具加工及设计、操作人员等培训。提高行业的整体水平。

8．引导企业向塑料微成型技术集成

微纳米尺度、微结构成型代表了当代塑料加工成型和设备的技术集成。包括了 3D 打印成型、微注塑成型、堆积成型技术，在光电通信、影像传输、医疗器械、信息储存、电子产品、生物医学等行业有着广阔的应用领域。

9．坚持开发开放，加大力度招商引资

改变天津市塑料制品加工企业现状的捷径是大力引进外部企业和装备，协会将进一步加强与国内外上游树脂企业、下游用户企业的沟通与合作，促进相互协调同步健康发展。

10．推动企业节能降耗，发展循环经济

推动企业对节能改造和节能技术的投入，推广在耗能较大的企业和设备上节能改造。大力发展循环经济，减少环境污染。加强废料回收的处置和再生塑料的应用。

京津冀一体化发展的战略天津市的定位是研发制造基地。作为天津市塑料行业应该抓住这一机遇，加快天津市塑料产业不断发展创新、强化自主创新能力和科技创新能力，开拓新的应用领域和需求市场，实现天津市塑料产业新的发展和壮大。

（天津市塑料行业协会　郑天禄）

山西省

一、大事记

（1）2014 年，面对全国经济下行的巨大压力，山西省塑料企业也度过了艰难发展的一年，在谋求生存的同时，转型升级成为众多企业的发展重点，开发具有山西特色的矿用塑料正逐渐成为山西省塑料工业发展的新思路。山西省是煤炭重化工基地，煤矿的安全生产已提到重要议程，开发各种多功能阻燃抗静电的矿用管材、管件等以塑代钢、以塑代木的矿用产品是山西省塑料行业发展的重点。目前，全省矿用塑料发展还属于起步阶段，原料生产发展、产品技术滞后制约着产业发展。我省要求塑料行业要更加注重高、精、特殊用途产品的引进、消化、吸收，加大具有本省特色产品的自主研发力度。同时，还要求大力开发符合产业和环保政策的产品，发展与国民经济支柱产业密切相关的新型材料和制品，用高新技术改造传统塑料材料和产品。目前，很多企业已在这方面做出尝试和努力，并取得了显著成效。

（2）《山西塑协通讯》杂志是山西塑协会员交流和品牌宣传的重要平台。2014 年，山西塑协在继续做好原刊基础上，根据当前新形势，加强刊物电子化运作，增强品牌的传播力和影响力。山西塑协网站经过多年运作现已十分成熟，为满足现代企业发展需要，网站在综合各会员单位和广大网友意见基础上，对内容进行了丰富，对收索排名进行了优化。山西塑协还顺应移动互联网发展大趋势，在本年度搭建起了塑协微博、微信等新媒体平台，积极完善媒体宣传矩阵，向广大会员单位和塑料行业企业提供了权威、专业、及时的咨询服务，同时也为各会员单位又搭建起一个行业信息、宣传、服务综合交流平台。

（3）2014 年 4 月 23~26 日，第二十八届中国国际塑料橡胶工业展览会在上海举行，作为亚洲第一、世界第二的大型国际塑料橡胶展览盛会，本次展会聚集了来自 39 个国家及地区共 2 900 多家参展商参加。山西塑协积极组织了山西中德投资集团有限公司、晋中塑力达科技有限公司、山西乾通塑胶科技有限公司等会员单位参展，极大加强了与国内外同行业的交流学习，了解了国际先进塑胶工艺技术，积极进行了会员单位对外交流合作，取得了很好成效。

（4）组织省内塑料行业企业共同进行相关资料收集整理，编写了由中国塑料加工工业协会主办的 2013 年《中国塑料工业年鉴山西篇》，全面反映了山西省塑料行业企业在中国塑料工业发展中的状况与地位，为从事和涉及塑料工业的生产、销售和科研的单位，提供了全方位行业动态、市场及技术信息。年鉴的资料收集、组稿编辑得到全省塑料行业企业的支持配合，真实反映了山西塑料工业的现状和先进企业风采，受到了各级领导和业界同仁的赞扬。

（5）2014 年 9 月 25~28 日，第十四届中国塑料交易会在浙江台州市举行，本次交易会融汇了塑料原料、制品、机械、模具“四位一体”塑料产业链，是了解中国塑料市场和产业的一个重要平台，也是促成产业链上下游企业合作的重要窗口。山西省塑料行业协会组织众多塑料行业企业参加了此次展会，展示了山西塑料技术水平，宣传了山西塑料行业众多本土品牌，同时还通过企业联合比价竞价，促成了多笔交易意向现场达成，使参展企业名利双收。

（6）面对 2014 年经济整体经济不景气状况，在 9~10 月，山西塑协组织行业专家和部分省内塑料工业企业，赴山东、广州等地对原材料市场进行考察，以求通过协会牵线搭桥，解决会员企业生产采购成本高的问题，促进省内塑料企业更好发展。

（7）2014 年 12 月 21 日，山西省塑料行业 2014 年度年会在太原召开，省内塑料行业企业及专家就我省塑料行业发展方向、如何降低塑料加工模具成本等专业技术问题进行了座谈交流，评选出“山西省塑料行业 2014 年名优企业”“山西省第二届十佳塑料门窗企业”“首届山西省塑料行业网络知名品牌”等。协会会长、山西中德集团董事长程田青在会上作了题为《适应经济发展新常态，再创塑料行业新发展》年会报告，系统分析了当前面临的严峻形势，并就怎样深入了解新常态、适应新常态、引领新常态，全面总结了协会 2014 年工作以及全省塑料行业发生的新变化，提出了 2015 年协会工作思路及行业发展目标。中国塑料加工工业协会秘书长马占峰通报了 2014 年全国塑料工业发展情况，得以 2015 年塑料加工工业发展方向、发展趋势等情况做了分析预测。

（8）山西中德管业有限公司产品升级，研发生产出 1.2 米大口径 PE 管，填补了该类产品在省内的空白，同时中标多个市政、水利工程。为满足市场需求，近年来，中德管业公司不断加大技术储备和科研开发力度，重点攻关创新性强、技术含量高及高附加值的产品，目前公司生产的 1.2 米大口径 PE 管系列产品，不仅性能安全可靠，而且符合国家环保节能高效要求，成为加快企业发展的又一拳头产品。

（9）2014 年 12 月下旬，中国特种设备检测研究院审核专家盛水平、周贵柒、田大庆、叶晓茹，对中德管业生产的燃气用埋地聚乙烯管材资质进行了认证审核。认证结果确定：中德管业公司通过了燃气用埋地聚乙烯管材生产许可证认证审核，中德管业燃气用 PE 管材、管件质量保证体系完善，检测设备完全符合生产要求。至此，山西省又新增了一家燃气管道通过认证的企业。

（10）亚洲产能最大的 PBAT 在山西投产。山西省重点培育的煤化工企业之一山西金晖能源集团旗下的金晖兆隆高科技有限公司 PBAT 生物降解塑料及丁二酸项目通过试车，于 4 月在山西孝义开发区正式投产，该项目年产 PBAT 2 万吨，年产丁二酸 1 万吨。PBAT 是一种完全生物降解材料，Ecoworld PBAT 在堆肥条件下，可在 180 天内被微生物分解成二氧化碳和水。以地膜应用为例，地膜用后无须收集，会在土壤中自然降解，而降解时间会根据需要做不同设计，如 90 天。另外，这种材料在密封条件下保质期可达 12 个月，当再加工成产品后，也可存放 12 个月。 近年来，生物基或生物降解塑料的发展一直受到高度关注，降解农膜技术的日趋成熟，将使广大农民受益。

（11）山西阳煤集团聚碳酸酯项目开建。聚碳酸酯是一种性能优异的通用工程塑料，因较高的技术壁垒，世界生产地主要集中在美国、西欧和日本，囊括了全球九成产能，目前我国市场所需的聚碳酸酯几乎全部依赖进口及国内合资企业生产。2014 年 6 月 23 日，山西阳煤集团青岛恒源化工有限公司年产 10 万吨聚碳酸酯项目在青岛董家口经济区动工开建。该项目总投资约 54 亿元，一期投资 25.7 亿元，建设年产 10 万吨非光气法聚碳酸酯装置，全部建成投产后，年可实现销售收入 70 亿元、利税 8 亿元，将有效缓解我国聚碳酸酯依赖进口的局面。

（12）2014 年面对全国经济下行压力不断增大的情况，山西塑料加工行业努力克服了国内外市场需求不足、人民币升值、原材料和劳动力成本上升等一系列不利影响因素，加快行业转型升级的步伐，加强业内交流，共同寻求发展之道。山西省塑料行业协会应会员企业的要求，利用协会平台，组织乾通塑胶有限公司等会员单位，深入中德集团公司进行了实地学习考察，交流企业在发展中遇到的问题，共同探讨解决方案。11 月，塑协又组织专家深入芮城金牛建材有限公司、晋中塑力达塑胶制品有限公司等企业进行实地走访，切实为企业出谋划策、分忧解难。

（13）煤化工是化学工业的重要基础型行业，是山西省煤炭产业链拉伸延长的重要产业。2010年至今，山西省坚持以煤为基、多元发展、进军高端现代煤化工，已成为全省各界人士的共识和行动。“十二五”期间，我省充分发挥化工技术优势，从煤制油、煤制烯烃、煤制天然气等现代煤化工产业多向延伸、重点发展，实现由传统煤化工向现代煤化工的转变。晋煤、阳煤、晋能、山煤等省属煤炭集团企业的煤化工项目竞相落地开工，水煤浆水冷壁气化技术、荷兰壳牌粉煤加压气化技术、钴基固定床费托合成技术等现代煤化工先进技术逐步应用，每年就地转化1亿至2亿吨煤炭，生产煤制天然气、油、芳烃、丙烯，形成多样高端化工产品。

（14）2014年7月17日，世界五百强企业之一北汽集团董事长徐和谊率领考察团到山西中德投资集团公司访问交流，就双方合作的汽车轻量化项目进行进一步洽谈。2013年12月18日，中德集团与北汽集团在北京签署了战略合作协议，搭建起双方在汽车轻量化、铝合金零部件开发，以及汽车新型材料等相关领域的合作框架平台。2014年4月，双方又成立中德集团——北汽股份汽车轻量化联合研发中心。此次徐和谊董事长率团专程来访，旨在把握汽车轻量化及新能源机遇，全面加深双方了解，加强交流互动，推进战略合作，共创互赢局面。中德集团与北汽股份的强强联合，将为山西省在汽车轻量化方面的研究增光添彩，同时也可为山西省塑料工业企业向汽车注塑零部件拓展提供良好平台。

（15）为响应国家打造本土品牌、支持自主知识产权创新号召，山西塑料行业协会多年来积极组织行业专家进行名优品牌的认定，致力于将一批省内质量好、知名度高、具有一定生产规模和区域特色优势的产品推荐出去，被认定的名优产品在市场占有率和产销率方面都达到了同行业先进水平。2014年10月8日，协会向会员单位下发《关于开展（2014）山西省塑料行业名优产品评审申报工作的通知》，并同时在网上公示通知，根据国家相关政策及《山西塑料行业名优产品评选办法》的有关规定，经过两个多月的实地考察和认证、多次“名优产品评选委员会”的讨论，评委会专家对企业申报和复评的名优产品进行了认真评审，共认定6个单位的8个产品为“山西塑料行业2014年度名优产品”。认定结果如下（排名不分先后）：

山西省塑料行业2014年度名优产品企业名单

序号	所属公司	品牌	产品名称
1	山西乾通塑胶有限公司	乾通牌	聚丙烯（PP）静音排水管材管件
2	芮城众和金牛建材有限公司	红象牌	微发泡钢塑共挤型材
3	晋中塑力达塑胶公司	塑立达牌	塑料周转箱（框）
4	山西乾通塑胶有限公司	乾通牌	冷热水用耐热聚乙烯（PE-RT）管材管件
5	山西泰鑫塑胶制品有限公司	豪得亨牌	给水用聚乙烯（PE）管材
6	清徐县晋隆塑料制品厂	晋隆牌	食品用塑料容器制品
7	山西旺中塑料管有限公司	晋祁旺中牌	塑料管道及制品
8	山西乾通塑胶有限公司	乾通牌	聚丁烯（PB）管材管件

（16）2014年9月，在山西省塑料行业协会的组织推动下，“山西省2014年度十佳塑料门窗企业”和首届“山西省2014年度最具网络知名度品牌”评选活动展开，省内70余家塑料门窗加工企

业参加了申报和评选。山西塑协成立了由门窗专家、大型房地产企业高管、断面设计工程师、网络舆情检测专家等组成的专业评委会，经过 2 个多月的紧张初评、复评、审核、认定，评选出太原德圣业装饰工工程有限公司、长治德威节能建材科技有限公司等企业为“山西省 2014 年度十佳塑料门窗企业”和“山西省 2014 年度最具网络知名度品牌——山西中德集团、晋中宝辰塑胶”，并授予荣誉奖牌和证书。

（17）2014 年秋季广交会上，来自山西中德投资集团公司的产品受到外商热捧，这些产品包括塑胶共挤（双密封）、彩色 ASA 复合共挤、铝塑复合型材（断桥隔热）、浮雕拉丝共挤型材、平移密封王、PPR（冷）热水管、建筑内消音 UPVC 排水管、PE 供水管、PE~RT 地暖管、UPVC 阻燃穿线管等。据统计，在为期 5 天的展销中，中德集团公司出口成交额（含意向成交）达千万元。“持续提升，客户满意，追求卓越”“立足国内，放眼全球，打造具有国际影响力的建材品牌”是中德集团的生产经营理念和发展理念。在这两种理念的支撑下，中德集团始终致力研究新情况、发展新技术、开辟新领域、占领新市场，产品品质精良、节能环保、个性时尚，备受客户青睐。高品质的“中德”牌产品不仅在国内处于领先地位，在国际市场上也深受好评。在立足国内市场的同时，中德集团积极主动参与国际市场竞争，在国内相继建立了四川成都、青海西宁生产基地，以及遍布全国各地的 500 余家营销分公司，完善的供应网络和便捷、高效的一站式服务体系，使中德产品覆盖全省、行销全国。从 2003 年通过代理首次走出国门到 2008 年拥有自主出口权，从在各类展会上只是“看看”到打出“中德”品牌、进而与全球各地著名企业、专业采购客户交流、洽谈、签单，“中德”牌产品逐渐叫响，陆续出口远销美洲、欧洲、非洲，为山西塑料工业企业走向国际市场开了一个好头。

（18）2014 年 8 月 8 日，由中国塑料加工工业协会主办的“中国塑协塑料家居用品专委会成立大会”在广东举行，山西省塑料行业企业组团参加了这次展会，与企业家们共同探讨了塑料发展的新前景，对企业的发展很有指导意义。同期，中国塑料加工工业协会在广州举办的“2014 年中国国际塑料‘新材料、新技术、新装备、新产品’展览会”，吸引了众多企业参加，从现场情况和会后反馈情况看效果很好，越来越多的省内塑料企业参与到国内外大型展会之中，寻找商机，进行技术交流，展现了山西省企业逐步成长的实力。

二、基本情况

2014 年，面对经济发展“新常态”，在山西省被划为“综改试验区”的大背景下，全面转型升级成为省内所有工业企业必须面对的一个问题。面对国内外市场需求不足、人民币升值、原材料和劳动力成本上升等一系列不利影响因素，山西塑料工业逆势增长，取得了令人欣慰的发展，不仅塑料企业的数量和产量增加较快，而且涌现出一批发展速度很快的企业和特色产品。据不完全统计，山西省的塑料企业约有 500 个左右，生产能力约 800 千吨、产量约 750 千吨，规模以上企业 30 个左右、产量 50 万吨左右，占到总产量的 85%左右。

三、企业经营

2014 年以来，山西省塑料行业紧紧围绕全省转型跨越发展大势，在建筑建材领域积极转方式调结构、发挥企业主体作用、提质量增效益，取得长足发展，中德型材、中德管材、山西万士达等一批企业走出山西成为国内知名企业，其产品不仅畅销全国，而且出口到俄罗斯、伊拉克、危地马拉等国家和地区，为山西省塑料工业打出了一张耀眼的名片。山西塑料工业企业在顺应全面深化改革大潮，推动企业交流合作，逐步深入了企业间对人才、资金、技术等方面的深入交流和探讨，抢抓新机遇，瞄准新技术，不断提升自身实力和品牌知名度，为山西省综改试验、全面深化改革做出了新贡献。

在全省大力实施转型升级的大背景下，按照“苯、油、烯、气、醇”5 条特色发展主线，山西省围绕高硫高灰熔点劣质煤的高效清洁利用，加快发展煤制油、煤制烯烃、煤制天然气、煤制乙二醇、煤制芳烃等现代煤化工产业。在产业链条方面，延伸拓展煤焦油加工、焦化粗苯精制、焦炉煤气、煤层气深加工等特色煤化工产业，形成现代煤化工为主导，传统煤化工为基础，精细化工、化工新材料为特色的产业格局，大型煤焦企业在煤炭精加工方面逐渐向塑料行业延伸，成为山西塑料加工业新的增长点，同时也可以形成围绕煤炭发展的特色塑料工业企业。同时，生物基或生物降解塑料的发展在省内受到很多企业的高度关注，对地膜应用的开发又成为一大热点，武汉华丽环保、金发科技等业内领先企业都纷纷入晋，降解农膜的技术的日趋成熟。在建材产业领域，PVC 行业面临升级的关键阶段，加大结构调整力度，实现集约化经营是 PVC 地板行业生产发展的大趋势。

四、重点企业

序号	企业名称	营业额/元	主要产品名称
1	长治中德塑钢型材集团公司	6 亿 5 000 万	PVC 型材、彩色仿木型材、双色共挤型材、PE 管材、PPR 管材、铝塑复合、断桥铝
2	长治清华永腾建材有限公司	2 亿	铝塑、PPR、PE-RT、PE-X、PE 矿用管、PE 给水管材、UPVC 排水管及管件、UPVC 型材
3	山西民生塑料制品厂	8 000 万	各种煤矿用聚乙烯管材、管件；聚氨酯筛板、燃气用埋地管材、管件；给水用 PPR 管等
4	山西中德管业有限公司	8 000 万	PP-R 冷热水管材管件系列，PE-RT 地暖管材管件系列，玻纤增强 FR-PPR 复合管材管件，PVC-U 排水管材管件，PVC-U 电工阻燃穿线管材， PVC 波纹排水管材，PE 给水、燃气管材等
5	山西惠丰塑料型材有限公司	2 亿 3 000 万	PVC 塑钢型材、管材等
6	晋中塑力达塑胶公司	1 600 万	塑胶地板、机油桶、塑料板凳等
7	太原市杰森实业公司	1 亿 4 000 万	中密度纤板、贴面板、胶黏剂
8	山西天星管业有限公司	1 000 万	生产销售 PP-R 管,大口径中空壁缠绕管.高密度聚己烯双壁波纹管.PE 供水管. 地暖,高密度聚乙烯双壁波纹管，P E 供水管,地暖管
9	山西方圆塑业有限公司	5 000 万	BOPP 包装薄膜
10	山西祁县旺中塑料制品厂	2 500 万	聚乙烯塑料管,护套管,农用地膜,穿线管等
11	晋城市凤凰实业有限公司	1 亿 4 000 万	各种煤矿用聚乙烯管材、管件；聚氨酯筛板、燃气用埋地管材、管件；给水用 PPR 管等
12	山西晋林塑料有限公司	6 000 万	螺旋管、管帽、弯头等
13	山西华星塑料有限公司	2 000 万	超高分子量 PE 大口径特种耐磨管材
14	山西万士达工程塑料有限公司	4 000 万	PE 燃气管、PE 管材、PE 矿用管材及管件
15	镇江自动化设备有限公司	8 000 万	自动化焊接设备制造
16	晋城市天合建筑装饰工程有限公司	1 300 万	吊顶、门窗、幕墙等
17	山西佳佳美门窗有限公司	1 500 万	门窗
18	太原德圣亚装饰工程有限公司	1 000 万	吊顶、门窗、幕墙等
19	山西新超管业股份有限公司	2 亿 7 000 万	复合管、其他管材、其他管件、塑料建材、PE 管、PPR 管等

五、塑料制品进出口

2014 年，以中德集团为龙头，集结惠丰型材、清华永腾、山西万士达等企业组成的“长治市建材外贸转型升级专业型示范基地”继续发力，在外贸出口方面取得了不菲的成绩。2014 年年底，长治市海关成立，为山西塑料工业企业的出口又添一窗口。经过多年的发展，中德集团公司迅速发展壮大，其中，年产量达 10 万吨，被山西省经信委列为全省八大产业重点发展规划的新型建材集群龙头重点企业。2013 年，中德集团型材出口量达 1 400 吨，产品远销危地马拉、菲律宾、俄罗斯、孟加拉、韩国、印度尼西亚、埃及等国家和地区。据悉，被列入国家级省级基地内的外贸企业将享受一定的资金支持以及政策鼓励，从而进一步推动新型建材产业的转型升级步伐。同时，山西中科天罡生产的超高分子量聚乙烯（UHMW-PE）系列制品，凭借过硬的产品质量实现了出口创汇等，山西塑料行业企业逐步走向了国际市场。

六、新产品开发

塑料在山西省已成为国民经济发展的支柱产业。山西省是煤炭化工基地，煤炭企业的转型升级已提到重要议事日程，对煤炭进行深加工、发展矿用塑料是符合山西国情和国家产业政策的。为加快山西省塑料工业的发展，扶持矿用塑料发展，成为重中之重。同时还要扶持环保、节能及高科技产业及产品，促进塑料工业发展，为加快全省国民经济发展作出新贡献。

我国建筑行业高速发展，用于建筑的聚氨酯保温材料发展空间也逐步增大，预计未来 3~5 年，聚氨酯保温材料在建筑领域应用比例将达到 30%~40%，甚至可能达到 50%。根据有关数据统计，除部分原材料产品受到产能快速扩张的影响表现出价格增长乏力外，大部分产品价格增长率超过了 10%以上。未来几年，得益于城市化进程的加速，从塑料管材、节能门窗到保温材料，我国绿色建材需求将保持不断增长。

硬质聚氯乙烯（PVC）发泡塑料作为“未来材料”被广泛用于建筑、装饰、家具、广告等领域，实现“以塑代木”的优势明显，在木材资源短缺的我国具有重要意义。从山西省塑料加工业的发展趋势中可以明显看出，硬质 PVC 发泡塑料制品应用领域广泛、市场需求量大，这为硬质 PVC 发泡塑料提供了巨大的发展空间，而 PVC 原料供应充足、价格合理和已形成的完整产业链，则为硬质 PVC 发泡制品发展提供了可靠基础。因此，硬质 PVC 发泡行业应抓住难得发展机遇，大力实施产品高端化战略，加快产品升级换代，以市场为导向，深入研究市场需求，在加大建筑模板推广力度的基础上，大力开发新产品，拓宽应用领域，在轻质高强发泡材料制品上下功夫，在汽车、高铁、航空及工业应用领域取得新的突破。

目前，我国塑料管材市场年增长率达 15%，未来也将会陆续淘汰落后产能，“掺假管”的出现更让消费者坚定了对健康环保塑料管道产品的追求。门窗方面，目前各大城市纷纷出现“雾霾”天气，占所在墙面 80%的窗户，使用节能门窗可降低空气渗透热损失，提高气密、水密等物理性能，或可解决造成此天气的部分问题。网络资料显示，未来十年内，中国对既有建筑门窗改造形成的市场额将超过万亿元。

七、市场需求

由于山西省是煤炭重化工基地，煤炭的安全生产已经提到重要议事日程，发展矿用塑料符合山西国情和国家产业政策，这几年山西省矿用塑料产品发展很快，市场及需求量都很大，另外主要塑料制品还有塑料型材（含板、片材）、管材、塑料农地膜、超高分子量聚乙烯的大口径特种耐磨管材、部分塑料丝及编织制品和塑料包装箱及容器、日用塑料制品等，塑料制品需求量 60 万~70 万吨。对原材料主要需求是：通用塑料及部分工程塑料、PVC 本省自给，其他从国内调购或国外进口。同时，市政供水、供气用大口径 PE 管需求逐步增大，给全省管道加工企业提供了新的机遇。

八、存在问题

全面转型升级势在必行，省内塑料行业企业也面临转型升级的压力，这对省内塑料企业来说也是难得的机遇。山西塑料行业企业整体发展良好，但与国外及沿海发达地区相比差距还比较大，主要表现在工装设备、工艺技术较落后，产品花色品种少等诸多方面。影响本地企业发展的因素主要有：

（1）塑料行业企业布局和区域分布、发展不平衡。山西省塑料工业发达地区主要是以太原、晋城、运城、长治等城市为中心，形成了山西省塑料工业的主要产区，规模以上的塑料企业大多集中在这些区域，且目前发展势头仍较强劲。一些县区、乡镇虽也办起了很多民营小型塑料厂，但规模及产品技术含量都较小较差，发展极不平衡。

（2）存在盲目发展的现象。由于缺乏宏观引导，产品生产中的中低档产品重复、盲目发展现象仍时有发生，高新技术产品的开发不够的情况仍在继续，技术装备相对落后。

（3）企业产品结构层次较低。产业转型滞后于消费结构升级，产品结构调整滞后于市场消费结构变化，特别是高档次、高附加值和有较强竞争力的产品少。

（4）原料生产发展滞后，产品技术进步受限。塑料产业是综合行业，其制品的研发、生产涉及轻工、化工、机械等多个行业，具体涉及到原料、助剂、设备、模具等多个产业，而塑料原料是最重要的环节。山西省是原材料生产弱省，除 PVC 树脂外，其他均无产出，所用原材料主要靠国内或国外进口。

（5）品牌产品不多，创新能力较弱。企业的品牌带动力不够，产品同质化导致在全国市场覆盖率低、份额少，市场竞争力差，营销策划和品牌创新意识滞后。支撑产业升级的技术和人才储备不足，新产品开发力度不够，高技术、高附加值行业及产品比重低。

九、发展趋势

虽然我国塑料消费量和制品产量已居世界首位，但行业整体水平、产品质量、档次研发能力等与发达国家还有较大的差距，山西塑料工业与沿海省市及发达地区差距也很大。在竞争日益激烈的市场环境中，内部管理和制度建设成为企业发展的重要支撑，加强人才培养和业务培训，进一步提升服务意识，加强内部组织建设、团队建设、文化建设；挖掘潜力借助内力完善管理的薄弱环节，借助外力请咨询管理专家指导，通过多种形式的内部改革，提升企业管理水平，完善体制建设；努力提高产业素质和核心竞争力是山西塑料行业的重要任务，要加强企业技术研发投入力度，推动条件好的企业建立各级技术中心。例如，山西中德集团公司发挥龙头企业技术创新示范作用，在结合产、学、研的基础上，与大学和科研院所合作共同研发新产品、延伸产品产业链等，取得了突破性成绩；晋城市凤凰实业公司成为山西省科技厅、国资委、总工会联合发布的第三批“创新型试点企业”之一。今后要结合省情，把握好深化经济体制改革的良好形式，在煤炭深加工，矿用塑料及其母料研发、纳米抗菌塑料、汽车用塑料等方面加强研发联合攻关；进一步完善技术创新服务平台和服务体系建设。乾通塑胶、万士达工程塑料、晋中塑力达等众多企业囊括了工程、日用品等多个塑料行业的多个领域。

品牌是企业不可忽视的资产，是企业产品和形象的象征，品牌建设近年来越来越被国内企业重视。加大结构调整力度，淘汰落后产能和低档产品，提高先进制造技术产品和中高档产品比重，鼓励企业争创省优产品和全国名牌产品；在提高产品质量的基础上，积极参与制修订标准工作，锐意改革创新，引入先进工业设计理念，提升产品科技含量，提升企业现代化管理水平和品牌意识，争创了名牌产品。2015 年，协会将继续开展“全省十佳塑料门窗企业评选”和“塑料行业名优产品评选”活动，大力表彰其为山西塑料行业发展做出的贡献；积极开展技术交流考察活动，继续加大节能产品的推广力度，使塑料门窗更好地发挥在建筑节能中的作用；同各大中院校建立人才合作培养机制，满足会员单位的用人需求，为会员单位引进高技能人才，操作高智能化设备，熟练掌握数控化操作系统，实现企业软件管理的云计算，提高原材料采购与成品销售技术服务科学化管理水平，达到迅速反应高效运行的水准；引进管理人才，强化企业的现代化管理水平。

把握经济发展“新常态”的机遇，秉承“净化政治生态，实现弊革风清，重塑山西形象，促进富民强省”的历史使命，促进山西塑料行业跨越发展，这是时代赋予山西塑料行业企业的责任，任务艰巨。用卧薪尝胆、励精图治的精神去转型，山西省塑料行业协会将把塑料制品进行再加工、深加工，提高产品的附加值，努力提高山西省塑料行业的整体水平，担负社会责任，为山西塑料行业的腾飞发展做贡献。

（山西省塑料行业协会　赵军）

上海市

一、大事记

2014 年 2 月 28 日上午，荣格工业传媒有限公司在上海大宁福朋喜来登酒店 举办“2014 塑料技术应用高峰论坛新闻发布会”。上海塑料行业协会副会长刘景芬应邀出席，在会上作了“塑料行业概况及发展趋势”的发言，并回答了来宾的有关提问。

3 月 4 日上午，上海塑料行业协会会长陈铭和秘书长秦建旺一行拜访了上海塑料行业协会 PVC 制品专业委员会主任单位—上海新上化高分子材料有限公司。上海新上化高分子材料有限公司徐永卫总经理接待了上海塑料行业协会各位领导，并就当前塑料制品企业的现状和发展情况交换了意见。

3 月 12 日，上海塑料行业协会五届三次会长办公会议在上海塑料制品公司四楼会议厅召开。会议通过了 2014 年上海塑料行业协会工作计划、2014 年协会财务预算等报告。秘书处人员列席会议。

3 月 19 日，陈铭会长带领协会秘书处一行四人拜访了上海三承高分子材料科技有限公司，该公司是集研发、生产和经营于一体的聚合物材料改性产品专业公司。该公司是市府认定的高新技术企业，多项产品已获国家专利。陈铭会长和熊小勇等公司领导交流了目前公司生产、经营、产品开发、市场开拓等事项。

3 月 27 日下午，上海塑料行业协会工程塑料专业委员会 2014 年会在上海中山化工市场三楼会议厅举行。本次年会由上海普利特复合材料股份有限公司、上海中山化工市场经营管理有限公司、中石化上海石化塑料部等单位的代表 35 人出席会议。上海普利特副董事长张祥福、上海蓝星聚甲醛销售总监潘多英、上海丞达总经理潘弈丞、上海石化塑料部研究所副所长刘勇、上海中山化工市场总经理沈践伟作技术交流或工作介绍。上海塑料行业协会会长陈铭、副会长刘景芬、秘书长秦建旺及秘书处有关工作人员出席本次年会。

4 月 23 日至 26 日，第二十八届中国国际塑料橡胶工业展览会—「CHINAPLAS 2014 国际橡塑展」在上海浦东新国际博览中心盛大举行。本届展会仍分 11 大主题专区，展出的重点行业包括汽车、电子电器、塑料包装、塑料管道、医疗器械、照明、模具等；有 14 个国家级和地区展团整体展出。4 天总计观众人数为历史性的 130 370 人次，其中海外观众人数为 36 841 人次，占到观众人数的 28.26%。于 4 月 24~25 日分上下两场隆重推出“绿色论坛”，受到听众的热烈追捧，场场爆满。展会期间还举行了 60 多场技术交流会，受到同行的热烈欢迎。

4 月 24 日上午，第二十八届中国国际橡塑展（“CHINAPLAS 2014”）开展期间，中美橡塑企业联谊会在浦东新国际博览中心 W1M1 会议室召开。本次联谊会由美国驻沪总领馆商务处和上海塑料行业协会联合组织，中、美双方的有关参展企业的代表与会。

4 月 27 日下午，由上海塑料行业协会和土耳其驻沪总领馆商务处联合举办的，土耳其加济安泰普塑料行业商务代表团与上海塑料行业协会双边会谈会议在新世界丽笙大酒店城景楼三楼 M 1 十 7 会议厅成功举行。土方出席会议的有土耳其驻沪总领馆商务处商务专员撒笔翰先生和土耳其加济安泰普塑料行业 18 家企业组成；中方出席会议的有上海塑料行业协会秦建旺秘书长，中石化上海石化股份有限公司涤纶部、上海海湾石化有限公司、上海三承高分子材料科技有限公司、苏州国嘉高分子材料有限公司等企业的老总和代表。双边会谈出席总计 36 人。

7 月 1 日，上海市“工经联”党委在上海市经济管理干部学院召开了庆祝中国共产党成立 93 周年暨先进表彰大会。市经团联会长蒋以任、市工经联党委书记胡云芳、市经信工作党委副巡视员陈更等领导到会并作重要讲话。市工经联党委系统党支部书记和部分党员近 300 人参加了会议。大会对 26 个先进党支部和 21 名优秀共产党员进行表彰。上海塑料行业协会在会上荣获市工经联党委系统颁发的 2013~2014 年度先进党支部；副会长刘景芬同志荣获了优秀共产党员称号。

7 月 11 日在上海经信委重化处徐惠富副处长陪同下，宁夏回族自治区宁东能源化工管委会王波一行来上海塑料行业协会。秦秘书长介绍了上海塑料行业发展现状及行业协会的职能、服务范围等。王波希望协会能对管委会的发展出谋划策，可利用协会会员单位的综合优势与之合作。秦秘书长表示，支持西部地区的产业发展是协会的责任。目前可以利用本协会的刊物和网站进行推介活动。

7月22日，上海塑料行业协会/上海市工商联塑料行业商会由原长寿路295弄8号8楼E室迁至中山北路2052号（振源大厦）903室办公。

8月1日起至8月31日，上海塑料行业协会利用协会的网络平台向全国的青少年普及有关塑料方面的科普知识。这次塑料科普知识从塑料的发展史谈起，叙述塑料的特点、有趣的命名、品种的分类，以及有关再生塑料、生物降解塑料、纳米塑料和工程塑料，介绍塑料在民用、医用、建筑、汽车、航天和航空等领域的用途，内容通俗易懂，相映成趣，是一次对塑料知识较为全面的传授。

8月20日上午，上海塑料行业协会在振源大厦901室召开“推进节能减排工作座谈会”。上海智生环保技术工程有限公司李晋克工程师介绍了智生环保公司针对塑料行业推进注塑机节能改造的技术和实施措施；天原胜德主管设备的吴勇介绍了企业实施注塑机节能改造的经验和效果；上海鑫鹏沈重武介绍了目前的生产及设备状况，塑料制品公司宋易介绍了制品公司下属塑料制品企业目前的状况，两位对伺服系统改造所关心的问题提出了意见并与智生环保进行了沟通。

8月25日延安市工商联会员部副部长刘剑峰、副调研员王谷峰牵头，由中国国际贸易促进会延安支会会长燕胜利带队，延安市招商局副局长贾君亮等一行6人，来上海塑料行业协会。之前，延安市政府一行还对协会会员单位上海南翼包装材料公司和上海白蝶管业科技有限公司进行了参观，并就对包材和管材在西部的发展进行了探讨。上海塑料行业协会技术咨询部和信息部专家也就对延安的后续发展提出了建设性意见。

8月26日，上海塑料行业协会包装材料专业委员会召开年会暨“塑料包装技术交流会”，会议共有20家塑料包装相关单位出席，共有7家单位作了大会技术交流报告，其中4家来自塑料制品单位，3家是提供原料的上游单位。会议由协会塑料包装专委会秘书长翁维志主持。到会企业了解了相关上下游之间的产业关系和互动作用，起到了很好的效果。

9月3日，在上海质量技术监督局多功能厅召开“塑料薄膜单位产品能耗限额地方标准修订评审会”。会议由上海技监局主持，邀请了上海市质检院、经信委、能效中心、节能监察中心和相关企业组成专家评审组。与会专家对修订版的标准应时之需及时修订工作给予肯定，对塑料产品的能源消耗限额确定在全国范围内起到引领作用。专家也对修订版的内容进行了细致的探讨，提出了真知灼见的修改意见。会上，上海技监局要求牵头起草单位上海塑料行业协会根据专家提出的建议进行修正。

9月4日上午，上海塑料行业协会在901会议室召开“上海塑料行业2014年技术职称专家评审会议”，根据评委会专家的评审结果，2014年上海塑料行业技术职称评审通过10位助理工程师；21位工程师；6位高级工程师。

9月16日上午,上海塑料行业协会秘书长秦建旺等在协会会议室热情接待了来访的香港雅式展览服务有限公司梁雅琪总经理和吉月月女士。梁雅琪总经理对上海塑料行业协会积极支持、鼎力协助雅式今年成功举办“2014国际橡塑展”表达了谢意。秦建旺秘书长表示，将一如既往地继续支持、协助雅式开展明年在广州举行的“2015国际橡塑展”。双方还就“2015国际橡塑展”在上海推介会的活动、展会同期活动及展会宣传和推广工作等方面的合作事宜进行了沟通和探讨，并取得了共识。

9月25日下午，在第十四届塑料交易会举行之际，中国塑料加工工业协会牵头在浙江省台州市三友国际饭店国际厅召开了“全国塑料行业协会座谈会”。座谈会上上海塑料行业协会秘书长秦建旺和与会省、市塑料行业协会代表等分别进行了交流发言。

9月26日上午，在第十四届中国塑料交易会进行过程中，由台州市人民政府、中国塑料制品工业协会、中国塑料机械工业协会联合主办的“中外塑料行业联席会议”在台州国展会议中心150座会议室举行。我国部分省市及地区塑料行业协会及十多个国家和地区的塑料行业协会代表出席会议。上海塑料行业协会秘书长秦建旺介绍了上海塑料产业发展的情况和未来塑料产业发展的重点。

10月16日，上海塑料行业名优品牌评选认定工作结束，认定结果为：2014年度上海塑料行业名优品牌新认定的企业商标产品（或系列）2家，重新认定16家；被命名为2014年度上海塑料行业名优品牌企业12家。

10月29日，上海塑料行业协会与美国塑料工业协会在协会会议室共同商讨明年在沪联合创办塑料前瞻性发展技术交流会事宜。为了推进上海塑料行业技术进步，提升塑料制品的附加值，“中美塑料先进技术交流会”初拟在2015年10月举行。内容将涉及工程塑料、生物塑料、3D打印材料和特种包装材料等方面前瞻性发展。届时，美国方面：由美国塑料工业协会将组织10多家企业来沪交流；中国方面：由上海塑料行业协会将组织2~3家企业在会上交流，并召集协会会员及业内企业参加，会议规模在百人左右。美国塑料工业协会国际事务与贸易高级总监迈克尔.泰勒，上海塑料行业协会秘书长秦建旺及协会咨询部、信息部相关人员参加商讨会。

10月30日下午，由“中塑在线”主办的“2014中国塑料产业领袖峰会”在上海虹桥元-希尔顿大酒店召开。峰会汇集了国内400多位塑料行业知名企业及行业协会的领袖精英，主办方还邀请了美国、意大利、德国等塑料产业发达国家的相关协会、企业家参加。协会秘书长应邀出席峰会。

11月17日上午，由雅式展览服务有限公司主办、上海塑料行业协会协办的第二十九届中国国际塑料橡胶工业展览会—［2015 CHINAPLAS 国际橡塑展］上海简介会于上海古象大酒店三楼会议厅举行。简介会邀请了华东六省一市塑料行业协会、上海市相关用家协会和部分医疗、包装、建材、汽车、电子信息生产企业等100余人出席会议。简介会上，三菱化学（中国）商贸有限公司市场经理康子夜先生作《汽车轻量化及环保材料应用案例》介绍、威猛巴顿菲尔机械设备（上海）有限公司副总经理兼销售总监刘毅先生作《注塑成型生产自动化的无线管理》演讲、阿博格机械（上海）有限公司工艺工程师俞潇先生作《模内贴标在包装领域的应用、COP材料在医疗领域的应用、FreeFormer增材制造设备》介绍3家参展商作新技术交流。

11月17日下午，在上海古象大酒店三楼波士顿会议厅召开了由华东六省一市塑料行业协会及上海用家协会的会长、秘书长以及部分用家企业的代表出席的工作座谈会。共有30余人出席会议。上述塑料协会和用家协会，以及用家企业先后就所述议题进行了分析和讨论。

11月25日下午，上海市工业经济联合会在上海市经济管理干部学院召开“上海市企业‘创新驱动、转型发展’典型案例征文活动”总结交流会。上海汽车集团股份有限公司等十四家单位荣获一等奖；延锋汽车饰件系统有限公司等二十二家单位荣获二等奖；上海优耐特斯压缩机有限公司等二十四家单位荣获三等奖。上海塑料行业协会推荐的上海普利特复合材料股份有限公司的《创新，普利特生存、发展、壮大之道》荣获二等奖，上海塑料行业协会获得组织奖。

12月2日下午，上海塑料行业协会PVC制品专业委员会2014年年度会议在协会会议室举行。18家上海塑料行业协会PVC制品专业委员会的会员单位参加了会议。会议宣布了专委会秘书长变更的决定，会议听取了华东理工大学王庆海教授作“国内PVC制品发展趋势和前景”报告，上海吉龙经济发展有限公司、上海上塑控股（集团）有限公司介绍了企业的发展情况。

12月10日，上海塑料行业协会/上海市工商联塑料行业商会五届四次理事会在上海市科学会堂海洋能厅举行。理事会议由陈铭会长主持。

12月10日，上海塑料行业协会/上海市工商联塑料行业商会五届四次会员大会在上海市科学会堂海洋能厅举行。大会听取了协会秘书处作2014年工作总结及2015年工作思路，关于协会章程修改的说明，调整理事会理事、副会长单位的提案，协会新会标设计方案，2014年财务收支情况报告等议程，审议、表决通过了大会文件。大会颁发了“2014年度上海塑料行业名优品牌（或品牌企业）”铭牌、“2014上海轻工业优秀创新产品奖”铭牌和“上海塑料行业节能减排优秀企业”铭牌，2014年度“上海市星级诚信创建企业”荣誉证书。

二、重点企业

序号	单位名称	主要产品
1	上海晓宝增强塑料有限公司	电缆加强芯
2	上海天原集团胜德塑料有限公司	塑料制品

续表

序号	单位名称	主要产品
3	上海心尔新材料科技股份有限公司	新材料、助剂
4	上海尼邦高分子材料有限公司	塑料新材料
5	上海光塑机械制造有限公司	注塑机、挤出机
6	中石化上海石化股份有限公司塑料部	聚乙烯、聚丙烯
7	上海爱平塑胶有限公司	PVC 功能膜、血袋膜、尿袋
8	上海英科实业有限公司	塑料回收加工、塑料镜框、家装材料
9	上海欧亚合成材料有限公司	热固性塑料
10	上海安诺塑胶制品有限公司	PP-R 给水管、UPVC 排水管
11	上海金山星星塑料有限公司	塑料包装袋
12	上海仪表塑料件有限公司	精密塑料件
13	上海华谊聚合物有限公司	ABS
14	上海南翼包装有限公司	吨装包装袋
15	维卡塑料（上海）有限公司	PVC 门窗
16	上海派瑞特塑业有限公司	塑料托盘、周转箱
17	上海杰事杰新材料有限公司	工程塑料、改性塑料
18	华德塑料制品有限公司	车用塑料制品
19	延锋汽车饰件系统有限公司	轿车方向盘、仪表盘、座椅总成
20	上海上塑控股（集团）有限公司	塑料管道
21	中石化化工销售华东分公司树脂部	塑料树脂销售
22	上海爱思塑料制品有限公司	为箱包配套塑料件
23	上海日之升新技术发展有限公司	工程塑料、改性塑料
24	上海中山市场经营管理有限公司	塑料树脂销售
25	上海海外化工有限公司	塑料材料
26	上海氯威塑料有限公司	PVC 塑料制品
27	上海普利特复合材料股份有限公司	工程塑料、改性塑料

续表

序号	单位名称	主要产品
28	上海永超真空镀铝有限公司	镀铝塑料膜
29	上海国嘉塑化有限公司	黑色母料
30	上海白蝶管业科技股份有限公司	塑料管道
31	上海至正道化高分子材料有限公司	塑料新材料
32	上海金菲石油化工有限公司	中空级、管道级 HDPE、聚乙烯
33	上海申德精密注塑有限公司	精密塑料件
34	上海海湾石化有限公司	重包装膜、袋
35	上海金浦塑料包装材料有限公司	BOPP 双向拉伸膜
36	上海力卡塑料托盘制造有限公司	塑料托盘
37	上海塑料制品公司	塑料制品
38	上海海棠头盔厂	安全帽
39	上海紫日包装有限公司	塑料防盗瓶盖
40	上海堃元新材料有限公司	PVC、PET/PETG 压片
41	上海蓝星聚甲醛有限公司	聚甲醛
42	上海欣禾包装有限公司	塑料包装制品
43	上海宝山迦南塑料厂	PVC 制品
44	上海新上化高分子材料有限公司	塑料新材料
45	上海俊尔新材料有限公司	改性塑料
46	雅式展览服务有限公司	承办展览、展示
47	上海三承高分子材料科技有限公司	高分子聚合物改性材料
48	上海达凯塑胶有限公司	复合塑料材料
49	上海人民塑料印刷厂	塑料印刷包装材料
50	美利肯商贸（上海）有限公司	塑料助剂
51	上海金昌工程塑料有限公司	工程塑料、改性塑料
52	上海天马精塑有限公司	精密塑料件（日用）
53	上海市中塑管业有限公司	PPR 管、管件等

续表

序号	单位名称	主要产品
54	上海欧泊尔塑胶有限公司	多种电缆材料
55	上海佳宜塑胶制品有限公司	PP-R 管材及专用料
56	上海田强环保科技有限公司	改性塑料、再生塑料、色母料、填充料等

三、基本情况

2014 年上海塑料制品企业（规模以上）579 家，同比下降 2.5%。工业产值 710.67 亿元，同比增长 3.1%。上海塑料制品全年共计生产 199 万吨，累计比同期-1.78%，占全国同类产品比例 2.71%，产量持续走低，但降幅收窄。上海塑料制品业 2014 年工业总产值 710.67 亿元，同比增长 3.1%；主营业务收入 721.22 亿元，增长 2.0%；实现利润总额 41.77 亿元，下降 3.5%，效益水平继续下降。另据中国轻工业联合会统计，上海塑料制品出口交货值继续下降，2014 年实现出口交货值 141.82 亿元，同比下降 4.3%。其中，占出口份额大头的塑料零件制造业，出口仍继续大幅下降了 21.1%。详见“2014 年上海塑料制品业主要经济指标（规模以上工业企业）”表。

2014 年上海塑料制品业主要经济指标（规模以上工业企业） 单位：亿元

制造行业名称	塑料薄膜	塑料板/管/型材	塑料丝/绳及编织品	泡沫塑料	塑料人造革/合成革	塑料包装箱及容器	日用塑料制品	塑料零件	其他塑料制品	合计
单位数	89	73	26	40	9	78	46	85	133	579
工业总产值	101.07	80.68	18.40	44.12	22.84	82.45	39.07	110.92	211.11	710.67
同比增减/%	5.2	4.5	0.6	4.5	17.5	-7.9	6.6	-1.7	6.9	3.1
应收账款净额	24.15	16.74	3.82	11.74	3.20	24.90	6.27	27.46	43.42	161.70
同比增减/%	15.0	7.9	-40.1	5.9	16.7	10.6	1.6	-0.8	7.6	5.4
产成品存货	7.14	6.85	0.98	1.85	1.40	3.40	2.02	6.91	10.50	41.04
同比增减/%	22.9	5.2	-24.5	2.8	15.3	2.6	29.8	-6.1	-2.6	3.5
主营业务收入	105.24	86.77	18.88	44.32	21.83	82.40	39.00	111.99	210.79	721.22
同比增减/%	6.9	2.7	0.4	3.9	12.6	-5.0	3.8	-3.5	3.9	2.0
利润总额	1.670	3.942	0.820	2.888	1.953	4.199	2.011	7.585	16.702	41.771
增减额	-0.695	-0.380	-0.094	-1.033	0.511	-1.502	0.283	0.212	-0.845	-3.543
出口交货值	15.70	6.36	5.29	3.71	6.81	14.81	19.13	36.44	33.57	141.82
同比增减/%	-0.2	11.9	3.8	3.4	3.1	9.7	-2.7	-21.1	4.4	-4.3

四、存在问题

（1）上海地区由于产业结构调整，塑料制品产量已连续多年走低，出口继续下降，其中，占出口份额大头的塑料零件制造业，出口仍继续大幅下降了 21.1%。行业整体效益不佳。随着上海制造业产业结构调整和产业梯度转移深化，上海塑料产业发展重点已逐步转到注重配套高新技术的塑料新材料上，如应用于汽车、电子等领域较高端的工程塑料、改性塑料上，而量大面广的低档次塑料制品生产正逐年减少，近几年上海塑料制品业整体经济数据的下行趋势验证了产业正处于转型升级的阵痛中。

（2）从主要分类产品来看，外部环境对不同产品的影响是不均衡的。由于上海地区塑料零部件产品主要是供外贸出口的，外贸形势的严峻对塑料零部件出口影响较大，导致近年来出口连续大幅下滑，效益明显下降。而塑料薄膜，特别是农膜产品和日用塑料产品与日常生活消费和农业生产密切相关，它们对宏观经济的敏感度不强，因此宏观环境对这些产品影响不大。

（3）从行业整体技术水平来看，无论是原材料研发生产，还是成型加工技术与装备都处在中低档水平，与国际先进制造业水平有比较大的差距。塑料制品业总体装备水平偏低、产品结构不合理、科技投入不足、产品集约化程度低、抵御风险能力不强。

五、发展趋势与展望

上海的塑料加工产业是跟发达国家有差距的产业，在大力推进产业结构调整、转型升级中，把高投入、高消耗、高污染、低产出、低质量、低效益转化为低投入、低消耗、低污染、高产出、高质量、高效益，把粗放型转为集约型，着力加强产业内的升级。近年来，上海塑料行业内企业的自主创新能力、总体装备水平、技术开发投入等都有了很大提高，产业结构调整和节能减排工作不断深化。这些诸多因素都将支撑着上海塑料行业在新常态下持续、健康、平稳的发展。

（上海市塑料行业协会　秦建旺）

重庆市

2014 年，重庆市塑料行业协会在市委市政府的领导下，在市经信委和市民政局的具体指导下，全面学习宣传贯彻落实党的十八大精神，积极建言献策，反映企业诉求，发挥了“政企”间的桥梁纽带作用。牢记为行业服务、为会员服务的宗旨，增强了服务意识，拓展了服务功能。以开拓创新、扎实工作，发挥行业熟悉行业、贴近企业的优势，以市场为导向，开拓市场，努力提高产品质量，主要抓了以下几个方面。

一、大事记

在过去的一年里，重庆市塑料行业协会配合市经信委领导和企业领导，在探讨和考察筹备，建设建立西部塑料工业园区做了大量工作。

1．促进塑料工业发展，打造工业园区情况

（1）承上启下，继续 2013 年未完成的工作。

（2）2014 年 4 月 24 日，重庆市塑料行业协会在重庆国际博览中心 M107 会议室召开召开了打造西部千亿级塑料产业园重点项目研讨会暨技术交流会。 会议吸引了塑料有生产厂家、原材料、塑料机械设备商家和相关单位 70 余家企业领导、代表参会，由重庆市塑料行业协会秘书长刘汉龙先生主持会议。会上，重庆市塑料行业协会副会长、重庆阮氏塑业有限公司总经理阮金良先生就《组织塑料行业企业抱团发展，打造中国西部塑料产业园重点项目工作汇报》发言；香港力劲科技集团总工程师冯志远先生介绍《大型两板机在汽车行业的应用》；亿赞普科技（集团）公司陈大伟先生在会上介绍亿赞普跨境电子商务公司平台，重庆将成为成为跨境电子商务中心。会上媒体代表和技术工程师代表等企业代表纷纷发言，各抒己见。

（3）2014 年 4 月 25 日，中国西部（重庆）塑料生态产业园开园暨重点项目集中签约在梁平工业园区隆重举行。重庆市委常委、常务副市长翁杰明出席活动并做了重要讲话。重庆市政府副秘书长张智奎主持开园及签约活动，梁平县县委书记蒋宜茂致辞，重庆市经信委主任助理艾万忠宣读授牌文件并为基地授牌。梁平县县长吴盛海接牌，并与中国塑协工程塑料专委会及相关企业签订委托招商和项目投资协议，中财集团行政总裁李凌作为企业代表发言。

当天共签订协议 23 个，总引资 158.35 亿元，预计年产值 217.2 亿元，产业涉及塑料、机械电子、商贸流通、农业开发，能源产业等多个方面。

中国塑协工程塑料专业委员会秘书长林敏刚、重庆市发改委副主任杨昌学、重庆市国土房管局副局长胡长明、重庆市环保局副局长张勇、重庆市规划局副总工程师邱书杰，守布•阿迪达公司董事长 ZIA，梁平县领导郑云山、周仁胜，重庆市塑料行业协会常务副会长、重庆捷成塑胶（集团）公司董事长陈杰，重庆市塑料行业协会副会长、重庆阮氏塑业有限公司总经理阮金良，重庆市塑料行业协会副会长、重庆融达管道有限公司总经理卢贤权，重庆市塑料行业协会秘书长刘汉龙和办公室陈清清等参加活动并见证签约。梁平县委常委、常务副县长胡华超代表梁平县与部分企业签订项目投资协议。

（4）重庆市塑料行业协会先后组织会员企业老总到铜梁、大足、梁平等地实地考察工业园区情况，尤其是在 2014 年 5 月 30 日组织部分企业老总到大足区工业园区进行了实地考察学习、密切交流。

2．坚持民主办会、坚持会议制度

协会定期或不定期的积极开展活动，发展会员，增强协会活力。

大型会议 2014 年四次，增补理事、常务理事、副会长共 9 家单位。

（1）2014 年元月 13 日三届六次常务理事会暨新春团拜会在金质花苑酒店举行。

（2）2014 年 4 月 24 日打造千亿级塑产业论坛。

（3）8 月 3 日在金质花苑酒店召开三届四次理事会议。

（4）10 月 30 日在金质花苑酒店召开三届五次理事会议。

（5）筹备协会换届工作。

3．成立重庆市塑料行业协会管道专委会，坚持定期组织相关活动

协会高度重视产品质量，一是抓自律，号召企业从我做起，主动抓好产品质量；二是成立管道专委会；三是积极向政府反映情况，请求政府支持。

（1）2014 年 1 月 13 日三届六次常务理事会暨新春团拜会上正式提出管道专委会成员单位名单。提出管道专委会主任、副主任单位的依据：一是在行业中有较大影响力的企业；二是在 2013 年产品抽查中尚未发现产品质量问题的企业；三是自身愿意为管道行业服务的企业。

（2）2014 年 4 月 18 日，首次管道专委会会议在重启新川塔实业有限公司召开，15 个管道企业参加，20 多人出席会议。重庆一龙管道有限公司叶总经理主持会议，受到新川塔朱总等领导的热烈欢迎和盛情接待。

（3）管道专委会每季度举行活动一次，如遇举行理事会，就不再举行管道专委会。如 8 月 3 日、10 月 30 日、本次的团拜会也视为活动时间和次数。

4．支持举办塑料工业展

为企业创造（加强）技术交流，新产品交流，促进塑料工业不断发展。3 月和 4 月间，支持中环和立嘉塑料工业展、产品推广会、如动力机械，亿赞普均在会上对企业产品介绍，立嘉会展公司承办的。9 月中旬协助和支持国博中心塑料工业展，中塑协领导和我们协会领导。企业领导等数十人出席开幕式并参加展会。

5．全面清理和整顿协会工作

这项工作政府相当重视，重庆市塑料行业协会刘秘书长出席清理工作会议 4 次以上，几乎每次会议都是市经信委和市民政局领导共同主持。

（1）突出重点工作。

（2）三个层面：①党政机关；②事业单位和国企；③工作人员。

（3）五清理五脱钩：①所有党政机关的在职干部都不得在协会任职，必须提出申辞公务员职务；②未参公的事业、国企单位领导没有明确表示不任职，但必须提出申请报告；③关于职能的问题，必须合法，该收必收、该放必放，必须严格区分开；④关于资产问题：党政机关划分协会必须收回，一时收回有困难的必须实行有偿使用并限期收回；⑤会计账是合账的、化账的，合署办公财产不明、不分、不清的必须分清，协会必须是独立核算，秘书处办公不能占用国家机关，事业单位场地和财产。

这次清理整顿是：拆清注销一批、合并重组一批、整顿规范一批。

6．积极参加市政各部门组织的各项活动和交办的各项工作五项，以及全国性专业会议

（1）宣传贯彻市委市府的政策、法律法规和会议精神。

（2）参与行业资金评审工作，项目评审工作、

项目验收工作等。

（3）落实国办（2014）128 号，渝委员（2014）6 号等文件精神。涉企调查政府部门不合理的各种收费情况。市经信委 3 月 24 日招商引资会议，2014 年 6 月 17 日汇报会议。9 月 5 日是民政局会议，9 月 11 日、9 月 12 日，9 月 15 日市经信委会议。

（4）中国塑协在台州市、广州市召开的中国塑协理事会议、汇报会议。

（5）于中国管道容器标准委员会联合举办的研讨会议。起到信息上下联系，起到桥梁纽带作用。

7．宣传企业、服务行业；调查研究，为企业提供更多的信息

（1）走访有关区县，调查个体，为企业发展提供参考信息。走访到：大足、铜梁、梁平、九龙坡、渝北、长寿等地区。

（2）走访企业，调查研究，广交朋友，让企业了解协会工作，协会了解企业，相互支持，协调配合。

（3）积极参加企业组织的有关活动，配合企业宣传，提高企业的知名度和美誉度。宣传企业知名品牌，宣传企业的新产品，以及企业的文化及精神。如：

①顾地科技有限公司（2014 年 2 月 20 日）新产品推荐会暨技术交流会，公司林总裁出席会议。专家主讲《特殊单立管排水系统及同层排水系统等新产品》和《新型铜带螺旋波纹结构壁缠绕管等市场新产品》他们采取了互动提问、大会解惑，近 200 人到会，会议开得很好很成功。

②重庆澳彩科技有限公司，2014 年 6 月 27 日成立澳彩科技慈善资金会，全体员工参加大会。重庆澳彩科技的慈善活动受到了重庆市塑料协会、铜梁县委领导、公司客户及各界社会人士的大力支持。重庆市塑料行业协会刘秘书长、铜梁工业园区陈书记、公司部分客户代表、各界社会人士与澳彩科技各位员工一同见证和参与本次活动。启动捐款仪式上，澳彩公司当场出资 30 万元，重庆澳彩科技有限公司魏子斌总经理当场主动捐款 10 万元，在魏总的带动下，全体员工行动，纷纷捐款，成立了慈善资金会。据了解，魏总与部分员工在过去的数年里已向社会上需要帮助的人们捐款，很受感动。他们建立一套专款专用制度，严格管理和审批程序制度。会上以幻灯片的形式，介绍了严重受自然灾害、极度贫困的人员需要帮助的画面，职工自编自演很生动的节目，充分体现企业文化、企业精神，很受教育，很受感动，非常值得学习和宣传。

③重庆国通管业有限公司 2014 年 12 月 2 日在金源酒店举行会议，即技术、产品介绍交流会，梁总亲自讲解，介绍新产品以及新技术的发展方向，全场报以热烈的掌声，刘汉龙秘书长与会长付志敏出席了会议并讲话，还有维斯顿李总、申塑李总、奥维魏总、中环高总、巴王矿谭总等领导出席了会议，为国通授牌，会议很成功。

（4）重庆百联塑胶有限公司新工厂竣工庆典大会，王总介绍了建厂投产，产品上市很受用户满意，还以文艺节目的形式宣传企业文化精神，像这样的形式的企业还有很多，值得宣传，使企业充满生机和活力。

二、会员风采

（一）顾地科技股份有限公司新品推介会暨技术交流会（重庆站）

2014 年 2 月 20 日，顾地科技股份有限公司新品推介会暨技术交流会（重庆站）于君豪大饭店召开。会议吸引了全国各地的开发商以及相关施工单位的积极响应与参与。顾地科技股份有限公司专业人员讲解了新产品的功能，到会来宾参观顾地 2014 新产品，并交流产品功能与意见，共两百余人见证大会盛况。重庆市塑料行业协会秘书长刘汉龙先生及助理陈清清参加了推荐会。

重庆顾地塑胶电器有限公司（以下简称重庆顾地）执行总经理王可辉先生致会议开幕词。执行总经理王可辉对各开发商的到来表示欢迎，同时总结了重庆顾地的发展历程，强调要专注当下，并对顾地此次发布的新品做了简单的说明。顾地新产品事业部总经理邵守福先生为参会人员讲解了此次顾地推出的新品，包括特殊单立管排水系统及同层排水系统等新产品的性能及优点。研发中心工程师冉超先生就此次重庆顾地新推出的几款市政新品做了详细的解说。大家就自己关心的问题进行了现场互动，并表示本次会议收获颇丰。

作为中国难燃 PVC 电工管和线槽的发明者和制造者，重庆顾地拥有强大的研发团队，秉承“勇于创新、追求更高”的信念，致力于中国塑胶管道技术革新。新品推介会上，重庆顾地发布了 2014 年面市的新产品，分别是 GD 型漩流静音特殊单立管（PHSP）排水系统，GD 漩流静音（PHSP）同

层系统，以及用于市政建设的PE新型钢带螺旋波纹管、PP-HM双壁波纹管和PP热态结构壁缠绕管等。其中几款广泛运用于市政建设的产品都在产品结构和性能上进行了最大程度优化。

特别值得关注的，是此次推出的GD型漩流静音特殊单立管（PHSP）排水系统。它是由重庆顾地自主研发的一种真正能够实现一根PVC立管同时具有排水、通气且隔音降噪三重功能的特殊排水系统。该系统采用旋流理念，利用通气系统既能通气又能通水的原理，有效解决了现有建筑管道占地空间大、耗费建材多、排水噪声大，排水能力小，安装工作量大等的重大问题，引领建筑排水行业进入崭新的领域。

为了让来宾更直观的了解单立管排水系统的技术及应用，顾地在会议现场特设了设备参观区。同时，顾地还特地安排了技术工程团队对来宾的问题做现场最直观的讲解和解答，得到了来宾的一致好评。

（二）关于HDPE双壁波纹管的现状和发展

HDPE双壁波纹管以其环刚度高、环柔性好、优良的耐腐蚀性能、摩擦阻力小、抗震性能好、使用寿命长、接口密封性能好、重量轻、安装方便等特点，产品一出现便被应用于市政的排污、排雨、小区管网和化工工程中，符合国家产业发展方向，得到建设部和重庆市建委的大力推广。特别是2004年5月1日重庆市建委下发关于重庆市建设领域限制、禁止使用落后技术的通告中以HDPE双壁波纹管取代直径≤500混凝土、钢筋混泥土和埋地铸铁排水管后。HDPE双壁波纹管更加广泛地应用于建设工程的各个领域。在城市排水管网工程中取得了良好的效果。但是从2010年起，大量不符合国家标准的劣质管材在工程中使用，给工程埋下安全隐患，有的在施工过程中就出现塌陷。

（1）一些厂家为了抢夺工程，以低价竞争，不惜牺牲产品质量。管材的壁厚不足国家标准的一半；8个环刚度的管材其环刚度只有6个环刚度左右；管材中添加大量的填充料，管材一撞就坏。管材质量远远达不到国家标准的要求，其销售价格远远低于国标管材的正常成本价格。管材的使用寿命也得不到保证。

（2）无标、非标生产销售HDPE双壁波纹管现象极其严重。国标GB/T19472.1　2004是企业生产HDPE双壁波纹管必须执行的最低标准，HDPE双壁波纹管企业标准的技术要求必须高于国标。然而一些企业为了给自己生产的不符合国标要求的管材贴上合格的标签，制定出技术要求低于国家标准的企业标准。有的企业生产出来的管材没有标识，客户要什么标准的管材就贴什么样的标签。有的企业甚至在市建委召开的会议上说国标不适合他们企业，国标执行不了。

（3）管材的购买者不是直接的业主或使用者，在缺乏有力监督的情况下，施工单位为了获得更大的利益，购买、使用不符合国家标准的管材，这就为生产不合格产品提供了市场，也为工程埋下了安全隐患。

（4）市场监督的主体及职能部门应当是政府的相应职能机构，无标、非标生产、销售、使用HDPE双壁波纹管的现象如此严重，市场如此混乱，政府应当负主要责任。2013年8月重庆市八部委对市场进行了检查、整治，市场得到一定的规范，产品质量有大幅度的提高。但是好景不长，仅仅过了5个月，市场又回到了原来的模样。不合格管材又大量泛滥，去年8月被查封的产品又回到了市场。

（5）如果市场这样下去，正规生产国标管材的企业将生存不下去，不合格产品将在市场上横行。正规生产国标管材的企业将被“逼良为娼”，被逼放弃坚守多年的坚持生产国标管材的信念，同流合污生产不符合国标要求的管材。为建设工程埋下更多、更大的安全隐患。照此下去，用不了多久，这种被国家建设部推广的新技术、新材料就要被列入建设工程中限制、禁止使用的落后的、不安全的材料。

为此，建议：

①政府要监督、管理好企业、市场；

②行业要自律、按国标生产、保护好市场；

③加强对建设工地的检查，加大对采购、使用不合格产品的业主、施工单位的处罚力度；

④政府职能部门应不定期对企业产品进行检查，从源头上杜绝不符合国标产品的出现。

如果这样，并坚持下去，将很快扭转行业现状，有利于HDPE双壁波纹管市场健康发展，有利于保证工程质量。

（重庆市塑料行业协会　刘汉龙　陈清清）

浙江省

一、基本情况

2014年，面对严峻复杂的外部环境和经济下行压力，浙江省塑料制品行业坚持以科学发展为主题，以加快转变生产方式为主线，加快产品结构调整和企业转型升级，提升科技、管理和营销水平，行业运行总体平稳，效益有所增长，出口保持增长，实现了经济平稳增长。

1．行业规模

据浙江省统计局统计，2014年浙江省塑料制品行业规模以上企业2 008家（其中亏损企业264家，同比增长7.32%，亏损面13.15%），占全国塑料制品行业规模企业总数的14.28%，从业人员26.46万，同比下降3.38%。

2．塑料制品产量

2014年，全省规模以上企业完成塑料制品总产量1 054.85万吨，同比增长4.94%，占全国同期塑料制品总产量的14.28%，居全国第一位，增幅较上年同期回落了0.66个百分点，其中：塑料薄膜产量360.24万吨，同比增长3.80%，占全国同期塑料薄膜总产量的28.55%（居第一位）；塑料薄膜中农用薄膜产量20.80万吨，同比增长18.32%，占全国同期农用薄膜总产量的9.49%（居第三位）；泡沫塑料制品产量24.76万吨，同比增长11.96%，占全国同期泡沫塑料制品总产量的12.24/%（居第三位）；塑料人造革、合成革产量147.10万吨，同比增长2.98%，占全国同期塑料人造革、合成革产量的39.22%（居第一位）；日用塑料制品产量103.78万吨，同比增长7.39%，占全国同期日用塑料制品总产量的17.90%（居第二位）；其他塑料制品418.97万吨，同比增长5.65%，占全国同期其他塑料制品总产量的8.43%（居第四位）。2014年五大类塑料制品的产量均比上年有不同程度的增长，其中泡沫塑料制品的产量同比增幅最大，达11.96%。

3．创新活力不断增强，名牌产品、著名商标产品平稳增长

创新投入持续加大，全行业不断依靠科技进步，加大科技开发力度，加快企业高新技术成果的产业化，推动产品结构调整和产业升级。2014年全行业规模企业科技活动经费投入继续增加，全年科技活动经费支出总额达20.26亿元，同比增长6.05%，增幅较上年同期下降14.55个百分点。

2014年，全省塑料行业共有35个产品获“浙江省名牌产品”称号，其中：新增6个，到期复评29个；5个产品获2014年度“浙江出口名牌”称号；46个产品获2014年度浙江省著名商标产品，其中新增14个，复评32个。

二、企业荣誉

1．2014年中国民营企业五百强

排位	企业名称	所属行业	营业收入总额/万元
233	浙江大东南集团有限公司	橡胶和塑料制品业	1 709 949
282	华峰集团有限公司	化学原料和化学制品制造业	1 451 348
312	浙江明日控股集团股份有限公司	零售业	1 340 762
352	利时集团股份有限公司	橡胶和塑料制品业	1 228 197
449	海天塑机集团有限公司	专用设备制造业	1 016 717
480	伟星集团有限公司	综合	958 039
497	公元塑业集团有限公司	橡胶和塑料制品业	918 114

2. 2014 年中国民营企业制造业五百强

制造业序号	企业名称	所属行业	营业收入总额/万元
153	浙江大东南集团有限公司	橡胶和塑料制品业	1 709 949
180	华峰集团有限公司	化学原料和化学制品制造业	1 451 348
222	利时集团股份有限公司	橡胶和塑料制品业	1 228 197
271	海天塑机集团有限公司	专用设备制造业	1 016 717
289	伟星集团有限公司	综合制造	958 039
298	公元塑业集团有限公司	橡胶和塑料制品业	918 114
318	浙江富陵控股集团有限公司	石油加工、炼焦和核燃料加工业	823 372
364	浙江正凯集团有限公司	橡胶和塑料制品业	685 414

3. 2014 年浙江省综合百强企业

百强排序	企业名称	营业收入 /万元
61	浙江大东南集团有限公司	1 709 949.00
67	华峰集团有限公司	1 451 349.00
86	利时集团股份有限公司	1 228 197.00

4. 2014 年度“浙江出口名牌”名单

总序号	行业 序号	企业名称（中文）	申报品牌名称	新增/ 复评
260	28	宁波利时塑胶有限公司	利时 LISI	复核
272	40	宁波家联塑料用品制造有限公司	家联 HOME-LINK	复核
292	60	浙江凯利新材料股份有限公司	凯利	复核
311	79	台州富岭塑胶有限公司	富岭	复核
331	15	永高股份有限公司	ERA 公元	复核

5. 2014 年度浙江省塑料行业创新型示范和试点企业名单

创新型示范企业：

浙江海利得新材料股份有限公司

创新型试点企业：

浙江金石包装有限公司

三、重点企业选介（名单排列不分先后）

序号	企业名称	企业简介	2014 年主要指标	企业获得的主要荣誉
1	浙江明日控股集团股份有限公司	公司创建于 1998 年，经销 PE、PP、PVC、PS、ABS、弹性体等合成树脂及甲醇、橡胶、乙二醇、片碱等化工产品，并生产 CPP 薄膜、农地膜、液体包装用 PE 吹塑薄膜、包装用 PE 吹塑薄膜、复合膜及袋。注册资本 3 亿元	2014 年经销合成树脂及化工产品 146 万吨，薄膜产量 34 256 吨，销售收入 152 亿元，利税总额 12 537 万元，利润总额 6 048 万元	中国塑料加工工业协会副理事长单位、浙江省塑料行业协会会长单位、2014 年中国民营企业 500 强企业（位居 312 位）、重合同守信用 AAA 级单位（浙江省工商局）、信用等级 AAA 级企业（浙江省人行、农行）、浙江省高新技术企业（杭州新光）、浙江名牌产品（杭州新光）、浙江著名商标（杭州新光）
2	浙江伟星新型建材股份有限公司	公司创建于 1999 年，企业注册资本 25 340 万元，主要产品：PP-R、PERT、PB 等塑料管材及管件，广泛应用于给水、排水、排污、燃气、采暖、电力、矿山等领域。2010 年在深圳证券交易所上市，股票代码 002372	2014 年塑料制品产量 13 万吨，营业收入 235 368 万元。营业利润 44 004 万元，利润总额 45 502 万元，净利润 38 775 万元，固定资产净额 67 003 万元，总资产 255 934 万元	中国塑料加工工业协会理事会副理事长单位，中国塑料加工工业协会塑料管道专业委员会副理事长单位、全国塑料制品标准化委员会塑料管材管件及阀门分技术委员会委员单位、2014 年中国民营企业五百强及中国民营企业制造业五百强、浙江省高新技术企业、浙江省专利示范企业、浙江省创新型企业、重合同守信用 AAA 级单位（浙江省工商局）、浙江省首批先进质量管理孵化基地、浙江省创新型示范企业、浙江省诚信守法企业、浙江省专利示范企业，拥有 180 项专利，其中发明专利 6 项，浙江省名牌产品、浙江省著名商标
3	永高股份有限公司	公司创建于 1993 年，主要生产 PVC-U、PP－R、PE、PE-RT、CPVC 等 3 500 余种不同规格、品种的管材及管件，年生产能力 45 万吨。2011 年在深圳证券交易所上市，股票代码 002641	营业收入 332 560 万元,营业利润 26 054 万元，利润总额 27 216 万元，净利润 22 504 万元，固定资产净额 108 700 万元，总资产 347 224 万元	中国塑料加工协会副理事长单位、中国塑料加工工业协会塑料管道专业委员会理事长单位，浙江省塑料行业协会副会长单位、全国塑料制品标准化委员会委员单位、2014 年中国民营企业五百强及中国民营企业制造业五百强，浙江省创新型试点企业、建立省级高新技术企业研发中心和博士后科研工作站、浙江省名牌产品、浙江省著名商标
4	浙江众成包装材料股份有限公司	公司创建于 2001 年，是一家集科研、设计生产、销售及售后服务于一体的全过程制造企业，是全球知名的高品质 POF 热收缩膜制造商和国内优秀的 POF 热收缩膜整体包装解决方案提供商，POF 热收缩膜生产能力 3.2 万吨，目前是全球第二、中国第一的 POF 热收缩膜生产企业。2010 年在深交所中小板上市，股票代码：002522	营业收入 54 163 万元，营业利润 6 659 万元，利润总额 6 987 万元，净利润 6 021 万元，固定资产净额 72 254 万元，总资产 174 312 万元	浙江省塑料行业协会副会长单位，公司已获授权专利 20 余项、浙江省高新技术产品、“浙江省著名商标”“浙江名牌产品”“浙江省知名商号”“浙江出口名牌”、浙江省转型升级引领示范企业、浙江省绿色企业、中国轻工业塑料行业十强企业、国家高新技术企业、国家火炬计划重点高新技术企业
5	浙江禾欣实业集团股份有限公司	公司是一家集生产经营 PU 合成革、超细纤维合成革、合成革基布、浆料、色料为一体的国内产业链配套最完整的企业之一。专业生产干湿法 PU 革基布、PU 树脂、PU 色料、聚氨酯合成革、高档超纤皮面料、绒面超纤等产品，公司于 2010 年在深圳证券交易所上市，股票代码 002343	营业收入 161 321 万元，营业利润 8 069 万元，利润总额 8 269 万元，净利润 5 428 万元，固定资产净额 57 393 万元，总资产 174 700 万元	国家认定企业技术中心、 浙江省“五个一批”重点骨干企业、国家高新技术企业、银行信用“AAA”企业

续表

序号	企业名称	企业简介	2014 年主要指标	企业获得的主要荣誉
6	杭州萧山华益塑料有限公司	公司创建于 2000 年，主要产品：各种用途的 BOPP 薄膜，产能 14 万吨，总资产 5 亿元	产量 98 000 吨，产值 138 917 万元，利税 3 939 万元，其中利润 2 728 万元	浙江省名牌产品、浙江省著名商标
7	浙江俊尔新材料有限公司	公司创建于 1995 年，改性尼龙、改性聚碳酸酯、改性聚酯、改性聚烯烃、特种工程塑料和热塑性弹性体六大系列产品，广泛应用于汽车、电子、机械、航空等领域，注册资本 7 500 万元	产量 42 870 吨，产值 68 835 万元，销售收入 71 328 万元，利税 7 424 万元	浙江省塑料行业协会副会长单位、国家高新技术企业、国家火炬计划重点高新技术企、中国化工行业技术创新示范企业、国家认可实验室、浙江省创新型示范企业、浙江省产学研合作示范企业、获“2014 年省级企业研究院”称号、浙江省名牌产品、浙江省著名商标
8	浙江凯利新材料股份有限公司	公司创建于 2006 年，主要产品：BOPP 薄膜，生产能力 70 000 吨	产量 62 388 吨，销售额 79 000 万元，利税 5 300 万元，利润 2 900 万元，总资产 6.5 亿元	国家级重点高新技术企业、浙江省名牌产品、浙江省出口名牌产品、浙江省著名商标
9	浙江南洋科技股份有限公司	公司创建于 2001 年，主要产品：电容薄膜、太阳能电池背材膜、锂离子电池隔膜、光学隔膜，生产能力 15 万吨。2010 年在深圳证券交易所上市，股票代码 002389	营业收入 69 962 万元，利润总额 7 056 万元，营业利润 6 507 万元，净利润 4 865 万元，固定资产净额 62 940 万元，总资产 283 889 万元	国家火炬计划重点高新技术企业、浙江省高新技术企业，拥有 2 项发明专利、浙江省名牌产品、浙江省著名商标
10	浙江伊美薄膜工业集团有限公司	公司创建于 2001 年，产品：双向拉伸聚丙烯薄膜，产能 15 万吨。注册资本 3 700 万美元.总投资 12 亿元	产量 126 700 吨，销售收入 126 237 万元，利税 1 820 万元	浙江省名牌产品、浙江省著名商标。
11	浙江三友塑业股份有限公司	公司创建于 1971 年，主要产品：纺织用各种类别的塑料纱管、摩托车配件、摩托车、毛纺等。中国最大的纺织用塑料纱管生产企业。纺织用塑料纱管年生产生产能力 20 000 吨，再生塑料年处理能力 22 000 吨	塑料制品产量 11 300 吨，出口创汇 2.35 亿元，销售收入 6.68 亿元，利税总额 5 100 万元	中国塑料加工工业协会副理事长单位、中国纺织器材行业协会副理事长单位、浙江省塑料行业协会常务副会长单位、公司通过 ISO9 001 质量管理体系和 ISO14 001 环境管理体系认证、中国塑料行业企业信用 “AAA”级企业，国家工商总局 AAA 级“重合同守信用”公示企业、浙江省工商企业信用 AAA 级“守合同重信用”单位、浙江省 AAA 级诚信纳税企业、浙江省 AAA 级标准化良好行为企业、浙江省农业银行 AAA 级资信企业、全国诚信守法乡镇企业、全国纺织工业先进集体、全国信息化先进单位、浙江省文明单位、中国驰名商标、浙江省著名商标、浙江省知名商号、浙江省名牌产品、浙江省管理创新示范单位。2013 年，公司董事长张小赧被授予浙江省终身领袖企业家荣誉称号。2014 年，公司获外贸出口名牌企业
12	台州富岭塑胶有限公司	公司创建于 1992 年，拥有各类塑料制品生产设备 320 台（套），主要产品：塑料餐具及厨房用具，产品 90%出口，在美国设有三个分公司、澳洲设有一个分公司，是美国五大快餐连锁企业及超市的供应商。总资产 26 803 万元。年生产能力 30 000 吨，浙江省最具规模的塑料餐具及厨房用具生产企业	产量 28 800 吨，利税 6 310 万元,自营出口 7 585 万美元	中国塑料加工工业协会副理事长单位、中华人民共和国海关 A 类企业、国家高新技术企业、浙江省科技术型中小企业、全国浙商信用示范企业、浙江省绿色企业、浙江省守法诚信进出口企业、浙江省工商信誉 AAA 级单位、浙江省名牌产品、浙江省出口名牌、浙江省著名商标、浙江省知名商号、浙江省级研究开发中心

续表

序号	企业名称	企业简介	2014 年主要指标	企业获得的主要荣誉
13	浙江杭宝集团有限公司	公司创建于 1980 年，主要产品：BOPP 薄膜、BOPP 胶带、塑料管材及管件、胶水，BOPP 薄膜生产能力 35 000 吨，BOPP 胶带生产能力 6 亿米^2，塑料管材及管件生产能力 30 000 吨，胶水生产能力 50 000 吨，总资产 20 亿元	薄膜产量 30 000 吨，塑料管材及管 15 478 吨，销售收入 8.82 亿元，利税总额 7 431 万元，其中利润 5 535 万元	中国驰名商标、中国绿色环保建材产品、中国著名品牌、国建材行业名牌产品、国家安全生产标准化三级企业、浙江省著名商标、浙江省科技型中小企业
14	浙江锦盛包装有限公司	公司创建于 1989 年，产品：化妆品用塑料瓶，年生产能力 6 000 万套，60%产品外销。总资产 38 603 万元	实现销售 23 191 万元，出口创汇 2 332 万美元，技改投入 823 万元，利税 2 725 万元，其中利润 2 427 万元，总资产 38 603 万元	通过 ISO9 001:2 008 质量管理体系认证 ISO14 001:2 004 环境管理体系认证荣获浙江省知名商号，浙江省工商企业信用 AA 级企业、浙江省科技型中小企业、滨海新城首届质量奖、绍兴市质量管理五星级企业、绍兴名牌产品等荣誉称号
15	浙江大东南股份有限公司	公司创建于 1975 年，主要产品：BOPP、BOPET、CPP、PE 薄膜及袋，生产能力 15 万吨，2008 年在深圳证券交易所上市，股票代码 002263	营业收入 91 787 万元,利润总额 625 万元，净利润 1 158 万元，固定资产净额 147 072 万元，总资产 349 467 万元	中国塑料加工工业协会副理事长单位、浙江省塑料行业协会常务副会长单位、浙江省工业行业重点骨干企业、国家高新技术企业、2014 年中国民营企业 500 强、中国塑料包装行业龙头企业、2014 年浙江省综合百强企业、2014 年浙江省制造业百强企业、浙江省名牌产品、浙江省著名商标
16	浙江鑫鼎塑业有限公司	公司创建于 1995 年，主要产品：环保用塑料制品、日用塑料制品、物流用塑料制品，总资产 2.7 亿元。年生产能力 2.5 万吨	产量：20 761 吨，产值 25 054 万元，销售收入 24 595 万元，其中出口 1 492 万美元，利税 1 533 万元，其中利润 746 万元	浙江省工商企业信用 AAA 级‘守合同重信用’单位”、浙江省名牌产品、浙江省著名商标，拥有 50 多项专利
17	温州市金田塑业有限公司	公司创建于 1989 年，主要产品 BOPP 薄膜，年生产能力 6.5 万吨	产量 52 020 吨，产值 62 630 万元，利税 1 289 万元，其中利润 593.54 万元	浙江省塑料行业协会 BOPP/CPP 薄膜专委会理事长单位
18	瑞安市东威塑胶有限公司	公司创建于 1997 年，产品：双向拉伸聚丙烯（BOPP）薄膜、PVC 压延膜，生产能力 75 000 吨。注册资金 10 080 万元	产量 76 421 吨，工业总产值 80 221 万元，销售产值 80 345 万元，利税总额 1 046 万元	浙江省塑料行业协会副会长单位
19	南塑集团有限公司	公司创建于 1991 年，主要产品：塑料编织布及袋、PVC 压延薄膜，塑料制品生产能力 8 万吨。资产总额 3.63 亿元	产量 25 208 吨，产值 26 468 万元，销售收入 26 215 万元	浙江省塑料行业协会副会长单位、浙江名牌产品、浙江省著名商标、省清洁型生产企业，GB/T8 946-2 011 第一起草单位、浙江省“三优”企业，温州市百龙企业，在苍南县工业企业中，享有连续 12 年纳税前十名，连续 16 年纳税大户等美誉
20	华正塑料集团有限公司	公司创建于 1985 年，主要产品：塑料编织袋，生产能力 25 000 吨	产量 20 959 吨，产值 24 338 万元，销售收入 22 023 万元	浙江省三优企业、已通过 ISO9001:2000 质量管理体系和 ISO14001:1996 环境管理体系认证
21	江步步乐箱包有限公司	公司创建于 1997 年，主要产品：PP、PC、PE 塑料拉杆、儿童箱包。能力 10 000 吨	产量 86 万只拉杆箱，产值 7 198 万元，利税 834 万元，其中利润 275 万元	浙江省中小型企业技术中心、；浙江省重合同守信用企业
22	升阳控股有限公司	公司创建于 2002 年，产品：塑料编织布及袋，注册资金 5 000 万元	产量 11 942 吨，产值 12 161 万元，销售收入 13 437 万元	中国塑编制品行业 20 强（排名第十四位）
23	浙江远大塑胶有限公司	公司创建于 2003 年，产品：CPP 薄膜，5 条 CPP 薄膜生产线，产能 2 万吨，资产 1 亿元	产量 7 611 吨，产值 9 253 万元，产品销售收入 9 083 万元，利税 284 万元，其中利润 146 万元	CPP 食品包装行业贡献奖

续表

序号	企业名称	企业简介	2014 年主要指标	企业获得的主要荣誉
24	浙江强盟实业股份有限公司	公司创建于 2003 年，主要产品：BOPET 薄膜，生产能力 60 000 吨，注册资本 10 700 万元	产量 47 960 吨，产值 50 657 万元，销售收入 49 394 万元	浙江省高新技术企业，浙江省绿色企业、银行资信等级 AAA、浙江名牌产品
25	宏升塑胶（杭州）有限公司	公司创建于 1992 年，注册资金 5 008 万元。主要产品：聚乙烯给水管道系统系列产品，最大注塑机为 80 000 克，年生产能力 10 000 吨	产量 7 500 吨，产值 9 000 万元，销售额 8 000 万元，利税 350 万元	公司已通过 ISO9 001、ISO14 001、OHASA18 001 体系认证，已取得国家专利 59 项（其中发明专利 2 项），软件著作权 13 项，获“浙江省绿色企业”称号
26	浙江贤超包装有限公司	公司创建于 1990 年，资产规模 5 650 万元，主要产品：彩印复合塑料编织袋，拥有拉丝机 10 套、圆织机 321 台（套），年生产能力 15 000 吨	产量 15 887 吨，产值 17 360 万元，销售产量 16 746 吨，销售收入 18 299 万元	公司已通过 ISO9 001:2 000、14 001 认证
27	浙江世博新材料股份有限公司	公司创建于 2004 年，主要产品：改性高分子材料，注册资本 2 000 万元，年生产能力 15 000 吨	产量 3 865 吨，产值 7 314 万元，销售产量 3 472 吨，销售收入 6 251 万元	公司拥有 7 项国家实用新型专利，1 项发明专利。公司生产的 PA、PC 系列产品通过了美国权威机构 UL 认证
28	金华春光橡塑软管有限公司	公司创建于 1985 年，主要产品：吸尘器用塑料软管，年生产能力 2 万吨	产量 13 407 吨，产值 40 000 万元，利税 5 045 万元，其中利润 2 758 万元	公司已通过了 ISO9 001:2 008 和 ISO14 000:2 004 认证。国家高新技术企业、浙江省名牌产品、浙江省知名商号、浙江省著名商标、省级高新技术企业研发中心，两个项目被列为省重大专项
29	浙江金石包装有限公司	公司创建于 1995 年，主要产品：复合塑料膜（袋）产品	产量 3 820 吨，产值 16 210 万元，利税 1 152 万元，其中利润 456 万元	公司为“中国印刷 50 强企业”、省级专利示范单位、省级科技先进企业，拥有逾 110 项专利技术，2014 年浙江省创新型试点企业
30	浙江东部塑胶有限公司	公司创建于 1999 年，注册资金 1 088 万元，总资产 6 935 万元，主要产品：PVC 压延膜	产量 12 834 吨，产值 10 308 万元，销售收入 10 076 万元，利税 148 万元	“浙江省守合同重信用”企业
31	浙江海利得新材料股份有限公司	公司成立于 2001 年，集生产、科研、销售为一体的国家重点高新技术企业、浙江省诚信示范企业、浙江省绿色企业、国内 A 股上市企业	营业收入 228 609 万元，营业利润 16 957 万元，利润总额 17 815 万元，净利润 14 362 万元，固定资产净额 110 143 万元，总资产 333 776 万元	高新技术企业称号、浙江省著名商标、浙江省知名商标称号、重点企业研究院、浙江省企业技术中心、国家重点新产品证书、省级高新技术企业研究开发中心、浙江省出口名牌
32	宁波先锋新材料股份有限公司	公司成立于 2003 年，专业从事高分子复合遮阳面料及其他遮阳产品的研发、生产、经营的企业。拥有全套进口生产线和检测设备，生产的遮阳面料材质的产品远销欧美等 70 余个国家和地区，在国内覆盖全国各地。公司已于 2011 年 1 月 13 日在深交所上市，股票代码：300163	营业收入 44 789 万元，营业利润 3 532 万元，利润总额 3 907 万元，净利润 3 096 万元，固定资产净额 36 935 万元，总资产 97 707 万元	公司通过 ISO9 001 和 ISO14 001 认证。被誉为“高新技术企业”
33	温州新天地塑胶有限公司	公司创建于 2010 年，主要产品：PVC 压延薄膜，生产能力 20 000 吨	产量 17 859 吨，产值 14 786 万元，销售收入 14 768 万元	公司通过 IS09001:2000 及 IS014001:1996 体系认证
34	浙江联华塑业有限公司	公司创立于 1995 年，主要产品：PVC 压延薄膜	产量 12 867 吨，产值 10 228 万元，销售收入 10 311 万元	温州市名牌商标，温州市知名商标

四、大事记

1.聚氯乙烯保鲜膜——创新与发展技术研讨会在杭州举行

3 月 20 日，由中国塑料加工工业协会主办，巴斯夫（东南亚）有限公司支持的“聚氯乙烯保鲜膜——创新与发展技术研讨会”在浙江杭州召开。来自全国有关单位的领导、专家、PVC保鲜膜生产企业、原料和助剂企业、行业协会、检测机构等60余名代表出席了会议，浙江省塑料行业协会秘书长汪建萍高工应邀出席，会议由中国塑料加工工业协会副秘书长田岩主持。

中国塑料加工工业协会常务副理事长曹俭为大会致辞，他首先介绍了2013年我国塑料加工行业的经济运行情况，分析了国内聚氯乙烯树脂产量过剩而制品加工量不足的现状，指出聚氯乙烯保鲜膜行业面临的公众质疑、产业结构调整限制等瓶颈问题，只有通过技术进步、通过使用高性能、安全无害的增塑剂来提高聚氯乙烯保鲜膜的安全使用性，树立聚氯乙烯保鲜膜产品的良好形象，才能让消费者用的放心，让国家解除对我们产业的限制。他强调，此次会议的目的就是通过国内外相关法规、标准和新技术、新产品的介绍与研讨，加强国内外PVC树脂、助剂及PVC保鲜膜生产企业的合作与交流，以推动我国PVC保鲜膜生产技术水平的提高，共同呼吁国家出台有关PVC保鲜膜产业的标准、政策、法规，共同认真履行企业的卫生安全和环境社会责任，制定行业自律、优化市场生产环境的规则，加强宣传和科学知识普及，让消费者在正确认识、正确使用PVC保鲜膜制品等方面有所作为，从而实现行业健康发展。

巴斯夫（东南亚）有限公司、上海市食品药品监督所、杭州市食品药品监督管理局、北京工商大学、江南大学的专家就国际对食品包装通用技术要求、PVC树脂及制品卫生性能标准制定情况、国内外食品接触用PVC制品增塑剂的现状与发展趋势、PVC保鲜膜相关新技术与产品介绍、用于食品接触类产品的增塑剂全球法规等内容在会上进行了交流。

2．“2014浙江省BOPP薄膜行业交流会暨BOPP/CPP薄膜专委会成立大会”召开

5月26日，“2014浙江省BOPP薄膜行业交流会暨BOPP/CPP薄膜专委会成立大会”在杭州召开，省内BOPP薄膜及部分CPP薄膜生产企业、省内外部分合成树脂生产企业及部分外省BOPP薄膜生产企业的60余位负责人参加了会议。会议由浙江省塑料行业协会会长韩新伟主持。

会议就目前BOPP、CP薄膜行业的现状及面临的问题进行了广泛深入的分析，针对严峻的宏观面和行业面，会议认为，BOPP、CPP薄膜行业要走出困局，寻求持续发展，可以从纵向一体化发展，向上游或下游延伸；差异化发展，开拓新的应用领域，开发高附加值产品，减少中低档产品的生产比重；规范行业道德和行业行为，抵制恶性竞争。

为更好地推进浙江省BOPP、CPP薄膜行业的健康发展，与会代表一致认为成立BOPP、CPP薄膜专委会非常必要。会议选举了专委会理事会，经协会会长提名，理事会一致选举温州市金田塑业有限公司董事长方文彬为专委会理事长、协会秘书长汪建萍为副理事长，浙江凯利新材料股份有限公司董事长陈利锋为专委会秘书长。

3．“2014中国塑料产业大会”大会在杭州举行

5月27日，由大连商品交易所、中国石油和化学工业联合会、中国轻工业联合会联合主办的“2014中国塑料产业大会”在杭州召开。会议主题内容围绕“经济增速趋缓背景下塑料期货产业服务”展开，在全球宏观经济和国内外石化市场发展的新形势下，引起了产业界和期货界的高度关注和踊跃参与。来自国内外的专家，就宏观经济形势、全球能源价格走势、塑料产业格局演变和期货运行情况、中东化工市场展望、期货创新业务如何服务塑料中下游企业等多个主题作了专题报告，大会还设有塑料市场发展展望和期货创新与风险管理两个专题论坛。来自相关政府部门、行业组织专家、相关企业、期货公司等200多家的代表参加了本次会议。

4．2014中国（宁波）生物材料与医疗器械国际研讨会召开

7月21日，2014中国（宁波）生物材料与医疗器械国际研讨会在浙江宁波召开。中国塑料加工工业协会常务副理事长曹俭、宁波市副市长陈仲朝、中科院科技促进发展局局长严庆、浙江省科技厅副厅长曹新安、宁波市政府副秘书长陈炳荣、中科院宁波工研院院长崔平、宁波市科技局副局长何晓楠、慈溪市副市长胡建国、美敦力公司核心技术布高级总监Mark Breyen参加会议。

中国塑料加工工业协会常务副理事长曹俭首先在会上致辞。他代表中国塑料加工工业协会，对“2014中国（宁波）生物材料与医疗器械国际研讨会”的召开表示祝贺，向来自国内外的专家、学者、企业家、业内同仁表示热烈的欢迎和衷心的感谢！他从中国塑料加工产业的现状与发展进行了简要

分析，并对生物材料与医疗器械产业的影响进行了简要阐述。浙江省科技厅、中科院宁波工研院、宁波市政府领导分别在大会上作重要讲话。

5. “2014 年中国合成展览会”在温州举行

2014 年 8 月 28~30 日，由中国塑料加工工业协会主办，中国塑协人造革/合成革专业委员会、温州市合成革商会、浙江德纳展览有限公司协办的“2014 中国合成革展览会”在温州举行，中国塑料加工工业协会常务副理事长曹俭，温州市商务局副局长潘平平，中国塑协人造革委员会主任潘公挺，广东省鞋材行业协会主席、广东鞋业厂商会会长刘穗龙，温州市合成革商会会长王永康，德纳展览有限公司董事长潘伟出席开幕式。

6. “2014 年度浙江省塑料行业协会理事扩大会议”在金华召开

9 月 4 日，“2014 年度浙江省塑料行业协会理事扩大会议”在金华召开，来自全省有关地（市）及县级塑料行业协会、理事单位的代表共 70 余人出席会议。会议由协会会长韩新伟主持。

会议听取了协会秘书长汪建萍关于“2013 年及 2014 年上半年全省塑料行业经济运行情况报告”，审议通过了协会 2013 年度工作报告及未来协会工作计划、财务报告，与会代表针对行业现状及未来发展进行了广泛深入的交流。

7. “第十四届中国塑料交易会”在台州举办

9 月 25~28 日，“第十三届中国塑料交易会”在浙江台州隆重举办，本届塑交会设机械馆、机床模具馆、制品馆和原料馆。展会面积达 3 万米^2。随着展会日趋成熟，品牌效应和影响力显著提高，此次展会共吸引了海内外参展企业 500 多家，其中包括来自欧洲、东南亚、美洲等国外代表团。

展会同期还举办了 2014 中国（国际）塑料台州论坛、3D 打印科技体验等活动。

8. “全国塑料行业协会座谈会”在台州举行

全国塑料行业协会座谈会于 2014 年 9 月 25 日下午在浙江省台州市三友国际饭店召开。出席会议的有中国轻工业联合会副会长、中国塑料加工工业协会理事长钱桂敬，中国塑料加工工业协会常务副理事长曹俭、秘书长马中占峰以及浙江、广东、山东、江苏、上海、安徽、天津、江西、云南、甘肃、四川、新疆等省市区地方协会的理事长或秘书长共计 80 多人。会议主要内容：围绕全国塑料行业经济发展形势以及协会工作开展交流。会议由钱桂敬理事长主持。

中国塑料加工工业协会常务副理事长曹俭通报了 2013 年及 2014 年上半年全国塑料行业经济运行情况及“2014 中国国际塑料新材料、新技术、新装备、新产品展览会”的有关情况，同时就有关“行业信用等级评定”及编制“十三五规划指导意见”等工作进行了简要介绍。

各省市及部分地（市）塑料行业协会的负责人分别就各地塑料行业的现状及面临的困难进行了交流。钱桂敬理事长为会议做总结发言。

9. “中外塑料行业协会联席会议”在浙江台州召开

9 月 26 日，由中国塑料加工工业协会、中国塑料机械工业协会和台州市人民政府联合主办的“中外塑料行业协会联席会议”在浙江台州市国际会展中心召开。国内外部分塑料行业协会的领导及塑料行业的企业家代表出席会议。

会议由台州市塑料行业协会副秘书长余淼主持，中国塑料加工工业协会秘书长马占峰、中国塑料机械工业协会秘书长粟东平分别为大会致辞，浙江省塑料行业协会秘书长汪建萍、台州市塑料行业协会会长张小赧、上海市塑料行业协会秘书长秦建旺、广东省塑料行业协会会长符岸、安徽省塑料行业协会会长韦明及国外部分塑料行业协会的代表分别作了交流发言。

此次会议的主题是：全球合作促进塑料行业互联互通，会议分析了当今塑料行业现状、存在问题及发展趋势，同时通过交流使与会代表分享到各方在塑料工艺技术、技术装备、高新技术产品等方面的信息，为今后进一步加强合作、共同促进世界塑料行业的发展奠定了一定的基础。

10. “中国工程塑料之都”通过复评

宁波市自 2010 年 9 月获得“中国工程塑料之都”荣誉称号以来，在国家有关部门指导和政府扶持下，工程塑料产业进入一个创新驱动、升级转型和质效提升的战略发展期。工程塑料产业稳步发展，技术创新能力显著提升，品牌创建卓有成效，产业链日趋完善，特色集群效应更加凸显，目前，宁波市工程塑料年产量和销售额均占全国的三分之一以上，成为国内最大的工程塑料生产基地和贸易集散地之一。

根据相关规定，今年“中国工程塑料之都”荣誉称号将到期。为此，由中国轻工业联合会和中国塑料加工工业协会共同组成的专家考评组，于10月13~14日对宁波市“中国工程塑料之都”进行了复评。专家考评组现场考察了宁波市工程塑料生产企业，召开了复评工作专题会，听取了宁波市的情况介绍和工作汇报，并就有关问题进行了质询，经过认真讨论后提出了专家组复评意见。

宁波市政府陈炳荣副秘书长、市经信委周学明副主任和市有关部门领导以及轻工行业办、市塑料行业协会负责人、企业等参加了评审会议和相关活动。

专家考评组认为3年来宁波市工程塑料产业有了长足的发展，年产销量均占全国的30%以上，在技术创新、公共服务平台建设、品牌建设、产品的标准化建设、知识产权建设、节能减排与环境保护方面和对社会进步、和谐发展方面做出了重大贡献。一致同意建议中国轻工业联合会和中国塑料加工工业协会继续授予宁波市“中国工程塑料之都宁波”的称号。

11．第十六届中国塑料博览会在浙江余姚举行

第十六届中国塑料博览会于11月6~9日在浙江省余姚市举行。本届塑博会由中国石油和化学工业联合会、中国石油天然气集团公司、中国石油化工股份有限公司、中国中化集团公司、中国轻工业联合会和余姚市人民政府6家单位共同主办，中国商业联合会、中国塑料加工工业协会为支持单位。

本届塑博会以“创新引领，转型发展”为主题，设置展览面积4.2万米^2，展位2 000个，共设塑料原料展区、塑料机床模具展区、塑料机械展区、塑模制品半成品展区4大展区。

今年展会主要安排了二项主要活动和二项配套活动。

二项主要活动：一是11月6日上午在会展中心举行开幕仪式；二是经贸及科技活动（包括论坛），主要包括产品展示展览、招商引资经贸洽谈和科技交流活动。

二项配套活动：一是组织开展各种“会中会”。包括专场采购对接会、参展大企业所属会员企业订货会及专场讲座等；同时，由市人力资源和社会保障局举行人才招聘会。二是举行涉塑产业相关项目推介对接活动、项目签约仪式等。

今年展馆设置进一步突出市场需求导向。一方面增加模具和机床企业参展面积，引进高端模具企业参展；另一方面设置创新技术专区（结合国际论坛主题设立“塑料产业创新技术专区——汽车轻量化”展区）以突出展会主题，引领产业发展。还推出近4 000米^{2}的塑模制品半成品展区集中400多家塑模制品创新产品展示对接，结合今年中国塑料城建城20周年，设置“‘风雨二十载，转型再出发’中国塑料城建城20年图片展”。

本届博览会设2 000个展位，共有436家企业参展。其中对外公开招展的1 032个展位，共有参展企业316家，境外企业73家，占公开招展企业数的23.1%，特装企业95家，特装展位占公开招展展位数的70.3%。一号馆一楼中国塑料城主题馆有塑料城改性塑料参展企业67家，比去年增加15家；二号馆今年新设置的创新技术展区集约展示涉及“汽车轻量化”的原料、模具、制品等，展示产品涉及企业42家,展位面积约750米^2。另外，一号馆二楼的“塑模制品半成品展区”实行多家企业塑模制品集中立柜型参展，展示产品3万余件，涉及企业数403家。

（浙江省塑料行业协会　汪建萍）

温州市塑料制品工业

一、概况

2014年，温州市塑料制品行业完成工业总产值582亿元。全行业1 948家企业销售收入239.19亿元，位全市16个特色行业第五位。全市规模以上企业300家，完成工业总产值249.89亿元，比上年同期下降7.5个百分点，规模企业产值占全市工业规模企业产值5.27%，在工业行业中名列前十位。300家规模企业塑料制品产量134.11万吨，比上年同期下降1.7%，占全国总产量1.82%，占全省总产量12.71%。全市塑料制品出口交货值28.06亿元，比上年同期增长2.27%。（附表1、附表2）

附表 1　　全市规模以上工业企业塑料制品分产品产值

行品名称	企业数/家	产值/万元	增速/%
合计	300	2 498 880	−7.5
塑料薄膜	51	547 713	−22.6
塑料板、管、型材	14	124 554	4.0
塑料丝、绳及编织品	89	643 759	5.0
泡沫塑料	10	57 856	−4.2
塑料人造革、合成革	83	791 562	−10.3
塑料包装箱及容器	4	23 588	9.5
日用塑料制品	6	31 796	−9.7
塑料零件	13	43 826	−2.1
其他塑料制品	30	234 224	8.4

附表 2　　全市规模以上工业企业塑料制品分县市区产量

县市区名称	企业数/家	产量/吨	增速/%	占比/%
温州市	300	1 341 140	−1.7	100
鹿城区	3	3 702	−2.1	0.28
龙湾区	70	222 400	−5.5	16.58
瓯海区	8			
开发区	15	42 160	8.7	3.14
洞头县				
永嘉县	6	2 828	−4.7	0.21
平阳县	54	352 272	6.5	26.27
苍南县	71	364 134	1.5	27.15
文成县				
泰顺县	1	3 040	−59.5	0.23
瑞安市	45	318 129	−10.0	23.72
乐清市	27	32 474	2.1	2.42

二、行业创新成果

浙江俊尔新材料股份有限公司和长虹塑料集团有限公司两家获“中国塑料加工工业科技创新型企业”称号，浙江俊尔新材料股份有限公司获“浙江省科技进步奖”，温州市康莱方医用塑料有限公司获“温州市科技创新型企业”称号。长虹塑料集团有限公司和浙江金石包装有限公司两家企业获“浙江省名牌产品”，浙江世博新材料有限公司五个新产品通过省级鉴定。温州市赵氟隆有限公司董事长设立的“赵永镐创新成就奖”于年内首次颁奖，这是温州企业家出资千万元，以私人名义首次设立的化工塑料产业国家科技贡献最高奖。

1．5 家企业入围全国塑编行业 20 强

2014 年 8 月 21 日，在黑龙江省穆棱市举行的全国塑编产业链技术交流与市场对接会上，温州市五家塑编企业上榜 2013 年度全国塑编行业 20 强，分别是温州晨光集团有限公司（第二位）、南塑集团有限公司（第六位）、浙江华庆集团有限公司（第十三位）、华正塑料集团有限公司（第十四位）、升阳控股有限公司（第十五位）。

2．新材料产业发展迅速

塑料新材料是“初级形态塑料”中的高新技术产业，近年来，温州市塑料新材料企业越办越多，由几年前的寥寥几家发展到今年几十家，根据对俊尔公司、世博公司、汪洋公司、德伴公司等企业调查，2014 年较去年资产总额又增加 10.23%，产值增加 13.25%，龙头企业浙江俊尔新材料股份有限公司五年来产值增加 2.8 亿元，产量翻了一倍多，高新技术产业的兴起，有可能改变温州塑料行业的结构格局。

3．三家塑料企业牵头制订国标行标

由南塑集团有限公司牵头和由华正塑料集团有限公司等十家企业参与起草的《塑料编织袋通用技术要求》国家标准，于 2014 年 6 月 1 日正式实施；由煌盛集团有限公司牵头制订的《给水用钢丝增强聚乙烯复合管道》国家标准，于 5 月在北京通过技术审查；由浙江金石包装有限公司为主要起草单位编写的《包装容器、铝箔易撕盖》行业标准，于 6 月 4 日在乐清市举行标准终审会。

4．塑料行业职称评审

2014 年 10 月 9 日，温州市人力资源和社会保障局发文，公布 35 位同志获得塑料加工成型中、初级专业技术职务任职资格，其中获工程师资格 22 人，获助理工程师资格 11 人，获技术员资格 2 人。协会对专业技术人才的培训工作，十年来从未间断。

5．外贸预警

6 月金田塑业有限公司和温州市康莱方医用塑料有限公司，参与市商务局组织的“浙江省产业损害数据的收集和调查”工作。10 月土耳其对来自中国进口的 BOPP 塑料薄膜产品进行反倾销调查，温州市塑料行业协会外贸预警点及时向行业相关企业发出预警信息并加以应对。

（温州市塑料行业协会　周肇枢）

温州市合成革工业

一、概况

2014 年，由于受国内外经济大环境的影响，行业发展面临融资难，成本高，市场竞争激烈，环境整治任务重等多重压力。全市合成革企业面对困境，在各级党委、政府的领导与扶持下，克难攻坚，倾力做好自身的工作，缓解经济下行的压力，努力实现行业经发展超预期。全年会员企业实现工业总产值 78.3 亿元，有 33 家企业产值超亿元，8 家企业产值超 2 亿元，行业领军企业温州人造革有限公司，工业总产值为 5.38 亿元，出口交货值 2.5 亿元，上缴国税 3 491 万元，被评为温州市百强企业（列 88 位），高新技术企业温州长丰人造革有限公司生产环保水性绿色合成革，为世界 500 强之一的宜家集团长期供应商，全年实现工业产值 1.08 亿元，同比增长 98.94%。全年全市合成革外贸出口交货值为 4.8 亿元，同比增长 3.37%。

二、整治工作

根据温州市、龙湾区《合成革行业整治提升方案》，2014年，企业对照整治工作要求，积极响应，2014年年底为止，龙湾区已削减生产线110条，占生产线总数的35.1%，超额完成生产线削减30%的任务。各企业还认真对照验收标准，投入资金、人力，扎实整改，“三废”基本做到达标排放。后处理车间的VOC废气收集和治理，是整治提升工作中的难点，商会和企业知难而进，温州人造革有限公司和温州合力革业有限公司同浙大等高校和科研单位合作，运用光电一体化和光催化等技术，对VOC废气进行收集和治理，经过一年时间试点，治理设备已正式运行，经检测基本达标，等待鉴定和推广。

三、职称评审

2014年，商会开展第五次合成革专业技术资格评审工作，参评人数超过预期。7月下旬，商会组织参评人员进行三天学习培训，聘请国内著名合成革专家授课。通过考试、答辩、撰写论文和量化评价、公示，报市人力社保局审批，有33人获得合成革中、初级专业技术职称。

四、中国合成革之都复评

温州市人民政府于2013年12月6日向中国轻工联、中国塑协发函申请复评。2014年春节前后，中国轻工联、中国塑协两次组织专家组来温州实地考核。通过听汇报，查阅资料，走访企业，并召开由市、区领导参加的企业家座谈会。4月8日，中国轻工联、中国塑协发文，决定继续授予温州市“中国合成革之都”称号。

五、中国国际合成革展会

8月28日，商会参与承办的2014中国（温州）国际合成革展览会开幕，来自浙江、福建、广东、山东、江苏等省、市优秀企业和温革、华康、中天、龙跃、宏得利、汇邦等企业参展。展览面积4万米^2，展位规模1 332个，参展企业633家，参观人次45 418人次，海外观众1 155名，观众比2013年增加6%。本届展会展位设计简约，产品精彩多样，吸引了国内外众多客商，如广州鞋革行业50多人组团前来参观考察。还组织了来自美国、越南、斯里兰卡、印度等国家客商参加“中国合成革之都行”，到合成革企业参观，使客商和生产企业零距离接洽。展会达到了预期的效果。展会期间，商会参与承办中国塑协主办的第八届中国合成革峰会暨贸易商大会，有160多人参会，其中我商会有40多家企业负责人出席。会议围绕“关注合成革贸易发展，谋求行业协作共赢”主题，产业链上许多精英作精彩演讲和专题报告，参会者受益匪浅。大会还对“温革”，“浙江龙跃”，“温州合力”，“温州宏得利”等公司喜获最佳出口企业荣誉称号进行表彰。

六、推进绿色时尚合成革进程

合成革是朝阳产业，商会紧紧抓住绿色合成革作为行业产业结构调整的目标，开展一系列工作。一批合成革企业已在生产水性绿色合成革方面做出示范：温州长丰人造革有限公司生产水性合成革，走在全国同行前列，专家认为，长丰水性合成革产品具有创新性，工艺无三废排放，对环境无污染，无毒害，达到国际领先水平，发展势头强劲；温革、隆兴等企业生产无溶剂合成革已试验成功；许多企业在干法生产和后处理工艺中积极使用水性聚氨酯并已批量生产，进一步拓展市场，商会为全面推进绿色合成革的进程，制订了新的发展规划。

七、商会服务工作

2月，商会在统一认识的基础上会同丽水、临海、宁德、南平等六地合成革商（协）会一起研究共同发出“关于改革和规范经营市场几点要求的通知”，要求企业做到产品交易必须做到货款两清或定期结清，为创造良好市场环境而努力，许多企业经过近一年的努力，已收到良好效果。

为规范企业劳动合同和购销合同管理，规避和防范相关风险，商会在4月举办一天由200多人参加的培训班，商会法律顾问赖金晓做了深入浅出的演讲。商会把劳动合同、购销合同等13种相关范本印发给企业参考。商会又邀请市人力社保局同志作劳动合同和社会保险专题讲座，为企业解疑释惑。特邀请四川大学合成革研究中心主任、全国著名合成革专家范浩军教授，举办200多人参加的水性合成革专题讲座，就合成革行业新工艺，新材料，新技术的应用和水性合成革发展的趋势进行详细讲解。

商会还注重个性化服务工作。6 月，帮助金岙工业区的合成革企业根据实际，就整治提升工作的意见和建议向龙湾区政府呈送报告，引起领导重视。商会对停产企业也尽自己的能力予以关注与帮助。如一些企业由于资金链、担保链的困扰或股东间纠纷，商会负责人和一些骨干龙头企业负责人分别多次帮助分析情况，并参与协商调解。

八、商会自身建设

商会按照章程和有关制度，一直坚持规范运行，重大事项实行集体决策。2014 年 12 月 18 日在奥林匹克大酒店召开温州市合成革商会五届三次会员大会，大会审议和通过了王永康会长所作的《提振信心，创新驱动，强化服务，奋力打造绿色时尚合成革产业》的工作报告和王美瑞常务副会长所作的《2013 年 12 月~2014 年 11 月一年来财务收支情况报告》。大会选举温州中天皮革制造有限公司董事长王美瑞为商会新会长。

市政协副主席章方璋到会作重要讲话。

（温州市合成革商会　童人本）

江苏省

塑料是 20 世纪全球经济发展中增长最快的行业之一，进入 21 世纪以来更是以强劲的发展势头迅猛推进。塑料合成树脂与合成橡胶、合成纤维三大类合成高分子材料与钢铁、木材、水泥一起构成现代社会中的四大基础材料，是支撑现代高科技发展的重要新型材料之一，是信息、能源、工业、农业、交通运输乃至航空航天和海洋等国民经济各重要领域都不可缺少的生产资料，已成为人类生存和发展离不开的消费资料。

塑料工业是以塑料加工为核心的塑料合成树脂、助剂及添加剂和塑料加工机械与模具为一整体的“朝阳工业”，其产业规模在不断扩大，产品产量逐年增加，主要经济技术指标大幅度递增，全行业不断发展壮大，塑料工业正沿着可持续发展之路挺进。

一、基本情况

江苏是我国最主要的塑料加工工业基地之一，改革开放给江苏的塑料加工工业发展带来了巨大的生机和活力,随着改革开放的不断深入而有了突飞猛进的发展。通过引进国外的先进设备与技术，兴办三资企业，改造了一大批中小企业，涌现了大批的具有新的形象和活力的高新企业和龙头企业；产品质量和档次显著提高，产品品种不断增多，应用领域不断扩大，出口创汇逐年增加，全行业整体水平上了历史新台阶。

江苏塑料加工工业始于 20 世纪 60 年代初，是当时的新兴行业。初期的产量仅 1 200 多吨，1969 年产量才超过 1 万吨。1979 年，江苏塑料制品总量在全国同行业中率先突破 10 万吨，曾连续十一年位居全国同行业第一。江苏的塑料加工吨位总量约占全国总产量的十分之一，是中国为数不多的、主要的塑料加工业基地之一。江苏的塑料加工总量位列浙江广东之后，单位产值/吨位列全国第一。现阶段江苏的塑料企业主要以民营企业和股份制企业为绝大多数，全省塑料加工企业生产总吨位 800 万吨。由于全球金融危机对塑料行业的危机影响，许多为汽车工业、食品工业配套以及出口型企业在明显滑坡的后续，艰难中拓展新的市场领域。

江苏的塑料产品涉及领域广泛，从农业，工业和消费品包装，到建材、汽车、机械、军工、电子通信等；当前国内外塑料领域各种塑料产品都有生产，尽管在全国同行中的产品质量和档次相对较高，但是和国际先进国家相比，主要的差距仍然在于优级品的比例和高档次产品的覆盖面。从品种上分析，农用薄膜的产量随着宽辐大蓬膜的推广应用和长寿无滴膜的新型多功能膜的兴起，无论在品质、档次上还是在总量上都有了显著的提高和增长。工业用膜（包括收缩膜、双向拉伸膜、缠绕膜、内衬膜、食品、服装、玩具日用品包装膜、锂电池隔膜等）占薄膜总量的 80%以上。板材中的 ABS、PS 复合板、铝塑复合板、PC 板、PET 板以及为家电、室内外装饰装潢用板、汽车配套内饰用板，大型客机内饰片板材等的开发和产量都不同层次的逐年上升。塑料编织袋及其他编织产品经过多年的调整和发展，在品质上有了很大改善，品种上有了新的发展，应用领域有了进一步的拓展，其产量仍然保持着增长的趋势。江苏塑料编织产品行业仍然保持了科技含量相对较高、产品档次相对较高、产值利润比指标相对较高的优势。编织吨装袋的直接和间接出口量都在逐年增长，但由于受国际金融危机影响而逐步显现的工农业产品出口不力，也导致塑料编织袋的出口显现下降趋势。管材和型材以惊人的速度在发展，已出现不少大型的生产厂家，凸显该类产品对规模经济的要求和品牌效应的威力，但该类产品的经济效益不很明显，企业之间的差异很大。而普通泡沫制品和普通桶类包装容器的产量增长速度较缓。

二、行业改革

江苏的塑料企业重组和格局的变化相当大，原来占主导地位的国有企业、集体企业纷纷改制后，真正的国有企业或国有控股企业所占比重已近乎可忽略不计。加上近年来不断涌现出的新的民营塑料企业，发展迅速、面貌一新。起点高，管理新，观念新、效益佳是现阶段江苏塑料企业的几个主要特点。改制后的各企业都投入了大量的资金，谨慎地选择时代热点项目，进行技术提升改造和新产品开发和引进。为数不少的民营化企业都实施了工厂的整体搬迁，以土地的区位优势换资金、换发展后劲。使整个塑料加工行业从质和量两个方面的取得了突飞猛进的发展。全省各类技改项目的成功实施，大大提高了企业新产品的开发能力和市场竞争力，先后开发出一批技术含量高、紧跟市场热点的新产品，近年来除了为汽车工业、高速铁路等交通新热点配套的项目外，江苏已有为数不少的塑料企业在为航空航天的发展做积极的配套工作。江苏的塑料行业继续在汽车燃油箱、保险杠、仪表板、大巴内饰、小轿车内饰、民用航空内饰、城市和农村供水用塑料件、大口径管材管件、多功能复合膜和多功能农膜、双向拉伸聚酯、双向拉伸聚丙烯、双向拉伸聚苯乙烯、共挤复合膜、聚碳酸酯板、光导板、铝塑复合板、信用卡基材、身份证材料、装饰广告用材料、防水材料、手机、电视、冰箱、音响、电器电气用材等方面，为包装、电子、交通、机械、通信、航空航天等领域的发展作出巨大贡献。

随着改革开放的深入发展，技术装备的引进和自身技术开发能力的提高，江苏塑料工业已形成成型工艺齐全、产品品种繁多、生产规模持续趋大、社会效益和经济效益较好的基本格局，一直是全省经济发展的重要支柱行业之一，尽管江苏塑料已从计划经济时代的全国第一位被超越，仍然位居全国塑料工业的四大天王之一。广东浙江江苏山东四省占据全国塑料总量的65%以上，江苏继续保持着在中国塑料界举足轻重的塑料工业基地的地位。

江苏的塑料工业另一个值得注意的特点是，塑料工业上游的石化产业和塑料机械装备业都相当地发达，有塑料原料和塑料装备大省之号称。PP、PE、PS类的大型石化企业有扬子石化及扬巴石化、金陵石化等在全国享有盛名；仪征化纤、申龙高科、安得利化工等的塑料级和瓶级 PET 原料不仅在全国负有盛名，而且已成功打开出口市场。坐落于镇江大港的国亨化工、奇美化工的 PS、ABS 以及太仓港的氯碱化工和遍布徐州、新沂、镇江、南通、常州、无锡等地的 PVC 树脂在全国享有很高的知名度。南京、无锡、常州、苏州的塑料机械非常发达，在全国具有一定的知名度。这几年来在行业发展的思路上，立足于消化吸收和提高控制水平，在加工设备的节能降耗上备加关注，许多塑料机械生产线已经走出国门，出口新兴经济发展国家。

三、行业发展与创新

江苏的塑料工业无论从品种种类还是规模上都已经达到相当高的水平，尤其是产品种类，几乎能提供世界上所有的已有产品。但是在整体水平上升的大趋势下，江苏塑料工业仍然存在一些共性的问题。产品结构的不合理性仍然困扰着江苏的塑料工业，高精尖产品开发仍显不够充足，较低水平产品重复交叉，没有一个权威机构能够协调和真正做到适应性调整；企业间盲目模仿相当普遍，企业的自我创新意识在不断上升，可开发能力仍然不足，自主知识产权的拥有和自主知识产权自我保护能力很差。重量级塑料加工企业所占比例仍然有待提高。尽管涌现出了中达股份、江阴申龙高科、江南模塑集团、常州巨力集团、江苏琼花集团、常州创佳型材、连云港中金医药包装、昆山彩华包装、江阴龙山集团、江阴龙奇包装、无锡环宇包装、无锡环亚包装、无锡国泰包装、常州海企塑业、无锡巨龙、苏州富事达、江苏华信塑业等重量级企业，在江苏新建地级市的宿迁市也已出现了很有分量的重量级塑料企业。中达股份、申龙高科、江苏琼花等这些新塑料工业企业的快速发展，尤其是宿迁的双星彩塑集团的崛起，极大地改变了江苏的塑料包装面貌，极大地影响了江苏塑料包装的发展进程，某种意义上将改变江苏乃至全国的塑料包装历史进程。但除此而外，大多数塑料加工企业规模不大，原材料消耗和能源消耗偏高，大部分企业的经济效益偏低。

江苏塑料工业的发展应在以下几个方面做好基础工作：

新型塑料建材和多功能塑料复合包装材料仍将是江苏塑料制品工业的重点发展和快速增长的主要领域；农用塑料不但继续占据重要位置，而且将会随着农业种植结构的优化调整出现新的发展机遇；科技含量高的高附加值的工程塑料、工业配套塑料件及其他改性复合材料的应用领域将不断扩大。重点大类塑料产品如工业配套件、管材、建材、软/硬压延制品、薄膜、片材及高档包装材料的生产将朝着规模经济的方向发展，为减少对环境的污染，将加大塑料回收利用和降解塑料应用。功能性塑料的开发和研究将是今后的发展重点。

塑料管材的主要发展领域是各种规格（尤其是大口径）、多材质和多种结构的管材管件；燃气管已进入发展的大机遇时期，已成为将持续一相当长发展期的热点产品。塑料建材的发展将要超出仅仅是型材的格局，型材也应朝着优化结构的方向发展，增加品种，提高档次。结构发泡材料、轻型墙体、隔断材料将进入活跃期。懂塑料不懂建筑设计和懂建筑不懂塑料是塑料建材发展的制约因素。应加强设计和应用的研究，加强塑料人才和建筑艺术人才的多学科人才的培养，推进建材产品快速健康。在发展的过程中必须同步考虑标准化、系列化、适用化、配套化、美感化等新型建材发展的几大要素。

塑料包装广阔的市场前景,使塑料包装行业的规模随着市场需求的快速增长和品种、品质的不断涌现而不断扩大。骨干塑料包装企业的崛起、新型高阻隔材料的成功开发，改变着江苏的塑料包装行业面貌，改变着塑料包装的形象。骨干塑料包装企业主要依靠引进先进设备、以及和国外同行一流企业建立技术合作开发纽带，加速了与国际塑料包装行业技术水平的靠拢，加快了塑料包装进入国际市场的步伐。塑料包装材料的发展经历了简单塑料包装、复合塑料包装阶段，当今的市场需求正向着塑料包装的多功能化发展。塑料包装的复合化、多功能化、环保化是江苏今后发展的重点方向。塑料包装应按食品药品等包装物的要求，努力开发多功能性包装材料，提供被包装物性能保护功能；开发延长货物保质保鲜寿命的高阻隔、防渗透包装材料，无菌包装材料，热灌装材料，保味包装材料，耐蒸煮包装材料；开发水果、蔬菜等的气调环境保鲜包装材料以及粮食等储存、运输的防霉防蛀包装材料。尽管就整体而言，高技术含量、高附加值的塑料包装产品目前所占的比例仍然不高，未能满足日益增长的市场要求。但是，随着社会进步和人们生活质量要求的持续提高，塑料包装作将随着食品、饮品、药品、生物制品等朝阳行业的发展而大发展。随着这些行业对塑料包装的要求不断提高，塑料包装始终存在很大的发展空间。塑料包装可持续发展的前景广阔，一个大发展的时机已经成熟。

农用塑料的发展重点是果蔬、花卉、经济作物、育苗等用途的长寿、无滴、防雾、高强度、高透明、保温等多功能塑料棚膜及其相关配件制品，除草、防虫等多功能地膜。深入发展农田水利建设用的各类塑料管道、管槽、管件、节水型微灌、渗灌、滴灌以及水利建设中的水渠、大坝建设用土工材料。农用塑料应引入现代农业的概念，农用塑料的研究开发应着眼于现代农业的目标、着眼于农业科技的发展和新技术的应用。

工业配套件的开发重点是工程塑料、汽车、家电、电子信息产品的配套件，邮电通信用新型电缆、穿线管，信息、通信、机械、国防工业配套的各种科技含量较高、附加值较高的配套产品。汽车工业中的塑料件比重将大幅度增长，十年后的汽车塑料件将有一半以上采用复合材料和回收利用材料。航空航天工业技术进步的着眼点之一是减轻自重,高分子复合材料将大有作为，塑料将担当非常重要的角色。电子电器工业的配套将围绕节能省料的方针，对高电磁性能塑料合金、超导电塑料、电磁屏蔽材料、光机能性材料、光学纤维复合材料、新型传感高分子材料、信息处理用各种计录、储存材料、CAD 静电记录膜、微缩用胶片等的需求将急剧上升。塑料工业要继续当好热点行业的配角，为朝阳行业服务，塑料行业将随着朝阳行业的发展而获得新的发展机遇，将随着朝阳行业的大发展而大发展。

日用塑料制品的发展仍然有着不可估量的前

景。关键是设计理念的突破，能否侧重以人为中心，追求现代美学设计观,朝便捷、舒适、适用、经济、美观的方向发展，提高质量和降低成本是这一领域极其重要的行业发展要素。

轻量化、安全可靠的塑料工程材料、塑料医疗领域一次性可靠材料、易弯曲材料以及胰岛素笔针以及吸入器用微量泵等配药辅助用具的发展和应用趋势值得我们关注。包装材料发展趋势值得业内有识之士的高度关注，建筑领域的绝缘绝热材料及新型铺地材料的发展也值得我们去研究和开拓市场。各种体育休闲用品、运动器材、运动系列产品、和运动有关的人造草皮等的需求量的不断增长也值得我们去关注。由于具有很高的发光效率很低的能耗效应，发光二极管（LED）的发展非常迅速，从手电到汽车等的车灯，无处不在的广泛推开应用趋势很猛，目前和此有关的塑料的开发速度也很迅猛。LED 周围的反光镜可控制灯光的偏转并将光源集中起来，目前正在开发的耐温、传热、可任意成型的此类材料的开发对推动下一家用节能光源有着基础性铺垫的不可估量的发展前途，我们必须要高度关注。合成纤维塑料的应用近几年有了更大的发展。可制成抗压性强但结构非常轻量化的元件的开发已市场化多年。将玻璃纤维嵌入热固性基体中、或将用环形纤维制成的模制件嵌入热固性基体中的产品市场化已是指日可待，这将是外科手术中的假肢、假臂以及涵盖到风涡轮转动叶片的一系列配套产品的工业化也是展望之中了。对纳米技术在塑料中的应用研究和关注已经很多年了，如今已有很大的迈进，纳米填料盒基于纳米技术的添加剂是的塑料的特性有了质的飞跃，使得塑料能提供更多更新的特性。甚至可以将原来不可实现的表面上看起来互相矛盾的特性要求互相结合起来。透明性和随机性、折射率和硬度、表面功能和材料力学性能、材料的绝缘性能和传导性能等都可以通过纳米技术友好的共存和同时提供。纳米技术在塑料领域的应用可以使塑料具有高级流变学特性和高的电传导性，前者可以使塑料变得更易于加工成型，后者可以更好的防止静电问题的干扰。塑料的表面自动清洁也将在纳米技术的应用中得以实现。

四、存在问题

塑料制品工业经历了从计划经济向市场经济转变的历程，企业在从计划经济模式转向市场经济的过程中，遇到许多困难，面临许多问题，为数不少的企业步履艰难，原有的历史烙印仍然影响着企业的发展和管理模式。因此，解决塑料企业今后发展中的矛盾和问题的根本出路在于真正的深化改革。已经实施了企业股份之改造的新的活力和发展机遇，但是我们的管理模式还很落后，有的甚至停留或倒退在家族式管理模式，不能适应新的发展形势，必须引入新的管理思想和模式。

塑料制品企业应根据市场需求调整产品结构，加速发展短线、三高产品，根据不同品种适度掌握产品规模。下决心停掉一批低档产品和长线产品。坚持市场决定生产的导向原则，坚决从数量主导型过渡到质量、品种、出口、效益主导型。地方政府应重点扶持一批大型企业、特大型企业、重点企业、明星企业。以名优产品为龙头，以经济效益为中心，以资本投入为纽带，以市场发展为导向，组建具有实力的、符合经济规律的、有利于企业发展的企业集团，实现适应市场需求产品的规模效应。继续改变和直至结束老、小、散、差的落后状况。

随着技术装备的不断升级提高以及产品精度和档次的提高，江苏的出口塑料逐年在增加，但相对于江苏庞大的塑料总量，全省的塑料制品的出口量占总量的比例相对较低，制品技术含量不高。出口总量中间接配套出口占主大多数。应继续研究国际市场的需求情况，研究国际市场新产品，在提高原有出口产品质量、巩固和扩大原有产品的出口量的同时，重点开发热点产品，重点发展新市场。应鼓励和引导有条件的企业跨出国门，直接参与国际竞争。可将国内渐趋饱和的产品生产移到其他仍然有着较大需求的国家，境外办企业应从输出技术和设备为主。尽管国际金融危机在短期内获得全球性回暖的可能性预期不大，国际市场的需求目前看不到活力，但我们从长远看，经济全球化的势头仍然不可逆转。而风险往往伴随着机遇，经济低潮时期未必不是我们出击的最佳时机，等所有的人都看到了光明时，我们再启动投资往往就要付出加倍的代价，尤其是在投资时效上不能获得最大收益。在汇率发生了较大变化的新形势下，要研究我们的出口方向和调整出口品种，是我们的出口能继续保持一定范围的优势。

当今世界的经济发展显著特点之一，是技术已成为推动企业发展和经济增长的极其重要的因素，更是企业能得以持续发展的基本要素，技术含量低的产品和企业不可能有持续的生存空间。所以重视产品的技术含量，以新技术促进企业的持续、快速发展，是塑料行业能保持持续发展的核心竞争力。塑料加工业的技术发展非常迅速，出现了许多新技术新工艺，许多新产品的出现本身就伴随着新技术的开发和应用。计算机辅助注射成型、新型异型吹塑成型、超微孔塑料、受控低压注射成型、多相聚合物片状注射成型、可熔芯技术注射成型、挤出浸渍复合成型、熔体挤拉成型、多元材料复式加工技术、壳芯注射成型、双注射成型、模内背衬注射成型、液-气辅助成型等新技术的开发和应用推广，将为塑料产品的开发和设计提供更为广阔的空间。企业应格外重视技术，尤其是新技术工作。应根据自身的条件和发展需要，选择开发研究、综合吸收、引进消化、技术合作、购买软件等各种方式，积极采用高新技术。在引进先进装备的同时注重引进软件和技术。

实现现代化，人是决定因素。企业和产品的竞争，越来越表现为人才的竞争。人才是任何企业发展宝贵的财富，企业应从制度、分配机制上解放思想，引入激励机制、股份机制，高薪用人才、创造条件留住人才，用好人才，确保塑料工业的持续高速发展。为此，江苏塑料界应加强和大学的合作和沟通，在继续重视高科技人才培养、重视工艺和设备的结合性培养、重视塑料工程类人才的培养的同时，更应注重第一线实用型技术人才的培养，重视高职高专类人才的培养。进一步提高职工队伍的素质，注重职工技术的培训，大力培养和吸引人才，在培养实用性技术人才中要注重和生产性企业的衔接和沟通，尽量缩短高职类人才到达岗位后的适应期和过渡期。

塑料作为一门新兴的材料工业，与传统工业相比，其发展历史不长，但发展速度相当快。新项目的上马已从计划经济式的逐级审批制转向市场经济体制下的市场主导化。企业对项目的实施与否具有绝对的决定权。社会主义市场经济体制下的集体企业投资风险主要由投资单位而非经营者或单位领导，对投资项目的可行性研究存在诸多不踏实因素和投资项目的不明确性。这是上一轮投资热潮中为数不少的项目失败的主要原因，也是造成不少企业效应严重滑坡的不良因素。盲目投资、盲目发展不仅对单位本身造成重大损失，也对金融界构成严重风险威胁，最大的伤害是国家利益的受损。一哄而上，不仅使投资单位在一开始就步履艰难，也对原来生产销售较能维持的单位构成严重威胁。因此，呼吁政府重视行业的管理和协调。

节约能源、资源，建立节约型社会是当代中国经济和社会发展的一个鲜明主题。塑料加工是通过塑料加工机械和使用塑料原料成型出市场所需制品的过程，在加工过程中消耗电能和原料，能源和材料的节约使用一直是塑料行业降低成本努力奋斗的目标。随着科技日新月异不断发展，通过变频伺服等电子自动化先进技术和新型装备降耗节能比以往得到了很大提高，提高生产率的同时还节约劳动力资源。在材料节约方面通过塑料制品合理用材设计、材料科学选用、材料改性、多功能材料开发等多种方式减薄制品壁厚、增加应用功能达到节约材料的目的，通过机头、边角料的直接回用、使用后塑料循环利用实现省资源化，成效显著。

降低能耗是塑料机械行业一直在努力追求的目标。从过去的流量比例和压力比例控制，发展到变量控制、变频控制和伺服控制。注塑机的高效率主要体现在工作节拍快，制品周期短。这方面的努力和工作仍需要继续深入和推广。

在塑料制品加工领域，节能降耗不但需要从塑料加工机械方面着手，还应该深入到塑料原料及加工技术的节能领域。如高熔体流动指数树脂在较低的温度下获得较好的流动性，在加工中可显著减少能耗，并能明显地缩短成型周期。合理选择材料或添加增强材料、填充物等以达到提高性能、节约树脂用量等目的，如复合塑料、纤维增强塑料、塑木复合材料等都属于节能型原料。利用化学或物理发泡的方式能够制得质轻、保温性好的发泡塑料制品，它的密度低、机械性能较好，可以大大降低树脂的使用量。

除了上述几个重要的方面江苏塑料界将持续努力攀登外，江苏塑料界将按照中国塑协十二五发展规划的指导意见去认真思考和落实，调整我们的战略，完善我们的规划，提升我们的水平。并按照江苏省有关塑料领域的十二五发展规划要求，在塑料制品行业加强改性、合金化、再生利用技术推广应用，推进节能性加热技术和元件的应用，加快引进技术和装备的消化吸收，推进先进塑料成型装备的国产化，进一步扩大工程塑料、多功能塑料、配套塑料件、环保型塑料、在日用、电器、交通工具、军工、农业、医药、环保和包装等领域的应用。

在做好上述各项工作的同时，更应加大重视废旧塑料的回收利用工作的力度，应加强宏观指导与管理，建立切实可行的回收激励机制，建立回收利用体系。 建议尽快制定有关塑料回收利用的法律法规，规范回收利用的工作，杜绝不良形象的发生。提供条件设立塑料回收利用基金，从税收政策等方面鼓励塑料回收利用工作。

闹得沸沸扬扬的塑料袋的废弃与使用话题，目前仍然有着伪科学响亮话语，看似很慷慨激昂，仔细推敲，很有哗众取宠的阴影。塑料的废弃物处理是个很大课题，应科学地对待，应体现实事求是，把贯彻科学发展观融入其中。人们使用塑料袋是因为塑料袋能满足他们需求，就使用量来说比其他购物袋、包装袋占压倒性优势，如果不使用塑料袋换用其他材质的袋如布袋、纸袋，如果仍被人们随意地丢弃，类似性质的“白色污染”同样存在，非但并不能减轻环境压力，而且浪费的资源和造成的污染可能更大。使用布袋、纸袋同样也浪费资源，而且浪费的是森林资源，因为造纸需要砍伐大量木材，加工过程的对水资源和土质的污染迫在眉睫，远远甚于所谓的白色污染对我们日常生活的危害，塑料袋回收后还可再生他用，能够实现循环再利用，是典型的资源节约型和环境友好型材料。实践证明，不管使用任何材质的购物袋、包装袋，回收再利用或者循环使用是解决问题有效的途径。滥用包装袋、购物袋是指人们滥用这种行为，滥用塑料袋会影响生态环境。关键要做的是解决滥用和随意丢弃，而不是禁用。塑料袋回收后再制造成垃圾袋和其他性能要求不高的包装袋，是很有现实意义的，实现了资源循环利用。塑料袋的过量使用、或者无节制使用会给生态环境造成危害，应当采取措施规范人们乱扔的恶习和加强回收利用加以解决。“禁止”和“弃用”塑料袋的提法不符合我国国情。应当加强回收利用、减少和循环使用塑料袋。要为塑料包装袋和塑料包装盒正名，造成视觉污染的所谓“白色污染”的问题所在，并不在塑料本身，问题出在使用塑料袋和塑料盒的人身上，是人们的不良习惯让塑料背上了悲剧色彩的误解。

建议加强治理白色污染工作，加强相关立法，从优化人们的良好消费习惯，提高人的行为素质入手，变废为宝。在找到更经济有效、更有利于环保的新型替代材料成功研制之前，切忌因噎废食。

塑料是能源依赖性极强的一大类化工产品，今年来塑料原料的价格随着石油的价格暴涨飞速上涨，塑料加工企业的原料成本已超过其承受极限。进口原料的关税在很大程度上影响着国内塑料原料的价格。继续呼吁国家调整塑料和石化原料的进口关税税则，逐步取消塑料原料的进口关税。

根据目前的能源态势，呼吁国家在制定政策鼓励塑料原料的进口，把有限的、宝贵的资源尽可能多的留给子孙后代。

（江苏省塑料加工工业协会　韦华）

山东省

一、山东省塑料行业总体概况

2014 年在国家一系列宏观经济政策扶持下，山东塑料工业努力克服国内外市场需求不足，以及人民币升值、原材料和劳动力成本上升等一系列不利影响因素，加快行业转型升级的步伐，使行业生产稳步企稳回升，实现了平稳增长。主营业务收入、塑料制品总产量和利润总额均保持一定幅度的增长，呈现出良好的发展趋势。

2014 年，全省塑料制品行业主营业务收入 2 675 亿元，同比增长 10.2%；塑料制品总产量 1 451 万吨，增长 9.6%；全部职工 62 万人。其中，规模以上企业 1 218 家，实现主营业务收入 2 139.95 亿元，增长 13.06%；塑料制品总量完成 473.4 万吨，增长 －5.26%；利润总额 141.11 亿元，增长 5.81%。截至 2014 年年底，山东省塑料行业保持“中国驰名商标”5 个；保持“山东省著名商标”70 个；“山东名牌”产品 69 个。

山东省塑料行业总体规模位居全国前列。其中，农用薄膜、塑料编织制品、一次性 PVC 手套、塑料绳网、塑料土工合成材料、塑料管材、型材等大类产品在全国都占有重要位置。塑料新材料、新工艺、高附加值产品与世界先进水平差距较大。

二、科技创新持续发力，促进行业转型升级

（一）山东省塑料研究开发中心科技创新取得新成效

山东省塑料研究开发中心为了进一步提高科技创新水平，加大自主知识产权建设力度，充分利用现有的科研及生产设备，在各类塑料新材料、新工艺、新技术方面进行了积极科研投入，获得了显著成果。2014 年，科技创新又取得新进展。

（1）自主研发的聚乳酸/聚乙烯醇/多面体齐聚倍半硅氧烷/热塑性弹性体纳米复合材料科研项目已顺利完成，该科研成果于 2014 年 12 月已授予国家发明专利，发明专利名称“一种共混纳米复合材料及其制备方法”，发明专利号 ZL201310033209.3。

（2）自主研发的防鼠防蚁聚乙烯管材专用料的课题研究已顺利完成。根据行业发展需要，该项目于 2013 年提出，我们采用氯菊酯/二氢辣椒碱/氯氰菊酯复配作为内添加驱避剂，从粉煤灰里分选出一种空心微珠物质作为缓释剂，另外使用聚乙烯粉料树脂为载体，能有效提高驱避剂与聚乙烯基体间的分散作用，提供复合材料的力学性能。该项目已申报国家发明专利并受理。

（3）根据《2014 年山东省科技计划项目指南》，完成了“聚醚醚酮/粉煤灰空心微珠/玻璃纤维复合材料研究”省科技发展计划的申报工作。本项目研究利用分级筛选技术，从粉煤灰里分选出低密度、低成本的粉煤灰空心微珠，并与聚醚醚酮复合改性，筛选不同改性剂对空心微珠进行有机化改性，并优化出改性效果最好的有计划空心微珠，研究空心微珠、玻纤在聚醚醚酮基体中的分散及混杂增强机理，确定特种工程塑料聚醚醚酮熔融复合工艺，并对复合材料的热性能、力学性能、结晶性能、流变性能及复合材料的应用进行细致研究。该项目年内已申报国家发明专利并受理。

（4）承担的省科技厅、省财政厅年度科研项目“聚氯乙烯/粉煤灰复合防水卷材专用料课题研究”，利用分级筛选技术，从粉煤灰里分选出空心微珠物质，经加工将其填充到高聚物，发挥空心微珠的特性，使高聚物的力学性能、隔热、绝缘性能得到大幅提高。该项目年底前已经顺利完成，并得到资金支持。

（5）加强山东省塑料研究开发中心与山东省塑料协会的结合以及科研开发和产学研结合，发挥山东省塑料研究开发中心所属的“山东省工程塑料工程技术研究中心”平台优势，为企业提供技术服务。山东省塑料研究开发中心、山东省塑料协会、山东森荣塑业有限公司、淄博市轻工行业协会，共同推进我省氟塑料产业的发展，成立“山东省氟塑制品研发生产基地”，作为山东省工程塑料工程技术研究中心氟塑制品研发生产基地。

（二）山东日科化学股份有限公司科研开发示范项目通过验收

山东日科化学股份有限公司承担的“节能门窗耐候高性能塑料型材的研究开发与应用示范”项目，被列入国家“十二五”科技支撑计划（本项目自 2011 年 1 月~2013 年 12 月），2014 年 3 月已完成验收。该项目针对门窗用塑料型材存在的耐候性差、脆性大、焊角开裂的问题，研究开发耐候抗冲击性剂、耐候低温增韧剂、拉伸强度增强剂和耐候抗冲击共挤树脂。经过三年的研究开发，已掌握上述四种助剂的生产工艺、最佳配方、生产技术，简称 2 万吨/年耐候塑料抗冲击改性剂生产线一套。

（三）山东兰典生物科技股份有限公司科技成果通过省级鉴定

山东兰典生物科技股份有限公司利用清华大学聚丁二酸丁二酯聚合技术完成的“生物基 PBS 技术开发”项目于 2014 年 11 月通过科技成果省级鉴定。

2013 年 4 月，中国科学院天津工业生物技术研究所与山东兰典生物科技股份有限公司“非粮原料生物法琥珀酸及生物基产品 PBS 产业化”项目签约。琥珀酸又称丁二酸，是重要的平台化合物，可用于衍生合成 1,4-丁二醇、γ-丁内酯、四氢呋喃、PBS 工程塑料等众多下游产品。该项目所采用的琥珀酸发酵法生产技术，改变传统石化路线生产方式，采用非粮原料进行生物法生产，不仅节省宝贵的石油资源，大幅度降低成本，打破丁二酸大规模衍生转化的成本瓶颈，而且在生产过程中吸收大量温室效应气体 CO_2，具备良好的节能减排效果和环境效益。本项目最大的市场就是以生物法炼制琥珀酸,再进一步与 1,4-丁二醇聚合生成聚丁二酸丁二醇酯，简称 PBS，这是一种完全可降解塑料。

（四）山东英科环保再生资源股份有限公司掘金废弃白色塑料取得突破

山东英科环保再生资源股份有限公司（以下简称英科环保）承担的“废弃泡沫塑料增密、再生、制作仿木线材技术与装备”科研项目科技成果于2014年9月通过国家工信部鉴定。“废弃泡沫塑料减容增密技术及装备”“废弃聚苯乙烯泡沫再生关键技术”和“再生聚苯乙烯微发泡制备仿木线材技术”3项科技成果已达到国际先进水平，可有效解决废弃泡沫塑料综合利用问题、促进废塑料规模化回收、提高废塑料再生利用产品附加值，对废弃泡沫塑料资源化利用具有重要的促进作用。

英科环保将多年积累的最新科研成果转化成生产力，每年可以消化白色废旧塑料泡沫5.5万吨，生产仿木艺术装饰线材10万米^3，替代的木材数量，相当于避免了数百万棵8年以上的树木被砍伐，减少二氧化碳排放15万吨，节约石油资源20万吨，并且提供就业岗位2000多个。

作为建筑装饰材料领域的新贵，英科环保生产的各类仿木产品，开辟了再生资源利用的新领域。最新研发的“以塑代石”仿大理石装饰材料，价格仅为大理石产品的十分之一，而且材质轻便，易于运输、安装，适用于加工各种异型与弧面，大大降低了天然石材的加工难度，避免了天然石材的辐射问题。近年来，代表着英科环保科研成果的“利用废弃泡沫塑料制作装饰用框条”“抗紫外线多层共挤功能性发泡成型材料”“废旧塑料再生利用双柱塞反冲洗过滤器”等多个专利发明，均领先于国际行业水平。而秉承精益求精的品质要求和务实创新的企业文化，让英科环保在激烈的国际竞争中脱颖而出，成为目前业界规模最大、质量最优、产品种类齐全、交货准时的PS环保框类产品专业制造商之一。

（五）海尔再度采用陶氏 PASCAL™聚氨酯真空发泡技术

2014年9月海尔集团成功启用第二条采用陶氏化学 PASCALTM 聚氨酯真空发泡技术的生产线，用于其青岛工厂相关产品的生产。陶氏化学PASCALTM 聚氨酯真空发泡技术是专为电器制造商海尔集团定制研发的技术，旨在以稳定的设计质量和生产成本提高能效。该突破性技术的三大优势体现在：①杰出的节能效果——在现有的电冰箱和冷柜聚氨酯隔热体系内，电器制造商使用该技术可在不增加成本的情况下将能效提升10%，进而满足严格的政府规定；②可持续的电器制造解决方案——通过降低导热性能、增强保温隔热效果，减少用电量，从而提升可持续性表现；③提高生产率——通过缩短将近 50%的脱模时间，大幅度增加循环次数、提高生产效率。

PASCALTM 聚氨酯真空发泡技术可与多种发泡剂结合使用，其中包括烃类发泡剂与新一代发泡剂（如HCFOs与HFOs），并发挥出最优效果。此外，该项陶氏化学的专利技术，结合意大利康隆集团经过特殊设计和获得专利的真空辅助注塑设备，进一步促进了全球电器行业能源效率的提升。

（六）山东通佳机械有限公司推出国内首条PLA全降解餐盒设备

山东通佳机械有限公司推出国内首创的全降解 PLA 聚乳酸发泡片材生产线，标志着其在塑料物理发泡机械领域取得又一大成果。聚乳酸的开发应用能够节省石油资源、抑制由于二氧化碳净排放量增加而导致温室效应的加剧，能够满足人类可持续发展的要求。

由山东通佳研发的聚乳酸（PLA）可降解发泡片材生产线应用超临界发泡技术、低剪切、高效塑化原件和渐扩式可控发泡成型。同时采用纳米蒙脱土进行PLA改性加工，克服由PLA材料韧性差、熔体强度低以及耐热性、气体阻透性差所导致的温度加工范围窄、挤出发泡成型困难，很难得到高倍率、优质泡孔结构发泡材料的技术难题，拓宽了材料的加工温度范围，优化了泡孔结构，实现了对气泡生长过程的高度控制，生产出优质的发泡 PLA材料。

该生产线专用油温控制的新型高混合低剪切塑化均化元件的设计获得了国家专利（专利号：ZL201110181801.9）。它运用三维模拟设计分析高度混合与冷却螺杆，使 PLA 熔体在输送过程中得到均匀冷却和充分混合，外部机筒闭环油恒温，冷却介质流量比例控制，温控精度±0.5 度。为使其达到较高的熔体强度和液面张力，螺杆结构采用多头螺纹、大导程、并在螺纹上延螺旋线切向加工矩形混合导流槽。在混合挤出过程中，螺杆起到往复混合分散作用，在经过矩形槽的时候材料经过多次的压缩和放松，使复合发泡体系更趋于均相性。此外，采用串联挤出发泡的方式则有效改善了由于PLA自身的局限性所导致的发泡困难的现状。

三、行业品牌和产业集群建设取得新进展

为使山东省塑料产业继续保持更快、健康的发展势头，增强企业核心竞争力，进一步加强和培养产业集群和制造业基地建设，实现生产力空间布局上的优化和生产要素的有效集中，促进区域经济的发展，提高山东塑料制造业大省在全国乃至在国际上的整体竞争力，协会积极开展塑料产业集群和制造业基地的培育活动。行业品牌建设和特色区域及产业基地建设取得新进展。

1. 惠民县被授予“中国塑料绳网之都”称号

惠民县塑料绳网生产和加工业户已达 6 900个，有一定规模的企业达600多家，其中年销售收入过亿元企业6家、过5 000万元11家、过3 000万元 20 家，规模以上企业占全县规模以上企业总户数的35.2%；从业人员7万余人，占全县人口的11.5%；主营业务收入占到全国同行业主营业务收入的70%；绳网织机3 000余台（套），技术装备水平国内领先。包括安全网、安全绳、防鸟网、运输网等20多个系列100多个品种的绳网产品畅销全国各地，并出口美国、德国、澳大利亚等40多个国家。

2014年11月上旬，中国轻工业联合会、中国塑料加工业协会针对惠民县的申请，联合组织考评专家组对绳网产业进行了实地考评。专家组认为，惠民县塑料网绳产业起步早、特色突出、品牌和龙头企业带动力影响力强；政府高度重视，规划政策到位，科技创新成效显著，产业质量和管理体系健全，公共服务平台建设比较完善；做好了节能减排、环境保护工作，实现了可持续发展。经考察评审，惠民县被中国轻工业联合会、中国塑料加工工业协会授予“中国塑料绳网之都”称号。

“中国塑料绳网之都”申报成功，对下一步更好地发挥惠民县塑料绳网优势、做大做强塑料绳网产业，具有重要的推动作用。

2. “好品山东”2014年度山东省塑料行业品牌评选活动

为进一步提升山东省塑料行业企业、产品品牌的知名度和社会影响力，扩大山东省塑料行品牌的国内外市场的占有率，2014年我们开展了“好品山东”山东省塑料行业品牌评选活动。

协会根据活动方案组织业内专家组对申报“好品山东”山东省塑料行业十大功勋（卓越）企业、“好品山东”山东省塑料行业十大领军（新锐）品牌进行了经济指标、企业资质、权威认证等方面的评价，综合了企业的综合实力、发展潜力、社会形象、民意调查等相关因素，遴选产生了“好品山东”山东省塑料行业十大功勋（卓越）企业预选名单、“好品山东”山东省塑料行业十大领军（新锐）品牌预选名单。通过对预选名单的社会公示，最后遴选产生了10家单位“好品山东”2014年度山东省塑料行业十大功勋企业名单、10家单位“好品山东”2014年度山东省塑料行业十大卓越企业名单、17家单位“好品山东”2014年度山东省塑料行业优秀企业名单；10个品牌“好品山东”2014年度山东省塑料行业十大领军品牌名单、10个品牌“好品山东”2014年度山东省塑料行业十大新锐品牌名单、17个品牌“好品山东”2014年度山东省塑料行业优秀品牌名单。

“好品山东”2014年度山东省塑料行业十大功勋企业名单（排名不分先后）

企业名称
富潍薄膜（山东）有限公司
蓝帆医疗股份有限公司
山东春潮集团有限公司
山东华信塑胶股份有限公司
山东金冠网具有限公司
山东莱芜新甫冠龙塑料机械有限公司
山东清田塑工有限公司
山东寿光健元春有限公司
山东天鹤塑胶股份有限公司
万达化工集团

“好品山东”2014年度山东省塑料行业十大卓越企业名单（排名不分先后）

企业名称
青岛宏达塑胶总公司

续表

企 业 名 称
荣成市兴达塑料制品有限公司
山东博大管业有限公司
山东企鹅塑胶集团有限公司
山东锦庆塑料有限公司
山东三塑集团有限公司
山东森荣塑业科技有限公司
山东新环塑业有限公司
威海市威鹰塑胶有限公司
淄博新宇集团有限公司

“好品山东”2014 年度山东省塑料行业优秀企业名单（排名不分先后）

企 业 名 称
东明恒昌化工有限公司
广庆集团有限公司
华亚东营塑胶有限公司

续表

企 业 名 称
青岛海威集团有限公司
日照新正源集团有限公司
日照亚信工贸有限公司
山东道恩高分子材料股份有限公司
山东东辰工程塑料有限公司
山东东信塑胶有限公司
山东华夏神舟新材料有限公司
山东惠民惠星塑料制品有限责任公司
山东齐旺达包装制品有限公司
山东胜邦塑胶有限公司
山东盛大塑业有限公司
山东阳谷恒泰实业有限公司
淄博岱洋塑料有限公司
淄博中南塑胶有限公司

“好品山东”2014 年度山东省塑料行业十大领军品牌名单（排名不分先后）

品牌名称	产品类别	所属企业名称
道恩牌	改性材料	山东道恩高分子材料股份有限公司
春潮牌	色母粒	山东春潮集团有限公司
金冠牌	塑料网	山东金冠网具有限公司
鲁丰牌	塑料管材	山东汇晟管业有限公司
企鹅牌	盐膜、大棚膜	山东企鹅塑胶集团有限公司
齐旺达牌	塑料编织制品	山东齐旺达包装制品有限公司
青路牌	塑料薄膜、板材	青岛宏达塑胶总公司
清田牌	农用薄膜	山东清田塑工有限公司
时代牌	PVC 增强软管	潍坊现代塑胶有限公司
新甫牌	吹膜机	山东莱芜新甫冠龙塑料机械有限公司

“好品山东”2014 年度山东省塑料行业十大新锐品牌名单（排名不分先后）

品牌名称	产品类别	所属企业名称
丰虾牌	塑料绳网	荣成市兴达塑料制品有限公司
海威牌	塑料异型材	青岛海威集团有限公司
恒昌牌	聚丙烯	东明恒昌化工有限公司
桓桥牌	PE、PVC 管道	山东瑞泰管业有限公司
联桥牌	改性材料	威海联桥新材料科技股份有限公司
盛大牌	HDPE 管材	山东盛大塑业有限公司
新环牌	塑料管材	山东新环塑业有限公司
兴跃牌	电缆料	青岛信兴跃塑料有限公司
正源牌	塑料吸管	日照新正源集团有限公司
庄园牌	大棚膜	淄博岱洋塑料有限公司

“好品山东”2014 年度山东省塑料行业优秀品牌名单（排名不分先后）

品牌名称	产品类别	所属企业名称
东辰瑞森牌	尼龙 1212	山东东辰工程塑料有限公司
东岳神舟牌	氟树脂、氟塑料	山东华夏神舟新材料有限公司
方舟牌	农用薄膜	聊城华塑工业有限公司
富潍牌	包装薄膜	富潍薄膜（山东）有限公司
浩阳牌	土工材料	山东浩阳新型工程材料股份有限公司
华信泰格牌	塑料管材	山东华信塑胶股份有限公司
金燕牌	色母粒	山东鲁燕色母粒有限公司
历山牌	农地膜	山东三塑集团有限公司
南山牌	管材、管件	龙口市南山塑钢建材有限公司
南亚牌	塑料管材	华亚东营塑胶有限公司
齐国塑胶牌	塑料片材	淄博中南塑胶有限公司
庆义牌	塑料薄膜	山东锦庆塑料有限公司
润兴牌	塑料浓色母料	青岛润兴塑料新材料有限公司
森荣牌	聚四氟乙烯制品	山东森荣塑业科技有限公司
胜邦牌	塑料管材、管件	山东胜邦塑胶有限公司
天鹤牌	消雾膜	山东天鹤塑胶股份有限公司
万全牌	MBS、ABS 高胶粉	万达化工集团

四、山东塑料行业经济运行中遇到的不可回避的问题

1．劳动力成本明显上升，对塑料行业影响巨大

随着人口拐点的到来，劳动力成本显著上升。虽然我省劳动力资源丰富，但 90 后慢慢成为新就业人群的主力，这类人群对就业要求差异化较大，加上居高不下的房价和物价，就业人群的收入预期每年增幅在 10%左右，对企业经营成本的影响日益增强。但从行业调查情况看，具有一定技术基础或经过专业培训的人员还是十分紧缺，特别是高技能人才更缺。

2．上、下游产业对塑料行业的发展制约情况以旧存在

山东省塑料模具行业历来受下游产业链的制约情况依旧存在。汽车、家电、电子行业是注塑行业重要的用家行业，山东省是家电大省，但对山东省塑料注塑行业的拉动作用没有发挥出应有的水平，一个原因是受模具产业水平制约，另一个原因是配套产业不健全。近几年，受家电行业产业转移的影响，对山东省青岛、济南、潍坊等地的塑料制品价格、塑料模具、塑料改性材料企业影响较大。

上游的石油石化行业变化较大，原油价格持续走低，一方面有利于降低原料成本，另一方面，也给产品销售带来许多不确定因素。

3．产业结构不合理，仍继续制约塑料行业发展

山东塑料行业规模较大，许多产品位居全国前列，但产品结构不合理的状况始终没有得到根本改变。原材料大进大出、低附加值产品如农地膜、塑料编织制品、普通管材、型材、土工合成材料等比重偏大，但高技术含量、高附加值的产品比重明显偏低；行业内挤拉吹工艺产品比重大，但附加值高的注塑产品比重较小；制品加工能力过大，但专用设备及模具加工力量不能满足制品生产的需要。

产业结构不合理也是影响我省塑料行业发展的重要因素。我省塑料企业多数处于产业链的低端，盈利能力低，大多数产业只有 3%~5%的利润率，缺乏创新的动力和能力。应加大行业“转型升级”的工作力度，加快技术改造步伐，逐步淘汰落后产能，大力推广高附加值、高性能的产业，提升山东省塑料行业的水平。

山东省塑料行业企业规模普遍不大，科技研发投入严重不足，除个别企业达到 2%以上外，大多数企业处于应付状态，科技创新成为制约行业进一步发展的关键因素。

4．特色区域和产业发展不平衡

产业集群作为一种组织形式，已成为区域经济发展中的普遍现象，其发展与产业结构调整、技术创新以及国家和地方经济发展关系十分密切，产业集群强劲而持久的竞争优势成为国家或地区竞争力的主要来源。山东省塑料行业现有特色产品专业生产基地 13 个，以塑料编织、农膜、PVC 增强软管、管材等产品为主，分布在淄博、昌乐、聊城、德州等地。其他地区特色区域发展不明显，特色优势产业不突出。

就山东省塑料产业集群发展来看，其自身存在的突出问题也不能忽视。从产业构成和生产形式来看，目前山东塑料的产业集群覆盖了农用薄膜、编织制品、塑料小包装、塑料管材（含增强软管）、塑料安全绳网、塑胶工业配套等传统产业，主要依靠劳动力低廉来获取竞争优势，高技术产业集群和资本与技术结合型产业集群的发育还非常滞后；从产品价值链的角度看，目前山东各地的塑料产业集群大都呈现出一种“中间大、两头小”的菱形组织结构，说明目前山东塑料产业集群的竞争优势还局限于中低档生产制造环节，仍处于产品价值链的低端部分；从产业组织结构看，山东塑料产业集群几乎全部是中小企业群生型，除极少数为较大型企业外，绝大多数都是中小企业，而且大部分为个体、私营企业。

5．两化融合深度不够，方式不够灵活，效率不高

受多种因素的影响，企业间的信息交流不足。山东塑料行业由于受产品结构和产品特点的影响，营销模式比较传统，物流、电商等形式仅仅处于起步阶段。

五、2015 年经济运行情况预测

2015 年一季度受原材料价格、市场和实际工作天数等因素的影响，企业开工率与去年基本持平，规模以上企业产量同比增长 6%左右。随着农地膜进入旺季、国家宏观政策的利好，对塑料建材、水利建设用管材、土工合成材料等都会有大的增长，预计全年塑料制品总量增长 12%左右。

1．出口板块发展平稳

塑料包装行业是塑料行业的一大子行业，山东

省塑料包装行业制品主要是小包装袋、垃圾袋、编织袋等，目前已形成莒县刘官庄镇、昌乐县两大产业基地，产品大部分出口，但产业技术含量低，处于产业链最低端。而高附加值的包装制品是我省的短板，与浙江、广东等省份差距较大。一次性 PVC 手套是近几年发展起来的新产业，山东省已形成以淄博为中心的产业集群，整体规模居全国第一，我省将成为世界最大的一次性 PVC 手套生产基地，产品 95%出口。

2．环保问题对塑料行业要求越来越高

塑料行业在生产过程中基本不产生废水、废气及固体废物，对环保的影响主要在回收利用环节，近几年社会各界对塑料行业关于诟病主要集中在回收利用环节。塑料废弃物大多可以回收利用，目前整体行业发展情况缺乏规范、指导、监督，个别地方甚至采取直接取缔的形式限制其发展，这种方式虽然简单，但对资源是极大的浪费。山东省每年产生的塑料废弃物保守估计也有 200 万吨，这对石油资源短缺的中国来说是一笔巨大的财富。国际上有些发达国家已经对其再回收利用，例如：废塑料裂解技术。目前国内也有类似技术，并且相对成熟。现在面临的主要问题是突破政策瓶颈，尽快建立实验基地，积累经验，逐步推广。再者就是缺乏规范管理、产品不能开发票，无法正常进入流通领域。

3．新材料的创新发展是塑料行业新亮点

随着国家对环境保护要求的越来越高，新材料的创新发展出现井喷式发展，一是生物基可降解材料，二是塑料改性材料。2015 年 3 月 22 日，“生物基高分子材料大会”在临沂市召开，大会开启一个生物基高分子材料创新发展的新纪元。山东省塑料行业历经 20 多年的高速发展，产业规模位居全国第三，产能达到 20 000 万吨/年，在产能过剩的同时是高端人才的欠缺，但已为创新发展积累了大量的技术储备和人才支撑，对创新发展打下了良好的基础，下一步要做的主要是解放思想、开拓创新。

4．创新将成为塑料企业发展的源动力

历经经济危机以来的几年时间，70%的塑料企业感觉到发展空间越来越小，竞争日益激烈，单纯靠规模扩张已不能给企业带来质的飞跃，创新越来越受到企业家的重视，产业转型升级已成为塑料企业必须面对的新课题。

山东省塑料企业越来越急迫地想走出去，了解当即世界最前沿的新技术、新装备、新材料，为企业的创新发展寻找着力点。

但产业升级面临诸多困难，资金、市场、技术、装备等都是产业升级的关键，其中以市场为首。在当前大环境下，企业突破固有的模式升级换代困难重重，创新将成为塑料企业下一步发展的新动力。

5．两化融合将深远影响塑料企业的发展

包装塑料、塑料建材、日用塑料消费品是塑料制品行业中较大的三个子行业。国民经济以较高的速度发展，家电下乡、建材下乡、公路铁路建设、城镇化建设等政策的实施，必将使塑料工业得到进一步的发展和提升。随着人们生产生活质量的提高，所要求的产品信息化技术含量与智能化程度也要随着提高。信息化发展战略和企业发展战略开始融合，两化融合工作的保障体系逐步完善。未来，我国塑料行业发展的着力点不在于追求更高的增速，而在于正确处理好增长速度与结构、质量、效益、环境保护等的重大关系，改善和提升产业整体素质，着力提高技术创新能力、国际竞争力和可持续发展能力。新一代高新技术必将会得到更大的提高。塑料制品及相关配套企业已经形成了一批品牌，不少企业通过了各种产品认证。随着市场需求的不断提升，塑料薄膜的需求也随之提升，提升的内容有加工技术改进、先进装备、所使用的原材料功能、较高的劳动力素质，并将带动周边经济环境变化，形成产业集群。目前，两化融合的深度不够，方式不够灵活，效率有待提高，首先需要提高的是认识问题。

6．农用薄膜的升级换代

山东农用薄膜量大，但高品质高附加值产品不多。包装薄膜品种、产量等与广东、浙江、江苏等省份差距较大。

农用薄膜是我省塑料行业的支柱产业，对现代设施农业的发展提供基本的技术支撑，为丰富居民的餐桌做出了突出的贡献。我省是农膜生产和应用大省，生产和使用总量均占全国总量的三分之一，通过 20 多年的发展，农用薄膜已经到了产品更新换代、产业升级的时间节点。近几年在日韩发展起来的 PO 膜是农膜行业的高端产品，我省部分农膜生产企业有意愿提升我省农用薄膜的品质和档次。

六、对政府有关部门的意见及建议

1．创新思维，改造和替换传统生产加工技术在技术创新上将采用大型多层共挤双向拉伸技术装备，发展高档包装膜材料；采用多层共挤、多层复合、蒸镀氧化硅等工艺技术，生产高档保鲜包装膜材料；采用高速、高精度、共挤复合等技术，生产各类型材、管材；采用大型注射气体辅助注射等技术，生产大型塑料制品和大型机电产品配件；采用新的配方和技术生产防老化、防雾滴、光转换、保温等新型复合型多功能农用大棚膜，重点发展PO膜项目；采用改性、复合等技术，利用废旧塑料生产各种塑料制品。

2．促进循环经济、加强回收利用和清洁生产，促进节能环保

目前回收利用处于无序状态，政策不配套，建议在国家层面上进行呼吁。

大力发展废旧塑料回收再利用技术、医疗塑料废弃物灭菌回收再利用新技术、多功能塑料降解技术、农作物秸秆生产降解塑料新技术、塑木复合材料生产技术等，以保护环境、减少环境污染、增加能源和社会资源。

完善塑料再生资源回收利用体系，强化对废弃塑料产品的回收利用。加大回收技术引进、开发和应用方面的投入，努力提高再生利用产品档次，拓宽应用范围，节省能源和资源；争创医疗塑料废弃物灭菌回收再利用国家级试点，推进山东省塑料研究开发中心与塑料企业的合作，研究开发塑料废弃物回收再利用技术。重视环境保护，推行清洁生产，鼓励支持企业积极创建清洁生产、节约高效型企业。

3．培育发展产业基地和集群

产业集群的发展对带动地方经济和社会发展方面所起的积极作用，已取得广泛共识和认同，地方政府和企业对行业的扶持力度十分看重，也很有期待，轻工系统加大对产业集群的扶持力度。

围绕区域特色产品，着力发展特色区域经济。除巩固发展已授予荣誉称号的“中国农用塑料研发生产基地”“中国塑料编织制品生产基地”“中国PVC塑料增强软管生产基地”“中国塑料包装出口生产基地”“中国塑料编织之乡”“中国塑料包装制品加工出口基地”“中国聚氯乙烯软管生产基地”“中国塑料绳网之都”等专业基地和集群，发挥其集群优势外，继续抓好淄博桓台的塑料管材、淄博一次性塑胶手套、泰安和莱芜塑料土工合成材料，莒县小包装制品的生产与销售，培育发展成为具有一定规模的生产基地；重点培育济南章丘、青岛、临沂塑料模具加工集群，提升山东省塑料工业的整体水平、规模和经济效益。

4．加大技术改造和创新力度，调整优化产业结构

依托现有塑料工业企业，围绕重点发展的产品领域，加大技改投入，积极采用先进适用技术和装备，加强消化吸收和再创新，淘汰落后技术和产能，提升生产装备水平，提高产品技术含量和附加值，生产高档优质产品和绿色环保产品。鼓励塑料产品应用企业特别是土工、建材企业，积极采用新型塑料产品，加大新产品的推广应用力度。注重科技创新，加快产学研步伐，加强与大专院校、科研院所的合作，着重提高技术创新能力，推进新工艺、新技术、新设备的开发、生产和使用，重点在塑料包装、汽车用塑料、塑料日用品等领域尽快实现突破，促进塑料工业产业结构的优化提升。

5．实施标准化战略，提高产品质量水平

建立健全标准体系，倡导督促企业依标准促研发、搞生产、提质量。严格执行国家标准、行业标准或地方标准，采用企业标准的，要高于现行的国家、行业和地方的最高标准。鼓励企业积极参与国标、行标或地方标准的制修订，条件具备的企业，要积极参与国际标准的制修订。鼓励企业申请有关质量体系认证。相关部门要加强对产品质量和企业采标的监督检查，把好产品质量关口。

6．完善协会职能，搞好协调服务

充分发挥省塑料协会在规划引导、标准制定、市场开拓、信息交流、技术服务等方面的作用，推动塑料工业调整振兴意见实施。加强协会与各级政府部门的联系，为政府部门制定产业政策和行业规划提供服务。沟通联系广大塑料企业，发挥协会在政策和信息方面的引导作用，对企业投资、生产与市场供求进行及时引导、监测和预警。加强对塑料行业发展的专题调研，及时反映协调解决行业发展中遇到的困难和问题。建立经济运行监测、风险预警和贸易纠纷法律援助等机制，为塑料工业健康发展创建良好环境和氛围。

（山东省塑料协会　刘丰田）

湖南省

一、大事记

（1）2014 年 3 月，湖南省塑料行业协会公布了湖南省塑料行业首届十大名牌企业和十大杰出人物的评选结果。湖南省塑料行业首届十大杰出人物和十大名牌企业评选活动自 2013 年 4 月启动以来，按照湖南省塑料行业协会《关于举办湖南省塑料行业评先活动的通知》（湘塑协[2013]第 005 号）的相关要求，湖南省塑料行业企业积极响应，及时报送材料，经湖南省塑料行业首届评先活动组织委员会秘书处对申报企业的初审和实地考察，并通过湖南省塑料行业首届评先活动组织委员会的审定，评选出了湖南省塑料行业首届十大杰出人物及十大名牌企业。

湖南省塑料行业首届十大名牌企业（名单）：株洲时代新材料科技股份有限公司、株洲湘瑞塑料建材有限公司、湖南省塑料研究所、湖南平桂制塑科技实业有限公司、湖南路路通塑业股份有限公司、湖南科天新材料有限公司、湖南天一制造技术有限公司、湖南长丰汽车塑料制品有限公司、湖南四联创业新材料科技有限公司、湖南金悦降解塑料制品有限公司

湖南省塑料行业首届十大杰出人物（名单）：王小红（湖南科天新材料有限公司总经理）、邓凯桓（株洲时代新材料科技股份有限公司工程塑料事业部副总经理）、许平桂（湖南平桂制塑科技实业有限公司/湖南五祥新材料科技有限公司董事长）、张献斌（长沙毅华塑料包装有限公司总经理）、邹黎明（株洲湘瑞塑料建材有限公司董事长兼总经理）、范丁（中国石油西南化工销售湖南分公司总经理）、覃正东（常德七星泰塑业有限公司董事长兼总经理）、熊建华（神塑科技有限公司副总经理）、潘小梅（湖南省塑料行业协会秘书长）、戴毅明（湖南路路通塑业股份有限公司副总经理/总工程师）

（2）2014 年，湖南省塑料行业协会积极组织人员编写《中国塑料工业发展史》—湖南篇，协会成立了以翦建政会长、潘小梅秘书长为领导的编制小组，由协会副秘书长李科平同志具体负责湖南省塑料工业发展史的编制工作。《中国塑料工业发展史》的编制一方面可以留下行业发展的印迹，另一方面可从中总结经验教训，并通过分析兴衰得失把握今后的发展方向，以利于做强我国塑料工业。湖南省塑料行业协会从历年总结、重大事件和人物报道、企业资料以及与其他中国塑料工业发展相关资料等来编制《中国塑料工业发展史》—湖南篇。

（3）湖南省塑料行业协会领导出席并参加了中共湖南省社会组织党工委组织召开的《全省社会组织党的群众路线教育实践活动动员大会》和省民政厅组织召开的《省本级社会组织负责人培训班》等会议。

（4）2014 年 4 月 23 日，湖南省塑料行业协会率团参加了在上海新国际博览中心举办的规模亚洲第一、全球第二的第 28 届中国国际塑料橡胶工业展览会。本次展会以“绿塑创新 构建永恒”为主题，展览总面积近 23 万平方米，共吸引了来自世界各地的 3000 多家参展商参加展会，展示了世界前沿的橡塑技术与产品。

（5）2014 年 5 月，协助中国塑协完成《2014 年中国塑料工业年鉴—湖南篇》的编辑工作。《中国塑料工业年鉴》是由中国塑料加工工业协会主办，全面反映我国塑料工业的发展情况。湖南省塑料行业协会作为中国塑协副理事长单位，从协会大事记、基本情况、重点企业介绍、存在问题及市场前景的各个方面认真总结全面介绍了湖南省塑料行业发展情况。

（6）2014 年 9 月，湖南省塑料行业协会率团参加在浙江台州市国际会展中心举行的“ChinaPEC′2014 塑交会”（第十四届中国塑料交易会）。此次展会展出内容塑料制品、原料、机械、模具机床“四位一体”展示模式，涵盖塑料整个产业链。

（7）2014 年 12 月 15~17 日，协会会长翦建政、副秘书长黄钧率湖南省塑料研究所、湖南兆恒材料科技有限公司、湖南科天新材料有限公司、湖南五祥新材料科技有限公司等会员单位出席并参加了由中国塑料加工工业协会在广州保利世贸博览馆主承办的“2014 年中国国际塑料新材料、新技术、新装备、新产品展览会”，旨在展示湖南省塑料行业协会从 2003 年成立以来全省塑料行业十年发展情况。同时，借展会的东风，深化改革、转型升级、加快发展步伐，实现持续、健康发展目标。期间还

参加了中国塑协六届八次常务理事扩大会议。

（8）2014年年底，按照湖南省行业管理办公室的要求，湖南省塑料行业协会积极完成了全省行业经济运行情况的总结报告，对湖南省塑料行业今年的发展情况做了总结汇报，并对明年湖南省塑料行业的发展提出了意见和建议。

二、基本情况

“十二五”期间，湖南省塑料工业企业继续积极深入贯彻落实科学发展观、国家《轻工业调整和振兴规划》和中国塑料加工工业协会《中国塑料加工业“十二五”发展规划指导意见》，推进湖南省塑料产业的结构调整，加快湖南省塑料工业企业的转型发展，使得湖南省塑料产品制品产量仍保持较快增长。到 2014 年，湖南省塑料加工业的规模和效益仍保持了平稳增长。据不完全统计，2014年全年湖南省规模以上企业（年销售收入2000万以上）塑料制品产量达 158.75 万吨，累计比同期增长4.05%，占全国总比例的2.15%。2014年1~12月湖南省塑料行业塑料产品产量表和塑料树脂及共聚物、塑料加工专用设备产量表分别如下表所示。

2014年1~12月湖南省塑料行业塑料产品及塑料加工专用设备产量

产品名称	产量/吨	比同期/±%
塑料制品合计	1 587 475	4.05
塑料薄膜	156 678	-4.91
其中：农用薄膜	57 013	9.75
泡沫塑料	10 103	2.18
塑料人造革、合成革	28 873	18.55
日用塑料制品	64 879	-21.05
其他塑料制品	1 326 943	6.62
塑料加工专用设备（台）	7 476	13.27

注：以上统计为规模以上企业（年销售收入2 000万元以上）。

三、重点企业

湖南省塑料行业首届十大名牌企业具体名单如下（排名不分先后）。

1．株洲时代新材料科技股份有限公司

时代新材是中国南车集团所辖株洲所旗下 A股上市企业，现有员工约 3400 人，大专以上人员占57%以上，其中有博士近40人，硕士近300人，外籍员工 9 名。近 10 年来，时代新材销售规模以年均 40%的速度高速增长，2008 年销售收入突破10亿元，2009年销售收入突破了15亿元。随着产业规模快速拓展，2012年销售收入突破37亿元，2015年有望达到60亿元的年销售规模。公司拥有株洲高新技术开发区海天路工业园、东湖工业园、栗雨工业园、咸阳、天津、内蒙古、青岛7个生产基地，占地面积共计253 925.09米^2，工程塑料制品年产值达3亿元，具备改性工程塑料年产4万吨的生产能力，水务工程产品生产基地可实现年产值3 000万元，汽车橡胶减振件及非金属零部件具备年配套30万台车的生产能力。

南车时代新材致力于高分子材料研究及工程化推广应用，已成为中国轨道交通装备领域研发实力最强、销售规模最大的高分子材料及制品企业，多项创新产品填补国内空白。公司拥有工程塑料复合材料生产线 16 条，具备年产改性工程塑料复合材料4万吨的生产能力，拥有国际先进水平的注塑机20余台。公司主持起草国内标准10余项，国际标准1项，取得国家授权专利200余项，其中发明专利 50 余项。公司组建的企业技术中心 2004 年获批为国家认定企业技术中心，2011 年获批成为国家地方联合工程研究中心。还拥有“国家减振降噪工程技术研究中心”“国家级轨道交通高分子材料及制品质量监督检验中心”“交电装备及设施减振降噪关键技术湖南省企业重点实验室”等国家级和省级创新平台。

2．株洲湘瑞塑料建材有限公司

株洲湘瑞塑料建材有限公司是国家为推广化学建材而布点建设的三大塑料建材生产骨干企业之一，1996 年从奥地利格瑞纳公司，德国克劳斯•玛菲公司引进具有国际一流水平的塑钢门窗生产线，年产优质 PVC 塑料异型材 1.5 万吨；自行组装高级塑钢门窗 10 万米^2。1997 年从韩国引进三条芯层发泡管生产线，年产芯层发泡管材 6 000 吨。2001 年，引进德国 PP-R 上水管生产线，年产量 1 000 吨。2009 年开发引进木塑型材生产线，成功研发出环保型、景观型型材新产品，并成功打开市场，至 2012 年年底，公司销售额达 3.5 亿元，公司产品产销量规模在全省排名第一位，居全国第八位。

经过近二十年的不断发展，在国内建立的 29 个销售办事处，拥有了一支 120 多人的销售团队，公司产品畅销全国各省、市，还远销荷兰、巴拿马、斯里兰卡、加纳、尼日利亚等国家和地区，产品在行业及社会享有较高的声誉和知名度。公司集研究开发、生产、销售于一体，技术力量雄厚，检测手段先进，自主创新能力强，具有独立知识产权，拥有国家专利 6 项，其中主导产品 PVC 塑钢异型材、PVC 型钢门窗获得国家专利三项，湘瑞公司成功研发出的 PP-R 上水管和景观型木塑，其技术水平处于全国领先地位。

公司拥有“中国 AAA 级重质量、守信用单位、全国化学建材工作先进集体、中国塑料行业先进单位、中国建筑金属结构协会常务理事单位、省级的荣誉有：湖南省名牌产品、湖南省著名商标、高新技术企业、湖南省消费者信得过品牌、湖南省质量协会会员单位”等多项荣誉。

3．湖南天一制造技术有限公司

湖南天一制造技术有限公司成立于 1993 年，是一家集专业生产、专业研发、专业设计、专业销售、专业服务一体化的大型制造企业，位于长沙高新技术开发区麓谷天一科技园，公司主导产品以塑料注塑产品、MC 尼龙、橡胶产品为主，年销售额 7 000 万元以上。

公司于 1993 年获得国家高新技术认证。1997 年通过 ISO9001 国际质量体系认证。2005 年用于工程机械的一项关重件列入国家重大科技创新项目并获得国家专利。2008 年因新材料在工程机械中的应用获得国家科技型中小企业技术创新基金。2011 年长沙国家高新技术开发区授予发明专利奖。

公司产品出库高质量、高稳定，被评为“工程机械行业著名大企业塑胶类唯一优秀供应商”、“中国行业协会先进单位”、是三一、中联重科等大型机械制造业企业的供应商之一，产品远销出口美国、欧洲等国。

一直以来，公司产品本着“环境友好、品质保证、经济可行”三者的和谐统一，联合湖南大学、湘潭大学、长沙理工大学等科研机构，在新技术开发方面走在行业前列。公司秉承着“天人合一、和谐共赢”的经营理念，为客户提供了优质的产品和服务。

4．湖南长丰汽车塑料制品有限公司

湖南长丰汽车塑料制品有限公司成立于 2002 年，主要生产汽车仪表台组件、前后保险杠、左右轮罩装饰、行李箱等汽车整车塑料零件，由湖南长丰汽车零部件控股有限公司、香港宝源（陶氏）企业有限公司及汤杰女士三方共同出资组建，公司总投资 6 030 万港元，注册资金 4 860 万港元，占地面积 2 万米^2，拥有员工 200 多人，其中各类专业技术人员 40 余人，公司于 2005 年导入并通过 ISO/TS16949 质量管理体系和 3C 安全认证，2007~2013 年连续 7 年通过国家强制 3C 认证及 ISO/TS16949 质量管理体系复审，2010~2012 连续三年通过 GB/T24001—2004 和 GB/T28001—2001 环境管理体系及职业健康管理体系评审。

公司现有 19 台 50-2800T 注塑机，1 条塑料件自动涂装线，每年可为客户提供 20 万台套汽车内、外饰塑料件。到 2012 年公司全年产量为 42 324 台套，公司建厂 11 年来，累计缴纳税金 3 300 多万元，为永州市经济建设做出了卓越的贡献。公司还先后荣获“湖南省企业质量 A 级企业”“湖南省塑料行业名优产品”“中国质量万里行市场调查知名品牌”等荣誉称号。公司推行的“注塑机发热圈节能改造”项目获得长丰集团科技创新“优秀成果奖”。

5．湖南平桂制塑科技实业有限公司

湖南平桂制塑科技实业有限公司是湖南省大

型的塑料异型材、板材、管材、管件生产厂家，位于湖南汨罗工业园，是湖南省专业从事废旧塑料资源回收与综合再利用的高新技术企业和全国区域循环经济示范基地的龙头企业。是中国塑料加工业协会副会长单位、湖南省塑料行业协会副会长单位、湖南省建筑节能协会常务理事单位、湖南省政府采购协会理事单位等。是全国唯一一家省级废旧塑料循环利用工程技术研究中心和废旧 PVC、PE、ABS、PP 等废旧塑料标准主编的单位。并连续通过了 ISO9001、ISO14001、OHSAS18001 体系认证，公司产品先后获得 “湖南省建设科技成果推广项目证书”“湖南省名牌产品”“湖南省著名商标”等荣誉称号。

公司与中南大学开展的产学研合作，是中南大学在湖南设置的四个科研基地之一；通过了国家高新技术企业认证，并成为湖南省区域循环经济示范基地。连续几年荣获“湖南省信用企业”和“诚信企业”称号，并通过了质量管理体系、环境管理体系、职业健康安全管理体系认证，其中“平桂”“五强”牌产品荣获“湖南省名牌产品”“湖南省著名商标”等荣誉称号。

公司坚持对外开放的原则，实现技术辐射作用，曾多次与韩国、日本等先进国家的再生资源协会联盟，邀请他们来公司参观、指导。与各大塑料科研机构开展项目合作研究，充分利用行业内的科研力量和他们的长处。

6．湖南四联创业新材料科技有限公司

湖南四联创业新材料科技有限公司成立于 2008 年，是北京四联创业化工集团有限公司控股子公司，是一家专业性塑料原料、橡胶原料的流通企业，年销售额达 5 亿元以上。产品营销网络主攻湖南，辐射江西、广东、广西等地，市场占有率稳步提高。

公司从当初年销售额几千万到现在的几亿，公司的规模有质的飞跃，成为中国石油化工股份有限公司和中国石油天然气集团公司授予的特约经销商和指定代理商。公司在湖南地区塑料原材料供应紧张的时候，从华南、华中调资源满足客户的基本生产需求。公司以“诚信、互利、共同发展”为指导思想，合理地给下游客户报价，不追求暴利，对于湖南市场的价格稳定做出了一定的贡献。公司坚持客户至上的原则，终端厂家在生产中遇到任何问题，需要公司到厂解决的，公司都有安排人员到场处理。公司保证运输的安全，在安排货运之前有认真的筛选物流公司，跟仓库合理衔接，及时跟踪送货情况，保证送货过程的及时性和安全性。

7．湖南金悦降解塑料制品有限公司

湖南金悦降解塑料制品有限公司成立于 2000 年，位于湖南省耒阳市经济开发区东江工业园，是湖南乃至中南地区规模最大的塑料包装袋专业生产厂家，主要生产超市塑料购物袋、连卷袋、化工内袋、垃圾袋、方便购物袋等产品，年生产能力超过 1 万吨，产品售于全国各地。

公司按照现代企业管理模式运筹，用一流管理树一流形象，以一流产品创一流企业。2000~2004 年通过公司的发展，连续五年获得衡阳市工商局“重合同守信用单位”称号。2009 年公司产品转型升级，所有产品定位高端市场，产品质量得到市场认可。2010 年公司投入巨资进行了机械自动化生产升级改造，扩大生产规模，从最初年产 4 000 吨提升到 10 000 吨，提高了生产效率，进一步占据了市场份额。同时不断优化产品质量生产工艺，提升产品质量水平，得到了市场认可，还积极拓展聚乙烯塑料包装应用领域，先后开发的产品在工业产品包装、农副产品包装及食品包装得到了广泛应用。

8．湖南科天新材料有限公司

湖南科天新材料有限公司是创立于 2003 年的国家高新技术企业，位于长沙国家经济开发区，主要研究生产无卤阻燃改性 PE 塑料和汽车电器用改性工程塑料及其合金系列产品，年产能力达 2 万吨，是国内专业化规模研发生产高品质防火铝塑板用无卤阻燃塑料原材料的核心企业，是中国建材工业协会铝塑复合材料分会常务理事单位、中国阻燃学会会员单位、中国铝塑建材行业副理事长单位、湖南省塑料行业协会副理事长单位。

公司技术研发力量雄厚，拥有多项国家发明和实用新型专利，公司产品广泛应用于建材、汽车、交通、电力机车、电子电器、塑料化工等行业。公司产品获“国家重点新产品”“中国环保优质建材”“湖南省塑料行业名优产品”等荣誉称号。公司产品除全国推广应用外，还出口俄罗斯、中东、东南亚、欧洲、美国等国家与地区，在行业内拥有很好的口碑和品牌信誉。湖南科天新材料有限公司还获得了“中国塑料行业先进企业”“中国铝塑复合材料行业 2012 年最佳供应商”等荣誉称号，在行业内影响力大，品牌知名度高。

9．湖南省塑料研究所

湖南省塑料研究所成立于 1965 年，位于长沙市芙蓉区远大一路东屯渡，是全国重点塑料研究所之一，是湖南省唯一的塑料材料科学研究机构，具有武器装备科研生产许可资质，是湖南省塑料行业协会理事长单位、中国塑料加工工业协会副理事长单位、中国塑料加工工业协会塑料技术协作委员会副理事长单位，所内设有高分子材料应用技术湖南省重点实验室、湖南省废旧塑料循环利用工程技术研究中心、湖南省塑料产品质量监督检验授权站及湖南省塑料行业协会秘书处，同时也是湖南大学材料学院高分子材料研究生培养基地。湖南省塑料研究所 2000 年完成由科研事业单位向科技型企业转制，共有各类在职专业技术职务职工 65 人，其中高级专业技术职务职工 14 人（含正高专业技术职务职工 4 人），中级专业技术职务职工 20 人，初级专业技术职务职工 31 人。

湖南省塑料研究所主要从事色母料、功能母料、无卤阻燃复合材料、特种泡沫材料、塑料合金材料、军工用高分子材料的研制生产。先后承担和完成了国家重点科技攻关项目与国家重点军工配套项目等省科研成果 71 项，其中省、部级项目 52 项，荣获国家、部、省级重大科技进步奖 16 项，其他奖 33 项。湖南省塑料研究所 2000 年以来，通过实施“创新产业化”战略，目前旗下有三个控股或参股公司，一个全资子公司，生产能力达 2 万余吨。初步建成了以科研为龙头，集生产经营、科研开发、产品质量监督检验、咨询服务于一体的科技型高新技术企业。

10．湖南路路通塑业股份有限公司

湖南路路通塑业股份有限公司成立于 1999 年，位于湖南长沙麓谷国家高新技术产业开发区，是一家集塑胶管道开发、生产、销售于一体的高新技术企业，多次“利税过千万元”企业，也是国内深具影响力的塑胶制品企业之一。

公司主要产品有氯化聚氯乙烯（PVC-C）高压电力电缆套管、聚氯乙烯（PVC-U）给排水管材（管件）、PVC-M 抗冲改性给水管、建筑用绝缘电工套管、路灯电缆套管、埋地用通信管道、PE 给水管、家装及工程用无规共聚聚丙烯（PP-R）冷热水管、地源热泵中央空调专用换热管材（管件）等 1 000 多个规格型号，年生产能力进入同行业全国十强。

公司先后通过 ISO9001 质量管理体系认证、ISO14001 环境管理体系认证、中国环境标志产品认证，获得 “中国塑料加工企业信用等级 AAA 证书”、荣获“中国建材交易信用等级 AA+证书”“全国工程建设重点推广应用产品”、 “全国保障性住房建设用材优秀供应商”和“湖南省消费者信得过单位”“湖南省民营企业信得过单位”“湖南省诚信创建企业”“湖南百家诚信示范单位”和“湖南省信用等级 AAA 级企业”等荣誉。

路路通商标已成为湖南省同行业第一个“中国驰名商标”，还荣获“湖南省著名商标”“湖南名牌”等称号。PVC-U 给水及 PE 给水系列产品通过了国家水利部节水产品认证，是国家水利部农村饮水安全中心推荐品牌。产品广泛应用于电力、通信、建筑、自来水和农村饮水安全工程等行业和领域，深受广大用户信任和好评。

四、存在问题

湖南省塑料加工业虽然实现了多年的快速发展，年均增长率达 30%以上，但受国内外经济形势发展变化的影响，全省塑料行业产业结构不合理、科技创新能力低、生产力成本不断攀升等仍是制约着湖南省塑料行业发展的重要因素，具体表现在：

1．科技创新能力偏低、缺乏竞争力

湖南省塑料工业整体状况相对落后，科技创新的能力有限，缺乏自主知识产权技术，特别是缺乏企业和高等院校、科研院所的有效结合，共同开发产品的技术创新能力偏低，同时湖南省塑料工业生产装备水平不高，大量高能耗、低产能的加工设备仍在使用，导致企业加工工艺技术相对落后，市场竞争能力弱。

2．人力成本上涨，劳动力短缺

随着劳动力成本不断增加，使得企业成本增加，用工缺口增大，直接影响到企业的经济效益。用工缺口和用工成本上升，是企业面临的双重压力。用工的缺口特别是高专业技术水平人才的缺乏，对湖南省塑料行业的发展影响巨大。

3．中小企业融资困难，资金短缺

中小企业作为湖南省经济的重要组成部分，在实施中部崛起战略中的作用日益加大。湖南省塑料企业 3 000 余家，绝大部分是中小型企业，而湖南省塑料中小企业融资的现状是：融资渠道狭窄，主要靠企业自身内部积累，同时中小企业获得银行贷款的难度很大。目前湖南省中小企业仍居中下水平，发展速度偏低，效益低下，其进一步发展仍然面临着资金短缺的难题，因此极大地制约中小企业的快速发展和做强做大。

4．生产成本上升，企业压力加大

原材料价格上涨，劳动力成本上升，企业生产成本逐年加大，湖南省企业原材料购进与产品出厂价格“高进低出”明显，导致企业压力不断加大。同时湖南省塑料行业中小企业普遍负税较高，导致企业盈利减少而加剧了企业的资金紧张状况，企业的技术改进受到了更大程度的限制，进而加大了企业的经营风险，甚至对下游行业的产量和质量带来隐患，最终可能陷入恶性循环，使企业缺失竞争力。

5．政府支持力度有限

湖南省塑料行业企业数量较多，但大规模、有影响力的塑料集团公司很少，大多数是小微型企业，产业集中度低。在我国沿海及发达省市地区，政府对塑料行业企业给予了重点支持，特别是对中小微型企业的扶持力度逐年增加，而湖南省塑料行业政府虽然给予了一定的支持，但力度还远远不够，而政府的支持是中小微型企业发展的重要力量，对处于快速发展的湖南塑料行业作用至关重要。

6．产业结构不够合理

产业结构不够合理也是影响湖南省塑料行业发展的一个重要因素。湖南省塑料企业以中小企业为主，小微型企业、家庭作坊式企业数量众多，技术力量薄弱，产品都是以中低档次产品、老产品为主，缺乏高档次、高技术含量的产品，且产品的种类类同、质量良莠不齐，很大程度上制约着湖南省塑料行业的发展。

五、市场前景

中国塑料工业已经成为中国经济的重要行业之一，随着我国和湖南省国民经济的快速发展，一些重点行业、支柱产业的崛起和发展以及对塑料产品的需求，推动了湖南省塑料行业向绿色生态、节能低碳、多元化、高端化不断发展。根据湖南省塑料工业发现现状和市场行情，今后湖南省塑料行业发展的主要趋势表现在以下几个方面。

1．农村市场

湖南省是一个农业大省，拥有 5 750 万亩耕地，4 200 多万农村人口。随着经济的发展，农用塑料制品已成为湖南省现代农业发展中不可缺少的生产资料，特别是近年来，湖南省认真贯彻落实中央“三农”工作方针政策，围绕农业增效和农民增收两大目标，以农业结构战略性调整为主线，大力推进农业产业化经营，农业经济运行质量有了明显提高。因此，在发展现代农业、建设社会主义新农村的新形势下，我们要大力推广农用薄膜、农用沼气管、农用塑料节水器材等农用塑料的应用，支持湖南省自主农用塑料品牌的生产与销售，把提升湖南省塑料农业技术水平作为研发重点，以推进湖南省农业的结构调整、农民增收。

2．汽车工业

中国汽车行业的良好发展给汽车相关产品带来了巨大的市场需求，据有关资料显示，汽车工业大量使用的材料中，塑料占 7%~10%，近年来，汽车轻量化的要求使其塑料用量的增长正在快速增长，而且全塑车神是未来汽车的发展方向。随着湖南省新型工业化进程的不断推进，汽车工业在湖南省已成为支柱产业并作为重点扶持产业在发展，据统计湖南全省规模以上列入国家汽车生产企业及产业公告的 35 家，产能已达到约 30 万辆。预计到 2015 年，湖南省汽车产能将达到 100 余万辆，汽车塑料零部件材料的需求将达到 8 万吨左右，其市场前景是非常巨大的。

3．家电行业

在家电行业中，产品塑料化已经成为家电行业中重要发展方向发展之一，塑料已成为家电领域应用量增长速度最快的材料，近几年每年平均增长速度达到 30%左右。目前塑料在家电中用量已占重量比的 40%，并随着新型环保、绿色健康材料的研发生产和应用，国内家电市场必将迎来新一轮消费结构的快速升级，从而带动塑料行业的整体发展。

4．基础设施类建设

“十二五”期间，湖南省委省政府将“一化三基”战略调整为“两化三基”，即在原来的新型工业化的基础上增加“新型城镇化”提法，而城镇化进程的加快，推动了湖南省塑料管道行业的快速发展，城市给排水、市政排污管道等基础设施用塑料管道市场需求旺盛，预计“十二五”期间，塑料管道生产量将保持在 10%左右的增长速度，塑料管道在全国各类管道中市场占有率超过 60%。随着湖南省高铁、长沙地铁工程的建设，高性能化工程塑料需求量明显增多，如特种结构泡沫材料、塑料轴承、电子电器用塑料元件等，因此，湖南省塑料企业应加大科研投入，依托技术，实现自主创新，推动湖南省工程塑料技术发展，为湖南省支柱产业做好配套服务。

（湖南省塑料行业协会　龙洁）

广东省

一、基本情况

1．行业、企业规模

2014年，广东全省塑料制品制造业汇总规模以上企业数2 817个，比上一年统计数增加136个。从业人员平均人数72.74万人，比上一年统计数减少10.13万人。汇总规模以上企业资产总计2 625.76亿元，比上一年统计数增加132.4亿元。2014年广东省塑料制品制造业规模以上企业统计数、企业资产总计数均比上一年有所增加（塑料鞋制造企业数据未计入塑料制品制造业）。

2．塑料制品产量

2014年，广东全省塑料制品产量979.3万吨，同比增加4.39%，占全国塑料制品产量比重13.26%，比上一年降低0.61%。其中，在列入统计的产品中，塑料薄膜产量158.4万吨，同比+0.86%，占全国同类产品比重12.55%，比上一年降低1.03%，占全省总产量比重16.18%。泡沫塑料产量37.4万吨，同比+7.36%，占全国同类产品比重16.85%，比上一年降低3.10%，占全省总产量比重3.82%。人造革合成革产量26.4万吨，同比－0.05%，占全国同类产品比重7.04%，比上一年降低0.35%，占全省总产量比重2.70%。日用塑料制品产量132.6万吨，同比+2.66%，占全国同类产品比重22.87%，比上一年提升0.08%，占全省总产量比重13.54%。其他塑料制品产量624.6万吨，同比+5.73%，占全国同类产品比重12.57%，比上一年降低0.69%，占全省总产量63.78%。

2014年广东省塑料制品产量同比增速低于全国平均增速，列入产量统计的5个分类制品产量中，同比增速最大的是泡沫塑料。日用塑料制品、其他塑料制品、泡沫塑料产量占全国比重居省份第一，塑料薄膜产量占全国比重居省份第二，人造革合成革产量占全国比重居省份第四。5个分类产品产量占全国同类产品比重除日用塑料制品有提升外，总产量和其他4个分类产品产量占全国同类产品比重均比上一年降低。2014年广东省塑料制品总产量仍居全国省份前列，是我国塑料制品加工业大省。

3．塑料制品产值、销售产值

2014年，广东全省塑料制品产值4 101.7亿元，同比+8.30%，销售产值4 028.3亿元，同比+8.76%。其中，列入统计的9个分类产品中：塑料薄膜制品产值540.2亿元，同比+4.75%，销售产值531.7亿元，同比+5.19%。塑料板、管、型材制品产值441.3亿元，同比-0.50%，销售产值438.7亿元，同比+0.51%。塑料丝、绳及编织制品产值142.8亿元，同比+24.76%，销售产值139.9亿元，同比+25.54%。泡沫塑料制品产值149.8亿元，同比－4.61%，销售147.4亿元，同比-3.15%。人造革合成革制品产值129.8亿元，同比+9.72%，销售产值128.7亿元，同比+10.42%。塑料包装箱及容器制品产值311.5亿元，同比+8.39%，销售产值305.5亿元，同比+8.79%。日用塑料制品产值540.3%亿元，同比+12.28%，销售产值526.8亿元，同比+13.12%。塑料零件产值540.9亿元，同比+14.13%，销售产值527.1亿元，同比+13.66%。其他塑料制品产值1 305.1亿元，同比+14.13%，销售产值1 282.3亿元，同比+9.48%。

2014年全省塑料制品产值同比增速远大于产品产量同比增速，同比增幅较大的产品是塑料零件、其他塑料制品、日用塑料制品、人造革合成革、塑料丝、绳及编织制品等，泡沫塑料为负增长，塑料板、管、型材增幅持平。

4．塑料制品出口交货值

2014年，全省塑料制品行业实现出口交货值1 016亿元，同比+0.11%，占全国塑料制品出口交货值比重44.94%，比上一年降低0.76%。其中，列入统计的9个分类产品中，塑料薄膜86.2亿元，同比-0.90%，占全国同类产品比重33.08%，占全省比重8.48%。塑料板、管、型材制品91.4%亿元，同比-4.53%，占全国同类产品比重40.52%，占全省比重 9.0%。塑料丝、绳及编织制品 30.1 亿元，同比+12.6%，占全国同类产品比重 24.70%，占全省比重 2.96%。泡沫塑料 20.9 亿元，同比－3.4%，占全国同类产品比重 47.18%，占全省比重 2.06%。人造革合成革 19.9 亿元，同比－3.78%，占全国同类产品比重 21.98%，占全省比重 1.96%。塑料包装箱及容器 42.4 亿元，同比－2.92%，占全国同类产品比重 32.31%，占全省比重 4.17%。日用塑料制品 200.5 亿元，同比+6.04%，占全国同类产品比重 41.06%，占全省比重 19.73%。塑料零件 185.6 亿元，同比+3.23%，占全国同类产品比重 56.43%，占全省比重 18.27%。其他塑料制品 339.1 亿元，同比－3.30%，占全国同类产品比重 59.55%，占全省比重 33.38%。

2014 年全省塑料制品出口交货值同比增速基本持平，占全国比重比上一年略有降低。塑料制品分类中，除塑料丝、绳及编织制品、日用塑料制品有较大增长、塑料零件有所增长外，其他产品出口交货值同比均为负增长。塑料零件、其他塑料制品出口交货值占全国同类产品比重分别达到 56.43% 和 59.55%，占全国同类产品比重达到三分之一的产品有塑料薄膜、塑料板、管型材、泡沫塑料、塑料包装箱及容器、日用塑料 5 个产品。广东省是全国塑料制品出口交货值最大的省份。

5．塑料制品加工业主营业务收入

2014 年，全省塑料制品加工业主营业务收入 3 939.1 亿元，同比+7.31%，占全国塑料行业比重 19.32%，比上一年降低 0.34%。其中，列入统计的 9 个分类产品制造业中，塑料薄膜制造企业数 319 个，主营业务收入 524.6 亿元，同比+4.94%，占全国同类产品比重 20.34%，比上一年降低 1.8%，占全省比重 13.32%。塑料板、管、型材制造企业数 224 个，主营业务收入 427.2 亿元，同比+0.45%，占全国同类产品比重 8.70%，比上一年降低 3.25%，占全省比重 10.85%。塑料丝、绳及编织制品制造企业数 101 个，主营业务收入 131.0 亿元，同比+21.01%，占全国同类产品比重 4.62%，比上一年增加 0.28%，占全省比重 3.33%。泡沫塑料制造企业数 173 个，主营业务收入 143.3 亿元，同比－3.69%，占全国比重 16.05%，比上一年降低 0.97%，占全省比重 3.64%。人造革合成革制造企业数 55 个，主营业务收入 126.5 亿元，同比+8.48%，占全国同类产品比重 10.5%，比上一年增加 0.19%，占全省比重 3.21%。塑料包装箱及容器制造企业数 253 个，主营业务收入 298.5 亿元，同比+7.68%，占全国同类产品比重 17.38%，比上一年增加 0.78%，占全省比重 7.58%。日用塑料制品制造企业数 415 个，主营业务收入 516.7 亿元，同比+12.57%，占全国同类产品比重 31.78%，比上一年增加 0.76%，占全省比重 13.12%。塑料零件制造企业数 381 个，主营业务收入 517.1 亿元，同比+9.99%，占全国同类产品比重 33.69%，比上一年增加 0.33%，占全省比重 13.13%。其他塑料制造企业数 896 个，主营业务收入 1 254.1 亿元，同比+7.63%，占全国同类产品比重 40.69%，比上一年增加 2.35%，占全省比重 31.84%。

2014 年广东省塑料制品制造业主营业务收入同比增速低于全国平均增速，分类产品中塑料丝、绳及编织制品、日用塑料、塑料零件和人造革合成革制品增速高于全国同类产品增速。但主营业务收入总量占全国总量比重接近五分之一，是全国最大省份。分类产品中日用塑料、塑料零件主营业务收入占全国在三分之一，其他塑料制品制造业超过了百分之四十。

6．经济效益、企业资产

2014 年，全省汇总统计塑料制品制造企业数 2 817 个，利润总额 194.46 亿元，同比+13.06%，占全国比重 16.44%，比上一年提升 1.25%，主营业务收入利润率 4.94%，比上一年提升 0.30%。其中，列入统计的 9 个分类产品中，塑料薄膜制造利润 25.90 亿元，同比+20.60%，占全国同类产品比重 19.93%，比上一年增加 3.23%，占全省 10.75%，主营业务收入利润率 4.94%。塑料板、管、型材制造利润 24.99 亿元，同比+10.90%，占全国同类产品比重 8.10%，比上一年降低 3.8%，占全省比重 12.85%，主营业务收入利润率 5.85%。塑料丝、绳及编织制品制造利润 7.43 亿元，同比+27.18%，占全国同类产品比重 4.21%，比上一年增加 0.74%，占全省比重 3.82%，主营业务收入利润率 5.67%。泡沫塑料利润 4.71 亿元，同比－23.31%，占全国同类产品比重 8.55%，比上一年降低 2.7%，占全省比重 2.42%，主营业务收入利润率 3.29%。人造革合成革制造利润 7.90 亿元。同比+18.99%，占全国同类产品比重 11.28%，比上一年增加 1.69%，占全省比重 4.06%，主营业务收入利润率 6.24%。塑料包装箱及容器制造利润 14.95 亿元，同比－10.710%，占全国同类产品比重 13.76%，比上一年降低 0.46%，占全省比重 7.69%，主营业务收入利润率 5.01%。日用塑料制造利润 22.22 亿元，同比+26.27%，占全国同类产品比重 24.52%，比上一年增加 2.99%，占全省比重 11.43%，主营业务收入利润率 4.30%。塑料零件制造利润 21.97 亿元，同比+29.77%，占全国同类产品比重 29.62%，比上一年增加 3.14%，占全省比重 11.30%，主营业务收入利润率 4.25%。其他塑料制品制造利润 64.40 亿元，同比+10.83%，占全国同类产品比重 38.12%，比上一年增加 5.34%，占全省比重 33.12%，主营业务收入利润率 5.14%。

2014 年，全省统计塑料制品制造业规模以上企业 2 817 个，其中亏损企业 401 个，比上一年减少 32 个，企业盈利面 86.03%，比上一年提升 1.28%，亏损额 17.13 亿元，比上一年增加 0.53 亿元。其中，列入统计的 9 个分类产品制造业中，塑料薄膜制造企业盈利面 82.76%，降低 2.06%，亏损企业 55 个，比上一年增加 9 个，亏损额 2.63 亿元，减少 1.62 亿元。塑料板、管、型材制造企业盈利面 85.27%，降低 0.14%，亏损企业 33 个，减少 1 个，亏损额 1.02 亿元，减少 0.14 亿元。塑料丝、绳及编织制品企业盈利面 84.16%，降低 4.84%，亏损企业 16 个，增加 5 个，亏损额 0.58 亿元，减少 0.2 亿元。泡沫塑料企业盈利面 87.86%，降低 2.24%，亏损企业 21 个，增加 4 个，亏损额 0.72 亿元，增加 0.51 亿元。人造革合成革制造企业盈利面 90.91%，提升 1.25%，亏损企业 5 个，减少 1 个，亏损额 0.19 亿元，增加 0.06 亿元。塑料包装箱及容器制造企业盈利面 84.19%，提升 1.56%，亏损企业 40 个，减少 1 个，亏损额 1.77 亿元，增加 0.31 亿元。日用塑料制造企业盈利面 87.47%，提升 0.93%，亏损企业 52 个，减少 4 个，亏损额 1.60 亿元，增加 0.03 亿元。塑料零件制造企业盈利面 82.15%，提升 3.47%，亏损企业 68 个，减少 16 个，亏损额 2.72 亿元，减少 0.31 亿元。其他塑料制品制造企业盈利面 87.61%，提升 2.0%，亏损企业 111 家，减少 18 家，亏损额 5.90 亿元，增加 1.84 亿元。

2014 年，全省统计塑料制品制造业规模以上企业 2 871 家，资产总计 2 625.76 亿元，同比+5.31%，规模以上企业平均资产 9 146 万元，同比+2.02%。其中，塑料薄膜制造企业资产总计 390.71 亿元，同比－2.81%，占全省比重 15.46%，企业平均资产 12 248 万元。塑料板、管、型材制造企业资产总计 287.29 亿元，同比－32.23%，占全省比重 11.37%，企业平均资产 12 825 万元。塑料丝、绳及编织制造企业资产总计 76.19 亿元，同比－20.39%，占全省比重 2.90%，企业平均资产 7 544 万元。泡沫塑料企业资产总计 80.92 亿元，同比－15.44%，占全省比重 3.20%，企业平均资产 4 677 万元。人造革合成革制造企业资产总计 72.50 亿元，同比+1.93%，占全省比重 2.87%，企业平均资产 13 182 万元。塑料包装箱及容器制造企业资产总计 301.41 亿元，同比+11.84%，占全省比重 11.93%，企业平均资产 11 913 万元。日用塑料制造企业资产总计 250.55 亿元，同比+5.14%，占全省比重 9.92%，企业平均资产 6 037 万元。塑料零件制造企业资产总计 377.02 亿元，同比+6.09%，占全省比重 14.92%，企业平均资产 9 896 万元。其他塑料制品制造企业资产总计 789.16 亿元，同比+30.77%，占全省 31.23%，企业平均资产 8 808 万元。

2014 年全省主营业务收入利润率低于全国平均水平，而塑料制品利润总额同比增长远高于产量同比增长，利润总额及占全国比重均属省份首位，部份产品产量增速有限，但利润则大幅增长，全国占比也大幅提升，统计产量的产品中，塑料薄膜制造产量同比+0.9%，利润总额同比+20.60%，占全国同类产品比重达 19.93%，人造革合成革产量同比负增长，利润总额同比+18.99%。日用塑料制造产量同比+2.7%，利润总额同比+26.27%，占全国同类产品比重达 24.52%。未列入产量统计的产品中，塑料丝、绳及编织制造利润总额同比+27.18%，塑料零件制造利润总额同比+29.77%，占全国同类产品比重达 29.62%。而其他塑料制品制造利润总额占全国同类产品比重达 38.12%.

二、存在问题

（1）2014 年，广东省塑料制品总产量增幅继续处于低位，增速低于全国平均水平，产量占全国比重继续下降，但仍居省份前列。十二五期间广东省塑料制品行业产量持续调整，除总产量外，列入统计的 5 个分类产品中，有 4 个产品产量占全国比重均下降，但仍占全国省份较大比重，十二五规划前四年全省塑料制品产量均处于比较平稳低速发展周期。

（2)2014 年广东省塑料制品行业主营业务收入总量创历年最高，同比增速高于产量增速，但低于全国平均增速，由于绝对量大，广东省塑料制品行业主营业务收入占全国比重近五分之一，列入统计的5个分类产品中，日用塑料制造、其他塑料制品制造主营业务收入占全国同类产品比重已在三分之一以上，对全国数据影响明显。但塑料薄膜、塑料板、管、型材产品主营业务收入变化不大，塑料丝、绳及编织品、普通人造革类产品占全国同类产品比重继续下降。

（3）2014 年广东省塑料制品行业利润增长明显，增速居省份前列，远高于产量增速，也远高于全国行业增速。利润总量占全国比重接近六分之一，对全国数据影响大。全省塑料制品行业企业盈利面继续提升，但亏损额略有增加。近年全省塑料制品制造行业经济效益持续提升，利润增速远大于产量增速，行业坚持多年产业和产品结构调整效果明显，产品附加值提升。列入统计产量的5个分类产品中，广东省塑料薄膜产量比重全国占比12.55%，利润比重全国占比 19.93%，日用塑料产量比重全国占比 22.87%，利润比重全国占比24.52%，其他塑料制品产量比重全国占比12.57%，利润比重全国占比达 38.12%。附加值提升较大的产品还有塑料零件，利润比重全国占比也达到29.62%。同样，相对低值的塑料丝、绳及编织品类产品，各类效益指标均处于较低水平。

（4)2014 年全省塑料制品制造业规模以上企业资产总计比上一年增大，分类产品中企业资产增长较大的是其他塑料制品制造企业，由于占比大，拉动全省塑料制品行业资产总计数据。全省塑料产业调整、企业规模聚集效果数据向好。但总体上塑料制品制造企业资产规模仍偏小，以中、小企业为主。

（5)2014 年广东省塑料制品加工业经济效益数据良好，利润总额占全国接近六分之一，同比增长远大于全国平均幅度，是增长最大的省份之一。在列入利润统计的9个分类产品中，除泡沫塑料和塑料包装箱及容器制品外，其余7个分类产品利润增幅全部高于全国平均水平。塑料制品主营业务收入利润率增速有所增加，但幅度不大，平均值低于全国平均水平。全行业仍在比较困难的经济环境下运营，企业运营综合成本高。产业和产品结构调整促使行业经济效益有所提高，但产业和产品结构调整仍待继续，个别传统优势分类产品利润总额下降幅度较大，有待引导调整和优化。

（广东省塑料工业协会　符岸）

福建省

塑料工业是国民经济的重要产业之一。作为塑料工业重要组成部分的塑料制品工业既是消费制品工业，又是材料工业。它是农业、包装业、建筑与装饰业、汽车、机械、家电、电子、军工等相关工业的重要配套材料。从制品的种类和应用领域看与钢材、水泥、木材并列为材料支柱产业，构成现代社会中的“四大”基础材料。在经济发展和社会生活中，具有其重要的地位和作用。

2014 年福建省塑料制品行业发展呈以下特点。

一、生产保持平稳增长

2014 年全省塑料制品行业生产保持警平稳增长，但增幅比上年同期略有下降。1~12 月全省规模以上塑料制品业累计工业总产值 1 150 亿元，同比增 15.6%，与 2013 年相比，增长幅度回落了 4.7 个百分点。主营业务收入 1 165 亿元，同比增长 10.3%，与 2013 年相比，增长幅度回落 4.6 个百分点，位列全国第六，与 2014 年相比，排名后退一位，占全国累计数的 5.7% ，排名前五的分别是广东、浙江、山东、辽宁、上海，有 14 个省（市）全年主营业务收入增速快于全国塑料制品行业平均增速，福建高于全国平均增速 1.33 个百分点。

2014 年福建全省有以下塑料制品主营业务收入已连续多年排名在全国前 5 名：塑料人造革、合成革（413. 5 亿元）、居全国第一；塑料鞋（237.2 亿元）、居全国第二；日用塑料（120 亿元）、居全国第四；塑料薄膜（145. 2 亿元）、居全国第五。

二、出口恢复增长

2014 年，全省出口交货值 145.4 亿元，同比增长 8.8%，与 2013 年相比，增长幅度提高了 6.7 个百分点，位列全国第四，比 2013 年年排名上升 1

位，占全国累计数的 6.5%，排名前三名的分别是广东、浙江、江苏。有 10 个省（市）全年出口交货值累计增速快于全国塑料制品行业增速，福建高于全国塑料制品行业平均增速 6 个百分点。

三、全行业效益首次出现负增长

2014 年，福建省塑料制品加工业业规模以上企业 606 家、比 2013 年增加 10 家，从业人员 13.8 万人，同比增加 0.4 万人。利税总额 96 亿元，同比下降 4%。其中，实现利润总额 66.36 亿元，同比下降 4.1%，税金 30 亿元，同比下降 1.7%；累计亏损总额 1.66 亿元，同比下降 24%。全省利税总额居全国第五位，占全国总量 8.2%，排名前五的分别是广东、山东、浙江、江苏、河南。

四、产品应用领域不断拓宽

全省塑料制品已经不再以简单的、初级的消费品为主，而是已成为众多新兴产业离不开的核心配套材料。目前，全省塑料制品有膜、板、管材、管件、保温隔热材料、屋顶隔热材料、电子、汽车零部件、滚塑制品、塑木材料、改性与工程材料、医用材料、绳及编织品、泡沫及合成革、包装箱及容器、日用塑料品等数百个品种，一些产品打破了外国企业对我国高端体育塑胶市场的垄断，并带动上下游企业共同发展。2014 年全省塑料制品加工业产值 100 亿元以上的品种有塑料薄膜、塑料板、管、型材、日用塑料制品、塑料人造革、合成革。

五、塑料工业产业聚集趋势明显

全省塑料制品加工业主要在福州、厦门、宁德、泉州四个设区市，四个设区市塑料制品加工业产值占全省同行业产值的 81%。其中福州以塑料膜、塑料鞋、塑料管材及配件、日用制品为主，厦门以塑料包装膜、卫生洁具、改性材料、电子电器塑料和日用塑料为主，宁德以合成革材料为主，泉州以塑料鞋、鞋用材料、日用塑料制品、密胺餐具和塑料管材等为主。

（福建省经济和信息化委员会消费品处　许榕）

云南省

一、大事记

（一）开展行业自律活动，保障农膜产品质量

从 2014 年农膜生产年度开始，各农膜企业按行业自律要求开展了对本企业质量管理工作的自我检查、自我监督、自我整改活动；协会也适时跟进开展第二阶段的工作——突击抽查农膜样品，送省产品质量监督检测研究院检验。抽查监督工作于 2014 年 1 月底结束，3 月初抽查结果显示，被抽查检验的 15 家企业 17 个样品均符合相关产品质量标准要求，各项指标全部达到或超过标准要求，再次以实际行动向社会和消费者交出了一份负责任的答卷。

（二）召开云南省塑料行业协会第四届二次理事会会议、四届二次塑料薄膜专委会会议和理事长办公会议

1．召开协会第四届二次理事会会议

2014 年 10 月 11 日下午，云南省塑料行业协会第四届二次理事会会议在云南省塑料行业协会会议室召开。出席会议的人员有协会各理事单位及协会全体工作人员，并同时邀请名誉理事长、监事长、副监事长参会。会议议题有：①讨论决定云南省塑协 2015 年度会费标准；②讨论决定云南省塑协第四届专家委员会专家的聘任；③讨论决定云南省塑协 2014 年度会员大会筹备事项；④讨论决定关于中塑协 2014 年四新展览会相关问题；⑤讨论决定协会近期要开展的工作。周听昌会长从国家经济形势和行业角度分析了目前云南省塑料行业的发展现状、实体经济面临的压力和困难，指出行业协会只有发挥好主观能动性，把企业需要解决的问题通过行业视角向政府提出，再把政府对企业的服务职能转化到行业协会的服务沟通职能上来，服务好会员单位和行业。与会代表围绕以上议程分别进行讨论，发表意见或建议，会议圆满完成了各项议程。

2．召开四届二次塑料薄膜专委会会议

2014 年 11 月 28 日上午，四届二次塑料薄膜专委会会议在云南工商大厦召开。出席本次会议的有

协会各农膜企业及协会全体工作人员。会议介绍了新的《聚乙烯吹塑农用地面覆盖薄膜》标准（征求意见稿）的编制过程。根据党中央依法治国的精神，本标准还存在着很多不足和可以商榷的地方，希望各企业能认真琢磨这一新标准的相关内容，结合云南实际在这最后一次向国标委反映的机会中提出修改意见。本次会议主要讨论两个方面：①针对《聚乙烯吹塑农用地面覆盖薄膜》标准（征求意见稿）中相关数据指标结合云南地理、气候等特点发表自己的修改意见；②在新标准实施的过渡期中，云南省各企业及协会应采取什么应对措施？协会根据会议提出的意见和建议，结合云南省实际情况起草了关于对《聚乙烯吹塑农用地面覆盖薄膜》标准（征求意见稿）看法和修改建议的报告，上报全国塑料制品标准化技术委员会，并抄报国家标准化委员会、农业部、工业和信息化部、中国轻工业联合会、中国塑料加工工业协会等部委。

3．召开2014年会长办公会议

为开展好协会下一步的工作，提高对行业和会员单位的服务质量，2014年3月在协会新办公区域（集成大厦）召开了云南省塑协2014会长办公会议。周昕昌会长总结了2013年的工作，讨论通过了2014年工作计划和协会办公场所的搬迁事项。

（三）认真开展2014年云南省轻纺行业塑料专业技术职务任职资格评审工作

根据云轻纺职改[2014]2号文件《关于2014年云南省轻纺工程专业和工艺美术专业技术职务任职资格评审工作的通知》要求，协会于2014年4月23日下发《关于开展云南省轻纺行业塑料专业技术职务评审工作的通知》到各会员企业，经申报、初审及云南省轻纺工程评审委员会评审，于2014年10月评审结果公示，曲靖麒麟海绵有限责任公司的陆智玲通过高级工程师的职称审核；云南聚博橡胶工程有限公司的王慧荣通过了工程师的审核；楚雄宝丰、昆明普尔顿、云南聚博、昆明海午、昆明昆塑、昆明民塑等六家单位的11人分别通过助理工程师、技术员的职称审核，并于2014年11月颁发了相应的职称证书。

（四）设立云南省塑料行业协会第四届专家委员会

云南省塑料行业协会专家委员会由往届特聘技术顾问的基础上充实、扩大组建而成，经过2014年3月16日理事长办公会讨论通过市场技术部起草的《云南省塑料行业协会建立第四届专家组的方案》，协会随后专门起草了文件通知，请会员单位把本企业内有一定理论水平和专长的技术、经济、管理专业骨干推荐出来；2014年10月11日召开的协会第四届二次理事会通过建立专家委员会的决定，并进行了修改和完善，于12月25日正式发文设立云南省塑料行业协会第四届专家委员会。

本届推荐专家要求具有丰富的塑料专业基础理论知识、实践经验和能独立解决塑料生产中复杂的技术问题，同时要求具备规定学历、工作经验以及专业技术职称等细则。本届专家委员会由四部分专家组成，共47人。第一部分是特聘本省大专院校、有关学会专家9人；第二部分是协会第二届、第三届特聘技术顾问符合条件的自动转为本届专家11人；第三部分是协会会员企业新推荐的专家11人；第四部分是协会理事长、副理事长、监事长、副监事长、市场技术部主任作为行业管理专家16人。

（五）积极组织企业参加展会、交流学习

1．协会组团参观第二十八届中国国际塑料橡胶工业展览会

为了帮助会员单位及时了解行业信息，增强同行业及上下游企业的交流，走出去开拓视野、交流学习，协会专门发出通知并积极动员，组织了包括昆明普尔顿环保科技有限责任公司、宣威市中博塑料有限公司、大理博云塑料有限公司、昆明民族塑料化工有限公司、昆明创辉塑胶科技有限公司等19家会员单位42人前往上海参观于2014年4月23~26日在上海新国际博览中心（浦东）举办的[CHINAPLAS 2014国际橡塑展]（第二十八届中国国际塑料橡胶展览会）。我省参会企业在展会期间收集了实用信息和技术资料，观看了新设备、新产品、新技术、新材料的展示，有的企业还与设备、原料、助剂供应商达成采购意向。这次展会为我省塑料行业企业提供了一个交流、学习的平台，对今后如何提高生产力、调整产品结构和技术改造有着重要的参考价值。

2．与相关部门合作举办2014第五届昆明国际给排水水处理展览会

2014年8月22日，由云南省城镇供水协会、云南省塑料行业协会、云南省市政工程协会、云南

省建筑协会、昆明市再生水协会主办，云南省城市排水与污水处理委员会、昆明风向标会展有限公司在昆明国际会展中心承办的2014年第五届中国（昆明）国际给排水及水处理展览会。昆明普尔顿集团、昆明傲远管业有限公司、云南益华管道科技有限公司等十多家省内外塑料管道生产企业参加，本次展览会为生产企业和使用单位搭建了良好的交流平台，充分展示了企业的产品和企业的形象。

3．组织塑料管道专委会会员单位参加在昆明召开的“中塑协塑料管道专委会2014年年会”

由会长单位昆明普尔顿环保科技股份有限公司承办的“中国塑料加工工业协会塑料管道专业委员会2014年年会”于4月1日至3日在昆明召开，协会组织了楚雄宝丰塑料制品有限责任公司、澄江恺达塑胶有限公司、云南麦道科技有限公司等7家会员企业参加了本次年会和供应商交流会。

4．组团赴台湾地区参观第十四届台北国际塑料橡胶工业展览会

为推动云南省塑料行业与台湾塑料行业、机械行业的交流学习，2014年9月下旬协会组织会员单位一行十五人赴台湾地区考察交流，并参加“第十四届台北国际塑料橡胶工业展览会”。这次展会展出有高精度、高智能、高产量及环保节能等特色机械塑料产品、塑料模具、塑料原料、塑料制品，为业界提供了一个专业的展示互动平台。通过实际参观考察，了解到台湾塑橡胶行业的新设备、新工艺，借鉴台湾企业管理经验，对我省塑料行业企业有着积极的意义。

5．参加交易会和座谈会

9月份到台州参加第十四届中国塑料交易会和全国塑料行业协会座谈会，与全国省市级塑料行业协会理事长、秘书长进行交流、沟通，寻求合作机遇。

6．参加在广州举办的“2014中国国际塑料新材料、新技术、新装备、新产品展览会”

应中国塑协邀请，云南省塑料行业协会秘书处于2014年12月13日至17日前往广州海珠区保利世贸博览馆参加由中国塑料加工工业协会主办的“2014中国国际塑料新材料、新技术、新装备、新产品展览会”。展会以科技创新、转型升级、绿色发展为主题，以塑料加工为核心，覆盖塑料设备、塑料模具、塑料原料、塑料制品等全产业链，全面展示国内外塑料新材料、新工艺、新装备、新产品。本次展会由中国塑协免费给云南省塑料行业协会2个标准展位，协会为此做了大量前期动员和准备工作，专门制作了图文并茂的展板，印刷了宣传材料，宣传云南省塑料行业现状、发展历程、发展成果及重点企业，取得了良好效果。

（六）提升协会服务能力，为政府和企业搭建沟通平台

协会与省工信委直管的省中小企业服务中心紧密合作，以申请加入云南省中小企业公共服务平台网络方式开展活动。

为抓住西部大开发、桥头堡建设等机遇，努力为我省中小微企业营造良好发展环境，整合和优化各类社会公共服务资源，在创业辅导、人才培训、融资投资、技术（信息化）支持、法律维权、管理咨询、评估认证、市场开拓和经贸合作等方面为中小微企业的成长提供富有成效的服务，协会专门申请加入云南省中小企业服务联盟，同时在协会网站上专门链接了云南省中小企业服务平台，并于2014年12月22日取得云南省中小企业公共服务平台网络服务机构登记备案证书，以期待更好地服务云南省塑料行业中小企业和各会员单位，在政府和企业之间起桥梁纽带作用，从而进一步提升协会服务能力和水平。2014年，协会以《云南塑协快讯》方式转发了云南省中小企业公共服务平台上的4次服务信息给会员单位。

（七）进行《塑料化粪池》行业标准的编制工作

根据住房和城乡建设部“关于印发《2013年归口工业产品行业标准制定、修订计划的通知》”精神，会长单位昆明普尔顿环保科技股份有限公司成立编制组确定标准的大纲及分工，2014年6月完成标准征求意见稿，进行网络征求意见，2014年12月汇总征求意见，并召开征求意见稿评审会。

（八）推荐会员单位参评“中国轻工业行业十强企业”“中国塑料加工2011~2013年度科技创新企业和先进科技工作者”

（1）按照中国轻工业联合会文件精神要求，本着严谨、公正、科学的原则，对企业数据进行审核推荐，我省玉溪市旭日塑料有限责任公司荣获“中国轻工业塑料行业（塑料薄膜及包装）十强企业称号”。

（2）按照中国塑料加工工业协会中国塑料加工2 011~2013 年度科技创新企业和先进科技工作者评选文件要求，对企业申报的材料进行认真细致的审核，我省昆明普尔顿环保科技股份有限公司、宣威市中博塑料有限公司、昆明创辉塑胶科技有限公司获得“2 011~2013 年度中国塑料加工科技创新企业”称号；昆明普尔顿环保科技股份有限公司“新一代组合式塑料检查井产业化”项目获得“2011~2013 年度优秀科技成果”称号；宣威市中博塑料有限公司范全党、昆明普尔顿环保科技股份有限公司童薇获得“2011~2013 年度先进科技工作者”称号。

（九）协办质量检验人员专业技术培训

为帮助企业提高质量管理和质量检验水平，及时学习并掌握新的质量检验标准和方法，加强企业质量检验工作，帮助企业建立健全质量检验制度，提高企业质检人员的技术水平和专业能力，协会2014 年 5 月 27 日~30 日组织会员单位质量管理和质量检验员参加中质协在昆明市举办的两期质量检验人员专业技术人员培训。云南玉溪耀龙塑胶有限公司、宣威中博塑料有限公司、昆明海午塑胶科技有限公司等会员单位相关技术人员报名参加培训。

（十）开展行业统计、发布行业信息

每月以定期的《云南塑料信息》开展行业信息交流。云南省塑协每年对全省塑料管材产量进行统计；每月对全省生产的塑料薄膜产量进行行业统计，每个季度对全省塑料制品生产情况进行统计并在《云南塑料信息》内部月刊、《云南塑料》网站塑胶市场栏目发表。

二、基本情况

2014 年全省生产总值 GDP 达 12 814.59 亿元，比上年增长 8.1%，高于全国 0.7 个百分点。全省人均生产总值（GDP）达 27 264 元，比上年增长 7.5%。非公经济增加值实现 5 958.78 亿元，占全省生产总值的比重达 46.5%比上年提高 0.4 个百分点。

2014 年,全省塑料行业生产塑料制品 36.33 万吨，比上年减少 11.98%，占全国比例 0.49%。其中，塑料薄膜 11.24 万吨，比上年增加 4.15%，占全国比例 0.89%；农用薄膜 6.82 万吨，比上年减少 3.79%，占全国比例 3.11%；泡沫塑料 1.36 万吨，比上年减少 12.43%，占全国比例 0.67%；日用塑料制品 0.24 万吨，比上年增加 50.85%，占全国比例 0.04%；其他塑料制品 23.49 万吨，比上年减少 18.35%，占全国比例 0.47%。目前，我省发展速度较快的塑料产品主要是塑料管道及附件、塑料薄膜、塑料丝绳及编织品、塑料包装及容器。

三、重点企业

云南省重点企业详见下表。

2014 年云南省塑料制品产量在 3 000 吨以上的企业名单

序号	企业名称	产量/吨	主要产品
01	云南联塑发展有限公司	100 000	管材、管件
02	玉溪市旭日塑料有限责任公司	32 649	塑料薄膜
03	昆明普尔顿环保科技股份有限公司	12 500	管材、管件
04	大理博云塑料有限公司	11 168	塑料薄膜
05	昆明特瑞特塑胶有限公司	10 500	塑料水窖、管材、管件
06	昆明海午塑胶科技有限公司	11 000	管材、管件
07	昆明仙织塑业有限公司	10 000	塑料编织袋
08	宣威市中博塑料有限公司	8 308	塑料薄膜

续表

序号	企业名称	产量/吨	主要产品
09	昆明创辉塑胶科技有限公司	7 500	管材、管件
10	昆明傲远管业有限公司	6 000	管材、管件
11	昆明耀龙塑胶有限公司	6 000	管材、管件
12	云南益华管道科技有限公司	6 000	管材、管件
13	昆明金连山塑胶化工工贸有限责任公司	6 000	管材、管件
14	昆明通全球管业有限公司	5 000	管材、管件
15	云南森发塑胶制品有限公司	4 000	管材、管件
16	云南新同基塑料工程有限责任公司	4 000	管材、管件
17	楚雄广利塑料有限公司	3 769	农用薄膜、管件
18	澄江恺达塑胶有限公司	3 000	管材、管件
19	云南师宗县文昌塑料厂	3 000	塑料薄膜
20	云南铭信塑胶有限公司	3 000	管材、管件
21	昆明俊兴塑胶科技有限公司	3 000	管材、管件
22	云南塑料厂	3 000	塑料薄膜
23	昆明鑫慧新包装材料有限公司	3 000	PC 饮水罐
24	曲靖麒麟海绵有限责任公司	3 000	聚氨酯泡沫塑料
25	昆明民族塑料化工有限公司	3 000	注塑产品
26	昆明瑞业塑料制品有限责任公司	3 000	塑料包装及容器
27	昆明东方塑纸包装有限公司	3 000	塑料包装袋

（云南省塑料行业协会　韩简吉）

安徽省

一、大事记

1．第二届第四次理事会预备会议

安徽省塑料协会第二届第四次理事会预备会议于 2014 年 3 月 2 日在合肥普特化轻材料有限公司召开。韦明会长发表主题讲话并提出了具体要求，会议由翟光景秘书长主持，共 16 位理事出席了会议。参会人员分别介绍了本企业 2013 年以来的生产经营状况，分析了 2014 年的经济形势和塑料加工业的发展走势，研究讨论了有关事项。

会议认为：2013 年以来，安徽省塑料加工业的发展既面临机遇，又面临挑战，生产经营基本良好（略好于上年），但困难不少。会议认为：由于塑料产品处于产业链的低端，受原料、用户对价格的双重挤压，势微利薄。此外，劳动力廉价的时代已经过去，企业面临着人工成本升高，人才短缺等情况十分突出。会议分析：随着我国现代化建设的步伐加快，塑料制品在各行各业各个领域的应用将越来越广泛，只要走出目前的困境，今后的前景是一片光明的。

会议强调，要在以下几个方面获取红利，即：在产品合格率上下功夫；在设备、模具上求新、求精；在技术创新、开发新产品上有所突破；在管理上更上一个台阶；在提高职工素质上做好文章。

会议简要汇报了 2013 年协会的工作情况及 2014 年的工作打算。

会议决定，适时召开第二届第四次理事会。

2．第二届第四次理事会议

安徽省塑料协会第二届第四次理事会议于 2014 年 5 月 27 日在合肥滨湖区金贵都酒店召开。实到理事 70 名，超过应到理事 99 名的三分之二，符合本会《章程》的议事表决规定。协会顾问、省信息和家电行业协会会长夏传友；协会顾问、省轻工协会处长张卫平及江苏省塑料协会副会长兼常务副秘书长吴勇应邀参加了会议。韦明会长作了主题报告，吴勇同志代表江苏省塑料协会致贺词。夏传友会长作了省家电、塑料两个协会合作共进共赢的讲话。会议由常务副会长兼秘书长翟光景主持。

会议一致通过了韦明会长所作的《2013 年工作总结和 2014 年工作安排意见》的报告。会议认为：韦会长的报告内容翔实、比较全面。既报告了 2013 年协会所做的主要工作，又分析了当前塑料行业的现状和形势，并对 2014 年的工作提出了具体的安排意见。

会议一致通过了翟光景秘书长所作的《2013 年财务决算和 2014 年财务预算》的报告。会议认为：2013 年协会的财务收支符合《章程》的有关规定；2014 年的预算符合实际情况。

会议一致同意增补葆旺股份有限公司、安徽省奥宇科技发展有限公司为副会长单位；韦尔人力资源管理有限公司为常务理事单位；安徽普森机械有限公司为理事单位，并颁发了牌匾。

会议就 2013 年中国塑料工业年鉴安徽篇的编辑工作提出了具体要求，并传达了省民政厅全省社团组织领导大轮训等有关情况。

3．主办第三届合肥塑胶工业展览会

2014 年 5 月份，安徽省塑料协会与中国塑料加工工业协会改性塑料专业委员会、安徽省信息家电行业协会共同主办了第三届合肥塑料工业展览会暨家电配套件采购展览会。在承办方的积极组织下，展会吸引了国内外一些知名企业入展，展馆面积近万平米，达到了展示和交流合作之目的。

二、安徽省塑料协会 2014 年工作回顾及 2015 年工作安排意见

（一）2014 年协会所做的主要工作

1．多种形式开展调研

调研是协会的一项经常性的重要工作，一年来，协会采取多种方式开展调研。

一是集中调研。3 月份，我们在第二届第四次理事会预备会议上，分别听取了有关企业的汇报，认真分析了当时的形势，提出了克服困境的具体措施。

二是开展问卷调研。为了解会员企业的生产经营状况，协会秘书处向 40 多户企业发放了《调研表》，从中了解企业存在的困难和问题，以便向上级部门反映情况。

三是走出去调研。协会组织人员先后赴宣城福美达新材料有限公司、宁国中鼎橡塑制品有限公司、肥西富光实业股份有限公司等企业进行调研，认真听取企业负责人介绍情况，并参观生产现场。还在淮南市召开部分企业座谈会，了解有关情况。

四是参加全省轻工行业座谈会。通过省轻工协会所提供的数据，认真分析行业的发展走势。

2．编辑 2013 年度“中国塑料年鉴”安徽省

根据中国塑料协会和有关企业的要求，我们编纂了《中国塑料年鉴》安徽省。重点宣传了安徽安利合成革股份有限公司、黄山永新股份有限公司、广东伊之密精密机械股份有限公司、安徽东风塑业有限责任公司等企业及其产品，扩大了上述企业及产品在国内外的知名度。

3．完成了 2013 年度年检工作

根据主管部门和监督管理机构的要求，协会秘书处及时整理资料，准确按时填报，获得了省民管局颁发的年检合格等级。

4．反映企业诉求

7 月份，在省轻工协会召开的“2014 年上半年全省轻工行业协会工作座谈会”上，韦明会长汇报了协会所做的工作，重点反映了本行业存在的有关问题。如：部分企业使用低档加工设备和不合格原料，或过量添加填充料等方式进行生产，造成产品质量低劣，损害了消费者和相关企业的利益，败坏了行业信誉。建议有关部门加大对市场流通领域的监督力度，保证行业健康发展。

5．广泛开展国内及境外交流活动

一是组团参观了在上海举办的第 28 届国际塑胶展；

二是与省信息家电行业协会共同举办“CHINAPLAS2014 国际塑胶展及塑料应用技术”推介会。宁波双马机械有限公司、科控工业自动化设备（上海）有限公司分别介绍了“双马中心锁模结构注塑机特点及应用”“创新自动化——KEBA 工业控制产品与技术革新”。一百多人参加了会议；

三是组团参观了在台州举办的第十四届中国塑料交易会；

四是赴台湾参观了台北国际塑胶工业展；

五是参加了在上海举办的“2015 国际橡塑展”简介会。通过观展参会，广泛开展了省市间的交流活动；

六是协助大同机械（无锡）销售有限公司合肥分公司举办东华机械两板机、全电机新技术研讨会，搭建注塑制品企业技术交流的平台，并组织参观了 TCL 使用的两板机、全电机注塑机的操作流程，使与会的 100 多名代表受益匪浅。

6．为宁国市华晟塑胶制品有限公司出具推荐函

韦明会长与有关人员专程赴宁国市，对华晟塑胶公司进行了实地调研，了解公司的产品及市场销售情况并参观了生产线。为争取上报时限，现场出具了“华晟塑料”商标申报“宣城市知名商标”的推荐函，并获得通过。

7．认真开展评估工作

为建立健全协会的管理制度，提升协会的公信力，协会秘书处按照省民管局的评估指标和要点，认真准备资料，积极做好评估工作。

8．加强协会自身建设

一是执行皖组字【2014】16 号文件精神，为严格执行安徽省委组织部、省委老干部局、省民政厅《关于进一步规范退（离）休领导干部在社会团体兼职问题的通知》（皖组字【2014】16 号）文件规定，经研究：同意四位同志分别辞去在本会兼任的副会长或名誉职务。

二是派员参加省民政厅举办的“全省性行业协会商会、工商经济类联合性社会团体负责人培训班”，韦明会长参加了培训，并在小组会上作了发言，受到与会人员的认同。

三是改善办公条件，协会办公室原在安徽大学高分子材料研究所内，由于办公楼年久失修，不宜办公。为改善办公条件，经研究并向省民管局备案同意，将原办公室迁至合肥普特化轻材料有限公司新办公楼内。办公室面积达 60 米 ^{2}，宽敞明亮，并购置了新的办公桌椅。公司还提供了冷暖立式空调，办公条件大为改观。

（二）2015 年工作安排意见

1．广泛开展调研活动

明确调研方向和目的，有针对性地开展专题调研，重点是要走出去，多听多看多问多思考多分析，形成有价值的调研报告。

2．搭建“期企”对接的平台

加强与国元期货有限公司的联系，适时召开“期企”对接会，邀请专家介绍期货品种以及如何将原料价格的风险降低到最低限度的可能。为“期企”双方搭建对接服务平台。

3．继续组团参加“2015 国际橡塑展”和第十五届中国塑料交易会

通过观展，进一步了解国内外塑料工业的发展情况以及先进设备、先进工艺、先进技术等。与此同时，加强与兄弟省市塑料协会的交流合作。

4．做好评估工作

评估工作是一项系统工程，必须从基础工作做起。2015 年我们将加大人力、财力的投入力度，按照要求，汇编成册，争取六月份上报。为达到 3A 以上的级别做好工作。

5．筹备第二届第五次理事会

适时召开第二届第五次理事会，报告 2014 年协会工作和 2015 年打算，审议 2014 年和 2015 年的财务决算和预算等。

6．加强自身建设

一是继续做好发展新会员工作；二是做好会费的收缴工作；三是进一步完善内部管理制度；四是加强工作人员的教育培训。

7．承办上级部门交办的事宜

三、基本情况

2014 年安徽省塑料行业的运行情况及重点发展有关产品的建议。

（一）2014 年经济运行情况

2014 年，371 户规模以上企业完成制品的产量 308.35 万吨，同比增长 11.24%，其中 28 户企业完成塑料薄膜 30.7 万吨，同比增长 33.35%；32 户企业完成日用塑料制品 12.63 万吨，同比增长 12.06%。789 户规模以上企业实现主营业务收入 909.87 亿元，同比增长 10.9%；利润总额 58.3 亿元，同比增长 2.2%。

从上述企业的产量、主营业务收入来看，增幅均高于上年同期的 10%以上，而利润增幅较小。

（二）重点发展有关产品的建议

1．管材

随着安徽省经济的快速发展，工业、农业、建筑业、市政工程应用塑料管材的范围及用量越来越大。特别是 PVC、PE 和 PP 等通用塑料管材用量较大，同时，一些新产品管材，如：波纹管、缠绕管、芯层发泡管等，也得到了广泛的应用。

2．家电汽车配套件

在皖的家电企业众多，几乎涵盖了国内及国际的知名品牌。2014 年全省完成电冰箱 2 765 万台，家用洗衣机 1 528 万台，空调 3 040 万台，彩电 602 万台。

安徽的汽车主要有江淮、奇瑞等。据中国汽车工业协会发布的数据显示：2014 年 1~11 月，在中国品牌汽车销量前十五名企业集团中，江淮、奇瑞名列第八、第九位。在中国品牌乘用车销量前十五名企业集团中，奇瑞名列第六位；江淮第十一位。在中国品牌商用车销量前十五名企业集团中，江淮名列第五位。2014 年全省生产整车 96 万辆，销售 98 万辆。

家电、汽车行业的发展，拉动了塑料制品业，为塑料行业的快速发展带来了更大的商机。

3．木塑

木塑产品应用广泛，为绿色、环保、节能的高新技术产品。其材料主要是木粉（包括木纤维、植物纤维）与塑料，特别是废旧塑料经混合、塑炼，以一定方式加工而成。这是安徽省塑料行业新的关注点。

4．薄膜

大力研发高附加值的涂覆膜、热封膜、消光膜、白色膜等系列产品。重点发展蔬菜、花卉、经济作物栽培等所需的各种功能性棚膜、地膜和饲草用膜等。从 2014 年安徽省塑料制品产品产量来看，农用薄膜达到了 1.76 万吨，同比增长 101.55%，可见发展农膜潜力很大，这也符合安徽省是农业大省的实际情况。

四、重点企业

（一）宁国市华晟塑胶制品有限公司

1．企业基本情况

宁国市华晟塑胶制品有限公司，成立于 2007 年 10 月，位于安徽省宁国市经济技术开发区南山园区千秋路 43 号，占地面积为 13 000 米^2，注册资金为 1 050 万元人民币。公司距离中国经济中心上海 220 千米，距离风景宜人的杭州 130 千米，距离驰名中外的黄山 100 千米，交通物流十分便捷。公司专业生产汽车塑料、橡胶零配件和家用电器零配件，产品包括 SUV 行李架、塑料珠、塑料支架、套管盖、蒸汽发生器汽室、组合件、硅胶垫片、波纹管、连杆、橡塑护圈、各种型号塑胶螺母、塑胶开关、防尘罩、密封垫以及其他塑胶制品。主要产品行销国内外并出口到美国、墨西哥和意大利等国家和地区。

公司的质量方针是“用户满意是我们不懈的追求，品质第一是我们永恒的主题”。本着这一方针，公司建立、健全了完善的质量控制和管理体系，公司已于 2013 年通过了 TS16949 质量认证，于 2014 年初被认定为高新技术企业。我们将质量保证体系贯彻到每一位员工、每个生产细节中，让每一个合作客户信赖我们的产品，并多次受到国内外客户对该公司产品质量的赞誉。

自 2009 年起该公司多次获宣城市“宁国青年创业基地”、2010 年公司研发的“洗衣机蒸汽发生器汽室”和 2013 年研发的“易拆装新型材料车顶架”获得安徽省科技厅的高新技术产品认定证书。截至 2015 年 5 月该公司申报的包括螺纹强度测试仪、带风冷系统的模具和同步压紧工装等已授予实用新型专利证书。并且获得客户杭州佐帕斯工业有限公司授予给该公司的“优秀供应商”荣誉称号。在 2013 年，该公司又开发了一系列高新技术产品如越野车车顶架并已开始批量生产，即将投入市场。2014 年，该公司已成功开发了新的客户包括工程机械客户和汽车行业客户，其中工程机械客户已经进入试样阶段。

该公司一直重视技术创新和产品研发，并配置了相关的检测设备如拉力试验机、耐臭氧试验机、高低温交变试验箱。在 2014 年公司又大力投入购买了研发设备如塑料熔融指数试验机、数位冲击试验机、红外水分仪和老化试验箱。该公司采用 CAD,PRO-E,UG 和 SOLIDWORKS 软件进行产品的设计、开发和生产。

公司现有员工 114 人，其中具有中专以上学历的人员占职工总数的 40%，科技人员占员工总数的 25%，从事高新技术产品研究、开发专职技术人员超过 10%。

公司积极倡导并努力实践现代化企业经营理念和遵循“诚信、务实、共赢”的企业原则，以人为本，努力建成一个技术进步，管理科学，事业繁荣，人才一流的现代化企业。用先进的设备、精湛的技术，为国内外客户提供优质的产品及服务。

2．科技成果和新产品开发情况

通过自主创新，近几年来，宁国市华晟塑胶制品有限公司获授权专利 20 余项，已获得市级知名商标，安徽省科技攻关计划项目 1 项，高新技术产品 2 项，安徽省名牌产品 1 项，安徽省科技成果 2 项。通过自主创新，企业的整体竞争力大幅提升，经济效益和各项经营指标连续三年高速上升。该公司注重并且鼓励自主创新研发，让每一位员工都有创新的理念。

3．企业财务状况

截至 2014 年年底，宁国市华晟塑胶制品有限公司总资产突破 3 230 余万元，公司负债率为 30.61%，银行信用等级 AAAAA 级。

公司近三年主要经营指标情况表

单位：万元

指标名称	2012 年	2013 年	2014 年
总资产	2 068.45	2 573.71	3 228.79
销售收入	1 419.73	1 836.31	2 574.13
利润总额	121.26	179.52	202.09
上缴税金	62.69	72.89	89.7
固定资产	418.74	521.66	624.01

4．主要股东概况

该公司为私营企业。

5．在国内及省内同行业所处地位等

车顶架目前已经完成第三代更新的发展历程，第一代车顶架材质是铁，截面呈长方形，因而也叫方形杆，市场发展了 40 年，第一代车顶架仍然没有彻底退出市场，为了防止生锈，表面一般用塑胶做包裹处理，缺点是 风阻风噪较大，自身较重；第二代车顶架诞生于 20 世纪 90 年代，随着铝合金在工业化领域的大批应用，客户对第一代车顶架风阻风噪的不满以及市场对豪华车顶架的需求，一种新型的车顶架诞生了，该公司研发的 SUV 车顶架在技术攻关过程中为了减少风阻风噪，并且强调与第一代产品的兼容，在铝合金圆形横杆的顶部设计了 T 型槽，通过把 T 型螺栓滑进该槽实现对其他装备的固定。它安全、易拆装、通用性强、并且与第二代车顶架完全兼容，同时采用了多项车顶架领域的核心技术，既有两侧不外突的原厂款式，也有传统贯穿型的款式，并且都采用了压低型设计，它一经面世，广受欧美市场的追捧。

由于市场对汽车车顶架的需求量越来越大，消费者对车顶架的关注度也越来越高，要求也越来越高。而本公司研发的车顶架有着可靠的安全性、使用寿命也增长、装卸也很方便快捷，减少了汽车用户的用车成本，该公司在此项目上的生产工艺等处于国内领先水平。

6．进出口情况

近三年进出口额

单位：万元

	2012 年	2013 年	2014 年预计	2015 年预计
进口额	155.85	195.78	450	800
出口额	0	0	0	0
进出口额	155.85	195.78	450	800

7．企业经营情况

2014 年是艰难的一年，需求存量低迷、市场增量乏力；行业增速放缓、盈利空间收窄。为扭转宏观经济带来的不利局面，公司在高层领导的带领下，大力拓展市场领域，着力汽车零部件市场拓展，积极调整产品结构，协同推进 SUV 车顶架系列项目开发，加大工艺创新，提升产品技术附加值，深入开展精益管理，着力挖掘潜力与节能降耗，提升综合竞争力。公司全年实现营业收入 2574.13 万元，同比增长 40%。

8．市场需求

近年来，随着汽车工业的不断发展，消费者对汽车的需求不仅仅局限于代步，更需要满足节假日自驾游的需求，这样需要提升汽车的配置，该公司大力研发的车顶架完全迎合市场需求，打破车顶架被国外垄断的格局，据该公司调查研究，因地域原因，华东地区为我国 SUV 最畅销的地区，该公司目前把华东地区做为重点开发市场。

9．存在的问题

目前，我国 SUV 车顶架行业因 SUV 车型迎合大众购车需求，SUV 车顶架也随之呈现持续增长的态势，但市场竞争非常激烈。而随着跨国公司的进入、扩张，市场竞争进一步加剧。激烈的市场竞争可能限制公司的增长速度，并影响公司产品利润水平。针对该风险，公司将继续加强自主创新，开发符合市场需求的产品，提升市场竞争力。

10．发展趋势

该公司重点发展的 SUV 车顶架项目是政策鼓励发展的创新型产品，能提高产品性能、改善产品质量，有效地降低了使用成本，适应市场广大客户的需求，也是可持续发展的方向。随着汽车行业的蓬勃发展，市场迫切需要本产品投入市场。

（二）安徽东风塑业有限责任公司

1．企业基本情况

安徽东风塑业有限责任公司是安徽东风机电科技股份有限公司的控股子公司，成立于 2008 年 2 月。公司现坐落于合肥桃花工业园拓展区，占地面积 1.5 万米 ^{2}，毗邻合肥高新技术开发区、经济技术开发区、政务中心。交通便捷，物流方便。

公司主要从事军品塑料包装、塑料材料及其他塑料制品的研发和生产，同时公司还有着丰富的为国内多家知名家电企业、汽车企业配套的经历，具备雄厚的民品塑料配套件的开发、制造和销售服务保障能力。

公司自 2011 年 7 月搬迁到桃花工业园后，在总公司的大力支持下，重视技术改造，加大技改投入，现拥有各类注塑机 16 台及相关配套辅机，其中 13 台从 120~2 100 吨，均由海天注塑机为公司陆续投入，使公司拥有较强的注塑生产能力。公司现设综合管理部、制造与安全部、研发与质量部、财务部四个部门，负责公司具体日常管理和运行工作。公司现有员工 97 人，其中专业技术人员 9 人，中级以上职称 7 人。

公司军品质量管理体系由东风机电科技股份有限公司覆盖，并按 GJB9001B—2009 国军标建立健全质量管理体系，且处于正常有效运行中；民品汽车塑料件生产已按 TS16949—2009 标准建立了质量管理体系，并于 2012 年 2 月份顺利通过了 AQA 公司的现场审核，7 月份获得了 TS16949 质量管理体系认证证书。

公司坚持“诚实守信、和谐共赢”的经营理念，贯彻“做专做精产品，做优做强企业”的发展观，强化管理，力求在军品塑料包装领域和民品家电、汽车配套领域谋求更大发展。

2．新产品开发情况

（1）加快与江淮重工的合作，开发叉车仪表盘总成项目，今年完成，争取当年取得经济效益。

（2）开拓与 TCL 合肥洗衣机的合作事宜，争取在 2015 年有较大的进展。

（3）以市场为导向，积极调研前景好的家用塑料制品产品，开发技术含量高、市场前景好的塑料产品。

3．企业财务状况

截至 2014 年底，公司总资产达到 0.28 亿元，公司负债率为 25%，没有银行贷款。

公司近三年主要经营指标情况表　　单位：万元

指标名称	2012 年	2013 年	2014 年
总资产	2 642.89	2 660.24	2 774.16
销售收入	1 359.81（加工费）	1 822.24（加工费）	1 865.69（加工费）
利润总额	125.2	135.43	240.11
上缴税金	34.4	53.82	74.76
固定资产	462.16	393.89	374.47

（三）安徽华隆塑料有限责任公司

1．企业基本情况

华隆集团（原习友塑料厂）创立于 1991 年，迄今已有 25 年的塑料、五金弹簧的生产经验，公司员工由几十名增至 600 余人。厂房由 1 300 平方米增至 16 000 多平方米。自强不息的华隆人不断在技术、品质管理、售后服务等各方面做出努力。我们秉承：“顾客的满意是我们永远的承诺，满足顾客的要求是我们的不懈的追求。”1998 年由习友塑料厂发展注册为华隆塑料有限责任公司，2005 年 12 月，安徽华隆集团组建成立，随之，合肥华隆塑料有限责任公司升级变更为安徽华隆塑料有限责任公司。企业高级技术人才 30 多名，拥有各种先进注塑、挤塑 5、造粒、弹簧、印刷设备和检测设备 160 台套。多年来，公司发展成为：安徽市场家电塑料配件、五金弹簧件龙头企业，安徽塑料协会副会长单位，同时也得到了省市领导的高度赞扬。

企业坚持以科技兴企战略和科学的管理制度发展企业，将企业一天天做大做强，扩大生产经营范围，由原单一的注塑发展到化工、化工原料购销、塑料制品、工程塑料、五金弹簧、镖靶运动器材、家用电器配件等领域，产品销售国内外市场。引进设备，自当初的 4 台注塑机发展到 PC 控制注塑机（80T-2000T）60 多台套，挤出线 3 条，PC 控制弹簧成型机、压簧机、回火炉等成套 32 台套，运动镖靶生产线多条，以及先进的实验检测设备，奠定了行业的竞争力。走科技创新之路，多年来，企业与安大等高校合作，研制多种改性塑料材料，现主要用于汽车保险杠以及内饰体用料，目前为奇瑞企业配套使用，填补了安徽省的空白。实施科技兴企的战略目标。企业积极贯彻党的对外开放政策，大胆吸收和借鉴国外好的经营方式、管理方式，逐步创立了适合企业发展的经营理念，企业于 2001 年通过 ISO9001 质量管理体系认证，产品质量按 QS—9000 体系有效运作，产品为海尔、美的荣事达等国内外知名企业配套并多次通过评审。自 1999 年成立以来，一直是海尔、美的的优秀供应商。目前配套的冰箱、洗衣机、空调等大小塑料产品 1000 多种。 2007 年合肥市民营企业五百强按税金、销售额排序，该公司分别名列第 55 名和第 90 名。截止目前，销售给青岛海尔、美的荣事达所占比例分别为45%、42%，工程塑料占销售额的10%，其他零星销售占3%。由于公司有10多年专给家电配套的经验和方法，所以，目前供给合肥美的荣事达洗衣机塑料件占该公司全部塑料件的70%，供给合肥海尔物流洗衣机配套件占该公司全部塑料件的30%。2013年产值1.2亿元，2014年产值1.5亿元。使得华隆集团成为地方经济的民营科技骨干企业。多年来，企业持续发展，配套产品质量在达到广泛认可的同时，发展了自己的主导产品，注册了“海佩”商标。董事长陈华坤亲自带领“镖靶科研小组”研发诸多镖靶系列专利产品。目前，已获得的国际专利有“飞镖靶靶体框前罩”“飞镖靶的琼麻靶块及其成型方法”等；国内专利有“一种电子飞镖靶靶箱体”“飞镖靶25、50分区内块座”“飞镖靶靶体框前罩”“可转动镖靶”“电子靶靶体框的靶体”“飞镖靶网罩”“飞镖靶内块座（25、50分区）”等21项专利，产品通过CE认证，填补了国内外的空白，以上专利技术已全面转化，与美国SPORTCRAFT、欧洲、东南亚等国家UNICORN公司、PUMA公司、日本DMZ公司等著名公司形成战略合作伙伴关系，并形成合约，建立广泛业务关系，2013年出口创汇500多万美元。2014年600万美元，对推动地方技术进步、科技创新、经济发展做出重大贡献，为企业的持续发展奠定了坚实的基础。

企业坚持将自身的发展与国家的发展结合起来，服从服务于改革发展稳定大局，与时俱进，开拓创新，做实、做强、做大。多年的企业管理经验和先进科技成果使企业发展一步一步跨跃。企业先后投资4000多万元成立了“华隆塑料公司”“华隆弹簧公司”和“华隆运动器材公司”，2005年12月集团注册成立，华隆集团注册资金4986万元，同时经董事长陈华坤牵线搭桥，为南岗工业园引进了“盛鸿橡胶公司”“华隆纸制品公司”等项目，为地方经济的发展做出了突出贡献。企业1999年由省政府授予“安徽省明星企业”，2001年由市政府授予“合肥市先进私营企业”，2003年分别由省科技局授予“安徽省民营科技企业”；由省乡镇企业局授予“省明星企业”；由国税局授予“纳税先进企业”；由省经委、工商局、地税局等六单位授予“安徽省百强企业”；2007、2008、2009年获“省优秀民营科技企业”“省优秀企业”“省塑协副会长单位”“省纳税A级企业”“省AA级企业”“徽商银行AA级”“市三八先进集体”等；个人荣获：中国优秀民营科技企业家、全国乡镇企业家、省优秀企业家、省塑料协会副会长、省民营科技实业家协会常务理事、市工商联理事、合肥市技术拔尖人才和优秀社会主义建设者、十大优秀青年、“市先进生产者”等。近20年来累计纳税近5000万元，为社会解决下岗职工及农村闲置劳动力2000余人，并不断加大地方剩余劳动力的技能培训，积极响应党中央与地方实施的“阳光计划”政策。

2．企业财务状况

截至2014年底，华隆股份总资产突破0.8亿元，公司负债率为20%，银行信用等级A级。

公司近三年主要经营指标情况表　　单位：万元

指标名称	2012年	2013年	2014年
总资产	717.18	12 013.83	9 445.16
销售收入	15 667.78	14 001.46	11 049.59
利润总额	481.78	583.59	399.47
上缴税金	160.59	145.90	99.87
固定资产	505.8	2 302.46	2 602.07

3．在国内及省内同行业所处地位等

省内配套行业前十名

4．发展趋势

企业近几年来持续快步发展，随着该公司客户海尔等家电主机厂家推进模组化发展及公司业务量增大，公司将不断扩大生产场地，扩大规模，2015年公司异地技改将新建7万多平方米厂房，引进几十台大功能先进注塑设备及相关挤出、丝印、检测设备、多条生产装配线等，未来两年达产后可年产20 000多吨塑料制品，工业产值可达5亿至7亿元。

（四）广州湘融新材料科技有限公司

1．企业基本情况

广州湘融新材料科技有限公司（CTC）成立于2008年10月，专业从事高性能新材料的科研、生产、销售和技术服务，一直致力于为创造更加安全、舒适、便捷的人类生活提供全新的材料解决方案。

公司总部坐落在华南理工大学国家大学科技园内，依托中国科学技术大学、中山大学、华南理工大学，集中了高分子材料、塑料加工工艺、应用化学、工业工程、企业管理等多种学科优势和材料科学与工程研究中心、工商管理学院的资源优势，具有持续的自主创新能力和科研成果产业化的实力。

经过多年的持续稳定发展，CTC形成了以新型高分子材料为主，集塑料回收、塑料改性、材料分析及应用方案、化工材料（包括手机材料、水性涂料、PC薄膜等 ）技术开发与市场推广为一体的综合型企业。

公司目前在安徽合肥设回收工厂，广东东莞设改性工厂，广州设研发中心。共有员工100多人，其中具有中专以上学历的人员占职工总数的80%，科技人员占员工总数的35%，从事高新技术产品研究、开发专职技术人员超过10%。

公司诚信经营，规范管理，围绕主业，不断往高、精、尖方面发展。经过6年多的健康稳步发展，目前公司的产品覆盖饮用水、日化、手机、数码、家电、汽车、电动工具等多个领域。与拜耳、沙比克、LG、帝人、奇美、誉金、锋华、大疆等50多家知名企业确立了良好的合作关系。2014年共生产PC瓶片2 000多吨，改性塑料3 000多吨，实现营业收入8 000万元。

2．科技成果和新产品开发情况

通过吸收行业先进经验和自主研发，合肥工厂创新的使用纯物理法对PC饮用水桶进行回收，实现了塑料的循环利用 ，并获取了国家专利。广州研发中心也研发出了在手机行业内性能领先的912，512等手机塑料专用料，并在东莞工厂投产。对手机材料的轻薄化，多样化起到巨大的推动作用，促进了手机材料生产良品率的大副度提升，加快了手机行业的技术进步。

3．企业财务状况

公司近三年营收情况表　　单位：万元

指标名称	2012年	2013年	2014年
营业收入	3 000	5 000	8 000
利润总额			

4．企业经营情况

近几年公司加大研发力度，深入开展精益管理，开始步入快速发展期，营业收入每年以超过50%的速度增长，成为手机材料行业的新星，在行业内的竞争力不断提升。

5．市场需求

近年来，随着智能手机用户需求的增长及功能要求的提高，手机行业对高性能手机塑料专用料的需求越来越大。特别是对外观和良品率要求高的品牌手机，将会更多的用高性能手机塑料专用料来替代以前的通用型手机料。

6．存在的问题

目前，我国手机材料行业呈现持续增长的态势。但随着跨国公司如LG，SABIC，BAYER等对手机材料行业的进入、扩张，市场竞争将会非常激烈。而公司生产产能的瓶颈，也将制约公司的进一步发展。因此，公司将继续加强自主创新，开发出更高性能，更具市场竞争力的产品，同时加强工厂的管理，进一步提高工厂的生产能力。

（安徽省塑料行业协会　宣华荣）

河南省

一、大事记

（1）2014 年 3 月，由河南省中原塑料机械有限公司、郑州海天机械销售有限公司等单位协助支持，郑州博展展览服务有限公司主办，在郑州博览中心成功举办“2014 年中国郑州塑料产业博览会”。邀请国内外二百多家塑料机械、塑料模具、化工原材料、颜料助剂、塑料制品、塑机配件、塑料辅助设备、塑料包装、家用电器、汽车行业等领域的企业参加，展示面积 15 000 平方米，专业观众数量达 15 000 人次，意向成交额逾 1.3 亿元。

（2）2014 年 4 月 22 日，在上海召开的中国塑料加工工业协会（简称“中国塑协”）第六届四次理事扩大会议会上，河南省中原塑料机械有限公司新增为中国塑协会员、理事、副理事长单位，段同生董事长新增为中国塑协副理事长。并参加了在上海举办的全国规模最大的第二十八届橡胶工业展览会。

（3）2014 年 6 月 16~17 日中国塑协农用薄膜专委会在河南省淮阳县召开年会。中国轻工业联合会副会长、中国塑协钱桂敬理事长等有关领导参加此次会议。

（4）2014 年 7 月由中国塑协副理事长单位“河南省中原塑料机械有限公司”等发起单位开始筹备“河南省塑料协会”。郑州轻工业学院、郑州大学河南郑工橡塑模具国家工程研究中心、河南省皮革塑料研究所有限公司等 100 多家积极响应支持并加入筹备处，成为创会会员单位。

（5）2014 年 8 月 8 日河南佳木新型环保材料有限公司在河南省民权县启动正式投产仪式，中国塑协曹俭常务副理事长和中国塑协副理事长，河南省塑料协会筹备处负责人段同生等有关领导专家参加庆典活动。公司苍会安董事长聘请徐同考、刘英俊、段同生、谷金河、王文广五名国内塑料行业专家为该企业顾问。

（6）2014 年 10 月 23 日中国塑协副理事长、中国塑协专委会专家、河南省塑料协会筹备处负责人段同生等人到浙江杭州参加中国塑料新材料、新技术、新成果交流会暨中国塑协专家委员会年会。

（7）2014 年 10 月 29 日中国塑协副理事长、河南省中原塑料机械有限公司段同生董事长代表河南省塑料协会筹备处参加由中国塑协技术协作专委员组织的赴日访问考察团，访问了日本著名企业艾迪科公司、三井化学千叶工厂、滨松工厂、名古屋工厂。并参观了四年一次世界具有影响力的日本国际塑料展览会。

（8）2014 年 12 月 15 日河南省塑料协会筹备处组织河南省部分塑料企业、个人到广州参加由中国塑协主办的“2014 中国国际新材料、新技术、新装备、新产品展览会”，开幕式结束后，由中国塑协副理事长、河南省塑料协会筹备处负责人、海天塑机集团郑州海天机械销售有限公司段同生董事长陪同中国轻工业联合会会长步正发、中国轻工业联合会副会长、中国塑协理事长钱桂敬、中国塑协常务副理事长曹俭、中国塑协名誉会长廖正品、广东省塑协会长符岸、中国塑协秘书长马占峰、中国塑协副秘书长冯庶君等人，到中国最大的注塑机生产企业海天塑机集团展位参观考察。并在展台合影留念。

二、2014 河南省塑料行业基本情况

根据国家统计局及中国塑料加工工业协会等信息网相关统计资料显示，2014 年 1~12 月份河南省塑料制品行业累计同比增长排名第四位，同比增速为 11.03%。占比 6.46%，2014 年 1~12 月份河南省是增速超过全国塑料制品主营业务收入平均速增的主要八个省份及其他地区的之一。河南省塑料产业发展迅速，增长速度已高于经济发达沿海地区，河南省塑料制品行业已成为我国的塑料制品八个产业大省之一。河南省部分市县已形成颇具规模品类具多的塑料加工基地。

河南省塑料产业以省会郑州市为中心，辐射到周边地区新乡市、洛阳市、许昌市、开封市，以汽车、家电行业为配套的塑料零件、城建配套的塑料管材、板材、化学建材、农用塑料等，已成为中原经济区最大的塑料加工聚集区。河南省商丘市已发展成为中国最大规模的“中国制冷设备产业基地”和“塑料钢卷尺集散地”“塑料打火机零件集散地”。

鹤壁市成为全国最大的汽车电器配件生产基地,淮阳县以河南省银丰塑料有限公司为主的农膜生产基地，在河南省乃至全国具有规模及影响力。驻马店市借助历年召开的“全国乡镇企业东西合作经贸洽谈会”得天独厚的优势，打造豫南经济，招商引资，成为电动车及电动车塑料零部件加工集散地。平顶山圣光集团、漯河曙光集团、漯河莲花医疗器械、长垣驼人集团等一批主干企业为核心，将成为中原经济区最大的医用塑料及医疗器械配件基地。总之,河南省其他较落后区域也将会带来更大的发展前景。

河南省现有塑料加工专用设备生产企业较少，落后于沿海地区，河南省现有中小规模企业 10 多家，主要制造中小型塑料挤管设备、塑料片材设备、塑料吹膜设备、电线电缆设备、塑料附属配件、塑料模具等。2014 年 1~12 月份，河南省生产塑料加工专用设备 17 459 台，同比全年增长 22.95%。通过对比可以看出，塑料加工专用设备产量出现了非常明显的增长。

（一）河南省主要塑料制品产量完成情况

2014 年上半年河南塑料制品累计总产量 213. 468 983 万吨，同比增长 14. 98%，2014 年全年塑料制品累计总产量 477. 292 127 万吨，同比增长 11. 03%。占全国塑料行业总产量比重的 6. 4%。

在列入国家统计局目录的产品中，除其他制品外，河南省塑料薄膜产量最高，上半年河南塑料薄膜累计产量 36. 753 185 万吨，同比增长 17. 23%，2014 年全年河南塑料薄膜累计产量 77. 263 134 万吨，同比增长 15. 87%。占河南省塑料制品比例 16. 19%。其中农用薄膜 42. 603 3 万吨，同比全年增长 21. 56%，占河南省塑料制品比例 8. 93%。

2014 年上半年河南日用塑料制品累计产量 10. 427 470 万吨，同比增长 48%，2014 年全年河南日用塑料制品累计产量 22.234 462 万吨，同比增长 30. 54%。占河南省塑料制品比例 4. 66%。

2014 年上半年河南泡沫塑料累计产量 17. 388 8 万吨，同比增长 24. 68%，2014 年全年河南泡沫塑料累计产量 40. 313 008 万吨，同比增长 15. 09%。占河南省塑料制品比例 8. 45%。

河南省塑料制品产量最少的是塑料人造革、合成革，2014 年上半年累计产量 5. 219 4 万吨，同比增长 0. 74%，2014 年全年河南塑料人造革、合成革累计总产量 11. 016 6 万吨，同比下降 14. 41%，占河南省塑料制品比例 2. 31%。

2014 年全年河南省其他塑料制品累计产量 326. 464 9 万吨，同比增长 9. 45%，占河南省塑料制品比例 68. 40%。具体详见表 1。

表 1　　2014 年河南省塑料制品分类产量表

塑料制品类别	6 月 /吨	6 月止累计 /吨	累计比同期 /±%	占河南省比例 /%
塑料制品	476 606	4 772 921	11.03	100.00
其中：塑料薄膜	65 215	772 631	15.87	16.19
其中：农用薄膜	32 980	426 033	21.56	8.93
泡沫塑料	49 063	403 130	15.09	8.45
塑料人造革、合成革	9 514	110 166	−14.41	2.31
日用塑料制品	22 274	222 345	30.54	4.66
其他塑料制品	330 541	3 264 649	9.45	68.40

（二）河南省塑料制品主要经济效益指标完成情况

1．主营业务收入

2014 年，河南省塑料制品企业累计实现主营业务收入 1 155.91 亿元，同比增长 19.95%，占全国塑料行业总计的 5.67%。

2．子行业主营业务收入

从分子行业来看，河南省塑料制品累计实现主营业务收入占比最大的子行业是塑料板、管、型材和塑料丝、绳及编织品的制造。塑料板、管、型材累计实现主营业务收入 355.83 亿元，同比增长为 19.05%，占比为 30.78%。塑料丝、绳及编织品累计实现主营业务收入 298.37 亿元，同比增长为 18.45%，占比为 25.81%。与上年同比增速最高的子行业是塑料薄膜，同比增长为 30.17%，塑料板、管、型材和塑料丝、绳及编织品、塑料人造革、合成革和日用塑料等 4 个子行业的主营业务收入增速低于塑料行业主营业务收入的平均增速，具体详见表 2。

表 2　2014 年河南省塑料行业累计主营业务收入子行业同比增长及占比情况

月份	塑料子行业类别	本月累计/千元	同月累计/千元	同比/%	占比/%
12 月	塑料薄膜制造	12 166 340	9 346 854	30.17	10.53
12 月	其他塑料制品制造	7 384 128	5 937 284	24.37	6.39
12 月	塑料包装箱及容器制造	7 690 958	6 256 570	22.93	6.65
12 月	塑料零件制造	5 881 899	4 805 167	22.41	5.09
12 月	泡沫塑料制造	9 164 732	7 566 390	21.12	7.93
12 月	塑料	115 590 854	96 366 742	19.95	100.00
12 月	塑料板、管、型材的制造	35 583 479	29 890 235	19.05	30.78
12 月	塑料丝、绳及编织品的制造	29 836 950	25 189 797	18.45	25.81
12 月	塑料人造革、合成革制造	4 382 647	3 779 302	15.96	3.79
12 月	日用塑料制造	3 499 721	3 595 143	−2.65	3.03

注：表中数据按同比增速降序排列。

3．利润总额

2014 年，河南省塑料制品企业累计实现利润总额为 116.19 亿元，同比全国塑料行业增长 16.02%，占比全国塑料行业总计的 9.82%。全国综合排名（广东省为 194.46%，占比 16.44%，第一名）河南省居第二。

4．子行业利润总额

从分子行业看，河南省塑料制品累计利润总额占比最大的子行业是塑料丝、绳及编织品和塑料板、管、型材，占比分别为 29.67%和 28.04%，累计实现利润总额分别为 34.48 亿元和 32.58 亿元，比上年同期分别增长了 12.41%和 14.49%。同比增速最高的子行业是塑料零件，同比增长了 45.98%，其占比为 3.45%，塑料零件，泡沫塑料，塑料包装箱及容器和塑料薄膜 4 个子行业的利润总额增速高于塑料行业利润总额的平均增速，具体详见表 3。

表 3　　2014 年河南省塑料行业累计利润总额子行业同比增长及占比情况

月份	塑料子行业类别	本月累计/千元	同月累计/千元	同比/%	占比/%
12 月	塑料零件制造	400 359	274 253	45.98	3.45
12 月	泡沫塑料制造	1 122 246	883 892	26.97	9.66
12 月	塑料包装箱及容器制造	844 234	683 348	23.54	7.27
12 月	塑料薄膜制造	1 096 724	889 488	23.30	9.44
12 月	塑料	11 618 875	10 014 555	16.02	100.00
12 月	塑料板、管、型材的制造	3 257 535	2 845 166	14.49	28.04
12 月	塑料丝、绳及编织品的制造	3 447 835	3 067 117	12.41	29.67
12 月	塑料人造革、合成革制造	395 532	354 904	11.45	3.40
12 月	其他塑料制品制造	682 869	629 311	8.51	5.88
12 月	日用塑料制造	371 541	387 076	-4.01	3.20

注：表中数据按同比增速降序排列。

5．主营业务收入利润率

2014 年，河南省塑料制品企业主营业务收入利润率 10.05%，与上年同比减少了 0.34 个百分点。

6．子行业主营业务收入利润率

从分子行业看，2014 年河南省塑料行业主营业务收入利润率最高的子行业是泡沫塑料和塑料丝、绳及编织品，其主营业务收入利润率分别为 12.25% 和 11.56%，主营业务收入利润率最低的子行业是塑料零件，其主营业务收入利润率为 6.81%，具体详见表 4。

表 4　　2014 年河南省塑料行业子行业主营业务收入利润率及与上年同比

塑料制品类别	主营业务收入/千元	利润总额/千元	主营业务收入利润率/%	主营业务收入利润率同比增减（百分点）
泡沫塑料制造	9 164 732	1 122 246	12.25	0.56
塑料丝、绳及编织品的制造	29 836 950	3 447 835	11.56	−0.62
塑料包装箱及容器制造	7 690 958	844 234	10.98	0.05
日用塑料制造	3 499 721	371 541	10.62	−0.15
塑料	115 590 854	11 618 875	10.05	−0.34
其他塑料制品制造	7 384 128	682 869	9.25	−1.35
塑料板、管、型材的制造	35 583 479	3 257 535	9.15	−0.36
塑料人造革、合成革制造	4 382 647	395 532	9.02	−0.37
塑料薄膜制造	12 166 340	1 096 724	9.01	−0.50
塑料零件制造	5 881 899	400 359	6.81	1.10

注：部分统计数字及资料来自国家统计局、中国产业信息网、中商情报网、中国塑协 2014 中国塑料制品行业发展研究报告相关内容。

三、企业推介

1．河南省中原塑料机械有限公司

河南省中原塑料机械有限公司前身是河南省亿达轻工塑料机械公司，创建于 1990 年 2 月,原隶属于河南省科协。1997 年 5 月依据国家政策转为股份制企业，是集经贸、服务为一体的综合性专业公司。中国最早经营塑料机械、塑料配件、塑料原辅材料专业公司，也是中原地区及西部地区最大塑料机械销售中心。在河南省、中国西北部属塑机行业领军及科技创新单位。为中西部塑料发展作出了一定贡献。

25 年来，公司规模迅猛发展，本公司现有人员 100 多名，专业技术人员达 60 多人，共计 2 000 多平方米固定办公用房。公司为中国塑协副理事长单位；“河南省塑料协会”发起筹备单位；两次被河南省人大、省政协、省科协命名为“河南省百佳民营企业”，省科技厅认定为“河南省科技企业”，河南省十佳科技创新先进企业。河南省中原塑料机械有限公司段同生董事长；高级经济师、经济学研究生、工商管理硕士、易学博士、北京师范大学学刊【周易文化研究】编辑部副主编；中国塑协专家委员会专家；河南省十佳科技创新领军人物。公司具有舒适的工作环境，一流的服务设施，一流的营销团队，良好的品质，诚挚的信用。

2．郑州海天机械销售有限公司

公司是中国最大的注塑机生产基地海天塑机集团在中西部的直属销售分公司。创建于 1999 年 11 月,海天塑机集团现为国家大型企业、中国塑料机械工业协会理事长单位、中国轻工机械协会副理事长单位、塑料机械产量世界第一，中国名牌产品。

公司已给海内外用户提供 28 000 余台（套）塑料机械设备外，还为向中西部地区及周边用户 300 余家知名企业提供了海内外先进塑料加工设备和配套服务，受到了海内外客户的普遍好评。并相继在中原和西部地区建立了西安、太原、兰州、乌鲁木齐成立了海天机械销售公司。海口市、湛江市、运城市、银川市、呼和浩特市建立了海天机械销售办事处，良好的品质，诚挚的信用，训练有素的专业技术售后服务队伍，为中西部塑料发展作出一定的贡献，享有很高的信誉和知名度。

3．河南洋浦科贸有限公司

公司是塑料科研、生产、贸易为一体的高科技实业公司。系中国改性塑料专业委员会常务理事企业。以清华大学、四川大学、郑州大学、齐鲁石化研究院诸多业内知名教授、专家为技术依托，长期以来致力于塑料助剂的研究、开发与应用。主要从事塑料加工及高聚物的化学改性和共混改性及相关工艺与工程领域的技术开发、咨询、服务、转让、产品销售。公司的塑料阻燃、发泡、耐老化等诸多产品，诸多技术在国内处于领先水平。

目前，公司的技术成果有：挤出机不停机换网器、PE 发泡片材/板材、塑料格子板生产线等。并建立了漯河塑料机械模具、海南 PE 发泡片/板模具基地；塑料挤出机不停机换网器生产基地；与郑州大学材料系、郑州精细化工、上海青浦等科研单位建立了研发基地。

4．新乡市金泉塑胶制品有限公司

新乡市金泉塑胶制品有限公司（原新乡塑料制品厂）位于新乡县大召营镇，该厂始建于 1979 年，占地 40 000 米 ^{2}，建筑面积 25 000 米 ^{2}，各类机械设备 60 余台（套），其中全自动注塑机 35 台，吹塑设备 10 台，各类制造模具设备 15 台，职员近 100 人，其中中高级技术职称人员 30 人。以生产保温瓶、冰箱配件、工程塑料配件、以及改性塑料、色母等产品，年产保温瓶 20 万件，塑料配件 800 吨，改性塑料、色母生产能力达 2 500 吨。金泉牌 3.2 升注塑瓶被评为省优产品。改性 HIPS 原料，主要供给河南新飞电器、雪柜实业公司、广东华凌等国内知名企业。该厂曾荣获市“巨星企业”“重合同守信用企业”、省“乡镇企业出口基地”、部“全面质量管理达标”企业等称号。

5．河南佳木新型环保材料有限公司

河南佳木新型环保材料有限公司是佳木集团旗下一家具有研发、生产加工、销售为一体的高科技、多元化综合环保企业。创建于 2012 年，位于河南省民权县产业集聚区，占地 160 亩。2014 年 8 月第一期 24 000 米 ^{2} 厂房完工，2 条造粒线、多条吹膜生产线，中空应用生产线相继投产，年产量可达 10 000 吨。

公司是中国塑协改性塑料专委会常务理事和河南省塑料协会创会会员单位。2013 年度重点项目建设先进单位。郑州轻工业学院教学实习基地。公司与国内外多家科研机构，业界顶尖专家长期开展环保改性材料创新的合作，与深圳市高分子行业协会、郑州大学、郑州轻工业学院等建立战略伙伴关系。特聘国内多位高分子及高级管理专家为顾问。公司现有高科技科研人员 15 人，技术力量雄厚。专业研发生产：①环保专用材料；②功能母粒；③生物膜材高分散增刚母粒；广泛应用于吹膜，中空，注塑，均通过了 SGS，CTI 等国内外权威机构的 ROSH, REACH, FDA（食品级）等安全认证。

四、发展趋势

2014 年河南省塑料制品有加工规模厂家（具不完全统计）达 550 余家，从业人员由 2013 年的约 15 万余人迅速增加到 16.5 万余人，行业发展迅速。

我国的塑料行业已进入增速放缓的换挡期，增速明显放缓。已从高速增长进入中速增长的新阶段，进入发展新常态时期。2014 年河南省的塑料制品产量、主营业务收入、利润总额以及主营业务收入利润率的同比速度均高于全国塑料制品行业的平均增速，从下半年增速开始缓慢。河南省塑料制品行业产量塑料人造革、合成革、纤维增强塑料制品等其他塑料都所下降，增幅下降幅度逐季减慢，但主要业务收入增长平稳，其他塑料制品如日用塑料制品、塑料包装及容器产品、塑料板、管、型材，泡沫塑料、塑料薄膜等继续增速，特别是农业用膜的增幅相比同期在全国最高。说明中西部地区塑料产业崛起速度持续加快。河南省塑料制品的应用领域不断拓展。河南省塑料行业的发展前景十分广阔，沿海地区的家电行业、日用塑料、化学建材、电子电器行业看好河南塑料产业市场，众多的厂家来河南投资办厂，带来雄厚的资金和创新理念，带来先进的设备和技术,对河南省塑料产业发展和产业增速将起到积极促进作用。

（河南省塑料协会　段同生）

海南省

一、大事记

1．陪同高新区领导考察企业

2014 年 1 月 11 日，海南省塑料行业协会秘书长周鸿勋陪同海口高新区美安科技新城周广奇部长，到海口企业考察，了解企业生产规模、产品种类、厂房结构，为企业建设标准厂房搜集一手资料。

2．引进生物塑料项目

2014 年 3 月 20 日，海南省塑料行业协会向农业厅公函，推荐肇庆威盛的 PVA 生物塑料农膜产品，得到农业厅黄正恩总农艺师的支持；4 月 8 日，农业厅发文（琼环能[2014]05 号），拟定（生物降解农膜在海南不同农作物种植上应用实验方案），安排专项资金，对香蕉套袋、育苗袋、地膜等五种生物膜实地实验。

3．帮助企业落实工业用地

美安科技新城占地 60 平方公里，是海口市政府实现产业转移、产业升级的重要基地。

2014 年 4 月 22 日，海南省塑料行业协会组织海口塑料生产企业到美安科技新城实地考察参观，参加在海口高新区召开的“美安 • 产业加速器介绍会”，帮助企业找到合适生产基地。

4．参与海南环保世纪行活动

乐东明达塑胶制品有限公司专业生产地膜、香蕉套袋等，同时回收加工地膜等 PE 类塑料制品，形成良性循环使用系统。

海口富山再生资源有限公司每年回收、破碎、分拣塑料瓶约 8 000 吨，出售给江浙企业拉丝，变废为宝。

海南省人大环资委五月份组织的海南环保世纪行活动中，海南省塑料行业协会积极配合，推荐上述两家企业参与活动，省人大环资委何少群主任带队到企业实地考察指导，表扬与肯定了企业的成绩，要求当地政府帮助企业解决生产用地、扩大规模、有序生产，有效减少污染。

5．展览中心挂牌

经过几个月的筹备，5 月 14 日，海南塑料制品展览中心、海南塑料产品网上交易中心筹备处正式挂牌，海南省塑料行业产品交易框架初步建立。

理事会联席会议暨银企对接会同时召开，交行海南分行小微企业部朱石桥总经理、美丽沙支行卫金梅行长、省人劳厅卢道海处长、省药品食品管理局彭林波处长等莅临指导，就企业行为规范、业务拓展、银行贷款融资等问题与企业家交流。

6．参加海南低碳日活动

2014 年 6 月 11 日，海南省发改委组织海南低碳社会行动宣传活动启动仪式，海南省塑料行业协会推荐的生物塑料制品、可重复利用保鲜冰袋，获得好评。海南省发改委王长仁副主任、高细恭处长询问产品的性能、产量等问题，鼓励企业在低碳方面有所作为。

7．“威马逊”灾后重建

2014 年 7 月 18 日，超强台风“威马逊”袭击文昌、海口等地，行业内钢结构厂房大部分被摧毁，设备、电路受损，损失严重。

中国塑协马占峰秘书长得知情况后，第一时间联系中国化工报记者报道海南塑料企业受灾情况；广东塑协符岸会长在网站显著位置呼吁捐款捐物支持海南受灾塑企重建，一方有难，八方支援。

2014 年 8 月 7 日，海南省工信厅召开“政银企保对接，助力灾后重建”专题会议，贯彻落实《海南省人民政府关于进一步支持小微企业健康发展的实施意见》（琼府〔2014〕10 号）精神，支持“威马逊”台风期间受灾企业积极开展灾后重建，搭建银行、担保、保险系统三位一体的服务平台，为小微企业解决融资、保险等问题，帮助企业借力融资平台恢复生产。

8．政策解读

2014 年 8 月 29 日，海南省塑料行业协会召开“国家支持小微企业政策解读—扶持资金申报专题会议”，由海口世纪嘉华科技咨询有限公司承办，海南南宝塑料制品有限公司、海南同德管业有限公司协办，就 20 余项适合塑料企业的扶持资金项目，解读政策、讲解申报条件、程序等，让国家支持小微企业的政策为企业带来动力。

9．参加中国塑协活动

海南省塑料行业协会常务副会长陈明总经理、范敏董事长，代表海南省塑料行业协会参加 9 月份在台州举行的第 14 界中国塑料交易会、全国塑料行业协会座谈会等活动，学习交流。

10．篮球杯赛

2014 年 11 月份，海南省塑料行业协会联队与海南大学材料与化工学院高分子系以“友谊第一、团结协作、共同进步”为主题，举行了首届“金煌杯”篮球比赛，增进企业与材化学院师生的了解、联系。

11．参加冬交会

2014 年 12 月 12 日，海南省冬交会开幕，协会组织海口琳雄工贸有限公司、海口富山再生资源有限公司、海口科得农塑料制品有限公司、海南南宝塑料制品有限公司、海南源森实业有限公司、海南兴伟塑胶科技有限公司等公司，携带相关产品参展，广泛交流，服务三农。

12．三亚“禁塑令”

2014 年 12 月 16 日，三亚市政府正式下发《关于印发推广使用可生物降解塑料制品防止白色污染的实施意见的通知》，要求三亚市各机关、企事业单位、各大商场、超市、景点、酒店、园林环卫系统等，从 2015 年 1 月 1 日起全部停止使用不可降解塑料袋，一律使用可生物降解塑料制品。

生物塑料制品在海南首次由政府提倡使用，对生物塑料产业的发展影响深远。

二、存在问题与发展趋势

1．企业的不良欠款增加

房地产开发、城镇化进程增加了塑料管材及配件的使用量，也增加了大量不良欠款。开发商不能及时出售商业房，资金不能及时回笼支付建筑商，建筑商拖欠材料供应者货款，有些建筑商甚至故意、恶意拖欠货款，这种现象从房地产业向相关行业蔓延的迹象，加剧了社会信用危机，也使企业财务成本恶化，这种现象要引起政府、主管部门、协会、企业的高度重视。

2．生物塑料产业发展机遇

威盛公司的 PVA（聚乙烯醇）生物可降解农膜由农业厅安排做实地实验，取得了初步成果。

海南红背袋环保产品有限公司 PLA（聚乳酸）生物可完全降解塑料制品，得到市场的认同，在三亚市推广使用。

海南独特的地理位置、政府相关部门对保护生态环境的重视、近年来对环保产品的资金保证与政策支持，为生物塑料产业的发展提供了良好的发展空间与机遇。

（海南省塑料行业协会　周鸿勋）

（海南大学材料与化工学院　李志君）

新疆维吾尔自治区

2014 年是新疆塑料工业从无到有的第 49 年，近五十年来，新疆塑料工业由小到大，已初步形成了以制品加工业为主体，包括合成树脂（含改性树脂、功能高分子材料）、塑料机械与模具制造等相对配套的工业体系。其中农用塑料、建筑塑料、塑料包装等制品是我区的骨干支柱产业，尤其是农用塑料节水器材等领域已形成了比较优势。

进入本世纪以来，新疆塑料制品工业以年均两位数的增长率持续快速增长，全疆塑料制品总产量、总产值双双突破 200 万吨和 200 亿元，再创历史新高。

一、2014 年基本情况

2014 年新疆塑料行业累计生产各类塑料制品 212.16 万吨，较 2013 年的 186.66 万吨净增 25.5 万吨，同比增长 13.66%，实现现价工业产值 225 亿元，与上年同期基本持平。各类塑料制品产量及同比增减情况见表 1。

表 1　　2014 年各类塑料制品产量

名称	2014 年产量/万吨	2013 年产量/万吨	同比增减/%	当年比重
塑料制品合计	212.16	186.66	13.66	100
塑料薄膜	28.27	25.38	11.42	13.32
其中：农用薄膜	25.16	23.52	6.97	11.86
塑料板、片	20.82	17.23	20.84	9.81
塑料制管子及其附件	88.63	72.94	21.51	41.77
其中：滴灌管带	55.32	31.53	75.45	26.07
塑料条、棒、型材	23.17	32.17	-27.98	10.92
塑料丝、绳及编织品	18.01	14.97	20.31	8.49
泡沫塑料	7.78	5.38	44.61	3.67
塑料包装箱及容器	6.69	8.63	-22.41	3.15
日用塑料制品	5.68	6.11	-7.04	2.68

2014 年全疆统计口径内规模以上塑料制品生产企业主要财务指标完成情况：企业数 112 家，资产总计 105.3 亿元，负债总计 52.93 亿元，主营业务收入 113.77 亿元，利润总额 10.22 亿元，工业现价总产值 117.63 亿元，增加值 22.6 亿元，工业销售产值 110.03 亿元，全部职工人数 11 492 人。

2014 年全疆塑料制品总产量仍保持了 13.66% 的两位数增长，但增速已较上年的 33.36%回落了近 20 个百分点，工业现价总产值与上年基本持平，八大类塑料制品中条棒型材类、包装箱容器类、日用类三类制品出现不同程度的负增长，这预示着在国家和新疆经济下行压力不断增大的大环境下，塑料行业在持续快速增长了十多年后，也将伴随着产量增速下滑、价格走低、效益下降、市场竞争加剧等而进入一个全面结构调整时期，经济增长速度会进一步放缓。

从各类制品所占比重看，塑料管及附件类制品占总比重为 41.77%，仍位居大类第一，较上一年的 39.08%进一步提升；其他依次为：薄膜类、条棒型材、板片类、丝绳编织类。以滴灌带管为主的塑料管子及附件类和以农地膜为主的薄膜类的比重合计达到制品总量的 55.09%，较上年增长了 2.41

个百分点，行业发展进一步向农用塑料制品倾斜，塑料制品行业的产业配套性进一步突显。

二、年内行业特点

（一）持续强劲增长后的明显回落

2000年以来，全疆塑料制品产量、产值年增速大多在两位数，产量年均增长率达18%。近十五年的快速增长，应当得力于国家西部大开发、石油化工建设，以及节水和节能等宏观和专项政策深入实施。特别是高效节水灌溉农业直接促进了塑料节水器材产业的发展，房地产业兴起和建筑物节能措施政策直接给建筑塑料有了相当的发展空间，全疆塑料制品总产量从2000年的19.6万吨、2005年的39.1万吨、2010年的83.7万吨已快速上升到2014年的212.16万吨，累计增长了10.8倍。长期的高速发展使新疆塑料制品工业成为轻工业第一大行业，但持续高速所带来的问题也日益显现，如产能过剩，质量下滑，传统产品竞争过度；管理粗放，效益低下，创新能力匮乏；职工队伍不稳定，专业技术水平差等，在当前宏观经济下行的大环境影响下，塑料行业步入调整期已是必然。

（二）国际油价走低，合成树脂价格大幅波动，塑料行业经济下行压力加大

众所周知，2014年在复杂的国际政治、军事、金融及经济等大环境的影响下，国际原油价格持续疲软，年底创下了五年来的新低。直接影响了塑料行业的方方面面，最为典型的是头年第四季度和当年第一季度都是我区农用塑料制品传统的生产“旺季”，而受宏观经济疲软的影响，今年地膜、滴灌带等主要产品的用户一直观望，生产企业的开机时间进一步推迟。据塑料协会调查，受原油价格持续下滑、棉花补贴政策以及地膜新标准等综合因素的影响，农民或经销商订购欲望再次受到打压，到12月份大部分农地膜、滴灌带和农用管材企业都只部分开机或完全没有开机。

（三）塑料节水器材业增势放缓

在国家和自治区的“大力发展节水农业”政策持续引导和“节水农田改造补贴资金”有效落实的影响下，自2009年以来自治区地方系统农业上的高效节水灌溉面积每年新增300多万亩以上，到2014年底全疆高效节水灌溉面积已达到4 140万亩，其中兵团1 370万亩、地方2 770万亩（约占全疆总灌溉面积7 017万亩的39.9%；其中包括兵团的膜下滴灌农田已突破3 000万亩；年内中央和自治区合计投入补助资金16.92亿元，新增高效节水灌溉农田303.3万亩，其中滴灌农田284.4万亩）。有效拉动了滴灌带（管）及其配套的管材管件、农地膜等产品的旺盛需求，近年来塑料节水器材产销量增幅一直保持着两位数增长，但增速低于上年10.8个百分点，增势趋缓。随着高效节水灌溉的普及，疆内高效节水灌溉农田增量空间有限，因此各类器材产品则需要从丰富品种和创新发展等方面做文章，只有练好内功，走向疆外，才能拓展空间，延续辉煌。

（四）建筑塑料品种更加丰富

2014年国内各地房地产业萧条，直接影响到建筑塑料，尤其是门窗类异型材的市场需求。疆内门窗类异型材生产企业出现了大面积开机不足，整个行业产量出现了断崖式下降，总产量由上年的32.17万吨下降为23.17万吨，下降了近三成,增速也由2013年48.18%的高速增长演变为2014年-27.98%大幅下滑，疆内充足的PVC树脂资源和大幅走低的原料价格，并未能改变房地产业疲软而引发的塑料建材产业下行之势。

（五）农用塑料薄膜持续增长

2014年农用塑料薄膜产量为25. 16万吨，同比增长7%。主要原因一是“膜下滴灌”节水灌溉农田面积的增加——农业水利部门的资料显示，到2014年底全疆滴灌农田面积已超过3 000万亩，按新地膜标准（DB653189－2014）测算，每年消费地膜约13.5万吨——直接带动了地膜的消费增加。二是自治区设施农业规模也持续增加，对各种棚膜的需求量增大，疆内部份企业开始涉足大棚膜生产。三是地膜产业的集中度进一步提高。四是农业环保要求呼声日渐高涨，各地更多地要求使用膜厚度在0.010毫米以上地膜，12月份开始实施的地膜新标准《聚乙烯吹塑农用地面覆盖薄膜》（DB653189－2014）地方标准，将地膜由原来的最低0.008毫米增加至0.010毫米，理论上将增加25%的产用量。因此地膜产用量将有明显增幅。

（六）PVC塑料门窗型材类名牌产品添新丁

在2014年“新疆名牌产品”评价中，塑料行业有“PVC塑料门窗型材”产品列入评价目录。经过评审，新疆屯河型材有限公司的“屯河牌”、新

疆中油型材有限公司的“中油”牌、新疆未来型材有限公司的“KALGUSI”牌三家企业的产品通过了复审，同时还新增了新疆中财管道有限公司的“中财”产品。

（七）地膜新标准出台

地膜推广应用三十余年来，成就了农业生产的“白色革命”，实现了农业跨越式发展。与此同时，由于轻视农业环境治理和无底限降低覆膜成本，使农田废弃地膜残留逐年积累，最终形成了全社会日益关注的“白色污染”，也使地膜覆盖栽培这项农业技术蒙受了不白之冤。2005年以来，新疆塑料协会围绕“治污溯源”，积极配合自治区相关部门从工业生产入手做了大量的工作。开展农地膜产业发展调研、宣传并推进“农膜行业准入条件”的实施，针对农地膜产销存在的问题提出意见建议，研究起草并发布了《大田膜下滴灌用聚乙烯吹塑地膜》DB65/T3189—2010地方标准等。

2014年自治区决定通过出台“地膜新标准”“新疆农田废旧地膜污染及综合治理条例”等行政性法规文件，从生产、应用、回收及流通等各环节全面入手，综合治理，彻底还一个清洁的农田和农业生产环境。“地膜新标准”由自治区轻工业行业管理办公室主持，新疆塑料协会牵头相关单位在DB65/T3189—2010版标准基础上进行起草、修订，并将标准性质由“推荐性”提升为“强制性”，更名为《聚乙烯吹塑农用地面覆盖薄膜》，由自治区质量技术监督局于2014年11月10日发布、2014年12月1日实施。该标准的发布对地膜产业的健康发展、农业生产进步和农田废旧地膜污染治理等都必将起到积极促进作用。

（八）部门联合开展塑料节水从业人员培训

针对近年来迅速兴起并已经形成激烈竞争局面的新疆塑料节水器材产业中存在的从业人员科技素质低下、单翼迷宫式滴灌带统检合格率不高等情况，塑料协会在自治区轻工行办和自治区质监局执法督查局的有力支持下，根据自治区经信委、质监局2014年8月5日的新经传[2014]80号《关于举办塑料节水设施从业人员研修班的预通知》，开展了专项培训意向调查，并于12月初举办了首期培训班，讲授了地膜新标准、滴灌带国标指标、塑料加工工艺技术、废旧塑料回收造粒技术等专业技术，并进行了有效、实用的技术交流，来自全疆地膜、滴灌带、管材企业的生产、技术、质量岗位人员100余人参加。

三、2015年全疆塑料行业展望

2015年是“十二五”收官之年，受到国际原油低迷、国内宏观经济转型调整的影响，新疆塑料行业将结束在前十多年的高速增长期，开始进入了一个“整体性结构调整”，“转变发展模式”的新阶段。预计全行业塑料制品总产量将回落到10%以内，工业现价总产值与2014年相当，同时规模以上企业将通过调整产品结构、限产保价、减员增效等手段抵御经营风险；产能严重过剩、低水平同质化竞争领域的规下企业将出现关、停、并、转现象。伴随着结构调整时期的到来，新疆塑料行业将拉开“重新洗牌”的序幕，产业结构的优化将是结构调整的主题。

从产品门类方面看，在主流门类中，围绕农业节水政策，以滴灌带、管材、农地膜等为主的“塑料节水器材”产品将保持增长；关联“一带一路核心区建设”政策和PVC树脂资源的塑料建材类，有望触底企稳；以塑料托盘、中空容器、编织袋等为主要产品的包装塑料，将稳中有进；而各类产品中的差异化品种，将形成新最热点。

从技术进步方面看，以节能减排、降耗增效、提升品质、减员增效、创新应用领域等为目的的新产品开发、技术创新和改造升级活动，将继续成为企业经营活动的主要内容。其中以电磁加热、装备成套化、技术集成、自动化、过程控制等“先进适用型”技术将日益受到重视。受此影响，疆内企业的各类出访、参观、参展活动会更加频繁；与各类科研院所的“产学研”合作项目将受到高度重视；疆外各方面围绕塑料行业的投资融资、产业与技术转移活动也会层出不穷。

塑料工业既是一个应用广泛的制品加工业，也是一个与其他行业紧密联系和配套的材料工业，与地区经济结构和水平密切相关。在国家、自治区宏观政策的引领下，新疆塑料行业将进一步发展壮大，为自治区经济建设和社会发展做出新的贡献。

四、行业热点及协会主要工作

1．完成政府部门交办的工作

（1）根据自治区经信委、农业厅、质量技术监督局联合文：关于印发《落实自治区党委新党纪字

〔2014〕4号专题会议纪要工作方案》的通知（新经信法规字[2014]266 号）中要求制（修）订新疆地方农田地膜新标准的要求，在自治区轻工行办的直接领导下，完成《聚乙烯吹塑农用地面覆盖薄膜》（DB653189－2014）地方标准，由自治区质量技术监督局于 2014 年 11 月 10 日发布、2014 年 12 月 1 日实施。该标准的发布对地膜产业的健康发展、农业生产进步和农田废旧地膜污染治理等都必将起到积极促进作用。

（2）与自治区质监局执法稽查局合作，并配合其在“塑料节水器材”领域开展优质产品示范基地的创建筹备工作。

（3）完成了行办交办的“2013 年度轻工产业发展报告”之塑料工业篇章，形成了可独立成稿的“新疆塑料行业发展报告（2013 年）”，中国塑协的“中国塑料年鉴（新疆地方篇）”。

（4）配合行办的科技、质量与标准化工作，协助审查年内各项项目申报、验收和企业标准备案工作。

（5）配合行办完成自治区统计局安排的“2011 年统计数据行业审查”工作，提出了一些规范性建议。

2．土工膜监造实施

应新疆额尔齐斯河流域开发建设管理局（简称额河建管局）的要求，根据自治区经信委和轻工行办领导的批示，今年继续与额河建管局自 2012 年开始合作的“西水东引工程”用复合土工膜监造项目。半年的监造实施期间，协会及其驻厂监造组恪守监造合同和监造制度，严把质量关，积极主动与各方的沟通协调，克服各种困难，圆满地完成了本年度的监造任务。

3．培训工作

为配合质监局执法稽查局的“优质产品示范基地建设”，拟在滴灌带产业领域开展为期 2 年的普及性、专业技术培训教育活动，目前已对 100 家企业的 148 名人员进行了相关培训并考试合格。

4．启动塑料志编撰

新疆塑料行业自 1965 年开始，即将有半世纪，立史存志很有必要。

本项工作前几年已有思路，但今年才正式启动，设一人专职编撰工作。到目前为止，已完成全本大纲设计、部分企业和产业资料收集、部分篇章编写等工作。由于缺乏经验等原因，进展较慢，已落后年初的计划。

5．积极参加各类会展活动

（1）组织 22 家企业的 24 名代表参加 2014 年中国国际塑料橡胶展览会；部分代表同时参加了中国塑料加工工业协会在上海召开的四次理事扩大会议和 2014 年各省及地方塑料协会工作会议等系列活动，与同行经验交流。

（2）参加 2014 年中国塑料交易会（台州）。9 月 24~28 日在台州召开的中国塑料制品交易会期间，组织新疆圣德塑料管材有限公司、新疆农资（集团）有限责任公司、石河子首盛塑业有限公司等企业代表观展和考察当地企业。同时参加了亚洲塑料论坛和全国塑协联谊会等活动。

（3）自治区内的相关活动。参加自治区质监局“新疆商品条码管理办法立法调研座谈会”、自治区民政厅和自治区经信委联合组织的“社会组织管理与发展培训班”、科技厅组织的“自治区生产力促进中心项目申报与业务培训暨昌吉州生产力联盟成立大会”等。

6．深入企业调研，做好专项服务工作

二、三季度，先后对新疆恒祥塑业有限公司、新疆联塑节水设备有限公司、乌鲁木齐联塑科技有限公司、新疆中石油管业工程有限公司、吉木萨尔县玉悦科技公司、新疆德美隆合成材料科技有限公司、昌吉成德再生资源利用公司、昌吉帕米尔塑胶科技公司、乌苏永昌建材有限公司、奎屯微利衡节水材料有限公司、绿丰塑业有限公司、乌市聚兴永塑胶有限公司、新疆康润洁环保科技有限公司、新疆蓝山屯河化工股份有限公司进行了调研，期间走访了新疆大学测试中心并对蓝山屯河的生物降解地膜田间实验情况实地考察。其中对乌苏市永昌建材公司、库尔勒巴州润棉节水材料公司等 10 多家小微、新办企业的科技创新项目申报咨询及企业创新、标准化等工作进行专项服务。

7．协会其他主要工作

编辑出版《新疆塑料》会刊 12 期，更新《新疆塑料信息网》资讯。

及时向会员企业提供行业性政策、技术资讯，解答企业疑问和难题。

（新疆塑料协会）

主要制品行业情况

农用薄膜

一、行业发展与现状

我国从20世纪50年代开始引进、生产和使用农用薄膜，当时由于技术不完备，规模小，没有形成气候。棚膜在园艺设施中应用，最初主要是引进聚氯乙烯薄膜。1963年我国自主研制成功了PVC拱棚膜，宽度2~4米，厚度在0.04~0.08毫米，农田试验收到明显经济效益。1965年在全国推广宽度为6~12米，厚度0.06~0.15毫米的大棚膜，应用表明农用薄膜对作物确有良好的保温、增收作用，但同时也发现冬春两季使用时，棚膜内表面会产生滴水现象、对作物产生危害，于是开始PVC无滴棚膜的研发。1976年我国成功研制聚乙烯棚膜，在PVC无滴棚膜生产实践的基础上，开始聚乙烯（PE）无滴棚膜的研究。于20世纪80年代中后期成功生产出第一代无滴耐老化功能膜（双防膜），受到用户好评，并得以迅速推广、应用。90年代初研制成功具有流滴、消雾、保温等功能的第二代棚膜。随着成型工艺技术的提高，从单层挤出发展到双层、三层共挤复合吹膜，生产出双层、三层共挤无滴耐老化多功能第三代产品。90年代末期在线干法涂覆PO膜着手研制，至2010年前成功推出功能与寿命同步、性能更佳、稳定性更好的第四代耐老化功能膜，目前PO膜的生产和性能均已达到国际先进水平。与此同时农膜企业应用高科技成果，针对特定的农作物，不同的气候环境，害虫侵袭程度以及如何充分利用太阳光等问题研制开发出一批新的专用型功能棚，如紫外线隔绝膜、转光膜、漫反射膜、抗菌薄膜、纳米塑料薄膜等，有些技术如流滴性能快速检测、薄型耐老化功能膜、转光技术等甚至居世界领先地位。我国地膜的大规模应用始于20世纪70年代后期，1978年从日本引入地膜覆盖栽培技术，1979年邀请日本专业人士现场技术指导，到1983年全国地膜覆盖面积达到943万亩，超过日本跃居地膜覆盖大国之首。1984年全国地膜用量为13万吨，覆盖面积达到2 000万亩。此时棚膜用量在10多万吨，覆盖面积达到47万亩。1988年中国塑协农膜专委会成立时，全国农膜产量达到30万吨，其中地膜产量为15万吨，覆盖面积3 000万亩，棚膜产量15万吨，覆盖面积61万亩。随后功能性地膜的研发生产和应用也取得了可喜进展。尤其是着色地膜的发展更加突出。当前我国功能性地膜有黑色、彩色、黑白、黑银等双色地膜，反射、可控降解地膜等，还在继续加大研究力度，扩大品牌，提高除草、防虫、流滴、转光效果，提高功能性地膜的质量和产量。

我国现有农膜生产企业约千家，从业人数近7万，总产能400万吨，2014年农膜总产量260万吨，其中棚膜产量118万吨，覆盖面积6 160万亩，地膜产量142万吨，覆盖面积3.8亿亩，农膜总产值300多亿元。农膜行业规模以上企业200多家。据统计2014年全国规模以上农膜企业农膜产量为219.2万吨，较去年同期增长15.57%。千家企业中年产量在万吨以上的大型骨干企业42家，它们的产量总和占到全国规模以上农膜企业农膜产量近50%，占到全国农膜总产量的40%，其中产量最高的约5万吨/年。年产量在3 000~10 000吨之间的大中型企业近百家，其产量之和占全国产量的28%。年产1 000~3 000吨的中小企业130多家，其产量之和占全国产量的12%。其余730余家为小微型企业，他们的产量之和占全国产量的20%，平均每家农膜产量约700吨/年，见图1。

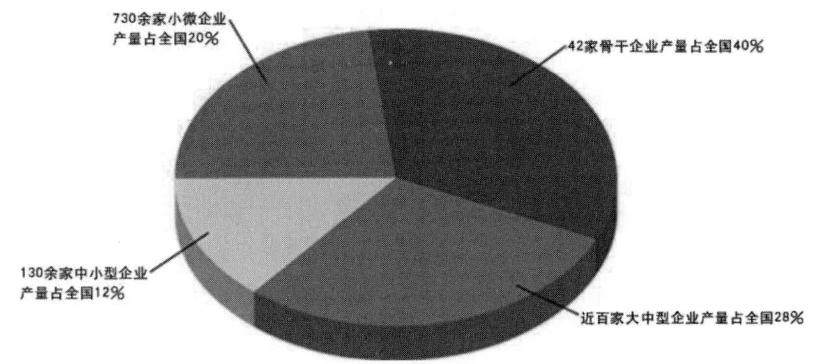

图1　各类型企业农膜产量占全国产量的比例

农膜产品结构也取得明显优化，“十五”期末，即 2005 年我国高中低档农膜产量比例为<2%：20%：>78%，“十一五”期末即 2010 年这一比例达到 2%：38%：60%，到“十二五”期末即 2015 年这一比例达到 5%：45%：50%，到“十三五”末即 2020 年这一比例将达到 10%：50%：40%，届时中高档农膜比例将达到 60%，超过低档农膜的产量。我国农膜的品种最近 5 年翻了一番，由 20 种增加到 40 多种，而且产品质量稳定合格、品质不断提高。

2014 年 4 月在上海召开的中国塑协六届四次理事扩大会议对塑料加工业 2011~2013 年度科技创新型企业、优秀科技成果和先进科技工作者进行了表彰，农膜行业获奖项目 22 项，覆盖了所有奖项，这是获奖企业的光荣和骄傲，也是对整个农膜行业的褒奖和肯定。

农膜行业的快速发展，对提高土地产出率、增强农业抗灾能力、实现农业稳产高产，促进种植业结构优化、增强农产品有效供给、提高农民收入做出了巨大贡献。在农业现代化和社会主义新农村建设中正发挥越来越大的作用。

二、行业热点

2014 年农膜行业显现以下三个重要特点，即热点。

1. 再现高速增长态势

2012 年以前，我国农膜行业产量连续三年高速增长，受国际金融危机影响，2012 年增长率最低时曾降到 3%，年末仅达到 7.74%，2013 年是走出低谷较快发展的一年，同比增长率升至 13.6%，见表 1。

表 1　2009~2014 年全国规模以上农膜企业产量及增长率

年份	2009	2010	2011	2012	2013	2014
产量（万吨）	119.3	157.2	146.8	162.7	187.4	219.2
年增长率（±%）	18.4	27.7	14.5	7.74	13.6	15.57

注：自 2011 年 2 月起国家统计局对规模以上企业的划分标准由原来的年销售收入 500 万元调整到 2 000 万元，故 2011 年产量统计数据出现减少，实际年增长率为 14.5%。

进入 2014 年农膜旺盛活力不减，持续快速挺进，1~2 月累计同比增速提高至 15.0%，至 3 月升到 16.3%，4 月达到 18.9%，5 月 19.8%，1~6 月累计同比增速更是高达 20.35%，累计产量突破 100 万吨（104.9 万吨），比 2013 年提前一个月达到百万吨。（2013 年 1~7 月累计产量 103.4 万吨）。2014 年 1~7 月累计同比增速为 19.3%，累计产量达到 121.4 万吨。1~8 月累计同比增速为 19%，累计产量达到 139.3 万吨；1~9 月累计同比增速为 17.4%，累计产量达到 158.6 万吨；1~11 月累计同比增速为 16.9%，累计产量达到 201 万吨。全年保持在大于 15%的正增长，产量近 220 万吨，再现 2012 年以前的高速增长态势。2013 年与 2014 年农膜产量同比增长率比较见图 2。

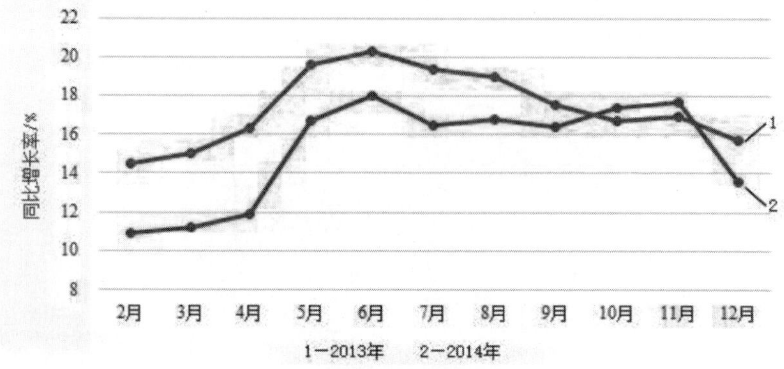

图2　2013年与2014年农膜产量逐月累计同比增长率比较

2．中部农膜企业崛起，增长迅速

河南与山东同样是农业大省，但 2010 年河南省规模以上农膜企业产量仅居全国第三位，相当于第一位山东省产量的三分之一，2011 年河南产量升至全国第二位，占山东产量约 60%。2013 年河南省产量达到 38.4 万吨，山东产量为 40.9 万吨，差距明显缩小。进入 2014 年后，河南产量开始超过山东，但到年末山东追上来，全年产量山东为 43.28 万吨，河南为 42.60 万吨，曾经是山东一马当先的局面改变为山东、河南并驾齐驱。进入 2015 年河南产量又开始超过山东，可谓你追我赶，互不相让。河南产量接近甚至超过山东，对于均衡我国农膜产业格局起到举足轻重的作用。

3．中西部主要省份农膜产量增速明显高于东部沿海省份

2011 年全国农膜产量排名前十位的省份中，中西部省份的产量总和，仅占前十位省份产量总和的 35.67%，至 2014 年这一比例上升至 52.02%，首次超过东部沿海省份的产量之和。甘肃由非前十位进入全国第 6 位，湖南也由非前十位进入第 10 位，四川、新疆的位置也向前移动 1~2 位，我国农膜产量的重心开始逐步向中西部地区倾斜。2011 年同 2014 年全国规模以上农膜企业农膜产量前十位省份产量、增长率和占全国比例比较见表 2。

表 2　　2011 年与 2014 年农膜产量前十位省份比较表

2011 年		山东	河南	辽宁	吉林	浙江	四川	云南	安徽	新疆	江苏
	产量/万吨	33.87	20.30	13.10	10.72	10.20	5.53	5.04	4.58	4.58	4.29
	增速/%	13.69	31.74	−10.5	36.3	−10.3	7.23	8.65	19.22	1.89	47.12
	占全国比例/%	23.07	13.84	8.93	7.30	6.95	3.77	3.43	3.12	3.12	2.92
2014 年		山东	河南	浙江	吉林	四川	甘肃	新疆	云南	广东	湖南
	产量/万吨	43.28	42.60	20.80	16.22	14.19	9.06	8.67	6.82	6.56	5.70
	增速%	8.30	21.56	18.32	20.19	127.83	20.00	19.70	−3.79	−2.56	9.75
	占全国比例%	19.75	19.44	9.49	7.40	6.47	4.14	3.95	9.11	2.99	2.60

出现上述变化说明农膜行业处于欣欣向荣的发展态势，这与农膜行业同仁共同努力分不开，与下列外部环境条件也有密切关系。

一是国内外大环境提供了农膜产业快速发展的外部良好条件，国外发达国家经济总体呈现缓慢复苏迹象，国内生产总值保持约 7.0%的增长率，稳中有进。国家强农、惠农、富农政策激发农民种田的积极性，农业经营模式向规模化的转变，加大了对农膜的需求，中西部区域大开发战略决策的贯彻实施，加快了农膜产业重心向中西部倾斜，为中西部农膜的需求提供了捷径。

二是通过实践，农民认定增产增收、发家致富离不开农膜。2014 年 7 月 20 日人民日报 10 版在报道农户发家致富文章中刊登了当地的一条顺口溜："种上一个棚，当年就脱贫；卖完两棚瓜，小车开回家；户均三棚菜，小楼都能盖。"表达了农民对农膜的喜爱心情和成就感，这是农膜产业经久不衰的力量源泉。

三是在全国 GDP 由高速转向中高速，保持约 7.0%的增长速度之时，在其他塑料子行业同比增速都在约 10%以下的状况下，为什么农膜产量还会以超过 15%的增速独领风骚？我国是农业大国，农业长期处于一家一户分散生产的状态，专业化、规模化、集约化、组织化程度低，制约着农业科技创新和成果转化，我国农业现代化程度比起工业要低得多。2013 年初，著名经济学家程思远说过："我国和发达国家相比，人均创造财富的能力还有相当大的差距，按人均每年创造的增加值计算，第一产业仅为美国的 1%，第二产业仅为德国的 1/5。"2014 年中国社科院农村发展研究所研究员党国英也提

出类似的观点，我国谷物劳动生产率平均水平约为美国的 1%，按实际劳动时间折算，这个数值也不超过 5%，由于农业经济的纵向专业化水平低，农户经营规模过小，……我国与发达国家相比，农业比较优势尚显不足。以上看法都说明我国农业生产的效率太低，实现农业现代化的目标任重道远，也可以说农业需要提升的空间还很多，余地也大。中央高度重视“三农”在好的政策导向下，激发了“三农”活力。由于基础面较低，特别是中西部地区，在初级阶段增长速度会相对高些，这也就带动了农膜产业的快速发展。但是全国经济增速毕竟已经降到 7%，当前国内外需求低迷、经济下午压力很大，这种压力的传递有个过程，但农膜行业如同其他行业一样不可避免地会受到影响，今后增速缓慢下降将是正常状态，要做好准备主动适应新常态。

三、存在问题

农膜行业虽然取得快速发展和重大进步，但是与世界先进水平相比差距还很大，例如目前国外发达国家农膜产品结构是，高档、中档与低档产品的比例为 20%：50%：30%，其中高中档的比例占到 70%，而我国目前高中档产品的比例仅为 50%左右，低档产品供过于求，同质化程度严重；数量占 86%的中小微企业生产工艺、装备水平、生产经营状况还比较落后，产品多是普通农膜，利润空间窄，抵御风险能力差，亟须加大改造力度；就整个行业看概括的说就是产销两旺，效益下降。农膜属支农产品，受农民购买力限制，农膜产品定价不能太高，加之近年来劳动成本上升，农膜行业利润下滑严重，有的骨干企业利润率甚至达不到 1%，资金短缺制约企业技术创新和转型升级；农膜市场仍然存在无序竞争，一些企业以次充好，低价冲击市场，既损害农民利益，又干扰了市场正常秩序。我国农膜产量虽然位居世界第一，占世界农膜产量的 60.5%，堪称农膜大国，但并不是品牌大国，更不是农膜强国。农膜行业、农膜企业要认真对待不足与差距，在今后工作中不断创新、提升质量，加速改造，缩短与国外先进水平的差距，适应市场不断变化的需求。

针对农膜季节性生产的特点和由此带来的弊端，我们建议尽快建立农膜产品的淡季仓储基地，以缓解农膜企业旺季忙半年，淡季闲半年的局面，使农膜企业向全年均衡生产方向转变，这有利于企业加强管理，人员稳定，队伍培训，素质提高；有利于化解产能过剩，缓冲淡旺季原料价格的波动，提高产品质量、增加企业效益，可以说建立淡季仓储是农膜行业健康持续发展的重要保证。希望政府部门统筹规划、政策引导，在资金上给予支持，以期早日实现农膜产品的淡季仓储。

四、主要活动

（一）组织农膜企业参与地膜国标修订工作

为配合国家标准化管理委员会关于地膜国标修订工作，农膜专委会组织 27 家农膜企业参加了 2013 年底在北京召开的《聚乙烯吹塑农用地面覆盖薄膜》国家标准修订工作研讨会，为修订工作拉开序幕。

2014 年 3 月 14 日在农科院农业环境与可持续发展研究所学术报告厅召开了 GB13735—1992《聚乙烯吹塑农用地面覆盖薄膜》**国家标准修订工作会议**，出席本次会议的领导专家有 国家标准委员会工业二部易祥榕；中国轻工业联合会质量标准部主任查长全；中国轻工业联合会质量标准部处长王旭华；中国塑料加工工业协会常务副理事长、全国塑料制品标准化技术委员会主任委员曹俭；中国农业科学院农业环境与可持续发展研究所书记栗金池；农业部推荐专家严昌荣；工信部推荐专家刘新民；全国农业技术推广中心首席专家张真和；山东省推荐专家王丽红；全国塑料制品标准化分技术委员会（SC1） 主任委员田岩、副主任委员朱吴兰、秘书长彭永杰、副秘书长李田华；共计 20 家相关单位参加会议：其中 15 家生产企业；1 家助剂生产企业；4 家科研院所。

上午会议由全国塑料制品标准化分技术委员会（SC1）主任委员田岩主持国家标准委员会工业二部易祥榕讲话，内容为：

第一，GB13735—1992《聚乙烯吹塑农用地面覆盖薄膜》国家标准修订工作上至中央政治局常委，下至各个企业都非常重视。全国政协主席俞正声不久前给发改委一个批示，对农用地膜这个现状表示不满，现在制修订的速度太慢。所以这个标准一定要作为塑料标委会的首要任务，齐心协力把它抓好。

第二，这个标准意义重大，不光代表政府，也代表各个企业及检验机构，要把各方利益结合好，保证标准修订质量。国标委做了很多工作，邀请各个部门包括工信部、环保部还有农业部一些专家加入标准起草小组，确保从起草这个层面，解决利益结合问题，避免标准出台后实施遇到阻力。

另外针对各位专家及代表提出标准性质为强制性的问题，将及时汇报给相关部门。

中国轻工业联合会查长全主任讲话要求：农地膜关系到“三农”这个最根本的问题，牵扯面广，领导十分重视，相关工作还要高质量地加快进行。工作组的成立要有广泛的代表性，要综合各方面的意见，从顶层设计开始，有关单位全部参与进来，确保标准的适用性。相关工作已经开展了一段时间，各方面需要抓紧时间，抓住实质性问题，将工作高效推进。

中国塑料加工工业协会常务副理事长、全国塑料制品标准化技术委员会主任委员曹俭讲话表示：全力以赴支持这项工作，加快进度，把标准修订工作落到实处。希望大家共同努力争取 7 月底前拿出国标修订的征求意见稿，并做出指示由 TG48/SC1 田岩主任、彭永杰秘书长、李田华副秘书长共同负责该项工作。

农业部推荐专家严昌荣传达了农业部对修订工作的意见和建议，希望增加厚度有利回收。

工信部推荐的专家带来了烟草行业对标准修订的看法：烟草、花生等农作物的覆盖期短、增加厚度会给农民带来经济负担，担心不利推广。

全国农业技术推广中心首席专家张真和谈了农业用地面覆盖膜的使用现状，污染情况，舆论反响，认为国标 GB13735—1992 标准性质由强制性修订为推荐性是不合理的，弊端较多。综合考虑农业成本和覆盖效应，建议适当增加厚度，缩小极限偏差。最后表示，地膜的白色污染不仅仅是一个标准所能解决的，更需要各方面的共同努力。

全国塑料制品标准化分技术委员会秘书长彭永杰宣布标准修订工作的牵头单位为白山喜丰塑业有限公司，成员单位的选择根据企业的技术实力、制标经验、熟识标准的程度、各企业在行业中的生产能力影响力和地域的代表性拟定 20 家。

标准修订工作的牵头单位白山喜丰塑业有限公司技术处长李炳君介绍了根据前期工作提出的 GB13735—1992 国家标准修订建议。

与会“地膜”生产企业代表纷纷反映了当地覆盖膜应用情况和对修订工作意见和建议。

下午会议由全国塑料制品标准化分技术委员会（SC1） 秘书长彭永杰主持，代表们就标准修订的目的、要求、涉及的标准修订内容统一认识，讨论标准修订工作计划，工作组成员进行分工，会议形成决议：

①修订的标准仍为强制性标准；②标准范围不包括降解地膜；③产品厚度提高到 0.010 毫米以上；④花生和烟草等作物用膜均执行本标准；如有特殊要求，可以通过原料调整。

2014 年 6 月份农膜专委会年会上白山市喜丰塑料（集团）股份有限公司李炳君处长介绍了 GB13735—1992《聚乙烯吹塑农用地面覆盖薄膜》国家标准修订工作进展情况及 GB13735—1992《聚乙烯吹塑农用地面覆盖薄膜》（征求意见稿），后续工作还在进行中。

（二）积极组织企业参加可控全生物降解地膜农田应用试验

农膜专委会积极组织白山喜丰塑料股份有限公司、北京华盾塑料有限公司、山东清田塑工有限公司、山东企鹅有限公司等有实力的企业参加了可控全生物降解地膜农田应用试验。2014 年 2 月 18 日，中国塑料加工工业协会、全国农业技术推广服务中心、中国农用塑料应用技术学会在全国农业技术推广服务中心联合召开了“可控全生物降解地膜农田应用试验总结交流会”。 会议由中国塑协农用薄膜专业委员会主任、白山喜丰塑料股份有限公司董事长曹志强主持。

参加会议的有中国塑料加工工业协会常务副理事长曹俭，中国农用塑料应用技术学会会长、全国农业技术推广服务中心首席科学家张真和，全国农业技术推广中心粮食作物技术处处长、中国农用塑料应用技术学会粮油专委会主任委员张毅，中国生物发酵协会秘书长李晓燕，中国塑料加工工业协会秘书长马占峰、副秘书长田岩，中国塑协降解专业委员会秘书长翁云宣、农用薄膜专业委员会秘书长刘敏，云南、湖北、河北三省市农技中心、国内生物降解树脂及改性料生产企业、农膜生产企业、全国农技中心粮食作物技术处及中国塑协综合业务部的代表共 40 人。

曹俭常务副理事长首先致辞。他对参加 2013 年全生物降解地膜农田应用试验的有关专家、企业所做的工作表示感谢。希望大家对 2013 年生物降解地膜农田应用试验结果进行总结、找出试验中存在的问题和差距、提出下一步进行试验的意见和建议，以便更好的开展 2014 年可控全生物降解地膜农田应用试验。通过应用试验工程，为国家的农业现代化、为实现“中国梦”，研制、开发出合格的全生物降解地膜制品并推广到全国使用；张真和会长做“2013 年可控全生物降解地膜农田应用试验工作总结”，他回顾了三家单位联手开展全生物降解地膜应用试验工作的策划与启动、组织与实施的工作过程，对整个试验工作过程及试验结果进行了详细的说明，提出了下一步试验工作的建议和期望达到的效果；农技中心鄂文第博士做“2013 年度可控全生物降解地膜农田试验总结报告”，她对大量的试验数据及图表进行了详细的分析，对试验效果进行了客观的比对及评价；三个农田应用试验点的技术人员介绍了农田应用试验情况，对参试样品提出了意见和建议；参试的树脂、改性材料企业及农膜生产企业代表一致表示对 2013 年的农田应用试验结果报告和结果分析很满意，愿意继续参与 2014 年的全生物降解地膜农田应用试验，并就 2013 年可控全生物降解地膜农田应用试验中存在的生产原材料配方、生产工艺条件、产品规格、颜色等问题进行了讨论、研究并提出了解决办法。

本次会议的召开，为 2014 年可控全生物降解地膜农田应用试验更好地开展打下了坚实的基础，是中国塑料加工工业协会、全国农业技术推广服务中心、中国农用塑料应用技术学会、中国生物发酵协会为推动我国全生物降解材料的研究、发展进程所做的积极努力，对国家治理白色污染、农用地膜残留等问题的解决起到了积极的作用。

2014 年又有两家农膜企业参加地膜农田试验，即新疆天业股份有限公司、天水天宝塑业有限责任公司。

（三）组织参加中国塑协六届四次理事扩大会议并接受表彰

六届四次理事扩大会议于 2014 年 4 月在上海召开，会上表彰了塑料加工业 2011~2013 年度科技创新型企业、优秀科技成果、先进科技工作者；2012~2013 年度全国轻工业卓越绩效先进企业、获得 2013 年度中国轻工业联合会科学技术奖和“轻工品牌培育管理体系先进企业”。会前农膜专委会认真组织企业对授奖项目进行申报，从获奖情况看出，农膜专委会申报的项目，几乎全部中奖并覆盖了所有奖项，农膜企业获奖名单如下。

1．塑料加工业 2011~2013 年度优秀科技成果奖名单

一等奖：聊城华塑工业有限公司　涂覆型长效流滴消雾功能农用大棚膜。

二等奖：山东天鹤塑胶股份有限公司　涂覆型持久流滴聚烯烃农膜及纳米复合涂液。

三等奖：河南省银丰塑料有限公司　针孔型多层共挤银黑双色生物降解地面覆盖薄膜的开发。

2．塑料加工业 2011~2013 年度科技创新型企业名单

武汉华丽环保科技有限公司、山东清田塑工有限公司、山东天鹤塑胶股份有限公司、北京华盾雪花塑料集团有限责任公司、天津市天塑科技集团有限公司第二塑料制品厂、天水天宝塑业有限责任公司、佛山佛塑科技集团股份有限公司、山东企鹅塑胶集团有限公司。

3．塑料加工业 2011~2013 年度先进科技工作者名单

北京天罡助剂有限责任公司刘罡、山东天鹤塑胶股份有限公司孙天智、白山市喜丰塑业有限公司李炳君。

4．2013 年度中国轻工业联合会科学技术奖获奖项目

聊城华塑工业有限公司获技术发明一等奖、佛山佛塑科技集团股份有限公司获技术进步二等奖、北京华盾雪花塑料集团有限责任公司、山东天鹤塑胶股份有限公司分别获技术进步三等奖。

5．2012~2013 年度全国轻工业卓越绩效先进企业

山东清田塑工有限公司、新疆天业股份有限公司、天水天宝塑业有限责任公司。

6．2013 年中国轻工业联合会轻工品牌培育管理体系先进企业

浙江杭州新光塑料有限公司。

（四）组织农膜企业与工信部领导座谈

《农用薄膜行业准入条件》颁布以来,农膜行业的环境发生了很大变化,出现许多新的情况。针对农膜行业出现的新情况新问题，为了进一步研究落实《农用薄膜行业准入条件》，推动农膜行业健康发展，工业和信息化部消费品司同部分农膜企业代表于 2014 年 5 月 23 日上午在北京进行了座谈。

中国塑料加工工业协会马占峰秘书长、中国塑料加工工业协会农用薄膜专业委员会刘敏秘书长应邀出席了会议。

工业和信息化部消费品工业司高延敏副司长介绍了召开座谈会的原因和目的，希望通过此次座谈会了解农膜行业的发展现状及存在的问题；了解《农用薄膜行业准入条件》实施四年来执行情况、存在问题及对今后工作的意见和建议；农膜生产企业及本地区运行情况。

参会代表畅所欲言，分别就上述问题介绍了情况，提出了建议和意见，希望能为农膜行业提供具有实效性、公平竞争的环境；对符合《准入条件》的企业提供适当的政策倾斜；加强行业自律、企业自律、保证诚信、提高产品质量、加大技术研发。

工业和信息化部消费品工业司高延敏副司长、汪敏燕处长、谢立安副处长认真听取了各方介绍，并详细询问了有关问题。

最后高延敏副司长总结发言，通过座谈会更加深入了解了农膜行业的情况，提出几条工作方案：一是通过地方政府部门，对在《农用薄膜行业准入条件》实施后，未严格按照《入准条件》执行的新建农膜生产企业进行摸底、查处；二是补充、修订《农用薄膜行业准入条件》，突出主体及管理办法，为下一步工作做准备；三是行业协会推进《农膜行业品牌评价》工作，对讲诚信、重质量、求发展的企业进行推荐、宣传；四是出台《农膜行业健康发展指导意见》，提高对农膜行业的关注度，推动农膜行业的健康发展。根据本次会议精神尽快形成实施方案，积极推动上述工作的开展。

参会企业来自北京、天津、黑龙江、安徽、山东、浙江、河南、广东、云南、甘肃等 10 个省、市共 13 名代表，大家对本次座谈会非常满意，体会到工信部领导对农膜行业的关心，进一步了解领导对执行《准入条件》的想法与下步打算。

（五）召开中国塑协农膜专委会 2014 年年会

中国塑料加工工业协会农用薄膜专业委员会 2014 年年会于 2014 年 6 月 16 日在河南省周口市淮阳县羲皇宾馆隆重召开。

出席会议的领导有：中国轻工业联合会副会长、中国塑料加工工业协会钱桂敬理事长，国家工信部消费品司轻工一处谢立安副处长，中国塑料加工工业协会田岩副秘书长，河南省轻工业协会陈清波会长，河南省轻工业协会李尚武秘书长，淮阳县人民政府马明超县长，淮阳县人民政府耿党恩副县长，淮阳县总工会丁永华主席，淮阳县政府办公室师建峰主任。

参加会议的还有来自全国各地的农用薄膜生产、研究、应用及市场的相关高校学者，外商驻中国代理机构和商社代表，农膜企业和原料、助剂、设备、科研院所等各方面的专家、企业代表、新闻媒体朋友共计 241 位。

上午的会议由专委会副主任郝福江主持。

中国轻工业联合会副会长、中国塑料加工工业协会理事长钱桂敬首先讲话。他代表中国塑料加工工业协会对会议的成功召开表示热烈祝贺；介绍了塑料行业的发展现状，分析了农膜企业及产业发展运行存在的问题，提出行业的发展建议和要求；对农膜专委会在农膜行业准入、地膜国家标准修订、农膜产品能耗标准制定及为推动农膜行业健康发展等方面所做的工作给予了高度的评价。钱理事长的讲话为农膜行业的发展和专委会的工作指明了方向。

国家工业和信息化部消费品司轻工一处谢立安处长介绍了代表们最关心的国家关于农膜行业、地膜回收降解、节能减排等相关促进农膜产业发展的政策，提出完善《农用薄膜行业准入条件》的设想，希望会员企业积极支持配合。

淮阳县人民政府马明超县长致辞。他介绍了淮阳县工业及塑料产业集群发展情况，对与会代表的到来表示欢迎，并预祝大会圆满成功。

专委会曹志强主任做《农膜专委会工作报告》，他全面总结了过去一年专委会的主要工作及成绩，提出今后工作重点与具体安排，对关心支持专委会工作的领导及各界朋友表示衷心感谢。

中国塑料加工工业协会田岩副秘书长介绍了中国塑协举办 2014 中国国际塑料新材料、新技术、新装备、新产品展览会的目的、意义和对行业发展的作用，希望各会员单位积极参加，展示农膜行业、农膜企业、农膜产品的发展成果和光辉业绩。

专委会徐双宏副秘书长对《农用薄膜生产企业单位产品能耗及费用标准》（讨论稿）进行了解释说明，请各生产企业对照标准进行讨论，并参照标准严格控制各项费用指标，降低企业成本，增进企业市场竞争能力，推动行业持续健康良性发展。

专委会刘敏秘书长宣读《农用薄膜企业准入审

查申请书》。指出：为切实贯彻落实、顺利实施《农用薄膜行业准入条件》，使其具有可操作性，便于政府监管，向农膜生产企业下发《农用薄膜企业准入审查申请书》，要求各企业代表认真填写并于6月底前反馈专委会秘书处。

会议审议通过了关于辽宁神农塑料有限公司、长春福利塑料有限责任公司、广西南宁新丰塑料有限公司不适合再继续担任常委单位的事宜。

白山市喜丰塑料（集团）股份有限公司李炳君处长介绍了GB13735—1992《聚乙烯吹塑农用地面覆盖薄膜》国家标准修订工作进展情况。

技术交流会由杨振生副主任委员主持，山东农业大学米庆华教授、中石化经济技术研究院高春雨高工等14位专家学者就农膜原料市场分析、农膜生产及相关技术等方面进行了交流讲座,分享了农膜产品相关新材料、新技术、新装备，使与会代表开拓了视野、丰富了知识，加强了会员单位之间的技术交流和彼此了解与友谊。

会议期间，曹志强主任代表中国塑料加工工业协会农用薄膜专业委员会与淮阳县人民政府签署了关于鼓励协会会员企业到淮阳投资建厂的战略合作协议。

与会代表还参观了河南省银丰塑料有限公司、河南联塑实业有限公司。

本届会员代表大会回顾过去，展望未来，对专委会工作提出了意见和建议，体现了同心同德、团结奋进的精神，加强了会员单位间的联系、协作和交流。在全体与会代表和朋友们的共同努力和大力支持下完成了大会预定任务,取得圆满成功。

（六）组织参观中国国际塑料橡胶工业展览会

为推动我国塑料工业的发展、技术交流与经贸合作，由中国塑料加工工业协会、中国塑料机械工业协会、雅式展览服务有限公司联合主办的“第二十八届中国国际塑料橡胶工业展览会”于2014年4月23~26日在上海新国际博览中心举行。

为帮助会员企业及时了解国内外行业信息，增进同行及上下游企业的交流，中国塑协农膜专委会极组织会员企业参观中国国际塑料橡胶工业展览会，今年参会的有约50家企业120位代表。

（七）组织参加2014年塑料新材料、新技术、新成果交流会暨中国塑协专家委员会三届一次会议

“2014年塑料新材料、新技术、新成果交流会暨中国塑协专家委员会”于2014年10月23日在杭州华美达酒店落幕。参观会议的有来自全国各地的塑料加工行业相关高校、研究单位、生产企业的139位专家代表，农膜专委会组织农膜行业10余名专家代表到会。

中国轻工业联合会副会长、中国塑料加工工业协会理事长钱桂敬；中国塑料加工工业协会常务副理事长曹俭；专家委员会主任王德禧出席了会议。

（八）组织参加“2014中国国际塑料新材料、新技术、新装备、新产品展览会”

2014年12月15~17日由中国塑料加工工业协会主承办的“2014中国国际塑料新材料、新技术、新装备、新产品展览会”开幕式在广州海珠区保利世贸博览馆举行。

中国轻工业联合会会长步正发宣布“2014中国国际塑料新材料、新技术、新装备、新产品展览会”开幕。在上千位主管领导、专家、参展商、媒体和观众的共同见证下，经中国轻工业联合会及有关部门正式批准的中国塑料展（ChinanewPlas）在广州市海珠区保利世贸博览馆隆重开幕，同时也开启了中国塑料加工工业协会为中国和世界塑料行业服务的新方式。

2014中国国际新材料、新技术、新装备、新产品展览会是中国塑料加工工业协会主办的以科技创新、转型升级、绿色发展为主题，涵盖制品、原料、装备、模具、工艺技术全产业链的科技型展会，其目的是进一步促进行业技术进步和科技创新，推动产业结构调整和转型升级。中国塑料展是展示企业创新发展辉煌成就和企业家风采的舞台，是新材料、新技术、新装备、新产品荟萃的殿堂；是各界同仁友好往来、营造经贸商机的理想平台；是国内外行业协会（商会、学会）多边合作对话、促进塑料产业升级的桥梁和纽带。

农膜专委会组织原料、助剂、设备、农膜生产企业共15家参展，32家企业73人参加本次展会。展板醒目、内容丰富、场面宏大、组织有序，吸引众多参观者前来咨询、交流洽谈，各方反响较好。农膜专委会荣获展会优秀组织奖。

五、今后工作思路

今后要继续做好“十二五”期间确定的五方面工作，即落实准入监管、整顿生产秩序；规范市场秩序，防止恶意、无序竞争；加强质量管理，培育

驰名商标，实施品牌战略；注重人才培养，提高农膜行业科技和管理水平；积极推动行业各项指标及产品标准的制订工作，争取达到国际先进水平。农膜专委会认为农膜行业当前发展中的短板是企业管理水平存在差距，管理上不去，企业的各方面工作都会受到制约。今后工作要以加强企业管理为突破口，全面提升农膜行业管理水平。从 2014 年 6 月到 2015 年年会召开之时，这一个年度确定为农膜行业“加强企业管理年”，把加强企业管理作为重点工作抓实抓好。企业管理的核心是人的管理，以人为本。企业管理的灵魂是诚信至上，企业管理的落脚点是提高运行的质量和效益。当然，每个企业有各自的条件和特点，所以加强企业管理的侧重点也不尽相同，在找准自身问题的基础上明确主攻方面，用一年的时间在管理水平上有明显提高。

针对农膜行业当前存在的差距和不足，未来发展中应注重做好以下三方面的工作。

1．瞄准“功能化”方向，进一步加快产品结构调整和新产品开发

继续发展具有中国特色的、农民欢迎的功能性农膜产品，并提高其推广应用。努力提高功能性农膜在农膜产品总量中的比例，加大专用膜的开发与使用。

棚膜向长寿、流滴消雾等功能与寿命同步发展。普及推广功能与寿命同步的涂覆型流滴、保温棚膜；研究、完善和推广更适合将日光中对作物有害的紫外光、对光合作用无用的绿光转化成植物光合作用所需要的红光、蓝紫光等光生态膜产品。

地膜向实现农业的环境保护和清洁生产方向努力，要继续加大功能膜的开发和新材料开发应用。一方面发展和普及长寿、流滴、除草、增温、防虫等功能性地膜，保证春覆和秋覆膜使用后仍能回收。另一方面，加快新型地膜如改性 PET 耐老化地膜开发研制与应用。特别要加快完全生物降解地膜农田实验进度。

2．依靠科技进步，力争农膜行业关键、共性技术实现新的突破

中国塑协《塑料加工业技术进步指导意见》在前沿技术研究、关键共性技术、重点推广技术、重点节能及清洁生产技术、重点装备研发等专栏列出了农膜行业发展中急待解决的八个方面问题，如高透明功能与寿命同步薄膜产业化；长效光生态、光转换农膜生产技术；生物基塑料加工及装备关键技术；废旧地膜回收与高值化利用；长效流滴消雾农用功能棚膜及聚合物基纳米复合涂液推广；农用功能性覆盖材料的功效延长技术与应用；农膜减薄涂层涂布装置技术研究等。这是农膜专委会结合行业发展实际组织力量，深入调查研究后提出来的，代表农膜行业技术发展方向。我们要紧紧围绕农膜行业发展中面临的关键共性技术及核心技术取得新的突破。

3．走可持续创新发展之路

农膜行业小企业多，技术力量薄弱，要在有条件的大企业中加快人才、资金、技术等创新要素的聚集，通过产业联盟和攻关项目的实施，加快产、学、研高度融合，帮助小微企业走技术创新之路，争取培育和壮大一批骨干企业，在组建企业集团方面有所突破。“十二五”接近尾声，农膜专委会和农膜企业要认真总结“十二五”技术进步、技术改造、产品开发、节能降耗、产品质量和效益等方面的作法和经验，肯定成绩，找出差距，明确方向，为制订“十三五”规划做好准备，使农膜行业在科学、可行规划的指导下真正走上可持续创新发展之路。

中国经济已经步入新常态，市场正逐渐在资源配置中起决定性作用。农膜行业转型升级和结构调整的任务十分紧迫，我们不刻意追求高速度，不单纯追求高指标，着力于提高运行的质量和效益。农膜专委会努力为企业健康发展营造良好环境，在 2015 年塑料加工业“十二五”规划收官之年，争取做出更大贡献。

六、重点企业

（1）白山市喜丰塑料（集团）股份有限公司是全国农膜行业排头兵企业，下辖白山喜丰塑业有限公司、山东喜丰塑业有限公司、沈阳喜丰塑业有限公司、白山喜丰塑业三原分公司、参花塑料股份有限公司、浩阳汽车零部件有限公司等 10 家子公司。主要生产农用薄膜、节水器材、汽车零部件、化工制品、纸制品等七大系列 200 多种产品。公司占地面积 30 万平方米，现有职工 1 400 人。通过多年的内外招聘，喜丰集团专业技术人员达到 402 人，占员工总人数的 30%。

喜丰集团年产塑料制品能力 12 万吨，产值超过 10 亿元，农膜产销量连续多年居全国第一。曾先后荣获全国《五一劳动奖状》和全国首批“重合

同、守信用”企业、全国精神文明建设先进单位、全国文明单位等荣誉称号，2013 年 1 月荣获吉林省质量奖。“喜丰”牌商标荣获中国驰名商标称号，喜丰农膜曾荣获中国名牌产品、吉林省名牌产品称号。

喜丰集团始终以振兴民族工业为己任，以“让喜丰产品为亿万农民带来最大收益”为企业宗旨，坚持“一切服从质量、一心为了用户”的质量方针，在全国农膜企业率先通过 ISO9001 质量体系认证，喜丰农膜已成为广大农民心中的知名品牌。

（2）天津市天塑科技集团有限公司第二塑料制品厂是一家具有五十余年历史的国有大型塑料薄膜专业生产企业，主要生产经营“兰花”牌、“绿竹”牌、“春兰”牌等系列农用薄膜产品，企业年综合生产能力 3 万吨，其主导 “兰花”牌农用薄膜产品获中国名牌产品、国家免检产品认证、天津市名牌，“兰花”商标获得中国驰名商标、天津市著名商标等称号。在企业五十余年的发展历程中，不断增加科技和装备投入，企业拥有自主知识产权的产品和设备改造等发明和实用新型专利 30 余项，建有区级技术中心，产品综合技术水平和生产能力始终处于同行业领先地位，是中国塑料加工协会农膜专业委员会副理事长单位。

目前企业生产经营体系由厂部管理职能、农膜生产部（生产制造）、物资供销公司（供应、销售）组成。企业后勤保障及人力资源等管理由园区综合管理部负责。

天津二塑是我国最早研制生产农业用塑料薄膜的企业之一，其率先研发投产的折径 3.5 米宽幅薄膜是国家科委攻关项目，填补了国内该项产品空白。在几十年的发展过程中，企业产品技术水平始终保持在国内领先地位。近几年随着农地膜产业市场竞争的加剧，企业将功能膜内在功能、品质的提升作为参与竞争的关键，广泛与国内外各大石化厂商以及天津大学、农学院、北京化工研究院、天津蔬菜研究所等院校和科研机构开展合作，先后推出三防两高功能膜、转光功能膜、花卉专用膜、瓜类专用膜、EVA 高透光日光膜、兰花之星 EVA 高档多功能膜、EVA 精品日光膜、EVA 高保温消雾膜和市场领先的高新系列高档农膜产品以及多种专用膜等十余个新品。其中研制开发的多功能聚乙烯农膜获得了天津市人民政府颁发的优秀新产品一等奖，长效防雾滴膜产品获得天津市技术创新三等奖和科技成果奖。优质的产品，多样的品种使二塑在市场中始终处于领先地位。二塑产品销往国内 20 多个省、市、自治区，深受广大农业种植户、养殖户的好评，多年来一直是农业生产资料市场的畅销产品。企业近几年连续农膜产销量在行业内排名第一，成为国内同行业的核心企业。

在此基础上，企业从保持可持续发展的经营战略出发，充分发挥自身产品技术研发实力优势，在行业内首家自主研制生产功能膜专用母料，有效缩短了新品研发时间，增强了产品功能、品质的稳定性。

2008 年企业抓住市政建设用地整体搬迁重建的时机，科学规划，高水平设计，仅用一年时间在北辰区西堤头塑料工业园建起一座拥有现代化厂房和完善配套设施的高效节能型现代化工厂。在提升企业发展硬件设施的同时，企业全面推行以精细化、智能化、网络化为核心的 IE+IT 经营管理模式，彻底走出国有企业管理滞后、效率低下的圈子，形成了管理精干、效率高效，并与产品和市场全面对接的现代管理体系。

伴随着产品竞争力的提高，市场对“兰花”牌产品需求量不断扩大，近几年来，为满足市场需求，企业依靠自身几十年形成的产品加工技术优势，对全部加工设备进行了技术性改造，使原有老设备在加工工艺水平、加工精度和操作控制等各个方面达到了目前国内领先水平，并先后有 30 余项改造获得了国家专利。2012 年企业抓住市场需求变化，引进了宽幅 16 米多层共挤设备，并利用现有设备进行技术改造，研制开发了涂覆型 PO 膜，填补了国内空白。2015 年又根据农膜市场需求变化，自行设计改造了两台五层共挤 EVAPO 农膜机组，并引进一台具有国内先进水平的宽幅五层共挤生态环保农膜机组，在满足我国农业种植技术发展需要的同时，企业的产品结构进一步向高功能、高附加值、环保上调整。

现在第二塑料制品厂正抓住新世纪我国第二个 10 年发展机遇期，科学筹划企业“十三五”发展规划，为未来五年描绘了涉及企业体制机制、产品技术、市场营销、资本运作、人才开发等各领域的发展方向和目标，同时正充分利用自身技术、市场、人才、品牌等优势，打造国内规模第一，技术领先的新型现代农膜研发制造企业，为我国现代农业和畜牧业发展再做新贡献。

（3）北京华盾雪花塑料集团有限责任公司始建于1965年，从事塑料制品加工40余年，是塑料制品重点生产企业和农膜国家标准起草、制定及修订的主要单位之一，拥有自营进出口权、出入境自理报检资质和国内最宽最厚塑料膜生产线及最先进的制品检测设备，形成了农膜、土工膜、容器托盘、包装制品、塑料管材五大系列共计 50 余种的产品家族，其中主导产品功能性农膜连续 30 年产销量国内第一，土工材料、吹塑托盘和中空容器的市场占有率也名列前茅。

1999 年公司通过 ISO9001 质量体系认证，2000 年建成一流的质量检测中心并荣获“北京市质量管理先进单位”和“用户满意企业”称号，现为中国塑料加工工业协会副理事长单位和中国农用塑料应用技术学会农用塑料制品分会理事长单位。2008 年公司荣获中国轻工业联合会科学技术进步奖，2009 年被中国塑协评为中国塑料行业先进单位。

公司技术力量雄厚，拥有多项自主知识产权，成功研发了从普通棚膜，到长寿棚膜、流滴保温长寿棚膜、高保温流滴长寿棚膜、高保温日光温室膜等第一、二、三代系列产品。2001 年建立了市级“企业技术中心”，拥有国家级专家 3 人，高级技术职称人员 8 人，中级技术职称人员 30 余人，其他专业技术人员 120 余人，占员工总数的 20%以上，其中中青年技术人员占 70%以上。

公司 1984 年被指定为农膜定点生产企业。“华盾”牌系列农膜产品多次获部、市级优质产品称号，历年接受市、部、国家的各级监督抽查质量 100%达标。农膜 1994 年至今保持北京市名牌产品和北京市好产品荣誉，2003 年获 “中国知名薄膜产品质量公证十佳”称号并被国家质检总局评为“质量免检产品”，2004 年被评为中国名牌产品。2006 年通过“国家免检”复评，2007 年通过“中国名牌”复评。

公司 1999 年初被列为土工膜重点生产企业，现可生产幅宽 3~12 米、厚 0.2~2.5 毫米的 LDPE、HDPE、EVA 材质的防渗土工膜，广泛用于水库、引排水工程、堤坝、公路路基、隧道及污水处理、垃圾掩埋场等防渗处理，并在三峡库区和京津快速工程中应用。“华盾”牌土工材料被列入国家“八.五”科技攻关项目，获得中国轻工业部优秀新产品奖、北京市优秀新产品奖、北京市科学技术进步奖，2003 年被推荐为施工首选的“中国环保优质建材”，2004 年被列为建设部科技成果推广项目，2005 年被列入“国家小城镇建设先进适用技术与产品”推荐目录并取得“全国工业产品生产许可证”。

公司生产的“盾”牌中空制品曾获“全国优秀包装产品奖”和“全国轻工业优质产品”荣誉称号。现可生产 1-1000L 系列塑料桶及吹塑法和注塑法塑料托盘。200L 系列容器拥有危险化学品包装物定点和出入境食品包装资质，“盾”牌塑料平托盘获中国质量技术监督信息协会颁发的“质量信得过产品”称号，并推荐各行业使用。

公司拥有完善的市场信息、市场销售系统，产品销往全国各 27 个省区、直辖市及俄罗斯、日本、东南亚、美国等国家和地区。

（4）山东清田塑工有限公司坐落于中国历史文化名城——临淄，中国齐鲁化学工业区，紧邻 102 省道，是国家级高新技术企业。公司成立于 2003 年，注册资金 8 000 万元，是一家集科研开发、产品生产、技术服务于一体的农用塑料薄膜生产企业。公司现有职工 420 人，其中大专以上学历人员 280 人，专业技术人员 160 人，专职从事质量工作人员 24 人。拥有年产 10 万吨生产线，属国内农用塑料薄膜行业的龙头企业。2012 年被国家科技部认定为“国家火炬计划重点高新技术企业”。2013 年获得淄博市首届“市长质量奖”“中国轻工业百强企业”“中国轻工业电子商务先进企业”等荣誉，2014 年被中国轻工业联合会评为“塑料加工业科技创新型企业”“全国轻工业卓越绩效先进企业”，同年通过国家科技部“高新技术企业”复评，是“中国农用塑料研发生产龙头企业”“山东省优质产品生产基地龙头骨干企业”，现为中国塑料加工工业协会副理事长单位、中国农用塑料应用技术学会副会长单位、中国农用塑料专委会副会长单位。

主要产品有“清田”牌微地膜和功能膜两大系列。微地膜系列产品包括：普通聚乙烯地面覆盖薄膜、黑色除草地膜、化学除草地膜、无滴地膜、银灰地膜、配色地膜、红外增温地膜。功能膜系列产品包括：长寿膜、耐候流滴膜、多功能膜、转光膜、紫光膜、防雾型三层复合高保温日光温室专用膜、PE 缠绕膜、热收缩膜等产品。产品覆盖全国 29 个省、市、自治区，是国内农用塑料薄膜行业的龙头企业。公司率先在同行业通过了 ISO9001 质量管理体系、ISO14001 环境管理体系和 OHSAS18001 职业健康安全管理体系三体系认证。“清田”牌农用塑料薄膜为“国家免检产品”“中国名牌产品”“山东名牌产品”，“清田牌”商标为“中国驰名商标”。

公司注重科研开发，同大专院校、科研院所建立了密切的合作关系，聘请了高级工程师、农艺师为技术顾问，建立了省级企业技术中和省内唯一的功能性塑料薄膜工程技术研究中心。拥有国家发明、实用新型和外观设计专利 40 项。“表面涂覆型长效流滴复合膜”等三项科研成果通过省级科技成果鉴定。承担了多项“国家重点新产品计划”和“国家火炬计划”。每年都有 3~5 个新产品的上市，确保企业的可持续发展。

公司一直坚持“清田产品、如同人品；以心血炼精品，以人品铸品牌”的“以质取信”经营理念，不断调整产业结构和经营模式，秉承“品行天下”的发展理念，为农业提供更多更好的优质产品，为“三农”服好务，为发展民族经济作出应有的贡献。

（5）杭州新光塑料有限公司（前身杭州新光塑料厂），创建于 1964 年，是国内塑料行业的骨干企业。公司总资产 2.8 亿元，占地 126 亩，建筑面积 5.5 万平方米，拥有专业生产线 60 余条，现拥有年生产各类塑料薄膜 50 000 吨和复合软包装薄膜 10 000 吨的能力，年销售额达 10 亿元。

公司大股东——浙江明日控股集团有限公司为国内塑料界知名企业，浙江省塑料加工协会会长单位，浙江省塑料贸易龙头企业，年销售各类塑料原料 180 余万吨，年经营规模 170 亿元，为大型综合性企业集团，实力雄厚。

新光凭借近五十年从事塑料加工的经验和三十年成功引进国内外一流的专业设备和技术经验。充分发挥工贸结合的优势，依靠创新的意识、科学的管理造就了品质一流的各类产品，现有农地膜、包装材料、软包装三大系列 60 余种产品，广泛应用于工业包装、食品包装、药品包装和农业生产等领域。

新光始终以“精益求精 、尽善尽美”为质量宗旨，严格执行 ISO9 001 等认证工业体系，以雄厚的技术实力不懈致力于新产品的开发，并为用户量身定制各种性能卓越的特种薄膜。公司是中国塑料加工协会农用薄膜专业委员会副理事长单位。公司拥有市级企业技术中心，公司荣获了“轻工部优质产品奖”、省市“科技进步奖”、国家免检产品、中国包装名牌、浙江省著名商号等荣誉称号。

（6）山东天鹤塑胶股份有限公司是国内大型塑料制品加工企业，是中国土工合成材料聚乙烯土工膜生产出口基地，山东省塑料行业综合实力 50 强企业。本公司是中国塑料加工工业协会副理事长、中国塑料加工工业协会农膜专委会副理事长、中国塑料应用技术学会理事、中国塑料应用技术学会农塑制品分会理事、山东省塑料行业重点生产企业程学会副会长、2012 年被省政府授予山东省行业龙头骨干企业，同时荣获山东省政府颁发的山东省科学技术奖二等奖，是山东省守合同重信用企业。

公司占地面积约 200 多亩，员工 226 人，注册资本 5 587 万元。公司集 20 年生产吹塑膜经验，拥有省级企业技术中心，具有强大的生产技术力量和产品开发能力。有仪器精良齐全的技术开发和检测中心，并具备完善的质量管理体系。公司拥有先进的各种塑料加工设备 98 台套，可生产各种土工膜，包括“光面高密度聚乙烯土工膜”“光面线型低密度聚乙烯土工膜”“单双糙面高密度聚乙烯土工膜”“单双糙面低密度聚乙烯土工膜”“双色高密度聚乙烯土工膜”“双色低密度聚乙烯土工膜”，集装箱液体包装袋，包装膜，重包装用膜，农用功能性大棚膜，地面覆盖膜、热收缩膜、缠绕膜、保鲜膜、PE 实壁管等系列产品，年加工能力 80 000 吨。公司生产的 PE 系列薄膜，采用世界一流的意大利道尔奇三层共挤机组制造，居国内领先地位。天鹤公司致力于技术创新和企业进步，不断采用新技术和新材料，不断探索新配方、新工艺，完成了一系列的技术创新，先后获得了 17 项国家专利，我们的产品先后获得了国家免检和山东名牌的称号，是淄博市先进出口企业，我们的产品已经远销到美国、加拿大、澳大利亚、埃塞俄比亚、菲律宾、马来西亚、秘鲁、俄罗斯、哈萨克斯坦、塔吉克斯坦、澳门、香港、也门、阿曼、匈牙利、韩国、越南、新加坡、荷兰、泰国、坦桑尼亚、文莱、智利、巴拿马、卢旺达、印尼、印度、乌克兰、荷兰、沙特、阿尔及利亚等 31 个国家和地区，是迄今为止中国最大的土工膜生产、出口企业。

2010 年承担了国家发改委的技术产业化项目。2012 年又与山东农业大学、中科院、中国农业科学院、浙江大学等单位共同承担了国家十二五规划的科技支撑项目。近几年主持或参与了五个产品国家行业标准的制订，其中涂覆型持久流滴聚乙烯棚膜、集装箱内衬膜是第一起草人，聚乙烯土工膜GB/T 17643—2011是第二起草人，还参与了农业用聚乙烯吹塑棚膜GB4455—2006，农业用乙烯-乙酸乙烯酯共聚物（EVA）吹塑棚膜GB/T 20202—2006的制订。

公司拥有完善的售后队伍，从设计、生产、运输、培训、施工等方面均严格按照ISO 9001—2008、ISO14000—2004标准规范管理和服务，一贯以诚信勤勉，创新超越为企业精神，以致精致美、创造卓越为生产经营理念，努力打造世界名牌，争做行业龙头，确保天鹤公司合作者能长期获得精美的产品和满意的服务。

（7）哈尔滨塑五有限公司是以原哈尔滨市塑料五厂为原型，于2005年12月重组的股份制公司。1964年开始涉足聚氯乙烯和聚乙烯吹膜生产，至20世纪70年代末、80年代初，工厂生产的聚乙烯农、地膜和聚丙烯捆扎绳方成为企业定型的主导产品，在黑龙江省占有了一定的市场份额，具有了较强的市场竞争能力。80年代初期，哈尔滨市塑料五厂被国家轻工业部确定为首批聚乙烯农、地膜定点生产企业。公司定编218人，其中：各类专业技术及管理人员77人，占职工总数的35.3%。

自2011年2月起，经与德国莱芬豪舍凯孚尔塑料挤出有限公司、美国戴维斯一标准有限公司、意大利路易基邦德拉机械制造公司三家公司历经三年的技术交流和商务谈判。最终于2014年5月16日与意大利路易基邦德拉机械制造公司签约引进了目前世界上配置最先进、幅宽最大的多层共挤复合农用棚膜生产线，使企业年生产能力达到30 000吨。

2004年公司首次通过ISO 9001—2000国际质量体系认证，2007年通过复审；2009年、2012年连续通过ISO 9001—2008国际质量体系认证复审（注册号：00912Q11953R2M）；2010年9月，我公司生产的包装用聚乙烯吹塑薄膜产品首次获得食品包装专用膜类全国工业产品生产许可证（证书编号：QS23-10101-04529）。2013年9月再次通过审查（证书编号：HK16-204-00236）。

公司主要生产聚乙烯农膜、地膜、捆扎绳、工业包装膜、食品包装膜、防寒膜、多层共挤聚乙烯输水带、微喷滴管带、管材、中空制品、鱼类周转箱等系列产品。公司生产的“双丰牌”聚乙烯农膜、地膜，捆扎绳等产品久负盛誉，畅销不衰，约占黑龙江省内三分之二的市场份额，并涵盖辽、吉两省，涉足山东、内蒙等省市自治区，远销日本、韩国、朝鲜、俄罗斯、澳大利亚等国。企业多次获得部、省、市级科技进步奖，并有多项产品被评为国家级重点新产品。公司生产的聚乙烯农膜、地膜产品曾获得省优、部优产品，省、市名牌产品，省、市免检产品，全国及全省用户满意产品，东北三省农村市场最受欢迎产品，协作城市产品质量认证产品，哈尔滨地产最畅销产品，黑龙江省特别推荐产品等荣誉称号。代表企业形象的“双丰牌”注册商标是黑龙江省和哈尔滨市著名商标，其蕴含的“携手双赢”理念成为“用户至上、质量第一”的象征，为企业赢得了广泛的商业信誉。

塑五公司始终坚持“科技兴企”路线，本着“生产一代、贮备一代、研发一代”的可持续发展战略，相继率先成功研发了具有高科技含量、高附加值的系列功能膜产品并均已投放市场，创造了显著的经济效益和社会效益。

目前公司正准备利用引进设备突出的幅宽和加工厚度优势，重点研发和生产改进型BL-多功能水稻壮秧膜、高光效超长寿命（3~5年）功能性多层共挤复合农用棚膜、青贮饲料筒仓膜等新型农膜产品，使企业的产品水平更上一个新台阶。

哈尔滨塑五有限公司是中国塑料加工工业协会理事单位，中国农用塑料应用技术学会常务理事单位，中国塑料加工工业协会农膜专业委员会和中国农业应用技术学会农用塑料制品专业委员会副理事长单位，中国农膜行业学会早期发起人之一，黑龙江省塑料工程学会农用塑料制品专业委员会理事长单位，黑龙江省包装协会会员单位，国家二级企业，黑龙江省省级先进企业，黑龙江省农膜行业的龙头企业。

为缔造企业品牌形象，巩固企业优势地位，推动企业持续发展，公司以立足本职，奉献社会的人文理念励志员工，并以巩固品牌和诚信服务的经营理念为宗旨，制定了公司的企业信条和发展目标。

企业信条：质量求生存，管理讲科学，服务增信誉，品牌促发展。

发展目标：追求卓越，持续领先。

（8）焦作咏春塑胶有限公司是中国塑料加工工业协会农业薄膜专业委员会和中国农业塑料应用

技术学会农业塑料制品分会副理事长单位，是一家集研究、开发、生产、销售、服务为一体的农业薄膜专业制造商，拥有完善的经营体系、精良的生产设备和一批技术精湛、经验丰富的生产技术管理人才。公司始终坚持“开拓进取、科技创新、诚实守信、质量为本”的企业理念，立足农业，服务农业，以雄厚的技术实力，严谨的科学态度，不懈的追求进取精神，不断拓宽农业薄膜产品的内涵、外延、功能和应用领域。

公司始终坚持“紧贴市场、用户至上、不断创新、竭诚服务”的经验理念，严格遵循 ISO9001—2008 国际质量管理体系标准，本着“技术先进、经济实用、追求卓越”的方针进行产品设计。精心打造科技含量高，极具市场竞争力的产品，为客户量身定制功能齐全、经济实用的农用薄膜。

公司以领先的技术、精湛的工艺、高端的品质，赋予农用薄膜更长的使用寿命、更高的透明度和更好的流滴消雾性能，为农用生产提供性能最佳、价格最优的设施园艺薄膜，从而使农业生产得到更高的收益。

焦作咏春塑胶有限公司以人才、发展、创新、团队为宗旨，以先进的管理模式为手段，建设起点高、技术优、能力强、产品精的现代化企业。公司拥有一支以博士、硕士和资深工程技术人员为核心的研发团队和四十余年农业薄膜的生产经验，技术力量雄厚、生产设备先进、检测手段齐全，采用国内最先进的生产技术、工业、设备，自主研制开发生产使用寿命最长、透明性能更高、综合覆盖效果更优的农业薄膜，实现了绿色环保农业生产。

公司新世纪发展规划—“咏春工程”：坚持绿色环保的发展策略，以绿色农业为目标、技术创新为手段，实现跨越式发展，巩固和提高产业优势地位，把公司建设成为国际知名、国内一流的综合性农业薄膜企业。

焦作咏春塑胶有限公司拥有先进的企业技术研发中心、产品质量检测手段和计算机信息化管理中心，实现了从生产订单、原材料选择、生产工艺选择、产品质量检测和储存运输全过程信息化管理。

公司采用国内最先进的 EVA 薄膜加工生产设备，研制开发生产的咏春高光—EVA 高透光高保温日光温室薄膜和咏春精品 PO 膜广泛用于农林牧渔等各个领域，尤其在我国西北水资源匮乏地区、边远山区和北方寒冷地区的应用，深受光大消费者的青睐和推崇，在促进农业可持续发展、低碳农业和绿色农业等方面发挥了不可替代的作用。

“咏春精品 PO 膜”“咏春高光—EVA 高透光高保温日光温室薄膜”“EVA 消雾膜”“PE 耐力化流滴膜”“PE 耐老化膜”“西瓜种植专业膜”“花卉种植专业膜”等

焦作咏春塑胶有限公司是“中国塑料加工工业协会农业薄膜专业委员会副理事长单位”“中国农业塑料应用技术学会农业塑料制品分会副理事长单位”“中国改性塑料行业十佳企业”“河南省优质产品”“河南省科技企业”。

（9）聊城华塑工业有限公司成立于 1996 年，现拥有总资产 1.1 亿元，占地面积 7 万平方米，是一家集塑料薄膜的科研、生产、销售及技术服务为一体的大型农用薄膜生产企业。公司为中国塑料加工协会常务理事单位、山东省轻工业调整振兴规划重点支持企业。

公司拥有强大的生产技术力量和产品开发能力。现有吹塑生产设备 100 余台套，年加工能力 8 万吨。公司主要产品有黑白膜，长寿膜，长寿流滴膜，EVA 膜，涂覆型长效流滴消雾膜，产品覆盖全国 29 个省、市、自治区。

公司早在 2006 年就通过了 ISO9000 国际质量体系认证，建立了完善的质量保证体系。2013 年公司“HS（华塑）”农业用聚乙烯大棚膜荣获“山东名牌”称号。2011 年公司涂覆型镜面温室膜获科技部“国家重点新产品”荣誉称号，2011~2013 年度塑料加工业优秀科技成果一等奖，2014 年获中国轻工业联合会技术发明一等奖，山东省科技进步二等奖。

公司先后承担了多项省、市科技发展计划及科研基金项目，成立了聊城市农用薄膜工程技术中心、聊城市农用薄膜企业重点实验室，配备了精良齐全的检测仪器及设备。不断采用新技术和新材料，不断探索新配方、新工艺，完成了一系列的技术创新，申请了 20 余项国家专利，目前已获得 9 项国家发明专利证书和 3 项实用新型专利证书。

抓质量、重科研、树品牌是华塑公司发展的一贯宗旨，公司一直在努力把企业做强做大，为社会提供更多、更好的产品，为“三农”服务，为发展民族经济做出应有的贡献。

（10）四川省犍为罗城忠烈塑料有限责任公司

成立于1985年，经过30年的发展壮大，年生产能力30 000吨，公司通过质量管理体系认证及环保体系认证，是国家民委、财政部、中国人民银行指定的“全国少数民族特需用品”定点生产企业、中国塑料加工工业协会副会长单位、中国塑料加工工业协会AAA企业信誉等级，四川省农业生产资料总公司微膜定点生产厂家、乐山市知名中小企业、中国农业银行犍为县支行评为AA级信誉等级、连续七年被评为四川省明星企业。

企业注册商标“麒麟”牌被四川省工商局评为“四川省著名商标品牌” 被四川省人民政府授予四川名牌产品称号，主要产品：农膜、地膜、黑膜、配色膜、大棚膜、多功能膜等，其全部采用无毒聚乙烯作为原料，具有透光性能好，韧度高、耐高、低温、防潮特点，通过四川省产品质量监督检验院检验，各项指标均超过部、省标准。产品广泛用于高寒地区牧民及牲畜、农作物保温越冬，为促进农牧区经济发展，农牧产品增产增收提供必要条件，作出重要贡献。

（11）玉溪市旭日塑料有限责任公司始建于1976年，是目前西南地区规模最大的农用薄膜企业，全国年产量过万吨的前五家农用薄膜企业之一。公司注册资本1 000万元，现有资产总额26 765万元，其中固定资产8 732万元，主要生产经营“旭日”牌农膜、地膜、微膜、棚膜系列产品，年生产能力55 000吨。2014年，实现农用薄膜总产量31 046吨、销售收入4.21亿元，资产负责率52.9%，银行信用等级AA+级。

公司以“诚信、合作、创新、共赢、共荣”为企业精神，追求顾客、员工、股东共同发展。秉持“以技术作支撑，以品质求发展。开发功能薄膜，服务现代农业”这一质量方针，致力于为客户提供适宜的农用薄膜产品、技术与服务。先后研究开发出黑色物理除草地膜、银/黑驱虫除草地膜、药物除草地膜、流滴地膜、蔬菜专用地膜、洋葱专用地膜等功能性地膜新产品，以及聚乙烯长寿棚膜、茂金属聚乙烯高强度多功能棚膜、EVA流滴消雾多功能棚膜、玫瑰花在栽培用多功能棚膜、西瓜栽培用多功能棚膜、葡萄栽培用多功能棚膜、三年以上高耐候多功能棚膜等棚膜新产品，这些产品在保持普通农用薄膜保温、保墒、保肥三大基本功能的基础上，具有耐老化、抗农药、调节光质、防雾滴、防病虫、防尘等一种或多种性能，可满足不同植物、不同气候、不同园艺设施的覆盖种植要求。其中“旭日”牌喷涂型流滴消雾多功能棚膜2008年被立为“国家重点新产品”、玫瑰花栽培用多功能棚膜被评为2013年“云南省省级新产品”。

公司建立的玉溪市功能性农用薄膜工程技术研究中心，被认定为玉溪市重点工程技术研究中心，配备光学测定仪、紫外加速老化试验仪、氧化诱导期测定仪、密度测定仪、水分测定仪、流滴试验仪、耐热试验仪、电子拉力试验机、光电测厚仪、熔融指数测定仪、分析天平等实验测试仪器设备。农用薄膜测试手段完善，仪器设备先进、齐全，具有较强的研究开发能力，可为客户研制具有特殊要求特殊用途的薄膜产品，同时提供园艺技术支持与服务。

公司于2002年通过了ISO9001质量管理体系认证，2008年通过了“云南省商务管理体系（YC）认证”。被认定为“高新技术企业”“云南省创新型企业”“云南省科技型中小企业”“云南省成长型中小企业”“云南省五一劳动奖章”、国家2012~2013年度“守合同重信用”公示企业，“旭日”牌棚膜连续三届被认定为“云南名牌产品”，“旭日”商标连续二届被认定为“云南省著名商标”“玉溪市知名商标”。

（12）南雄市金叶包装材料有限公司成立于1999年，是中国塑料加工工业协会副理事长单位、行业内首批获得“AAA”信用等级证书和率先通过ISO9001国际质量体系认证、ISO14001环境管理体系认证、OHSMS18001职业健康安全管理体系认证证书单位。公司注册资金：壹仟贰佰万元，占地150余亩，员工近500人，已完成固定资产投资8 500万元；2014年销售突破2.68亿元人民币，实现利润1 434.29万元。公司拥有全自动塑料薄膜类生产线90余条，年产各类薄膜及塑料袋制品5万吨属国内塑料薄膜制造行业龙头企业，无论是规模实力还是供货能力均雄冠国内同行业。是粤北山区唯一专业生产聚乙烯吹塑农业用薄膜产品初具规模的现代化企业，公司位于广东省韶关南雄市北郊湖口镇罗路口。自1993年成立至今，已形成年产农膜20 000吨生产能力，总投资达1.2亿元人民币，资产总额达12 279.56万元，公司产品基本覆盖了农地膜、小棚膜、中棚膜、大棚膜的全部项目。

公司技术力量雄厚，长期以来培养造就了一支由40多名技术人员组成的专业队伍，自配有产品检测中心和企业产品研发中心，并与国内有关院校科研机构建立了长期稳定的合作关系，专门从事工艺技术和新产品开发，从而确保了为广大用户提供优质、环保、安全、稳定的塑料薄膜系列产品。

公司主要产品“金叶”牌农膜、地膜、配色地膜、株距标记地膜、PE热收缩膜、PE缠绕膜及其他塑料包装系列产品全部采用100%全新原料及代表世界薄膜技术顶级水平的艾克森美孚埃能宝茂金属工艺配方，因而使“金叶”品牌各类塑料薄膜产品从料质、强度、韧性、色泽、经济、节能、安全、环保等方面均达到国内顶尖水平，并相继荣获中国环境标志产品认证证书、广东省名牌产品、中国优质产品证书、中国著名品牌和中国著名商标等荣誉。

公司一贯坚持“质量第一、用户至上、优质服务、信守合同”的宗旨，凭着优质的产品、卓越的性价比、良好的信誉、完善的服务，赢得广大用户的青睐。公司是目前华南地区规模最大、科技含量最高的专业生产农业用棚膜的民营企业，尤其是近几年发展迅速，2012年实现销售收入2.3亿元人民币，2013年销售收入2.56亿元人民币，2014年销售收入达到2.68亿元，其市场份额位于广东省同行业前列。公司目前在国内已与广东、江西、湖南、贵州、四川、重庆6省市烟草公司建立良好合作关系，拥有用户近60多家，并在用户中享有极高的信誉，公司农地膜产品在满足国内烟草行业客户需求的同时，近年来逐步开拓国内其他农作物所需塑料薄膜市场。

公司下设有专职的售后服务机构和物流配送中心，接到客户订单保证在3天内送到全国各地指定地点，深受用户好评。公司已连续多年被相关部门评为全国优质服务用户满意单位。

“至诚守信、追求卓越”，南雄市金叶包装材料有限公司愿以国内同行业最具性价比的竞争优势为广大客户提供“金叶”牌优质产品，以提升行业产品等级，规范市场秩序，重塑行业尊严为己任，竭诚与国内各商家双赢合作，共谋发展，共创辉煌！

（中国塑料加工工业协会农用薄膜专业委员会 刘敏）

改性塑料

2014年是国家“十二五”规划实施的第四年，是承前启后，转变经济发展模式，调整优化产品结构，实现产业转型升级的关键一年。改性塑料行业在国家经济总体发展方针指引下，在上级协会正确领导下，提出“创新驱动、提质增效、促产业升级、创行业辉煌”的奋斗目标，取得显著成绩，同时也面临着和其他行业相似的共性问题——产能过剩、开工率不足，效益增速放缓，传统盈利模式受到挑战等诸多问题。机遇和挑战并存，困难与发展同行。总结一年来的行业发展趋势和特点，展望未来，改性塑料行业在新的形势下，只要方向正确，措施有力，仍然前途似锦，大有可为。

2014年改性塑料行业呈现的形势和特点：

（1）“改性”的概念和观念深入人心，仍然是塑料加工行业中最有发展潜力和活力的领域。

在激烈的市场竞争中，塑料材料及制品的生产成本中，原辅材料所占比重在一半以上，降低原材料成本，提高塑料材料和制品的性能价格比仍然是提高市场竞争力的得力措施。此外在废弃塑料高值化以及节能降耗、绿色环保等多个领域，塑料改性都可大显身手，因此常常为多个重点企业或地方政府拟定的经济发展规划中列为首选项目。

（2）塑料改性不再停留在仅仅是降低制品原材料成本的“增量”阶段，在保证高性能价格比的前提下，也是建设资源节约型和环境友好型产业经济的必由之路。

（3）粉体材料在塑料中得到广泛应用，可以节约大量以石油为基础原料的合成树脂，但以往三十余年的时间里，生产环境和企业周边粉尘飞扬的现象在当前政府大力治理污染，控制PM2.5指标的严格要求面前是严峻的考验。2014年在阜新鑫克机械有限公司推出杜绝粉尘外泻的清洁生产线后，粉尘飞扬的现象得以根本上改观，迅速为众多粉体加工利用企业所采用。

（4）塑料加工业发展的重要方向是实现“轻量化、功能化和微成型”。2014 年，武汉凌辉高分子材料有限公司推出具有微孔构造的硅酸钙粉体材料，在相同添加量情况下，可较普通重质碳酸钙填充的 PE 或 PP 材料密度下降 10%以上，而且材料仍保持良好的性能。微孔硅酸钙还具有强吸附性，可在生产过程中吸附有害、有味气体，还可作功能助剂的缓释剂，在轻量化和功能化的道路上迈进了一大步。

碳酸钙晶须的出现已有多年，但在 2014 年该产品成功用于塑料制品的轻量化和功能化改性，在 PE、PVC 管材和板材中应用，可有效降低填充材料的密度，并改善材料的抗冲击性能，同样为塑料加工业实现轻量化和功能化带来福音，有可能为塑料改性带来革命性的变化。

（5）传统的以量取胜或以次充好的盈利模式已经走到尽头。在激烈的市场竞争中，只有不断创新，抓住热点问题，找到突破口，才能找到新的增长点，取得较好效益。山东潍坊玉塑管业有限公司和禹城鑫泰科技有限公司采用黑色滑石粉代替以往使用的白色滑石粉在塑料双壁波纹管和汽车零部件中使用，在力学性能仍保持良好的效果的情况下，原材料成本显著降低。黑滑石粉的应用是专委会组织多个企业重点研究并取得成功的重点推广成果，抓住了黑滑石粉具有与传统滑石粉相似的层状结构，而某些塑料制品并不计较颜色，扬长避短，发挥天然矿物自身的优势，由于价格优势，带来了丰厚利润。

（6）技术创新是行业持续发展的重要途径。2014 年改性塑料行业实现多领域、多层次的创新，其中影响面较大的有 PET 瓶片的合金化加工及应用，目前已在薄膜和管材加工方面取得积极成果。面对 1 000 万吨的一次性使用即被废弃的 PET 瓶，如像以往全部用于加工 PET 短纤维是不现实的，只有寻找大量的、更有价值的应用领域，才能真正做到物尽其用。SDM 强力交叉复合膜的问世使 HDPE 薄膜的拉伸强度提高一倍以上，其抗蠕变、抗穿刺、抗紫外线老化等方面的性能完全满足Ⅱ型防水卷材面料的要求，达到国际知名公司的产品性能水平，为我国新型防水卷材的推广应用开辟了光明之路，而且性价比高，代替进口产品，利润十分可观。

（中国塑料加工工业协会改性塑料专业委员会 刘英俊）

中空制品

我国塑料中空制品行业 2014 年发展介绍

一、塑料中空制品（瓶、桶、箱、托盘等）发展现状及趋势

三十五年来，随着我国市场经济的发展，塑料中空制品发生了很大的变化，新原料、新技术、新设备层出不穷，产品结构也发生了很大的变化，从单一小型包装桶、瓶向多品种、多样化、大型化、功能化方面迅速发展。根据有关数据显示，2014 年，全国塑料中空制品（塑料瓶、塑料桶、塑料箱、塑料托盘等）总产量超过 800 万吨。饮料、啤酒、矿泉水、药品、化工、日用化妆品、汽车等广阔市场持续增长，促进了塑料中空制品的发展，现简要分述如下。

（一）塑料饮料瓶增长迅速

塑料包装容器应用市场广阔，其中，饮料行业有着诱人商机，汽水、果汁、蔬菜汁、饮料所需的塑料容器需求量与日俱增。近年来我国软饮料消费持续快速增长，年均增长率达到 20%，预计未来几年，我国软饮料产量仍可维持 15%~20%的增速，至 2017 年产量将超过 2.5 亿吨。

2014 年 1~12 月中国软饮料产量 16 676.81 万吨，同比增长 4.61%，其中，2014 年中国包装饮用水类产量达 7 816 万吨，比去年同期增长 17.5%，占软饮料总产量的 46.87%。2010 年至 2014 年中国包装饮用水类产量逐年上升，2011~2014 年产量增长率分别为 12.7%，16.2%，19.6%，17.5%。预计随着我国饮用水市场的的进一步发展，2015 年包装饮用水类产品也将保持超过 10%的增速。2014 年全

年果汁和蔬菜汁饮料类产量 2 390 万吨；全国碳酸饮料的产量达 1 801 万吨。从各省市的产量来看，2014 年 1~12 月，广东省软饮料的产量达 2 646.69 万吨，同比增长 8.51，占全国总产量的 16.15%。紧随其后的是河南、四川、浙江和吉林，产量分别为 1 401.08 万吨、1 275.37 万吨、859.97 万吨、801.83 万吨。中国成为世界第一大饮料生产国，如 80%使用塑料瓶装盛，至少需塑料瓶 1 389 亿只。

饮料行业的激烈竞争也将使吹瓶、灌装技术的发展显得更为迫切，这为以 PET 瓶为主要材料的软饮料包装机械制造行业提供了广阔的市场空间。初步估计，2014 年我国 PET 瓶软饮料包装机械的市场需求量在 550 台套，同比增长 17%，预计未来几年我国对 PET 瓶软饮料包装机械的市场需求量将保持年均 15%的增长率，至 2017 年其市场需求量将超过 700 台套。

（1）碳酸饮料包装中 PET 瓶的应用比例占 57.4%，市场前景看好。目前行业中 PET 聚酯瓶产量较大的企业有亚洲瓶业（原珠海中富）和上海紫江集团，分别占有国内 PET 瓶 30%和 20%的市场份额。2014 年国内 PET 瓶年产量超过 700 亿只。珠海中富和紫江企业合计占有可口可乐、百事可乐和统一企业等三大企业 80%以上的市场占有率，是目前国内 PET 瓶生产市场的双寡头。它们与可口可乐、百事可乐和统一企业等企业强强联合，结成了长期稳定的策略联盟，预计在未来较长时间内，将保持在软饮料市场中的龙头地位。2013 年，我国 PET 瓶行业产值达到了 237.54 亿元，同比增长了 9.3%。2014 年，我国 PET 瓶行业产值达到了估计达到 277 亿元，同比增长 10%左右。

聚酯瓶在塑料包装行业的起步较晚。大量的注拉吹技术设备的引进，促进了 PET 瓶大幅度生产，并以其优良的性能，获得用户的欢迎，短短几年里，成为食用油、饮料瓶等包装的主流包装材料。同时，在化妆品、医药等行业的需求也在增加。

目前健康型饮料比重上升而碳酸类饮料份额呈下降趋势，2012 年碳酸饮料占软饮料的市场份额已经下降到 21.9%，落后于饮用水 25.7%以及果汁品类 22.2%。而昔日风光无限的饮料界大佬可口可乐公司也在罐装饮料市场上也让出头把交椅，以 10.3%的份额排于加多宝凉茶之后。

即便如此，碳酸饮料市场份额的持续下滑已是不争的事实。相关公开资料显示，2000 年时，碳酸饮料在国内市场份额占比可达 36%，2014 年其份额为 10.8%，而茶饮料、果汁饮料产量在近几年却仍然在快速增加。

（2）茶饮料包装瓶市场良好。到 2014 年中国茶饮料产量约达到 1 600 万吨，茶饮料在全国市场的增长幅度达到了 15%，国内饮料市场上五大品类的市场份额茶饮料占 15%，茶饮料行业成为中国传统茶产业的支柱，茶饮料也成为消费者最喜欢的饮料品类之一。2014 年茶饮料用聚酯瓶约 178 亿只，可用塑料市场容量约 72 万吨。

（3）聚丙烯透明包装瓶其价格适宜，是 PS、ABS、PET、PE 瓶的竞争对手，有着广阔的市场前景，可用在食品、药品包装中。

（二）饮水包装瓶（桶）的市场

目前，包装饮用水已经取代碳酸饮料长期垄断的地位，连续多年以 40%以上的比重稳居十大饮料头把交椅。根据统计数据显示，2014 年 1~12 月，7 816 万吨，比去年同期增长 17.5%，占软饮料总产量的 46.87%，康师傅、娃哈哈、农夫山泉、华润怡宝、景田五巨头占据包装饮用水市场近半份额。每年需要超过 1 400 亿只塑料瓶。

目前，市场的 5 加仑饮水桶以 PC、PET 为主。2014 年全国 PC 桶生产线已超过 700 条，每条生产线生产能力约 20 万个，全国饮用水桶年生产能力为 14 000 多万个，实际产量约 12 000 万个。

中投顾问发布的《中国饮用水市场投资分析及前景预测报告》显示，我国瓶装饮用水行业进入稳步成长阶段，目前形成了纯净水、矿物质水、矿泉水和天然水各领风骚的局面。未来，以康师傅为代表的矿物质水，以娃哈哈、华润怡宝为代表的纯净水，以农夫山泉为代表的天然水，四强之间的竞争将更加激烈。

（三）啤酒塑料包装瓶的应用还需要进一步推广

2014 年，全国饮料酒的产量达 613.16 亿升，，全国啤酒的产量达 467.7 亿升，需用包装瓶 600 亿个；全国白酒（折 65 度，商品量）的产量达 112.56 亿升，全国葡萄酒的产量达 11.6 亿升。

近几年来塑料包装行业多次进行技术交流，引导有关企业进行开发。从技术方面，啤酒不同于一般的碳酸饮料，即使是微量的氧气进入包装容器也会使啤酒的口味发生变化，而啤酒中 CO_2 的流失会影响泡沫特性，因此，如何满足保鲜度和保存期的要求，对阻隔性能要求很高。同时，在我国95%的啤酒通过巴氏灭菌方式生产，要求包装瓶的使用要耐62~67℃。这些要求成为塑料啤酒瓶开发中的关键问题。

长久以来，啤酒一直以玻璃瓶包装为主，尤其在我国，玻璃啤酒瓶的使用率达80%以上。但玻璃瓶存在的先天缺陷引发了全球寻求廉价而适用的替代品的热潮，我国也陆续出现了新型饮料酒包装容器，特别是PET啤酒包装容器，不过由于目前酿酒企业玻璃瓶灌装设备的退出成本仍然较高以及我国消费者的消费习惯等因素，PET瓶包装的啤酒发展较为缓慢。随着我国液态食品行业的快速发展及PET瓶在液态食品包装领域应用比例的不断提高，预计未来5年我国对PET瓶软饮料包装机械的市场需求量将超过800台套。

（四）药品固体剂型包装发展前景广阔

在GDP增长、社会消费水平提高、人口老龄化、城镇化以及消费结构升级等因素的驱动下，我国整个医药市场持续扩容，医药市场扩容决定了药品流通产业规模的扩大。根据统计，2001~2013年，我国医药零售市场总规模（含零售药店和医疗机构）实现了16.26%的年复合增长，其中2013年达到12,645亿元，同比增长17.99%，2014年医药市场总规模估计达到15 000亿元。

从行业未来发展趋势来看，中国医药市场容量越来越大，规模将以14%~17%的速度增长。随着医药需求和医保体系健全，我国已成为全球药品消费增长最快的地区之一，总量上成为仅次于美国的全球第二大药品市场。据有关资料统计，2014年中国医药包装市场容量已达到740亿元，未来三年我国的医药包装市场将会以11.5%的增速增长，预计到2017年，我国医药包装市场规模将达到991亿元。

目前，药品包装正在成为我国包装领域重要分支。随着我国医疗体制的改革，药品种类增加，药品包装形式也在发生变化。由原来的纸袋包装、塑料袋包装、玻璃瓶到现在的聚乙烯瓶、聚丙烯瓶、聚酯瓶、铝塑包装、条形包装。扭转了药品包装落后的局面。

国外药品包装已大量采用汽罩PTP包装及条形SP包装，应用于片剂、胶囊等圆体剂型包装。在国内我国药品汽罩包装以及条形复合膜包装也将成为主流并有着广阔的发展前景。

（五）大型化工液体包装容器成为新的发展热点

适用于化工液体、润滑油、涂料、化妆品等工业用桶是近几年发展起来的新型大包装容器。已成为新的发展热点，一些公司先后从国内外引进200升L环塑料桶生产设备，并有1 000升的塑料桶大量生产。

2011~2014年中国PE塑料包装桶产量及增长率

年份	2011	2012	2013	2014
产量/万吨	82	91	99	108
增长率/%	—	11.98	10.68	10.91

（六）塑料托盘在物流运输中前景广阔

中国现拥有塑料托盘制造企业1 100多家，已经形成了一个快速发展的行业。随着中国现代物流的快速发展，预计中国塑料托盘也将继续保持快速成长态势。

塑料托盘由于符合环保、循环再生、综合利用及坚固耐用的特点，一直以来深受客户欢迎，2014年塑料托盘产销量在托盘总产销量中有所上升，由于石油价格的下跌，塑料托盘生产成本下降，带动塑料托盘价格下降，塑料托盘与其他材料托盘竞争具有价格优势。

近些年我国的塑料托盘拥有量增长很快，据统计2014年国内现有托盘保有量超过12亿个，并且还在以每年10%的速度增长。

塑料托盘的生产和销售处于最佳状态，订单量快速扩大，销售渠道骤然变宽，机器不停转，员工加班干，尤其是“中国十大明星托盘企业”，诸如上海力卡、上海庆豪订单压力更大。山东力扬、上海派瑞特、上海鑫鹏等大型塑料托盘生产企业情况相差无几。塑料托盘涨幅大，一是因为塑料托盘结实耐用、洁净美观；二是因为塑料托盘通过加入钢件等方法进行工艺改革，承载量增加，作用范围拓宽，使用价值提升；三是因为啤酒、饮料、奶制品等重量大、包装规范的产品使用托盘的必要性逐步显现，青岛啤酒、燕京啤酒、汇源、康师傅、娃哈哈、蒙牛、伊利等大型生产企业对塑料托盘的需求都在增大。

（七）塑料汽油箱得到普及使用

燃油箱塑料化是现代汽车油箱塑料化的趋势。塑料油箱比金属油箱有优越性能，随着汽车工业的发展，各国对塑料油箱的使用越来越广泛，福特公司的使用率达 100%，欧美发达国家塑料油箱的使用率已经占到90%多的市场份额。

2014 年，我国汽车市场呈现平稳增长态势，平均每月产销突破 190 万辆，全年累计产销超过 2 300 万辆。据中国汽车工业协会统计，我国全年累计生产汽车 2 372.29 万辆，同比增长 7.3%，销售汽车 2 349.19 万辆，同比增长 6.9%。其中，乘用车产销 1 991.98 万辆和 1 970.06 万辆，同比分别增长 10.2% 和 9.9%；商用车产销 380.31 万辆和 379.13 万辆，同比分别下降 5.7%和 6.5%。。随着环保和轻量化的推行，车用塑料的普及程度将在未来得到进一步提升，车用塑料应用领域将进一步扩大。

按目前 240 千克/辆的平均用量来算，2014 年中国汽车塑料件市场用量为 569.28 万吨，同时作为全球最大的汽车产销市场和汽车零部件市场，预计中国汽车塑料市场占有率约为 30%，即 2015 年中国汽车塑料市场为 380 万吨。

2014 年，受世界经济增速放缓的影响，我国经济增速也出现了明显回落。与此同时，摩托车工业在经济下行压力加大的情况下也呈低位运行态势，2014 年全年生产摩托车整车 2 691.86 万辆，同比增长 3.22 %。

据预计，2015 年，我国国内汽车产量将达 2 500 万辆，占世界汽车产量的 30%左右。目前，国内乘用车塑料燃油箱的使用率已达到了 70%左右，2015 年我国乘用车对汽车塑料燃油箱的市场需求将达到 1 500 万只以上。同时，由于环保、节能的需要，我国中型、轻型货车使用塑料燃油箱的比例也将越来越高，这也将带来对汽车塑料燃油箱更大的市场需求。

（八）汽车保险杠

随着汽车工业的不断发展，人们对汽车轻量化和环保性的要求越来越高，塑料作为新型零部件材料，在汽车上的应用前景也越来越广阔。塑料的应用提高了汽车的轻量化和环保性，塑料质轻，可使汽车轻量化以达致节能目标，而塑料更赋予汽车生产商较高的零件设计和造型自由度。时至今日，塑料材料已大大改变了汽车的内外设计，从 ABS 刹车系统、前后保险杠到车门镶钣等，不少汽车内装和车身部件都已采用了高质量的塑料作为主要材料。

选择塑料作为汽车材料，除可为汽车设计带来突破外，对可持续发展及环境保护也有一定贡献。塑料不但可减少汽车的废气排放量，还可降低天然资源如石油的消耗，有助达到可持续性的环保目的。以塑料取代传统金属部件，可大大减轻汽车重量，并降低汽车能耗。100 千克的塑料在功能上等同 200~300 千克的金属部件，由此推论，汽车平均走 150 000 千米，便可节省 750 升的燃油。聚丙烯与聚烯烃材料成为车身内外饰的主要原料，聚丙烯材料因为具有密度小、成本低、产量大、性价比高、化学稳定性好和易于加工成型等特点，已经广泛应用于汽车保险杠、防擦饰条、门内柱及车门护板等汽车部件。

近来，一些保险杠生产商开始采用 TPO 材料来替代反应注塑成型的 PUR 或 PC/PBT 材料。此外，采用发泡 PP 做芯层，TPO 做表皮的仪表板，以及用 TPO 材料制作车顶棚及安全气囊装置的表皮逐渐成为主流设计的趋势，PVC/ABS 压延表皮由于在品质和环保等方面存在局限，其应用在逐渐减少。当此类聚烯烃材料用于生产各种内外饰件的时候，配件厂商都要保证成品达到一定耐刮擦的标准。目前，某些世界级汽车生产商已经开始要求部件表面在经受 10 牛或者 15 牛刮擦力的情况下，仍能表现出优异的耐刮擦效果。塑料在汽车零部件的使用范围正在扩大塑料在汽车中的应用范围正在由以内装饰件为主转向外装饰件和功能结构件、由通用塑料为主转向工程塑料、复合材料或塑料合金等，今后的重点发展方向是开发结构件和外装件。塑料汽车内装饰件主要有仪表板、车门内板、副仪表板、杂物箱盖、座椅、后护板等，仪表板是主要的汽车内装饰件之一。而塑料汽车外装饰件主要有保险杠、挡泥板、车轮罩、导流板等。目前汽车保险杠是塑料用量最大的部件之一。

现时，国外汽车用塑料约占汽车重量的25%，预计10年此数字将提高至超过30%。中国汽车用塑料目前占汽车重量的15%。汽车塑料化将是未来汽车发展的大趋势，而首当其冲的是车身内饰件塑料化。目前，世界主要的汽车生产国的汽车内饰塑料化已基本完成，今后的重点发展方向将是扩展塑料在车身外装件和结构件上的应用，最后可望推进到全塑车身。

（九）化妆品、洗涤用品包装用量越来越大

2014年1~12月，我国日用化学品行业主要产品中，合成洗涤剂累计完成产量1 228.9万吨，累计同比增长10.8%；其中12月份当月完成产量120.9万吨，同比增长14.8%。

随着中国经济发展、城镇化率提高、人均收入水平和消费能力提升以及近十年来欧美化妆品大牌对于中国市场的持续投入和培育，国内化妆品行业在过去5年始终保持两位数的快速增长。根据Euromonitor统计，全球化妆品行业2013年销售额4 544亿美元，2009~2013年CAGR为4.9%，而中国化妆品行业2009~2013年CAGR达到13.2%，市场规模达到2 690亿元，预计未来五年仍然能保持11.5%左右的复合增速。

从化妆品消费增速来看，中国一枝独秀，过去五年CAGR为13.2%，超越日本成为全球第二大化妆品消费国。印度和韩国紧随其后，过去五年CAGR分别为11.7% 和11.5%。较快的经济发展速度、城镇人口增长以及收入增长是这些化妆品快速发展的国家和地区的共同特点。

随着人们消费水平的提高和消费能力的增强，化妆品、洗涤用品的生产和销售得到了空前的发展，市场竞争也越来越激烈，商家在化妆品、洗涤用品的包装上下足工夫，向规格形状多样化，塑料选材多样化方向发展。

对于中低档化妆品，包装容器的容量大小呈现多样化，以方便消费者的选择；对于高档产品，采取小容量容器进行包装，以满足低收入者的需求。相对来说，洗发水和淋浴露的用量较多，500~750毫升的家庭装也就很常见。

普通的化妆品、洗涤用品包装容器，绝大部分采用聚乙烯PE制造。由于透明容器能让消费者清楚地看到内容物，因此消费者对透明容器的要求越来越广，而透明聚丙烯PP正是满足这一要求的主要材料，与其他透明塑料相比，PP是一种质优价廉，极具竞争优势的包装用材料。

透明的聚对苯二甲酸乙二醇酯PET塑料瓶同样已成为今日化妆品、洗涤用品受欢迎的包装容器，由它制造的产品透明度、光泽度好，化学性能稳定，阻气性好，手感好。

另外，模内标贴技术的应用也提高了化妆品、洗涤用品包装的档次。目前绿色包装材料、纳米材料改性、抗菌材料的开发也正被用于化妆品、洗涤用品包装。

（十）塑料软包装容器

塑料软包装容器在我国经过了二十多年的历程，虽然每一个产品都有它的成长期和衰落期，但塑料软包装容器其生命周期仍在成长期，为什么在当今包装容器不断更新、不断蓬勃发展的时代，塑料软包装容器还是不衰呢？这是因为（以同容量25升为例）塑料软包装容器可以折叠，运输中可以重叠，减少运输成本，它的运输成本是一般塑料桶的1/3；塑料软包装容器产品重量轻，生产用原料成本低，产品重量是一般的塑料桶的1/3.6；由于塑料软包装容器产品重量轻，装载同容量的物品所废弃的塑料比一般的塑料桶少，减少白色污染。

塑料软包装容器主要用低密度聚乙烯LDPE为原料制造，产品有两种：

（1）热压式软塑折叠包装容器—口部与箱体采用热压成型；

（2）装配式软塑折叠包装容器—口部与箱体采用装配成型。

二、塑料中空制品成型技术的进步

近几年来国内外著名中空成型机企业纷纷开展创新活动，研发高性能新型中空成型机，现将部分厂家的新技术和新机型介绍如下。

东莞盛美塑胶机械有限公司生产5毫升~1 000升各种塑胶材质之中空容器，如PE、PVC、PP、PETG、PU等，第二十九届中国国际塑料橡胶工业展览会期间展出一台高效5层中空成型机。

秦川机床工具集团股份公司秦川塑料机械厂近几年推出三款机型：

（1）SCJC230X2塑料挤出吹塑中空成型机。是拥有自主知识产权的高效节能双层共挤吹塑中空成型机。主要用于加工各种高分子量聚乙烯（HMWHDPE）中空制品，如化工原料容器、涂料桶、农副产品容器、汽车油箱等。制品的容积是120~230 升，采用双层结构，内外两层可采用不同配方，可减轻对包装物的污染，并减少生产过程中各种塑料加工添加剂（如色母料）的用量，增加回收料的用量，降低生产成本，提高制品循环回收利用率。

（2）SCJ350 塑料挤出吹塑中空成型机 SCJ350 中空机主要用于制作各种常用规格的单面托盘和尺寸较小的双面托盘，也可用于制作 IBC 容器内胆和其他大容量的薄壁中空制品。制作单面托盘最大规格 1 200 毫米×1 000 毫米，双面托盘最大规格 1 000 毫米×800 毫米；生产 IBC 桶内胆的最大规格 1 200 升，生产效率≥15 只/小时；机头采用复合曲线流道设计，以保证形成高质量的型坯；挤出机和成型机 T 字形布置，成型机可延轨道移出以便于更换模具。

（3）SCJC50×2 塑料挤出吹塑中空成型机 SCJC50×2 双层中空机是我公司自行研发的，拥有自主知识产权的高效节能双层共挤吹塑中空成型机。主要用于生产以高密度聚乙烯（HDPE）为原料的最大制品容积为 50L 的双层中空塑料制品。制品适用于包装洁净度和卫生性能要求较高的食品和化工产品。

江苏维达机械有限公司 MSZ300 伺服中空成型模内贴标专用机及配套模内贴标模具，搭配了广州新标机电提供的高速模内贴标机械手，标签由日本优泊提供。该机器的优点在于高效生产、高度自动化作业，贴标时间仅为 1.5~2 秒，可有效提高生产效率，节约成本；成型贴标一次完成，节省了人力资源和生产场地；时尚美观，精美清晰的印刷及贴标效果，提升产品的外观及形象；技术得到改进，解决了传统工艺标签易脱落、损坏、霉变等困扰；经济实用，可实现低投入高回报，提高终端用户产品的附加值。

苏州同大机械有限公司目前主要有 TDB 及 HT 有两大系列产品，该类机器适用于生产从 10 毫升~6 000 升的塑料瓶、桶、罐、工具箱包、异型中空件、中空座椅、汽车油箱、托盘等中空制品。公司对 200 升以上设备的挤出塑化系统进行了技术创新，将塑料能耗降为 0.31~0.32 千瓦·小时/千克，位于国内领先水平。近年来同大机械有限公司不断推进全系列的中空塑料吹塑成型机的各类技术创新工作，进一步优化塑料成型机头的流道设计和大幅度提高吹塑机的制造水平，提高中空塑料吹塑成型机设备的换色、换料的工作效率，其研制的复合流道技术处于国际领先水平。同时还将新技术应用到公司过去出厂的老设备上，进一步提高了制品生产厂家的生产效率与制品质量，并且大量节约了换色、换料的原料成本和缩短了换色、换料的周期，受到了新老吹塑制品生产客户的欢迎与肯定。

德国考特斯机械制造有限公司 KBB60D 的机器具有 2×12 结构，用于生产酒店业的 24 毫升瓶子。全电动 KBB 机器的创新整体设计理念包括了极短的干燥循环时间与低能耗，将资源节省与性能一流的特点相结合。这为高效生产与可能的最低单价提供了理想的条件。该机型的另一优点是其具备快速更换系统，使生产调换迅速，停机时间缩短。这台电动型机器也满足了针对化妆品与食品产品的最新卫生要求。

青木固（佛山）塑料研发有限公司一步法三工位直接调温注拉吹成型机在全世界拥有专利，瓶胚无需再加热，在设计瓶胚时考虑到不同瓶形及充分利用原料的特性，瓶胚脱模后在合理的温度分布下迅速吹塑成瓶，是全世界唯一可以用最低的生产成本吹瓶并长期稳定生产的设备。

雅琪集团为印刷行业量身打造的新型专利产品——印刷行业专用（不碎）吹塑托盘。该款印刷行业专用托盘，还有新型组装结构，可局部更换损坏部件，客户完全无需担心一点小小的损坏就需要大批量更换整批托盘，既节省了成本，也能够让客户更加放心使用。此外，该款托盘还预留了 RFID 插槽，可安装 RFID 芯片，可通过芯片对托盘所承载货物进行全过程的管理，实现降低成本和提高服务水平两个目的。去保证正确的物资在正确的时间和正确的地点，得到正确的产品，成为物流和印刷企业追求的最高目标。其不仅可以帮助一个企业大幅提高货物、信息管理的效率，还可以让销售和生产互联，从而更加准确地接收反馈信息，控制需求信息，优化整个供应链。

中山凤记机械有限公司发展百分之百全电式的中空成型机。

柳州市精业机器有限公司在“全自动注吹”，“全自动注拉吹”领域的行业具有领先水平，拥有自主知识产权专利的技术——“垂直式注胚注吹工艺”及“复合芯模”，特别适合生产PC、Tritan、PETG等透明材料，使注吹工艺的应用范围扩展至更多材料及领域，比如婴儿奶瓶、运动水杯、LED灯罩等。

东莞市伟士达模具实业有限公司垂直整合包装生产线可以将原来的注、吹、印等环节集中在一条生产线中进行，原料从进入机器开始的注塑、吹塑、印刷、打包等多个环节集为一体，这样原本由多个工人才能进行的生产变为只需一个工人即可完成，生产环节减少，生产效率也大为提高。

苏州金纬中空技术有限公司实现了所有机械零部件自己加工，使核心技术始终掌握在自己手里，同时采用进口品牌电气元器件，保证了设备的持续稳定性。

江苏飞鸽友联机械有限公司二步法直线式PET全自动吹瓶机将旋转式吹瓶机的设计概念有机融合在一起，其进气吹涨、传送、开合模的方式，都采用了完全不同过去的设计，并使用了3个气缸来推动，以后还会采用伺服驱动方式，机器的稳定性将更高。该机的最大优势在于节能，因为瓶坯与瓶坯之间的距离更短，从加热到吹瓶，节能的效果特别明显。

总之，我国中空制品行业最近几年发展良好，2015年乃至未来十三五期间发展前景广阔。

（中国塑料加工工业协会　孙冬泉）

2015~2020年中空吹塑容器行业十大趋势

趋势一：产能过剩普遍化。即大部份企业开机不足，订单不稳定，并将持续较长时间。

1．产能过剩的原因

（1）中空吹塑行业准入门槛低，受之前中国经济速发展的利好，许多小微或小型企业快速发展起来。规模虽不大，但总产能不小。

（2）众多外资企业通过长期的经营，已上站稳脚跟，配套外资成本低，资金雄厚，并与用户进行强强联合，故有扩张的趋势。

（3）众多企业通过多年的技术进步，新的设备大量投入，技术的革新，效率的提升，加之旧设备还在逐渐淘汰中，造成总的产能放大。

（4）中空吹塑行业产能增加5~10%，但市场需求增幅放慢至3~5%，故供大于需。

2．产能过剩涉及企业生死存亡，带来不利结果

（1）近期价格战成为首选竞争策略，低水平竞争加剧。

（2）此局面将维持相当长一段时间,初步估计3~5年。

趋势二：产业集中度将进一步提升。大、中型优秀企业有更多机会。

（1）企业的投入是多方面，需要大量资金。如资质的维护，产品研发、技术革新、风险控制、经营管理费用等。由于小微企业生产规模有限，无法分摊上述多项费用。

（2）当弱小企业淘汰后，大量订单向中大型规模企业集中，并吸引更多的优秀的人才、资源、技术、设备。

（3）行业逐渐整合后，产业个数越来越少，企业规模越来越大。

（4）产业集中是渐变的过程，2014年开始各种竞争加剧，2016年以后市场整合加速。

（5）在产品集中的过程中，大中型优秀企业有更多机会。这也符合经济上的“马太效应”。

趋势三：中空吹塑产业分布由沿海向内地扩散。企业地理分布更加均衡，合作机会增加。

（1）国家对内地投入不断加大，内地GDP增速高于沿海地区，为配套用户，故内地中空吹塑企业迎来机遇。

（2）中空制品属于轻抛货，超过300公里的运输成本将限制市场开拓。就近制造是规律。

（3）企业规模大小受制于有效市场半径内的用户需求量的大小。故大型吹塑企业必须随用户设厂。

趋势四：政府对卫生、安全、环保等法规监管力度加大。对中空吹塑企业的管理水平和行为规范提出更高要求。

目前国内出现了许多关于食品的安全事故，如

三聚氰胺，地沟油，毒胶囊，塑化剂等。由于食品涉及到人身安全，现在政府对企业食品卫生开始进行严加管控。针对中空吹塑企业，影响主要体现在以下几个方面。

（1）对中空吹塑企业的硬件要求变高变严。企业除了自身的要求，行业，政府机构的要求外，还要满足客户的日益严格的要求。需要较大的投资。企业能否承受，还待考验。

（2）对中空吹塑制品检测的要求加严。各种资质，如环境安全卫生的论证、检查、审批等，对企业管理提出了更多的要求。

（3）管理成本增加，但对客户的价格却不一定增加。企业处于两难之中，无法应对的企业将面临着被淘汰的危险。而且重大的安全事故，卫生事故等都会将企业立即淘汰出局。

趋势五：由单个企业竞争转变成相关产业链的竞争。

塑料容器是相对简单的产品，但它同时也是一个相对独立的产品，它会形成相关产业链。这个产业链中主要的环节包括客户、原材料厂、吹塑机设备厂、吹塑模具、周边设备，中空吹塑企业、配套附件厂等相关企业。只有整个产业链发展了，产业链中的各环节才能相应发展。中空吹塑企业的成功离不开如原材料厂、设备厂等这些相关企业的互相支撑。

例如一：吹塑原料，特别是小牌号原料的稳定供应很不易。

例如二：中空吹塑企业设备的维护、维修难度大。

例如三：吹塑机厂更新换代快的新机型，是否可靠、先进节约、适用？

例如四：吹塑模具对中空吹塑企业来说是核心部件。模具是否满足自动化、高效化、经济性？

中空吹塑制品企业要与产业链顺利对接，需要有一定的规模，先进的技术能力，并且与产业链中各环节要有好的合作关系，能做到利益同享，共同发展。

趋势六：与吹塑行业相关的商业行情（涉及石油，化工，塑料原料，电力，汇率，税收等）波动频率加快，幅度加大，对吹塑行业的影响加大。

（1）石油价格忽高忽低，有25%的波动。

（2）塑料原料的波动幅度加大，给中空制品的定价带来困难。

（3）汇率变化，人民币升值或贬值，对中空制品的进出口影响较大。

（4）政府税收监管力度加大。对于原先不规范的企业，压力更大。

趋势七：内销比例将逐渐加大。

（1）我国出口增长率由之前几年的20%逐渐降至目前7%~8%，下降幅度很大，导致化工塑料容器的需求也相应减少。

（2）出口受国际市场的影响很大，有极大的不确定性，包括气候、自然灾害、反倾销等等方面，导致企业很难做准确的市场预测。

（3）中国内需在逐年扩大，主要体现在：①中国快速消费品会有稳固的自然增长（食品日化等）；②城镇化进程导致快速消费品增加迅速。③生活节奏加快，所以人们直接购买各种商品的成品、半成品，所以商品的包材需求快速增加；④随着生活水平的提高，人们购买低端消费品不再会过多的考虑支出，会促进销量；⑤节日经济会促进消费；⑥政府将扩大内需，引导消费，这将拉动第三产业发展，促进精细化工的发展，塑料容器有较多机会。

（4）中空吹塑企业，由大批量出口转变为中小批的内销，在管理、设备、人才结构都要适应这种的变化。外资企业资金雄厚，技术先进，客户供需产业链有优势，这些优势民营企业并不具备，所以民营企业更需要做到专、精、新、特、优，才能有竞争力。

趋势八：用户需求个性化、碎片化、多元化。

（1）个性化：客户数量逐渐减少，规模增大，集中度变高，这时客户往往更需要并注重品牌，要求完美，并希望有其的独特的外包装。

（2）碎片化：不同的客户有不同的需求，故对功能性，形状，材料，颜色，透气度，洁净度等有不同的要求，造成小批量订单、多品种。并且同一客户也可能存在不同的需求。所以很难形成同规格大批量集中生产。

（3）多元化：客户有大、中、小，层次有高、中、低。

以上的变化势必会导致中空吹塑企业的产品生命周期短期化，产品系列日趋复杂化。这符合“长尾理论”（即无数分散的小订单，占了订单总数的大比例）。这给中空吹塑企业带来了挑战，要求企业转换生产系统，技术开发，成本控制，售后服务，装备适应，员工技能、品质管控等多方面的能力要增强。

趋势九：综合成本高居不下。

综合成本逐渐增加。如：①工资成本；②社保成本；③资金成本；④资质成本；⑤环保成本；⑥研发成本；⑦装备更新成本；⑧运输成本；⑨原料成本；⑩质量成本等等。这些成本居高不下，但产品价格不增反降，导致中空吹塑企业的利润微薄。

这将对原来底子薄、管理能力差的企业是严峻考验。

趋势十：中国的经济步入新常态，决定了中空吹塑行业的新格局。

1．新常态

（1）GDP 从两位数过渡到保 8%，到 2014 年的 7.4%，再将到 2015 年的 7.0%，及以后的 7%左右，下降的幅度很大；

（2）在底部徘徊的时间会持续很长，要做好中期（3~5 年）的准备。

2．新挑战

自 1978 年以来，36 年中，中国经济一路高歌猛进，现在即将面临大调整大平衡。经营理念落后、经营能力差的企业将会被淘汰出局。经营良好的企业也要小心谨慎，如履薄冰。这对经营者的判断力、决策力、组织能力都是大挑战，只有优秀的企业才能渡过难关。

3．新格局

（1）经过 5 年或更长时间的洗牌，将会产生一批国内知名的优秀企业。

（2）预计 10 年内中国经济 GDP 将赶上美国。与之相匹配，将有会出现一批较大规模企业诞生。

（3）企业的规模将逐步增大，这样才能够承担社会责任，满足客户需求，能够消化各种成本，并且具备创新研发的能力。

（4）根据中空吹塑行业的特点，会出现多地连锁经营、集团化运作，及产业链整合的新格局。

（5）民营中小中空吹塑企业需要向专、精、新、特、优方向努力，才能争取足够的生存空间。

以上观点，必有局限，仅供参考。

（中国塑料加工工业协会中空制品专业委员会、苏州市紫金塑业科技有限公司　刘小东）

人造革合成革

一、人造革合成革行业经济运行情况

1．人造革合成革产量

2014 年全国 18 个省市的人造革合成革产量 375 万吨，同比增长 2.58%，增幅同比下降 8.11 个百分点。其中三分之一的省市为负增长，江苏、广东制造大省首次出现负增长，北京下降速度最大为－80.67%。按照国家统计局数据显示：目前浙江产量占全国的 39.21%、福建省占 24.33%、江苏占 9.44%。福建省合成革技术快速提升，2011 年突破 30 万吨，增长速度为 53.35%，占全国比重从 2008 年的 2%跃居 16%，2014 年占全国产量的四分之一，已从前年的第四位跃居到第二位。

2．人造革合成革进出口

2014 年人造革合成革超纤革进出口贸易总额 31.03 亿美元，其中出口额为 25.55 亿美元，同比增长-7.31%；出口量 59.08 万吨（10.3 亿米），同比增长 3.41%，占年产量的 17%。其中聚氯乙烯人造革出口占 43.82%，聚氨酯合成革出口占 53.81%。2014 年人造革合成革进口量为 4.9 万吨，增长为-3.52%，进口额 5.48 亿美元，同比增长 0.72%。

3．行业新技术不断发展

人造革合成革经济运行近几年随着技术改造升级发展，水性聚氨酯合成革、无溶剂聚氨酯合成革以及各类热塑弹性体树脂在合成革应用技术不断推出；功能型、生态环保型产品逐步扩大，正在成为行业的主流。企业在积极推进应用节能减排新技术、清洁生产新技术，DMF 回收效率等方面水平不断提高，污水处理各项指标已经达到国家排放标准；使用清洁能源已经开始行动，生产车间无组织排放已经得到有效改进。

二、专委会理事会换届工作

根据中国塑协关于专委会换届改选的要求，专委会秘书处积极做好专委会理事会的换届工作。秘书处经过调查研究，提出换届选举方案（草案），经向会员单位征求意见，正式向中国塑协提出正式申请，并经中国塑协批复同意,于2014年4月14日在上海召开的2014年中国塑料加工工业协会人造革合成革专业委员会会员大会上，顺利完成了专委会换届选举工作。经中国塑协推荐，大会选举义乌鑫挺人造革有限公司董事长潘公挺为第六届专委会理事会主任委员，经潘主任委员提名选举冯庶君为秘书长，上届理事长孙福荣为名誉主任委员。新一届专委会强调以协会5A标准为基础，加强秘书处组织建设，组织召开理事长会议研究专委会组织建设、思想建设、制度建设，统一思想，明确任务，落实职能。

新一届专委会强调秘书处组织建设。2014年7月在义乌召开了理事长办公会，专题研究了展会工作以及协会自身建设工作，会议决定聘任田景岩、刘姝同志为副秘书长，补充了工作人员，加强秘书处力量。按照协会5A标准，将专委会的基础工作进一步规范运作，完善档案管理、制度建设等。2014年办理了原有会员关系登记工作，以及新增会员的审核报批工作。

三、继续加速推动行业转型升级发展工作

通过现场参观环保新工艺，开展转型升级交流活动，为继续推动行业转型升级，引导企业采用环境友好型材料和工艺，搞好水性材料开发和应用，2014年3月、4月和11月先后分四批组织行业内85家企业400多人参观考察了昆山阿基里斯人造皮有限公司、南亚塑胶工业（南通）有限公司、高明威士达塑料有限公司和兰州科天新材料股份有限公司，就合成革清洁生产、水性材料应用、环保治理应用等进行现场交流，通过推广和学习先进科学管理经验，在加速转型升级步伐方面取得共识，为进一步推动行业转型升级，开辟一条交流渠道，起到积极的促进作用。

以科技企业成果为引路，带动行业转型升级。几年来，每年都推出几家科研企业不同的科技成果，以此带动行业快速走向转型升级发展之路。2014年在总结前期推进以优耐克等企业水性聚氨酯应用经验基础上，做了以下几方面工作：第一是对兰州科天新材料股份有限公司水性树脂推广与应用取得的新突破，专委会在兰州组织行业内企业参观，开展宣传工作。目前该公司水性聚氨酯不仅可以应用于干法合成革，2014年重点开发了可浸渍的湿法水性树脂和合成革的生产工艺，并投资建设了拥有4湿2干的企业，专业生产水性合成革，受到行业以及当地政府的大力支持。专委会积极配合此项新技术扩大生产规模，向行业内无偿转让生产技术，在浙江、广东、福建应用发展的基础上，向中西部地区推进水性合成革新技术的发展。第二是聚苯乙烯人造革前期技术开发与推广宣传，在“第四届中国生态合成革论坛”会议上首次推出，引起企业高度关注。第三是注重微晶纤维素应用开发推广工作，在安利公司、禾欣公司开始进入前期研发，这个项目的应用成功将进一步提高合成革剥离强度物理性能。

四、不断完善产品的标准化生产，规范生产与市场秩序

抓住开展清洁化生产标准制定契机，引导企业规范环境治理。为了更好地实施《合成革清洁生产标准》，落实清洁生产审核工作。专委会与四川大学制革清洁生产国家重点实验室合作，联合浙江五洲实业有限公司、丽水优耐克、安徽安利合成革股份有限公司、上海华锋超纤材料股份有限公司、浙江禾欣实业集团股份有限公司、烟台万华等30家企业就《合成革工业清洁生产技术规范》和《聚氨酯合成革节能降耗技术要求》两项行业标准，开展基础研究工作，吸取先进企业经验，制定出符合实际的清洁生产标准，为做好清洁生产奠定基础。2014年12月已经完成征求意见稿，目前正在向全国同行业开展征求意见工作。

加强新技术上升基础标准的研究工作。目前我合成革专业的新材料、新工艺、新装备、新产品发展很快，将近些年形成的成熟工艺技术纳入标准，规范行业基础建设十分重要。一年来重点推进以水性聚氨酯等环保材料为主要材料的合成革标准工作，启动材料类标准工作：如完成《合成革用水性聚氨酯表面处理剂》《人造革用水性聚氨酯粘结浆料》。

继续推进检测方法标准工作。在推进标准化工作中坚持以行业发展和需求为导引，面向企业与行业，开展合成革质量标准研究及多层次的标准化服务，通过这些基础研究，开展技术交流，提高我国合成革基础标准的水平。2014年注意引导企业开展

合成革标准的检测方法基础研究。首开检测方法的标准工作，如《人造革合成革试验方法 接缝强度的测定》《人造革合成革试验方法 接缝抗疲劳强度的测定》《人造革合成革试验方法实验室光源暴露法》。2014 年我们积极推进完善用途标准工作，协助完成了《运动手套用超细纤维合成革》4 项标准报批工作；《运动鞋用聚氨酯合成革安全要求》《服装用水性聚氨酯合成革技术条件》和《水性超纤革》5 项行业标准的审查工作。

加强标准工作队伍建设。一年来在全国塑标委的领导下，积极抓好标准工作队伍建设，我们多次组织企业技术人员开展技术交流，通过不同的形式专业交流，发现问题，分析问题，有针对性地开展合成革质量、技术研究。目前专委会已经形成了一批研究标准的工作队伍，有博士、硕士和具有丰富标准化经验的科研人员 30 多名，其中高级技术职称人员 15 名，已形成稳定的标准科研队伍。标准作为一项基础的技术制度，能够规范市场秩序，激励自主创新，推动产业升级，支持可持续发展，促进国际贸易，能够在宏观调控中发挥重要的积极作用。专委会通过抓标准促进行业规范建设，也作为促进合成革行业产业升级的主要手段，是优秀企业带动行业发展的可行之路。

五、抓好展业服务，为行业搭建好科技创新、市场交流平台

精心做好在上海举办的合成革展会。2014 年 4 月 13~15 日在上海新国际展览中心成功主办“第五届中国国际人造革合成革工业展览会”，展会面积近 10 000 平方米，参展企业 200 多家。本次展会集中度高、国际化、产品丰富，全面展示了中国合成革世界水平，受到行业内外一致好评。专委会先后推动浙江临海、义乌市、高明市、福建福鼎、浙江丽水等地区参展，同时国内外知名企业均参加展览，参观人员超过历年，对宣传行业、协会和企业取得显著效果。特别推出的“水性合成革专区”，受到国内外买家的好评。

开拓合成革展会与下游展会的合作项目。2014 年 8 月 30 日~9 月 1 日在温州国际会展中心成功主办“2014 中国国际合成革展览会”，结合温州的鞋机鞋材展会、合成革下游市场，开展市场交流。本次展会汇集了“温州合成革之都”和国内外知名企业参展，与鞋机、鞋材、鞋用化工材料、缝纫制品与机械设备行业产业联手，开拓下游市场。展会期间组织了“中国 · 温州合成革之都”之行、采购商-温州厂商联谊、企业参观洽谈等项活动。同时还举办了“中国合成革峰会暨贸易商大会”。专委会在历年举办的技术型峰会、市场型峰会以及箱包、鞋材、家具、汽车等专业峰会基础上，确定了 2014 年中国合成革峰会主题为贸易商流通大会，完成了选题调研以及各项会议安排。2014 年 8 月 29 日在温州举办的合成革贸易商大会，200 多人出席了大会，请广州新濠畔市场总裁等合成革专业市场企业家，为大会作了主题为开拓合成革贸易市场的报告；本届大会也表彰奖励了为合成革行业做出贡献的贸易商等。

六、深入企业、走访市场开展服务，加强与同业商协会开展合作交流

2014 年专委会秘书处加强与各个兄弟相关商协会的沟通和协调组织工作。目前以合成革企业为主体的行业商协会，他们既是独立的商协会也是专委会集体会员单位，是专委会工作的核心力量。专委会与各地相关兄弟商协会不断加强联系，基本形成了联系制度，参与各相关商协会重大活动。2014 年温州合成革商会、福鼎合成革商会、南平合成革产业协会、丽水市合成革商会完成了改选工作，专委会与各个协会新一届会长、秘书长建立了联络沟通渠道。

七、做好重点项目的服务工作

专委会努力做好为地方政府和地方相关商协会服务工作，其重点为以下几项。

第一，主要是组织完成了福鼎合成革转型升级方案的专家论证。配合福鼎市人民政府、福鼎合成革商会，先后走访十家企业，听取意见，开展各项方案研讨听证工作，提交了一份比较好的得到各方认可的实施意见。

第二，为企业搭建服务平台提供服务。完成了丽水市水性合成革产业联盟升级为省级行业联盟、生态合成革研究院调整工作以及河北水性聚氨酯合成革中试基地建设工作。

第三，为企业提供各项技术服务工作。先后为温州、高明、丽水、北京等三十多家企业提供技术咨询服务，在推进聚苯乙烯合成革的开发工作做了大量的对接服务；为宜兴新开发的环保型助剂、山东开发的微晶纤维素应用提供支持帮助。如：联系应用试验，积累科技数据，提供支撑服务，为新材料的开拓应用开辟新路。

第四，帮助遇到困难企业排忧解难。目前一些企业遇到经营困难，专委会和企业共同研究新形势下如何度过难关。为此，根据企业需求帮助他们联系新的市场，为新建的合成革专业市场提供企业对接服务。一年来与花都区筹备合成革电子商务市场、温州信泰合成革交易中心、广州新濠畔新开市场等提供交流服务。

第五，完成了落实环保部《防污技术政策》《环境友好领跑者》项目的申报，以及聚氯乙烯人造革列入相关目录的申诉工作。

（中国塑料加工工业协会人造革合成革专业委员会　冯庶君）

异型材及门窗制品

一、行业现状

2014 是中国塑协异型材及门窗制品专业委员会第七届换届后的首年，是我国经济逐步进入战略转型发展的关键时期，十八大奏响全面深化经济体制改革的第一年。一年多来，在中轻联、中国塑协的领导与指导下，继续积极贯彻落实党和国家的相关政策，引导行业健康发展；一年多来，专委会在全国整体经济大调整、大转型的氛围下，在行业的整体经营氛围出现连续下滑的状态下，专委会依据《塑料加工业“十二五”发展规划指导意见》和《塑料加工业技术进步指导意见（2013~2015）》两个文件精神引领行业内企业一起为实现行业技术进步、科技创新、提升行业综合素质、促进行业整体进步、加快行业内企业实现战略转型和跨跃式发展方面进行了大量的工作，以为行业服务、为会员企业服务。

（一）行业经营形势艰难

1．行业整体趋势

从 2008 年开始，中国连续 30 余年的高增长便已基本结束，国民经济落入一个新的次高速增长的新常态。中国的经济减速是经济增长结构逐渐发生重大变化的征兆是一个发生在实体经济层面上的自然过程。我们的增长也付出了不可忽视的代价，结构失衡、产能过剩、效益低下、低劣泛滥等。正因为如此，异型材行业自 2008 年以后，企业竞争白炽化程度越来越严重。原材料价格大幅振荡，劣质产品大量出现，生产成本与销售价格差越来越小，大中城市市场应用的选择出现了向异质（铝合金）方向明显的转化，塑窗逐步失掉了大中城市及中高端的大部分市场。行业整体经营形势自 2008 年以后越来越严峻，生存越来越艰难。到目前，行业大部分企业都苦苦支撑着，争取不亏损或微亏损，启盼着经济运营形势逐渐好起来。而对于敏感的房地产业来说与去年同期相比开工面积下降幅度较大，这是形成我们行业 2014 年下半年需求减少的主要原因之一。我们行业内的许多企业明显感觉 2014 年下半年的销售订货难度更大、订货量明显减少。对模具、备品、配件等必须品的采购被大量延缓。众多中小企业基本处在生存线边沿上经营，连续多年的低利润或无利润，使众多中小企业的元气受到耗损或透支，根据专委会统计，截至 2013 年底，已经有百家以上的微型企业摘掉执照，关停转产。行业整体处在危机阶段。

2．行业产销状况

为了更好地为行业服务，今年上半年专委会较为全面深入地对 2013 年行业经营情况进行了调查。2013 年门窗用塑料异型材年产量约 320 万吨（统计到的企业总量），各类塑料异型材年总产量在 500 万吨以上。2013 年异型材年出口总量约 8 万吨。与 2012 年同期相比，国内产销量下降 6.5%。目前，行业总产能在 800~830 万吨，大约退出市场的产能约 40 万吨，百家以上微型企业退出本行业，近 600 条挤出线被迫退役。可统计到的异型材生产企业约 450 家，2013 年新增企业 9 家。从今年走访行业的情况不一定正确的判断，2014 年与 2013 年相比产销量缩减 10%以上。总产量有可能下滑到 300 万吨或 300 万吨以下。

（二）行业状态亟待改进

唯利是图的盈利方式、恶性竞争方式阻碍了行业进步、阻碍了行业发展、损害了市场产品形象。

企业发展在竞争力方面陷入了误区。在企业经营过程中，许多企业视赚钱为企业第一追求，将发财等同于发展，将短期获利做法等同于企业竞争力。没有分清楚大与强的关系，企业扩大、扩大、再扩大，忽视了它的属性和规律，不但给自己形成了释放产能的巨大压力，也给行业造成了深远的影响。多种因素促使行业中显现了许多不和谐的现象：重营销，轻技术、忽视质量；扩大规模，占用土地，打时间差换红利；一味模仿、不思创新；金融游戏、账面扩张；增加填料，劣质泛滥；无序竞争，诚信不足等。在已经进行深化改革的今天，上述这些不和谐的现象应有所改观，但还有不少的企业存在着残余。例如，在产能严重过剩、在重大转型机遇期还认为扩大产能规模是发展壮大的途径。我们的观念要跟上形势的发展，才能将企业带领到正确的发展方向上来。克服不正确的盈利与竞争方式，企业才能步入快速发展的轨道上来。

（三）分析现状总结经验实现跨跃式发展

要认真分析目前行业中不利健康发展的各种现状，总结经验教训，在重大经济转型期，规避发展阻力和风险，实现行业的华丽转身和跨跃式发展。

（1）大量供应市场的型材与门窗产品在品位、质量、创新、附加值等方面缺乏异质竞争力。异质产品在进步，而我们的产品处于停步，能在市场竞争中获得几分胜利？

（2）2000年后，低水平的大量重复建设，形成了行业产能过剩现象。这种严重过剩的行业局面也是拖累行业进步 、影响行业提升的主因之一。

（3）微型门窗制造企业建厂投资小，技术难度系数小，在2000年以后的几年间，成千、成万地诞生在华夏大地上，这种泛滥式发展的结局，塑料门窗制造企业从一开始就被市场置于低下的位置，没有话语权，要垫资，被无端生事索赔，有的被逼的倾家荡产。而这种现象伴随了行业多年，行业链条上的利润空间大部分被房地产占有了。十几年来，门窗企业的制造水平提高不明显，生产设备低劣粗糙占有相当数量。更值得指出的是，大量存在的街边店（门窗加工作坊）的存在，违背了“市场接订单，工厂化加工”门窗制造企业的客观规律。街边作坊使用低劣材料、粗糙加工，严重损害了塑料门窗的整体形象。这种现象至今没有得到有效的改善，而门窗加工作坊反到开始联手也去承包工程。这种在全国范围内、从城市到乡镇无处不见的劣质门窗加工作坊，塑料门窗（塑钢窗）的档次和形象能好到哪去？

（4）自2004年以后，高填充碳酸钙的高钙型材在国内少数几个地区集中泛滥，很快在全国范围内严重冲击骨干企业产品，将骨干企业产品的利润空间挤压殆尽，骨干企业为了生存和适应市场，被迫降低原材料成本。在这种趋势下，主型材断面尽量减小、腔体减少、壁厚减薄、填充材料越来越多，产品质量处在标准线附近。造成了低品位、低品质产品占了主流。这些年来骨干企业生存得好辛苦，行业整体的生态环境被低劣产品严重污染了。

（5）型材企业前些年忽视了应该拥有自己的高端配置的高水平组装厂，没有自己的组装厂怎么能及时发现若干品种型材互配组装中的适配情况，窗型系统怎能及时改进、提升和创新，研究开发像“纸上谈兵”，怎么去指导服务应用于型材的组装企业。多年以来，对售出的型材关注度不够，和组装企业一般只是买卖关系，对组装的门窗、安装的门窗质量状况关心程度欠缺较多。

（6）型材企业忽视了对塑窗的科普性宣传和展示，至今许多重要用户不知道我们能生产出国际高水平的高档塑窗。许多人谈起塑窗就认为是那种地摊、作坊产品。大多数用户对异型材和门窗产品没有选择和鉴别的能力。许多人并不知道塑窗的优异性能，如高效节能、更高性价比，以及它的高隔音、抗腐蚀、强密封方面比其他型材的优势。从经济实力、技术实力、产品辐射范围来看，型材企业理应担负起树立塑窗名誉的任务。

（7）市场上多年来反复出现塑窗变色、开裂、变形等问题，这些问题年年反复出现，未能得到有效的解决，对塑窗的声誉影响极大，老出现问题的产品谁还敢用！

（8）多年来，在激烈竞争条件下行业内没有形成有效、合理、共同遵守的型材与门窗的价格规则。需要塑料型材与门窗龙头企业做出表率坚持质量信誉第一，塑造行业品牌，形成良性竞争机制，打造百年品牌企业。

（9）塑料门窗是一个系统工程。多年来，我们对型材与门窗系统工作认识不够且进步较慢、提升步伐太小，在门窗系统工作上创新不足，在这方面落后于其他材料的型材与门窗。以塑料门窗为终端产业链的相关制品间战略合作、协同发展的机制尚未形成。

这些现象通过市场竞争和洗礼，行业境况自然会得到逐步改善和逐步提升。而处于我们身边的外部因素是要由政府的改革措施来改变。全面认真分析我们的历程和困境现状，总结经验教训，在重大经济转型期，规避发展阻力和风险，顺利实现行业的华丽转身和跨跃式发展。

（四）正在产生可喜变化的市场情况

（1）伴随我国节能政策的深入贯彻，建筑门窗应用保温性能指标和实施监查的加严，目前，房地产在住宅建筑门窗应用的选择上，转向选择塑窗的趋势已经凸显。我国南方的有些地区，选择应用塑窗的情景逐步增多。

（2）我们行业的主导产品，塑料推拉窗主型材的壁厚低于 2.0 毫米的越来越少，型材横截面尺寸逐步加大，主型材腔室更趋向四腔以上。在型材企业走访过程中看到，目前正在生产的型材中，填加剂份数明显减少，型材质量在逐步提升，窗型系统正在逐步改善，品位在逐步提升。

（3）“中标”“非标”型材产量下降尤为明显，下降接近往年半数，“中标”“非标”型材的市场需求明显下降。市场对型材的需求质量、水平、档次逐年提高，低端市场将走向消亡。今年众多型材企业开发多腔、多密封 65、70、80 系列五腔、六腔三密封平开窗型材模具

（4）型材在销售环节主打环保牌也成亮点。促使行业内所有型材企业，都在积极试验环保稳定剂配方，都在向绿色环保方向迈进。在试用过程中和上游助剂企业形成了紧密的战略合作伙伴关系，共同研究、改进；分析、探讨、试验。在推动行业进步，造福子孙后代方面全行业都在尽最大力量。

（五）可持续的市场应用前景

我国的城镇化建设远远落后于工业化建设，根据国家城镇化规划未来三年城镇化建设需要资金 25 万亿人民币（中央不投资）是目前经济增长的增长级，对我们行业来说是缓解压力的曙光，是保障行业不出现重大变故的“稳定剂”，给出了行业转型发展宝贵的基础时间。要充分利用好这三年时间，争取行业有较大的提升和变化。另一个较长时期的增长级是“京津冀一体化”。刚刚开过的“石洽会”，首日签约 40 项，总投资 813 亿元，这只是在石家庄地区今年的发展投资。我们行业在未来若干年内存在有较大的市场空间。根据最新消息：国务院批准设立石家庄综合保税区，保税区设在空港工业园区，具有保税加工、保税物流、保税服务三大核心功能，保税区企业享受“入境不入关”特殊政策。这一举措将增强对外竞争优势，进一步推进京津冀一体化。所以我们产品的适应对象也应该根据市场需求的变化而改变。

近几年在我国中北部地区的频繁不断出现的严重雾霾现象，表明北方大气环境污染相当严重（根据污染物测定显示，燃煤是产生雾霾的主要原因之一），治理的力度和广度要不断加大，而我们“塑料异型材及门窗制品”与异质同类产品相比，具有制造节能（节电、节煤）、应用节能十分明显的政策优势。多用塑窗，少用其他材质的窗就少消耗电能，就节约了煤炭，就减少了废气和污染物排放，对全球气温变暖也有贡献。

目前行业经营形势虽然依旧艰难，但是，它却促进了行业进行结构调整，部分产能被优化，产能严重过剩的局面在逐步走向缓和。行业主导产品的品位、质量正在逐步向优质、高端化开始转变。国家的节能政策和措施的贯彻和落实，塑窗应用前景将逐渐向更加被重用方面转化。我们的产品是符合国家绿色、节能、环保、低碳的产业政策方向，我们要以科技进步、科技创新来促进行业需求形势的彻底扭转，以更高质量、更高品位、更加先进的产品供应节能指标不断提高要求的市场。今后我们行业将以更强的生命力，为改善、提高居住环境的质量，为国家节约资源、减少能源消耗和减少有害气体排放方面做出更大的贡献。

二、专委会行业工作

十八大四中全会召开以后，我国的国民经济建设全面进入深化改革、经济转型、结构整的战略机遇期。专委会工作人员认真学习十八大四中全会工作报告，转变我们的思想观念，调整工作思路，实施新的工作方法，在战略转型的重大机遇期，为企业转型发展服务，引领行业走在深化改革的前列。

（一）行业工作的主要方向

认真贯彻落实《塑料加工业技术进步指导意见（2013~2015）》。

《指导意见》是实现塑料行业转型发展的顶层规划设计，为我们塑料行业工作者指明了近年来具

体的工作方向和任务。遵照《指导意见》给出的方向，专委会的首要工作是以下三个“坚持”：

（1）坚持“自主创新、重点跨越、支撑发展、引领未来”的指导方针；

（2）坚持“环境友好型、资源节约型、科技创新型”的战略方向；

（3）坚持“推进行业技术进步与创新发展”的战略措施。

在全面深化经济体制改革的重要阶段，抓住并利用好重要的发展机遇期，引领行业在转变发展方式上取得新的进展；在深化改革开放上取得新的突破；提醒企业要重点处理好速度、结构和物价的关系，强调要把扩大内需作为战略发展的基准点，把发展实体经济作为行业坚实的基础不动摇。关注与利用好改革的红利，推动人口红利向人材红利方向转变。按照“功能化、轻量化、微成型”的要求，把握发展方向；紧紧跟踪当代科学发展趋势及前沿技术，以努力缩小与发达国家的差距为目标；紧紧围绕提升产业素质，大力推广新材料、新工艺、新装备；紧紧围绕绿色发展、循环发展、清洁生产，使节能减排迈上新台阶。积极推进塑料异型材产业升级转型发展。抓住并利用好重要的发展机遇期，使行业初始步入良性发展的轨道。专委会工作基本起到了推动行业进步，促进社会进步的初始效果。

在促进产业升级方面，牢牢把握科学发展这个主题，紧紧围绕转变发展方式这条主线，遵循工业化客观规律，适应市场需求变化，根据科技进步新趋势，积极向结构优化、技术进步、清洁安全、附加值高、吸纳就业能力强的方面进行转变。

努力转变发展观念，从过去依靠量的增加、产能扩张的发展方式转到依靠技术进涉、实现创新驱动发展的路子上来。要大力优化产品结构，提升产品质量和新产品比重，加快产品高端化、自动化、智能化进程，努力加快高端制造业目标的实现。

（二）一年来在为促进企业的战略转型服务方面的主要工作

在全国整体经济大调整、大转型的氛围下，专委会在保证日常工作正常进行的情况下，响应十八大全面深化经济体制改革的号召，如何与行业内企业一起推进行业技术进步与创新发展、提升行业综合素质、促进行业整体进步、加快行业内企业实现战略转型和跨跃式发展方面，专委会不断学习、改变思路，不断分析现状、探讨未来，努力保障为行业、为会员企业服好务。

1．最大程度对行业进行接近真实情况的调查统计，为行业和企业服务

行业相关数据调查统计时，统计不到、不全，数据不真实的现象很难避免，在转型发展的战略机遇期，为了更好地服务行业，为企业发展提供真实的数据参考，专委会今年的调查统计工作比往年多投入了 3~4 倍的工作量。

2．主动与科研院校合作，提高产品科技含量

我国的大专院校、科研院所，每年都有许多科研项目完成，但是出于多种原因，其科研成果能够形成生产力的项目不多，甚至很多科研成果很少被企业知晓，专委会恰恰可以利用信息获取优势，承担这个桥梁作用为行业做好媒介工作。今后，在促进行业进步，促进企业转型，将会联系更多的院校相关专业，将他们的科研成果熔融入我们行业的发展之中，促进产、学、研结合，提高企业产品技术含量、产品附加值，成为我们行业进步的能量和动力。

3．做好标准工作，并作为产业提升的基础和支撑

标准中的技术指标内容、指标的科技含量与科技领先程度，决定了未来产品的品位、质量、竞争力、市场的先进程度以及产品的生命力和发展空间。GB／T8814－2004 型材标准正在修订过程中，修订后的标准对塑料异型材及塑料门窗今后的发展及市场应用有着关键性作用。专委会广泛听取对标准修订的各方面意见、看法、希望等，站在国际大市场的高度，结合我国的具体情况，以促进行业良好、持久发展为前提，把握具有一定的先进性、可行性，在符合国家产业政策方向上多次提出修改具体意见并坚持。GB／T8814－2004 型材标准初步修订稿和原标准对比已经体现了其更具科学性、先进性、异质竞争力、符合国家产业推广政策，充分显现出未来产品具有很强的市场竞争力和先进性。

由于多种原因，已经通过审查的《塑料异型材用钛白粉技术条件》要重新申报，重新申报未通过评审。“钛白粉技术条件”行业标准的编制从 2007 年开始至今克服了许多重大难题，通过编制工作过程，促进了国产钛白粉的发展与产品应用得到了很大提高，在今后的生产经营中特别需要该标准的保驾护航。专委会克服重重阻力进行了申诉并到工信

部反映需求的迫切，争取标准重新立项。

四个助剂标准因客观条件暂时处于停止状态，专委会正在多方努力促使尽快恢复。抓紧相关标准的组织与编制工作，利用标准促进行业进步，促进转型发展，作为产业提升的基础和支撑。

4．上下游协会、企业加强配合，共谋产业进步

与上游制品协会、专业委员会、上游企业建立密切合作，为实现在重大经济转型期共同促进发展、共同促进转型，实现以异型材为终端产业支链的科技进步与产业升级（以异型材为终端的产业支链，是以门窗为终端产品产业链的重要支链）。上下游行业协会间建立密切合作关系，有利于上下游企业间的协作、配合，相互牵手共同发展。在这种情势下的合作可实现产业链间企业在发展中的协同配合、相互促进，可以加快实现单一产品行业很难实现某些方面的改进和提升。产业链间企业在“异质竞争”“异类替代竞争”、市场国际化的环境增加了产业生存发展的能量和抵抗风险的能力。专委正在积极主动与上游制品行业协会谋求建立广泛深入的战略合作伙伴关系，开始谋划具体合作事宜，在不久的将来必将卓有成效。产业链必将实现大幅度的产业进步。

5．积极推进去铅化进程，打造百分百绿色产业

塑料异型材制品的主要组分原料是PVC树脂，而PVC树脂在热塑加工过程中必须填加足够分量的热稳定剂以保障加工过程与耐久应用中不发生热降解。而热稳定剂中稳定性能优良、价格便宜的铅系热稳定剂几十年来稳稳占据应用量的首位。虽然塑料异型材在应用过程中自身不会脱落、游离出有害物质，但是西方发达国家在塑料异型材制品中的去铅化已经开始。我们不只是在产品的品质方面赶超西方，在绿色环保方面更不能落后。专委会和助剂专委会牵手合作，目前，推动去铅化进入了实质性前期准备阶段。环保热稳定剂已经在行业所有的型材生产企业中开始试验和试生产，助剂企业在不断提升、改进环保热稳定剂的品质。经过不太长时间的努力，即将迎来百分百绿色产业的彻底改变，彻底实行全行业环保、绿色的战略转型。

6．打造以塑料门窗为终端制品产业链的系统工程

建立以塑料门窗为终端制品产业链的相关制品间的战略合作伙伴关系，促进塑料门窗产品步入世界领先行列。专委会在加强产业链技术进步与科技创新工作中总结出以下观点。

在20世纪90年代引进热潮中，注重引进设备、模具，外方给几个配方，给你几套断面组合，我们就开始生产了，却忽视了其重最重要的软实力，就是系统与体系的设计、计算方式与方法（含型材、五金件、玻璃、胶条等的单体设计与组合后的设计与计算）。这一重要的疏忽，造成了各个环节的相关制品主要由市场来促成其研究生产的现状，使整个大体系中各相关制品间的相互关系处于松散型、半脱节型式状态。应建立以塑料门窗为终端产业链的集成核心体系（建立以塑料门窗为终端的系统工程核心部门，即塑料门窗系统工程机构），要想长盛不衰必须聚集行业精英成立类似德国旭格公司的一种机构，对以塑料门窗制品为终端产业链的系统工程，综合国内外具体情况和各相关条件进行总策划，统一进行规划、研发、设计，制定规程、工艺，确定产品相关细节和技术指标，统筹所有相关制品的配套制造。最后，规范对所有相关制品进行组成中的工艺与技术指标、操作规程，以及包括门窗的包装、运输和安装规程。（塑料门窗终端系统工程核心部门内要设立各职能分部）机构要设立试验与测试部门，成立相关环节的软件开发体系，也可以根据实际情况成立专项研究小组，“系统工程机构”要统筹相关制品的协同发展与技术进步，要同步跟进，协调产业链间相关所有企业向自动化、智能化方向的同步发展。我们行业拥有了这一点，塑料门塑制品的高端功能化、整体艺术化、开启自动化、结合互联网实现智能化，就进入了快速发展的高速公路，追赶西方先进国家才有可能。目前，这种机构的设置只能寄希望于少数几个大型企业来实现这种设想，可以先设定总体规划目标，分步实施，先把台子搭起来，根据实际条件边做边完善。

骨干大企业必须要带头走在行业的前面，克服重重困难，拼博出行业的春天。骨干大企业肩上应担负行业责任。

目前，中财建立的形象店、海螺建立的体验店的这种集宣传、展示、承揽为一身的小店，应该继续发扬下去。它展示了企业形象、产品形象，所展示的优秀产品会不断改变周围人群对塑料门窗的认识。当大多数人基本清楚了塑料门窗，那些垃圾产品还会有多大的市场？

三、行业技术进步与科技创新促进行业转型发展

这一年多以来专委会在技术进步、科技创新工作中，坚持以企业为主体，推进科学发展和结构调整，促进企业加快转变发展方式，走科技创新、技术进步的支撑发展之路；督促企业对创新理念和创新机制进行深入研究和改进，提升创新的预见性，提升综合创新能力。从近日了解到的行业、企业情况来看，技术进步与科技创新工作在行业内已经全面展开，促进行业转型发展已经展现可喜局面。

（一）以塑料门窗制品为终端产业链的系统工程机构，行业内骨干企业已见初型

目前，以大型骨干企业为代表，依托企业自身的技术部门建立起以塑料门窗制品为终端产业链的系统研究、规划、设计等工作，已经初步形成了系统工程机构的初型。多年来，在系统工程工作上做过不少工作和成绩，由于没有形成企业内举足轻重的机构，多数是在系统的某个支链上做的工作比较多，在全面、系统上进行宏观规划与布局设计尚显欠缺较多。

目前专委会了解到，浙江中财、芜湖海螺、大连实德、天津金鹏、山西中德、西安高科建材等企业，在门窗系统工程上均已开始布局，已经做了许多工作，尤其是中国联塑集团控股有限公司在“系统工程机构”的建设上，已经成功地迈出了第一步，是我们行业在门窗系统工程上的一个样板。

现介绍中国联塑集团控股有限公司 2014 年在塑料异型材及门窗产品方面的科技进步概况。

1．塑料门窗系统工程的推进

设计开发基于 ISO9000 的原则全程受控，按照设计、开发＋制造＋试验检测＋第三方认证＋一站式系统技术支持、技术服务，以及配套供应模式构建系统门窗体系，覆盖出口及内销的所有现有门窗产品和新开发门窗产品。

制定了联塑系统门窗构建六大要素、系统门窗 11 项性能、门窗 12 个子系统组成等开发设计规范文件。

强化检验与试验能力，已经具备了按照国家标准和 ASTM、AAMA 等出口标准，对型材进行全项目自我检验试验的能力。正在筹建系统门窗的抗风压、水密性、气密性、热工测试的试验检测系统。

门窗系统工程涉及的型材截面、配件、配套工装等设计普遍采用 3D 设计，必要的设计初步验证采用了 3D 打印技术。

形成了型材、注塑配件、大部分橡胶密封件、配套工装的自主生产能力。其余子系统产品按照控制要求，形成了稳定的供应链。

2．PVC 型材挤出技术

创新实现了正方形大截面型材的 PVC＋PVC 表面全包覆共挤（共挤轮廓长度约为 500 毫米）。

创新实现了矩形大截面型材（高宽比为 6：1）的 PVC＋PVC 表面全包覆共挤（共挤轮廓长度约为 300 毫米）。

创新实现了型材局部硬质 PVC 单壁的选择性后共挤。

3．自动化技术及装备

针对出口螺栓联接式塑料推拉门人工组装时的低效率、高人工成本的现状，研发制造了半自动化门框组装机、半自动门扇组装机和总装流水线，且出口到美国和加拿大。

（二）新材料技术工作已见成效

以信息技术、新能源技术、新材料技术、新型结构设计、复合材料等诸多领域的一场信息控制技术革命即第三次工业革命正在全世界迅速展开。

《塑料加工业技术进步指导意见（2013~2015）》要求我们，未来的技术研究和发展方向，一是紧紧跟踪当代科学发展趋势及前沿技术，以努力缩小与发达国家的差距为目标，按照“功能化、轻量化、微成型”的要求，把握发展方向。二是紧紧围绕塑料加工业的关链、核心技术，力争实现重点突破并形成产业化。三是紧紧围绕提升产业素质，大力推广新材料、新工艺、新装备。四是紧紧围绕绿色发展、循环发展、清洁生产，使节能减排迈上新台阶。

正是按照《意见》技术研究的四个方向努力，行业出现了值得庆贺的科技研究成果。

1．新材料技术

大连实德集团与 BASF 合作于今年七月正式向市场推出聚酯合金门窗系统。我们盼望已久的“塑料合金门窗”终于诞生了。它的出现是革命性变革，它将为我们行业带来更大的希望。大连实德集团在 PVC 型材配方中，对有机 / 无机界面技术的研究获得突破，可使产品性能进一步得到优化。另外在节能建筑部件系统、功能门窗系统等项目的研究均取得可喜成功进展。

2．复合材料技术

近日获悉，山东信发东信塑胶有限公司正在加紧试验的新项目：加入 PBT 新材料对塑料异型材进行改性。此项目成功以后，可有效提高型材的某些性能还可适当降底成本。

（三）传统供应模式的转变提高了生产力，改善了生产关系

伴随着改革的不断深化，原有的许多生产关系逐步落后，不能适应新的形势需求，阻碍了生产力的正常发挥和提高，变革也就成为了必然。但是，我们能否及时发现落后的生产关系，并能及时转变，需要我们去努力。

1．模具钢材标准化、规模定制化

黄石是我国塑料挤出模具集中度非常高的主产区，以前，制作模具的主材料：模具钢，均由企业在市场上自行采购回厂后再加工。由于材料来源广，品质差异大，还有可能采购到低劣材料。自行加工过程中材料浪费较大，生产成本偏高。黄石模具协会在服务模具企业的过程中发现了这个问题，通过黄石模具协会的努力成立了“模都公司”。该公司经过周密的考察，认真比选，确定选用国内正规、专业钢厂生产的优质模具钢作为原料，经过锻打、调质后加工成标准尺寸模块。由于直接供应几十家模具企业，钢材形成规模用量，能得到供应商的重视，采购成本偏低。“模都公司”集中锻打、调质即保证了前期材质处理的质量，在时间、成本上同样占据了优势。最重要的是避免了区域内因原材料来源的不确定性造成对“黄石模具”不利影响。这个变革是成功的，一定程度上推动、规范了黄石模具企业。

2. ASA 原料企业试验推行新的 ASA 供应模式

原有模式：型材企业直接从 ASA 厂家采购所需的各种不同颜色的原料，并有一定的储备占用资金较多，存储很难达到相对均衡。

现有模式：型材厂采购 ASA 基础材料，根据销售或定货情况采购一定教量、相关颜色的色母粒，型材企业根据所需产品颜色的深浅度，按一定比例与基础料混合。这种供应方式，减少了型材企业颜色材料的库存，降低资金占用率，提高资金周转效率。

（四）对钙锌稳定剂配方型材在应用中的相关现象研究

天津金鹏汉沽公司在钙锌稳定剂配方型材的推广应用中，重点对以下现象进行重点实验与研究。

（1）阳光暴晒变形与尺寸变化率的关联程度，是否有一定的线性关系。

（2）型材开裂的影响因素：①型材是否不断收缩；②形变与温度的关系；③形变的二维变化；④钢衬对形变的影响；⑤焊接强度与拉伸的关系；⑥平开框受力后应力分布；⑦影响焊接强度的关键部位；⑧配方对焊接强度的关系；⑨开裂形式与韧性的机理及韧性的定义等。

（五）技术进步

（1）PVC＋PVC 表面全包覆共挤。

（2）型材局部硬质 PVC 单壁的选择性后共挤。

（3）填加硅酸铝可提高型材耐候性，提高力学性能并能降低成本。

（4）产品技术进步：①整窗 K 值＜1.5 的产品开发；②双色双面型材的开发；③表面金属拉丝效果型材的开发；④适应塑料门窗 GB/T28886—2012、GB/T28887—2012 标准型材的开发。

（5）挤出模具的技术进步：①4 米/分的高速美式框型材挤出模具；②八腔室平开系列高速挤出模具；③主型材全包覆共挤高速挤出模具；④一模八腔中等辅型材模具；⑤三点以上的空腔式软胶条后共挤挤出模具；⑥高保温性的门窗类型材内腔发泡挤出模具；⑦PVC 发泡半全包及全包覆共挤挤出模具；⑧1.5 米/分以上的塑木挤出模。

（6）挤出机的技术进步：高效节能环保型数控挤出成套设备（含热刀型无屑切割设备）等新产品开发。

四、行业发展趋势和建议

（一）以创新驱动打造企业核心竞争力

中国市场经济的初始阶段已经过去，企业过去依靠过度消耗资源和能源、依靠廉价劳动力、付出环境恶化、利用低水平扩张规模的发展方式再也不可能持续下去了。在经营环境发生了本质的变化的当前，企业在今后的发展上要注重成本要素、品牌价值、营销渠道与方式、财务与资本管理、物流与服务、企业现代化信息化经营管理的几个方面，同时还应该看到的竞争方式的变化。目前的行业竞争

不只是产品本身的竞争，还在产品交互集成方面展开竞争，进而上升至技术集成、品牌推广、企业现代化、人性化管理等核心价值、综合实力层面上的竞争。竞争还广泛存在着“异质竞争”“异类替代竞争”的竞争方式，自身一旦落后于社会趋势，必将被其他行业或产品所替代。“十八大”召开标志中国市场经济进入一个新的历史时期。企业的领导者应该清醒意识到我们要完成这个历史性的转折。现在我们面临着经济结构性变化、思维方式变化、社会文明方式的变化，企业能否跟得上这些变化，将决定它们未来能否有大的发展。改革开放三十多年，到了我们所有企业认真思考如何超越自我，超越以往发展模式的时候了，以创新驱动打造企业核心竞争力是适应并跟上社会发展变化的基础。

（二）克服不正当竞争力，趋利避害，不断深化竞争力，跟上转型升级的步伐

多年来，不正当竞争力的大量存在困扰行业多年，行业发展深受其害。企业“施展”不正当竞争力比没有竞争力危害更大，到头来只能是害人害己。不正当方式的竞争力如同毒品，如同体育竞技场的兴奋剂，可以让人们得到快速收益和一时欣喜，从而给了人们继续在错误道路上越陷越深的思维惯性，最终形成了上瘾性的路径依赖。我们大多数失败者没有真正痛定思痛的掉转船头，在不断深化竞争力方向积累成长，更多人将失败归结于自己的不小心、不走运，而不是对于方向、模式、作法和作为的彻底反思和纠正，这正是深陷其中的可悲之处和不正当竞争力的可怕之处，它恶化了我们的信用、效益和创新，不正当竞争力导致企业竞争力的严重恶化。

企业不正当竞争力对于企业所有利益相关者都是有百害而无一益！不正当竞争力损害企业自身的未来，所有的企业今天应该清醒，企业的第一目标是永续经营，企业不讲诚信、没有真正的创新能力、没有真正的效益能力，到头来一定是害人害己。企业用不正当竞争力发财，葬送了提升真实本质竞争力的机会。不正当竞争力还损害行业生态。中国企业的行业生态不容乐观，价格战、广告战、跟风战，相互使坏，恶性竞争相当严重，这些做法不但对自己企业长久发展不利，而且损害了行业生态。最严重的是不正当竞争力损害着社会风气，不择手段谋取利益，一旦得逞就形成了示范效应，如果全社会急功近利，全社会浮躁奢华，全社会造假成风。在国内不讲诚信，在国外也不讲诚信，这样怎么得了！企业必须要讲诚信，欠缺的能力要补上，才能实现企业的繁荣和可持续发展。所有的捷径都是弯路，用不正当竞争力一时获利，无异于剜肉补疮。我们行业的骨干企业应起到良好的示范带头作用，为建立良好的市场竞争秩序，促进行业进步发挥重要作用。

（三）改变传统的思维观念，跟上转型升级的步伐

现在的发展环境、条件都发生了重大变化，企业就不能再像过去那样以扩张求发展，要进入以提高有效竞争力作为发展的必要条件之一。所以目前企业要发展必须要创新自己的发展模式，以适应国家经济建设的新常态。

当今，中国市场经济形势发生了巨大变化，对于企业来说，能不能改变传统的思维观念，学会在大环境的不确定性中寻找确定性，在发展新环境中找准自己的定位。这些问题，都值得企业深思和研究判断。企业要有一个过冬的准备，不是什么时候都适合扩张。客观环境不适合、主观条件不具备的时候，盲目扩张确实是自找风险。如果企业发财和成就的欲望大于企业的能力，扩张就是危险的。所以，不是什么时候都能做大做强。要先做实，把管理制度做实、把核心竞争力做实、把员工素质做实，然后成功就看到了希望。

当一个行业的市场需求结构、技术水平、经营模式、产品结构中的一个方面或几个方面发生根本性变革的时候，就是这个行业处在了结构性变化时期。然而，面对产业结构性变化，一些企业如果还是僵化地认为自己过去的强大足以应对未来变化的挑战，不识变革、不思变革，一味以过度营销的手法推销本已过时的技术、模式、产品，就面临被时代淘汰的危险。在结构性变化时期的竞争，不再是看谁的既有规模大、过去的成就多，而是竞争在转折点，决胜在创新上。企业应该目光长远，要积极培育成长，适应、驾驭产业的结构性变化

目前在全球经济衰退的影响下，中国制造业、服务业、互联网、金融业普遍遭遇冰河期，利润下降、成本上升、人才短缺、创新乏力、核心竞争力缺失等等。企业家们要让今天的能力努力适应未来发展的需要，抢占先机、适应趋势、创造趋势，不

断深化竞争力，跟上转型升级的步伐。

（四）规模红利逐步转向效率红利的“新常态”

目前，在中国经济的发展新常态下，中国经济增长将从“高速”转为“常规”，而增长的动力也将从“规模红利”转向为制度和生产力的“效率红利”。

一国经济的发展一般取决于资源禀赋、科学技术、人力资本等生产要素。但如果没有创新体制机制的有力保证，那么生产要素就必定无法发挥出应有的经济效率。经济增长不再只是从需求层面上扩大出口、增加消费和投资，从供给层面增加生产要素和提高要素效率变得越来越重要。

数据显示，在高收入国家中，无形资本在国民总财富中所占比例达到80%。以美国为例，其自然资源只占其全部财富的 1%~3%，但是其与机械设备、人力资本、科学技术以及产权结合起来就生产出更大的价值。而相比之下，低收入国家的无形资产绝对量都处于较低水平。因此，用人力资本、知识（教育）资本、文化资本、制度资本等来抵消自然资源的消耗、通货膨胀的折损以及经济增速的下滑，并提高国民财富和经济增长质量是不可逆转的大趋势。

长期以来，中国由于较为丰富的劳动力资源供给和廉价的劳动力，企业得以克服资本边际收益递减规律的作用，以低廉的劳动密集型产品在全球市场上获得后发优势，实现了较长时间的经济持续增长。然而，当前以资本和要素规模投入为主要动力来源的中国经济增长正面临着不可持续性的严峻挑战，这一挑战不仅来自于现实中资源瓶颈的约束，更来自于内外部经济结构失衡和引擎转换的紧迫性，必须尽快实现国家增长方式重塑，向高附加值增长转型。

因此，未来若干年，中国经济增长的动力引擎从“规模红利”逐步向“效率红利”方向转换。一方面，要以大力提高资本配置效率为中心，完善投资、金融体制以及要素市场化改革，因为要素领域的充分竞争总体上有利于降低要素成本，提高要素供给能力，增强经济增长韧性，进而重塑各产业的国际竞争优势。另一方面，行业的大型企业要清醒的认识到中国经济必须进一步优化全球生产力布局，构建包括跨境的生产和贸易供应链、基础设施供应链、人才供应链、公共服务供应链，积极推动中国经济整体升级。目前，中国高铁、装备制造业等高附加值商品，正在逐渐替代纺织等传统低附加值商品，成为中国出口的主力军，并借此提升中国制造在国际分工中的地位。一旦改革开放创新的红利彻底释放，中国经济仍可保持中高增长速度并真正进入高质、稳定增长的“新常态”时期。

（五）向数字化时代的高峰挺进，向世界先进行列迈进

当今世界整个工业可以划分六个层次：第一是尖端技术产业；第二是高新技术产业；第三是领先的工业化基础产业；第四个是标准工业化基础产业层次；第五是终端消费与技术产业；第六是粗加工，OEM。尖端是大规模集成电子计算机、航空航天、基因工程等美国走在最前面，中国的企业想真正的参与世界竞争，世界不是不要你的东西，是前三个产业我们做不了或做的不如人家好。中国存在整个后三十年生机的问题，有竞争力，有附加值，有壁垒，说到底，芯片化程度就是企业的层次，越往上自动化程度越高。

在数字化技术飞速发展广泛利用的今天，数字化被企业广泛利用于各个部门和环节，替代了工人、管理人员的很多工作。如工厂自动化、计算计控制设备、自动化管理进出货物、营销服务与生产的自动化管理等。

企业的信息化、智能化为什么这么重要。信息化、智能化是从加速、准确、整合、促变四个方面帮助企业、改变企业，帮助企业从产业量经济过渡到平台经济，从产品经济过渡到模式经济。

数字技术领域的进步，正在大踏步的改变着传统工业的结构形式，同时也正在驱动财富和收入史无前例的重新分配。数字技术能够以极低的成本复制有价值的思想、创见和创新。它既在为社会又在为创新者的财富创造着红利，同时也大大减少了先前重要的劳动力因素。我们行业内的企业向信息化管理、数字化工厂方向努力发展变化，推动产品向自动化逐步过渡到智能化方向发展，依托电子商务和互联网走出一条崭新的道路来。行业内企业在战略转型、经营转型、组织改造、模式变革、能量定位、文化的重新塑造等问题上，尽最大程度的利用好数字技术，把芯片武装到各个环节之中，最大程度提高企业的先进程度。

结束语

我们行业在未来若干年内存在有较大的市场发展空间。“城镇化建设”“京津冀一体化”“新农村建设”“节能、减排、环保、绿色”“东西部均衡发展”，均在未来的转型发展中为我们行业发挥作用。它是缓解压力的曙光，是保障行业不出现重大变故的“稳定剂”，给出了行业转型发展宝贵的基础时间。我们要努力把不正当竞争现象克服掉（行业自律的建设），对“异质化竞争”“泛竞争”现象提高警惕，在规模扩张上要慎重，在建立产品价格规则上要起积极主动作用。

按照《意见》中的指导方针、基本原则、重点技术研究和发展方向、任务，尽快促进企业在今后发展中的做好战略调整，抓住重要战略机遇期，坚持调整与发展相结合、坚持近期目标与长远目标相结合；坚持自主创新与引进消化吸收先进技术相结合、坚持创新驱动发展和技术进步相结合，要实现思维创新、制度创新、科技创新、文化创新以及其他各方面创新，变压力为动力，化挑战为机遇，尽快实现企业的战略转型，融入时代发展的洪流之中。

（中国塑料加工工业协会异型材及门窗制品专业委员会　王存吉）

注塑制品

一、行业现状

2014 年行业生产经营情况：行业企业顺应时代发展大趋势，进一步增强忧患意识和机遇意识，坚定不移调整产业结构，加快企业转型升级，加大科技创新力度，以取得企业生存和稳定发展。根据纳入中国塑协注塑专委会统计的 25 家企业完成工业总产值 12.9 亿元。其中周转箱产值 3.0 亿元；汽车配件产值 5.9 亿元；家电配件产值 0.4 亿元；日用制品产值 1.0 亿元；其他制品产值 2.6 亿元。同比工业总产值增长-3.5%，其中周转箱增长-8.3%；汽车配件增长 16.8%；家电配件增长-69%；日用制品增长 23.0%；其他制品增长-11.6%。完成工业总产量 52 538 吨。其中周转箱产量 18 112 吨；汽车配件产量 12 585 吨；家电配件产量 678 吨；日用制品产量 7 245 吨；其他制品产量 14 989 吨。同比工业总产量增长-9.2%。周转箱产量增长-8.6%；汽车配件产量持平；家电配件产量增长-59.5%；日用制品产量增长 23.4%；其他制品产量增长-16.3%。工业增加值 2.2 亿元，同比增长-1.6%。固定资产净值平均余额 4.9 亿元，同比增长 3.5%。2014 年行业完成产品销售收入 12.4 亿元，实现利润 2 676 万元。同比销售收入增长-5.7%，利润增长 25.0%。行业中 7 家企业销售收入超 5 000 万元，3 家企业销售收入超亿元。9 家企业利润超百万元，行业仍有 2 家企业亏损，亏损额 101 万元。行业职工平均人数 2 897 人，同比增长-10.1%，行业职工年平均收入 41 087 元/人，同比增加 5 127 元/人。被纳入统计的二十五家企业中，杭州、大连、天津、太原四家企业相继歇业、转型，寻找新的发展机遇。

二、行业重点企业产能

2014 年度中国塑协注塑制品行业企业完成技经指标排行榜（1~10 名）

排行名次	销售收入/万元	实现利润/万元	工业总产值/万元	工业总产量/吨	
				总产量/吨	其中：周转箱产量/吨
1	浙江远翅控股集团有限公司 47 249	广州洛民塑料有限公司 734	浙江远翅控股集团有限公司 52 560	广州洛民塑料有限公司 11 427	顺德大良塑料二厂有限公司 3 981
2	广州洛民塑料有限公司 22 657	天津市津英达塑料制品有限公司 502	广州洛民塑料有限公司 20 186	浙江远翅控股集团有限公司 9 038	苏州富事达塑业有限公司 3 900

续表

排行名次	销售收入/万元	实现利润/万元	工业总产值/万元	工业总产量/吨	
				总产量/吨	其中：周转箱产量/吨
3	苏州富事达塑业有限公司 13 867	哈尔滨哈轻塑胶有限公司 303	苏州富事达塑业有限公司 14 469	苏州富事达塑业有限公司 6 800	广州洛民塑料有限公司 3 748
4	天津市津英达塑料制品有限公司 7 862	浙江远翅控股集团有限公司 289	天津市津英达塑料制品有限公司 7 599	顺德大良塑料二厂有限公司 4 976	烟台一塑包装制品有限公司 1 800
5	顺德大良塑料二厂有限公司 6 736	威海市威鹰塑胶有限公司 230	顺德大良塑料二厂有限公司 7 406	天津市津英达塑料制品有限公司 4 865	无锡市巨龙塑化有限公司 1 023
6	哈尔滨哈轻塑胶有限公司 6 630	苏州富事达塑业有限公司 170	哈尔滨哈轻塑胶有限公司 6 674	威海市威鹰塑胶有限公司 4 100	西安弘涛塑业有限公司 846
7	威海市威鹰塑胶有限公司 4 662	顺德大良塑料二厂有限公司 148	无锡市巨龙塑化有限公司 4 200	哈尔滨哈轻塑胶有限公司 2 930	昆明市民族塑料化工有限公司 809
8	无锡市巨龙塑化有限公司 3 878	广汉锐星塑胶有限公司 144	威海市威鹰塑胶有限公司 4 000	广汉锐星塑胶有限公司 1 954	威海市威鹰塑胶有限公司 500
9	广汉锐星塑胶有限公司 3 120	天津丰亿达通用机械有限公司 120	广汉锐星塑胶有限公司 3 042	烟台一塑包装制品有限公司 1 800	广汉锐星塑胶有限公司 203
10	天津丰亿达通用机械有限公司 1 952	烟台一塑包装制品有限公司 60	昆明市民族塑料化工有限公司 2 337	无锡市巨龙塑化有限公司 1 763	天津市津英达塑料制品有限公司 120

三、专委会活动

（1）遵照中国塑协分支机构专委会管理办法，中国塑协注塑制品专委会于 10 月 24~25 日，在苏州市召开专委会正、副理事长会议。七家正、副理事长单位、中国塑协领导和特邀单位天津市津英达塑料有限公司、北京化工大学共计九家单位十三名代表出席了会议。哈尔滨哈轻塑胶有限公司和威海威鹰塑胶有限公司因故请假缺席。

会议由注塑专委会秘书长顾大全主持。

会议首先由东道主苏州富事达塑业有限公司包建成总经理致欢迎词：金色的十月，是庆祝丰收的节日，各位代表欢聚一堂，互相交流、学习，彼此增进友谊，祝各位在苏州过得愉快；并代表理事会欢迎中国塑协曹会长、许主任在百忙之中亲临会议指导工作。宣读理事会关于增补天津市津英达塑料有限公司和威海威鹰塑胶有限公司等二家单位为副理事长单位的决定。

在融和的气氛中，中国塑协曹会长作了重要讲话。他代表中国塑协祝贺会议的召开。当今塑料加工业中，注塑成型是塑料加工的重头，在制品中一直占有较大的份额起着科技引领的重要作用。协会对注塑专委会的工作非常关心。目前专委会的工作与塑料行业发展要求仍存在不足，希望全体正、副理事长努力工作，扩大专委会的影响力和凝聚力，帮助中、小型企业和老企业走出困境，引领注塑制品行业健康发展，重震雄风。同时根据曹会长的提议，推荐北京化工大学杨卫民教授为副理事长，大家一致同意。

根据会议议程，由无锡市巨龙塑化有限公司陆惠琴理事长作《2014 年度中国塑协注塑制品专业委员会理事会工作报告》。

1）报告回顾全国塑料加工业经济完成情况。2013 年全国塑料制品产量 6 188.66 万吨，同比增长 8.02%；主营业务收入 18 686.44 亿元，同比增长 14.26%；利润总额 1 123.18 亿元，同比增长 16.45%；出口交货值 2 165.05 亿元，同比增长 1.1%。经济运行基本平稳，仍保持稳定增长势头。

回顾“十二五”前三年（2011~2013）注塑专委会（二十五家企业）生产经营情况，累计完成工业产量 19.59 万吨，销售收入 42.86 亿元，实现利润 1.31 亿元，同比“十一五”前三年，产量增长 34.2%，销售收入增长 30.7%，利润增长 50.6%，实现“十二五”规划目标。

2）理事会工作小结

①积极参加“2011~2013 年度塑料加工业科技创新型企业，优秀科技成果及先进科技工作者评选”活动，专委会推荐的浙江远翅控股集团和哈尔滨哈轻塑胶有限公司刘忠义分别被授予“科技创新型企业”和“先进科技工作者”称号。

②遵照民政部全国协会评估指标要求，专委会配合中国塑协有关部门全力以赴、对号入座做好分支机构各项管理工作，圆满完成民政部组织的评估验收工作，荣获五星级社会团体称号。

③认真做好中国塑协各职能部门布置的工作。启动制定“十三五”规划前期调查准备工作；启动《中国塑料加工业发展史》编写工作。

④十月二十四日在苏州组织召开正、副理事长会议。增补天津市津英达塑料制品有限公司等二家单位为副理事长单位，接纳东华机械有限公司等单位为会员单位。

这次会议邀请北京化工大学杨教授做“塑料成型工艺装备创新研究进展—北京化工大学高分子材料加工 SPE 塑料行业创新趋势”专题学术报告，受到热烈的欢迎。

（2）12 月 15~17 日，参加中国塑协在广州举办首届“中国国际塑料展”，注塑专委会理事会动员、号召有实力的企业单位积极参与展出，得到成员单位支持。遵照展委会具体指导，注塑专委会委托佛山市大良塑料二厂有限公司设“注塑制品专委会”展位，组织人员参观展览，为办好首届“中国国际塑料展”做出一定的成绩。

（3）做好“中国塑料加工业发展史”编辑工作。专委会秘书处将按照中国塑协文件的要求，配合编写领导小组的具体布置，负责第二篇制品行业中第八章　第一节 1.1 周转箱、整理箱、托盘，第十三章塑料零部件第七节汽车或类似品塑料配件发展史的编写工作，保证“发展史”的顺利问世。初步分工确定：无锡市巨龙塑化有限公司起草周转箱，苏州富事达塑业有限公司起草托盘，浙江远翅控股集团公司起草汽车配件，江苏淮安宇光塑料制品有限公司起草磁带盒发展史。并要求各正、副理事长单位撰写本单位人物和企业简介工作。目前，《我国塑料周转箱生产发展史》初稿已报送中国塑协审定。

（4）2015 年 5 月 19 日，专委会派员参加广州中国塑协六届五次理事扩大会议。同时组织成员单位参观 2015 广州国际橡塑展览会。

（5）做好行业技术经济信息交流平台建设。坚持做好一年一度全行业经济技术指标的统计汇总，发行到各成员单位，继续做好《中国塑协注塑专委会通信》出版发行工作，每年组织有关人员编写《中国塑料工业年鉴》注塑制品章节，宣传扩大注塑行业在国内外塑料行业的影响力以及注塑产业在国民经济中的地位和作用。

（6）紧密团结在中国塑协周围，认真做好中国塑协布置的各项工作，提高中国塑协分支机构的公信力和凝聚力。为行业发展作出贡献。

四、重点企业

（一）中国塑协注塑制品专业委员会理事长单位

2010 年中国塑料行业先进单位。无锡市巨龙塑化有限公司（原无锡市塑料一厂），始建于 1956 年，半个世纪以来，公司从小到大，从生产塑料发夹、鞋底等日用小商品，发展形成拥有国内外先进 80~20 000 克注塑机群、塑料制品年加工能力 8 000 吨的专业化公司。2010 年公司注塑制品销售收入超亿元，利润超千万元。年生产销售 200 万只/4 922 吨八个系列，一百多个品种规格塑料周转箱，系列大型塑料托盘和配套生产汽车、家电、电子、电器塑料配件以及高新技术工程塑料制品。获得上海大众、一汽集团、美的、小天鹅、春兰、松下等配套企业的好评。公司现有员工一百八十余人，其中工程技术人员占 17%。有一支文化水平高、技术管理好、团结求实、创新高效的员工队伍。产品荣获国家质量银奖，公司于 1998 年通过 ISO9000 质量认证。

公司引进建立注塑模具 CAD 辅助设计系统和 CAD/CAM 模具加工中心，模具设计制造能力达到国内模具行业的先进水平。

公司是中国塑料加工行业的骨干单位。1990 年被列为中国轻工总会和江苏省重点企业，1994 年以来连续被评为江苏省明星企业。自 1990 年以来一直担任中国塑料加工工业协会注塑制品专业委员会理事长和中国包协塑料制品的包装委员会箱包组组长的职务。是两个行业组织的所在驻地，为行业发展作出贡献，评为“中国塑协优秀专委会”“2010 年度中国塑料行业先进单位”。

（二）中国塑协注塑制品专业委员会副理事长单位

1．浙江远翅控股集团有限公司

该公司是 2010 年中国塑料行业先进单位，中国轻工百强企业，国内知名的汽车配件生产企业，总部位于杭州萧山，现有总资产 8.6 亿元，员工 1 100 人，总占地面积 20.30 万米^2，建筑面积 14.9

万米²。

（1）企业基本概况。浙江远翅控股集团公司是国内最早研制、开发、配套生产汽车仪表板、保险杠、方向盘等汽车塑料零部件的企业之一，是“九五”国家重点扶持和发展的300家汽车零部件企业之一。2013年销售产值5.5亿元，共计生产汽车内外饰件3 026万件，其中汽车仪表板119.3万套、保险杠83.3万支、门板44.7万块、方向盘21.5万只，总配套产量为135万辆。2014年预计产值6.2亿元，市场占有率同类车型达23.5%。2013年连续三年进入中国机械行业500强。“远翅”产品为杭州名牌产品，“远翅”商标为浙江省著名商标，远翅技术中心为浙江省“省级技术中心”。

公司技术中心从2007年12月份开始被浙江省经济技术委员会授予省级企业技术中心称号。目前技术中心有专业从事汽车塑料制品和模具研发人员50余人，中心人员都具有大专以上学历，拥有丰富相关研发经验，并按项目管理要求成立了完备的职能部门，可以独立完成汽车内外饰件的产品设计造型全过程，并具有与主机厂同步设计开发新产品的能力。中心与浙江工业大学、 浙江工程学院等科研机构、院校结成技术合作伙伴/ 战略同盟，同步吸收消化当前国内最新的塑料及制品开发技术。中心设有实验室一个，正在进行国家认可实验室。技术中心拥有较全的检测仪器设备，为验证产品的尺寸准确性及自主设计一些产品购置有FARO便携式三坐标测量仪及固定式三坐标测量仪各一台。

公司拥有各类专利51项，目前，每年申请专利达10项以上，中心拥有专业的数据造型和产品开发能力。

公司主要配套车型有轿车、微车、轻卡、大客车等。主要客户有上汽通用五菱、长安汽车、昌河铃木、昌河汽车、哈飞汽车、北汽福田、青年莲花、东风裕隆纳智捷、广汽吉奥、西沃等。

随着公司发展战略需要，集团已分别在柳州、重庆、景德镇、九江建立了子公司，构建30分钟配套服务圈，为主机厂提供模块化、准时制供货服务，逐步走上汽车塑料产业化、规模化的发展之路。

（2）市场规模。目前，公司已形成以三个整车大客户为主、其他各类新兴客户为辅的客户群。柳州远翅正式成为上汽通用五菱的重点供应商，配套量提升到50万辆的销售；重庆远翅是长安汽车的战略合作伙伴；昌河远翅是唯一北汽昌河汽车的供应商；浙江远翅先后进入杭州整车配套、广汽吉奥、东风裕隆汽车、青年莲花、众泰汽车，成为其的优质供应商，特别是长安福特生产基地15年的量产车型已签订合作配套，第二代车开发项目在签谈当中。公司在转型升级中，紧紧跟踪主机厂，调整产品结构，从单一微车向MPV轿车产品配套，提升产品价格和技术水平。杭州区块整车五年发展目标已定，长安福特25万辆/年，广汽吉奥30万辆/年，东风裕隆15万辆/年，万泰汽车20万辆/年四大基地产能提升，为我们浙江远翅产销增加带来强劲动力。

（3）技术改造。退二进三，新厂建设。浙江远翅因退二进三，已选购进化72亩土地，3.5万米²的厂区，为退二进三做好基础。为了提升装备，改善工艺，满足杭州四个整车配套要求，特别是长安福特2015年1月量产车型产品的生产，结合退二进三需改造进化厂区，共计技改支出需7 500万元，改造后，2015年可达产销2亿元。

柳州远翅因上汽通用五菱2015年200万辆目标及CN100平台100万辆的产销，需增加产能技改投入1 200万元，3 300吨大型注塑机2台，可增加产销5 000万元，2013年柳州远翅2.3亿元的产销值，通过技改后至2015年可达到3亿产销值。

（4）新厂区配套设施。新厂区位于萧山进化镇工业园区，毗邻萧山国际机场，与G60沪杭甬高速公路接壤，厂区以西30米就是浙江03省道，交通十分便利，是杭州“钱江时代”发展战略的重要工业基地，地理、交通、信息和人文环境优越。

厂区内环境优美、设施齐全，厂房、办公楼、宿舍楼充满现代化气息。厂区配备完善的生活娱乐设施，给员工工作之余增添理想休憩之所。

远翅集团坚持与客户双赢、发展企业、造福员工、回报社会的宗旨，积极进取，不断开拓，把最完美的产品和服务奉献给客户。远翅集团愿与社会各界新老朋友携手共进，在新世纪的经济大潮中，共创辉煌的明天！

2. 苏州工业园区富事达塑业有限责任公司（苏州塑料一厂）

该公司是中国塑协注塑制品专业委员会副理事长单位，2010年中国塑料行业先进单位，是专业生产工程注塑制品、波纹管、片板材和改性材料，积累了50年的塑料加工专业技术经验，是江苏省高新技术企业，拥有自营进出口权，名列国家统计局公布的中国塑料加工企业的前列。

公司现有员工 250 人，各类专业技术人员 100 多人，工厂占地面积 3.7 万米 ^{2}，建筑面积 2.5 万米 ^{2}，固定资产 3 900 万元。注塑生产基地位于苏州工业园区，挤出生产基地位于相城区。

追求质量零缺陷，满足并超越顾客的期望，是我们孜孜以求的目标，也是公司持续发展的基石之一。目前已通过了 TUV 公司的 ISO9001：2000、DVA6.1、QS9000 的质量体系认证，2006 年完成 TS16949 体系的转变。

公司实验室拥有研究分析测试设备近 40 台（套），能按 ISO、DIN、ASTM、GB 等标准进行塑料理化性能测试。目前实验室通过了 CMA 认证，并被授权为江苏省塑料质量监督检测站苏州分站。

公司注重新品开发能力提升，引进了美国 UG 公司的 CAD/CAM/CAE,实现了设计无纸化，成型过程演示化，制模程序电脑化。同时不断完善创新机制，加入新品开发投入力度。特别是加强特种工程塑料制品的开发。研究所被批准为苏州市工程塑料应用和开发技术中心，是首批市政府批准的 10 家技术中心之一。

企业将逐步建成在工程塑料行业中规模适度、技术领先、管理先进、装备精良、员工优秀、产品适销，拥有自身核心竞争力众多比较优势的塑料加工企业，办成一个蕴含公司经营哲学及企业文化有相当个性特点的优秀企业。

公司研发部门根据市场需求的变化不断研发新产品，满足不同客户的要求。如各系列的围板箱，欧标 VDA 箱系列，日系 DP 箱系列，物流箱内材系列（用于汽车另部件、电子行业等领域）新产品总计已远远超过老产品。公司注重知识产权的保护，每年对物流箱均有实有新型和外观设计的专利申请，并有专人对专利管理、创造、保护和运用等工作的开展进行责任制，使专利产品进入销售状态，推动了专利新产品向市场的转型，专利新产品的销售动态十分喜人。

3．天津市津英达塑料制品有限责任公司

该公司是中国塑协注塑制品专业委员会副理事长单位。1995 年天津钢管公司和汉沽春光塑料厂合资组建的联营企业，是中国塑料加工协会会员单位，2009 年中国塑料行业先进单位，主要产品是石油套管、油管用钢塑螺纹保护器。

公司位于天津市汉沽区东风北路，占地面积 14 869.3 米 ^{2}，厂房占地 10 880.43 米 ^{2}，办公楼及附属设施占地 459.81 米 ^{2}，公司现有员工 400 多名，科技人员 15 名。

目前公司总资产 6 000 万元，投入巨资进行基础建设，更新全部生产设备，选用世界先进水平的德国 DEMAG 和日本全电脑控制系统注塑机，从 125—3600T 不同型号 22 台，45T—200T 液压机 9 台，CNC 数控机床 20 余台，还拥有模具加工的全套设备，车、铣、刨、磨、钻床、线切割等共计 15 台，使用的中小型模具完全由企业自行设计制作。有一条金属喷涂生产线，能完成各种金属件的表面涂层处理。

本公司已于 2000 年通过了 ISO9001/2000 版国际质量体系认证，2003 年公司获取了中华人民共和国进出口企业资格证书。

十几年来，开发研制了螺纹保护器 10 大系列 300 多个品种，填补了多项国内外同类产品的空白，其中有 16 种产品获得国家发明专利，并有几项产品多次荣获国际大奖。

2013 年，完成工业总产值 11 732 万元，年实现利润 603 万元，被命名为纳税大户，为了促进企业的发展，适应市场的需求，确立了以钢管公司为依托，开发自己的产品，开拓广阔的塑料制品市场的经营思路，于是在 2003 年 5 月份又与天津钢管公司组建了鑫广塑料制品有限责任公司（劳服企业），投资 920 万元，主要生产塑料托盘，目前已开发了 10 种不同规格的托盘，同时还开发了不同规格的卫生垃圾桶以及家电、汽车配件等产品的制造。其中塑料托盘先后开辟了工业、医药、食品等行业的市场。

2006 年 4 月份又组建了广达石油制管有限公司, 投资 1 500 万元，主要生产石油套管和油管用接箍，目前正在准备开发二期工程,到今年 11 月底二期工程正式投入生产，生产产品最大规格为 20″，生产能力为 60 万只/年.

目前，公司塑料制品市场在不断的开拓，产品品种在不断的增加。产品不仅仅局限于螺纹保护器、塑料托盘和垃圾桶，还逐步向家电和汽车配件等产品发展，这就要求对新产品、新设备、新技术和新原料有更近一步的了解和学习，尤其是在原料的改性方面还有一定的欠缺，所以公司领导决定将以下三个方面作为首要的技术攻关点：①新型原材料的使用与改性助剂的选择；②新型的注塑工艺；

③塑模设计、制作及试模结果检验水平的提高。

公司奉行“追求科学管理，坚持质量第一，满足客户需求”的质量方针，视产品质量为生命，不断融合国内外先进的质量方针和技术手段，产品质量的可靠性和稳定性得到充分的保障，公司现有专业质量管理人员 20 名，从班组操作工开始层层把关，形成立体的质量管理体系，确保产品出厂合格率为 100%。

几年来，津英达塑料制品有限责任公司被评为国家级“守合同、重信用”单位，被市政府命名为“优秀企业”“三星级企业”“明星企业”，被市精神文明办命名为“精神文明单位”，被市总工会命名为“十五”立功先进单位，被评为区级“绿色企业”。

4．哈尔滨哈轻塑胶有限公司

该公司是中国塑协注塑制品专业委员会副理事长单位，中国塑协注塑行业先进单位，是国有控股企业。黑龙江省从事塑料成型加工的龙头企业，注册资本 6 252 万元，是黑龙江省内最大的汽车塑料零部件系统供应商，是哈飞汽车、东安动力、奇瑞汽车等公司的重要零部件供应商。已从原生产单一的电器附件小厂，发展成为生产多品种，涉及多领域的综合性塑料加工企业。注塑加工制品注塑量从 100~50 000 克成系列配套，注塑锁模力 80~4 000 吨，年注塑加工能力 18 000 吨。

公司员工总数 424 人，退休职工 323 人。现有专业技术人员 103 人（高级专业技术人员 10 人，中级专业技术人员 31 人，初级专业技术人员 62 人），占在岗员工总数的 23%；公司为提高产品研发能力和强化质量保证体系，近年已培养一批能够熟练应用 AUTOCAD 软件、PRO/ECATIA/UG 软件，从事产品三维设计的研发队伍，在研发手段，技术技能，实验检测，经验积累，工作流程方面基本与国外先进国家同步，并拥有专利多项。

近几年获得荣誉及体系认证情况：

（1）公司曾荣获哈尔滨市第二十八届、第二十九届、第三十届劳模大会“先进单位”“先进集体”称号；

（2）2008 年公司被评为黑龙江省企业技术中心及哈尔滨市第一批企业技术中心；

（3）荣获 2007 年黑龙江省和谐劳动关系优秀企业称号；

（4）荣获 2004 年哈尔滨市纳税 A 级企业称号；

（5）企业连续十几年荣获哈尔滨市“守信用、重合同”优秀企业称号；

（6）1999 年通过 ISO9002：1994 版国际质量管理体系认证；

（7）2003 年 10 月又通 ISO9001:2000 版国际质量管理体系换版认证；

（8）2006 年 6 月通过 ISO/TS16949 认证；

（9）2006 年 12 月通过 3C 认证；

（10）2009 年 9 月，企业获得黑龙江省注塑行业唯一一家“高新技术企业”称号。

公司主要产品有八大类：

类别	产品系列	产品名称
第一类	汽车内外饰件装饰件	仪表盘、同色保险杠、门内护板、门槛立柱类
第二类	塑料物流产品	注塑叉车托盘、各种塑料周转箱、环保卫生清洁箱
第三类	塑料防护用品	塑料安全帽、防护箱等
第四类	日用塑料小商品	塑料盆、塑料桶、整理箱
第五类	塑料材料共混改性	聚丙烯、ABS
第六类	挤出成型产品	双壁波纹管、大口径缠绕排水管、异型材
第七类	墙体保温材料	XPS 保温板
第八类	电器附件	灯头、开关、排插

企业始终秉承“注入新理念，塑出好品质”的企业文化，即以好的人品，注塑出好的产品乃至精品。企业始终坚持以发展为宗旨，以经济效益为中心，以市场为导向，以科技为动力，不断推动企业向更高的目标迈进。

5．佛山市顺德区大良塑料二厂有限公司

该公司是中国塑协注塑制品专业委员会副理事长单位，中国塑协注塑行业先进单位。公司的前身是始建于1968年的大良镇民办塑料厂（1972年正名为大良镇塑料二厂）。本公司是一个综合性塑料制品生产企业，主要生产大中型系列塑料周转箱、周转萝、塑料货架，以及生产大中型的中空异型制品、各类中空瓶罐制品并兼生产及出口钢制品。

公司是国家塑料制品加工协会副理事长单位，已获ISO9001：2000国际质量体系认证，取得中国食品用塑料包装容器QS认证。同时取得多家知名国际品牌的饮料集团的质量认证，并在1984年已注册使用“高山牌”商标。

公司占地2万米^2，年产塑料制品可达1万吨，生产设备先进，技术力量雄厚，能设计和研发具有工艺技术含量高，结构较复杂，质量要求严的模具和塑料制品。

6．杭州万里塑胶有限公司

该公司是中国塑协注塑制品专业委员会副理事长单位，2010年中国塑料行业先进单位。2014年开始产业升级转型。利用企业搬迁机遇，从事科技环保生产服务。

7．天津市永濠天塑塑料有限公司（原天津市塑料制品模具厂）

该公司是中国塑协注塑制品专业委员会副理事长单位，2010年中国塑料行业先进单位。公司建于1965年1月，是国内著名的注塑机加工专业厂和塑料模具制造专业厂。现任中国模协理事长单位和中国塑料加工工业协会注塑制品专业委员会副理事长单位，中国包协塑料制品包装箱箱包组副理事长单位。2014年以来，因企业销售困难，资金短缺，停产、歇业。

8．威海市威鹰塑胶有限公司

该公司是中国塑协注塑制品专业委员会副理事长单位，公司位于胶东半岛东端威海工业新区苘山镇镇区，是胶东半岛塑料制品种类最全、生产规模较大的生产厂家。始建于1985年，厂区占地100 000平方米，建筑面积28 000平方米，拥有固定资产4 800万元，是一家致力于挤塑、注塑加工的专业企业，产品涉及汽车、电子、农场、化工等众多领域。公司拥有挤塑设备40余台，员工200多人，是一座大型现代化企业。现已成为国内北方地区最大的仓储物流产品制造商。

工厂拥有一支多年从事产品设计与制造的高级工程师组成的专业设计队伍，多年来工厂以客户的需要为导向，依靠先进的物流技术、科学的管理经验和理念，逐步开发出物流容器、工位器具、仓储设施、搬运设备等四大系列的产品。基本上满足了制造企业生产现场对零配件、半成品、成品以及相关的信息流动达到7R的要求（即：正确的产品、正确的质量、正确的条件、正确的客户、正确的地点、正确的时间和正确的成本）。

威海市威鹰塑胶有限公司是中国塑协注塑制品专业委员会理事单位，连续多年被评为“重合同，守信用”企业，AAA级信誉企业，省级先进企业，全国500家最佳经济效益福利企业，市级文明单位和工业先进企业，并率先在全国同行业获得ISO9001国际质量体系认证。

公司坚持以“追求卓越，执着创新”为宗旨，几年来，公司从专业生产物流箱、管材的基础上新增了农场使用养殖设备、与国外几大客户建立了长期合作关系，并以一流的质量和服务赢得了客户的认可。公司除发展自己的主导产品外还承接各种模具制造及自身加工业务，公司在精密模具设计加工方面实力雄厚、经验丰富。在公司的发展中，已经和韩国、日本、东南亚以及欧美等多家该类业务的贸易公司进行合作配套，为其提供了优质的产品和超值的服务，在业界赢得了一致的肯定。

9．北京化工大学（特邀单位）

该高校为中国塑协注塑制品专业委员会副理事长单位。

（三）中国塑协注塑制品专业委员会理事会单位

1．广州洛民塑料有限公司（前身广州市珠江塑料制品厂）

该公司是中国塑协注塑制品专业委员会理事会单位，是一家中外合资企业，投资主体为：广州市塑料工业股份有限公司，香港乐民企业有限公司。长期以来，凭着自身雄厚的技术力量，以及先进的现代化管理模式，不竭地创造力和健全的质量监控，成为中南地区乃至整个国内市场最大的注塑产品生产厂家之一。

本企业原址地处珠江南岸（海珠区石岗路 10 号），1962 年建厂，1995 年合资,是一间有着五十余年历史的高知名度的专业塑料生产厂家。因业务发展于 2010 年整体迁到广州从化经济技术开发区开设新厂区。主要产品有“洛民” 牌和“珠江”牌各类工业用的周转箱箩、超市连锁用具，塑料薄膜、汽车物流箱、地台板系列、家具系列、化工桶、罐、管系列、日用塑料系列、塑料板材系列、工程塑料系列等塑料产品。

现时，公司拥有数十台锁模力从几吨至两千五百吨不同类型的的注塑设备，其中六台为具有国际先进水平的大中型日本三菱机，能为客户加工各类高品质产品。公司拥有强大的产品生产能力，以及与大型电子企业、家电企业长期合作加工、开发产品的能力，可生产加工满足客户特殊要求的各类型规格的工业用、商用及日用塑料制品。 公司销售网络遍布全国各地，在广州市、省内外设有多个门市部，主要经营本公司生产的塑料制品及同行业的相关产品。公司一直依靠科技进步、设备更新和对员工的素质培训，确保企业在塑料行业中的领先地位，并已通过了 QS 食品级塑料包装容器生产资格，ISO9 001：2 000 质量管理体系认证。

近年来，公司根据市场要求，逐步由大众化产品向专业化路线转型，研发了 BS 物流箱系列，多功能周转箱系列和日用保温箱系列等产品，并都很好地运用到市场销售中。针对大力开发的塑料保温箱产品，开设专门的生产研发基地。随着国内市场的不断扩大及竞争的日益激烈，将加大其技术创新与自主知识产权的保护。公司全体员工将通过不懈努力，创造国内一流水品的产品，走质量效益型企业发展之路。

2. 四川广汉锐星塑胶有限公司

该公司是中国塑协注塑制品专业委员会理事会单位，是由四川省广汉塑料厂改制成立的塑胶产品和模具制造的民营股份制企业，是中国塑料加工工业协会成员厂，与四川大学、西南科技大学、西南石油大学建立了“产学研实习基地”。

公司位于古蜀文化三星堆遗址发源地——广汉市，距成都 30 千米，交通运输条件十分便捷。从德国、日本引进的中空容器吹塑生产线，大型注塑机、宽规格塑胶挤出板材和大型热成型机等先进设备，为提供质量稳定优良的塑胶制品奠定了技术装备基础。形成了挤出、吹塑成型、注塑成型和热成型、模具机械制造的产业结构、具有较强竞争能力的综合性塑料加工企业。

公司按照 ISO9001：2000《质量管理体系要求》建立的质量保证体系，取得了“食品质量安全许可证”“危险化学品包装物容器生产许可证”“出口商品包装质量许可证”，保证了公司产品质量和服务质量的高标准，“鱼跃牌”商标连续多年获得德阳市知名商标称号。

公司产品主要系列有：中空吹塑容器（容积 2~200 升）、周转箱及日用品、塑料板材（ABS、聚乙烯、聚丙烯）及家电塑料配件等，广泛应用和服务于国民经济各领域。

3. 昆明民族塑料化工有限公司（原昆明民族塑料厂）

该公司是中国塑协注塑制品专业委员会理事会单位，属省级先进企业，系集体企业改制重组的有限责任公司，是云南最大的注塑专业厂。现有职工 160 人，注册资本 1 228 万元，资产总值 4 500 万元。主要设备有日本东芝公司的 2 万克大型注塑机，日本三菱公司的 1 万克，日本钢制所 4 000 克等各种中、小型注塑机，年生产能力达 7 500 吨。公司已通过 ISO9001：2008、GB/T19001—2008 质量体系认证，内部实行微机处理，产品以汽车配件、塑料周转箱、工矿配件为主。微机械制造、农业、啤酒、饮料、烟草、食品、环卫等行业配套服务，公司连续十二年荣获“云南省昆明市重信用、守合同”先进单位，是云南省“放心产品”生产单位，多年被昆明市盘龙区政府授予“纳税先进”单位。随着昆明市现行的城市发展总体规划，为提高城市品质，打造宜居城市，主城区拟实行搬迁改造，进入园区，是企业有条件进行产品结构调整，扩大现有生产规模，加快产业升级换代改造，实现科学发展。为本省经济建设作出了一份贡献。同时公司的知名度也在扩大，品牌效应在强化。

4. 西安泓涛塑业有限公司

该公司是中国塑协注塑制品专业委员会理事

会单位，2010 年中国塑料行业先进单位（原西安市塑料制品四厂）始建于 1955 年，是由建厂初期的 5 人刻章小组逐步发展起来的，尤其是近几年来迅速发展，到目前为止，已拥有总资产 600 万元，2003 年产值首次突破 1 000 万元；主要设备已全部更换为先进的电脑控制注射成型机（规格为 200~850 吨）。主要产品有各类塑料周转箱、工业配件。民用产品三大类，上百个品种，公司的注册商标“丽丽”，“丽丽”牌塑料周转箱在西北地区有较高的知名度，1985 年通用周转箱产品获得陕西省优质产品称号；2000 年乳制品周转箱系列产品获西安市优秀新产品奖。

近年来，凭借雄厚的技术力量和先进的设备，不断的开发出适销对路的新品种，使我厂的产品多样化，系列化，满足广大用户的需求。2003 年开发新品种十多个（储物、整理系列箱；各种规格的桶产品等）今年计划增加 5~10 个新品种（工位器具等）。

随着国家对西部政策的倾斜，西部大开发为西部塑料制品包装、储运业提供了更加广阔的发展前景，但市场竞争也会更为激烈，为了更多的占领市场份额，今年计划增添 1 200~2 000 吨大型注塑机，开发规格较大的周转箱及工业配件。

5．山西晋特塑料制品有限公司

该公司是中国塑协注塑制品专业委员会理事会单位，是在 2000 年原太原塑料制品三厂和太原塑料模具机械厂合并的基础上成立的塑料制品专业生产企业。现企业占地面积约 30 亩，其中生产建筑面积 10 000 余平方米。现有职工 200 余人，其中各类专业技术人员 40 人。

公司拥有固定资产 3 000 余万元，下设注塑分厂等生产、管理机构，现有主要塑料机械设备 20 余台，已形成较完善的大型和精密系列注塑产品规模生产线，产品以各类塑料周转箱为主。现已有适用于冷饮、乳制品、禽蛋、蔬菜、水果、肉食、食品及工业专用箱系列和塑料办公用品、酒店餐饮用品和家居用品等系列产品，年综合加工塑料能力达 4 000 余吨。

公司产品均执行国家标准和企业内控标准，符合国家通用尺度堆码标准，企业采用科学的营销的战略和战术，经过几年的努力，已形成”了一个依托，三个中心“：即以本省为依托，以”环渤海区域的北京为中心，以长江三角洲区域的上海为中心，以珠江三角洲区域的广州为中心“的产品销售网络，产品辐射到全国 20 余个省、市，在国内同类产品中占有一定的市场份额。

6．烟台一塑包装制品有限公司

该公司是中国塑协注塑制品专业委员会理事会单位，2010 年中国塑料行业先进单位。其前身为烟台塑料一厂，2010 年中国塑料行业先进单位，是主要从事塑料注塑制品生产加工的股份制企业，拥有从原料进厂到产品出厂一整套管理体系和质量检测设备。先进的设备、工艺和丰富的生产经验，使企业具备了相当的规模和实力，在全国同行业中享有很高的声誉。

公司以促进塑料行业的发展和为社会作贡献为己任，努力为客户提供高质量服务。一次性通过 ISO9000 质量体系认证，并取得美国可口可乐、百事可乐公司的严格质量认证，产品远销外蒙古、俄罗斯、韩国等国家，年产量 6 000 吨。公司将依靠设备更新、技术进步，不断提高产品质量，以价格低、质量优、守信用竭诚为广大客户提供优质服务。

7．义乌市一汽塑料有限公司

该公司是中国塑协注塑制品专业委员会理事会单位，是专业生产迪风牌发动机配件企业。主要产品有潍柴、重汽、一汽等主机厂配套用发动机冷却风扇及发动机油气分离器等配套产品。同时生产各类工业用工位器具周转箱和民用各类生产用塑料制品。

公司有三十余年生产历史。拥有国内最先进 200~6 000 克注塑成型机，并通过 ISO9000:2001 质量认证及 TS16949 国际汽车质量管理体系认证。2009 年中国塑料行业先进单位。

8．新疆珠江塑料有限责任公司

该公司是中国塑协注塑制品专业委员会理事会单位，是新疆塑料制品行业的综合企业，是新疆区域最具竞争力的塑料制品企业之一。年生产能力 2.3 万吨。公司注册地址为乌鲁木齐市珠江路 48 号，注册资金 1 000 万元。

公司从成立之际，本着“以农为本，服务新疆农业，为新疆人民造福”的原则，积极开发与农业及林果业息息相关的产品，经过多年的发展，公司生产的农用地膜、水果发泡网、塑料周转箱及滴灌节水器材等产品都有了相当大的市场份额。公司的

“丑小鸭”注册商标是新疆的著名商标，拥有良好的社会信誉和公众形象。尤其是“丑小鸭”牌农用地膜和塑料周转箱深受用户的信任和好评，产品被评为“用户满意产品”；企业获得“重合同、守信用”称号，并拥有完善的售后服务体系。

公司的主要产品：①聚乙烯农用塑料薄膜；②10~220升系列中空桶、200升L环桶，主要用于盛装各类液态化工原料、防冻液等；③各类塑料周转箱，主要用于新疆的香梨、苹果、葡萄、大枣等水果的转运和储存；④涂料桶、油品桶及高级乳胶漆桶；⑤节水滴管带；⑥PE 发泡网；⑦拟开发的产品有组合托盘。

公司控股的库尔勒珠江塑料有限公司位于库尔勒市经济技术开发区工业园区内，2010年新建一个贮存量为5 000吨的水果保鲜冷库。当年已投入使用。

五、新产品的开发

1. 包装物流仓储产品

新产品名称	开发研究单位
300升塑料周转箱	昆明民族塑料化工实业总公司
垃圾分类和大型垃圾桶，塑料托盘	
系列塑料托盘、物流箱系列	无锡市巨龙塑化有限公司
物流集成化包装容器（围板箱）系列	苏州富事达塑业有限公司
汽车零部件物流箱	
欧标 VDA 箱系列	
日系 DP 箱系列	
保温产业化产品	广州洛民塑料有限公司
物流专业化产品	
仓储专业化产品	
大型塑料托盘	天津市津英达塑料制品有限公司
多用周转箱	四川锐星塑胶有限公司
畜牧专用箱	威鹰塑胶有限公司
叉车托盘、环保清洁箱、食品、鸡蛋箱	哈尔滨哈轻塑胶有限公司
200升双L环桶	新疆珠江塑料有限公司

2. 汽车塑料配套件

新产品名称	开发研究单位
CH7 146 外饰件总成（昌河铃木亚纳）	浙江远翅控股集团有限公司
CH7 146 仪表板总成（昌河铃木亚纳）	
F202 前后保险杠总成（重庆长安金牛星）	
GP50 前后保险杠蒙皮（通用五菱宝骏 630）	
N109 仪表板总成（新五菱之光）	
A301 前后门内装饰板总成	
A301 前后保险杠总成	
吉奥 GA6 440 前后保险杠总成	
吉奥 GA6 440 仪表板总成	
长安 B501 仪表板	哈尔滨哈轻塑胶有限公司
M-201-H 微型客车	
前后保险杠、仪表板	
电动车仪表板	
仪表盘、同色保险杆、门内护板、门槛立柱类	
一汽红塔汽车配件	昆明民族塑料化工实业总公司
二汽云南汽车配件	
汽车发动机冷却风扇、油气分离器	义乌一切塑料制品有限公司

3. 家用电器、日用制品

新产品名称	开发研究单位
药品食品、南天电子配件包装	昆明民族塑料化工实业总公司
出口料理板、小推车、座椅	苏州富事达塑业有限公司
电动自行车塑料配件、新能源配件	无锡市巨龙塑化有限公司
滑雪用具、XPS 保温板	哈尔滨哈轻塑胶有限公司
螺丝保护器（石油管道）	天津市津英达塑料制品公司

六、存在的问题

目前行业注塑制品专业化生产企业，大多数是由20世纪六、七十年代轻工业创办国有集体塑料制品企业经改制成为民营、私营和合资企业，大多数为中小微型企业，主要集中在东部沿海地区。半个世纪以来，在我国宏观经济总体快速发展，各行各业对塑料市场的需求不断加大，拉动了我国注塑加工业的快速发展，行业取得不断的进步，但仍然跟不上宏观经济产业升级、产品结构创新调整和绿色生态环保、节能降耗的要求。主要存在问题：

（1）我国注塑制品行业企业以配套加工产品为主，行业整体创新能力薄弱，自主开发最终产品品种少；老产品中低档产品偏多，高档配套产品少；通用技术产品多，高技术高附加值产品少；产品标准不能适应商业市场需求，缺少自主知识产权制品和国家知名品牌产品，企业经营、销售仍受上游单位和配套生产企业影响大（汽车零部件配套、石油设备配套），企业仍依赖寄托老产品市场，维持生产发展。

注塑设备模具产业发展不平衡，虽然个别企业的产品已达到相当高的水平，已达到或接近国际水平，但总体看来，与国外先进水平相比尚有差距。尤其节能环保设备应用。

（2）企业营运成本不断上升，阻碍企业生存和发展。目前，我国经济仍保持快速增长，市场价格机制改革逐步到位，推动油价、电价、运输价、人工费的不断提高，增加企业的运行成本；能源、原材料等的上游产品价格上涨挤占了企业的大部分效益；同时企业安全生产、低碳、低耗、绿色环境保护费用投入升高；尤其是人力资源用工成本提高，根据行业统计信息数据，2014年行业员工收入年增长14%，广东沿海地区招工月收入3 500元还有一定的困难，招工难影响企业正常生产。

（3）区域发展不平衡，目前注塑加工企业绝大多数集中珠三角和东部沿海地区，中西部地区虽然近期内有所发展，但规模差距依然很大。

（4）目前国内注塑行业企业以中、小微型企业为主体，偏重于传统的硬件的投入和产品的创新开发，但往往忽视思想的转变，应更加注重理念的创新，服务创新，学习先进市场竞争，如何把企业做强。

七、发展形势

“十三五”期间，注塑制品行业要围绕加快体制创新，科技创新、产品创新、经营模式创新，推进行业绿色低碳经济发展模式，着力扩大新材料、新技术、新工艺的推广应用，开拓新兴市场，保持行业经济平稳发展。

（1）调整产业结构，发展规模经济，实现规模效益，切实做大做强一批注塑制品产业龙头企业。“十三五”将打造一批年销售超亿元，产量超万吨骨干企业，使优势企业在自主开发，规模性和市场竞争力上再上一个新台阶，培育1~2只国家名牌产品，打造1~2家科技创新示范企业。

（2）遵照中国塑料工业未来重点发展方向要求，企业从过去“三低两高”（低附加值、低质量、低价值和高污染、高耗能）向高质量和高附加值的增长方式转变，走绿色发展道路。鼓励注塑制品企业开发无污染的绿色制品，节能环保组织生产，有条件的企业积极采用国际先进的环保、节能全电动注塑机。行业构建绿色制品评价体系，总体交流、表彰先进、营造绿色环保社会氛围，推动绿色产品的发展。

（3）根据中央“十三五”期间进一步扩大内需，确保经济稳定增长的重要决策，行业重点并拓市场，抓住产业发展信息，跟上形势，做好服务配套工作，服务国内有发展潜力的大企业、行业和朝阳产业，积极采用信息技术、网络技术和电子商务在销售经营管理中的应用。

（4）搭建产学研结合平台，推进知识产业结构转型升级。鼓励企业、行业与科研机构、院校合作，积极开发新产品、新材料、新工艺、新设备。保持行业先进生产力持续发展。

（5）加强注塑制品行业与其他行业（上游行业中国塑料模具工业协会、中国塑料机械工业协会和中国石油化工工业协会；下游行业工业汽车行业协会、家电行业协会、建筑建材企业协会、物流包装工业协会）的交流与合作，共同建设一个社会化、网络化、开放式的服务体系，为注塑制品行业的企业技术创新和高新技术产业化的各种需求提供全方位服务，帮助上下游行业企业新产品开发，科技成果产业化提供服务平台。

（6）广泛开展职业培训，努力提高员工素质。当今注塑加工业技术水平体现一个国家塑料现代化的水平。注塑行业新技术、新装备、新材料、新工艺不断推陈出新，需要大量能掌握先进设备和加工工艺技术的员工，才能保证产品的高质量，满足需求，因此广泛开展职工培训，提高员工技术水平，建立行业培训基地，加快产业发展，适应新一轮的发展需要。由条件的企业积极筹建企业技术中心，提高自主创新能力，满足高分子材料，先进成型工艺、高性能的结构设计和市场需求产品设计。

（中国塑料加工工业协会注塑制品专业委员会 顾大全）

复合膜

一、行业现状

2014 年，我国复合膜软包装行业呈现增速继续放缓态势，据不完全统计，全行业完成复合软包装产品产量约 530 万吨；同比增长约 3%，产值约 1 160 亿元。市场竞争进一步加剧，生产用原材料价格仍在低位徘徊，但企业成本费用特别是人工费用继续上升，虽然行业产量、销售略有增长，但大多被增长的成本费用所抵消，导致企业盈利空间收窄，绝大多数企业利润均现下滑态势。企业家们普遍感觉 2014 年是国内复合膜软包装企业有史以来经营最困难的一年，内外部压力最沉重的一年。

国内复合膜复合软包装企业规模普遍较小。据不完全统计，销售收入亿元以上的企业占全行业企业数的约 5%，亿元以下的中小微企业占比 95%以上。如北京市近 40 家复合软包装企业中，销售收入亿元以上的企业有 3 家。天津市 50 多家复合软包装企业中，销售收入亿元以上的企业也只有 4 家。河北省复合软包装企业在中国北方地区最多，主要集中在雄县、东光、石家庄、邢台等地区，林林总总有 2 000 多家，但知名的销售收入过亿元的企业也就在约 10 家。东北三省复合软包装企业大大小小有 200 多家，知名的销售收入过亿元的企业也就在约 5 家。从地理分布上看，中国复合软包装企业呈南强北弱格局，行业百强企业中约 80%集中在长三角和珠三角地区。我复合膜专委会 22 家复合软包装企业理事单位中北方企业有 5 家，南方企业多达 17 家。

行业“洗牌”进一步显现。近年来国外包装企业以控股、收购国内企业等方式加快对中国复合软包装市场的布局和发展。继安姆科 2013 年安姆科收购了江苏申达集团软包装业务后，2014 年又发布了斥资 2.11 亿元人民币收购中山天彩包装公司。外资的大手笔收购行动在国内持续进行，内资企业倍感压力，纷纷谋划调整转型。最有震动力的消息是，河南省最大的软包装企业河南金誉资金链断裂，频临破产。

二、行业热点

2014 年国家针在环保工作方面动作频频。2014 年 4 月 24 日，十二届全国人大常委会第八次会议表决通过了《环保法修订案》，新法相对旧法一是新增“按日计罚”的制度。2014 年 11 月 27 日国家环保部发布《排污许可证管理暂行办法》（征求意见稿） 公开征求意见。《办法》中明确排污单位应当及时、如实公开污染治理设施运行情况、污染物排放等环境信息。重点排污单位应当自行或委托第三方机构，就本办法第十六条规定的内容如实编制年度执行情况报告，报环境保护主管部门，并向社会公开。2014 年 12 月 30 日《中华人民共和国大气污染防治法（修订草案）》进入公开征求意见阶段，并于 2015 年 1 月 29 日结束征求意见。《草案》中明确指出国家对重点大气污染物排放实行总量控制。产生含挥发性有机物废气的生产和服务活动，应当在密闭空间或者设备中进行，并按照规定安装、使用污染防治设施；无法密闭的，应当采取措施减少废气排放。国家和地方正在积极制定新的工业废气排放标准。上海、天津已出台新的排放标准，排放限值大幅加严，国家和其他省市也在修订之中。北京地方标准《印刷业大气污染物排放标准》

也将在 2015 年出台，预计为全国最严标准。当前国家正在组织相关部门落实《挥发性有机物排污收费试点方案》，据了解《方案》初步确定 VOCs 排污费征收标准由各省（区、市）自行确定，国家给出一个最低标准。估计重点区域收费标准将大幅提高，据业内人士透漏北京收费标准将不低于 12 元/千克。当前国家正在组织相关部门编制《包装印刷行业挥发性有机物综合整治方案》。整治目标基本确定为：全面提升包装印刷行业清洁生产水平和 VOCs 污染防治水平，实现包装印刷行业绿色发展和产业升级。近期（2014~2017 年），以末端治理为主，强制要求现有污染排放企业完成 VOCs 末端治理设施的安装并确保正常运行，实现全行业 VOCs 减排 50%以上；同时支持环保材料和绿色工艺的研发及应用。远期（2018~2020 年），以源头控制为主，大力推进水性油墨、水性胶黏剂、柔版印刷、无溶剂复合等绿色材料和工艺的大面积推广应用。对企业强制实施清洁生产认证，淘汰可被替代的、污染严重的原辅材料。全面完成全行业末端治理任务，淘汰未完成治理任务的企业。

国家对行业 VOC 治理防控力度空前，企业倍感压力。VOC 治理防控成为行业第一位的热点问题，引起了全行业的前所未有的高度关注。全行业注重环保、绿色发展意识进一步增强。许多企业把 VOC 治理放在重要议事日程，纷纷采取行动，制定方案，把 VOC 治理资金列入预算。江苏彩华、黄山永新、安姆科、上海紫江、顶正集团、旺旺集团、中山天彩、大连大富等大企业率先行动上马 VOC 治理设施，在行业内发挥了带头带动作用。同时水性油墨、无溶剂复合、水性粘合剂等源头治理措施也在行业内加速推广。

经过一年的宣传和推广，行业中众多企业已开始重视企业的 VOC 治理工作，但一些非重点区域的企业仍然处于观望等待状态，尚需各方面以各种形式予以推动。

三、专委会活动

2014 年中国塑协复合膜制品专业委员会，在中国塑料加工工业协会的领导下，在各理事、会员及相关单位的支持和配合下，先后召开了三次理事会会议，召开了第一次行业专家工作会议；举办了三次行业 V0C 治理交流会；首次组织行业参加中国塑协举办的“中国国际塑料新材料、新技术、新设备、新产品展览会”；加强了与国家和地方有关部门的工作联系沟通，参与了涉及行业有关标准、政策、制度的制订、修订；组织开展国内外行业企业之间技术、业务方面的交流；有力推动了行业绿色、创新、可持续发展。

1．加强专委会组织建设

积极发展会员壮大专委会组织。2014 年专委会行业影响力进一步提升，更多企业参加专委会的活动，年内有 10 家企业申请加入中国塑协复合膜专委会，按照中国塑协有关规定办理了相关手续。搭建专家库并积极开展工作。根据行业转型升级、技术进步、绿色创新发展的需要，理事会决定成立专家组，通过一段时间工作，有 26 家企业 42 名工程技术及企业管理人员报名入库，其中，具有高级专业技术职称的 21 名，专家库集聚了行业的技术、管理精英，为今后行业技术进步、管理提升奠定了人才基础。2014 年 3 月 30 日六届八次理事会上，成立专家工作督导组，由陈宇担任组长，文秀松、孙宏担任副组长。之后，专家工作督导组按照所提交的 2014 年工作计划认真组织开展了有益于行业技术进步的多项工作。

2．推进 VOC 综合治理工作

为落实国务院《大气污染防治行动计划》对包装印刷业有机废气（VOCs）的治理要求，推动塑料彩印复合软包装行业有机废气（VOCs）治理工作全面展开，专委会 2014 年 3 月 29~30 日在浙江义乌召开六届八次理事会暨“复合膜软包装行业 VOCs 污染控制研讨会”；7 月 26~27 日在广东省中山市召开“全国塑料彩印复合软包装行业 VOCs 综合整治交流会”；12 月 13~14 日广州市召开“全国塑料彩印复合软包装行业第二次 VOCs 治理交流会”；通过会议向企业宣传了国家有关大气污染控制治理的法律法规、政策导向，使企业了解了国家和地方政府 VOCs 综合整治工作开展的进展情况，有关部门 VOCs 排放标准，收费制度，综合整治方案制订的情况，业内企业已经进行 VOCs 治理的进展情况。在中山天彩现场参观了其新上马的印刷、复合工序全套 VOCs 回收治理设施，观看了操作过程。了解目前可采用的国内 VOCs 治理技术，分享了欧洲了 VOCs 治理技术。为企业如何进行 VOCs 治理提供了方向、思路与路线图。为推动行业 VOCs 治理发挥了积极作用。5 月份专委会组织了部分企业赴欧洲考察，重点了解欧洲软包装企业 VOCs 治理情况，开阔了视野，撰写了欧洲企业考察报告。7~9 月份秘书处组织了行业百家企业 VOCs 治理现状调研、分析，撰写了调查报告提供中国塑协和各理事单位参考。

3．完成了复合膜三项国家标标准报批稿的上报工作

专委会于 2011 年承担了国家标准化管理委员会下达的三项复合膜国家标准的制定任务，分别是：食品包装用复合塑料盖膜（项目编号：20101065-T-607）第一起草单位为大连大富塑料彩印有限公司；食品包装用塑料与铝箔蒸煮复合膜、袋（项目编号：20101066-T-607）第一起草单位为佛山市南方包装有限公司；食品包装用纸、铝、塑复合膜、袋（项目编号：20101067-T-607）第一起草单位为惠州宝柏包装有限公司。复合膜三项国家标准工作小组于 2014 年 7 月 3~4 日在会员单位东莞华源包装及珠海乐通油墨有限公司的大力支持下，在珠海乐通公司召开了复合膜三项国家标准报批稿审查会议。会上各位专家对去年审查会议要求进行修改的意见进行了重点讨论，同时逐字逐句对三项标准所有报批文件进行了审查，并进行了文字修改。此次会议后三项标准第一起草单位于 7 月 25 日将报批稿终稿发到专家工作督导组，随后上报至全国食品直接接触材料及制品标准化技术委员会塑料制品分技术委员会秘书处。

4．积极努力完善溯源法食品软包装安全管理体系的建设

2014 年 4 月底，食品用包装材料安全溯源技术公共服务平台经中国轻工业联合会推荐，成功被工信部认定为“国家级中小企业公共示范平台”，以信息服务、技术服务为主。目前，在会员单位的大力支持下，正在进一步完善平台软硬件设施，同时开始着力全面推广宣传平台的各项服务功能。

5．启动行业十三五发展规划编制工作

2014 年 9 月 27 日专委会召开六届九次理事会讨论复合膜软包装行业“十三五”规划的初步设想：

（1）VOCs 减量项目：①环境友好油墨应用技术（如单一溶剂油墨水性油墨、UV 油墨、EB 油墨等产品研发及应用）；②无溶剂复合应用技术（包括胶黏剂、复合装备、工艺、复合结构等的研究）；③ VOCs 回收治理技术（包括吸附、回收、催化燃烧、余热利用等技术研究）；④先进装备应用技术；

（2）塑料复合软包装五化技术集成项目：①轻量化（如涂层减量、膜内层叠技术阻隔）；②功能化；③智能化；④安全化（与食品产业对接）；⑤环境友好化（包括生物质替代、降解包装、概念包装等）；

（3）提升软包装产品技术与安全标准的先进水平，搭建科学、系统的标准框架体系，包括标准清理、标准框架搭建。

6．进一步发挥网站传媒作用

加大宣传力度，为会员提供更多有用信息，专委会通知及相关信息及时通过网站进行发布。2014 年两次行业 VOCs 综合整治交流会在网站发布后，有很多企业通过网站浏览获取信息并报名参会。

7．加强与政府相关部门的沟通联系

加强与相关协会、各省市同行业协会的工作交流与合作，重点加强了与国家环保部门的沟通联系，与中国环保产业协会废气净化委员会建立了良好的合作关系。2014 年三次 VOCs 治理会议邀请到国家环保部、广东环保部门、环保科研机构、VOCs 政策、标准制定机构参加会议，给会员单位和与会者提供最新的导向性政策、信息。参与了国家包装印刷业挥发性有机物排放标准、包装印刷业挥发性有机物综合整治方案、环境保护综合名录（2014 版）等标准文件的制订并提出意见和建议；为北京市印刷行业挥发性有机物排放标准，北京市工业污染行业生产工艺调整退出及设备淘汰目录（2014 版），北京市印刷业清洁生产评价标准体系的制订提供意见和建议。12 月 2 日秘书处组织江苏彩华、南方包装、北京商三等企业参加财政部、环保部“挥发性有机物排放收费试点方案”座谈会，代表行业表达了意见和建议。

8．组织对外交流活动

2014 年 5 月组织会员单位参加 2014 国际加工与包装机械展览会，与欧洲软包装协会交流，参观有代表性的工厂。2014 年 5 月 7~16 日，专委会组织 20 家软包装及关联企业 37 人，赴德国杜塞尔多夫参观 2014 年德国杜塞尔多夫国际包装机械、包

装展览会。中国塑协常务副会长曹俭同志十分关心复合软包装行业的发展也参加了这次考察。参展期间，顺访考察了欧洲10余家软包装企业、印刷机、复合机、分切机等软包装机械制造和油墨生产厂商，对欧洲软包装行业的发展现状和未来趋势有较全面的认识，对欧洲软包装行业VOCs回收治理技术有较深刻的了解。参加考察的业界同仁共同感觉到收获颇丰，受益匪浅，不虚此行。

四、行业上市公司情况介绍

1．黄山永新

黄山永新股份有限公司为股份制企业、上市公司，主要生产经营真空镀铝膜、塑胶彩印复合软包装材料、药品包装材料、多功能高阻隔薄膜等高新技术产品，是中国驰名商标单位、中国创新型企业100强，被科技部列入国家火炬计划黄山软包装新材料特色产业基地。2014 年公司实现营业收入166 845.3万元，同比增长3.09%；（其中彩印包装收入 14.71 亿元，同比增长 4.61%）利润总额 15 449.11 万元，同比下降 12.95%；彩印包装制品产量57 165吨，同比增长4%。

2．上海紫江

上海紫江彩印包装有限公司是紫江企业集团旗下公司，始于1983年，注册资本26 762万元，占地面积近 10 万平方米，生产销售塑料彩印镀铝复合制品、非复合膜制品、无菌包装用包装材料等各类塑料彩印复合制品、真空喷铝膜、纸版、不干胶商标材料、晶晶彩虹片及包装装潢印刷等业务。2014年公司实现营业收入64 114.18万元，同比下降7.56 %。净利润612.2万元，同比下降81.33%。

3．安姆科（中国）

安姆科（Amcor）是全球最大的软包装集团公司，150年前，公司成立于澳大利亚。Amcor在食品、药品、化妆品、烟草包装领域居于领先地位。在全球43个国家拥有超过180家工厂，27 200名员工，66 000个股东。2013年7月1日~2014年6月30日安姆科财政年度，安姆科包装销售738 400万澳元，息税前利润89 600万澳元。安姆科（中国）在发展中国软包装业务主要方式是收购国内规模较大的软包装企业，去年和今年连续两次收购行动震动行业。目前，安姆科（中国）在中国大陆设有九个生产基地，分布于江苏江阴、广东惠州、中山、佛山、四川成都以及北京。安姆科（中国）2014财年营业收入约30亿元，同比增长约5%，利润略有增长。

五、存在的问题

存在的问题主要表现在五个方面：

1）市场需求平淡，订单不足，产能空放；

2）成本费用特别是人工费用继续上涨，且招工越来越难，工人缺口越来越大，直接影响企业正常营运。

3）应收账款继续加大，大客户强势要求延长账期，中小客户以各种借口和迂回拖欠，造成资金链绷紧，经营风险加大。

4）由于行业回报率逐年回落，经营难度日益加重，企业投资热情大幅下滑，不少企业热衷于投资其他行业，由于宏观经济不景气，投资无法及时收回，同时银行对企业的信用审查力度加大，企业担保的信用能力持续降低,导致部分企业资金紧张，影响了行业发展。

5）企业家从业信心不足。面对诸多困难和压力，许多企业经营者特别是中小企业经营者忧心忡忡，想转让企业者不少。

六、行业发展趋势

软包装行业在经过三十多年高速发展后，目前已进入了行业的成熟期，行业竞争日益激烈，产能过剩，利润率日益下降，目前销售利润率在3~5%。21 世纪是环保世纪，构筑循环经济社会，走可持续发展道路已成为全球关注焦点和迫切任务，为适应新时代的要求，软包装材料除要求能满足市场对包装质量和数量等日益提高的要求外，其发展必须以节省资源，易回收利用，易处置或易被环境消纳或降解为技术开发的出发点。近年来，随着技术的进步和市场的发展，客户对产品的品质和服务要求不断提高，企业之间竞争日益加剧，加上政治、经济、社会环境的巨大变化，使得国内软包装行业逐渐变成完全竞争性行业。整个行业的赢利空间越来越小，亏损企业不断增加，曾经辉煌的企业倒在残酷竞争的路上—微利时代正以不可逆转的趋势到来。

软包装新材料、新工艺、新技术、新产品不断涌现，总体上看未来软包装产品主要呈现出向高性能、多功能，积极采用新原料、新技术、拓宽应用领域以及塑料包装与环保协调发展等趋势。未来将以创新、绿色、减排为主题并向以下几个方向发展。

1. 功能性软包装

随着我国功能性薄膜的开发，软包装的应用领域将进一步扩大，金属和玻璃包装的部分市场会被软包装替代。许多特殊功能的新型软性材料将会在软包装领域大放异彩。高性能低成本的包装膜开发是未来市场需求的方向。

高阻隔型薄膜如 PVDC 薄膜、EVOH 膜、PVA 膜、MXD6 膜、纳米无机材料涂层膜高阻隔镀铝膜等。电磁屏蔽膜：在聚酯薄膜表面采用真空蒸镀的方法镀上一层 400~500 微米厚的铝膜。主要是应用于微波食品包装上，便于安全使用微波炉。微孔薄膜：依据包装果蔬的保鲜要求，在塑料薄膜上开设不同数量的小孔，以改善气体的透过率。低温 CPP、各种具有特殊性能的预涂膜等可以对应各种不同的内容物起到保质、保鲜、保香等作用。比如新型复合纸，俗称石头纸，以岩石为主料制成洁白如雪、薄如蝉翼、柔似锦缎，反复折叠仍能完好无损，长期储存不变脆、无发霉、无虫蛀。还有除臭薄膜、抗菌薄膜、低温封口薄膜、高速封口材料、导电性材料等。

2. 绿色环保型软包装

轻薄化、简单化、可降解化薄膜将成为未来的市场需求方向。在欧洲软包装注重的是包装功能，在保证功能要求的前提下尽可能的轻量化，减薄化。近十年来软包装的平均重量降低了 30%，节省了资源。在欧洲包装材料每年的消费量约 6 600 万吨，软包装只占其中的 17%，但却包装了欧洲 50% 的商品。国内部分龙头软包装企业一直在研发各种新的工艺和结构，每年都有新的减薄减轻的包装替代原来的厚重包装，而包装的功能至少是没有减弱有的还有所加强。目前世界各国都十分注重全降解包装材料的研究，人们利用天然高分子材料如蛋白类、天然橡胶等进行改进，或与合成高分子材料共混而制备出可部分降解的包装材料。尽管与传统聚合物相比可降解包装的价格偏高，但相信随着人们环保意识的提高和科技的发展，可降解环保型包装的成本会进一步降低，市场应用会越来越广泛，最终取代传统的包装材料。由于 VOCs 排放对大气的污染越来越被重视，相关的法律法规和标准将陆续出台，进一步倒逼包装产业的绿色化，溶剂型特别是苯酮类溶剂将加快退出市场，醇溶性，单一溶剂类、水溶性油墨将是发展方向，特别是水性油墨和水性粘合剂将有很大的发展空间。柔性版印刷、无溶剂复合、挤出复合、预涂工艺等环保的工艺路线也会被更多的采用。

3. 安全性食品软包装

随着生活节奏的加快，快餐食品和方便食品所占的比例逐渐增加，研究表明，这些方面的食品的确给人们生活带来了方便但同时也带来了不少令人担忧的食品安全问题。塑料软包装的原材料为各种薄膜，为了改善聚乙烯、尼龙、聚酯等树脂的加工性、力学性和其他复合功能，往往要添加各种助剂，加入的这些助剂必须是可直接接触食品的物质之列，并且添加量和向食品的迁移量必须符合要求并在安全范围之内。印刷复合过程中使用到的溶剂、油墨、黏合剂等一旦残留超标也会带来一定的食品安全风险。近年来中国十分重视食品安全与卫生，实行了食品安全认证（QS）。国家也发布了一系列针对包装安全的政策以保证消费者安全。因此在一些新材料新工艺或是新应用在推广的过程中必须严格做好前期试验，避免发生食品安全问题，一旦失误会给人民群众带来不必要的伤害，同时也会给企业带来毁灭性打击。

4. 智能化软包装

目前已有智能化概念在包装领域展开应用，例如用光电、温敏、湿敏等功能材料与包装材料复合制成，它可以识别和指示包装空间的温度、湿度、压力及密封程度、时间等重要参数，是一种很有发展前景的智能包装材料。又比如微波炉自动加热包装，包材经微波炉扫描后得到相关信息，微波炉根据信息自动设定加热时间和程序。还有可跟踪性包装、带有电子身份信息的包装等。

5. 防伪功能的软包装

防伪包装技术研究主要集中于以下几个方面：防伪标识、特种材料工艺、印刷工艺、包装结构和其他方法。当前居于主流地位的防伪包装有以下几种：激光全息图像、激光防伪包装材料、隐形标识系统、激光编码、凹版印刷防伪、特种工艺与材料防伪等。

（中国塑料加工工业协会复合膜专业委员会 李建军）

聚氨酯制品

一、中国聚氨酯行业及市场状况

（一）TDI生产厂家产量以及供应情况统计（表1）

表1　2014年中国各TDI厂家及2014年中国TDI国产量、供需、进出口情况统计

项目	产量/万吨
甘肃银光	8.78
北方锦化	3.98
沧州大化	14.81
烟台巨力	6.51
东南电化	4.06
BASF	16.03
Bayer	16.76
国产量小计	70.93
进口量	3.38
走私量	0.79
出口量	7.29
表观消耗量	67.81
实际消费量	64.31

（二）2014年中国TDI各地区消费分布

我国TDI产品消费地区分布基本与下游产业分布一致；TDI产品最主要的消费行业主要集中在软体家具、涂料、汽车等行业。

就软体家具而言，2005年前广东是全国最大的生产基地，但近几年来部分广东企业开始向浙江、四川、湖北等地区转移，这也使得未来一段时间广东本地的TDI消费增长将有所放缓，而在浙江、四川、重庆、湖北等地TDI消费量的增长较快于其他区域。

随着中国汽车行业跃居全球最大的产销市场，TDI在汽车中的使用比例也正逐年提高。在汽车厂或汽配厂相对集中的沈阳、北京、天津、山东、江苏、上海、浙江、安徽、湖北、广东等地区，TDI在该领域的消费量也逐年攀升（表2）。

其中2014年，四川、重庆重启两地软体家具行业迅猛发展，成为中国TDI市场增长最快的地区。

表2　2014年中国TDI消费区域分布统计

地区	表观消费量/万吨	比例/%
华东华中地区	26.01	38.35
华南地区	17.35	25.58
东北华北地区	12.51	18.44
西南西北地区	11.96	17.63
总计	67.83	100.00

从主要地区过去和未来几年的增速分析，华南、华北、东北地区消费量增速低于全国平均水平，未来几年也是如此。相反，华东、西南、西北地区消费增速高于全国平均水平，尤其西南地区预计未来几年依旧将保持不错的增长。华东的浙江地区近几年来家具行业带动TDI消费增长也较为明显。

发达国家TDI的应用相对较单一，主要集中在软泡，其他领域如涂料、胶黏剂、弹性体等方面主要用HDI、MDI等代替TDI。

国内虽然软泡的应用也占绝对多数，但是同时在中低档涂料、胶黏剂、弹性体等方面也大量使用TDI产品（表3、图1）。

表 3 2014 年中国各下游行业 TDI 实际消费量统计 单位：万吨

行业	软泡	涂料	胶黏剂、密封剂	弹性体、塑胶跑道	其他	汇总
2014	43.01	11.66	5.29	4.2	0.15	64.31

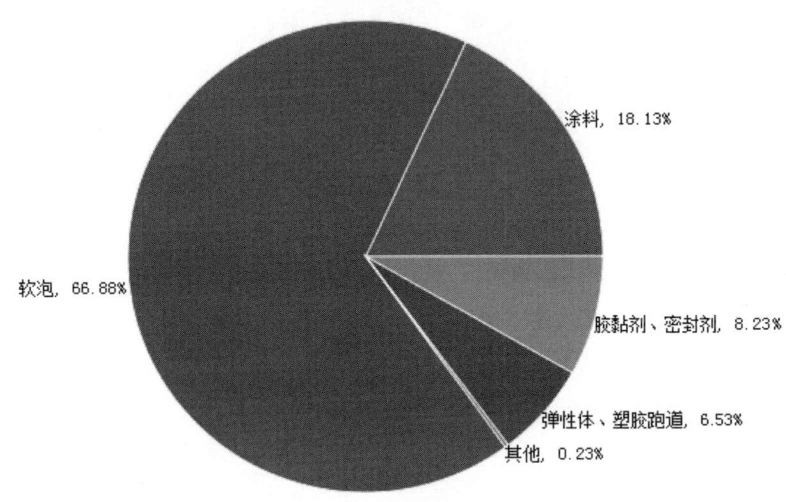

图1 2014年中国TDI下游市场分布图

（三）2014 年中国聚合 MDI 下游行业消费情况分析

2014 年我国聚合 MDI 市场消耗量小幅下降，除冷藏集装箱增长幅度较大外；冰箱、板材、汽车和填充物小幅增长；其他如热水器、胶黏剂、仿木等领域均不同程度的下滑。

2014 年中国市场共消耗聚合 MDI 达 107.04 万吨，与 2013 年相比下降了 1.98%（表 4、图 2）。

表 4 2014 年中国聚合 MDI 消费领域统计表

消费领域	2013 年聚合 MDI 消费量/万吨	2014 年聚合 MDI 消费量/万吨	当年增长比例/%
家用冰箱	28.7	29.2	1.74
家用冷柜	12.8	11.7	-8.59
粘合剂及密封剂	10.3	9.2	-10.68
汽车	8.7	9.1	5.00
管道	9.1	8.4	-8.00

续表

消费领域	2013 年聚合 MDI 消费量/万吨	2014 年聚合 MDI 消费量/万吨	当年增长比例/%
板材	7.1	7.3	2.82
喷涂	7.2	7.2	0.00
填充物	5.3	5.4	2.00
弹性体	4.6	4.7	2.17
冷藏集装箱	3.7	4.1	10.81
电热水器	3.9	3.9	0.00
太阳能热水器	2.1	1.7	-20.00
商用冷柜	1.6	1.6	2.00
仿木	1.1	0.9	-15.00
其他	3	2.6	-15.00
总计	109.2	107.0	-1.98

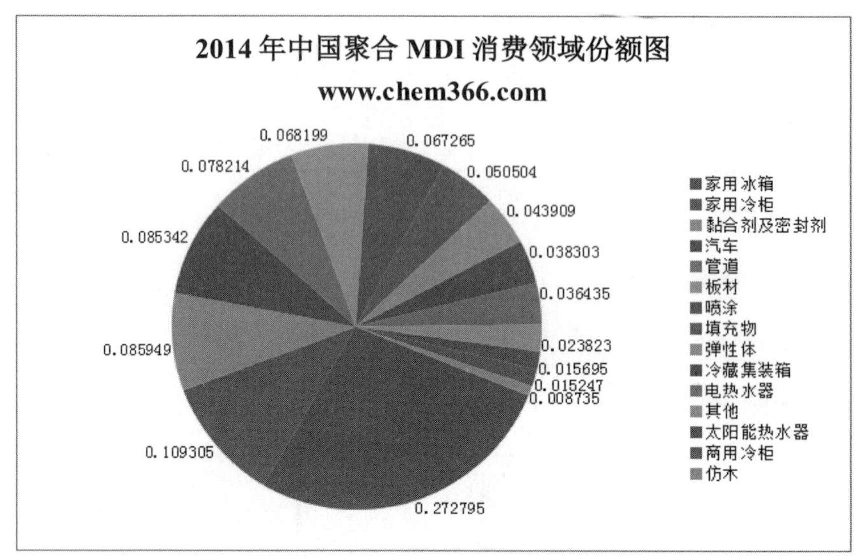

图2　2014年中国聚合MDI消费领域份额图（单位：百分比）

2014 年国内聚合 MDI 总消耗量大约 107.04 万吨，其中大约 85.2 万吨用于硬泡，占到总用量的 80%左右，胶黏剂及密封剂行业的消耗量约 14.7 万吨，占到总用量的 14%左右，弹性体行业的消耗量约 4.6 万吨，占到总用量的 4.3%。

从消费结构可以看出来，聚合 MDI 主要消费领域并未出现太大的变化，唯一的亮点集装箱行业由于前年市场过于萧条，去年出现了补偿式反弹。

（四）2014 年聚合 MDI 主要供应商对中国供应情况统计分析

2014 年中国市场聚合 MDI 市场少见的出现了需求下降的情况，与 2013 年相比，国内聚合 MDI 消费增长为-1.98%，整体经济环境欠佳，反腐力度加强，加上我国在进行产能优化等因素造成下游需求萎缩（表 5）。

表 5　　2014 年供应商对中国聚合 MDI 供应情况统计表

公司名称	供应量/万吨	市场份额/%
万华化学	40.71	38.03
巴斯夫	17.26	16.12
拜耳	16.75	15.65
亨斯迈	12.51	11.69
日本东曹	11.08	10.35
陶氏化学	5.14	4.80
锦湖三井	2.69	2.51
日本三井	0.90	0.84
总计	107.04	100.00

从图 3 可以看出，各家供应商排名虽然略有变化，但前几位的市场占有率并未减少，特别是在中国本土有生产装置的供应商优势越来越明显。

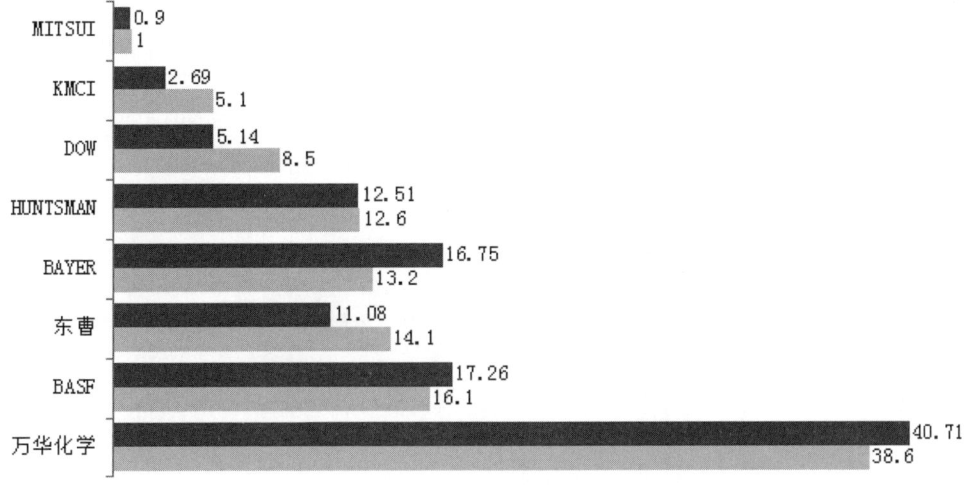

图3　2013和2014年各厂家中国地区聚合MDI供应对比图（单位：万吨）

由图 3 可以看出，与 2013 年相比，2014 年我国聚合 MDI 供应格局有些微妙的变化，虽然总的排名变化不大（仅东曹排名下滑）；但可以发现国内有工厂的厂家优势越来越明显，纯依赖进口的日韩货源和陶氏货源与 2013 年相比均有减少。这一方面由于中国地区价格不具备竞争力，另一方面国内产能过大，已经完全可以满足需求，进口缺口越来越小（表 6）。

表 6　　2014 年国内 MDI 合成装置母液产能及产量统计　　单位：万吨

生产商	产地	2014 年产能	2014 年产量	备注
万华	烟台、宁波	180	110	
联恒	上海	32	35	
BAYER	上海	50	35	
NPU	瑞安	8	6.7	进口母液

（五）2014 中国 PPG 市场

聚醚生产技术含量相对较低，产品同质化严重，现有生产企业 40 多家，年产 10 万吨的企业有十几家。2014 年硬泡聚醚增长幅度较大，未来几年增长趋势看好，聚氨酯软泡聚醚占 41%，聚氨酯硬泡聚醚占 46%。2014 年聚醚总产能 334 万吨/年，未来 3~5 年新增产能 125 万吨。中国 2014 年聚醚总产量 225 万吨/年，开工率为 68%，产能已经明显过剩（表 7、表 8）。

表 7　　2014 年中国聚醚多元醇主要生产企业

序号	公司名称	区域	产能/万吨	产量/万吨
1	中海壳牌石油化工有限公司	华南	23	20
2	山东东大化学工业集团有限公司	华东	20	15

续表

序号	公司名称	区域	产能/万吨	产量/万吨
3	中石化上海高桥分公司	华东	25	15
4	广州宇田聚氨酯有限公司	华南	15	10
5	河北亚东化工集团有限公司	华北	14	8
6	淄博德信联邦化学工业有限公司	华东	23	16
7	方大锦化化工科技股份有限公司	东北	12	8
8	江苏钟山化工有限公司	华东	20	15
9	绍兴市恒丰聚氨酯实业有限公司	华东	10	8
10	南京金浦锦湖石油化工有限公司	华东	20	15
11	佳化化学股份有限公司	东北	20	10
12	南京红宝丽股份有限公司	华东	15	10
13	中石化天津分公司	华北	8	5
14	广东万华容威聚氨酯有限公司	华南	8	2
15	常熟一统聚氨酯制品有限公司	华东	20	12
16	句容市宁武化工有限公司	华东	6	4
17	福建省东南电化股份有限公司	华南	5	3
18	可利亚多元醇（南京）有限公司	华东	5	3
19	苏州中化国际聚氨酯有限公司	华东	5	3
20	渤海集团天津大沽精细化工股份	华北	5	3
21	合计		334	225

表 8　　2014 年中国聚醚多元醇消费结构

聚醚多元醇领域	2014 年	比例/%
聚氨酯软泡	91	41.5
聚氨酯硬泡	104	45.5
其他	30	13
合计	225	100

（六）与聚氨酯相关的其他原材料AA、BDO、PO

2014年AA产能180万吨/年，现在，中国已经成为除美国以外的第二大己二酸生产国。

2014年，BDO总产能达到70万吨/年，目前，20多家企业总产量在50万吨左右，占全球总产能的30%左右，居美国、德国之上，排名第一。

2014年中国大陆共有19家PO生产企业，产能193.5万吨，产量170万吨，进口51.5万吨。其中80%的PO用于聚醚生产，在未来几年，将新增产能208万吨/年（有3家采用HPPO技术）。

（七）2015~2019年中国聚合MDI消费情况展望

2014年我国整体经济依然延续2013年调整的主基调，甚至力度更大。国内原本粗放型的发展政策越来越少。随着对落后产能淘汰和产业优化的整改，以化工行业为代表的一部分传统工业首先受到冲击。同时房地产持续低迷，也导致相关产业对原材料需求的下滑。

不过我们相信，通过这番改革，我国无论是上游原料还是下游生产厂家均能在这段过程中完成整合和升级，在今后的竞争中更具优势。

下游领域，建筑保温行业势头良好，作为优秀的保温材料，聚氨酯受到各地方政府的青睐，加上国家对节能减排的力度不断加深，PU保温材料今后的应用仍具较大空间；传统保温电器领域增长乏力，但作为我国聚合MDI主要消费领域，短期内仍可保持稳步增长。汽车行业潜力巨大，我国在汽车用聚氨酯平均使用量与国际水平还有较大差距；冷链物流行业近几年国家政策主导，新建项目较多，大型冷库PU保温材具有很强的竞争力。小的领域正在进行整合，如矿山密封、OCF、仿木短期内看不出有大的变化。新兴领域，门窗幕墙、PU瓷砖、城建附属设备依然在开拓之中。

（八）异氰酸酯项目正在加快产业结构调整

脂肪族和脂环族二异氰酸酯（ADI）作为一类特殊有机二异氰酸酯，因其制品具有优良的机械性能、突出的化学稳定性和优秀的耐光耐候性，近年来得到广泛关注。其产品广泛应用于航空、航天、船舶、涂料等领域。与其他芳香族异氰酸酯产品相比，具有更高经济含量与附加值，由于该产品的特殊地位，其生产工艺、技术一直受到西方发达国际的封锁和限制。

中国大陆地区的ADI的年需求量不断增长，目前全部依赖进口，巨大的市场需求，超常的增长速度以及高额的生产利润，吸引了世界异氰酸酯巨头的极大关注，纷纷在华投资建厂，积极参与市场竞争。大陆地区相关企业也积极研发技术或寻求技术来源，加快研发和生产包括HDI、HMDI、IPDI为主的更多类型的异氰酸酯产品，谋求在异氰酸酯行业的更大市场和发展空间。

总之，在未来几年，中国聚氨酯行业一定要审时度势，认清形势，调整方向，扩大市场。在原有市场的基础上，加快在汽车、高铁、太阳能、建筑节能、环保及新型产业领域推广应用。使中国聚氨酯行业不仅产量领先，技术也要领先。并走向全球。

二、专委会工作

回顾2014年的工作，聚氨酯行业和全国其他行业一样，受国家政策调控的影响，行业多年积累的矛盾和问题凸现，企业生产成本居高不下，企业利润下滑，行业发展速度回落，特别是聚氨酯硬泡板材这个被我们在将来寄于厚望的行业由于房地产行业销售下滑，价格及施工工艺等影响，2014年聚氨酯硬泡板材使用全面回落。针对行业的具体情况和协会全年整体工作安排，我们主要从以下几个方面开展工作。

1．2014年工作主要是围绕协会的工作开展

根据年初协会的具体要求，依据我们专委会的特点，积极配合协会的各项工作，及时保质保量的提供各种材料和相关数据，确保协会的规划科学、合理并可持续执行。考虑行业存在的具体问题我们聚氨酯制品专委会将2014年的工作重点确定为淘汰HCFC-141b的宣传、淘汰实施；根据国家节能减排的要求，继续做好聚氨酯保温板材的应用和推广；根据建筑防火规定，督促企业生产符合阻燃标准的优质板材。倡导企业有序合理竞争。同时做好专委会的日常工作，积极为聚氨酯制品企业提供相关技术、政策咨询，受到了聚氨酯制品企业及相关行业企业的一致好评。

2．积极配合协会搞好首届展览

我们按照协会年初的要求和工作安排，积极宣传协会举办的“2014中国国际塑料新材料、新技术、新产品展览会”的意义，并投入大量的人力、财力进行招展，圆满完成了协会布置的招展任务。

3．认真做好聚氨酯制品发泡剂第三阶段替代的实施工作

由于第三阶段 ODS 的淘汰工作和前面二个阶段不同，第三阶段 ODS 淘汰，时间紧，涉及企业跨行业多。按照PU泡沫行业HCFC-141b淘汰计划，今年配合泡沫工作组对符合条件的企业，执行淘汰计划。

4．加强技术、学术交流，促进行业发展

我们聚氨酯制品专委会四月份在杭州组织召开了聚氨酯硬泡发展论坛、参加了我协会在广州召开的年会，家具协会的年会，在北京国展和北京展览馆的新型绿色建材展览会等活动。6 月份参与组织召开了全国外墙保温与节能结构技术在西安的交流推广会、参加了聚氨酯工业协会年会、北京市举办的房博会、对部分聚氨酯板材企业进行了走访和调研。以上就是我们这年的主要工作和简单回顾。

5．存在的主要问题

今年聚氨酯板材企业上生产线较多，多处在调试和试生产状态，产能处于饱和，企业间竞争激烈，现在已经出现价格战。部分新进入的企业，很可能出现在试生产结束后，产品滞销，无利润而倒闭。现在，新的建筑防火规范已经开始实施，对有机保温提出了更高的要求，聚氨酯外墙保温面临更加严峻的局面。

总之，聚氨酯制品专委会涉及行业比较多，各种情况也比较复杂，我们将本着先易后难、循序渐进的原则，突出重点，抓住行业热点，了解并尽可能解决实际问题，凸显行业管理的特点和重要性，聚拢行业企业，为我国聚氨酯制品行业的健康有序发展而努力。

三、聚氨酯制品专委会重点会员企业

1．江苏绿源新材料有限公司

中国塑料加工工业协会副理事长单位、聚氨酯制品专委会理事长单位。主要产品涉及聚氨酯原料、聚氨酯建筑保温板、聚氨酯软泡。产量 3 万吨，产值 5.9 亿元。产品销往华东、华北及东北地区。

2．宁波万华容威聚氨酯有限公司

中国塑协聚氨酯制品专委会副理事长单位。主要产品组合聚醚。产量 6 万吨，产值 11 亿元。产品主要销往华东、华南地区。

3．常州晶雪冷冻设备有限公司

中国塑协聚氨酯制品专委会副理事长单位。主要产品为聚氨酯冷库保温板。产量 120 万平方米，产值 3.7 亿元。产品销往全国。

4．江苏恒康家居科技有限公司

中国塑协聚氨酯制品专委会副理事长单位。主要产品家具制品，枕头 360 万个、床垫 120 万条、其他 63 万个产值 7 亿元。产品主要出口。

5．山东东大聚合物有限公司

中国塑协聚氨酯制品专委会副理事长单位。主要产品为组合聚醚。产量 2.7 万吨，产值 4.5 亿元。产品主要销往华北、华东地区。

6．圣诺盟控股集团有限公司

中国塑协聚氨酯制品专委会副理事长单位。主要产品海绵制品。产量 3.2 万吨，产值 6 亿元。产品主要出口。

7．多维联合集团有限公司

中国塑协聚氨酯制品专委会副理事长单位。主要产品建筑保温板。产量 180 万平方米，产值 3.8 亿元。产品主要销往华北、东北、内蒙古。

8．上海馨源新材料有限公司

中国塑协聚氨酯制品专委会常务理事单位。主要产品软泡海绵。产量 1.5 万吨，产值 3.5 亿元。产品主要销往华东地区。

9．济宁市宁宇聚氨酯有限公司

中国塑协聚氨酯制品专委会副理事长单位。主要产品家居海绵。销往山东等地。

10．浙江海利士电器有限公司

中国塑协聚氨酯制品专委会副理事长单位。主要产品冰箱、冰柜。年产量约 70 万台，产值 5 亿元。销往全国、部分出口。

11．营口双信聚氨酯有限公司

中国塑协聚氨酯制品专委会常务理事单位。主要产品组合聚醚，产量 1.5 万吨，产值 3 亿元。产品主要销往东北地区。

12．沈阳国盛防腐保温有限公司

中国塑协聚氨酯制品专委会常务理事单位。主要产品聚氨酯保温管。产值 7 000 万元，是东北地区最大的保温管生产企业。

13．山东万事达建筑钢品科技有限公司

中国塑协聚氨酯制品专委会会员单位。主要产品聚氨酯复合板，产量 100 万平方米，产值 2.2 亿元。产品销往山东地区。

14．绍兴市恒丰聚氨酯实业有限公司

中国塑协聚氨酯制品专委会副理事长单位。主

要产品聚醚多元醇，聚氨酯复合板，产值4.6亿元。产品销往全国及土耳其。

（中国塑料加工工业协会聚氨酯制品专业委员会 刘卫东）

塑料编织制品

一、概况

2014 年全国塑料编织行业在中国塑料加工工业协会的关怀和引导下，凝心聚力、克难攻坚全行业取得了显著成绩。

2014 年 1~12 月，全国规模以上塑料丝、绳及编织品（以下简称塑编制品）产量约 1 267 万吨，同比增长 9.5%，增幅比上年度降低 5.68 个百分点；主营业务收入 2 838.91 亿元，同比增长 13.71%，增幅列塑料制品九大子行业之首，占塑料制品全部主营收入 13.92%；其中出口交货值 121.88 亿元，同比增长 16.30%，增幅比同期提高 4.44 个百分点，为塑料制品业增长最多的子行业；利润总额为 17.65 亿元，同比增长 8.19%，增速高于塑料制品利润总额平均增速 3.95 个百分点，利润总额占塑料制品全部利润总额的 14.95%；主营业务收入利润率 6.23%，与上年同比下降 0.32 个百分点，主营业务收入利润率列九大子行业第三位。

2014 年塑编产业处于国内外市场需求减少不利的条件下，全行业广大职工在产品功能化、产品结构深度调整方面取得明显成效，众多龙头企业一改过去使用聚丙烯粉料、回炉料、碳酸钙母料三合一作生产编织袋原料，生产低档次的编织袋，而是全部采用聚丙烯粉料作原料生产透明、半透明的高、中档编织袋，与此同时使生产环境获得极大改善，生产车间粉尘、烟雾大大减少，实现了绿色生产。许多企业努力创新、大力开拓新产品、新品种，如方底阀口袋、环保袋、无纺布都已大批生产，吨装袋产量亦有较大幅度提高，由于这一系列中，高档新产品、新品种的投产克服了市场需求减少的不利条件取得了内外销高幅增长。

2014 年全国不少塑编企业继续淘汰落后设备，大胆采用 4 米以上阔幅模头和高线速度拉丝机，节能圆织机，使编织袋生产能耗又有新的降低，特别是温州地区每吨编织袋耗电已达 850 度水平。

一年来各地政府大力扶持塑编生产，在税收上给予优惠政策，在技改上给予奖励， 一些地方政府领导深入企业了解情况，帮助企业解决在生产经营上遇到困难与问题。一些地方政府还积极着力塑编产业集群建设，如黑龙江穆棱、辽宁康平、湖北云梦、江苏沐阳、内蒙古的鄂尔多斯塑编集群都有了新的发展。但是全国不少塑编企业目前仍然存在着规模偏小，产品档次偏低，能耗过大的落后状态，极待改善，使我国塑编产业在新常态下更强更大。

二、大事要事

2014 年 2 月 17 日至 19 日，中国塑协塑编专委会秘书长孙冬泉、副秘书长赵克武对穆棱塑编行业进行了为期 3 天的调研和考查。听取了穆棱开发区对穆棱市经济发展的全面介绍，重点了解了穆棱的塑编产业发展情况，参观了广庆集团（黑龙江）新材料科技有限公司新建的 BOPP 薄膜生产线。

穆棱市有塑料生产企业 8 家，其中包括年产 3.6 万吨双向拉伸 BOPP 薄膜广庆集团（黑龙江）新材料科技有限公司、年产 6 亿条塑料编织袋的万事达塑业集团、年产 3 亿条塑料编织袋的穆棱市升华包装有限公司、生产子午胎隔离膜和农用薄膜的穆棱市塑料制品有限公司、年产 1 亿条塑料编织袋的穆棱市惠尔森建材有限公司、年产 3 万吨无纺布的黑龙江华伦卫生材料有限公司。目前，从业人员近 3 000 人，固定资产近 16 亿元，已成为对俄出口加工重要的塑料编织生产基地和全省最大的塑编生产基地。

以万事达塑业集团为龙头、升华包装有限公司、惠尔森建材主骨干的“北方塑编城”项目建设正在加快推进，圆织机及附属设备已达 1 500 多台（套），塑料编织袋产能达 15 亿条以上。其中：万事达塑业集团拥有圆织机彩印机及其附属设备达到 1 000 多台（套）。升华包装公司一期项目收尾工程全面结束，公司拥有的圆形织机等附属设备达到 300 台（套），塑料编织袋产能达到 3 亿条。惠尔森建材有限公司启动了扩能改造工程，更新了原有100多台老式圆织机，圆织机及附属设备总量达到200台以上，塑料编织袋产能2亿条。

穆棱市拟用3~5年时间，力争在原有制造塑料编织袋初级产品的基础上，再引进30家左右塑料加工企业，向无纺布上下游产品，塑料日用品、医疗用品、食品包装、工程塑料等高端产品方向发展，形成上下游相互匹配，相互促进的集群产业发展新格局，建设中俄边境地区最大的塑料产业加工基地。计划到2016年主营业务收入达到60亿元。

考查期间就2014年全国塑编年会在穆棱召开进行了详细研究。

（一）2014年全国塑编产业链技术交流与市场对接会暨黑龙江穆棱塑料经贸洽谈会召开

由中国塑料加工工业协会和牡丹江市人民政府主办，中国塑协塑料编织制品专委会和穆棱市人民政府承办的“2014全国塑编产业链技术交流与市场对接会暨黑龙江穆棱塑料经贸洽谈会”于2014年8月22日在牡丹江市召开。

会议得到了中国塑协BOPP薄膜专委会、江苏省塑协塑编产业委员会、常州市塑化产业商会、沧州市塑料工业协会、温州市塑料行业协会、浙江省平阳县塑料包装协会、浙江省苍南县塑料行业协会、康平县塑编协会、山东省兖州市塑编商会、临邑县塑编协会、临沂市塑编协会的支持。黑龙江万事达塑业集团、天津华今集团有限公司、牡丹江瑞丰新材料科技有限公司、黑龙江升华包装有限公司、穆棱市惠尔森建材有限公司、黑龙江华绝卫生材料有限公司、黑龙江大东机械设备有限公司等单位协办。常州市永明机械制造有限公司、常州市德正机械有限公司、德州三志塑胶有限公司、奥地利史太林格有限公司、北京大正伟业塑料助剂有限公司、雁峰集团有限公司、潍坊宏源塑编有限公司、天津玉泉工贸有限公司、北京明顺包装机械厂、陕西聚能塑胶有限公司、沈阳鑫正发塑业有限公司、常州市腾诚机械制造有限公司、青岛建华包装机械有限公司等单位提供了赞助。来自国内外塑料编织制品产业链的370多名企业代表出席会议。

8月21日上午举行开幕式，开幕仪式由中国塑协副秘书长、塑编专委会秘书长孙冬泉主持。主席台的领导和嘉宾包括：中国塑料加工工业协会常务副理事长曹俭，黑龙江省工业和信息化委员会副主任李会，牡丹江市市委常委、副市长周景隆，黑龙江省贸易促进会副会长李德山，黑龙江省塑料制品协会副会长卢晓战，穆棱市委书记赵荣国，穆棱市市长王志刚、黑龙江省商务厅开发区处长庄殿国，中国塑协塑料编织制品专委会会长、浙江华庆集团有限公司董事长姜集康，中国塑料加工工业协会副秘书长、塑料编织制品专委会秘书长孙冬泉，中国塑协塑料编织制品专委会高级顾问、温州市塑料工业协会名誉宋云鹤，牡丹江商务局局长韩家亮，牡丹江市科技局局长唐丹，牡丹江海关关长张勇涛，中国塑协塑料编织制品专委会常务副会长、南塑集团有限公司董事长林增标，中国塑协塑料编织制品专委会常务副会长单位、天津华今集团有限公司部长李步猛，黑龙江万事达塑塑业集团董事长叶友焕，康平县塑编协会会长、沈阳华康塑业有限公司董事长陈安做，中国塑协塑料编织制品专委会副会长单位、常州市永明机械制造有限公司销售经理李彬，德州三志塑胶有限公司总经理乔桂广，奥地利史太林格有限公司销售总监文博先生，江苏省塑料加工工业协会塑编产业委员会会长、江苏中乾塑业有限公司董事长王学保，参加本次会议的还有黑龙江省、牡丹江市、穆棱市各有关部门的领导和嘉宾。会议日程如下。

（1）中国塑料加工工业协会常务副理事长曹俭致开幕辞。曹理事长作为中国塑料加工工业协会的常务副理事长，工作非常繁忙，这次专门抽出时间，参加塑编行业会议，充分体现了中国塑料加工工业协会对塑编行业、塑编专委会工作的高度重视和肯定。曹理事长对本次会议给予了高度评价，对塑编行业发展提出了要求，曹理事长指出：当前塑编行业正面临新老困难和挑战交织在一起的复杂局面。增速下滑，市场需求不足，产能过剩矛盾加剧，企业经营困难，加快转型升级任务紧迫而艰巨，塑编行业要进一步坚定信心，要不失时机地加快转变发展方式，加快调整优化结构，加快技术进步和科技创新，促进塑编行业健康、可持续发展。并要求塑编行业要瞄准“功能化”方向，通过科技创新化解产能过剩；要加快产品结构调整和产品升级，努力形成高、中、低档产品比例合理的产品结构；要把节能降耗作为塑编行业的大事来抓；要进一步做好塑编行业清洁生产工作；要做好塑编产品的出口工作要加快塑编行业产业集群的培育和升级。

（2）牡丹江市市委常委副市长周景隆致欢迎词；穆棱市委副书记、市长王志刚致承办辞。穆棱市是本次会议的承办单位,为本次会议的成功召开作了大量深入细致的工作,穆棱市是黑龙江省主要的塑料产业集中地,在塑编等塑料产业的发展上具有广阔的前景。

（3）中共穆棱市委常委、统战部长、穆棱经济开发区管委会主任李东军作穆棱市投资环境介绍。穆棱被国家工信部评为国家新型工业化产业示范基地，先后荣获中国民营经济最佳投资市、中国金融生态市、黑龙江省重点对俄进出口加工区。在国家实施沿海开发向沿边开放战略转移的大环境下，穆棱区位优势日益凸显，产业基础良好，依托万事达、惠尔森、升华等塑编项目，加上瑞丰 BOPP 薄膜项目，在黑龙江省塑料产业始终处于领跑地位，对俄罗斯、日韩等东北亚地区国家出口优势明显，是塑料企业投资的乐土。

（4）举行了“中国塑料产业创业基地”授牌仪式。由中国塑料加工工业协会常务副理事长曹俭向穆棱市委书记赵荣国授牌。

（5)进行了“2013 年度塑编产业二十强企业”授牌仪式。首先，由中国塑协副秘书长、中国塑协塑编专委会秘书长孙冬泉宣读二十强企业名单。主席台前排就座人员分别给获此殊荣的企业——天津华今集团有限公司、温州晨光集团有限公司、山东新宇包装股份有限公司、广庆集团有限公司、江西金沙包装集团有限公司、南塑集团有限公司、洛阳市强胜实业有限公司、江西亚美达科技有限公司、黑龙江万事达塑业集团、山东寿光健元春有限公司、江苏万乐复合材料有限公司、龙岩市宏祥工业包装有限公司、浙江华庆集团有限公司、华正集团有限公司、升阳控股有限公司、江苏中乾塑业有限公司、兖州市宏泰塑料制品有限公司、安徽省锦翔塑编包装实业有限公司、沈阳鑫正发塑业有限公司、江西省坤达科技有限公司二十强企业颁发了铜牌。

（6）黑龙江万事达塑业集团董事长叶友焕代表塑编行业二十强企业致辞。

（7）会议进入主题发言阶段。首先是中国塑协塑编专委会会长、浙江华庆集团有限公司董事长姜集康作了“2013 年塑编专委会工作总结”汇报，中国塑协副秘书长、中国塑协塑编专委会秘书长孙冬泉作了“塑编企业如何应对当前经济形势”的专题发言，塑编专委会常务副会长、南塑集团有限公司董事长林增标作了“编织袋新标准实施最应关注的七个方面”的主题发言，中国塑协塑编专委会高级顾宋云鹤作了“浅谈如何推进塑编产业持续稳定发展”的发言，中国塑协副秘书长、中国塑协塑编专委会秘书长孙冬泉作了“2014 中国国际塑料新材料、新技术、新装备、新产品展览会”的情况的介绍，常州市永明机械制造有限公司销售经理李彬作“质量、管理、创新”我们在快步前行”的发言，奥地利史太林格有限公司中国区销售总监文博作了“品质体现价值，市场新秩序倡导者——史太林格”的发言。

（8）下午，会议代表参观了绥穆大连港公司、瑞丰公司 BOPP 薄膜生产车间，并重点参观了万事达塑业、惠尔森建材和升华包装等塑编企业，以及当地特色企业。

会议代表还参加了穆棱经济开发区建区十周年庆祝活动并参观了穆棱经济开发区建区十周年展览。

晚上六点半钟，会议代表在穆棱经济开发区俪苑酒店参加了在穆棱经济开发区举行的招待晚宴。

（9）22 日上午九点，会议进行了主题发言，会议由中国塑协塑编专委会副秘书长赵克武主持。首先，由中国塑协塑编专委会副会长、江苏中乾塑业有限公司董事长王学保就《塑料编织品行业准入条件》征求意见稿作了汇报。我专委会制定《塑料编织品行业准入条件》，设置行业准入门槛是为贯彻落实国家有关部门关于控制产能扩展、加快转型升级精神，促进塑料编织行业结构调整和产业升级，防止低水平重复建设，淘汰落后产能、控制产能过剩的问题。请代表们将意见反馈给专委会，最后定稿后，汇总上报，建议国家有关部门实施。

（10）潍坊宏源塑编有限公司总经王志源、北京大正伟业塑料助剂有限公司销售经理朱绪山、埃克森美孚化工（上海）有限公司产品技术工程师刘志祥、江苏万乐复合材料有限公司副总经理赵月笑、北京明顺包装机械厂总经理杨玉文、青岛建华包装机械有限公司董事长高建伟、北京加成助剂研究所总工程师孙书适、河南商丘晴赢软件科技有限公司总经理杨宗位、宿迁联盛化学有限公司应用研发部经理谢胜利分别作了“改进型高强拉丝机组的实用与推广”“填充改性母料在编织袋中的应用”“威达美丙烯基弹性体在 PP 编织袋挤出涂覆与复合中的应用”“科技创新 推动行业产业升级”“塑编行业新形势下企业管理”“方底阀口袋”“财富差异发展引领市场”“削弱或抑制抗氧剂光稳定剂作用功能的因素”“助推编织袋企业信息化建设转型升级”“塑编产品防老化解决方案——高性能、高性价比防老化助剂包及抗UV母粒”的专题发言。代表们发言内容精彩纷呈，中外技术充分交流，与会代表高度赞扬。

下午进行了黑龙江穆棱塑料经贸洽谈会，有投资意向的企业和穆棱相关部门及穆棱经济开发区进行洽谈。

(11)23~26日参加本次会议的近百名代表考察了俄罗斯海参崴等地有关情况。

大会加强了行业交流，探讨了塑编行业的未来发展趋势，研讨了下游企业需求情况，促进了我国塑编生产企业更多地采用新技术、新设备、新工艺和性能优良的原辅材料，加强了行业节能降耗工作，鼓励了塑编产业中各个细分产品生产企业间加强业务沟通，倡导了理性竞争的行业氛围，提高了我国塑编生产企业的核心竞争力，促进了我国塑编产业从产能扩张发展方式向质量提升、技术创新发展方式升级，推动了我国塑编企业可持续健康发展，受到了与会企业的一致欢迎。

这次会议云集了塑编行业成功企业家和工程技术与管理各方精英，是一次共同探讨行业发展、加强协作、促进技术进步，开创塑编行业协同、健康发展新局面的重要会议。对于塑编行业坚定信心，走出低谷起到了很大的帮助。

（二）曹俭常务副理事长视察江苏中乾塑业有限公司

中国塑料加工工业协会常务副理事长、全国塑料制品标准化技术委员会主任委员曹俭视察了江苏中乾塑业有限公司。陪同曹俭常务副理事长视察的有：中国塑料加工工业协会副秘书长田岩、中国塑协滚塑专委会主任罗宏宇，中国塑协滚塑专委会常务副主任黄全春、中国塑协滚塑专委会秘书长史春才。在江苏中乾塑业有限公司董事长王学保的引导下，曹俭常务副理事长对企业每道生产工序逐一认真地进行了查看，并认真了解了企业生产工艺，生产经营的相关情况，鼓励企业克服困难、稳步发展。

在王学保董事长的陪同下，曹俭副理事长一行还考察了连云港经济开发区、东海县高新区，受到了连云港开发区党委、管委会、东海县委、县政府领导的热情接待。

（三）山东临邑：成功发行塑编业首只私募债券

山东省临邑县的山东新宇包装股份有限公司完成了中小企业私募债券的发行工作，到位资金已达5 000万元，债券由东北证券股份有限公司承销，成为山东省成功发行的全国第一只塑编企业私募债券。

中小企业私募债券是指未上市的中小企业在中国境内以非公开方式发行和转让、约定在一定期限还本付息的公司债券，由中国证监会核准，优势是门槛低、成本低、周期短，成立满三年的高科技、三农、具有自主创新能力的企业方可申请。

位于临邑县临盘街道的山东新宇包装股份有限公司是一家技术领先、设备一流的塑编企业，荣获“中国塑编行业二十强企业”荣誉称号、位列全国第三位，产品远销海内外，在韩国、日本、俄罗斯都有设立产品直销办，多年来一直保持着行业出口创汇的领先优势。随着新宇包装的快速发展，融资难、融资贵成为公司发展的瓶颈，发行私募债券、拓展债券发行新市场成为他们包装融资可选择的一条有效途径。

该债券期限3年，备案发行规模为1亿元人民币，一期到位资金5 000万元。此次私募债券的发行，是新宇包装首次利用直接债务融资，有利于改善公司的债务结构，并满足公司业务快速发展对流动资金的需求，进一步提高公司持续盈利能力。

近年来，临邑县着力创新金融服务，搭建新型融资平台，拓宽企业直接融资渠道，推动全县中小企业加强与区域性资本市场进行对接，加快企业进军资本市场步伐，助力企业转型发展。新宇包装私募债券的成功发行，为中小企业向资本市场直接融资提供了样本。

（四）中国塑协塑编专委会副会长再次当选为江苏省三个企业协会副会长

11月28日，江苏省中小企业协会第二届会员代表大会、江苏省民营企业发展促进会第三届会员代表大会、江苏省乡镇企业家协会第五届会员代表大会（以下简称“省三会”），在南京顺利召开，会议选举产生了新一届领导班子，中国塑协塑编专委会副会长、江苏中乾塑业有限公司董事长王学保同志分别当选这三个协会的副会长。

江苏中乾塑业有限公司董事长王学保在江苏

企业界和塑编行业界有较高的影响。之前，王学保同志已当选江苏省塑协副会长、江苏省塑料编织产业委员会理事长。这次当选的三个省级企业协会副会长又是一次连任。

（五）嘉丰塑业年可生产复膜塑料编织袋 1.8 亿条

黑龙江嘉丰塑业有限公司是青冈县招商引资企业，总投资 1.1 亿元，固定资产投资 8 000 万元，项目全部达产后，年可生产复膜塑料编织袋 1.8 亿条、集装箱包装袋 100 万条，实现利税 1 450 万元，安置就业 240 人。

（六）全省最大塑编企业新恒丰塑业技改升级促发展

坐落于宜黄工业园区的江西新恒丰塑业有限公司，经过一年的设备更新和改造，大大提高了生产效率，为企业创造了更多的利润。目前，拥有国内先进的高速圆织机、自动切缝机 300 多台，是目前全省规模最大的塑编生产企业，年产各类包装袋 1.2 万吨，可实现年主营业务收入 1.5 亿元，上缴税金 500 万元。

（七）康平塑编产品远销欧美

康平县一家塑编有限公司生产线，在国内同行塑编出口订单减少的情况下，康平县塑编企业订单不减反增，产品远销欧美 30 多国家。

（八）康平县首届塑编行业职工职业技能竞赛圆满落幕

8 月 28 日，由县总工会主办、开发区承办的沈阳市“百万职工岗位技能培训提升工程和职工职业技能竞赛”暨“康平县塑编行业职工职业技能大赛”圆满落幕。县委副书记尹凛、副县长包艳艳、开发区管委会主任魏继彦出席决赛并视察工人工作情况。

尹凛指出，这次竞赛是一次久违的、传统的、形式有效的活动，有助于提升企业凝聚力，增强工人自身荣誉感，对提升企业效益、提高个人收入大有裨益。各企业单位应以此为契机，多组织开展这样的竞赛，充分调动工人工作积极性。

为响应沈阳市总工会 2014 年“百万职工岗位技能提升工程”号召，进一步提升我县职工职业技术素质，打造康平塑编品牌，县总工会主办了塑编行业职工职业技能竞赛。通过 8 月 26 日举行的实际操作竞赛，70 名工人脱颖而出，晋级决赛。为保证比赛公平、公正、公开，设技能竞赛考评委员会和计时计分小组若干人，赛场考场由监考、总监考、巡视员采取实时监督。

这次竞赛分为圆织、圈口、牵丝、缝纫包边上底、缝纫订带打叉五个工种分别进行较量。全县各塑编企业首先内部自行组织预赛，选拔出技术骨干参加集中培训，然后通过理论考试筛选出 100 名优胜选手参加实际操作竞赛。比赛遴选出一等奖一名，二等奖两名，三等奖三名，分别授予荣誉称号和荣誉证书。

副县长包艳艳主持表彰大会，县总工会主席张立峰宣读表彰名单。会议为受到表彰的技术状元、技术标兵、技术能手及先进集体颁发荣誉证书。县领导刘财、杨泉、魏继彦，市总工会领导及县有关部门、协会、企业负责人及企业员工参加会议。

据了解，在此次技能竞赛中，广大职工通过层层选拔和理论考试，又经实际操作技能比拼，最终评选出技术状元 5 名，技术标兵 6 名，技术能手 29 名，3 家工会组织被评为优秀组织奖，2 家工会组织被评为特殊贡献奖。

（九）康平县塑编协会召开第三届会员大会第一次会议

10 月 10 日，康平县塑编协会第三届会员大会第一次会议在康平县塑编产业集群研发检测中心召开。开发区管委会主任魏继彦、副主任葛铁军、县民政局相关领导出席会议。

会议听取了县塑编协会换届筹备工作报告，县塑编协会工作报告，审议通过了《康平县塑编协会章程》，并选举产生了第三届理事会会长、副会长、名誉会长等。葛铁军宣读了《聘任证书》，聘任县塑编协会第一、二届会长为名誉会长。

魏继彦在讲话中说，推动塑编产业持续健康发展是一项长期的战略任务，既需要政府的正确引导和大力支持，也需要发挥企业的主导作用，更需要塑编协会的热情服务。在今后的工作中，新一届塑编协会要振奋精神应对挑战，提高团队综合素质，提升企业管理水平；要依靠科技创新发展，提高企业经济效益；要履行协会服务宗旨，赢得企业发展空间。魏继彦希望县塑编协会要以党的十八大精神为指导，进一步解放思想，锐意进取，把协会工作做好做实，为推动康平塑编产业又好又快发展做出新的更大贡献。

（十）未来集装袋市场发展大有可为

“我们的产品一直供不应求，许多客户打了预付款后还需排队才能提货。”西安众力塑料有限公司总经理赵天智一见面就乐呵呵地表示。他说，众力公司是陕西省目前唯一能生产集装袋的企业。去年入冬以来，由于盛装煤粉和用于出口化肥的集装袋需求猛增，他们不得不连续加班。

事实上，目前忙碌的绝非众力公司一家企业。在我国集装袋生产集中区江苏、浙江、山东及河南等省份，几乎所有集装袋企业都在开足马力生产。

“我们的产品主要供日本花王集团包装用，年产量 50 万条。由于花王集团全球扩张步伐加快，我们的产品一直供不应求，每年的任务都很满。”宜兴源晟包装制品有限公司总经理王春利这样表示。此外，包括常州市恒成塑料机械有限公司董事长阚顺源、常州创成塑料机械有限公司总经理助理柴惠荣等众多业内人士，均对集装袋的前景表示乐观。

出口带动高增长迭代再现，据柴惠荣介绍，集装袋也叫吨袋，是可盛装 0.5~3 吨货物的塑料编织袋，通常由三折叠丝或塑料扁丝挤压编织而成，其强度可达普通塑料编织袋的 2 倍以上。按盛装货物的质量，集装袋可分为 0.5 吨、1.0 吨、1.5 吨、2.0 吨、2.5 吨、3.0 吨几种规格；按性能划分，又可分为普通集装袋、功能性集装袋和专用途集装袋；按质量档次则可分为高、中、低档。其中，高端集装袋多为功能性或专用集装袋，比如用于包装食品、医药、化妆品等物品的集装袋，其对袋子强度、耐候性、尤其卫生等要求较高，售价通常高达 100~300 元 / 条；中端产品主要是指包装化肥、聚烯烃、纯碱等化工产品所需的集装袋，售价约 60~85 元 / 条；低端集装的强度、外观、卫生等指标要求较低，大多用于进出口铁矿石、铝锭、铝粉、铁粉等金属及原矿的包装，售价通常低于 55 元 / 条。

发达国家早在 20 世纪八九十年代就普遍使用集装袋，我国集装袋则起步于 2001 年。之后，在化肥、化工产品出口量稳步增长的推动下，宜兴、淄博、青岛、德州、连云港、大连、深圳等距港口较近的地区，纷纷建设起集装袋生产线。2 005~2007 年，我国集装袋产业迎来第一个高速增长期，年均增长 20%以上。2008 年下半年至 2013 年上半年，受金融危机影响，全球经济增速放缓、出口受阻，集装袋海外需求明显减少，国内集装袋年均增幅降至 12%以内。

2013 年下半年以后，受中国经济稳定增长、美国经济触底后强劲反弹，以及欧元区基本摆脱债务危机等利好刺激，中国对外贸易额稳步增长。尤其中国为促进外贸发展，推出的一系列宽松政策，极大地促进了化肥、焦炭、炭黑等产品的出口，从而有效增加了集装袋的需求，助推现有集装袋企业纷纷开足马力生产。

集装袋市场的升温，也带动中西部集装袋项目建设迅速升温。其中，陕煤化渭南塑业科技有限公司正在建设的 300 万条 / 年集装袋生产线，将于年底投产。其规划的 1 000 万条/年集装袋生产线全部建成后，将成为亚洲最大的集装袋生产基地。

目前全国集装袋年产能约 7 000 万条，主要集中在东部地区。由于 80%的尿素、磷酸铵、硫酸铵、氯化铵、硝酸铵等化肥产能集中在中西部地区，烧碱、纯碱、PVC、焦炭等重化工产品也大多集中在中西部地区，所以随着中西部地区经济尤其是外贸的快速增长，中西部地区有望成为拉动集装袋产业快速发展的新引擎。

据了解，北元化工集团继 2013 年尝试用集装袋包装 PVC 后，今年将增加吨装袋 PVC 比例；陕西兴化集团则考虑出口硝酸铵拟全部采用集装袋包装。

另外，中西部本土市场对集装袋的需求也有望再上一个台阶。渭化集团今年特别强调，要做好增值尿素和吨袋尿素包装的市场研发，提升产品的附加值。目前，一条 50 千克编织袋采购价超过 2.7 元，吨尿素包装费用近 60 元，算上包装线、装运过程的人工费用，实际比使用集装袋还高。就生产效率而言，集装袋包装由于采用了叉车或小吊车搬运装卸，耗时较小袋包装缩减 1/3 以上。过去因为农村土地分包到户，无法实施集装袋供应。随着农村土地流转制度的实施和集约化经营的形成，集装袋化肥已具备推广条件。我们希望在西部地区率先进行集装袋尿素尝试，抢占先机。

一方面是出口形势的好转，另一方面是国内需求的稳步增长，再加上中西部地区对集装袋需求量的猛增，我们有理由相信，能显著提高装卸效率并减轻企业包装与装运成本的集装袋，必将获得越来越大的市场份额。今后 5~10 年，行业年均增速有望提升至15%以上，步入第二个快速增长期。

（十一）市委常委、常务副市长杨跃涛一行到沧水铺镇调研塑编企业

4月24日，市委常委、常务副市长杨跃涛一行到沧水铺镇调研塑编企业的发展情况，益阳市财政局局长胡康平、区委书记贺辉、区委常委、常务副区长王兆铭等陪同调研。区委常委、常务副区长王兆铭主持会议。

会上，塑编企业代表畅所欲言，简单介绍了企业的发展情况，指出了当前塑编行业和企业存在的发展瓶颈，并提出了一些建议。企业代表指出当前塑编行业遭遇了前所未有的困境：产品积压严重、产品滞销，生产成本不断增加，融资较难，税收任务加重，转型升级速度较慢、力度较小。建议政府加大对小型企业政策方面的扶持，控制好塑编企业避免盲目发展，加强政府的市场导向，建立合理的信息平台，强化人才储备，引导企业转型升级。同时，企业代表表示已充分认识到发展遇到的难题，将进一步加强管理、人才引进，做好企业发展的领头羊。

贺辉感谢市委市政府对赫山的支持，表示将竭尽全力推进全区更好更快发展，全面建成小康赫山。王兆铭就全区2013年至今的财税情况进行了简单的汇报，预测分析了2014年的财税收入情况，并提出了2014年财税工作的基本思路。

杨跃涛仔细询问了各企业的产值、销售、库存和成本与去年同期相比的情况，感谢各企业为益阳发展所做的贡献，充分肯定了赫山区的财税工作，赞扬了赫山区委区政府促进企业转型升级所做的努力，希望赫山能抓住转型升级的契机做好全区工业，只有做大蛋糕才能分好蛋糕。

沧水铺镇将以此次调研为契机，借党的群众教育路线实践活动东风，帮助企业攻坚克难，促进企业转型升级，全面打造新型工业强镇。

（十二）让暖暖诚信之风吹遍“塑编之都”

面对当前错综复杂的经济形势，温州萧江镇党委、政府坚持从建设服务型政府入手，结合党的群众路线教育实践活动，让广大干部深入社区、走进企业，积极倡导诚实守信这一社会主义核心价值观，让诚信之风吹遍“塑编之城”。

浙江华庆集团公司老板姜集康喜上眉梢：“技术上我们跟别的厂家区别不大，我们的法宝就是恪守诚信。”姜老板介绍，该公司建厂十多年来从不拖欠客户的货物和货款，从来没有接到过一起投诉。诚信，使公司赢得了客户的信任。同时，该公司创办至今从未有过偷税、漏税、欠税和逾期交税的现象。因此获得“纳税大户”“国税20强”等称号。

的确，在几十年的发展征途上，萧江企业一直信守“诚信”二字。萧江人走南闯北，东奔西走，以诚为本，以信为骨，信守对每一位客户的每一句承诺，形成了“小萧江，大信用”的格局。经过近30年的改革开放，萧江已跻身温州三十强镇行列，并被授予“中国塑编之都”“中国信用第一镇”等称号。这一切，都要归功于萧江人民在市场经济大潮中秉承诚实守信这一中华民族传统美德，并将其贯穿于创业的全过程。

当前宏观经济形势错综复杂，发展中长期积累的一些深层次矛盾和问题还没有得到根本解决，经济运行中出现一些新的矛盾和问题，如企业生产经营困难加剧，中小企业融资难融资贵。面对这一形势，萧江镇坚持从建设服务型政府入手，严格执行政府信用工作规则，有效保证政策的科学性、稳定性和连续性，对诚信社会建设起到了一种很好的示范作用。该镇成立了诚信建设工作领导小组，实行领导分工责任制，层层签订诚信建设承诺书，完善奖励机制，做到诚信建设工作时时有人抓、事事有人管。

今年，为了更好地推进发展，萧江镇还将倡导诚信融入群众路线教育实践活动中。在党员干部“基层走亲连心为民解忧”的过程中，该镇党员干部在倾听收集群众意见、了解群众困难和解决群众问题的同时，广泛深入开展诚实守信宣传教育，促使广大党员干部下社区、进企业、到学校，创新工作方法，丰富活动载体，挖掘诚信典型，弘扬诚信精神，确保成效显著。让诚实守信在“中国塑编之都”蔚然成风。

（十三）云山人大助推塑编产业发展

在酷热的6月，江苏连云港云山工业园区塑编企业热火朝天，多家塑编生产车间机声轰鸣、产俏两旺。一个新型塑编生产基地正在这里形成。“招商不仅是招企业，而是招引产业，完整的产业链条对地方经济发展是最具吸引力的。”市人大代表、街道党工委书记周洋和街道人大工委主任罗雁在

视察新上生产线时形成共识。

“连云港云山中小企业园依靠优越的区位优势，便捷的交通、丰富的资源吸引着五塑、华兴等几个中小型塑编企业来这里落户。这里的人力、能源等方面都具备价格优势，通过加大扶持力度，这些中小型塑编企业已经颇具影响力，五塑公司已从当时的小打小闹发展到了现在的全市最大塑编单体企业。”街道分管工业经济负责人向人大代表介绍说。

在云山，提及塑编产业自然会与人大联系到一起，这要从一次招引项目谈起。几年前，市人大代表周洋作为市、区联合招商团成员，在洽谈塑编项目中得知一位老板祖籍是云山人，他立即与单位勾通，了解到这位老板的家庭情况后，以家乡的名义，带着家乡的土特产品拜访了这位老板，乡音乡情和家乡的真诚，感动了这位老板，很快达成了在家乡建厂创业的协议。三天后，这位老板又联合两个塑编企业落户云山。

“五塑的成功，是我街承接塑编产业的一面旗帜，零门槛、快办结彻底打消了投资者的顾虑”。街道人大工委积极配合相关部门，服务企业跑手续、聘用职员忙招工，从审批、建厂到投产，首批入驻企业仅半年就开工上马。据华兴公司老总介绍，第一批企业的成长，给连云港地区的塑编企业以很大的信心，迅速拉长了云山乃至全区的塑编产业链条。街道人大工委每年都要召开塑编企业联谊会，交流工作、促进勾通，解决困难、实现双赢。目前，云山街道的塑编产业已形成向上延伸的良好态势。

据介绍，目前该街已经形成了以中小企业园和连云开发区为基地的塑料编织产业集群。截至今年6月10日，该街已拥有近10家塑编企业，从业人员860人，年加工塑编3、8万吨，塑编生产基地和塑编产业正蓬勃发展。

（十四）黄劲一行深入沧水铺镇走访帮扶塑编企业

正值全区上下开展“骨干企业走访帮扶月”活动之际，为助推沧水铺镇塑编企业发展，解决企业发展难题，7月15日上午，区委副书记黄劲一行深入沧水铺镇工业园走访调研，并组织骨干企业负责人召开座谈会，共同为该镇塑编企业发展出谋划策。

在赫山包装总厂的办公室，华中塑业、晨光包装、天宇塑业、赫山包装总厂、众和塑业、金博塑业共六家塑编龙头企业向黄劲一行反映了今年塑编行业发展面临的困境。受国家宏观调控政策影响，今年塑编产业市场需求低迷，再加上劳动力成本大、生产成本过高以及上半年持续阴雨天气影响，该镇塑编行业出现了产品销售不理想、滞销严重等问题。黄劲仔细询问，认真记录，就企业负责人提出的目前亟需解决的用地报批难、征地拆迁难、税收包袱重、电价过高、搬运秩序需整顿等问题进行了一一答复，并表示区委、区政府将全力为企业解忧排难，支持塑编企业渡过目前困境。

该镇骨干企业负责人表示，“骨干企业走访帮扶月”活动是真心实意地为当地企业发展着想。通过零距离、面对面的交流，消除了隔阂，这也让他们对企业未来的发展更具信心。

（十五）宜黄加快塑编企业升级改造步伐

近年来，宜黄县出台一系列优惠政策，积极引导塑编企业进行技术改造，不断提高产品科技含量，增强市场竞争力。去年，该县塑编企业共上交税金1.27亿元，比上一年增长17.2%。

（十六）全国塑料产业创业基地——穆棱塑料产业集群

穆棱塑料产业园是2012年辟建的，坐落于穆棱经济开发区，园区规划面积1.5平方公里，其中一期占地40万平方米，二期占地50万平方米，三期占地60万平方米。基础设施实现“六通一平”。人才培训、物流、餐饮、购物、金融等公共服务设施日趋完善。

该园区以全力打造中国塑料产业基地为目标，以重大项目引进为切入点，以产业集群建设为立足点，重点围绕塑料原材料加工，新型卫生材料，塑料包装以及塑料机械四个方面构建产业链条，带动穆棱市塑编产业的基础上，进一步提升产品层次，增加产品各类，增强产业配套，提高塑料产业集群的影响力和对经济发展的拉动力。现在入驻园区的有BOPP双向拉伸薄膜，万事达塑料产业园粘胶带，升华包装彩条防雨布等塑料制品项目。辐射园区外项目有万事达塑业、惠尔森建材、升华包装材料和华伦无纺布加工、子午胎隔离膜等。

未来 3~8 年，将招引 100 家以上塑料加工企业入驻塑料产业园，初步形成三条以上完整的产业链，以新型卫生材料无纺布为核心，形成日常卫生、医疗、防护、建设工程、装饰装修用品系列五个细分板块；以新型包装材料 BOPP 薄膜为核心，形成粘胶带，印刷、保护膜、包装、标签系列五个细分板块；以塑料编织为核心，形成各种编织袋、透明袋、网眼袋、集装袋、彩条防雨布系列五个细分板块。已经在开发区产品展示厅设立塑料产品展示馆，成为企业形象宣传、产业发展、产品营销的综合平台。我们决心建设好“中国塑料产业创业基地”，并最终成为中俄边境地区集生产、研发、集散为一体的塑料产业专业园区。

塑料产业集群起步较早。2004 年万事达塑业等多家塑料加工企业入驻。规划科学。以黑龙江省“五大规划”为引领，以召开 2014 年全国塑编产业链对接为契机，以辟建塑料产业专业园区为载体，制定塑料产业未来 3 至 8 年中长期发展规划。使穆棱塑料产业从原材料到各种制品再到废品回收利用，达到良性循环并形成完整的产业链条，助推塑料产业园项目做大、做强、做全。特色鲜明。我市塑料产业的龙头是塑料编织袋生产企业，现有 21 家加工企业，固定资产投资近 16 亿元，年可生产各类塑料编织袋 18 亿条。产品 70%以上销往俄罗斯市场。潜力巨大。在塑料产业蓬勃发展的基础上，我市瞄准高档塑料生产和加工，引进了一批高新技术塑料产业项目。引进了 BOPP 薄膜项目，以此为原材料相继引进粘胶带项目，专用纸筒项目，黏胶水项目等延伸产业链项目；引进黑龙江华纶卫生材料有限公司无纺布项目，以此为原材料引进手术衣等医用卫生材料、湿巾等生活卫生材料、购物袋等日用卫生材料及土工布等建筑用材料系列无纺布下游产品等延伸产业链项目；引进彩条防雨布、集装袋、网眼袋等产品，丰富塑料编织用品项目。销路畅通。国内市场有辽宁、吉林、黑龙江、内蒙、山西等 15 个省市，国际市场有俄罗斯、日本、朝鲜、韩国、蒙古等国家和地区。塑料编织袋产品产量在黑龙江省所属 64 个县（市）级塑编产业集群中始终处于第一位。财政贡献大。2013 年穆棱市税收在 20 万元以上的企业 147 户，50 万元以上企业 94 户。其中，塑料加工产业税收占税收总额的 17.3%。社会大。塑料产业发展不仅满足了我市劳动力就业需求，而且拉动了我市餐饮服务、建筑、运输、电力、金融等行业健康协调发展。在 2013 年伊春地区抗洪期间，按照黑龙江省防洪指挥部统一部署，我市仅在 72 小时内就紧急调拨 300 万条防洪专用编织袋运到抗洪一线。为当地顺利度过汛期做出贡献，此举也得到了省政府、佳木斯市政府好评。

（十七）陕煤化实业集团塑料制品项目落户渭南国家高新区

目前，陕煤化实业集团渭南塑业科技有限公司与渭南国家高新区管委会签订了塑料制品项目入区合同书，标志着该项目已经正式落户渭南国家高新区。

陕煤化渭南塑业科技有限公司塑料制品项目是煤化工产业配套产品和产业链的延伸，也是实业集团在渭南的第一个实体项目。该项目一期投资约 2.01 亿元，年产编织袋 1.5 亿条（其中：吨装塑编袋 200 万条）、塑料托盘 5 万只，实现销售 4 亿元，利税 5 700 万元，安置就业约 700 人。

（十八）特色工业板块成为经济发展新引擎

今年以来，沭阳县庙头镇认真研究新常态下工业经济发展的新思路、新举措，把建立特色工业板快作为工业强镇的新引擎。

首先是主抓塑编特色产业园区建设。重点抓好朝宏塑编、贵军塑编、晨润塑编等单体规模达千万元级项目建设，加快推进园区电力、食宿等生产生活配套设施建设，促进项目进一步扩大生产规模。依托贵军塑编、晨润塑编等龙头企业，突出招引塑编产业上下游产业链配套项目，加速塑编产业集聚发展。其次是抓标准化厂房利用。深入开展“标准化厂房利用提升年”活动，围绕塑编、电子、机械加工和轻纺服装等优势产业，以更大力度、更高效率加快 10 万平方米塑编特色产业园等重点项目建设。

（十九）集装袋加工贸易单耗标准在北京审定通过

2014 年 6 月 9~12 日“轻工类 6 产品单耗标准审定会”在北京召开，其中有《塑料编织集装袋加工贸易单耗标准》，会议由中国轻工业联合会科技环保部处长朱业耘主持，参加会议的有中国轻工业联合会科技环保部主任丁学军、处长邹军，海关总署加贸司副主任丁瑞英、副主任科员王彦杰，国家发改委经贸司李久佳，商务部产业司潘滢，还有大连海关、青岛海关、上海海关、杭州海关、广州海关等海关的负责人，中国塑料加工工业协会副秘书长、综合业务部主任田岩，中国塑协塑编专委会副秘书长赵克武，江苏常编集成科技有限公司副总工程师焦瑞芳，淄博新力塑编有限公司副总经理王玉东等单位专家。先由田岩主任做了塑料编织集装袋加工贸易单耗标准制定工作报告，与会专家对标准内容逐项进行了审查，并提出了许多意见和建议，会议最后一致通过了《塑料编织集装袋加工贸易单耗》标准。朱业耘延长最后宣布通过评审，评审会议结束。要求中国塑料加工工业协会根据会议意见修改补充后呈报送审。

1．标准任务来源

为加强加工贸易单耗管理，规范和完善海关和商务部门对加工贸易单耗的审批、申报、核销，促进加工贸易的健康发展，根据海关总署和国家发展改革委办公厅《关于印发 2009 年度加工贸易单耗标准制定计划和单耗管理研究课题项目的通知》（署办函[2 009]308 号）及中国轻工业联合会《关于 2009 年度加工贸易单耗标准制定工作通知》（中轻联[2 009]113 号）文件的要求，特制订塑料编织集装袋加工贸易单耗标准。

本标准由海关总署办公厅、国家发展改革委办公厅委托中国轻工业联合会负责承担制定工作，由中国塑料加工工业协会负责起草，江苏常编集成科技有限公司参加起草。

2．标准制订过程

塑料编织集装袋加工贸易单耗标准制定任务下达后，中国塑料加工工业协会非常重视，及时启动了标准的起草工作。自行查询了海关的统计资料，了解了全国该产品的进出口和加工贸易进出口数量、金额和企业分布情况。并通过中国塑协塑料编织专业委员会对行业内影响力和出口量较大的加工贸易企业的塑料编织集装袋的加工工艺、原料损耗等情况进行了进一步了解。标准起草过程中，选定行业技术专家执笔，在多次与相关生产企业、行业技术人员沟通，充分了解原料、成品品质规格、相关国家标准及合同产品要求的基础上，重点沟通和确认了相关净耗、损耗率及工艺损耗产生环节、原因及指标，于 2010 年 3 月形成单耗标准草稿。其后，于 2010 年 4 月签发了“关于征询《塑料编织集装袋加工贸易单耗标准》（草案稿）意见函”（中国塑协[2 010]第 044 号），向有关塑料编织集装袋出口加工贸易的企业征求意见。

2013 年 12 月，为使数据更具时效性、合理性，更符合当前企业加工现状，中国塑料加工工业协会签发了“关于再次《塑料编织集装袋加工贸易单耗标准》（草案稿）意见函”，而向塑料编织集装袋出口加工贸易企业再次征求意见，在此基础上结合企业意见和征税的实际情况对产品的分类和指标进行了修改调整。最后，通过海关总署单耗办将征求意见稿发至有关海关征求意见，汇总各方意见后形成本送审稿。

本单耗标准是以行业平均生产水平为基础制定，具有代表性。

（二十）《再生塑料编织袋》（送审稿）行业标准通过专家评审

2014 年 10 月 30 日下午，《再生塑料编织袋》行业标准评审会在北京举行，中国塑协塑编专委会高级顾问宋云鹤对《再生塑料编织袋》行业标准的编制情况及标准送审稿进行了详细的说明和解释，与会专家进行了认真的讨论并提出了修改意见。最后，此标准通过了专家的评审。本标准主编单位温州升华包装有限公司董事长王可旺、苍南塑料工业协会原秘书长刘德川、中国塑协塑编专委会副秘书长赵克武参加了这次会议。

（中国塑料加工工业协会塑料编织制品专业委员会 宋云鹤）

塑料管道

一、行业现状

对于塑料管道行业而言，2014 年是不平凡的一年。我国国民经济正在全面向新常态转换，经济下行压力增大，投资增长下滑，房地产结束了长达 15 年的高速繁荣期，进入调整期。在宏观经济形势的影响下，2014 年我国塑料管道行业发展增速放缓。

但新常态不仅意味着经济增长转向稳速，而且伴随着深刻的产业结构变化、发展方式变化和体制变化。与此同时，新的适应新常态发展的宏观经济政策也逐步成型，成为保持经济平稳增长、促进经济活力增强、结构不断优化升级的有力支撑。2014年政府推行了一系列加强基础设施建设政策，进一步加强农村水利工程建设，拉动了塑料管道行业的增长。据相关统计，2014年全国塑料管道生产量约为 1 300 万吨，较 2013 年行业整体的增长率为7.44%，中国持续成为塑料管道生产和应用的最大国家。

目前，聚氯乙烯（PVC）材料、聚乙烯（PE）材料和聚丙烯（PP）这三类材料仍占据了塑料管道材料的90%以上，同时一些新材料管道也有了较大的技术进步。市政及建筑给、排水管道、农用（饮用水、灌排）管道、各种护套用管等塑料管道仍是主要的应用品种，分析目前塑料管道的市场占用率在所有材料管道中的比例已达到40%，塑料管道的应用领域进一步拓宽。

2014 年，塑料管道行业逐步进入优化产业结构、提升质量水平的过渡时期。“加强行业自律，提供放心产品”是 2014 年行业的总体目标。企业的产品质量水平、品牌意识，以及一些用户行业的质量意识进一步提高，但部分企业产品质量低劣仍在影响塑料管道行业的整体健康发展。为维护本行业的社会声誉和消费者的合法权益，促进企业的诚信经营，塑料管道行业加快了推动行业自律和质量保障联盟工作的步伐。

2014年塑料管道行业产业集中度稳步提升，传统竞争格局逐步被打破，新的经营模式正在形成，骨干企业持续加快全国战略布点与扩张，部分小企业经营困难，甚至有的小企业停产或转产。随着国际化步伐加大，一些国外同行也逐步进入中国市场。

同质化竞争加剧，促使一些管材生产企业的科技进步加快，行业加大了新材料、新品种研发力度，加大了高水平技术和装备投入，行业整体技术进步明显。

2014年，塑料管道行业仍然面临着产能持续供大于求的问题。产品质量有待提升，生产效率和自动化程度依然有待提高。下一步，行业仍要依靠技术进步与技术创新，加速产品结构调整，在转型升级中提高产品质量，促进塑料管道行业的稳步健康成长。

二、塑料管道专委会活动

1. 规范会员管理，加强行业数据统计，做好行业服务工作

2014年，专委会继续加强自身建设和秘书处内部管理，建立健全各项规章制度，完善运行与自律机制，规范会员管理，加强理事会范围的行业数据统计工作，提高行业服务的专业性、技术性和权威性。

2014年专委会新增加理事单位5家，会员单位49家，会员总数突破400家。专委会基本完成了会员单位相关信息的重新登记，清理了部分未完成义务的会员单位，进一步规范了会员单位的管理工作。

专委会努力做好行业服务工作，规范企业行为，向行业主管部门和有关部门反映行业诉求并提出有利于行业发展的相关意见和建议，完成有关行业规划、发展、技术进步等方面相关建议工作，进行相关提案的信息提供以及回复工作，对国家税收、海关、政府采购等相关部门以及有的地方政府政策的调整提出合理建议，维护行业的正当利益。

2. 充分发挥信息平台的作用，拓宽塑料管道行业的宣传途径

2014年，专委会充分发挥信息平台的重要作用，在办好行业网站及《中国塑料管道资讯》的同时，下半年开通微信公众平台等方式，努力拓宽宣传途径，扩大塑料管道行业的影响力。

经过近一年的酝酿及筹备，2014年底专委会已基本完成网站的改版升级，计划 2015 年初正式运行。在原网站的基础上，新网站的版块设置更加灵活，功能性及实用性也将进一步增强。

2014年专委会按计划完成了6期《中国塑料管道资讯》杂志的编辑、出版工作，到目前累计出刊66期，及时向会员单位传递出相关产业政策、行业动态、新技术和新工艺等方面信息。

专委会已于2014年11月正式开通微信公众平台（中国塑协管道专委会及管道行业联盟），充分利用微信平台的优势，及时发布行业讯息和最新动态，加强与会员单位的互动，进一步加大塑料管道行业宣传力度。

充分利用网络优势，专委会还建立了专门的会议网站，通过在线报名系统，加速会议信息传播，

同时也使参会手续更加方便、快捷，数据统计更加准确。

3．建立行业诚信自律公约，规范行业发展秩序，引领行业健康发展

诚信是现代市场经济的生命，也是市场健康发展的基石。党中央、国务院高度重视全社会诚信建设，党的十八大首次将诚信纳入社会主义核心价值体系，强调要加强政务诚信、商务诚信、社会诚信和司法公信建设。加强行业协会自律，积极推进行业诚信自律体系建设，对促进塑料管道行业的健康发展具有重要意义。

2014 年初，中央电视台焦点访谈节目曝光了个别地区企业用回收料生产给水用 HDPE 管材的质量问题，敲响了行业的警钟，引起了行业极大的震动。专委会发出《关于塑料管道生产企业加强产品自查工作的紧急通知》，要求行业企业自查，严格按照产品标准组织生产。在 2014 年昆明召开的第九届二次会员大会上，专委会发布了《给水用塑料管道行业自律公约》，积极推进质量联盟相关工作，号召企业担负行业责任，按产品标准组织生产，为用户提供放心的产品和良好的服务。公约公布后，行业企业积极响应，截止至 2014 年 10 月 20 日，共有 237 家专委会会员单位及从事各种给水用塑料管材、管件及相关产品的企业加入公约。

专委会还在“2014 年钢塑复合管道生产及应用技术交流会”上讨论通过了《钢塑复合管道行业自律倡议书》，倡导“优质企业、优质产品、优质服务、优质工程”经营理念，充分体现先做人后做事，先做好企业，后做产品，以优质服务为手段，达到优质工程的目的。倡议钢塑复合管道行业应通过优化产业结构，加强行业自律，转型升级来促进行业健康发展。

与此同时，专委会还利用各种方式强烈呼吁与用户行业共同创造良好的市场环境，规范采购和招标程序，购买、应用合格产品。为使加工企业、用户单位及相关机构及时了解塑料管道产品的合理价格，2014 年专委会继续坚持通过杂志、报纸、网站等媒体发布了 4 期塑料管道产品行业指导价格，在分析了原料价格、行业企业加工成本的情况下，制定符合产品标准要求的相关产品建议市场价格。

专委会还考察了一些塑料管道的集中生产基地，了解了当地的生产、质量等情况，为下一步的开展行业自律工作奠定基础，进一步规范行业发展秩序，引领行业健康发展。

实践证明，伴随着使用者意识的提高，这种加强自律的做法促进了行业产品质量水平的提升，高端和合格产品的市场越来越大，而一味以低质低价的小企业的生存空间越来越少。我们相信随着社会的进步，法制的健全、意识水平的提高，一定会形成更好的行业和市场环境，让生产好产品的企业不断发展、壮大，产品质量不合格的生产企业越来越少，直至没有生存空间。

4．办好理事会议、会员大会等重要活动，加强行业的凝聚力

为了加强行业交流，增强行业凝聚力，增进会员之间了解，专委会努力办好理事会议、会员大会等重要活动，并做到不流于形式，结合当前宏观经济形势和行业发展现状，关注行业存在的实际问题，切实发挥作用，引导行业健康发展。

2014 年 2 月 21 日，在山东鲁燕色母粒有限公司的支持下，在山东泰安召开了专委会第九届一次理事会议，对专委会 2013 年工作进行了总结，讨论了 2014 年工作计划。会议还组织观看了中央电视台《焦点访谈》“掺假管，真得管”的专题报道，大家义愤填膺，纷纷发言，声讨这种欺骗用户、制假贩假、不负责任、害群之马的违法行为，表态一定按照标准生产合格产品。理事会议再次重申塑料管道行业企业必须确保产品质量，抵制和打击使用劣质原料等行为，抵制不合格产品进入市场，必须保证产品的使用寿命。严格按照相关标准对原材料实行进厂检验，严格按照国家标准组织生产，为用户提供合格产品和服务。

2014 年 4 月 1~2 日，中国塑料加工工业协会塑料管道专业委员会 2014 年年会在云南昆明召开。此次会议由昆明普尔顿环保科技股份有限公司和泰瑞机器股份有限公司承办，年会的主题为“加强行业自律，提供放心产品”。来自国内外相关单位领导、专家、会员单位、塑料管道生产企业、上下游企业、行业协会、检测机构、认证单位、相关媒体等单位代表 540 余人参加了会议。会议审议通过了《2013 年工作报告》《2014 年工作计划》，以及《给水用塑料管道行业自律公约》，并围绕大会的主题，安排了塑料管道原料、助剂、设备、新技术、检测、应用、质量管理及行业发展等方面 29 个专题报告。

此次会议是行业内里程碑式的会议。在全行业的共同努力下，塑料管道行业逐步进入优化产业结构、

提升发展质量的稳定增长时期。行业大部分塑料管道企业重视产品质量，赢得了消费者和用户的信任。但市场上塑料管道产品质量参差不齐是长期困扰行业的问题，个别企业的质量意识、诚信意识、品牌意识、服务意识不强，有的企业用回收料、不合格原料以及过量添加填充料等方式降低成本，即损害了消费者的权益，也败坏了行业的信誉。会议再次提醒行业企业一定要担负行业责任，一定按产品标准组织生产，为用户提供放心的产品和良好的服务。只有这样塑料管道的行业才能长久持续。全行业必须以高度的社会责任感，以诚信和自律来共同抵制和打击有害行为，维护塑料管道行业的信誉，为用户提供放心使用的产品。

5．举办塑料管道产品专题交流会，鼓励行业企业技术创新，推动行业技术进步

近年来，专委会十分重视塑料管道行业的技术进步及管材产品的推广应用，多次召开专题技术交流会议，针对重点产品的新产品、加工工艺、原辅材料、加工装备和设计应用等方面的技术进步、市场推广等方面进行交流，引导行业加强科技创新工作，提高竞争能力。

2014 年 4 月 25 日，由中国塑协塑料管道专委会及钢塑复合管道工作组主办，天津盛象塑料管业有限公司、上海邦中高分子材料有限公司、四川金石东方新材料设备股份有限公司共同承办的“2014 年钢塑复合管道生产及应用技术交流会”在上海松江召开。来自专委会会员单位、塑料管道生产企业、上游企业、国外相关单位以及专委会各工作组组长单位的代表等 117 名出席了会议。会议安排了关于钢塑复合管道新技术、施工、应用、标准、质量控制等方面的专题交流。通过交流，大家总结分析了目前钢塑复合管道行业以及相关产品取得的成绩及存在的问题，使参会者对目前钢带增强聚乙烯螺旋波纹管、钢丝网骨架塑料（聚乙烯）复合管材等钢塑复合管道的生产及应用等实际情况有了更加深入的了解。

2014 年 10 月 17 日，由中国塑料加工工业协会主办，中国塑协塑料管道专委会及徐州海天石化（集团）有限公司承办的“2014 年无规共聚聚丙烯（PP-R）管道技术交流会”在江苏连云港召开。来自塑料管道相关行业的领导、专家，专委会会员单位，及塑料管道生产企业、应用单位、行业协会、检测机构、相关媒体等 110 人出席本次会议。会议围绕无规共聚聚丙烯（PP-R）管道行业情况、原料、助剂、产品标准、生产、应用及 PP 管材技术发展等方面进行了专题报告和交流。专题报告结束后，与会代表还对 PP-R 管道相关问题展开了交流讨论，大家重点对技术发展、应用推广、产品标准化、质量控制、行业发展等方面进行了深入研讨。PP-R 管道综合性能良好，应用前景广阔，随着原料行业的技术进步、管材加工水平的提高，相信 PP-R 管材的性能和功能将进一步提高，产品应用范围将更加广泛。

2014 年 12 月 14 日，在广东威利坚机械集团有限公司的支持下，“2014 年 PVC 管道技术交流会”在广州召开。本次会议主题为“加快科技创新，加速环保禁铅，拓宽应用领域”。来自专委会会员单位、塑料管道生产企业、上游供应行业、下游应用行业、研究和检测机构、媒体等相关单位的代表共 144 人出席了会议。会议安排了各种 PVC 管道新产品、加工工艺、原辅材料、加工装备和设计应用等方面的技术进步、市场推广，尤其 PVC-U、PUV-M、PVC-O、PVC-C 等产品研发技术、PVC 管道环保禁铅等方面交流。通过交流，大家总结分析了目前 PVC 管道行业发展现状及面临的问题，对 PVC 管道原料、加工及应用等情况有了更加深入的了解。

关注 PVC 热稳定剂的技术进步，加快推进塑料管道行业禁铅进程是 2014 年专委会的重要工作之一。近年欧美相继提出禁止使用铅盐、镉盐类稳定剂的要求并出台了相关规定。如欧盟通过欧洲稳定剂生产商协会（ESPA）订立了铅盐替代行动，计划在 2015 年前全部淘汰铅盐热稳定剂。专委会高度重视该进程，并积极主动地与国内外助剂生产企业、相关协会和组织加强沟通与交流，为助剂和 PVC 管道生产企业牵线搭桥，促进 PVC 热稳定剂的无铅替换工作。经过大家的共同努力，目前非铅盐稳定剂加工行业进步加快，正在逐步解决工艺适用、性能稳定及成本等方面还存在的问题，促进了 PVC 管道行业热稳定剂无铅替换工作加快完成。

专委会持续关注聚烯烃行业的发展与进步，促进国产和进口高密度聚乙烯混配料的更多应用。在关注技术进步的同时，加强与国内大型石化企业和科研机构沟通与联系，就相关技术、供应、服务等方面展开交流，促进混配料及其催化剂的研制，努力克服混配料牌号少、质量性能不稳定等问题。

专委会还利用各种条件推动行业的科技创新和技术进步，利用网站和杂志发布新材料、新技术的信息，与相关企业进行技术交流。积极组织申报课题项目，鼓励行业企业技术创新，专委会积极向上级单位推荐优秀企业和科技成果进行表彰，在2014年中国塑料加工工业协会组织的评选中，永高股份有限公司、顾地科技股份有限公司、广东联塑科技实业有限公司、浙江中财管道科技股份有限公司、佛山市日丰企业有限公司、武汉金牛经济发展有限公司、天津军星管业集团有限公司、亚大集团公司、天津盛象塑料管业有限公司、江苏江特科技有限公司、四川森普管材股份有限公司、四川金石东方新材料设备有限公司、福建晟扬管道科技有限公司、昆明普尔顿环保科技股份有限公司、上海深海宏添建材有限公司、承德市金建检测仪器有限公司、德科摩橡塑科技（东莞）有限公司、台州市黄岩炜大塑料机械有限公司 18 家企业获得“塑料加工业科技创新型企业”称号；高强度聚丙烯（PP）热态缠绕结构壁管（顾地科技股份有限公司）、HRS 高层雨水排放管道系统（浙江中财管道科技股份有限公司）、新型柔性交联聚乙烯软管 SOFT-PEX 的关键技术研发（佛山市日丰企业有限公司）、超大口径钢带增强聚乙烯螺旋波纹管研发项目（天津盛象塑料管业有限公司）、低烟阻燃消防专用电工管（杭州鸿雁管道系统科技有限公司）、新一代组合式塑料检查井产业化（昆明普尔顿环保科技股份有限公司）、新型有机基 PVC 稳定剂（江传化华洋化工有限公司）、PE 废弃塑料改性剂及其改性新工艺（中塑联新材料科技湖北有限公司）共 8 项技术被评选为“塑料加工业优秀科技成果”；永高股份有限公司黄剑、天津军星管业集团有限公司夏成文、佛山市日丰企业有限公司李白千、浙江中财管道科技股份有限公司陈增贵、亚大集团公司王志伟、广东联塑科技实业有限公司宋科明、宏岳塑胶集团有限公司郭晓玲、杭州鸿雁管道系统科技有限公司盛仲夷、天津盛象塑料管业有限公司李效民、四川金石东方新材料设备有限公司蒯一希、山东鲍尔浦实业有限公司李建华、昆明普尔顿环保科技股份有限公司童薇、深圳市志海实业有限公司严一丰、浙江传化华洋化工有限公司徐会志等 14 人荣获“塑料加工业先进科技工作者”。

6．积极参与和组织行业相关展会，为企业产品推广提供帮助

为了能够更好的为行业、企业服务，为企业提供宣传和展示平台，塑料管道专委会积极配合中国塑料加工工业协会，举办专业化的展会，为行业、企业的产品推广提供方便和支持。

2014 年 12 月 15~17 日，由中国塑料加工工业协会主办的“2014 中国国际塑料新材料、新技术、新装备、新产品展览会”在广州保利世贸博览馆举办。本届展会将以科技创新、转型升级、绿色发展为主题，以塑料加工为核心，覆盖塑料设备、塑料模具、塑料原料、塑料制品等全产业链，展示国内外塑料新材料、新工艺、新装备、新产品。

塑料管道专委会积极配合招展工作，共有 32 家塑料管道生产及相关单位在展会上展示了本企业的产品和技术，专委会还在展会期间召开了“塑料管道新技术、新产品发布会”。

7．参与、完善塑料管道产品质量认证体系的建立，提高行业的信用水平

以服务会员企业、促进行业自律、提高行业信用水平为宗旨，在会员企业自愿参加的原则下，专委会积极参与、完善塑料管道产品质量认证体系的建立，加强与下游行业协会及有资质的第三方认证机构合作，开展产品质量认证工作。计划依托新闻媒体、内部刊物和协会网站，积极宣传推广质量认证结果，提高会员企业在政府、市场与社会中的接受度和知名度。

中国城市燃气协会、中国塑料加工工业协会塑料管道专业委员会计划在全国范围内开展燃气用埋地聚乙烯管材（件）产品质量认证工作。为使该项工作更加科学、实际、高效地进行，2014 年 10 月 20 日在北京召开了“燃气用埋地聚乙烯管材（件）产品质量认证”规则讨论会。会议讨论了草拟的《燃气用埋地聚乙烯管材（件）产品质量认证规则》的科学性和可操作性，讨论了实施的具体问题与相关建议，目前正在修改、完善中。

在与国内用户行业合作，开展认证工作的同时，专委会一直致力于提高中国塑料管道行业企业和产品的国际影响力，为国内塑料管道生产企业走出国门提供助力。经过多次的沟通与协商，专委会已与西班牙 AENOR 认证机构达成共识，正式建立合作关系，为我国塑料管道行业进入欧洲和南美市场提供便利、快捷的通道。正式的合作备忘录将于 2015 年签署。

8．密切上、下游及相关行业协会间的联系，

扩大塑料管道的应用领域

随着产业结构升级步伐的不断加快，产业链综合发展已成为必然趋势，上下游产业链相互贯通的重要性和必要性日益显著。2014 年专委会进一步加强了与上、下游行业及相关行业协会间的交流与合作，积极组织、参与了上、下游行业的相关工作，筹划、开展常态化交流活动，努力扩大塑料管道的应用领域，促进塑料管道行业健康发展。

2014 年化工行业市场行情整体表现平淡，原油价格的下跌对石化产业链的影响很大。专委会密切关注上游行业的发展形势，进一步加强与上游行业互动和交流。在组织召开塑料管道行业的相关活动时，邀请中国氯碱工业协会、石化行业单位以及相关新型材料的生产企业参加，请他们介绍上游行业的发展和新产品开发情况，创造上下游进一步合作的机会，参加了上游行业组织的“聚氯乙烯与下游行业协同发展研讨会”“2014 年全国聚氯乙烯行业技术年会”等相关活动，还与聚烯烃行业企业多次展开专题交流。

2014 年，专委会还多次参加了下游相关协会组织的塑料管道相关活动，进一步加强与下游相关行业的交流与合作，促进塑料管道产品的推广应用。2014 年专委会参加了由住房和城乡建设部科技发展促进中心主办的“第 16 届全国塑料管道生产和应用技术推广交流会”，由中国灌溉排水发展中心、水利部农村饮水安全中心主办的“全国农村水利工程材料设备产品信息年报”相关会议，中国城市燃气协会理事会议，中国城镇供水排水协会排水专业委员会 2014 年年会，中国水协科技委管道技术部 2014 年工作会议，中国建筑学会建筑给水排水研究分会会员大会，全国给水排水技术信息网 42 届技术交流会，2014 年中国辐射供暖供冷委员会年会，住建部建筑给水排水标准化技术委员会年会，由中国地质大学（武汉）、美国土木工程师学会举办的第五届“管道工程与非开挖技术国际研讨会”，全国房地产总工之家举办的“第七届全国房地产总工年会”，上海市化学建材行业协会举办的“第七届（2014）PE/PP 塑料管道产业发展交流会”等相关活动。

专委会还参加了由中国塑料加工工业协会、国家食品质量安全监督检验中心、国家食品安全风险评估中心等部门组织的“食品相关塑料产品风险监控与安全管理技术研讨会”，讨论了食品接触塑料制品的生产、检测、标准、法规等情况。还参加了自来水行业、水利行业、招投标行业的相关培训工作，并介绍塑料管道的选择与应用情况。参与北京市建设工程物资协会、北京市建筑设计研究院有限公司负责编制的《建筑雨水利用工程应用技术规范》参编工作。参与了多项建设行业、农业行业、供暖行业、能源行业等给排水用、沼气输送用、供暖用等塑料管道相关产品、应用等标准、规程审查工作。

此外，在各地企业的支持下，专委会与北京、上海、天津、重庆、云南等地区的塑料管道相关协会建立了联系，开展了一些相关的交流活动。根据 2013 年上海联席会议的约定，于 2014 年 10 月 16 日在江苏连云港市召开了“2014 年塑料管道相关协会联席会议”。北京市建设工程物资协会及管材管件分会，上海市化学建材行业协会塑料管道分会，重庆市塑料行业协会参加了本次会议。大家对塑料管道行业运行情况、质量状况，已完成的工作以及下一步工作计划进行了交流，并讨论、分析了国家相关经济政策形势对塑料管材行业的影响，建议相关行业协会利用好机遇，开拓创新，寻找新的发展思路。通过沟通与交流，密切了相关协会间的关系，有助于在今后开展的活动中取长补短，相互借鉴。

9．加强国际交流与合作，扩大塑料管道行业的国际影响力

近年来，专委会一直致力于加强与欧洲、亚洲、美国等塑料管道行业协会间的关系，积极参与国际间的交流与合作，推动行业技术进步，提高科技创新能力，进一步扩大中国塑料管道行业的国际影响力。

2014 年 9 月下旬，专委会组织国内相关单位 40 余人赴美国参加了由国际塑料管道会议协会（PPCA）以及美国塑料管道协会（PPI）、欧洲 PVC 管道协会（PVC 4 PIPE）、欧洲 PE100+协会（PE100+）、欧洲塑料管材管件协会（TEPPFA）主办的“第十七届国际塑料管道交流会（PP XVII），并参观了美国燃气技术研究院（GTI）和美国 JM Eagle 集团位于宾夕法尼亚的工厂。通过参加本次国际塑料管道会议及交流考察活动，进一步提高了中国塑料管道行业的国际影响力，及时了解国际塑料管道行业的最新资讯、技术信息及市场导向，有利于中国塑料管道行业与国际行业进一步

接轨。

此外，专委会已与国际塑料管道会议协会（PPCA）达成共识，在中国举办的国际管道交流会已正式纳入国际会议系列活动之中，确定每两年举办一届。双方还对 2015 年（上海）国际塑料管道交流会举办时间、地点及会议文章选择进行了讨论和协商。

10. 组织编写、翻译塑料管道相关资料，做好培训工作

为提高行业技术水平和质量水平，做好应用推广工作，专委会组织、安排了编写和翻译塑料管道相关手册、书籍以及相关培训工作。

经过与美国塑料管道协会（PPI）多次沟通，PPI 将与中国塑料加工工业协会塑料管道专业委员会合作，将《聚乙烯管道手册（第二版英文）》翻译为中文。该手册内容翔实，涵盖了聚乙烯管道系统性能、加工、安装、标准、测试等方面内容，对规范我国塑料管道行业有着重要的参考意义。目前，秘书处已基本完成手册翻译的征集工作，并与 PPI 对编委会组成、翻译进度、出版方式等事宜达成共识，具体翻译工作将于 2015 年完成。

此外，专委会还组织翻译了“第十七届（芝加哥）国际塑料管道交流会（PP XVII）”的 100 多篇塑料管道新材料、新品种、新技术、新应用等方面的论文摘要，分别发布在协会网站及《中国塑料管道资讯》上，供大家工作参考。论文内容涵盖塑料管道行业的发展进程；塑料管道、新型塑料管道及管件的发展；新型结构壁管和多层复合管材；管道在燃气、供水、排水等系统中的应用；新型塑料管道设计和测试方法；传统材料的衰退、标准与规范；塑料管道工程案例分析；管道修复、环保建材、生命周期评估等方面。重要文章的翻译工作正在进行中。

在努力为行业企业营造良好的外部市场环境同时，专委会也十分重视企业的人才培养和职业培训工作。为提升塑料管道行业企业的产品测试水平，应广大企业要求，专委会与国家化学建材材料测试中心（材料测试部）合作，于 2014 年 5 月在北京举办了第六期塑料管道产品检测技术培训班，120 余人参加了培训交流。行业专家和技术人员介绍了塑料管道行业现状及发展建议；PE/PP 管道专用料、PVC 树脂应用现状及选用原则；塑料管材的分级及多层管材的长期性能；塑料管材测试方法最新进展；冷热水用塑料管道系统测试技术；塑料检查井、塑料排水管及城市雨水收集系统测试性能要求；PE 燃气管安全认证以及农村给水用塑料管材性能等要求；塑料管材有关案例分析等相关内容。培训期间学员还对日常实验中出现的问题进行了交流与探讨。

三、行业存在的主要问题

塑料管道行业还存在一些不足和问题，需要逐步加以解决。

1. 行业竞争加剧，生产能力持续供大于求

塑料管道行业的年生产能力已超过 2 500 万吨，虽然有季节需求的问题，但总体供大于求的矛盾愈发严重，尤其是产品同质化造成有限的市场竞争加剧，更加剧了行业的竞争。

2. 有的企业产品质量低劣，影响行业声誉

个别企业的质量意识、诚信意识、品牌意识、服务意识不强，导致市场上的产品质量水平参差不齐，有的地区有集中生产低劣产品的现象。塑料管道行业“廉价低质”的现象依然存在，有的企业用不合格原料以及过量添加填充料等方式降低成本，损害了消费者的权益，败坏了行业的信誉。

3. 理念创新和产品创新工作有待加强

有的企业科技研发投入不够，有的原料国内仍不能生产或产量和质量稳定存在问题，相对而言，相类似的中低档产品、通用产品占市场的大部分，而高技术、高附加值的产品相对较少。

我们一段时间以来偏重于技术引进、消化吸收、仿制产品，只是想做大，而不是做精做专。我们还应注重理念的创新，学习先进国家百年企业的观念，研究如何把行业和企业做强，而不是只注重做大。

4. 整体市场环境依然不够规范

造成目前塑料管道产品质量水平参差不齐主要的重要原因之一是市场不规范。有的购买者并不是产品的最终使用者，更愿意以低价格采购塑料管道。而有的高档、优质塑料管道受到市场接受价格的制约，促使有的生产企业不愿开发新产品。强制的压低产品价格、不合理的招标和中标、不规范的抽检和监管等现象也都影响着行业的健康发展。

四、发展建议

塑料管道行业前几年的高速增长已被优化产业结构，大力推进科技创新和技术进步，提高产品

质量，提升行业发展质量的新常态所替代。我们要正视行业存在的困难和问题，依靠科技创新来促进塑料管道行业的健康发展。

1．重点科技创新建议

在以PVC管道、PE管道、PP管道等传统材料的基础上，加大改性、复合以及其他新型塑料管道以及配套产品的研发，完善管道生产和应用技术，开发高性能、高附加值的管道产品，以拓展新的应用领域。

（1）充分发挥我国PVC树脂产能的优势，大力推进PVC管道生产的技术进步与推广应用。加快接枝改性（PVC-M）、定向（取向）拉伸（PVC-O）、可熔接（FPVC）材料、氯化聚氯乙烯（PVC-C）管道的研发、生产和应用。以提高传统PVC材料的韧性等性能指标，扩大在压力管道系统的应用；FPVC管道可推广至非开挖、管道修复、长距离管道系统的应用；PVC-C管道消防管网中的大量使用。

（2）加速完成PVC管道中采用环保型热稳定剂替代铅盐稳定剂工作。

（3）推进HDPE管道混配料国产化生产和稳定应用，以满足HDPE压力管道的需求；促进耐应力开裂PE-RC等材料管道更好应用，以适用不同的施工条件和非开挖施工。

（4）利用改性、填充等方式，提高传统PP-R材料的韧性和压力等级，以拓展其应用范围。

（5）加快高模量PP双壁波纹管、复合缠绕增强等大口径塑料管材的原料生产和管材加工，以适应大口径排水管网的需求。

（6）加强大口径，挤出、复合挤出或缠绕等加工方式，利用增韧、增强、改性等方法生产，实壁、结构壁的高耐压等级、耐磨、耐腐蚀、耐热，以及某些特殊需求的塑料或复合塑料管道系统的研发工作，以分别满足中、高压力油气输送管道，矿山用阻燃和抗静电双抗管道，以及特种介质输送等不同应用领域的需求。

（7）继续加强城镇雨水收集、处理、利用系统；城镇集中供热预制保温直埋塑料管道；分子量超过200万的UHMW-PE管材、聚酰胺12（PA12）燃气管等管道系统的研究、生产与应用。

（8）保证管道系统的安全性和可靠性，不断完善塑料管道系统的连接和配套技术，在管件、阀门、检查井、化粪池等产品上加强研发、推广力度。

（9）继续推进塑料管材、管件加工装备的节能降耗、提高生产效率、提高自动化水平相关研发工作。

2．措施建议

（1）营造全行业重视科技创新和技术进步的氛围，把科技创新作为行业可持续发展的动力。引导企业积极研发新技术、开发新产品，提高产品附加值，走出低价竞争的误区，逐步实现产业升级换代。制定鼓励政策，加强国际交流，促进企业与科研机构合作，加强新材料、改性材料、复合材料、新型管道的研究、生产和配套工作，形成多样化的产品市场，提高行业可持续发展能力。

（2）完善质量保证体系，引导市场健康发展。要加强行业自律，完善质量保证体系，健全质量认证和监督制度。对企业的工艺装备、生产规模、检测手段和质量保证体系等提出合理化建议，配合相关单位加强对行业产品质量的监督抽查。企业应加强对用户的服务，协助用户选择最佳的产品。相关产品及工程项目建议实行质量承诺及保证制度。

对于涉及公共安全、人身安全的产品，应逐步建立、健全强制性的管理办法。

生产企业不应采取以低价作为进入市场的手段，要有长期的市场意识，注重产品质量、技术创新和后续服务与改进，为用户提供合格产品与服务。

建议应用领域制定合理的招投标管理办法，完善管理体制，能够通过合理的竞争机制，选用符合标准要求、价格合理的塑料管道产品。

（3）注重与上游行业的协调发展，促进行业发展质量提升。建议原料行业加快塑料管道专用树脂及混配料的研发和稳定生产，促进PE压力管道用混配料的国产化和多样化；开发PVC功能化树脂、接枝改性PVC树脂；推进大口径排水用高模量PP管道专用料的研发，尽快扭转我国专用树脂及混配料生产与供需失衡的局面。

促进助剂行业的技术进步，提高功能化助剂的技术水平，制定相关政策，加速推进PVC管道制品铅盐热稳定剂的替换工作。

促进装备业企业与加工企业间的合作，推进生产装备的技术改造，提高生产效率、自动化水平和塑料管道生产的稳定性。采用先进技术，降低加工能耗。

（4）加强对应用市场的服务，便于用户选好、用好塑料管道产品。行业应组织编制产品应用手册，积极培训工程技术人员，促进用户完善施工技术，提高塑料管道工程质量。要加强与用户行业的交流，普及塑料管道产品相关知识，利于用户选好、用好塑料管道产品。

生产企业还应成为整个管道系统的供应商，提供整体应用方案和全套技术服务。

（中国塑料加工工业协会塑料管道专业委员会
王占杰　赵艳　郭晶　范艳菊）

双向拉伸聚丙烯薄膜

2014 年 BOPP 薄膜行业发展情况与 2015 年发展预测

一、2014 年 BOPP 薄膜行业发展情况

据不完全统计，2013 年底，全国 BOPP 产能约为 460 万吨，而到 2014 年底，全国 BOPP 产能突破 500 万吨，预计达到约 520~540 万吨的年产能，2014 年产量约为 360 万吨。而伴随近年来 BOPP 市场在产能过剩，需求放缓的一正一负作用下，市场严重饱和，BOPP 薄膜工厂生存环境日益恶化。众多中小企业的经营运作面临着重大的挑战，尤其在今年各地出现的资金危机，有别于以往，在银行抽贷、企业互保的作用下，更是雪上加霜。BOPP 薄膜行业内也听闻有企业受到牵连而陷于困境，据悉全国 100 多家 BOPP 企业中有约近 20 家 BOPP 企业不得不长期部分甚至全线停产，更有出现破产转售。更有甚者，8 米生产线刚开机，甚至刚装好仍未开机就停机的例子今年特别多，更不用说交了定金终止设备购置的多起例子。曾经代表行业内先进生产设备的 8 米生产线，在 10 米线陆续投产的同时，似乎已经变成了“落后”的“淘汰”设备。BOPP 薄膜行业作为重资产型的生产制造业，投入重资金的先进设备未能使用就“淘汰”，BOPP 薄膜行业竞争有多悲惨，可想而知。

2014 年，BOPP 薄膜行业企业最直观的感受就是“上高下低”“旺季不旺”。

上游原料价格持续往上拉高，而下游需求低迷，BOPP 薄膜企业成为了名副其实的“夹心”。原料价格高，要开机不得不购买，下游需求低，要销售不得不让价。结果就是 BOPP 薄膜企业产品的加工值一而再地缩减，以市场流通量最多的普通的 BOPP 薄膜“厚光”作为指标，国内 BOPP 薄膜厂家生产一吨厚光膜的平均加工值在 1 200~1 500 元，这种水平的加工值，盈亏平衡点不说，甚至连经济学上常说的“关门点”都是非常紧张。在 BOPP 市场供求严重失衡，行业内同质化产品价格竞争激烈的情况下，BOPP 薄膜企业利润已经被压缩至亏损乃至倒闭的区间。在利润空间难以压缩的情况下，原料价格将是 BOPP 薄膜销售价格的决定因素。如果说是“淡季”，那没得说，但是在行业传统的旺季“金九银十”，BOPP 薄膜不涨反跌，在目前大宗商品以及原油价格的大幅走低并有持续走低趋势预期的情况下，四季度 BOPP 薄膜市场不容乐观。而根据在原料价格与 BOPP 薄膜价格升跌扩大效应的经验判断，BOPP 薄膜企业在四季度的经营将会更加严峻。

二、2015 年行业企业生产经营策略探讨

2015 年，在现有 BOPP 行业格局以及弱市环境延续的前提下，BOPP 行业将会迎来新一轮“大洗牌”，仍然希望坚守在 BOPP 行业的企业，只有不断深化自身竞争优势，才能有机会在这一轮激烈的竞争中生存下来。

首先，是对目前 BOPP 行业企业面临的“危机”的看法与定位。在近三十年来 BOPP 行业发展过程中所遇到的前面的多次低谷时，我们讨论得更多的是“发展问题”，而目前这一次，明显有别于之前，我们所面临的是 BOPP 行业企业的“生存问题”。对待发展与生存，尤其在企业的战略取向上，有非常大的不同，从而形成的企业生产经营策略也会有明显的差异，立足于 BOPP 行业企业“生存危机”，跟大家探讨一下 2015 年 BOPP 行业企业生产经营策略：

目前 BOPP 行业企业经营模式大致可以总结归纳为：

（1）供应链延伸发展型；

（2）不相关行业跨界发展型；

（3）相关行业多元化发展型；

（4）专注单一行业发展型。

基于不同类型发展而成的BOPP，在企业生产经营核心策略上，有非常明显的差异。但是，无论对于哪一类型的BOPP企业，只要是优秀或者追求卓越的企业，在生产经营策略的运用上都会参考“成本领先战略”进行企业的私人订制，从而确保在BOPP行业国内外竞争对手越来越强的情况下，充分利用企业资源，提升企业的竞争力，构筑企业竞争的优势。

例如在生产、经营管理上全面进行精细化的管理，引入ISO、4S、5S、6西格玛、JIT精益生产等先进的管理方法，统一管理标准、规范管理制度、优化管理流程、严格控制成本，迅速形成与竞争对手的成本优势。

这一策略适合BOPP行业目前大多的企业：

（1）产品高度同质化；

（2）价格竞争激烈；

（3）客户的转换成本很低；

（4）企业研发及差异化的能力较弱。

BOPP企业通过扩大生产规模（不单是简单的投入新设备扩大生产规模，也可以是对生产经营控制进行单一化产品的规模扩大）、提升生产自动化程度、优化产品设计以及包装方式、实现成本的降低，获取相对于对手的竞争优势。

三、BOPP薄膜产品发展趋势

1．产品差异化

我国虽然普通型薄膜供过于求，但高端膜、特种膜依然很大部分依赖进口，且进口量维持较高增速，主要原因在于国内高端膜、特种膜需求量大，供应量少。因此，实施差异化发展战略，细分市场，针对不同客户的需求，做精品，做特种膜，特膜产品，以满足不同顾客群多样化需求，并通过差异化的竞争策略来构建自身的竞争优势，成为很多企业的有利选择。当然，企业在实施差异化过程中也要努力培育出自己的核心竞争力，使自己的差异化不会因为竞争对手的模仿或替代而变得“不差异”。

2．产品功能化

功能化是指在现有薄膜的基础上赋予其新的特殊功能，包括电、磁、光学、耐高温、阻渗透、气调、光或生物降解、抗菌等功能。这个发展趋势和整个高分子材料发展的大趋势是一致的，且符合国家《塑料加工行业技术进步“十二五“发展指导意见》中明确的未来塑料加工“功能化”“轻量化”“微成型”的发展方向。因此，BOPP薄膜企业应该紧跟最新科技动态，瞄准“功能化”方向，把握好行业发展机遇，集中力量加快功能膜的开发，实现新的跨越。

3．生产规模化，集约化

随着国内BOPP薄膜企业的增加及扩产，整个BOPP薄膜产业集中度逐步提高，有些形成了规模经济优势，不断往规模化、集约化方向发展，生产成本和技术创新成本降低。

4．技术创新——突破产能过剩的关键

在激烈的竞争之下，部分膜厂被逐渐淘汰。面对国内BOPP薄膜普通产品仍在大量扩张，市场供大于求的情况，重复生产普通的产品始终是没有生命力的，最终会在竞争中被淘汰。

俗语说：穷则思变。越是在艰难的环境中越是要创新。薄膜企业要想有所改变，必须进行技术创新，不断开发新产品，积极参与国际市场竞争，才能扩大市场份额，避免目前BOPP薄膜行业常规产品产能过剩、价格不断走低、利润不断收窄的局面。

（1）注重市场调研，以市场需求导向创新定位。企业在技术创新中要注重市场调研，贴近客户需求，把客户的愿望和要求作为技术创新的出发点。从市场出发，进行技术的可行性研究和技术、经济分析，从客户中捕捉新的创新点，从而确定技术方面要达到的要求和指标，准确预测技术创新成本及投资回报率。因为大量的企业技术创新实践证明，如果企业在技术创新中对市场比较了解，对创新项目产生的效益有一定的评估，则比较容易成功。所以，企业要善于利用好市场带来的新商机。在BOPP薄膜产业，随着生产技术水平的不断提高，其下游产品市场不断细分，产品应用领域不断拓宽。作为BOPP薄膜企业，应提前对下游薄膜市场作充分的调研和深入的分析，清醒认识自己的外部环境和内部条件，根据企业实际，准确定位目标市场，确定创新战略和思路，谋得适合本企业的生存发展空间。

（2）加强人才培养，为创新提供有力支撑。我国BOPP薄膜产业常规产品产能过剩的一个重要原因就是创新能力不足，盲目跟风与模仿，导致行业低水平重复建设严重，而技术人才的稀缺又是制约企业创新能力的重要因素。所以，要化解人才短缺的矛盾，就必须加大对人才的培养。第一，多种方式从学校、行业中引进创新人才，增强企业技术开发力量；第二，开展多方位培训，增加员工知识，提高员工素质；第三，注重产学研结合，充分利用学校优势资源，减轻企业技术创新成本，加快创新成果转化进程，提高成果转化能力。第四，完善企业内部制度规范，为创新型人才的发展搭建舞台。

（3）加大研发力度，不断开发新产品，推动产品结构调整和企业转型升级。在高利润的推动下，我国 BOPP 薄膜行业只注重了量的增加，而忽视了质的提高与产品结构的调整，导致了目前常规产品产能过剩，结构严重不合理的情况。随着大量新增产线的投入使用，未来，BOPP 薄膜产业将面临更为严峻的竞争，缺技术、少品牌、短资金者将被淘汰出局，尤其是中小企业境地不容乐观。

尽管目前 BOPP 薄膜行业处于一个艰难的淘汰洗牌时期，但随着人们生活水平的提高，薄膜行业尤其是高端薄膜、环保膜还是大有前途的，所以 BOPP 薄膜行业仍然是一个朝阳产业。但是，普通包装膜的过剩已成定局，企业要发展，就必须加大研发投入，不断开发新产品（如功能性薄膜），培育新的经济增长点，促进产品结构的调整和企业的转型升级。

（4）完善工艺流程，提高效率和质量，降低生产成本。原料成本方面，在目前这种竞争激烈的市场环境下，大多数企业都已无多余资金去存储更多的低价原料，企业对原料的存储时间也越来越短，因此，原材料价格只能随行就市。企业能做的就是在生产、设备及管理方面不断进行技术改进，提高设备利用率，提升产线生产能力和产品品质，从而达到节能降耗，降低生产成本的目的。

（中国塑料加工工业协会流延薄膜专业委员会 孙冬泉）

锂电池隔膜 2014 年发展情况与 2015 年市场前景探讨

一、锂离子电池产业概况

（一）锂电池产业总体情况

1．全球锂电池产业情况

随着移动设备、电动工具、储能等的高速发展，全球对锂离子电池的需求随之增长迅速，并带动了锂离子产业规模的发展。

在市场需求方面，据真锂研究预计，今后 5 年锂离子电池市场需求仍会以接近 50%的年均复合增长率高速成长，到 2018 年全球需求总量将超过 38 500×10^4 千瓦小时，是 2013 年的 7 倍以上，超越铅酸电池成为用量最大的二次电池产品（图 1）。

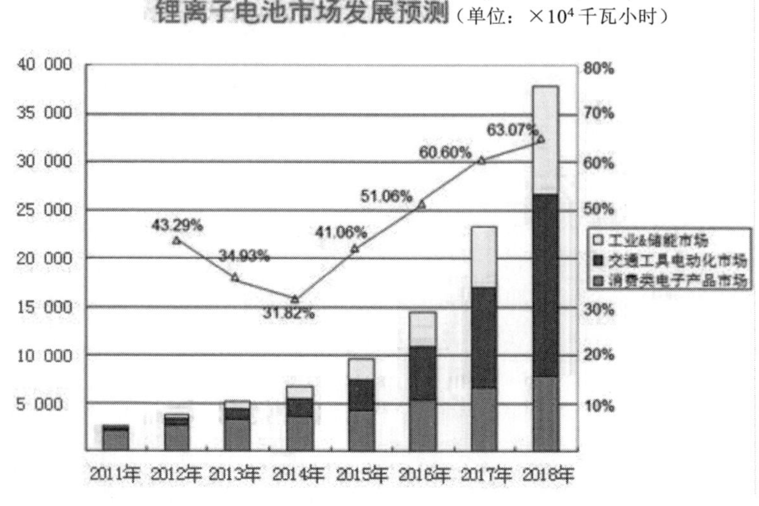

图1 2011~2018年全球锂离子电池市场发展预测

在产业规模方面，据 IIT 统计数据显示，2005~2013 年，全球锂电池市场规模从 56 亿美元增长到 141 亿美元，复合年增长率 12.1%，预计 2022 年市场规模将达到 422 亿美元，未来十年复合年增长率预计为 12.9%（图 2）。

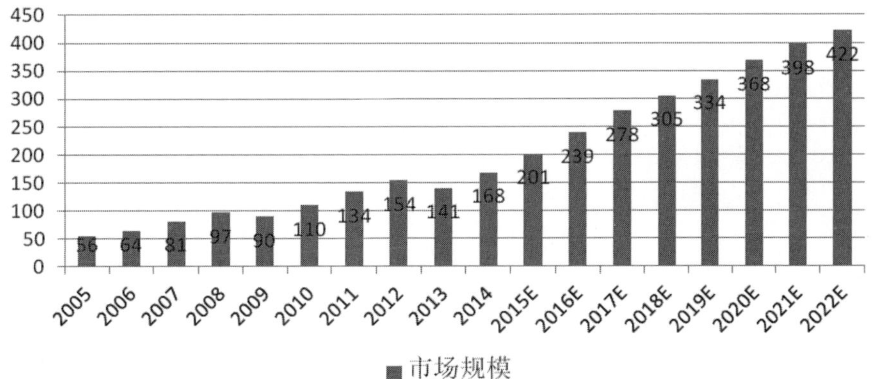

图2　2005~2022年全球锂电池市场规模趋势及预测图

2．中国锂电池产业情况

（1）中国锂电池市场需求情况。受国家政策及下游行业的拉动，我国 2011~2014 年锂电池市场需求的年增幅较大，2012 年 44.79%，2013 年 67.26%，2011~2013 年均复合增长率高达 55.62%，2014 估计达 60%以上（图 3）。其中 2013 年市场增长的动力主要来自于智能手机、移动电源、电动自行车等，2014 年除上述市场之外，最大动力来自电动汽车和基站电源。而且在全球的市场需求中，中国市场占比也上升较快，2011 年和 2012 年在 17%~18%之间，2013 年快速上升到 21.5%（25%），估计 2014 年占比还是上升。

中国锂离子电池市场需求统计（单位：×104 千瓦小时）

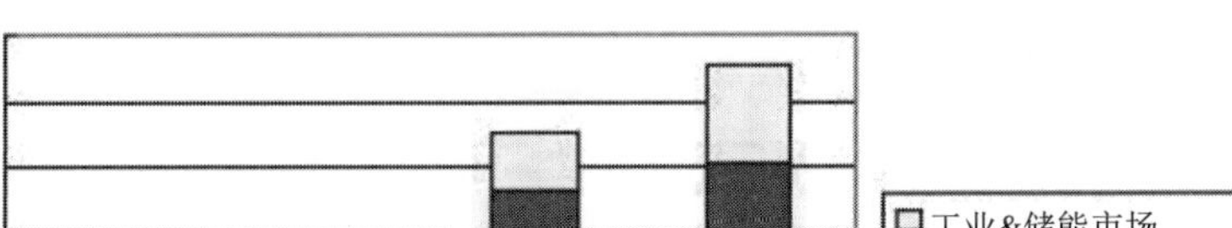
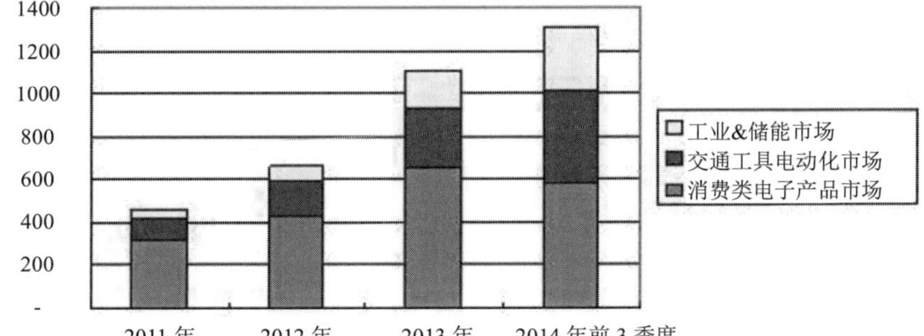

图3　2011~2014年中国锂电池市场需求统计

（2）中国锂离子电池产量及产业规模。市场需求的迅速增长使国内锂电池产量不断增加，产业规模不断扩大。产量方面，据 AskCIData 数据显示，2014 年中国锂电池产量高达 52.8 亿支，同比增长了 10.9%。2010~2014 年中国锂电池产量持续大幅增长，增长率均高于 10%（图 4）。

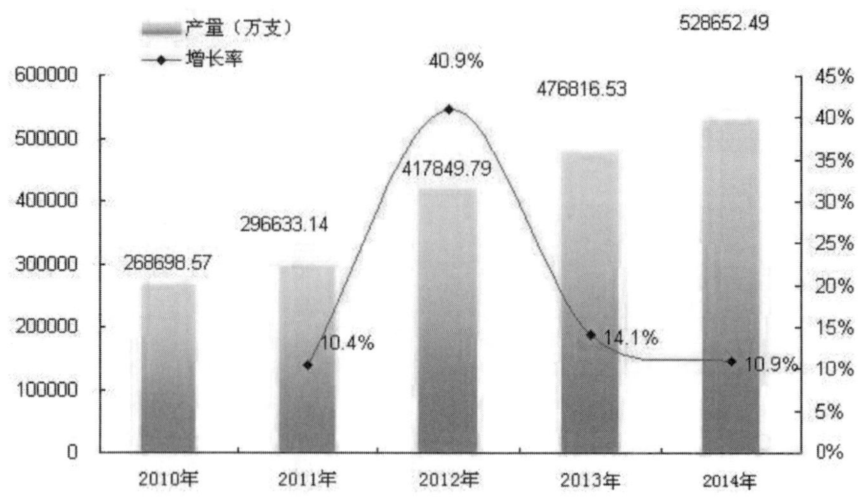

图4　2010~2014年中国锂电池产量增长趋势图（万支）

产业规模方面，据 CCM 数据显示，2014 年，锂离子电池市场规模为 715 亿元，同比增长 21.1%，其中当年 3C 市场用锂离子电池增长 6%，全国销售规模为 580 亿元；储能用锂离子电池，包括通信和新能源应用，需求 15 亿元。该公司预测，到 2017 年，锂离子电池产业规模将暴增至 400%，达 200 亿安培小时，超过 2013 年全世界产能的 2 倍多（图 5）。

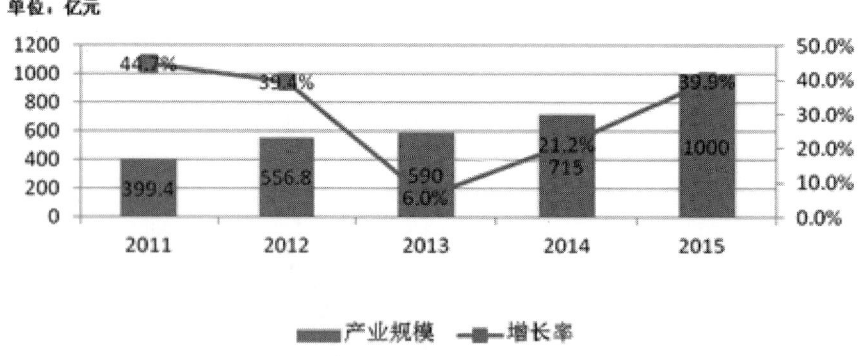

图5　中国锂电池产业规模统计及预测

（二）锂离子电池产业发展空间

1．国家政策大力支持

由于锂电池隔膜属于国家鼓励发展的电池配套材料，符合国家《当前优先发展的高技术产业化重点领域指南》，同时属于“国家中长期科学和技术发展规划纲要（2006~2020 年）”中所列：高效能源材料技术中的高效二次电池材料及关键技术专题。我国出台的《国务院关于加快培育和发展战略性新兴产业的决定》确定的七大战略性新兴产业中，“新能源、新材料、新能源汽车”三项都与锂离子电池有关。新能源汽车产业的重点是纯电动汽车和插电式混合动力车，锂离子电池是其成败的关键要素之一。无论是蓄能电池还是动力电池，其基础都是材料，因此，发展锂离子电池材料对于推动我国战略性新兴产业的发展具有极大的意义。此外，为推广新能源汽车的使用，国家政策密集出台（表 1）。未来，我们的政策环境将越趋利好。

表 1　　国家近年来在电动车方面的政策法规

颁布时间	政策或规定名称	内容摘要
2012.7	《节能与新能源汽车产业发展规划（2012~2020）》	1.中国将以纯动力为新能源汽车发展的主要战略取向； 2.2015 年中国纯动和插电式混动汽车累计产销量力争达到 50 万辆； 3.2020 年纯动汽和插电式混动汽车累计产销量超过 500 万辆
2013.9	《关于继续开展新能源汽车推广应用工作的通知》	依托城市推广应用新能源汽车；对消费者购买新能源汽车给予补贴；对示范城市充电设施建设给予财政奖励
2014.7	《政府机关及公共机构购买新能源汽车实施方案》	2014 年至 2016 年，公务车采购中新能源汽车比例不低于 30%，以后逐年提高；充电接口与新能源汽车数量比例不低于 1∶1
2014.7	《关于加快新能源汽车推广应用的指导意见》	加快充电设施建设；积极引导企业创新商业模式；推动公共服务领域率先推广应用；进一步完善政策体系；坚决破除地方保护；加强技术创新和产品质量监管
2014.8	《关于免征新能源汽车车辆购置税的公告》	对免征车辆购置税的新能源汽车由工业化和信息化部、国家税务总局通过发布《免征车辆购置税的新能源汽车车型目录》实施管理；工业和信息化部根据《目录》确定免征车辆购置税车辆，税务机关据此办理免税手续
2014.11	关于印发能源发展战略行动计划（2014~2020 年）的通知	提出了能源改革的路线图：推进能源价格改革。推进石油、天然气、电力等领域价格改革，有序放开竞争性环节价格，天然气井口价格及销售价格、上网电价和销售电价由市场形成，输配电价和油气管输价格由政府定价
2014.12	《2016~2020 年新能源汽车推广应用财政支持政策方案》（征求意见稿）	1.新能源乘用车 2016 年补贴较 2015 年并未退坡，鼓励长续驶里程车型； 2.新能源客车设定最低纯电动里程，引入单位载质量能量消耗量指标，鼓励提高运营能力
2015.1	《关于进一步做好新能源汽车推广应用工作的通知》	为保持政策连贯性，继续推行补贴政策，但会有相应下调。2015 年的补贴金额相比 2013 年将降低 10%

2．下游新能源汽车行业的强劲拉动

（1）国内方面。在政府直接补贴、牌照优先、公务用车加大新能源车占比等政策扶持下，电动汽车推广呈爆发式增长。据中国汽车工业协会统计数据显示，2014 年新能源汽车生产 78 499 辆，销售 74 763 辆，比上年分别增长 3.5 倍和 3.2 倍。预计 2015 年新能源汽车将延续 2014 年的快速增长趋势，保持同比 2~3 倍的增长，年产销量将达 15~20 万辆。

随着新能源汽车销量的进一步提高，业内预计，2016 年之前锂电池或将进入供应紧张的阶段，强烈的需求更进一步凸显了产能的短暂性不足。据介绍，在此前，国内电动汽车企业在产能设计之初考虑到国内市场需要较长时间培育，多数企业仅有一条生产线处于生产状态。再加上新能源动力电池对产品的要求较高，企业在选材和生产上都需要一段时间，因此，据其预测，国内锂动力电池要达到供需平衡，最快也要等到 2017 年。未来几年，锂电池生产企业将迎来业绩持续高增长阶段。

随着中国电动汽车销量的大幅增长，锂离子动力电池市场正开始进入黄金期。到 2017 年，锂离子电池产业规模将暴增 400%。

（2）国际方面。2014 年美国电动汽车销量一直处于火爆状态，2014 年 1~8 月累计销量 76 799 辆，同比大增 28%。欧洲市场方面，知名跨国咨询公司奥纬日前发布的调查报告显示，到 2030 年，欧洲市场上包括插电式混合动力汽车、电动汽车等在内的新能源汽车年销量占比将从 2012 年的 1%猛增到 20%。

以新能源汽车的代表企业特斯拉为例，2013 年特斯拉公司实现营收约 20 亿美元，同比增长 3.9 倍，2014 年营收 31.98 亿美元，同比增长 58.9%。特斯拉预计，2016 年仅其一家公司需要的锂电池用量将会超过目前全球的 3C 市场锂电池总用量。

3．消费类电子产品市场的持续增长

随着智能手机、平板电脑、移动电源的快速增长，国内 3C 锂电池市场需求持续增长。具体市场预测情况如下（表 2）。

表 2　　2013~2017 年中国消费类电子产品用锂离子电池市场预测　　单位：$\times 10^4$ 千瓦小时

分类		2012	2013	2014	2015	2016	2017
手机	功能手机	65.49	29.27	19.98	17.21	15.54	15.54
	智能手机	117.83	219.78	288.60	353.44	423.18	496.97
	合计	183.32	249.75	308.58	370.64	438.72	512.51
平板电脑		28.49	50.91	84.59	130.51	190.28	266.39
笔记本电脑		148.47	171.25	184.62	193.80	203.85	220.20
移动电源		52.20	82.80	126.17	186.16	266.02	369.29
其他		20.45	25.56	30.96	39.94	49.93	62.41
合计		432.94	580.28	735.91	921.05	1 148.80	1 430.80

数据来源：真锂研究，2013 年 10 月 10 日。

总体来说，3C 市场对锂离子电池的需求增长比较有限，预计今后几年的增长速度会维持在 15%左右（真理研究认为）。由于国内企业在智能手机、移动电源等产业上发展较快，因此，该市场国内企业的供应量在未来几年大致会维持 27.01%的年均复合增长率，发展速度高于全球。目前中国大多数锂离子电池企业都集中在这个市场，不过随着动力电池市场的发展及中国电池企业技术水平的提高，这一情况将有所改变。

4．严格的环保要求催生锂电发展新机遇

新《环境保护法》首次将“保障公众健康”写入总则第一条，鼓励推广使用洁净新能源。而即将修订的《大气污染防治法》在突出源头治理、明确排放总量控制和排污许可、强调科技治霾等方面，提出许多有效实用的措施，也提出了鼓励和支持开发、利用清洁能源。由此，业内专家表示，未来以锂电为代表的新能源产业前景将十分光明，无污染锂离子电池将迎来新的发展机遇。

二、锂离子电池隔膜现状及发展趋势

（一）锂电池隔膜的作用

在锂电池的结构中，电池隔膜是关键的内层组件之一，也是技术壁垒最高的一种高附加值材料，约占锂电池成本的 20%~30%。隔膜的好坏决定了电池的界面结构、内阻等，直接影响电池容量、循环以及安全性能等特性，性能优异的隔膜对提高电池的综合性能具有重要的作用。

（二）锂电池隔膜行业的现状

1．锂离子电池隔膜行业需求增幅较大

作为世界上最大的锂电池生产制造基地和第二大锂离子电池生产国和出口国，中国对隔膜的需求日益增加。2013 年，中国国内隔膜的市场容量为 5.38 亿平方米，同比增长 40.40%（图 6）。2013 年国产隔膜的产量约为国内隔膜市场容量的 50%左右，但是同比增速保持了 54.17%（图 7）。

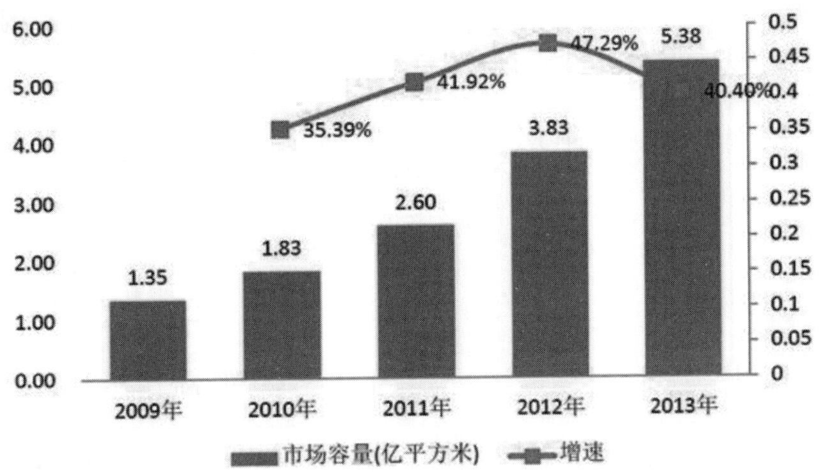

图6　2009~2013年中国锂电池隔膜市场容量及增速

注：市场容量指国内电池企业对隔膜的需求量，包含进口隔膜和本土企业生产的隔膜

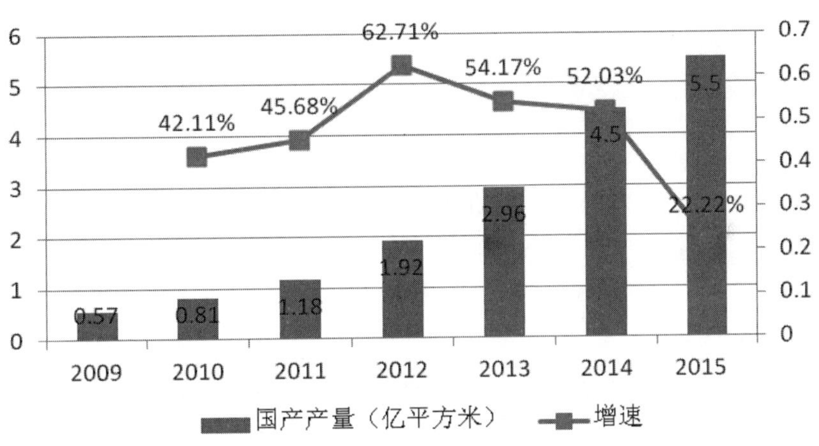

图7　2009~2015年中国国产隔膜产量及增速统计及预测

2．低端市场产能过剩，产品价格不断下降，账期加长

据不完全统计，目前国内已有 50 多家企业已建成、在建或者计划投资上马锂电池隔膜项目，其中真正量产的有十多家，规划的产能达到 8.4 亿平方米。考虑到其他在建或筹建、未公布的项目，如果全部项目都在 2015 年投产，总产能将为 23 亿平方米，远超全球锂电池隔膜需求量。与此同时，产能的迅速扩张也使隔膜价格一路下滑：2013 年湿法隔膜平均价格在 6.2 元/平方米，现在约 4.5 元/平方米；干法隔膜的价格较 3 年前累计下降 70%左右，毛利率已降至 25%左右（图 8）。

除价格下降之外，隔膜行业的数期也在不断加长。由于隔膜行业产能严重过剩、三角债等原因，“收账难”问题一直困扰着绝大部分的隔膜厂商。虽然动力电池企业的账款相对比较容易收，但目前能进入动力电池供应链的隔膜企业仍然较少。

据预计，未来几年国内隔膜行业价格竞争将愈趋激烈，迎来行业大洗牌，缺技术、少品牌、短资金者将被淘汰出局，尤其是中小企业境地不容乐观。市场特征将呈现强者恒强、弱者出局的趋势。

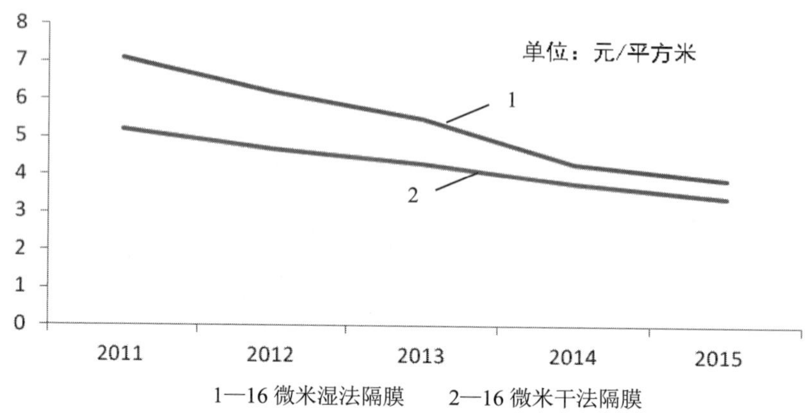

图8　国内锂电池隔膜价格走势

3．高端产品进口依赖严重，与国外隔膜企业差距明显

由于隔膜具备较高的技术壁垒，国产隔膜与进口隔膜在性能上存在较大的差距，导致国内隔膜市场大部分需要进口，尤其是高端隔膜基本依靠进口。目前，国内隔膜市场呈现国外、本土厂商共存且两极分化的市场竞争格局：低端市场集中度较低，无序竞争状态明显，主要由本土厂商占据；技术门槛高、产品质量要求高的中高端市场则为国外厂商及本土少数领先企业所占据（图 9）。

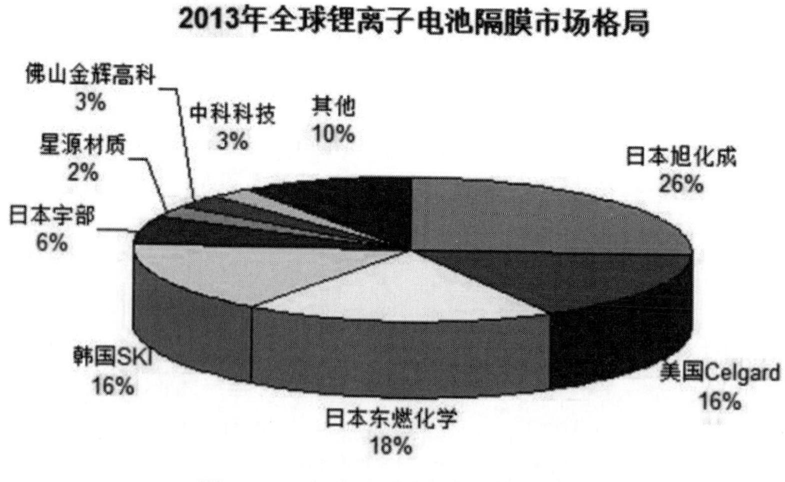

图9　2013年全球锂电池隔膜市场格局

其中国内隔膜厂家与国外隔膜厂家差距主要有以下方面：

（1）国外隔膜企业的技术人员中有很多有过在电池企业的就职经历，非常了解下游电池厂商对电池隔膜的需求，在产品开发和营销上有巨大的优势。美国 Celgard、日本旭化成和东燃均资产规模庞大，实现了产业多元化，有足够的财力支持产品技术开发。而国内隔膜企业是以塑料薄膜加工企业转型为主力，对电池产品的了解不多，对产品开发与市场营销方面是个短板。

（2）目前国外企业仍然严格封锁设备来源，而国内企业设备加工能力差，在设备上投入低，导致产品工艺难以控制。

（3）原料方面，PP 树脂或者 PE 树脂等原料的分子质量等指标，对隔膜最终的性质起到巨大的影响。全球仅有旭化成、Celgard 和东丽具有独立的高分子实验室，拥有自己的专料。国内隔膜企业目前在材料方面还缺乏真正能够满足需求的稳定的隔膜专用料供应来源。

（4）电池企业对于隔膜供应商的进入有一定得门槛，对于国内隔膜企业的发展需要引起重视。由于隔膜对于锂电池性能的重要意义，电池厂商很难更换隔膜供应商。电池企业一般更换隔膜供应商需要2~3年。市场新军要获得下游电池厂商认可，也需要相当长的时间。

（三）锂离子电池隔膜发展趋势

1. 隔膜的研究方向

从行业整体来看，隔膜的研究方向主要集中在以下几个方面：

（1）提高产品良品率。由于市场的供过于求，隔膜价格下降导致隔膜企业的利润率已经有了大幅下滑，外部市场不利的情况下企业要想办法自救。哪家企业能够有较高的良品率，较低的生产成本，哪家企业才能在激烈的市场竞争中生存，提高良品率已经成为企业的当务之急。

（2）提高隔膜耐热性。技术的进步，社会的发展，安全问题必然会越来越受到社会的重视，所以解决隔膜的耐热性能，谁能生产能在充放电过程中，大面积正、负极短路后仍能保持隔膜完整性的耐高温复合隔膜，谁就占领了先机，谁就有可能和特斯拉一类的企业共舞。

（3）研制超薄隔膜。随着市场的发展，更轻薄、更小巧的3C电子产品将不断进入我们的生活，这类产品需要更薄的锂离子电池隔膜来制作电池，同时，锂电池对容量的追求也需要薄膜往轻薄化方向发展。但超薄隔膜的生产制备对设备、工艺的要求很高，企业如果能够掌握超薄隔膜的制作技术必然在未来的竞争中处于非常有力的位置。

（4）提高隔膜的吸液性能。目前锂离子电池的容量问题已经越来越突出，不管是智能手机还是动力汽车，其待机时间或续航里程与消费者的需求之间的矛盾日益突出。如果企业在超薄电池隔膜方面难以有更好的突破，可以想办法改善隔膜的吸液性能，因为改善吸液性能同样能够提高电池的容量。

（5）研发聚合物电解质隔膜、纤维隔膜等新型隔膜产品。研究这些隔膜会有一定的风险，因为中国改革30多年的经验告诉我们，模仿跟随的办法相对容易成功，创造发明的方式则比较挫折。如果能够通过自身的努力开辟出一条新的途径，毕将成为行业的标杆，利润是难以想象的。

表3　　不同类型隔膜的特点

编号	类型	应用	优点	缺点
1	超薄隔膜	3C电池	厚度薄，电池能量密度提高等	安全性下降
2	聚合物电池隔膜	软包电池	优异的吸液和保液性能，提高电池循环性能等	成本提高，耐热性有待提高
3	陶瓷涂覆隔膜	动力电池	耐热性能优异、改善隔膜浸润性等	成本提高
4	新型隔膜	动力电池	耐热性能优异、改善隔膜浸润性等	孔径大小和均匀性有待提高

2. 改进隔膜性能

从改进隔膜性能方面来讲，目前主要有三种思路：

(1)在PP膜和PE膜的基础上增加功能性涂层，以满足对高温特性等特殊需求。功能性涂层不但可以改善隔膜的耐热性能，还可以解决隔膜的亲电解液性能，各个企业所采用的配方和涂布形式有所不同。

（2）无机或有机材料共混PE、PP膜：改善耐热性的另外一种方法是将PE和耐热的无机粒子或PP进行混合制备电池隔膜，这样能够结合各种材料的优点。

（3）彻底改变基体材料，如采用聚酰亚胺等材料代替传统的PP和PE材料。聚酰亚胺成本较高，但可以考虑聚酰亚胺和PE的结合使用，也可以考虑其他类型的聚合物材料。

（四）佛山市金辉高科光电材料有限公司介绍

金辉高科是国内第一家使用湿法工艺生产锂离子电池隔膜的企业，产品以性能优异、质量稳定、性价比高等优势蜚声国内外市场，打破了长久以来国外产品的垄断，填补了国内空白，工艺技术居国内领先地位，产品质量达到国际同类产品先进水平。

金辉高科成立于2006年，注册资本1 381万美元，现有员工350余人，产能超过1亿平方米/年。目前已形成通用型、高透型、耐高温型三大系列产品，可广泛应用于3C数码产品、移动电源、便携式电子产品；电动工具、电动自行车、电动汽车电源等动力、储能方面。

公司主要成果如下：

（1）国家火炬计划重点高新技术企业、广东省高新技术企业、广东省创新型企业；

（2）与佛塑科技牵头制定了锂离子电池国家标准《锂离子电池聚烯烃隔膜》；

（3）牵头制定广东省地方标准《锂离子电池聚乙烯隔膜》；

（4）牵头成立锂电池隔膜同盟会，在行业内处于领军地位；

（5）起草制定多项企业标准，其中《锂离子电池用普通离子交换膜》获得2010年度广东省标准创新贡献奖；

（6）承担了国家“863”计划项目、国家火炬计划、国家战略性新兴产业专项、广东省现代企业500强等科技项目十多项；

（7）到目前为止，共申请专利23件（其中申请国家发明专利18件，实用新型专利5件），拥有授权专利15件（其中授权发明专利10件，授权实用新型专利 5 件）。另外，申请通过国际专利（PCT）5件；

（8）公司产品及技术共获科技奖励19项，如广东省科学技术二等奖等。2009年，公司产品通过了ISO9001：2008的技术认证。

（中国塑料加工工业协会双向拉伸聚丙烯薄膜专业委员会　吴耀根）

双向拉伸聚酯薄膜

把聚酯膜的数量增长转化成质量的提升

一、2014年中国聚酯膜市场基本状况

2013年年末，中国225.67万吨的生产能力和130万吨的市场需求量,已形成严重的BOPET膜产能过剩。由于国内生产集中度相对偏低，而且市场上可供给的普通类产品又超量剩余，造成年末BOPET设备的开工运转率仅维持在69.9%(参考卓创资讯），明显低于世界80%的正常水平。

继2012年连续低迷的经营状态，业内2014年不得已开工的新生产线（完成前2年的契约）有：江苏兴业（三房巷）投产6条线,每条线3.0万吨/年，12~100微米；绍兴日月今年2条线（去年1条投产合计3条线）相隔半年投产，每条线3万吨/年，8~75微米；山东寿光健元春产能3万吨/年1条线，以生产6~8微米薄膜为主，日产量约40吨左右;汕头鑫瑞1条1.6万吨/年,可产8~125微米；浙江大东南1条厚膜线（25~300微米）2.5万吨/年；合肥乐凯3号线投产，2万吨/年，100~350微米；安徽国风年产4 000吨电容膜项目进入批量生产阶段；营口康辉石化有限公司的2条线7月末正式出膜；山东胜通1条可年产3万吨的光学膜线中50~400微米/条已经投产，后续的12~250微米线会在年终前后试车。业内全年新增生产能力合计42.5万吨。

2014年1~12月，12微米通用类薄膜的加工差价一直在800~2 000元/吨之间徘徊，远离BOPET产品加工差价≥3 000元/吨的市场合理售价。空前剧烈的价格博弈，使部分企业陷入经营亏损或濒临亏损的边缘，严重挤压了行业的经营空间，让企业失去必要的财力来源、进而妨碍整个产业的长远发展。2014年行业内破产、重组等案例较为明显，其中最引人关注的当数5月份浙江化纤名企赐富集团陷入严重的资金链危机事件。赐富集团向银行贷款的总债务超过50亿元、在出现近3亿元逾期还贷而被银行查封生产线后，改由政府主导与远东石化达成托管协议，至此化纤行业内知名的企业就此埋没，而江苏欧亚暂未达成并购协议，其设备目前仍处于停机中。业内唯一纳斯达克上市企业、从业颇

深的富维薄膜（山东）有限公司由于经营效益下滑，在7月25日被东营胜通集团以1.018亿元现款从潍坊国资委手中收购掉该公司的52.9%股份。

然而，业界的杭州大华、江苏裕兴、合肥乐凯、杜邦鸿基、仪化东丽、四川东材等企业，由于着眼点在产品的差别化、个性化并注重既有技术的排列组合，通过多年的辛勤运作后竟然聚砂成塔，收获不菲的业绩。这些企业能获得成功的最好例证，就是早前所作出的产品结构调整和业务重新整合，所提供的同类产品能体现出与同行有一定的差别和满足一些个性化的需求。

二、聚酯薄膜专委会2014年工作概况

针对行业面临的经营困境，专委会3月5~6日在沪召开年度工作会议。曹俭常务副理事长专程赴会并发言，代表协会要求专委会引导行业企业主动转换经营方式或调整产品结构（高中低档不同产品能有合理的配置）。他提醒大家认识当前是低端产品和低水平的供给过剩，这些供给过剩的产品属性、市场范围和供给能力已经不符合市场的需求，要把化解产能过剩作为专委会一段时间的主要工作。专委会在阐述2014年工作计划时表示，将根据行业特征来考虑共性并兼顾个性，要多样形式地向企业提供宏观政策、产业动态、新产品新材料新技术新设备等方面的资讯；将加强与科研机构与上下游产业链的沟通与交流，鼓励企业以差异化发展走出产能相对过剩的困境，组织技术研讨会、企业交流会、上下游企业联谊会、开展“产学研”对接等工作。

1．组织新老企业客观了解产业状况并更好融入行业

6月24~25日，专委会在杭州举行部分企业老总的交流活动。恒力集团、江苏兴业（三房巷）、福建百宏、绍兴日月、康得新、山东胜通、山东健元春、青州富翔、广东鑫瑞、汕头德睿、常州百佳11家新入行的企业以及业内7家资深企业（上海紫东、杭州大华、天津万华、江苏中达、江苏双星、绍兴翔宇、绍兴无名）的26名主要领导出席会议。

会议介绍了协会概况、宗旨、任务、工作内容以及专委会的历史沿革、服务功能、组织架构、会员组成状况等；通报目前行业的基本现状，包括产能状况、行业企业特点、生产成本、产品属性，以及分析了近阶段行业开工率、上下游产品销售价格、进出口等数据，以帮助参会企业认识行业，选择好自己的市场角色；融入行业，寻找现实中存在的问题；展望发展，化解供需矛盾的大失调。解述行业存在的问题之后，会议又着重介绍BOPET产品的多领域应用及新的发展趋势，就不同应用领域对BOPET产品的不同要求进行梳理。

在交流发言中，新企业的代表由于从业经验相对较少，感到涉及市场后才发觉BOPET行业的产品规格种类多，突破技术瓶颈的难度大，明显感到存在技术管理力量储备不足的问题，明显感到投资与回报大大小于预期。老企业的代表则感到行业发展经历了从不理性到理性，从粗略起步到全面统筹，从低成本扩张、简单模仿到进一步创新的几个过程。企业需要找好自己的定位，要根据自己企业的特点，创造出自己的赢利空间。当前的严峻竞争，需要依靠市场制度以及凭借企业综合实力才能实现企业自身发展，企业有必要加强技术改进和提升内部管理，确保适当赢利。投资是为了赚钱，单纯的低价销售对自己对行业都是伤害。

会议认为，在行业进入到周期性调整阶段，企业要在产品的专业化和优质化方面趋于加强，不仅要选择适合的市场发展空间，更要寻找与之适应的经营策略，建立更稳定的利益联结，大家一起积极组织差异化生产和积极维持正常的现金流，共同缓解产能过剩的矛盾。

2．让技术与市场研讨会作为产业交流的重要平台

聚酯膜专委会和中国塑膜网携手承办的“第一届中国聚酯薄膜产业技术与市场研讨峰会”9月11~13日在成都举行（专委会曾为此进行7次专题商议）。研讨峰会的主题是“创新、跨越、发展”，着重研讨行业的新材料、新技术、新装备、新工艺、新市场，旨在互通资讯、开阔视野，推动整个产业有序、健康发展。中国轻工业联合会副会长兼中国塑料加工工业协会理事长钱桂敬莅临并作专题报告，有超过116家单位的220名领导和专家参加会议，其中：薄膜生产企业24家、原料企业18家、设备和备品件等行业配套企业46家、薄膜终端用户及经销代理商代表13家、还有十几家科研院所等相关单位。

研讨会历时两天。除了设立主题大会由11名领导和专家演讲，另设立原料、工艺、技术和装备、备件及行业配套两个专题会场，分别由12名演讲

嘉宾作专项报告。研讨会还给会议准备了300份峰会会刊，内容有市场与分析、企业管理交流、产品与技术、原辅材料、装备与配套技术、研究成果和行业拓展，共有24篇文章（部分文章与演讲报告相同）。

以聚酯膜专委会为主承办的研讨峰会虽然是首届尝试，但是，与会代表对峰会邀请专家和企业代表的精彩发言给予高度评价，认为会议发言内容紧紧围绕着行业技术与市场的热点问题，不仅介绍了聚酯薄膜行业的前沿技术、理念，以及实践经验，而且展示了业内急需的解决方案以及极具潜力的产品应用领域。问卷调查反馈的一致意见是希望承办方能秉承务实、专业的精神把峰会办得更好，反映出业界非常期待能持续地举办这样的峰会，以作为海内外双向拉伸聚酯薄膜产业链的重要交流平台。

3．“产学研”对接，共建行业实验基地及联合检测中心

10月21~22日,专委会在哈尔滨工业大学无锡新材料研究院召开聚酯薄膜生产企业座谈会。25家企业董事长、总经理或业务代表44人与哈工大无锡新材料研究院的领导、研究员10余人共同参加会议。

会前，大家参观研究院相关聚酯薄膜的研发成果及试验设备、检测仪器，之后由哈工大化工学院院长兼无锡新材料研究院院长黄玉东博士向会议介绍无锡新材料研究院的概况：研究院有70台套检测与试验设备，拥有一支强大的研究团队（博士18人，硕士3人，本科5人）。研究院主要研究材料表/界面工程、功能膜材料、晶体材料及器件和特种胶接与密封材料四大产业。已经开展的薄膜研究方向有：①BOPET光学膜用聚酯原材料的开发及工程化应用；②BOPET光学膜用在/离线涂布用水性纳米涂层材料的研究及工程化应用；③覆铁用BOPET薄膜的分子设计与合成及工程化应用研究；④具有特殊定向结构的改性聚酯的合成及性能研究（低熔点、高结晶度、可控的结晶速率）；⑤可以直接拉制耐高温蒸煮BOPET膜的开发及应用研究；⑥低烟、无卤、阻燃BOPET膜的研制；⑦聚酯/聚酰胺杂化本体结构构筑设计与合成实施及成膜工艺研究；⑧BOPET膜表面结构分析与微结构构筑。

本着互相促进、互相发展的原则，聚酯薄膜专委会与新材料研究院双方决定在无锡成立聚酯膜专委会新技术、新产品开发实验基地及联合检验中心。目的旨在为薄膜行业进行全面服务，接受业内厂家的委托开发项目，并优先安排行业协会会员厂家的技术开发合同的运作和完成工作（各厂家的具体开发任务另行与新材料研究院签订合同）。双方签署的协议要求为行业新技术、新产品发展的国外动态进行信息关注并通报，为研究方向确定提供咨询参考。协议同时明确聚酯膜专委会有获得具体项目开发名称的知情权，以便及时调整行业发展信息，避免同类产品的重复上马（如果合作双方要求保密的将不对外公布）；所属的会员企业享有实验基地及联合检验中心技术服务（产品、原料的检测）和信息服务（国内外产品的动向分析等）的优惠价格。

许多与会企业表达了愿意与哈工大无锡新材料研究院进行业务合作、共同开发新产品的心愿。企业老总们认为建立行业产品的实验基地及检验中心是件大好事，这样的产学研合作可填补行业空白，将有助于推动产业技术进步，是促进行业发展的福音；新成立的实验基地及检验中心，可以持续地帮助企业在产品转型期间得到技术和信息的扶持，拓宽经营发展的机会；实验和检测设施的共享使用，弥补企业投资和技术力量的不足或重复投资；在行业标准缺乏和质量投诉理由辨别不清的情况下，可以凭借真实的数据说话（而不是利用各自的模糊经验），让供需双方一起认同第三方检测的权威意见，寻找问题根源。

4．注重信息交流，尽量掌握业内外的第一手信息

行业内外的信息交流目前主要依靠走访交流、会议交流、内部信息、网站交流和展会交流。

（1）专委会通过年内的各次工作会议与企业分享行业相关数据统计；交流BOPET市场及原料行情和未来走势、行业相关配套领域的最新动态，还包括行业产能规模现状和新产能释放、进出口数据分析以及行业经营情况调研（开工率、利润率、库存）等内容。

（2）3月6日，专委会在上海金门大酒店特邀相关专家举行专题报告，其中有《后金融危机时代下BOPET行业的浅析》《双向拉伸聚酯（BOPET）薄膜的高性能化研究》《创新技术和BOPET产业》和《LCD显示背光用光学膜片》。报告内容新颖、丰富，引起与会代表的广泛兴趣。

4 月 21 日，秘书处参与双拉设备技术交流会；4 月 23 日，部分企业代表参观 2014 第十五届国际橡塑展（上海）；5 月 8 日，参观触摸屏功能薄膜展览会（上海）；6 月 30 日，秘书处在上海与“薄膜加工在线”两位编辑进行业务交流；7 月 24 日，秘书处受邀参与中国节能实业有限公司内部的行业研讨会（重庆）；9 月 22 日，秘书处与中石油辽阳石化公司的交流原料切片开发方向的问题；9 月 25 日，徐志强理事长受布鲁克纳邀请在技术研讨会（苏州）上作《迎接薄膜市场的新挑战》的演讲。

（3）秘书处陪同协会专家委员会主任王德禧教授 3 月 7 日去上海邦凯，5 月 28 日去山东圣和、胜通的生产现场勘察，了解不同时期生产线的配置状况。

3 月 26 日和 7 月 18 日，专委会先后去宜兴光辉了解聚酯热收缩膜的投资情况和去盛泽恒力集团了解大型化纤企业跨入本行业准备现状和发展趋势，畅谈市场培育和促进行业健康发展的期望。

（4）3 月 14 日，在多方搜集资情的基础上，秘书处撰写《光学类薄膜资讯》提供中轻联领导参阅备案；撰写《调整产业结构亟待走专业化、优质化之路》在“中国塑协通信”的专题论述栏上发表。

先后撰编内部参考使用的《行业信息》（电子版）2 期，撰编文字版内部刊物《聚酯薄膜资讯 NO.05》（沪 K 字第 0704 号）直接反映与聚酯薄膜发展密切相关的资讯。

5．完成上级协会布置的相关工作

（1）先后联系万华、富维、杜邦鸿基、国风、紫东等单位参与热封膜、亚光膜、预涂膜、激光防伪膜、电容器用膜、热转印碳带基膜等产品标准的编制工作。

（2）在征询企业意见和在哈工大无锡新材料研究院的支持下，编制了聚酯薄膜行业的“十三五”发展规划（草案）。

①“十三五”发展的总体思路：增加产品出口化解产能过剩，产品结构转型要体现功能化、差异化和高端化，提高我国 BOPET 薄膜的整体竞争实力；加强专用功能化原料、专用成套设备和工艺技术的研发；加强产学研合作，与大专院校及研究机构建立行业公共实验测试平台，为行业技术创新服务，同时也为行业培养专业技术人才；支持设立反不正当竞争仲裁机构，规范市场秩序，促进行业良性发展。

②重点任务：一是原材料方面，加强特种功能性聚酯薄膜的专用聚酯切片的研究，重点研究添加剂、原材料提纯、合成技术及薄膜表面涂层材料等，改变同原料、同工艺、同规格普通包装用聚酯薄膜产能严重过剩的现状。二是装备和工艺技术方面，在原材料质量保证的情况下，最终产品的结晶度、物化和光学等性能指标主要依赖于加工设备的合理配合和工艺参数（如挤出各段温度调整、挤出机模头设计、加料速度、挤出螺杆转速、收卷速度、定型温度、双向拉伸速度等）的合理设置。在产品结构方面，则根据新兴产业的需求，以满足轻盈、便捷的差异化需要，尽可能去挤占高端薄膜的市场。

③重点发展产品有：光学级聚酯薄膜、高耐湿热聚酯薄膜、覆铁用聚酯薄膜、高阻隔性聚酯薄膜、农膜用聚酯薄膜、热收缩聚酯薄膜、智能玻璃窗膜等。

（3）组织合肥乐凯、江苏裕兴、上海紫东、常州百佳、江苏兴业（三房巷）、浙江强盟、浦江宏达、基烁塑胶、杭州大华、天津万华、浙江中发、绍兴翔宇、无锡海特新材料研究院有限公司 13 家会员单位参加中国塑料加工工业协会 12 月 15~17 日在广州海珠区保利世贸博览馆举办的“2014 中国国际塑料新材料、新技术、新装备、新产品展览会”。本专委会被展会组委会评为“优秀组织奖”；合肥乐凯、上海紫东被评为“最佳设计奖”和“优秀展商奖”。

6．发展增加新会员 7 家单位

山东胜通光学材料科技有限公司、苏州宝力塑胶材料有限公司、张家港康得新光电材料有限公司、汕头德睿包装材料有限公司、营口康辉石化有限公司（恒力集团）、合肥乐凯科技产业有限公司和杭州和顺塑业有限公司先后提出书面申请成为专委会会员单位。

三、聚酯膜专委会对行业经营的感受和体会

（1）资源和能力是企业成功的关键，也是企业确立竞争优势的重要组成部分。若要保持竞争优势，企业在资源和能力方面必须具有持续的不对称特点；必须建立一套相互隔绝的机制，防止竞争模仿和削弱企业竞争优势的源泉。但是，在技术飞速进步和偏好多变的今天，一个滞留在既有优势地位的企业，很快就会被更富有创新活力的竞争对手所

取代。因此，企业在培育核心竞争力的同时，应注重建设学习型的员工队伍和充满创新精神的企业文化。

（2）对于一个企业组织来说，带有全局性或决定性的经营谋略需要符合和保证实现使命的前提。在现有环境中存在多种机会和创造新机会的基础上，要规避环境的威胁，适应环境的变化，满足市场的需求，需要比较和整合自身企业的优势，来确定企业从事的经营范围、资源配置、竞争对策和协同作业四个要素。

（3）当包装领域仍旧是行业主流产品市场时，我们需要关心包装用途的新变化，需要思考转型期的各种包装的知识性、科技性问题。纵观目前各个下游市场，无论是食品、化妆品、医药都开始走细分的专业化道路，只有不断的细分和专注于某一领域，向一些特定群体提供有针对性的产品服务才有一定的生存基础。特别是用于食品、药品包装的薄膜要在完善阻隔性、耐油脂性、耐寒和耐低温性、密封和粘合性、商品展示性之余，需要考虑包装材料的安全、卫生性和消费的简便性、经济性。

四、聚酯膜专委会改进明后两年的工作方向

1．规范市场秩序，需要加强舆论监督与辅助仲裁处罚

行业的健康发展离不开合理的经济利益作推动力。无节制的逐低方式，让行业普通类产品遭遇低于成本价销售从而抢占市场份额的不公平竞争，专委会需要持续揭露逐低竞销终究带来损人损己，“蚁穴毁堤” 摧毁整个行业利益的不义行径。在各会员单位和相关企业的倾力支持下，专委会对一些不顾质量信誉、产品成本，一味采取低于成本价销售从而抢占市场份额的不公平竞争，要组织力量作适当的客观评估。评估意见要通过网络舆论监督与其他监督形式结合的验证，起到正面地促进规范经营的效果。

尝设行业反不正当竞争仲裁委员会来逐步辅助规范市场秩序。反不正当竞争仲裁委员会在尊重依据的前提下，向国家管理部门反映事实情况，争取支持对严重逆行者征收额外消费税，规范行业发展秩序，有利于本行业更好地走向世界。

2．组织专题研讨会，旨作海内外聚酯膜产业的交流平台

继“第一届中国聚酯薄膜产业技术与市场研讨峰会”的尝试成功，计划下半年（暑假结束后的第三~五周）在南方城市举行 2015 年“第二届中国聚酯薄膜产业技术与市场研讨峰会”。

准备通过研讨峰会的形式，触摸国内外聚酯薄膜产业科技的脉搏，了解全球最先进的功能薄膜产品、加工设备、技术与服务，与国内外薄膜生产商、采购商、设备研发制造商进行技术交流，经贸洽谈，以作为海内外双向拉伸聚酯薄膜产业链的重要交流平台。

3．“产学研”对接，积极扶持企业的产品转型

鼓励以薄膜企业为主体，围绕行业“十三五”发展规划，与上下游产业链（包括原料、装备、辅助材料等）的联合协作、与科研院所的协同创新、联合攻关，更有效地实现重点产品的技术突破（有可能，一个新项目的成功会催生一个新的经济增长点）。

鼓励企业向哈工大无锡新材料研究院等具有基础研究和应用加工技术开发能力的科研院所或企业单位直接购买改进产品的专营权（包括设备改造、单独掌握市场资讯和生产技能等）；对市场容量不大的产品，尽量实行“一厂（企业）一品”。具体操作上，先选择项目条件成熟的企业作试点，并注意项目知识产权的贸易保护。

4．完善创新体系，进一步加强行业标准化工作

针对整个聚酯薄膜行业的通用标准和产品管理方法的缺失、滞后，而且缺少明确数量化的标准诠释。秘书处除了进一步加强采集国内外相关聚酯薄膜产品标准，还将积极配合上级协会、联合行业生产企业、结合下游特定的客户群体等，一起参与到国际、国家、行业标准的制、修订工作中去。专委会需要鼓励企业积极参与对重复性生产产品和概念的统一规定的编拟，让从业人增加共同遵守的准则和依据，以行动来改善行业实际存在产品同质化竞争的事实。真正理解标准化程度是衡量一个行业进步水平的重要指标，理解掌握了标准的制定权也就掌握了市场主动权和解释权的道理。

（中国塑料加工工业协会 BOPET 专业委员会 王德钧）

泡沫塑料EPS

一、行业现状

2014 年，中国 EPS 产业经历严重考验。受全国房地产市场低迷影响，整年 EPS 外墙保温用量有了明显回落。虽然自年初起苯板在部分省已经全面放开，但外墙保温整体市场需求在经历 65 号文件后，不断被其余产品蚕食。截至年底，EPS 外保温市场占有率约在 70%，同 2009 年鼎盛时期比下降了 15%。

另一方面，EPS 包装市场情形同样不容乐观。受楼市下行抑制家电刚性需求的影响，2014 年我国大家电市场表现同样不理想：空调器、冰箱、冷柜、微波炉产量同比小幅增长，洗衣机、电热水器产量下降；小家电形势好于大家电，多数产品产量保持增长。虽然 EPS 在水果、蔬菜等包装箱上的用量尚可，但因所占比重有限，并不能对全年 EPS 总体用量形成明显的支撑力量。

纵观 2014 年全年，房地产下滑造成的开发商资金紧张与原料商降低承兑或欠账的销售份额，双重压力加重 EPS 制品企业的资金周转。而国外石墨 EPS 原料的疯狂涌入与国内树脂企业的蓄势待发以及各方对热固改性 EPS 等效 A 级的质疑与地方政策的慎重成为了贯穿全年的主旋律。

根据 EPS 专委会统计，2014 年国内 EPS 制品用量为 211 万吨，比 2013 年同期下降了 13%。2014 年 EPS 树脂产量达到 235 万吨，出口量 26.2 万吨，原材料产能达到 650.5 万吨，企业数量近万家。全行业呈现“经济新常态”下的阵痛模式。

二、专委会活动

1. 深入行业调研工作，积极帮助企业成立地方性行业组织

针对行业发展需求，专委会积极组织专家赴各地了解企业生存状况，在 EPS 企业集中的区域，以召开地区座谈会的形式，同企业近距离沟通交流，为企业发展出谋划策。特别响应国家简政放权的号召，专委会积极帮助成熟地区 EPS 企业成立地方性行业组织。重点走访山东、天津、河南、安徽四省，到企业摸底调研，组织企业会谈，共同商讨相关事宜。

2. 积极面对产业政策调整，有效起到纽带作用

专委会作为政府和广大企业之间联系的桥梁和纽带，起到上情下达，下情上达的作用。既要把最新的国家政策传达下去，得到广大企业的理解和支持，推进各项工作的顺利开展；又要把企业的呼声反映上来，为政府决策提供依据。

2014 年，GB29906—2013《模塑聚苯板薄抹灰外墙外保温系统材料》国家标准正式施行。为配合标准实施，专委会配合相关标准制定部门在各地组织贯宣会，为企业答疑解惑，同时也为石墨 EPS 产品健康发展保驾护航。

3. 加强国际合作交流，提升中国 EPS 产业影响力

作为 EPS 行业对外交流的窗口之一，专委会积极开展形式多样的工作，提升中国 EPS 产业在全球的影响力。2014 年，专委会与亚洲 EPS 联盟等国际 EPS 行业组织建立起了广泛的联系，组织人员参与日本亚盟国际会议，参观国外回收企业，举行全方位的学术交流等，将国外先进技术与产品介绍回国内，引起从业者的积极反响，收到了良好的效果。

4. 强化信息集成，开展形式多样的宣传工作

作为一个时刻为行业服务的团体，EPS 专委会通过展会、网站等多种途径，为广大企业发布市场、科技等行业信息，提供交流平台，对 EPS 产业健康发展起到了积极的导向作用。

作为 EPS 行业年会的重要组成部分，EPS 展览会汇集了同时期国内 EPS 原料、制品、设备、应用等方面的最新科研成果和技术。2014 年更是有 20 余家参加展会，参展企业数量创历年之最。特别是展会现场更新增了石墨 EPS 与真金板产品展览，得到广大观众的高度关注。

除此之外，专委会又组织企业参加“中国橡塑展”，“保温材料与节能技术展览会”，为企业寻求商机提供可靠平台。

5. 加强协会自身建设，树立行业典型企业

本届专委会换届改选三年多来，我们在服务会员、上听下达、信息共享、活动组织等方面做了一些工作，但在工作的过程中，我们也深感到自身的服务离企业的要求还有一定距离，有很多不尽如人意的地方，特别在很多地区，由于缺乏当地企业的支持，导致专委会工作开展的捉襟见肘，难有起色。针对这个问题，今年专委会连续走访了全国多个地

区，将各地会员当中一批热心行业工作、有影响力、有代表性的企业纳入常委会当中来。

三、重点企业

见龙机构始建于 1973 年，1976 年确立核心产品——可发性聚苯乙烯（EPS），并在高雄建立年产 4 万吨 EPS 工厂。20 世纪 90 年代起，见龙机构陆续在宁波、江阴、东莞、天津、克拉玛依、盘锦建立 EPS 生产基地，至 2012 年年底总年产能力将达到 200 万吨，见龙机构也将因此成为全球最大 EPS 制造商。

无锡兴达集团创建于 1992 年，是专业生产可发性聚苯乙烯（EPS）的大型民营塑化企业集团。旗下“锡发牌”商标为中国驰名商标，产品畅销全国 30 多个省、市、自治区，远销欧洲、美洲、大洋洲等 20 多个国家和地区。现在兴达集团总产能已达到年产 EPS80 万吨的规模。生产规模雄居“世界前三、中国前列”。

中国海景控股有限公司专注于为电子信息行业提供包装服务，在青岛、合肥、惠州等地设有主要生产基地。公司主要业务是为国内大型家电集团（海尔集团、美的集团、TCL 集团、长虹集团、澳柯玛集团、海信集团、长虹美菱等）提供包装制品和结构件制品的配套服务，在中国家电缓冲包装行业中具有市场领导地位。

天津斯坦利新型材料有限公司，坐落于天津蓟县经济开发区。公司主要研发和制造各种微发泡高分子材料，并致力于打造一个以微发泡高分子材料为主的涵盖材料、工艺及装备的综合性核心技术平台。斯坦利新材料始终秉持“科技以人为本”的理念，坚持走绿色可持续发展之路，在产品研发、工艺技术和生产过程中采用各种高新技术，确保公司产品和制造过程均能最大程度地满足绿色环保、节能高效和安全至上的标准。公司核心研发团队均来自国内外顶尖的化工院校和企业，拥有数十年的专业经验和行业积累，不论是在产品配方、工艺路线还是生产设备方面，均有强大的综合研发能力。

四、新产品开发

天津斯坦利新型材料有限公司利用挤出机料筒和螺杆间的作用，边受热塑化，边被螺杆向前推送，连续通过机头而制成挤出石墨 EPS 树脂。由此树脂生产的石墨 EPS 板除了具备传统 EPS 保温板的全数功能外，还具有如下特点：

（1）对经典隔热发泡聚苯乙烯通过化学法进一步提炼，绝热效果有了明显的改良。产品含有丰富的石墨颗粒，可以像镜子一样反射热辐射，粒子个中含有大量大幅度提高保温隔热效能的红外线吸收物，从而削减屋宇的热散失。挤出石墨 EPS 的绝热能力比普通 EPS 效果提升 30%，有助于削减二氧化碳的排放。

（2）表观密度 20 千克/米 ^{3} 的挤出石墨 EPS 能达到 0.030 瓦/（米·开）的导热系数与 0.048 瓦/（厘米 ^{2}·开）的蓄热系数，有着突出的保温绝热才能。

（3）挤出石墨 EPS 被普遍应用于住宅的墙体、屋顶及冷库、船舶等，更是适用于“零能耗房”的绝佳保温隔热材料。

（4）防火效用：挤出石墨 EPS 的燃烧性能达到 B1 级（GB8624—2014）《建筑材料及制品燃烧性能分级》，具有良好的防火能力。

五、存在问题

（1）石墨 EPS 产品质量与国外还有较大差距。在现有生产工艺的基础之上，国产石墨 EPS 与进口产品比起来，无论是质量稳定性还是用户好评率均存在一定差距。同时国外主流石墨 EPS 生产技术已由原先的悬浮法转变为挤出方式，而目前此技术在国内只有一家企业可以做出，但产品品质还存在一定问题。

（2）企业普遍创新能力不强。国内 EPS 产业技术进步发展速度缓慢，随着现有技术门槛的不断降低，越来越多的企业开始进入这一行业。由于产品同质化严重，引发长期价格竞争，不利于行业健康发展。

（3）防火安全性有待提升。近年来，EPS 防火安全性问题一直被社会所诟病。更有部分企业唯利是图，以次充好，将轻板或不阻燃的 EPS 板用于外墙保温与彩钢板，给人民群众生命财产安全造成了严重威胁。同时更威胁到行业发展前途命运。

六、发展趋势

（1）挤出石墨 EPS 生产技术的探索。挤出石墨 EPS 技术作为下一代石墨 EPS 生产技术发展方向目前在欧洲地区已成功实现批量生产，其生产的石墨 EPS 产品与目前悬浮法生产的石墨 EPS 相比，在产品粒径控制、产品品质稳定方面得到了极大提升。

从目前我国外墙保温节能发展趋势来看，对外墙保温材料的导热系数将低与防火性能提升做出了更高的要求。根据国标（GB50016—2014）《建筑设计防火规范》的要求，今后有机保温材料只能用于民用建筑百米以下，而在各地方政府执行过程中，对白聚苯与石墨EPS的适用高度更是做出了区分，如合肥规定：白聚苯只能用于60米以下，石墨EPS可用于百米以下。这必将成为今后国内EPS建筑应用的发展走势。而作为新一代生产技术的挤出石墨EPS生产法将提供更安全可靠、性能更优的产品。

（2）包装的轻量化。EPS包装在日常中应用越来越广泛，生产厂家对EPS包装重量的要求也越来越高。包装重量的减轻，对企业和环境的盈利都有益，使用更少的材料出产包装，对包装进行减重是EPS包装的发展趋势。特别是树脂原料的价格居高不下的形势下，越来越多的企业对包装轻量化发出越发浓厚的爱好。

当EPS包装被成功地实施轻量化之后，在成型的工艺环节所需要的树脂材料就更少了，因为使用更少的EPS，从而对环境保护起到积极作用。轻量化的EPS包装可以缓解社会对环保和可持续发展的担忧，将会有越来越多的人选择包装更好、出产速度更快、包装本身坚固且重量减低的产品，并为企业带来可观的经济效益，行业才能进一步发展。

（3）物联网技术的成熟应用。随着科技的发展，生产力的进步，越来越多的传统制造业工厂开始转型为智能化工厂，为了在激烈的市场竞争中取得优势，必须在生产经营的各个环节控制成本，降低人力资源，充分发挥科技生产力，使企业利益最大化。物联网技术的引入EPS行业可以帮助企业不断创新，提高效率，降低成本，精细化管理，使生产的每个环节透明化，从而减轻企业的管理负担，准确，客观的反应生产过程中的真实情况，以便企业主做出正确的领导决策。通过无线网络（Wi-Fi）、红外线传感、云台监控、3G/4G网络、云计算、RFID等可以实现在EPS设备上的实时监控（智能手机）、远程控制、故障报警、生产管理、维护与保养、统计报表等工作。

（中国塑料加工工业协会泡沫塑料EPS专业委员会　王庆圆）

硬质PVC发泡制品

一、行业现状

1．行业产能与生产规模

据中国塑协硬质PVC发泡制品专委会不完全调查显示，2014年硬质PVC发泡制品行业总体处在一个快速发展的态势，生产企业超过300家，产能达近100万吨，全年产量超过65万吨，同比增长10%左右。但建筑模板的开工率不足30%，近400条硬质PVC发泡建筑模板生产线，只有100多条在生产，实际产量20多万吨，主要是由于前几年突击上马的生产线存在一定缺陷，产品质量存在一定问题，加之建筑企业欠款严重等多方面原因造成。

2．产品市场与开发

国内PVC发泡制品应用领域主要是室内外建筑材料占52.2%、家具占12%、广告牌占13.4%、其他占22.4%。建筑材料包括PVC发泡门窗、发泡管材、墙板及其他装饰装修材料等。中国对建材的需求量巨大，但是目前仅有10%左右使用PVC发泡制品，该领域市场潜力巨大，随着PVC发泡建筑模板开发成功，这一比例将会得到较快提升。家具包括各种柜体、房间隔断、办公隔断、屏风等，随着人们对PVC发泡材料的优良性能及无毒环保等特性进一步了解，其在家具上的用量也将会快速增长。广告方面主要是广告展板、裱画板、丝印、喷绘、雕刻等用途，所用PVC发泡制品大多采用自由发泡板及共挤发泡板，前者密度小，成本低，后者可以提供更好的弯折性能及表面硬度。

随着国外对地板材料环保性要求越来越高，我国出口北美的地板大都要求环保无毒，由无锡博特建材有限公司等企业开发的PVC发泡地板近年来取得了较快发展，是替代含甲醛等有害物质地板的最佳材料。随着人们对地板材料的环保性要求提高，国内市场也将得到快速发展。

3．运营状态

2014 年 PVC 树脂价格一直在低价位徘徊，2014 年全年 PVC 树脂价格平均低于往年同期水平。其他辅料、助剂等价位与往年基本接近。2014 年行业内绝大部分企业都有了不同的利润空间，企业运营压力减轻了许多。

2014 年行业总体综合状况基本良好，市场在稳步回升，2014 年行业总体平均盈利水平超过 2013 年平均盈利水平。产品质量总体上升。伴随 2014 年行业总体平均盈利水平的提高，许多硬质 PVC 发泡制品生产企业对企业的设备、模具进行更新或扩大产能。行业中的设备厂、模具厂迎来新一轮的热销；重点助剂企业的销量也有一定幅度的提升。

当然，由于房地产行业受国家宏观调控的影响，部分硬质 PVC 发泡产品延续去年市场较为低迷的态势，市场回升速度并不明显。特别是 PVC 发泡建筑模板，由于先期上马的生产线或模具存在缺陷，加上过于追求低成本，产品质量较差，2/3 生产线试生产后就一直没有连续生产，停产或半停产状态。目前生产正常的大都是后期新上的设备或模具，并且配方进行了优化，产品质量较好，而且大都自己有建设工地，不存在压资的问题。随着科研院所、PVC 原料企业、设备及模具企业共同协作开发，有针对性地开发专用原料，并对设备和模具进行改进，PVC 发泡建筑模具用量将会得到较快发展。

总之，硬质 PVC 发泡制品是节能、环保新材料，已得到全世界所公认，它又符合国家鼓励发展的产业政策，可以大量替代木材，并且是目前替代木材性能最好的材料，有很好的发展前景。因此，行业内的企业，要大胆创新，要不断扩大产品的用途范围，要持续提高产品的工艺技术和质量水平，这样硬质 PVC 发泡制品的市场将会越来越大，受房地产市场的影响也逐步减小，实现稳定发展。

二、行业热点

针对 PVC 发泡建筑模板热变形温度较低，由专委会牵线，由湖北工业大学、中泰化学、中阳德欣科技有限公司、青岛三益等单位组成攻关小组，分别从 PVC 原料、设备模具、生产配方等方面来提升 PVC 发泡板的热变形性能，目前产品性能得到了较大提高。

PVC 发泡板根据生产工艺可分为自由发泡板、结皮发泡板（也叫塞路卡法）及共挤出发泡板，相关标准都是 1999 年制定的，限于当时的生产技术及产品用途，其中有些关键指标已经无法满足实际生产和应用需要，因此，2013 年在专委会组织下，由宝天高科、山东博拓、福建铭冠、济南海富等企业为起草小组，准备对这三个标准进行修订，并召集了相关企业参加修订讨论会，讨论并制定了修订方案，完成了标准修订立项报告，并上报到了全国塑料制品标准化委员会，等待轻工联合会等部门批准。

三、专委会活动

（一）成功召开 2014 年年会及技术交流会

中国塑协硬质 PVC 发泡制品专业委员会 2014 年年会暨技术交流会，于 2014 年 12 月 14 日在广州珠江宾馆举行。这次会议是由中国塑料加工工业协会主办，由中国塑协硬质 PVC 发泡制品专委会、青岛三益塑料机械有限公司承办，由上海威垒模具有限公司、淄博华星助剂有限公司、浙江精诚模具机械有限公司、舟山市宇鑫机械有限公司、济南辉煌化工有限公司、青岛阳光嘉恒国际贸易有限公司、德国亨设尔（上海）动力传动技术有限公司、舟山德玛吉实业有限公司、青岛长丰制辊有限公司、青岛莱美特有限公司、上海嘉好机械制造有限公司、黄石市鸿达塑料模具有限公司等单位协办，由新疆中泰（集团）有限责任公司特别赞助。中国塑料加工工业协会常务副理事长曹俭、中国塑协硬质 PVC 发泡制品专委会理事长徐斌，住房和城乡建设部科技发展促进中心评估推广处处长高立新、中国氯碱工业协会专家委员会副主任张国民、中国模板脚手架协会理事会秘书长赵雅军等政府及协会领导出席了会议，参加会议有来自全国各地 PVC 发泡制品生产企业，及与之相关的原料企业、模具及设备企业、科研院校等单位代表 300 多人参加了这次会议。会议由中国塑协硬质 PVC 发泡制品专委会秘书长周家华主持。

上午会议为专委会 2014 年年会，下午为技术交流会。年会首先由青岛三益塑料机械有限公司董事长周玉亮致欢迎词，然后由专委会徐斌理事长做“2014 中国塑料加工工业协会硬质 PVC 发泡制品专业委员会工作报告”，该报告分析了行业的现状、总结了行业主要产品的基本情况、明确了下一步工作重点。住建部科技发展促进中心高立新处长用详尽的数据分析了与 PVC 发泡建筑装饰材料相关行业发展形势及未来发展趋势，为硬质 PVC 发泡装饰装修材料应用展现了一个美好的前景。中国塑协曹俭常务副理事长做了“中国塑料加工业未来发展及挑战”的报告，阐明了塑料加工业过去长期依靠高投入、高能耗、低成本的增长模式已不可持续。必须尽快从资源消耗型向要素集约型、从依靠扩大投资和规模扩张转向依靠技术进步、创新和要素升级上来。同时有针对性提到通过物理、化学发泡方法，采用挤出、注塑、吹塑及旋转模塑等多种方式生产以 PVC、PS、PC、PMMA、PET 和 PSF 等材料为基材的各种板材、片材及异型材制品，不仅显著减轻制品重量，而且将改善和提高其性能，特别是微孔塑料的出现给塑料制品的加工和应用带来革命性的变化。“功能化、轻量化、微成型”不仅是世界塑料加工业总的发展方向和趋势，更是世界塑料加工业先进成型技术的体现，引领行业未来科技攻关、技术创新的方向，对塑料加工业具有重要意义。PVC 树脂生产企业——新疆中泰（集团）有限责任公司的副总工程师赵永禄介绍了中泰集团 PVC 树脂产能及技术优势，并且愿意为 PVC 发泡制品行业提供优质的服务。中国氯碱工业协会专家委员会张国民副主任做了“中国 PVC 树脂产业概况及技术发展趋势”的报告，分析了 PVC 树脂的现状、在全球所处地位、在通用塑料中所占比重，结合我国的实际情况谈到了 PVC 树脂的发展趋势。

在技术交流会上，多位国内外 PVC 发泡行业的技术专家到会讲解行业发展新技术及应用。首先由湖北工业大学陈绪煌教授介绍“聚合物共混改性原理及技术”，重点介绍了共混改性中相容性的研究方法、提高相容性的方法，同时还介绍了共混时各组分分散机理及共混效果的常见测试方法等。接着由中国塑料加工工业协会科技咨询专家委员会施珣若专家给大家介绍了国内外 PVC 制品环保的发展回顾与展望，从国外发达国家的环保发展历程引申到国内的 PVC 制品环保发展及展望，提出即要横向联合，也要纵向联合，共同推进 PVC 制品环保发展，以适应全球环保化发展的需要。德国亨设尔(上海)动力传动技术有限公司技术专家 Stefan Knieling 介绍了平行双螺杆比锥形双螺杆挤出机具有的诸多优势，并详细介绍了要实现这些优势传动系统所采用的先进技术。德国克劳斯玛菲技术有限公司的范凯军经理介绍了克劳斯玛菲公司在 PVC 加工设备中所采用的先进技术，特别是螺杆的结构及耐磨处理技术。技术交流会上浙江精诚模具机械制造有限公司、青岛莱美特机械有限公司及黄石塑料模具有限公司等国内知名企业介绍了 PVC 发泡制品生产模具的结构特点及技术改进、PVC 发泡制品表面处理方法及优缺点。由于会议内容具有针对性，符合与会代表需求，200 多人的会场始终座无虚席，会场秩序良好。

这次会议成功地将 PVC 发泡制品生产企业与上下游企业及科研单位连接在一起，针对 PVC 发泡建筑模板存在的问题找出更好的解决办法，为行业健康发展保驾护航。同时会议还受到了轻工联合会步正发会长及钱桂敬副会长的关注，对于会议的成功召开表示了极大的肯定，并为行业持续发展出谋划策。

（二）专委会建设

1．充分利用协会及专委会的资源优势，为企业提供全面服务

配合中塑协，根据中国轻工业联合会下达的“关于 2014 年度中国轻工业联合会科学技术奖励申报工作的通知”，组织会员企业积极参与，征集行业内优秀科技创新项目，参加中轻联科学技术奖励申报。根据商务部、国务院、国资委于 2009 年 5 月发布的“关于行业信用评价工作有关事项的通知”（商秩字[2009]7 号）要求，在中国塑协的指导下，根据企业具体情况推荐企业参与“中国塑料行业企业信用等级评价”，使行业内企业获得“3A 信用等级”评价。根据企业发展需要，指导企业进行研发中心建立的申请材料编制、报批、评审等工作。

积极组织会员企业参加“申报 2014 年度国家级重点新产品计划项目”活动，把符合条件的企业推荐给中塑协，申报重点新产品和战略性创新产品。组织推荐行业内会员企业参加中国工业企业品牌竞争力评价工作，推荐本行业优秀企业填写相关材料，上报中塑协。按照中塑协要求，组织行业会员企业填写申报材料。

2．完善专委会网站，及时更新网站内容，提升行业宣传力度

专委会网站可以快捷方便的为行业相关企业服务，也是广大会员交流平台。为了提高网站的服务质量，专委会及时对网站的“重点报道”及“行业动态”等项目进行更新，以便会员单位能及时了解到相关信息，同时还利用网站的“产品介绍”“推荐产品”及“广告宣传”等栏目为会员单位的产品进行宣传。并且，还收集国内外相关技术资料补充到网站的“技术资料”“行业标准”等栏目内。

3．积极发展会员，壮大专委会队伍

通过网络宣传、行业走访、提供专业技术支持、提供政策及信息服务等多方面来积极发展会员，为本专委会逐渐壮大打下了坚实的基础。

四、重点企业

硬质PVC发泡制品生产企业主要分布在广东、山东等地区，硬质PVC发泡实心板产品生产技术成熟，广东广洋高科技股份公司等公司是该产品的代表企业；PVC发泡中空板是最两年才开始大批量投产，主要分布在上海、江浙一带，规模较大的企业设计产能都在2万吨/年，产值可达人民币2亿元/年；PVC发泡建筑模板经过两年发展，2014年新增100多条生产线，新增产能约20万吨以上。

1．宝天高科（广东）有限公司

宝天高科（广东）有限公司是外商独资高科技企业。公司投资总额达3 000万美元，占地面积61 441平方米，专业研发、生产PVC发泡板、PVC发泡型材、改性工程塑料。

该公司坐落于风景优美的国家级开发区——广州经济技术开发区，毗邻广深高速公路。该公司聘请了行业内知名教授和技术专家组成专家委员会，与中国塑料加工工业协会、广东省塑料工业协会有着紧密的技术合作关系，确保了产品在行业内的主导地位。

公司引进了国际上最先进的生产设备及加工技术，建成了国内最大的PVC发泡板材生产基地，年产能力达3万吨。品种包含自由发泡和塞路卡结皮发泡，厚度范围为1.5~30毫米。产品广泛应用于家具、广告、建材、装潢及工业应用等领域。

该公司2012年销售收入22 245万元，利税1 281万元，出口1 167万元，出口占销售收入52.4%。2013年销售收入25 972万元，利税1 561万元，出口13 438万元，出口占销售收入51.7%。2014年销售收入20 421万元，利税1 557万元，出口10 272万元，出口占销售收入50.3%。

2．山东博拓塑业股份有限公司

山东博拓塑业股份有限公司始建于2006年，2010年9月在原沂源县伟锋橡塑有限公司基础上改制为股份有限公司，公司总占地面积10万平方米，注册资金500万元人民币，固定资产5 500万元，是一家集研发、生产、营销为一体的现代化PVC发泡板材的生产企业。

公司生产的PVC微发泡板材，产品规格品种齐全，是以塑代木、以塑代钢的新型绿色环保材料，具有防潮、阻燃、隔音、隔热、吸音、保温、不变形、无毒、美观、抗老化能力强等优点。并具有同木材一样的加工性能，可锯、可刨、可开孔、可钉、可上螺丝、可粘接，而且具有木材没有的热粘合、塑料焊接等加工方法，是一种符合国际标准的新型装修装饰材料。

公司现有职工280余人，其中大中专毕业生160多人，拥有一支高素质、事业型的管理团队，秉承“敬业、创新、务实、严谨”的企业精神，不断加强内部企业管理，完善全面质量管理体系，推行“5S”管理法。在国外，产品已辐射美国、印度、俄罗斯、欧洲、南美、中亚、非洲等国家和地区；在国内，产品辐射各省区市。未来的山东博拓，将成为集研发、生产、营销、国际贸易为一体的大型专业PVC发泡板材生产基地。

该公司2010年与青岛科技大学开展产学研一体化合作，建立了“教学实践基地”和“工程技术科研中心”，2012年组建“青岛科技大学博拓实验室”，为公司的科研创新提供了人才保障。

该公司2012年成为国家高新技术企业，公司已申报专利35项，其中已授权发明专利2项，实用新型专利22项，11项发明专利全部初审合格进入实审阶段。公司已通过ISO9001：2008质量管理体系认证、GB/T24001—2004/ISO14001:2004环境管理体系认证和OHSMS18001职业健康安全管理体系认证。

该公司2012年实现产值约10 196万元，利税1 690万元；2013年实现产值18 650万元，利税3 080万元；2014年实现产值18 583万元，利税3 111万元。

3．章丘桑园塑胶有限公司

章丘市桑园塑胶有限公司成立于2001年，位于山东省济南市。是一家专业生产销售PVC发泡板、雪弗板的厂家。主要产品有：PVC 板、发泡板、塑料板、PVC 焊条、PP 焊条等。公司目前旗下有员工 200 余人，年产销 2 万吨，年产值 2 亿元以上。公司一贯坚持“质量第一，用户至上，优质服务，信守合同”的宗旨，凭借着高质量的产品，良好的信誉，优质的服务，产品畅销全国近三十多个省、市、自治区以及远销东南亚、中东及欧美等国家和地区。

4．济南海富塑胶有限公司

海富塑胶是由海富公司与美国福安投资公司共同投资建立的中美合资企业。公司现有员工 200 余人，占地面积 1.7 万平方米，主要以生产 PVC 系列板材为主。目前公司共有 6 条生产线，全部进口于德国和奥地利。公司依靠先进的设备，严格的企业管理，先后开发了宽幅 PVC 发泡板和超厚 PVC 挤出硬板，PVC 挤出硬板厚度可达 50 毫米，并于 2011 年成功开发生产出了 CPVC 板，高光亮 PVC 板材和永久抗静电 PVC 板材。2013 年公司累计生产 PVC 系列板材 1.2 万吨，实现产值 12 300 万元，出口创汇 1 600 万美元。2014 年公司累计生产 PVC 系列板材 9 864 吨，实现产值 8 200 万元，出口创汇 1 236 万美元，利税 392 万元。产品畅销国内，并远销东南亚、中东、北美、中南美、欧洲等世界各地。

5．中阳德欣科技有限公司

中阳德欣科技有限公司是中阳建设集团有限公司所属全资子公司，公司成立于 2010 年，地址位于抚州市高新技术产业园（金凤路与金巢大道交界处），厂区占地面积 222.32 亩，注册资本 7 246 万元。公司主要研发和生产硬质 PVC 发泡塑料建筑模板、室内外建筑装饰板、各种节能环保和可循环使用的建筑装饰材料。该公司引进德国克劳斯玛菲公司、巴顿菲尔辛辛那提公司的硬质 PVC 发泡板材生产线，提高产品水平，预计总投入 3 亿元以上，项目全部建成投产后，可实现年销售收入 10 亿元。

中阳建设集团前身为抚州地区建工局、抚州地区建筑工程公司，2003 年改制为江西省抚州建筑工程有限责任公司，2007 年组建企业集团更名为江西省抚州建设集团有限公司，又于 2010 年 11 月更名为中阳建设集团有限公司。企业资质为房屋建筑工程施工、市政公用工程施工总承包一级，建筑装饰工程、地基基础工程、土石方工程、消防设施工程、钢结构工程专业承包一级等。公司技术力量先进，管理力量雄厚，下辖投资有限公司和十多个各专业承包公司及土建分公司，拥有各类专业技术人员 352 人，公司注册资金 3.26 亿元，具有从事各类型工业与民用房屋建筑工程施工的综合实力，在江西素有建筑之乡的抚州属龙头企业。

该公司首期研发的三层共挤发泡增强塑料建筑模板代表了国内模板业顶尖水平，填补了省内该产品的空白。公司已拥有该产品实用新型专利权，并获得了“全国建设行业科技成果推广证书”“江西省建设领域新技术认定证书”“江西省建设科技成果推广证书”“江西省优秀新产品二等奖”“江西省新产品证书”“江西省建筑节能产品推荐证书”等荣誉证书，制定了国家行业标准“建筑塑料复合模板工程技术规程”，及国家级工法证书“塑料模板施工工法”。

新型塑料建筑模板是以塑代木，以塑代竹，以塑代钢，节约能源，保护森林资源，造福人类的新一代建筑材料。该产品实用性强，反复使用周期长，操作简便，且能回收利用，能为用户节约大量成本，提高工效，创造良好的社会和经济效益。

五、新产品的开发

1．PVC 发泡地板

由无锡博特建材有限公司等企业开发，产品目前主要针对出口北美的地板存在甲醛、不防水等问题，以 PVC 发泡板为基材，经过表面耐磨处理，使产品既满足市场机械性能要求，又解决了环保及防水的问题。

2．PVC 发泡活动房型（板）材

该产品由意大利富利雅公司开发，主要用于活动房建设。产品主要特点是：墙体板采用内板、外板及连接板等材料组装成中空格子结构，内板为 PVC 发泡普通配方结皮发泡，外板为 PVC 共挤发泡，表面共挤上一层耐候配方的非发泡 PVC 材料，解决了产品耐候的问题，并且这些产品都可回收直接添加到内板或外板的芯层中，既节约能源又环保，是非常符合我国鼓励发展的产品。

六、存在的问题

PVC 发泡制品是 PVC 成员中较为年轻的一员，其发展历史较晚，技术上还有待进一步提高，市场开发也不太成熟，目前总体规模也还较小。

1．规模化方面的问题

由于 PVC 发泡制品进入门槛低，初期投资可以很小，使得行业内的几百家企业年产量大多在 5 千吨以下，年产量上万吨的企业只有十几家。使得大多企业不具备规模化经济生产，企业的创新能力及市场竞争力也较弱。

2．技术先进性方面的问题

我国大约是在 20 世纪 60 年代开始 PVC 发泡制品的研发及试生产，由于成本及环保意识等方面原因，在研发初期，该技术并没有得到足够重视，研发投入也非常有限。随着我国经济不断发展，人们的生活水平不断提高，以及对环境保护的重视，在近十年该技术受到了较大重视，研发的人力物力明显增加了，生产技术及产量都得到了快速提升。尽管如此，同欧美等地区相比，我国的 PVC 发泡技术仍然存在较大差距。国外研发方向更注重产品质量，我国更注重降低产品成本。

3．行业标准方面的问题

对于 PVC 发泡制品中产量最大的实心板，现行行业标准是 1999 年制定的，限于当时的生产技术水平,部分指标要求较低，导致该行业充斥着大量低档次产品，影响着该类产品健康发展，因此，该标准急需进行修订。

对于近年发展非常迅速的 PVC 发泡建筑模板，由于是新兴的一个产品，目前还没有相应行业标准或国家标准，虽然目前处于市场开拓阶段，生产企业大多对产品质量有较严要求，但随着进入的企业增加，竞争的加剧，若没有相应标准来约束，容易形成恶性竞争，不利于该产品长期健康稳定的发展。

七、发展趋势与规划

PVC 发泡产品不但具有许多与木材相同或相近的性能，还具有木材不具备的防水、防腐、防蛀、阻燃、易于着色的基本优点；因无需油漆保护，在使用过程中不会产生任何有害物质，具备环保的优势；密度低，使用寿命长，可回收利用，具有节约材料和环境友好的优势。众多优良性能决定 PVC 发泡产品是木材的最佳替代品，因此发展 PVC 发泡制品在应用木材的众多领域的替代工作将大有作为，重点包括在室内外装饰装修领域的应用等。从发达国家 PVC 发泡制品发展来看，PVC 发泡配方主要朝着无铅化发展，工艺方式主要朝着共挤及微孔发泡方向发展。结合我国国情及行业发展的实际现状，行业将重点发展无铅化产品及节能微孔发泡产品。如钙锌配方、硬质 PVC 低发泡建筑模板、硬质 PVC 发泡地板、活动房板材。

总之，我们将充分利用 PVC 发泡制品的保温、隔音、防潮、防水、防蛀、防腐、阻燃、无毒、力学性能优良、可回收利用等突出优势，不断研发出国内外需求量大的新产品种类，推进行业不断快速发展。

（中国塑料加工工业协会硬质 PVC 发泡制品专业委员会　黄勇）

中国塑协塑料技术协作委员会

国外经济形势疲软，国内经济下行压力加大，以及对环境影响越来越严厉的要求,对行业发展产生了较大影响。行业发展迫切需要结构调整，企业发展需要准确的市场把握，两者都必须依靠技术创新。中国塑料加工工业协会塑料技术协作委员会（以下简称“委员会”）积极开展各项活动，推动行业技术进步。2014 年召开了年会、理事会、参加中国塑协组织的四新展会，并组织会员赴日本参观相关塑料展和企业等活动，积极开展技术协作工作，为塑料加工行业发展增加正能量。活动记录如下。

一、行业活动

（一）年会

1．年会概况

2014 年年会（第九届中国塑料工业高新技术及产业化研讨会/中国第四届塑料与环境产业技术对接会暨 2014 中国塑协塑料技术协作委员会年会•技术交流会）于 2014 年 6 月 26~28 日，由中国塑料加工工业协会和福建师范大学主办，中国塑料加工工业协会塑料技术协作委员会、福建师范大学泉港石化研究院、泉州市泉港石化工业区建设发展有限公司、福建省塑料工业协会、福州市福塑科学技术研究所有限公司、福建省改性塑料技术开发基地、福建省泉州三盛橡塑发泡鞋材有限公司承办，在福建省泉州市泉港区德和商务酒店召开。来自全各地和福建省内的行业领导、专家教授、工程技术人员、技术管理人员等代表共 160 多名代表参加了这次盛会。

2014 年 6 月 26 日上午，大会在德和商务酒店会议室隆重开幕。开幕式主席台就座的有：中国塑料加工工业协会常务副理事长曹俭、福建师范大学副校长汪文顶、泉港区区长吴礼源、福建省经信委技术进步处长陈居雷、福建省科技厅处长林秋、福建省发改委 618 组委会办公室副主任蔡荣富、福建省塑料加工工业协会秘书长余卫平、福州市福塑科学技术研究所有限公司彭超所长、中国塑协塑料技术协作委员会包建成理事长、北京工商大学轻工业塑料加工应用研究所副所长王向东等领导，开幕式由中国塑协塑料技术协作委员会杨惠娣秘书长主持。曹俭常务副理事长在会议开幕式致词中，介绍了上半年我国塑料工业的发展情况以及下半年将在广州召开的“2014 中国国际塑料新材料、新技术、新装备、新产品展览会”的情况并肯定了塑料技术协作委员会上一年度的工作；福建师范大学副校长汪文顶介绍了学校的概况，近年，开门办学，与工业界的中国塑料加工工业协会的合作，与泉港政府合作的各项成果；泉港区区长吴礼源介绍了泉港基本情况和石化项目概况，对各地同行和专家来泉港开会表示热烈欢迎；福建省经信委技术进步处长陈居雷主要介绍了福建省石化新材料产业的现状和福建省在产业创新平台建设方面的措施；福建省发改委 618 组委会办公室副主任蔡荣富介绍福建多年开展的 618 活动概况，专门提到本次会议也是活动组成之一；福建省塑料加工工业协会秘书长余卫平介绍了福建塑料工业概况；包建成理事长致词并就塑料技术协作委员会上一年度工作进行了汇报；福州市福塑科学技术研究所有限公司彭超所长介绍了本所概况并谈了参加塑料技术协作委员会各项活动的感受；王向东副所长代表专委会挂靠单位北京工商大学材料与机械工程学院讲了话，表示将一如既往地大力支持委员会的工作。开幕式最后还放映了关于泉港石化工业园区的短片。

会议秉承中国塑料加工工业协会塑料技术协作委员会旨在加强行业间技术交流、促进产学研协作、加快科技成果转化的理念，重点交流和交易了以下主题和项目：

（1）国内外塑料行业市场及技术概况和发展趋势：重点研讨了塑料行业的上游产业合成树脂、塑料助剂、塑料机械的技术进步对塑料行业市场及技术的促进作用。

（2）塑料行业新材料、新技术、新设备及其应用：重点研讨了导热、导电、阻燃防火、发光、抗静电等功能材料和鞋用新材料，以及新型混炼技术、低能耗成型技术和回收塑料环境友好化和高值化利用设备等的开发与应用。

（3）塑料与环境，节能减排新技术、生活垃圾资源化利用无害化处理及其废旧塑料高质化利用技术、环保型聚氯乙烯和聚氨酯产业的系列助剂、合成树脂替代以及塑料轻量化技术、与 PM2.5 等大气污染治理相关的技术，以及高分子材料生产加工和应用中的环境问题和解决方案。

（4）其他：鞋材、管材、化纤行业的节能减排技术和产品功能化。

大会表彰了积极支持和参与塑料技术协作委员会各项工作积极分子 4 名：江阴精良塑胶有限公司盛承林董事长/总经理、上海心尔新材料科技股份有限公司闫万琪总工、浙江七色鹿色母粒有限公司董事长王仲文和常州塑料研究所有限公司所长周国成。

大会向 2014 年聘请的 8 位塑料技术协作委员会专家咨询小组新专家颁发了聘书，有：北京化工大学杨卫民教授、北京化工大学吴大鸣教授、华东理工大学谢林生教授、中国塑协塑料助剂专委会施珣若副主任、博创机械股份有限公司黄土荣总工、北京化工大学苑会林教授、北京化工大学于中振教授和北京工商大学温变英教授等。大会还向新会员浙江俊尔新材料股份有限公司颁发了会员证。

26 日上午开幕式后进行大会报告；与大会报告同时，在另一会议室，召开了由福建省经济和信息化委员会、福建省产学研协调领导小组办公室、福建师范大学、6·18 组委会办公室联合主办，福建省改性塑料技术开发基地、福建师大泉港石化研究院、泉州市泉港石化工业区建设发展有限公司联合承办的福建省“合成树脂功能化暨塑料与环境产业技术对接会”，近百名领导、专家和企业家共聚一堂，就会议推出的省内外大专院校、科研单位的 45 项研究成果和 54 项需求项目进行了深入的互动交流和对接。

26 日下午和 27 日上午，分两个会场进行报告并继续开展项目对接和交流。

会议全部论文报告中，对一些领域的新技术做了深入介绍，如结构控制技术、注塑技术、微成型技术、热固性粒料生产技术等；在应用方面，从原材料、加工工艺到设备不乏创新点，如高性能聚酰亚胺、新结构润滑剂、气体辅助挤出成型技术、新型推力平衡挤出机、高挤出量同向锥形挤出机、高含水废塑料专用挤出机等。另外，针对福建地区鞋材比较发达的情况，关于新型鞋材、透明鞋材，鞋用发泡剂、鞋材抗菌等一组报告，特别具有实用价值，希望对当地鞋材行业发展有所助益。这些行业新材料、新技术、新设备将成为推进行业技术进步的动力，也将是技术协作委员会在会后继续关注的课题。

会议期间还组织代表参观了福建师范大学泉港石化研究院、泉州市德诚高新树脂有限公司和福建纳川管材科技股份有限公司。泉港石化研究院落户泉港石化高新技术孵化基地的科研单位，在科研项目立项、开发过程中产学研紧密结合，给代表留下深刻印象；两家企业厂区厂貌好，完全是花园式工厂，泉州市德诚高新树脂有限公司是一家生产聚氨酯原料的厂家，实验室配备较先进；福建纳川管材科技股份有限公司生产的新型钢丝编织增强管和缠绕管也极具先进性。代表们由此对泉港地区塑料加工工业的发展水平有了实际认识。

会议报告多、活动多，会套会，内容丰富，但在各承办单位的共同努力下，组织工作有条不紊，受到代表的一致好评！

会议气氛热烈、友好，新老朋友汇聚一堂，互通信息，切磋交流，各有收获，达到了预期目的，圆满成功！

本次会议得到福建师范大学泉港石化研究院、福州市福塑科学技术研究所有限公司、福建省泉州三盛橡塑发泡鞋材有限公司以及浙江海虹控股集团有限公司的赞助。

2．主要报告和内容

会议共收到交流论文 76 篇，大会和分会场共报告 48 篇，另有书面报告 28 篇。

大会主会场报告 7 个如下：

（1）高分子/无机粉体复合体系中微观相界面设计与调控及其材料高性能化技术

（清华大学化工系 • 先进材料教育部重点实验室于建、郭朝霞）

主要内容：提出了高分子/无机粉体复合体系中微观相界面的 3 种界面形式：第 1 相界面为无机粉体表面和偶联剂之间相互作用的概念性界面；第 2 相界面为偶联剂（或助偶联剂）和基体高分子之间相互作用的概念性界面；第 3 相界面为偶联剂和助偶联剂之间相互作用的概念性界面。在对以上 3 种基本相界面的理解和把握的基础上，加深对高分子/无机粉体中表面 • 界面等有关问题的科学认识，通过改变不同界面调控方法对高分子/无机粉体复合材料的性能设计提供极大的技术空间，为解决高分子/无机粉体复合材料关键性的技术上取得突破提供参考，为制造出高性能化的高分子复合材料提供理论依据。

（2）注射成型创新技术进展

（北京化工大学杨卫民）

主要内容：介绍注射成型创新进展，包括精密注塑原理、技术和装备，可视化技术，熔体微积分加工等。

（3）聚合物微尺度制造技术展望

（北京化工大学吴大鸣）

主要内容：介绍各种微器件，微注塑设备，以及各种微成型技术和应用，还介绍了国内外相关实验室。

（4）模塑热固性颗粒料生产技术难题

（北京航空航天大学高分子及复合材料系詹茂盛）

主要内容：介绍各种可模塑热固性颗粒料在配方设计、制备、保存等方面存在的问题和原因，希望协作解决。

（5）生活垃圾全资源化暨废旧塑料高质化利用技术

福建师范大学环境科学与工程学院 • 聚合物资源绿色循环利用教育部工程中心（福建师大泉港石化研究院陈庆华、钱庆荣、曹长林、杨松伟）

主要内容：生活垃圾全资源化是生活垃圾处理处置的必然趋势。本文首先回顾了福建师大环境友好塑料学科的发展历程和近期所开展的废旧资源高质化利用的技术成果，论述了生活垃圾是放错位置的资源，阐述了生活垃圾全资源化无害化处置技术与市场，重点论述了如何从生活垃圾等大宗固废中分选出塑料，以及废旧塑料高质化利用技术。

（6）塑料加工中有机气雾回收技术与装备（未提供论文集稿件）

[杜邦公司孟莫克化工成套设备（上海）有限公司王卫江]

主要内容：塑料工业的有机烟（气）雾是形成PM2.5污染的主要来源之一，本文提出了针对性的解决方案：杜邦布林克®有机烟雾处理系统可以高效地从源头上去除亚微米级的有机烟（气）雾，从根本上解决PM2.5的排放问题，进而改善空气质量水平。

（7）中国塑料工业热点和技术水平评述

（中国塑协塑料技术协作委员会杨惠娣）

主要内容：简介了近年中国塑料加工业的发展概况，中国塑料加工业近期热点，附带浅析中国塑料加工业与世界水平的差距。

两个分会场共报告41个如下：

（1）基于小分子的聚丙烯微纳结构调控技术与应用

（华东理工大学辛忠）

主要内容：基于聚合物多晶结构和小分子诱导聚合物结晶机理，利用小分子调控聚丙烯结晶过程的思路，开发了高效有机小分子成核剂 NA-40、NA-S20 等系列产品，并实现了工业化生产；高效β型聚丙烯成核剂 PA-01、PA-03 已完成中试，并在小范围推广应用，效果优良。

（2）高分子复合材料的导热和导电性能

（北京化工大学材料科学与工程学院·有机无机复合材料国家重点实验室于中振）

主要内容：采用添加无机填料的方法，制备了既导热又导电酚醛树脂复合材料。

（3）石墨烯大规模制备及其高导热导电塑料研发

（上海交通大学石墨烯制备实验室胡国新）

主要内容：介绍超临界流体剥离法制备石墨烯方法，以及大规模石墨烯制备技术及设备，另外，还介绍了多种石墨烯基复合材料工艺路线设计及方案。

（4）碳纳米管/氧化石墨烯/环氧树脂复合材料的制备与性能研究

（华东理工大学罗日萍、谢林生、李果、马玉录、陈欣）

主要内容：以多层石墨烯材料和多壁碳纳米管作为填料，制备环氧树脂复合材料。碳纳米管和多层石墨烯材料在复合材料中起着相互促进分散的作用：通过加入一维碳纳米管，石墨烯的堆叠得到了抑制；长而弯曲的碳纳米管与石墨烯桥接，也抑制了碳纳米管的团聚。结果表明加入碳纳米管和氧化石墨烯后，复合材料的抗拉强度比纯环氧树脂的强度提高了33.4%，导热性能、导电性能也都有着显著地增加，SEM图可以看到同时加入改性碳纳米管和石墨烯的环氧树脂复合材料中碳纳米管和石墨烯与基体的结合力强且在基体分散较好。

（5）碳素材料在塑料中的应用现状（未提供论文集稿件）

（福建师范大学材料科学与工程学院曾晓强、曹长林、汪扬涛、肖荔人；福建师范大学环境科学与工程学院钱庆荣、陈庆华；聚合物资源绿色循环利用教育部工程中心曾晓强、曹长林、汪扬涛、钱庆荣、陈庆华、肖荔人）

主要内容：碳素材料具有众多优良性能，添加到塑料中能够获得性能优异的新型功能材料，为塑料改性的发展方向。本文综述了碳纳米管、碳纤维和石墨烯等碳素材料在塑料中的应用现状，并做总结和展望。

（6）导热塑料的发展与 LED 灯座用导热塑料的研制

（北京化工大学材料科学与工程学院马洁玲、苑会林）

主要内容：介绍了导热塑料发展背景，特别是填充型导热塑料的制备与影响因素，最后介绍了LED灯座用导热尼龙6的研制。

（7）导热聚丙烯复合材料的研制

（福州市福塑科学技术研究所有限公司彭超、吴惠民；福建和盛塑业有限公司陈秀俊、梁璋富）

主要内容：采用铝酸酯偶联剂处理 Al_2O_3 粉体进行表面改性，将改性后的氧化铝与聚丙烯通过熔融共混法制备聚丙烯（PP）/Al_2O_3 导热复合材料，当 Al_2O_3 含量为80%时复合体系的导热系数可以达到 1.39 瓦/（米·开），但力学性能差。引入增韧剂乙烯-辛烯共聚物（POE），使用接枝聚烯烃相容剂改善复合体系的相容性，探讨 POE 的加入量对复合材料性能的影响。结果表明：当 Al_2O_3 添加量为70%时，POE添加量为15%，导热复合材料展现出较好的导热性能和力学性能，其导热系数为0.98瓦/（米·开），缺口冲击强度为 16.7 千焦/米^2，断裂伸长率达到93.3%。

（8）CB 填充不相混高分子复合导电体系的研究与应用

（吉林省塑料研究院工程师魏忠良、许庆明、富丽萍、吕枭枭、夏妍、屈兵兵、张金龙）

主要内容：总结了炭黑（CB）填充不相混高分子复合导电体系的导电原理、优势及形成条件，介绍了其主要技术进展和应用前景。

（9）影响填充型导热塑料导热性能的因素

（北京工商大学材料与机械工程学院邹文奇、温变英）

主要内容：从填料、界面层及树脂基体等方面综述了对填充型导热塑料导热性能的影响因素。

（10）关于导热塑料的研发、应用及市场前景

（常州塑料研究所有限公司周国成）

主要内容：导热塑料在国内外市场已取得一定的发展，与金属以及陶瓷等被替代材料相比导热塑料具有质轻、噪音低、耐腐蚀、可注塑、易回收利用、利于环保等优势，所以导热塑料在未来市场上有着非常好的前景。本文主要从导热塑料的导热原理、分类、组成等方面做了简单的描述，并进一步围绕常州塑料研究所在导热塑料的研发展开，然后重点对导热塑料的市场需求及应用等方面做了阐述，并进一步探讨在目前国内技术水平条件下如何充分利用好研发及市场，推广满足低端市场领域的导热塑料。

（11）热分析应用于塑料质控的新方法

[德国耐驰科学仪器商贸（上海）有限公司曾智强]

主要内容：介绍公司开发的一种基于常见聚合物数据和典型测试方法的独特测量控制和数据分析方法。

（12）高分子材料抗静电剂的研究现状及发展趋势

（深圳市新纶科技股份有限公司管映亭、邓青山）

主要内容：本文阐述了抗静电剂的作用机理和使用方法，根据结构进行了分类，并介绍了各类抗静电剂的制备方法；在此基础上分别介绍了抗静电剂在部分领域的应用及选择，分析了抗静电性能影响因素，展望了抗静电剂的发展趋势。

（13）按照新国家标准提高国内抗紫外线塑料编织袋的生产和应用技术水平

（北京加成助剂研究所李杰、时凯、孙书适）

主要内容：从 PP 老化原理出发，通过对多次挤出、使用温度、热处理、填充材料品种，以及酸性物质等因素对 PP 塑料编织袋稳定性的影响分析，提出采用新型高效抗氧剂 JC-1225 和抗紫外线（防老化）剂 JC-790B，来提高编织袋的抗老化性能，以达到由全国塑料制品标准化技术委员会于 2011 年 10 月 26 日审核、国家标准化管理委员会 2013 年 10 月 10 日发布、2014 年 6 月 1 日实施的国家标准《塑料编织袋通用技术要求》GB/T 8946 中关于抗紫外线和老化的技术指标要求。

（14）单向纤维增强聚丙烯单聚合物复合材料的注射成型制备技术

（北京理工大学化工与环境学院王建、王遂、彭炯）

主要内容：用注射成型的方法制备了单向纤维增强的聚丙烯（PP）单聚合物复合材料（SPC）。DSC 测试了 PP 粒料和 PP 纤维的热力学性能，万能试验机测试了 SPC 制品的力学性能，得到最大的拉伸强度和弯曲强度分别为 31MPa 和 46.5MPa。正交分析了工艺条件对力学性能的影响，得到了最佳的工艺条件。

（15）PP/POE 共混交联材料的力学性能研究

（吉林省塑料研究院魏忠良、刘震宇、富丽萍、杨思佳、屈兵兵、冯国辉、夏炎）

主要内容：POE 的分子结构与三元乙丙橡胶（EPDM）极其相似，本文研究以过氧化物作为交联剂，通过不同的交联温度和时间对复合材料 PP/POE 进行交联，所用交联剂为过氧化二异丙苯（DCP），对交联复合材料的力学性能进行了测试，同时用凝胶含量来表征交联程度，以此来找到合适的加工条件。

（16）关于国产化高性能聚酰亚胺（PI）材料的产业化应用

（常州塑料研究所・苏州天成实业有限公司宫乃利）

主要内容：苏州市天成实业有限公司在常州塑料研究所的大力指导下，长期致力于科、院、校、企的研讨、摸索及实验，并运用自身知识产权，开发了自润滑材料工艺，实现了特种耐高低温、耐化学腐蚀、耐辐射、耐冲击、高强度、高 PV 值的自润滑涂层技术，填补了我国该领域制造技术的空白。

（17）PVC 化学建材无铅化进程现状与发展

（中国塑协塑料助剂专委会施珣若）

主要内容：介绍聚氯乙烯（PVC）在化学建材领域推进无铅化的现状和进展。

（18）塑料管件注射成型解决方案——PVC-U/PPR/PE

（博创机械股份有限公司黄土荣）

主要内容：介绍各种塑料管件的注射成型，特别是 PVC 管件的注射成型技术，包括设备的选择、碳酸钙填充的应用等。

（19）PVC 辅助热稳定剂β-二酮性能改进的研究

（安徽佳先功能助剂股份有限公司李平、王艳、陈新华、张国靓）

主要内容：介绍了 PVC 辅助热稳定剂β-二酮类化合物及改性β-二酮类化合物在 PVC 中的应用，对比应用效果。结果表明，改性β-二酮类化合物具有良好的防止初期着色性和长期稳定性，与传统辅助热稳定剂β-二酮类化合物热稳定性能基本一致。

（20）新型 PVC 用润滑剂

（浙江杭州海一高分子材料有限公司徐书隽、魏一峰）

主要内容：简介了公司开发的 HY-3206 聚醚蜡和 HY-3201 端环氧基 PE 蜡的性能和应用。

（21）可氯化聚氯乙烯专用树脂的开发与应用研究

（中国石化齐鲁石化研究院张新华）

主要内容：介绍公司开发的专用于氯化的聚氯乙烯树脂的要求、性能特点、合成，以及应用效果。

（22）哈普 RM-200C 转矩流变仪在 U-PVC 成型加工过程中的应用

（哈尔滨哈普电气技术有限责任公司孙红占）

主要内容：结合聚氯乙烯各种配方特点，介绍了哈普 RM-200C 转矩流变仪的结构、性能、测试，以及在 PVC-U 成型加工过程中的应用、流变曲线分析。

（23）高分子材料成型实验设备介绍与发展趋势

（广州市普同实验分析仪器有限公司王家智）

主要内容：介绍了一种基于流变仪的高分子动态流变工作站，不仅可用于高分子材料动态流变试验，还可用于色母分散性评价、功能薄膜试验、多螺杆混炼试验，以及其他塑料和橡胶的成型试验等。

（24）哈克流变仪及台式双螺杆挤出机在聚合物领域的应用

[赛默飞世尔科技（中国）有限公司张铭]

主要内容：简介哈克转矩流变仪结构、密炼机试验流程，以及用于 PVC 时的影响因素，另外，介绍了行星混合器、拉膜配置、造粒配置，以及微型台式双螺杆挤出机等在聚合物领域的应用。

（25）塑料在鞋底中应用与研究的进展

（苏州工业园区富事达塑业有限责任公司包建成、丁常楷）

主要内容：综述塑料在鞋底中应用的演变过程以及塑料在鞋底中应用的进展。简述主要塑料品种在鞋底中的应用特性，以及在鞋底中应用研究的新进展，同时指出塑料在鞋底中的应用与研究时应思考的一些问题。通过创新，加快由制鞋大国向制鞋强国的转变。

（26）透明塑胶底材的实践与生产

（浙江七色鹿色母粒有限公司王执中、王仲文）

主要内容：介绍了采用塑料与橡胶并用生产透明底材的工艺配方及关键工艺条件的控制指标。

（27）全球化橡塑发泡剂发展概况及在鞋业中的应用

（浙江海虹控股集团有限公司陈海贤）

主要内容：介绍了全球发泡剂生产概况和技术发展趋势，以及应对法规、安全形势的措施，最后，还介绍了在制鞋业中的应用。

（28）环保型聚氨酯合成革在鞋材上的应用

[华伦皮塑（苏州）有限公司潘虹]

主要内容：介绍鞋用革环保法规及其影响，水性、无溶剂和 TPU 环保型聚氨酯合成革的开发和应用，在环保法规推动下新型环保鞋用材料必将获得更快的发展。

（29）新型推力平衡挤出机的创意及应用分析

（烟台泰士塑料制品有限公司孙作东）

主要内容：介绍了一种专利的推力平衡挤出机：相当于两台普通挤出机的出口对接形成一台挤出机，出料口处于挤出机中部。因为，两台挤出机相向挤出，推力达到平衡。介绍了这一挤出机，包括原理、特点、应用领域、实效，以及产业化前景。

（30）混炼型双螺杆挤出机最新技术进展

（南京科亚化工成套装备公司新材料事业部关晓春）

主要内容：以南京科亚化工成套装备公司发展为主线，介绍了中国混炼型双螺杆挤出机最新技术进展。

（31）同向双螺杆挤出机在加工导电塑料方面的应用

[科倍隆（南京）机械有限公司许源]

主要内容：介绍同向双螺杆挤出机在加工导电塑料方面的应用，特别推荐介绍了 STS 的技术特点，以及制备导电塑料各种填料及应用实例。

（32）剑麻/炭黑/PP/PA6 复合材料电磁屏蔽性能研究

（华南理工大学聚合物新型成型装备国家工程研究中心何和智、连叶骐、姚衍东、何熹）

主要内容：由于碳系粒子具有良好的导电性，碳系粒子填充聚合物基复合材料被认为是目前最有发展前景的电磁屏蔽材料之一。针对传统碳系粒子填充聚合物基复合材料中碳系粒子填充量大、分散性差等造成复合材料屏蔽效能较低的缺点，本文以聚丙烯（PP）/尼龙 6（PA6）两相不相容聚合物体系作为基体，并引入经过炭黑（CB）改性的蒸汽爆破剑麻纤维作为填料，制备了 PP/PA6/炭黑/剑麻电磁屏蔽复合材料，并测试分析复合材料的电磁屏蔽性能和微观形貌。

（33）新一代高挤出量节能挤出机的研制开发

（舟山市定海通发塑料有限公司吴汉民、吴信聪）

主要内容：介绍了新一代高挤出量节能锥形同向挤出机的研制与应用。

（34）造粒下游设备新技术及其应用

（无锡华辰机电工业有限公司邓建平）

主要内容：介绍各种水下切粒系统造粒下游设备新技术及其应用，包括在通用改性塑料、功能母料、弹性体、热熔胶，以及微颗粒上的应用。

（35）旋转接头的性能特点及其在塑料加工行业中的应用

（福建省闽旋科技股份有限公司朱斌、郑华婷）

主要内容：以闽旋公司自有产品为基础，针对塑料加工业对旋转接头的广泛应用需求，研发设计专用旋转接头。本文详细介绍了旋转接头的结构、工作原理、分类及性能特点等，并通过在塑料加工生产设备中的应用，验证塑料加工业用旋转接头在密封性能、节能环保、安全等方面都取得了可喜的效果，可进一步推广产业化。

（36）从降解塑料到生物基材料——前景和问题

（中国塑协降解塑料专委会翁云宣、张敏）

主要内容：详细介绍了从降解塑料到生物基材料的发展历程，以及相关的市场、标准、政策和应用。

（37）聚乳酸在产业化及市场化中的应用

（安微恒鑫环保新材料有限公司叶新建）

主要内容：介绍生物基可生物降解塑料聚乳酸的各种市场应用，希望协作开发。

（38）PBS 基塑木复合材料的制备及性能研究

（吉林省塑料研究院冯国辉、富丽萍）

主要内容：用熔融挤出法制备了可降解的聚丁二酸丁二醇酯（PBS）与木粉的复合材料。分别考察了木粉含量、硅烷偶联剂和几种相容剂对塑木复合材料力学性能的影响。

（39）高性能托轮材料受动载下热力学分析（未提供论文集稿件）

（北京化工大学任冬云）

主要内容：研发新型高性能托轮材料；通过力学和热力学模拟分析，研究转速、载荷与最大温度的关系，确定最佳材料和优化操作工艺条件，并提出了一种托轮受动载和热载荷下的分析方法。

（40）结晶分级技术在耐热聚乙烯管材料研究中的应用

（中国石油化工股份有限公司齐鲁分公司研究院王群涛、唐岩、郭锐、高凌雁、王日辉、许平、石晶）

主要内容：采用凝胶渗透色谱（GPC）、连续自成核-退火热分级（SSA）、升温淋洗分级（TREF）等手段研究了不同耐压等级耐热聚乙烯管材料的常规物性、相对分子质量及其分布、片晶分布、不同温度级分含量及相对分子质量大小等。结果表明：两种管材料的氧化诱导时间（210℃）在 65 分钟以上；相对分子质量分布在 5 左右；高温片晶厚度大于 10 纳米；89℃以上 TREF 分级级分含量大于 25%。

（41）聚合物黏均分子量自动测试

（上海思尔达科学仪器有限公司姚汉樑）

主要内容：介绍聚合物黏均分子量自动测试原理、设备和技术。

书面报告共 28 篇如下：

（1）高性能塑料在航天工业领域的应用

（航天材料及工艺研究所赵云峰）

（2）氮化铝粉体与 AlN 陶瓷材料

（北京工业大学材料学院王群）

（3）TMPTA-St 沉淀聚合中溶剂对单分散聚合物微球形成的影响

（济南大学化学化工学院朱晓丽、张利娜、李玉彩、孔祥正）

（4）在静置不搅拌条件下高收率制备单分散聚脲微球

（济南大学化学化工学院姜绪宝、朱晓丽、孔祥正）

（5）聚氨酯酰亚胺泡沫塑料的开发与应用

（北京市射线应用研究中心•辐射新材料北京市重点实验室周成飞）

（6）聚甲基丙烯酰亚胺（PMI）泡沫制备和性能

（航天材料及工艺研究所赵飞明、王昕、赵云峰）

（7）等规聚丙烯/聚合物纳米纤维的复合材料的固态发泡行为研究

（北京化工大学机电工程学院罗祎玮、信春玲、闫宝瑞、何亚东；教育部高分子材料加工装备工程研究中心何亚东）

（8）热塑弹性体微发泡材料的研制及其在鞋材中的应用研究

（中国科学院宁波材料技术与工程研究所翟文涛）

（9）易开封型功能性塑料包装薄膜

（上海市包装技术协会绿色包装委员会秘书长陈昌杰；上海塑料制品公司产业发展部副总经理陈昌麟）

（10）PVC 稳定助剂合成要素分析及钙锌稳定剂开发对策

（山西化工研究院有限公司薄宪明）

（11）浅析硬质 PVC 用钙锌稳定剂的发展史

（惠州市嘉柏科技有限公司纪光文）

（12）聚氯乙烯凝胶化与结晶

（杭州鸿雁电器有限公司/管道科技盛仲夷）

（13）三聚氰胺氰脲酸盐的形态对尼龙 6 阻燃性能的影响

（北京工商大学材料科学与工程系汤朔、钱立军、陈雅君、辛菲、刘晶）

（14）OMMT 对 PTT/ASA 体系相形态和性能的影响

（福建师范大学材料科学与工程学院陈君、肖荔人；福建师范大学环境科学与工程学院/聚合物资源绿色循环利用教育部工程研究中心陈庆华、钱庆荣、黄宝铨、刘欣萍、许兢）

（15）POE-g-MAH 对 r-PET/PP 共混体系相形态及流变行为的影响

（福建师范大学材料科学与工程学院林新土、黄巧玲、张华集；福建师范大学环境科学与工程学院陈庆华、钱庆荣；福建省二轻工业研究所李文）

（16）氧化铁包覆云母对 PET 非等温结晶动力学的影响

（福建师范大学材料科学与工程学院林新土、周为明、黄巧玲、曾晓强、张华集；福建师范大学环境科学与工程学院陈庆华、钱庆荣、许丽洪；福建师范大学泉港石化研究院陈庆华、张华集）

（17）稀土离聚物的制备及其性能研究

（福建省改性塑料技术开发基地左冬强、肖荔人、曾晓强、钱庆荣、陈庆华）

（18）Al_2O_3 填充 PBT 复合体系的流变与结晶性能研究

（福建师范大学材料科学与工程学院王小君、梁聪立、肖荔人、夏新曙；福建师范大学环境科学与工程学院夏新曙、钱庆荣、陈庆华）

（19）动态硫化对 PA6/NBR/LNBR 共混物性能的影响

（福建师范大学材料科学与工程学院曹长林、汪扬涛、肖荔人；福建师范大学环境科学与工程学院李林贵、钱庆荣、陈庆华；聚合物资源绿色循环利用教育部工程中心曹长林、李林贵、汪扬涛、钱庆荣、陈庆华、肖荔人）

（20）磷-氮阻燃剂 PPSPB 的合成及其在 ABS 中的应用

（吉林省塑料研究院魏忠良、张金龙、吕枭枭、冯国辉、许庆明、屈兵兵、姜文华、富丽萍、刘振宇）

（21）PET/PE 合金性能研究

（北京石油化工学院材料科学与工程系陆晓中、邓建清、张立萍、孙晓民、季常青）

（22）ABS 对 β-iPP 的诱导成核作用及其复合材料的性能

（福州大学材料科学与工程学院郑玉婴、曾安然）

（23）EVA/淀粉复合发泡材料负载纳米 Ag 的制备及表征

（福州大学材料科学与工程学院郑玉婴、刘艺、肖有游、徐哲、陈志杰）

（24）做好中国塑料包装减量化工作

（上海市塑料工程技术学会徐兴祥）

（25）浅谈童鞋类产品卫生舒适性能与抗菌鞋材的应用

（北京大学工学院杭州未来科技城研究院李毕忠；全国制鞋标准化技术委员会张伟娟、畅文凯；中国皮革协会周富春；北京崇高纳米科技有限公司崔辉仙；全国卫生企业管理协会抗菌产业分会张迎增）

（26）塑料异型材气辅共挤成型研究进展

（上饶师范学院物理与电子信息学院柳和生、黄益宾；南昌大学机电工程学院聚合物加工研究室柳和生、黄兴元、邓小珍）

（27）内排气式平行异向多螺杆挤出机研究开发及在废塑料造粒上的应用

（沈阳市塑料机械研究所金世源）

（28）三螺杆挤出工艺生产中的应用案例

（石家庄德倍隆科技有限公司崔鹏）

（二）理事会

在泉州会议期间，于2014年6月25日晚上7:30在福建省泉州市泉港区德和商务酒店 3 楼小会议室，召开理事扩大会议（7 届 2 次）。会议由包建成理事长汇报了 2013 年和 2014 年上半年工作，讨论了 2014 年下半年和 2015 年上半年工作安排，特别就如何组织好中国塑协“2014 中国国际塑料新材料、新技术、新装备、新产品展览会”进行了讨论和落实，另外，也讨论了编写《中国塑料加工业发展史》、撰写《中国塑料工业科技水平调查报告（2014）》、推进“导热塑料产业联盟”和“PVC稳定剂评价产业联盟”事宜等。

（三）《中国塑料加工业发展史》组织编写工作

主要工作如下：

（1）召开北京（1 月 8 日、1 月 23 日）地区编辑工作会议，准备编写《中国塑料加工业发展史》工作相关文件，提交上海中国塑协六届四次理事扩大会，经过理事讨论通过了正式将《中国塑料加工业发展史》编写列为中国塑协的一项重要工作，并编发了“关于做好《中国塑料加工业发展史》编辑工作的通知”（中国塑协〔2014〕第 018 号），成立了领导小组、编委会和编辑部。

（2）中国塑协名誉理事长廖正品亲自组稿，共发送约稿邮件 100 多封。

（3）查阅了已经出版的各省志，从中复制了相关内容，并部分进行了录入。

（4）共收到稿件 12 篇。

（四）组团访日参观交流考察

组织会员于 10 月 29~11 月 7 日赴日本参观了日本国际塑料展览会（2014.10.30），并访问了艾迪科（Adeka）公司（2014.10.31），三井化学市原市千叶工厂（2014.10.29）、滨松工厂（2014.11.04 上午）和名古屋工厂（2014.11.04 下午）等公司并进行了技术交流。展会规模不大，一共 8 个馆，以先进注塑、挤出等设备为主，总体技术水平相比国内展会上展出的设备，在精密、自动化程度等方面明显更高。参观企业，印象深刻的是先进的管理，工厂人员少，车间整洁，有条不紊，安全意识强，值得借鉴。

（五）积极参加广州四新展会

1．组织工作

组织了会员单位参展中国塑料加工工业协会“2014 中国国际塑料新材料、新技术、新装备、新产品展览会”，分别是：上海化工研究院、吉林省塑料研究院、福州市福塑科学技术研究所有限公司、福州市塑胶同业公会、上海心尔新材料科技股份有限公司、苏州工业园区富事达塑业有限责任公司/苏州塑料研究所、北京工商大学、福建师范大学泉港石化研究院、九鼎环保纸业公司、杭州海一化学有限公司、天津市塑料研究所、河北精信化工集团有限公司、华南理工大学、北京理工大学、中科院宁波材料研究所、北京华腾工程新材料有限责任公司、四川大学等单位（有些单位报名从其他专委会出展）等。

为配合展会的举行，2014 年 12 月 15 日下午，由塑料技术协作委员会组织的“塑料加工业创新技术交流会”在广州海珠区保利世贸博览馆二楼百合厅举行。交流会由北京工商大学教授、塑料技术协作委员会副秘书长温变英主持，来自企业、科研院所、高校等的企业家、教授和专家就塑料加工行业的参展或观展的部分行业专家和技术人员参加了交流会，容纳近百人的会议厅座无虚席，迟来的听众不得不站着聆听报告，报告厅大门一度出现拥堵。

本次研讨会共邀请了 8 个报告，报告内容涵盖树脂、助剂、工艺、配方、成型、机械与计算机模拟仿真等塑料加工业领域，产品涉及软包装膜、合成革、管材、型材、注塑制品、功能复合材料制品等门类，内容丰富，既有广度同时又不失深度，具有一定的精确创新性。报告结束后安排了交流环节，部分参会人员与演讲专家就相关领域的技术进行了沟通和讨论，建立起了今后进一步交流的渠道，参会人员普遍感到有启发，有收获。

交流会得到中国塑料加工工业协会“2014 中国国际塑料新材料、新技术、新装备、新产品展览会”组委会的大力支持，会议达到了预期目的，获得了圆满成功，实现了本次展会首场技术交流会的开门红。

2014 年 12 月 16 日下午由中国塑料加工工业协会塑料技术协作委员会与合成革专委会共同组织的“塑料加工业有机废气和粉尘治理新技术研讨会”于在广州海珠区保利世贸博览馆二楼香槟厅召开。交流会共邀请了 6 个富有特色的报告。内容包括前端治理、后端治理，以及治理设备用相关新型滤布、吸附材料等。

报告从不同角度介绍的有机废气及粉尘处理技术，受到了听众的欢迎和好评！新技术的推广应用必有利于我国塑料加工行业的工业排放达标，有利于推进我国 PM2.5 的治理，为我国治霾做出贡献。

交流会结束后，部分听众和演讲专家进行了进一步的交流，为今后的合作打下了良好的基础。研讨会达到了预期目的，获得了圆满的成功。

2．塑料加工业创新技术交流会

2014 年 12 月 15 日下午 1:30，由中国塑料加工工业协会塑料技术协作委员会组织的“塑料加工业创新技术交流会”在广州海珠区保利世贸博览馆二楼百合厅举行。交流会由北京工商大学教授、塑料技术协作委员会副秘书长温变英主持，来自企业、科研院所、高校等的企业家、教授和专家就塑料加工行业的参展或观展的部分行业专家和技术人员参加了交流会，容纳近百人的会议厅座无虚席，迟来的听众不得不站着聆听报告，报告厅大门一度出现拥堵。

本次研讨会共邀请了 8 个报告，分别是：日本三井化学东セロ（株）的锹塚敏昭营业部长及李佳凡的“高性能和功能膜的技术进展”；浙江精诚模具机械有限公司梁斌董事长的“平模头流体可视化系统的创新价值”；金昌树化学有限公司的屈勇工程师的“科技创新实现 PVC 制品环保无铅”；宏岳塑胶集团有限公司技术经理郭晓玲的“钙锌稳定剂在 PVC 硬制品中的应用技术与实践”；上海化工研究院开发中心副总工王新威的“超高分子量聚乙烯制品的应用及其加工技术”；福鼎市金港高分子材料有限公司的张晓锋董事长的“合成革清洁生产关键水性树脂的开发”；北京理工大学陈晋南教授的“单组分单聚合物复合材料的注射成型的研究”以及北京工商大学温变英教授的“导热塑料的发展与应用”。报告内容涵盖树脂、助剂、工艺、配方、成型、机械与计算机模拟仿真等塑料加工业领域，产品涉及软包装膜、合成革、管材、型材、注塑制品、功能复合材料制品等门类，内容丰富，既有广度同时又不失深度，具有一定的精确创新性。报告结束后安排了交流环节，部分参会人员与演讲专家就相关领域的技术进行了沟通和讨论，建立起了今后进一步交流的渠道，参会人员普遍感到有启发，有收获。

交流会得到中国塑料加工工业协会“2014 中国国际塑料新材料、新技术、新装备、新产品展览会”组委会的大力支持，会议达到了预期目的，获得了圆满成功，实现了本次展会首场技术交流会的开门红。

3．塑料加工业有机废气和粉尘治理新技术研讨会

为配合中国塑料加工工业协会“2014 中国国际塑料新材料、新技术、新装备、新产品展览会”的举行，由中国塑料加工工业协会塑料技术协作委员会与合成革专委会共同组织的“塑料加工业有机废气和粉尘治理新技术研讨会”于 2014 年 12 月 16 日下午在广州海珠区保利世贸博览馆二楼香槟厅召开。会议旨在行业中推广先进的有机废气和粉尘排放治理技术，推进我国塑料加工业的清洁生产，为中国的环境保护做出贡献。交流会由塑料技术协作委员会副秘书长、北京工商大学温变英教授主持，参展或观展的部分行业专家和技术人员参加了交流会，香槟厅会议室座无虚席。

交流会共邀请了 6 个富有特色的报告。内容包括前端治理、后端治理，以及治理设备用相关新型滤布、吸附材料等，报告分别为轻工环境科学研究所吕竹明主任的以“塑料工业清洁生产方案研究及

实践”，就清洁生产的定义、政策、法规进行了解析，并介绍了部分成功案例；杜邦公司孟莫克化工成套设备（上海）有限公司的刘红英介绍的“杜邦布林克®有机气雾处理系统——减少塑料工业 PM2.5 排放的成熟解决方案”，方案采用的纤维网阻流技术，不同于通常的吸附与解吸附技术，为开发塑料加工业中 PM2.5 排放的治理技术提供了新的解决办法；上海神斐流体环保科技有限公司杨为明经理的“先进的粉尘净化技术和安全排放”，介绍了来自国外的各种先进处理技术；石家庄天龙环保科技有限公司崔振杰代肖岗行董事长所做的“卸下污染重负，插上环保翅膀——VOCs 治理与回收技术在塑料加工行业的应用”的报告，重点介绍了具有自主知识产权的氮气保护脱附技术；北京化工大学杨卫民教授的“聚合物熔体微分静电纺丝及在除粒滤膜中的应用”报告，介绍了通过突破多重技术难点、开发的一种具有自主知识产权和极大产业化前景的静电纺丝技术；武汉凌辉高分子材料有限公司陈建平总经理的“新型高吸附性多介质合成多孔硅酸盐环保吸附材料”，介绍了自主开发的、专利的新型填料制造技术，该技术产品具有极大的市场潜力。报告从不同角度介绍的有机废气及粉尘处理技术，受到了听众的欢迎和好评。新技术的推广应用必有利于我国塑料加工行业的工业排放达标，有利于推进我国 PM2.5 的治理，为我国治霾做出贡献。

（六）聚氯乙烯用热稳定剂的订标和推动铅稳定剂替代工作

（1）重新上报《PVC 热稳定剂热稳定性评价》国家标准等。

（2）继续开展标准制定工作的验证试验工作并积极组织热稳定剂及替代工作相关评价试验工作。

（七）积极推进导热塑料研发产业联盟组建并开展了试验工作

由中国塑料加工协会塑料技术协作委员会牵头组建，国内一些科研、生产、检测和原材料供应单位参加的“导热塑料产业化创新联盟”于 2013 年成立。联盟以共同的发展需求为基础、以先进的塑料导热功能材料产业技术创新为目标、以相关大学、科研院所以及工程技术中心为技术依托，共同开展塑料导热功能材料制造及加工设备工艺技术的攻关与开发，解决塑料导热功能材料产业发展中的共性、关键技术问题，促进塑料导热功能材料产业科学技术成果的迅速转化，打通导热塑料产业链，推动导热塑料产业快速健康发展，为实施国家和地方新型塑料材料战略目标提供有效的技术支撑。

首批参加单位有清华大学、北京化工大学、北京工商大学、华东理工大学、中科院宁波材料技术与工程研究所、吉林省塑料研究院、常州塑料研究所有限公司、苏州工业园区富事达塑业有限责任公司/苏州塑料研究所、金发科技股份有限公司、福州市福塑科学技术研究所有限公司、上海心尔新材料科技股份有限公司、浙江俊尔新材料股份有限公司、四川省宜宾普拉斯 3D 包装材料有限公司、江阴精良塑胶有限公司、南京协和化学有限公司、西安夏溪电子科技有限公司、盐城瑞泽色母料有限公司、西安中财型材有限责任公司等单位。

联盟秘书处设在北京工商大学材料科学与工程系，秘书处所在单位拥有用于塑料成型加工和性能检测（包括德国耐驰公司生产的激光导热仪等）的良好实验条件，已经在聚烯烃导热管材以及工程塑料导热塑料方面取得了研究进展，相关工作正在推进中。

（八）续编《中国塑料行业技术水平调查报告（2014）》

对《中国塑料行业技术水平调查报告（2013）》做了部分修订、补充。

（九）对项目进行追踪以及组织完成各项工作

（1）项目追踪。

①气体辅助挤出成型；

②PEEK 在纺织机械锭子轴承中的应用；

③锥形同向双螺杆的超高分子量聚乙烯连续挤出及其他应用；

④电磁加热技术在塑料加工机械中的应用；

⑤数值模拟技术在配方设计中的应用。

（2）写出版 6 期电子刊物《塑料技术协作委员会通信》。

（3）发展会员工作。

（4）配合完成协会安排的各项工作，做好日常各项咨询等工作。

二、新会员介绍

企业名称：瑞安市力泰机械有限公司

地址：浙江省瑞安市南滨街道阁一工业区
邮政编码：325207
电话：0577-65558188
网址：www.litai.cc
负责人/联系人/董事长：贾方满
电话：0577-65550118　传真：0577-65558777
手机：13506565127
电子邮件：2880655600@qq.com
职工人数：60 人
技术人员：6 人
行政管理人员：6 人
注册资本（万元）：50
固定资产（万元）：800
经济性质：民营
主要研发、产品名称：塑料包装热成型机，一次性塑料杯全自动成型机，PP、PS、PET 片材挤出机及生产线。

三、存在问题和措施

人员不足，与会员平时联系不够，今后进一步加强与会员和企业联系，发挥企业在创新技术产业化过程中的主体作用，加速推进新技术的产业化。

（中国塑料加工工业协会塑料技术协作委员会 杨惠娣）

塑料再生利用

中国塑料再生行业现状及发展情况

再生塑料行业状况

中国既是废塑料进口大国，也是废塑料消费大国。国内废塑料回收利用总量在不断持续地增长。

1．行业现状

中国是目前全球第一大废塑料进口国。据统计，自 2000 以来中国废塑料进口总量一直处于高速增长的状态，从 2000 的年进口量 200.716 5 万吨增长到了 2014 年 825.43 万吨，15 年来的总体增长率为 311.24%。增速最快的几年是 2000 年、2003 年、2004 年、2010 年。受绿篱行动的影响，2013 年进口总量出现了唯一一次负增长，少进口了约 100 万吨废塑料，负增长率为－11.56%。不过这一负增长低于行业的预期。随后的 2014 年虽然有所恢复，但是仍未恢复到 2011 年水平。

绿篱行动之后，尽管部分资深企业缩减进口量或转型从事其他业务，但新申请废塑料进口许可的企业逐渐增多。中国有超过 3000 家登记注册的废塑料进口和加工企业。

欧盟仍是中国进口废旧塑料的最大来源地，占到中国废旧塑料进口总量的 1/4。其他主要的进口来源地为美国和日本。

2000~2014 年中国废塑料进口量

年份	进口量/万吨	增长率/%
2000	200.716 5	44.57
2001	222.510 4	10.86
2002	245.750 2	10.44
2003	302.408 7	23.06
2004	409.572 4	35.44
2005	495.652 8	21.02
2006	586.449 6	18.31
2007	684.472 5	16.7
2008	707.456 9	3.36
2009	732.581 0	3.55
2010	800.942 1	25.97
2011	838.568 4	4.70
2012	889.69	5.82
2013	786.80	－11.56
2014	825.43	4.91

在中国的废旧塑料再生总量中，进口所占比例并不是很高。根据专委会整理的数据来看，在2013年2 490万吨再生塑料的总量中，进口数量790万吨，占比略高于30%。2014年的2 825.43吨再生塑料总量中，进口数量为825.43万吨，进口率为29.21%。

由于我国废塑料监管力度的不断增强，低品质的海外废塑料开始转向东南亚市场，而海外的高品质废塑料价格依然比较坚挺。

随着2014~2015年国际油价不断下降，新料价格也随之下降。而新料价格下降则顺延导致了再生塑料价格下降，全球塑料再生行业都遭遇了前所未有的困境。再生制品企业由于新料价格低廉，再生原料使用比例有所下降，塑料回收商库存增加，利润率降低，进一步拉低了价格。在此次原有价格下跌的事件中，一部分海外供货商濒临破产倒闭的风险，以英国为甚。

但是，由于欧盟对生产者责任制进行了一定的要求，使得诸如可口可乐、宝洁、联合利华等国际知名品牌公司承诺使用一定比例的再生塑料作为其包装材料的原料，这对海外塑料回收行业起到了一定的保护作用，使其需求始终有一定的保障。

海外废塑料市场虽然经历了艰难的时期，不过近两年欧洲回收市场出现了本土化趋势，欧盟各国纷纷要求提高本国塑料回收率，并提供政策及资金支持，发展欧洲本土的塑料回收能力。因此，在国际原油市场价格低迷的状态下，高品质的废塑料制成的再生原料价格仍旧保持了一定的价格水平，我国塑料进口商并不能提高进口规模。

在废塑料货源地当前面临的问题仍旧是在回收处理能力尚未达到一定高度、不能与中国充分抗衡的情况下，其本土的再生塑料制品商仍旧缺乏可靠的高品质再生塑料原料。在此情况下，欧洲、美国等塑料制品使用大国都在如何提高塑料回收率，降低塑料资源损失的问题上纷纷出台各种对策。2014~2015年间，美国有诸多州与城市出台塑料袋禁令，期望能够减少不易回收的塑料袋制品被填埋的总量。美国及欧洲各国的地方政府、学术机构、环保组织均纷纷推出环保回收促进项目，教育民众参与回收，呼吁垃圾分类，新增回收设施并对各种塑料制品进行分类的回收。

2015年人民币出现了贬值预期及事实，虽然出口企业因此利润率增加，有利于拉动我国的产品出口，但我国废塑料进口企业则将面临更大的困难，在我国国内回收率不高，品质可靠的再生原料供应依然紧张的情况下，我国再生塑料加工企业将面临更多的困难。中国的进口商面临的市场挑战越来越多，不确定性也在增加。

2．废塑料消费情况

据保守测算，2014年我国塑料表观消费量达到9 325.4万吨，国内塑料使用量约为6 785.37万吨。消费后塑料规模庞大，国内的废弃塑料量多达4 020万吨，属大宗废弃物，回收再利用价值很大。预计2014年废塑料国内回收量达2 000万吨左右，塑料回收再生利用量达到2 825.43万吨。据测算按生产一吨合成树脂需要约6.28吨原油计算，意味着每年减少17 743.7万吨原油的进口，或减少等量合成树脂的进口，比生产等量合成树脂减少巨量的能耗和排放，环境经济效益十分显著。

目前国内从事废塑料加工的企业总数超过1万家。

在中国塑料再生行业的总量中，超过40%由大中型企业进行。这些企业大多分布在沿海塑料加工发达地区，有相对稳定的进口/采购货源和销售渠道，利润相对较高。

中西部地区的大型再生企业主要从事国内塑料的回收再生。

广东、浙江、福建、山东和河北这些省份是主要的再生塑料经销和加工中心，且每个地区的侧重点各不相同。

中国的塑料再生率在过去五年来稳步攀升，在2013年达到30%。

数量庞大的中小再生企业专业分工细化，有高效的物流配送网络，竞争和生存能力强大。但这些企业总体上缺乏环保意识，因此成为了政府的规范重点。目前政策要求再生企业采取更环保的处理措施，大型企业更加容易得到政策支持，小企业的生存空间将逐步丧失。

2015年工信部组织了行业对塑料再生企业的加工生产进行规范的工作，进一步明确地为从事塑料再生加工利用的企业确立了准入门槛和安全、高效的生产规范。这一工作有利于加速我国塑料再生行业转型和产业升级改造，对我国塑料再生行业的发展将起到至关重要的作用。

一些污染严重的小企业将退出市场，而其他将迁入大型的再生工业园内。

综合各方面的因素，中国迫切需要正规化和规模化的塑料再生企业出现。

3．全球塑料使用量越来越大，后续处理问题越来越引起关注

（1）我国主要处理废塑料的方式有：物理机械式的回收再利用，化学回收单体，焚烧回收能量。

（2）物理机械式回收再生利用是废塑料处理方式中环境污染低、再生价值大的最佳途径，在我国约占90%以上。国外因为人工成本高代价较大，对他们来说出口是优先之选。目前我国对废塑料管控加强，进口废塑料品质提升，进口量仍保持高位，对国内废塑料回收再生产业有所冲击。

（3）塑料再生的次数越多，性能下降越明显。一般地，同一批次的塑料制品经三次回收再生后的性能下降50%以上。所以废塑料累积回收次数多耐老化性能下降，将降低或失去使用价值。而这些因素难以辨别，造成一些添加废塑料的塑料制品质量下降，出现质量问题。

（4）废塑料再次使用应该纳入再制造管理体系，采取材料、产品认证或者性能评估的办法规范使用。目前缺乏废塑料分类技术规范，制约废塑料再利用产业规范发展。

（5）推广无水清洗技术，采取震动、搅拌、风吹、超声波等技术，可以去掉废塑料中80%以上的环境携带杂质。但是最终还是要清洗，废水达标排放即可。避免使用烧碱等腐蚀性强的表面活性剂清洗。

（6）塑料再生利用行业关系到塑料行业的可持续发展问题，所以我们更加关注再生水平和能力，特别是鼓励企业、产业园区在高值、高质化再利用方面的措施。

4．我国废塑料回收行业面临的问题

（1）我国目前对可以作为初始原料的进口废塑料的概念界定不清，没有建立适应企业的警示与警告监督机制。

（2）在实际应用中对废塑料、回收料、再生料的概念的内涵和外延界定不准确。

（3）尚未建立进口废塑料品种档案，未建立完善的可追溯性体系。

（4）尚未建立详细的进口废塑料品质分级制度。

对进口废塑料进行品种标识和品质分级，有利于提升进口废塑料最大应用效果和价值，增强废塑料在经济活动的作用，改变废塑料行业技术含量不高、二次污染严重的现状。

（5）当前从海关代码HS-CODE所反映的废塑料分类不够细致，品种数量也不足以服务于实际的进口贸易。因此，海关代码应该更贴近于实际贸易需求，以最新的塑料类型代码来完善海关代码，并服务于货物鉴别及估价。

（6）对于优秀的回收再生企业的税负仍旧较重。

（7）质检流程比较复杂，进口企业清关成本比较高。

（8）我国目前仍缺乏完善的适用于从塑料回收到再生制品制造整个流程中体系化的质量要求和控制标准。也没有对制品生产企业在技术条件允许的情况下使用一定比例再生塑料的要求。对塑料制品的设计上缺乏可回收性的强制要求。

（9）公众仍旧缺乏对塑料回收行业的基本认知，不能正确理解塑料回收对于社会经济的重大意义，缺乏垃圾分类的基本常识和参与意愿，缺乏对塑料制品使用的知识。我国垃圾分类制度仍未建立，缺乏适合垃圾分类的基础设施和操作流程。这都造成了我国塑料回收率仍旧较低，回收物的污染较为严重的状况。

（10）我国的产品制品制造和使用中的过度包装问题仍旧非常严重，对资源的浪费情况十分突出。

再生塑料生虽然还存在稳定性差等问题，但是由于其环保的天然优势，使得其越来越受到青睐，再生塑料成为塑料业发展的趋势。企业应当牢牢把握发展机遇，做大做精产业规模，推动产业的快速健康发展。未来，再生塑料产业将仍是发展趋势，其前途也依旧光明。

5．我国废塑料回收行业发展新动向

在我国国内回收体系仍旧未能建设完成的情况下，我国一些行业领头回收企业开始通过互联网及市场手段尝试争取国内回收市场的最前端，即社区回收。

例如，大连市政府支持北大荒集团与大连环嘉集团合作成立社区环保兑换超市，社区居民可以将自家的纸张、塑料制品、金属制品等废旧物资送到环保超市中兑换商品。

格林美集团则推出了手机App及上门回收服务，居民可以不出家门就出售自家的废旧物品。

盈创集团在北京市的地铁系统和重要的公共场所安装饮料瓶回收机，可以根据饮料瓶的重量和数量对一卡通进行充值。

我国新出现的这类利用手机、互联网和物联网优势直接面对回收业客户端的方式是自由市场条件下国内回收行业发展的新方向之一。此类方式有利于提高人民群众对资源回收的参与度，提高对可再生资源的认知和理解程度，有利于减少废旧资源进入垃圾处理程序，更有利于打破多年以来回收业在社区级别的微观环境下的垄断局面，使用市场化的手段让再生资源闭合循环产业中的价值链均衡分布，为最终实现充分的再生资源闭合循环提供了可能，有利于自主提高国内回收率，增加国内再生原料供应，减少对海外进口再生原料的依赖，并有利于逆向促进我国国内回收体系的建设。

可以说，互联网+的回收模式在我国的前景非常广大，是非常值得重视的行业新增长点。

（中国塑料加工工业协会塑料再生利用专业委员会 陈岩）

医用塑料

对2014版《医疗器械监督管理条例》的解读

医用塑料制品作为医疗器械产品，首先要求的是产品的安全性和有效性。而且有效性必须建立在保证产品安全性的基础上。医疗器械可靠性是指医疗器械在产品注册承诺的使用期限内或者维修保养有效期内，发挥预期功效，可靠度高、安全性高和维修方便，从而实现医疗器械安全、有效的总体目标的能力。医用塑料制品的安全性主要是针对产品对医疗人员、患者以及产品后续处理是否安全上。因此，医用塑料制品属于《医疗器械监督管理条例》的监管范围。

我国首部《医疗器械监督管理条例》颁布于2000年，这是我国医疗器械的监督管理进入了一个依法行政、依法监管的新时期。该条例初步建立了上市前审批、上市后监督和警戒以及对生产企业监管为核心的医疗器械监督管理体系。国家对医疗器械实施注册管理、注册审查，包括产品检测、临床试验、生产质量管理体系和现场审查等内容。进入21世纪以来，我国医疗器械产业快速发展，医疗器械的消费水平快速提升，医疗器械的监管力度不断加大，旧条例在实施过程中也出现了一些不适应新形势的问题。第一，分类管理制度不够完善。我们知道医疗器械品种非常多，链条长，跨度大，旧条例有些监管措施在体现分类的差异性上还不够充分，对于一些高风险产品监管不够，对于一些低风险产品应该说该放的还没有完全放开，同时在医疗器械的研制、生产、经营、使用的全过程方面，分类监管制度贯彻得还不够彻底。第二，医疗器械企业主体责任制度不够具体。旧条例在企业主体责任方面有一些规定，但是不够全面、不够具体，特别是企业作为第一责任的要求还需要进一步明确。第三，监管力量投入方面不够均衡。在一定程度上存在着重产品审批，轻过程监管的情况。第四，法律责任规定不够适应。有些规定不够具体明确，特别是对近年来出现的一些违规违法行为，缺乏有效的和充足的打击惩处依据和力度。因此，对医疗器械监管的进一步加强和对旧条例的修订迫在眉睫。

国务院于2014年2月12日第39次常务会议修订通过《医疗器械监督管理条例》（国务院令第650号），于3月7日公布，并于2014年6月1日起实施。这是对我国医疗器械行业以及医用塑料这个领域影响深远的一件大事。我们有必要从医疗器械生产企业的角度对这个新条例进行一下解读。

一、实施分类管理

新条例的一个重要原则是分类管理，按照风险从低到高，将医疗器械分为一、二、三类进行差异化管理。医疗器械种类繁多，跨度很大，且产品风险差异大。因此，不能“一刀切”，必须做到分类管理，宽严有别。事实上，分类管理在2000年开始施行的旧条例中已有强调，但并未充分地体现差异化。新条例对宽严有别的差异化更加明确，重点监管高风险产品。

新《条例》放宽了对低风险医疗器械的管理。对第一类医疗器械不再实行注册管理，而是实行备案管理；提交的检测报告可以是自检报告；从事第一类医疗器械生产的，由生产企业向所在地设区的市级人民政府食品药品监督管理部门备案，而无需向省、自治区、直辖市人民政府食品药品监督管理部门备案；完全放开第一类医疗器械的经营，第一类医疗器械的经营企业不再需要备案，更不需要取得《医疗器械经营许可证》。对于部分风险相对较低或者可以证明其风险较低的第二类、第三类医疗器械，可以免于进行临床试验。如符合下列情形之一的，可以免于进行临床试验：工作机理明确、设计定型，生产工艺成熟，已上市的同品种医疗器械临床应用多年且无严重不良事件记录，不改变常规用途的；通过非临床评价能够证明该医疗器械安全、有效的；通过对同品种医疗器械临床试验或者临床使用获得的数据进行分析评价，能够证明该医疗器械安全、有效的。

新条例特别加强了对存在较高风险医疗器械临床试验的监管。若第三类医疗器械进行临床试验对人体具有较高风险的，应当经国务院食品药品监督管理部门批准。临床试验对人体具有较高风险的第三类医疗器械目录由国务院食品药品监督管理部门制定、调整并公布。国务院食品药品监督管理部门审批临床试验，应当对拟承担医疗器械临床试验的机构的设备、专业人员等条件，该医疗器械的风险程度，临床试验实施方案，临床受益与风险对比分析报告等进行综合分析。准予开展临床试验的，应当通报临床试验提出者以及临床试验机构所在地省、自治区、直辖市人民政府食品药品监督管理部门和卫生计生主管部门。临床试验提出者须向其所在地省、自治区、直辖市人民政府食品药品监督管理部门备案。接受临床试验备案的食品药品监督管理部门应当将备案情况通报临床试验机构所在地的同级食品药品监督管理部门和卫生计生主管部门。

在生产方面，《医疗器械注册证》的有效期由4年变为5年，新条例新增了期满时不予延续的规定。依据规定，有下列情形之一的，不予延续注册：注册人未在规定期限内提出延续注册申请的；医疗器械强制性标准已经修订，申请延续注册的医疗器械不能达到新要求的；对用于治疗罕见疾病以及应对突发公共卫生事件急需的医疗器械，未在规定期限内完成《医疗器械注册证》载明事项的。同时，新条例还规定，具有高风险的植入性医疗器械不得委托生产。

这种管放结合的监管方式，可以有效地节约监管资源，将有限的行政和技术力量用于高风险产品的监管上；同时，给高风险产品生产经营企业“加压”，给低风险产品生产经营企业“松绑”，有利于促进医疗器械生产经营企业做大做强。

二、增强可操作性

加大医疗器械生产经营企业在产品质量方面的控制责任，建立经营和使用环节的进货查验及销售记录制度，增设使用单位的医疗器械安全管理责任。强化监管部门的日常监管职责，规范延续注册、抽检等监管行为，增设三个制度（医疗器械不良事件监测制度、已注册医疗器械再评价制度、医疗器械召回制度），健全管理制度，充实监管手段。

从医疗器械的研发、临床试验、注册、生产、销售、进口、出口、使用，到医疗器械不良事件的处理及医疗器械召回等，新条例都有了详细明确的规定。

这次新条例中，专门设立了‘不良事件的处理及医疗器械的召回’一个章节，明确提出建立医疗器械不良事件监测、再评价、召回等上市后监管制度。这是新条例的一个亮点。

对于医疗器械的召回行为，新条例对医疗器械生产企业、经营企业及监督部门应当承担的职责进行了明确。医疗器械生产企业发现其生产的医疗器械不符合强制性标准、经注册或者备案的产品技术要求或者存在其他缺陷的，应当立即停止生产，通知相关企业、单位和个人停止经营和使用，召回已经上市销售的医疗器械，采取补救、销毁等措施，记录相关情况，发布相关信息，并将医疗器械召回与处理情况向食品药品监督管理部门和卫生计生主管部门报告。医疗器械经营企业发现其经营的医疗器械存在前款规定情形的，应当立即停止经营，通知相关企业、单位和个人，并记录停止经营和通知情况；医疗器械生产企业认为属于依照前款规定需要召回的医疗器械，应当立即召回。医疗器械生产经营企业未依照本条规定实施召回或者停止经营的，食品药品监督管理部门可以责令其召回或者停止经营。

实行医疗器械不良事件监测制度，有利于预警和防范产品风险。监管部门根据不良反应监测中心收到相关不良事件报告情况，可以要求企业修改完善产品，提示医生和消费者正确选用产品，避免不必要的伤害事件发生。同时，有利于使存在安全风险隐患的医疗器械产品退出市场。这既保障了公众用械安全，又促进了企业对产品的改进升级，推动新产品研发，促进我国医疗器械行业健康发展。

三、减少行政许可项目，细化法律责任，加强行政处罚力度

减少行政许可项目，结合历次行政许可清理，将原条例规定的 16 项行政许可减至 9 项。与此同时，在法律责任方面，通过细化处罚、调整处罚幅度、增加处罚种类，增强可操作性，加大对严重违法行为的处罚力度。

针对旧条例法律责任规定得过于笼统，以致对部分违法行为的打击查处缺乏有效依据的情况，条例全面细化了法律责任，对应各章设定的义务，按照违法行为的严重程度，分条分项设定法律责任，调整了处罚幅度，增加了处罚种类，加大对严重违法行为的处罚力度。对未经许可擅自生产经营医疗器械的行为规定了最高货值金额 20 倍的罚款、5 年内不受理相关责任人及企业提出的医疗器械许可申请等处罚，予以重处；检验机构出具虚假报告的，一律撤销机构资质、10 年内不受理资质认定申请；对受到开除处分的直接责任人员，规定 10 年内不得从事医疗器械检验工作。

在对违法行为的行政处罚上，由于第二类医疗器械的经营只需要备案，所以只是对“未经许可从事第三类医疗器械经营活动的”行为进行了处罚。将对该行为与“生产、经营未取得医疗器械注册证的第二类、第三类医疗器械的”和“未经许可从事第二类、第三类医疗器械生产活动的”行为的罚款金额一起变为从 5 万元起，并在没收产品及违法所得的基础上，增加了没收“用于违法生产经营的工具、设备、原材料等物品”。通过提高罚款起点金额，提高罚款倍数、用“货值金额”代替“违法所得”作为罚款倍数的基数等方式，加重了处罚违法行为的力度。

医疗器材市场的不断扩大，市场监管制度的完善变得日益迫切。使用塑料器材堪称是医学界的一大创举。塑料医疗器材的需求持续不断扩大，尤其是置入人体的器材。医疗器材的用途从单一向多元化发展，体积规格不断缩小，现在一件器材可以代替以往的多件器材。由于塑料医疗器材的多种突出优点，在未来医药行业发展过程中，它的市场份额和影响力将会越来越大。医用塑料产业以其高附加值、高增速和拥有广阔的市场潜力而备受瞩目。但由于我国医疗塑料起步较晚，加之相关技术领域和基础水平有限，内需高端产品仍然大量依靠进口。随着我国市场的不断扩大，医用塑料产业也随之增长，管理条例的颁布，将严格控制管理以保证其市场安全健康发展。我们相信随着新版《医疗器械监督管理条例》的实施，会进一步规范医用塑料从生产到废弃处理的各个环节，并开启一个医用塑料行业高速发展的时期。

（天津市塑料研究所有限公司　李轶）

降解塑料

生物基塑料及降解制品行业发展重点

一、产业发展现状

“十二五”以来，我国生物基塑料及降解制品快速增长，包括聚羟基脂肪酸酯（PHA）、聚乳酸（PLA）、聚丁二酸丁二酯（PBS）、聚丁二酸-己二酸丁二酯（PBSA）、聚对苯二甲酸-己二酸丁二酯（PBAT）、二氧化碳共聚物（PPC）、聚对苯二甲酸 1,3-丙二酯（PTT）、生物基聚乙烯(Bio-PE)和淀粉基塑料等都取得了长足的发展。形成了世界第二的 3.5 万吨 PLA 产能，且浙江海正集团投资的 5 万吨聚乳酸生产线开始建设。

PHA 形成了生产企业总产能超过 1.5 万吨，提供了国际市场上所有 PHA 类型，使我国在 PHA 产业化的种类和产量都处于国际领先地位。

PBS、PBSA 和 PBAT 已有广州金发、杭州鑫富、山东汇盈、蓝山屯河、山西金晖等公司投产，已具备10万吨生产能力。

二氧化碳共聚物（PCC）已有河南天冠、浙江邦丰等公司投产，具备了3.0吨生产能力。

淀粉基塑料自20世纪90年代以来在“十二五”期间取得了突破性的技术进展，市场占有明显提高，已具备50万吨产能和实际30万吨左右的销售规模。

二、重大进展

我国生物基材料产业规模已具备一定基础，部分企业技术水平已与国际先进水平趋同，产品应用具备初步的市场基础，各地方对生物基材料产业发展和制品的应用已逐步加大重视。在技术水平上，各类型材料性能指标都有了较为显著的提升，部分企业拥有关键技术工艺的自主知识产权并且产品已获得国际认证；在应用类型上，以一次性餐具和塑料袋为主要方向，一些产品已在餐饮业、超市形成了长期、稳定的供求关系，部分企业产品长期销售国外。我国已形成了可再生资源为原料的生物材料单体的制备、生物基树脂合成、生物基树脂改性与复合、生物基材料应用为主的生物基材料产业链。

2012年，长春应化所利用改进的稀土三元催化剂技术与台州邦丰塑料有限公司合作在浙江建设了一条3万吨/年二氧化碳基塑料生产线，一期1万吨/年生产线已经在2012年年底实现连续稳定生产。

2012年广维化工的利用广西丰富的甘蔗、薯类等生物质资源为原材料，采用乙醇-乙烯法生产聚乙烯醇，项目计划年产5万吨生物基聚乙烯醇。

常熟市长江化纤有限公司与中科院长春应化所合作开发连续聚合熔体直纺聚乳酸（PLA）纤维。目前2000吨/年聚合配6位熔体直纺的生产线已投产。

中国纺织工业设计研究院和江苏德赛化纤合作的年产1 000吨纤维级聚乳酸产业化项目也已通过国家有关部门的评审。

盛虹集团以自主知识产权建成并投产3万吨/年PTT聚合、5万吨/年PTT纤维生产线，成为世界第三家拥有此技术、第二家生产此产品的公司，打破跨国公司长期以来对行业核心技术的垄断。

2014年江苏允友成（江苏）有限公司完成PLA合成装置建设，新增产能1万吨。

武汉华丽环保科技有限公司完成热塑性生物质新工厂建设，产能达到6万吨/年。

深圳虹彩新材料科技有限公司、江苏常州龙骏实业有限公司、烟台阳光澳洲科技有限公司等也纷纷扩产热塑性生物质复合材料的产能，并准备在深圳、武汉、天津等地进行示范应用。

浙江海诺尔生物材料有限公司在2015年开始建设5万吨PLA工厂，开发国产万吨级聚乳酸成套合成技术，形成系列化的树脂牌号，使聚合物的加工性能达到国际先进水平。

中粮（吉林）公司、寿光巨能金玉米有限公司准备在2015年新建PLA生产工厂。

浙江恒丰新材料有限公司利用天然植物油等原料生产生物基多元醇能力已达15万吨/年。

浙江嘉澳环保科技股份有限公司生产的环氧植物油脂类生物基增塑剂规模已达到5万吨以上。

预期到2016年年底，聚乳酸（PLA）、二元酸二元醇共聚酯（PBS、PBSA、PBAT）、生物基聚氨酯和生物助剂等生物基合成材料的产能将成倍增加。伴随国产生物基材料产能规模的扩大和成本的逐步降低，形成生物基树脂专用料与制品制造产业群，生物基材料制品新增总量将达80万吨/年，包含了一次性日用品、工业品、农用地膜、纺织纤维等。

在地方扶持政策方面，为了促进生物基材料在国内市场的示范应用，多个地方政府如吉林省、深圳市、武汉市等为此专门出台了相关政策，尤其是吉林省从2015年1月1日起，在吉林全省范围内一次性塑料袋及餐饮具必须使用生物降解制品。以市场龙头企业为主体，主要通过市场作用，在典型城市进行生物基材料制品的示范应用。立足区域生物基原材料为基础的聚集化产业发展已成为部分地区的发展重点，如河南濮阳、山东潍坊等地的政府出台了专门的鼓励政策，推动产业集聚区发展，初步构建起从生产能力到应用示范的链条，呈现了良好的发展势头。

三、突出问题

1. 消费者对生物基材料不了解

多数生物基材料价格高于相应的石油或煤基产品。消费者对生物基材料认识还有待提高。国内市场还不成熟，终端消费主要在国外，产品主要出口。

2．行业创新能力有待加强

我国生物制造产业在激烈的市场竞争中逐渐成长和壮大，在产量、质量、品种和生产技术等方面都有了极大的提高，大大缩小了与发达国家的差距。但目前，我国制造企业以中小企业为主，企业结构不尽合理，融资机制不健全，造成企业科技创新能力偏弱，技术和市场竞争能力不强，产品利润率低，应用领域面相对狭窄，涉及服务行业少，国际市场开拓能力弱等。此外，我国企业高端人才的缺乏，也严重制约了产业的健康发展和我国生物基塑料制造企业国际化进程。

3．产业发展整体规划与协调面临重大的挑战

相对其他生物制造行业例如生物农业的解决温饱问题、生物医药解决人类健康而言，均有对应的行业主管部门，而生物基塑料相对应的产业尚缺乏相对应的明确的主管部门，而且生物能源、生物材料、生物化工、生物加工等概念不普及，在一定程度上影响了政府与社会等层面对生物基塑料的理解与接受。

生物基塑料制造产业正处于发展的初期，尚有一些瓶颈性因素需要突破。原料问题越来越成为生物制造产业发展的瓶颈性因素，在不影响粮食安全的前提下，协调糖质、脂质原料、降低生物质原料加工处理成本，将成为生物基塑料产业健康发展的基础性问题。

进一步提高技术水平，在可以预见的未来快速提高经济竞争力，也是生物基塑料产业发展的根本性问题。

生物基塑料产业链不完善，生物质生产、发酵工业、化学工业、材料工业，特别是与石油化工行业之间，尚未形成有机、紧密的联系，建立健全从原料生产、物质合成、到成型加工和转化应用的产业链，使生物基塑料产业发展的关键性问题。

四、重点发展内容

1．二氧化碳基聚合物

进一步提高聚合反应催化剂活性，改进聚合反应工艺，提升合成技术水平，降低聚合反应成本。研发针对生物降解高分子材料的专用改性剂及改性技术，实现在一次性塑料包装袋等领域的区域推广。

在 2020 年，解决从聚合、改性到加工的关键科学问题，形成完备的聚合、改性和加工技术并实现规模化推广，形成一批知名的原料生产和制品加工企业，产业规模达到 100 万吨。同时开发新型的二氧化碳基和生物基高分子材料单体及材料。实现百万吨级全生物降解碳中性高分子材料产业布局，全面推进全生物降解高分子材料在日用品包装、医用包装、工业品包装、农用地膜等领域的应用。

2．聚乳酸

建设聚乳酸材料及其关键单体 L-乳酸和 D-乳酸的产业能力，乳酸单体光学纯度大于 99.5%，成本控制在 2 万元/吨以内。

开发一系列针对聚乳酸的新型高效专用有机成核剂。通过分子设计，调控有机化合物与生物基聚酯的相容性和相互作用，通过构建具有强分子间作用力的官能团及其在有机化合物分子中的构型，实现有机化合物在生物基聚酯熔体冷却过程中快速自组装，原位生成微-纳米尺寸晶核，实现聚乳酸的快速结晶，满足工业化生产需求，从而从根本上解决生物基聚酯加工和性能上的缺陷。

3．二元酸二元醇共聚酯

通过重点支持聚丁二酸丁二酯（PBS）、聚对苯二甲酸己二酸丁二酯（PBAT）塑料与纤维材料的研发与产业化示范，使我国掌握 PBS、PBAT 聚合物及其关键单体丁二酸的生物基制备路线等关键技术。实现生物基丁二酸及 PBS 的产业化，PBAT、PBS 的产能在 2010 年达到 20 万吨/年。

4．聚羟基烷酸酯（PHA）

深入研究 PHA 合成基因，通过基因重组的优化，调节并控制 PHA 的分子结构组成及构象以获得更好性能的 PHA，利用更便宜的碳源并提高 PHA 在细胞中的累积率以获得低成本高产率的 PHA；通过优化发酵和提取工艺进一步提高 PHA 产率和纯度；在 2020 年，产能扩建至 10 万吨/年，通过产能的扩增，降低生产成本。

深入研究 PHA 的基础性能及加工工艺，解决 PHA 后结晶、成型慢的问题，提高加工成型效率。推动 PHA 地膜、垃圾袋及购物袋等制品在国内外的示范应用，以点带面拓宽市场，以制品带动 PHA 原料的销售。

5．淀粉基塑料

支持以木薯淀粉等非粮淀粉为原料经热塑加工、或热化学和生物转化技术制备功能性淀粉基塑料关键技术研发及产业化，热塑成型加工温度 100~200℃，生物降解率≥60%。

6．秸秆纤维热塑成型加工

秸秆纤维、木质纤维、竹纤维、木质素、甲壳素等生物质天然高分子为原料经热塑加工、或热化学和生物转化技术制备功能性复合材料关键技术研发及产业化。推动研发以农业废弃物（甘蔗渣、生物乙醇发酵废渣、各种农作物秸秆等）为原料资源的“共混型生物质塑料”和“增塑型全生物质塑料”的制造技术及其制品的研发工作，逐步减少石油资源在本产业领域的消耗，逐步增加可再生的天然高分子资源在本领域产品中的比重，逐步开发生物质塑料领域的国际市场。

7．生物基聚氨酯

支持生物基聚氨酯材料及其关键单体生物基多元醇的研发与产业化，开发羟值>300 毫克 KOH/克、酸值<1 毫克 KOH/克、黏度<10 000 毫帕·秒的生物基多元醇产品及导热系数<0.024 瓦/（米·开）、抗压强度>150 千帕、拉伸强度>200 千帕的生物基聚氨酯硬泡产品。

8．生物降解地膜

我国目前正进行大范围的生物降解地膜试验，力争加快生物降解地膜的推广应用速度，目前国内农用完全生物降解吹塑地膜性能指标如下：①厚度：≤15 微米；初始力学性能:≥PE 地膜国家标准值（拉伸负荷≥1.3 牛顿，断裂伸长率≥120%，直角撕裂≥1.0 牛顿）；②使用时间：可控，满足作物生长周期（大田作物诱导期≥70 天，烟草、花生等诱导期≥35 天）；③3 个月内地膜残片≤16 厘米^2，一年内 100%降解。

9．生物基高阻隔功能性材料生产与应用技术专项

以生物高分子聚乳酸（PLA）、聚羟基烷酸酯（PHA）、淀粉、植物纤维等为基础材料，研发高效增容剂等助剂，开发适合于生物高分子共混加工特殊结构的设备及其加工技术，获得成本低、阻隔性能好、可生物降解的地膜、保鲜膜等功能性薄膜、片材及其制品的生产技术和规模化应用。

10．多取代纤维素材料生产技术及其应用

以木浆粕、竹浆粕、棉浆粕等天然可再生纤维为主要原料，通过多取代技术生产，生产新型生物基热塑加工纤维素，大规模用于光学材料、电器外罩、型板材、工具手柄及包装材料等。

开发高性能的三醋酸纤维素，塑料级和纤维级的二醋酸纤维素的技术指标处于行业领先水平。

五、政策建议

1．建立明确的政府主管部门，引导产业健康发展

通过产业政策引导，解决目前生物基塑料产业同质化现象突出的问题，实行差异化发展。

2．给予生物基塑料生产企业优惠政策

制定生物基塑料产品财政补贴、税收优惠政策。一是制定财政补贴和政府采购优先政策。设立生物基塑料产品财政补贴专项资金，对于符合生物基产品认定的消费品给予财政补贴。在政府集中采购工作中，优先采购获得认定的生物基产品。二是由税务总局制定生物基产品所得税和增值税优惠政策。生物基产品生产企业自投产年度起免征所得税五年，增值税先征后返（100%返）；五年后所得税率按 10%计。对利用废气、废水、废渣等废弃物为主要原料进行生产的企业，免征所得税。三是由海关总署调整出口退税和关税率。单独设立生物基产品的海关编码；将生物基产品的出口退税率调整至 15%或更高；在 3 年内零关税，以鼓励出口、参与国际市场竞争。四是对生物降解塑料相关企业提供低息贷款或贴息。五是对严重污染环境的产品完善法律法规，完全禁止生产使用或征收环境资源费，用以支持新产品的研发生产，鼓励产业升级。

3．加强产业链的建设

虽然某些产品产业链初步形成，但建设仍显不足，产业集群内缺乏融合，同时也缺乏对上下游产业发展需求和推动的描述，需在组织产业集群的同时也充分考虑产业链的规划。作为新兴产业，由于技术、原料等诸多问题，其产品的价格仍偏高，产业链、集群建设和发展过程中，需要政府进一步推动和促进，出台具体的配套政策、支持政策。尤其是在示范应用方面，如何实现生物基材料产品市场占有率的有效提升、实现各方案中提及的替代目标和市场占有目标，如何实现生物降解地膜在不同地区、不同作物上的推广应用，仍需各地方政府在现有政策基础上，出台进一步细化、具体、且带有一定强制性的行政指令或政策。

（中国塑料加工工业协会降解塑料专业委员会
翁云宣、刁晓倩、周迎鑫）

氟塑料加工

氟塑料是军工、工业及民用不可或缺的功能性配套材料，“十二五”期间，氟塑料作为国家重点发展的战略新兴产业的重要支撑材料得到了飞速发展。2014 年是实施“十二五”规划的重要一年，也是贯彻落实十八届三中全会精神、全面推进氟塑料加工行业转型升级的重要一年，在国家产业政策的扶持下，氟塑料加工行业实现了较平稳的增长。

一、行业现状

目前，我国 PTFE 树脂的年生产能力已达 10 万吨左右。2014 年我国内资企业 PTFE 的产量大约 8.5 万吨，比 2013 年增长 17.98%。据不完全统计，2014 年氟塑料加工企业聚四氟乙烯树脂消耗量比 2013 年上涨 15.29%，聚四氟乙烯制品产量比 2013 年上涨 13.11%。2014 年聚四氟乙烯制品的构成如下图所示，与 2013 年相比，模压、其他糊膏挤出、浸渍和衬里制品变化不大，等压成型和柱塞挤出比例分别增加了 47.31%和 13.93%，而生料带和纤维制品比例分别下降了 2.42%和 3.92%。

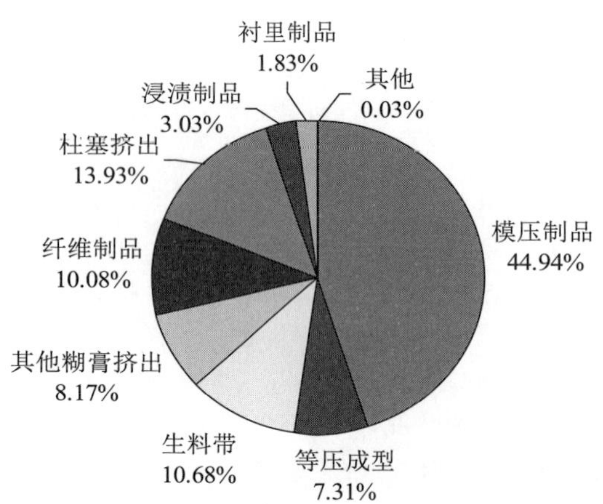

2014年聚四氟乙烯制品构成

2014 年专委会对北京、上海、江苏、浙江、广东的十余个企业进行了走访，企业总体情况运行良好。“十二五”期间，国家重点发展战略新兴产业，部分企业抓住了机遇，加紧调整产业结构，加大了自主研发的力度，推出了不同品种的新产品，出现了更多的深加工产品。很多企业建立了各类加工中心，使得氟塑料企业从提供半成品向提供最终产品过渡。各企业在设备改造上投入了很大力量，自动化程度有了明显的提高。在生产中企业开始重视节能减排工作，整个行业在绿色生产方面取得了明显的效果。

2014 年制品出口依然成上升趋势，PTFE 树脂出口 21 660 吨，同比上涨 11.26%，PTFE 制品出口 21 995 吨，同比上涨 10.95%。

二、存在问题

1．产品结构不合理，中低档产品比例过高，集约化程度低

我国氟塑料原料存在低端产品过剩，高端产品不足的问题。国产 PTFE 树脂主要存在批次稳定性不足、电性能较差、分子量和粒径分布不够均匀等缺陷。可熔性氟塑料只能满足一般用品需求，电子、汽车等领域还基本依赖进口树脂，还有多种树脂有待开发。具有自主知识产权的高档制品较少，高品质、高性能产品的生产和生产的质量控制与国际先进水平相比差距仍较大。

2．部分产品出现结构性、阶段性过剩，同质化程度严重

由于我国氟树脂生产的同质化严重，氟塑料加工和检测设备的匮乏，我国目前大多数氟塑料加工企业的产品雷同。近几年，由于环保行业需求激增，纤维和双拉膜行业出现了大规模扩容和无序竞争的局面，产品质量参差不齐。聚四氟乙烯半成品以及 FEP 线缆加工中，再生料使用较多，但由于缺乏检测手段，使得部分多次再生原料再次进入制品生产，对产品质量的保证产生了重大威胁。

3．科技创新能力薄弱，创新体系有待完善

中国现有氟塑料加工企业 1 500 家左右，以中小企业为主，企业自主创新能力薄弱。产业研发投入明显不足，专业化程度低，缺乏高水平、高技术的人才队伍，从业人员缺乏上下游领域的专业知识，对制品的使用性能了解不足，制约了新产品的开发、应用领域的扩大。产业技术基础薄弱，共性技术研究体系缺失，行业基础数据的传承、跟踪、积累和共享机制尚不健全。

4．氟塑料企业的管理水平亟待提高

氟塑料加工企业目前还处于发展的初级阶段，多数企业管理水平偏低，缺乏现代化的管理理念和

能力，推动行业提高管理水平是行业可持续发展的关键因素之一。

5．检测能力不足

尚未制定氟塑料的行业标准，由于标准的缺乏制约了行业发展。

6．从业人员技术水平偏低制约了行业发展

由于氟塑料加工尚属于朝阳产业，从业人员普遍技术水平偏低，我们应该提倡企业利用各种可能的方式，对员工进行再教育，逐步提高行业的从业人员水平。我们可以尝试与高校合作开办大专班，开展管理、检测、加工技术培训。

三、专委会活动

1．开展标准化工作

《聚四氟乙烯车削薄膜》《聚四氟乙烯管材》和《聚全氟乙丙烯管材》的制修订工作已经完成。2014 年 3 月 6 日，专委会在北京组织召开了标准征求意见研讨会，参编单位和相关专家出席了会议。2014 年 6 月 20~21 日，全国塑料制品标准化技术委员会塑料制品分技术委员会在北京组织召开了行业标准专家审查会，编制小组针对专家审查组提出的意见对标准进行了修改，形成送审稿。2014 年 7 月 17~18 日，全国塑料制品标准化技术委员会塑料制品分技术委员会在北京组织召开了标准审查会，编制小组针对委员提出的意见对标准做了进一步的修改和完善，已形成报批稿上报全国塑料制品标准化技术委员会。

《聚四氟乙烯双向拉伸薄膜》行业标准已完成征求意见稿，专委会于 2014 年 5 月 27 日和 9 月 29 日在上海组织召开了标准编制讨论会，2014 年 12 月 6 日，全国塑料制品标准化技术委员会塑料制品分技术委员会在上海组织召开了行业标准专家审查会，编制小组针对专家审查组提出的意见对标准进行了修改，形成送审稿。

根据工业和信息化部办公厅〔2014〕114 号文，《聚偏氟乙烯（PVDF）板材》行业标准制定任务已下达，由北京市塑料研究所负责牵头起草，计划号为 2014-0 888T-QB。

2．召开第五届二次理事长工作会

中国塑协氟塑料加工专业委员会第五届二次理事长工作会于 2014 年 4 月 23 日在上海延安饭店召开。北京市塑料研究所和上海上化氟材料有限公司等 14 家副理事长单位参加了会议。会议由理事长庄甦主持。陈生秘书长汇报了 2014 年第一季度的工作情况和下一步的工作计划。各副理事长相互之间进行了行业交流，介绍了各自企业目前的发展情况，对存在的共性问题进行了讨论，交流了经验。会后，大家前往上海新国际博览中心参观 CHINAPLAS 2014 国际橡塑展。

3．赴中国科学院青海盐湖研究所考察访问

7 月 31 日，由中国塑料加工工业协会副秘书长许琳和中国塑协氟塑料加工专业委员会秘书长陈生领队的氟塑料企业考察团一行 8 人到中国科学院青海盐湖研究所参观访问。

中国科学院青海盐湖研究所（以下简称：青海盐湖所）创建于 1965 年，是我国迄今为止唯一专门从事盐湖研究的科研机构，主要从事盐湖资源与化学、盐湖成因与演化，以及盐湖资源综合开发利用的基础、应用基础和技术研发等研究工作，在我国盐湖科技领域发挥了不可替代的作用。

在青海盐湖所管理人员陪同下，考察团对青海盐湖所化学分析测试部、相关课题实验室以及科技展览厅等进行了参观、交流，了解了青海盐湖所开展的相关科研工作与获得的成果等情况，随后与青海盐湖所的相关科研人员进行了交流座谈。

座谈会由青海盐湖所副所长段东平主持。在座谈会上，青海盐湖所相关科研人员就盐湖化工中存在的防腐、过滤、密封等问题和代表团成员进行了深入的交流，一致认为氟塑料产品在盐湖化工生产过程、精细产品的加工等领域中有着广阔的应用前景和性能优势。最后，与会双方针对今后可能存在的合作领域进行了充分的探讨，并对加强沟通、强化合作达成了共识。

4．征集《氟塑料加工行业“十三五”发展规划指导意见》

高端氟塑料制品作为轻工新材料已被科技部列入“十三五”拟重点支持的项目名录，为做好“十三五”规划的前期准备工作，氟塑料专委会向有关单位和专家进行了征集意见和信息，在 12 月份理事会上召开座谈会，完成“十二五”规划实施情况评估及“十三五”规划前期研究报告。

5．举办“2014 氟塑料制品加工质量管理与检测技术培训班”

2014 年 10 月 23~24 日，由中国塑协氟塑料加工专业委员会主办的“2014 氟塑料制品加工质量管理与检测技术培训班”在浙江衢州饭店隆重举行。

此次培训由浙江省氟硅新材料质量检验中心协办，吸引了来自全国各地的120余名学员。培训班开幕式由中国塑协氟塑料加工专业委员会秘书长陈生主持，理事长庄甦和巨化集团技术中心范俊主任在开幕式致辞，无锡市祥健四氟制品有限公司总经理王健代表学员讲话。

本次培训邀请了10位授课老师，培训内容涉及原料的分类及选用、聚四氟乙烯半成品质量保证与检验规范、产品的质量管理、标准的制定以及氟塑料制品的检验方法等。10月24日下午，学员们还前往浙江省氟硅新材料质量检验中心和衢州氟硅技术研究院参观学习。此次培训历时两天，从理论知识培训到实际操作演示，授课专家和检验中心的老师认真负责的准备，深入浅出地把他们多年积累的理论知识和实践经验传授给学员，并全面细致的做了答疑工作。在授课和参观过程中，学员们十分配合老师，认真专注的听讲，做好笔记，积极提问，使培训班达到了预期的效果。

6．中国塑料加工工业协会常务副理事长曹俭走访氟塑料加工企业

2014年10月25~26日，中国塑料加工工业协会常务副理事长曹俭、副秘书长许琳在中国塑协氟塑料加工专业委员会理事长庄甦和秘书长陈生的陪同下对氟塑料加工企业进行了实地考察。

10月25日曹会长一行来到浙江嘉日氟塑料有限公司考察，该公司坐落于浙江省嘉善县魏塘工业园区，是目前国内最具规模的聚四氟乙烯制品生产商之一。在公司董事长于文根的陪同下，曹会长一行参观了公司的展室和生产车间。于董事长介绍了企业的发展和经营状况，该公司近年来在做大做强聚四氟乙烯半成品的同时，加大研发力度，重点开发了膨体聚四氟乙烯制品和可熔性氟塑料制品，曹会长对企业所取得的成绩予以充分肯定，并鼓励企业做好产品的推广应用工作。10月26日，曹会长一行驱车来到常州中澳兴诚高分子材料有限公司考察，该公司自2004年研制成功聚四氟乙烯纤维以来，一直致力于氟塑料纤维及其制成品的开发和生产，先后研制成功了聚四氟乙烯长短纤维、毡布、可熔性氟塑料丝、网等产品，并成功的开拓了国内和国际市场。公司董事长何正兴首先向曹会长等人介绍了企业的发展现状和未来的发展规划，并陪同曹会长一行参观了生产车间，曹会长对公司坚持自主研发、坚持独立创新理念给予高度认可。

此次考察，曹会长对氟塑料加工企业的发展给予了高度评价，殷切希望企业能够进一步加大科技创新的力度，在清洁生产、节能减排，企业效益和社会效益同步发展等方面做出更大的突破，勉励企业再接再厉，勇攀氟塑料加工行业新高峰。

7．召开第五届三次理事扩大会

中国塑协氟塑料加工专业委员会第五届三次理事扩大会于2014年12月14日在广州江韵大酒店举行。中国塑协氟塑料加工专业委员会近50家理事单位、7家会员单位的代表和专家理事参加了会议。

会议审议了陈生秘书长作的2014年工作总结和2015年工作计划，听取了陈生秘书长做的氟塑料行业“十二五”总结和“十三五”前期发展研究报告（讨论稿），讨论了“十三五”发展方向，最后讨论了增补理事单位事宜。会后，代表们参观了2014中国国际塑料新材料、新技术、新装备、新产品展览会。

8．组织“2014中国国际塑料新材料、新技术、新装备、新产品展览会”氟塑料展区

2014年12月15~17日，由中国塑料加工工业协会主办的“2014中国国际塑料新材料、新技术、新装备、新产品展览会”（简称：中国塑料展——ChinanewPlas）在广州市海珠区保利世贸博览馆隆重举行。

中国塑协氟塑料加工专业委员会设置了氟塑料展区，十余家与氟塑料相关的原辅材料、制品以及设备企业参展。各企业展示了近年来取得的成果，充分体现了“新材料、新技术、新装备、新产品”的四新主题。

9．奖项申报

2014年一季度，中国塑料加工工业协会进行了“塑料加工业科技创新型企业、优秀科技成果、先进科技工作者”的评选活动，经企业自行申报，专委会筛选并上报中国塑料加工工业协会，经中国塑协评选，上海市凌桥环保设备厂有限公司申报的“纯聚四氟乙烯滤料”项目荣获优秀科技成果一等奖，南京肯特复合材料有限公司申报的“特种性能聚合物基复合材料及其制品”项目荣获优秀科技成果二等奖。上海市凌桥环保设备厂有限公司董事长黄斌香和天津市天塑滨海氟塑料制品有限公司总经理朱宝成荣获先进科技工作者称号。

2014 年 4 月，中国轻工业联合会下达了《关于 2014 年度中国轻工业联合会科学技术奖励申报工作的通知》。经各企业积极申报，专委会筛选并上报中国轻工业联合会，经中国轻工业联合会科学技术奖励委员会评审通过，由杭州福膜新材料科技有限公司申报的《太阳能光伏电池背板用 PVDF 薄膜及其工艺》项目荣获“2014 年度中国轻工业联合会科技进步二等奖”。

四、发展方向

2015 年是全面完成“十二五”规划的收官之年，目前，我国经济正在向形态更高级、分工更复杂、结构更合理的阶段演化，经济发展进入新常态，正从高速增长转向中高速增长，经济发展方式正从规模速度型粗放增长转向质量效率型集约增长，适应新常态，把握新机遇是推动氟塑料产业健康可持续发展的关键。

近年来，氟塑料制品已被越来越多的领域所应用，特别是在国家重点发展的战略新兴领域，对高端氟塑料制品的需求日益增长。随着国家对节能环保和新能源领域的日益重视，聚四氟乙烯纤维、电厂烟气低温余热回收用氟塑料热交换器和太阳能电池用聚偏氟乙烯（PVDF）膜等高端氟塑料制品将成为重点产品发展方向。我们应加大专用原料及高端氟塑料加工技术的研发力度，重点开发高功能膜材、高端密封、电子、低温余热回收用氟塑料制品，跨学科多领域联合研发配套产品，全面提升行业的核心竞争力，争取在新常态下实现新发展。

（中国塑料加工工业协会氟塑料加工专业委员会 吕方、刘秋晨）

多功能母料

“十三五”期间我国塑料母料发展趋势

一、我国塑料工业发展概况

自 2010 年以来，塑料制品产量整体保持稳步增长的态势，产量均高于 5 000 万吨。2014 年 1~12 月生产塑料制品 7 387.78 万吨，同比增长 7.44 %。

从分类来看，2014 年塑料薄膜产量为 1 261.8 万吨，同比增长 8.4%；农用薄膜产量为 189.7 万吨，同比增长 15.7%；泡沫塑料产量为 202.2 万吨，同比增长 9.8%；塑料人造革、合成革总量为 375.1 万吨，同比增长 2.6%；日用塑料制品产量为 579.7 万吨，同比增长 10.5%。

2014 年累计出口塑料制品 951 万吨，同比增长 6.1%；出口金额 2 278.1 亿元人民币，同比增长 4.0%。12 月当月出口塑料制品 86 万吨，环比增长 4.9%，同比增长 6.2%；出口金额 218.5 亿元人民币，环比增长 11.3%。

2015 年母料行业下游行业概况

2015 年 1~6 月止累计塑料薄膜产量 6 286 975.84 吨，同比增长 3.7%。6 月塑料薄膜产量为 1 201 809.86 吨，同比增长 7.1%。

2015 年 1~6 月塑料板、管、型材制造出口交货值 10 236 126.00 千元，同比下降 8.43%。

2015 年 1~6 月止累计泡沫塑料产量 1 097 013.94 吨，同比增长 13.58%。6 月泡沫塑料产量为 246 618.44 吨，同比增长 17.6%。

2015 年 1~6 月止累计日用塑料制品产量 2 663 877.89 吨，同比下降 0.19%。

6 月日用塑料制品产量为 562 399.43 吨，同比下降 2.88%。

二、塑料母料发展概况

母料是指能增加聚合物材料功能、提高其性能或降低成本的聚合物助剂浓缩体。根据应用领域，母料主要可分为塑料母料、橡胶母料、纤维母料；根据具体用途，母料又可主要分为填充母料、色母料、功能母料。母料作为当今世界高分子材料助剂应用的最主要形式之一，与我国高分子材料工业一样，是属于朝阳产业。

我国现有各种母料生产厂家 1 300 余家，年生产能力达到 1 500 万吨以上，其中填充改性母料是涉及领域广、主要分布在河北、浙江、北京、天津、广东、江苏、河南、陕西、四川、甘肃、广西、湖南等 20 多个省市、自治区约有生产厂家 600 多家，年生产能力约在 1 000 万吨，年生产填充改性母料约 600 万吨；色母料生产厂 400 余家，年生产能力达到 150 万吨，年产量在 100 万吨；各种功能性母料厂家 300 余家；从生产规模来说，基本都是以小规模分散型单一型企业为主；生产厂家分布全国各地。

1．母料种类

（1）填充母料：以无机非金属粉体做基础材料，树脂原料做载体，以节约树脂原料为主要目的。

（2）色母料：以色粉为基础原料，以改变塑料制品颜色为主要目的。

（3）功能母料：以增加塑料制品的某些特殊功能为目的；如：阻燃母料、增韧母料、发泡母料、抗静电母料、耐磨母料、聚烯烃稳定化母料、导电母料、防雾母料、防锈母料、降温母料、开口母料、阻燃母料、抗菌母料、增透母料、香味母料、除味母料、农膜用功能性母料、其他专用母料等。

细分已有几十种塑料母料。而且随着塑料品种和应用的扩大，对塑料加工产品性能要求的细化，塑料母料的品种和数量还会上升。

2．母料应用

母料在塑料制品中应用非常广泛，根据制品功能特性的要求，塑料制品都会应用到不同特性的母料。

填充母料和色母料是用途最普遍的一种母料；我国70%的塑料制品会使用填充母料，60%的塑料制品会使用色母粒，50%以上的塑料制品会使用功能母料，主要以工程塑胶制品为主。

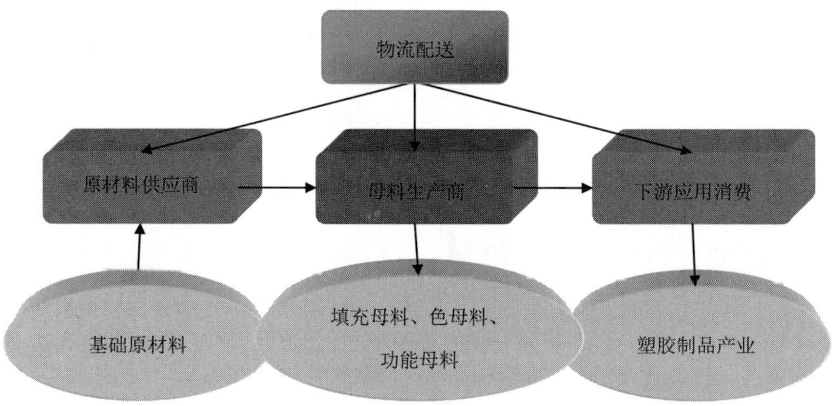

图1　母料的产业链结构示意图

三、我国母料行业基本情况

1．填充母料

填充母料主要以无机粉体作为基础材料，添加载体树脂和各种改性助剂通过挤出造粒成型所得到的能满足塑料制品成型工艺要求的高填充母料。其主要目的是降低制品的生产成本，节约能源。

目前填充母料的基础材料主要以碳酸钙为主；滑石粉、高岭土等次之，其次还有硅灰石、工艺固废物等。

20世纪80年代初，填充母料年生产能力只有十几万吨，粉体表面活化改性技术及加工工艺简单粗糙，目前我国填充母料生产厂家遍布全国各地，生产企业600余家，年生产能力达到1 000万吨。2014年我国填充母料产量已达到500万吨以上；大部分以中低端母料为主，有少数企业采用先进的成型工艺制取高端母料应用于工程塑料领域和出口。

2．色母料

（1）国外色母粒的发展概况。国外色母粒市场主要集中在西欧、北美和日本，生产色母粒的企业多是跨国公司或世界500强企业，如美国Hanna、Polyone、德国BASF、Hoechst、瑞士Ciba—Geigy、Giarant等公司，年产量在150万吨以上，其中西欧占50%以上，Hanna公司一年的销售量达20万吨。世界色母粒市场体系是垄断经营，色母生产集中在约十个超级大公司。例如垄断世界炭黑生产的大公司卡博特也垄断了世界上30%黑母粒的生产；科莱恩公司、汉纳公司、休门公司等垄断了世界上大部分色母粒的生产和销售。

塑料制品的加工成型对色母粒的需求根据树脂、加工方法及最终用途的不同而变化。就美国而言，聚烯烃用色母粒占市场需求的2/3以上；PVC用色母粒的需求量呈上升趋势；PET是一个规模小但发展速度快的树脂，因为受环保限制，PET纤维越来越倾向于使用色母粒进行纺前着色。美国Sunchemical公司推出了一种类似于颜料分散体的产品——色砂，颜料含量高达 90%，分散效果好，可直接应用，也可以与树脂混合造粒制备高浓色母粒。

（2）我国色母粒发展状况。改革开放以来，我国塑料工业发展迅速，花色品种及质量也有了大幅度的提高，随之对塑料制品着色也有了较高的要求，一些中、高档塑料制品开始采用色母粒着色。目前，我国生产色母粒的企业多达 400 多家，主要分布在广东、福建、山东、浙江、江苏、上海、辽宁、天津、北京、河北等省市。亚洲金融危机之后，我国塑料工业飞速发展；2014 年我国塑料制品总量超过 7 300 万吨，消耗色母粒约 90 万吨。

（3）制约我国色母粒产业发展的因素：①产地比较集中；②企业众多，产品质量参差不齐；③厂商具有区域性特征；④外资企业纷纷进入；⑤色母粒行业缺乏权威的检测机构；⑥一直没有在海关单列税号；⑦色母粒行业被列为高耗能、高污染限制类产业。

特点：与国外色母粒生产企业相比，我国色母粒生产企业规模偏小、技术水平较低，产品结构单一。

3．功能母料

功能母粒是指各种塑料助剂的浓缩物，直接添加助剂不易分散，使用效率不高，因而常以母粒的形式添加。

其主要作用是改善塑料制品成型性能、赋予塑料制品某些特殊功能。如吸湿消泡母粒、阻燃母粒、导电母粒、发泡母粒、抗紫外线母粒、耐候母粒等。

四、我国母料产业未来发展趋势

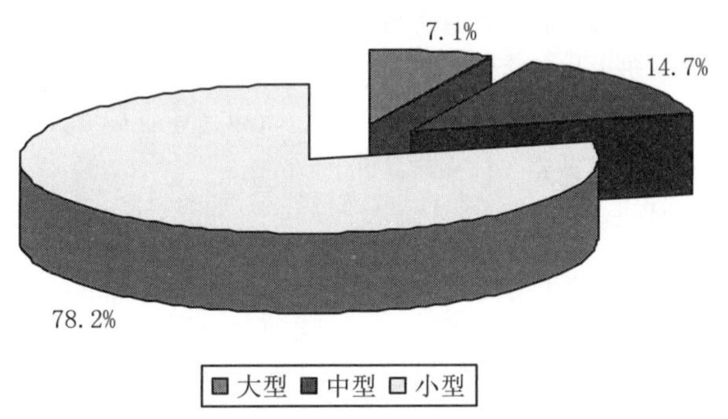

数据来源：国家统计局

图2　2015年1~6月我国母料行业不同规模企业销售收入分布图

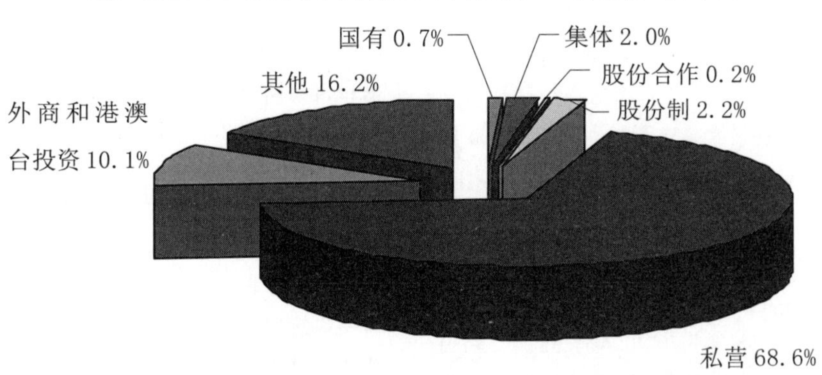

数据来源：国家统计局

图3　2015年1~6月我国母料行业不同所有制企业销售收入分布图

2013 年，我国经济发展进入新常态，从高速发展转而进入中低速发展；从资源型发展进入创新发展。我国制造业进入了战略转型升级期。进入“十三五”，我国母料行业必须走规模化、功能化、轻量化、生态化、工艺清洁化的发展道路。

在优化产业结构、提高效益和降低消耗、绿色环保的基础上，保持母料行业发展速度略高于塑料加工业发展速度。使我国塑料母料结构调整和产业升级取得明显成效，行业抗风险能力和国际竞争力得到有效提高；自主创新能力和品牌建设得到较大提高，建立起较完善的行业创新支持体系；开发一批具有自主知识产权的新型塑料母料产品，使塑料母料技术水准接近或达到同期国际先进水平；形成一批具有较强国际竞争力的骨干企业，主要塑料母料基本满足国民经济社会发展和国际市场需求；完善塑料母料标准体系，制订一批有利于塑料母料技术进步、循环经济发展、促进节约型社会和环境友好型社会建立的行业标准；大力发展绿色塑料母料产业，推动社会环境和谐发展；提高塑料母料占塑料助剂比重，通过技术创新和技术改造，提高产品质量，稳步推进国产母料取代进口产品的步伐。同时通过行业规划和自律，平稳控制行业产能的扩展，避免出现供过于求的状况，推动行业的健康发展。

促进行业内企业重组联合，打造行业航母企业，逐步形成规模企业和区域集群相结合发展效应；继续推动产业集群、特色区域建设。在矿产资源比较丰富的西部地区推动建设填充母料群，积极推进企业联盟、产学研联盟、产业链联盟，推进节能减排目标实现，解决资源紧缺、环境保护的问题。

促进企业注重科技投入、加大研发力度，依靠科技进步，推动自主创新；积极创造条件，促进高校院所的科研成果更快的转变为生产力。

大力扶持以母料形式的助剂推广应用，引导企业提高母料比重，减少或避免生产、使用粉体形式的助剂，从而加快产品升级换代，改变落后的产品结构模式，争取使塑料助剂的产品结构更趋合理。支持占有矿产资源、技术等优势的企业进行产业的上下游整合，提高产业集中度。

（中国塑料加工工业协会多功能母料专业委员会 季德虎、陈建平）

工程塑料制品

2014 年在中国塑料加工工业协会的正确领导和具体指导下，中国塑协工程塑料专委会主要工作如下。

一、展会

（一）2014 中国（宁波）国际高分子新材料新装备博览会暨塑料橡胶产品与设备采购交易会

宁波素有“工程塑料之都”称号。由中国塑料加工工业协会工程塑料专委会协办的“2014 中国（宁波）国际高分子新材料新装备博览会暨塑料橡胶产品与设备采购交易会”于 2014 年 05 月 27~29 日在宁波国际会展中心成功举行。展会旨在展示先进工程塑料、改性塑料、塑料化工原料与助剂、塑料制品、塑料橡胶机械、橡胶弹性体等相关加工辅助设备等产品。

此次展会吸引了 300 多家企业参展、展位 500 余个，展会面积约 10 000 米^2。宁波市经信委副主任周学明一行人莅临参观、指导，给予展会较高肯定。

（二）2014 中国（宁波）国际高分子新材料新装备博览会暨塑料橡胶产品与设备采购交易会

展会汇集了：上海杰事杰、宁波锦地、伊德尔、上海合才、江苏润佳、慈溪浪佳、海星塑机、双马塑机、奇明、雄信塑机、佳华塑机、无锡阳明、深圳新劲力、东莞科盛等塑料橡胶上下游产业链企业。

在理事长单位中国科学院宁波材料研究所的大力支持下，材料所 54 米^{2}的展位，成了本届展会的最大的亮点，三天展期门庭若市。

（三）2014 中国（宁波）国际新材料科技与产业博览会

2014 中国（宁波）国际新材料科技与产业博览会于 10 月 16~18 日在宁波国际会展中心举行。

展会由宁波市政府贸促会主办，中国塑协工程塑料专委会协办。博览会吸引了来自法国、韩国、美国、德国、芬兰、中国香港、日本、荷兰、新加坡、丹麦等十五个国家和地区的企业、机构参展，参展单位总数达368家。

展会同期举办：“2014（第六届）国际化工新材料大会”主题论坛活动，专委会理事长朱锦研究员在会上作了精彩演讲；10月16日，“2014中国（宁波）汽车创新材料技术高峰论坛”，在宁波市泛太平洋大酒店举行。论坛就汽车创新材料产业及最新发展动态、发展导向等方面的前沿研究、最新技术和标准等进行交流。中国塑协工程塑料专委会秘书长林敏刚主持论坛。

（四）2014中国国际塑料新材料、新技术、新装备、新产品展览会

由中国塑料加工工业协会举办的首届“2014中国国际塑料新材料、新技术、新装备、新产品展览会”于2014年12月15~17日在广州保利博览馆隆重举行。展览会共设两个展馆，本次展览会囊括了各塑料领域大型骨干企业、品牌企业、领军企业及大专院校科研院所，是一次覆盖国内外塑料全产业链的展览会。

在中国塑协的统一部署下，曹俭常务副理事长、马占峰秘书长、许琳副秘书长相继来到中国塑协工程塑料专委会，亲自指导工作，安排任务。专委会领导亦高度重视，精心布置。在此届展会招展中，顺利完成既定任务，相继邀请到了海天集团、美国雅保公司等国内外知名大企业参展。受到了中国塑料加工工业协会的表彰，荣获“优秀组织奖”。

二、论坛

（一）第六届中国国际生物高分子材料应用研讨会

由中国塑料加工工业协会工程塑料专委会、深圳市高分子行业协会及雅式展览服务有限公司等单位主办的“第六届中国国际生物高分子材料应用研讨会”于2014年4月26~27日，在上海举行。

中国塑料加工工业协会、清华大学、同济大学、中科院宁波材料技术与工程研究所、巴斯夫（中国）有限公司等数十家行业协会、大专院校、科研机构和企业代表出席此次研讨会。

专委会理事长单位中科院宁波材料所博士、副研究员张若愚先生与大家分享了精彩演讲。

（二）2014车用塑料及安全技术高峰论坛–展会分论坛、2014国际绝色阻燃材料发展与应用产业化论坛–展会分论坛

5月27日下午，由专委会协办的“2014车用塑料及安全技术高峰论坛－展会分论坛”，在宁波国际会展中心3号馆会议区举行。

论坛邀请了专委会理事长单位中科院宁波材料所高级工程师吴飞，会员单位浙江俊尔新材料有限公司技术总监周琨生等为分论坛作专题演讲。

5月28日上午，召开了“2014国际绿色阻燃材料发展与应用产业化论坛－展会分论坛”。

论坛邀请了理事长单位中科院宁波材料所的博士李娟副研究员和博士庞永艳副研究员，以及会员单位上海石化西尼尔化工科技有限公司销售总监熊波等为本论坛作专题演讲。

（三）中国（宁波）生物材料与医疗器械国际研讨会

7月21日，2014中国（宁波）生物材料与医疗器械国际研讨会在宁波举行。

本次研讨会，由工程塑料专委会理事长单位中科院宁波材料所的主办，工程塑料专委会协办。会议由中国塑料加工工业协会常务副理事长曹俭先生为大会致辞。

根据组委会统一安排，专委会秘书处在会务接待、会场布置、酒店预订、餐饮安排、宣传册印刷等做了大量工作。受到了中塑协领导的认可和中科院宁波材料所的高度评价。

（四）2014车用材料技术国际研讨会在沪举办

2014年8月27日，由中国汽车技术研究中心主办，中国塑料加工工业协会工程塑料专业委会等单位协办的“2014车用材料技术国际研讨会”在上海胜利召开。

来自国家工业和信息化部、环保部的相关领导，国内外行业专家学者，各界媒体代表共约200余人参加本次研讨会，会议围绕“环保材料助推汽车绿色革命”这一主题，剖析国内外相关法规要求及行业发展趋势，探讨汽车轻量化绿色解决方案。

中国塑料加工工业协会工程塑料专业委员会副理事长、中国科学院宁波材料技术与工程研究所博士、博士生导师郑文革研究员在会上作了题为“车用绿色聚合物发泡材料”的专题演讲，受到与

会嘉宾的热烈欢迎。

（五）2014（第六届）国际化工新材料大会

10 月 16 日，第“2014（第六届）国际化工新材料大会”主题论坛活动期间，与会代表就新材料产业在相关国家、地区的最新发展动态、产业发展导向等方面的前沿研究、最新技术和标准等进行交流。宁波工业技术研究院材料技术所所长、中塑协工程塑料专委会理事长朱锦研究员为 2014 国际化工新材料大会暨展览会做精彩演讲。

（六）2014 中国（宁波）汽车创新材料技术高峰论坛

10 月 16 日上午，2014 中国（宁波）汽车创新材料技术高峰论坛在中国宁波泛太平洋酒店顺利举行。

论坛由上海汽车工程学会、吉林省汽车工程学会、江苏省汽车工程学会主办，中国塑料加工工业协会工程塑料专业委员会协办。

中国塑料加工工业协会秘书长马占峰先生亲临会场祝贺。

工程塑料专委会副理事长单位中科院宁波材料所高级工程师吴飞，以及中塑协工程塑料专委会副理事长单位一汽大众汽车有限公司采购供应部高级工程师胡正华，上海金发科技有限公司张超博士等专家、学者和业界代表为大家分享了他们的精彩学术报告。

三、做好服务工作

中国西部（重庆）塑料生态产业园来浙招商、考察

（1）工程塑料专委会为中国西部（重庆）塑料生态产业园招商活动提供支持 。中国西部（重庆）塑料生态产业园赴浙江招商会于 2014 年 5 月 20 日在宁波开元大酒店召开。

招商会由中国塑料加工工业协会工程塑料专委会承办。

参加本次招商会作推介的有重庆市经济和信息化委员会主任助理艾万忠、梁平县人民政府县长吴盛海等重庆市经信委和梁平县政府领导等。

人民网-东南商报、中塑在线，浙江省塑协，海天塑机等 65 家媒体、社团以及塑料相关企业代表 100 余人参加了招商会。

（2）工程塑料专委会为中国西部（重庆）塑料生态产业园招商、考察提供支持和服务。5 月 21~24 日专委会秘书处协助并陪同招商团一行相继拜访了余姚中国塑料城管委会、中国（宁海）模具城管委会；参观、考察了全球塑机行业领军企业海天集团和国内塑料主流媒体中塑在线；走访了宁波、台州、温州等市（地）十余家塑料原料、塑料机械、塑料制品、塑料模具等国内知名企业。利用这些企业的传导作用，多形式地推介中国西部（重庆）塑料生态产业园的招商政策和地理环境优势。

四、会员发展

全年共发展新会员 22 家，累计发展会员 67 家；同比增长 48.89%，全年会费收入 133 500 元。

会员名单（总计 67 家，其中单位会员 55 家）

1．专家委员会（人人会员）12 家

中国科学院宁波材料技术与工程研究所姚强研究员

中国科学院化学研究所王德禧研究员

中国科学院宁波材料技术与工程研究所薛立新研究员

中国科学院宁波材料技术与工程研究所郑文革研究员

常州塑料研究所周国成所长

浙江大学宁波理工学院方征平教授

中国塑料加工工业协会塑料助剂专业委员、南京出版传媒集团《塑料助剂》编辑部王玮秘书长

中国兵器工业第五三研究所邢德林副所长

深圳市新材料行业协会陈寿会长

中国塑料加工工业协会副理事长、中国塑协改性塑料专委会副理事长、政协平乡县副主席徐同考

四川大学高分子材料工程国家重点实验室王琪主任

中国科学院宁波材料技术与工程研究所朱锦研究员

2．副理事长单位 22 家

海尔科化工程塑料国家工程研究中心股份有限公司

深圳市通产丽星股份有限公司

中科智远检测技术有限公司

舟山定海通发机械有限公司

宁波色母粒有限公司

厦门创信元橡塑制品有限公司

一汽大众汽车有限公司采购供应部非金属材

料采购科

宁波巨化化工科技有限公司

江苏联冠科技发展有限公司

上海金发科技发展有限公司

慈溪金岛塑化有限公司

济南圣泉集团股份有限公司

山东必可成环保实业有限公司

上海石化西尼尔化工有限公司

浙江中塑在线有限公司

宁波福天新材料科技有限公司

重庆可益荧新材料有限公司

苏州兴泰国光化学助剂有限公司

浙江俊尔新材料股份有限公司

敦煌西域特种新材料有限公司

宁波锦地工程塑料有限公司

慈溪市山今高分子塑料有限公司

3．常务理事单位 4 家

宁波奥捷工业自动化有限公司

宁波德力化工科技有限公司

广州市奥海贸易发展有限司

甘肃圣大方舟马铃薯变性淀粉有限公司

4．理事单位 10 家

常州兆隆合成材料有限公司

宁波智远新材料有限公司

深圳市华力兴工程塑料有限公司

龙口市道恩工程塑料有限公司

广州呈和科技有限公司

大金氟化工（中国）有限公司上海分公司

南通市东方塑胶有限公司

宁波新芝生物科技股份有限公司

古道尔工程塑胶（深圳）有限公司

库卡机器人（上海）有限公司

5．会员单位 19 家

南京聚隆科技股份有限公司

保定市乐凯化学有限公司

宁波大世界家具研发有限公司

奥格斯科技发展（北京）有限公司

浙江前泽嘉盛排水材料有限公司

莱克电气股份有限公司

南通瑞隆新材料有限公司

余姚凡伟工程塑料有限公司

广东聚石化学股份有限公司

宁波镇海鑫捷聚氨酯有限公司

上海合才化工原料有限公司

上海锦湖日丽塑料有限公司

浙江通力改性工程塑料有限公司

宁海县博宇翔鹰汽车部件有限公司

宁波龙洋塑化科技有限公司

上海微谱化工技术服务有限公司

无锡康烯塑料科技有限公司

宁波云升新材料有限公司

上海湘盟化工有限公司

五、日常工作

1．电子期刊

精心编纂每月一期电子版《工程塑料通信》杂志，并以电子邮箱的方式发送到各会员和有关单位。

2．网站维护

完成工信部及中塑协对网络信息化的要求，对专委会网站进行区域更改并备案；加强专委会网站的维护与内容更新，目前网站内容已囊括：新闻及政策法规、行业动态、技术交流、新品推荐、会员风采等几个大类专题，全年累计更新 36 000 余则，网站浏览量与 2013 年同比增加 60%，达日均浏览 2 000 余人次。增强了会员企业与专委会之间的互动，并通过网站为会员企业提供信息交流及宣传、推广服务。

3．加强横向协会间联系

已先后与中国塑机协会、余姚塑料城管委会、中国（宁海）模具城管委会、宁波塑料协会、宁波塑机协会、宁波汽配协会、宁波医疗器械协会等取得联系，并对接工作与洽谈合作。

4．编写《年鉴》

完成每年一期的《中国塑料年鉴》工程塑料部分的编纂任务。

5．服务会员企业

及时向会员单位传达和宣传中塑协最新国家涉塑产业政策，让会员企业第一时间，在产业结构方向、国家宏观调控动态等方面获得最新资讯；定期向会员单位征求意见，向会员单位发送 “征求意见函”，了解企业现状及亟需专委会提供支持帮助的内容，做到服务企业“有的放矢”。

6．为上、下游部门做服务

热情接待政府部门、行业协会及会员企业单位来访，结合企业需求，联系对口专家，帮助提供专业咨询、指导，解决问题。

规范专委会相关内部管理工作，整理文档，相关活动总结后分类成册留存。

7．巩固老会员、发展新会员

制订目标，走访会员企业及潜在会员企业，如会员单位：浙江通力改性工程塑料有限公司、宁波锦地工程塑料有限公司、慈溪市山今高分子塑料有限公司等。潜在会员单位：余姚市中发工程塑料有限公司、宁波帅特龙集团有限公司、宁波康氏塑料科技有限公司等。

除上述日常工作外，还做了下述两件事。

（一）日常工作-接待

1．海天集团技术领导走访专委会

专委会为海天集团与中科院宁波材料所牵线 。2014 年 5 月 5 日，宁波海天集团股份有限公司首席技术官林仁友、塑机技术中心产品技术一部部长助理丁林走访我专委会，并通过专委会与中科院宁波材料所进行了商务会谈。

研究员、博导张弛，博士张笑晴为来宾介绍了国际国内制造业形势及材料所最新的科研成果。海天集团提出了自己的技术需求，希望能利用材料所的科技成果，转化成生产力，为企业提供科技支撑。

2．中国塑料加工工业协会马占峰秘书长到访工程塑料专委会

7 月 2 日，中国塑料加工工业协会马占峰秘书长、中国塑料加工工业协会冯庶君副秘书长到访中国塑协工程塑料专委会。

专委会秘书长林敏刚向马占峰秘书长汇报了专委会今年上半年工作执行情况和 2014 中国国际塑料新材料、新技术、新装备、新产品展览会，招展近况。

3．中塑在线董事长戴伟忠拜会马占峰秘书长

7 月 2 日，应专委会秘书处邀请，中塑在线有限公司董事长戴伟忠，专程从余姚赶赴宁波拜会中国塑料加工工业协会马占峰秘书长、中国塑料加工工业协会冯庶君副秘书长。

大家就如何办好“2014 中国国际塑料新材料、新技术、新装备、新产品展览会”， 充分利用好工程塑料专委会中科院宁波材料所的支撑优势和中塑在线拥有超过 38 万家涉塑注册企业、月均超过 500 万用户访问量（UV）的深度影响，组织上下游产业链，差异化、个性化，以实体展览与虚拟展览结合，发挥网络信息资源，办出一期有中国塑料加工工业特色的展会模式，畅所欲言，各抒己见。

4．重庆市经信委主任助理艾万忠拜会朱锦理事长

7 月 21 日，重庆市经信委主任助理艾万忠、重庆市梁平县人民政府县长吴盛海，走访了中国塑料协会工程塑料专委会，并拜会了宁波工业技术研究院材料技术所所长、中塑协工程塑料专委会理事长朱锦研究员。

重庆市经信委消费品处处长聂艳等领导陪同参加。

5．鲁西化工集团代表到我专委会访问交流

8 月 22 日上午，中国鲁西化工集团有限公司研究院副院长毕静利、院长助理魏玮、张超一行，拜访我专委会。通过访问、交流，毕院长希望进一步加强与中科院宁波材料所、中塑协工程塑料专委会的联系。

6．中航基金刘总一行参观、考察中科院宁波材料所

9 月 18 日，中航产业基金总经理刘臻一行，就中航产业基金关心的中科院宁波材料所最新研发项目及科研成果。通过我专委会，参观、考察宁波材料所，寻求项目合作。

7．敦煌西域特种新材有限公司董事长到访专委会

11 月 6 日，新加入的专委会副理事长单位：敦煌西域特种新材有限公司董事长宋祥会先生到中科院宁波材料所，考察我专委会。敦煌西域特种新材有限公司是一家集矿产资源开发、高分子新材料系列产品研发、生产、销售为一体的国家高新技术企业。宋总希望专委会在与同行会员互动方面提供支持。朱锦理事长、林敏刚秘书长当即表示：会员的需求也就是我们专委会的工作，我们一定做好会员单位的服务。

8．中国塑机协会钱耀恩副会长一行走访专委会

12 月 5 日，中国塑料机械工业协会常务副会长钱耀恩、秘书长粟东平一行，走访工程塑料专委会。

中国塑机协会和中塑协工程塑料专委会就如何在新的一年里进一步做好协会工作，为会员单位提供更“接地气”的服务进行了座谈。双方就今后

如何加强协会之间的横向联系与合作，充分发挥各自优势作了探讨与交流并达成合作意向。

会后，钱会长、栗秘书长等一行，参观了中科院宁波材料所新近落成的科技成果展示厅。

（二）日常工作-拜访

1．秘书处一行拜访“中塑在线”

4月8日，在专业委会秘书长林敏刚带领下，秘书处一行拜访中塑在线有限公司。

双方就今后加强交流紧密合作，达成共识：依托中塑在线强大的数据库资源，国内塑料在线交易网络资源和行业媒体龙头地位；利用中国塑协资源、工程塑料专委会理事长单位中科院宁波材料所的背景，在产业园招商，技术转移、成果转让，展会、论坛、培训等内容为主线进行长期合作。

2．朱锦理事长一行拜访中国塑协相关领导

6月4日，宁波工业技术研究院材料技术所所长、中国塑协工程塑料专委会理事长朱锦研究员利用在京中央党校学习之际，与秘书处林敏刚秘书长、赵明佑副秘书长拜会了中塑协曹俭常务理事长等中塑协部分领导。

朱锦理事长、林敏刚秘书长就工程塑料专委会工作情况向曹理事长作了汇报。曹理事长对本届专委会换届半年多来的工作给予了肯定并提出要求，希望新的一届专委会在朱锦理事长的领导下，工作更上一层楼。

中塑协马占峰秘书长、许琳副秘书长、刘姝副秘书长、郭志宏主任参加会谈。

3．拜访兄弟协会——宁波市医疗器械行业协会

6月25日专委会秘书处一行拜访了宁波市医疗器械行业协会。

林秘书长就即将召开的“2014中国（宁波）生物材料与医疗器械国际研讨会”，邀请宁波医疗器械协会代表参加。宁波市医疗器械行业协会陈会长欣然接受邀请，并表示由他带队召集本市十余家医疗器械企业代表参加。

4．陪同中国塑协、重庆（梁平）领导考察海天集团

经工程塑料专委会牵线，7月21日中国塑料加工工业协会常务副理事长曹俭和重庆市经信委主任助理艾万忠、梁平县县长吴海盛，在中国塑料机械工业协会常务副会长钱耀恩、工程塑料专委会林敏刚秘书长陪同下考察海天集团。

宁波海天塑机集团有限公司总裁张剑峰热情接待了中国塑协和重庆市（梁平县）考察团一行。

5．秘书处领导走访上海部分涉塑企业

根据年度工作计划，7月24日专委会秘书处一行冒着酷暑前往上海。在沪期间先后拜访了上海金发科技有限公司，上海普利特复合材料股份有限公司，帝斯曼塑料工程中国有限公司，赢创德固赛（中国）投资有限公司上海分公司，必维审美商品检测（上海）有限公司，上海锦湖日丽塑料有限公司和浙江鸿基石化有限公司。

6．秘书处拜会海天集团

9月19日，秘书处同仁赴海天集团，与海天集团张建国副总裁，技术中心部长助理丁林就双方共同发起设立产业联盟事宜进行探讨与交流。

7．拜会张剑鸣总裁

11月5日，在海天塑机集团有限公司技术副总监顾建华的陪同下，拜访了海天国际控股有限公司执行董事、总裁张剑鸣先生。

双方就拟利用工程塑料专委会和理事长单位材料所资源共同建立塑料产业化应用联盟一事，进行了近二个小时的沟通、探讨。会谈就如何将联盟进一步深化、落实到实处，达成了初步合作意向。

8．赵明佑走访了无锡嘉宏塑料科技有限公司

11月20日常务副秘书赵明佑走访了无锡嘉宏塑料科技有限公司和无锡天豪科技有限公司，嘉宏公司目前是我们普通会员单位，2015年计划加入理事；无锡天豪电子有限公司是一家中日合资企业，2015年有意向加入我们理事单位。

六、完成中国塑协任务、积极参加中国塑协各项工作

1．中国西部（重庆）塑料生态产业园开园暨重点项目签约

4月25日，中国西部（重庆）塑料生态产业园开园暨重点项目集中签约在梁平工业园区顺利举行。重庆市委常委、常务副市长翁杰明出席活动并讲话。

8月13日，应重庆（梁平）市（县）政府的邀请，专委会常务副秘书长赵明佑带领浙江部分有在重庆投资意向的涉塑企业考察中国西部（重庆）塑料生态产业园。

2．中国塑料加工工业协会六届四次理事扩大会议

2014 年 4 月 22 日，中国塑协六届四次理事扩大会议在上海市召开。

专委会副秘书长赵明佑、潘伟国前往参加。

会议主要内容：

（1）审议 2013 年度工作总结和 2014 年工作要点。

（2）2013 年度财务报告。

（3）审议部分分支机构成立、变更等有关事项。

（4）审议 2013 年新增会员、理事的议案。

会议还就中国塑料加工工业协会举办首届 2014 中国国际塑料新材料、新技术、新装备、新产品展览会，作了动员和工作部署。

3．中国塑协六届八次常务理事扩大会议

2014 年 12 月 16 日，中国塑协六届八次常务理事扩大会议在广州市召开。

中国塑料加工业协会钱桂敬理事长主持会议。工程塑料专委会理事长朱锦研究员出席了本届理事扩大会议。

会议主要内容：

（1）总结 2014 年主要工作，通报 2015 年工作计划。

（2）汇报“2014 中国国际塑料新材料、新技术、新装备、新产品展览会”组织召开有关情况。

（3）通报 2014 年新增会员和专委会成立、筹备、变更情况。

（4）讨论《中国塑料工业“十三五”发展规划》（框架提纲）。

4．其他活动

参观、考察 2014 年 9 月 25~28 日，第十四届中国塑料交易会（台州）。

此届展会展出面积 3.5 万米^2，1 600 余个国际标准展位，600 余家参展企业，集中展示塑料制品、原料、机械、模具产品及最新技术成果。

参加 2014 中国（余姚）国际塑料博览会暨第十六届中国塑料博览会（11 月 6~9 日）。

参观、考察 2014 中国（余姚）国际塑料博览会暨第十六届中国塑料博览会（11 月 6~9 日）。

本届塑博会以“创新驱动、携手圆梦”为主题，展馆总面积达 4.6 万米^2，设塑料原料、塑料机械、机床模具、塑模制品四大展区，参展企业达 581 家，比上一届增加 92 家。

七、2015 年度工作计划

1．重要工作

（1）策划参与协办“2015 第二届国际生物基高分子材料论坛”。同期举办：中国生物基产业应用联盟成立大会筹备会；中国塑料加工工业协会工程塑料专业委员会 2014 年度常务理事年会。

（2）举办“2015 工程塑料创新大会”。同期举办四场学术论坛。

2．发展会员

巩固老会员、发展新会员。走访会员企业及潜在会员企业，2015 年度走访企业不少于 60 家。征集企业需求，利用理事长单位中科院宁波材料所科技资源为企业克服技术难题牵线搭桥。本年度拟发展新会员 25 家。

3．日常管理工作

（1）继续办好每月一期电子期刊：《工程塑料通信》杂志。并以电子邮箱的方式继续发送到各会员单位；为丰富期刊内容，本年度拟向专家、会员单位征稿。

（2）网站维护:加强专委会网站的维护与内容的及时更新，本年度拟在网站上新增宣传会员企业科研成果和时事新闻。

（3）完善微信平台开发框架：一级栏目：资讯速递、专委会风采、在线入会。

（4）继续为中科院宁波材料所提供论坛等会务服务。并加大与专业会务公司：“宁莫瑞泰商务咨询有限公司”的合作，为材料所和社会机构在展会、论坛等提供更加专业的服务。

（5）产业联盟：拟推动设立以材料所、上汽集团、海天集团为主发起方的“汽车创新材料产业化应用联盟”。拟参与协助宁波材料所与天津工业生物所设立中国生物基产业应用联盟。

（6）争取邀请 1~2 家企业，与材料所合作共同申报政府项目。

（7）争取邀请 1~2 家企业，与材料所共建技术中心。

（8）向社会企业推介材料所公共检测服务平台，对会员企业在材料检测上给予优惠政策。

（中国塑料加工工业协会工程塑料专业委员会 潘伟国 ）

塑木制品

塑木复合材料的研究进展

塑木复合材料（WPC）是国内外近年来兴起的一类新型复合材料，它是由木粉、稻糠、竹粉等废生物质纤维与热塑性塑料（聚乙烯，聚丙烯，聚氯乙烯，ABS等）经塑料成型加工工艺制成的性能优良的环保型绿色复合材料。WPC具有类似木材的外观和二次加工性，比原木有更好的尺寸稳定性、防腐蚀性，防虫、防潮，无甲醛，硬度、刚性比塑料高，因此在建筑材料、市政设施、包装材料、家具制品、汽车材料等许多领域具有广泛的用途。由于塑木复合材料可大量利用木粉、废弃的农副产品纤维，且加工方便，可采用传统的塑料成型加工方法如挤出、注射、模压等进行生产，因而获得迅速发展，成为近年来国内外的一个研究开发热点。

一、国内外发展现状

塑木复合材料出现于20世纪90年代，至今只有二十余年的历史。目前在世界范围已形成一个新兴的材料产业。WPC最早是用于替代木质托盘使用，由于欧共体、韩国、日本已于2004年开始禁止使用木质托盘，以塑木复合材料代木成为木质托盘替代的首选。随着建材行业的高速发展和行业的需求，近十年来，塑木复合材料主要用于铺板、墙板、地板等建材行业。与传统的层合板、纤维板、刨花板等不同，WPC大多不使用含甲醛的脲醛树脂、酚醛树脂等热固性树脂，而是使用PE、PP等热塑性塑料特别是废旧热塑性塑料，同时，它可使用各种各样的农副产品废纤维。WPC具有木材和塑料二者的优点，还有许多两者不具备的特点，可在许多领域代替木材。由于塑木复合材料通常采用热塑性塑料的成型加工方法如挤出、注塑等方法生产，有利于大规模产业化，因此，塑木复合材料一出现就显示出蓬勃的生命力，获得了飞速的发展。

废旧资源的回收循环利用符合固体废弃物处理的减量化、无害化和资源化的原则，为国家节约资源，缓解国内原材料供需矛盾。塑木复合材料作为一种可循环利用的环保新材料，拥有木材所不具有的许多优异性能。近几年，由于全球森林资源的萎缩和国内环保意识的增强，实木行业从原先市场95%的占有率下降到91%，塑木复合材料作为其替代材料逐渐为国人接受。国内塑木复合材料的研究始于20世纪80年代，东北林业大学、中国林科院、南京林业大学、福建农林大学、北京化工大学、四川大学、华南理工大学等单位先后报道了植物纤维/塑料复合的生物质复合材料的研究，都取得了不同程度的进展。近年来，中国塑木复合材料的产业化生产和应用取得了迅速的发展。各地的WPC材料工厂不断涌现。如惠东美新塑木型材制品有限公司、广州金发绿可木塑科技有限公司、安徽森泰木塑科技有限公司、广州赫尔普复合材料有限公司、南京聚锋新材料有限公司等。其产品已在国际市场占有相当的分量。其产品均为挤出型材，并在建筑、板材、托盘、码头、铁路旁轨与枕木、楼梯扶手、院墙篱笆、门窗型材等领域得到广泛应用。

二、塑木复合材料加工工艺的研究

目前塑木复合材料工业化生产中所采用的主要成型方法有：挤出成型、注射成型和模压成型。其中挤出成型是目前最常用的一种成型方法，可获得连续挤出的板材和异型材，再通过二次加工成满足各种使用要求的塑木制品。注射成型是塑木行业一个较新的研究领域。注射成型的优点是生产速度快、效率高、易实现自动化生产，且能成型形状复杂的制品。目前国内外已有关于WPC注射成型的研究，但真正能够实现产业化生产的还很少，其注射制品还没有在市场上广泛应用。主要原因是大量纤维的加入，不仅造成复合材料的力学性能特别是韧性大幅降低，材料的流动性能也相应变差，很难满足注射加工的要求。

华南理工大学通过对不同的植物纤维和热塑性聚烯烃塑料（包括废聚烯烃塑料）的选择、配方的优化，结合多功能界面及加工助剂的作用，利用预塑化母料法工艺，最终制备具有良好力学性能、无甲醛释放及良好加工性能且能用于注射成型的新型塑木复合材料，并将其应用于家居及日用品等领域（见下页图）。

注射成型的WPC产品

三、改善塑木复合材料界面相容性的方法

植物纤维与热塑性塑料进行复合时，纤维含大量的羟基，具有很强的亲水性。对于树脂基体，大多是疏水性的。这样植物纤维与树脂基体界面间不能形成很好的粘合，复合材料力学性能较低。同时，植物纤维素分子内含氢键，加热时会聚集在一起，使其在基体中分散不均，影响复合材料的性能。因而改善塑木材料界面的相容性及混合的均匀性便是制取优良性能的复合材料的关键。目前，改进界面相容性的主要方法简单归纳为以下两个方面：1）植物纤维的预处理及表面改性；2）添加合适的界面改性剂。

华南理工大学比较了碱处理和乙酰化处理两种表面处理方法及界面改性剂SMA对竹粉/ABS复合材料体系的改性效果：碱处理和SMA均能提高竹粉/ABS复合材料的力学性能，而乙酰化处理对复合材料力学性能的影响不明显；碱处理和SMA并用对竹粉/ABS复合材料存在协同效应，能较大幅度的提高复合材料的力学性能，而乙酰化处理和界面改性剂并用无协同效应。

华南现工大学制备了噁唑啉官能化的ABS（ABSm），研究发现ABSm对竹粉/ABS复合材料体系有良好的增容作用，可明显提高复合材料的力学性能，改善复合材料的界面相容性。腈基转化率在30%左右的ABSm2用量为7小时时，复合材料的拉伸强度和弯曲强度相比未改性试样分别提高了17.6%和35.2%，已经达到甚至超过了纯ABS的拉伸强度和弯曲强度。三种市售的界面改性剂（SMA、PS-g-MAH、MEVA）中，SMA的界面改性效果较好，但均不如ABSm。

四、植物纤维种类及物化性质对WPC的影响

塑木复合材料的性能很大程度上与其所采用的植物纤维的种类及物化性质有关。可用于塑木复合材料的植物纤维多种多样，例如木粉、竹纤维、稻壳、蔗渣、麻纤维等，不同植物纤维组成不同，性质各异，对复合材料的增强效果也各不相同。选择适当的纤维材料，进行合适的纤维预处理和改性，是WPC制备的重要影响因素。

华南理工大学采用竹粉、稻糠及两种木粉制备PP基塑木复合材料，研究结果表明，PP/竹粉复合材料的拉伸和弯曲强度最高。

五、塑木复合材料发展趋势

随着塑木复合材料生产技术的不断发展，其发展趋势主要体现在以下几个方面：

（1）高性能塑木复合材料及其制品的开发：在尽可能不大幅提升材料的成本的前提下，进一步改善塑木复合材料的力学性能及耐老化性能；

（2）集成工艺的优化及专用设备的开发：高质量、高品质保证塑木复合制品的稳定性和标准化；

（3）多功能塑木复合材料专用助剂及母料的开发：优化工艺条件，稳定产品质量，提高WPC的力学性能和加工性能；

（4）塑木复合材料应用领域的多样化：开发复杂制件及共挤出WPC产品，进一步拓宽塑木复合材料在家居、汽车、建筑等领域的应用。

（华南理工大学材料科学与工程学院　何慧、洪浩群、马丽、陈日平、刘涛、贾德民）

专家委员会

用创新驱动迎接新一轮科技革命和产业变革的挑战

在全球范围，科学技术越来越成为推动经济社会发展的主要力量，创新驱动是大势所趋，创新中国，正在深刻地影响世界。世界智慧财产权组织公布的数据显示，2013 年全球专利申请案计达 257 万件，中国的申请量占 32.1%，居世界之冠。在目前全世界的 945 万件有效专利中，中国已排名第三，仅次于美国与日本。亚洲周刊评论认为，“中国已成了智慧财产权新兴大国和创造性大国”。但是，中国目前工业水平的现状又与发达国家存在着巨大差距，这也是现实。中科院中国现代化研究中心的《中国现代化报告 2015》发布的对世界 131 个国家 1970~2010 年的工业现代化定量评价告显示，2010 年中国工业水平比德国、英国约落后 100 多年，比日本落后约 60 多年。目前，由工业和信息化部牵头，与国家发展改革委、科技部、财政部、质检总局、工程院等 20 多个国务院有关部门，组织了 50 多名院士、100 多位专家编制了《中国制造 2025》规划。李克强总理对于《中国制造 2025》规划指示：“科技部和工信部等相关部门，要抓住装备制造产业改造升级的历史机遇，搞一批智能转型项目，使用好现有的科技资金和费用，和企业一起推动技术改造升级。这可以为我国长期的科技发展奠定基础”。

根据中央的指示精神，2014 年 10 月 20~22 日在浙江省杭州市召开的中国塑协专家委员会三届二次会议上，中国轻工业联合会副会长、中国塑料加工工业协会钱桂敬理事长做了题为“坚持创新驱动，迎接新一轮科技革命和产业变革的挑战”的重要讲话。对行业“十三五”规划的制定，钱会长提出“坚持科学发展观，走中国特色新型工业化道路，充分发挥科技创新和技术进步的保证、支撑作用，坚持创新驱动发展；大力实施赶超战略，努力缩小与发达国家差距；大力实施高端化战略，加快结构优化，全面推进产业转型升级；大力推进两化深度融合，力争在网络制造、智能制造、数字制造上取得新的突破”的指导思想和一些初步设想。希望全行业特别是专家委员会的专家、学者、企业家和工程技术人员对行业“十三五”规划和技术进步指导意见的编制工作多多关注并提出建设性意见，大家共同努力把规划制定好，共同推动塑料加工业由大到强战略目标的顺利实现。

中国塑协专家委员会对领导的指示，深入学习，认真落实，在完成 2014 年专家委员会工作的基础上，对行业“十三五”规划提出了具体的“创意”和意见等仅供参考。

一、2014 年中国塑协专家委员会工作概述

1．中国塑协首次独立承办“中国国际橡塑展”

中国塑料界 2014 年的一件大事就是中国塑协 2014 年 12 月 13~16 日在广州召开的第一届中国国际塑料新材料、新技术、新装备、新成果展览会。在中国塑协钱理事长、曹副理事长亲自领导下，塑协各职能部门亲力亲为，真抓实干，凭借一股子闯劲，完成了首届展览会的全部组织工作，取得了非常不错的结果。专家委员会积极配合大会筹备组的要求，组织了 16 个单元、47 个展位的大专院校展览专区，超额完成了协会分配的任务。展出的科技亮点项目如：

（1）华东理工大学谢林生教授项目组的高效、连续密炼-挤出造粒一体化已经实现了科技成果转化，年产 5 000 吨黑母粒造粒线，没有粉尘，工作人员可以穿白衬衫；80%碳酸钙填充聚丙烯，填料不用偶联剂处理，复合物可以直接挤出流延成膜，也可吹塑成膜，充分体现了连续密炼，高效挤出的强力混合效果。

（2）广州深圳驿董新材料有限公司总经理张瑞洋，展出的 PP/LLDPE 混合超临界 CO_2 微发泡、低倍率（2 倍）片材，兼顾了强度、刚度、密度 0.4 克/厘米^3，可以二次吸塑成型为重量 1.5 千克的“新秀丽”箱包，正在设计 17 毫米厚度的板材，用于建筑模板，具有高强度、高韧性、不吸水、重量轻，使用次数多，不粘水泥的特点。

（3）北京化工大学苑会林教授的化学交联微发泡低倍率聚丙烯片材，膨胀系数接近 0，尺寸稳定性非常好，可以与多种基板材料复合，吸塑成型，这种复合轻质材料已经用于轻型卡车的包装材料。苑教授和张瑞洋先生的轻型微发泡复合材料在汽

车工业、建筑领域及民用生活领域都有广泛的应用前景。

（4）四川大学是我们这次展览会大专院校专区组织最好，展出科技成果做多的团队，他们的无卤阻燃、高分子自增强材料、PVA 新型包装材料具有很高的水平和广泛推广应用前景。

2. 中国塑协专家委员会三届二次浙江杭州会议

2014 年 10 月 23 日，中国塑协专家委员会在杭州召开了“2014 年塑料新材料、新技术、新成果交流会暨中国塑协专家委员会年会”。参加会议的有来自全国各地的塑料加工行业相关高校、研究单位、生产企业的 139 位专家代表。中国轻工业联合会副理事长、中国塑料加工工业协会理事长钱桂敬、中国塑料加工工业协会及中国塑协专家委员会名誉会长廖正品、中国塑料加工工业协会常务副理事长曹俭出席了会议，钱桂敬理事长做题为“坚持创新驱动，迎接新一轮科技革命和产业变革的挑战”的讲话。

北京航空航天大学材料科学与工程学院詹茂盛教授，北京化工大学高分子材料加工成型与先进制造英蓝实验室杨卫民教授等专家分别做“聚酰亚胺/银纳米线杂化泡沫材料的电磁屏蔽性能”“塑料成型工艺装备创新研究研究进展”“螺杆组合对 UHMWPE 填充 SiO_2 材料性能的影响”“聚合物基微纳米复合材料微型注塑加工的研究”“单一组分聚合物复合材料的注射成型”“运动鞋材用 E-TPU 微发泡材料的研制及产业化”“聚丙烯辐照交联高发泡片材生产技术及产品应用”“塑料中有毒有害物质现状及应对措施”“转矩流变仪在复合材料配方中应用”“电纺产业化装备进展”的报告。

会议期间还举行了 2014 年 166 位专家的聘书颁发仪式，大会通过了田岩兼任中国塑协专家委员会秘书长，增补詹茂盛教授为中国塑协专家委员会副主任。

3. 赴重庆梁平“中国西部（重庆）塑料生态产业园”项目的授牌评审会

重庆梁平打造千亿级别的塑料产业基地，对重庆塑料行业是千载难逢的好事，同时受到中国塑协和重庆地方政府的支持。2014 年 1 月和 4 月中国塑协曹俭常务副理事长两次率领塑协专家考察组赴重庆梁平进行调研考察。对促进“中国西部（重庆）塑料生态产业园”的建设做出了贡献。

在考察中，专家们提出，要把中国西部（重庆）塑料生态园项目建设提升到中央打造“一带一路”的战略规划高度及与“长江流域经济带”的建设规划融合起来考虑，要打破常规思路，引进创新项目，实现跨越式发展的建议，得到了重庆市计经委、梁平市政府主管领导的重视和支持。中国塑协专家委员会拟投入较多的精力支持中国塑协长期与梁平合作的计划。

此外，专家委员会日常还有众多的科技咨询工作、出版内部交流刊物（一年六期-双月刊）的“专家委员会通信”工作、帮助企业立项、评审和科技成果鉴定、技术人员合作培训及接纳新会员等工作。

二、对行业“十三五”规划提出的具体的创意和意见

建议列入中国轻工业联合会“十三五”计划的推荐项目：

1. 大型异型塑料制品滚塑成型制造技术

2014 年 6 月由中国轻工业联合会在浙江温岭组织并主持召开了“大型异型塑料制品滚塑成型与先进制造技术”项目技术鉴定会，会上针对由温岭市旭日滚塑科技有限公司、北京化工大学和宁波格林美孚新材料科技有限公司共同完成的“大型异型塑料制品成型先进制造技术”项目进行了鉴定。该项目针对大型异型滚塑成型关键技术问题，建立滚塑成型多阶段、多方式的传热模型，发明了烘箱烘道一体结构装置，解决了烘箱内部温度分布不均匀的难题，节能效果显著；提高了模具的制造精度，降低了生产成本；发明了滚塑成型模具无线测温系统，实现了滚塑成型工艺温度的在线测控，提高了产品质量；研发了三层夹心复合结构滚塑成型新技术。该项目目前已申请多项专利，拥有自主知识产权，并已形成年产 100 台套滚塑设备的生产能力，已在国内外销售设备 156 台、模具 3 000 余套，出口到美国、俄罗斯、韩国、巴西等二十多个国家，用户反映良好，取得了显著的经济社会效益。

建议该技术列入轻工联合会“十三五”重点推广项目。

2. 连续碳纤维快速热压成型、快速树脂流动成型的低成本复合材料部件制造关键技术

根据《节能与新能源汽车产业发展规划》（2012~2020年）规划，到2015年纯电动汽车和插电式混合动力汽车累计产销量力争达到50万辆，油耗当量提升到14.5千米/升；到2020年，纯电动汽车和插电式混合动力汽车生产能力达200万辆、累计产销量超过500万辆，油耗当量提升至20千米/升，新能源汽车、动力电池及关键零部件技术整体上达到国际先进水平的要求，碳纤维复合材料在汽车工业上的应用，成了重点。解决连续碳纤维快速、廉价复合成型关键技术应该成为轻工业联合会组织的重点规划之一。

空客公司将复合材料的使用从iconic A380的25%增加到新A350 XWB的53%。波音公司也这样做，777结构的12%是由复合材料制成的，并且现在他们的最新飞机787是由50%的复合材料构成。这减少了787飞机20%的重量，并减少了预定的、非常规的保养，由于减少了腐蚀和疲劳的风险。

2014年5月，中国科学院宁波材料技术与工程研究所与奇瑞汽车联合打造的碳纤维插电式混合动力车“艾瑞泽7”车型。车身采用CFRP，外壳重量减轻10%，油耗降低7%；车身总体减重达40%~60%。

通过复合材料体系研究、复合材料结构件设计、快速成型工艺研究以及复合材料结构件性能验证与评估，基本突破了汽车结构件用复合材料的关键技术，对国产碳纤维复合材料汽车结构件的设计和快速制造提供了有力支撑。

建议：中国轻工业联合会请中科院宁波所/奇瑞汽车公司牵头十三五布局“连续碳纤维快速热压成型、快速树脂流动成型”的低成本复合材料部件制造关键技术项目。

3．新型TPU微孔粒子材料制备及应用技术

宁波格林美孚新材料科技有限公司研发出超高速绿色智能蒸汽发生器是业内首款运用电磁加热技术并拥有自主知识产权的蒸汽发生器，并将之一装置成功的应用于制造TPU发泡，成了鞋底材料行业新星。与中科院宁波材料所2014年推出的超临界CO_2ETPU弹性体珠粒的制备及应用技术有异曲同工之妙。

ETPU微孔粒子材料制备及应用技术是BASF近年推出的一项极具潜力的新材料，2013年BASF与Adidds联手开发了以ETPU为中底的运动鞋，并于2013年2月全球发售，售价168美元。

格林美孚新材料有限公司与北京化工大学联手开发的这项技术是否突破了BASF与Adidds联手的技术封锁，值得关注。这是一项具有广泛应用前景（体育运动、床垫、汽车免充气轮胎、船体护船护岸等）的技术。

建议该技术列入轻工联合会十三五重点推广项目。

4．注塑装备行业的智能化制造

注塑行业是塑料创新发展最重要的领域之一，与发达国家相比，技术落后比较大，也是工业4.0和中国制造2025规划中“自动化+智能化”可实施的重点。

欧盟第七研发框架计划（FP7）中小企业主题提供资助支持，由西班牙牵头负责组织工业界与科技界参与的欧洲SONO‘R’US研发团队正式对外宣布，基于超声波激发的世界“首台”注塑成型机样机研制成功，研发团队邀请相关行业专家进行的样机数据测试证实，生产加工出的超小型复杂结构塑料组件高精度高性能，相对传统的注塑成型技术有效降低能源消耗90倍。鉴于低压力超声波生产技术工艺降低了机械模具磨损，至少可降低机器运行费用25%~35%。此外，由于微型塑料组件的精细化制造，消除了原有注塑成型技术加工过程中的“过成型”（Over-Moulding），大大降低了原材料浪费。该研发成果已引起欧盟医疗器械和消费电子制造业的广泛兴趣。

建议该技术列入轻工联合会十三五重点推广项目，可由北京化工大学和海天注塑机装备有限公司联合开发。

5．超高速绿色智能蒸汽发生器及其应用

超高速绿色智能蒸汽发生器是业内首款自主研发并拥有自主知识产权的蒸汽发生器，是一款利用清洁能源、高效率、零排放的新型产品，改变了过去传统电加热锅炉、燃煤锅炉污染大、蒸汽质量低的局面。格林美孚新材料科技有限公司以“绿色、智造、未来”的品牌理念，推动了产业结构迈向中高端的号召，可以精确控制绝无浪费，把节能环保和智能创新有机地结合起来，成为新时代锅炉行业的领导者，引领中国节能锅炉迈向4.0时代。

建议该技术列入轻工联合会十三五重点推广项目。

6．石墨烯应用技术

中国石墨烯技术重大突破——石墨烯层数可

调控。

中国科学院上海微系统与信息技术研究所信息功能材料国家重点实验室SOi材料课题组在层数可控石墨烯薄膜制备方面取得新进展。

石墨烯以其优异的电学性能、出众的热导率以及卓越的力学性能等被人们普遍认为是后硅CMOS时代延续摩尔定律的最有竞争力的电子材料，拥有广阔的应用前景。然而，针对特殊的应用需求必须对石墨烯的层数进行精确控制。

上海微系统所SOi材料课题组围绕石墨烯层数控制问题，结合Ni和Cu在CVD法中制备石墨烯的特点，利用两种材料对碳溶解能力的不同，设计了Ni/Cu体系（即在25微米厚的Cu箔上电子束蒸发一层300纳米的Ni），并利用半导体产业中成熟的离子注入技术将碳离子注入到Ni/Cu体系中的Ni层中，通过控制注入碳离子的剂量（即4E15 atoms/cm^{2}剂量对应单层石墨烯，8E15 atoms/cm^{2}剂量对应双层石墨烯），经退火后成功实现了单、双层石墨烯的制备。

清华大学国家973石墨烯首席科学家（中国塑协专家）就在从事可控石墨烯成孔的研究工作。这将是新一代石墨烯海水淡化膜的关键技术。建议轻工业联合会十三五立项支持。

7．塑料先进挤出技术

中科院中国现代化研究中心的《中国现代化报告2015》发布，报告完成世界131个国家1970~2010年的工业现代化定量评价，报告显示，2010年中国工业水平比德国、英国大约落后100多年，比日本落后约60多年。为此，由工业和信息化部牵头，会同国家发展改革委、科技部、财政部、质检总局、工程院等20多个国务院有关部门，组织50多名院士、100多位专家编制的《中国制造2025》规划经国务院总理李克强签批，由国务院正式印发。

作为我国制造强国建设三个十年“三步走”战略的第一个十年行动纲领，《中国制造2025》重点对第一个十年的目标、任务进行了具体的部署。其总体思路是坚持走中国特色新型工业化道路，以促进制造业创新发展为主题，以提质增效为中心，以加快新一代信息技术与制造业融合为主线，以推进智能制造为主攻方向，力图实现制造业由大变强的历史跨越。建议国内塑机行业一些突出的亮点应在轻工业联合会十三五规划中予以支持。

（1）南京越升挤出机械有限公司的PET免除湿干燥挤出机，节省了结晶、干燥装置，降低了设备成本和能耗。

（2）北京化工大学杨卫民教授与山东通佳机械有限公司联合创新的模内编织土工格栅制造技术及其装备；国际首创，自主知识产权。

（3）成都科技大学郭少云、北京化工大学杨卫民的模内微层叠技术装备及其应用；有自主知识产权、鉴于美国EDI公司相关领域的知识产权已经过期，应予以列项支持。

（4）宁波格林美孚绿色工业4.0锅炉蒸汽发生器及ETPU珠粒制造技术成套设备；有自主知识产权，突破国外技术封锁，有广泛应用。

（5）上海华东理工大学谢林生教授的环保型多功能连续密炼挤出机有自主知识产权，应用领域广泛。

（6）北京化工大学薛平教授的超高分子量快速挤出技术及装备，直径500毫米超高管材挤出速度达35厘米/分钟。创国际领先水平。

（7）四川大学申开智教授、北京化工大学薛平教授的高分子材料单向拉伸技术，可使高分子材料拉伸强度和模量提高5~8倍，特别是超高分子量聚乙烯单向拉伸片材，将为我国承办2022年冬季奥运会的冰雪项目装备提供有力的支持。

建议：部分项目列入轻工业联合会十三五重点开发项目。

8．熔体静电纺丝纳米纤维无纺布的产业化开发及其应用

（1）纳米纤维（NF）的应用。青岛中科昊泰新材料有限公司与北京化工大学合作的熔体静电纺丝微纳米无纺布项目已经完成幅宽600毫米的微纳米无纺布的产业化中试生产线，纤维直径平均640纳米，已经完成了幅宽1 500毫米年产量达200万~300万米^{2}的工业化设计。

（2）纳米超级保温服，对室内供暖说再见。全球47%的能源用于室内供暖，而其中的47%又是住宅供暖，这种高保温服的出现能够很大程度上节省能源的消耗。纳米毡片中的纳米线之间的间隙大约为300纳米，水蒸气分子约为0.2纳米，因此，水蒸气分子从中通过可以说是不费吹灰之力。但这个间隙依然很难让人体热量散失，虽然人体辐射波长约为9微米，而纳米毡片布料之间红外线的折射作用能将人体的辐射波被反射回来。据报导这种纳米织物的保温性能为羊绒的1.6倍，国外已有极地防

寒服应用实例。幅宽 1 500 毫米年产量 200 万~300 万米 ^{2} 的熔体静电纺丝项目设备投资估算为 2 000 万元，年产值可达 3 亿~5 亿元。

建议：中国轻工业联合会将此项目列入十三五重点开发项目。

9．塑料也可做道路：欲颠覆沥青和水泥路

（1）非常环保。回收塑料要比生产沥青的碳排放要低很多。后者大约要占全球碳排放的 2%。而且塑料来源往往是那些没有回收利用价值的塑料，已经通常要被烧毁的塑料。

（2）更耐久。塑料道路较之传统道路的使用寿命要高三倍以上，并可在－40~80 摄氏度的环境区间使用。

（3）建造迅速。塑料道路是模块化建设，就像乐高积木一样。模块可以在工厂里生产，并运到道路上组装。相比传统道路建筑周期好几个月，塑料道路几周就可搞定。

（4）模块化的维修也很方便。

（5）除了黑色，塑料还可以是白色，如此可以通过降低热岛效应而使城市变得凉快。（城市因大量的人工发热、建筑物和道路等高蓄热体及绿地减少等因素，造成城市“高温化”，即热岛效应）。

（6）不同颜色的道路还可以作为车辆的导航系统。

建议：“要想富先修路”，中国地域广阔，市场需求大。中国塑协十三五期间可以安排废旧塑料再生，利用专委会组织立项并开展这项工作。

10．颠覆传统吹瓶工艺的液体技术

制造和填充塑料瓶的技术将出现一些颠覆性的革新。

新技术的最大优点是节省能耗、减少浪费。与传统吹瓶、然后运到灌装厂灌装的方式相比，新技术耗能只需要十五分之一。安姆科硬质塑料的副总裁 Tod Eberle 补充说，这样也不需要空气压缩机了。它们是吹塑生产的最大成本来源，以及运送空瓶到世界各地的物流费用。

吹塑是塑料加工成型中非常重要的技术，建议在十三五规划中安排杨卫民老师团队主持研发这个项目。因为杨老师搞过超临界 CO_2 注塑成型，今年他的学生秦柳博士又完成了绿色高效蒸汽锅炉发泡项目。

11．纳米纤维素的产业化技术

纤维素是一种可再生天然高分子，具有良好的生物降解性，生物相容性，是一种绿色的环境友好原材料。预计到 2020 年，来自以植物可再生资源为原料的材料要增加到 10%，而到 2050 年要达到 50%。其中，纤维素纳米纤维（又称：纤维素纳米纤，nanofibrillated cellulose fibers，NCF 或 cellulose nanofibrils，CNF）作为一种新型的生物质纳米材料，引起科学界广泛关注。

研发“可饮用书”可过滤汗水中 99%细菌。

四川大学卢灿辉教授有多年从事纳米纤维素制备、产业化开发、纳米纤维素表面修饰、纳米纤维素纸及纳米纤维素/高分子复合材料制备技术，技术上居国内领先水平。纳米纸通过石墨烯墨水的丝网印刷技术可以用于制作石墨烯超级电容器和石墨烯电池。

建议：中国轻工业联合会十三五可以立项支持川大卢灿辉教授的“纳米纤维素先进、绿色、产业化制造技术及复合材料应用开发研究”，卢灿辉教授与清华大学石高全教授联手也可以研发石墨烯电池及石墨烯超级电容器。

12．中国科学院研制出禾素纤维 实现了生物基化学纤维新突破

宁波材料所研究人员将聚乳酸与聚羟基丁酸戊酸共聚酯反应性共混，再经熔融纺丝制得品质优异的新型生物基化学纤维——禾素纤维。禾素纤维不仅具有从原料、生产到废弃物处理的全过程绿色环保优势，而且在风格与手感等方面与真丝、铜氨等高档纤维品种相媲美，因而获得国内外多个纺织与制衣专业机构和企业的高度评价，被列入《中国生物基纤维及其原料科技与产业发展（30 年）路线图》。中国科学院宁波材料技术与工程研究所，不仅协助企业实现了实现了禾素纤维的产业化，近来取得了聚乳酸及其改性纤维制备与应用的系列突破。为提高聚乳酸的强度和高温尺寸稳定性，研究人员采用液相恒温浴（LIB）技术并调控立构复合晶，制备出包含纳米尺度立构复合晶微纤的聚乳酸复合纤维。

聚乳酸和纳米纤维素是最有发展前景的可降解生物塑料，中国轻工业联合会应该支持这两种生物可降解塑料的开发及应用，将其列入十三五重点开发的应用推广项目。

（中国塑料加工工业协会专家委员会　王德禧）

塑料助剂

2014 年塑料助剂行业状况与当前发展趋势

一、2014 年行业状况

2014 年是全面贯彻落实党的十八届三中全会精神、全面深化改革的第一年，改革任务重大而艰巨。2014 年是进入到“十二五”规划第四年，对全面完成“十二五”规划至关重要。

一年来，塑料助剂行业绝大部分企业能较好地适应宏观经济的发展趋势，根据市场需求的变化，调整、优化产品结构，重视提高自主创新能力，积极开发新产品、新技术不少企业加大了专用产品及高附加值产品的研发力度；根据产品工艺特点，努力搞好节能减排、推进清洁生产；依靠科技创新和管理创新，降低生产成本；使整个行业在 2014 年取得了新的进步。2014 年国内塑料助剂的消费量为 589. 9 万吨。2014 年塑料助剂各主要品种在塑料中的消费量见表 1。

表 1　2013 年塑料助剂消费量统计

单位：万吨

品 种	消费量
增塑剂	359
热稳定剂	50.0
阻燃剂	44.0
冲击改性剂与加工改良剂	45
着色剂	40
润滑剂	14
发泡剂	20.0
抗氧剂	11.5
抗静电剂	0.75
光稳定剂	1.0
偶联剂	2.9
其他	1.8
合计	589.95

二、专委会活动

（一）认真完成中塑协交办的各项工作

助剂专委会根据中塑协的要求，开展了一系列的工作。协助开展了塑料加工业科技创新型企业、优秀科技成果、先进科技工作者的评选，助剂行业内一部分企业和科技工作者获得荣誉；开展了用于食品包装的添加剂的调查，业内企业积极回应；向会员单位发了“关于征求 2015 年关税调整意见的函”，将会员单位的意见及时反馈给中塑协；积极开展了“中国国际塑料新材料 、新技术、新装备、新产品展览会”的招展工作，并计划在展览会期间召开 PVC 塑料制品环保化进展论坛，与工程塑料专委会共同承办“2014 国际绿色阻燃材料发展与应用产业化论坛”。及时转发环保部环境规划院《环境保护综合名录（2014 年版）征求意见稿》，并将会员单位的意见反馈给上级协会。较好地完成了上传下达的工作。

（二）举办年会和行业活动，推动技术进步和环保化进程

2014 年塑料助剂生产与应用技术信息交流会于 2014 年 10 月 27~30 日在江苏南京召开，来自全国各地的塑料助剂生产企业、塑料加工企业、大专院校、科研院所的 260 多位代表参加了会议。会议期间共发表了 50 篇论文，来自清华大学、中科院宁波材料技术与工程研究所、南京大学、南京师范大学、南京工业大学、江南大学、浙江大学、山西省化工研究所、北京加成助剂研究所、中农集团通用化工有限公司、南京聚隆科技有限公司等大专院校、科研院所和企业的专家、代表宣讲了论文 25 篇。会议分析了当前的经济形势和法规环境对塑料和塑料助剂行业的影响，2014 年进入到“十二五”

规划第四年，对全面完成“十二五”规划至关重要。国内经济受产能过剩、内需疲软影响增速趋于放缓，内外需环境不容乐观。塑料助剂行业要适应市场的发展变化，调整、优化产品结构；重视技术储备，积极开发新产品、新技术；努力搞好节能减排、推进清洁生产；加强管理，降低生产成本。会议发布了增塑剂、阻燃剂、热稳定剂、抗氧剂、成核剂等塑料助剂产品的最新科研成果及发展方向，关注了聚合物改性及其设计方法、生物基塑料助剂、生物基塑料的改性与应用。本次会议邀请了来自欧洲染料和有机颜料制造商生态学和毒理学协会谢鸽成博士，介绍欧洲食品包装与玩具用材料法规现状与发展趋势，国内的专家也从环境检测、环保法规要求、有毒有害物质替代新品种研究等方面发表了行业对环境保护和塑料安全的关注与重视。一些设备和仪器生产厂家也介绍了各自的研究成果及其在塑料加工中的应用。会议期间，还组织代表参观了南京大学现代分析中心。本次会议得到了南京大学现代分析中心、东南大学化学化工学院、南京师范大学化学与材料科学学院、南京工业大学材料科学与工程学院、江苏省塑料加工工业协会、中国塑料加工工业协会塑木制品专业委员会的大力支持，会议在全体与会代表的共同努力下，在南京金陵化工厂有限责任公司、南京协和化学有限公司、南京曙光化工集团有限公司、南京华立明化工有限公司、南京威格德塑料科技有限公司、江苏常青树新材料科技有限公司的协助下取得了圆满成功。

为促进我国 PVC 制品生产技术的发展，加强绿色环保助剂的应用和 PVC 软制品环保配方设计探讨和学习，促进 PVC 助剂应用领域间的合作与交流，中国塑料加工工业协会塑料助剂专业委员会于 2014 年 4 月 19~23 日在上海举办了“2014 聚氯乙烯软制品环保配方设计研讨班”。会议邀请了对人造革合成革行业发展有充分了解的中国塑协人造革合成革专委会冯庶君秘书长作了“PVC 人造革的发展趋势及对助剂的要求”以及对稳定剂的发展及环保化做了深入研究的施珣若副主任作“软质 PVC 塑料和热稳定剂存在的问题和方向”的报告；为了将理论和实践有机结合起来，秘书处特意邀请具有长期实践经验的大专院校的教授介绍他们的经验和成果。江南大学蒋平平教授的“环保增塑剂选择及其制品配方应用技术”、浙江大学包永忠教授的“PVC 糊树脂加工应用与配方设计技术”、南京工业大学张军教授的“增塑聚氯乙烯的光降解研究”、无锡工艺职业技术学院孔德忠老师的“PVC 电线电缆产品检测”的报告理论结合实际，对参会代表提出的实际应用中遇到的问题给予了解决，给参会代表留下很深的印象；会议还邀请了生产企业的专家介绍在各自领域内的宝贵的经验，上海电缆研究所张尔梅高工介绍了“PVC 电缆料的环保配方设计技术”，上海金泰色母粒有限公司陈信华高工介绍了“PVC 软制品着色技术”；会议还邀请了赵磊经理介绍了瑞士山宁泰公司的最新的抗菌产品在软制品中的应用，很多参会代表对此表示了关注。大会报告还有“粉体有机复合稳定剂在软塑制品中的应用”“回顾欧盟环保更新进度及国内软质 PVC 制品现状”。

2014 年 12 月 16 日，“PVC 塑料制品环保发展研讨会”在广州保利世贸博览馆召开。会议旨在应对 2015 年底欧盟禁铅后，南美、东南亚、印度、中东、非洲、大洋洲等地区基本会同步禁铅的情况，更好地引领塑料热稳定剂及相关制品企业探索出符合国内行业实际的含铅热稳定剂替代工作的道路。会议得到了江苏联盟化学有限公司、深圳市志海实业有限公司、广东若天新材料科技有限公司的大力支持。中国塑协理事长钱桂敬到会并致辞，常务副理事长曹俭到会。会议由中国塑协助剂专委会副主任委员施珣若主持。此次大会共有 15 个报告，分别来自中国塑协相关专委会的秘书长，高等院校的老师，有影响力的助剂、制品生产企业的主要领导或技术负责人，他们分别介绍了对 PVC 塑料制品环保发展的认识，对我国的塑料制品环保化进程提出了自己的见解。环保助剂的研发已经被所有助剂生产与销售企业提上日程，也不断有新的环保工艺与产品问世，环保安全的重要性已成为大家的共识。制品生产企业提出了新的要求，这就要求我们的助剂企业加大研发力度，在环保产品的性能和质量稳定性方面多做工作，力争在各方面满足用户的需求。呼吁要求国家有关部门尽早制订、公布禁铅时间表，让 PVC 产业链有个准备，过渡的空间，最大限度地保护我们的 PVC 产业正常、健康地生存，发展。

（三）编辑出版《塑料助剂》环保专刊，推动助剂的环保化

中国科学院学部咨询评议项目“塑料制品中限

制使用有毒有害物质的建议”由北京化工大学负责实施。此项目拟通过对塑料制品中主要有毒有害物质的来源、我国和欧美等发达国家已经或即将出台的限制或禁止有毒有害物质使用的法律法规和标准、以及现有替代技术进行调研、梳理和分析，探寻我国主要塑料制品中限制或禁止使用有毒有害物质的基本原则、找出存在的关键问题、并提出应对的策略和保障措施。

为协助开展此咨询研究项目，《塑料助剂》编辑部特组织出版环保专刊，共组织与环保相关的论文 11 篇，涉及增塑剂、阻燃剂、热稳定剂、抗静电剂等助剂的环保化要求及相关的法律、法规，提出在新的环保形势下各助剂的应对策略，对助剂生产企业有很好的指导作用，杂志出版后，收到了普遍的好评。编辑部也总结经验，准备在适当的时候再组织出版此类专刊，更好地为业内企业服务。

（四）做好行业调研，积极协助会员单位反映问题

2014 年 8 月，由于商务部对甲基丙烯酸甲酯启动反倾销调查，国内的内烯酸甲酯行情很不稳定，国内供求关系不稳，价格直线飙升。这使我们的生产企业原料成本也飙升很多，利润空间几乎没有，甚至出现了亏损，有的工厂已处于停产状态。更严重的是，由于国外甲基丙烯酸甲酯价格稳定，而国内价格不断上升，致使国内企业的市场竞争处于不利局面。针对会员单位反映的这个情况，我们逐个对相关企业进行了调查，在广泛调查，基于事实的原则下，编写了有关甲基丙烯酸甲酯的情况说明，并提交给上级协会，最终反映到商务部反倾销贸易救济调查局。

（五）做好行业技术经济信息交流平台建设

（1）尽力做好行业内信息收集和汇总工作。

（2）继续做好《塑料助剂》杂志的编辑出版和发行工作；为了适应期刊发展的需要，编辑部除了加强编辑业务学习之外，更加重视期刊编排的标准化，并在实际工作中贯彻实施；《塑料助剂》杂志及时为各会员单位刊发关于开发新产品、产品鉴定、技术改造、扩产、节能减排、工业废弃物的回收利用及处置等方面的信息、文章，为会员单位服务。

（3）每年组织相关人员编写《中国塑料工业年鉴》塑料助剂章节。

（4）认真做好中国塑协布置的各项工作，协助中国塑协各职能部门开展工作，协助会员单位申报先进企业、专项创优等工作，提供信息资料，发挥行业优势，提高专委会的公信力。

（5）根据会员单位的要求为他们提供了相关资料，包括文献、国内外专利以及有关证明材料等。

（六）组织和参加展览会、会议

为了更好地为会员单位服务，宣传专委会和《塑料助剂》，我们派员参加了“第二十八届中国国际塑料橡胶工业展览会”“第十六届中国塑料博览会”，通过展览、会议，宣传了塑料助剂专委会及《塑料助剂》杂志，也为在《塑料助剂》上做广告的企业进行了宣传。

三、产品结构调整与技术进步

（一）增塑剂

2014 年各类增塑剂生产能力 528 万吨，实际产量约 392 万吨左右，进口量 10 万吨，出口量 2.6 吨，表观消费量继续增长，达到 399.4 万吨。2014 年，增塑剂的实际产量和消费量仍然以邻苯类为主，随着国内外对邻苯类增塑剂的限制使用范围仍在继续扩大，我国增塑剂生产企业加大了环保增塑剂的研发力度，努力扩大非邻苯类增塑剂的产量，环氧类达到 25 万吨，对苯类为 50 万吨，偏苯类为 6 万吨，此外，偏苯三酸酯类、柠檬酸酯类等环保型增塑剂的产量也有所增长。

（二）热稳定剂

2014 年，我国热稳定剂的消费量维持在 50 万吨以上。受环境方面的压力，我国稳定剂无铅化已获大家共识，环保型热稳定剂的产能、品种比 2013 年有较大增长，铅盐的比例逐步减少，锌基、有机基热稳定剂研发、生产已见成效。但在消费中，铅/镉类的占比仍超过 80%，非铅盐热稳定剂占比不到 20%，而且很大一部分是用在出口产品中的。另外，稀土热稳定剂、尿嘧啶、β-二酮、水滑石等辅助热稳定剂品种也得到了生产和应用；新材料、新技术、新工艺的应用继续提升热稳定剂行业的整体水平。2014 年，热稳定剂行业在推动产品无铅镉化方面做了大量工作，促进了热稳定剂的环保化进程。

（三）阻燃剂

2013 年，新版 RoHS 指令中又对六溴环十二烷

做出了新的限定，将在2014年7月22日之前完成整合性评估，不排除列为禁用限用的物质。溴系阻燃剂中又一个成员的列入，迫使一些新型环保、绿色的阻燃剂得到较快发展。近年来，如十溴二苯乙烷、溴化环氧树脂、溴化聚苯乙烯、聚溴代苯乙烯、四溴双酚A碳酸酯低聚物、三溴苯氧基氰脲酸酯等，取得了长足的发展。

近几年，有机磷类阻燃剂以较快的速度增长，例如，去年有机磷酸酯阻燃剂产量达到12.4万余吨。事实上，《RoHS》指令及《斯德哥尔摩公约》开始强制执行后，阻燃剂无溴化趋势愈发明显。据预测未来五年内，有机磷系阻燃剂市场容量仍将保持10%以上的增长率，因此按照12%的增长率测算，到2018年有机磷系阻燃剂全球消费量将达到105万吨左右，占阻燃剂消费总量的比重将达到30%左右。下图列示了有机磷系阻燃剂全球消费量增长及其占所有阻燃剂消费量比重变化的具体情况。

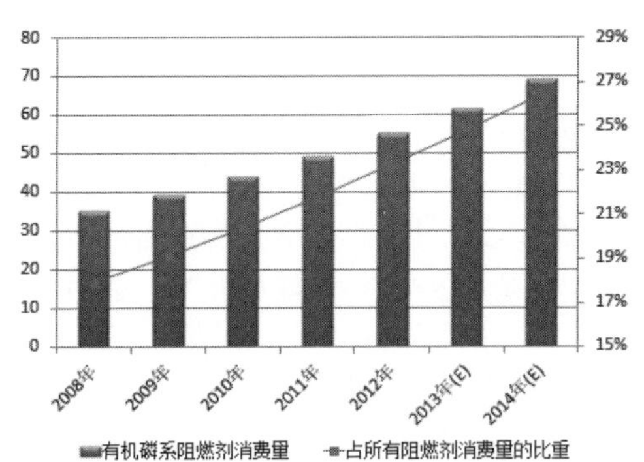

全球有机磷系阻燃剂消费量变化

（单位：万吨）

无机阻燃剂具有稳定性好，低毒或无毒，贮存过程中不挥发，不析出，原料来源丰富，价格低廉，是目前高分子材料中应用最为广泛的阻燃剂之一。另外，阴离子型层状功能材料作为阻燃剂得到了迅速发展。膨胀型阻燃剂和硅系阻燃剂等继续延展了发展的势头。

2008年前后，我国阻燃剂的消费量在32万吨左右，2013年我国阻燃剂的消费量在52万吨左右，2019年我国阻燃剂的消费量在84万吨左右。

（四）抗氧剂和光稳定剂

2014年，抗氧剂、光稳定剂的生产能力、产量、消费量有所增加，生产工艺技术逐步提高，产品质量趋于稳定。国际和国内市场需求的增幅减小，市场竞争加剧，产品价格处于中低位徘徊。2014年抗氧剂和光稳定剂的产能、产量、出口量见表2、表3。

表2　2014年抗氧剂产能、产量、出口量统计

单位：万吨

品种	产能	产量	出口量
受阻酚类	7.5	6.5	0.7
亚磷酸酯类	5.7	5.45	0.5
含硫类	1.4	0.85	0.6
合计	14.6	12.8	1.8

表3　2014年光稳定剂产能、产量、出口量统计

单位：万吨

品种	产能	产量	出口量
受阻胺类	1.75	1.4	0.65
紫外线吸收剂	0.9	0.65	0.5
合计	2.65	2.05	1.15

2014年，抗氧剂行业重点推行复配产品：一方面是无尘化的颗粒，另一方面是产品的配方设计，使得企业产品由单一性能或单一功能产品，向多性能、多功能方向发展。

我国光稳定剂行业的骨干企业继续保持了稳定的增长势头，并成功商业化了多个新品种，填补了国内相关产品领域的空白，有效支持了多个下游行业防老化技术进步的需求。同时，我国光稳定剂企业继续大力拓展海外市场，在海外市场中的份额显著上升。而另一方面，受欧美主要经济体经济下滑的影响，光稳定剂市场竞争也更加趋向激烈。

（五）其他

2014年，其他塑料助剂，如冲击改性剂与加工改良剂、发泡剂、润滑剂、偶联剂、抗静电剂、抗菌剂、成核剂、扩链剂、防雾剂等在开发新产品和技术进步方面也都取得了不同程度的进展。尤其是降解塑料和再生塑料行业的发展，相关的助剂也逐步发展起来，力争替代国外公司的产品。

四、存在问题

塑料助剂企业大多数为中小企业，部分产品还存在着高排放、高污染的问题。在目前国际大环境下，环保法规和指令越来越严格，国内的法规和规定也越来越多，处罚力度也逐年加大，企业的环保投入也是逐年增多。为了适应环境，企业的产品结构势必会出现些许变化，新产品的研发和科技的投入在很大程度上已经决定一个企业的未来，形成了少数具有独立自主创新能力和综合技术服务能力的企业。在 2014 年，绿色环保是主流，但产品结构不尽合理，部分产品质量不够稳定依然存在；高端产品不足，同类产品市场竞争激烈，利润点低；部分企业的科技投入不足、自主创新能力不强，缺少高水平的专业人才。

（一）增塑剂

1．与国外相比，产品结构不合理的矛盾仍然非常突出

与国外相比，产品结构不合理的矛盾仍然非常突出，目前我国增塑剂产品中近 70%为邻苯类产品，虽然近年来环保增塑剂产量有所增加，但环保类高效品种所占比例仍较小，许多专用和高性能品种还不能生产，依赖进口。

2．我国增塑剂市场面临环保压力加大

随着世界各国环保意识的提高，医药及食品包装、日用品、玩具等塑料制品对主增塑剂提出了更高的纯度及卫生要求，国际社会对 DOP 等邻苯二甲酸酯类产品的限用范围进一步扩大，而我国增塑剂生产企业对新型环保增塑剂的开发和推广力度还跟不上法规和市场对生产企业的要求。

3．生产工艺参差不齐，总体水平比较低

目前许多小型企业仍然采用全间歇式生产、手动控制的落后装置和工艺， 这些装置规模小、功能单一、生产效率低、物耗能耗高、污水排放量大、产品质量稳定性差，已经很难适应当今世界增塑剂行业的竞争局面。

4．同质化装置建设过快，导致产能过剩，装置开工率不高，整个行业利润低下，竞争力不强，许多中小型装置面临被淘汰的窘境。

（二）热稳定剂

尽管我国热稳定剂生产与开发取得了相当的成绩，但仍存在许多不足。

1．品种少，结构不合理

PVC 热稳定剂在国外研究应用较多，就品种而言有近万种，仅有机锡类就有近千类，而目前国内规模化生产的只有几十上百种，而且结构不合理，铅盐类稳定剂占绝对主导地位，而非铅盐所占比例偏少，产品技术标准相对落后，产品质量波动较大。

2．生产规模小，产品质量差

我国热稳定剂质量参差不齐，有许多小作坊式生产企业，规模小，环境污染严重，有的企业产品品质低，低价竞争，冲击、影响热稳定剂的生产和市场。

3．开发力度不够

随着世界 PVC 工业的发展，国外新型热稳定剂开发层出不穷，但由于种种原因，我国热稳定剂企业的原始创新不足，主要体现在研发经费投入少、高瑞人才严重缺乏、尤其是推扩应用工程技术人才严重短缺和重视不够。新型热稳定剂的生产与应用远远不能满足国内 PVC 工业的发展和制品的需要。

（三）阻燃剂

阻燃剂行业存在的主要问题是：

（1）产品结构不尽合理，无论生产销售仍以溴系阻燃剂为主，虽然一些无卤阻燃剂产品的发展较为迅速，但是依然没有改变溴系阻燃剂为主的总体格局；

（2）生产工艺、产品质量与国外产品有差距，产品质量的稳定性不高；

（3）自主研发的力量和投入不够；

（4）大部分阻燃剂生产企业的规模不大，竞争力不强；

（5）目前阻燃剂在国内的使用仍不普及。

（四）抗氧剂和光稳定剂

1．抗氧剂面临的问题

（1）国外公司扩产抗氧剂或光稳定剂，解决了部分国际市场需求，国内抗氧剂、光稳定剂产品出口数量减少，国内市场价格低迷，已有抗氧剂生产企业停产、转行。

（2）与国际性大公司相比，装备技术水平还有差距，须加大技改力度。

2．光稳定剂面临的问题

我国光稳定剂行业存在的重要问题是行业分散度比较高，主要以中小型企业为主，且多数企业

在一两个领域甚至一两个产品上处于优势地位，但并不能全面覆盖整个光稳定剂产品线，综合竞争力有限。同时，部分小企业研发能力不足，产品同质化竞争日趋严重。

五、发展趋势

（1）我国塑料助剂行业在 2013 年整体发展良好，在 2014 年，企业应深挖自身潜力，提升产品质量、降低产品消耗，从而进一步提升产品竞争力。同时加强同行业交流与合作，以求得取长补短，共同提高，促进塑料助剂企业和产品规模化经营，加快提高行业的整体技术和生产水平。

（2）骨干龙头企业通过不断强化技术服务能力，完善技术服务体系，协助下游客户提升产品性能与加强应用的能力，不但在产量上，也应在技术上协调上下游共同进步。

（3）相关的助剂企业应继续大力拓展海外市场，使海外市场中的份额保持稳步增长。

（4）塑料助剂行业今后将以“绿色、环保、无毒、高效”作为永恒的主题，逐步用新品替代对人类健康和环境有害的品种。

（5）要适应不同的市场，让产品满足不同层次用户的需求，特别是扩大专用产品和高端产品和高附加值产品的比重。

（6）要加大生物可降解塑料用的各种助剂产品的研发力度，这将是以后发展的长期趋势。

（7）加大科技投入，根据产品特点，积极开发应用低碳技术，搞好清洁生产，淘汰落后工艺和落后设备。

（中国塑料加工工业协会塑料助剂专业委员会秘书处）

流延薄膜

功能性流延薄膜现状与发展趋势

一、TPEE 无孔透湿防水功能薄膜

目前市场上的透湿防水材料存在防风防雨性差、舒适度低、低防护、环境污染、人体慢性中毒、不可回收或不可降解、无可持续性、不易贴合等问题，而 TPEE 无孔透湿防水功能薄膜具有提高舒适性、完全细菌防护、完全防风防雨、提高安全性、无环境污染、食品级材料、可持续回收、亲胶性好不需特殊胶水等优点。与此同时，随着科学技术的发展，人类的生活水平不断提高，TPEE 无孔透湿防水功能薄膜材料正是迎合人类高质量的社会生活需求，能排汗、透气，又能防雨防风，在穿着过程中，人体散发的汗液以水蒸气的形式通过织物传导到外界，不在人体表面与织物之间冷凝积聚，保持穿着者干爽、温暖，而水则不能浸透织物，不仅能满足严寒、雨雪、大风等恶劣环境中人们活动穿着需要，抵御大自然的侵害，因此被称作“可呼吸织物”。目前全球对 TPEE 功能薄膜的消费量以每年 8%幅度增长，国内对 TPEE 功能薄膜需求量增长速度更快，达到 10%以上，具有广阔的发展前景。

TPEE 无孔透湿防水功能薄膜利用具有特定亲水性基团的高分子材料制成，在一定温度和湿度梯度下，水分子与高分子材料中的亲水基团以氢键和其他分子间力作用，于湿度高的一侧吸附水分子，通过高分子链上的亲水基团传递到湿度低的一侧解吸，依靠“吸附－扩散－解吸”过程，达到透气、透湿的目的。TPEE 无孔透湿防水功能薄膜是功能性绿色薄膜，具有其他塑料和橡胶材料无法比拟的高强度、高韧性、耐磨、耐油、耐寒、耐老化、可降解等优异特性；同时又高防水透湿性，防风、防寒、抗菌、抗紫外线等，广泛应用在以下领域：

（1）户外运动服行业。TPEE 薄膜与面料复合，具有防水、防风、保暖、透气以及耐磨性等优点，应用于防寒服、防护服、冲锋衣等，尤其户外运动产品。

户外运动服行业具有增长潜力的市场。欧洲注重运动的科学性和专业性，按照每年 25%~30%的增长速度，中国市场大概需要 15 年的时间才能达到欧洲市场的发展水平。欧洲这种全民户外的态势已从萌芽期过渡到茁壮成长阶段。而中国目前在萌芽期，必然带动户外产业链的高速发展。

（2）医疗行业。TPEE 薄膜具有很强的呼吸能

力、优异的手感、抗水解、阻隔细菌、轻薄如皮肤，因此在医疗方面有着广泛的应用，比如创可贴、最高等级防护服、一次性防护用品等等的应用。中国具有人口众多的特点，并在国外市场的影响和带动下，随着人们对更高防护产品的需求提升，必然带动防护产品产业链的蓬勃发展，相信具有更大的市场发展潜力。

（3）鞋材行业。利用防水透湿 TPEE 薄膜与鞋材基布合，以达到防水透气的作用。

（4）建筑行业。与无纺布复合，可做为建筑用的屋顶膜和墙体膜材，起到气密性，屋内呼吸可调。

（5）军用方面。取代目前低端的 PU 涂层材料，让军队中的各种人员无论是春夏还是秋冬更为舒适，如野战睡袋，野战水袋，野战帐篷，野战服装等。

TPEE 无孔透湿防水功能薄膜符合国家十二五规划重点发展的新功能环保化材料，应用领域也是适应国家对各个行业的十二五规划的，比如医疗方面的最高等级病毒防护材料规划一次性取代多次使用，穿着行业符合国际的无氟化环保政策，将推进取代氟产品。同时，该产品也更符合人类返璞归真的环保政策，让人类回归自然的同时享受自然生活。

二、卫生护理用透气膜

卫生医疗用透气膜具有卓越的透气不透水性能、优异的物理性能、无毒、无味、环保、具有高品位的纸化效果、近乎洗水丝绸般的柔软舒适、防细菌、防血液渗透能力强、良好的印刷性。

其中单位面积低克重的卫材用 PE 压花膜产品，在降低克重、产品变薄的同时，保持其物理性能，并使产品具备更佳的防水性能。较同类卫材护理用 PE 透气膜更柔软、更轻薄、物理性能更佳，且减少资源浪费，符合低碳环保理念，符合“更柔软、更舒适、更轻薄”的发展趋势。

三、晶硅太阳能电池用 PVDF 膜

目前太阳能光伏背板产量的需求劲增，加上能源短缺和环境污染问题已经成为全世界突出的问题，使太阳能电池光伏产业高速发展，近十年来，年平均增长率达到 41.35%。但 2012~2013 年美国和欧盟分别对中国太阳能光伏行业发起双反调查和制裁，占全球光伏产能超过 6 成的国内光伏行业进入了寒冬期，量价跌至冰点，国内光伏行业举步维艰。进入 2014 年，全球光伏需求重心由欧洲转向美国和亚洲的中国、日本、印度等国，预计今年全球光伏产量将达 40GW，中国需求量为 14GW，其中电站为 6GW，分散式发电为 8GW。加上未来 2~3 年内，光伏 PVDF 薄膜产品迎来政策利好，国内市场需求趋于稳定快速增长。

目前，我国已成为全球光伏产业大国但不是光伏产业强国。就晶硅太阳能电池背板生产而言，虽然国内能够生产，但只能用于低档产品，90%的晶硅太阳能背板需依赖进口。关键核心技术如氟膜的制造技术、多层薄膜复合技术等仍然掌握在美国 Dupont、法国阿科玛等少数几家外国公司手中，这些外国公司通过这些技术从我国太阳能电池背板企业中获取了巨额利润，严重制约了我国光伏产业的发展壮大。另外，现在使用的太阳能电池背板大部分为 PVF/PET/PVF 三层结构，其中 PVF 为美国 Dupont 垄断生产。而 PVDF 含有两个 F（氟）原子，而 PVF 只有一个氟原子，PVDF 的耐候性明显优于 PVF，产品性能优异完全符合背板使用要求。因此，聚偏氟乙烯（PVDF）薄膜具有耐老化时间长、耐腐蚀性强、使用寿命长等优异性能，非常适用于晶硅太阳能电池背板保护层，产品使用寿命长达 25 年以上。且能够保证有效的太阳光的透过率，并可除去太阳光中对电池有害的光，如紫外光的透射；能够起到耐腐蚀、耐溶剂、耐污水的作用；对灰尘、潮气等起到阻隔的作用。因此，PVDF/PET/PVDF 结构的电池背板在性能上丝毫不比以 DUPONT 垄断的 PVF/PET/PVF 结构的电池背板的性能差，甚至在耐候性等性能上更有优势，完全可以广泛应用于太阳能背板，因此市场前景十分广阔。

四、PVB 玻璃夹层膜

PVB 玻璃夹层膜是由聚乙烯醇缩丁醛树脂与增塑剂依照一定的比例，通过挤出机塑化挤压成型的一种高分子材料，该材料具有透明、耐热、耐寒、耐湿、力学强度高等特性，是当前世界上制造夹层、安全玻璃用的最广泛的粘合材料，其可以广泛应用于幕墙、罩棚、展示橱窗、银行柜台、监狱探视窗、炼钢炉屏幕及各种防弹玻璃等领域。

到 2014 年 6 月，根据统计，现在我国汽车的保有量已经超过 1 亿多量，每年的汽车风挡玻璃依照 3%的更换率，就有 300 万量，需要的 PVB 膜就

达 450 万米²，折合 0.5 万吨，每年新增的 2 000 多万辆的新汽车，需要的 PVB 膜 2.5 万吨，这还不包括我国汽车风挡玻璃出口部分，保守估计，每年中国的市场汽车膜就需要 4 万吨以上，在建筑市场方面，2013 年国内新增玻璃幕墙 7 000 万米²，由于国家相关法规的规定，将近 90%以上都是使用夹层玻璃，仅此一项就消耗 PVB 膜 10 万吨左右，还有住宅护栏、室内装修、船舶、夹层玻璃出口等，保守估计国内 2013 年在建筑市场的消耗量 PVB 膜不会低于 20 万吨，虽然 2014 年房地产业景气程度不如 2013 年，但消耗的 PVB 膜在 2014 年也不会低于 15 万吨在建筑类夹层玻璃。

五、EVA 预涂封装膜

（一）EVA 太阳能光伏背板封装膜

1．太阳能光伏背板对 EVA 封装膜的要求

用于太阳能电池背板的封装时，EVA 预涂封装膜是一个非常重要的辅助材料，虽然其在太阳能电池成本中所占价值不高，但作用非常重要，极其敏感，使用不当会对组件产生致命性的缺陷。用于该领域时，要求 EVA 预涂封装膜在较宽的温度范围内具有良好的柔软性，耐冲击强度、耐环境应力开裂性，良好的光学性能和耐低温的特性。加热到一定温度，其中的交联剂分解产生自由基，引发 EVA 分子间的结合，使之和晶体硅电池片、玻璃、背板膜粘结和固化，三层材料成为一体。

EVA 胶膜是光伏组件封装的关键材料，是以 EVA 树脂为主要原料，添加各种助剂后，经加热挤出成型的产品。该行业的上游是石化行业，下游是光伏组件行业。近年来，快速发展的光伏市场引发了 EVA 胶膜的巨大需求。因 EVA 胶膜的生产存在较强的技术壁垒，生产厂家较少（国内生产 EVA 胶膜的厂家中，在质量和规模方面达到世界水平的企业很少），EVA 胶膜产量的增长仍然无法满足全球急剧扩大的市场需求，高质量的 EVA 胶膜产品一直处于供不应求的状态。作为晶硅电池组件封装不可或缺的材料，只要光伏组件的增长趋势不变，EVA 胶膜的需求将继续增长。

2．光伏级 EVA 树脂的市场用途较窄，生产能力已经不断提高

相对于其他用途的 EVA 树脂，光伏级 EVA 树脂（VA 含量 28%~33%）应用领域较窄。国内厂商主要生产注塑及发泡材料用 EVA 树脂，因此国内所需的光伏级 EVA 树脂基本来自国外数家大型石化企业（如杜邦、三井、TPC 等）。

近年来，太阳能电池组件的需求推动乙烯-醋酸乙烯酯共聚物需求的增长，业内人士预测该行业的全球年需求量将以 30%~40%速度增长。亚洲生产商近期目标是扩大 VA 含量在 28%~33%的 EVA 树脂产量，以满足太阳能电池组件生产的需要。中国台湾和韩国的几家石化企业目前已经开始规模化供应该类 EVA 树脂，杜邦、三井、TPC 等传统厂家的扩产计划也在实施中，我国燕山石化也已开始小批量生产。

3．国际石油价格与 EVA 胶膜的生产成本相关性较高

由前可知，在 EVA 胶膜的生产成本中，EVA 粒子的消耗成本占比较高，因此 EVA 粒子的价格波动直接影响 EVA 胶膜的生产成本，而根据多年的数据对比，EVA 树脂的价格与国际石油价格密切相关，因此国际石油价格的波动明显影响 EVA 胶膜行业的经营情况。

在石油价格明显下跌的情况下，EVA 胶膜行业企业的平均毛利率在上升。EVA 胶膜是光伏组件性价比最高的封装材料，尚无更好的产品可以替代，行业发展前景广阔。

（二）EVA 预涂封装膜在包装印刷、建筑、医疗电子等领域中的应用

1．应用于包装印刷

用于印刷包装时，EVA 预涂封装膜经过加热后可直接和纸张复合，省掉了传统纸塑复合工艺中的涂胶和烘干环节，因而避免了胶水中的含苯有机溶剂挥发带来的环保问题及职业健康安全问题。

2．建筑、医疗电子等领域的应用

EVA 预涂封装膜的领域还可以扩展到建筑、医疗电子等领域。在建筑领域，EVA 预涂封装膜可用于建筑外墙和屋顶的保温；在医疗领域，EVA 预涂封装膜可用于医疗手术服、医疗与药材的特殊包装；在电子领域，EVA 预涂封装膜在国外已被应用于电子部件灌封、线圈绝缘固定、塑料和金属胶接密封、绝缘材料胶接等。

3．我国高性能 EVA 预涂封装膜前景广阔

目前，我国高性能 EVA 预涂封装膜市场正面临着两个机遇，首先是全球高性能 EVA 预涂封装膜制造重心将向中国转移，其次是高性能 EVA 预

涂封装膜的应用将拓展到更多的领域，从最初的印刷包装、太阳能背板封装扩展到建筑和医疗电子领域，在这两个因素的共同作用下，国内高性能EVA预涂封装膜市场将迎来高速增长，特别是太阳能光伏、建筑和医疗电子等领域EVA预涂封装膜快速发展，将形成一个巨大的市场需求。

（中国塑料加工工业协会流延薄膜专业委员会 孙冬泉）

流延聚丙烯（CPP）薄膜产业发展现状与2015年发展建议

一、2014年流延聚丙烯薄膜行业企业经营状况介绍

1. 2014年CPP薄膜原料行情

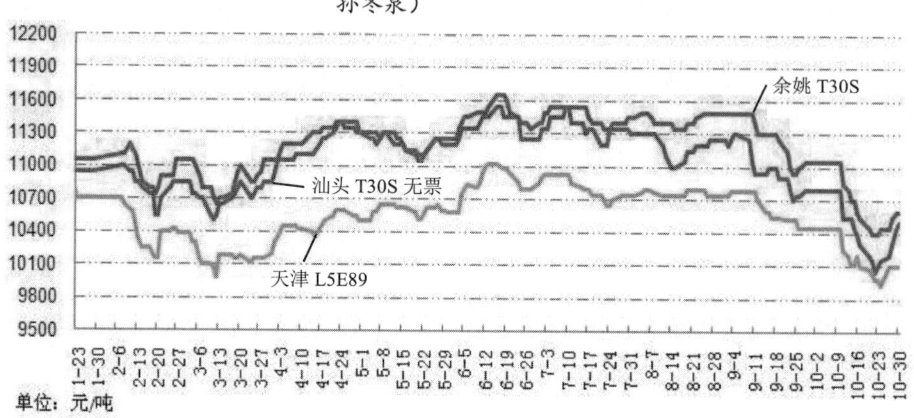

2014年国内PP市场价格走势图

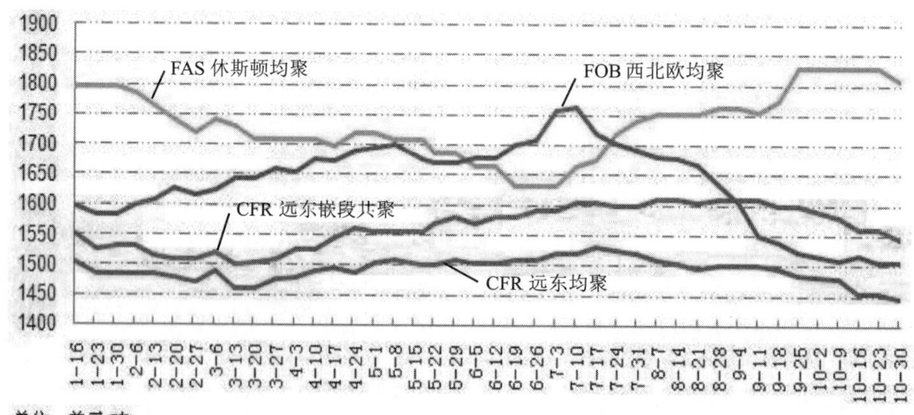

2014年国际PP市场价格走势图

2014年，PP原料价格平稳呈小幅波动，进入9月后呈下跌趋势。作为CPP薄膜主要原材料的PP均聚料1~11月平均出厂价格约10 900元。二元共聚料一直保持较均聚料高约1 300元的水平，平均价格12 200元；三元料较均聚料价格高约2 400元，平均价格13 300元。

据卓创资讯提供信息，CPP通用料市场多年以来中石化，中石油两家占绝对市场份额，但是今年煤化工来势汹汹，随着国内一批煤化工项目的投产，对现有PP市场造成不小的冲击，而后期石化、石油将如何应对也是业内关注的焦点。虽然煤化工成本优势明显，但任何企业追逐利润最大化是终极目标，因此价格不会一直下跌，而最终市场究竟到什么价位合理，还是要取决于市场。虽然煤质烯烃原料暂时不能用于CPP薄膜的生产，但部分工厂已经开始尝试，在原料性能逐渐稳定之后，可以用于后期的CPP薄膜降低生产成本。

CPP专用料以国外为主，依赖程度很高，但今年国内石化厂家加大开发力度，有了长足的进步，专用料以上海石化，燕山石化为代表的一些企业通

过提高产品质量，市场占有率有了明显的提高，但产品质量和进口料相比还有很大的提升空间，完全替代进口还需时日。

2．2014 年 CPP 产能和利润情况

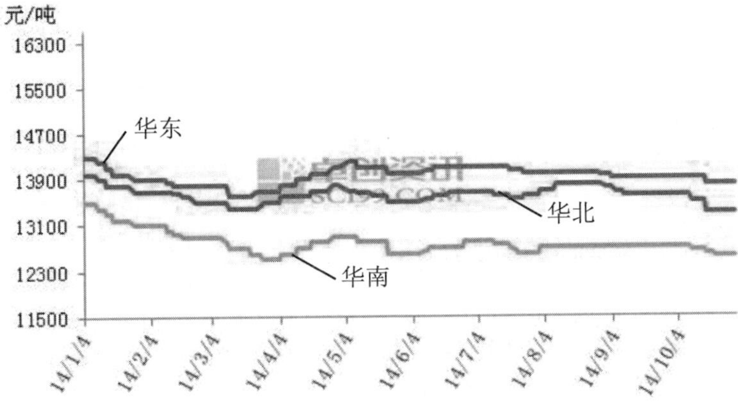

2011~2014年CPP复合膜价格曲线图

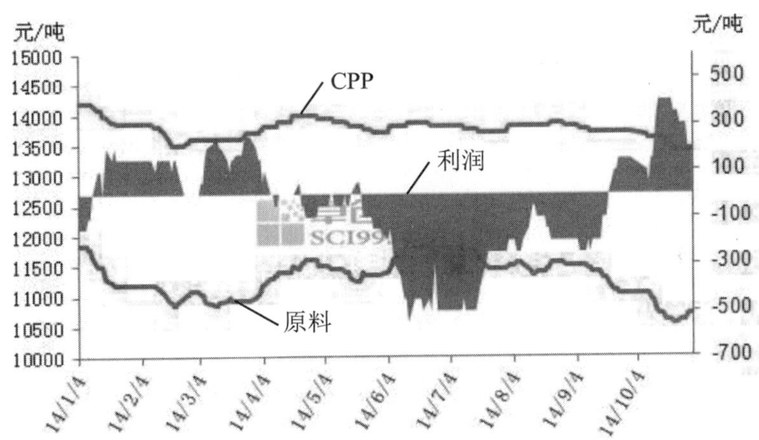

2014年CPP市场利润分析图

2014 年 CPP 薄膜市场行情据中国塑膜网提供数据，可以看出：

（1）新增产能不大，低端供应过剩

2014 年 CPP 行业内工厂有部分退出行业的，例如青岛庆昕、青州金诺尔、浙江光华、无锡南方、潮州南华、江西庆丰等企业停机，同时新增的 CPP 生产线不多，目前统计，仅在京津冀地区 3 条，江浙地区 2 条，行业新线投资稍显谨慎。后期供应来看，虽然短期供大于求的局面短期难以摆脱，但后期来看，低端膜供应量充足，反而高端稍显不足。从下半年的市场来看，虽然供大于求的矛盾突出，但下半年的部分刚需开启可能对产能过剩有些缓解。2014 年的下游需求旺季开启缓慢，有延后的现象，同时表现“旺季不旺”。旺季开门红的月饼包装在今年并未打响，受一些政策影响以及人们生活习惯的改变，月饼包装的刚需减少，行业旺季开启缓慢。从目前 CPP 市场来看，膜厂的订单仅尚能维持正常的开工，市场产销情况依然清淡。多数市场人士反映，受经济增速放缓影响，下游需求情况也难有较大的改观。

（2）利润低或者亏损将持续

从 2014 年 CPP 市场利润分析图来看，上半年的 CPP 市场亏损大于盈利，盈利的空间仅在 50~100 元/吨，而进入到 6 月份以后的亏损却最大值能达到 500 元/吨。行业普遍亏损的情况正在蔓延，膜厂的生存压力重重。从下半年走势来看，膜厂因订单量不足，跟涨原料走势的动力仍显不足，利润情况仍维持的较低的利润空间或者延续亏损状态。10 月份以后，由于原料价格受“地缘政治”影响出现持续下跌状况，以及季节需求旺季的到来，利润情况有

所好转，但估计后期难以持续为继。

综上所述 CPP 行业目前产能过剩的状况没有得到改变，同质化产品市场竞争白热化，行业处在亏损的边缘。

在原料成本，加工成本大致相当的情况下，企业要想扭亏为盈，必须抓好产品质量，走创新，转型升级的道路，向管理要效益，积极拓展海外市场，盲目扩能只会雪上加霜，投资上线更需谨慎。

二、CPP 薄膜行业可以发展的主要产品介绍

流延聚丙烯薄膜与 BOPP（双向拉伸聚丙烯）薄膜不同，属非取向薄膜。严格地说，CPP 薄膜仅在纵向（MD）方向存在某种取向。

CPP 薄膜具有透明性好、光泽度高、挺度好、阻湿性好、耐热性能优良、易于热封合等特点。CPP 薄膜经过印刷、制袋，大量适用于：服装、针织品和花卉包装袋；文件和相册薄膜；食品包装；及适用于阻隔包装和装饰的金属化薄膜。此外，在食品外包装，糖果外包装（扭结膜），药品包装（输液袋），不干胶带，名片夹，圆环文件夹等方面也不断发展壮大。

CPP 薄膜耐热性优良。由于 PP 软化点大约为 140℃，该类薄膜应用于热灌装、蒸煮袋、无菌包装等领域。加上耐酸、耐碱、耐油脂性能优良，使之成为面包产品包装或层压材料等领域的首选材料。其与食品接触安全，演示性能优良，不会影响内装食品的风味，并可选择不同品级的树脂以获得所需的特性。

包装类型	用途	包装厚度/微米
单体	面包杂货纤维包装自动包装	20、25、30、40、50、60
复合膜用	一般食品（一般复合）	20、25、30、40、50、60
	纤维、杂货包装（防静电）	20、25、30
	蒸煮袋（117~120℃）	40、50、60、70、100
	高温蒸煮袋（120~125℃）	50、60、70、80
	点心（无需打底处理，无 AC）	20、25
镀气用（复合用）	点心、糖果	20、25

聚丙烯薄膜（CPP）的分类

		薄膜构成			主要特点	主要用途
2 层薄膜	SAME RESIN	LDPE LLDPE	—	LDPE LLDPE	两面不同颜色 针眼抑制 滑动 弓形效应抑制	薄膜两面不同颜色 牛奶袋 液体袋（如调味袋） 农用
		PP	—	PP	透明性 防潮湿	食品，蘑菇 点心 脱水食品，复合膜
	DIFFERENT RESIN	PP PE LDPE HDPE LLDPE	—	LDPE EVA LLDPE Ionomer EVA HDPE PP EVA	热封 粘合 针眼抑制 耐寒 耐冲击	面条 防护层 点心 奶酪 冷冻食品 调色板

续表

<table>
<tr><th></th><th colspan="5">薄膜构成</th><th>主要特点</th><th>主要用途</th></tr>
<tr><td rowspan="4">3 层薄膜</td><td colspan="2">LDPE
PP
PP</td><td colspan="2">PP
PE
PP</td><td>Special PE
PP
PP</td><td>热封
防潮湿</td><td>面包，蔬菜
液体包装</td></tr>
<tr><td colspan="2">PP
PP
PP</td><td colspan="2">PE
PE
PP</td><td>EVA
PP
PP</td><td>热封
防潮湿
耐寒</td><td>面条</td></tr>
<tr><td colspan="2">CoPP</td><td colspan="2">PP</td><td>PP</td><td>热封
防潮湿</td><td>复合膜</td></tr>
<tr><td colspan="2">PP
LLDPE</td><td colspan="2">LLDPE
LLDPE</td><td>PP
LLDPE</td><td>抗拉强度
滑动
抗拉强度
撕拉强度
滑动</td><td>纺织品包装
调色板</td></tr>
<tr><td rowspan="2">5 层薄膜</td><td>EVA
PE</td><td rowspan="2">AD</td><td>NY</td><td rowspan="2">AD</td><td>EVA
PE</td><td>透气性
防潮湿</td><td>真空包装
有气味物品包装
电器用品包装
液体包装</td></tr>
<tr><td>EVA
PE</td><td>EVOH</td><td>EVA
PE</td><td>透气性
热封</td><td>肉制品包装
海产品包装
零食，点心</td></tr>
</table>

（1）复合膜：按起封温度（条件是 0.18 兆帕，1 秒，≥1 牛/毫米）可分：普通复合膜（＜140℃）、低温热封复合膜（＜115℃）、超低温热封复合膜（＜100℃）。一般与印刷后的 BOPP 膜或 BOPET 膜复合成 BOPP/CPP（或 BOPET/CPP）二层膜，用于衣料、干燥食品、膨化食品的包装。其发展方向是：①透明性高，开口性能好、高爽滑（熟化后 COF＜0.2）、热封合温度低等以适应高速制袋及包装的要求；②保持薄膜表面润湿张力 6 个月达 38 达因以上，以延长产品的保质期。

（2）镀铝膜基材：以其成木低、经镀铝的产品具有优良的遮光性、装饰性、阻隔性等独特性能，并在印刷、复合等后加工方面具有良好的适应性，能满足耐热、耐化学、耐磨、抗氧、高阻隔等使用要求，广泛用于食品包装及其他装饰领域。其发展方向是：①提高挺度以提高产品的镀铝质量；②提高镀后铝层的附着力达 2 牛/15 毫米以上，适应大包装的需要；③提高镀后铝层的耐温性能，适应 300℃挤出复合的需要，目前只能达到 240℃左右，提高剥离强度达 1 牛/15 毫米以上；④降低热封温度，小于 110℃的条件下热封强度≥5 牛/15 毫米，以适应高速自动包装的要求；⑤提高开口性及爽滑性适应高速制袋及包装的要求，由于不能添加滑爽剂等，目前一般产品的 COF 约为 0.75；⑥如何保持铝层表面润湿张力 6 个月达 38 达因以上，以延长产品的保质期是一个难题；⑦随着镀铝机的大型化，超长超宽镀铝基材成为必然的发展方向，如宽 2.5 米，长 24 000 米的产品部分企业已经正常化生产。

（3）蒸煮膜：按耐温情况可分为：普通蒸煮膜（105~115℃，时间 20~30 分钟），中温蒸煮膜（约 121℃，30~40 分钟），高温蒸煮膜（135℃，30 分钟）；与阻隔性薄膜如 PET、PA、铝箔等复合，用来包装需要高温蒸煮消毒的产品，如肉、浆汁、农产品和医疗用品等。CPP 蒸煮膜重要的性能指标是热封强度、耐冲击强度、复合强度等，尤其是蒸煮后以上指标的保持。另，薄膜无气味或含极低气味是其发展方向，如板栗袋等对 CPP 薄膜的气味要求非常严格。

（4）音像产品、相册膜：CPP 薄膜以其成本低、环保、透明、可热封、耐撕裂等性能广泛应用于音像制品的包装和相册、文件夹、名片夹等制作。高透明、高光泽和耐磨花是其发展方向。

（5）纸巾膜：CPP 膜由于其挺度、耐磨、透明及印刷性能方面优于 PE 膜适合高速印刷包装的要求，广泛用于卫生纸巾的方包、小包、条包、纸卷和复印纸等产品的自动包装。提高挺度减少厚度、提高耐磨性和表面张力的保持是其发展方向。

（6）表印单层食品包装膜：主要用于面包、饼干等食品的各种小包装；高挺度、高透明、高爽滑、耐磨花、高表面润湿张力和适应高速自动包装是其发展方向。

（7）不干胶膜：根据需求可生产透明、白色、纸质或其他颜色的薄膜，主要用于不干胶标签、产品或航空标牌、婴儿纸尿裤标贴等；高挺度、高表面润湿张力、易于模切是其发展方向。

（8）扭结膜：CPP 薄膜由于其密度比 PVC、PET、PS 及玻璃纸等小得多，设备投资少，因而单位面积的成本较低；既可以表面印刷、镀铝，也可以直接热封合，加上环保卫生，是作为糖果、巧克力、牛肉干等扭结包装的理想材料。提高扭结性、挺度、透明性和光泽度是其发展方向。

（9）保护膜：由于其成本低、透明、高挺度等优势，部分替代 PET、BOPP 膜作为喷绘广告、冷裱膜等产品的保护膜。

（10）透气保鲜膜：CPP 薄膜阻湿性能优越，一般氧气透过量约为 2 000 厘米 ^{3}/米 ^{2} • 天 • 兆帕，通过改性使其达到 5 000~6 000 厘米 ^{3}/米 ^{2} • 天 • 兆帕，加上其可热封合等性能，单层使用作为蔬菜、水果和各种食用菌类的理想包装材料。根据包装内容物的不同，调整 O_2/CO_2 透过量和抗菌等是其发展方向。

（11）非透明微孔透气薄膜：在 CPP 薄膜生产时加入适当的致孔添加剂，并在一定的温度下进行拉伸，CPP 薄膜就成为具有一定孔径的透气薄膜。目前，不同透气性能的薄膜已经广泛应用于医疗和卫生保健用薄膜（如卫生巾、无菌防护服用薄膜）微孔过滤薄膜和人造纸等。

（12）防静电膜：CPP 抗静电膜可分为吸湿型抗静电膜和永久性抗静电膜，表面电阻率达到 108~1 010 欧姆，可以适用于各种电子元件的包装。我国电子信息业年销售额 2.4 万亿元，需要各种防静电膜，这是一个广阔的市场。表面电阻率达到 1 010~1 012 欧姆，可适合高速粉末自动包装的要求。

（13）防雾膜：用于新鲜水果、蔬菜、色拉、食用菌等包装，冷藏时清晰看到内容物，并防止食品变质腐烂。CPP 薄要求防雾效果好（冷热状态可防雾）热封强度高和低温柔软性好等，无气味或非常低气味是其发展方向。

（14）包花膜：CPP 薄膜经印刷、制袋后可单独用于鲜花等的外包装，根据需要，调整薄膜透明度、抗静电和客户指定摩擦系数等性能。

（15）医疗膜：要求生产线被安装在无菌室中以防产品受有任何形式的污染，且不含产生有害物质迁移等卫生性能。镀铝后与 BOPP、PET、BOPA 等复合作为片剂或粉剂药物的包装；与高阻隔性材料如 EVOH 等共挤生产输液袋、采血袋等。

（16）农药包膜：通过改性使用特殊材料，使 CPP 膜的耐溶剂性能、热封强度和耐冲击强度大大提高，应用于乳油等农药的包装，通常的软包装结构为 CPP//AL//BOPET 和 CPP//PET 镀铝//BOPET。

（17）高阻隔共挤膜：使用具有良好的阻水性能的 PP 与具有阻氧性能的 PA、EVOH 等材料进行共挤生产的高阻隔薄膜广泛使用于肉类冷冻制品、蒸煮肉类食品包装；其良好的耐油、耐有机溶剂能力，可广泛使用于食用油、方便食品、奶制品、防锈五金制品的包装；其良好的隔水防潮性，可使用于酒类、酱油类等液体包装。

（18）与 PE 共挤膜：通过改性生产的 CPP 薄膜可以直接采用 LDPE 与其他薄膜材料进行挤出复合，既保证了挤出复合的牢度，又降低了复合的成本。

（19）高透明柔韧膜：通过使用共挤和共混技术，使 CPP 膜具有高透明、高抗冲的性能，具有极其柔软的手感、优良的抗刺穿性能及耐低温性能，主要用于蒸煮后冷冻储存的食品包装，也应用于高级服装、T 恤及内衣等包装，还可用于其他重包装。

（20）直线易撕裂膜：通过改性 PP 和特殊的生产工艺生产的 CPP 薄膜具有直线易撕裂性能，与其他材料复合制成各种直线易撕裂袋，方便消费者的使用。

（21）易剥离膜：由于通常的 CPP 薄膜具有很高的热封强度，热封好的软包装袋很不容易被打开，一般需要在包装袋的边缘打上缺口才能打开包装。通过对热封层 PP 的改性生产易剥离的 CPP 薄膜，与 BOPP、BOPET、BOPA、铝箔等包装材料复合即可变成易剥离包装，热封后可以直接从热封边拉开，大大方便了消费者的使用，目前在果冻盖、奶制品上已经普遍使用。

（22）亚光膜：CPP 消光膜的表面光泽度≤10%，具有磨砂玻璃般的表面光学效果，经过印刷后色泽饱和，手感舒适，外观典雅，可以用于热封，也可以用于复合，适合于包装高级卫生纸巾和食品。

（23）生物降解膜：PP 中添加生产降解母料制成的 CPP 降解薄膜，在自然条件下堆埋约 7~12 个月基本上可降解为无机物被土壤吸收。目前，欧洲有的公司已研制成功此类母料，个别国内流延膜厂在测试。

综上所述，虽然 CPP 薄膜的品种繁多，用途广阔，但 CPP 膜在 PP 膜中占的比例较小，但随着 PP 树脂质量的提高、设备性能的改进和加工能力的提高，CPP 和 BOPP 薄膜的性能上的差距在逐渐缩小。这将导致 CPP 从 BOPP 手中抢占更多的市场份额，增加新的应用领域。又由于包装发展向分包化、小袋化、个人用包装、方便性和保鲜方向发展，有利于部分领域 CPP 膜取代 LLDPE 膜和 CPP 镀铝膜取代 PET 镀铝膜，而得到更加广泛应用和发展。

三、流延聚丙烯薄膜行业 2015 年发展建议

（1）一定要慎重对待投资，未来几年应控制投资，尽量做到不增加新的产能；

（2）要淘汰落后产能，对于效率低、能耗高的设备要进行改造，或者直接替换为高效、节能、技术先进的生产设备；

（3）要加强技术研发，进一步开拓流延薄膜的应用领域，做一些新产品；

（4）要提高流延薄膜产品的品质，减少中低档产品的生产比重；

（5）要积极参加各种产品准入认证，例如食品、药品包装生产许可认证等，从而进入高门槛和高附加值竞争领域，避开低端竞争领域，开创企业发展蓝海；

（6）建议与上下游企业强强联合，例如可以与上游原料企业和下游应用企业等实行联合或合并，从而实现产业链互补，共同发展；

（7）有实力的企业还是要实行走出去战略，尽量扩大出口，因为外销的利润空间还是要比内销大得多；

（8）有技术、有市场、盈利性好的企业可以争取到资本市场上市融资，从而为企业的长久发展奠定基础；

（9）行业企业间还是要加强沟通，并恪守自律原则，反对亏本销售；

（10）要高度重视企业的现金流，严格控制欠款销售；

（11）坚决控制产业外投资，不到不熟悉的其他行业去盲目投资；

（12）坚决抵制高利贷，不把企业的流动资金拿出去放贷，同时不接受别人的高息贷款。

（中国塑料加工工业协会流延薄膜专业委员会、湖北慧狮塑业股份有限公司　王焕清）

镀铝膜

真空镀膜行业 2014 年市场形势分析与 2015 年发展探讨

一、镀膜产品应用领域

1．包装行业

（1）传统应用主领域为食品包装行业，下游企业主要为软包装彩印企业，应用 VMPET、VMCPP、VMBOPP 等，代表企业有上海紫江，昆山张浦，中国宝柏，中国顶正等；

（2）电子产品包装用途镀铝膜：主要由上海永超公司从 2006 年开始进行市场批量供应，目前有多家镀铝企业供应。

2．专业细分领域应用

烟草包装，转移膜，皮革，纺织品， 电化铝烫印，汽车及建筑膜，啤酒瓶标签等领域。

3．薄膜电容器行业应用

轨道交通，高铁，智能电网，国防军工，太阳能发电，风电发电，混合动力汽车等领域，主要产品为：VMBOPP，VMPET 等。

二、中国真空镀膜行业当前情况

1．包装行业应用镀铝膜

（1）2014 年市场需求量约 40 万吨左右；总的需求量基本与 2013 年相当；

（2）包装用途镀铝膜产能在 60 万吨左右；

（3）应用于包装行业的镀膜设备约有 300 台左右（规模生产的企业）；

2．细分领域-转移膜、镭射膜、镀铝纸行业等

（1）市场需求及产能在 20 万吨左右；

（2）领军企业众多：上海金叶，绿新，紫江，无锡光群，广东万昌等一批优秀企业为代表；

（3）拥有各种进口及国产镀膜设备近 100 台。

三、2014 年中国镀膜行业优秀企业

上海永超真空镀铝有限公司
江苏双星彩塑新材料股份有限公司
山东潍坊弘润包装材料有限公司
海宁长宇镀铝材料有限公司
安徽宁国双津（集团）实业有限公司
天津市大阳工贸有限公司
广东威孚包装材料有限公司
成都富林达新材料有限公司
嘉兴鹏翔包装材料有限公司
温州博德真空镀铝有限公司
浙江宇狮包装材料有限公司
沈阳市富士镀铝包装材料厂
杭州晶鑫镀膜包装有限公司
青州金青云新材料有限公司
黄山永新股份有限公司
安徽省通达包装材料有限公司
浙江大发强盟包装有限公司
杭州新光塑料有限公司
青州市溢鑫包装材料有限公司
河南银金达彩印股份有限公司

四、技术领域方面

中国镀膜行业经过二十多年的不断探索发展，新技术，新设备不断涌现，各个企业在不断加大研发力度，投入了大量的人力，物力，财力；现在的中国真空镀膜行业技术水平已基本接近世界领先水平，并在一些特殊细分领域已达到世界一流水平。

1）包装应用领域也随着人们对食品安全和包装效果的日益重视，对镀铝膜的阻隔性及功能性要求更加严格，更高的阻隔性及功能化要求将引领行业技术向新的高度推进；

2）细分应用领域的产品及技术向着更加复杂化及精细化发展，对产品技术发展的延伸性要求更高，产品技术应用的细分化将成为中国真空镀膜行业的未来发展方向；

3）电容器薄膜的技术发展将以更加轻，薄，短，小及高功率，大容量，耐高温/高压等方向发展。

五、中国真空镀膜装备制造状况

中国镀膜设备主要供应商

国外	德国应用薄膜
	德国莱宝光电
	英国通用
	诺德美克
	—
国内	山东宝丰
	上海曙光
	上海宝镀
	苏州东昇机电
	…

随着国内设备制造技术及能力的不断提高，中国真空镀膜行业设备水平已逐步接近国际领先水平，未来设备技术的发展将为行业发展提供源源不断的动力。

六、市场状况

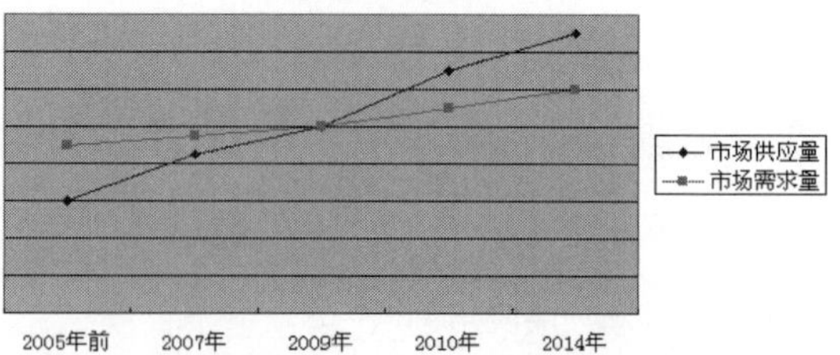

从上图可以看出，近年来市场供应大于市场需求，尽管产品应用多样化和市场继续扩大，但产能也在不断增加，中国真空镀膜行业已经进入一个产能过剩的状况，要想摆脱以上的市场状况，中国镀膜行业的全体同仁必须在技术研发上，管理上加大投入，并在应用领域加以拓展；凭借各位企业家的智慧，相信中国镀膜行业必定走过寒冬，迎来又一个春天。

七、创新是镀铝膜企业发展的主题

1．通过设备创新增强企业实力

在增强企业实力方面，立足于设备创新，勇于探索，不惜工本，舍得投入。

2．加强质量创新

要从硬件到软件，起点高，要求严。各项规章制度的实施，生产进度竞赛台，产品质量一览表，工作考核公布栏等相得益彰，得人心，见实效。要从接到订单签订合同开始，围绕产品质量这个中心，一切为用户所想，一切以预防为主，一切以数据说话，一切工作按 PDCA 循环进行。采购原膜—规范生产—质量跟踪—用户反馈—检查处理，然后进入下一个循环。全过程、全员、全面实施质量管理，形成了自上而下，由外向里，环环相扣，自我约束的运行机制，用“诚心、细心、精心、用心，让客户放心”的质量意识，落实在每一件产品、每一位员工工作中，逐步成为大家的自觉行动。产品质量一步一个脚印，一年一个台阶。

3．加强管理创新，降低生产成本

（1）优化生产成本。从员工最关心，企业最关注的生产成本入手，将员工收入与企业效益挂钩，打破论资排辈和唯文评论，按岗位分工、技能高低、责任轻重、贡献大小、以当月生产实际数据进行考核。《车间岗位工作考核方案》的实施，调动了员工生产积极性，激励了机台之间、岗位之间潜力的释放，涌现了优秀，拉开了差距，体现了能者上、庸者下，联产计酬，多劳多得的分配原则，实现了优质、高产、低耗、安全文明生产的初衷。

（2）从原膜采购上要效益。要以采购量大、有影响力来与基膜企业合作，并得到了他们的大力支持，来降低生产材料成本，争取效益最大化。

（3）从物资管理上降费用。辅助材料、包装材料、备品备件、运费、维修费用等加起来是一笔不小的资金支出。在企业内部要立足精打细算、物尽其用、以旧换新、修旧利废、限额领料、倒逼成本等制度，对外采购货比三家，择优采购，严把进货关。保证了质量达标，降低了费用超标。从开展的节能降耗分类管理的统计数字上看，细化到舟、丝、电，芯、边、带和引膜尾膜方方面面。沙里淘金，点滴聚财，积少成多，努力做到从粗放型管理向精细化管理的跨越。

4．加强营销创新

要把与彩印厂、基膜厂单纯的供需关系，提升为互惠互利，共生共赢的合作伙伴，比喻成龙头龙尾，你中有我，我中有你，不可分割的产品链条。

5．产品创新，是企业发展的源泉。

八、镀铝薄膜在液体、肉类包装上大批量应用的探讨

1．镀铝薄膜在液体、肉类包装上性能优势凸显

1）优异的高阻隔性能；

2）不可比拟的价格优势；

3）工艺简便，生产效率高。

2．目前应用较多的高阻隔软材料，大致如下：

1）采用 7-9-11 层挤出膜，用于包装肉制品、调味品、豆腐干、竹笋等；

2）采用 PVDC 薄膜或涂复 PVDC 树脂，用于香肠、鲜肉、熟板栗等；

3）采用铝箔与多层材料复合，用于蒸煮袋，香烟包装等；

4）采用真空镀铝（SiO_2、Al_2O_3等）与多层材料复合，用于茶叶，奶粉等；

5）其他。

在众多高阻隔材料中，镀铝薄膜复合材料其性价比最好，完全可以替代目前最常用于包装肉类奶类食品的 PVDC 多层共挤膜，铝箔复合等材料。其回收利用的价值也会带来意想不到的效果。

九、拓展镀铝薄膜的应用是大势所趋

（1）挑战液态奶市场；

（2）探讨在果汁、饮料、调味品（酱油、醋）、果酱等方面的应用；

（3）进行肉制品、奶酪、蒸煮袋等产品应用镀铝膜的试验；

（4）对废弃物处理的试验，变废为宝，循环使用。

（中国塑料加工工业协会镀铝膜专业委员会 孙冬泉）

密胺塑料制品

中国塑料加工工业协会密胺塑料制品专业委员会成立后，进行密胺塑料制品行业的自律管理，团结广大会员，为行业发展积极开展相关活动，2014年至2015年的主要大事如下：

1．2014年2月，密胺塑料制品专业委员会秘书处根据行业委员会下发的文件，积极组织密胺会员单位相关负责人，参与《密胺塑料餐饮具标准》修改，并提出若干反映行业发展的需求与建议。

2．密胺塑料制品专业委员会根据密胺塑料制品（仿瓷餐具）的特点，积极向福建出入境检验检疫局等相关部门反映，要求对出口产品不进行强制法检，为产品通关提供便利。此项要求得到答复，并于2014年6月15日开始施行。

3．2014年以来，密胺塑料制品（仿瓷餐具）市场份额稳中有升。如1至4月，泉州对欧盟共出口806批、货值3 371.4万美元。

4．2015年以来，密胺塑料制品（仿瓷餐具）市场份额稳中有升。密胺制品出口有所增长，如1~6月，泉州对欧盟共出口2 000多批、货值5 000万多美元。台州密胺材质餐厨具出口企业达20余家，口额超过1.8亿元人民币。

5．2015年6月，中鼎检测技术有限公司部分领导与密胺专委会联系，并就密胺塑料制品检验检测相关问题进行交流，探讨密胺行业发展事宜。

6．2015年8月15日~2015年8月16日，组织专委会理事单位、部分会员单位参观、考察福建省南安市部分密胺行业龙头企业、材料供应企业，并于2015年8月16日上午召开“2015~2016年密胺餐具行业发展”座谈会，内容包括：①市场与技术交流。②会员代表经验交流。③密胺制品在电子商务方面的发展。

7．积极承担并圆满完成政府有关部门委托交办的任务。

8．目前密胺餐具产品销售呈现出了多元化渠道并存的局面，即各种销售渠道综合运用，各自发挥所长。密胺餐具在国内的销售一般采用直销和间接销售相结合的方式，主要有经销商代理、厂家直销、电子商务等。尤其是近两年，随着电子商务的发展，由于其便利性和低成本，越来越多的密胺餐具生产厂商开始采用这种销售渠道，不仅减少运营成本，更实现了市场的扩充、提高企业区域品牌影响力。

（中国塑料加工工业协会密胺塑料制品专业委员会 赖汉文）

塑料标准化

2014 年发布塑料相关国家标准、行业标准

国家标准

序号	标准代号	标准名称	代替标准号	实施日期	公告号
1	GB 30527—2014	聚氯乙烯树脂单位产品能源消耗限额		2015-01-01	国家标准公告 2014 年第 8 号
2	GB 30528—2014	聚乙烯醇单位产品能源消耗限额		2015-01-01	国家标准公告 2014 年第 8 号
3	GB 30529—2014	乙酸乙烯酯单位产品能源消耗限额		2015-01-01	国家标准公告 2014 年第 8 号
4	GB 30530—2014	有机硅环体单位产品能源消耗限额		2015-01-01	国家标准公告 2014 年第 8 号
5	GB/T 30543—2014	纳米技术单壁碳纳米管的透射电子显微术表征方法		2014-11-01	国家标准公告 2014 年第 9 号
6	GB/T 13480—2014	建筑用绝热制品压缩性能的测定	GB/T 13480—1992	2014-12-01	国家标准公告 2014 年第 11 号
7	GB/T 14403—2014	建筑材料燃烧释放热量试验方法	GB/T 14403—1993	2014-10-01	国家标准公告 2014 年第 11 号
8	GB/T 17369—2014	建筑用绝热材料性能选定指南	GB/T 17369—1998	2014-12-01	国家标准公告 2014 年第 11 号
9	GB/T 30592—2014	透光围护结构太阳得热系数检测方法		2014-12-01	国家标准公告 2014 年第 11 号
10	GB/T 30593—2014	外墙内保温复合板系统		2014-12-01	国家标准公告 2014 年第 11 号
11	GB/T 30594—2014	双层玻璃幕墙热性能检测示踪气体法		2014-12-01	国家标准公告 2014 年第 11 号
12	GB/T 30595—2014	挤塑聚苯板（XPS）薄抹灰外墙外保温系统材料		2014-12-01	国家标准公告 2014 年第 11 号
13	GB/T 30709—2014	层压复合垫片材料压缩率和回弹率试验方法		2014-12-01	国家标准公告 2014 年第 11 号

续表

序号	标准代号	标准名称	代替标准号	实施日期	公告号
14	GB/T 30710—2014	层压复合垫片材料蠕变松弛率试验方法		2014-12-01	国家标准公告 2014 年第 11 号
15	GB/T 30711—2014	摩擦材料热分解温度测定方法		2014-12-01	国家标准公告 2014 年第 11 号
16	GB/T 30722—2014	水性油墨颜色的表示方法		2014-10-01	国家标准公告 2014 年第 11 号
17	GB/T 30724—2014	工业应用的太阳能热水系统技术规范		2014-10-01	国家标准公告 2014 年第 11 号
18	GB 30770—20142014	锡、锑汞工业污染物排放标准		2014-07-01	国家标准公告 2014 年第 11 号
19	GB/T 20974—2014	绝热用硬质酚醛泡沫制品(PF)	GB/T 20974—2007	2015-02-01	国家标准公告 2014 年第 14 号
20	GB/T 7716—2014	聚合级丙烯	GB/T 7716—2002	2014-12-01	国家标准公告 2014 年第 18 号
21	GB/T 16422.2—2014	塑料实验室光源暴露试验方法第 2 部分：氙弧灯	GB/T 16422.2—1999	2014-12-01	国家标准公告 2014 年第 18 号
22	GB/T 16422.3—2014	塑料实验室光源暴露试验方法第 3 部分：荧光紫外灯	GB/T 16422.3—1997	2014-12-01	国家标准公告 2014 年第 18 号
23	GB/T 16422.4—2014	塑料实验室光源暴露试验方法第 4 部分：开放式碳弧灯	GB/T 16422.4—1996	2014-12-01	国家标准公告 2014 年第 18 号
24	GB/T 24148.7—2014	塑料不饱和聚酯树脂（UP-R）第 7 部分：室温条件下凝胶时间的测定		2014-12-01	国家标准公告 2014 年第 18 号
25	GB/T 24148.8—2014	塑料不饱和聚酯树脂（UP-R）第 8 部分：铂-钴比色法测定颜色	GB/T 7193.7—1992	2014-12-01	国家标准公告 2014 年第 18 号
26	GB/T 24148.9—2014	塑料不饱和聚酯树脂（UP-R）第 9 部分：总体积收缩率测定		2014-12-01	国家标准公告 2014 年第 18 号
27	GB/T 24797.2—2014	橡胶包装用薄膜第 2 部分：天然橡胶		2014-12-01	国家标准公告 2014 年第 18 号
28	GB/T 24797.3—2014	橡胶包装用薄膜第 3 部分：乙烯-丙烯-二烯烃橡胶（EPDM）、丙烯腈-丁二烯橡胶（NBR）、氢化丙烯腈-丁二烯橡胶（HNBR）、乙烯基丙烯酸酯橡胶（AEM）和丙烯酸酯橡胶（ACM）		2014-12-01	国家标准公告 2014 年第 18 号

29	GB/T 30768—2014	食品包装用纸与塑料复合膜、袋		2015-03-01	国家标准公告 2014 年第 18 号
30	GB/T 30772—2014	酚醛模塑料用酚醛树脂		2014-12-01	国家标准公告 2014 年第 18 号
31	GB/T 30773—2014	气相色谱法测定酚醛树脂中游离苯酚含量		2014-12-01	国家标准公告 2014 年第 18 号
32	GB/T 30774—2014	密封胶粘连性的测定		2014-12-01	国家标准公告 2014 年第 18 号
33	GB/T 30775—2014	聚乙烯（PE）保护膜压敏胶粘带		2014-12-01	国家标准公告 2014 年第 18 号
34	GB/T 30776—2014	胶粘带拉伸强度与断裂伸长率的试验方法		2014-12-01	国家标准公告 2014 年第 18 号
35	GB/T 30777—2014	胶粘剂闪点的测定闭杯法		2014-12-01	国家标准公告 2014 年第 18 号
36	GB/T 30778—2014	聚醋酸乙烯-丙烯酸酯乳液纸塑冷贴复合胶		2014-12-01	国家标准公告 2014 年第 18 号
37	GB/T 30779—2014	鞋用水性聚氨酯胶粘剂		2014-12-01	国家标准公告 2014 年第 18 号
38	GB/T 30923—2014	塑料聚丙烯（PP）熔喷专用料		2014-12-01	国家标准公告 2014 年第 18 号
39	GB/T 30924.2—2014	塑料乙烯-乙酸乙烯酯(EVAC)模塑和挤出材料第 2 部分：试样制备和性能测定		2014-12-01	国家标准公告 2014 年第 18 号
40	GB/T 30925—2014	塑料乙烯-乙酸乙烯酯共聚物（EVAC）热塑性塑料乙酸乙烯酯含量的测定		2014-12-01	国家标准公告 2014 年第 18 号
41	GB/T 30939—2014	化妆品中污染物双酚 A 的测定高效液相色谱-串联质谱法		2014-11-01	国家标准公告 2014 年第 18 号
42	GB/T 3354—2014	定向纤维增强聚合物基复合材料拉伸性能试验方法	GB/T 3354—1999	2015-01-01	国家标准公告 2014 年第 19 号
43	GB/T 3355—2014	聚合物基复合材料纵横剪切试验方法	GB/T 3355—2005	2015-01-01	国家标准公告 2014 年第 19 号
44	GB/T 3356—2014	定向纤维增强聚合物基复合材料弯曲性能试验方法	GB/T 3356—1999	2015-01-01	国家标准公告 2014 年第 19 号

续表

序号	标准代号	标准名称	代替标准号	实施日期	公告号
45	GB/T 11017.1—2014	额定电压 110kV（Um=126kV）交联聚乙烯绝缘电力电缆及其附件第 1 部分：试验方法和要求	GB/T 11017.1—2002	2015-01-22	国家标准公告 2014 年第 19 号
46	GB/T 11017.2—2014	额定电压 110kV（Um=126kV）交联聚乙烯绝缘电力电缆及其附件第 2 部分：电缆	GB/T 11017.2—2002	2015-01-22	国家标准公告 2014 年第 19 号
47	GB/T 11017.3—2014	额定电压 110kV（Um=126kV）交联聚乙烯绝缘电力电缆及其附件第 3 部分：电缆附件	GB/T 11017.3—2002	2015-01-22	国家标准公告 2014 年第 19 号
48	GB/T 18173.2—2014	高分子防水材料第 2 部分：止水带	GB 18173.2—2000	2015-05-01	国家标准公告 2014 年第 19 号
49	GB/T 30967—2014	复合材料纤维增强体取向编码方法		2015-01-01	国家标准公告 2014 年第 19 号
50	GB/T 30968.1—2014	聚合物基复合材料层合板开孔/受载孔性能试验方法第 1 部分：挤压性能试验方法		2015-01-01	国家标准公告 2014 年第 19 号
51	GB/T 30968.2—2014	聚合物基复合材料层合板开孔/受载孔性能试验方法第 2 部分：充填孔拉伸和压缩试验方法		2015-01-01	国家标准公告 2014 年第 19 号
52	GB/T 30968.3—2014	聚合物基复合材料层合板开孔/受载孔性能试验方法第 3 部分：开孔拉伸强度试验方法		2015-01-01	国家标准公告 2014 年第 19 号
53	GB/T 30968.4—2014	聚合物基复合材料层合板开孔/受载孔性能试验方法第 4 部分：开孔压缩强度试验方法		2015-01-01	国家标准公告 2014 年第 19 号
54	GB/T 30969—2014	聚合物基复合材料短梁剪切强度试验方法		2015-01-01	国家标准公告 2014 年第 19 号
55	GB/T 30970—2014	聚合物基复合材料剪切性能 V 型缺口梁试验方法		2015-01-01	国家标准公告 2014 年第 19 号
56	GB/T 7113.1—2014	绝缘软管第 1 部分：定义和一般要求	GB/T 7113—2003	2015-02-01	国家标准公告 2014 年第 19 号
57	GB/T 7113.2—2014	绝缘软管第 2 部分：试验方法	GB/T 7113.2—2005	2015-02-01	国家标准公告 2014 年第 19 号
58	GB/T 11039.4—2014	纺织品色牢度试验耐大气污染物色牢度第 4 部分：高湿氧化氮		2015-03-01	国家标准公告 2014 年第 21 号
59	GB/T 31105—2014	涂布不同涂料的双向拉伸聚丙烯双面涂布膜		2015-08-01	国家标准公告 2014 年第 21 号

60	GB/T 31113—2014	胶粘剂抗流动性试验方法		2015-03-01	国家标准公告 2014 年第 21 号
61	GB/T 31124—2014	聚碳酸亚丙酯(PPC)		2015-03-01	国家标准公告 2014 年第 21 号
62	GB/T 31125—2014	胶粘带初粘性试验方法环形法		2015-01-01	国家标准公告 2014 年第 21 号
63	GB/T 14644—2014	纺织品燃烧性能 45° 方向燃烧速率的测定	GB/T 14644—1993	2015-04-01	国家标准公告 2014 年第 22 号
64	GB/T 14645—2014	纺织品燃烧性能 45° 方向损毁面积和接焰次数的测定	GB/T 14645—1993	2015-04-01	国家标准公告 2014 年第 22 号
65	GB/T 11063—2014	聚酰胺片基平带	GB/T 11063—2003	2015-07-01	国家标准公告 2014 年第 27 号
66	GB/T 18370—2014	玻璃纤维无捻粗纱布	GB/T 18370—2001	2015-01-01	国家标准公告 2014 年第 27 号
67	GB/T 19390—2014	轮胎用聚酯浸胶帘子布	GB/T 19390—2003	2015-01-01	国家标准公告 2014 年第 27 号
68	GB 31247—2014	电缆及光缆燃烧性能分级		2015-09-01	国家标准公告 2014 年第 27 号
69	GB/T 31248—2014	电缆或光缆在受火条件下火焰蔓延、热释放和产烟特性的试验方法		2015-04-01	国家标准公告 2014 年第 27 号
70	GB/T 31290—2014	碳纤维单丝拉伸性能的测定		2015-10-01	国家标准公告 2014 年第 27 号
71	GB/T 31294—2014	风电叶片用芯材夹芯板面层剥离强度的测定		2015-10-01	国家标准公告 2014 年第 27 号
72	GB/T 31295—2014	风电叶片用芯材弯曲载荷和压缩载荷下高温尺寸稳定性的测定		2015-10-01	国家标准公告 2014 年第 27 号
73	GB/T 31331—2014	改性塑料的环保要求和标识		2015-06-01	国家标准公告 2014 年第 27 号
74	GB/T 1689—2014	硫化橡胶耐磨性能的测定（用阿克隆磨耗试验机）	GB/T 1689—1998	2015-06-01	国家标准公告 2014 年第 30 号
75	GB/T 3512—2014	硫化橡胶或热塑性橡胶热空气加速老化和耐热试验	GB/T 3512—2001	2015-06-01	国家标准公告 2014 年第 30 号

续表

序号	标准代号	标准名称	代替标准号	实施日期	公告号
76	GB/T 7759.2—2014	硫化橡胶或热塑性橡胶压缩永久变形的测定第 2 部分：在低温条件下		2015-06-01	国家标准公告 2014 年第 30 号
77	GB/T 7762—2014	硫化橡胶或热塑性橡胶耐臭氧龟裂静态拉伸试验	GB/T 7762—2003	2015-06-01	国家标准公告 2014 年第 30 号
78	GB/T 29613.2—2014	橡胶裂解气相色谱分析法第 2 部分：苯乙烯/丁二烯/异戊二烯比率的测定		2015-06-01	国家标准公告 2014 年第 30 号
79	GB/T 31062—2014	聚合物多元醇		2015-06-01	国家标准公告 2014 年第 30 号
80	GB/T 31064—2014	橡胶或塑料涂覆织物抗刺穿性测试方法		2015-06-01	国家标准公告 2014 年第 30 号
81	GB/T 31075—2014	科技平台通用术语		2015-06-01	国家标准公告 2014 年第 30 号
82	GB/T 31081—2014	塑料箱式托盘		2015-07-01	国家标准公告 2014 年第 30 号
83	GB/T 1682—2014	硫化橡胶低温脆性的测定单试样法	GB/T 1682—1994	2015-07-01	国家标准公告 2014 年第 33 号
84	GB/T 7767—2014	炭黑术语	GB/T 7767—2003	2015-07-01	国家标准公告 2014 年第 33 号
85	GB/T 10722—2014	炭黑总表面积和外表面积的测定氮吸附法	GB/T 10722—2003	2015-07-01	国家标准公告 2014 年第 33 号
86	GB/T 17934.6—2014	印刷技术网目调分色片、样张和印刷成品的加工过程控制第 6 部分：柔性版印刷		2015-07-01	国家标准公告 2014 年第 33 号
87	GB/T 18173.3—2014	高分子防水材料第 3 部分：遇水膨胀橡胶	GB/T 18173.3—2002	2015-07-01	国家标准公告 2014 年第 30 号
88	GB/T 24218.18—2014	纺织品非织造布试验方法第 18 部分：断裂强力和断裂伸长率的测定(抓样法)		2015-08-01	国家标准公告 2014 年第 33 号
89	GB/T 30643—2014	食品接触材料及制品标签通则		2015-09-01	国家标准公告 2014 年第 33 号
90	GB/T 30667—2014	聚酯与聚烯烃双纤维绳索		2015-04-01	国家标准公告 2014 年第 33 号
91	GB/T 30668—2014	超高分子量聚乙烯纤维 8 股、12 股编绳和复编绳索		2015-04-01	国家标准公告 2014 年第 33 号

92	GB/T 30693—2014	塑料薄膜与水接触角的测量		2015-03-02	国家标准公告 2014 年第 33 号
93	GB/T 30694—2014	硬质酚醛泡沫制品甲醛释放量的测定		2015-03-02	国家标准公告 2014 年第 33 号
94	GB/T 30695—2014	聚氯乙烯、聚氨酯人造革（合成革）材质鉴别方法		2015-03-02	国家标准公告 2014 年第 33 号
95	GB/T 30696—2014	硬质酚醛泡沫制品游离苯酚的测定		2015-03-02	国家标准公告 2014 年第 33 号
96	GB/T 31354—2014	包装件和容器氧气透过性测试方法库仑计检测法		2015-03-02	国家标准公告 2014 年第 33 号
97	GB/T 31355—2014	包装件和容器水蒸气透过性测试方法红外传感器法		2015-03-02	国家标准公告 2014 年第 33 号
98	GB/T 30669—2014	纺织品色牢度试验耐光黄变色牢度		2015-06-01	国家标准公告 2014 年第 33 号
99	GB/T 11210—2014	硫化橡胶或热塑性橡胶抗静电和导电制品电阻的测定	GB/T 11210—1989	2015-07-01	国家标准公告 2014 年第 33 号
100	GB/T 13939—2014	硫化橡胶热氧老化试验方法管式仪法	GB/T 13939—1992	2015-07-01	国家标准公告 2014 年第 33 号
101	GB/T 15256—2014	硫化橡胶或热塑性橡胶低温脆性的测定(多试样法)	GB/T 15256—1994	2015-07-01	国家标准公告 2014 年第 33 号

行业标准

序号	标准代号	标准名称	代替标准号	实施日期	公告号
1	QB/T 4633—2014	聚乳酸冷饮吸管		2014-10-01	2014 行标 32 号公告
2	QB/T 4634—2014	聚丙烯(PP)和双向拉伸聚丙烯(BOPP)面包袋		2014-10-01	2014 行标 32 号公告
3	QB/T 4635—2014	双向拉伸聚酰胺(BOPA)/低密度聚乙烯(PE-LD)复合膜盒中袋		2014-10-01	2014 行标 32 号公告
4	HG/T 4572—2014	塑料 二羟基聚醚多元醇		2014-10-01	2014 行标 32 号公告

续表

序号	标准代号	标准名称	代替标准号	实施日期	公告号
5	HG/T 4573—2014	塑料 六羟基聚醚多元醇		2014-10-01	2014 行标 32 号公告
6	HG/T 4574—2014	聚氨酯原料发泡反应特性的测定方法		2014-10-01	2014 行标 32 号公告
7	HG/T 2406—2014	通用型压敏胶标签	HG/T 2406—2002	2014-10-01	2014 行标 32 号公告
8	HG/T 4608—2014	光学功能薄膜　颜色的测量方法		2014-10-01	2014 行标 32 号公告
9	HG/T 2193—2014	洗衣机和洗碗机用橡胶和塑料进水软管和软管组合件　规范	HG/T 2193—2008	2014-10-01	2014 行标 32 号公告
10	HG/T 4584—2014	化工用等静压成型衬聚四氟乙烯管道、管配件		2014-10-01	2014 行标 32 号公告
11	HG/T 4586—2014	化工用缠绕成型钢丝网骨架聚乙烯复合管		2014-10-01	2014 行标 32 号公告
12	HG/T 4587—2014	化工用塑料管道粘接　拉伸检测方法		2014-10-01	2014 行标 32 号公告
13	HG/T 4588—2014	化工用塑料管道粘接　剥离检测方法		2014-10-01	2014 行标 32 号公告
14	HG/T 4589—2014	化工用塑料管道粘接　剪切检测方法		2014-10-01	2014 行标 32 号公告
15	JC/T 2221—2014	建筑用木塑门		2014-10-01	2014 行标 32 号公告
16	JC/T 2222—2014	木塑复合材料术语		2014-10-01	2014 行标 32 号公告
17	JC/T 2223—2014	室内装饰装修用木塑型材		2014-10-01	2014 行标 32 号公告
18	JC/T 2224—2014	室外装饰用木塑墙板		2014-10-01	2014 行标 32 号公告
19	QB/T 4671—2014	人造革合成革试验方法 耐水解的测定		2014-11-01	2014 行标 47 号公告
20	QB/T 4672—2014	人造革合成革试验方法 耐黄变的测定		2014-11-01	2014 行标 47 号公告

21	QB/T 4673—2014	摩托车鞍座用聚氯乙烯人造革		2014-11-01	2014 行标 47 号公告
22	QB/T 4674—2014	汽车内饰用聚氨酯束状超细纤维合成革		2014-11-01	2014 行标 47 号公告
23	QB/T 4712—2014	沙发用聚氨酯合成革		2014-11-01	2014 行标 47 号公告
24	QB/T 4713—2014	合成革用聚氨酯表面处理剂		2014-11-01	2014 行标 47 号公告
25	QB/T 4714—2014	家居用聚氨酯合成革		2014-11-01	2014 行标 47 号公告
26	QB/T 4715—2014	合成革用抗菌剂		2014-11-01	2014 行标 47 号公告
27	HG/T 4670—2014	改性塑料用阻燃剂黑点和异色点的测定		2015-04-01	2014 行标 63 号公告
28	JC/T 2289—2014	聚苯乙烯防护排水板		2015-06-01	2014 行标 83 号公告
29	BB/T 0070—2014	包装用单向热收缩型聚酯薄膜		2015-06-01	2014 行标 83 号公告

相关标准

序号	标准代号	标准名称	代替标准号	实施日期	公告号
1	GB/Z 30525—2014	科技平台标准化工作指南		2014-08-01	国家标准公告 2014 年第 2 号
2	GB/Z 30525—2014	科技平台标准化工作指南		2014-08-01	国家标准公告 2014 年第 2 号
3	GB/T 7713.3—2014	科技报告编写规则	GB/T 7713.3—2009	2014-11-01	国家标准公告 2014 年第 9 号
4	GB/T 15416—2014	科技报告编号规则	GB/T 15416—1994	2014-11-01	国家标准公告 2014 年第 9 号
5	GB/T 30544.1—2014	纳米科技术语第 1 部分：核心术语		2014-11-01	国家标准公告 2014 年第 9 号

续表

序号	标准代号	标准名称	代替标准号	实施日期	公告号
6	GB/T 30544.5—2014	纳米科技术语第 5 部分：纳米/生物界面		2014-11-01	国家标准公告 2014 年第 9 号
7	GB/T 31129—2014	制造业信息化标准体系结构		2015-02-01	国家标准公告 2014 年第 21 号
8	GB/T 31131—2014	制造业信息化评估体系		2015-02-01	国家标准公告 2014 年第 21 号
9	GB/T 31281—2014	品牌价值评价石油和化学工业		2014-12-01	国家标准公告 2014 年第 23 号
10	GB/T 31283—2014	品牌价值评价机械设备制造业		2014-12-01	国家标准公告 2014 年第 23 号
11	GB/T 31041—2014	品牌价值质量评价要求		2014-12-31	国家标准公告 2014 年第 27 号
12	GB/T 31042—2014	品牌价值服务评价要求		2014-12-31	国家标准公告 2014 年第 27 号
13	GB/T 31043—2014	品牌价值技术创新评价要求		2014-12-31	国家标准公告 2014 年第 27 号
14	GB/T 20000.1—2014	标准化工作指南第 1 部分：标准化和相关活动的通用术语	GB/T 20000.1—2002	2015-06-01	国家标准公告 2014 年第 33 号
15	GB/T 20000.3—2014	标准化工作指南第 3 部分：引用文件	GB/T 20000.3—2003	2015-06-01	国家标准公告 2014 年第 33 号
16	GB/T 20000.8—2014	标准化工作指南第 8 部分：阶段代码系统的使用原则和指南		2015-06-01	国家标准公告 2014 年第 33 号
17	GB/T 20000.9—2014	标准化工作指南第 9 部分：采用其他国际标准化文件		2015-06-01	国家标准公告 2014 年第 33 号
18	GB/T 20001.10—2014	标准编写规则第 10 部分：产品标准		2015-06-01	国家标准公告 2014 年第 33 号
19	GB/T 20002.3—2014	标准中特定内容的起草第 3 部分：产品标准中涉及环境的内容	GB/T 20000.5—2004	2015-06-01	国家标准公告 2014 年第 33 号

（中国塑料加工工业协会　田岩、焦红文）

2014 年国标、行标制修订计划表

国标　第一批

序号	计划编号	项目名称	标准性质	制修订	代替标准号	采标情况	完成时间	主管部门	归口单位	主要起草单位
1	20140302-T-469	聚丁二酸-己二酸丁二酯(PBSA)树脂	推荐	制定			2016	国家标准化管理委员会	全国生物基材料及降解制品标准化技术委员会	山东汇盈新材料科技有限公司、浙江杭州鑫富药业股份有限公司、新疆蓝山屯河化工股份有限公司、安庆和兴化工有限公司、金晖兆隆高新科技有限公司、广州金发科技有限公司、北京工商大学等
2	20140303-T-469	全生物降解农用地面覆盖薄膜	推荐	制定			2016	国家标准化管理委员会	全国生物基材料及降解制品标准化技术委员会	浙江杭州鑫富药业股份有限公司、山东汇盈新材料有限公司、武汉华丽环保科技有限公司、浙江南益生物科技有限公司、广东益德环保科技有限公司、江苏中科金龙化工有限公司、广州金发科技有限公司、重庆市联发塑料原料工业有限公司、北京工商大学等
3	20140304-T-469	生物聚酯连卷袋	推荐	制定			2015	国家标准化管理委员会	全国生物基材料及降解制品标准化技术委员会	宁波天安生物材料有限公司、浙江南益生物科技有限公司、深圳市虹彩新材料科技有限公司、北京工商大学、重庆联发塑料制品原料有限公司、深圳万达杰塑料制品有限公司等
4	20140449-T-607	一次性可降解餐饮具通用技术要求	推荐	修订	GB 18006.1-2009		2015	中国轻工业联合会	全国食品直接接触材料及制品标准化技术委员会	轻工业塑料加工应用研究所、广东省薄膜纸类印制行业协会、广东益德环保科技有限公司
5	20140450-T-607	一次性非可降解塑料餐饮具通用技术要求	推荐	制定			2014	中国轻工业联合会	全国食品直接接触材料及制品标准化技术委员会	中国塑料加工工业协会、轻工业塑料加工应用研究所、广东省薄膜纸类印制行业协会、广东益德环保科技有限公司
6	20140462-T-606	以树脂为粘合基料的管道耐蚀补强作业技术规范	推荐	制定			2016	中国石油和化学工业联合会	全国防腐蚀标准化技术委员会	中国工业防腐蚀技术协会、中国海油气电集团有限责任公司、北京管通科技开发有限责任公司
7	20140468-T-606	光学功能薄膜 三醋酸纤维素酯(TAC)薄膜 相延迟测试方法	推荐	制定			2015	中国石油和化学工业联合会	全国光学功能薄膜材料标准化技术委员会	中国乐凯集团有限公司

续表

序号	计划编号	项目名称	标准性质	制修订	代替标准号	采标情况	完成时间	主管部门	归口单位	主要起草单位
8	20140469-T-606	光学功能薄膜 涂层密着性的测定方法	推荐	制定			2015	中国石油和化学工业联合会	全国光学功能薄膜材料标准化技术委员会	深圳市盛波光电科技有限公司
9	20140479-T-606	食品包装材料和容器用胶粘剂	推荐	制定			2015	中国石油和化学工业联合会	全国胶粘剂标准化技术委员会	中国标准化研究院、河北省食品质量监督检验研究院
10	20140487-T-606	氯化聚氯乙烯混合料	推荐	制定			2016	中国石油和化学工业联合会	全国塑料标准化技术委员会	上海氯碱化工股份有限公司、杭州电化集团有限公司、温州赵氟隆有限公司、锦西化工研究院有限公司等
11	20140488-T-606	氯化聚氯乙烯树脂	推荐	制定			2016	中国石油和化学工业联合会	全国塑料标准化技术委员会	杭州电化集团有限公司、上海氯碱化工股份有限公司、锦西化工研究院有限公司
12	20140489-T-606	氯化聚氯乙烯树脂残留氯含量的测定电位滴定法	推荐	制定			2016	中国石油和化学工业联合会	全国塑料标准化技术委员会	锦西化工研究院有限公司、宁夏英力特化工股份有限公司、浙江巨化股份有限公司电化厂等
13	20140490-T-606	塑料 聚丙烯再生改性专用料	推荐	制定			2016	中国石油和化学工业联合会	全国塑料标准化技术委员会	中国质量认证中心、威凯检测技术有限公司、广东金发科技有限公司、中国家用电器研究院
14	20140491-T-606	塑料 试样	推荐	制定		ISO 20753:2008	2016	中国石油和化学工业联合会	全国塑料标准化技术委员会	中国石油化工股份有限公司北京燕山分公司、广州合成材料研究院有限公司、中蓝晨光化工研究院有限公司
15	20140492-T-606	乙烯-乙酸乙烯酯(EVAC)树脂	推荐	制定			2016	中国石油和化学工业联合会	全国塑料标准化技术委员会	中国石油化工股份有限公司北京燕山分公司
16	20140502-T-606	聚氨酯筛板	推荐	制定			2015	中国石油和化学工业联合会	全国橡胶与橡胶制品标准化技术委员会	山东东大一诺威聚氨酯有限公司
17	20140507-T-606	橡胶或塑料涂覆织物破裂强度的测定	推荐	修订	GB/T 20027-2005	ISO3303-1:2012	2016	中国石油和化学工业联合会	全国橡胶与橡胶制品标准化技术委员会	沈阳橡胶研究设计院
18	20140507-T-606	橡胶或塑料涂覆织物破裂强度的测定	推荐	修订	GB/T 20027-2005	ISO3303-1:2012	2016	中国石油和化学工业联合会	全国橡胶与橡胶制品标准化技术委员会	沈阳橡胶研究设计院

19	20140545-T-469	取水定额 第X部分：聚氯乙烯	推荐	制定			2016	国家标准化管理委员会	全国工业节水标准化技术委员会	中国石油和化学工业联合会等
20	20140569-T-469	工业企业水足迹计算和报告指南	推荐	制定			2015	国家标准化管理委员会	全国环境管理标准化技术委员会	轻工业环境保护研究所等
21	20140570-T-469	水足迹原则、要求和指南	推荐	制定		ISO 14046.2	2015	国家标准化管理委员会	全国环境管理标准化技术委员会	北京林业大学
22	20140886-T-609	复合材料电缆支架	推荐	制定			2016	中国建筑材料联合会	全国纤维增强塑料标准化技术委员会	杭州新世管道集团有限公司
23	20140887-T-609	纤维增强塑料压力容器通用要求	推荐	制定			2016	中国建筑材料联合会	全国纤维增强塑料标准化技术委员会	天华化工机械及自动化研究设计院有限公司、南京新核复合材料有限公司、上海市特种设备监督检验技术研究院、冀州市中意复合材料有限公司、河北可耐特玻璃钢有限公司、胜利油田新大管业科技发展有限责任公司、杭州中昊科技有限公司、华东理工大学华昌聚合物有限公司、拜耳技术工程(上海)有限公司
24	20140888-T-609	室内装饰装修选材评价体系	推荐	制定			2016	中国建筑材料联合会	中国建筑材料联合会	中国建筑材料科学研究总院
25	20140889-T-491	光学法测定石墨烯层数	推荐	制定			2016	中国科学院	全国纳米技术标准化技术委员会	泰州巨纳新能源有限公司(泰州石墨烯研究及检测平台)、东南大学
26	20140890-T-491	拉曼光谱法表征石墨烯层数	推荐	制定			2016	中国科学院	全国纳米技术标准化技术委员会	深圳市贝特瑞纳米科技有限公司、中国科学院半导体研究所、国家纳米科学中心、中国科学院宁波材料技术与工程研究所、中科院物理所、中国计量科学研究院、冶金工业信息标准研究院等.
27	20140891-T-491	纳米材料术语	推荐	修订	GB/T 19619-2004		2016	中国科学院	全国纳米技术标准化技术委员会	冶金工业信息标准研究院等
28	20140893-T-491	石墨烯材料的名词术语与定义	推荐	制定			2016	中国科学院	全国纳米技术标准化技术委员会	泰州巨纳新能源有限公司(泰州石墨烯研究及检测平台)、东南大学
29	20140894-T-491	石墨烯层数测定 扫描探针显微镜法	推荐	制定			2015	中国科学院	全国纳米技术标准化技术委员会	江南石墨烯研究院、常州市标准计量技术情报研究所、清华大学、中国计量科学研究院等

续表

序号	计划编号	项目名称	标准性质	制修订	代替标准号	采标情况	完成时间	主管部门	归口单位	主要起草单位
30	20140917-T-606	塑料及其衬里制压力容器　第1部分:通用要求	推荐	制定			2016	中国石油和化学工业联合会	全国非金属化工设备标准化技术委员会	温州赵氟隆有限公司、广州市特种承压设备检测研究院、上海市特种设备监督检验技术研究院、长春特种设备检测研究院、天华化工机械及自动化研究设计院
31	20140918-T-606	塑料及其衬里制压力容器　第3部分:设计	推荐	制定			2016	中国石油和化学工业联合会	全国非金属化工设备标准化技术委员会	温州赵氟隆有限公司、广州市特种承压设备检测研究院、温州市质量技术监督检测院、天华化工机械及自动化研究设计院、上海市特种设备监督检验技术研究院
32	20140919-T-606	塑料及其衬里制压力容器　第2部分：材料	推荐	制定			2016	中国石油和化学工业联合会	全国非金属化工设备标准化技术委员会	温州赵氟隆有限公司、天华化工机械及自动化研究设计院、广州市特种承压设备检测研究院、上海市特种设备监督检验技术研究院、长春特种设备检测研究院
33	20140920-T-606	塑料及其衬里制压力容器　第5部分:塑料衬里制压力容器的制造、检查与检验	推荐	制定			2016	中国石油和化学工业联合会	全国非金属化工设备标准化技术委员会	温州赵氟隆有限公司、四川蓝星机械有限公司、国家塑料制品质量监督检验中心(福州)、天华化工机械及自动化研究设计院、上海市特种设备监督检验技术研究院
34	20140921-T-606	塑料及其衬里制压力容器第4部分:塑料制压力容器的制造、检查与检验	推荐	制定			2016	中国石油和化学工业联合会	全国非金属化工设备标准化技术委员会	温州赵氟隆有限公司、西安塑龙熔接设备有限公司、上海市特种设备监督检验技术研究院、天华化工机械及自动化研究设计院
35	20140989-T-333	建筑外门窗气密、水密、抗风压性能检测方法	推荐	修订	GB/T 7106-2008		2016	住房和城乡建设部	全国建筑幕墙门窗标准化技术委员会	中国建筑科学研究院、广东省建筑科学研究院、河南省建筑科学研究院、福建省建筑科学研究院、国家建筑材料测试中心、上海市建筑科学研究院等
36	20140991-T-333	建筑用节能门窗　第3部分:钢塑复合门窗	推荐	制定			2015	住房和城乡建设部	全国建筑幕墙门窗标准化技术委员会	中国建筑科学研究院、中国建筑标准设计研究院、重庆华厦门窗有限责任公司、浙江众和门窗有限公司　等
37	20141293-T-604	晶体硅太阳电池组件用聚氟乙烯绝缘薄膜	推荐	制定			2016	中国电器工业协会	全国绝缘材料标准化技术委员会	桂林电器科学研究院有限公司、苏州固泰新材料科技有限公司、常熟市冠日新材料有限公司、北京太阳能电力研究院、阿科玛(中国)投资有限公司、杜邦(中国)有限公司等

38	20141311-T-608	土工合成材料 编织布复合土工膜	推荐	制定			2015	中国纺织工业联合会	全国纺织品标准化技术委员会	中国产业用纺织品行业协会、宏祥新材料股份有限公司
39	20141319-T-608	聚酰亚胺长丝	推荐	制定			2016	中国纺织工业联合会	中国纺织工业联合会	长春高琦聚酰亚胺材料有限公司、上海市纺织工业技术监督所等
40	20141335-T-604	高低温试验箱能效测试方法	推荐	制定			2016	中国机械工业联合会	全国实验室仪器及设备标准化技术委员会	广东产品质量监督检验研究院、机械工业仪器仪表综合技术经济研究所、中国计量学院、扬州光电产品检测中心
41	20141336-T-604	热老化试验箱能效测试方法	推荐	制定			2016	中国机械工业联合会	全国实验室仪器及设备标准化技术委员会	广东产品质量监督检验研究院、机械工业仪器仪表综合技术经济研究所、中国计量学院、扬州光电产品检测中心
42	20141350-T-491	纳米技术 单壁碳纳米管的紫外 可见 近红外吸收光谱法表征	推荐	制定		ISO TS 10868:2011	2017	中国科学院	全国纳米技术标准化技术委员会	国家纳米科学中心
43	20141382-T-607	给水用聚乙烯(PE)管道系统 第1部分：总则	推荐	制定		ISO 4427-1:2007	2015	中国轻工业联合会	全国塑料制品标准化技术委员会	山东胜邦塑胶有限公司
44	20141383-T-607	给水用聚乙烯(PE)管道系统 第3部分：管件	推荐	修订	GB/T 13663.2-2005	ISO 4427-3:2007	2015	中国轻工业联合会	全国塑料制品标准化技术委员会	山东胜邦塑胶有限公司
45	20141384-T-607	给水用聚乙烯(PE)管道系统 第5部分：系统的适用性	推荐	制定		ISO 4427-5:2007	2015	中国轻工业联合会	全国塑料制品标准化技术委员会	山东胜邦塑胶有限公司
46	20141385-T-607	给水用埋地聚乙烯(PE)管道系统第2部分： 管材	推荐	修订	GB/T 13663-2000	ISO 4427:2007	2016	中国轻工业联合会	全国塑料制品标准化技术委员会	山东胜邦塑胶有限公司
47	20141386-T-607	绝热用挤塑聚苯乙烯泡沫塑料(XPS)	推荐	修订	GB/T 10801.2-2002		2015	中国轻工业联合会	全国塑料制品标准化技术委员会	北京工商大学、轻工业塑料加工应用研究所
48	20141387-T-607	埋地用聚乙烯(PE)结构壁管道系统 第2部分：聚乙烯缠绕结构壁管材	推荐	修订	GB/T 19472.2-2004		2014	中国轻工业联合会	全国塑料制品标准化技术委员会	河北有容管业有限公司、福建纳川管材科技股份有限公司

续表

序号	计划编号	项目名称	标准性质	制修订	代替标准号	采标情况	完成时间	主管部门	归口单位	主要起草单位
49	20141388-T-607	硬质聚氯乙烯地板	推荐	制定			2015	中国轻工业联合会	全国塑料制品标准化技术委员会	江苏洛基木业有限公司
50	20141393-T-607	包装材料用油墨限制使用物质	推荐	制定			2015	中国轻工业联合会	全国油墨标准化技术委员会	上海牡丹油墨有限公司
51	20141510-T-469	包装材料气味的判定	推荐	制定			2016	国家标准化管理委员会	全国质量监管重点产品检验方法标准化技术委员会	广东省东莞市质量监督检测中心
52	20141512-T-469	光伏玻璃：透光性能测试评价方法	推荐	制定			2016	国家标准化管理委员会	全国质量监管重点产品检验方法标准化技术委员会	浙江省质量检测科学研究院
53	20141515-T-469	塑料管道壁厚超声波检测方法	推荐	制定			2016	国家标准化管理委员会	全国质量监管重点产品检验方法标准化技术委员会	浙江省质量检测科学研究院

国标　第二批

序号	计划编号	项目名称	标准性质	制修订	代替标准号	采用国际标准	完成时间	主管部门	归口单位	起草单位
54	20141866-T-312	泡沫塑料着火性试验方法-电焊火花法	推荐	制定			2015	公安部	全国消防标准化技术委员会	公安部四川消防研究所
55	20141867-T-450	危险化学品生产、储存装置外部安全防护距离确定方法	推荐	制定			2017	国家安全生产监督管理总局	全国安全生产标准化技术委员会	中国安全生产科学研究院、中国石化青岛安全工程研究院、南京工业大学、北京理工大学
56	20141868-T-450	企业安全生产标准化基本规范	推荐	制定			2017	国家安全生产监督管理总局	全国安全生产标准化技术委员会	中国安全生产协会、中国安全生产科学研究院、中国建材检验认证集团股份有限公司、中钢集团武汉安全环保研究院有限公司
57	20141887-T-469	光伏组件封装材料加速老化试验方法　高压蒸煮试验(PCT)	推荐	制定			2016	国家标准化管理委员会	全国半导体设备和材料标准化技术委员会	国家太阳能光伏产品质量监督检验中心、中国电子技术标准化研究院
58	20141888-T-469	光伏组件封装材料加速老化试验方法紫外高温高湿试验	推荐	制定			2016	国家标准化管理委员会	全国半导体设备和材料标准化技术委员会	国家太阳能光伏产品质量监督检验中心、中国电子技术标准化研究院

59	20141946-T-469	聚四氟乙烯微孔滤膜折叠式过滤器	推荐	制定			2016	国家标准化管理委员会	全国分离膜标准化技术委员会	上海一鸣过滤技术有限公司
60	20141947-T-469	卷式聚酰胺复合反渗透膜元件	推荐	制定			2016	国家标准化管理委员会	全国分离膜标准化技术委员会	贵阳时代沃顿科技有限公司
61	20141948-T-469	微孔膜滤芯用卫生级过滤器外壳技术要求	推荐	制定			2016	国家标准化管理委员会	全国分离膜标准化技术委员会	上海一鸣过滤技术有限公司
62	20141949-T-469	中空纤维超、微滤膜完整性检验方法	推荐	制定			2015	国家标准化管理委员会	全国分离膜标准化技术委员会	天津膜天膜科技股份有限公司
63	20142021-T-469	复合型双降解生态地膜	推荐	制定			2016	国家标准化管理委员会	全国生物基材料及降解制品标准化技术委员会	山东天壮环保科技有限公司、山东省标准化研究院
64	20142022-T-469	聚羟基丁酸戊酸共聚酯 PHBV 长丝	推荐	制定			2016	国家标准化管理委员会	全国生物基材料及降解制品标准化技术委员会	宁波天安生物材料有限公司、北京工商大学、中国化学纤维工业协会
65	20142278-T-511	游艇生产企业生产条件基本要求及其评价方法	推荐	制定			2016	中国船舶重工集团公司	全国海洋船标准化技术委员会	中国船级社上海分社、中国船舶重工集团公司第七〇四研究所
66	20142606-T-606	光学功能薄膜 三醋酸纤维素膜检验方法	推荐	制定			2016	中国石油和化学工业联合会	全国光学功能薄膜材料标准化技术委员会	中国乐凯集团有限公司、保定出入境检验检疫局
67	20142634-T-606	塑料用胶粘剂粘接强度的试验方法	推荐	制定		ISO 15509	2015	中国石油和化学工业联合会	全国胶粘剂标准化技术委员会	上海橡胶制品研究所
68	20142649-T-606	塑料 汽车用丙烯腈-丁二烯-苯乙烯(ABS)专用料	推荐	制定			2016	中国石油和化学工业联合会	全国塑料标准化技术委员会	金发科技股份有限公司、长城汽车股份有限公司
69	20142650-T-606	塑料 汽车用长玻璃纤维增强聚丙烯(PP)专用料	推荐	制定			2015	中国石油和化学工业联合会	全国塑料标准化技术委员会	南京聚隆科技股份有限公司、南京标准化学会
70	20142651-T-606	塑料暴露于湿热、水喷雾和盐雾中影响的测定	推荐	修订	GB/T 12000-2003	ISO 4611:2010(E)	2016	中国石油和化学工业联合会	全国塑料标准化技术委员会	广州合成材料研究院有限公司

续表

序号	计划编号	项目名称	标准性质	制修订	代替标准号	采用国际标准	完成时间	主管部门	归口单位	起草单位
71	20142668-T-606	橡胶或塑料软管 大型软管 内衬层磨耗试验	推荐	制定			2016	中国石油和化学工业联合会	全国橡胶与橡胶制品标准化技术委员会	江苏太平橡胶股份有限公司、中交广州航道局有限公司、沈阳橡胶研究设计院
72	20142669-T-606	橡胶或塑料涂覆织物接缝耐静载剪切性能测试方法	推荐	制定			2016	中国石油和化学工业联合会	全国橡胶与橡胶制品标准化技术委员会	中国人民解放军总后勤部油料研究所、凯迪西北橡胶有限公司、五洲燕阳特种纺织品有限公司、沈阳橡胶研究设计院
73	20142715-T-333	城镇供热 玻璃纤维增强塑料外护层聚氨酯泡沫塑料预制直埋保温管及管件	推荐	制定			2016	住房和城乡建设部	全国城镇供热标准化技术委员会	北京市公用事业科学研究所
74	20142716-T-333	高密度聚乙烯外护管聚氨酯发泡预制直埋保温钢塑复合管	推荐	制定			2016	住房和城乡建设部	全国城镇供热标准化技术委员会	北京市公用事业科学研究所
75	20142718-T-333	硬质聚氨酯喷涂聚乙烯缠绕预制直埋保温管	推荐	制定			2016	住房和城乡建设部	全国城镇供热标准化技术委员会	中国市政工程华北设计研究总院

行标　第一批

序号	计划号	项目名称	性质	制修订	代替标准	采标情况	完成年限	主管部门	归口单位	主要起草单位	备注
76	2014-0001T-HG	层压机用氟硅复合橡胶压板	推荐	制定			2015	原材料工业司	全国橡胶与橡胶制品标准化技术委员会橡胶杂品分会	江阴天广科技有限公司、江阴市国光硅橡胶制品有限公司	重点
77	2014-0003T-HG	带式输送机用聚氨酯防尘带	推荐	制定			2015	原材料工业司	全国橡胶与橡胶制品标准化技术委员会橡胶杂品分技术委员会	江苏泰州前进科技有限公司、南京晟质橡塑有限公司、赫曼（南京）机械技术工程有限公司	
78	2014-0005T-HG	氨基硅烷偶联剂	推荐	制定			2015	原材料工业司	全国橡胶与橡胶制品标准化技术委员会化学助剂分技术委员会	南京曙光硅烷化工有限公司、南京裕德恒精细化工有限公司	
79	2014-0006T-HG	环氧硅烷偶联剂	推荐	制定			2015	原材料工业司	全国橡胶与橡胶制品标准化技术委员会化学助剂分技术委员会	南京曙光硅烷化工有限公司、南京裕德恒精细化工有限公司	

80	2014-0007T-HG	不饱和硅烷偶联剂	推荐	制定			2015	原材料工业司	全国橡胶与橡胶制品标准化技术委员会化学助剂分技术委员会	南京曙光硅烷化工有限公司、南京裕德恒精细化工有限公司	
81	2014-0010T-HG	硬脂酸钴	推荐	制定			2015	原材料工业司	全国橡胶与橡胶制品标准化技术委员会化学助剂分技术委员会	江阴市三良化工有限公司、大连爱柏斯化工有限公司	
82	2014-0021T-HG	冰箱、冰柜用聚氨酯硬泡组合聚醚	推荐	制定			2015	原材料工业司	全国塑料标准化技术委员会聚氨酯塑料分技术委员会	黎明化工研究设计院有限责任公司、常熟一统聚氨酯制品有限公司、山东东大聚合物股份有限公司等	
83	2014-0022T-HG	热塑性聚氨酯（TPU）薄膜	推荐	制定			2015	原材料工业司	全国塑料标准化技术委员会聚氨酯塑料分技术委员会	黎明化工研究设计院有限责任公司、东莞市雄林新材料科技有限公司等	重点
84	2014-0023T-HG	橡塑管、板材发泡成型设备	推荐	制定			2015	原材料工业司	全国橡胶塑料机械标准化技术委员会橡胶机械分技术委员会	无锡江南橡塑机械有限公司、北京橡胶工业研究设计院	
85	2014-0056T-HG	低压注塑封装用热熔胶粘剂	推荐	制定			2015	原材料工业司	全国胶粘剂标准化技术委员会	上海轻工业研究所有限公司、上海橡胶制品研究所	
86	2014-0057T-HG	热熔胶粘剂热剪切破坏温度试验方法	推荐	制定			2015	原材料工业司	全国胶粘剂标准化技术委员会	上海轻工业研究所有限公司、上海橡胶制品研究所	
87	2014-0059T-HG	抗静电聚对苯二甲酸乙二醇酯（PET）薄膜	推荐	制定			2015	原材料工业司	全国光学功能薄膜材料标准化技术委员会	合肥乐凯科技产业有限公司、中国乐凯胶片集团公司、友达光电（苏州）有限公司	重点
88	2014-0060T-HG	光学功能薄膜 近红外光谱透过率的测量方法	推荐	制定			2015	原材料工业司	全国光学功能薄膜材料标准化技术委员会	中国兵器工业集团第五三研究所	重点
89	2014-0065T-HG	医用干式胶片	推荐	修订	HG/T 4127-2010		2015	原材料工业司	全国数码影像材料与数字印刷材料标准化技术委员会	中国乐凯集团有限公司、中国乐凯集团有限公司黑白感光材料厂	
90	2014-0149T-JC	建筑用复合模塑聚苯乙烯保温板	推荐	制定			2016	原材料工业司	全国绝热材料标准化技术委员会	建材工业质量认证管理中心、中科益（北京）节能投资有限公司	重点
91	2014-0151T-JC	玻璃纤维增强改性酚醛塑料球阀	推荐	修订	JC/T 783-2004		2016	原材料工业司	全国纤维增强塑料标准化技术委员会	秦皇岛耀华玻璃钢股份有限公司	

续表

序号	计划号	项目名称	性质	制修订	代替标准	采标情况	完成年限	主管部门	归口单位	主要起草单位	备注
92	2014-0152T-JC	门、窗用玻璃纤维增强塑料拉挤中空型材	推荐	修订	JC/T 941-2004		2016	原材料工业司	全国纤维增强塑料标准化技术委员会	北京房云盛玻璃钢有限公司	
93	2014-0287T-FZ	塑料粗纱管	推荐	修订	FZ/T 93029-1994		2015	消费品工业司	全国纺织机械与附件标准化技术委员会纺织器材分会	陕西纺织器材研究所、浙江三友塑业股份有限公司、河南第一纺织器材股份有限公司	
94	2014-0292T-FZ	纺粘/熔喷/纺粘（SMS）法非织造布	推荐	制定			2014	消费品工业司	全国纺织品标准化技术委员会	中国产业用纺织品行业协会、南海南新无纺布有限公司等	
95	2014-0293T-FZ	纺粘热轧法非织造布	推荐	修订	FZ/T 64004-1993		2014	消费品工业司	全国纺织品标准化技术委员会	中国产业用纺织品行业协会、浙江华银非织造布有限公司、江西国桥实业有限公司等	
96	2014-0296T-FZ	涂层织物 低温耐折性能试验方法	推荐	制定			2015	消费品工业司	全国纺织品标准化技术委员会基础标准分会	广州市纤维产品检测院等	
97	2014-0297T-FZ	织物摩擦静电吸附性能试验方法	推荐	修订	FZ/T 01059-1999		2015	消费品工业司	全国纺织品标准化技术委员会基础标准分会	国家纺织制品质量监督检验中心	
98	2014-0343T-FZ	非织造布购物袋	推荐	制定			2014	消费品工业司	全国纺织品标准化技术委员会产业用纺织品分会	中国产业用纺织品行业协会、国桥实业（深圳）有限公司等	
99	2014-0345T-FZ	防水透湿服装	推荐	制定			2016	消费品工业司	全国服装标准化技术委员会	国家服装质量监督检验中心（天津）、上海市服装研究所	
100	2014-0385T-FZ	再生聚酯切片（PET）	推荐	制定			2015	消费品工业司	上海市纺织工业技术监督所	浙江古纤道新材料股份有限公司、上海市纺织工业技术监督所、浙江绿宇再生高分子材料有限公司等	
101	2014-0393T-FZ	经编网眼织物复合凉席	推荐	制定			2015	消费品工业司	全国家用纺织品标准化技术委员会床上用品分会	江苏紫阳假日卧室用品有限公司、中国家用纺织品行业协会等	
102	2014-0394T-FZ	聚乙烯、聚丙烯管粒型材料填充枕、垫类产品	推荐	制定			2015	消费品工业司	全国家用纺织品标准化技术委员会床上用品分会	深圳市富安娜家居用品股份有限公司、江苏省纺织产品质量监督检验研究院等	
103	2014-0404T-BB	一次性纸基复合包装容器	推荐	制定			2015	消费品工业司	全国包装标准化技术委员会	中国包装联合会	

104	2014-0405T-BB	折叠式聚对苯二甲酸乙二醇酯（PET）包装盒	推荐	制定			2015	消费品工业司	全国包装标准化技术委员会	中国包装联合会	
105	2014-0432T-SJ	电子产品防静电包装技术要求	推荐	制定			2015	电子信息司	工业和信息化部电子工业标准化研究院（CESI）	信息产业防静电产品质量监督检验中心	

行标　第二批

序号	计划号	项目名称	性质	制修订	代替标准	采标情况	完成年限	主管部门	归口单位	主要起草单位	备注
106	2014-0593T-JB	电工用聚对苯二甲酸乙二酯（PET）热收缩管	推荐	制定			2016	装备工业司	全国绝缘材料标准化技术委员会	深圳市长园长通新材料有限公司	
107	2014-0888T-QB	聚偏氟乙烯（PVDF）板材	推荐	制定		ISO 15014-2007,NEQ	2015	消费品工业司	全国塑料制品标准化技术委员会	北京市塑料研究所	
108	2014-0889T-QB	硬质聚氨酯泡沫塑料中残留发泡剂的测定	推荐	制定			2015	消费品工业司	全国塑料制品标准化技术委员会	江苏省产品质量监督检验研究院、南京红宝丽股份有限公司	
109	2014-0890T-QB	聚苯乙烯泡沫塑料中残留发泡剂的测定	推荐	制定			2015	消费品工业司	全国塑料制品标准化技术委员会	江苏省产品质量监督检验研究院、南京法宁格节能科技有限公司	
110	2014-0891T-QB	塑料压线帽	推荐	制定			2015	消费品工业司	全国塑料制品标准化技术委员会	长虹塑料集团有限公司	
111	2014-0892T-QB	超高分子量聚乙烯管件	推荐	制定			2015	消费品工业司	全国塑料制品标准化技术委员会	山东科力新材料有限公司	
112	2014-0893T-QB	塑料管材耐磨损性试验方法	推荐	制定			2015	消费品工业司	全国塑料制品标准化技术委员会	承德市金建检测仪器有限公司	
113	2014-0894T-QB	建筑排雨水用硬聚氯乙烯（PVC-U）檐沟及配件	推荐	制定		BSEN 607-2004,NEQ	2015	消费品工业司	全国塑料制品标准化技术委员会	广东联塑科技实业有限公司	

行标　第三批

序号	计划号	项目名称	性质	制修订	代替标准	采标情况	完成年限	主管部门	归口单位	主要起草单位	备注
114	2014-1174T-HG	抗静电无卤阻燃超高分子量聚乙烯管材衬里专用料	推荐	制定			2015	原材料工业司	全国非金属化工设备标准化技术委员会	上海化工研究院、上海联乐化工科技有限公司、济南韶欣耐磨材料有限公司	
115	2014-1202T-HG	有机硅灌封胶	推荐	制定			2015	原材料工业司	全国胶粘剂标准化技术委员会	成都硅宝科技股份有限公司、上海橡胶制品研究所	
116	2014-1203T-HG	胶粘带用水性丙烯酸压敏胶粘剂	推荐	制定			2015	原材料工业司	全国胶粘剂标准化技术委员会	东莞市芙蓉化工有限公司、上海橡胶制品研究所	
117	2014-1204T-HG	锂电池电极保护胶粘带	推荐	制定			2015	原材料工业司	全国胶粘剂标准化技术委员会	广州宏昌胶粘带厂、上海橡胶制品研究所	
118	2014-1205T-HG	美纹纸压敏胶粘带	推荐	修订	HG/T 3949-2007		2015	原材料工业司	全国胶粘剂标准化技术委员会	上海晶华粘胶制品发展有限公司、上海橡胶制品研究所	
119	2014-1250T-SH	塑料 超高分子量聚乙烯砂浆磨耗试验方法	推荐	制定		ISO 15527:2010 附录 B 和附录 C,MOD	2016	原材料工业司	全国塑料标准化技术委员会石化塑料树脂产品分技术委员会	承德市金建检测仪器有限公司、中国石化北京燕山分公司树脂应用研究所、上海化工研究院	
120	2014-1265T-JC	水溶性聚乙烯醇建筑胶黏剂	推荐	修订	JC/T 438-2006		2016	原材料工业司	全国轻质与装饰装修建筑材料标准化技术委员会	上海建科检验有限公司	
121	2014-1268T-JC	复合铝箔聚乙烯绝热制品	推荐	制定			2016	原材料工业司	全国绝热材料标准化技术委员会	建筑材料工业技术监督研究中心、苏州市君悦新材料科技有限公司、上海能源研究会热工专业委员会	
122	2014-1269T-JC	建筑绝热用石墨聚苯乙烯泡沫板（SEPS）	推荐	制定			2016	原材料工业司	全国绝热材料标准化技术委员会	建筑材料工业技术监督研究中心	
123	2014-1721T-BB	组合型塑木平托盘	推荐	修订	BB/T 0020-2001		2015	消费品工业司	全国包装标准化技术委员会	南京聚锋新材料有限公司等	
124	2014-1722T-BB	液态奶共挤包装膜、袋	推荐	修订	BB/T 0052-2009		2015	消费品工业司	全国包装标准化技术委员会	内蒙古蒙牛乳业(集团)股份有限公司等	
125	2014-1723T-BB	热打码色带	推荐	修订	BB/T 0050-2009		2015	消费品工业司	全国包装标准化技术委员会	河南卓立膜材料股份有限公司等	
126	2014-1724T-BB	输液软袋用热转印膜	推荐	修订	BB/T 0051-2009		2015	消费品工业司	全国包装标准化技术委员会	河南卓立膜材料股份有限公司等	

127	2014-1725T-BB	双向拉伸PETG热收缩包装薄膜	推荐	制定			2015	消费品工业司	全国包装标准化技术委员会	卫辉市银金达薄膜有限公司等	重点
128	2014-1891T-HG	塑料 LED 支架用半芳香族聚酰胺专用料	推荐	制定			2016	原材料工业司	全国塑料标准化技术委员会工程塑料分会	金发科技股份有限公司、珠海万通化工有限公司、中蓝晨光化工研究设计院有限公司	
129	2014-1912T-JC	建筑用木塑木方	推荐	制定			2016	原材料工业司	全国轻质与装饰装修建筑材料标准化技术委员会木塑复合材料分技术委员会	国家建筑装修材料质量监督检验中心、四川申羽科技有限公司	
130	2014-1913T-JC	木塑复合材料回收及分级	推荐	制定			2016	原材料工业司	全国轻质与装饰装修建筑材料标准化技术委员会木塑复合材料分技术委员会	国家建筑装修材料质量监督检验中心、广州金发绿可木塑科技有限公司	
131	2014-2155T-QB	塑料异型材用钛白粉技术条件	推荐	制定			2016	消费品工业司	全国塑料制品标准化技术委员会	中国塑料加工工业协会异型材及门窗制品专业委员会	

相关标准

序号	计划号	项目名称	性质	制修订	代替标准	采标情况	完成年限	主管部门	归口单位	主要起草单位
132	20141126-T-469	产品质量安全风险预警分级导则	推荐	制定			2015	国家标准化管理委员会	全国消费品安全标准化技术委员会	中国标准化研究院
133	20141127-T-469	消费品安全 供应商指南	推荐	制定		ISO 10377:2013	2015	国家标准化管理委员会	全国消费品安全标准化技术委员会	中国标准化研究院
134	20141128-T-469	消费品分类	推荐	制定			2015	国家标准化管理委员会	全国消费品安全标准化技术委员会	中国标准化研究院
135	20141163-T-469	产品标准技术指标分类与代码	推荐	制定			2015	国家标准化管理委员会	全国信息分类与编码标准化技术委员会	全国组织机构代码管理中心
136	20141168-T-469	质量技术服务分类与代码	推荐	制定			2015	国家标准化管理委员会	全国信息分类与编码标准化技术委员会	广东省东莞市质量监督检测中心、中国标准化研究院
137	20141438-T-469	质量管理体系 基础和术语	推荐	修订	GB/T 19000-2008	ISO9000:2015	2015	国家标准化管理委员会	全国质量管理和质量保证标准化技术委员会	中国标准化研究院等
138	20141439-T-469	质量管理体系 要求	推荐	修订	GB/T 19001-2008	ISO 9001:2015	2015	国家标准化管理委员会	全国质量管理和质量保证标准化技术委员会	中国标准化研究院等

续表

序号	计划号	项目名称	性质	制修订	代替标准	采标情况	完成年限	主管部门	归口单位	主要起草单位
139	20141506-T-469	标准编写规则 第5部分：规范标准	推荐	制定			2016	国家标准化管理委员会	全国标准化原理与方法标准化技术委员会	中国标准化研究院等
140	20141507-T-469	标准编写规则 第6部分：规程标准	推荐	制定			2016	国家标准化管理委员会	全国标准化原理与方法标准化技术委员会	中国标准化研究院等
141	20141508-T-469	标准编写规则 第7部分：指南标准	推荐	制定			2016	国家标准化管理委员会	全国标准化原理与方法标准化技术委员会	中国标准化研究院等
142	20141509-T-469	团体标准化 第1部分：良好行为规范	推荐	制定			2015	国家标准化管理委员会	全国标准化原理与方法标准化技术委员会	中国标准化研究院

国标　第二批

序号	计划号	项目名称	性质	制修订	代替标准	采标情况	完成年限	主管部门	归口单位	主要起草单位
143	20142032-T-469	标准中术语条目 第1部分:一般要求及表述示例	推荐	修订	GB/T 20001.1-2001	ISO 10241-1:2011	2016	国家标准化管理委员会	全国术语与语言内容资源标准化技术委员会	中国标准化研究院
144	20142033-T-469	标准中术语条目 第2部分:标准化术语条目的采用	推荐	修订	GB/T 20001.1-2001	ISO 10241-2:2011	2016	国家标准化管理委员会	全国术语与语言内容资源标准化技术委员会	中国标准化研究院
145	20142179-T-424	企业标准体系 技术标准体系	推荐	修订	GB/T 15497-2003		2015	国家质量监督检验检疫总局	中国标准化协会	
146	20142180-T-424	企业标准体系 评价与改进	推荐	修订	GB/T 19273-2013		2015	国家质量监督检验检疫总局	中国标准化协会	中国标准化协会、江苏省标准化协会、安徽省、浙江省、广东省、重庆市、山东省、山西省、北京市、陕西省质量技术监督局、中国标准化研究院、中国电力企业联合会等
147	20142181-T-424	企业标准体系 要求	推荐	修订	GB/T 15496-2003		2015	国家质量监督检验检疫总局	中国标准化协会	

（中国塑料加工工业协会　田岩、焦红文）

重点企业介绍

诺德美克（上海）机械有限公司

诺德美克是全球最大的涂布、复合机械生产厂，并推出创新的纸张与薄膜真空镀膜生产线。过去的 35 年里，该意大利公司向全球出售了超过 2200 台设备到各个工业领域。这些机器中包括最先进的三层一次成型合机：Triplex；高性能涂布机、复合机：Combi Horizontal ，Combi Linear；也拥有创新性紧凑型无溶剂复合机：Simplex 系列产品；诺德美克取得伽利略公司真空镀膜技术与专有技术的独家使用权后，于 2013 初正式进入镀膜机生产行业。因此，诺德美克真空镀膜有限公司得以传承历经 50 年并由 400 台生产线验证了的悠久而又辉煌的技术。将伽利略真空镀膜技术与诺德美克在机械行业的卓越能力加以熔合，配合诺德美克的国际国际化网络，众多行业因此可以得到更全面、更优质的解决方案。创新的镀膜机产品线包括：Nordmet 12~16，Nordmet 20~25 和 Powermet 25~36，覆盖了所有行业对不同基材规格与产量的需求，突出特点是采用了最新的工业技术，性能卓越、用途广泛。Gammamet，一款设计特别的多室镀膜机，是进行纸张及卡纸直镀的最高效的装置。可供选择的模块化装置有：连线图案镀，硫化锌或其他学科反光材料升华模块，应用于高阻隔层的活性镀膜，以及其他功能性涂层镀膜。

浙江龙士达家居用品有限公司

浙江龙士达塑业有限公司主要生产经营塑料家居、橡胶、五金等系列用品而闻名于国内市场，畅销全国各地，同时远销美国、欧洲、中东等国际市场。产品深受海内外消费者的青睐。

龙士达塑业有限公司从 1996 年创始以来，严格按照行业标准生产，各项指标均已通过有关部门监证，并荣获“中国知名品牌”“质量、计量信得过单位”“浙江名优产品”等荣誉称号，被广大消费者公认为是中国跨世纪颇具有潜力的新锐企业。

该公司本着“质量是生命”“顾客是上帝”“人才是资本”的经营理念，凭着公司雄厚的实力及诚信务实、敬业创新的精神，竭诚为新老客户提供更完美的服务。

佛山巴顿菲尔辛辛那提塑料设备有限公司

佛山巴顿菲尔辛辛那提塑料设备有限公司（BCC）是巴顿菲尔辛辛那提集团成员之一，联合巴顿菲尔辛辛那提挤出技术奥地利有限公司（BCA）、巴顿菲尔辛辛那提挤出技术德国有限公司（BCG）、巴顿菲尔辛辛那提挤出技术美国有限公司（BCU），共同组成全球最大的管材、型材、薄膜和片材挤出生产设备供应商——巴顿菲尔辛辛那提挤出技术集团。

“巴顿菲尔-辛辛那提”品牌荟萃了其来自欧洲的最先进技术、最专业知识和两个品牌来自挤出行业长达 120 年的经验积累。由于得到用户广泛认同，巴顿菲尔辛辛那提成为业界公认杰出的挤出机械供应商之一。

佛山巴顿菲尔辛辛那提塑料设备有限公司生产基地位于广东顺德，占地面积 17 800 米^2，雇员约 135 人。公司传承欧洲的先进技术和生产理念，在我国制造和组装最高性价比的挤出设备并提供优质的服务，为国内外客户提供领先的挤出解决方案并带给他们决定性的竞争优势和技术优势。

佛山巴顿菲尔辛辛那提的主营业务包括：塑料管材挤出生产线，用于生产燃气管道、饮用水管、排污管、电信、卫浴以及灌溉用管道；塑料型材挤出生产线，用于生产窗型材、建筑型材、技术型材如密封条、装饰条、线槽等；PVC 造粒生产线；模具和下游设备。

地址：广东省佛山市顺德大良凤翔工业区金翔路 2 号

邮编：528300

电话：+86（757）2997 5318 / 2238 0110

传真：+86（757）2997 5631 / 2221 1801

电邮：china@battenfeld-cincinnati.com

网址：www.battenfeld-cincinnati.com/china

江苏金材科技有限公司

江苏金材科技有限公司是鸿达兴业股份有限公司（证券简称：鸿达兴业；证券代码：002002）全资子公司，坐落于扬州市东郊杭集工业园，是国内大型 PVC 材料生产基地，行业里技术装备水平最先进的企业之一。

公司占地面积约 12 万米 ^{2}，注册资金 2 亿元，总资产约 5 亿元，年生产能力达 10 万吨。公司现有员工 500 多人，其中具有大专以上学历和各类专业技术人才占员工总数的 35%以上。近年来引进多名具有博士、硕士学历高级管理和技术人才。

公司拥有二十多条高科技自动化生产流水线，大多从德国、意大利等国著名厂家引进。产品主要有药用包装材料、PVC 片板材及软片、PVC 建筑模板、室内外装饰材料、园林景观材料、生态房屋六大系列近百个品种。广泛用于医药、食品、电子、服装、环保、仪器、建筑、装潢等行业。

公司技术力量雄厚，设备工艺先进，产品质量水平国内瞩目，并通过了 ISO9001 质量管理体系、ISO14001 环境管理体系认证和“FSSC22000 食品安全体系”认证。产品质量长期保持稳定，产品合格率在 99%以上。主要产品 PVC 片材、板材的主要性能指标处于国内领先水平，部分指标已达到国际水平。

公司建有省企业技术中心，获江苏省民营科技企业、全国建筑物资租赁承包行业新锐奖、中国塑料模板行业最具影响力企业等荣誉称号，为“中国塑料加工工业协会”“中国医药包装协会”“中国塑料模板脚手架协会”会员单位，“木材节约中心”组织的中国塑料模板发展联盟副理事长单位和江苏省塑料工业协会常务理事单位。

公司坚持科技创新发展道路，坚持以“市场为导向，以客户不中心”的经营理念，以人才开发、产品开发为先导，以科学的管理体系和管理机制为手段，注重从经营理念、企业形象、商业信誉、市场竞争力、产品质量等全方位打造产品，并以较强的品牌优势、技术研发优势、规模优势和品质优势，保持在国内同行业中的领先位置。

富强鑫集团

富强鑫集团创立于 1974 年，为目前台湾地区规模最大的注塑机专业制造商，台湾地区唯一股票上柜发行的注塑机专业制造商。主要从事各类油压机器及注塑机的研发、生产及销售，包括：双色注塑机、夹层混色注塑机、高速闭回路精密注塑机、油电复合式注塑机、全电式注塑机、PET 瓶胚注塑机、电木注塑机、二板式注塑机、超大型注塑机等。产品锁模力范围从 30~3 700 吨，射出量从 20~120 000 克。富强鑫领先于业界通过 ISO-9001 及欧洲 CE 认证。为了不断研究创新并提升产品质量，本公司除引进先进之加工设备如弹性制造系统、五面加工机及高精密复合加工机与 CAD/CAM 联机加工外，还在产品设计上采用 Pro/Engineer 及 Pro/Mechanical 等实体模型分析软件，技术实力领先同业。此外富强鑫集团还与台湾工业研究院合作进行多项技术开发案，拥有众多专利技术，近几年出口业绩亦为台湾业界之冠！

着眼于大陆本土市场的潜能，富强鑫集团相继在中国华南（东莞）及华东（宁波）地区设立生产基地，并建立了完善的营销服务网。富强鑫产品营销海外三十余年，在全球设有 35 个代理商，遍布五大洲，在中国大陆则设有 30 多个办事处，遍及西南、华南、华东、华中及华北地区。

佛山市凯粤天雄塑料科技有限公司

佛山市凯粤天雄塑料科技有限公司（原顺德天雄塑料颜料有限公司）是集研发、生产、销售、服务于一体的科技型企业。自 2001 年创立以来，一直专注于 PVC 制品、塑木制品及工程塑料的色母料、表面共挤改性料和相关塑料添加剂的技术研发与生产。凭借领先的技术，卓越的产品性能，完善的售后服务，公司已经发展成为国内行业里规模最大的化学建材专用彩色料供应商之一，也是行业里品种最全、服务客户时间最长和能够真正实现产品及技术就近服务全国的科技生产型企业。

公司总部坐落于经济发达的珠三角腹地（顺德

富安集约工业园），分别在安徽芜湖（芜湖市天雄新材料科技有限公司）和四川成都（四川广汉川雄新材料科技有限公司）设立两个全资子公司，目前总经营面积达 30 000 米 ^{2}，拥有 20 多条国际先进水平生产线，年产量总计 3 000 多吨。并在 2014 年 7 月在新疆昌吉高新园区设立生产基地以便更快更好为疆内企业服务。公司现有员工 100 余人，其中大专及本科以上学历员工占 38%，专门从事技术研究工作人员 22 人，其中本科、硕士学历以上人员 12 人。并以高校、科研单位为依托，与新疆吐鲁番火焰山材料自然环境老化检测中心、广东轻工职业技术学院、江门职业技术学院建立产学研和技术合作关系。其中吐鲁番火焰山材料自然环境老化试验场被列为国家重点科研项目，广东轻工职业技术学院拥有由广东省教育厅批复成立的广东高校高分子材料加工工程技术中心。聘请多名著名专家学者为专家、顾问，有较强的技术创新能力和产品开发能力。公司拥有已申请的国家发明专利 4 项；广东省高新技术产品 2 项。

公司 2012 年成立了企业技术研发中心，配备了高分子材料加工实验及理化性能测试的仪器，科研经费逐年增加，拥有一个专职研发队伍和自主开发新技术、新产品的雄厚技术力量和良好研发条件。企业正不断努力通过创新，打好扎实基础，为申报国家高新技术企业及佛山市工程中心做好准备。积极寻找更多提升技术创新的途径，引进更高端技术人才，为企业发展壮大的核心工作奠定坚固的基础。

经过多年的快速发展，工艺技术装备水平的不断提升，产品质量的不断提升，产能的持续增长，发展区域的不断扩大，为了能给客户提供更优质的产品和及时的技术服务，天雄公司先后在四川成都和安徽芜湖成立了两个全资子公司。其中芜湖天雄新材料科技有限公司项目已入选安徽省人民政府 861 重点扶持项目，并承担省市相关课题的技术开发任务。佛山市凯粤天雄塑料科技有限公司 2010 年通过 ISO9001：2008 中国质量认证中心 CQC 认证，并于 2014 年 3 月通过中国质量认证中心 CQC 的复审。2011~2014 年连续三年获得广东省诚信示范企业称号；2014 年被评为佛山市顺德区星光企业；2014 年被评为广东省守合同重信用企业。公司现已成为中国塑料加工工业协会异型材及门窗制品专业委员会会员单位及定点生产企业、塑料异型材助剂定点生产企业，获得中国建筑金属结构协会塑料门窗委员会颁发的“彩色 PVC-U 型材专用料研究制造产业化基地”称号。

依托雄厚的实力，公司与海螺、实德、川路、高科等集团公司建立长期合作伙伴关系。目前，产品不仅在国内广泛使用，还出口到印度、土耳其、斯里兰卡、泰国、哈萨克斯坦等多个国家和地区。

东莞市彩虹塑胶颜料有限公司

东莞市彩虹塑胶颜料有限公司成立于 1996 年，2000 年成立为有限公司，是一家生产销售原装颜料、染料、助剂、色母粒的专业公司，产品广泛用于塑料胶、油墨、油漆、涂料、纺织、皮革。公司拥有自行进出口权，代理世界各国著名颜料产品，拥有强大的营销网络，2006 年跨入亿元销售企业行列。

彩虹公司是中国塑料加工工业协会多功能母料专业委员会会长单位，是中国大陆首家通过 ISO9001 国际质量体系认证的颜料染料、助剂销售企业，公司是国内最大的塑胶着色供应商，企业具有雄厚实力，目前年销售达到 3.5 亿元。

有着广东省民营科技企业称号的东莞市彩虹塑胶颜料有限公司，在国内现有 7 家分公司，下设：东莞市德隆塑胶颜料有限公司；中山蓝宝颜料有限公司；深圳市彩红塑胶颜料有限公司；昆山市德记色母粒有限公司；浙江余姚彩虹塑胶颜料有限公司；汕头市彩虹颜料公司。被评为东莞市重点扶持企业，公司彩虹德记商标被评为广东省著名商标，公司生产的色母料销售网络涵盖珠三角及长三角，立足整个沿海地带，把塑胶染料颜料这一块做到了全国数一数二的位置。

彩虹公司先后被评选为中国塑料加工工业协会会员理事长单位、广东省民营科技企业、纳税增长前 10 名的民营企业、东莞市和谐企业会员，与北京化工大学建立奖学金机制。公司采用了先进的现代化管理理念，拥有完整的质量管理体系，配有先进的品质检测设备和技术专家，以优质的产品质量，完善的售后技术跟踪服务，合理的市场价格，求得与客户长期合作，共同发展。

山东胜邦塑胶有限公司

山东胜邦塑胶有限公司由山东胜利股份有限公司（股票代码：000407）于1994年投资兴建，目前为中国最具实力的聚乙烯管道制造商之一，是中国塑料加工工业协会塑料管道专业委员会副理事长单位，被评为“中国塑料行业先进单位”和“中国塑料行业AAA级信用企业”。

公司拥有山东东营、陕西西安两个生产基地和一个国家认可实验室，全面引进世界最先进的聚乙烯管道生产设备及技术，主要生产dn20-dn800各种规格的管材及配套管件。公司率先通过国家压力管道元件特种设备制造许可（TS认证），同时顺利通过了ISO9001质量管理体系认证、ISO14001环境管理体系认证和OHSAS18001职业健康安全管理体系认证，为优质高效生产绿色环保的聚乙烯管道产品提供了可靠保证。

作为行业领先者，公司组织、参与编写了《给水用聚乙烯管材》国家标准、《燃气用聚乙烯管材》国家标准等多项国家、行业和地方标准及规范；承担了国家“十五”863计划和“十一五”国家科技支撑计划的研究课题，有力推动了行业发展和技术进步。

公司生产的 “胜邦”聚乙烯管道以可靠的质量、完善的配套被广泛应用于燃气输配、给排水、环保、化工、疏浚等领域，产品遍布全国各地和一些国外市场，并被评为“山东名牌产品”“国家级新产品”“中国工程建设推荐产品”等荣誉称号。同时，“胜邦”凭借卓越的产品品质、良好的市场声誉获评为“山东省著名商标”。

公司始终以推动行业发展为己任，秉承“顾客至上、品质取胜”的经营理念，坚持“诚信、高效、贴切”的服务方针，为用户提供专业化、系统化的产品和服务。

山东瑞丰高分子材料股份有限公司

山东瑞丰高分子材料股份有限公司成立于1994年，属国家级高新技术企业，注册商标为“鲁山”。2011年7月，公司在深圳创业板成功上市。公司主要从事PVC助剂的研发、制造和销售，主导产品为：丙烯酸酯类抗冲改性剂、丙烯酸酯类加工助剂、抗冲改性剂MBS树脂和超高分子量PVC发泡调节剂、抗冲改性剂CPE、PVC润滑剂。产品广泛应用于聚氯乙烯（PVC）门窗、管道、管件、装饰板、发泡板、片材等硬制品。

公司拥有专门的高分子材料研究所，并建立了一支创新意识好、开拓能力强、专业知识丰富、基础知识扎实的科研开发队伍。研究所为科研人员提供了布拉本德转矩流变仪、炼塑机、万能制样机、平板流化仪、气相色谱仪、电子显微镜等先进的仪器设备和良好的工作环境，推动PVC助剂的研发和应用。近几年来，科研人员成功地开发出了20多个PVC助剂新产品，并投放到国内、国际市场。

公司秉承“求真、务实、开拓、奉献”的企业精神，深化企业内部管理，建立了严格的质量管理体系，并于2003年通过了ISO9001:2000质量管理体系的认证。公司自建成投产以来，以其性能优良、质量稳定的产品品质，及时准确的信息反馈，完善的售后服务体系，健全的经营机制，赢得了客户的信任和支持，产品畅销国内市场，并出口到亚洲、欧洲、美洲等国际市场。

浙江众诚包装材料股份有限公司

浙江众成包装材料股份有限公司（股票代码：002522）坐落于全国首个国家级县域科学发展示范点——浙江嘉善。公司成立于2001年，是一家集科研、设计、生产、销售及售后服务于一体的全过程制造企业，是全球知名的高品质POF热收缩膜制造商和国内优秀的POF热收缩膜整体包装解决方案提供商。目前，公司年产能规模达4.1万吨，在职员工450余人。公司自成立以来，始终坚持“赢在领先”的企业精神、“诚信拥抱客户，真情温暖员工”的经营理念和“差异化、个性化”市场战略，着力打造集约高效现代企业，致力于行业高精尖设备、先进生产工艺以及高端、高附加值产品的自主研发，核心设备自制。公司先后承担“国家火炬计划项目”4项，累计获得国家授权专利20余项，先后获得“浙江省著名商标”“浙江名牌产品”“浙江省知名商号”“浙江出口名牌”“浙江省转型升级引领示范企业”“浙江省绿色企业”“中国轻工业塑料行业（塑料薄膜及包装）十强企业”“国家高新技术企业”“国家火炬计划重点高新技术企业”等多项荣誉。

经过多年扎实经营，公司自主研发制造的装备处于行业领先水平，生产的产品与国际同步，且大部分为国内首创，积累了超过1500家的优质客户，产品远销全球60多个国家和地区，成为国内市场占有率排名第一、全球市场占有率排名第二的POF热收缩膜行业领军企业。

地址：浙江省嘉善经济技术开发区柳溪路26号

网址：www.zjzhongda.com

电话：0573-84188888（总机）

传真：0573-84185237

销售热线：0573-84187777

股票代码：002522

泰瑞机器股份有限公司

泰瑞机器股份有限公司（以下简称泰瑞机器）作为行业著名的塑料注射成型机制造商之一，是行业一流的注塑机研发及制造基地，于2006年8月在国家级开发区——杭州经济技术开发区内投资建厂，如今占地面积已达53 000米^2，具有年产10 000台450~60 000千牛顿锁模力注塑机的能力。公司多年来凭借产品品种齐全、个性化机型众多、质量优异和全球无时差服务而闻名于业界。产品远销世界近90多个国家和地区，同时还在土耳其、巴西、澳大利亚、印度和意大利等诸多国家和地区设立了办事处和代理商。公司投资上亿元建设的浙江泰瑞重型机械有限公司主要生产精密铸件及超大型注塑机，现已逐渐成为德清县最具活力企业，占地面积达73 000米^2。

泰瑞重工的兴起，让我们从机器生产最开始的铸件浇注到产品出厂的每一个环节进行合理的把控，做到质量保证、生产调配等多方面的自主控制优势。现在我们可以从泰瑞重工精密铸造开始，再到泰瑞机器的现代化高科技装配调试，大规模生产制造，覆盖注塑机械主、零部件的整个产业链，使泰瑞机器成为生产具有国内先进水平的大型精密铸件和生产智能化全闭环伺服驱动塑料成型设备的现代化综合企业。

同时，随着塑料行业发展水平的不断提高，大众对注塑机的自动化、精确度等要求也越来越高，对高端精密注塑机的零部件的加工要求也越来越高。为此，泰瑞机器从国外引进十多台具有世界先进水平的卧式加工中心、五面体和多工位加工中心、落地数控镗铣加工中心和其他加工设备。这些国外引进的加工设备自动化程度高、可加工零件复杂，其生产加工能力达到国际领先水平。以此为基础，泰瑞机器建成了一条现代化的加工运行体系。与浙江泰瑞重型机械有限公司投入的精密铸造设备同步运行，满足了泰瑞机器生产高端精密注塑机的配套和自主加工注塑机关键精密零部件的需要，从而为泰瑞机器完成万台精品注塑机提供质量和数量的保证。

公司先后被评为高新技术企业、国家火炬高新技术企业、浙江省技术中心、浙江省出口名牌、浙江省著名商标、杭州市专利试点企业、杭州市技术创新型试点企业、杭州市“百佳”创新型外贸企业及塑料行业十佳注塑机企业等多项荣誉。以此为契机，公司加强技术力量的培育，壮大自己的研发中心，强化新产品的研发力量。如今，所生产的D系列伺服节能注塑机已经成为市场热销的节能产品。

泰瑞机器始终以新技术、高精度为起点，以“打造泰瑞精品”为主线，通过引进、吸收国内外先进技术，运用标准化、规范化、精细化管理手段，采用ERP企业信息化管理系统和UG设计软件，形成了产品技术先进、生产制造快速、成本控制有效的优势。

泰瑞机器秉承“为用户创造最大价值”的核心价值观，在不断的发展中，为社会、用户及供方创造价值，同时也为股东和全体员工创造价值。

地址：浙江省杭州经济技术开发区文泽北路245号

邮编：310018

电话：0751-86733377　4008-876-896

邮箱：tederic@tederic-cn.com

网址：http://www.tederic-cn.com/index.aspx

广东伊之密精密机械股份有限公司

广东伊之密精密机械股份有限公司是专注于“模压成型”专用机械设备的设计、研发、生产、销售及服务的高新技术企业，以高精度注射成型机、高性能铝镁合金压铸机、高品质橡胶机为主导产品。

自 2002 年创立发展至今，公司现已成为中国最具竞争力和发展潜力的大型装备综合服务商、中国最具规模的装备制造企业之一，是中国塑料机械工业协会副会长单位、国家级高新技术企业及国家级火炬计划项目实施单位。公司拥有省级企业技术中心、工程中心并设立博士后科研工作站，率先通过了 CE 认证、IS09001—2000 版质量体系认证。公司各生产基地总占地面积逾 20 万米^2，拥有职工 2 000 多名。

2011 年 3 月，伊之密成功收购了美国百年企业 HPM 公司的全部知识产权，这是伊之密迈向全球化的重要里程碑。同年，为了进一步推动企业发展，优化企业格局，广东伊之密精密机械股份有限公司完成股份制改造。2014 年股份公司旗下又相继成立了伊之密品牌高速包装和伊之密机器人自动化两个事业部，实现了伊之密在机械装备领域细分市场纵深发展的又一战略步骤。2015 年 1 月 23 日伊之密成功登陆深交所 A 股市场（股票代码：300415），成为首家在深交所创业板上市的模压成型装备制造企业。

在全球，伊之密有多个技术服务中心和 30 多个海外经销商，业务覆盖近 50 个国家和地区。另外，伊之密计划在印度、南美、欧洲等重要海外市场建立海外生产基地，为全球客户提供更好的产品和服务。

宗旨——致力让中国装备技术与世界同步，并为全球客户创造更佳的投资回报及客户体验。

使命——五年内成为中国领先的装备制造商，并于主要新兴市场建立全球经营系统，成为真正的“全球化”企业。

愿景——成为一家经营好、管理好、文化好，让员工引以为傲，为社会仰慕及尊敬的企业，永续经营。

公司三年发展规划（2015~2017 年）

业绩目标：

中国市场年销售成长率：20%（平均）

海外市场年销售成长率：25%（平均）

中国市场排名：

注塑机业内第二名

压铸机业内第一名

橡胶注射机业内第一名

建立全球化经营系统

（1）培养具有国际视野及海外经营能力的管理人才；

（2）在全球范围建立区域技术服务中心；

（3）在新兴国家设立 1~2 个生产基地；

（4）在北美洲成立产品研发中心；

（5）“YIZUMI”“HPM”双品牌全球化运作。

无锡市佳盛高新改性材料有限公司

无锡市佳盛高新改性材料有限公司建于 2002 年年初，是江苏省高新技术企业和国家火炬计划锡山新材料产业基地的成员企业。公司位于风景秀丽、富饶发达的无锡市锡山区荡口镇鹅湖工业园，紧靠沪宁高速公路，交通十分便利。

公司专业生产“佳盛”牌新型高分子材料改性剂和 Pams 树脂系列产品，可作挤压和模塑成型加工助剂、改性剂、粘合剂、粘结剂、增黏剂、增强剂、增塑剂、抗氧剂、分散剂、润滑剂、高效燃料及热载体等用途，具体应用于高浓度、高阻燃、高填充塑料色母粒、塑料改性、橡塑鞋材、电线电缆料、热塑性弹性体、橡胶材料、热熔胶、油漆油墨、涂料、颜料、精密铸造等领域。

公司坚持务实、创新、求精的企业精神，奉行“市场是天、安全是地、质量是命、管理是根”的宗旨。公司严把生产环节，加强技术改进，实行制度化、规范化内部质量管理，形成较强的科研开发能力、规模生产能力和经营管理能力，已获 ISO9001：2000 国际质量体系认证和 ISO14001：2004 环境管理体系认证。产品参照美国阿莫科 Amoco Resin 18-210、18-240、18-290 系列树脂标准进行生产检测，质量性能相同，同时产品符合欧盟 SGS 的（ROHS、PHAS）检测标准，产品销往全球。

地址：中国江苏省无锡市锡山区荡口镇鹅湖工业园

邮政编码（Postcode）：214116

电话（Tel）：0086-510-88520858，88748136

传真（Fax）：0086-510-88748340，512-65390573

网址（http）：//www.wx-jiasheng.com

电子邮件（E-mail）：webmaster@wx-jiasheng.com

联系人（Attn）：

潘林根　手机（pm）：0086-13906202341，13306202341

李晓勇　0086-13338762870，18962121918

华伦皮塑（苏州）有限公司

华伦皮塑（苏州）有限公司成立于 2000 年，位于美丽的长江之滨，是一家中外合资企业，总投资 1 600 万美元，主要从事各种 PU 人造革的研发、生产和销售。目前公司主要产品有：汽车革、沙发革、箱包革、球革、鞋革、高尔夫手套革以及其他特种革。

公司引进国际先进的聚氨酯柔软皮生产线，拥有干式生产线五条，湿式生产线五条，高档压纹机 10 台、双色印刷机八台及意大利 ROLLMAC 辊涂机、喷光生产线等。公司有强大的研发团队，可为市场提供中高档的人造革产品。公司检测中心设备齐全，可进行汽车用革全套指标的检测。产品通过了欧盟 REACH 法标准和 ROHS 标准及美国、英国的阻燃标准，已获“国家发明专利”7 项、“国家实用新型专利”53 项。

公司于 2006 年通过了 ISO9001 质量管理体系认证，2010 年通过了 ISO14001 环境管理体系认证，2013 年通过 ISO/TS16949 汽车行业质量管理体系认证。公司被认定为“江苏省高新技术企业”，商标被认定为“江苏省著名商标”。2008 年以来被评为苏州市“循环经济试点企业”、苏州市节能“先进单位”、太仓市“环保诚信企业”。公司被太仓市促进就业工作领导小组办公室认定为大学生见习基地。公司具有自主知识产权的“合成革用环保型干法 PU 浆料”被列入《2008~2009 国家重点新产品计划项目》，并获得江苏省“高新技术产品认定证书”“苏州名牌产品”“苏州市知名字号”。2009 年 NBA 扣篮大赛冠军使用的篮球是由该公司提供的 PU 人造革制成。箱包革、鞋革也分别被“耐克”“阿迪达斯”等全球知名品牌制造商广泛使用。

华伦皮塑（苏州）有限公司管理严谨，技术力量雄厚，专业技术人员占公司总人数的 30%以上。公司采用先进的工艺配方，年产量 2 300 万米人造皮革，年销售额达 5 亿元人民币，产品远销欧美、非洲、中东、香港等地区。

公司紧邻上海、苏州，距上海虹桥机场仅 50 千米，交通便利，地理位置优越。公司秉承“待客诚信”的企业宗旨，保证一流的质量和优质的服务。

四川东泰新材料科技有限公司

四川东泰新材料科技有限公司系股份制高新技术企业，创建于 1994 年，原名东泰（成都）塑胶建材工业有限公司，系国内最早成立的塑料管道专业制造商，也是西南地区最大口径的塑料给水管道专业生产商，现位于成都市龙泉驿国家经济技术开发区。

公司占地 240 亩，建筑面积 50 000 米^2，注册资本 1.682 9 亿元人民币，是西南地区注册资金最高的塑料管道生产商。拥有国内外先进的生产设备，专门从事研究、开发、生产和销售新型塑料管道和配件、新型化学建材、工程塑料、塑料合金、光机电一体化塑料机械、管道工程机械等技术与产品，年综合生产能力达 10 万吨，年产值达到 4 亿元人民币以上。公司拥有职工 270 余人，工程技术人员 60 余人，其中高级职称 5 人，中级职称 15 人，拥有 200 余项管道专利。

东泰公司作为国内化学建材行业的大型企业，一直致力于生产高品质、高技术含量、绿色环保的产品，公司主要生产“东泰”牌给水用聚乙烯（PE）管材、给水用钢丝网骨架塑料（聚乙烯）复合管、给水用孔网钢带塑料复合管（PESI）、燃气用埋地孔网钢带聚乙烯复合管、工业用孔网钢骨架聚乙烯复合管、燃气用埋地聚乙烯管（PE）、冷热水用聚丙烯管（PP-R）、煤矿井下用聚乙烯管、煤矿井下用钢丝网骨架聚乙烯复合管、矿山用耐磨内衬复合管道系统和各类管材配套的电熔管件和焊制管件，各类产品规格品种多达 2 000 余个。上述主导产品技术水平均处于国内先进水平，西部领先水平。公司产品以“品种齐全、性能优异、质量稳定、服务便捷”等优势畅销全国。

东泰品牌和东泰产品先后荣获了“四川省名牌产品”“中国环境标志产品”“新华节水认证”“中国工程建设推荐产品”“中国绿色环保建材产品”等荣誉称号。公司通过了 ISO9001:2008 质量管理体系、ISO14001:2004 环境管理体系、GB/T 28001—2001 职业健康安全管理体系认证、中国环境标志产品认证、节水产品认证，并取得了“特种设备制造许可证（压力管道）”国家级资质。公司连续多年被评为四川省成都市“守合同、重信用”企业。

公司秉承“用心事业、严谨品质”的经营理念，牢固树立“诚信为先、客户至上、以人为本、合作共赢”的核心价值观，坚持走管理规范化、产品科技化、技术前沿化、品质专业化的发展道路，与新老客户携手合作、共享共赢。相信客户、市场、东泰三位一体，互动融合，将不断向着成为“中国管道行业知名品牌”的宏伟愿景奋进。

安徽华驰塑业有限公司

安徽华驰塑业有限公司成立于 2007 年 1 月 11 日，坐落于风景秀丽、交通便捷的合肥市蜀山新产业园区湖光东路 1169 号，占地近 50 亩，总投资 1.1 亿元人民币，拥有现代化多层框架高标准厂房面积近 3 万米^2。作为安徽省 2007 年度徽商大会重点工业企业签约项目单位、中国塑料加工工业协会副理事长单位、中国降解塑料专业委员会副会长、中国农用薄膜专业委员会副主任单位，公司专注于商品零售包装袋、烟用地膜的生产和销售，烟用地膜及商品零售包装袋产品分别被授予安徽省名牌产品及合肥市名牌产品荣誉称号。主要客户有沃尔玛、永辉超市、北京华联、武商量贩、安徽百大合家福、徽商红府超市等大型连锁商业巨头及四川烟草、贵州烟草、福建烟草、安徽烟草、湖南烟草、江西烟草等。公司自建成投产以来，年产值始终保持 30%以上的增长速度并始终处于供不应求状态。2013 年，公司获邀参与 2015 版地膜国家标准制订，成为主要起草单位之一。

至诚守信，追求卓越。致力于精心打造吹塑行业国内一线品牌，致力于奉献广大客户卓越性价比竞争力的产品和服务。

地址：安徽省合肥市蜀山新产业园区湖光路 1169 号

电话：0551-62811888

传真：0551-62810333

邮箱：huachisy@vip.163.com

三斯达塑胶（福建）有限公司

三斯达（福建）塑胶有限公司系外商独资企业，台湾证券交易所上市公司，前身为三斯达（福建）鞋业有限公司。公司坐落在福建著名侨乡、有中国鞋都美称的晋江市。公司于 1982 年创立，从成立至今致力于废旧塑料袋、鞋类边角废料等橡塑废料的回收循环再利用，从回收到改性设备的设计、制造总成独创发明了一系列先进的废品回收技术和生产工艺。公司拥有发明和实用新型专利 30 多项，专业生产可应用于鞋材、箱包衬垫、体育用品、拼图、地垫、汽车及家装建材等广泛领域之各式 EVA 发泡材料。公司现可年产超 35 万立方，年处理 EVA 边角料达 8 万多吨，回收再利用泉州市每年产生的鞋用边角料近 30%，符合国家“十二五”规划循环经济、节能减排之战略型新兴产业，具有良好的社会效益和经济效益，同时也是福建省乃至全国最具规模的 EVA 发泡专业生产厂商之一。公司在立足本业的同时，也积极推进资本市场运营步伐。通过合理评估和精心的规划布局，公司于 2011 年 8 月成功登入台湾证交所主板挂牌交易，2012 年 10 月，公司再次办理现金增资和发行可转债，先后募集资金超 30 亿元台币（折约 6 亿元人民币），资金全部用于返程投资福建晋江市和江苏句容市。其中，晋江公司增购土地 137 亩，投建“三斯达废塑循环回收利用产业化基地”（2012~2013 年度泉州市重点项目），总占地面积达 250 亩，建有标准厂房超 150 000 米^2，拥有专业的研发团队和先进发泡生产设备 42 组，预计年产各式 EVA 发泡材料可达 40 万米³，规模在国内同行中首屈一指。同时，公司于 2011 年上半年在江苏省句容市经济开发区新设立三斯达（江苏）公司，占地 150 亩，规划建设面积超 10 万米²，预计总投资达 9 000 万美元，拟配备发泡生产设备比齐晋江公司，预计至 2015 年全面投产后，公司产能将在现有基础上再翻一番。经过三十多年的不懈努力，公司已发展成为全国最具规模的 EVA 发泡研发中心和制造基地，产品畅销国内市场并远销欧美等地。

公司逐年加大研发投入的同时，积极寻求同相关科研机构、行业协会的进一步合作。2009 年公司当选为中国塑料加工工业协会副理事长单位，并被协会命名为“中国 EVA 循环再利用产业化研发基地”，显示了公司对国内塑胶发泡行业建设的高度重视和责任感。同时公司先后跟华侨大学、华东科技大学、四川大学等国内高校共同成立研发基地，就阻燃、隔热、抗静电等新型 EVA 发泡材料和发泡剂的研发进行紧密合作。公司建立了优秀卓越的企业文化体系和科学、完善的管理制度，通过了 ISO9001、ISO14000 质量认证体系、CCC 认证、职业健康安全管理体系认证、安全生产管理认证体系，多次被评为“AAA 级信用企业”“甲类纳税企业”。公司的“EVA 回收循环利用项目”先后被评为“2006 年度晋江市第一批科技项目”和“2009 年第一批省级循环经济资金项目”，以及“2009 年泉州市 6.18 项目成功转化资金补助项目”。公司先后通过福建省高新技术企业认定、福建省资源综合利用认定、福建省科技型企业、福建省创新型试点企业、福建省著名商标、福建省名牌产品、福建省泉州市两级级企业技术中心、泉州市行业技术中心，连续三年获得泉州市守合同重信用企业、泉州市管理创新示范企业、泉州市商业模式创新示范企业、晋江市企业研发中心。同时公司系 1 项国家标准、3 项行业标准的制定者，行业成绩优秀。公司本着百善信为先，企者人为上的经营理念；坚持以市场为导向，以科技求创新，积极推进循环经济，实现可持续发展的经营方针；并以满足客户需求为宗旨，努力打造成为广大客户可信赖的品牌。不断提升研发能力和核心竞争力，实现企业、员工、客户的和谐共赢，创造美好生活，造福社会。

山东陆宇塑胶工业（集团）有限公司

山东陆宇塑胶工业（集团）有限公司（LANDUNI GROUP）总部坐落于东营市国家级经济技术开发区。集团以塑胶管道和橡塑装备的制造为核心产业，截至目前，旗下拥有山东陆宇塑业、合海橡塑装备、合海轮胎、合海地产、宝塑实业、中海能源（新加坡）、香港海景实业等多家子公司，关联企业集科研、生产、营销和服务为一体，密切结合，相互促进，实现了一体化战略经营的集团效应。山东陆宇是集团旗下最为重要的成员企业，致力于各类塑胶管道的研发与生产，注册资本 10 080 万元人民币，总投资 20 亿元，占地面积 300 余亩，下设 2 个工业园区，产能达 20 万吨/年，是国内同行业产销量最大的生产企业之一，综合实力位居同行业前列。公司顺利通过三体系认证，获得新华节水和环境标志产品认证，连续多年被评定为省级守合同重信用企业，是中国水利企业协会、中国工程建设标准化协会会员单位，水利部农村饮水安全重点推广单位。公司先后获得山东名牌、山东省最具市场竞争力品牌、中国建材 500 强等荣誉称号。2012 年公司由中国塑料加工工业协会理事单位升格为副理事长单位，行业地位显著增强。

2010 年，公司被认定为“国家级高新技术企业”。该公司主持组建的 “山东省塑料管道系统工程技术研究中心”2013 年顺利通过山东省科技厅验收。“陆宇检测中心” 2010 年通过中国合格评定国家认可委员会（CNAS）认可，标志着公司的检测资质和检测服务能力列居行业领先水平。2011 年公司在“市级企业技术中心”的基础上经山东省经信委专家评审，正式升格为“省级企业技术中心”。科研技术创新方面，公司先后获得塑料加工技术专利 35 项，发明 2 项。

公司成套引进奥地利辛辛那提等国内外先进的挤出生产线和注塑设备，主导产品四大类，分别为硬质聚氯乙烯（PVC）给水、排水、电工管材及管件；高密度聚乙烯（HDPE）给水、燃气、双壁波纹排污管材及管件；无规共聚聚丙烯（PP-R）冷热水管材及管件；耐热聚乙烯（PE-RT）地板采暖管材及管件。公司产品种类繁多，用途广泛，涵盖市政供水、消防、绿化、排污、燃气；农村饮水、农业灌溉和建筑上下水、电工护套、地板采暖等工程领域，可充分满足各工程领域用户对产品的需求。

“陆宇”牌系列产品销售区域广泛，内销涉及全国26个省市，同时远销海外10多个国家。为使顾客方便快捷地采购陆宇系列产品，公司在各地设置经销商并通力合作，以期共同拓展市场，保证交货和服务时效。产品推广过程中，还建立健全了售前、售中、售后服务体系，解除了顾客的后顾之忧，深获顾客信赖。为及时了解客户的更高需求，公司通过多种渠道和方式进行顾客满意度调查，通过对反馈信息的分析和评估及时加强产品和服务的适宜性，努力做到准时无缺，让顾客满意。

公司将始终以“塑造一流团队，争创一流品牌。勇担社会责任，共享企业发展”为企业使命，坚持“以品质为顾客创造价值，做行业内最具品牌影响力企业”为企业愿景，秉承“专业品质，真诚服务”的经营理念，视产品品质为企业生命，不断加强自主创新，追求以“优质的产品、合理的售价、贴心的服务”奉献社会。

上海优珀斯材料科技有限公司

上海优珀斯材料科技有限公司成立于2008年，系一家引进德国专业设备，集研发、生产、销售、服务于一体的环保科技型的企业。产品主要应用于防水、胶粘、医疗、电子及包装市场，在国内市场占有重要地位。同时，产品已走出国门，远销中东、欧洲等地。

优珀斯总部位于上海市青浦区新材料产业集群区，有江苏太仓、河北任丘两大生产基地，为客户提供优质的产品。其中，江苏太仓生产基地占地55亩，于2014年6月投入使用，该项目为江苏省太仓市2012年度重点招商引资项目。

2011年，优珀斯成为中国建筑防水协会理事单位和中国改性塑料专业委员会副理事长单位，成为中国首家建立聚乙烯防黏膜产品质量企业标准（标准号：Q/TPXP 1-2010）的公司，并通过了ISO9001质量管理体系认证。

优珀斯在华东、华北、华南、华西设立办事处，有专业营销团队为客户提供优质的服务。同时，优珀斯与上海遨提新材料技术咨询有限公司携手合作，为客户提供从卷材原材料选择、配方调整、工艺改造、尾气净化、设备定制及质量控制、生产管理等技术咨询服务和解决方案。

优珀斯也特别注重科技创新，对于研发，公司不遗余力地加大力度，与湖南农业大学、同济大学、上海理工大学等结成产学研基地，成功研发出“SDM强力交叉复合膜”和“皱纹亲水防黏膜”两大类新产品。并于2013年成功召开了“SDM强力交叉复合膜新产品鉴定会”，经鉴定，该产品性能达到“国际先进”水平。同年，上海优珀斯被上海科委认定为上海市高新技术企业，并且“SDM强力交叉复合膜”通过了高新技术成果转化项目。目前，公司已具有各类知识产权专利七十余项。

优珀斯第一个五年计划，在优珀斯人的积极努力和顾问团队的指引护航下顺利完成，提前实现了“六个自有”等目标。第二个五年计划，优珀斯人再踏征程，提出“创三优企业，筑五和梦想”的发展目标，即让优秀的员工，生产出优质的产品，优先服务好客户；筑就“国家、客户、供应商、员工、投资人”五和五得利的梦想。

吉林中粮生化包装有限公司

吉林中粮生化包装有限公司创建于1995年年末，厂址位于吉林省东丰县工业集中区，占地面积13万米^2，建筑面积3万米^2，现有员工550人。

公司主要产品有塑料编织袋、塑料桶、集装袋等塑料包装制品及阀口纸袋等纸包装制品。年产纸塑包装物1万吨。企业于2004年通过ISO-9001质量管理体系认证；2007年8月，阀口纸袋产品获得两项国家专利权；2008年通过国家QS认证。公司成为东北地区规模较大的食品级包装物生产企业。

公司拥有雄厚的技术力量，生产设备先进，检测手段完备，是食品包装的骨干企业。

公司始终如一地贯彻“以人为本”的经营理念，秉承“诚信、团队、专业、创新”的中粮企业精神，坚持“奉献营养健康的食品，高品质的生活空间及生活服务，使客户、股东、员工价值最大化”的中粮使命，以实现双赢为目的，不断推陈出新，以上乘的品质、良好的信誉，为客户提供优质的服务。

佛山市日丰企业有限公司

佛山市日丰企业有限公司成立于 1996 年，是一家高新技术企业，产品涵盖给水、排水、供暖、燃气、套管、太阳能、卫浴等领域。

截至目前，日丰已拥有近四百项国内外专利，并先后主、参编了《冷热水用耐热聚乙烯（PE-RT）管道系统第 2 部分管材》（GB/T 28799.2—2012）、《城镇燃气设计规范》（GB 50028—2006）等数十项国家及行业标准，通过了美国 NSF、德国 SKZ、英国 WRAS 等六十多项国际认证，产品畅销全球一百多个国家和地区，赢得了全球亿万用户的广泛认可。

公司产品主要包含管道和卫浴两大类。日丰管道产品包含 PP-R 管道系统、铝塑管道系统、PVC 排水系统、PVC 管道系统、PE-RT 及 PE-Xb 地暖管道系统、燃气管道系统等；卫浴产品包含卫浴五金、浴室柜、淋浴房、陶瓷洁具及浴缸等卫浴配套全系列产品。

日丰拥有千余家代理商、数万家分销商，构建起行业强大的销售服务网络，能快速、高效地为用户提供贴心的服务。

“日丰管，管用五十年”，不仅是日丰人激励自我、追求完美的宣言，更是日丰人对消费者、对社会的庄严承诺。

面对未来，日丰将锐意创新、不断进取，为全球用户提供更多的优质产品和专业技术服务！

南雄市金叶包装材料有限公司

南雄市金叶包装材料有限公司成立于1999年，是中国塑料加工工业协会副理事长单位、行业内首批获得“AAA”信用等级证书和率先通过 ISO9001 国际质量体系认证、ISO14001 环境管理体系认证、OHSMS18001 职业健康安全管理体系认证证书单位。公司注册资金：1 200 万元，占地 150 余亩，员工近 500 人，已完成固定资产投资 8 500 万元。公司拥有全自动塑料薄膜类生产线 90 余条，年产各类薄膜及塑料袋制品 5 万吨。2012 年销售金额 2.3 亿元人民币，2013 年销售金额是 2.56 亿元人民币，2014 年更是突破销售 2.68 亿元人民币。属国内塑料薄膜制造行业龙头企业，无论是规模实力还是供货能力均雄冠国内同行业。

公司技术力量雄厚，长期以来培养造就了一支由 40 多名技术人员组成的专业队伍，自配有产品检测中心和企业产品研发中心，并与国内有关院校科研机构建立了长期稳定的合作关系，专门从事工艺技术和新产品开发，从而确保了为广大用户提供优质、环保、安全、稳定的塑料薄膜系列产品。

公司主要产品“金叶”牌农膜、地膜、配色地膜、株距标记地膜、PE 热收缩膜、PE 缠绕膜及其他塑料包装系列产品全部采用 100%全新原料及代表世界薄膜技术顶级水平的艾克森美孚埃能宝茂金属工艺配方，因而使“金叶”品牌各类塑料薄膜产品从料质、强度、韧性、色泽、经济、节能、安全、环保等方面均达到国内顶尖水平，并相继荣获中国环境标志产品认证证书、广东省名牌产品、中国优质产品证书、中国著名品牌和中国著名商标等荣誉。

公司一贯坚持“质量第一、用户至上、优质服务、信守合同”的宗旨，凭着优质的产品、卓越的性价比、良好的信誉、完善的服务，赢得广大用户的青亲睐。PE 热收缩膜产品主要供应江西省的赣州市烟草公司、抚州市烟草公司、吉安市烟草公司、南昌市烟草公司、新余市烟草公司、九江市烟草公司、宜春市烟草公司、上饶市烟草公司、鹰潭市烟草公司、萍乡市烟草公司、湖南省烟草公司、贵州省烟草公司、浙江省烟草公司、广东省烟草公司、陕西省烟草公司、福建省烟草公司、广西省烟草公司等；塑料包装袋系列产品热销全国主要大中城市知名连锁超市、商场，主要客户有跨国公司沃尔玛、乐购、深圳人人乐、新一佳、福建永辉、武商量贩、北京华联等。公司下设有专职的售后服务机构和物流配送中心，固定客户订单保证在 5 天内送到全国各地指定地点，深受用户好评。公司已连续多年被相关部门评为全国优质服务用户满意单位。

四川多联实业有限公司

四川多联实业有限公司（包含以下子、分公司：成都多联建材有限责任公司、成都市多联塑胶实业公司）是一家股份制企业，专业从事新型塑胶管道等建材领域系列产品的研制、生产和销售。公司自1988年以来，一直坚持以市场为导向、用户至上、质量求生存，走自身发展之路，是目前国内同行业中成立早、规模大、品种齐、质量优、开发能力强的知名企业。公司拥有“多联”驰名品牌，市场占有率雄踞西部前三位，名列全国同类企业前茅。

1992年，多联公司以敢为人先的魄力，率先在西南地区开发“难燃 PVC 电线套管”填补了市场空白，为内地推广使用新型建材做出了卓越贡献。如今，公司拥有一支技术实力雄厚，精明强干的管理队伍和国内领先的生产线和检测设备，现已形成八大系列产品（包括：难燃 PVC 电线套管，PVC-U 排水管，PP-R 冷热水管，PE 给水管，PVC 双壁波纹管，PE-RT 地暖管，PVC-U 通信多孔管，PVC-M 高性能给水管），年产十余万吨的生产能力。

公司坚持以质量为本，走品牌兴业之路，企业不断发展壮大。公司拥有稳定的质量管理体系，并通过了 ISO9001—2008 质量管理体系认证、ISO14001—2004 环境管理体系和 QHSAS18001—1999 职业健康安全管理体系认证，公司每种产品均严格按照标准生产，每批产品均认真按质量标准检测，本着对社会负责，对用户负责的态度，向市场提供质优价廉的产品，得到了社会的广泛认同。

本公司产品经国家多次市场监督抽检均质量合格，并被授予“质量合格好产品”的荣誉。1997年，“多联” 品牌被四川省政府授予“四川名牌”称号后，又相继获得“国家免检产品”“中国环境标志产品认证”“中国驰名商标”“中国著名品牌”“质量信誉 AAA 等级企业”“中国 AAA 级信用企业”“中国人民银行 AAA 级信用企业”“科技企业”“中国建材首选品牌”“全国公认十佳畅销品牌”和“地方名优产品”等荣誉。产品畅销全国二十余个省、市，深受用户好评和信赖。

东莞华伟配线器材有限公司

东莞华伟配线器材有限公司于 1976 年创立于台湾台中，每年束带产量超过 100 亿条，是全球最大的束带和配线器材厂之一。在中国上海、中国东莞、泰国曼谷、台湾台中均设有生产工厂。华伟拥有超过百台 180~1 000 吨射出机台，并拥有齐全的不锈钢束带、端子、配线槽、波浪管及各式接头生产线，全球总员工数约 1 500 人。

华伟产品营销全球 75 国，供应电子电机、通信、汽车、船舶、轨道车辆、能源、建筑、零售等各产业市场，优异的质量及卓越的服务在美国、欧洲市场备受客户肯定。华伟各厂已取得 ISO9001、ISO14001、ISO/TS16949 等认证，各项产品通过美国 UL、ABS、加拿大 CSA、德国 GL、欧盟 CE、中国 CQC 等认证，并符合欧盟 RoHS 环保要求。

除了标准规格产品，华伟提供客户代工生产服务，包括束带、电缆固定夹等配线器材产品，从技术研发、模具开发、生产制造，客制化包装的一贯化作业，提供客户完整的代工生产解决方案。

网站：http://www.hwlok.com

电话：0769-87787166

汕头市东田转印有限公司

汕头市东田转印有限公司是国内最早从事热转移印刷技术和产品的研究、开发、生产和销售并提供相关技术服务的大型专业公司，并通过ISO9001:2008 质量管理体系认证和 ISO14001:2004 环境管理体系认证。公司一直秉承“诚信经营、质量第一、真诚服务”的宗旨，连续十五年评为广东省“守合同重信用”单位。

公司目前的主要产品有各式热转印膜，适用于塑料、玻璃、金属、木材等制品表面的烫印装饰，可提高制品的档次和价值。产品注册商标为“東田 DONGTIAN”。

公司技术力量雄厚，生产设备先进，工艺成熟配套，检测手段完善，产品质量稳定，服务及时优质，拥有良好信誉，产销量一直位居国内同行业前列。目前采用该公司转移膜装饰的产品已遍及国内外各地。

公司十分重视科技投入和知识产权工作，与国内有关的科研院所、高校院所、信息单位建立了广泛联系，先后承担了国家、省、市一批科技项目的研发工作，取得一批中国专利权、计算机软件著作权和图文版权，技术水平为国内同行业先进水平，产品曾获广东省和汕头市科技进步奖，热转印膜被国家包装联合会评为“中国包装品牌产品”。“東田 DONGTIAN”商标评为“广东省著名商标”。

成都岷江自来水厂聚乙烯生产车间

成都市岷江自来水厂是一家多产业结合的大型集中式供水企业，供水区域覆盖全县24个乡镇，日最大供水量达20余万吨。其下属企业成都市岷江自来水厂双流聚乙烯管材生产车间是专业从事聚乙烯（PE）给水、燃气管材、管件的生产、销售和管材焊接技术指导服务的国有企业，其生产的产品统一注册商标为“清润”，前国家水利部常务副部长敬正书同志亲笔为“清润管业”题词。

车间荣获了国家质量监督检验检疫总局颁发的《特种设备制造许可证》A级证书、国家水利部灌排中心、四川省建设厅、四川省农田水利局、中国建筑金属结构协会给水排水设备分会颁发的产品推荐证书、成都市工商行政管理局颁发的《成都市著名商标》证书。目前已通过ISO9001：2000质量管理体系和ISO14001：2004环境管理体系认证。75%以上的车间员工拥有大专以上学历，并聘请四川大学高分子材料系教授吴智华为技术顾问。以四川大学高分子材料系毕业生为技术骨干力量组建了技术部以来，依靠完善的管理，先进的科技，短短几年间取得了飞速的发展。2008年7月30日被成都市委、成都市人民政府评为“抗震救灾过渡安置房建设先进单位”。

清润管材历来坚持以质量为中心，以管理求效益，依靠科技进步求发展的经营方针，建立不断发展具有“清润”特色的技术创新体系、生产管理体系、市场供需体系和服务体系，以“提高质量，保护环境，持续改善，永续经营”为基本理念。

“清润”牌给水管和燃气管是车间两大环保节能型产品，它们符合产业发展政策具有不生锈、质量轻、强度高、韧性好、耐腐蚀、施工维护方便、使用寿命长等优点。对产品的高要求，对销售人员严格的技术培训，对售后服务的不断完善，成就了清润，其产品得到了广大客户的认可，目前，清润管材已在四川、云南、甘肃、贵州、湖南、西藏、宁夏等省、市、自治区建立了营销服务网络。销售与技术同步，是清润管业永远的主题。

江西岳峰高分子材料有限公司

江西岳峰高分子材料有限公司位于江西省萍乡市国家级经济技术开发区，始建于1992年，是一家集科研开发、生产、销售于一体的高新技术企业，是中国南方最大的ACR、MBS、发泡调节剂的生产基地，也是江西省助剂业首家拥有进出口权的企业。公司占地300多亩，现有员工380余人，其中大、中专毕业生68人，各类专业技术人才40余人。公司现已形成年产PVC加工助剂ACR20 000吨，抗冲改性剂20 000吨，润滑性加工助剂ACR 10 000吨，ACM10 000吨，MBS10 000吨的生产规模。产品性能卓越，品质稳定，是PVC加工企业的优良配套产品。

公司高度重视技术创新和产品研发工作，于2000年率先在行业内成立了高分子材料研发中心，聘请国内知名大学教授及德国、日本专家为顾问，不断加大科研开发力量。该中心主要从事新产品、新技术、新工艺的研制、开发、应用和推广工作。研发中心下设合成实验室、质量保证室、情报信息室、物料测试室、技术服务室。十几年来，研发中心以科技为先导，走产、学、研优势互补、共同发展之路，通过消化、吸收和转化，成功地研制开发出了MBS树脂、PVC发泡调节剂、PVC加工助剂等系列新产品。

二十年来，公司以其稳定可靠的产品质量、及时准确的信息反馈、完善的售后服务、健全的经营机制赢得了客户的一致好评。公司产品商标为江西省著名商标，公司产品品牌为中国著名品牌。2003年公司通过了ISO9001:2000国家质量体系认证，使企业的质量管理水平上了一个新的台阶。

舟山市通发机械有限公司

舟山市通发机械有限公司坐落于浙江舟山群岛新区，占地20余亩，成立于1994年，是一家集塑机研发、生产、销售于一体的浙江省高新技术企业，也是目前国内独家生产和销售“锥形同向双螺杆挤出机”的企业，产品填补了国内外空白。

2010年公司被国家工信部定为“锥形同向双螺杆挤出机”国家行业标准第一起草单位。该公司为中国塑料加工工业协会理事单位，荣获“2009年度中国塑料行业先进单位”，其法人代表吴汉民荣获“中国塑料行业先进个人。公司先后被评为“浙江省高新技术企业”“浙江省级诚信民营企业”“浙江省AAA级守合同重信用”“浙江省级AAA级资信企业”等，已通过ISO9001:2008国际质量体系认证。

“锥形同向双螺杆挤出机”（国家发明专利号：2005 1 0118915.3）是该公司自主研发成功并获国家发明专利的产品。2008年被国家科学技术部、商务部、质量监督检验检疫总局、环境保护总局四部委联合认定为“国家重点新产品”。“锥形同向双螺杆挤出机”于2007年12月通过浙江省级产品鉴定：“锥形同向双螺杆挤出机”具有高混炼、高剪切、高挤压力、低挤出温度、塑化性能好等特点。比其他同类产品产量增加一倍以上，省电50%。一台该机器一年节约电费和人工费超过35万元以上。该机主要性能参数达到国际先进水平，产品填补了国内外空白。

“锥形同向双螺杆挤出机”（2根锥形螺杆同方向旋转，螺杆长径比达到48∶1）由于全面综合了“锥双”（喂料量大、高压挤出、低速、低剪切等）和“平双”（大长径比、高填充、强混炼等）的各方面优点，因此具有超高产量（10~30吨/天）、超低能耗（1吨制品最低耗电仅80度）、混炼分散效果和塑化性很好、低剪切、可低温加工、可添加高比例碳酸钙（80%以上）和可用100%回收料进行再生产等众多领先优势，该机主要性能达到国际领先水平，比其他同类产品产量增加一倍以上，1天省电600度以上，一年节约电费和人工费超过15万元以上。

上海白蝶管业科技股份有限公司

上海白蝶管业科技股份有限公司是由上海建筑材料（集团）总公司主要控股的高新技术企业，位于上海市奉贤区金汇镇。

企业自1997年年底在国内率先开发生产了PP-R管道产品以来，在塑料管道的生产、销售方面已有十多年的历史。

公司建立了三大生产基地，拥有德国进口克劳斯玛菲、奥地利辛辛那提3层共挤、巴顿菲尔等具有全自动在线检测功能的管材挤出生产线和众多的注塑设备，并配备有多台进口管件焊制设备及检测试验设备，可生产口径自16~450毫米多种压力等级的PP-R管、PE管、PE-RT管、PP-R稳态复合管、3S聚丙烯静音排水管、PVC-U排水管、PVC-U电工套管、β.PP-R管材和相配套的管配件，产品广泛应用于市政供水、饮用水、纯净水、建筑给排水、化工、医疗、燃气、采暖等领域，进一步扩大了白蝶产品的应用领域和市场占有率。

自成立以来，公司一贯秉持“品牌＋服务”的经营原则，销售额逐年稳步上升。产品质量稳定可靠，在广大消费者中赢得了良好的口碑，曾获上海装饰材料市场消费者满意产品证书、上海装饰材料市场十大畅销品牌证书、上海塑料行业名优产品证书、国家免检产品、上海市著名商标、上海市名牌产品等，并在2009年1月上海商情建筑市场调查中管材市场中名列第一。

作为中国塑料管道专业委员会副理事长单位、全国塑料制品标准化技术委员会（TC48/SC3）核心委员单位，公司完成了PP-R产品国家标准制定工作，获得了全国塑料制品标准化技术委员会颁发的优秀标准奖与杰出成就奖。

中国西部（重庆）塑料生态产业园

中国西部（重庆）塑料生态产业园，位于重庆梁平工业园区双桂组团，于2015年5月挂牌正式成立，是中国塑料加工工业协会、重庆市经信委与梁平县倾力打造的重庆市唯一的塑料产业园区。

中国西部（重庆）塑料生态产业园规划面积14千米 ^{2}，主动融入全市十大新兴产业，围绕塑料制品、塑料模具、塑料机械、塑料改性、交易市场“五大领域”，打造集研发设计、生产加工、检测评定、商贸物流、循环回收于一体的塑料产业集群，形成中国西部影响力较大的塑料产业集聚区、完整产业链的塑料产业集群。

目前，塑料产业基地已有浙江中财集团、巴基斯坦守布•阿迪达、华驰文具、四川大西洋集团、融康包装等 10 余家大型塑料企业入驻，重点签约项目 20 多个。建成区有塑佳包装、锡焊盘项目，以及年产 3 000 万套文具生产线项目、中财集团利财管道项目、日用医用类橡胶制品生产项目、巴基斯坦小家电项目、年产600万件汽车塑料制品项目、融康包装项目、温岭市新长城机械项目、德兆生产项目、改性塑料加工及报废汽车拆解循环经济项目、同聚塑胶项目、久三塑木生产项目等。力争到2017 年、2020 年、2025 年分别实现 100 亿元、200 亿元、500 亿元的发展目标。

梁平：塑料产业有底气四大优势成就“国内最佳”

随着西部大开发战略纵深推进和成渝经济区的快速发展，西部地区对塑料制品的需求大幅增长，同时东部地区土地、人力、能源成本的大幅提高，使塑料产业的重心正逐步向中西部转移，为梁平塑料产业的发展带来了新机遇。

梁平发展塑料产业集群市场需求巨大，周边800 千米范围内覆盖了四川、湖北、湖南、陕西、贵州、云南等省份，人口规模约3亿，占全国的26%，这些地区的汽车、电子、家电等行业具有较好的产业基础。

而梁平周边 100 千米半径内，拥有长寿、涪陵、万州、达州四大化工基地，汇聚了川维、扬子江、涪陵中化等一大批知名化工企业，为梁平县塑料产业的聚集提供了原料保障。梁平人力资源丰富，现有富余劳动力 30 万，是西部地区职业技术人才培训和输出的重点县，工人平均工资标准低于沿海城市，每月 1500 元以上。

作为渝东北重要的交通枢纽，交通区位优势明显。梁平经铁路可直达北京、上海、广州、杭州、温州、成都、宜昌等地，规划有专用火车通道，可以满足企业的运输需要；渝万高铁建成后，可经成渝高铁融入“成—渝—万”经济走廊；航空运输方面，可经重庆江北机场、重庆万州机场飞往世界各地；水路运输方面，距万州港口仅 67 千米，可经万州港直达上海、宜昌、重庆等地。同时，通过渝新欧国际铁路联运大通道、江海联运、海铁联运等多种物流通道，可实现方便、快捷的对外贸易。

此外，梁平县先后出台了一系列政策文件，激励、促进生态塑料企业来梁投资，投资环境优越。梁平县政府还每年整合安排新型工业化专项资金、民营经济发展专项资金 4 700 万元，重点用于入园企业贷款贴息、品牌培育等方面。对于投资企业，除享受国家西部大开发等招商引资优惠政策外，一律实行“贵宾证”制度，由县领导一对一定点联系，提供全程代办和配套服务。

中国西部（重庆）塑料生态产业园盛情邀请海内外企业家莅梁商务考察，共谋发展、共创辉煌！

招商热线：023-53255546

联系人：李定川（梁平工业园区招商科科长）13896922355

传真：023-53251876

网址：www.cqlpgyy.com

南亚塑胶工业（厦门）有限公司

台塑跨国集团创建于 1954 年，截至 2011 年，资产总额达 6994 亿元人民币，集团营业总额高达3703 多亿元人民币，集团首创于台湾，初期以石化工业为主，后续投资遍及美国、东南亚，90 年代起更积极投入中国市场。

南亚塑胶公司对 PVC 管材、管件给予国家社会带来的经济效益有深入体会，为将此经济效益扩展至我国大陆，从 1995 年起南亚公司陆续投入我国管材市场，现已分别创建南亚厦门公司、重庆公司、广州公司、山东东营公司、安徽芜湖公司、河南郑州公司、辽宁鞍山公司等。目前，PVC-U 管材年产能达 30 万吨，PVC-U 管件达 1.5 万吨，2007 年再陆续开发 PE、PPR 管材、管件。后续并将加快速度在国内各地增建管材厂，未来将在国内每省份至少投建一个管材厂，年产量目标将达 100 万吨以上，对国内 PVC 管材、管件推广与应用，十足体现领头羊的角色。

总结台湾、美国 50 余年丰富经验，南亚塑料公司在国内投建的管材厂，充分展现九大特色：

（1）采用奥地利辛辛那提挤出机、日本东芝注塑机等最先进生产设备；

（2）原料混合采用美国西门子计算机监控系统；封闭式螺旋供料系统，配方稳定、质量可靠；

（3）从供料、挤出、成型、喷字、切断以至于捆包，全程采用自动工艺流程，人为影响可以完全排除；

（4）产品质量标准除完全符合 GB 国家标准外，部分产品更采取 ISO 国际标准，质量水平媲美国际先进国家；

（5）率先采用有机锡稳定剂（非铅盐稳定剂），卫生性能完全符合国家饮用水卫生指标及蒸馏水卫生指标，充分体现环保建材的优势；

（6）彻底落实质量检测，确保用户权益，并加上售前、售后服务体系，建立拥护信得过首选品牌；

（7）产品规格齐全，管材口径从 ϕ16~ ϕ630 毫米，一应俱全；并配套 427 种给水管件，193 种排水管件及 21 种电工管件，可完全满足各类工程设计需要；

（8）各地管材厂年产能达高 3 万吨以上，成品存货量充足，供应灵活快速，可充分搭配各类工程进度；

（9）采用台塑经营管理模式，不断推动生产销售 5S 活动，更坚持突破、创新、彻底、圆满的经营理念，对国内员工水平有效促进，火速推动本土经营目标。产品质量、品牌形象经由国家建设部、各省建委建设系统、建设工程行业协会、各层级质量评选单位，先后认定与推荐，同时获得国家免检证书，并已通过 ISO—9001 认证，目前已奠立行业前导地位。

佑利控股集团有限公司

中国·佑利控股集团成立于 1998 年，此前为温州佑利塑胶实业有限公司，是目前我国塑胶行业生产品种最齐全的大型企业集团，是国家塑料制品标准化委员会（TC48/SC3）核心成员单位，也是国家CPVC 产品标准主任起草单位、国家 ABS 产品标准第一起草单位、国家 UPVC 产品标准第一起草单位。集团设有北京化工大学“佑利”博士创新基金、全国氯碱行业“佑利杯”论文赛奖金，是中国农业银行 AAA 级信誉单位、中国人民保险公司产品质量受保单位、中国氯碱工业协会会员单位、国家标准环保排放达标单位、浙江省优秀科技型企业。“佑利”商标为浙江省著名商标。2005 年，该公司一次性注塑成功 CPVC-400 管系产品，攻克当今注塑难点，填补国内空白，自主创新，自主知识产权。全国塑标委和北京化工大学发来贺电，称该公司的成功，为中国塑料管道加工和发展做出了巨大贡献，为国家争得了荣誉。

中美合资中国·佑利管道有限公司，是我国首家生产 CPVC 系列产品的大型合资企业，美国 NOVEON 诺誉（B F Goodrich 古立德）化学公司创建于 1870 年，是世界 CPVC 产品标准的制定者和指导者。高标准的规模投资，高尖端的科学技术，高层次的企业管理，高诚信的经营理念，使该公司始终具有先进的生产设备，完整的测试工艺，雄厚的技术人才，一流的产品质量。公司通过 ISO9001 国际质量管理体系认证、ISO14001 国际环境管理体系认证、GB/T28001 职业健康安全管理体系认证，是上海宝钢、秦山核电等国家重大工程建设合格供应商。产品销往全国各地及出口海外，深受国内外新老客户的信赖与爱戴!

该公司生产的管道、管件、阀门、板材、填料、焊条等系列产品 ，高强度、耐高温、耐酸、耐碱、阻燃、无毒，是国家主导推行的绿色管道。产品完全符合 ISO15493、美国 ASTM 标准 F438、F439、F441 和德国 DIN 标准 8079、8080、以及日本 JIS6776 标准的规定，广泛应用于矿山 、石油、冶金、化工、油田、电力、造船、造纸、核电、制革、医药、印染、电镀、食品、饮料、家电、航天航空、军事工业、电子半导体、污水处理、消防系统等工业部门和宾馆、饭店等行业。该产品非但具有其他管道系统无法替代的优越性，而且价格适宜、安装方便，且安装费用降低 60%以上。同时，该公司生产的 ABS、UPVC 等管道、管件、阀门 、填料等系列产品和 PE 波纹通信管的销售，仍占国内市场领先地位，深受国内外用户的信赖。

三凌集团

广东三凌科技集团有限公司列入汕头总部企业，是一家集新型塑料管道产品研发、生产制造、销售，建设工程施工、工程 EPC 总承包、房地产开发和对城市建设、工程项目、房地产业、商业、教育、金融和高新科技项目投资的综合性企业。集团旗下拥有广东三凌塑料管材有限公司、汕头市三凌市政建设有限公司、汕头市三凌房地产开发有限公司、广东金嘉泰投资有限公司、汕头市金嘉泰拍卖有限公司等五家全资子公司，并拥有省级科研机构——广东省新型塑料管道工程技术研究开发中心。

广东三凌塑料管材有限公司是三凌集团的产业支柱，是国家高新技术企业、广东省新型塑料管道创新产业化示范基地，被评为广东省十大诚信企业、广东省模范劳动关系和谐企业、连续十三年广东省守合同重信用企业。公司研发生产的“和塑”品牌 PVC-U 给排水管、PE 给水/燃气管、PP-R 家装管、HDPE 中空壁缠绕管、PVC/HDPE 双壁波纹管、PVC/PE 通信电缆护套管、PVC-C/HDPE/MPP 电力电缆护套管、PVC 穿线管/电线槽等系列管材管件，产品广泛应用于国内供水管网、排水管网、通信管网、电力管网、燃气管网等领域，荣获“中国管材十大品牌”“广东省高新技术产品”“广东省名牌产品”“广东省著名商标”等称号。公司拥有数十项发明专利，多项创新研发成果荣获国家级、省级和市级的科技奖。

汕头市三凌市政建设有限公司是具有二级市政公用工程施工总承包资质的施工企业，成立十余年来致力于建筑给排水管道工程、城镇供水管网工程、农村饮水安全工程、村村通自来水工程、市政道路工程及房屋建筑工程的施工，承担了粤东地区大部分农村水改工程项目的施工和水厂的建设，参与了潮阳区村村通自来水工程、汕头南澳岛过海引韩供水工程、厦深高铁谷饶站进出站路工程项目的建设，合作建设了一定规模的房屋住宅和市政路桥项目，是集团公司不可缺少的组成部分。

广东省金嘉泰投资有限公司是集团公司跨行业的投资主体，涉足对城市建设、工程项目、房地产业、金融、实业、商业贸易、教育、高新科技项目的投资和创业投资，是集团公司发展的重要板块。

广东省新型塑料管道工程技术研究开发中心，是广东三凌塑料管材有限公司的附属科研机构，是通过专家论证鉴定，经广东省科技厅批准的省级技术研发机构，它对于提升广东省塑料管道行业的整体技术水平，增强行业竞争力和发展后劲，具有重要的战略意义。

集团公司现拥有厂房和办公配套楼房 10 万多米^2，生产设备和研发设备几百台套。集团共有员工 700 多人，拥有各类专业技术和管理人才 200 多人。其中：具备中高级技术职称的人才 150 多人，具备大专以上学历的人员占员工总数 38%。

公司秉承“以人为本，诚信经营，科技创新，服务社会，造福人类”的宗旨，以实业为基础，以资本为纽带，以科技为依托，以市场为载体，充分发挥优势，不断提高综合实力，努力促进企业的飞跃发展，创造更大的经济效益和社会效益。

茶花现代家居股份有限公司

茶花现代家居用品股份有限公司成立于 1997 年，专业从事塑料家居用品的研发、生产和销售，是国内家居塑料用品行业的龙头企业。公司目前拥有 3 个大型生产基地。公司的产品主要分为传统用品、居家用品、厨房用品、食品容器、浴室用品、清洁用品等八大类，共三十六个系列，1 500 多种产品，产品品种丰富，品类齐全。公司“茶花”商标先后被评为福建省著名商标和中国驰名商标。

通过多年的发展，公司建立了较为完善的销售网络，拥有全国范围的省级茶花专营销售代理商，具有强大的渠道优势。公司的主要销售终端集中在大卖场和超市，与沃尔玛、家乐福、麦德龙、大润发、华润万家、永辉、人人乐、物美、易初莲花等全国性连锁超市建立了密切合作伙伴关系，并覆盖了全国各地的地方性超市。随着超市终端精细化营销的推进，公司还将在全国范围大力开拓超市茶花集中陈列区——“茶花生活馆”，打造现代家居生活新坐标。

长虹塑料集团英派瑞塑料股份有限公司

长虹塑料集团英派瑞塑料有限公司成立于2010年8月，注册资金7000万元，主要生产和销售尼龙扎带、钢钉线卡、定位片、压线帽、接线端子、号码管、缠绕管、冷压端头等“CHS”品牌的塑料制品，是长虹塑料集团的六个子公司之一。公司坚持“诚信、高效、创新、共赢”的经营理念，管理上坚持以市场为导向，采用现代企业管理制度，集售前、售中、售后服务于一身的营销服务模式，为广大用户提供最优质的产品。凭借过硬的产品质量和优质的服务，赢得了国内外广泛客户的厚爱，产品已销往欧洲、北美洲、南美洲、大洋洲、非洲、亚洲等100多个国家和地区。

经历成立到现在短短几年时间的市场竞争洗礼，已迅速发展成为全国较具规模的配线器材产品生产企业：拥有大型节能注塑机130多台；自主研发热流道模具达150多台套；新引进6条挤出式塑料机流水线入驻；开发80多套高端配线槽新产品模具；2013年内完成二期工程，续建10万米^{2}的标准厂房及配套建筑，公司占地面积达到20万米^2，建筑面积达到30万米^2。业务范围涉及电器、电子、建筑、汽车、农业、服装、食品等多个应用领域，已整合形成研、产、销一条龙的庞大的产业群体，产品获得国家专利10多项。为了进一步落实国家科教兴国战略，促进科技创新，加快企业经济发展和社会进步，2013年7月9日，公司与北京工商大学正式签订了校企合作协议，促进企业进行传统产业改造和高新技术产业发展，研究高新技术项目和攻克企业技术难题，支持企业技术创新。这标志着公司在规范化发展的道路上迈出了重要的一步，为做大企业规模、提高经济效益，实现企业战略化经营格局，进一步奠定了良好的基础。

长虹塑料集团有限公司联系方式

电话：0577-62799888

传真：0577-62793006

网址：www.chs.com.cn

南亚塑胶工业（南通）有限公司

台湾南亚公司为促进两岸交流，拓展大陆市场，于1996年3月在江苏省南通市崇川经济开发区投资成立南亚塑胶工业股份有限公司南通厂区，全厂区占地面积48万米^2，总投资3.7亿美元（注册资本14 115万美元），下属：南亚塑胶工业（南通）有限公司、南亚塑胶胶膜（南通）有限公司、南亚电气（南通）有限公司、南亚共和塑胶（南通）有限公司、中国南通华丰有限公司、南通华富塑胶有限公司六家独立法人企业。

南亚塑胶工业（南通）有限公司专业生产PVC人造革、PVC薄膜、PU合成皮。产品广泛应用于车辆内饰材、箱包、鞋革、家具、吹气制品、建材相关产品、文具、胶带、浴帘、桌巾、夹网、装饰材、包装材等。公司秉承创办人王永庆先生“勤劳朴实、实事求是、追根究底、止于至善”的经营理念，推行全面质量管理活动，追求持续改善，提供客户完全满意的产品与服务，贡献社会。

南亚塑胶工业（南通）有限公司全面导入母公司各项管理制度，大力推动产品别、机台别经营负责制度，依照产品、机台特性成立产品别、机台别经营小组，发挥专业团队优势，提升整体经营绩效。

在组织机构方面，设立总经理室、管理处、资材处、工务处、会计处等服务单位，专门负责全厂区管理制度制订、推动及检核改善；原物料采购、仓储、人员招募、培训、考核，计算器网络维护；工程、设备管理、水、电、蒸汽等能源提供；经营绩效评核。依产品大类不同，设立独立的营业机构及生产厂，负责产品市场开发及生产制造成品仓储及客户服务等工作，体现专业特色，并于生产厂设立绩效组，负责产品经营绩效考核与改善，追求持续改进。

在管理制度方面，将全部管理制度区分为营业管理、资材管理、生产管理、财务及绩效管理、工程管理、人事管理六大类，实行全企业计算机ERP管理，信息共享，且已通过ISO9001、ISO14001、OHSAS18001、TS16949及3C认证，并不断力求改善。

上海永利带业股份有限公司

上海永利带业股份有限公司创建于 2002 年，坐落于国际大都市上海市，办公地位于上海市虹桥枢纽附近的青浦区徐泾镇徐旺路 58 号。公司是一家以研发、生产制造、销售各种规格型号轻型输送带产品的专业公司，也是目前国内专业性、配套性最强的新材料类轻型输送带研发生产高科技企业。系国内第一家具备替代进口轻型输送带的民营企业，当前综合实力在行业内的排名是中国第一。公司于 2011 年 6 月在深圳证交所创业板上市，股票代码为 300230。

公司自成立以来取得了许多荣誉和成绩：国家火炬计划重点高新技术企业、上海市高新技术企业、上海市技术中心、上海市专利示范企业、上海文明单位、上海市民营科技综合百强、上海市著名商标、上海名牌产品。多项技术被上海市科委认定为上海市高新技术成果转化项目，其中高黏结强度多功能 PVC-TPE 输送带材被上海市科委认定为上海市火炬计划项目，高摩擦 PVC-TPE 花色输送带被认定为上海市重点新产品，高强度精密石材带被认定为国家重点新产品，高剥离 PE 输送带被认定为青浦区专利新产品。2008 年与同济大学共同设立国内第一家“轻型输送带研发中心”。2014 年与华东理工大学材料科学与工程学院共建“输送带研发中心”。

目前，公司共申请国家专利 70 多项，其中授权的发明专利 13 项，产品技术经上海科学技术情报研究所查新检索，达到国家领先水平。公司产品被广泛地应用在各种行业，国内市场占有率达到 30%。

公司在天津、沈阳等地设有 8 个办事处，拥有接头设备及输送带仓库。2009 年，在荷兰注册了永利欧洲公司。2010 年，在韩国设立了永利韩国，在土耳其和印度分别设定了代理商，专业销售永利产品，产品已出口世界各地。2014 年公司以 100%股权并购青岛英东模塑，使公司在巩固轻型输送带领域的领先优势的同时，积极拓展塑料链板输送带等新产品，从而实现产品线拓展及企业扩张的发展战略。公司始终以完善的服务、创新的思维、卓越的管理，打造世界新材料轻型输送带的生产基地。

常州晶雪冷冻设备有限公司

常州晶雪冷冻设备有限公司，位于江苏省武进经济开发区丰泽路 18 号，是国内领先的冷藏库库体和节能厂房围护整体解决方案供应商，也是国内规模居前的节能保温板材生产厂家。经过 20 多年的发展，公司已经拥有两条国际先进的板材连续生产线，建成了两个生产基地和遍布全国的销售网络，形成了 220 万米 ^{2} 各类节能板材、10 000 扇冷库门和工业门及 5 000 个升降平台的年生产能力，能够为客户提供节能保温围护系统的设计、生产、安装和围护的全方位服务，从而可以优质高效地完成客户订单，一站式地满足不同客户的个性化围护系统建设需求。

晶雪公司参与了超过 14 项国家及行业标准的起草修订，获得 21 项专利。2009 年参加 GB/T21558—2008《建筑绝热用硬质聚氨酯泡沫塑料》项目获得中国轻工业联合会科技进步三等奖。晶雪先后被评为“国家级高新技术企业”“江苏省科技型中小企业”“2011~2013 年度塑料加工业科技创新型企业”“江苏省管理创新优秀企业”，同年在中国塑料行业 10 强企业评选活动中被评为行业第一。在技术研发上，公司不断加强研发基础建设，2012 年申请并成立了“江苏省冷链物流设备与材料工程技术研究中心”。2013 年公司的各类节能保温板材产品通过了美国 FM 认证，晶雪成为国内节能板材领域里通过该认证品种规格最多的企业。同时，被国家环保部评定为“2015 含氢氯氟烃使用配额许可单位”。在品牌建设上，“晶雪”为江苏省著名商标，2013 年荣获年度品牌创建奖，连续八年荣获“全国 3.15 质量和服务诚信承诺企业”的称号。公司产品为江苏省名牌产品、国家绿色建筑选用产品、中国工程建设推荐产品。

晶雪公司下设上海晶雪节能科技有限公司和江苏晶雪节能环境工程有限公司两家全资子公司，分别专注于销售和安装业务。同时，晶雪拥有较强实力的研发团队和年轻化的后备力量，公司本着“以人为本，增强团队凝聚力”的团队建设思路，进一步完善人才选、育、用、留的机制，践行晶雪团队文化，有针对性的解决目前人才层次、结构问题，打造晶雪团队。

客户群方面，晶雪公司生产的“晶雪”“晶诺”

品牌的各类 PU、PIR、岩棉新型节能板材、各类冷冻冷藏库门、工业门和升降平台，广泛地应用于冷链物流、超市、食品加工、生物医药、餐饮酒店、机场仓储、科研院校、工业厂房和建筑围护等领域，具有较高的市场占有率。公司积累了大量的中高端客户，拥有良好的口碑，并成为众多世界 500 强和中国 500 强企业在节能保温围护系统建设中的首选。

晶雪依托丰富的行业经验和强大的研发团队，在项目前期设计阶段采用了国际上最先进的 3D 动态效果图，能够让客户非常直观地看到各类围护系统建成后的效果和功能区域的分布，以及晶雪是如何实现节能环保的。

旋阳集团

旋阳集团始创于 1968 年，是知名的压延机（胶布机）系列整厂设备制造商，并提供包含市场调研、预算、设计、制造、安装、培训、升级的交钥匙工程全面服务和 OEM 代料加工，并成功进军光电及电子设备制造。

在过去的 40 年中，旋阳集团带领旗下品牌“旋阳”“泓阳”“宏轮”“宏技”，秉承一贯宗旨，制造高水平国际性的精良设备。近年来，不断与德国进行技术合作，设备与欧美并驾齐驱。不但拥有多项国内及国际专利，且多次获得国家和上海市颁发的技术类证书和奖状，以专业的技术及丰富的经验为客户创造最大利益。

广州海狮软件科技有限公司

广州海狮软件科技有限公司是一家专业致力于工业控制系统研发、生产、销售为一体的高新技术企业。公司以高科技项目为主体，以高素质人才为支柱。专业领域涉及硬件 EDA 开发、底层 DSP 开发、VC 软件开发、电气控制系统设计等。核心产品有塑料挤出机米重控制系统、超声波在线管材测量控制系统、色母与米重合成控制系统，几年来，经过公司全体员工不断努力、更新、完善，使海狮科技出品的产品达到国际先进水平。

海狮科技专注于为广大客户降低制造成本、提高生产质量、增加经济收益。

凭借过硬的产品质量和完善的售后服务，深受广大客户的认可及赞誉，产品遍布包括西藏、新疆在内全国各地。

海狮科技将一如既往地秉承“专业、专注、专心、专诚”的企业精神，以真诚和信誉广交四海宾朋，竭诚把最好的产品和最完善的服务奉献给客户。

贵州森瑞管业有限公司

贵州森瑞新材料股份有限公司（原贵州森瑞管业有限公司）成立于 2003 年，位于贵阳市国家高新技术产业开发区，占地面积 400 000 余米 ^{2}，公司注册资金 15 750 万元，是贵州省规模最大的专业从事新型塑料管道研发、制造、销售的新型环保科技企业，拥有位于贵阳金阳、贵阳乌当、武汉黄陂等已投产的生产基地。

公司目前装备了 100 余条国际、国内先进生产线，并拥有先进的检测设备和完善的检测手段。营销网络覆盖广泛，能及时有效地为客户提供优质齐全的管材及管件。主要产品有埋地用聚乙烯（PE）给水管；燃气用埋地聚乙烯（PE）管；煤矿井下用聚乙烯（PE）管；钢丝骨架聚乙烯（PE）复合管；埋地排水用 HDPE 双壁波纹管、PVC-U 双壁波纹管、钢带增强聚乙烯（PE）螺旋波纹管；地下通信管道用实壁管、双壁波纹管、硅芯管、梅花管、栅格管、蜂窝管；埋地用 PVC-C 电力电缆护套管；建筑用 PP-R 给水管和 PVC-U 排水管、环保健康精品家装 PP-R 给水管、环保健康精品家装 PVC 电工套管；阻燃型 PVC 电线槽、工业线槽、电工套管等，以及与管材相应管、配件系统，产品覆盖了国家标准或行业标准所列全部规格，被广泛应用于给水、排水、排污、燃气、农业、水利、电力、矿山和通信等领域。

公司始终以“向社会提供环保、节能、安全、经济的塑料管道系统”为质量方针，以“改善和提高人类居住环境、缔造绿色健康生活空间”为使命，坚持内抓质量管理，外抓市场开拓，以顾客为中心，不断提高产品和服务质量，满足顾客要求。公司先后通过“ISO9001:2008 质量管理体系认证”“ISO14001:2004 环境管理体系认证”“ISO10012:2003测量管理体系认证”“OHSAS18001职业健康安全管理体系认证”“压力管道元件认证”“矿用产品安全标志认证”和“中国环境标志产品认证”等。被国家科技部批准为“国家火炬计划项目”“国家高新技术企业”“国家守合同重信用企业”“省级企业技术中心”“技术改进先进单位”。公司从成立至今一直被贵州省工商局评定为“守合同、重信用”单位及荣获“先进纳税企业”“财政贡献突出企业”“贵州质量诚信5A级品牌企业”“管理体系认证优秀企业”。同时公司还是国家质检总局授权的“聚乙烯（PE）管道焊工考试委员会”单位、中国质量诚信企业协会副会长单位和理事单位、住房和城乡建设部科技发展促进中心《建设科技》理事单位。森瑞系列产品被建设部列为“全国建设行业科技成果推广项目”，连续多年入选《全国农村饮水安全工程材料设备产品信息年报》，被中国中轻产品质量中心确认为“中国优质产品”及获得“中国绿色环保建材产品”“贵阳市名牌产品”和“贵州省名牌产品”等诸多荣誉。

公司坚持“以质量求生存、以服务求发展、以诚信求双赢”的经营理念，发扬“诚信、务实、学习、创新”的企业文化，及“让城市更美丽，让生活更美好”“保护家乡环境，共建美好家园”的环保理念，立足于科技研发，为广大用户提供快捷、优质的管道工程系统。

成都川路塑胶集团有限公司

成都川路塑胶集团创建于1986年，是一家专业生产新型化学建材的中外合资企业，总部位于中国·成都国家经济技术开发区，是目前国内同行业中成立早、规模大、品种齐、质量优、开发能力强、品牌价值和企业固定资产近10亿元的名牌企业。

川路塑胶集团29年来始终坚持一个产品品牌（“川路”唯一品牌）、一个产品质量等级（国家标准等级）服务于市场，高品质的产品与服务获得了众多使用者的认可，川路品牌赢得了广泛的美誉度与忠诚度。

公司秉承“有责任·更信任”的企业理念，不断创新，追求卓越，坚持诚信为本，携手共赢，以质取胜，奉献社会。

川路塑胶集团是四川省高新技术企业和政府培育型大企业，是中国塑料加工工业协会理事及管道分会副理事长单位和全国塑料制品标准化技术委员会委员兼SC3副主任委员单位。拥有国家授权的博士后科研工作站及数项国家产品专利，是四川大学高分子材料实验基地。荣获了中国名牌、中国驰名商标、中国环境标志产品荣誉称号，通过了ISO9001质量管理体系认证、ISO14001环境管理体系认证、GB/T28001—2001职业健康管理体系等认证，被评为中国市场用户满意第一品牌及中国管材管件业最具影响力品牌称号。

川路塑胶集团在全国拥有分公司、总经销、特约经销800余家，组成了较完善的营销与服务网络，并与万科、保利、招商、阳光壹佰等著名地产公司形成战略合作。“川路管材”“川路型材”等系列产品广泛应用于国内（外）城市化建设的建筑给（排）水、建筑门窗、电器穿线、电网改造、市政建设、农网改造、石油化工、新农村建设等众多领域。主要工程包括：毛主席纪念堂改造、小平故里、钓鱼台国宾馆、多国驻我国大使馆、布达拉宫改造、四位机库、二滩水电站、北京2008奥运主体育馆、上海世博园、三亚博鳌论坛会址、重庆朝天门广场、成都地铁、5·12灾后重建工程、喀麦隆议会大厦、塞班国际五星级酒店、巴哈马国家体育馆、非洲农场喷灌给水工程等。

川路塑胶集团以国家重大需求为导向，坚持以科学发展与自主创新为主要任务，投身于低碳、节能、环保的绿色建材行业，致力于为人们提供自然、健康的饮用水与温馨、舒适的生活空间。

地址：成都国家经济开发区车城西二路88号

电话：028-84855666

河北金天塑胶新材料有限公司

河北金天塑胶新材料有限公司是一家主营高新材料研发、生产和销售的创新型企业，经过20多年的发展，成为中国北方规模最大的改性塑料公司。从1994年创立之初，金天就确立了“诚信是金、天道酬勤”的企业价值观，以诚信为本，勤于研发，利用领先的塑料改性理论和技术，开发出各种高新材料，为全球十几个国家和地区的客户提供种类繁多的产品及服务，应用于交通运输、电子电器、能源、涂料和农业等高速发展的领域。

中国联塑集团控股有限公司

中国联塑集团控股有限公司（简称：中国联塑，香港上市代号：2128）是中国领先的大型建材家居产业集团，产品及服务涵盖管道产品、卫浴产品、整体厨房、型材门窗、装饰板材、消防器材、卫生材料、海洋养殖、五金建材、电商平台等领域。2014年营业收入达148亿元人民币。

随着全球化、国际化进程的推进，中国联塑已拥有逾40家控股子公司，拥有超过20个主要生产基地，分布于全国14个省份及加拿大和美国，形成了覆盖全国辐射全球的生产基地和销售网络，能够及时、高效地为顾客提供产品和服务。

中国联塑建有国际领先，国内一流的研究院，拥有各类科研人员1 000多名，设有博士后科研工作站、CNAS国家认可实验室。目前，中国联塑拥有和正在申请的专利有逾3 000项。科研成果先后入选国家火炬计划项目、国家重点新产品、全国建设行业科技成果推广项目和政府绿色采购清单；先后被国家有关部门授予国家高新技术企业、国家认定企业技术中心、中国建设科技自主创新优势企业、知识产权优势企业、建设部产业化示范基地、广东省政府质量奖等荣誉称号和奖项。

现阶段，中国联塑拥有10 000多种产品，是国内建材家居领域产品体系最为齐全的生产商。中国联塑的产品被广泛应用于家居装修、民用建筑、市政给水、排水、电力通信、燃气、消防及农业、海洋养殖等领域。在2008年北京奥运会、2010年广州亚运会及上海世博会的部分场馆建设中，联塑均被指定为产品供货商。

中国联塑将继续秉持“为居者构筑轻松生活”的品牌信仰，以全新的姿态，致力于将中国联塑打造成泛家居领域，世界领先的大型建材家居产业集团，为客户提供更多高性价比的产品和服务，缔造舒适、高品质居家生活。

广东德塑科技有限公司

广东德塑科技有限公司始创于1989年，世界体操全能冠军杨威为公司形象代言人，是一家专业生产塑料管道及塑料生产设备的大型民营科技企业。公司位于广东省鹤山市，占地面积300多亩，现有员工700多人，公司拥有80多条先进的挤出生产线和60多台注塑生产设备，并建有配套齐全的综合实验室和模具加工中心，是国内最先采用端面注塑工艺进行配件生产的企业，年生产能力10万吨以上。

公司主要生产“德塑”牌PE给水管、PE燃气管、PE通信子管、PE-RT地暖管、HDPE双壁波纹管、HDPE中空壁缠绕管、PP-R冷热水管、PVC-U给/排水管、PVC难燃线槽/线管、PVC-U通信管、PVC-C高压电力电缆管、PVC-U双壁波纹管以及各类开关、插座和配电箱等系列产品。产品广泛应用于市政排污、乡镇供水、农业排灌、民用建筑、燃气输送和电力通信等领域。

公司已通过ISO9001：2008质量管理体系、ISO14001:2004环境管理体系和GB/T28001—2011 idt OHSAS18001:2007职业健康安全管理体系认证。“德塑”商标被认定为“广东省著名商标”；德塑产品通过并获得“广东省名牌产品”称号“节水产品认证”“环境标志认证”“优秀绿色环保产品证书”“工程建设新技术新产品证书”“采用国际标准产品标志证书”“采用国际标准产品认可证书”和“科学技术成果鉴定证书”，并连续三年入选《全国农村饮水安全工程材料设备产品信息年报》；公司荣获“重合同守信用”“全国质量信用企业”“民营科技企业”“计量保证体系合格企业”和中国质量检验协会颁发的“全国质量和服务诚信优秀企业”等称号，并拥有多项产品专利；“德塑”产品质量和品牌知名度得到了广大用户的肯定和赞誉。

德塑公司将始终坚持以优质的产品和完善的服务，满足客户需求，善尽社会责任；并通过不断创新实现对产品、服务和管理的持续改善。

贝尔机械集团

张家港市贝尔机械有限公司是一家具自主进出口经营权的省级高新技术企业、省著名商标、省级塑机产品出口基地企业。公司成立于 1998 年，是集研发、生产与销售塑料机械的科技型企业，坐落于交通便利的江苏省张家港市省级经济技术开发区，是第一家落户市民营科技园的企业。公司目前占地面积 108 亩，现代化科研楼及标准化车间 60 000 米^2，现有员工 289 人，大专以上人员占职工总人数的 36%。近年来，公司以创新为主导，紧随世界塑机创新的时代潮流，不断自主创新。公司产品以挤出类为主，尤其是高效高速类挤出生产线赶超国际先进技术水平，在国内外很多知名企业的生产过程中被广泛认可及高度评价，产品大部分出口远销亚、非、欧等地区。据海关部门及商务局统计，自 2006 年起，在市内同行业中，公司连续九年产品出口销售第一名。2014 年公司实现销售近 2 亿元，利税 2125 万元，出口销售 1 600 万美元。

公司以专业研发、生产、制造塑料机械类设备为主，主要涵盖塑料挤出、清洗回收及辅机系列。中国塑料机械工业协会对中国所有塑料机械行业企业的综合实力进行了评比，张家港市贝尔机械有限公司作为中国塑料机械工业协会的常务理事单位，在 2014 年度中国挤出行业综合实力排名第五位，江苏省排名第一。

公司高效节能单螺杆挤出生产装备（第五代）于 2014 年 8 月 6 日经江苏省经信委及中国塑料机械工业协会联合鉴定：产品设备技术指标达到或超过行业标准的要求，挤出 HDPE 产能达到 442 千克/小时，比能耗位 0.2 千瓦・小时/千克，性能稳定、可靠，操作方便，节能环保，技术达到国际先进技术水平，进一步推动了行业的进步和加快了高效节能化塑料机械类产品的国产化进程，替代进口产品。

公司拥有研究开发人员 54 人，占职工总数的 18.69%，其中高级职称 4 人，博士 6 人，中级职称 40 人，专业涉及机械设计与制造、电气工程等领域，具有较强的研发能力。目前，企业拥有有效专利 18 项，其中发明专利 3 项，实用新型专利 15 项。

公司建有市千人计划工作站、江苏省博士后创新实践基地、江苏省级塑料废弃物工程技术研究中心、江苏省企业研究生工作站、企业技术中心等研发平台，公司以这些研发平台为载体，不断从海内外引进高科技人才，强化技术创新，建立并有效地运行内部管理体系，从新产品开发、新工艺应用到策划、计划、实施、评估已形成良性循环，把技术创新的管理创新作为集团的发展方针。企业拥有 5 000 米^{2}研发设计实验用房、1 500 米^{2}中心试验车间和完善的数字信息中心，研发设备 40 余台，具备较强的研发实力。

公司与北京化工大学、上海交通大学、南京航空航天大学、江苏科技大学等国内高校建立了长期稳定的产学研合作，先后合作开发了过氧化物聚氯乙烯挤出管材生产线、PE 建筑模板生产装备等多个产品，并被认定为省高新技术产品（共有 9 项高新技术产品），废塑料清洗回收项目 PE 建筑模板生产装备项目被列入国家、江苏省火炬计划、省科技支撑、省国际科技合作项目等。

南通百正电子新材料股份有限公司

南通百正电子新材料股份有限公司是一家专业生产电容薄膜的高新技术企业，现已于 2014 年 12 月在全国中小企业挂牌转让系统正式挂牌。公司最早成立于 1988 年 10 月，先后并购江苏南天集团、南通奔多电子公司，现已具备的研发、生产、检测、销售系统，获得了“耐高温电容薄膜”国家专利。公司通过了 ISO9001—2008 质量管理体系认证、ISO14001—2004 环境管理体系认证以及 GB/T28001—2001 职业健康安全管理体系认证，持续改进和完善公司的质量保证体系，在行业内树立了良好的质量形象。公司产品被评为江苏省名牌产品，其中“迈特”商标被认定为江苏省著名商标。公司从德国布鲁克纳公司先后引进 4 条电容器用拉伸聚丙烯薄膜生产线和检测设备。2011 年引进的德国布鲁克纳高速线建成后，全年生产线产能达到 10 000 吨，可以生产 3~12 微米的可供金属化蒸镀用的基膜和 6~18 微米的单、双面粗化膜。

山东通佳机械有限公司

山东通佳机械有限公司位于山东省济宁国家高新技术产业开发区，是集科、工、贸一体的现代化大型企业集团、中国最大的塑料机械专业制造商之一，2014 年荣膺中国塑料挤出成型机械行业第二名，是中国塑料机械工业协会副会长单位、中国塑料加工工业协会副理事长单位，国家重点高新技术企业，中国专利明星企业。

公司全面通过 ISO9001:2008、ISO14000、ISO18000 国际管理体系认证，设有“国家物理发泡塑料机械工程技术研究中心”和“山东省企业技术中心”，不断开发研制出国际先进、国内领先的塑料机械装备，并率先通过欧盟 CE 认证。主要包括塑料发泡类、塑料包装类、塑料管材、塑料网材、片材类、高效节能注塑机、塑料中空成型机等九大系列 200 多种规格的塑料机械新产品，其中多项产品填补了国内空白，获得了多项国家发明专利和省部级科技进步奖，并分别列为国家级重点新产品，国家级火炬计划项目、国家技术创新基金项目。产品销售遍及全国各地及世界 60 多个国家和地区，并在世界 46 个国家和地区注册了“TONGJIA”商标、设立了“TONGJIA”办事处和售后服务网点。

“信任源于品质”，通佳集团凭借雄厚的企业综合实力、精湛的技术、完善的服务，为客户提供世界前沿技术、塑机精品和整厂交钥匙服务！

地址：山东省济宁国家高新技术产业开发区 327 国道 96 号

电话：0537-2271266　2271966

传真：0537-2984888

邮箱：sales@tongjia.com

网址：www.tongjia.com

宁波康润机械科技有限公司

宁波康润机械科技有限公司地处风景秀丽、环境幽雅的中国塑料机械王国——宁波鄞州投资创业中心开发区。多年来，公司致力于塑料机械的研制和开发，不断地消化和吸收世界领先的科学技术和工艺，始终站在中国挤出塑机行业的前沿，代表了国内同类塑机挤出生产线的领先水平。公司集多年挤出装备设计和制造经验，实现核心技术装备与欧洲先进的塑料加工技术对接，新近开发推出的全新 KR 系列挤出生产线具备了一流的设计与制造，完美体现“高精密控制，高效率生产，高品质生产”的高效挤出理念。无论是管材设备，异型材设备，片材、板材设备，清洗造粒塑机设备，都一应俱全。根据每位客户的需求，提供最专业的机械设计制造及全套的加工成型工艺，以满足每一位客户的特殊应用需求。

宁波国荣基康润机械有限公司塑机设备下设销售中心、技术中心、生产部、品质管理部等部门和一个塑料制品试验基地，现有多名各类中高级技术人员，是中国挤出成型机 10 强单位和国家级高新技术企业。

浙江省宁波市鄞州区金谷中路（东）9 号　邮编：315100

销售热线（Sales hot line）：

+86-574-89021111/400-668-3339

电话（Tel）：+86-574-89021666　89021111

传真（Fax）：+86-574-89021222

手机（Mobile）：+86-13586885979/13906722000

网址：www.konrunchina.com

E-mail：sales@konrunchina.com

xuxin0530@126.com

MSN：xuxin0503@hotmail.com

QQ：1400114701

顾地科技股份有限公司

“顾地”品牌创建于 1979 年，成长于广东，发展于全国，是中国难燃 PVC 电工管和线槽的发明者和制造者。作为推动中国塑胶管道“以塑代钢”的先行者，顾地自创业以来，秉承“追求卓越品质，尽显顾地精华”的经营理念和“勇于创新、追求更高”的信念，引领了塑胶界一系列改革浪潮，为国家的建设和社会的繁荣作出了巨大贡献。

顾地科技股份有限公司（深交所 A 股上市企业，股票代码：002694）于 2010 年整体改制设立，目前在湖北、重庆、佛山、北京、河南、马鞍山、邯郸、甘肃拥有八大生产基地。产品广泛应用于建筑内给排水、市政给水、燃气、建筑采暖、市政排水排污等领域。产品畅销全国 31 个省（市），同时远销中亚、东南亚、非洲等国家，是目前国内最具规模和影响力的塑胶建材制造商之一。

公司是中国塑料加工工业协会副理事长单位、中国塑协塑料管道专委会副秘书长单位，同时也是全国塑料制品标准化技术委员会塑料管材、管件及阀门分技术委员会的核心成员单位，在行业内具有较高的知名度和美誉度。

公司拥有一支强大的科研团队，拥有近百名高学历、高水平的专业科研技术人才，拥有多项发明专利及实用新型专利，技术实力雄厚。最近几年，公司先后通过了 ISO9001 质量管理体系认证、ISO14001 环境管理体系认证、OHSAS18001 职业健康安全管理体系认证、压力管道元件制造许可认证及国家节水产品认证等多种准入制度，公司曾荣获“中国名牌产品”等称号。

为适应时代的发展，顾地科技将加快创新的脚步，在不断加强规范管理的同时，积极开拓市场，寻求环保建材领域的发展机会，把公司建设成为中国最具规模、最具实力也最具魅力的现代化企业。

中山环宇实业有限公司

中山环宇实业有限公司，成立于 1993 年 3 月 15 日，位于广东省中山市东凤镇 105 国道旁。公司是香港世界五金塑料厂有限公司附属机构，是全球著名塑料管材生产企业 Aliaxis 集团成员。集团总公司和香港母公司分别始创于 1905 年和 1961 年。

目前，Aliaxis 集团公司总部位于欧洲比利时首都布鲁塞尔，是全球最大的塑料管道/阀门生产和销售集团，成员遍布全世界，拥有 400 多个知名品牌及厂家。集团年销售额多达 400 亿元人民币以上。

中山环宇实业有限公司承传集团公司的精湛工艺及国际化的管理体系，多年来在中国市场不断探索和研究、开发及生产适合工业、民用等各种领域上应用的塑料管材、配件及阀门。公司提供的产品材质有 CPVC、UPVC、PPR、EVA、PP 等，生产标准更加多元化，有国标（GB）、英标（BS）、美标（ASTM）、日标（JIS）等，能适合不同国家的要求，配套齐备，使用户能方便快捷地选购合适的产品。

公司拥有强大的技术队伍，坚持自主研发、自主创新战略，拥有多项产品专有技术，并应邀成为国家塑料制品标准化技术委员会——塑料管材、管件及阀门分技术委员会核心成员，参与有关国家标准的制定。在 2003 年，公司被委任为 CPVC 管材国家标准的第一起草人，参与有关标准的主编工作，以公司多年来在塑料制品加工行业的经验，与行业内多位专家共同努力，编制有关标准，使国家的塑料行业知识更加完善并有了更科学的发展。

公司拥有高科技先进的塑料模具开发中心，现已自主开发模具数千套，可提供品质高、种类齐全的给水、排水、热水管道和电线电缆套管，也能提供整套以塑胶为主的水处理系统，通过“以塑代钢”配合国家实现未来纯净水优质供应和绿色环保的目标。

中山环宇以社会责任为己任，热衷于社会公益事业，在企业内建立大学生实习基地，并于 2012 年获批国家级实践教育中心，对大学生作出专业的对口的技能培训，培养他们的实践能力，培育了一批又一批的大学生走向社会。多年来，中山环宇凭借科学的渠道治理结构，稳健的经营团队，强劲的拓展能力，卓越的企业文化，打造了具有全球影响力的行业品牌——锚牌。

地址：广东省中山市东凤镇兴东路 1 号，邮编：528425

电话：0760-22619980

传真：0760-22603813

网址：www.anchorhk.com

康泰塑胶科技集团

康泰塑胶科技集团有限公司创立于 1999 年，坐落于美丽的四川成都崇州经济开发区，是一家集专业研发、制造、销售为一体的大型塑胶建材集团企业。集团先后组建了成都康泰、浙江康泰、辽宁康泰、河南康翔、辽宁康翔、成都不锈钢管业、河北康辉、安徽康嘉、上海鑫磊、江西康乐 10 家成员企业。公司拥有具备国际先进水平的全自动电脑数控挤出、注塑、塑钢门窗装配等专用生产设备 1 000 余台（套），员工 4 700 余名，集团总资产近

20亿元，年产能40万吨以上，是建设部发布的中国最具规模的化学建材生产基地之一。主营产品涵盖民建、市政工程用管、精品家装、型材门窗，品种规格达5 000多种。康泰集团始终坚持市场机制，秉持“科技、质量、价值、共赢”的市场竞争理念，以市场、客户需求为导向，在全国成立了30余家销售分公司，形成了覆盖全国的营销网络，长期与全国地产50强、中国移动等大型企业保持稳定的战略伙伴合作关系，产品品质和服务深受客户信赖。

康泰品牌获得“中国塑胶建材行业十大品牌”，康泰产品系列先后获得“中国环境标志产品认证”“新华节水产品认证”“中国绿色建筑产品认证”等多项认证，康泰集团连年被评为“AAA级信用等级企业”“全国实施卓越绩效模式先进企业”“全国实施卓越绩效模式特别奖”，被四川省政府评为“优秀民营企业”，是中国塑料加工工业协会副理事长单位。康泰集团以技术创新为发展基石，先后被认定为“中国塑料管道工程技术研究开发中心、CNAS国家认定的实验室、国家高新技术企业、四川省级企业技术研发中心”。先后与四川大学、南京大学等科研院校紧密合作，获得专利100余项。特别研制引领行业生态升级的核心技术——“稳净”专利配方，实现产品环保节能新突破，充分满足市场、用户需求。康泰集团始终坚持“围绕全球顾客、不断改善，追求产品零缺陷”的质量方针，贯彻“产品如人品”的质量理念，全面覆盖ISO9001、ISO14001、OHSAS18001三体系，实施全员、全面质量管理，以自动化生产线、规范化现场管理、严格把控质检体系，确保从原料进厂到产品出厂的优质质量保障。用百分之百的服务，满足百分之一的不足，始终坚持“客户的要求就是我们的标准，客户的需求就是我们要做的”服务理念，全面推行实施“首问责任制”及“一站式服务”管理，建立“产品精心、质量放心、服务用心、态度温心、回访真心”的“五心管家”全程服务系统，1 000千米以内12小时到达，1 000千米以外24小时到达。实现客户、用户放心合作，全程无忧。

康泰塑胶集团将始终致力于“成为生态建材行业领导者企业”的愿景，以“康泰建材、生态未来”为品牌定位，倡导“生态、关爱、科技”的品牌内涵，肩负“为每个家庭提供安全、环保的建材”的企业使命，践行“市场第一、合作共赢、务实勤俭、以人、以诚、以效”的核心价值观，全面构建康泰实现品牌化、规范化、规模化的现代集团企业。

烟台鸿庆包装材料有限公司

烟台鸿庆包装材料有限公司成立于1998年，是致力于BOPP/PET预涂膜的研发和生产的专业厂家。公司位于烟台栖霞市桃村东部工业园区，总投资9 892多万元，占地面积35 000米^2，建筑面积27 500米^2，距离烟台飞机场、火车站、码头仅有半小时的路程，地理位置优越，交通十分便利。公司现有员工200多人，其中具有大中专学历100多人，占员工总数的50%以上，拥有专业工程技术人才36人。

公司于2013年通过ISO14001:2004、ISO9001:2008质量认证，公司的产品在食品包装和卫生领域也通过多项认证，通过了SGS/CSTC/QS/CMA以及MSOS等多种测试。依靠先进的国内外技术、卓越的管理、完善的售后服务和充满活力并有创新精神的人力资源团队，公司的产品在国内外市场占有率稳步上升的同时，已经陆续出口到德国、俄罗斯、澳大利亚、中东、南美洲以及非洲等30多个国家和地区。

公司先后荣获“中国塑料加工工业协会会员单位”“山东省质量技术监督局质量认证合格单位”“山东省包装印刷工业协会理事会员单位”“烟台市民营企业协会会员单位”“山东省十佳企业”“经济建设突出贡献先进单位”“安全生产先进单位”等多项荣誉。

2014年公司生产预涂膜8 500多吨，实现销售收入13 500多万元。2015年，公司计划生产预涂膜12 000吨，销售收入可达18 000万元。为扩大规模，公司在安徽桐城建立了分公司，并于2014年开始投入运营，目前公司产品质量和销售数量全国同行业领先。

广东金明精机股份有限公司

广东金明精机股份有限公司（股票代码：300281）成立于1987年，是一家集研发、设计、生产和销售于一体的全球知名的薄膜装备供应商，也是行业内少数具备实力提供全系列薄膜装备及方案的领导品牌。公司产品涵盖薄膜吹塑机组、薄膜流延机组和薄膜拉伸机组。截至 2014 年，公司已经为全球 40 多个国家和地区的用户提供数千台套专业的设备和服务，奠定金明成为全球生产规模最大的薄膜装备生产企业之一。

公司致力于引领薄膜装备行业的发展方向，在设备设计研发、技术工艺等方面拥有多项核心技术，特别在多层共挤技术领域处于国内领先水平，并被评为国家高新技术企业。经过 28 年的发展，公司凭借领先的技术优势和丰富的经验，设备在食品包装、日用品包装、农业薄膜、医疗包装、汽车薄膜、电子保护膜、建筑以及特殊应用等领域拥有最广泛的应用。

公司也积极寻求上下游产业链的合作，并陆续与埃克森美孚、陶氏化学、巴斯夫、西门子等国际知名的企业开展深度合作。通过与合作伙伴的共同努力，公司将持续为客户提供高附加值产品和服务，推动薄膜装备行业的发展。

天津军星管业集团有限公司

天津军星管业集团有限公司是一家集新型塑料管材、复合增强管材、管件、控制器件研制开发、加工制造，市政工程、机电设备安装、进出口贸易和市场营销为一体的高新技术集团企业。

公司成立于 2001 年，目前总注册资金达 3.2 亿元，占地面积 21.3 万米 ^{2}，建筑面积 13.2 万米 ^{2}，拥有员工 1 100 余人，有生产、检测、试验设备 200 余台套，可生产：钢塑复合（JX-β PSP）压力管材、PP-R 冷热水、中水、玻纤增强管材，β PPR 管材，塑铝稳态管材，PB、PE-RT、阻氧型 PB、阻氧型 PE-RT、PE-Xa、PE-Xb、PB-R 管材，对接焊铝塑复合压力管材 DXPAP2、RPAP5、RDPAP7、PAP4 管材，HDPE 供水、燃气、煤矿井下用聚乙烯管、地源热泵专用管材，聚氨酯预制直埋保温管材，HDPE 双壁波纹排水管材及配套管件等 20 多个系列、1200 多种规格型号的管材、管件，年生产能力达 25 万吨。

2013 年军星集团被中国塑料加工工业协会认定为“中国塑料管材行业十强企业”。经过多年的健康发展和诚信经营，集团还先后荣获过“国家免检产品”“中国驰名商标”“AAA 级信用等级企业”“守合同重信用”单位、“天津市名牌产品”“天津市高新技术企业”“中国地暖管十大品牌”“天津市建材行业改革开放 30 年先进集体”“中国塑料行业先进单位”“天津市工商联企业销售收入 100 佳企业”等诸多荣誉。通过了质量、环境、职业健康管理体系认证，是天津市科技型小巨人领军企业、天津市 A 级纳税信用等级企业。军星集团是中国塑料加工工业协会副会长、天津市山东商会会长、天津市建材业协会副会长、天津市供热协会副会长、环渤海企业合作促进会副会长、环渤海节能减排促进会副会长、天津市塑料行业协会副会长单位，是中国塑料管材制造行业大型企业之一和天津市塑料管材制造龙头企业。

军星集团一贯坚持“诚实守信、合作共赢”的经营理念，坚持“持续创新、稳健发展”的经营方针。近几年共取得国家专利 50 多项，平均每年均研制开发 2~3 个新产品以适应市场需求。目前销售市场遍布全国 18 个省市自治区和国外市场，销售额始终保持高速增长态势。

科倍隆集团

科倍隆集团专注于配混与挤出、散装物料输送、计量喂料系统和服务，为客户提供塑料、化工、医药、食品等行业的定制化成套解决方案。

科倍隆斯图加特，是全球最顶尖的同向双螺杆挤出机制造商，共有 ZSK、STS 和 CTE 三大系列产品。2004 年在南京建立生产基地，专业生产 STS 和 CTE 系列双螺杆挤出机。

科倍隆（南京）机械有限公司负责生产、销售双螺杆挤出机并提供技术服务，而作为科倍隆集团全球三大研发中心之一，科倍隆（南京）有助科倍隆集团更快更好地为中国及亚洲的客户提供系统解决方案。

新的 STS Mc11 系列在科倍隆斯图加特完成工程设计，比扭矩提升至 11.3 牛顿•米/厘米 ^{3}，达到了 ZSK 系列全球专利技术条件。

科倍隆德国对 CTE 传动箱进行了进一步优化，

新的 CTE PLUS 传动箱比扭矩达到 7.2，提高了使用寿命和安全系数。

秉承德国的技术精髓以及科倍隆全球统一的质量标准，科倍隆（南京）制造所有 STS 和 CTE 的核心部件，如筒体、螺杆元件、芯轴、电柜组装和 CTE 传动箱等。

科倍隆（南京）共有 30 名服务工程师，为客户提供安装调试及售后服务。售后服务还包括：筒体磨损测量、传动箱振动检测、传动箱翻新和交换、设备升级更新、操作培训、定制化服务合同。

科倍隆（南京）实验室有两条 STS 实验线，配备全套的上下游辅助设备，20 位工程师组成的设计及工艺团队可以为客户提供研发支持、现场工艺调试和工艺培训。

科倍隆不仅是设备制造商，更是成套方案提供者。科倍隆已在在全球提供超过 16 000 套设备，包括科倍隆（南京）的近 6 000 套，完成超过 5 000 次实验，进行超过 40 000 次产品物料分析，为客户提供订制化方案。

宁波力劲机械有限公司

宁波力劲机械有限公司隶属香港力劲科技集团，位于宁波经济技术开发区，占地面积 10 万米^2，成立于 2002 年。

宁波力劲机械有限公司是知名大型重型机械制造企业，主要生产通用型伺服精密注塑机、超大型两板式精密注塑机、双色/三色精密注塑机、全电动精密注塑机、直压式精密注塑机、微结构精密注塑机。

公司具有强大的研发设计、生产制造与检验测试能力，产品技术性能国内领先，国际先进。工程研发拥有一批在行业内具有中、高级职称的资深研发队伍，并与多所科研机构和知名高校长期合作，已取得多项国家专利。公司拥有数十台国际著名大型 CNC 加工中心，并配备超大型三坐标等先进检测设备。公司全面采用 ERP 管理系统、ISO9001 质量体系，是国家级高新技术企业。

爱色丽有限公司

成立于 1958 年的爱色丽有限公司是色彩科学和技术的全球领军企业。包括其全资子公司 Pantone，爱色丽有限公司共有 800 多名员工，遍布于 11 个国家。公司总部位于美国密歇根州大急流市，另有欧洲和亚洲区域总部以及遍布欧洲、中东、亚洲和南北美洲的服务中心。爱色丽彩通为制造商、零售商、印刷厂、摄影师和制图设计公司提供全方位色彩管理解决方案，旨在其所有流程实现精确的色彩管理和交流。爱色丽 Pantone 产品和服务是印刷、包装、摄影、图形设计、视频、汽车、油漆、塑料、纺织和医疗等众多行业公认的标准。

关于彩通

彩通公司（Pantone LLC）是爱色丽旗下的全资子公司，近 50 年来已成为全球色彩方面的权威。彩通公司为设计专业人士提供了各种用于色彩探索和创意表达的产品和服务。彩通始终为色彩灵感之源，同时也为消费者提供涂料及产生灵感的产品与服务。

顺德靓迪机械有限公司

顺德靓迪机械有限公司是一家从事塑料挤出机械设计以及制造的专业生产型企业。公司位于广东省佛山市顺德区大良五沙高新科技园内，是国内最专业的薄膜、片材、管材、型材挤出生产线的供应商。凭借欧美的专业技术和丰富的经验，公司为国内外客户提供领先的挤出解决方案并带给客户决定性的竞争优势和技术优势。公司的目标是为客户带来最高的产品质量、尖端的技术和优异的性能以及广泛的服务。

顺德靓迪机械有限公司在传承欧美技术和理念的基础上，坚持“我们一直致力于创新”理念，以自主原创为动力，以市场为导向，不断优化产品系列结构，增强核心竞争力。

产品范围：

（1）多层共挤流延薄膜生产线，多层共挤阻隔流延薄膜生产线，

（2）多层共挤吹膜薄膜生产线，多层共挤阻隔

吹膜生产线，

（3）PO 管材挤出生产线（最大管径 1 200 毫米）

（4）PERT-OB、PB-OB 管材生产线

（5）UPVC/MPVC 管材挤出生产线（最大管径 630 毫米）

（6）CPVC 管材挤出生产线（最大管径 400 毫米）

（7）UPVC 门窗型材挤出生产线,技术性异型材生产线

（8）PE、PP、ABS、PVC、PC、PS、PMMA、TPE 等热塑性材料的技术型材挤出生产线

（9）PVC 造粒生产线

（10）模具及下游设备

地址：广东省佛山市顺德区大良五沙高新科技园新悦路 28 号

电话：＋86 757 2227 4538

传真：＋86 757 2227 5179

手机：＋86 137 0263 7133

邮箱：leixiangjun@126.com

ld@grandextrusion.com

网址：www.grandextrusion.com

邮编：528300

山东英科环保再生资源股份有限公司

山东英科环保再生资源股份有限公司是一家中外合资公司，位于淄博市临淄区齐鲁化学工业园清田路，共占地 258 亩，现有员工 1 400 人。

英科环保于 2006 年 8 月份正式投产，目前共有 100 条 PS 框条生产线，35 条成品装配线，年产值约 9 000 万美元。

英科环保专业生产高分子材料仿木线材及其相关的框类产品，如各种尺寸和花色的成品像框、画框、镜框等，主要用于家居装饰行业和终端家居用品消费者，产品 100%出口海外。由于产品的主要特色在于利用国内废弃的 PS 白色泡沫包装材料，重新回收利用，运用公司特殊塑料动态成型加工技术将废旧的塑料加工成各种精美的墙面装饰产品，有“变废为宝”的作用，年可利用 5 万吨废旧塑料，所以公司在创始之初，即获得了国家环保鼓励类项目。

塑料框材相对传统木框材料，更具有美观性、耐磨性、抗腐蚀性等特色，在表面处理工艺上更简洁，效果更精美，所以产品一经推出，即受到国内外客户的广泛欢迎。这种以塑代木，变废为宝的工艺，打破了木制框的生产传统，改变了原先繁复的生产工序，极大地提高了生产效率，降低了生产成本。同时，废旧塑料的处理是环保业关注的焦点，英科环保始终致力于开发废旧塑料产品市场，回收国际市场上各类废旧塑料，重新利用资源，将塑料产品加工成各类精美生活用品，为国家节省了大量的木材。2014 年，共生产约 200 万箱的塑料线材，避免了约 300 万棵树木被砍伐，为保护生态环境，实现循环经济，资源再利用做出了贡献。英科环保成立以来获得 2007 年度临淄区外贸先进单位；2007 年度临淄区出口创汇先进单位；2007 年度临淄区重点建设单位；2008 年度临淄区外贸先进单位；2008 年临淄区度资源综合利用试点单位；2008 年度临淄区循环经济先进单位，淄博市 3 个节能 30 项示范企业；2008 年度临淄区和谐企业；2009 年山东省循环经济试点单位；2009 年山东省优秀侨资企业单位；2009 年山东省节能减排重大技术成果单位；2009 年中国塑协 EPS 专业委员会会员单位等荣誉称号；2010 年山东省资源综合利用企业；2011 年山东省循环经济十大示范工程；2011 年高新技术企业。

英科环保经过多年的培训和累积，拥有一支敬业钻研的专业制造队伍，不断地开发出新产品以满足客户的需要，同时还拥有一支年轻高学历，务实求新的销售团队，不断地与客户保持良好的、积极的沟通。正是由于公司始终秉持精益求精的品质要求、务实创新的企业文化，才使得英科环保近几年在激烈的国际市场竞争中脱颖而出，成为目前国内规模大、质量佳、产品种类全、交货及时的高分子材料框类产品专业制造商。公司新建项目可实现每年回收再生利用 10 万吨废旧 PS 泡沫塑料，实现每年 1 亿元人民币的利润额和 1 000 万元人民币的税收，提供 100 个就业岗位；200 万箱 PS 低密度发泡共挤框条生产线的扩建，将实现每年 8 000 万元人民币的利润额和 800 万元人民币的税收，以及每年创汇 4 000 万美金，提供 2 000 个就业岗位，避

免约500万棵树木被砍伐。同时为保护生态环境，缓解石油能源的压力，实现循环经济，资源再利用做出积极贡献。

江苏诚盟装备股份有限公司

江苏诚盟装备股份有限公司成立于1999年，属民营企业。公司于2014年9月正式挂牌新三板，股票代码83103，2014年销售产值超过2亿元。

公司制造设备主要为：同向平行双螺杆挤出机、往复式混炼挤出机、连续密炼混炼挤出机，是一家集各类混炼挤出机为一体的生产制造商。

诚盟公司不仅可提供定型的机组生产线，同时可提供包含各类上下游及外围相关辅机的交钥匙工程，以及与高分子新材料、新配方、新工艺、新流程相关的关键或成套设备的创新、研发与定制。

公司的设备销往国内二十多个省、市、自治区，国际市场也有一定的占有率，德国、美国、俄罗斯、日本等40多个国家也均有该公司的客户。

（王浩、姜宛君）

聊城华塑工业有限公司

华塑创造—涂覆型长效流滴、消雾镜面膜

涂覆型长效流滴、消雾镜面膜是聊城华塑历经十余年不懈的科技攻关，创造的整体科技水平国际先进，关键技术国际领先的新型农用薄膜。产品列入科技部等四部委国家重点新产品计划；获中国轻工业联合会技术发明一等奖；中国塑料加工协会科技成果一等奖；中塑协农膜专委会科技成果一等奖；2015年中国产业振兴和技术改造专项重点工程；拥有10余项国家发明专利和5项实用新型专利。

研发的聚合物基纳米复合涂覆液体，不仅打破美、日技术垄断，而且在亲水性能上实现了超越。本技术有效抑制了极性单体和纳米材料团聚；解决了在没有极性的聚烯烃基材涂覆的难题；破解了低表面能基材涂覆高表面能材料附着力和亲水性不相容的矛盾。单组份高固含量透明液体呈现如蓝色丁达尔效应，比美、日低固含量双组分一种不透明的液体明显提高。

研制的纳米级涂层超宽幅在线涂覆装置，比美、日装置的长度精简约40%；液体消耗量减少50%；幅宽加大60%以上。

2015年产业振兴和技术改造专项第二大类：高端材料和新材料保障工程，第四个专题、第十五个方向、第一条：长效光温调控温室大棚膜：涂覆型长效流滴、消雾镜面膜：用20个小时棚膜表面水滴形成镜面效果；持效期达到三年以上；在干湿交替或0~4℃温区时不会出现挂滴和水鳞片现象。在名称和技术指标方面完全采用了华塑公司的主要内容和参数。

华塑与北京华腾新材料联手研发的缓释型薄型增效功能膜也具有世界先进水平；华塑防尘抗污、杀菌除臭养殖专用膜和光波优化等专利技术都走在国内外最前列。华塑研发队伍已经发展成为一只不断攀登高峰的特别能创新的队伍，正在为我国农膜乃至设施农业的科技进步贡献力量。

公司拥有8/年万吨生产能力，除高端涂覆型长效流滴、消雾镜面膜外还可生产其它传统内添加功能性薄膜。公司依靠雄厚的技术力量提出对专用产品的量身定做概念，根据用户需要及时调整工艺配方，以适应不同的需要。今后华塑仍会不断实施技术进步，不断投入新产品生产，力争尽快成为世界级的农膜研发和生产企业。

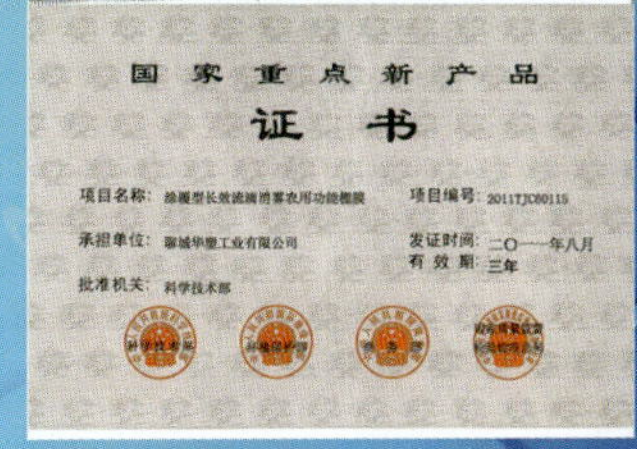

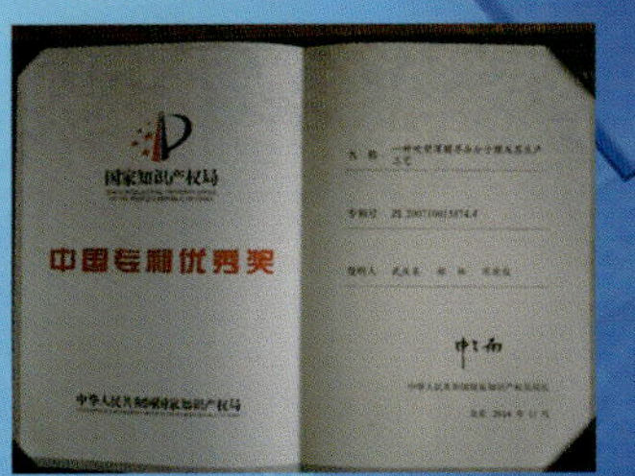

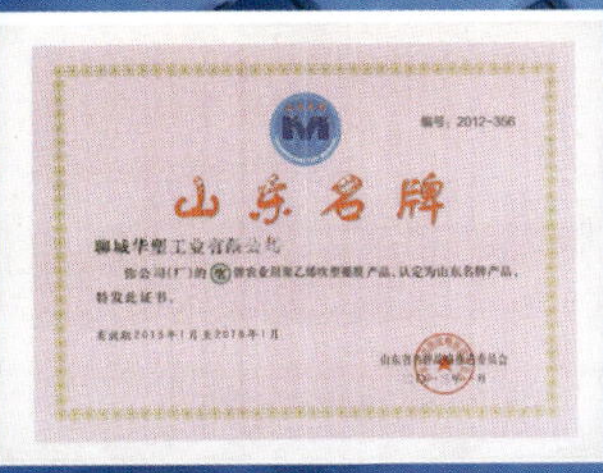

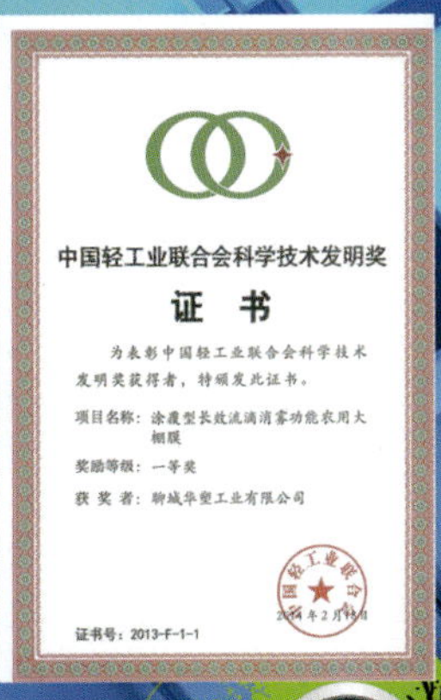

网址：www.lchs.com.cn　销售热线：400-635-5078

胜邦管道由山东胜利股份有限公司（股票代码：000407）创立于1994年，是国内最早的聚乙烯管道制造商之一。公司专注于聚乙烯管道产品的研发和生产，经过二十多年的发展，积累了丰富的专业技术和生产经验，公司拥有山东东营和陕西西安两大PE管道生产基地，客户遍布全国各地。

◎ 中国塑料加工工业协会塑料管道专业委员会副理事长单位。

◎ 组织编制国家标准GB/T13663-2000《给水用聚乙烯（PE）管材》。

◎ 组织编制新版《给水用聚乙烯管道系统》国家标准GB/T13663系列标准。

◎ 参与编写国家标准GB15558.1-2003《燃气用埋地聚乙烯（PE）管道系统 第一部分：管材》。

◎ 参与编写国家标准GB15558.1-201X《燃气用埋地聚乙烯（PE）管道系统 第一部分：管材》。

◎ 参与编写行业标准CJJ 33-2005《城镇燃气输配工程施工及验收规范》。

◎ 被评为“中国塑料行业先进单位”、“标准化工作先进单位”、“高新技术企业”，荣获“标准化工作杰出贡献奖”、“优秀标准奖”等多项奖励。

山东胜邦塑胶有限公司

地址：山东省东营市南二路226号 邮编：257067 电话：0546-8187116 传真：0546-8180158 Http://www.vicome-pipe.com

陕西华山胜邦塑胶有限公司

地址：陕西省西安市幸福路123号 邮编：710043 电话：029-82625152 传真：029-82621869 Http://www.sxhssj.com

陆宇集团
LANDUNI GROUP
中国建材企业500强
中国塑协副理事长单位

陆宇®管道 真材实料

山东省塑料管道工程技术研究中心

陆宇–中国橡塑行业领军企业

14年来服务于世界500多个城市的数亿用户

山东陆宇塑胶工业有限公司是山东陆宇集团旗下最重要的子公司之一，厂址位于山东省东营市，总投资20亿元，年产能达20万吨，是中国橡塑行业领军企业。公司主营“陆宇”牌系列塑胶产品，品种涉及PE、PVC、PPR、PERT等各类塑胶管材管件，主要应用于城镇供水、排水、供暖、燃气等各领域管网建设。公司专注塑胶管道行业，凭借国际最先进的加工设备和生产技术经验，精益生产14年，成功服务于国内外500多个城市的数亿用户。

管道是城市的血管，选用好管畅享健康生活！真材实料陆宇管，放心使用到永远！期待与您真诚合作，携手并进，共创美好未来！

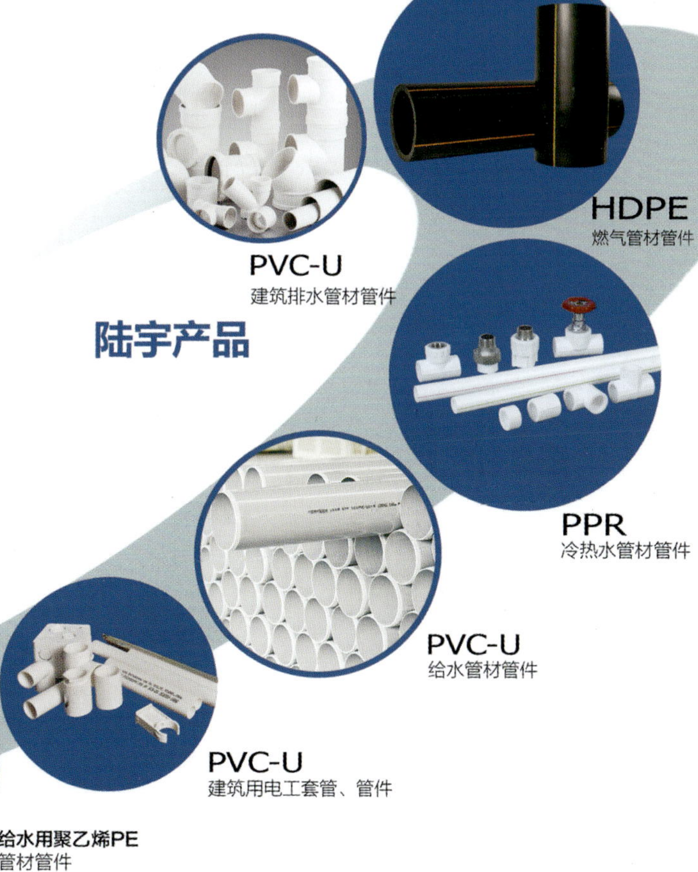

地 址：山东省东营市东营区北一路103号（第Ⅰ工业园区）\126号（第Ⅱ工业园区）
传 真：0546-7767700 电 话：0546-7767777 邮 箱：168@sdluyu.com.cn
网址:http://www.sdluyu.com.cn 邮 编：257091 全国服务电话：400-999-0057

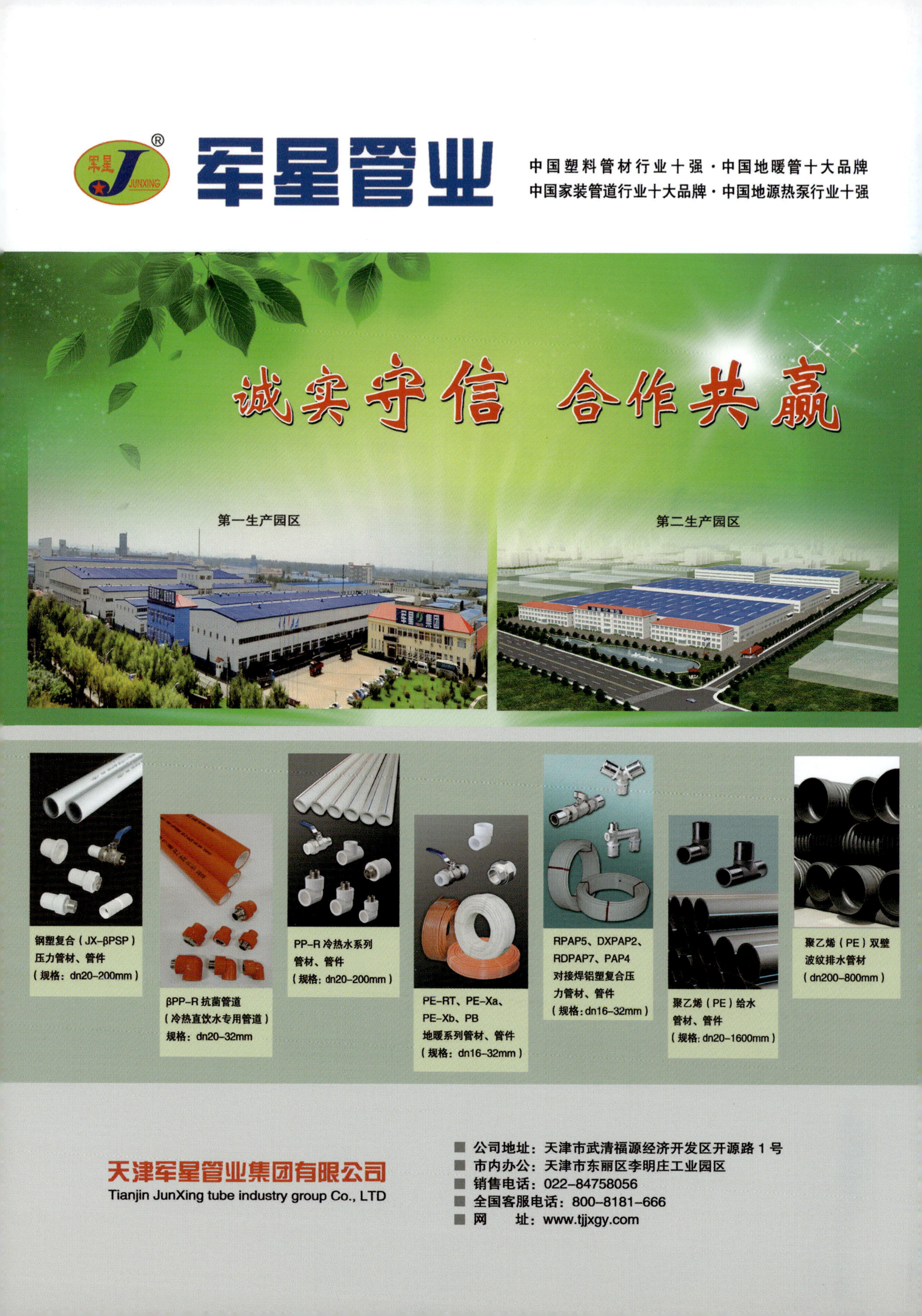

军星管业

中国塑料管材行业十强·中国地暖管十大品牌
中国家装管道行业十大品牌·中国地源热泵行业十强

诚实守信 合作共赢

第一生产园区

第二生产园区

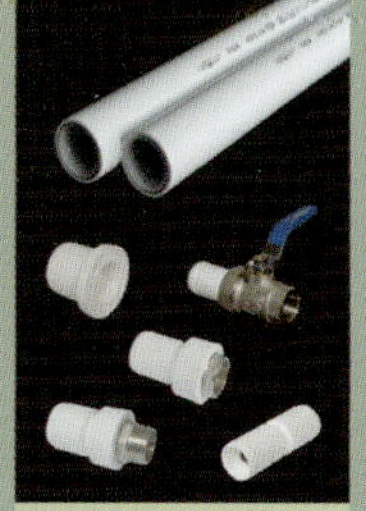
钢塑复合（JX-βPSP）
压力管材、管件
（规格：dn20-200mm）

βPP-R 抗菌管道
（冷热直饮水专用管道）
规格：dn20-32mm

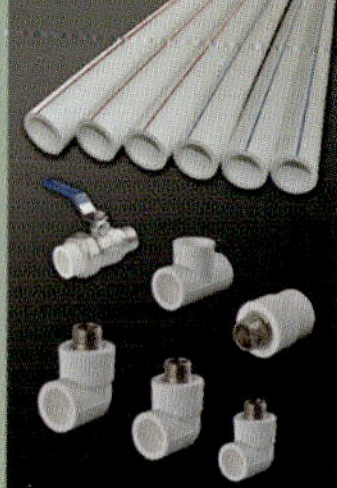
PP-R 冷热水系列
管材、管件
（规格：dn20-200mm）

PE-RT、PE-Xa、
PE-Xb、PB
地暖系列管材、管件
（规格：dn16-32mm）

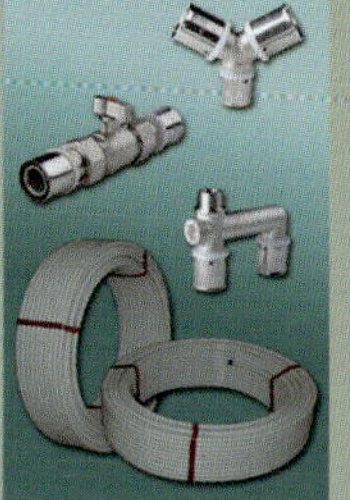
RPAP5、DXPAP2、
RDPAP7、PAP4
对接焊铝塑复合压
力管材、管件
（规格：dn16-32mm）

聚乙烯（PE）给水
管材、管件
（规格：dn20-1600mm）

聚乙烯（PE）双壁
波纹排水管材
（dn200-800mm）

天津军星管业集团有限公司
Tianjin JunXing tube industry group Co., LTD

- 公司地址：天津市武清福源经济开发区开源路 1 号
- 市内办公：天津市东丽区李明庄工业园区
- 销售电话：022-84758056
- 全国客服电话：800-8181-666
- 网　　址：www.tjjxgy.com

南雄市金叶包装材料有限公司

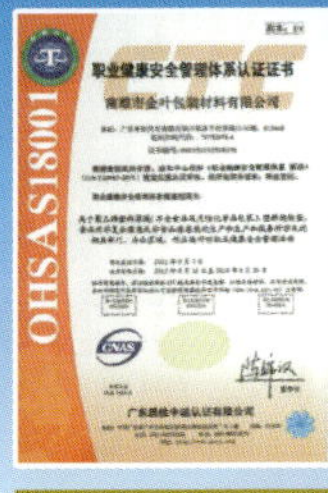

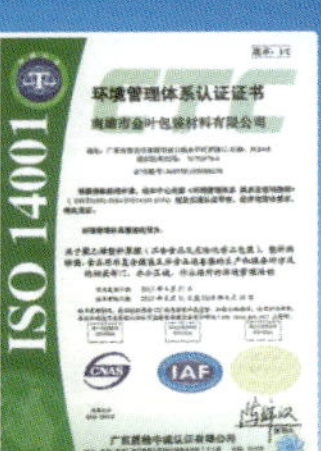

南雄市金叶包装材料有限公司成立于1999年，是中国塑料加工工业协会副理事长单位、行业内首批获得“AAA”信用等级证书和率先通过ISO9001国际质量体系认证、ISO14001环境管理体系认证、OHSMS18001职业健康安全管理体系认证证书单位。公司注册资金：3300万元，占地150余亩，员工近500人，已完成固定资产投资8500万元；公司拥有全自动塑料薄膜类生产线90余条，年产各类薄膜及塑料袋制品5万吨，2012年销售金额2.3亿元人民币，2013年销售金额是2.56亿元人民币，2014年更是突破销售2.68亿元人民币。属国内塑料薄膜制造行业龙头企业，无论是规模实力还是供货能力均领先国内同行业。

公司技术力量雄厚，长期以来培养造就了一支由40多名技术人员组成的专业队伍，自配有产品检测中心和企业产品研发中心，并与国内有关院校科研机构建立了长期稳定的合作关系，专门从事工艺技术和新产品开发，从而确保了为广大用户提供优质、环保、安全、稳定的塑料薄膜系列产品。

低压吹膜车间

热收缩膜吹膜机组

制袋车间

农地膜产品

公司主要产品“金叶”牌农膜、地膜、配色地膜、株距标记地膜、PE热收缩膜、PE缠绕膜及其他塑料包装系列产品全部采用100%全新原料及代表世界薄膜技术顶级水平的艾克森美孚埃能宝茂金属工艺配方，因而使“金叶”品牌各类塑料薄膜产品从料质、强度、韧性、色泽、经济、节能、安全、环保等方面均达到国内顶尖水平，并相继荣获中国环境标志产品认证证书、广东省名牌产品、中国优质产品证书、中国著名品牌和中国著名商标等荣誉。

公司一贯坚持“质量第一、用户至上、优质服务、信守合同”的宗旨，凭着优质的产品、卓越的性价比、良好的信誉、完善的服务，赢得广大用户的亲睐。PE热收缩膜产品主要供应江西省的赣州市烟草公司、抚州市烟草公司、吉安市烟草公司、南昌市烟草公司、新余市烟草公司、九江市烟草公司、宜春市烟草公司、上饶市烟草公司、鹰潭市烟草公司、萍乡市烟草公司、湖南省烟草公司、贵州省烟草公司、浙江省烟草公司、广东省烟草公司、陕西省烟草公司、福建省烟草公司、广西省烟草公司等；塑料包装袋系列产品热销全国主要大中城市知名连锁超市、商场，主要客户有跨国公司沃尔玛、乐购、深圳人人乐、新一佳、福建永辉、武商量贩、北京华联等。公司下设有专职的售后服务机构和物流配送中心，固定客户订单保证在5天内送到全国各地指定地点，深受用户好评。公司已连续多年被相关部门评为全国优质服务用户满意单位。

“至诚守信、追求卓越”，南雄市金叶包装材料有限公司愿以国内同行业最具性价比的竞争优势为广大客户提供“金叶”牌优质产品，以提升行业产品等级，规范市场秩序，重塑行业尊严为己重，竭诚与国内各商家双赢合作，共谋发展，共创辉煌！

单位名称：南雄市金叶包装材料有限公司　　地　址：广东省南雄市湖口镇承平村罗路口

联系电话：0751-3656198、3656201　　传　真：0751-3656587

邮　　箱：nxjybz@vip.163.com　　网　址：http://www.nxjybz168.com

彩虹(香港)塑膠顏料有限公司
東莞市彩虹塑膠顏料有限公司

網址：http://www.chpigment.com
E-mail:dgchpigment@163.com

萤光、透明系列染料
有机颜料
无机颜料
萤光颜料
萤光增白剂系列
金属珠光颜料
夜光颜料
特殊材料
高浓度色母粒
颜料助剂
附录

专业批发
世界名厂颜料

下属企业

生产型企业：

浙江省彩亮塑胶颜料有限公司
地 址：浙江省台州市三门沙柳工业区
电 话：0576-3200412 3200413
传 真：0576-3201168
专业生产透明剂、珠光材料

昆山市德记色母粒有限公司
地 址：江苏省昆山市高科园水秀路2088号
电 话：0512-57823588 57822882
传 真：0512-57826279
专业生产黑白、彩色色母粒

东莞市常平德隆颜料有限公司
地 址：东莞市常平镇漱新工业区
电 话：0769-83758105 83758106
传 真：0769-83758102
专业生产黑白、彩色色母粒

销售型企业：

东莞市彩虹塑胶颜料有限公司
地址：东莞市凤岗镇福民工业区
电话：0769-87777113(十线)
87779115 87779116
传真：0769-87770858
邮箱：dgchpigment@163.com

深圳市彩虹塑胶颜料有限公司
地址：松岗楼岗村楼岗二街5号
电话：0755-27098675 27098676
传真：0755-27092988

中山市彩虹德记颜料公司
地址：中山市东凤镇佰公工业区
电话：0760-22636871 22636872
传真：0760-22636872

汕头市德彩虹塑胶颜料公司
地址：汕头市金平区潮汕路51号
电话：0754-88109830 88109831
传真：0754-88109830

浙江省余姚市彩虹颜料公司
地址：浙江省余姚市新建北路
电话：0574-62556555
传真：0574-62556558

北京彩虹颜料科技有限公司
电话：010-64455339
传真：010-64418589
地址：北京市朝阳区樱花西街8号300B室

股票代码：300243

通过ISO9001:2008国际质量体系认证

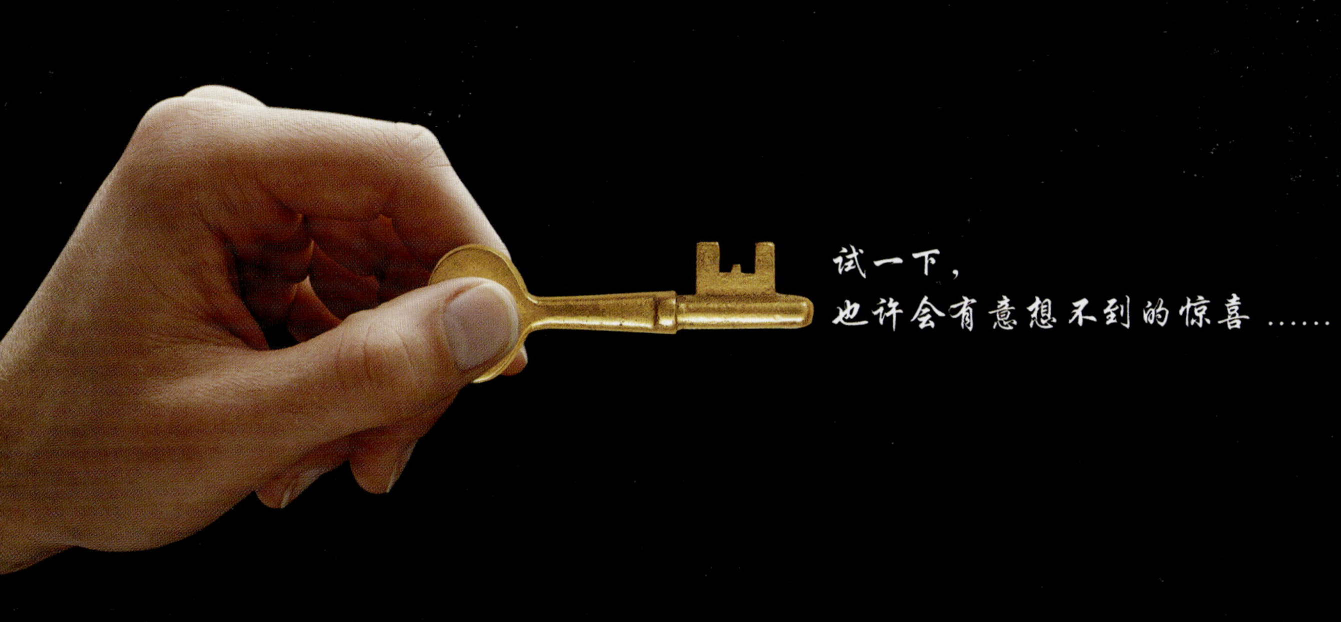

丙烯酸酯类抗冲改性剂

ACRYLIC PROCESSING AIDS AND IMPACT MODIFIERS

- 优异的抗冲击强度
- 优良的耐候性能
- 宽泛的加工范围
- 卓越的制品品质

Http://www.ruifengchemical.com

主导产品：

- 丙烯酸酯类抗冲改性剂LS系列产品
- PVC加工助剂LS系列产品
- PVC加工助剂LP系列产品
- PVC发泡调节剂LS系列产品
- PVC抗冲改性剂MBS系列产品
- PVC抗冲改性剂CPE系列产品

山东瑞丰高分子材料股份有限公司

SHANDONG RUIFENG CHEMICAL CO.,LTD.

国内贸易：0533-3240384　传真：0533-3220007

国际贸易：0533-3231093　传真：0533-3256197

地　址：山东省淄博市沂源经济开发区

E-mail：zhlin@ruifengchemical.com

广东省名牌产品

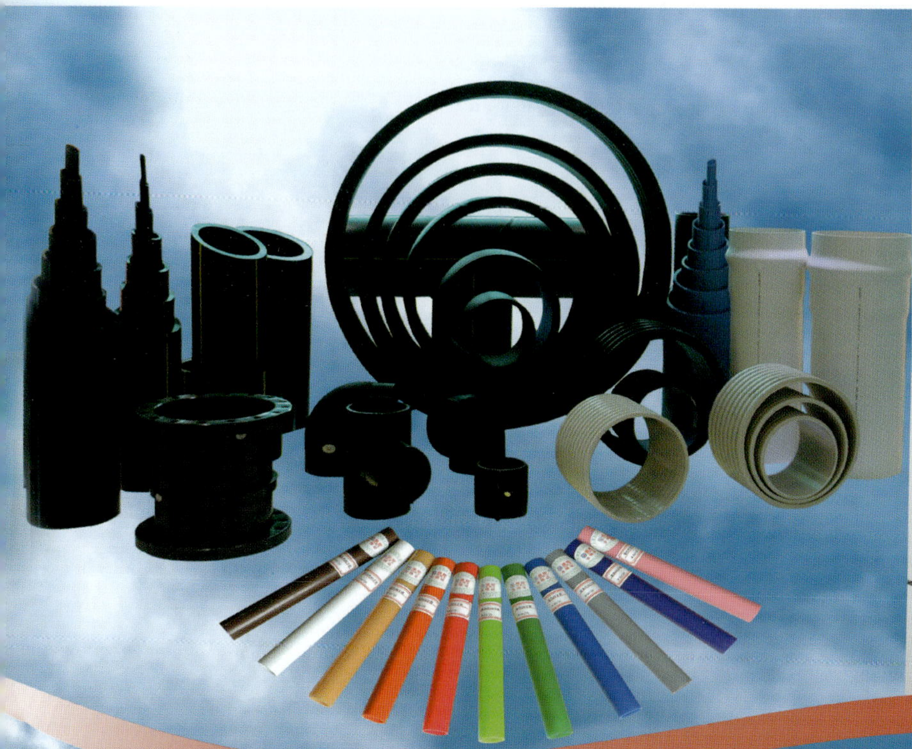

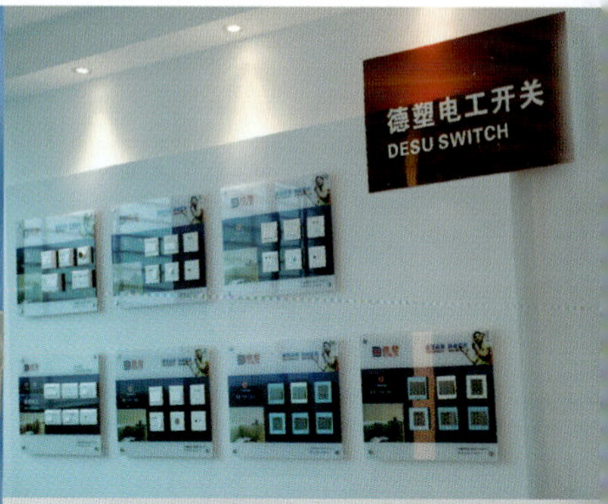

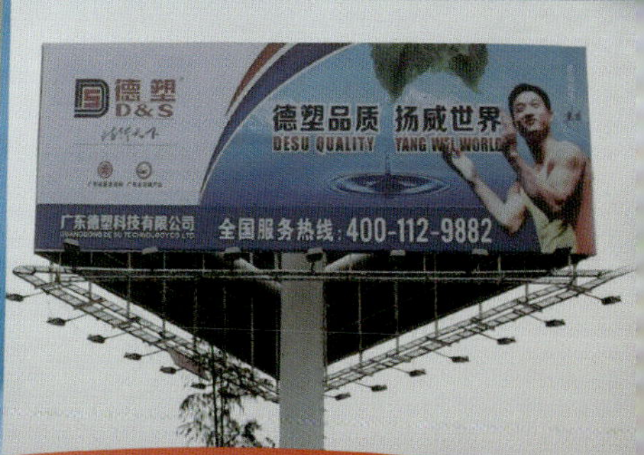

公司簡介

广东德塑科技有限公司

GUANGDONG DE SU TECHNOLOGY CO.,LTD

广东德塑科技有限公司始创于1989年，是一家具有二十多年塑料管道生产经历的大型民营科技企业，旗下拥有六家控股子公司。公司位于广东省鹤山市，占地面积305亩，现有员工700余人，配置有包括德国克劳斯玛菲和巴顿菲尔先进挤出机在内的81条挤出生产线和65台注塑生产设备，并建有配套齐全的综合实验室和模具加工中心。公司主要生产“德塑”牌PVC-U给/排水管、PVC-U线槽/线管、PVC-U通信管、PVC-C高压电力电缆管、PP-R冷热水管、PE给水管、PE燃气管、PE通信子管、PE-RT地暖管、HDPE中空壁缠绕管、HDPE双壁波纹管、电气开关、插座和配电箱等系列产品，年生产能力10万吨以上。

公司已通过ISO9001、ISO14001、OHSAS18001管理体系认证和“A1级压力管道元件制造许可认证”、“CCC强制性产品认证”、“GMC环球制造商认证”等多行认证。公司先后被评定为“广东省民营科技企业”、“广东优势传统产业转型升级示范企业”、AAA级标准化良好行为企业、重合同守信用企业等荣誉称号，并拥有28项技术专利。”德塑“牌产品质量和品牌美誉度得到了广大用户的肯定和赞誉。

德塑公司始终坚持以优质的产品和完善的服务，满足客户需求，善尽社会责任；并通过不断创新实现对产品、服务和管理的持续改善。

全国服务热线：400-112-9882　　邮编：529724

总厂址：广东省鹤山市雅瑶直水工业区1号　　网址：http://www.desu.com.cn

国家高新技术企业/ 广东省著名商标 / 广东省新型塑料管道创新产业化示范基地

PVC-U给水管道/PVC-M抗冲改性给水管道
PVC-U建筑排水管道
HDPE增强中空缠绕管道
PE、PVC-U双壁波纹管道
PE给水/燃气管道
PP-R冷热水管道
PVC-U电工套管/PE单壁波纹管
PVC-U、PE通信电缆管道
PVC-C、PE电力电缆管道
MPP非开挖电力电缆管道
MPP单壁波纹管

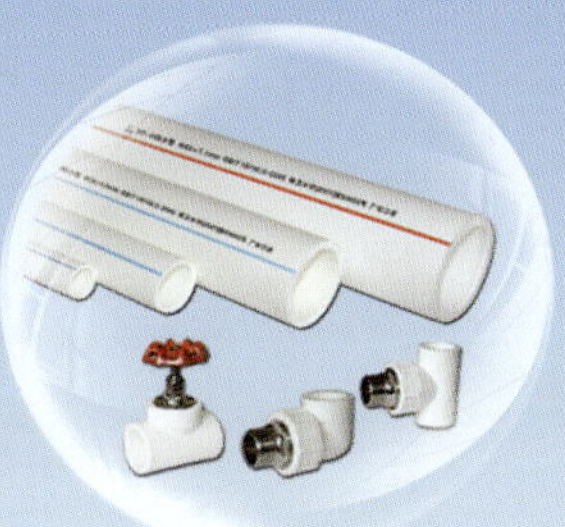

打造中国
塑料管道领先品牌

质量为本 科技领先

选择三凌管道 共塑健康未来

广东三凌科技集团有限公司
Guangdong Sanling Technology Group Limited

集团总部：汕头市跃进路23号利鸿基中心大厦写字楼22层 邮编：515011
生产基地：广东省汕头市潮阳区和平三凌工业城 邮编：515154
电话：0754-82251559 传真：0754-82259991
网址：www.gdsanling.com
E-mail：gdsanling@21cn.com QQ：619560001

让塑料用的更久™

Make Polymers Last Longer™

天罡®·光稳定剂

Tiangang® UV Light Stabilizers

天罡®系列光稳定剂可有效延缓聚合物的光氧老化，提升聚合物制品的耐候性；可广泛应用于各种中高档通用塑料、工程塑料、纤维织物、涂料及油墨等领域，防止制品由光热老化引起的力学强度下降、表面粉化、开裂、褪色、黄变等现象的发生。

北京天罡助剂，专注于聚合物高性能助剂生产、研发，是亚洲区内最大的受阻胺类光稳定剂生产企业之一，凝聚逾二十年光稳定剂行业经验，设有“聚合物防老化应用实验室”，可全方位协助客户合理选择防老化体系，从而提升客户产品市场竞争力。

针对汽车用材料对紫外光保护的严苛要求，Tiangang T-81系列紫外光稳定剂提供完美解决方案，比传统光稳定剂更加有效地提升高分子材料耐候性，并降低传统光稳定剂对VOC、及材料表面发粘的负面影响。

北京天罡助剂有限责任公司
Beijing Tiangang Auxiliary Co., Ltd.
业务部地址：北京市丰台区南三环东路6号嘉业大厦B座2001-02室
电子邮件：tiangang@bjtiangang.com
电　　话：010-6760 4525，67683617
www.bjtiangang.com

河北金天塑胶新材料有限公司

河北金天塑胶厂区鸟瞰图

河北金天塑胶新材料有限公司是专门致力于稀土热熔胶、稀土相容剂、改性粉末聚乙烯、增强工程塑料、高分子膜树脂等高分子功能材料研发、生产于一体的高新技术企业。公司成立于2006年，占地面积53000平方米，拥有资产3亿多元，公司有国内外先进的双螺杆挤出生产线40条，年产稀土改性热熔胶、稀土相容剂、增强工程塑料等各类产品50000多吨。

公司建立了先进的热熔胶研发中心，拥有完备的高分子材料性能检测和实验设备。公司拥有多项热熔胶材料发明专利，其中钢塑复合管道热熔胶获得了中国国际专利产品与技术交易会金奖。公司注重科研投入和科技创新，产品性能优异、质量稳定，具备较高的性价比和巨大的市场占有率。

多年来，公司荣获多项荣誉。2010年被中塑协评为“中国改性塑料行业十佳企业和创新十佳企业”和“企业信用评价AAA级信用企业”。公司与清华大学、北京化工大学、青岛科技大学等知名大学共同建立了产学研基地，为公司的发展提供了有力的技术保证。

冷水用衬塑复合管

粘接树脂-冷水用衬塑复合管

铝塑复合管

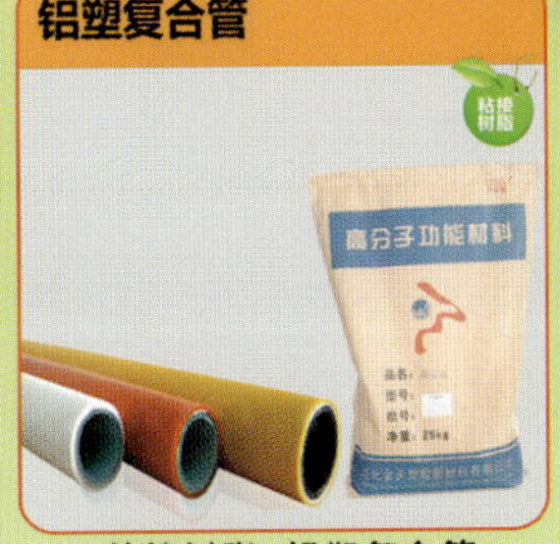

粘接树脂-铝塑复合管

阻隔多层共挤包装

粘接树脂-阻隔多层共挤包装

热水用衬塑复合管

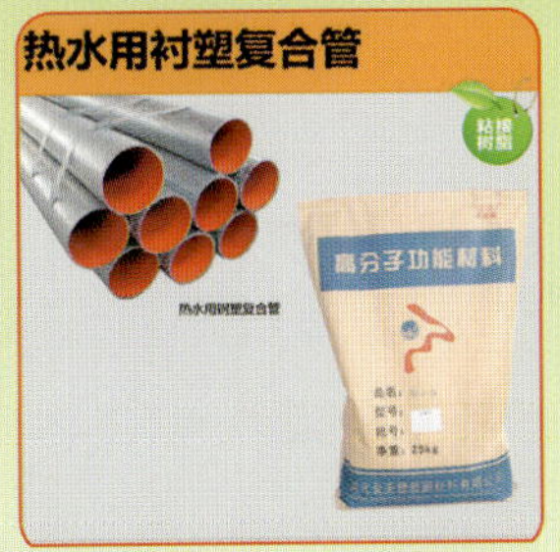

粘接树脂-热水用衬塑复合管

生产车间一角

铝塑板

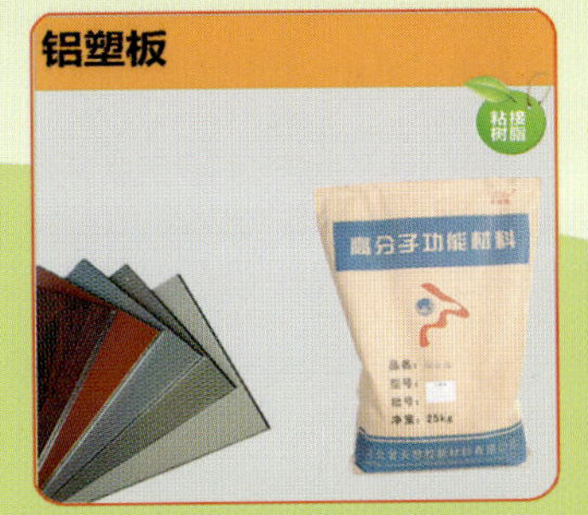

粘接树脂-铝塑板芯材

公司地址：河北省邢台市平乡县建设大街180号
联系电话：0319-7862261　7862110
公司网站：www.jintian66.com

安徽华驰塑业有限公司

安徽华驰塑业有限公司成立于2007年1月11日，座落于风景秀丽、交通便捷的合肥市蜀山新产业园区湖光东路1169号。我公司占地近50亩，总投资1.1亿元人民币，拥有现代化多层框架高标准厂房面积近3万平方米。作为安徽省2007年度徽商大会重点工业企业签约项目单位、中国塑料加工工业协会副理事长单位、中国降解塑料委员会副会长、中国农用薄膜专业委员会副主任单位，我公司专注于商品零售包装袋、烟用地膜的生产和销售，烟用地膜及商品零售包装袋产品分别被授予安徽省名牌产品及合肥市名牌产品荣誉称号。主要客户有沃尔玛、永辉超市、北京华联、武商量贩、安徽百大合家福、徽商红府超市等大型连锁商业巨头及四川烟草、贵州烟草、福建烟草、安徽烟草、湖南烟草、江西烟草等，自建成投产以来，年产值始终保持30%以上的增长速度并始终处于供不应求状态。2013年，我公司获邀参与2015版地膜国家标准制订，成为主要起草单位之一。

至诚守信，追求卓越。我公司一如既往地致力于精心打造吹塑行业国内一线品牌，致力于奉献广大客户卓越性价比竞争力的产品和服务。

地址：安徽省合肥市蜀山新产业园区湖光东路1169号
电话：0551-62811555　传真：0551-62810333　邮箱：huachisy@vip.163.com

中国航天事业合作伙伴
国家高新技术企业

江西岳峰高分子材料有限公司
JIANGXI YUEFENG POLYMER CO.,LTD

中国南方最大的ACR、MBS、ACM及发泡调节剂生产基地之一

The One of the largest production base for ACR, MBS, ACM and foaming regulator in south China

- **PVC加工改性剂ACR** PVC processing modifier ACR
- **PVC发泡调节剂ACR** PVC foaming regulator ACR
- **PVC润滑性加工助剂ACR** PVC lubricant processing additives ACR
- **PVC抗冲/透明改性剂MBS** PVC impact/transparent modifier MBS
- **PVC抗冲改性剂ACR和ACM** PVC impact modifier ACR & ACM

江西岳峰高分子材料有限公司

JIANGXI YUEFENG POLYMER CO., LTD.

地址：江西萍乡国家级经济技术开发区

ADD: West Zone Economic Development ZonePingxiang Jiangxi

手机/Mobile: 15979271888　13807955129

电话/TEL: 0799-6611388　传真/FAX: 0799-6611399

网址/WEB: www.yfpolymer.com

邮箱/Email: yfpolymer@163.com (Domestic)

Chengdu Minjiang Waterworks

双流聚乙烯管材生产车间

成都岷江水厂是一家多产业结合的大型集中式供水企业，供水区域覆盖全县24个乡镇，日最大供水量达20余万吨。其下属企业成都市岷江自来水厂双流聚乙烯管材生产车间是专业从事聚乙烯（PE）给水、燃气管材、管件的生产、销售和管材焊接技术指导服务的国有企业，其生产的产品统一注册商标为"清润"，前国家水利部常务副部长敬正书同志亲笔为"清润管业"题词。

清润管业拥有PE管材生产线8条，具备dn20～630mm型号管材生产能力，管件生产设备10台，焊接设备200余台，差热分析仪、熔体流动速率仪、碳黑含量测试仪、电子拉力试验机、爆破耐压试验机等各性能检测设备20余台，具备从原材料进厂到dn20～630mm型号管材出厂检测能力，年最大产量17000吨，现固定资产达3000余万元。

清润管业聘请四川大学高分子材料系教授吴智华为技术顾问，以四川大学高分子材料系优秀人才为技术骨干力量。通过ISO9001：2008和ISO14001：2004国际质量环境管理体系认证，取得《涉及饮用水卫生安全产品卫生许可批件》、《特种设备制造许可证》A级、四川建设领域科技成果或应用技术备案等证书，荣获"四川省著名商标"、"成都市著名商标"、成都市AA级守合同重信用企业称号，入选《全国农村饮水安全工程材料设备产品信息年报》、《成都市地方产品配套目录》，信用等级达到AA级。因抗震救灾表现突出，2008年7月30日上级单位成都市岷江自来水厂被成都市委、成都市人民政府评为抗震救灾过渡安置房建设先进单位。2009年至2010年，连续二年荣获双流县"纳税攀登奖"。2010年与四川大学合作成立高分子科学与工程学院科研、人才培养、实习基地。清润管业还是中国塑料加工工业协会塑料管道专业委员会理事和中国工业防腐蚀技术协会、四川燃气协会、四川省村镇供水协会、重庆市燃气行业协会会员。

清润管业在四川、云南、甘肃、贵州、湖南、西藏、宁夏、重庆等省、市、自治区建立了营销服务网络。质量与信誉是清润管业永恒的主题。

通过 ISO9001：2008 ISO14001：2004 国际质量环境管理体系认证

地址：四川省成都市双流县东升镇西安路三段25号

厂址：四川省成都市双流县金桥镇金马村　　邮编：610200

电话：028-67085966（市场开发科）　028-67085981（规划技术科）　传真：028-67085985

浙江嘉日氟塑料有限公司

ZHEJIANG JIARI FLUOROPLASTIC CO., LTD

浙江嘉日氟塑料有限公司（原嘉善东方氟塑厂）是目前国内最大的聚四氟乙烯制品生产商之一。企业积极研发新产品并不断扩大生产规模，以齐全的品种，可靠的质量，优良的服务获得国内外客商的好评。2007年荣获中国氟塑料加工行业先进企业“最具成长性企业奖”。2013年成为中国氟塑料加工专业委员会副理事长单位。总经理于文根获得中国氟塑料行业终身成就奖和功勋企业家称号。

公司成为东岳集团，巨化集团，晨光化工研究院的战略合作伙伴。公司主要产品有：聚四氟乙烯板，棒，管，垫片，垫圈，膨体生料带，聚四氟乙烯编织盘根，车削板、膜、带以及各种填充制品，异型件等。企业自主研发的弹性板，飞机密封条，弹性管，微孔过滤膜成功投入生产，可广泛用于航空航天，化工，环保等领域。

未来发展公司将沿着科技，环保，国际化发展方向，打造世界级氟制品加工基地。

总经理：于文根 13806711498
电话：0573-84186295
传真：0573-84186293
电子信箱：13867323232@163.com

地址：浙江省嘉善县魏塘工业园区永富路225号
邮政编码：314100
网址：http://www.eastptfe.com

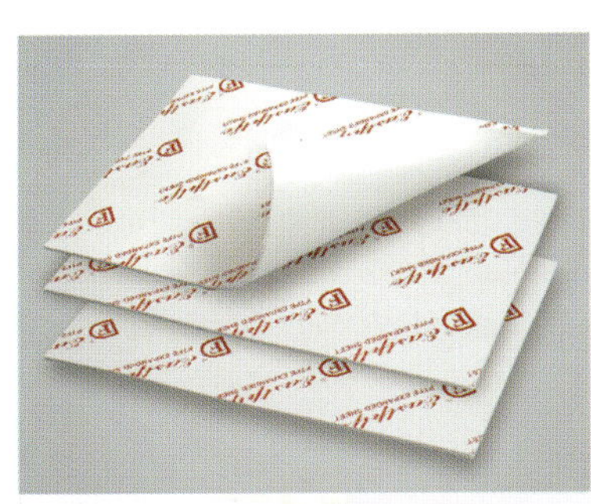

聚四氟乙烯弹性板

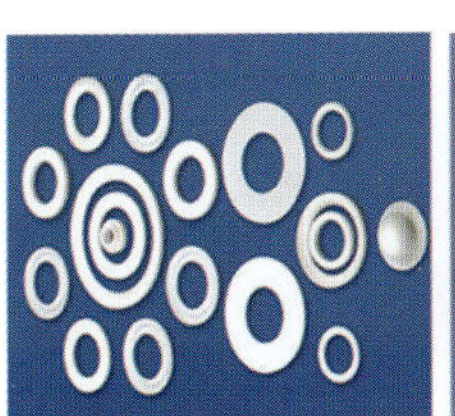

聚四氟乙烯密封圈

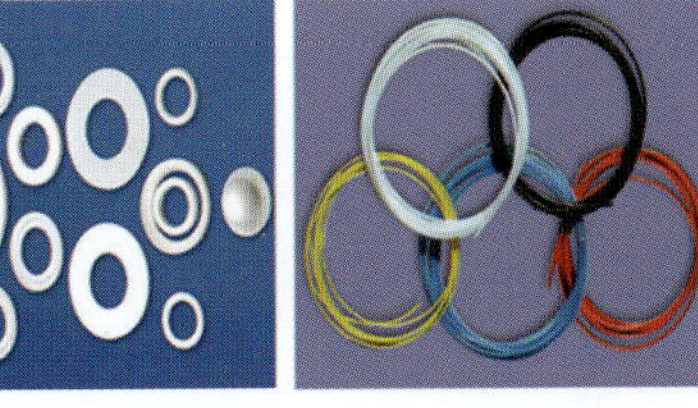

聚四氟乙烯管

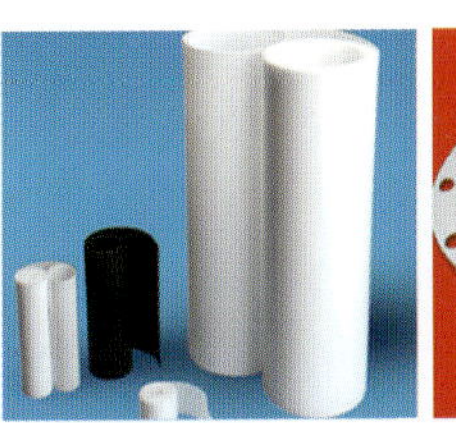

聚四氟乙烯车削膜

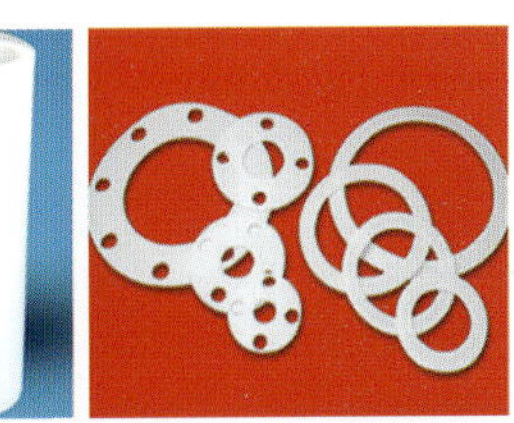

聚四氟乙烯密封垫片

聚四氟乙烯改性板　聚四氟乙烯过滤管

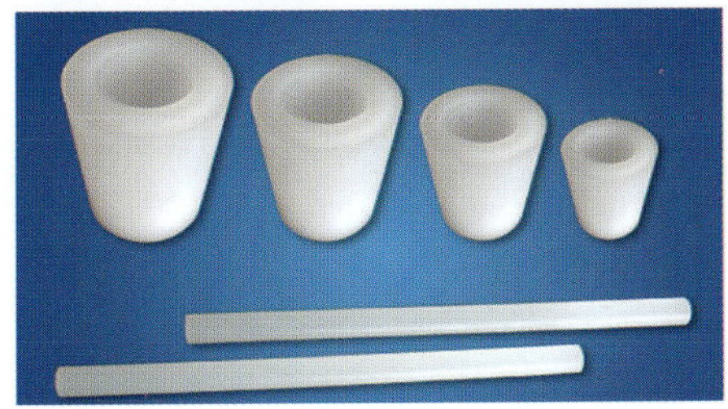

聚三氟氯乙烯制品

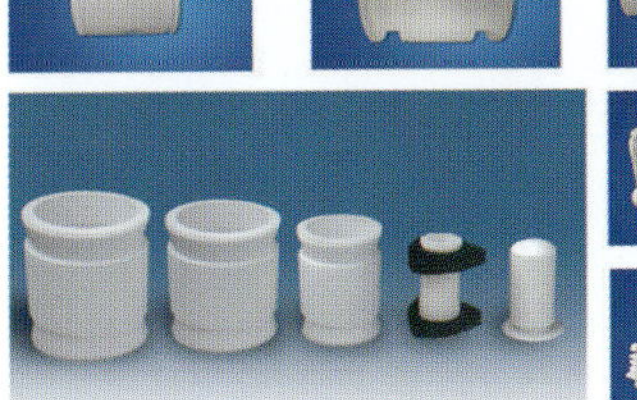

聚四氟乙烯软连接

迈特®

南通百正电子新材料股份有限公司

南通百正电子新材料股份有限公司

南通百正电子新材料股份有限公司是一家专业生产电容薄膜的高新技术企业，现已于2014年12月在全国中小企业挂牌转让系统正式挂牌，公司最早成立于1988年10月，先后并购江苏南天集团、南通奔多电子公司，现已具备的研发、生产、检测、销售系统，获得了“耐高温电容薄膜”国家专利，公司通过了ISO9001-2008质量管理体系认证、ISO14001-2004环境管理体系认证以及GB/T28001-2001职业健康安全管理体系认证，持续改进和完善公司的质量保证体系，在行业内树立了良好的质量形象。公司产品被评为江苏省名牌产品，其中“迈特”商标被认定为江苏省著名商标。我司从德国布鲁克纳公司先后引进4条电容器用拉伸聚丙烯薄膜生产线和检测设备。2011年引进的德国布鲁克纳高速线建成后，全年生产线产能达到10000吨。可以生产3μm~12μm的可供金属化蒸镀用的基膜和6~18μm的单、双面粗化膜。

产品介绍 Product presentation

检测设备 Detection equipment

双向拉伸设备 Biaxial stretching equipment

分切机 Slitting machine

中德塑钢型材有限公司

ZHONGDESUCANGXINGCAIYOUXIANGONGSI

公司简介

中德投资(集团)有限公司创建于2001年11月，总部位于山西省长治市，辖属长治市城区机械工业园、长治县科工贸园二个园区，占地面积26余万平方米，拥有型材、管材、铝材、汽车轻量化四大产业，是一家集生产、科研、销售为一体的现代化民族民营企业。

中德投资集团公司经过多年的快速发展，产能持续增长，工艺技术装备水平不断提升，发展区域不断扩大，到目前为止，公司总资产已达6亿元，年产值16亿元，员工2000余人。集团公司下辖5个全资子公司，四大生产基地，500余家营销分公司遍布全国各地，形成了集团化管理、区域化运作的经营管理新格局，是国内同行业的“五强”企业之一。

四川中德塑钢型材有限公司成立于2009年，由中德集团投资股控，坐落于四川省天府新区新津分区新材料功能园区，公司占地260余亩，总投资5亿元，分三期投资建设，项目完成后塑钢型材挤出生产线达150余条，年生产塑钢型材、管材总量达14万吨，可实现销售收入15亿元。主要原料采用美国杜邦公司生产的钛白粉，英国开米森集团的稳定剂，瑞士汽巴公司的抗紫外线吸收剂及西班牙的群青，在生产工艺上采用国际先进的德国绿色环保配方；产品包括铝塑复合（断桥隔热）、塑胶共挤（双密封）、彩色覆膜、彩色通体、四密封（UPVC）88四滑道、双色共挤型材等九大系列200余个品种。公司先后荣获了“中国塑钢行业科技进步奖”、“中国驰名商标”、“四川名牌“、“四川省质量管理先进企业”、“四川省放心产品示范单位”“AAA级信用等级企业”、“优秀民营企业”等荣誉称号。

在集团公司战略方针的指引下，四川公司将秉承集团公司的经营理念与管理模式，以把四川公司建成西南地区最大塑钢型材生产基地为己任，以发展四川经济建设为重托，以创中德品牌为己任，规范管理，诚信守法，进一步把企业做强做大做优，为实现“创造建材塑钢产业基地，争当民族民营企业楷模，培育中德文化知本摇篮”三大战略目标而努力奋斗。

公司外观图

现代化生产车间

奥运工程选用产品　青藏铁路中标产品

恒大地产、富力地产供应商

浙江圣诺盟顾家海绵有限公司

务实求精，勤奋进取

浙江圣诺盟顾家海绵有限公司，位于浙江海宁连杭经济开发区，距沪杭高速杭州下沙出口2公里，占地55000m²。意大利外商Natuzzi（意特尔）、新加坡外商HTL furniture（华达利）、Walmart（沃尔玛）、Sam（山姆）、顾家工艺沙发、喜临门床垫、圣奥集团、利豪控股、年年红家具等国内外知名家具企业是公司的合作伙伴。

从产品的研发试制到原料选购、原料检验、生产工艺制定、过程控制，成品检测，每道工序执行严格的程序控制，生产制作过程精益求精，检验程序层层把关，确保每一寸出厂的海绵符合质量要求，经得起市场的检验。东亚高阻燃海绵符合GB20286-2006标准、英国BS5852、BS7176、BS7177、美国TB 603、CA117 、FMVSS 302标准及国家相关标准，阻燃海绵以其优良的阻燃性能引起商家的青睐、得到市场的广泛认可。

浙江圣诺盟顾家海绵有限公司积极参与聚氨酯泡沫塑料行业、阻燃制品行业各项公益活动，负责起草和参与制定了国家标准《慢回弹软质聚氨酯泡沫塑料》、《通用软质聚醚型聚氨酯泡沫塑料》、《高回弹软质聚氨酯泡沫塑料》等近十项行业国家标准，积极参与了《GB 20286-2006公共场所阻燃制品及组件燃烧性能要求及标识》的修订工作。

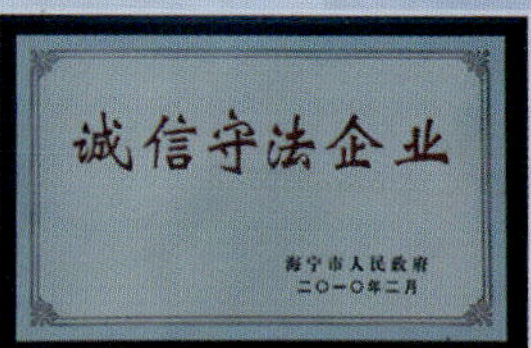

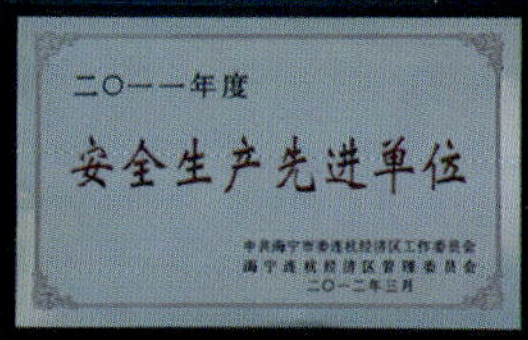

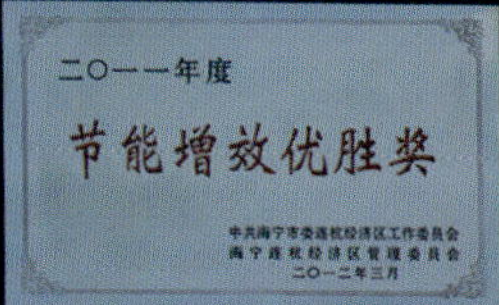

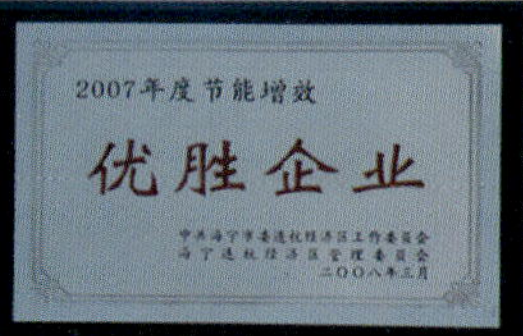

地址：浙江海宁连杭经济开发区启潮路99号
电话：0573-87972555
传真：0573-87967539
网址：www.zjsinomax.cn

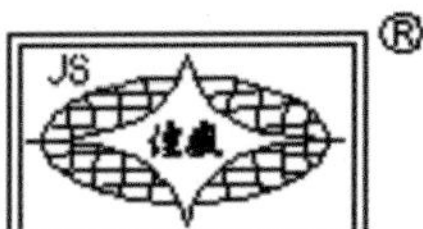

WUXI CITY JIASHENG HIGH-TECH MODIFIED MATERIAL CO.,LTD

无锡市佳盛高新改性材料有限公司

无锡市佳盛高新改性材料有限公司建于2002年初，是江苏省高新技术企业和国家火炬计划锡山新材料产业基地的成员企业。公司位于风景秀丽、富饶发达的无锡市锡山区荡口镇鹅湖工业园，紧靠沪宁高速公路，交通十分便利。

公司专业生产“佳盛”牌新型高分子材料改性剂和Pams树脂系列产品，可作挤压和模塑成型加工助剂、改性剂、粘合剂、粘结剂、增粘剂、增强剂、增塑剂、抗氧剂、分散剂、润滑剂、高效燃料及热载体等用途，具体应用于高浓度、高阻燃、高填充塑料色母粒、塑料改性、橡塑鞋材、电线电缆料、热塑性弹性体、橡胶材料、热熔胶、油漆油墨、涂料、颜料、精密铸造等领域(详细应用说明向公司技术开发部索取资料)。

公司坚持务实、创新、求精的企业精神，奉行“市场是天、安全是地、质量是命、管理是根”的宗旨。公司严把生产环节，加强技术改进，实行制度化、规范化内部质量管理，形成较强的科研开发能力、规模生产能力和经营管理能力，已获ISO9001：2000国际质量体系认证和ISO14001：2004环境管理体系认证。产品参照美国阿莫科Amoco Resin 18-210、18-240、18-290系列树脂标准进行生产检测，质量性能相同，同时产品符合欧盟SGS的（ROHS、PHAS）检测标准，是用户的最佳选择。产品销往全球，佳盛公司董事长—潘林根愿意同中外各界新老朋友携手合作、共同发展、再创辉煌。

主要产品：

(1)Pams Resin Catena
Pams 树脂系列

(2)M-80 Resin
M-80 树脂

(3)Poly alpha methylstyrene Resin
聚α-甲基苯乙烯树脂

(4)V-276 plasticizer
V-276 增塑剂

(5)Acetophenone
苯乙酮

(6)JS.ATL-95 Resin
JS.ATL-95 树脂

(7)PA-50 bright stock lube
PA-50 光亮润滑剂

(8)Butyl oleate
油酸丁酯

(9) Rheology Modifier
流变改质剂

(10)Chain transfer agent
链转移剂

(11)Green Molecular control agent linear dimer
环保型分子量调节剂-线性二聚体(替代硫醇)

(12)1,1,3-Trimethyl-3-phenylindane
1,1,3-三甲基-3-苯基-茚满

(13)2,4-Diphenyl-4-methyl-1-pentene
2,4-二苯基-4-甲基-1-戊烯

(14)Ammonium thiosulfate
硫代硫酸铵

(15)Poly p- methylstyrene
聚对甲基苯乙烯

(16)Ammonium thiocyanate
硫氰酸铵

(17)Paraflint Wax
沙索蜡

(18)Styrenated phenols
防老剂 SP

(19)4,4'-bis(A,A'-dimethyl phenyl)-dipheny-lamine
防老剂KY-405

(20) Poly ethylene wax
聚乙烯蜡

(21)high efficiency lubricant
高效润滑剂

(22) α-Methylstyrene cyclodimer
α-甲基苯乙烯环二聚体

(23)Dibenzyl dithiocarbamate sodium formate
二苄基二硫代氨基甲酸钠

(24)Diphenylindene bismaleimide
二苯茚双马来酰亚胺

(25) Dibenzyl dithiocarbamate sodium formate solution
二苄基二硫代氨基甲酸钠 溶液

(26) n-butyl stearate
硬脂酸正丁酯

(27)power oil entrgr-effcintagent
动力燃油节能剂

热忱欢迎中外各界朋友前来惠顾、洽谈！

Add：E-hu Industrial Area, Dangkou Town, Wuxi City, Jiangsu, P.R. China

地址：中国江苏省无锡市锡山区荡口镇鹅湖工业园　　邮政编码（Postcode）：214116

电话（Tel）：0086-510-88520858，　88748136　　传真（Fax）：0086-510-88748340，512-65390573

网址（http）：//www.wx-jiasheng.com　　电子邮件（E-mail）：webmaster@wx-jiasheng.com

联系人（Attn）：潘林根　　手机（pm）：0086-13906202341,13306202341

李晓勇　　0086-13338762870,18962121918

宁波康润机械科技有限公司

中国塑料机械挤出设备专业制造商

产品展示

KR系列Φ16-1200mm多功能各类PVC管材高速挤出生产线

KR系列Φ16-2400mm.PE给水、燃气及多层共挤复合管材生产线

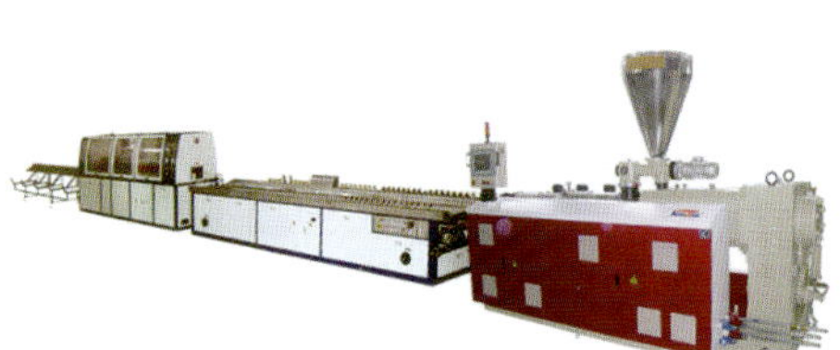

KR系列型材、木塑及发泡型材，挂壁板和宽幅门板高速挤出生产线

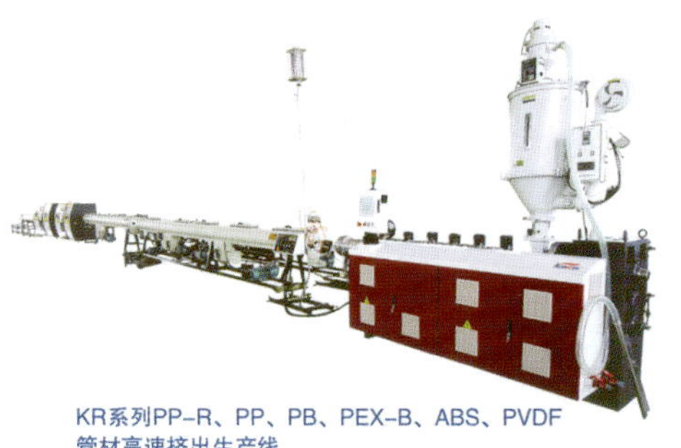

KR系列PP-R、PP、PB、PEX-B、ABS、PVDF管材高速挤出生产线

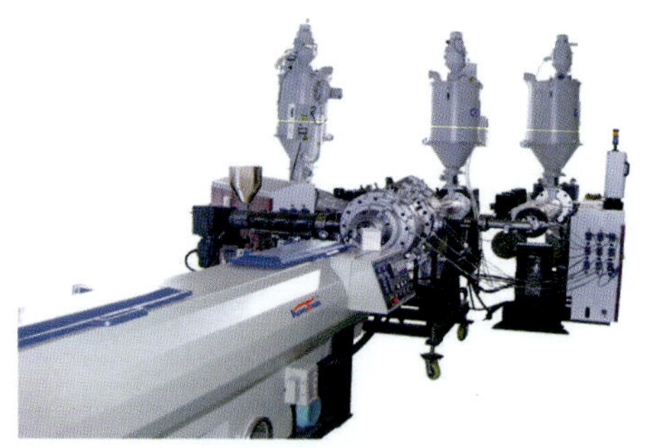

KR聚烯烃系列多层复合3SPP超静音管道高速挤出生产线

KR系列PE-RT、PB、PE高速高效挤出生产线

主要产品介绍

- KR系列PE16-2400给水，燃气及多层共挤复合管材生产线
- KR系列PPR、PA11、PB、PEX、PE-RT管材生产线
- KR系列PP三层共挤超静音管材生产线
- KR系列UHMW-PE超高分子量聚乙烯耐磨管材生产线
- KR系列PVC异型材和宽幅门板（及发泡）高速挤出生产线
- KR系列挂壁板挤出生产线
- KR系列多功能各类PVC16-1200缠绕矿用管材生产线
- KR系列PE16-1200矿用管材生产线
- KR系列MPP单层及多层共挤管材生产线
- KR系列C-PVC高压电力保护管生产线
- KR系列木塑及发泡型材和宽幅门板高速挤出生产线
- KR系列塑料板（片）材挤出（单层及多层共挤）生产线